COMENTÁRIOS À LEI DE RECUPERAÇÃO DE EMPRESAS E FALÊNCIA

Lei n. 11.101, de 09 de fevereiro de 2005

2ª edição

CONTRA CORRENTE
10 ANOS

Fernando Antonio Maia da Cunha

Maria Rita Rebello Pinho Dias

COMENTÁRIOS À LEI DE RECUPERAÇÃO DE EMPRESAS E FALÊNCIA

Lei n. 11.101, de 09 de fevereiro de 2005

2ª edição

AVARÉ

2025

CONTRA CORRENTE
10 ANOS

Travessa Vergílio de Araújo Valim, 167
Avaré – SP – Brasil | CEP 18707 815
www.editoracontracorrente.com.br
contato@editoracontracorrente.com.br

EDITORES
Camila Almeida Janela Valim
Gustavo Marinho de Carvalho
Rafael Valim
Walfrido Warde
Silvio Almeida

EQUIPE EDITORIAL
COORDENAÇÃO DE PROJETO: Erick Facioli
PREPARAÇÃO DE TEXTO E REVISÃO TÉCNICA: Amanda Dorth
REVISÃO: Beatriz Duarte Lopes
DIAGRAMAÇÃO: Pablo Madeira
CAPA: Maikon Nery

EQUIPE DE APOIO
Carla Vasconcelos
Regina Gomes
Nathalia Oliveira
Geovanna Sales

Dados Internacionais de Catalogação na Publicação (CIP)
(Câmara Brasileira do Livro, SP, Brasil)

Cunha, Fernando Antonio Maia da
Comentários à lei de recuperação de empresas e falência : Lei n. 11.101, de 09 de fevereiro de 2005 / Fernando Antonio Maia da Cunha, Maria Rita Rebello Pinho Dias. -- 2. ed. -- Avaré, SP : Editora Contracorrente, 2025.

Bibliografia.
ISBN 978-65-5396-235-4

1. Direito administrativo - Brasil 2. Direito empresarial - Brasil 3. Falência - Leis e legislação - Brasil I. Dias, Maria Rita Rebello Pinho. II. Título.

24-233895 CDU-34:338(81)

Índices para catálogo sistemático:
1. Brasil : Direito empresarial 34:338(81)
Eliete Marques da Silva - Bibliotecária - CRB-8/9380

@editoracontracorrente
Editora Contracorrente
@ContraEditora
Editora Contracorrente

SUMÁRIO

SOBRE OS AUTORES

FERNANDO ANTONIO MAIA DA CUNHA

Advogado e Sócio consultor do escritório Warde Advogados. Desembargador aposentado do TJSP. Presidente da Seção de Direito Privado e integrante do Conselho Superior da Magistratura (2010-2011). Diretor da Escola Paulista da Magistratura e Escola Judicial dos Servidores (2014-2016). Membro do Conselho Superior da ENFAM (2014-2016). Professor dos cursos de pós-graduação em Direito Empresarial da EPM (2012 a 2019). Coordenador e Professor do curso de pós-graduação em Direito Privado Contemporâneo na Faculdade de Direito de Sorocaba (2017-2019). Coordenador das obras coletivas *CPC*: *Perspectivas da Magistratura*, *Direito Empresarial Aplicado*, volumes 1 a 5, e *Contencioso Empresarial*. Autor da obra *Autonomia patrimonial das Sociedades Limitadas vs. Desconsideração da Personalidade Jurídica*: *desafios e perspectivas da Lei de Liberdade Econômica e Sociedades Limitadas*. Mestre em Direito Comercial pela PUC-SP.

MARIA RITA REBELLO PINHO DIAS

Juíza de Direito da 3ª Vara de Falências e Recuperação Judicial da Capital, no TJSP. Juíza Assessora da Corregedoria Geral da

Justiça (2016-2017 e 2024-2025) e da Presidência do Tribunal de Justiça (2018-2019). Professora dos cursos de pós-graduação em Direito Empresarial da Escola Paulista da Magistratura de 2015 até a presente data. Autora da obra *Novas Perspectivas de Gerenciamento Judiciário* e Coordenadora da obra coletiva *Contencioso Empresarial*. Professora de Direito Comercial da PUC-SP. Mestre em Direito pela PUC-SP e Doutora em Direito pela USP-SP.

NOTA DOS AUTORES

2ª EDIÇÃO

Embora esperássemos uma atualização substancial para a 2ª edição, dada à variada e constante inovação dos temas ligados à insolvência empresarial, especialmente nos tempos difíceis vividos pelas empresas após a pandemia, com juros elevadíssimos, foi uma grata surpresa que a 1ª edição, lançada no final de 2022, se esgotasse rapidamente e nos permitisse, em menor tempo, fazer a atualização e trazer aos leitores os posicionamentos da doutrina e da jurisprudência já sob a vigência da Lei n. 14.112/2020.

Como escrevemos na nota da 1ª edição, tentamos abordar todos os temas sem perder de vista a necessidade de manter a racionalidade ao sistema de insolvência e dos seus vários microssistemas. Nessa mesma linha fizemos a atualização desta 2ª edição. Selecionamos, desde o lançamento, as principais discussões e decisões judiciais pertinentes à insolvência, inserindo-as nos artigos em que a matéria estava tratada na lei.

Continua ser nossa esperança a de que a obra possa ser útil aos que estudam e aplicam o sistema de insolvência empresarial. Os temas novos e instigantes surgem a toda hora. Essa complexa e peculiar variedade nos inspira à constante atualização da obra que comenta a LRF, o que tentamos fazer da forma mais completa possível. E permanecemos esperançosos de que possa ser útil aos intérpretes, aos estudiosos, aos aplicadores e à comunidade que estuda o Direito recuperacional.

Os necessários agradecimentos não mudaram. Os familiares de quem continuamos subtraindo tempo de convívio para a atualização da obra. O apoio e incentivo da Editora Contracorrente. O precioso auxílio do Octavio Valverde Gutierrez e da Amarilis Tera Romagnol na pesquisa e inserção dos temas a atualizar. As obras doutrinárias nunca estão totalmente prontas e cabe aqui agradecer, sinceramente, aos nossos leitores, cujas sugestões construtivas foram decisivas para o aperfeiçoamento desta 2ª edição.

Por fim, observamos que a atualização desta obra estava pronta já no início de 2024, mas suspendemos a sua publicação em virtude do PL 3/24, que promovia alterações substanciais na Lei nº 11.101/2005, especialmente no capítulo das falências, e corria na Câmara dos Deputados em regime de urgência. Isso justificava a suspensão desta 2ª edição que se encontrava na editora pronto para ser editado. O PL foi aprovado no Plenário da Câmara dos Deputados em 26 de março de 2024. Apenas em abril de 2024, quando foi publicado o cancelamento do regime de urgência, os autores decidiram pelo prosseguimento desta 2ª edição. Mas isso prejudicou a sua publicação até o final de 2024.

Muito obrigado!

NOTA DOS AUTORES

1ª EDIÇÃO

A ideia desta obra tem origem nos cursos de pós-graduação em Direito Empresarial realizados pela Escola Paulista da Magistratura. Durante vários anos, estivemos juntos na EPM para as aulas e seminários do curso. E foi no intervalo do café de uma dessas manhãs de segunda-feira que resolvemos escrever uma obra com comentários à Lei de Recuperação de Empresas e Falência.

Durante um tempo maior do que esperávamos, o projeto ficou apenas nos cafés, nas conversas, na escolha da doutrina, na seleção de acórdãos, no formato que queríamos e nos textos esparsos sobre as principais controvérsias da LRJ. Apenas em meados de 2020, durante a pandemia, começamos a escrever de forma sequencial e organizada. As dificuldades, que já eram muitas, aumentaram sobremaneira pelas modificações contidas na Lei n. 14.112/20.

Optamos por escrever os comentários básicos de cada capítulo, com posterior acréscimo da doutrina especializada e dos acórdãos selecionados. Tentamos abordar os temas de modo a dar racionalidade ao sistema de insolvência e seus vários microssistemas. Repassamos cada um dos capítulos, alguns mais de uma vez, visando melhorá-los. Ao final, uma última revisão de cada um e o acréscimo das novas questões práticas e dos casos mais recentes solucionados pelos Tribunais durante a elaboração da obra.

Desde o início, tivemos o auxílio inestimável de Amarilis Tera Romagnol e Octavio Valverde Gutierrez, em especial na pesquisa de doutrina e jurisprudência, ambos merecedores do nosso público e sincero agradecimento e da menção especial feita na capa.

A nossa esperança é a de que a obra possa ser útil aos que estudam o sistema de insolvência empresarial e também aos que trabalham com a complexa missão de tratar adequadamente as empresas que chegaram à impossibilidade de solver seus compromissos e obrigações sem o auxílio legal.

Esperamos a compreensão dos que se tornarem leitores, especialmente dos que conhecem com mais profundidade o assunto. Acreditamos que uma obra deste porte não nasce perfeita. Necessita de constante aprimoramento e atualização, e terá isso. Eventuais omissões e imperfeições serão, sem dúvida, corrigidas.

Muito obrigado!

AGRADECIMENTOS

Muitos são os agradecimentos que precisamos registrar aos nossos familiares que, durante longo período, suportaram com carinhosa paciência o tempo extraordinário que dedicamos às nossas reuniões de trabalho, ao estudo, à pesquisa e à redação desta obra. Não fosse essa compreensão, acompanhada de precioso estímulo, teria sido muito difícil levar a bom termo o projeto de comentar a Lei de Recuperação de Empresas e Falência.

É preciso registrar, também, à Editora Contracorrente, o nosso agradecimento mais sincero pelo apoio, incentivo e prioridade em relação ao nosso projeto.

Um especial agradecimento é preciso que seja feito, destacadamente, para Amarilis Tera Romagnol e Octavio Valverde Gutierrez. Desde o início tivemos deles auxílio e apoio inestimáveis, especialmente na pesquisa e organização da doutrina e da jurisprudência utilizadas. Os difíceis caminhos que percorremos durante o estudo e o desenvolvimento da obra teriam sido quase insuperáveis sem a ajuda de ambos. Por isso, a nossa mais sincera gratidão.

PREFÁCIO

Convidam-me a Dra. Maria Rita Rebello Pinho Dias e o Dr. Fernando Antonio Maia da Cunha, dando-me a honra de prefaciar-lhes estes *Comentários à Lei de Recuperação de Empresas e Falência*, nos quais eles se dedicam, conforme bem indica o título da obra conjunta, a comentarem, artigo por artigo, a Lei n. 11.101/2005, com as alterações promovidas pela reforma legislativa levada a efeito pela Lei n. 14.112/2020.

Conheço ambos os autores, há muitos anos, e, desde então, tenho podido acompanhar suas vitoriosas trajetórias na área jurídica. Muito admiro sua seriedade, comprometimento, dedicação, competência e ética, tanto no exercício da magistratura quanto no do magistério, mercê de cujas qualidades técnicas e pessoais afiguram-se, ambos, profissionais do meio jurídico muito respeitados, reconhecidos e elogiados por toda a comunidade jurídica.

Nesse particular, devo dizer que a Dra. Maria Rita Rebello Pinho Dias tem exercido a magistratura paulista com brilho e excelência invulgares, sendo, atualmente, Juíza Titular da 3ª Vara de Falências e Recuperações Judiciais da Comarca de São Paulo. Na seara acadêmica, é Mestra em Direito pela Pontifícia Universidade Católica de São Paulo e Doutora em Direito pela Universidade de

São Paulo. É professora no Curso de Pós-Graduação em Direito Empresarial na Escola Paulista da Magistratura.

Já o Dr. Fernando Antonio Maia da Cunha exerceu, por mais de três décadas, a magistratura no Estado de São Paulo, tendo integrado a Câmara Reservada de Direito Empresarial, tendo sido Presidente da Seção de Direito Privado do Tribunal de Justiça do Estado de São Paulo e, também, o Diretor da Escola Paulista da Magistratura. Na vida acadêmica, é Mestre em Direito Comercial pela Pontifícia Universidade Católica de São Paulo e também é Professor de Direito Empresarial na Escola Paulista da Magistratura. Aposentado como Desembargador do Tribunal de Justiça do Estado de São Paulo, exerce a advocacia e atua como consultor e parecerista de escol.

Esta obra, os *Comentários à Lei de Recuperação de Empresas e Falência*, de autoria da Dra. Maria Rita Rebello Pinho Dias e do Dr. Fernando Antonio Maia da Cunha, é fruto, portanto, da longa e proficiente experiência dos autores na aplicação do Direito das Empresas em Crise e vem fundamentada em sólida doutrina e em jurisprudência atualizada, referenciando recentes julgados do Superior Tribunal de Justiça – razão pela qual será de grande valia para todos os profissionais do Direito que estudam e atuam na área especializada do Direito da Insolvência Empresarial.

Ao encerrar esta singela apresentação, em gratificante cumprimento da honrosa e dignificante missão que me foi concedida pelos autores, Dra. Maria Rita Rebello Pinho Dias e Dr. Fernando Antonio Maia da Cunha, aproveito a oportunidade, para agradecer e parabenizar os autores desta obra magnífica, a qual, certamente, constituir-se-á em excelente e indispensável instrumento de estudos da mais alta qualidade e utilidade para todos os que se interessam – prática ou teoricamente – pelos institutos jurídicos da Recuperação de Empresas e da Falência, notadamente, professores, advogados, juízes, promotores de justiça, administradores judiciais, estudantes de Direito, tabeliães, credores, devedores, registradores e peritos.

São Paulo, verão de 2022.

MANOEL DE QUEIROZ PEREIRA CALÇAS

CAPÍTULO I

DISPOSIÇÕES PRELIMINARES

Art. 1º – Esta Lei disciplina a recuperação judicial, a recuperação extrajudicial e a falência do empresário e da sociedade empresária, doravante referidos simplesmente como devedor.

Institutos e destinatários

No primeiro artigo, identificam-se os institutos que a lei regulará e os seus respectivos destinatários, dispondo sobre a recuperação judicial, a recuperação extrajudicial e a falência dos empresários e das sociedades empresárias.

Anote-se que a antiga concordata prevista no DL 7661/45, conhecida como favor legal pela concessão de prazo para pagamento de determinadas obrigações com o intuito de evitar a falência,[1] foi substituída pela recuperação judicial, a qual veio

---

1 "Art. 147. A concordata concedida obriga a todos os credores quirografários, comerciais ou civis, admitidos ou não ao passivo, residentes no país ou fora dele, ausentes ou embargantes. 1º Se o concordatário recusar o cumprimento da concordata a credor quirografário que se não habilitou, pode este acionar

com nova roupagem destinada à preservação da empresa em crise e por ter como premissa a negociação direta com seus credores e com natureza de novação, isto é, criando uma nova obrigação para substituir a antiga.[2]

A recuperação judicial e a extrajudicial traduzem a forma encontrada pelo legislador para permitir que a empresa em crise financeira possa negociar diretamente com seus credores a forma de pagamento das suas dívidas, caracterizando novação, em caso de aprovação, pela Assembleia-Geral de Credores (AGC), do plano de pagamento apresentado. Os institutos serão mais detalhadamente analisados nos seus capítulos próprios, mas é preciso adiantar que tem como princípio norteador o da preservação da empresa, na forma estampada no art. 47 da Lei de Falência e Recuperação (LFR).

---

o devedor, pela ação que couber ao seu título, para haver a importância total da percentagem da concordata. 2º O credor quirografário excluído, mas cujo crédito tenha sido reconhecido pelo concordatário, pode exigir deste o pagamento da percentagem da concordata, depois de terem sido pagos todos os credores habilitados. (...).

Art. 156. O devedor pode evitar a declaração da falência, requerendo ao juiz que seria competente para decretá-la, lhe seja concedida concordata preventiva. §1º O devedor, no seu pedido, deve oferecer aos credores quirografários, por saldo de seus créditos, o pagamento mínimo de: I – 50%, se for à vista; II – 60%, 75%, 90% ou 100%, se a prazo, respectivamente, de 6 (seis), 12 (doze), 18 (dezoito), ou 24 (vinte e quatro) meses, devendo ser pagos, pelo menos, 2/5 (dois quintos) no primeiro ano, nas duas últimas hipóteses. §2º O pedido de concordata preventiva da sociedade não produz quaisquer alterações nas relações dos sócios, ainda que solidários, com os seus credores particulares". (BRASIL. *Decreto-Lei n. 7.661*, de 21 de junho de 1945. Lei de Falências. Revogada pela Lei n. 11.101/05. Disponível em: http://www.planalto.gov.br/ccivil_03/decreto-lei/del7661.htm. Acessado em: 03.05.2021).

2 Art. 360 do Código Civil: "Dá-se a novação: I – quando o devedor contrai com o credor nova dívida para extinguir e substituir a anterior; (...)". (BRASIL. *Lei n. 10.406*, de 10 de janeiro de 2002. Institui o Código Civil. Disponível em: http://www.planalto.gov.br/ccivil_03/leis/2002/l10406compilada.htm. Acessado em: 03.05.2021).

Os destinatários da recuperação judicial e extrajudicial, bem como da falência, são, por expressa determinação legal, exclusivamente os empresários e as sociedades empresárias. A redação do artigo 1º foi mantida intacta, mesmo após reforma realizada por Lei n. 14.112/20.

Empresário e empresa

O Código Civil de 2002, revogando a primeira parte do antigo Código Comercial de 1859 para tratar do assunto no Livro II da Parte Especial, o Direito de Empresa, optou por definir o que é o empresário, assentando que assim se considera aquele que exerce de forma profissional atividade econômica organizada para a produção ou circulação de bens ou serviços (art. 966, *caput*, do CC).[3] Como consequência, o Direito Comercial, que antes se centrava na definição exaustiva dos atos de comércio, passou a ser definido em função do fenômeno da empresa, sem, contudo, trazer sua definição.[4]

---

3 Art. 966 do Código Civil: "Considera-se empresário quem exerce profissionalmente atividade econômica organizada para a produção ou a circulação de bens ou de serviços". (BRASIL. *Lei n. 10.406*, de 10 de janeiro de 2002. Institui o Código Civil. Disponível em: http://www.planalto.gov.br/ccivil_03/leis/2002/l10406compilada.htm. Acessado em: 03.05.2021).

4 "A adoção da teoria da empresa pelo Direito brasileiro não implicou a superação da bipartição do Direito Privado, que o legado jurídico de Napoleão tornou clássica nos países de tradição romana. Alterou, isto sim, o critério de delimitação do objeto do Direito Comercial – que deixa de ser os atos do comércio e passa a ser a empresarialidade, mas não suprimiu a dicotomia entre o regime jurídico civil e comercial. A partir da introdução da teoria da empresa no Direito Positivo brasileiro, o Direito Comercial (*empresarial, de empresa, dos negócios* – é indiferente a denominação que esse lhe dê) deixa de ser o ramo jurídico aplicável à exploração de certas atividades (as listadas como atos de comércio) e passa a ser o direito aplicável quando a atividade é explorada de uma determinada forma (qual seja, a forma empresarial). Assim, de acordo com o Código Civil de 2002, continuam excluídas da disciplina do Direito Comercial algumas atividades econômicas. A nova Lei de Falências reforçou a bipartição do Direito Privado brasileiro, ao manter um regime diferenciado para os empresários e sociedades empresárias, quando

O Código Civil traz o conceito de "empresário" (Título I) e de "sociedade empresária" (Título II), disciplinando, também, o "estabelecimento (Título III) e "institutos complementares" (Título IV), a saber, o registro, o nome empresarial, prepostos e escrituração. Positiva, também, conceito de empresário e sociedade empresária por equiparação, estendendo para todos os efeitos o regime jurídico aplicável àqueles para produtores rurais e, no primeiro caso, também às associações civis futebolísticas.

Depreende-se, dos dispositivos legais supramencionados, que o empresário é aquele que, nos termos do artigo 966 do CC, exerce profissionalmente atividade econômica organizada para a produção ou circulação de bens ou de serviços, sendo obrigatória, nos termos do art. 967 do mesmo diploma legal, a sua inscrição no Registro Público de Empresas Mercantis. O referido registro desempenha importante função na regularização de sua atuação, a qual, inclusive, é indispensável também para que pessoas possam ser equiparadas por lei a empresários, previstas no artigo 971 do CC, como ocorre no caso de produtores rurais ou associação que desenvolva atividade futebolística em caráter habitual e profissional. Evidencia-se, portanto, que, ao contrário do conceito de empresa, o de empresário é definido em lei.

O registro tem função de dar segurança jurídica, publicidade dos atos, além de condicionar a eficácia de determinados atos empresariais.[5]

---

a crise se abate sobre a empresa". (COELHO, Fábio Ulhoa. *Comentários à Lei de Falências e de Recuperação de empresas*: Lei n. 14.112/20, Nova Lei de Falências. 14ª ed. São Paulo: Revista dos Tribunais, 2021, p. 43).

5 "Segundo Rubens Requião, o registro de empresas mercantis tem por finalidade e efeitos dar garantia, publicidade, autenticidade, segurança e eficácia, aos atos jurídicos das empresas mercantis, submetidos a registro; cadastrar as empresas nacionais e estrangeiras em funcionamento no país e manter atualizadas as informações pertinentes; proceder às matrículas dos agentes auxiliares do comércio, bem como ao seu cancelamento. Dessa forma, o registro na Junta Comercial visa a garantir a segurança e validade dos atos

Também está previsto em lei o conceito de sociedade empresária, a qual, conforme se observa dos artigos 981 e 982 do CC, destina-se àqueles que contribuem com bens ou serviços para atividade econômica própria de empresário sujeita a registro, partilhando entre si os resultados. Decorre do conceito legal de sociedade empresária que deve haver partilha dos resultados e assunção do risco do negócio, intrínseco à sua atividade.

O artigo 983 do CC prevê, expressamente, que a sociedade empresária deve constituir-se segundo um dos tipos regulados nos artigos 1039 a 1092 – ou seja, sociedade em nome coletivo, sociedade em comandita simples, sociedade comandita por ações, sociedade limitada e sociedade por ações, ao passo que o parágrafo único do art. 982 do CC informa que, independentemente de seu objeto, a sociedade por ações é empresária.

O artigo 984 do CC estipula, por fim, que a sociedade que tiver por objeto o exercício de atividade própria de empresário rural e for constituída ou transformada em um dos tipos de sociedade empresária pode requerer a inscrição no Registo Público de Empresas Mercantis, equiparando-se, assim, à sociedade empresária.

Não é objetivo destes comentários aprofundar a análise dos tipos societários empresariais, sendo suficiente observar que o Código Civil se preocupou em efetuar minuciosa regulamentação de cada tipo societário que deverá ser utilizado por uma sociedade empresária e, também, das consequências, sobretudo em termos de responsabilidade dos sócios que não as observem, dentre as quais, a mais drástica, é a responsabilidade solidária e ilimitada pelas obrigações sociais (artigos 986 a 990, CC). O Código Civil

---

empresariais, dando-lhes a devida publicidade. O registro tem caráter público, permitindo que qualquer pessoa obtenha certidão integral ou parcial de todos os atos registrados ou arquivados". (AQUINO, Leonardo Gomes de. "A estrutura, a organização e a composição do Sistema Nacional de Registro de Empresas Mercantis". *Revista de Direito Bancário e do Mercado de Capitais*, ano 11, nº 42, out./dez. 2008, p. 89).

se preocupou, também, em disciplinar as formalidades que devem ser observadas por pessoas físicas e jurídicas que pretendam se equiparar a empresário, impondo-lhes, dentre outras, a obrigação de inscrição em Registro Público de Empresas Mercantis.[6]

A análise global da disciplina dos tipos societários empresariais demostra preocupação do legislador em trazer regras que disciplinassem de forma clara o regime jurídico da responsabilidade dos empreendedores e investidores – no caso, os sócios – pelas obrigações assumidas pela pessoa jurídica empresária e, também, da responsabilidade de seus administradores, tanto perante a sociedade em si e/ou os demais sócios quanto também em relação a terceiros. Há, também, disciplina para a governança dos órgãos de administração dessas sociedades e de normas que assegurem a publicidade de seus atos perante terceiros.

Justamente em atenção à tutela das responsabilidades e para conferir maior transparência quanto aos atos praticados tanto por empresários quanto por sociedades empresariais, o microssistema jurídico que disciplina a atividade empresarial impõe o registro do empresário ou da sociedade empresário no Registro Público de Empresas Mercantis, conforme se observa dos artigos 967 e 968, CC, vinculando, inclusive, o início da eficácia de atos societários ao seu registro, com implicações específicas se for tempestivo ou não, nos termos da lei (artigo 1.1151 do CC), ou, ainda, a limitação da responsabilidade do sócio (art. 986 a 990, do CC).

---

6 "São quadro as atividades econômicas não empresariais, cujos exercentes não são empresários e não podem, por exemplo, pleitear o benefício da recuperação judicial, nem falir. A primeira atividade econômica não empresarial a considerar é a explorada por quem não se enquadra no conceito legal de empresário. (...) As demais atividades econômicas não empresariais que existem no direito brasileiro são as dos profissionais intelectuais, as dos empresários rurais não registrados na Junta Comercial e as da Cooperativa". (COELHO, Fábio Ulhoa. *Comentários à Lei de Falências e de Recuperação de empresas*: Lei n. 14.112/20, Nova Lei de Falências. 14ª ed. São Paulo: Revista dos Tribunais, 2021, p. 43).

As regras desenvolvidas ao longo de anos de experiência dos tipos societários empresariais, que ora estão positivadas no Código Civil brasileiro e em legislação societária específica, possuem importante função de trazer previsibilidade quanto aos riscos assumidos na realização de investimentos em atividades econômicas por parte do empreendedor, de um lado, e, ao mesmo tempo, tutelar pretensões de terceiros que possam advir de sua relação para com tais organizações, de outro, proporcionando ambiente de segurança jurídica e previsibilidade, o que é necessário para o fomento da atividade empresarial.

A conformação do regime de responsabilidade dos sócios de sociedades empresárias, evidenciando de forma clara os seus limites, permite melhor individualização dos riscos assumidos e, assim, trata-se de importante incentivo legal para o fomento da atividade empresarial. Ao mesmo tempo, ao se trazer certeza quanto aos limites de responsabilidade do sócio e os contornos da reponsabilidade imputada aos seus órgãos de administração, o microssistema do Direito Empresarial contribui, também, para trazer previsibilidade aos terceiros que contratam com a sociedade empresária, os quais possuem clareza quanto à vinculação do patrimônio social às obrigações por ela contraídas e, por consequência, quanto à intensidade da responsabilidade de cada sócio e o comprometimento de seu patrimônio pessoal pelas mesmas obrigações, além dos limites de responsabilidade dos administradores. São regras que beneficiam não apenas o investidor em si, mas toda a coletividade.[7]

---

7 "Ao restringir o risco inerente a qualquer empresa econômica (limitando ao montante investido a responsabilidade dos sócios), este princípio jurídico torna mais competitivos os empresários que operam no mercado brasileiro. Em razão da premissa, do cálculo empresarial e da proporcionalidade entre riscos e ganhos, quanto mais prestigiado for o princípio da limitação da responsabilidade dos sócios pelas obrigações sociais, menores serão os preços dos produtos e serviços oferecidos no mercado brasileiro. A limitação de responsabilidade dos sócios pelas obrigações sociais, portanto, não é uma forma de torná-los irresponsáveis. Pelo contrário, é um expediente de

Ao contrário dos conceitos de empresário e sociedade empresária, o conceito de empresa não encontra previsão legal, sendo definido de forma indireta pelas características extraídas da descrição dos sujeitos que exercem tal atividade, tal como estes são definidos na legislação civil, e pela compreensão doutrinária quanto a esse conceito.[8]

O jurista italiano Asquini trouxe o conceito de empresa a partir de quatro perfis: subjetivo, funcional, patrimonial e corporativo. O perfil subjetivo diz respeito a quem exerce a empresa, ou seja, o empresário, pessoa física ou jurídica. O aspecto funcional se refere à atividade econômica desenvolvida para um determinado escopo produtivo. O objetivo ou patrimonial trata do instrumento eficaz utilizado pelo sujeito empresário para obter o resultado pretendido pelo exercício da atividade empresarial. Por fim, o perfil corporativo ou institucional conceitua empresa como instituição, organização de pessoas e de bens.[9]

---

segregação de riscos, que, ao incentivar maiores investimentos (em especial dos empresários com perfil conservador), traz proveitos a toda a coletividade Mais uma vez, o Direito Comercial, ao tempo em que protege o interesse individual dos sócios da sociedade empresária (de tipo limitado ou anônima), ampara também, o metaindividual de todos os consumidores brasileiros. Protege-se, com a limitação de responsabilidade dos sócios pelas obrigações sociais, em última análise, o próprio investimento". (COELHO, Fábio Ulhoa. *Curso de Direito Comercial*: Direito de Empresa. vol. 2, 21ª ed. São Paulo: Revista dos Tribunais, 2018, p. 52).

8 "Na verdade, no Direito brasileiro, 'empresa' deve forçosamente ser definida como atividade, uma vez que há conceitos legais próprios para empresário (CC, art. 966) e estabelecimento (CC, art. 1.142). Essas faces do poliédrico fenômeno descrito por Asquini, entre nós, devem ser adequadamente referidas pelos termos que o legislador a elas reservou. Ademais, como deflui do conceito legal de empresário, 'empresa' só pode ser entendida como uma atividade revestida de duas características singulares: é econômica e é organizada". (COELHO, Fábio Ulhoa. *Comentários à Lei de Falências e de Recuperação de empresas*: Lei n. 14.112/20, Nova Lei de Falências. 14ª ed. São Paulo: Revista dos Tribunais, 2021, pp. 36/37).

9 ASQUINI, Alberto. "Perfis da Empresa". Trad. Fábio Konder Comparato. *Revista de Direito Mercantil Industrial, Econômico e Financeiro*, São Paulo,

O aspecto funcional, que identifica a empresa como sendo a atividade econômica desenvolvida, foi o critério eleito pelo Código Civil de 2002 para a definição de empresa, sendo essa interpretação pacífica na doutrina e na jurisprudência nacionais, como se pode observar pelas doutrinas de Gladson Mamede, Marcelo Sacramone e Ricardo Negrão,[10] assim como no julgado do REsp n. 1.193.115/MT pelo STJ.[11]

Ademais, pode-se ressaltar três noções essenciais para a caracterização da atividade empresarial, quais sejam: o profissionalismo, a organização da atividade e o caráter econômico da produção ou circulação de bens e serviços. O profissionalismo decorre da habitualidade da prática de atos pelo agente, que detém o monopólio do conhecimento e organização da produção ou realização de serviços objeto da empresa.[12] Assim, tem-se que o "empresário é a pessoa que toma a iniciativa de organizar uma atividade econômica de produção ou circulação de bens ou serviços", sendo que ele não se identifica juridicamente com o sócio ou com o administrador de uma pessoa jurídica, muito menos com a própria empresa, que é a atividade explorada pela pessoa física ou jurídica do empresário.[13]

A segunda característica diz respeito à organização da atividade desenvolvida pelo empresário. Tal organização se demonstra

---

ano XXXV, nº 104, out./dez. 1996, pp. 109-126.

10 SACRAMONE, Marcelo Barbosa. *Manual de Direito Empresarial*. São Paulo: Saraiva Educação, 2002, pp. 44/45; NEGRÃO, Ricardo. *Curso de Direito Comercial e de Empresa*: Teoria Geral da Empresa e Direito Societário. 16ª ed. São Paulo: Saraiva Educação, 2020, pp. 68-70; MAMEDE, Gladston. *Empresa e atuação empresarial*. 12ª ed. São Paulo: Atlas, 2020, p. 30.

11 STJ, 3ª Turma, REsp n. 1.193.115/MT, Rel. Min. Min. Nancy Andrighi, DJe 07/10/2013.

12 COELHO, Fábio Ulhoa. *Comentários à Lei de Falências e de Recuperação de empresas*: Lei n. 14.112/20, Nova Lei de Falências. 14ª ed. São Paulo: Revista dos Tribunais, 2021.

13 COELHO, Fábio Ulhoa. *Curso de Direito Comercial*: Direito de Empresa. vol. 1, 16ª ed. São Paulo: Saraiva, 2012, pp. 123/124.

pela reunião de bens necessários para o exercício da empresa, sejam eles recursos físicos, matérias-primas, maquinário e informações necessárias para o desenvolvimento da empresa, e/ou humanos, estrutura de funcionários.

Vale destacar aqui o parágrafo único do art. 966, do Código Civil, que determina a exclusão dos profissionais intelectuais do conceito de empresário.[14] Tal exclusão se fundamenta na diversa valoração da atividade realizada por esses profissionais diante da pessoalidade de sua realização, caracterizada por Sylvio Marcondes como esforço criador que resulta exclusiva e diretamente da própria mente do autor, sem inferência de fatores de produção.[15]

Dessa construção, tem-se que a exclusão dos profissionais intelectuais não perdura quando sua atividade apresentar elementos de empresa, o que pode configurar-se na inserção do agente como fator de produção de uma atividade mais complexa e empresarial, ou mesmo pelo desempenho da atividade intelectual de modo objetivo e padronizado, sem o caráter pessoal típico que distinguiria a atividade.

Por fim, há o caráter econômico da atividade empresarial, no sentido de que ela busca gerar lucro para quem a explora. Assim, cabe contextualização de divergência doutrinaria quanto à finalidade do lucro. Gladston Mamede defende, por um lado, que a atividade empresarial se caracterizará pela finalidade de obtenção de vantagem econômica, apropriável pelo empresário, sendo que, se não há fim econômico, ou se o resultado econômico perseguido não é passível de apropriação, não mais se está no âmbito

---

14 Art. 966, parágrafo único, do Código Civil: “Não se considera empresário quem exerce profissão intelectual, de natureza científica, literária ou artística, ainda com o concurso de auxiliares ou colaboradores, salvo se o exercício da profissão constituir elemento de empresa”.

15 MARCONDES, Sylvio. *Problemas de Direito Mercantil*. São Paulo: Max Limonad, 1970, p. 141.

do Direito Empresarial.[16] Já Fábio Coelho Ulhôa defende que o lucro pode ser tanto objetivo da produção ou circulação de bens ou serviços quanto instrumento para alcançar outras finalidades, caracterizando-se, ainda assim, como empresa. Nesse contexto, cita entidades religiosas que prestam serviços educacionais (em escolas ou universidades) sem visar especificamente ao lucro.[17]

Também vale a nota sobre as consequências do registo do empresário e sociedade empresária. Doravante o artigo 967 do Código Civil, antes do início da atividade, deve o empresário e os sócios da sociedade empresária realizarem inscrição perante o Registro Público de Empresas Mercantis (no estado de São Paulo, a Junta Comercial). Contudo, o registro não confere a esses entes a qualidade de empresários, mas somente a declara, tornando a atividade regular para fins de obtenção de benefícios como a propositura de pedido de recuperação judicial (art. 48 da LREF) ou de falência de outro empresário (art. 97, §1º da LREF). Porém, mesmo na condição de irregularidade, empresário e sociedade empresária podem ser submetidos à falência, dada previsão expressa no art. 105, IV, da LREF.[18]

Consigne-se, nesta breve introdução que cuida dos destinatários da recuperação e da falência, que, além das exceções do parágrafo único do art. 966 do Código Civil, também não se amoldam ao

---

16 MAMEDE, Gladston. *Empresa e atuação empresarial*. 12ª ed. São Paulo: Atlas, 2020, p. 30.

17 COELHO, Fábio Ulhoa. *Comentários à Lei de Falências e de Recuperação de empresas*: Lei n. 14.112/20, Nova Lei de Falências. 14ª ed. São Paulo: Revista dos Tribunais, 2021.

18 TOMAZETTE, Marlon. *Curso de Direito Empresarial*. vol. 1, 4ª ed. São Paulo: Atlas, 2012, p. 285; FRANÇA, Erasmo Valladão Azevedo e Novaes. *A sociedade comum*. São Paulo: Malheiros, 2013, pp. 14-146.

conceito de empresário as sociedades simples e as cooperativas,[19] bem como o empresário rural não inscrito na Junta Comercial.[20]

Fato é que a disciplina do Direito de Empresa, positivada pelo Código Civil, centra-se na figura da pessoa que a desenvolve, seja o empresário, seja a sociedade empresária.

Talvez em atenção às particularidades observadas no desenvolvimento da atividade empresária, do risco inerente a ela associado, o Código Civil não inseriu, no âmbito do Livro da Empresa, a disciplina de outros agentes econômicos além dos empresários e sociedade empresária.

E, quando identificou agentes econômicos cuja atuação se organizava sob a forma de empresa, como é o caso do produtor rural ou das associações civis futebolísticas, facultou-lhes a submissão ao regime jurídico aplicável ao empresário, condicionando, contudo, à prévia inscrição no Registro Público das Empresas Mercantis. Em outras palavras, os agentes econômicos não empresários passam a ser tutelados pelo Direito de Empresa, submetendo-se a todo o regime jurídico especial, a partir do momento em que optam por efetuar sua inscrição no Registro Público das Empresas Mercantis, sendo, assim, uma faculdade de sua parte.

---

19 Art. 982 do Código Civil: "Salvo as exceções expressas, considera-se empresária a sociedade que tem por objeto o exercício de atividade própria de empresário sujeito a registro (artigo 967); e, simples, as demais. Parágrafo único. Independentemente de seu objeto, considera-se empresária a sociedade por ações; e, simples, a cooperativa". (BRASIL. *Lei n. 10.406*, de 10 de janeiro de 2002. Institui o Código Civil. Disponível em: http://www.planalto.gov.br/ccivil_03/leis/2002/l10406compilada.htm. Acessado em: 03.05.2021).

20 Art. 971 do Código Civil: "O empresário, cuja atividade rural constitua sua principal profissão, pode, observadas as formalidades de que tratam o artigo 968 e seus parágrafos, requerer inscrição no Registro Público de Empresas Mercantis da respectiva sede, caso em que, depois de inscrito, ficará equiparado, para todos os efeitos, ao empresário sujeito a registro". (BRASIL. *Lei n. 10.406*, de 10 de janeiro de 2002. Institui o Código Civil. Disponível em: http://www.planalto.gov.br/ccivil_03/leis/2002/l10406compilada.htm. Acessado em: 03.05.2021).

Vale observar que a legislação posteriormente editada ao Código Civil e que disciplinou diversos institutos privativos daqueles que desenvolvem a empresa, centrou-se nos sujeitos do empresário e sociedade empresária. A lei de falências e recuperação judicial não fugiu a essa regra. Não é demais afirmar, portanto, que muito embora a empresa seja um fenômeno amplo, o regime jurídico especial a ela aplicável é definido a partir da figura do empresário e da sociedade empresária, sendo que os agentes econômicos que pretendem se submeter ao mesmo microssistema jurídico, por equiparação, devem pleitear a sua inscrição no registro competente.

A doutrina tradicionalmente justifica o regime de falências e de recuperações judiciais e extrajudiciais como tendo sido concebido para permitir melhor enfrentamento de situações de crises econômicas ou de insolvência por empresários, excepcionando a regra civil da insolvência civil, procedimento concursal que deve ser observado para todos aqueles que não são empresários.

O regime jurídico estipulado pelo legislador civil para associações e fundações, pessoas jurídicas de direito privado, é distinto.

Com relação às associações, o Código Civil estipula, nos seus artigos 53 a 61, que são definidas como a união de pessoas organizadas para fins não econômicos, em que não há entre os associados, por expressa previsão legal, direitos e obrigações recíprocos. A fundação, por outro lado, disciplinada no Código Civil nos artigos 62 a 69, consiste dotação especial de bens livres para um fim específico indicado em lei a que se destina, sendo que o Ministério Público deverá velar por sua execução.

Em tradicional lição, Orlando Gomes esclarece que a distinção entre sociedade, fundação e associação se dá, preponderantemente, pelo seu fim e pela vinculação, sendo que apenas no caso das sociedades há desenvolvimento de atividade econômica e posição jurídica de seus membros com obrigações recíprocas entre si.[21]

A breve análise realizada acima, quanto ao regime jurídico estipulado pelo legislador civil para sociedades, associações e fundações, evidencia o motivo pelo qual o primeiro caso melhor se adequa ao exercício da empresa, seja pelo propósito do desenvolvimento da atividade econômica em si, seja, em especial, quanto às regras claras que delimitam a responsabilidade civil dos administradores e dos sócios, tanto entre si como perante terceiros. Já as associações e as fundações, seja pela união de pessoas para fins não econômicos, seja a dotação de bens para fins específicos e filantrópicos, acabam resultando em regimes jurídicos que não seriam, a princípio, tão aderentes ao exercício da empresa.

O regime falimentar e o da recuperação judicial e extrajudicial proporcionam benefícios inequívocos para o empresário ou sociedade empresária, pois permitem a eles socializar prejuízos, limitando-os, em atenção aos benefícios proporcionados à sociedade

---

21 "A distinção é importante porque se diferenciam, conforme o modelo adotado, a *posição jurídica dos membros*, seus direitos e obrigações, sua responsabilidade e a vinculação entre eles. A própria *estrutura* de cada qual ostenta traços inconfundíveis. É, no entanto, mais fácil distingui-las pelo *fim* para que se constituem e pela *vinculação* entre as pessoas agrupadas ou incorporadas. Na *sociedade,* o *fim* colimado é o proveito comum dos sócios, na *associação*, o fim é ideal (religioso, cultural, político, assistencial e esportivo) e na *fundação*, é o propósito de atender a interesses de caráter geral ou de uma categoria particular de indivíduos. Quanto à *vinculação*, somente a *sociedade* estabelece, entre os sócios, direitos e obrigações recíprocas. Na *associação*, os sócios não se encontram nessa relação de prestações correlatas e a *fundação* é antes um conjunto de bens do que de pessoas". (GOMES, Orlando. *Introdução ao Direito Civil*. 13ª ed. Atual. Humberto Theodoro Junior. Rio de Janeiro: Forense, 1985, pp. 190/191).

pela ação da atividade empresarial, seja na criação de empregos, no pagamento de tributos ou na movimentação da economia.[22] [23]

Assim, por exemplo, o processo concursal poderá ser encerrado com o pagamento de mais de 25% dos credores quirografários, ressaltando que, após a reforma, essa situação permitirá, também, a própria extinção da obrigação do empresário falido perante os credores.[24] Já na insolvência civil, somente haverá extinção com o pagamento da integralidade do débito (art. 774, CPC/73).

---

22 "Os privilégios da recuperação judicial ou extrajudicial e na extinção das obrigações conferidos pelo Direito Falimentar justificam-se como medidas de socialização de perdas derivadas do risco inerente às atividades empresariais. (...) Como no sistema capitalista de organização da economia a produção das empresas para atendimento de nossas necessidades e querências, é justa a socialização das pardas provocadas pelo risco empresarial, explicando-se, desse modo, os privilégios que o Direito Falimentar concede aos falidos". (COELHO, Fábio Ulhoa. *Curso de Direito Comercial*: Direito de Empresa. vol. 2, 17ª ed. São Paulo: Revista dos Tribunais, 2013, p. 238).

23 "Referidos benefícios legais são dispostos aos empresários em razão da atividade por ele desenvolvida. A atividade empresarial permite o desenvolvimento econômico nacional, o surgimento de novas tecnologias, o aumento da concorrência entre os fornecedores, a redução dos preços dos produtos disponibilizados aos consumidores e o aumento da quantidade de empregos oferecidos para a população. Sua consecução, entretanto, submete o empresário a grande risco de insucesso, seja em razão da inadequação à dinâmica do mercado, seja em virtude eventual incorreção de decisão gerencial. Como o empreendimento, caso fosse próspero, provocaria efeitos benéficos a toda a coletividade, a lei assegurou que, para a hipótese de atividade empresarial não ter sido bem-sucedida, os malefícios deveriam também ser repartidos por todos. Essa socialização da perda é um dos benefícios legais ao empresário, por meio da falência e da recuperação judicial, de modo a garantir incentivo para que esse empresário continue a empreender e arriscar o seu capital". (SACRAMONE, Marcelo Barbosa. *Manual de Direito Empresarial*. São Paulo: Saraiva Educação, 2002, p. 60).

24 "Ao contrário do que é popularmente entendido, as recuperações, assim como a falência, são benefícios concedidos a determinadas pessoas. Por meio da falência, o empresário poderá, com a liquidação de seus ativos e desde que haja a satisfação de ao menos 50% dos seus débitos quirografários, ter suas obrigações extintas (art. 158, II da Lei n. 11.101/2005). Pela recuperação, por seu turno o empresário poderá renegociar os débitos com seus credores e impor, a uma minoria discordante, a vontade da maioria dos

Enquanto, na recuperação judicial, há previsão de suspensão coletiva de execuções por determinado prazo legal e negociação coletiva de recuperação judicial, em que a maioria impõe sua vontade à minoria, na insolvência civil, o acordo coletivo somente será possível após a declaração de insolvência e apenas se não houver oposição por qualquer um dos credores (art. 783, CPC/73).

Por outro lado, enquanto as hipóteses que autorizam a declaração da falência estão dispostas nos artigos 73 e 94 da LREF, não necessariamente vinculadas à insolvência econômica, a hipótese que autoriza o reconhecimento da insolvência civil ocorre sempre que as dívidas excederem à importância dos bens do devedor, presumindo-se esta quando o devedor não possuir outros bens livres e desembaraçados para nomear à penhora (arts. 748 e 750 do CPC).

Muito embora a doutrina evidencie os benefícios do procedimento falimentar e recuperacional diante do regime jurídico da insolvência civil, não se pode ignorar que o primeiro microssistema possui algumas normas mais gravosas. Isso porque, associadas à legislação falimentar e recuperacional, a Lei n. 11.101/05 também traz regras próprias que criminalizam determinadas condutas dos falidos e das recuperandas, de credores ou terceiros, além de

---

seus credores. Referidos benefícios legais são dispostos aos empresários em razão da atividade por ele desenvolvida. A atividade empresarial permite o desenvolvimento econômico nacional, o surgimento de novas tecnologias, o aumento da concorrência entre os fornecedores, a redução dos preços dos produtos disponibilizados aos consumidores e o aumento de empregos oferecidos para a população. Sua consecução, entretanto, submete o empresário a grande risco de insucesso, seja em razão de inadequação à dinâmica do mercado, seja em virtude de eventual incorreção de decisão gerencial. Como o empreendimento, caso fosse próspero, provocaria efeitos benéficos a toda a coletividade, a Lei assegurou que, para a hipótese de a atividade empresarial não ter sido bem-sucedida, os efeitos maléficos deveriam também ser repartidos por todos. Essa socialização das perdas é um benefício legal ao empresário, por meio da falência e da recuperação, de modo a garantir incentivo para que esse empresário continue a empreender e a arriscar o seu capital". (SACRAMONE, Marcelo Barbosa. *Comentários à Lei de Recuperação de Empresas e Falências*. 2ª ed. São Paulo: Saraiva Jur, 2021, p. 59).

explicitar a possibilidade de extensão dos efeitos da falência ao sócio de responsabilidade ilimitada e, para o sócio de responsabilidade limitada, a ocorrência da desconsideração da personalidade jurídica de sócios, controladores e administradores (artigos 81 a 82-A da LREF), e, também, dispor sobre a declaração da ineficácia de atos ou a sua nulidade (arts. 129 e 130, LREF). Nenhuma dessas previsões existem nas regras que disciplinam a insolvência civil.

Compreende-se a criminalização de determinadas condutas desonestas do empresário ou de seus administradores, sobretudo diante dos benefícios que lhe são outorgados pela mesma legislação, como a possibilidade de extinção de todas as suas obrigações sem que haja seu total pagamento, liberando, assim, seu patrimônio para ser aplicado em outras atividades empresariais.

Associações civis sem fins lucrativos: recentes decisões judiciais

Muito embora o texto legal seja taxativo quanto à incidência da lei de falências e recuperação judicial exclusivamente para sociedades empresárias e para empresários, recentes julgados admitindo a concessão de recuperação judicial para agentes econômicos não empresários impõem uma reflexão mais aprofundada sobre essa possibilidade. Isso porque sinaliza uma considerável mudança do paradigma do Direito Empresarial, que tradicionalmente assinalou a falência e a recuperação judicial como institutos privativos do empresário ou da sociedade empresária.

A desvinculação dos institutos de recuperação judicial e da falência do sujeito do empresário ou da sociedade empresária, condicionando-os ao fenômeno em si da empresa, pode sinalizar evolução da disciplina do Direito Empresarial percebida pelo Poder Judiciário, sensível e atento às necessidades e às particularidades do caso concreto.

Não se desconsidera a atuação do Poder Judiciário para fomentar alterações relevantes no ordenamento jurídico brasileiro. Essa atuação se mostra indispensável para permitir a própria evolução do Direito, provocada pelas necessidades do caso concreto, como se observou, por exemplo, na admissão da teoria da desconsideração da personalidade jurídica ou da teoria da consolidação substancial em recuperações judiciais e falências.

No entanto, até mesmo em razão de proposta que se mostra inovadora, é necessário refletir para as suas implicações e consequências para o próprio sistema de insolvência empresarial, que envolve a recuperação judicial e a falência.

Conforme já mencionado, anteriormente, o ordenamento jurídico brasileiro, reconhecendo a importante função social desempenhada pela organização da atividade econômica observada na empresa, regulamentou o referido fenômeno de forma a criar um microssistema normativo que minimizasse o risco do empreendedor, responsabilizando-o, contudo, pela atividade desenvolvida, o que traz, desse modo, maior previsibilidade quanto aos riscos por ele assumido.[25] O referido regime jurídico é aplicado por expressa opção legislativa àqueles sujeitos definidos em lei como empresário ou sociedade empresária, não abrangendo, a princípio, outros

---

25 "Na medida em que a empresa tem relevante função social, já que gera riqueza econômica, cria empregos e rendas e, dessa forma, contribui para o crescimento e desenvolvimento socioeconômico do país, deve ser preservada sempre que possível. O princípio da preservação da empresa que, há muito tempo é aplicado pela jurisprudência de nossos tribunais, tem fundamento constitucional, aja vista que nossa *Constituição Federal*, ao regular a ordem econômica, impõe a observância dos postulados da função social da propriedade (art. 170, III), vale dizer, dos meios de produção ou em outras palavras: *função social da empresa*". (PEREIRA CALÇAS, Manoel de Queiroz. "A Nova Lei de Recuperação de Empresas e Falências: Repercussão no Direito do Trabalho (Lei n. 11.101, de 9 de fevereiro de 2005)". *Revista TST*, Brasília, vol. 73, nº 4, out./dez. 2007. Disponível em: https://www.dpd.ufv.br/wp-content/uploads/Bibliografia-complementar-DIE-323-3.pdf. Acessado em: 19.10.2022).

agentes exercentes de atividades econômicas. Recentes decisões judiciais,[26] contudo, estão permitindo a aplicação de parte desse

---

26 "(...) Nesse passo, tenho que a possibilidade de recuperação judicial das associações civis é tema latente, que vem dividindo o entendimento tanto da doutrina especializada quanto da jurisprudência e que, apenas por esse fato, observada sempre a máxima vênia, já se mostraria apta a demonstrar a plausibilidade do direito alegado, preenchendo o requisito para a concessão da tutela liminar, e, por outro lado, a indeferir o pleito contra-acautelatório. Deveras, apesar de não se enquadrarem literalmente nos conceitos de empresário e sociedade empresária do art. 1º da Lei n. 11.101/2005 para fins de recuperação judicial, as associações civis também não estão inseridas no rol dos agentes econômicos excluídos de sua sujeição (LREF, art. 2º). (...) Realmente, "algumas atividades, não obstante relevantes para o cenário econômico, se encontram em zona cinzenta de classificação como ato de empresa, seja por dificuldade na subsunção ao conceito de elemento de empresa, inserto no p.ú., do art. 966 do Código Civil, seja por estarem legalmente rotuladas como não-empresárias". (GUIMARÃES, Márcio Souza. "A ultrapassada Teoria da Empresa e o Direito das empresas em dificuldade". *In*: RIBEIRO, José Horácio Halfeld Rezende; WAISBERG, Ivo (Coord.). *Temas de Direito da Insolvência*: estudos em homenagem ao Professor Manoel Justino Bezerra Filho. São Paulo: IASP, 2017, p. 703). Em diversas circunstâncias, as associações civis sem fins lucrativos acabam se estruturando como verdadeiras empresas do ponto de vista econômico, em que, apesar de não distribuírem o lucro entre os sócios, exercem atividade econômica organizada para a produção e/ou a circulação de bens ou serviços, empenhando-se em obter superávit financeiro e crescimento patrimonial a ser revertido em prol da própria entidade e da mantença de todas as benesses sociais às quais está vinculada. Exatamente por isso é que o Enunciado n. 534 do CJF/STJ da VI Jornada de Direito Civil (2013) dispõe que "as associações podem desenvolver atividade econômica, desde que não haja finalidade lucrativa". "Não se pode olvidar, no entanto, que não é a inscrição no Registro de Empresas que confere a qualidade empresária àquela atividade. (...) É justamente em razão de sua relevância econômica e social que se tem autorizado a recuperação judicial de diversas associações civis sem fins lucrativos e com fins econômicos, garantindo a manutenção da fonte produtiva, dos empregos, da renda, o pagamento de tributos e todos os benefícios sociais e econômicos decorrentes de sua exploração. Portanto, apesar de realmente haver posicionamentos doutrinários em sentido contrário, assinalo que também há diversas doutrinas especializadas defendendo, com substrato nos princípios e objetivos insculpidos no art. 47 da LREF, a possibilidade de se efetivar uma leitura sistêmica dos arts. 1º e 2º, de modo que, em interpretação finalística da norma fulcrada nos princípios da preservação da empresa e de sua função social, reconhecem como possível a extensão do instituto da recuperação judicial a entidades que também exerçam atividade

econômica, gerando riqueza e, na maioria das vezes, bem-estar social, apesar de não se enquadrarem literalmente no conceito de empresa. (...)". (Trecho extraído do voto vista divergente vencedor do Exmo. Ministro Luiz Felipe Salomão. AgInt no PEDIDO DE TUTELA PROVISÓRIA N. 3.654 – RS 2021/0330175-0, RELATOR: MINISTRO RAUL ARAÚJO AGRAVANTE: INSTITUTO METODISTA DE EDUCAÇÃO e outros. Vistos, relatados e discutidos estes autos, os Ministros da Quarta Turma do Superior Tribunal de Justiça acordam, após o voto-vista divergente do Ministro Luis Felipe Salomão, por maioria, dar parcial provimento ao agravo interno, nos termos do voto divergente do Ministro Luis Felipe Salomão e dos acréscimos da Ministra Maria Isabel Gallotti. Lavrará o acórdão do agravo interno o Ministro Luis Felipe Salomão. Vencido o relator. Votaram com o Sr. Ministro Luis Felipe Salomão (Presidente) a Sra. Ministra Maria Isabel Gallotti e o Sr. Ministro Antonio Carlos Ferreira. Impedido o Sr. Ministro Marco Buzzi, 15/03/2022).

"O art. 1º da Lei n. 11.101/2002 disciplina 'a recuperação judicial, a recuperação extrajudicial e a falência do empresário e da sociedade empresária', fato que permite concluir, a princípio, que os apelantes efetivamente não se enquadram nesse conceito, pois o primeiro recorrente ostenta a qualidade de associação civil sem fins lucrativos, enquanto o segundo atualmente presta-lhe serviços logísticos e afetos à atividade. Entretanto, o art. 2º é enfático ao estipular que a Lei de Recuperação de Empresas e Falência 'não se aplica a: I – empresa pública e sociedade de economia mista; II – instituição financeira pública ou privada, cooperativa de crédito, consórcio, entidade de previdência complementar, sociedade operadora de plano de assistência à saúde, sociedade seguradora, sociedade de capitalização e outras entidades legalmente equiparadas às anteriores. Nesse contexto, também se torna possível interpretar que, por não constar no rol de entes excluídos, as associações civis podem ser submetidas ao instituto da recuperação judicial ou falência, caso preenchidos os demais requisitos legais (art. 8º do CPC). A consideração do termo 'empresário' enseja o exercício profissional de atividade econômica organizada para a produção ou circulação de bens ou serviços (art. 966 do CC). Por sua vez, as associações qualificam-se pela união de pessoas 'que se organizem para fins não econômicos' (art. 53 do CC). O cotejo dessas normas conduz à conclusão de que 'as associações podem desenvolver atividade econômica, desde que não haja finalidade lucrativa', conforme entendimento consolidado pelo Conselho da Justiça Federal na VI Jornada de Direito Civil (Enunciado 534). O intérprete não pode se distanciar dos fatos, na forma como são apresentados ou mesmo mediante aplicação das regras de experiência comum subministradas pela observação do que ordinariamente acontece (art. 375 do CPC). O mundo do futebol não pode ser considerado como mera atividade social ou esportiva, essencialmente por tudo que representa em uma comunidade e toda a riqueza envolvida (passes dos jogadores, patrocínios, direitos de imagem e de transmissão, entretenimento e exploração da marca). Bem difundida no Brasil pela microssistema, especificamente para a tutela de situações de recuperação judicial, para outros agentes econômicos não empresários, como é o caso de associações civis.

A associação não é sociedade empresária. No entanto, a partir da interpretação da inexistência de vedação específica no art. 2º, I e II, da LFR, e da possibilidade de exercer atividade empresarial,

---

professora Cláudia Lima Marques, ganha relevo nesta etapa cognitiva a teoria do diálogo das fontes, concebida na Alemanha pelo professor da Universidade de Heidelberg Erik Jayme. Com escopo de aperfeiçoar a interpretação jurídica de aparentes antinomias à luz dos postulados da hierarquia, especialidade e cronologia, surgem os diálogos sistemáticos de coerência, complementaridade/subsidiariedade ou de influência recíproca sistemática, os quais autorizam o trânsito entre leis, institutos, conceitos ou princípios para que se permita a melhor exegese ao caso concreto. Nessa ordem de ideias, a Lei n. 9.615/1998 (Lei Pelé), ao instituir normas gerais sobre desporto, estipula que as entidades de prática desportiva participantes de competições profissionais e as entidades de administração de desporto ou ligas em que se organizarem, independentemente da forma jurídica sob a qual estejam constituídas, equiparam-se às das sociedades empresárias (§13 do art. 27). (...) Concluo, portanto, que o fato de o primeiro apelante enquadrar-se como associação civil não lhe torna ilegítimo para pleitear a aplicação dos institutos previstos na Lei n. 11.101/2005, porquanto não excluído expressamente do âmbito de incidência da norma (art. 2º), equiparado às sociedades empresárias textualmente pela Lei Pelé e, notadamente, diante da sua reconhecida atividade desenvolvida em âmbito estadual e nacional desde 12/06/1921, passível de consubstanciar típico elemento de empresa (atividade econômica organizada). Assim, considerando que o teor da sentença recorrida não enfrentou a relevância e a urgência destinada à obtenção, ou não, do *stay period*, fica afastada, nesta análise cognitiva, tão somente a ilegitimidade ativa dos apelantes e seus efeitos daí decorrentes (art. 51, V, da Lei n. 11.101/2005), prejudicadas as demais teses. Ante o exposto, DESCONSTITUO, DE OFÍCIO, A SENTENÇA APELADA, por infração ao disposto no art. 10 do CPC e, nesta ocasião, em observância ao art. 1.013, §3º, I e IV, do mesmo diploma, RECONHEÇO A LEGITIMIDADE ATIVA dos apelantes e determino o retorno dos autos à origem para regular processamento e implementação da análise integral dos termos da tutela requerida em caráter antecedente. Prejudicadas as demais teses levantadas no reclamo (art. 932, III, do CPC)". (TJSC – Apelação n. 5024222-97.2021.8.24.0023, relator Desembargador José Antônio Torres Marques, Quarta Câmara de Direito Comercial, julgamento monocrático 18/03/2021).

embora sem distribuição de lucros, foi deferida a recuperação judicial de associação de ensino, não registrada na Junta Comercial.

Manoel Justino Bezerra Filho ofertou um parecer que foi acolhido em primeira instância, no Rio de Janeiro, para o deferimento da recuperação judicial da Universidade Cândido Mendes (UCAM). Essa decisão foi confirmada pelo Tribunal de Justiça do Rio de Janeiro (TJRJ) ao entendimento de que o art. 2º, I e II, da LFR é taxativo, não excluiu a associação de ensino sem fins lucrativos e está presente a condição de agente econômico no exercício de empresa, à luz dos artigos 966,[27] 981[28] e 982[29] do Código Civil. Por conseguinte, entendeu aplicar-se ao caso o princípio da preservação da empresa de que cuida o art. 47 para o deferimento do pedido de recuperação judicial.

O parecer do Professor Manoel Justino Bezerra Filho tem a seguinte ementa:

> Associação civil educacional – Universidade Cândido Mendes/UCAM – e sua mantenedora, Associação Sociedade

---

27 Art. 966 do Código Civil: "Considera-se empresário quem exerce profissionalmente atividade econômica organizada para a produção ou a circulação de bens ou de serviços". (BRASIL. *Lei n. 10.406*, de 10 de janeiro de 2002. Institui o Código Civil. Disponível em: http://www.planalto.gov.br/ccivil_03/leis/2002/l10406compilada.htm. Acessado em: 03.05.2021).

28 Art. 981 do Código Civil: "Celebram contrato de sociedade as pessoas que reciprocamente se obrigam a contribuir, com bens ou serviços, para o exercício de atividade econômica e a partilha, entre si, dos resultados". (BRASIL. *Lei n. 10.406*, de 10 de janeiro de 2002. Institui o Código Civil. Disponível em: http://www.planalto.gov.br/ccivil_03/leis/2002/l10406compilada.htm. Acessado em: 03.05.2021).

29 Art. 982 do Código Civil: "Salvo as exceções expressas, considera-se empresária a sociedade que tem por objeto o exercício de atividade própria de empresário sujeito a registro (artigo 967); e, simples, as demais". (BRASIL. *Lei n. 10.406*, de 10 de janeiro de 2002. Institui o Código Civil. Disponível em: http://www.planalto.gov.br/ccivil_03/leis/2002/l10406compilada.htm. Acessado em: 03.05.2021).

Brasileira de Instrução/ASPI – Possibilidade (ou não) de ser sujeito ativo no pedido de recuperação judicial – Associação de ensino – Exame à luz do art. 1º da Lei n. 11.101/2005, a LREF (interpretação *contrario sensu*) – Exame à luz do art. 2º, que indica especificamente quais instituições não se submetem à LREF, sem mencionar instituição de ensino – Dicotomia do Direito Privado – Interpretação mais dinâmica e elástica do Direito Empresarial em relação ao Direito Civil – Interpretação principiológica e teleológica do art. 47 da LREF – Exame da "associação", à luz da teoria da empresa – A figura do "agente econômico" – Possibilidade de deferimento do direito ao processamento da recuperação judicial – Interpretação jurisprudencial que admite a recuperação judicial em tais casos – A associação civil que atua na área de ensino, examinada à luz da teoria da empresa, preenche todas as condições exigidas pela LREF no sentido de que pode ter deferido seu pedido de processamento da recuperação judicial. A associação em questão é uma fonte produtora, ao prestar serviços de educação; sua recuperação preservará o emprego dos trabalhadores e atenderá o interesse dos credores. Caracteriza-se como empresa (aspecto funcional de Asquini), tem inegável função social e estimula a atividade econômica, preenchendo assim todas as exigências dos artigos 1º e 47 da LREF, bem como dos artigos 966, 981 e 982 do Código Civil. Seja por interpretação principiológica e/ou teleológica, seja por simples interpretação literal da lei positiva, a LREF permite que a associação em tais condições apresente pedido de recuperação judicial, havendo interpretação jurisprudencial em tal sentido.[30]

---

30 Sobre o tema: SEABRA, Catia. "Após perder metade dos alunos, universidade do RJ entra em recuperação judicial". *Folha de S. Paulo*, 20 mai. 2020. Disponível em: https://www1.folha.uol.com.br/cotidiano/2020/05/apos-perder-metade-dos-alunos-candido-mendes-entra-em-recuperacao-judicial.shtml. Acessado em: 03.05.2021; COSTA, Mariana; SPERCEL, Thiago; VERÇOSA, Haroldo Malheiros Duclerc. "Associações sem fins lucrativos podem falir e pedir recuperação judicial? O recente caso da Universidade Cândido Mendes". *Migalhas*, 28 mai. 2020. Disponível em: https://migalhas.uol.com.br/depeso/327828/

E foi à luz dessa premissa que, por maioria de votos, o TJRJ, decidiu que "a finalidade maior da Lei de Recuperação Judicial é a de preservar a empresa, qualquer que seja a sua natureza, como fonte produtora de riquezas, o emprego dos trabalhadores, o interesse dos credores, sua função social e o estímulo da atividade econômica".[31]

O inconformismo do recurso interposto pelo Ministério Público que atuou naquele processo centrou-se em que a opção de não se registrar na Junta Comercial foi da própria associação. E, ao preferir o regime de não distribuição de lucro e o benefício tributário, em vez da sociedade empresária, não pode ser equiparada para receber o benefício legal exclusivo do tipo societário que preferiu não adotar.

Não custa realçar, para o debate, que se sustentou que a interpretação sistemática da lei exige a sintonia dos seus artigos, partindo-se sempre dos seus destinatários expressos que, pelo artigo 1º, são os empresários e as sociedades empresárias. E, assim, somente são considerados se inscritos na Junta Comercial. Desse modo, quando o art. 2º ressalva algumas exceções, argumenta que se parte do pressuposto de que as excepcionadas eram sociedades empresárias. E, ainda que sejam, não estão ao abrigo do benefício da recuperação judicial.[32] Por essa interpretação, as exceções do art. 2º, I e II, da LFR não se destinam a tipos societários distintos da sociedade empresária, mas tão somente aos que, mesmo o sendo, não poderiam beneficiar-se do instituto da recuperação judicial ou extrajudicial. Não caberia interpretar, portanto, que a associação sem fins lucrativos e sem registro na Junta Comercial, gozando de

---

associacoes-sem-fins-lucrativos-podem-falir-e-pedir-recuperacao-judicial-o-recente-caso-da-universidade-candido-mendes. Acessado em: 03.05.2021.

31 TJRJ, 6ª Câmara Cível, AI n. 0031515-53.2020.8.19.0000, Rel. Min. Fernando Gonçalves, DJe 15/10/2020.

32 Ver comentário ao art. 2º.

vantagem tributária por opção própria, estaria inserida nos destinatários previstos pela lei para o benefício da recuperação judicial.

Sustenta-se, assim, que como o interesse precípuo do legislador foi o de preservar a empresa, que possui função social,[33] não se justificaria limitar a utilização do instituto da recuperação judicial apenas aos empresários e às sociedades empresárias – a despeito

33 "Assim, o disposto no artigo 966 aparenta emaranhar os conceitos econômico e jurídico, pois o elemento organizativo está no centro da noção de empresa. Dessa forma, embora haja importantes vozes em contrário, segundo alguns doutrinadores, seria possível fazer uma leitura ampliativa do artigo 1º da Lei de Recuperação de Empresas, para estender a aplicação do referido diploma legal para cooperativas e associações com fins econômicos que exerçam atividades de produção ou circulação de bens ou serviços, com notória geração de riquezas (economicidade). Esta leitura ampliativa se justificaria com base numa interpretação sistêmica da Lei de Recuperação de Empresas, uma vez que seu art. 47 estabelece os objetivos e princípios norteadores da recuperação judicial: 'viabilizar a superação da situação de crise econômico-financeira do devedor, a fim de permitir a manutenção da fonte produtora, do emprego dos trabalhadores e dos interesses dos credores, promovendo, assim, a preservação da empresa, sua função social e o estímulo à atividade econômica'. Note-se que o art. 47 fala em 'fonte produtora' e 'empresa' (atividade), não fala em 'sociedade empresária'. Vale lembrar que a empresa cumpre sua função social ao realizar o seu objeto, quando atende aos interesses difusos e coletivos de todos que são diretamente, ou indiretamente, afetados por sua atividade, incluindo-se, portanto, fatores como a criação de empregos, pagamento de tributos, geração de riqueza, contribuição para o desenvolvimento econômico, adoção de práticas sustentáveis e respeito aos direitos dos consumidores. Por tal razão, ao se falar em função social da empresa no art. 47 da Lei de Recuperação de Empresas, estamos, em verdade, referindo-nos à atividade em si, exercida através dos bens de produção da empresa, do que propriamente da entidade jurídica que a reveste ou mesmo da pessoa do empresário. As tendências modernas, assim, sugerem que os institutos da falência e recuperação judicial devem atender à função econômico-social do próprio ciclo produtor e do agente econômico que atua no mercado". (COSTA, Mariana; SPERCEL, Thiago; VERÇOSA, Haroldo Malheiros Duclerc. "Associações sem fins lucrativos podem falir e pedir recuperação judicial? O recente caso da Universidade Cândido Mendes". *Migalhas*, 28 mai. 2020. Disponível em: https://migalhas.uol.com.br/depeso/327828/associacoes-sem-fins-lucrativos-podem-falir-e-pedir-recuperacao-judicial-o-recente-caso-da-universidade-candido-mendes. Acessado em: 03.05.2021).

do artigo 1º expressamente o prever nesse sentido. Pondera-se, também, que tais agentes econômicos não se encontram no rol de vedações do artigo 2º da LREF.

É possível contra-argumentar, nesse ponto, que o legislador já reconhecia o valor e a importância da preservação da empresa no momento da edição da Lei n. 11.101/2005 e, apesar disso, optou deliberadamente por não estender a utilização do instituto da falência e da recuperação judicial a outros sujeitos que não empresários e às sociedades empresárias.

Destaca-se que o Congresso Nacional foi claro ao não admitir a submissão à recuperação judicial e falência aos agentes econômicos não empresários quando rejeita a emenda 64 sobre o PL n. 4.458/4040 no Senado, por considerar que sua inclusão no sistema empresarial resultaria na falência de muitos deles, o que não era desejado.

Por outro lado, observa-se que a doutrina tradicionalmente justifica a limitação da incidência da LREF ao empresário e à sociedade empresária no fato de que apenas estes assumem o risco habitual da atividade empresarial, justamente porque pretendem maiores lucros, e que, diante dos resultados benéficos de sua atuação, mereceriam socializar, também, os prejuízos sofridos.[34]

---

34 "As demais pessoas jurídicas de direito privado arroladas no art. 44 do Código Civil, como as associações, as fundações, as organizações religiosas, os partidos políticos e as sociedades simples, como as cooperativas, as sociedades desenvolvam atividade típica de profissionais liberais ou de atividade agropecuária sem inscrição no Registro Público de Empresas Mercantis, podem desempenhar atividade econômica excepcionalmente. Ainda assim, contudo, por não possuírem os demais requisitos para serem consideradas empresárias, não podem se submeter à recuperação ou ter a falência decretada. O argumento de que não há norma expressa proibitiva para os demais agentes econômicos se submeterem ao processo de recuperação ou falência deve ser afastado. A Lei n. 11.101/2005 cria microssistema excepcional. A norma geral, estabelecida pelo Código de Processo Civil e que, em seu art. 1,052, remete à aplicação do Código de Processo Civil de 1973, é o procedimento da insolvência civil, aplicado a todos os devedores insolventes. A Lei

O primeiro ponto que chama a atenção é sobre as implicações de se permitir submeter agentes econômicos não empresários ao regime da recuperação judicial.

Se, por um lado, se passa a admitir, em razão da função social da empresa observada na atividade empresarial desenvolvida por esses agentes, que eles possuem legitimidade para requerer judicialmente sua recuperação judicial ou extrajudicial, é de se indagar que também seria cabível, diante dessa realidade, que qualquer terceiro pudesse requerer judicialmente a sua falência – além, por óbvio, da convolação em si da recuperação judicial em falência. E, evidentemente, não há motivo para se responder negativamente a tal questionamento.

Quando se admite a utilização do instituto da recuperação judicial/extrajudicial a determinados agentes econômicos não empresários, em atenção à função da empresa que porventura desenvolvam, não se está, por óbvio, reconhecendo que apenas este instituto lhes é cabível. Ao contrário, admitir que possam se

---

n. 11.101/2005 excepciona, em seu art. 1º, apenas aos empresários o sistema de recuperação e falências. (...) Nos termos do art. 53 do Código Civil, as associações se constituem pela união de pessoas que se organizam par afins não econômicos. Ainda que desempenhem atividade de disponibilização de produtos ou serviços ao mercado, isso não é realizado para a 'partilha de resultados financeiros entre os membros, conquanto as utilidades criadas sejam passíveis de usufruto por todos'. Ainda que possam desempenhar um conjunto de atos destinados à produção ou circulação de bens e serviços ao mercado, a finalidade dessa atividade econômica não é a obtenção de lucros para sua distribuição entre os seus membros. A atividade econômica de circulação de bens ou serviços é apenas meio ou instrumento para que a finalidade da associação seja satisfeita. (...) A busca pelo maior lucro é característica típica do empresário, pois o incita a investir para desenvolver novos produtos e serviços sob o risco do insucesso diante do risco – risco este que lhe é habitual e não excepcional como aos demais agentes econômicos – uma forma de estimular o maior desenvolvimento de sua atividade econômica ou seu rápido retorno ao mercado após eventual liquidação forçada". (SACRAMONE, Marcelo Barbosa. *Comentários à Lei de Recuperação de Empresas e Falências*. 2ª ed. São Paulo: Saraiva Jur, 2021, pp. 66/67).

valer desse instituto consiste em reconhecer que se sujeitam ao microssistema da insolvência empresarial em sua totalidade.

Afinal, se o microssistema da insolvência empresarial disciplinado na Lei n. 11.101/05 deve ser destinado a todos que se organizam pela forma de empresa, como sustentam essas decisões, não há qualquer sentido em se pretender restringir a incidência desse microssistema apenas para o instituto da recuperação judicial/extrajudicial, pretendendo, para o rito da execução concursal, o procedimento de insolvência típico da pessoa jurídica de direito privado não empresária adotado.

Entender de forma diversa geraria situações incongruentes. Isso porque, sob a perspectiva do direito material, criaria um sistema híbrido, que não é próprio nem do Direito Empresarial tampouco da respectiva pessoa jurídica de direito privado não empresária, o que geraria ainda mais dúvidas e situações totalmente novas e não previstas pelo legislador. Assim, por exemplo, nesse cenário, poderia o juízo da recuperação judicial convolá-la em falência se diante de uma das situações do art. 73 da LREF? A princípio, se o regime para liquidação a ser adotado for aquele próprio da pessoa jurídica de direito empresário não societária, a resposta a esse questionamento seria negativa, o que parece desvirtuar o instituto da recuperação judicial em si.

Outra questão que surge, de natureza material, reside no fato de que, uma vez reconhecida a possibilidade de se submeter o agente econômico não empresarial ao regime da recuperação judicial, por se organizar sob a forma de empresa, como negar a um de seus credores não abrangido pelo plano a possibilidade de requerer a sua falência?

Ou, ainda, como ficaria a previsão de não sucessão do adquirente por obrigações da recuperanda, em caso de alienação de bens (art. 60, LREF), típica do Direito Empresarial, se houvesse, posteriormente, a submissão da questão ao procedimento próprio de liquidação da pessoa jurídica não empresária?

O regime híbrido mencionado no parágrafo acima criaria situação igualmente incongruente também na esfera processual. Afinal, o juízo da recuperação, que é prevento por lei para processar a respectiva falência, provavelmente não seria aquele responsável por conduzir o respectivo processo de insolvência, sobretudo em caso de especialização de competência de varas e câmaras. Haveria, assim, em caso de insolvência, mais um juízo analisando a validade, por exemplo, de atos de alienação ocorridos durante a recuperação judicial, o que pode não ser a melhor solução para trazer maior previsibilidade e segurança jurídica.

Alguns dos problemas identificados acima no regime híbrido sinalizam para a inviabilidade de sua existência, diante da interconexão e complementaridade dos institutos da recuperação judicial/extrajudicial e falência, os quais compõem de forma orgânica o microssistema empresarial da insolvência.

Logo, ainda que a Lei n. 14.193/21 apenas se refira expressamente à possibilidade de que clubes de futebol possam requer sua recuperação judicial, não parece que tal previsão possa ser suscitada para obstar eventual processamento de pedido de sua falência, seja como convolação da recuperação judicial, seja como pedido autônomo. Afinal, a possibilidade de que possa se submeter também ao instituto jurídico da falência parece ser decorrência lógica da permissão da primeira.

Não faz sentido permitir que se processe a recuperação judicial sem que se admita a possibilidade de que, eventualmente, ela não seja aceita e seja preciso decretar a sua falência, conforme previsto no artigo 58-A da LREF. Sem tal possibilidade, os credores ficariam em situação de total sujeição ao devedor, inviabilizando que a negociação coletiva representada pela recuperação judicial pudesse trazer solução satisfatória a essa massa de credores, visto que não teriam qualquer poder de barganha.

O microssistema da insolvência empresarial instituído pela Lei n. 11.101/05 é composto por diversos institutos que atuam de forma orgânica, permitindo o tratamento jurídico adequado para situações de crise da atividade empresarial. Não se trata, portanto, de privilégio outorgado ao exercente de atividade empresária, mas sim de mecanismo disponibilizado a ele, em atenção aos benefícios que a atividade empresarial proporciona à sociedade como um todo.[35]

Desse modo, para que a recuperação judicial possa ser mais eficiente e contribuir para o desenvolvimento da empresa, deve equacionar melhor os interesses de todos os envolvidos – credor e devedor –, sendo que, enquanto este último detém a seu favor a possibilidade de requerer a suspensão de ações e execuções (*stay period*), os primeiros detêm a seu favor a possibilidade de não aceitar o acordo proposto, apresentar plano alternativo, ou mesmo rejeitá-lo e submeter-se a um regime falimentar. Resta patente, portanto, que falência e recuperação judicial não são institutos estanques e isolados, mas, ao contrário, integram sistema orgânico que não funciona sem que um deles não esteja presente. Isso também se pode dizer sobre a possibilidade de responsabilização penal do devedor, visto que consiste em estímulo positivo para desestimular comportamentos fraudulentos e de má-fé.

Assim, se, por um lado, o microssistema empresarial da insolvência proporciona ferramentas para permitir o soerguimento da empresa, em atenção à função social desta, conforme preceitua

35 "A função do Direito Comercial ata-se, assim, à *implementação de políticas públicas*; não se esgota na busca do incremento do tráfico, desdobrando-se também na determinação do papel que o mercado desempenhará na alocação dos recursos em sociedade (...) 10. Situado o Direito Empresarial contemporâneo, cumpre reconhecer que o *mercado* – e não mais o ato de comércio ou a empresa isoladamente considerada – imprime as notas diferenciadoras do estudo da matéria. A conjugação do primeiro e do segundo capítulo faz aflorar clara linha evolutiva: na origem, o Direito Comercial brasileiro marcou-se pelo *ato de comércio*, posteriormente pela *empresa. Hoje o epicentro dogmático repousa no mercado e em sua disciplina jurídica. O movimento é claro: antes o ato, depois, a empresa (atividade); hoje, o mercado*". (FORGIONI, Paula. *A Evolução do Direito Comercial brasileiro*: da mercancia ao mercado. São Paulo: Revista dos Tribunais, 2009, pp. 23-31).

o art. 47, da LREF, por outro lado, constatada a sua inviabilidade, determina sua liquidação imediata e célere, com vista a realocação célere de recursos na economia, tal como previsto no art. 75, II da LREF. São duas faces da mesma moeda.

Consequentemente, por ser um imperativo lógico-sistêmico, admitida a possibilidade de que um agente econômico não empresário possa requerer sua recuperação judicial/extrajudicial, é preciso admitir, também, a possibilidade de eventualmente essa recuperação seja convolada em falência ou que terceiros a possam postular.

Afinal, o que contrabalança o poder negocial concedido ao devedor em crise na recuperação decorrente da suspensão dos prazos de prescrição e também das execuções individuais contra ele é justamente que, no pior cenário, seus credores poderão requerer a sua falência. Negocia-se, portanto, no âmbito da recuperação judicial, tendo como perspectiva a possibilidade da falência. Se essa perspectiva não existe, é de se questionar se haveria, de fato, condições efetivas para negociação coletiva de créditos.

Considerando o que foi exposto acima, conclui-se ser preciso ter cuidado e critério para se identificar quais são os elementos que permitem identificar, no caso concreto, se um determinado agente econômico organiza a sua atividade econômica sob a forma de empresa.

Isso porque, enquanto para sociedades empresariais e empresários, o desenvolvimento da atividade organizada sob a forma de empresa é presumida e decorre de lei, no caso dos demais agentes econômicos não empresários, seria preciso demonstrar que sua atividade é desenvolvida sob essa forma.

O agente econômico não empresário terá o ônus, portanto, de demonstrar que desenvolve atividade econômica organizada sob a forma de empresa.

Por outro lado, para mitigar eventuais incertezas e imprevisibilidades decorrentes da falta de definição legal de quais são os agentes econômicos não empresários que se submetem ao regime do Direito Empresarial, é possível aplicar-se, por analogia, a regra do artigo 971, *caput* e parágrafo único do Código Civil, que exige prévia inscrição no Registro Público das Empresas Mercantis, como condição necessária para se permitir a submissão do agente ao microssistema empresarial da insolvência.

Afinal, conforme já mencionado, a inscrição no Registro Público das Empresas Mercantis é uma das disposições complementares previstas no Livro "Da Empresa", do Código Civil, e que, portanto, e até mesmo como se evidencia do seu art. 971, deve ser exigida também daqueles agentes que se organizam por elemento de empresa. Tal exigência poderia ser benéfica não apenas para trazer critério que permitisse definir com maior objetividade quais os agentes que estariam sujeitos ao regime recuperacional e falimentar, mas, também, acautelariam terceiros, garantindo publicidade e, consequentemente, controle dos seus atos.

Outro questionamento interessante que pode surgir em razão da situação analisada é se seria possível a sujeição aos crimes especiais previstos na Lei n. 11.101/05 de administradores, contadores, técnicos contábeis ou outros profissionais uma vez admitida a possibilidade de se submeter agentes econômicos não empresarial ao microssistema empresarial da insolvência. Essa indagação se coloca tanto para a situação da recuperação judicial/extrajudicial quanto da falência.

Considerando que o devedor, no caso, não se enquadra na hipótese do artigo 1º da lei, ou seja, não é empresário nem sociedade empresária, nem seus administradores ou contadores atuam em sociedades empresárias, seria possível a responsabilidade penal desses agentes por uma interpretação extensiva? Essa situação não violaria o princípio da tipicidade penal?

E, pior, caso se concluísse pela impossibilidade de aplicação extensiva dos crimes falimentares aos administradores e contadores de agentes econômicos não empresariais, não se teria como resultado um regime jurídico de insolvência mais gravoso ao empresário e à sociedade empresária em comparação aos demais agentes econômicos não empresários? E, diante dessa constatação, não poderia o devedor e seus administradores sustentarem a inaplicabilidade do sistema penal falimentar, em atenção ao princípio da isonomia, diante da injustiça do tratamento distinto de situações semelhantes?

Os questionamentos acima evidenciam as dificuldades interpretativas que decorrem de tentar fazer o microssistema empresarial da insolvência, que claramente foi desenvolvido a partir da figura do empresário e da sociedade empresária, e não da empresa, ser ampliado para outros agentes econômicos não empresários.

As recentes decisões judiciais que inspiraram as reflexões apresentadas acima e que permitiram a utilização do instituto da recuperação judicial para agentes econômicos não empresariais possuem um potencial transformador quanto ao modo de compreensão da conformação do Direito Empresarial e talvez estejam promovendo um justo reposicionamento dele no fenômeno da empresa, em detrimento da pessoa do empresário.

A realidade constatada pela jurisprudência de que alguns agentes econômicos podem ser organizar na forma de empresa e que, portanto, deveriam fazer jus à utilização dos institutos jurídicos desenvolvidos em atenção aos benefícios sociais por ela proporcionados, parece estar reajustando o vetor de interpretação do próprio Direito Empresarial, retirando o foco do sujeito que a exerce para lançar luz nas necessidades inerentes à atividade em si.

Por outro lado, não se pode ignorar que o Direito Empresarial brasileiro tem se desenvolvido desde a promulgação do atual Código Civil a partir do paradigma do empresário/sociedade empresária. Todo um sistema normativo de limitação de responsabilidades e dos riscos foi construído a partir dessa perspectiva, inclusive no que toca à disciplina da insolvência. Há, portanto, um microssistema do Direito Empresarial que funciona como uma unidade orgânica, em que todos os institutos jurídicos que o compõem estão extremamente interligados e conectados, de forma que seria absolutamente disfuncional a utilização de um sem o outro.

A pretexto de se corrigir um equívoco e permitir a tutela de todos aqueles que desenvolvem a empresa de forma semelhante, poder-se-ia, ao contrário, sobretudo se houver proliferação das decisões, trazer imprevisibilidade e maior insegurança jurídica, gerando instabilidade para um sistema que notoriamente é mais efetivo do que o seu congênere da legislação civil comum, como é o caso do tratamento conferido pelo Direito Empresarial para empresas em crise.

Enquanto não houver ajuste legislativo, a medida idônea a mitigar as incertezas já comentadas parece ser a de exigir dos agentes econômicos não empresários que observem o quanto disposto nos artigos 971, *caput* e parágrafo único, e 984, ambos do CC. Isso porque o referido dispositivo legal atribui a determinados agentes a faculdade de escolherem se pretendem ou não se sujeitar ao mesmo regime jurídico do empresário para todos os efeitos, por equiparação, bastando, para esse último caso, que procedam à sua inscrição no registro competente. E, consequentemente, enquanto não exercerem essa faculdade, continuam a ter sua situação jurídica disciplinada pelas regras civis relativas à respectiva pessoa jurídica não empresarial. Sobre esses dispositivos serão tecidos comentários específicos.

Trata-se, contudo, de questão que precisará ser apreciada pela jurisprudência.

A propósito da jurisprudência, em 01/08/2023, a 2ª Câmara Reservada de Direito Empresarial do TJSP, por maioria e em julgamento estendido, afastou o pedido de recuperação judicial formulado por uma maternidade constituída sob a forma de associação civil, sem fins lucrativos. Destacou o relator designado, Desembargador Grava Brazil, que o art. 1º da LREF é categórico ao destinar a recuperação judicial apenas aos empresários e às sociedades empresárias, ressaltando que as associações civis não podem sofrer falência, tampouco seus administradores podem responder por crimes falimentares.

No caso, o relator sorteado, havia confirmado o deferimento do processamento da recuperação judicial deduzido pela Maternidade, assentando que diversos agentes econômicos, embora desprovidos de finalidade lucrativa, exercem atividade própria dos empresários e das sociedades empresárias, explorando atividade econômica organizada, com habitualidade, promovendo circulação de riquezas, gerando empregos, pagando tributos e prestando serviços relevantes à sociedade, como seria o caso da associação requerente. Segundo esse entendimento, o instituto da recuperação judicial não tem o objetivo de assegurar a manutenção pura e simples da atividade lucrativa, mas sim da atividade econômica viável que exerça inequívoca função social, de modo a permitir o processamento da recuperação judicial da entidade beneficente.[36]

---

36 Extrai-se da declaração do voto vencido: "*Na prática, são vários os agentes econômicos que, embora desprovidos de finalidade lucrativa, atendem os demais elementos qualitativos e distintivos dos empresários e sociedades empresárias, nos termos do artigo 966 do Código Civil, na medida em que exercem, com habitualidade, atividade econômica (no sentido de meio) organizada e, com isso, promovem a circulação de riquezas, geram empregos, pagam tributos e prestam importantes serviços à sociedade, com inequívoca função social. Assim, conquanto não se ignore que, em um primeiro momento, a interpretação conjunta dos artigos 1º da Lei n. 11.101/2005 e 966 do Código Civil leva à conclusão de que apenas pessoas com finalidade lucrativa podem fazer uso da recuperação judicial, não se pode perder de vista, de outro, que a limitação desse instituto nesses termos não guarda correspondência com a realidade, nem com os importantes propósitos que motivam a própria Lei n. 11.101/2005, assim resumidos no respectivo artigo 47 ao dispor que: A recuperação judicial tem por objetivo viabilizar a superação da situação de crise econômico-financeira do devedor, a fim de permitir a manutenção da fonte produtora, do emprego dos trabalhadores e dos interesses dos credores, promovendo, assim, a preservação da empresa, sua função social e o estímulo à atividade econômica. Extrai-se desse dispositivo, aliás, que a Lei n. 11.101/2005 não tem como propósito assegurar a manutenção pura e simples da atividade lucrativa, mas, sim, da atividade econômica viável, dada a sua qualidade de fonte produtora e promotora da circulação de riquezas, bens e serviços, com notáveis impactos no meio social,*

tudo a recomendar a adoção de uma interpretação ampliativa do artigo 1º desse diploma legal. (...) A agravada se enquadra exatamente nessa situação, já que o relatório gerencial relativo ao período de janeiro a junho de 2022 às pp. 122-156 dos autos originários dá conta, dentre outras informações, de números expressivos de faturamento mensal (média aproximada de R$ 8,96 milhões mensais), da existência de contratos e convênios celebrados com diversas entidades, sobretudo com o Sistema Único de Saúde – SUS e diversos planos de saúde privados, de 891 funcionários ativos, na média, além de despesas de grande monta com o pagamento de fornecedores, trabalhadores e tributos diversos, todas na ordem das dezenas de milhões de reais. (...) No mais, conquanto seja verdade que, na qualidade de entidade filantrópica, a agravada aufere benefícios fiscais, não se pode olvidar que, para fazer jus à certificação como entidade beneficente de assistência social (CEBAS) na área de saúde e, consequentemente, à imunidade prevista no artigo 195, § 7º, da Constituição Federal quanto às contribuições sociais, ela deve, dentre outras coisas, apresentar 'certidão negativa ou certidão positiva com efeito de negativa de débitos relativos aos tributos administrados pela Secretaria Especial da Receita Federal do Brasil e pela Procuradoria-Geral da Fazenda Nacional, bem como comprovação de regularidade do Fundo de Garantia do Tempo de Serviço (FGTS)', manter 'escrituração contábil regular que registre as receitas e as despesas, bem como o registro em gratuidade, de forma segregada, em consonância com as normas do Conselho Federal de Contabilidade e com a legislação fiscal em vigor' e 'comprovar, anualmente, a prestação de seus serviços ao SUS no percentual mínimo de 60% (sessenta por cento), com base nas internações e nos atendimentos ambulatoriais realizados' (LC n. 187/2021, arts. 3º, III e IV, e 9º, II). Depreende-se dessas constatações, ademais, que, embora a agravada seja, sim, beneficiária de vantagens fiscais, ela ainda assim gera dezenas de milhões de reais em tributos; além disso, para auferir tais vantagens, ela deve cumprir diversas obrigações legais, inclusive quanto ao próprio pagamento de tributos e à regular escrituração de suas receitas e despesas, além de prestar serviços de especial relevância social por preços tabelados pelo Poder Executivo federal, sendo notórias as críticas existentes quanto à existência de defasagem nos valores repassados aos hospitais filantrópicos e os custos reais dos atendimentos realizados sob o convênio com o SUS. Nesse cenário, respeitados os entendimentos em sentido diverso, não há como aderir-se às opiniões de que os benefícios fiscais de que gozam os hospitais filantrópicos são suficientes para compensar as dificuldades e os riscos típicos do exercício de atividade empresarial. Se não bastasse tudo isso, diferentemente do que ocorre quanto às entidades listadas no artigo 2º, inciso II, da Lei n. 11.101/2005, a agravada não está sujeita a regime especial para enfrentar situações de crise econômico-financeira nem a controle e fiscalização por órgãos próprios, como ocorre, por exemplo, com as sociedades operadoras de planos de

A maioria da Turma Julgadora, no entanto, reformou a sentença e afastou a possibilidade de RJ por associação civil. Ao extinguir o processo com resolução de mérito, entendeu que essas entidades são movidas por fim social divorciado do lucro, ou seja, ainda que se admita o superávit, não decorre de um fim em si mesmo, mas da necessidade de se manter a atividade filantrópica. De outro turno, o empresário ou a sociedade empresária fazem girar a economia visando o lucro, o que acaba sendo a razão de o credor investir seu capital na atividade, com formalidades que não se amoldam à atividade de natureza não lucrativa ou filantrópica, sujeita a controles outros, de natureza diversa.[37]

---

saúde, tudo a corroborar a possibilidade e necessidade de autorizar-se o uso da recuperação judicial na espécie". (Tribunal de Justiça do Estado de São Paulo, 2ª Câmara Reservada de Direito Empresarial, Agravo de Instrumento n. 2243173-90.2022.8.26.0000, Comarca de Campinas, Declaração de voto Divergente, Julgado em 01/08/2023).

37 "*Ao que se acrescenta, que a admissibilidade da recuperação para a associação civil acaba por encarecer o crédito do setor, ao viabilizar um procedimento antes não previsto, sequer cogitado pelo concedente do empréstimo. Por fim, não é demais lembrar, as associações civis, como é o caso da agravada, pela sua relevante função social, não raro, contam com doações e, o mais das vezes, com a ajuda do poder público para superar suas dificuldades, de forma que essa responsabilidade do setor público, escancaradamente presente quando se trata de atendimento à saúde, não pode ser transferida ao mercado, pela via da recuperação judicial. No caso específico da agravada, o atendimento à saúde não reclama o favor legal da recuperação judicial, mas a atenção do poder público, como, por exemplo, a diligência no repasse das verbas conveniadas, como as decorrentes do SUS. A verificação exata da razão pela qual empresas de plano de saúde atrasam, dificultam ou glosam repasses. Reclama, ainda, um olhar atento à profissionalização de sua administração, quer pela importância de sua atividade, quer por gerir recursos originários de verbas públicas e, também, de doações. Deve-se calcular os efeitos do deferimento da recuperação judicial a associação civil dedicada a prestar, em grande parte, serviço público (de saúde, no caso), nos contratos mantidos por entidades de mesma natureza, com os setores público e, principalmente, privado. Além de encarecer o crédito, é possível cogitar certa dificuldade ou resistência das entidades bancárias em fornecer crédito, sobretudo porque, sempre com a devida vênia, há certa insegurança jurídica na admissão de recuperação judicial cuja convolação em falência é duvidosa. Enfim, a importância da atividade desenvolvida pela agravada,*

Ponderou a maioria que a recente reforma da LREF pela Lei n. 14.112/2020 não ampliou o leque das pessoas jurídicas com acesso à recuperação judicial, sendo legítimo considerar que o legislador, intencionalmente, excluiu as associações civis do rol dos legitimados ativos, sobretudo considerando a clareza das considerações feitas pelo Congresso Nacional no decorrer do processo legislativo, de forma que a ampliação desse rol, pela via judicial, implica certo ativismo judiciário e vai além do que diz a norma e da intenção de quem a produziu. Observou, também, com relação ao regime tributário, que as associações filantrópicas possuem tratamento tributário diferenciado, beneficiando-se, por exemplo, de linhas de crédito especiais, de sorte que equipará-las a empresários ou sociedades empresárias, para efeito de RJ, equivaleria a conceder o bônus, sem necessidade de arcar com o ônus.

No pedido de Tutela Provisória de Urgência n. 2106308-26.2023.8.26.0000 o relator deferiu monocraticamente pedido de tutela de urgência recursal incidental, em 8/5/2023, para conferir efeito ativo à apelação interposta pela Santa Casa de Misericórdia de Fernandópolis contra a sentença que extinguiu o pedido de recuperação judicial. Para o relator, seria necessário fazer uma interpretação ampliativa do artigo 1º da Lei n. 11.101/2005 para admitir o pedido de recuperação judicial às associações civis sem fins lucrativos, quando demonstrado que exercem, com habitualidade, atividade econômica organizada

---

que constitui, antes de tudo, um dever social do estado, enquanto direito social inalienável e constitucionalmente protegido (CF, arts. 6º, 23, II, 24, XII), não pode ser direcionada a uma legislação especial que não lhe é própria, em substituição de mecanismos públicos que deveriam estar atentos a situações de crise no setor de saúde, com adoção das providências pertinentes". (Tribunal de Justiça do Estado de São Paulo, 2ª Câmara Reservada de Direito Empresarial, Agravo de Instrumento n. 2243173-90.2022.8.26.0000, Comarca de Campinas, Julgado em 01/08/2023, por maioria).

voltada à produção e/ou à circulação de bens ou serviços, à luz do artigo 966 do Código Civil.[38] [39]

Como se verifica, a polêmica continua, apesar da Lei n. 14.11.2020, em que parecia clara a intenção do legislador quanto à limitação da abrangência do microssistema de insolvência a empresários e sociedades empresariais. Ainda se identifica julgados em que se admitem o processamento de pedidos de recuperação judicial de entidades não caracterizadas legalmente como sociedades empresárias, em atenção à importância econômica e social de tais entidades.

Trata-se de uma questão que continuará demandando reflexão e estudos aprofundados por parte da doutrina, assim como manifestação assertiva da jurisprudência.

Considerando que a matéria está sendo analisada pela jurisprudência, justificou-se mencionar alguns casos e realizar breves reflexões sobre suas implicações. As ponderações, uma vez que a matéria continua em debate na jurisprudência, permanecem necessárias e úteis nesta atualização da obra.

---

38 Tribunal de Justiça do Estado de São Paulo, 2ª Câmara Reservada de Direito Empresarial, Tutela Provisória de Urgência n. 2106308-26.2023.8.26.0000, Comarca de Fernandópolis, Desembargador Maurício Pessoa, Julgado em 08/05/2023, por decisão monocrática.

39 Destaca-se decisão no mesmo sentido proferida pela 2ª Vara Regional de Competência Empresarial e de Conflitos Relacionados à Arbitragem, da 1ª Região Administrativa Judiciária do Estado de São Paulo, deferiu, em 06/12/2022, pedido de antecipação dos efeitos da tutela, relativa ao processamento de recuperação judicial, em caráter antecedente, a uma associação civil privada sem fins lucrativos, com fundamento no artigo 6º, §12 da Lei 11.101/2005, alterado pela Lei n. 14.112/2020. A decisão proferida em 1º grau apresentou entendimento segundo o qual vem se consolidando na jurisprudência quanto à possibilidade do processamento de Recuperação Judicial por associações civis sem fins lucrativos que prestam serviços de relevância econômica e social, sobretudo em se tratando de agentes econômicos prestadores de serviços ligados à saúde, afetados pela crise econômico-financeira que as atingiu na pandemia da COVID, a partir do ano de 2020.

A EIRELI

A EIRELI é a denominação legal para a Empresa Individual de Responsabilidade Ltda, figura jurídica criada pela Lei n. 12.441/11 para, no substancial, permitir a regularização das sociedades de responsabilidade limitada que possuíam um segundo sócio, com ínfima participação social, apenas para a possibilidade da existência da sociedade limitada que exigia pelo menos dois sócios.

A partir da lei, deixou de existir a necessidade de antigos sócios figurativos, como esposa, filho, algum parente ou amigo, detendo 1% do capital social, o que antes era necessário para não inviabilizar a constituição de uma sociedade limitada daquele que de fato era o idealizador e administrador do negócio e da atividade. A limitação da responsabilidade ao capital social subscrito, como se dá na sociedade limitada, só era possível com a existência de dois sócios, pelo menos.

A EIRELI nada mais é do que a forma de a tanto se chegar – limitação da responsabilidade – sem ser preciso haver um sócio de figuração, como era comum. É a possibilidade de se abrir o negócio com limitação da responsabilidade sem ter qualquer sócio, dado que a ela se aplicam as regras previstas para as sociedades limitadas.

E, por serem aplicáveis as regras das sociedades limitadas, não houve questionamento quanto a serem sociedades empresárias e, portanto, destinatárias, igualmente, desta lei que regula a recuperação judicial, extrajudicial e falência.

Todavia, deve-se pontuar as recentes alterações legislativas a respeito do instituto.

Em primeiro lugar, a Lei n. 13.874/2019, denominada “Lei da Liberdade Econômica”, acrescentou o §1º ao artigo 1.052, estabelecendo que “a sociedade limitada pode ser constituída por 1 (uma) ou mais pessoas”. Cuida-se da chamada sociedade unipessoal, cujo escopo é o mesmo da EIRELI – a possibilidade de constituição de sociedade limitada de apenas um sócio.

Desse modo, desde a aludida alteração, a prática demonstrou a perda da importância da EIRELI, preterida pela opção da sociedade unipessoal pelo empreendedor que, sozinho, detém a totalidade do capital social e responde limitadamente pelo valor de suas cotas.

Em segundo lugar, a recente promulgação da Lei n, 14.195/2021, em 26 de agosto, denominada "Lei do Ambiente de Negócios", estabeleceu em seu artigo 41:

> as empresas individuais de responsabilidade limitada existentes na data da entrada em vigor desta Lei serão transformadas em sociedades limitadas unipessoais independentemente de qualquer alteração em seu ato constitutivo. Parágrafo único. Ato do Drei disciplinará a transformação referida neste artigo.

Assim, dúvidas não há de que a EIRELI, que já havia caído em desuso após a alteração promovida pela Lei n. 13.874/2019, será oportunamente extinta ou transformada em sociedade unipessoal.

O produtor rural

Impõe-se, contudo, breve digressão sobre o produtor rural.

A atividade rural no Brasil, um país de dimensões continentais, é extremamente discrepante, divergindo enormemente pelos costumes e possibilidades econômicas da localidade em que se desenvolvem, existindo desde agroindústrias altamente tecnológicas até agriculturas familiares com modo de produção artesanal. Dada a dificuldade de equiparação generalizada da atividade rural à empresarial, o Código Civil criou tratamento específico para aquela, na forma do art. 971 do Código Civil,[40] permitindo que,

40 Art. 971 do Código Civil: "O empresário, cuja atividade rural constitua sua principal profissão, pode, observadas as formalidades de que tratam o art. 968 e seus parágrafos, requerer inscrição no Registro Público de Empresas

mediante o registro na Junta Comercial, o ruralista se equipare ao empresário pessoa física ou jurídica.

Assim, tem-se que, a partir do registro, o produtor rural, independente e voluntário, passa a se submeter ao regime jurídico empresarial. Nesse sentido, a hipótese do empresário rural é exceção à regra geral da natureza declaratória do registro para a caracterização da atividade como empresarial, pois o registro constitui o agente rural como empresário. Isso não importa dizer que a atividade desenvolvida pelo empresário rural antes de seu registro seja irregular. Como bem elucidou o Min. Raul Araújo, na relatoria do REsp n. 1.800.032/MT:

> A inscrição, por ser meramente opcional, não se destina a conferir ao empresário rural o *status* de regularidade, simplesmente porque este já se encontra em situação absolutamente regular, mostrando-se, por isso, descabida qualquer interpretação tendente a penalizá-lo por, eventualmente, não proceder ao registro – possibilidade que a própria lei lhe franqueou. Portanto, a situação jurídica do empresário rural, mesmo antes de optar por se inscrever na Junta Comercial, já ostenta *status* de regularidade.[41]

Dessa forma, mesmo que a inscrição na Junta Comercial configure como requisito para que o produtor rural busque a recuperação judicial, nos moldes do §2º e §3º do art. 48, o requisito de atividade regular há mais de dois anos não se faz do registro, mas da comprovação do efetivo início das atividades. Nessa linha,

Mercantis da respectiva sede, caso em que, depois de inscrito, ficará equiparado, para todos os efeitos, ao empresário sujeito a registro". (BRASIL. *Lei n. 10.406*, de 10 de janeiro de 2002. Institui o Código Civil. Disponível em: http://www.planalto.gov.br/ccivil_03/leis/2002/l10406compilada.htm. Acessado em: 03.05.2021).

41 STJ, 4ª Turma, REsp n. 1.800.032/MT, Rel. Min. Marco Buzzi, DJe 05/11/2019.

exemplificativamente, do TJSP, destaca-se o precedente relatado pelo Des. Hamid Bdine, com farta doutrina e jurisprudência,[42] e, do STJ, o relatado pelo Marco Aurélio Belizze, consolidando o entendimento na Corte Superior.[43]

A necessidade de dois anos de exercício da atividade, contados do seu registro na Junta Comercial, tem origem na verificação do tempo mínimo capaz de permitir a análise da sua importância no cumprimento da função social e seus respectivos benefícios. Nas palavras de Fábio Ulhoa Coelho, antes disso, "não teria havido tempo suficiente para configurar-se a contribuição daquela atividade como significativa a ponto de merecer o sacrifício derivado de qualquer recuperação judicial".[44]

E foi nesse particular que a jurisprudência facilitou o caminho do produtor rural inscrito. Admitiu, para obtenção da recuperação judicial, que o tempo fosse contado mesmo sem completar os dois anos do registro que o equiparou ao empresário, desde que fosse comprovada a atividade naquele período.

Isso se dá porque, como discorre Ivo Waisberg,[45] o agronegócio é um dos motores de maior importância da economia brasileira, devendo ser amparado pelo instituto jurídico da recuperação judicial de forma prática e efetiva. Assim, tem-se, segundo o §2º do art. 48, que a comprovação da atividade por produtor rural pessoa jurídica pode ser feita também por meio de documentos ou pela declaração de informações fiscais (DIPJ). Waisberg menciona,

---

42 TJSP, 1ª Câmara Reservada de Direito Empresarial, AI n. 2162126-36.2018.8.26.0000, Rel. Hamid Bdine, DJe 09/11/2018.

43 STJ, 3ª Turma, REsp n. 1.811.953/MT, Rel. Min. Marco Aurélio Bellizze, DJe 15/10/2020.

44 COELHO, Fábio Ulhoa. *Comentários à Nova Lei de Falências e de Recuperação de Empresas*. 5ª ed. São Paulo: Saraiva, 2008, p. 124.

45 WAISBERG, Ivo. "A viabilidade da recuperação judicial do produtor rural". *Revista do Advogado*, São Paulo, AASP, ano 36, nº 131, out. 2016, pp. 83-90.

nessa linha, jurisprudência do Tribunal de Justiça de São Paulo[46] e do Superior Tribunal de Justiça.[47]

Ademais, sob o mesmo fundamento de ampliação do amparo da LREF ao agronegócio, o §3º do art. 48 permitiu que a recuperação judicial atendesse a produtores rurais que atuam como pessoa física. Nos moldes do art. 70-A da LREF, o produtor rural pessoa física poderá apresentar plano de recuperação judicial desde que o valor da causa não exceda a R$ 4,8 milhões.

Associação civil futebolística

Independente das discussões jurisprudenciais sobre a possibilidade de associações civis poderem valer-se do regime jurídico da recuperação judicial, necessário observar que lei recente positivou a possibilidade de que, assim como o produtor rural, também a associação civil de futebol solicite a equiparação ao regime do empresário e da sociedade empresária. Nesse sentido, a Lei n. 14.193, de 06 de agosto de 2021, Lei da Sociedade Anônima do Futebol – SAF.

A Lei da SAF, posterior à reforma da Lei de Falências de 2020, institui a sociedade anônima do futebol, trazendo regras sobre sua constituição, governança, controle e transparência, meios de financiamento da atividade futebolística, tratamento dos passivos e regime tributário específico. Disciplina, também, a situação dos clubes ou pessoas jurídicas originais. Em seu artigo 1º, §1º, define clube como "*associação civil, regida pela Lei n. 10.406, de 10 de janeiro de 2002, dedicada ao fomento e à prática do futebol*" e pessoa jurídica original como "*sociedade empresária dedicada ao fomento e à prática do futebol*".

---

46 TJSP, 2º Câmara Reservada de Direito Empresarial, AI n. 2037064-59.2013.8.26.0000, Rel. Des. José Reynaldo, DJe 22/09/2014.

47 STJ, 3ª Turma, REsp n. 1.193.115/MT, Rel. Min. Nancy Andrighi, DJe 07/10/2013.

Constata-se, assim, que a referida lei alterou o artigo 971 do Código Civil, o qual, em seu parágrafo único, incluiu dentro das atividades econômicas equiparadas, ao lado do produtor agrícola, as associações futebolísticas:

> Art. 971. O empresário, cuja atividade rural constitua sua principal profissão, pode, observadas as formalidades de que tratam o art. 968 e seus parágrafos, requerer inscrição no Registro Público de Empresas Mercantis da respectiva sede, caso em que, depois de inscrito, ficará equiparado, para todos os efeitos, ao empresário sujeito a registro.
>
> Parágrafo único. Aplica-se o disposto no caput deste artigo à associação que desenvolva atividade futebolística em caráter habitual e profissional, caso em que, com a inscrição, será considerada empresária, para todos os efeitos.

A Lei n. 14.193/21 instituiu a SAF, prevendo que ela pode ser constituída por iniciativa de pessoa natural ou jurídica ou de fundo de investimento, pela transformação do clube ou pessoa jurídica original ou pela cisão do departamento de futebol do clube ou pessoa jurídica original e transferência do seu patrimônio relacionado à atividade futebol. O objetivo da legislação foi o de formatar um novo mercado do futebol, em que a SAF seria nuclear para a atração de novos investimentos, diante do fracasso de legislações anteriores, as quais estruturavam esse segmento a partir da figura do "clube empresa".

O legislador pretende valer-se das regras de governança e de estruturação de riscos e de responsabilidades jurídicas previstas na Lei n. 6.404/76, trazendo, ainda, regras específicas sobre a responsabilidade da SAF pela sucessão de obrigações do clube ou de pessoa jurídica original, como decorrência de sua constituição em caso de transformação ou cisão de patrimônio necessário para exploração do mercado do futebol. Há nítida preocupação do legislador em assegurar a sucessão da SAF com relação às obrigações que lhe foram transferidas, sem qualquer responsabilidade adicional e que não guarde pertinência com o seu objeto social, respondendo, portanto, apenas com relação àquelas que lhe foram transferidas, conforme se verifica do artigo 9º, sendo que, com relação às obrigações anteriores do clube não transferidas, serão pagas com recursos advindos da SAF, em decorrência da participação acionária, nos termos do artigo 10 da referida legislação, esgotando, se observados os termos legais e com o adimplemento, a obrigação da SAF.

Mais interessante do que esse novo tipo societário, é observar que na Seção V da Lei n. 14.193/21 estipulou-se, no artigo 13, que o clube ou pessoa jurídica original poderá efetuar o pagamento das obrigações diretamente a seus credores ou, a seu exclusivo critério, pelo concurso de credores, por intermédio do Regime Centralizado das Execuções – RCE, ou por meio de recuperação judicial ou extrajudicial. O regime centralizado de execuções importa na centralização das execuções em um único juízo, abrangendo execuções civis e trabalhistas, conferindo, por lei, prazo de 6 anos para pagamento dos credores, o qual poderá ser prorrogado por mais 4 anos se comprovar a adimplência de ao menos 60% do passivo original ao final do primeiro período. Traz, também, regras que organizam o pagamento, conforme se verifica do disposto nos artigos 17 e 18, que indicam os créditos preferenciais e que as obrigações trabalhistas preferem as demais. Já o seu artigo 25, prevê que o clube que optar pela recuperação judicial ou extrajudicial, reconhecendo a sua legitimidade para efetuar tal pedido por exercer a atividade econômica.

O regime centralizado de execuções está disciplinado nos artigos 14 a 24 da Lei da SAF, e, nos termos do seu artigo 15, será regulamentado pelo Poder Judiciário, por ato de seus tribunais, ressaltando-se que, por não haver previsão de juízo atrativo, é possível a coexistência de um juízo centralizador trabalhista e outro cível. No caso do E. TJSP, foi publicado o Comunicado CG n. 135/22, esclarecendo que a competência para centralização do RCE é das varas de falências e recuperações judiciais.

Um questionamento que surge, no tocante ao RCE, é que se ele pode ser utilizado por qualquer clube que esteja em dificuldade financeira, conforme se infere da interpretação literal dos artigos 1º, §1º, 13, I e II e 14 da Lei da SAF, ou se somente por aqueles clubes que tenham constituído uma SAF, conforme parece decorrer de interpretação sistêmica, em razão de a receita que garante o plano a ser apresentado advirá por Lei da SAF, conforme previsto nos artigos 10, 14, 15, §2º e 18 da mesma lei. Outro questionamento consiste em se saber quais são exatamente as dívidas sujeitas ao RCE, ou seja, se somente as judicializadas e, também, se somente aquelas relativas à atividade futebolística, e, por fim, se o plano homologado possui caráter novativo, na falta de qualquer menção da legislação. Tais questões, dentre outras, precisarão ser analisadas pela jurisprudência.

Destaca-se decisão proferida pela 2ª Vara Regional de Competência Empresarial e de Conflitos relacionados à Arbitragem do Tribunal de Justiça do Estado de São Paulo, que deferiu pedido de instauração de Regime Centralizado de Execuções apresentado pelo SANTOS FUTEBOL CLUBE.[48] Neste caso, reconheceu-se o preenchimento dos requisitos legais do Regime Centralizado de Execuções, nos termos dos artigos 14 e seguintes da Lei n. 14.193/2021, homologando um plano de pagamentos e o respectivo modificativo apresentados pelo clube, obstando os atos de constrição do patrimônio e receitas do requerente durante o prazo de efetivo cumprimento do plano de pagamentos (artigo 23, Lei n. 14.193/2021).

A Lei n. 14.193/21 autoriza, também, que uma associação civil possa requerer a recuperação judicial e extrajudicial, tendo sido silente quanto a poder se submeter também ao instituto da falência. Ocorre que a mesma lei também inseriu parágrafo único

48 Tribunal de Justiça do Estado de São Paulo. Processo Digital n. 1000364-82.2022.8.26.0260, Sentença proferida pela MMª Juíza de Direito, Dra. Andréa Galhardo Palma, em 20 de abril de 2023.

no artigo 917 do CC, exigindo que essa associação providencie a sua inscrição no Registro Público de Empresas Mercantis, o que, por expressa determinação em lei, tem por consequência a sua equiparação para todos os efeitos ao empresário. Logo, a equiparação para todos os efeitos ao empresário abrange, também, sua submissão aos preceitos da legislação falimentar. Essa, contudo, é uma indagação que será aprofundada adiante.

Curioso observar que apesar da tendência observada no legislador em ampliar a utilização do regime da recuperação judicial para agentes econômicos não empresários – como o caso da associação civil futebolística –, a solução adotada, para conservar a unidade sistêmica do Direito Empresarial já positivada, foi a de equipará-la para todos os efeitos legais ao empresário, desde que houvesse prévia escolha do interessado, o qual terá a faculdade de efetuar seu registro prévio, a exemplo do que o faz para o produtor rural.

Nesse ponto, a melhor interpretação da Lei da SAF seria não exigir sua inscrição na Junta Comercial, mas sim a sua inscrição no Registro Civil das Jurídicas, pois ela não o constituiu como empresário, mas sim o equiparou a um.

Conforme já mencionado neste comentário ao artigo 1º, como não há definição legal para o conceito de empresa, mas, apenas, para os empresários e sociedades empresárias que o exercem, necessário concluir que também inexiste definição legal para agente econômico não empresário. Constata-se, contudo, que o critério legal adotado para permitir a submissão do regime jurídico empresarial ao segundo foi o da inscrição no Registro Público das Empresas Mercantis.

Muito embora a exigência da inscrição no Registro Público das Empesas Mercantis não seja constitutiva da atividade empresarial, ela confere publicidade à opção do respectivo agente econômico não empresário – produtor rural e associação civil futebolística, nas hipóteses admitidas em lei – de se submeter ao regime jurídico aplicável ao empresário, e, assim, permitindo sua equiparação a ele. Razoável concluir, portanto, que enquanto não houver a referida inscrição, que é um ato de vontade do agente econômico não empresário, não será possível equipará-lo a empresário nem, consequentemente, submetê-lo ao regime jurídico empresarial.

Por mais que cause estranheza a inscrição de associação civil no Registro de Empresas Mercantis, forçoso concluir que tal exigência constitui, também, norma protetiva ao referido agente econômico, e necessária para proporcionar segurança jurídica. Afinal, se não houvesse tal exigência, qualquer terceiro poderia requerer, por exemplo, a falência de produtor rural ou de associação civil futebolística.

Conclui-se, portanto, que a norma do artigo 971, *caput* e parágrafo único, que exigem a inscrição no Registro de Empresa Mercantis deve ser interpretada como condição indispensável para que a equiparação prevista em lei possa surtir efeitos.

A despeito do quanto exposto, acima, observa-se que recentes decisões jurisprudenciais têm deferido o processamento de recuperação judicial ou extrajudicial a clubes, independentemente da constituição da SAF. Nesse sentido, por exemplo, os pedidos de recuperação extrajudicial do Figueirense Futebol Clube e Figueirense Futebol Clube Ltda (processo n. 502422-97.2021.8.24.0023, que tramitou perante a Vara Regional de Recuperações Judiciais, Falências e Concordatas da Comarca de Florianópolis) e de recuperação judicial por Coritiba FootBall Club (processo n. 00001540-26.2022.8.26.0185, em trâmite perante a 2ª Vara de Falências e Recuperação Judicial de Curitiba/PR), Chapecoense (processo n. 5001625-18.2022.8.24.0018, que tramitou perante a 1ª Vara Cível da Comarca de Chapecó, SC).

Concessionárias de serviço público de energia elétrica: o caso da *Light* S/A

Importante mencionar o caso da *Light* S/A (*Holding Light*), sociedade anônima aberta que postulou sua recuperação judicial no Rio de Janeiro, onde se situa a sua sede, com extensão dos efeitos às sociedades por ela controladas, as empresas *Light* Serviços de Eletricidade S/A ("*Light* SESA"), *Light* Energia S/A ("*Light* Energia"), e Lajes Energia S.A. ("Lajes"), concessionárias de serviço público de energia elétrica. O Grupo *Light* é o responsável pelos serviços de geração, transmissão, distribuição, comercialização e soluções de energia para 31 Municípios do Estado do Rio de Janeiro, e 5 Municípios do Estado de Minas Gerais.

Em 12/04/2023, a *Holding Light* ajuizou a ação de Tutela Cautelar requerida em caráter antecedente perante o juízo da 3ª Vara Empresarial da Comarca do Rio de Janeiro (processo n. 0843430-58.2023.8.19.0001), pleiteando a concessão de liminar para suspender ações e execuções, sob o argumento de que uma corrida de credores prejudicaria a continuidade dos serviços públicos de energia prestados pelas concessionárias. Em 12/05/2023, veio o pedido principal de recuperação judicial, com pedido e extensão do *stay period* às sociedades controladas, inclusive a concessionária de energia elétrica.

Houve recurso dessa decisão, por parte de credores e do MP, uma vez que as concessionárias de serviços públicos estão regidas pelo disposto no artigo 18 da Lei n. 12.767/2012, segundo o qual:

> Não se aplicam às concessionárias de serviços públicos de energia elétrica os regimes de recuperação judicial e extrajudicial previstos na Lei n. 11.101, de 9 de fevereiro de 2005, salvo posteriormente à extinção da concessão.

Assim, diante da proibição legal imposta às concessionárias de serviços de energia elétrica, questionou-se a legalidade da extensão dos benefícios previstos no microssistema da recuperação judicial e extrajudicial às sociedades não sujeitas à Lei n. 11.101/05, a despeito de o pedido tenha sido feito pela Holding a qual controla a concessionária.

Uma nova e pertinente discussão surgiu sobre o deferimento de pedidos de RJ a quem, por lei, desse instituto não poderia se beneficiar. Afirmou o Grupo *Light*, nesse caso, que as concessionárias estariam "na" recuperação judicial da controladora, mas não "em" recuperação judicial, tudo com o intuito de afastar a vedação prevista no artigo 18 da Lei n. 12.767/2012.

A criação jurídica de não estar "em", mas "na" recuperação judicial, só tem o efeito prático de afastar a expressa vedação legal e, assim, submeter a concessionária de energia elétrica à recuperação judicial, contrariando claramente a diretriz estabelecida pelo legislador.

Há nos autos um parecer da lavra de Sérgio Campinho, em que confirma a vedação, diante da especificidade e essencialidade desse serviço público que, em última análise, só estaria sujeito à intervenção do órgão regulador para garantir a prestação ininterrupta e a contento dos serviços de energia elétrica e manter o controle de sua prestação pela agência reguladora. No entanto, ressalva a possibilidade, diante das diferentes personalidades jurídicas da controladora e controladas, de a Holding controladora valer-se dos institutos da recuperação judicial e extrajudicial regulados pela Lei n. 11.101/05.

A submissão de concessionárias de serviços públicos ao regime da recuperação judicial, pela extensão dos seus efeitos, tem importantes repercussões jurídicas. Assim, por exemplo, a pergunta que se faz, considerando a racionalidade do microssistema legal de insolvência, é se, fazendo *jus* à recuperação judicial, poderia, nas hipóteses legais, ter sua falência decretada? E nesse caso, haveria a cessação das atividades prestadas – no caso, resultando no risco de interrupção do serviço público? Ou a tanto não se chegaria pelo uso vedação legal que visa preservar o serviço essencial, em uso apenas do bônus de uma regra legal?

Se a ideia da vedação legal é, em especial, não deixar que as concessionárias percam o controle da agência reguladora, cujo procedimento em caso de irregularidade teria como objetivo manter o serviço essencial em funcionamento, de duas, uma: OU não seria possível a decretação da quebra da concessionária, em consequência de descumprimento ocasionado pela Holding, e nessa hipótese o sistema de insolvência somente seria usado pela metade, OU então não se permitiria a extensão à concessionária, por si ou por sua holding, do benefício da recuperação judicial.

A conclusão do parecer do Prof. Sergio Campinho é a de que a concessionária está "na" recuperação da Holding Light S/A, por decorrência de ser por ela controlada, podendo, assim, desfrutar do bônus de resguardar seu patrimônio e o interesse público na prestação do serviço público essencial de energia elétrica, tutelado pela Lei n. 12.676/2012.

O Prof. Cassio Cavalli também ofertou parecer nos autos e concluiu que a sociedade por ações que detém a integralidade do capital das concessionárias é uma *holding* pura (*Light* S.A.), que não exerce atividade de concessionária de serviços de energia elétrica e, portanto, não se aplica a proibição de ajuizar recuperação judicial a que alude o art. 18 da Lei 12.767/2012. Em síntese, no caso, os credores financeiros e a *holding* podem negociar um acordo de reestruturação de dívida da forma que reputarem mais satisfatória, desde que não coloquem em risco a continuidade dos serviços públicos de energia.

O Prof. Manoel Justino também elaborou parecer juntado aos autos, na mesma linha, salientando que a proibição legal de que a concessionária de energia elétrica se valha da recuperação judicial denota o cuidado do legislador para evitar os problemas oriundos de crise nesse setor da prestação de relevante serviço social, mas ressalva que a doutrina e a jurisprudência têm encontrado caminhos para que mesmo as sociedades concessionárias sejam beneficiadas pela extensão de alguns dos instrumentos de proteção específicos concedidos à *holding* do mesmo grupo societário, sob pena de se impedir qualquer preservação da aludida controladora, contra a qual não há qualquer óbice à via recuperacional. Conclui, assim, pela necessidade de extensão da suspensão do andamento de feitos, previsto no art. 6º da LRF, às concessionárias controladas, para o fim de possibilitar a recuperação da *Holding Light*, inexistente no art. 18 da Lei n. 12.767/2012, proibição de extensão de alguns dos efeitos do processamento da recuperação judicial.

Necessário aguardar a discussão do tema na jurisprudência e verificar o seu posicionamento.

Contudo, conforme já mencionado, a extensão dos efeitos da recuperação judicial às concessionárias de serviços públicos gera diversos questionamentos que não encontram respostas em lei – até porque, a opção legislativa, no caso, foi bastante clara, tendo vedado que os institutos do microssistema da insolvência, disciplinados na LRF fossem utilizados por tais agentes.

A criação de regimes híbridos pela jurisprudência, claramente vedados pelo legislador, ainda que possam aparentemente trazer soluções para um caso concreto específico, têm como consequência trazer dúvidas cujas respostas não foram previstas pelo legislador. Com isso, gera-se grande risco de diversas soluções distintas por magistrados diversos para casos concretos semelhantes, trazendo, com isso, maior insegurança jurídica. É de se questionar se o risco de insegurança jurídica sistêmica justifica a flexibilização pontual de regimes jurídicos para um caso concreto específico.

Difícil, também, defender a extensão das concessionárias de serviço público apenas de alguns efeitos do instituto da recuperação judicial. Afinal, o referido procedimento destina-se exclusivamente a criar ambiente normativo e legal que fomente a negociação de plano de reestruturação de obrigações da empresa em recuperação judicial. Se por um lado os efeitos do *stay period* integram o referido ambiente, para criar ao devedor poder negocial com seus credores, por outro lado a perspectiva da falência é indispensável para sopesá-lo, equilibrando a relação entre devedor e credores com o intuito de permitir a negociação satisfatória das condições do plano de recuperação judicial. A perspectiva da falência é, portanto, inafastável da saudável negociação do plano de recuperação judicial. Pretender-se a extensão dos efeitos da recuperação judicial sem a perspectiva da falência, gera, ao credor, poder de negociação disfuncional e desequilibrado, considerando o próprio marco legal do sistema da insolvência.

Por outro lado, ao se verificar o marco legal em âmbito federal para a concessão de serviços públicos de energia elétrica, constata-se que existem regras específicas que protegem o interesse público existente na prestação de serviços públicos e, justamente por esse motivo, que regulam a viabilidade econômica e financeira da concessionária, a ser verificada pelo Poder Concedente.

Diante do nítido interesse público na prestação dos serviços públicos concedidos, bem como dos direitos assegurados em lei ao Estado – Poder Concedente –, e, ainda, a clara incompatibilidade entre os dois marcos legais – tanto o do microssistema da insolvência quanto o da concessão de serviços públicos – questiona-se a possibilidade de se permitir a extensão dos efeitos da recuperação judicial às concessionárias de serviços públicos, ainda que apenas alguns deles, sem se impor o risco de prejudicar interesse público maior.

Resta aguardar o desfecho da controvérsia suscitada na recuperação judicial da *Light* S/A.

Art. 2º – Esta Lei não se aplica a:

I – <u>empresa</u> pública e sociedade de economia mista;

II – <u>instituição</u> financeira pública ou privada, cooperativa de crédito, consórcio, entidade de previdência complementar, sociedade operadora de plano de assistência à saúde, sociedade seguradora, sociedade de capitalização e outras entidades legalmente equiparadas às anteriores.

Sociedades empresárias excluídas

Após a identificação precisa dos objetivos e seus destinatários, a lei excepciona, dentre as sociedades empresárias,[49] aquelas às quais ela não se aplica. Tal como anotado no comentário do art. 1º, a interpretação deve ser feita a partir do seu objeto e destinatários, sem possibilidade de ampliação interpretativa, quando se cuida de norma clara e expressa.[50]

A interpretação do artigo 2º deve ser compreendida a partir do quanto previsto no artigo 1º da lei, ou seja, partindo-se da premissa de que esta legislação especial se aplica exclusivamente aos empresários e sociedades empresárias, mas que, mesmo assim, algumas destas não estarão sujeitas a ele considerando a pessoa de seus sócios, como se dá na situação do inciso I, ou em atenção a criticidade do mercado em que atuam, como na situação do inciso II, que, como regra, pode ser disciplinado por lei própria e sofrer também regulamentação.

O artigo excepciona as pessoas jurídicas às quais a lei não é aplicável, distinguindo duas espécies.

---

49 Ver comentário final ao art. 1º.

50 Como elucida Francisco de Paula Baptista: "A necessidade de interpretar uma lei pode nascer: 1. defeitos em sua redação, resultando daí obscuridade e equívoco em seu sentido; 2. da concisão habitual e inevitável com que são escritas todas as leis, nascendo daí dúvidas não em seu sentido direto, mas em sua conformidade ou não-conformidade com os diversos casos ocorrentes, cumprindo, então, salvar incoerências e contradições virtuais de seus espíritos com as palavras; 3. de silencio". Contudo, a interpretação não tem a lugar sempre que a lei, em relação aos fatos sujeitos ao seu domínio, é clara e precisa. Esse é o princípio do in *claris cessat interpretatio*, aplicado pacificamente na jurisprudência do TJSP quanto a vedação pelo intérprete de norma que especifica taxativamente seus destinatários. (BATISTA, Francisco de Paula. *Compêndio de Hermenêutica Jurídica*. São Paulo: Saraiva, 1984, pp. 27/28; TJSP, 19ª Câmara de Direito Privado, AI n. 2280937-81.2020.8.26.0000, Rel. Ricardo Pessoa de Mello Belli, DJe 23/03/2021).

No inciso I, estão as empresas públicas e as sociedades de economia mista, que são completa e absolutamente excluídas do microssistema jurídico da insolvência empresarial.[51]

No inciso II, por outro lado, estão as instituições financeiras públicas ou privadas, as cooperativas de crédito, os consórcios, as entidades de previdência complementar, as sociedades operadoras de planos de assistência à saúde, as sociedades seguradoras, as sociedades de capitalização e outras entidades equiparadas. Difere, contudo, da situação descrita no inciso I pois estas podem se submeter ao regime jurídico imposto pelo microssistema da insolvência empresarial em determinadas situações, conforme se evidencia do disposto nos artigos 197 a 199 da LREF, que preveem que a LREF se aplica subsidiariamente enquanto não houver aprovação de lei específica aos regimes previstos no Decreto-Lei n. 73/66 (seguradoras), Lei n. 6.024/74 (instituições financeiras), Decreto-Lei n 2.321/87 e Lei n. 9.154/97 (sistema financeiro imobiliário). São, portanto, sociedades empresárias parcialmente excluídas do microssistema jurídico da insolvência.[52]

Marcelo Sacramone anota que determinadas pessoas, "ainda que desempenhem atividade empresarial, são excluídas da Lei e não poderão obter a falência ou as recuperações".[53] Ricardo Negrão destaca que a lei se destina à quase totalidade das atividades empresariais, mas "prevê um pequeno número de exceções, o

---

51 "A lei prevê, no art. 2º, a exclusão completa e absoluta dessas sociedades. Em relação às hipóteses albergadas no inciso I, isso é verdade desde logo". (COELHO, Fábio Ulhoa. *Comentários à Lei de Falências e de Recuperação de empresas*: Lei n. 14.112/20, Nova Lei de Falências. 14ª ed. São Paulo: Revista dos Tribunais, 2021, p. 53).

52 COELHO, Fábio Ulhoa. *Comentários à Lei de Falências e de Recuperação de empresas*: Lei n. 14.112/20, Nova Lei de Falências. 14ª ed. São Paulo: Revista dos Tribunais, 2021, p. 54.

53 SACRAMONE, Marcelo Barbosa. *Comentários à Lei de Recuperação de Empresas e Falências*. 2ª ed. São Paulo: Saraiva Jur, 2021, p. 89.

que equivale dizer que nem todos os empresários estão sujeitos à falência ou à recuperação de empresas em Juízo".[54]

Empresas públicas e sociedades de economia mista

No grupo do inciso I, empresas públicas e sociedades de economia mista, a razão para não se sujeitarem à falência, nem à recuperação judicial, mesmo em se cuidando de sociedades empresárias, está no fato de terem o Estado como seu constituinte ou principal acionista, na forma permitida pelo art. 173 da Constituição Federal.[55] A exploração direta da atividade econômica pelo Estado somente é admitida pela Constituição quando necessária aos imperativos da segurança nacional ou a relevante interesse coletivo, estando, ainda, sujeita, a estatuto jurídico próprio, definido em lei específica (art. 173, §1º, CF) – no caso, a Lei n. 13.303/16, a "Lei das Estatais", a qual, todavia, não dispõe sobre a forma de sua liquidação ou dissolução.

A empresa pública, que deveria ser chamada de sociedade empresária pública, na medida em que empresa é a atividade, como anotado por Manoel Justino Bezerra Filho,[56] é criada por lei e sua exclusão da falência e da recuperação deriva de ser constituída com capital exclusivo do Estado para a circulação de bens ou serviços que lhe compete realizar em razão do interesse público coletivo ou da preservação da segurança nacional.

---

54 NEGRÃO, Ricardo. *Manual de Direito Comercial e de Empresa*. vol. III, 7ª ed. São Paulo: Saraiva, 2012, p. 68.

55 Art. 173 da Constituição Federal: "Ressalvados os casos previstos nesta Constituição, a exploração direta de atividade econômica pelo Estado só será permitida quando necessária aos imperativos da segurança nacional ou relevante interesse coletivo, conforme definidos em lei". (BRASIL. *Constituição da República Federativa do Brasil de 1988*. Disponível em: http://www.planalto.gov.br/ccivil_03/constituicao/constituicao.htm. Acessado em: 03.05.2021).

56 BEZERRA FILHO, Manoel Justino. *Lei de Recuperação e de Empresas e Falência*. 11ª ed. São Paulo: Revista dos Tribunais, 2016, p. 78.

As sociedades de economia mista possuem personalidade jurídica de direito privado e também são criadas por lei para o exercício de atividades econômicas, mas possuindo em sua constituição recursos públicos e privados. A particularidade é que serão formadas como sociedades anônimas e terão o Estado como acionista majoritário, conforme tratado nos artigos 235 a 242 da Lei n. 6.404/1976 (Lei das Sociedade Anônimas).

Instituições financeiras e outras sociedades regidas por lei especial

O inciso II indica sociedades empresárias que não se submetem, total ou parcialmente, à recuperação ou falência por atuarem em segmentos de mercado específicos, os quais, por sua vez, são regulados em decorrência da relevância e da criticidade de suas atividades econômicas. É o caso das instituições financeiras públicas ou privadas, cooperativas de crédito, consórcios, entidades de previdência complementar, operadoras de planos de saúde, seguradoras, sociedades de capitalização e outras similares.

As instituições financeiras são sociedades empresárias vinculadas ao Sistema Financeiro Nacional, assim considerados os bancos, as distribuidoras de valores, corretoras de câmbio e valores, as sociedades de crédito, financiamento e investimentos, as sociedades de crédito imobiliário, as administradoras de cartões de crédito, as sociedades de arrendamento mercantil, as administradoras de mercado de balcão organizado, as cooperativas de crédito, as associações de poupança e empréstimo, as bolsas de valores e de mercadorias e futuros, as entidades de liquidação e compensação, e, outras sociedades que, em razão da natureza de suas operações, assim venham a ser consideradas pelo Conselho Monetário Nacional. A tanto se equiparam as empresas de fomento comercial ou *factoring*, tudo nos termos do art. 1º, §§ 1º e 2º da Lei Complementar n. 105/2001.

As cooperativas de crédito, em síntese, arrecadam fundos e recursos dos sócios com o intuito de beneficiar os próprios associados com empréstimos subsidiados, não se sujeitam à falência por previsão expressa do art. 4º da Lei n. 5764/71. O consórcio é uma reunião de pessoas em grupos e com uma administradora destinada a arrecadar e permitir que os consorciados adquiram bens, conforme regulamentação da Circular n. 2.766/97 do Banco Central do Brasil, em que estão regulamentos os objetivos, natureza, funcionamento e demais requisitos legais ao seu funcionamento.

O regime de previdência privada se destina, facultativa e primordialmente, à complementação particular da aposentadoria permitida pela Previdência Social.[57]

Os planos de saúde ou seguros de assistência à saúde privados obedecem ao disposto na Lei n. 9656/98 e visam propiciar atendimento médico, hospitalar e outros ligados ao tratamento da saúde previstos no contrato mediante pagamento de mensalidades que, em regra, guardam proporcionalidade com os custos dos conveniados ou segurados.

As seguradoras, mediante pagamento de prêmio preestabelecido, garantem o ressarcimento ao segurado em caso de ocorrência de sinistro envolvendo os bens segurados, sejam pessoas ou coisas. As sociedades de capitalização permitem ao público, mediante aprovação do governo federal, a constituição de um capital mínimo determinado e que será restituído no prazo contratado, sem prejuízo dos sorteios previstos.[58]

---

57 Artigo 202 da Constituição Federal.

58 BRASIL. *Decreto-Lei n. 261*, de 28 de fevereiro de 1967. Dispões sobre as sociedades de capitalização e dá outras providências. Disponível em: http://www.planalto.gov.br/ccivil_03/decreto-lei/1965-1988/Del0261.htm. Acessado em: 03.05.2021.

Fábio Ulhoa Coelho[59] faz referência à aplicação dos artigos 197 a 199 da LREF para assentar que há sociedades empresárias excluídas parcial ou totalmente da falência, além das excluídas totalmente da recuperação judicial. Ricardo Negrão[60] afirma que são casos de não incidência relativa todos os mencionados no inciso II, exceto a de previdência complementar uma vez que a lei se aplica à legislação especial, conforme art. 197, que permite ao liquidante pedir a falência nos casos previstos em lei.

A matéria relativa às sociedades empresárias excluídas da recuperação e da falência está também tratada nos artigos 49 e 75 desta lei, com comentários mais específicos.

Art. 3º – É competente para homologar o plano de recuperação extrajudicial, deferir a recuperação judicial ou decretar a falência o juízo do local do principal estabelecimento do devedor ou da filial de empresa que tenha sede fora do Brasil.

Juízo competente

O artigo cuida da competência para a homologação do plano de recuperação extrajudicial, para o deferimento da recuperação judicial e para a decretação da quebra, atribuindo-a ao juízo do local do principal estabelecimento do devedor, ou da filial de empresa que tenha sede fora do Brasil.

Cuida-se da fixação da competência para os três institutos que são objeto da lei – recuperação judicial, extrajudicial e falência – e estabelece que é competente o juízo do local do principal estabelecimento do devedor, ou o da filial caso se trate de empresa com sede fora do Brasil.

---

59 COELHO, Fábio Ulhoa. *Comentários à Nova Lei de Falências e Recuperação de Empresas*. 6ª ed. São Paulo: Saraiva, 2009, p. 26.

60 NEGRÃO, Ricardo. *Manual de Direito Comercial e de Empresa*. vol. III, 7ª ed. São Paulo: Saraiva, 2012, p. 71.

Ainda que não haja explícita menção, a hipótese do art. 20-B, IV, §1º, da LREF, que disciplina a possibilidade de concessão de tutela antecedente ao processo de recuperação judicial ou extrajudicial, razoável concluir que a definição do juízo competente, nessa hipótese, deverá observar, também, o preceito do artigo 3º da LREF. Corroborando esse entendimento, a norma do artigo 20-C, da LREF, que esclarece que o acordo obtido em razão de conciliação ou mediação, seja incidental ou antecedente, será homologado pelo juízo competente nos termos do art. 3º, da LREF.

Estabelecimento

O conceito de estabelecimento está definido no art. 1142[61] do Código Civil e assim se considera "(...) todo complexo de bens organizado, para exercício da empresa, por empresário, ou por sociedade empresária". O estabelecimento é o complexo de bens, tangíveis (equipamentos, prédio, dentre outros) ou intangíveis (como marcas e patentes, por exemplo) organizados pelo empresário para uma destinação específica,[62] formando uma universalidade de fato.[63]

---

61 Art. 1142, do Código Civil: "Considera-se estabelecimento todo complexo de bens organizado, para exercício da empresa, por empresário, ou por sociedade empresária". (BRASIL. *Lei n. 10.406*, de 10 de janeiro de 2002. Institui o Código Civil. Disponível em: http://www.planalto.gov.br/ccivil_03/leis/2002/l10406compilada.htm. Acessado em: 03.05.2021).

62 "O complexo de bens reunidos pelo empresário para o desenvolvimento de sua atividade econômica é o estabelecimento empresarial. (...) O estabelecimento empresarial é a reunião dos bens necessários ao desenvolvimento da atividade econômica. Quando o empresário reúne bens de variada natureza, como as mercadorias, máquinas, instalações, tecnologia, prédio etc., em função do exercício de uma atividade, ele agrega a esse conjunto de bens uma organização racional que importará em aumento do seu valor enquanto continuarem reunidos. Alguns usam a expressão 'aviamento', outros falam em 'fundo de empresa', para se referir a esse valor acrescido". (COELHO, Fábio Ulhoa. *Manual de Direito Comercial*: Direito de Empresa. 28ª ed. São Paulo: Revista dos Tribunais, 2016, p. 72).

63 TOMAZETTE, Marlon. *Curso de Direito Empresarial*: Teoria Geral e Direito Societário. vol. 1, 9ª ed. São Paulo: Saraiva Jur, 2022, pp. 130/131.

Rubens Requião faz uma análise percuciente para dar a noção de estabelecimento comercial, que também chama de fundo de comércio por influência francesa, como antigamente, e afirma que ele se compõe de elementos corpóreos e incorpóreos que o empresário ou a sociedade empresária une para o exercício da sua atividade. E completa que a união daqueles bens forma o estabelecimento que é de propriedade do empresário ou sociedade empresária, com valor próprio porque não confunde com os bens isolados que o compõem.[64]

Sérgio Campinho anota que o empresário ou sociedade empresária precisa estar devidamente aparelhado para o exercício da empresa, o que demanda

> um conjunto de elementos, materiais ou imateriais, sem o que não logrará êxito em desempenhá-la. A esse complexo de bens que serve de instrumento à realização de sua empresa, pelo empresário ou sociedade empresária, é que se denomina de estabelecimento.[65]

Claro que o titular de direitos não é o estabelecimento, que não tem personalidade jurídica própria, mas a sociedade ou o empresário que através dele exerce a sua empresa, ou atividade. Também é importante notar que a doutrina já reconhecia não se confundir o estabelecimento comercial com o imóvel onde a atividade empresária é desenvolvida.

A denominada Lei do Ambiente de Negócios (Lei n. 14.195/2021), oriunda da Medida Provisória n. 1.040/2021, disciplinou, dentre outros institutos, o estabelecimento virtual, fundada no desenvolvimento tecnológico que invadiu o ambiente de negócios, notadamente

---

64 REQUIÃO, Rubens Edmundo. *Curso de Direito Comercial*. vol. 1, 31ª ed. São Paulo: Saraiva, 2012, p. 336.

65 CAMPINHO, Sérgio. *O Direito de Empresa à luz do Código Civil*. 12ª ed. Rio de Janeiro: Renovar, 2011, p. 335.

por meio do comércio eletrônico em que o empresário exerce sua atividade através de um sítio eletrônico ou domínio, criado especialmente para realização de compras. Para tanto, a nova disciplina normativa incluiu três parágrafos ao art. 1.142 do Código Civil de 2002, os quais tiveram sua redação posteriormente alterada.

Recente alteração trazida pela Medida Provisória n. 1.085/21, inserindo parágrafo 1º no art. 1142 do CC, esclarece que o estabelecimento não se confunde com o local onde se exerce a atividade empresarial, que pode ser físico ou digital. Inseriu, ainda, parágrafo 2º no mesmo dispositivo esclarecendo que, sendo digital o local de exercício, o endereço informado para fins de registro poderá ser, conforme o caso, o endereço do empresário individual ou o de um dos sócios da sociedade empresária.

As novas disposições trazidas pela Medida Provisória n. 1.085/21, que dispõe sobre o Sistema Eletrônico dos Registros Públicos – SERP, contribuem para melhor compreensão quanto a definição do estabelecimento, quando o local de exercício da atividade empresarial for digital.

A questão, obviamente, não surge quando há um só estabelecimento. Surge quando há vários em localidades diferentes, tornando necessária a definição de qual é o principal para a definição da competência do juízo. Ainda que o art. 1142, §1º do CC preveja que o estabelecimento não se confunde com o local físico a onde a atividade é exercida, notório que muitas sociedades empresárias possuem seu estabelecimento principal e suas filiais, devendo-se entender, portanto, que em cada uma delas há a organização de certos bens para o desenvolvimento da atividade empresarial naquela localidade.

Estabelecimento principal

Para efeito de fixação da competência, é imperioso que se saiba qual é o estabelecimento principal, tendo sido este o critério adotado pela LREF para definição do juízo competente.

Contudo, forçoso observar que não há definição legal do conceito de "principal estabelecimento", sendo assim definido pela doutrina e jurisprudência, podendo-se identificar três principais correntes.

Segundo uma primeira corrente, o estabelecimento principal seria a sede social definida no contrato ou no estatuto social. A adoção desse parâmetro permitiria reconhecimento inequívoco por terceiros da localidade e jurisdição do em que se encontra o estabelecimento. A crítica que se faz a esse entendimento decorre do fato de que a sua adoção possibilitaria que empresários de má-fé realizassem alterações maliciosas da sede para, consequentemente, alteração do juízo competente para recuperação, burlando, portanto, a regra do juiz natural. Além disso, a adoção desse critério poderia prejudicar também o processo de recuperação judicial de empresários de boa-fé, na medida em que o foro do seu contrato social não necessariamente coincide com o foro da maioria das obrigações contratadas, gerando problemas de logísticos para os credores.

Uma segunda corrente entende que o estabelecimento principal é aquele em que fica a sede administrativa da empresa, ou seja, o local em que as principais decisões administrativas são tomadas, onde também se realiza a contabilidade da empresa e onde ficam armazenados seus livros. Partindo-se dessa concepção, seria resolvido o problema de escolha de fórum pela empresa, mas ainda assim resta a dificuldade logística dos credores da recuperação.

Por fim, uma terceira corrente sustenta que o critério a ser utilizado para definir o principal estabelecimento deve levar em conta a eficiência do processo de recuperação judicial ou falência, prevalecendo aquele em que estiver localizado o estabelecimento de maior relevância econômica.[66] Os defensores desse entendimento apontam que ele conjuga a facilitação do acesso aos bens, a maior

---

66 WAISBERG, Ivo. "Breves comentários sobre a fixação da competência na recuperação judicial e na falência". *In*: ALMEIDA, Marcus Elidius Michelli

participação dos envolvidos, dando guarida ao princípio da função social e onde o efeito social de sua ocorrência seja mais relevante.

A teoria da maior importância econômica na atividade do devedor é a que prevalece para definir o principal estabelecimento e o juízo para o processamento da recuperação social. Assim concluiu Sacramone[67] com a observação de que é onde se concentram as contratações do empresário, seja com fornecedores, consumidores ou empregados.

Manoel Justino Bezerra Filho[68] não destoa desse entendimento, aduzindo que aos tradicionais critérios para o encontro do principal estabelecimento, aquele onde houver maior atividade mercantil e aquele que propicie a melhor forma de liquidação do ativo e passivo em caso de falência, acrescenta-se o que possibilita a melhor forma de recuperação judicial.

A jurisprudência das Câmaras Reservadas de Direito Empresarial do Tribunal de Justiça de São Paulo[69] e do Superior Tribunal de Justiça,[70] em vários precedentes, consolidaram a teoria do principal estabelecimento como sendo aquele que possui maior relevância econômica.

---

de. *Direito Processual Empresarial*: estudos em homenagem ao Professor Manoel de Queiroz Pereira Calças. Rio Janeiro: Elsivier, 2012, p. 403.

67 SACRAMONE, Marcelo Barbosa. *Comentários à Lei de Recuperação de Empresas e Falências*. 2ª ed. São Paulo: Saraiva Jur, 2021, p. 104.

68 BEZERRA FILHO, Manoel Justino. *Lei de Recuperação e de Empresas e Falência*. 11ª ed. São Paulo: Revista dos Tribunais, 2016, p. 81.

69 TJSP, 2ª Câmara Reservada de Direito Empresarial, AI n. 2165912-20.2020.8.26.0000, Rel. Sérgio Shimura, DJe 20/01/2020; TJSP, 2ª Câmara Reservada de Direito Empresarial, AI n. 2132999-24.2016.8.26.0000, Rel. Alexandre Marcondes, DJe 14/09/2016.

70 STJ, 2ª Seção, CC 146.479/MG, Rel. Min. Paulo de Tarso Sanseverino, DJe 11/11/2016; STJ, 4ª Turma, REsp no 1.006.093/DF, Rel. Min. Antonio Carlos Ferreira, DJe 20/05/2014; STJ, 2ª Seção, CC 163.818/ES, Rel. Min. Marco Aurélio Bellizze, DJe 29/09/2020.

Pouca dificuldade há para os casos de localização da sede fora do Brasil, quando se fixará a competência no juízo do estabelecimento que serve de filial no Brasil, seguindo-se o critério do principal caso seja mais de um, como se discorreu.

Interessante observar que, para os casos de falências transnacionais, estipulou-se, no art. 167-D, da LREF, que o juízo do local do principal estabelecimento do devedor no Brasil é o competente para o reconhecimento do processo estrangeiro e para a cooperação com a autoridade estrangeira. Manteve, portanto, mesmo critério legal para definição de competência do juízo do microssistema da insolvência também nesse caso.

Art. 4º – (Vetado)

A participação vetada do Ministério Público

O artigo 4º estabelecia que:

> o representante do Ministério Público intervirá nos processos de recuperação judicial e de falência. Parágrafo único. Além das disposições previstas nesta Lei, o representante do Ministério Público intervirá em toda ação proposta pela massa falida ou contra esta.

O veto que alijou o Ministério Público do processo sempre delicado da recuperação judicial e falência, bem como das ações propostas pela ou contra a massa falida, não foi criticado, adotou o entendimento de que a participação do MP em cada movimentação do processo sobrecarregaria a instituição.

Nessa linha há vários precedentes, valendo mencionar o significativo precedente do Superior Tribunal de Justiça em 2011, assim ementado:

> (...) 2. Com o advento da Lei n. 11.101/05, houve sensível alteração desse panorama, sobretudo ante a constatação de que o número excessivo de intervenções do Ministério Público vinha assoberbando o órgão e embaraçando o trâmite das ações falimentares. Diante disso, vetou-se o artigo 4º da Lei n. 11.101/05, que mantinha a essência do artigo 210 do DL 7.661/45, ficando a atuação do Ministério Público, atualmente, restrita às hipóteses expressamente previstas em lei.[71]

O veto ao artigo 4º da LREF não importa, contudo, que o Ministério Público não precise intervir no processo de falência ou recuperação, mas, apenas, que não precisará ser intimado para todos e quaisquer atos, sem que haja qualquer prejuízo à validade do processo.

A participação obrigatória do Ministério Público só se dará nos casos expressamente previstos pela LREF, como nos artigos 52, inciso V – que requer a intimação do MP do deferimento de processamento da recuperação judicial; 99, inciso XIII – da sentença que decreta a falência; 142, § 7º – da alienação de ativos; 154, § 3º – das contas apresentadas pelo administrador judicial; 187, § 2º – da cientificação do MP de indícios da prática de crimes previstos na LREF; dentre outros.

Nada impede que o juiz, julgando ser necessária a intervenção do Ministério Público, possa determinar a sua oitiva, mesmo para que não previstos especificamente em lei. Isso porque a função do Ministério Público tem previsão constitucional e é inderrogável por lei. Dispõe o artigo 127 da Constituição Federal, reproduzido no artigo 176 do Código de Processo Civil, que o Ministério Público é instituição permanente, incumbindo-lhe a defesa da ordem jurídica, do regime democrático e dos interesses sociais e individuais indisponíveis.

---

71 STJ, 3ª Turma, REsp n. 1.230.431/SP, Rel. Min. Nancy Andrighi, DJe 18/10/2011.

Necessário consignar, assim, que os direitos dos credores nos procedimentos de recuperação judicial e de falência são direitos privados e, portanto, disponíveis. Logo, extrapola o âmbito de atuação do Ministério Público analisar questões relacionadas a eles.

Contudo, o Ministério Público poderá verificar se estão sendo observados os princípios que conformam o procedimento falimentar e de recuperação de crédito e que não são passiveis de alteração pela vontade das partes – tais como as classes de crédito e ordem prioritária de pagamentos, estipulada pelo legislador, assim como o princípio do tratamento paritário dos credores. Tais princípios dizem respeito, diretamente, com a proteção da ordem jurídica – no caso, a preservação do microssistema da insolvência –, de modo que a atuação do Ministério Público para fiscalizar a sua observância é necessária.

Os terceiros que exercem funções públicas de apoio ao processo, como o caso do administrador judicial e do leiloeiro, poderão, também, ser fiscalizada pelo Ministério Público, sobretudo em atenção às hipóteses penais relacionadas na lei em análise.

Além disso, apesar de que não haver obrigatoriedade de participação do MP em todos os atos processuais, o órgão pode recorrer da sentença em face de lesão do interesse público, agindo como fiscal da lei. Nessa linha:

> (...) 5. A interpretação conjunta da regra do art. 52, V, da LFRE – que determina a intimação do Ministério Público acerca da decisão que defere o processamento da recuperação judicial – e daquela constante no art. 179, II, do CPC/15 – que autoriza, expressamente, a interposição de recurso pelo órgão ministerial quando a este incumbir intervir como fiscal da ordem jurídica – evidencia a legitimidade recursal do *Parquet* na hipótese concreta. 6. Ademais, verifica-se estar plenamente justificada a interposição do recurso pelo MP como decorrência de sua atuação como fiscal da ordem jurídica, pois é seu papel institucional zelar, em nome do

> interesse público (função social da empresa), para que não sejam constituídos créditos capazes de inviabilizar a consecução do plano de soerguimento.[72]

Desse modo, o veto à redação do artigo 4º deve ser compreendido como uma sinalização para maior flexibilidade nos procedimentos de falência e recuperação judicial, reservando a manifestação do *Parquet* para as hipóteses expressamente reconhecidas em lei e, também, para as demais que forem aderentes à sua função constitucional, o que deverá ser avaliado, no caso concreto, pelo juiz. Evidentemente que, sendo hipótese de atuação do Ministério Público, sua não intervenção pode macular eventual decisão proferida com nulidade, caso resulte em violação dos direitos que sua atuação visa proteger.

72 STJ, 3ª Turma, REsp 1884860/RJ, Rel. Min. Nancy Andrighi, DJe 29/10/2020.

CAPÍTULO II

DISPOSIÇÕES COMUNS À RECUPERAÇÃO JUDICIAL E À FALÊNCIA

Seção I – Disposições Gerais

O capítulo II da Lei n. 11.101/05 traz disposições comuns à recuperação judicial e à falência. Apesar de serem disposições comuns, a própria lei traz algumas especificidades, a depender do procedimento.

São comuns, portanto, ao procedimento de falência e recuperação judicial a disciplina das obrigações que são excluídas, os efeitos da decisão de decretação da quebra ou do deferimento do processamento da recuperação judicial. Além disso, são comuns, também, o procedimento a ser adotado para a verificação do crédito e para as conciliações e mediações, antecedentes ou incidentes, assim como a conformação das funções do administrador judicial e do Comitê de Credores e da Assembleia-Geral de Credores.

Art. 5º – Não são exigíveis do devedor, na recuperação judicial ou na falência:

I – as obrigações a título gratuito;

II – as despesas que os credores fizerem para tomar parte na recuperação judicial ou na falência, salvo as custas judiciais decorrentes de litígio com o devedor.

Obrigações excluídas

Impõe-se anotar que a regra deste artigo se destina tanto à recuperação judicial quanto à falência, tratando de obrigações que não podem ser exigidas do devedor.

O dispositivo repete o art. 23 do DL 7661/45, excluindo, no entanto, as prestações alimentícias e créditos de multas por infrações de leis penais e administrativas. A hipótese de pagamento de prestações alimentícias pelo empresário individual ou pelo sócio de responsabilidade ilimitada referia-se a crédito indispensável o para a sobrevivência do alimentado, o que contribuiu para a mudança trazida pela Lei n. 11.101/2005.

O inciso I é claro ao impossibilitar a exigência de obrigações a título gratuito, ou seja, aquelas contraídas pelo empresário sem nenhuma contraprestação do credor, como as doações, os favores e outros.

O motivo da exclusão dessas obrigações decorre do contexto de crise ou insolvência do empresário ou sociedade empresária, indicando o legislador priorização entre os credores para participação nos seus ativos, finitos, portanto.

Rubens Requião esclarece, sobre as obrigações a título gratuito que

> geralmente essas obrigações decorrem de doação, figura jurídica que o Código Civil conceitua como liberalidade, no art. 1.165: "Considera-se doação o contrato em que uma pessoa, por liberalidade, transfere do seu patrimônio bens e vantagens para o de outro a que os a ceita". Evidentemente que a doação gratuita – pois é admissível a doação com encargos – se apresente, em princípio, incompatível com o comércio. (...) O preceito legal, bem entendido, não proíbe aos empresários praticarem atos de benemerência, ou liberalidade.[73]

Sobre obrigações derivadas de contratos gratuitos, esclarece Anderson Shcreiber:

> Diz-se gratuito o contrato em que apenas uma das partes assume ônus econômico, enquanto a outra parte apenas obtém benefício. O contrato gratuito envolve sempre uma liberalidade, um ato de graciosidade em favor do outro contratante. (...) São exemplos de contratos gratuitos o contrato de doação e o contrato de comodato.[74]

Fábio Ulhoa Coelho aponta que as garantias prestadas em favor de terceiro seriam, a princípio, contratos gratuitos, já que não há contraprestação, destacando, contudo, julgado em que se considerou que como a prestação de garantia se deu em contexto de grupo econômico, sendo necessária para o funcionamento e desenvolvimento da atividade empresarial de todas as empresas do grupo, de modo que se podia vislumbrar existência de benefício indireto para ela.[75]

---

73 REQUIÃO, Rubens Edmundo. *Curso de Direito Comercial*: falência. vol. 1, 17ª ed. São Paulo: Saraiva, 1998, pp. 149/150.

74 SCHREIBER, Anderson. *Manual de Direito Civil Contemporâneo*. 3ª ed., ver. e ampl. São Paulo: Saraiva Jur, 2020, p. 444.

75 COELHO, Fábio Ulhoa. *Comentários à Lei de Falências e de Recuperação de empresas*: Lei n. 14.112/20, Nova Lei de Falências. 14ª ed. São Paulo: Revista dos Tribunais, 2021, pp. 60/61.

A compreensão da exclusão das obrigações gratuitas não traz qualquer questionamento no procedimento de falência, que se destina, exclusivamente, à liquidação de bens. Logo, excluir tais obrigações, evidencia claramente o atendimento da massa dos demais credores, visto que o atendimento da obrigação gratuita apenas onera a massa falida, sem que tenha recebido qualquer contraprestação.

No tocante, contudo, à recuperação judicial, a questão não é tão evidente, visto que a norma legal não torna a obrigação inexigível, mas, apenas, a exclui do procedimento.

Porém, há possibilidade que a contraprestação tenha se dado por benefício indireto, hipótese que permite que o credor se habilite no plano, entendendo-se, por esta qualquer sorte de contraprestação esperada do beneficiário.

A respeito do inciso II ("as despesas que os credores fizerem para tomar parte na recuperação judicial ou na falência, salvo as custas judiciais decorrentes de litígio com o devedor"), Fábio Ulhoa Coelho[76] ensina que

> se determinado credor precisou, por ação de conhecimento, obter inicialmente a declaração da existência e extensão de seu crédito, as custas judiciais desse processo ele pode habilitar na massa falida, mas não poderá reclamar as despesas e honorários de advogado que pagar para promover a habilitação.

Sobre o tema, Marcelo Barbosa Sacramone defende que a Lei garante a exigibilidade de custas judiciais em litígios com o devedor que tenham surgido após o pedido de recuperação judicial, se estes se derem em razão da própria habilitação ou impugnação judicial na fase de verificação de créditos (art. 83, inciso V). As

---

76 COELHO, Fábio Ulhoa. *Comentários à Lei de Falências e de Recuperação de empresas*: Lei n. 14.112/20, Nova Lei de Falências. 14ª ed. São Paulo: Revista dos Tribunais, 2021, p. 34.

demais hipóteses são classificadas como créditos extraconcursais na falência (art. 84, inciso III) ou não submetidos à recuperação judicial (art. 49, *caput*).[77]

Art. 6º – A decretação da falência ou o deferimento do processamento da recuperação judicial, implica:

I – suspensão do curso da prescrição das obrigações do devedor sujeitas ao regime desta Lei;

II – suspensão das execuções ajuizadas contra o devedor, inclusive aquelas dos credores particulares do sócio solidário, relativas a créditos ou obrigações sujeitas à recuperação judicial ou à falência;

III – proibição de qualquer forma de retenção, arresto, penhora, sequestro, busca e apreensão e constrição judicial ou extrajudicial sobre os bens do devedor, oriunda de demandas judiciais ou extrajudiciais cujos créditos ou obrigações sujeitem-se à recuperação judicial ou à falência.

§ 1º Terá prosseguimento no juízo no qual estiver se processando a ação que demandar quantia ilíquida.

§ 2º É permitido pleitear, perante o administrador judicial, habilitação, exclusão ou modificação de créditos derivados da relação de trabalho, mas as ações de natureza trabalhista, inclusive as impugnações a que se refere o artigo 8º desta Lei, serão processadas perante a justiça especializada até a apuração do respectivo crédito, que será inscrito no quadro-geral de credores pelo valor determinado em sentença.

§ 3º O juiz competente para as ações referidas nos parágrafos 1º e 2º deste artigo poderá determinar a reserva da importância

---

77 SACRAMONE, Marcelo Barbosa. *Comentários à Lei de Recuperação de Empresas e Falências*. 2ª ed. São Paulo: Saraiva Jur, 2021, p. 117.

que estimar devida na recuperação judicial ou na falência, e, uma vez reconhecido líquido o direito, será o crédito incluído na classe própria.

§ 4º Na recuperação judicial, as suspensões e a proibição de que tratam os incisos I, II e III do caput deste artigo perdurarão pelo prazo de 180 (cento e oitenta) dias, contado do deferimento do processamento da recuperação, prorrogável por igual período, uma única vez, em caráter excepcional, desde que o devedor não haja concorrido com a superação do lapso temporal.

§ 4º-A O decurso do prazo previsto no § 4º deste artigo, sem a deliberação a respeito do plano de recuperação judicial proposto pelo devedor, faculta aos credores a propositura de plano alternativo, na forma dos §§ 4º, 5º, 6º e 7º do art. 56 desta Lei, observado o seguinte:

I – as suspensões e a proibição de que tratam os incisos I, II e III do caput deste artigo não serão aplicáveis caso os credores não apresentem plano alternativo no prazo de 30 (trinta) dias, contado do final do prazo referido no § 4º deste artigo ou no § 4º do art. 56 desta Lei;

II – as suspensões e a proibição de que tratam os incisos I, II e III do caput deste artigo perdurarão por 180 (cento e oitenta) dias contados do final do prazo referido no § 4º deste artigo, ou da realização da assembleia-geral de credores referida no § 4º do art. 56 desta Lei, caso os credores apresentem plano alternativo no prazo referido no inciso I deste parágrafo ou no prazo referido no § 4º do art. 56 desta Lei.

§ 5º O disposto no § 2º deste artigo aplica-se à recuperação judicial durante o período de suspensão de que trata o § 4º deste artigo.

§ 6º Independentemente da verificação periódica perante os cartórios de distribuição, as ações que venham a ser propostas

contra o devedor deverão ser comunicadas ao juízo da falência ou da recuperação judicial:

I – pelo juiz competente, quando do recebimento da petição inicial;

II – pelo devedor, imediatamente após a citação.

§ 7º-A O disposto nos incisos I, II e III do caput deste artigo não se aplica aos créditos referidos nos §§ 3º e 4º do art. 49 desta Lei, admitida, todavia, a competência do juízo da recuperação judicial para determinar a suspensão dos atos de constrição que recaiam sobre bens de capital essenciais à manutenção da atividade empresarial durante o prazo de suspensão a que se refere o § 4º deste artigo, a qual será implementada mediante a cooperação jurisdicional, na forma do art. 69 da Lei n. 13.105, de 16 de março de 2015 (Código de Processo Civil), observado o disposto no art. 805 do referido Código.

§ 7º-B O disposto nos incisos I, II e III do caput deste artigo não se aplica às execuções fiscais, admitida, todavia, a competência do juízo da recuperação judicial para determinar a substituição dos atos de constrição que recaiam sobre bens de capital essenciais à manutenção da atividade empresarial até o encerramento da recuperação judicial, a qual será implementada mediante a cooperação jurisdicional, na forma do art. 69 da Lei n. 13.105, de 16 de março de 2015 (Código de Processo Civil), observado o disposto no art. 805 do referido Código).

§ 8º A distribuição do pedido de falência ou de recuperação judicial ou a homologação de recuperação extrajudicial previne a jurisdição para qualquer outro pedido de falência, de recuperação judicial ou de homologação de recuperação extrajudicial, relativo ao mesmo devedor.

§ 9º O processamento da recuperação judicial ou a decretação da falência não autoriza o administrador judicial a

recusar a eficácia da convenção de arbitragem, não impedindo ou suspendendo a instauração de procedimento arbitral.

§ 10. VETADO[78]

11. O disposto no § 7º-B deste artigo aplica-se, no que couber, às execuções fiscais e às execuções de ofício que se enquadrem respectivamente nos incisos VII e VIII do caput do art. 114 da Constituição Federal, vedados a expedição de certidão de crédito e o arquivamento das execuções para efeito de habilitação na recuperação judicial ou na falência.

§ 12. Observado o disposto no art. 300 da Lei n. 13.105, de 16 de março de 2015 (Código de Processo Civil), o juiz poderá antecipar total ou parcialmente os efeitos do deferimento do processamento da recuperação judicial.

§ 13. Não se sujeitam aos efeitos da recuperação judicial os contratos e obrigações decorrentes dos atos cooperativos praticados pelas sociedades cooperativas com seus cooperados, na forma do art. 79 da Lei n. 5.764, de 16 de dezembro de 1971, consequentemente, não se aplicando a vedação contida no inciso II do art. 2º quando a sociedade operadora de plano de assistência à saúde for cooperativa médica.

Art. 6º-A É vedado ao devedor, até a aprovação do plano de recuperação judicial, distribuir lucros ou dividendos a sócios e acionistas, sujeitando-se o infrator ao disposto no art. 168 desta Lei.

Art. 6º-B Não se aplica o limite percentual de que tratam os arts. 15 e 16 da Lei n. 9.065, de 20 de junho de 1995, à apuração do imposto sobre a renda e da Contribuição Social sobre o

---

78 Redação original: "na hipótese de recuperação judicial, também serão suspensas as execuções trabalhistas contra responsável, subsidiário ou solidário, até a homologação do plano ou a convolação da recuperação judicial em falência".

Lucro Líquido (CSLL) sobre a parcela do lucro líquido decorrente de ganho de capital resultante da alienação judicial de bens ou direitos, de que tratam os arts. 60, 66 e 141 desta Lei, pela pessoa jurídica em recuperação judicial ou com falência decretada.

Parágrafo único. O disposto no caput deste artigo não se aplica na hipótese em que o ganho de capital decorra de transação efetuada com:

I – pessoa jurídica que seja controladora, controlada, coligada ou interligada; ou

II – pessoa física que seja acionista controlador, sócio, titular ou administrador da pessoa jurídica devedora.

Art. 6º-C É vedada atribuição de responsabilidade a terceiros em decorrência do mero inadimplemento de obrigações do devedor falido ou em recuperação judicial, ressalvadas as garantias reais e fidejussórias, bem como as demais situações reguladas por esta Lei.

Considerações gerais

O artigo 6º da Lei n. 11.101/2005 é um dos mais importantes e discutidos no contexto do microssistema da insolvência empresarial, visto que dispõe sobre os principais efeitos jurídicos do deferimento do processamento da recuperação judicial e da decretação da falência, tanto de Direito Processual quanto de Direito Material, indispensáveis para a conformação do processo coletivo de negociação de obrigações, no primeiro caso, ou de liquidação de ativo e pagamento de débitos, no segundo, permitindo o seu adequado funcionamento

Como se sabe, tanto a recuperação judicial quanto a falência são processos que envolvem uma multiplicidade de partes – devedor, credores, além do Ministério Público e do administradora judicial – e têm por propósito tentar atingir os objetivos indicados pelo legislador nos artigos 47 e 75 da LREF, ambos preocupados com o a empresa em crise, para seu soerguimento, no primeiro caso, ou seu reaproveitamento produtivo, no segundo.

Para que os objetivos instituídos pelo legislador possam ser atingidos, contudo, é imprescindível que, em razão da situação de crise financeira ou insolvência afastar os efeitos das execuções iniciais, assim como a exigibilidade de obrigações. Além disso, em razão da existência de considerável passível, também se mostra recomendável coordenar e concentrar os interesses dos credores envolvidos que poderiam ser deduzidos judicialmente perante um único juízo, evitando decisões contraditórias e, desse modo, assegurando uma atuação jurisdicional mais coesa e raciona, sendo, justamente por esse motivo, que há o juízo universal da falência (art. 76 da LREF). Parte da doutrina sustenta a existência também do juízo universal da recuperação judicial, que estaria previsto justamente em função do quanto assegurado no artigo 6°, e o então denominado juízo universal da recuperação judicial.

Os efeitos mencionados no parágrafo acima somente serão verificados a partir da decisão que decreta a falência ou da que defere o processamento da recuperação judicial, e podem ser divididos, de forma bastante sucinta, em:

(a) efeitos de Direito Material, relacionados às obrigações do devedor e do sócio solidário;

(b) efeitos de Direito Processual, dispondo sobre a relação de outras execuções e ações e o juízo da insolvência. No caso do processo de recuperação judicial, esses efeitos ficarão limitados pelo prazo de 180 dias (*stay period*), prorrogável por uma única vez por período igual.

No mais, não apenas dispõe sobre as consequências imediatas àqueles atos, como a suspensão da prescrição e das ações e execuções em andamento contra o devedor ou devedora, inclusive as relacionadas aos credores particulares dos sócios solidários, mas também sobre a competência das ações em trâmite, o prazo da suspensão e o posterior prosseguimento, as novas ações e execuções fiscais propostas contra o devedor (vale recordar, aqui, que a lei trata como devedor, indistintamente, empresário e sociedade empresária) e a prevenção do juízo nos pedidos de recuperação judicial ou de falência.

Efeitos de Direito Material: suspensão da prescrição

Um dos efeitos mais importantes da decisão que defere o processamento da recuperação judicial e, também, o da falência, é a suspensão do prazo prescricional das obrigações do devedor sujeitas a ele.

O *caput* do art. 6º, I da LREF é claro quanto à ocorrência de suspensão da prescrição como consequência das decisões judiciais proferidas em ambos os procedimentos. Não há, portanto, interrupção do prazo prescricional, mas, tão somente, a sua na suspensão, o prazo volta a correr pelo seu restante, diferentemente da interrupção em que prazo recomeça a contar integralmente.

Observa-se, também, que o prazo de suspensão da prescrição para o credor, em relação ao devedor e aos credores dos sócios solidários, na recuperação judicial, atrela-se ao *stay period* de 180 dias, ou quando terminar se for excepcional e eventualmente prorrogado.

Suspende-se, assim, a prescrição das obrigações do devedor que estejam sujeitas ao regime da lei. Fábio Ulhoa Coelho[79] anota que não há suspensão da prescrição se o credor for a recuperanda ou falida. Daniel Carnio Costa e Alexandre Nasser de Melo vão na mesma linha de que não há suspensão quando a recuperanda ou falida estiver no

---

79 COELHO, Fábio Ulhoa. *Comentários à Lei de Falências e de Recuperação de empresas*: Lei n. 14.112/20, Nova Lei de Falências. 14ª ed. São Paulo: Revista dos Tribunais, 2021, p. 36.

polo ativo, sendo "importante que os créditos sejam cobrados, recebidos e utilizados para satisfazer os credores concursais".[80]

Justifica-se a suspensão da prescrição das obrigações existentes em face do devedor diante do propósito pretendido com cada um dos processos. Enquanto no processo falimentar pretende-se que os credores do falido habilitem seu crédito para somente depois serem pagos, na recuperação judicial é preciso criar condições propícias para permitir que a negociação coletiva entre o devedor e seus credores seja viável.

Na falência, justifica-se a suspensão da prescrição das obrigações do falido para permitir que seus credores possam habilitar seu crédito no processo falimentar, e, assim, permitir a concentração dos atos de liquidação e pagamento em um único procedimento, organizando e racionalizando os atos jurisdicionais, e, também, permitindo que a ordem legal das classes prioritárias de crédito, instituída pelo legislador, possa ser respeitada.

O regime jurídico aplicável à suspensão das obrigações na falência sofreu relevantes alterações em decorrência da reforma promovida na legislação falimentar, sobretudo no tocante às alterações realizadas nos artigos 157 e 158 desta lei, a cujos comentários remetemos.

A redação original da LREF, seguindo normatização semelhante àquela prevista no Decreto-Lei n. 7.661/45, previa no seu artigo 157 que a prescrição somente voltaria a correr após o trânsito em julgado da sentença de encerramento da falência.[81]

---

80 COSTA, Daniel Carnio; MELO, Alexandre Nasser. *Comentários à Lei de Recuperação de Empresas e Falência*: Lei n. 11.101, de 09 de fevereiro de 2005. Curitiba: Juruá, 2021, p. 65.

81 Art. 157 da Lei de Recuperação e Falência, anterior à alteração proposta pela Lei n. 14.112/20: "O prazo prescricional relativo às obrigações do falido recomeça a correr a partir do dia em que transitar em julgado a sentença do encerramento da falência".

Com a revogação do artigo 157 da LREF, não há mais previsão legal quanto ao período durante o qual as obrigações do devedor permanecerão suspensas: voltam a correr no dia seguinte ao da sentença de quebra? Permanecem suspensas até que ocorra outro termo, como, por exemplo, o decurso do prazo decadencial para habilitação de créditos? Tais questões serão apreciadas nos comentários ao artigo 157, ao qual remetemos.

No entanto, em breves considerações, antes da reforma de 2020 justificava-se a suspensão da prescrição das obrigações do falido pois o seu termo final era o da sentença de encerramento da falência, sendo que, após esse marco temporal, persistia a responsabilidade do falido pelas obrigações não pagas na falência. Seja porque houve a revogação do artigo 157, seja porque a Lei n. 14.112/20 disciplinou o *fresh star* e trouxe o prazo decadencial para as habilitações de crédito, todas as obrigações do falido sujeitas ao regime da falência estarão extintas após o seu encerramento, salvo por exceções que serão analisadas, em especial, a obrigação fiscal. Em relação às obrigações fiscais, comentaremos no artigo 7º-A sobre os efeitos da suspensão da prescrição para as obrigações fiscais.

Houve, portanto, após a reforma de 2020, profundas mudanças ao regime jurídico aplicável à suspensão da prescrição das obrigações do falido, as quais serão comentadas com maior profundida nos comentários aos artigos 7º-A e 157.

No processo de recuperação judicial, justifica-se a suspensão da prescrição das obrigações do devedor sujeitas ao regime da lei para permitir a criação de ambiente favorável à negociação coletiva, eliminando, momentaneamente, fatores que poderiam prejudicar a busca da composição, em especial o receio, por parte dos credores, de não adotarem medidas necessárias para assegurar o seu direito e serem penalizados por isso pela ocorrência da prescrição. Esse período de suspensão da prescrição das obrigações do devedor e também das execuções existentes em face dele é denominado, pela doutrina, como *stay period*, consistente em "trégua legal",[82] dentro da qual deverá ser apresentado e negociado o plano de recuperação judicial.

A suspensão do prazo prescricional, durante a recuperação judicial, perdura pelo prazo estipulado em lei, ou seja, a princípio de 180 dias, prorrogáveis por mais um período igual, conforme se verá a seguir.

Já na falência, a redação original do artigo 157 previa que a suspensão do prazo prescricional perdurava durante todo o processo falimentar, somente voltando a correr após a sentença de encerramento da falência. Com a revogação do referido dispositivo pela reforma de 2020, é de se questionar sobre a partir de qual momento o prazo prescricional das obrigações do falido voltarão a correr. Sobre esse ponto, remetemos aos comentários efetuados no artigo 157.

Por fim, conforme já mencionado, a suspensão do prazo prescricional refere-se às obrigações em que o devedor ocupa polo passivo da relação obrigacional.

---

82 Trata-se de um período de "trégua" legal em que os credores não podem acessar o patrimônio do devedor, estando eles impedidos de executar sua garantia, com o objetivo de manter a atividade produtiva da recuperanda, ao menos até a votação do plano de recuperação judicial, enquanto avalia estratégias de superação da crise econômico-financeira e de negociação do plano junto aos credores. A suspensão prevista no artigo 6º da LREF, nos dizeres de Sheila Neder Cerezetti, "(i) permite que tome forma processo coletivo para lidar com a crise identificada; (ii) serve para assegurar que os titulares de créditos possam ser tratados de forma equitativa, protegendo-os e evitando que iniciativas individuais afetem os bens da recuperanda; (iii) confere tranquilidade à devedora para avaliar as circunstâncias em que se encontra e para desenvolver estratégias adequadas de negociação com seus credores e de reestruturação do seu passivo e/ou da sua atividade; (iv) majora o poder de barganha atribuído à devedora em relação aos seus credores, ora impedidos de utilizar ações de cobrança ou execução para pressionar aquela ou promover o desmonte do seu estabelecimento; e, por fim, (v) facilita a manutenção das atividades da devedora viável durante o processo, não obstando a finalidade precípua da recuperação judicial". (NISHI, Eduardo Azuma. "Créditos não sujeitos à recuperação e a roteção dos ativos da recuperanda durante o *stay period*". *Revista do IDRE*, pp. 3/4).

Não custa esclarecer que muito embora a prescrição em face do devedor continue a correr, com a decretação da quebra os bens do falido passam a compor um único patrimônio, afetado às obrigações do devedor, denominada pela doutrina como "massa falida objetiva". Por esse motivo, a jurisprudência entende que apesar de a sentença declaratória da falência não afetar diretamente a prescrição aquisitiva em face do falido, esta acaba sendo interrompida pela interrupção da posse.[83]

Os bens que compõem a massa falida objetiva não são, contudo, indisponíveis nem fora do comércio, podendo ser regularmente alienados, nos termos autorizados em lei.

---

83 "FALIMENTAR E PROCESSUAL CIVIL. RECURSO ESPECIAL. AÇÃO DE USUCAPIÃO. VIOLAÇÃO DE DISPOSITIVO CONSTITUCIONAL. DESCABIMENTO. EFEITOS DA DECRETAÇÃO DA FALÊNCIA. PATRIMÔNIO AFETADO COMO UM TODO. USUCAPIÃO. INTERRUPÇÃO DA PRESCRIÇÃO AQUISITIVA. MASSA FALIDA OBJETIVA. ART. 47 DO DL 7661/45. OBRIGAÇÕES DE RESPONSABILIDADE DO FALIDO. 1. Ação ajuizada em 21/03/2001. Recurso especial interposto em 09/12/2014 e atribuído ao gabinete em 25/08/2016. Julgamento: CPC/73. 2. O propósito recursal é decidir se houve usucapião de imóvel que compõe a massa falida, à luz do DL 7.661/45. 3. A interposição de recurso especial não é cabível quando ocorre violação de dispositivo constitucional ou de qualquer ato normativo que não se enquadre no conceito de lei federal, conforme disposto no art. 105, III, 'a' da CF/88. 4. A sentença declaratória da falência produz efeitos imediatos, tão logo prolatada pelo juízo concursal. 5. O bem imóvel, ocupado por quem tem expectativa de adquiri-lo por meio da usucapião, passa a compor um só patrimônio afetado na decretação da falência, correspondente à massa falida objetiva. Assim, o curso da prescrição aquisitiva da propriedade de bem que compõe a massa falida é interrompido com a decretação da falência, pois o possuidor (seja ele o falido ou terceiros) perde a posse pela incursão do Estado na sua esfera jurídica. 6. A suspensão do curso da prescrição a que alude o art. 47, do DL 7.661/45 cinge-se às obrigações de responsabilidade do falido para com seus credores, e não interfere na prescrição aquisitiva da propriedade por usucapião, a qual é interrompida na hora em que decretada a falência devido à formação da massa falida objetiva. 7. Recurso especial parcialmente conhecido e, nessa parte, não provido". Recurso Especial n. 1.680.357/RJ (2015/0057599-1), Rel. Ministra Nancy Andrighi.

Efeitos de Direito Processual e Material: a suspensão das execuções / formação da massa falida objetiva

Dispõe o artigo 6º, II, da LREF, que a decisão que deferir o processamento da recuperação judicial e a que decreta a falência têm como efeito, também, suspender as execuções ajuizadas contra o devedor que se refiram a créditos ou obrigações sujeitos à recuperação judicial ou à falência. Impõe-se anotar, de pronto, que a Lei n. 14.112/2020 retirou do texto a suspensão das ações, mantendo tão somente a das execuções em andamento, extensiva aos credores do sócio solidário por obrigações sujeitas à recuperação (inciso II).

A decretação da falência ou o deferimento do processamento da recuperação judicial é causa de suspensão dos processos de execuções individuais, tratando-se este claramente de um efeito de direito processual.

Também nesse caso, a suspensão das execuções individuais justifica-se em atenção aos objetivos de cada procedimento.

Um dos efeitos da decretação da falência, de ordem do Direito Material, é a formação da massa falida. A doutrina destaca que esse termo é ambíguo, pois pode se referir tanto à "massa falida objetiva" quanto à "massa falida subjetiva". De forma bastante sintética, enquanto a massa falida objetiva se refere ao conjunto de bens que compõem o patrimônio do falido, a massa falida subjetiva se refere à comunhão de interesses dos credores, que consiste em sujeito de direito despersonalizado, o qual, inclusive, sucede o falido no polo ativo ou passivo de ações judiciais que sejam do interesse da massa, tal como preceitua o artigo 76 da LREF.[84]

---

84 "De início, convém afastar uma ambiguidade encerrada na expressão 'massa falida', para que o argumento possa se desenvolver com precisão. É assente na doutrina que 'massa falida' pode significar tanto a comunhão dos interesses dos credores como o conjunto de bens arrecadados do patrimônio e posse do falido. 17. Quando a lei menciona, por exemplo, que as ações contra o falido

terão prosseguimento com o administrador judicial representando a massa falida (Lei n. 11.101/05 – LF, art. 76, parágrafo único), usa a expressão no sentido de comunhão de interesses dos credores. Já ao prescrever que entra para a massa 'o produto dos bens penhorados ou por outra forma apreendidos' (LF, art. 108, § 3º), a lei se refere ao conjunto de bens arrecadados. 18. A superação da ambiguidade faz-se mediante a adjetivação do conceito. Assim, massa falida subjetiva (ou passiva) é a comunhão dos interesses dos credores, enquanto massa falida objetiva (ou ativa) é o conjunto de bens arrecadados no processo de falência. 19. A massa falida subjetiva classifica-se como um sujeito de direito despersonalizado (7), enquanto a objetiva tem a natureza de coisa. 20. Pois bem, a massa falida subjetiva tanto pode ser uma extensão do falido (sua continuação), como um sujeito distinto do falido (até mesmo titulando direitos perante este). 21. Na hipótese, já lembrada, de substituição do falido pela massa falida em todas as ações em que o primeiro é ou deve ser parte (LF, art. 76, parágrafo único), o ente despersonalizado atua como extensão do falido – é o 'sucessor' deste. Já ao requerer a declaração de ineficácia de atos objetivamente prejudiciais à comunidade de credores (LF, art. 129), atua como sujeito de direito diferente do falido, inconfundível com este. 22. No primeiro caso, quando é continuidade do falido, a massa falida obviamente responde por todos os atos praticados por ele. É sucessora deste e suas obrigações não podem ser menores que as de quem está sucedendo. Somente no segundo caso, quando age contra o falido, não terá evidentemente as obrigações deste.[8] [9] Na síntese de Rubens Requião: *tendo em vista o processo de falência ser uma execução coletiva, sujeito ao princípio da par condicio creditorum, que proporciona tratamento igualitário a todos os credores da mesma categoria, devem todos eles concorrer ao juízo indivisível da falência, sejam comerciantes ou civis. São reunidos, em conseqüência, numa coletividade, conhecida como massa falida subjetiva. Como expõe o Prof. Octávio Mendes, é integrada pelos sujeitos dos direitos que compõem a comunhão dos credores, formada paralelamente à massa falida objetiva, que constitui o patrimônio do falido. Ensina ainda aquele jurista, que a massa subjetiva dos credores 'oferece a particularidade curiosa, que ora é uma continuação da pessoa do falido, ora é considerada terceiro em relação ao falido, para ter direito de atacar certos atos deste, praticados em prejuízo da massa geral dos credores'.*[10] 24. Como extensão do falido, sua sucessora, a massa falida responde pelas obrigações decorrentes de atos inválidos e ineficazes por ele praticados. Quando o falido é pessoa jurídica, evidentemente, quem praticou materialmente os atos foram os seus administradores. Deste modo, não há como deixar de reconhecer a plena responsabilidade da massa falida pelos atos dos administradores do falido. [*Notas de rodapé citadas*]: (7) Como ensina Fábio Konder Comparato: 'o que não se pode perder de vista é o fato de ser a personalização uma técnica jurídica utilizada para se atingirem determinados objetivos práticos – autonomia

Com a decretação da falência, todos os bens do falido passam a estar afetados, como um todo, aos propósitos da legislação falimentar, e não os bens singulares, separadamente, retirando-os

---

patrimonial, limitação ou supressão de responsabilidades individuais – não recobrindo toda a esfera da subjetividade, em direito. Nem todo sujeito de direito é uma pessoa. Assim, a lei reconhece direitos a certos agregados patrimoniais, como o espólio ou a massa falida, sem personalizá-los. E o Direito Comercial tem, nesse particular, importantes exemplos históricos, com a parceria marítima, as sociedades ditas irregulares ou a sociedade em conta de participação'. (COMPARATO, Fábio Konder. *Poder de controle da sociedade anônima*. 2ª ed. São Paulo: Revista dos Tribunais, 1977, p. 268); (8) Trata-se de lição assente na doutrina de Direito Falimentar. José Xavier Carvalho de Mendonça dissertava a respeito do tema: 'a massa dos credores, no exercício de sua atividade, funciona em dupla qualidade: a) como representante do falido, sub-rogando-se nos direitos destes, ou b) como terceiro, exercendo direitos que lhe são próprios. Como representante do falido, a massa o substitui em seus direitos, não por efeito da vontade dele, mas por força da lei. É um representante *in omnibus et per omnia*. Daí a consequência seguinte: o direito da massa mede-se pelo direito do falido, ou, mais claramente: a massa não tem mais direitos do que o devedor que ela substitui. Esse princípio está de acordo com a Lei 175, Dig., de *regulis júris*: *non debeo melioris conditionis esse, quam auctor meus a quo jus in me transit*'. (Obra citada, p. 378). (9) No mesmo sentido é o entendimento de Octavio Mendes, que foi Catedrático de Direito Comercial da Faculdade de Direito da Universidade de São Paulo: 'a communhão de credores do falido chama-se massa falida subjetiva, porque é o sujeito dos direitos que competem à comunhão dos credores. A massa formada pela totalidade dos bens arrecadados chama-se massa falida objetiva, porque é o objeto dos direitos que competem à massa falida subjetiva. A massa falida objetiva é sempre uma continuação do patrimônio do falido. A massa falida subjetiva oferece esta particularidade curiosa, que ora é uma continuação da pessoa do falido, ora é considerada terceiro em relação ao falido, para ter o direito de atacar certos atos deste, praticados em prejuízo da massa geral dos credores. Considerada como prolongamento da pessoa do falido, a massa subjetiva não tem mais nem menos direitos do que o falido. É apenas um sub-rogado deste, com os mesmos direitos e obrigações que cabiam ao seu antecessor'. (MENDES, Octavio. *Falências e Concordatas*. São Paulo: Saraiva, 1930, p. 133). (10) Obra citada, vol. 1, p. 137". Todo o fragmento e suas notas de rodapé são provenientes de: COELHO, Fábio Ulhoa. *Parecer apresentado*: Cervejaria Petrópolis. 2015. Disponível em: https://www.conjur.com.br/dl/parecer-cervejaria-petropolis-bva.pdf. Acessado em: 15.02.2021.

da posse do falido e afetando ao concurso.[85] Desse modo, como consequência dessa afetação aos propósitos legais falimentares, não se justifica o prosseguimento de execuções singulares, o que, inevitavelmente, importaria em risco de se violar ordem de pagamento de credores conforme ordem prioritária de classificação do crédito estipulada pelo legislador falimentar.

85 "(...) A sentença declaratória de falência inaugura a massa falida subjetiva, com a formação da massa de credores (*corpus creditorum*) que, no decurso do processo falimentar, concorrerá na realização do ativo para satisfação de seus créditos. Simultaneamente, forma-se a massa objetiva, ou seja, a afetação do patrimônio do falido como um todo, e não os bens singulares separadamente. Ficam excluídos, por força da lei, os bens absolutamente impenhoráveis, os bens dotais e os bens particulares. Nessa linha de compreensão, é absolutamente relevante compreender que a sentença declaratória da falência produz efeitos imediatos, tão logo prolatada pelo juízo concursal. A esse respeito já se posicionou esta Turma, no julgamento do REsp 1660198/SP, DJe 10/08/2017. A lei ordena, inclusive, que deve constar da sentença a hora da declaração da falência, entendendo-se, em caso de omissão, que se deu ao meio dia (art. 14, II). Toda a estrutura normativa orienta o indispensável tratamento analítico com o termo legal da falência e as respectivas consequências irradiadas para os envolvidos no complexo processo falimentar. A propósito, é interessante recordar as preciosas lições de Pontes de Miranda quando acentua a constrição geral do patrimônio do falido como um ato de penhoramento abstrato decorrente da decretação da falência. Isso quer dizer que o Estado, sem necessidade do ato material, retira a posse e preestabelece outros efeitos jurídicos no tocante à extensão objetiva do concurso de credores. No raciocínio do autor, não importa distinguir-se do que é propriedade do falido, o que apenas lhe toca como possuidor, ou o que é de sua propriedade, mas se acha na posse de outrem. Vale dizer, a constrição se estabelece antes de qualquer ato arrecadativo ou de sequestro. Afinal, mais se dirige o ato de decretação da abertura do concurso de credores ao patrimônio do que aos bens, razão bastante para prescindir, em tese, da penhora e da própria arrecadação. (MIRANDA, Pontes de. *Tratado de Direito Privado*: parte especial. tomo XXVIII, 3ª ed. Rio de Janeiro: Borsoi, 1971, p. 248). A partir desse entendimento, percebe-se que o bem imóvel, ocupado por quem tem expectativa de adquiri-lo por meio da usucapião, passa a compor um só patrimônio afetado na decretação da falência, correspondente à massa falida objetiva. (...)". (Recurso Especial n. 1.680.357-RJ, Rel. Ministra Nancy Andrighi).

Na falência, portanto, a suspensão das execuções se dá em especial para que seja possível verificar, classificar e organizar a realização do ativo e a composição do passivo da falida, que é, de fato, o objetivo seguinte à decretação da quebra.

Impõe-se, e já era assim ao tempo do DL 7661/45, reconhecer que a falência significa uma execução coletiva em que todos os credores receberão igualmente os seus créditos com o produto da arrecadação dos bens da falida. Assim, não cabe mesmo o prosseguimento das execuções individuais existentes contra o devedor falido, dado que os créditos líquidos serão habilitados no processo para posterior pagamento depois de arrecadados e vendidos os bens da massa falida.

O ponto principal do processo falimentar reside na preservação do antigo princípio da *pars conditio creditorum*, isto é, o da igualdade dos credores da mesma classe, impedindo que algum possa ser beneficiado com recebimento em momento anterior ao do pagamento de todos, sendo, justamente por esse motivo, que se concentra os atos de constrição e alienação de bens, além do pagamento de valores em um único juízo. Como consequência, todos os ativos do falido serão arrecadados e liquidados no processo falimentar.

Por isso que, repetindo o DL 7661/45, o artigo 76 da LREF preserva o Juízo Universal para a falência, permitindo que, com apenas um órgão judicial processando o feito, sejam resguardados os créditos para igual pagamento após a realização do ativo arrecadado. A exceção está no parágrafo único ao permitir o prosseguimento de algumas ações no juízo em que correr, como as ações trabalhistas e execuções fiscais, mas sempre com a participação do administrador judicial, sob pena de nulidade.

Interessante notar que o art. 24, §1º, do DL 7661/45 dispunha sobre a situação em que os bens já estivessem em hasta pública. Nesse caso, se já estivessem com data designada, o produto seria carreado à massa falida, mas se tivessem sido arrematados somente a sobra, depois do pagamento ao credor, iria para a massa falida. Embora o dispositivo não tenha sido repetido na Lei n. 11.101/2005, a sua aplicação analógica poderia ser adotada em virtude da sua razoabilidade.

Na recuperação judicial é de extrema importância que, deferido o processamento do pedido de recuperação, haja a suspensão das execuções contra a recuperanda, tempo este que, conforme já foi mencionado, é conhecido como *stay period*.

O objetivo da recuperação judicial, ao contrário do que ocorre com a falência, não é liquidar a empresa, mas, ao contrário, permitir o seu soerguimento, nos termos do artigo 47 da LREF, tendo, como pressuposto, a renegociação das dívidas de forma coletiva, com os credores sujeitos. Caso se permitisse o prosseguimento das execuções individuais, com a perspectiva de constrição de bens e satisfação individual de seu crédito, não haveria condições favoráveis para a negociação e aprovação de um plano de renegociação de dívidas, com efeitos coletivos. Além disso, caso houvesse o prosseguimento das execuções individuais, correr-se-ia o risco de privar a empresa de ativo indispensável para o prosseguimento de suas atividades, o que poderia comprometer as chances de seu soerguimento.

Há, portanto, a necessidade de concessão de uma "trégua", a qual será indispensável para permitir ao credor a sua reorganização administrativa e financeira, permitindo, também, a correta definição dos créditos que a ela se submeterão, tendo, ainda, reflexos diretos no caixa. Além de, como se verá, não ter seus bens essenciais retirados do estabelecimento nesse momento crucial que expõe a crise e coloca os credores em situação de aflição para o recebimento do seu crédito.

Evidente que há termo final da suspensão das execuções. Até porque, verificados os créditos sujeitos e não sujeitos à recuperação, estes últimos prosseguirão normalmente por ficarem fora do plano que será apresentado para pagamento dos que se submeterão caso seja homologado na Assembleia-Geral dos Credores (AGC).

A lei visou, enfim, determinar que, por um prazo certo, ficassem excepcionalmente suspensas todas as execuções contra o devedor e contra o sócio solidário por débitos sujeitos à recuperação.

A alteração advinda da Lei n. 14.112/2020 manteve a suspensão da prescrição das obrigações e das execuções contra a devedora, inclusive dos credores particulares do sócio solidário, desde que de obrigações sujeitas à recuperação (incisos II e III), tendo acrescentado, também, de forma explícita, a proibição legal de qualquer forma de oneração ou restrição de bens da devedora (arresto, sequestro, penhora, busca e apreensão, e constrição judicial ou extrajudicial), com origem em créditos ou obrigações sujeitas à recuperação ou à falência (inciso III).

Destaque-se a necessidade de as restrições serem oriundas de demandas judiciais ou extrajudiciais cujos créditos estejam sujeitos à recuperação judicial ou falência.

Mas, embora melhor se vá comentar o assunto mais à frente, vale destacar que o art. 49, §3° veda a retirada de bens de capital essenciais ao funcionamento da recuperanda, mesmo em se tratando de crédito extraconcursal.

Muito embora o art. 6°, II da LREF mencione, apenas, que as execuções ficarão suspensas, suprimindo a menção às ações, como ocorria na redução original, observa-se que, no §1° do mesmo artigo, esclarece-se que apenas não se suspende as ações ainda pendentes de liquidez, as quais são normalmente refletidas nas ações de conhecimento e que terão "(...) *prosseguimento no juízo no qual estiver se processando a ação que demandar quantia ilíquida*". A explicação é simples: só quando tiverem valor líquido poderão ser habilitadas na recuperação ou na falência, como débito ou como crédito. Além disso, as novas ações deverão ser comunicadas ao juízo da recuperação judicial.

Poderá o juízo por correm as ações ilíquidas, ou as trabalhistas mencionadas no §2° do artigo 6°, determinar a reserva da importância que estimar devida na recuperação ou na falência para, quando reconhecido o valor líquido, seja incluído na classe própria, na forma do §3º do mesmo dispositivo.

Sócio solidário

A antiga redação do artigo 6º condensava, em seu *caput*, os dois efeitos que agora, com as modificações implementadas pela Lei n. 14.112/20 estão previstos nos incisos I e II. A redação originária esclarecia que a suspensão do curso da prescrição e de todas as ações e execuções abrangiam inclusive aquelas dos credores particulares do sócio solidário.

Na redação atual, vigente após a Lei n. 14.112/20, menciona o sócio solidário no inciso II, que dispõe sobre a suspensão das execuções.

Conforme se verá, nos comentários ao artigo 81, estende-se ao sócio solidário os efeitos da falência, comprometendo o seu patrimônio pessoal também à quitação das obrigações da falida, sendo, por esse motivo, que se suspendem as execuções de seus credores particulares, para evitar prejuízo ao concurso de credores.

Por força do disposto no artigo 6º, também com relação ao sócio de responsabilidade ilimitada haverá a suspensão das execuções e das ações, além do prazo prescricional das obrigações, uma vez que ele responde, observando os termos da lei, com seu patrimônio pessoal de forma ilimitada.

Não se pode confundir a situação do sócio solidário com o devedor solidário ou coobrigados pelo débito do devedor, para o qual não há extensão dos efeitos do artigo 6º.

Prazo de suspensão na recuperação judicial: *stay period*

Conforme comentado, prazo de suspensão da prescrição das obrigações e das execuções perdura por período distinto na falência e na recuperação judicial. Como na falência há o objetivo de liquidação do ativo e pagamento de créditos de forma global, a suspensão perdura durante o período do processo falimentar – observadas as particularidades da suspensão do prazo de prescrição das obrigações.

Na recuperação judicial, contudo, é diferente. O intuito do legislador foi assegurar período de trégua, sendo, assim, provisório. Ao prazo de suspensão, na recuperação judicial, a doutrina denomina *stay period*.

O *stay period*, antes da alteração feita pela Lei n. 14.112/2020, era de apenas 180 dias para a suspensão, como constante do parágrafo quarto em sua redação antiga.[86] O prazo era tão peremptório que a lei assentou que "*em hipótese nenhuma*" poderia exceder o prazo "*improrrogável*" de 180 dias, contado do deferimento do processamento da recuperação, após o que, independentemente de pronunciamento judicial, voltariam a correr as ações e execuções.

A ênfase legal não impediu que a jurisprudência, diante da relevância do princípio da preservação da empresa contido no art. 47, bem como das justificativas dos devedores ameaçados de quebra,

86 Art. 6º, §4º, da Lei de Recuperação e Falência, anterior à alteração proposta pela Lei no 14.112/20: "Na recuperação judicial, a suspensão de que trata o *caput* deste artigo em hipótese nenhuma excederá o prazo improrrogável de 180 (cento e oitenta) dias contado do deferimento do processamento da recuperação, restabelecendo-se, após o decurso do prazo, o direito dos credores de iniciar ou continuar suas ações e execuções, independentemente de pronunciamento judicial". (BRASIL. *Lei n. 11.101*, de 9 de fevereiro de 2005. Regula a recuperação judicial, a extrajudicial e a falência do empresário e da sociedade empresária. Disponível em: http://www.planalto.gov.br/ccivil_03/_ato2004-2006/2005/lei/l11101.htm. Acessado em: 03.05.2021).

aceitasse a prorrogação por outros 180 dias, ou até mais em alguns casos excepcionais. Considerou-se que o prazo estava ligado ao andamento do processo e ao tempo de preparação do plano de recuperação judicial (PRJ) a ser apresentado à Assembleia-Geral de Credores (AGC), daí a conclusão de que, se a recuperanda não tivesse culpa pela demora, também não poderia sofrer a consequência do término da suspensão do prazo de 180 dias e da volta ao andamento das ações e execuções.[87]

Assim sendo, ainda que excepcionalmente, a jurisprudência permitiu a prorrogação do prazo improrrogável mediante a prova, em cada caso concreto, de que a recuperanda não contribuiu para a demora e que a providência era indispensável para não frustrar o plano de recuperação.[88]

A nova redação dada pela Lei n. 14.112/2020 ao art. 6º, §4º ajustou-se à jurisprudência pacífica que permite a prorrogação dos 180 dias de suspensão das ações e execuções, estabelecendo, expressamente, que será possível a prorrogação por mais 180 dias, "uma única vez" e em "caráter excepcional", desde que a recuperanda não tenha dado causa à superação do prazo inicial.[89]

Constata-se, assim, que o efeito da prorrogação do *stay period* não é automático. Ao contrário, ele precisará ser requerido, não tendo a lei apontado a quem compete a legitimidade por tal

---

87 STJ, 4ª Turma, AgInt no AREsp 1.356.729/PR, Rel. Min. Marco Buzzi, DJe 11/10/2019.

88 STJ, 3ª Turma, AgInt no AREsp 1.558.961/RJ, Rel. Min. Ricardo Villas Bôas Cueva, DJe 03/09/2020.

89 Art. 6º, §4º, da Lei de Recuperação e Falência: "Na recuperação judicial, as suspensões e a proibição de que tratam os incisos I, II e III do *caput* deste artigo perdurarão pelo prazo de cento e oitenta dias, contados do deferimento do processamento da recuperação, prorrogável por igual período, uma única vez, em caráter excepcional, desde que o devedor não haja concorrido com a superação do lapso temporal". (BRASIL. *Lei n. 14.112*, de 24 de dezembro de 2020. Disponível em: http://www.planalto.gov.br/ccivil_03/_Ato2019-2022/2020/Lei/L14112.htm#art2. Acessado em: 03.05.2021).

arguição. Logo, parece que poderá ser solicitado tanto pelo devedor, interessado no processamento do feito, quanto pelo administrador judicial, com fundamento no artigo 22, II, g, da LREF, que inclui, dentro de suas funções assegurar que as negociações entre devedor e credores sejam conduzidas em conformidade com o princípio da boa-fé para a solução de consenso.

De qualquer modo, o pedido de prorrogação deve ser acompanhado de justificativa que evidencie os motivos que conduziram à superação do prazo inicial e que permitam vislumbrar que essa situação não decorreu da conduta do devedor. Trata-se de norma que visa fomentar comportamento colaborativo e de boa-fé do devedor durante o processamento da recuperação judicial, evitando que não se empenhasse para a sua condução célere diante da perspectiva de manutenção da suspensão dos prazos prescricionais e das execuções.

Além disso, o atendimento dos requisitos legais para prorrogação do *stay period* pode ser fiscalizado pelos credores. Assim sendo, uma vez consolidada na lei a jurisprudência dominante sobre a prorrogabilidade do prazo inicial de 180 dias (*stay period*), permitindo sua renovação por igual período, é razoável esperar que não se permita outra prorrogação extraordinária para a apresentação do plano pela devedora. Ressalvada a análise de cada caso concreto, claro, é permitido dizer que, se, em 360 dias, a recuperanda não conseguiu aprovar seu plano em assembleia, melhor será que, pela falência, seja arrecadado o seu ativo para pagamento igualitário e imediato dos seus credores.

Relembre-se, para constar, que a contagem do prazo relativo ao *stay period*, a partir do novo CPC/2015, suscitou a discussão se os 180 dias seriam úteis ou corridos. O Superior Tribunal de Justiça resolveu a questão decidindo que:

> A forma de contagem do prazo – de 180 dias de suspensão das ações executivas e de 60 dias para a apresentação do plano

> de recuperação judicial – em dias corridos é a que melhor preserva a unidade lógica da recuperação judicial: alcançar, de forma célere, econômica e efetiva, o regime de crise empresarial, seja pelo soerguimento econômico do devedor e alívio dos sacrifícios do credor, na recuperação, seja pela liquidação dos ativos e satisfação dos credores, na falência.[90]

Nessa linha, o legislador em 2020 alterou o art. 189 desta lei para, no §1º, I, deixar expresso que se aplica o CPC quando não contrariar disposição específica desta lei e que "todos os prazos nela previstos ou que dela decorram serão contados em dias corridos". Dessa forma, os prazos recursais do CPC, não oriundos da Lei n. 11.101/2005, serão contados em dias úteis, os demais em dias corridos.[91]

Prazo do *stay period* e a novidade do plano alternativo pelos credores

Melhor e mais detalhadamente se comentará a possibilidade de oferta de plano alternativo pelos credores, criado pela Lei n. 14.112/2020, nos comentários ao art. 56 desta lei, dado que às suas exigências os credores se sujeitarão para o exercício dessa

---

90 STJ, 4ª Turma, AgInt no REsp 1774998/MG, Rel. Min. Luis Felipe Salomão, DJe 19/09/2019.

91 Agravo de instrumento – Recuperação Judicial – Decisão que deferiu o processamento e determinou a contagem de todos os prazos processuais em dias corridos e não em dias úteis como previsto no CPC – Inconformismo da recuperanda – Cabimento – O CPC é aplicável, no que couber, aos procedimentos previstos na Lei de Recuperação Judicial e Falências – Contagem de prazos de natureza processual, especialmente os recursais, que deve ser feita em dias úteis, na forma do art. 219 do CPC – Prazos de natureza material, caso do *stay period* e apresentação do plano de recuperação judicial, que devem ser contados em dias corridos – Exegese do art. 189, §1º, I, da Lei n. 11.101/2005, com redação dada pela Lei n. 14.112/2020 – Precedentes das Câmaras Reservadas de Direito Empresarial deste E. Tribunal de Justiça – Decisão reformada – Recurso provido. TJSP, 2ª Câmara Reservada de Direito Empresarial, AI n. 2250837-12.2021.8.26.0000, Rel. Jorge Tosta, DJe 10/05/2022.

novidade legislativa. É imperioso, contudo, fazer uma breve introdução, na medida em o seu exercício pelos credores influirá no prazo de suspensão das ações e execuções que se comenta nesse tópico do art. 6º.

A Lei n. 14.112/2020 acrescentou no artigo 6º da LREF o §4º-A, I e II para permitir que, decorridos os dois períodos de 180 dias (o inicial e sua prorrogação) sem a apreciação do plano de recuperação judicial, os credores poderão apresentar um plano alternativo, na forma dos parágrafos 4º a 7º do art. 56. E observou que isso deve ser feito em 30 dias, sob pena de não se aplicarem os incisos I a III do *caput* do art. 6º. E, nesse caso, o prazo de suspensão (*stay period*) perdurará até a Assembleia-Geral de Credores (AGC) do plano alternativo.

Em suma, vencidos os dois prazos de 180 dias (inicial e prorrogado), ou seja, passado já um ano do deferimento da recuperação sem que tenha havido a deliberação sobre o plano apresentado pela devedora, os credores poderão apresentar um plano alternativo.

O legislador traz duas hipóteses em que o plano alternativo deverá ser apresentado.

Na primeira hipótese, os credores poderão apresentar o plano alternativo dentro do prazo de 30 dias contados do término do *stay period* (art. 4ºA, I), ou seja, após o término do prazo de 180 dias contados do deferimento do processamento da recuperação, ou, se tiver havido deferimento do pedido de prorrogação, dos 180 dias adicionais. Essa primeira hipótese se refere à situação em que não houve qualquer deliberação do plano apresentado pela devedora[92] em Assembleia-Geral de Credores.

---

92 N. E. na 1ª edição constava a informação: "...plano apresentado *pelo credor*..." e nesta 2ª edição o texto foi corrigido para constar o correto: "... plano apresentado *pela devedora*".

Interessante observar que, diante da possibilidade de os credores apresentarem plano alternativo, parece ser sustentável defender que os efeitos de suspensão do prazo da prescrição das obrigações e do andamento das execuções não se encerram, automaticamente, com o decurso do prazo de 180 dias, ou de sua prorrogação. Isso porque, o §4º-A, I do artigo 6º estipula que tais suspensões não serão aplicáveis se não houver apresentação do plano alternativo em 30 dias. Logo, se passados os dois períodos de 180 dias e não tiver, ainda, ocorrido a realização da assembleia para analisar plano de recuperação judicial, ter-se-á, na prática, que o *stay period* necessariamente se prolongará por um período de 180 dias e outro de 210 dias, diante da possibilidade de se apresentar plano alternativo.

A segunda hipótese legal para a apresentação de plano alternativo refere-se à situação em que, após rejeição do plano do devedor, os credores deliberem, em assembleia, a possibilidade de apresentação de plano de recuperação judicial alternativo, aprovando, ou não, proposta de concessão de prazo de 30 dias para tal finalidade. Se aprovada a proposta de apresentação do plano alternativo.

Em qualquer uma dessas situações, ou seja, havendo a apresentação do plano alternativo em 30 dias do término do prazo do *stay period* ou, alternativamente, havendo aprovação da concessão do prazo de 30 dias para apresentação de plano alternativo na AGC que rejeitou o plano da devedora (art. 56, §4º), o artigo 6º, §4º-A, II, admite, expressamente, que o *stay period* perdurará por mais de 180 dias adicionais. Nesse cenário, o prazo total do *stay period* será de 540 dias. Essa é a consequência que se infere do quanto é previsto no artigo 6º, §4º-A, II, da LRF.

Em resumo, a análise das disposições legais relativas à apresentação de plano alternativo dos credores conduz à conclusão de que a aplicação do prazo ordinário do *stay period* somente se verificaria para as hipóteses em que houvesse deliberação a respeito do plano de recuperação apresentado pelo devedor dentro desse espaço de tempo.

Contudo, mesmo para as hipóteses em que houver a deliberação do plano do credor dentro do prazo ordinário do *stay period*, a legislação passou a prever outras hipóteses legais para sua prorrogação, as quais também decorrem da possibilidade de apresentação do plano alternativo pelos credores.[93]

Conforme se depreende do disposto no artigo 56, §4º, da LRF, após rejeição do plano de recuperação apresentado pelo devedor, os credores, em assembleia, deliberarão sobre a concessão de prazo de 30 dias para que haja apresentação de plano alternativo. Nessa situação, dispõe o artigo 6º, §4º-A, I, da LRF que as suspensões e proibições dos incisos I a III do *caput* do artigo 6º não serão aplicáveis caso os credores não apresentem o plano alternativo dentro de 30 dias contados da data dessa assembleia. Também nesse caso, parece ser decorrência lógica do quanto disposto em lei que houve criação de nova hipótese de prorrogação extraordinária do *stay period*, pelo prazo adicional de 30 dias. Isso porque somente após o decurso desse prazo de 30 dias concedido em assembleia de credores, será possível deixar de aplicar as suspensões e proibições previstas nos incisos I a III do *caput* do artigo 6º da LRF.

Por fim, caso haja a apresentação de plano alternativo pelos credores, o artigo 6º, §4º-A, II, da LRF dispõe que as suspensões e a proibição dos incisos I a III do artigo 6º do mesmo diploma normativo perdurarão por mais 180 dias.

Interessante observar que o termo inicial da contagem do prazo de 180 dias estipulado no artigo 6º, §4º-II, da LRF corresponde à

93 DIAS, Maria Rita Rebello Pinho. "Direito da Insolvência. A nova disciplina do *stay period* e as alterações em razão do plano alternativo". *Consultor Jurídico*, jun. 2023. Disponível em: https://www.conjur.com.br/2023-jun-19/direito-insolvencia-disciplina-stay-period-alteracoes-razao-plano-alternativo. Acessado em: 24.10.2024.

data da assembleia geral de credores em que se houver deliberado a concessão de prazo para apresentação de plano alternativo. O início do termo inicial da contagem desse novo prazo coincidindo com a data da assembleia pode resultar em situações distintas. Mostra-se possível que, por ocasião da assembleia geral de credores, o prazo ordinário do *stay period* ainda não tenha se encerrado, de modo que, independentemente do tempo que lhe restasse, a sua duração seria automaticamente ampliada para 180 dias. Por outro lado, também parece ser possível que, por ocasião dessa assembleia, o prazo ordinário do *stay period* já tenha se encerrado, de forma que, como consequência da aplicação do artigo 6º, §4º-A, II, da LRF, haverá a criação de novo período de vigência das suspensões e proibições contidas nos incisos I a III do *caput* do artigo 6º da LRF, nesse caso com solução de continuidade em relação ao primeiro período.[94]

Além das implicações que decorrem da própria lei no tocante à prorrogação extraordinária do *stay period* (para além dos 360 dias previstos no §4º do artigo 6º), destaca-se, também, o entendimento apresentado pelo STJ atinente à possibilidade de prorrogação excepcional do prazo por deliberação dos credores nesse sentido, sob pena de indevida ingerência judicial no procedimento recuperacional. A esse respeito, consoante o entendimento do e STJ:

> Em conclusão, a partir da nova sistemática implementada pela Lei n. 14.112/2020, a extensão do stay period, para além da prorrogação estabelecida no § 4º do art. 6º da LRF, somente se afigurará possível se houver, necessariamente, a deliberação prévia e favorável da assembleia geral dos credores a esse respeito, seja com vistas à apresentação do

---

94 DIAS, Maria Rita Rebello Pinho. "Direito da Insolvência. A nova disciplina do *stay period* e as alterações em razão do plano alternativo". *Consultor Jurídico*, jun. 2023. Disponível em: https://www.conjur.com.br/2023-jun-19/direito-insolvencia-disciplina-stay-period-alteracoes-razao-plano-alternativo. Acessado em: 24.10.2024.

> plano de recuperação judicial, seja por reputarem conveniente e necessário, segundo seus interesses, para se chegar a um denominador comum no que alude às negociações em trâmite. Ausente a deliberação prévia e favorável da assembleia geral dos credores para autorizar a extensão do stay period, seu deferimento configura indevida ingerência judicial, apartando-se das disposições legais que, como demonstrado, são expressas nesse sentido.[95]

A nova legislação, ao mesmo tempo que facultou a prorrogação do *stay period* por um segundo período de 180 dias, se a demora não for atribuível à recuperanda, tentou criar, no reverso da medalha, uma espécie de contrapartida ao que poderia ser um incremento do poder negocial do devedor, na medida em que lhe amplia as opções existentes diante de um pedido de recuperação judicial, acrescendo uma terceira alternativa à escolha entre aceitar o plano de recuperação do devedor ou a sua decretação de falência, que é, justamente, a apresentação de um plano alternativo. Assim, apesar de o legislador da reforma de 2020 ter incorporado prática que já se observava na jurisprudência de prorrogação do prazo de *stay period*, inovou ao trazer regra que parece pretender equalizar o aumento do poder negocial que o devedor poderia ter perante os credores em razão do aumento o de tempo de suspensão.

A prática revelará se a novidade, a título de compensação aos credores pelo aumento da duração do processo de suspensão imposto pela recuperação judicial, funcionará. Isso porque, além das dificuldades que melhor se verá no art. 56, a propositura de plano alternativo aumentará o *stay period* para até 540 dias, ou um ano e meio do deferimento do pedido de recuperação.

---

95 STJ, REsp 1.991.103/MT, Terceira Turma, Ministro Marco Aurélio Bellizze, J. 11/04/2023, DJe 13/04/2023.

Efeitos processuais: competência do juízo da falência, da recuperação e execuções fiscais

Além do efeito processual da suspensão das execuções e ações, a falência e a recuperação judicial, por se tratarem de processos coletivos, impactam, também, quanto à definição da competência do juízo responsável pelo processamento e julgamento de outros processos em que o devedor seja parte.

Com relação ao juízo universal da falência, o artigo 76 da lei em análise dispõe sobre o juízo universal da falência, o qual será objeto de comentário específico. Uma de suas características é a força atrativa do referido juízo, atraindo competência para julgar ações que envolvam bens, interesses e negócios do falido, como regra geral, com exceção de algumas poucas e pontuais exceções.

A centralização de todas as ações envolvendo bens, negócios e interesses do devedor justifica-se pela necessidade de assegurar a coordenação e controle do processo de apuração do ativo, com o intuito de se maximizar o valor obtido em caso de alienação de ativo[96] e, também, para assegurar que o princípio do tratamento paritário dos credores seja observado, evitando-se distorções entre eles. Assegura, portanto, maior racionalidade econômica do processo, permitindo melhor coordenação entre credores, mediante um processo coletivo e compulsório, o qual reduz incentivos para as "corridas de credores". Na falência, a centralização evita busca desordenada e precipitada para cobrança de créditos diante do receio de que os ativos sejam insuficientes, o que poderia resultar em alienação de ativos da massa por valores inferiores ao que seria obtido.[97] Há,

---

96 SACRAMONE, Marcelo Barbosa. *Comentários à Lei de Recuperação de Empresas e Falências*. São Paulo: Saraiva Jur, 2018, p. 307.

97 "A doutrina brasileira costuma justificá-lo – embora nem sempre de modo expresso – com fundamento no princípio da equidade. Essa posição não é incorreta, mas pode ser complementada. É que o princípio da universalidade da falência também permite corrigir incentivos perversos aos quais os credores estariam sujeitos na véspera da falência. Como veremos, a universalidade da

portanto, perfeita coincidência entre a amplitude da competência do juízo falimentar e o grau de comprometimento do patrimônio do devedor com as obrigações submetidas à falência, que é total.

Na recuperação judicial, contudo, ao contrário do que ocorre na falência, não há previsão para a existência de um juízo universal, com força atrativa para julgamento de ações que envolvam bens, interesses ou negócios do devedor, embora, como se verá mais adiante de forma detalhada, a jurisprudência e a doutrina entendem ser defensável afirmar a existência de uma universalidade mitigada.[98] E, após o prazo do *stay period*, as ações e execuções individuais de credores não sujeitos ao processo de recuperação voltarão a correr, concorrendo com a atuação do juízo da recuperação judicial.

Além disso, na recuperação judicial, não há processo de liquidação obrigatório do empresário, mas, apenas, a negociação de plano para reestruturação de parte de suas obrigações, com o propósito de soerguimento da empresa em crise. Evidentemente que é do interesse dos credores dispor sobre quais os ativos poderão ser alienados, como parte do processo de reestruturação. Contudo, não há prévia indicação, em lei, sobre quais bens serão alienados,

falência também facilita a tomada de decisões coordenadas e eficientes por parte de credores. A partir dessa concepção, sustentamos que a racionalidade econômica desse princípio seria a de promover a maximização de retornos à massa de credores e a minimização de custos de transação". (SALAMA, Bruno Meyerhof; CROCCO, Fábio Weinberg. "A Racionalidade Econômica do Direito Falimentar: reflexões sobre o caso brasileiro". *In*: ABRÃO, Carlos Henrique; ANDRIGHI, Fátima Nancy; BENETI, Sidnei (Coord.). *10 anos de vigência da Lei de Recuperação e Falência (Lei 11.101/2005)*. São Paulo: Saraiva, 2015, p. 386).

98 DIAS, Maria Rita Rebello Pinho. "Direito da Insolvência. Juízo da recuperação: particularidades das hipóteses do artigo 6º, §§ 7º-A e 7º-B". *Consultor Jurídico*, abr. 2023. Disponível em: https://www.conjur.com.br/2023-abr-25/direito-insolvencia-juizo-recuperacao-hipoteses-artigo. Acessado em: 24.10.2024.

sendo tal questão remetida à Assembleia-Geral de Credores, a qual é soberana para dispor sobre o assunto.

O procedimento da recuperação judicial foi concebido para criar condições favoráveis para fomentar a negociação coletiva entre credores e o devedor, inserindo-se, nesse contexto, a suspensão das ações e execuções, dentre outras normas concebidas para permitir maior transparência e controle pelos credores. Adota-se, como premissa, que a negociação coletiva e a observância rigorosa do plano de reestruturação negociado e aprovado são indispensáveis para permitir o soerguimento da empresa, tal como informado no art. 47 da LREF. A racionalidade da recuperação judicial decorre de se submeter os interesses dos credores individualmente considerados a um interesse maior, o da preservação da empresa, de modo que, sob essa perspectiva, o juízo da recuperação judicial é aquele que tem melhores condições de decidir sobre constrição de bens da devedora de recuperação, em razão da concentração das informações atinentes ao plano de reestruturação da empresa, que tramita sob sua coordenação.[99]

Diante do prosseguimento das execuções de credores não sujeitos à recuperação, após o término do *stay period*, as constrições que vierem a ser determinadas por outros juízos podem

---

99 "O juízo da recuperação judicial é universal porque concentrar todas as decisões relacionadas à superação do estado de crise da empresa em um mesmo juízo é a maneira mais adequada de lidar com recuperação e mesmo viabilizá-la, questão sobre a qual se voltará detidamente quando da análise da função da universalidade. No plano estrutural, tem-se que a Lei n. 11.101/05 reconhece a universalidade do juízo da recuperação judicial, seja por força do artigo 126 da Lei n. 11.101/05, seja porque o artigo 6º, ao prever a suspensão das ações e execuções a partir do deferimento da recuperação, pretende deixar a cargo daquele juízo as decisões relacionadas ao projeto de reorganização da empresa, o que só se poderia obter com a vedação de que outros juízos, ao menos pelo prazo de cento e oitenta dias, possam proferir qualquer decisão de constrição dos bens da devedora em recuperação judicial". (MACIEL, Renata Mota. *A Universalidade do Juízo da Recuperação Judicial*. São Paulo: Quartier Latin, 2017, p. 209).

impactar na recuperação judicial e, até mesmo, nas chances de soerguimento da empresa.

Necessário consignar que, se antes do término do *stay period*, houver aprovação do plano de recuperação em Assembleia-Geral de Credores, novando a obrigação, não haverá prosseguimento da execução individual.[100] [101]

A coexistência de diversos juízos com competência para dispor sobre atos de constrição no patrimônio do devedor demonstrou ser um desafio que precisou ser enfrentado pela jurisprudência, para assegurar que a racionalidade econômica pretendida pelo legislador com o instituto jurídico da recuperação judicial, a saber, o soerguimento da empresa em crise, fosse efetivamente viável.

O potencial atrito decorrente da coexistência do juízo coletivo da recuperação judicial com os diversos juízos individuais suscitou diversos conflitos de competência.

Como consequência, a jurisprudência do e. STJ se posicionou, antes da reforma de 2020, no sentido de que após aprovação do plano, competia ao juízo da recuperação analisar as medidas de constrição e venda dos bens integrantes do patrimônio da recuperanda, mesmo se se referirem a créditos não sujeitos à recuperação, tendo em vista a necessidade de aferir se eles têm o potencial de

---

100 "(...) Por isso, a lei fixa um prazo para a suspensão das execuções individuais operada pelo despacho de processamento da recuperação judicial: 180 dias. Se, durante esse prazo, alcança-se um plano de recuperação judicial, abrem-se duas alternativas: o crédito em execução individual teve suas condições de exigibilidade alteradas ou mantidas. Nesse último caso, a execução individual prossegue". (COELHO, Fábio Ulhoa. *Comentários à Nova Lei de Falências e de Recuperação de Empresas*. 5ª ed. São Paulo: Saraiva, 2008, pp. 38/39).

101 "(...) No entanto, se a recuperação já foi concedida na forma do art. 58, o crédito que a ela estiver submetido será pago nos próprios autos da recuperação, não havendo assim interesse no prosseguimento de ações ou execuções". (BEZERRA FILHO, Manoel Justino. *Lei de Recuperação de Empresas e Falências Comentada*. São Paulo: Revista dos Tribunais, 2007, p. 65).

comprometer o cumprimento do plano e, assim, de colocar em risco a preservação da empresa.[102]

No Conflito de Competência n. 61.272, a Segunda Seção do e. STJ[103] se pronunciou sobre esses conflitos envolvendo o juiz

---

102 "Atente-se, porém que o STJ, em seu necessário trabalho de interpretação da lei, entendeu que após aprovado o plano, compete ao juízo da recuperação tomar as medidas de constrição e venda dos bens integrantes do patrimônio da recuperanda, entendendo também que 'não é razoável a retomada das execuções individuais após o simples decurso do prazo de 180 dias' (CC 141.719-MG, rel. João Otávio Noronha, j. em 27/04/2016). Tal entendimento, que tem sido adotado também por outros julgados, contraria o disposto neste §4º do art. 6º, também estende para a recuperação o juízo universal, que por força do art. 76 só existe na falência". (BEZERRA FILHO, Manoel Justino. *Lei de Recuperação de Empresas e Falências*: Lei n. 11.101/05 comentada artigo por artigo. 12ª ed. São Paulo: Revista dos Tribunais, 2017, p. 92).

103 "CONFLITO DE COMPETÊNCIA N. 61.272 – RJ (2006/0077383-7) RELATOR: MINISTRO ARI PARGENDLER AUTOR: SINDICATO NACIONAL DOS AERONAUTAS E OUTROS ADVOGADO: OTÁVIO BEZERRA NEVES SILVA E OUTRO RÉU: VARIG S/A VIAÇÃO AÉREA RIO GRANDENSE E OUTROS ADVOGADO: VICTOR RUSSOMANO JUNIOR E OUTROS LITIS.: VRG LINHAS AÉREAS S/A ADVOGADO: CRISTIANO ZANIN MARTINS E OUTROS INTERES.: INSTITUTO AERUS DE SEGURIDADE SOCIAL ADVOGADO : MANOEL VARGAS FRANCO NETTO E OUTROS ASSISTENTE: MINISTÉRIO PÚBLICO DO TRABALHO SUSCITANTE: MINISTÉRIO PÚBLICO DO ESTADO DO RIO DE JANEIRO SUSCITADO: JUÍZO DE DIREITO DA 1A VARA EMPRESARIAL DO RIO DE JANEIRO – RJ SUSCITADO: JUÍZO DA 5A VARA DO TRABALHO DO RIO DE JANEIRO – RJ EMENTA CONFLITO DE COMPETÊNCIA. 1. CONFLITO E RECURSO. A regra mais elementar em matéria de competência recursal é a de que as decisões de um juiz de 1º grau só podem ser reformadas pelo tribunal a que está vinculado; o conflito de competência não pode ser provocado com a finalidade de produzir, *per saltum*, o efeito que só o recurso próprio alcançaria, porque a jurisdição sobre o mérito é prestada por instâncias (ordinárias: juiz e tribunal; extraordinárias: Superior Tribunal de Justiça e Supremo Tribunal Federal). 2. LEI DE RECUPERAÇÃO JUDICIAL (Lei n. 11.101, de 2005). A Lei n. 11.101, de 2005, não teria operacionalidade alguma se sua aplicação pudesse ser partilhada por juízes de direito e juízes do trabalho; competência constitucional (CF, art. 114, incs. I a VIII) e competência legal (CF, art. 114, inc. IX) da Justiça do Trabalho. Conflito conhecido e provido para declarar competente o MM. Juiz de Direito da 1ª Vara Empresarial do Rio

responsável pela condução do processo de recuperação judicial e os juízes responsáveis pelas execuções de crédito trabalhista, concluindo que as decisões tomadas individualmente nessas últimas poderiam comprometer o plano de recuperação aprovado, de modo que se reconheceu que competiria ao juízo da recuperação controlar atos que poderiam comprometer o cumprimento do plano. Nesse caso, o juízo da recuperação judicial foi designado como competente para decidir sobre créditos trabalhistas. Esse entendimento supra foi confirmado no Conflito de Competência n. 130.994 do e. STJ, em que sua 2ª Seção reconheceu que, após o deferimento do pedido de recuperação judicial ou após a falência o patrimônio das respectivas sociedades, não pode ser afetado por decisões prolatadas por outros juízos que não o da recuperação e falência.

Essas decisões judiciais reconheceram que a competência do juízo da recuperação para deliberar sobre atos de constrição iniciava-se com o deferimento do pedido de processamento da

---

de Janeiro. ACÓRDÃO Vistos, relatados e discutidos os autos em que são partes as acima indicadas, acordam os Ministros da SEGUNDA SEÇÃO do Superior Tribunal de Justiça, em questão de ordem, referendar, por maioria de votos, a decisão do Relator que admitiu a intervenção do Ministério Público do Trabalho no processo, vencidos os Senhores Ministros Castro Filho, Massami Uyeda e César Rocha; negar, por unanimidade de votos, o agravo regimental interposto pela Associação de Comissários da Varig – ACVAR e conhecer do Conflito para declarar competente a 1ª Vara Empresarial do Rio de Janeiro, a suscitada, nos termos do voto do Sr. Ministro Relator. A Sra. Ministra Nancy Andrighi, os Srs. Ministros Castro Filho, Hélio Quaglia Barbosa, Massami Uyeda, Humberto Gomes de Barros e Cesar Asfor Rocha votaram com o Sr. Ministro Relator. Impedido o Sr. Ministro Carlos Alberto Menezes Direito. Sustentaram oralmente, pela Autora, o Dr. Otávio Bezerra Neves, pelo Assistente, o Procurador do Trabalho Dr. Rodrigo Carelli, pela Litisconsorte, o Dr. Cristiano Zanin Martins, e, como custos legis, o representante do Ministério Público Federal, Subprocurador-Geral da República Dr. Washington Bolívar de Britto Júnior. Brasília, 25 de abril de 2007 (data do julgamento). MINISTRO ARI PARGENDLER Relator".

recuperação judicial, entendendo, por atos de constrição, tanto atos de alienação de bens como pagamento de credores.[104]

No Conflito de Competência n. 152.841,[105] a 2ª Seção decidiu que é competência do juízo da recuperação deliberar se há

---

104 "PROCESSO CIVIL. CONFLITO NEGATIVO DE COMPETÊNCIA. AÇÃO DE COBRANÇA PROPOSTA POR EMPRESA SUPOSTAMENTE EM RECUPERAÇÃO JUDICIAL. INFORMAÇÃO DO JUÍZO SUSCITANTE. INEXISTÊNCIA DE PEDIDO DE RECUPERAÇÃO JUDICIAL EM TRÂMITE NA VARA ESPECIALIZADA. COMPETÊNCIA DO TRIBUNAL ESTADUAL. 1. Inexiste conflito negativo de competência relativamente ao juízo que não se declara incompetente para conhecer da causa. 2. Tem prevalecido nesta Corte o entendimento de que a partir da data de deferimento da recuperação judicial é competente o respectivo Juízo para o prosseguimento dos atos de execução. Na espécie, tendo sido informado pelo Juízo da Vara Especializada, para o qual o Tribunal Estadual declinou da competência, que não tramita, perante aquele Juízo, a recuperação da empresa integrante da relação processual da ação de cobrança, inexiste juízo universal para os atos de alienação voltados contra o patrimônio social da sociedade empresária. 3. Ainda que se tratasse de recuperação judicial, não há se olvidar da previsão contida no *caput* do art. 6º e no art. 52, III da Lei n. 11.101/05, no sentido de que o deferimento do processamento da recuperação judicial suspende somente as ações ou execuções contra a empresa recuperanda. 4. Conflito conhecido para o fim de declarar a competência do TRIBUNAL DE JUSTIÇA DO ESTADO DE PERNAMBUCO, (juízo suscitado). Acórdão. Vistos, relatados e discutidos estes autos, acordam os Ministros da Segunda Seção do Superior Tribunal de Justiça, na conformidade dos votos e das notas taquigráficas constantes dos autos, por unanimidade, conhecer do conflito de competência e declarar competente o Tribunal de Justiça do Estado de Pernambuco, o suscitado, nos termos do voto da Sra. Ministra Relatora. Os Srs. Ministros Sidnei Beneti, Luis Felipe Salomão, Raul Araújo, Paulo de Tarso Sanseverino, Maria Isabel Gallotti, Antonio Carlos Ferreira e Ricardo Villas Bôas Cueva votaram com a Sra. Ministra Relatora". (CC 114540/SP CONFLITO DE COMPETÊNCIA 2010/0191149-3; Relator(a)Ministra NANCY ANDRIGHI; 2ª Seção, Data do Julgamento: 24/08/2011; Data da Publicação/Fonte: DJe 31/08/2011, RIOBDCPC, vol. 73, p. 76).

105 CONFLITO DE COMPETÊNCIA. RECUPERAÇÃO JUDICIAL. ALIENAÇÃO DE UNIDADE PRODUTIVA ISOLADA, COM FULCRO NO ART. 60, PARÁGRAFO ÚNICO DA LEI N. 11.101/2005. RECONHECIMENTO DA SUCESSÃO TRIBUTÁRIA PELO JUÍZO TRABALHISTA. INVASÃO DE COMPETÊNCIA DO JUÍZO DA RECUPERAÇÃO. 1. O ponto fulcral da controvérsia reside na definição

ou não sucessão empresarial quanto às obrigações trabalhistas em processo de alienação da unidade produtiva. O entendimento majoritário foi o de que a competência para deliberar sobre a existência ou não de sucessão empresarial sobre ônus e obrigações trabalhistas em processo de alienação de unidade produtiva é do juízo da recuperação e que ingerência da justiça do trabalho pode comprometer o processo de recuperação, gerando insegurança jurídica e inviabilizando a adoção das medidas de recuperação em si. Considerou-se, nesse julgado, que a análise da existência ou não da sucessão pelos adquirentes da UPI perpassa, obrigatoriamente, pela análise da validade do plano de recuperação, sobretudo no tocante às regras de alienação, tendo concluído que o juízo da recuperação é o mais habilitado para verificar essas questões.

Havia, ainda, divergência na jurisprudência quanto a questões envolvendo obrigações fiscais. Na 2ª Seção do STJ, competente para julgar questões envolvendo falências e recuperações judiciais, observava-se a consolidação da jurisprudência no sentido de reconhecer a competência do juízo da recuperação judicial para dar seguimento aos atos que envolvam expropriação de bens da

---

do juízo competente para averiguar a existência ou não da sucessão, pelas adquirentes da unidade produtiva isolada (UPI) pertencente à sociedade em recuperação judicial, das obrigações e dos ônus da recuperanda, o que perpassa, necessariamente, pela aferição da validade do plano de recuperação no que tange às previsões e regras dessa alienação. 2. A jurisprudência desta Casa tem reiteradamente reconhecido a configuração do conflito nas hipóteses em que juízos distintos divergem acerca da existência de sucesso nas dívidas e obrigações da recuperanda pela arrematante, nos casos de alienação judicial de unidade produtiva (art. 60, parágrafo único c.c. art.141, §1ª da Lei n. 11.101/2005), inclusive declarando a competência do Juízo da recuperação judicial, haja vista ser este o mais habilitado para verificar a extensão e a higidez da alienação, além do evidente prejuízo decorrente do desenvolvimento simultâneo da atividade jurisdicional, sobre o mesmo tema, pelos juízos suscitados. 3. Conflito de Competência conhecido para declarar a competência do Juízo da Recuperação. (CC 152.841 SP 2017/0145007-0, Relator Ministro MOURA RIBEIRO. Data de Julgamento: 08/11/2018, 2ª Seção, data da publicação DJe 04/12/2018).

recuperanda (CC 114987/SP, Rel. Min. Paulo de Tarso Sanseverino, 2ª Seção, julgado em 14/03/2011, DJe 23/03/2011).[106] [107] Por outro lado, na 1ª Seção do STJ, competente para decidir causas de Direito Público, observa-se divergência entre suas turmas, visto que enquanto a 1ª Turma adota o mesmo posicionamento da 2ª

---

106 "CONFLITO DE COMPETÊNCIA. RECUPERAÇÃO JUDICIAL. EXECUÇÃO FISCAL. PRINCÍPIO DA PRESERVAÇÃO DA EMPRESA. 1) Apesar de a execução fiscal não se suspender em face do deferimento do pedido de recuperação judicial (art. 6º, §7º, da LF n. 11.101/05, art. 187 do CTN e art. 29 da LF n. 6.830/80), submetem-se ao crivo do juízo universal os atos de alienação voltados contra o patrimônio social das sociedades empresárias em recuperação, em homenagem ao princípio da preservação da empresa. 2) Precedentes específicos desta Segunda Secção, 3) Conflito conhecido para declarar a competência do juízo de direito da 8a Vara Cível de São José do Rio Preto - SP para a análise dos atos constritivos sobre o ativo das empresas suscitantes. **Acórdão.** Vistos, relatados e discutidos os autos em que são partes as acima indicadas, acordam os Ministros da Segunda Seção do Superior Tribunal de Justiça, por unanimidade, conhecer do conflito de competência e declarar competente o Juízo de Direito da 8ª Vara Cível de São José do Rio Preto – SP, primeiro suscitado, nos termos do voto do Sr. Ministro Relator. Os Srs. Ministros Maria Isabel Gallotti, Vasco Della Giustina (Desembargador convocado do TJ/RS), Aldir Passarinho Junior, Nancy Andrighi, João Otávio de Noronha, Luis Felipe Salomão e Raul Araújo votaram com o Sr. Ministro Relator. Ausente, justificadamente, o Sr. Ministro Sidnei Beneti". (CC 114987/ SP CONFLITO DE COMPETÊNCIA 2010/0212610-7, Relator(a) Ministro PAULO DE TARSO SANSEVERINO (1144) 2ª Seção, Data do Julgamento: 14/03/2011; Data da Publicação/Fonte: DJe 23/03/2011).

107 Ementa CONFLITO DE COMPETÊNCIA. RECUPERAÇÃO JUDICIAL. EXECUÇÃO FISCAL. PRINCÍPIO DA PRESERVAÇÃO DA EMPRESA. 1) Apesar de a execução fiscal não se suspender em face do deferimento do pedido de recuperação judicial (art. 6º, §7º, da LF n. 11.101/05, art. 187 do CTN e art. 29 da LF n. 6.830/80), submetem-se ao crivo do juízo universal os atos de alienação voltados contra o patrimônio social das sociedades empresárias em recuperação, em homenagem ao princípio da preservação da empresa. 2) Precedentes específicos desta Segunda Secção. 3) Conflito conhecido para declarar a competência do juízo de direito da 8a Vara Cível de São José do Rio Preto – SP para a análise dos atos constritivos sobre o ativo das empresas suscitantes". (Processo CC 114987/SP CONFLITO DE COMPÊTENCIA 2010/0212610-7 Relator(a) Ministro Paulo de Tarso Sanseverino (1144) Órgão Julgador S2, 2ª Seção, Data do Julgamento: 14/03/2011, Data da Publicação/Fonte DJe: 23/03/2011).

Seção, a 2ª Turma e o seu colegiado mantinham a competência do juízo da execução fiscal para a constrição de bens de empresas em recuperação, exceto se houvesse causa de suspensão de exigibilidade ao crédito fiscal ou adesão ao parcelamento.[108]

---

108 "Ementa PROCESSUAL CIVIL. CONFLITO DE COMPETÊNCIA. EXECUÇÃO FISCAL (PENALIDADE ADMINISTRATIVA POR INFRAÇÃO À LEGISLAÇÃO TRABALHISTA). RECUPERAÇÃO JUDICIAL. PREVENÇÃO. INOBSERVÂNCIA DO ART. 71, §4º, DO RI/STJ. SUCEDÂNEO RECURSAL. NÃO-CONHECIMENTO. 1. Preclui a oportunidade para arguir prevenção quando esta é feita após o início do julgamento. Incidência do art. 71, §4º, do RI/STJ. 2. Controverte-se a respeito da competência para dispor sobre o patrimônio de empresa que, ocupando o polo passivo em Execução Fiscal, teve deferido o pedido de Recuperação Judicial. 3. Conforme preveem o art. 6, §7º, da Lei n. 11.101/2005, e os arts. 5º e 29, da Lei n. 6.830/1980, o deferimento da Recuperação Judicial não suspende o processamento autônomo do executivo fiscal. 4. Importa acrescentar que a medida que veio a substituir a antiga concordata constitui modalidade de renegociação exclusivamente dos débitos perante credores privados. 5. Nesse sentido, o art. 57 da Lei n. 11.101/2005 expressamente prevê que a apresentação da Certidão Negativa de Débitos é pressuposto para o deferimento da Recuperação Judicial – ou seja, os créditos da Fazenda Pública devem estar previamente regularizados (extintos ou com exigibilidade suspensa), justamente porque não se incluem no Plano (art. 53 da Lei n. 11.101/2005) a ser aprovado pela Assembleia-Geral de Credores (da qual, registre-se, a Fazenda Pública não faz parte – art. 41 da Lei n. 11.101/2005). 6. Consequência do exposto é que o eventual deferimento da nova modalidade de concurso universal de credores mediante dispensa de apresentação de CND não impede o regular processamento da Execução Fiscal, com as implicações daí decorrentes (penhora de bens etc.). 7. Não se aplicam os precedentes da Segunda Seção, que fixam a prevalência do Juízo da Falência sobre o Juízo da Execução Comum (Civil ou Trabalhista) para dispor sobre o patrimônio da empresa, tendo em vista que, conforme dito, o processamento da Execução Fiscal não sofre interferência, ao contrário do que ocorre com as demais ações (art. 6º, *caput*, da Lei n. 11.101/2005). 8. Ademais, no caso da Falência, conquanto os créditos fiscais continuem com a prerrogativa de cobrança em ação autônoma (Execução Fiscal), a possibilidade de habilitação garante à Fazenda Pública a atividade fiscalizatória do juízo falimentar quanto à ordem de classificação dos pagamentos a serem feitos aos credores com direito de preferência. 9. Deve, portanto, ser prestigiada a solução que preserve a harmonia e vigência da legislação federal, de sorte que, a menos que o crédito fiscal seja extinto ou tenha a exigibilidade suspensa, a Execução Fiscal terá regular processamento, mantendo-se plenamente respeitadas as faculdades e liberdade de atuação do

A referida questão atinente às obrigações fiscais foi afetada em 14/02/2018 ao Tema 987 da sistemática dos recursos repetitivos pelo e. STJ pela 1ª Seção, com os seguintes termos: "*possibilidade da prática de atos constritivos, em face de empresa em recuperação judicial, em sede de execução fiscal de dívida tributária e não tributária*", afetando os REsps n. 1.694.261/SP e 1.694.316/SP e explicitando a abrangência para dívidas tributárias e não tributárias na afetação dos REsps n. 1.760.907/RJ, 1.757.145/RJ, 1.768.324/RJ e 1.765.854/RJ, realizados na sessão de julgamento da 2ª Seção em 13/03/2019. Houve determinação de suspensão de todas as ações que envolvessem essa questão.

Em 18/12/2019, a Corte Especial do STJ decidiu, no Conflito de Competência n. 153.998, que cabe à 2ª Seção julgar conflitos de competência em processos que envolvam execuções fiscais com penhora de bens de empresas em recuperação judicial. Nessa ocasião, a ministra Nancy Andrighi assim se pronunciou:

> Nesse passo, seja qual for o estágio em que se encontre o processo recuperacional, as razões para se decidir acerca da conveniência ou não da paralisação da ação executiva ou, ao menos, da prática de atos constritivos sobre o patrimônio da devedora/executada, hão de ser extraídas do exame das disposições que integram o diploma legislativo retrocitado.[109]

Juízo por ela responsável. (...) 12. Agravo Regimental não provido". (Processo AgRg no CC 112646/DF, AGRAVO REGIMENTAL NO CONFLITO DE COMPETÊNCIA 2010/0112623-8, Relator(a) Ministro Herman Benjamin (1132), Órgão Julgador S1 – Primeira Seção, Data do Julgamento: 11/05/2011, Data da Publicação/Fonte: DJe 17/05/2011).

ARAUJO, Nadja Aparecida Silva. "Recuperação judicial x execução fiscal: os juízos da Súmula STJ 480 e do tema 987 dos recursos repetitivo". *Jus*, 24 dez. 2019. Disponível em: https://jus.com.br/artigos/77715/recuperacao-judicial-x-execucao-fiscal. Acessado em: 20.10.2022.

109 ZAMPONI, Adriana Conrado. "2ª Turma do STJ julga conflito de competência em execução fiscal de empresa". *Conjur*, 16 jan. 2020. Disponível

Seja na execução civil comum de bens garantidos por alienação fiduciária, seja na execução fiscal, ambas lastreadas em créditos extraconcursais, a jurisprudência do Superior Tribunal de Justiça caminhou com segurança na direção de que cabe ao juízo da recuperação decidir sobre a sua alienação, mesmo que já tenha cessado o *stay period*.[110]

Nesse sentido, a doutrina de Manoel Justino Bezerra Filho[111] e Marcelo Barbosa Sacramone.[112] Essas soluções da jurisprudência permitiam assegurar coexistência mais harmônica entre os juízos e, também, a observância dos propósitos do legislador da insolvência.

A reforma de 2020 na legislação falimentar trouxe alterações relevantes quanto aos limites da competência do juízo da recuperação, destacando-se, em particular, a inserção dos §7º-A e §7º-B no artigo 6º da LREF.

---

em: https://jus.com.br/artigos/77715/recuperacao-judicial-x-execucao-fiscal. Acessado em: 20.10.2022.

110 STJ, 2ª Seção, AgRg no CC n· 143.802/SP, Rel. Min. Marco Aurélio Bellizze, DJe 19/04/2016.

111 "Atente-se, porém que o STJ, em seu necessário trabalho de interpretação da lei, entendeu que após aprovado o plano, compete ao juízo da recuperação tomar as medidas de constrição e venda dos bens integrantes do patrimônio da recuperanda, entendendo também que 'não é razoável a retomada das execuções individuais após o simples decurso do prazo de 180 dias' (CC 141.719-MG, rel. João Otávio Noronha, j. em 27/04/2016). Tal entendimento, que tem sido adotado também por outros julgados, contraria o disposto neste §4º do art. 6º, também estende para a recuperação o juízo universal, que por força do art. 76 só existe na falência". (BEZERRA FILHO, Manoel Justino. *Lei de Recuperação de Empresas e Falências*: Lei n. 11.101/05 comentada artigo por artigo. 12ª ed. São Paulo: Revista dos Tribunais, 2017, p. 92).

112 "A despeito da falta de previsão legal, a universalidade do juízo da recuperação judicial é construção jurisprudencial para assegurar a maior utilidade do instituto da recuperação. A função principal da universalidade da recuperação judicial seria a de permitir ao juiz aferir todas as questões imprescindíveis à superação da crise econômico-financeira pela qual passa o devedor, bem como tutelar o cumprimento do plano de recuperação judicial com a satisfação dos credores". (SACRAMONE, Marcelo Barbosa. *Comentários à Lei de Recuperação de Empresas e Falências*. São Paulo: Saraiva Jur, 2018, p. 310).

Em ambos os casos, o legislador indicou que o juízo da recuperação poderá intervir em ato de constrição determinado por outro juízo sempre que aquele recair em bem de capital essencial.[113]

Analisando esses dois dispositivos de lei é possível identificar semelhanças em sua estrutura normativa, a despeito de se referirem a situações muito distintas. Isso porque permitem a intervenção do juízo da recuperação em decisão de outro juízo que determinou a constrição sobre ativo específico de interesse da recuperanda. Além disso, em ambas as hipóteses, menciona-se que serão implementadas mediante a cooperação jurisdicional disciplinada pelo artigo 69 do CPC e que deverá ser observado o disposto no artigo 805 do CPC.

A situação do artigo 6º, §7º-A, da LRF se refere às hipóteses do artigo 49, §3, ou seja, do credor que, em regra, detém direito de propriedade sobre a coisa, cujo uso é permitido à recuperanda em razão de contrato prévio à recuperação judicial celebrado entre elas, e, também, à do artigo 49, §4º, que dispõe sobre restituição de dinheiro proveniente de aditamentos de contrato de câmbio. O legislador afirma que muito embora tais créditos não estejam sujeitos aos efeitos do artigo 6º, I, II e III, da LRF, em especial a suspensão de ações ou execuções, reconhece a competência do juízo da recuperação judicial para determinar a suspensão dos atos de constrição que recaiam especificamente em bens de capital essenciais à manutenção da atividade empresarial durante o período do *stay period*.

Na hipótese do artigo 6º, §7º-A, a coisa que foi alvo de constrição judicial é usada pela recuperanda, apesar de ser de propriedade de terceiro, com fundamento em relação contratual.

---

113 DIAS, Maria Rita Rebello Pinho. "Direito da Insolvência. Juízo da recuperação: particularidades das hipóteses do artigo 6º, §§ 7º-A e 7º-B". *Consultor Jurídico*, abr. 2023. Disponível em: https://www.conjur.com.br/2023-abr-25/direito-insolvencia-juizo-recuperacao-hipoteses-artigo. Acessado em: 24.10.2024.

Diante das particularidades da situação fática descrita nesse dispositivo, compreende-se o motivo pelo qual o legislador permitiu de forma excepcional que o juízo da recuperação pudesse intervir sobre atos constritivos de outros juízos. A previsão normativa advinda do artigo 6º, §7º-A da LRF parece pretender equilibrar, de forma proporcional, os princípios que se encontram em choque nessa situação de conflito de interesses: a tutela do direito de propriedade e a segurança jurídica advinda dos acordos contratuais celebrados pelo livre exercício da autonomia da vontade, de um lado, com o comprometimento de devedor e credores com a persecução do princípio da preservação da empresa, de outro. Por esse motivo, compreensível a limitação da atuação do juízo recuperacional apenas aos bens de capital de terceiro que forem essenciais à atividade da recuperanda, permitindo, quanto aos demais, regular prosseguimento dos atos de constrição.

A situação do artigo 6º, §7º-B da LRF, que se refere aos créditos fiscais, é distinta. O referido dispositivo observa que os débitos fiscais não estão sujeitos aos efeitos do *stay period*, em especial a suspensão de ações ou execuções, reconhecendo a competência do juízo da recuperação judicial para determinar a substituição dos atos de constrição que recaiam em bens de capital essenciais à manutenção da atividade empresarial até o encerramento da recuperação judicial.

Remete, portanto, à execução individual, em que a recuperanda está sendo demandada por crédito fiscal. Nesse caso, os bens que serão alvo da constrição serão da própria recuperanda e não de terceiros. Além disso, a atuação que foi admitida ao juízo da recuperação é distinta: deverá determinar a substituição do bem constrito por outro, e não simplesmente determinar a suspensão da constrição. Por outro lado, a intervenção do juízo da recuperação perdurará até o encerramento da recuperação judicial.

A despeito dessas particularidades, também o artigo 6º, §7º-B limita a atuação do juízo da recuperação judicial a bens de capital essenciais. As repercussões, todavia, são distintas.

A aplicação supletiva do Código de Processo Civil às execuções fiscais orienta a realização de penhora seguindo a ordem disposta no seu artigo 835, que estabelece, prioritariamente, o dinheiro como bem a ser constrito. Dessa forma, como regra, os atos de constrição em execuções fiscais poderão incidir em dinheiro e, também, se referir a mais de um exequente.

Notório o grande impacto que constrições de dinheiro pode impor à capacidade operacional da recuperanda, em especial sua possibilidade de pagamento de curto prazo de fornecedores e de trabalhadores, sem os quais poderá se mostrar inviável o prosseguimento de suas atividades. Nesse ponto, chama a atenção que o legislador determinou que a aplicação dos dispositivos em análise – artigo 6º, §§ 7º-A e 7º-B, deve ser feita com observância do disposto no artigo 805 do CPC.[114]

Ainda que a menção ao artigo 805 do CPC não faça tanto sentido na situação do §7º-A, já que não se cogita da substituição do ativo, auxilia o entendimento da situação descrita no §7º-B. Isso porque, ao se referir ao artigo 805 do CPC, indica que a atuação do juízo da recuperação deve zelar pela observância desse dispositivo ao procurar a substituição do bem sujeito ao ato de constrição determinado em execução fiscal individual.

Por se tratar de regra aplicada a toda execução individual, independentemente do bem a ser alvo de penhora, orientando-a a se realizar da forma menos gravosa, e, também, como o bem a ser alvo de constrição será sempre o da recuperanda, a menção ao artigo 805 do CPC pela reforma de 2020 chama a atenção que essa orientação também deve ser considerada ao conformar a atuação

114 CPC, Art. 805. Quando por vários meios o exequente puder promover a execução, o juiz mandará que se faça pelo modo menos gravoso para o executado. Parágrafo único. Ao executado que alegar ser a medida executiva mais gravosa incumbe indicar outros meios mais eficazes e menos onerosos, sob pena de manutenção dos atos executivos já determinados.

do juízo da recuperação judicial, indicando que compete a ele a análise quanto à forma menos gravosa. Esse entendimento, que preserva os interesses do exequente, mas permite ao executado submeter-se a situação de execução menos gravosa, parece ser mais aderente ao princípio da preservação da empresa, positivado no art. 47 da LRF.[115] Como já mencionado, ao contrário da falência, não há para a recuperação judicial previsão normativa quanto à existência de um juízo universal, ao qual são afetadas todas as decisões relativas a bens e negócios da empresa em crise. Contudo, em atenção às características previstas na Lei n. 11.101/05 (LRF), em especial o prazo de suspensão de execuções e de ações (artigo 6º, I, II, III) e a necessidade de se atender aos princípios da preservação da empresa e da tutela do crédito, a jurisprudência e a doutrina entendem ser defensável afirmar a existência de uma universalidade mitigada.[116]

Existiam, antes da reforma promovida pela Lei n. 14.11/20 na LRF, debates na jurisprudência quanto à definição dos exatos

---

115 DIAS, Maria Rita Rebello Pinho. "Direito da Insolvência. Juízo da recuperação: particularidades das hipóteses do artigo 6º, §§ 7º-A e 7º-B". *Consultor Jurídico*, abr. 2023. Disponível em: https://www.conjur.com.br/2023-abr-25/direito-insolvencia-juizo-recuperacao-hipoteses-artigo. Acessado em: 24.10.2024.

116 "Finalmente, quanto à competência, anote-se que não há o juízo universal da recuperação, esta universalidade apenas ocorre para o juízo da falência, conforme previsto especificamente no art. 76. No entanto, mesmo ausente qualquer disposição de direito positivo atribuindo universalidade ao juízo da recuperação, a jurisprudência já pacificada consagrou o entendimento de que há um certo tipo de universalidade, para evitar que as ações em andamento em outros juízos possam vir a causar óbices ao bom andamento da recuperação. Poder-se-ia dizer que o entendimento caminho no sentido de outorgar uma 'universalidade mitigada' (em que pese a contradição ínsita ao termo) ao juízo da recuperação, quando se trata de preservação dos bens e valores necessários ao êxito da recuperação" (BEZERRA FILHO, Manoel Justino. *Lei de recuperação de empresas e falência*: Lei 11.101/2005 – comentada artigo por artigo. 15ª ed. São Paulo: Revista dos Tribunais, 2021, p. 89).

limites de atuação do juízo da recuperação e outros juízos, sobretudo no caso de créditos não sujeitos.

A reforma de 2020 apesar de não ter inovado nessa questão, trouxe normas que contribuem para delimitar com maior precisão os limites de atuação do juízo da recuperação em situação em que houver constrição de ativos de interesse da recuperanda por outros juízos.[117]

O art. 6º teve vários acréscimos na Lei n. 14.112/2020 e, em boa parte, com o legislador positivando os entendimentos jurisprudenciais dominantes, formados ao longo da vigência da Lei n. 11.101/2005 no tocante a questões envolvendo obrigações extraconcursais e, ainda, pretendendo apresentar solução para o conflito de competência entre os juízos recuperacional e o da execução fiscal, sendo, nesse ponto, uma grande inovação.

Efeitos processuais: limites à competência do juízo da recuperação ou da falência – ações ilíquidas

Já se mencionou, anteriormente, que o juízo da falência era universal, tal como previsto no artigo 76 da LREF, atraindo para a competência do juízo falimentar todas as ações relacionadas a bens, interesses e negócios do falido.

O §1º do artigo 6º esclarece, contudo, que as ações que demandem quantia ilíquida deverão ter prosseguimento no juízo no qual estiverem se processando, podendo, o juízo responsável, determinar a reserva de crédito, nos termos do §8º do mesmo artigo.

---

117 DIAS, Maria Rita Rebello Pinho. "Direito da Insolvência. Juízo da recuperação: particularidades das hipóteses do artigo 6º, §§ 7º-A e 7º-B". *Consultor Jurídico*, abr. 2023. Disponível em: https://www.conjur.com.br/2023-abr-25/direito-insolvencia-juizo-recuperacao-hipoteses-artigo. Acessado em: 24.10.2024.

Efeitos processuais: limites à competência do juízo da recuperação ou da falência – ações trabalhistas

O §2º do art. 6º estipula que as ações trabalhistas, inclusive as impugnações de crédito a que se refere o artigo 8º da LREF serão processadas perante a justiça trabalhista, até a apuração do respectivo crédito. Somente depois, será inscrito no quadro-geral de credores, pelo valor determinado em sentença. Pondera o legislador que é possível pleitear perante o administrador judicial a habilitação, exclusão ou modificação de créditos derivados da relação de trabalho.

Essa previsão aplica-se à recuperação judicial, durante o *stay period*, conforme previsto no §5º do mesmo art. 6º. Para alguns doutrinadores, encerrado o *stay period*, as execuções teriam regular curso, exceto se já tiver ocorrido a aprovação do plano de recuperação em que essas obrigações tenham sido feitas e, portanto, novadas.[118] [119]

---

118 CAMPINHO, Sérgio. *Falência e Recuperação da Empresa*. Rio de Janeiro: Renovar, 2006, pp. 146/147.

119 PEDIDO DE RECONSIDERAÇÃO RECEBIDO COMO AGRAVO REGIMENTAL. CONFLITO DE COMPETÊNCIA. JUÍZO TRABALHISTA E JUÍZO DA RECUPERAÇÃO JUDICIAL. PROSSEGUIMENTO DAS EXECUÇÕES TRABALHISTAS APÓS A FASE DE ACERTAMENTO E LIQUIDAÇÃO. COMPETÊNCIA DO JUÍZO UNIVERSAL DA RECUPERAÇÃO. IMPOSSIBILIDADE. RETOMADA AUTOMÁTICA DAS EXECUÇÕES APÓS O FIM DO PRAZO DE 180 DIAS. NÃO CABIMENTO. 1. A jurisprudência do Superior Tribunal de Justiça é firme no sentido de que, ultrapassada a fase de acertamento e liquidação dos créditos trabalhistas, cuja competência é da Justiça do Trabalho, os valores apurados deverão ser habilitados nos autos da falência ou da recuperação judicial para posterior pagamento (Decreto-Lei n. 7.661/45; Lei n. 11.101/2005). 2. O entendimento desta Corte preconiza que, via de regra, deferido o processamento ou, posteriormente, aprovado o plano de recuperação judicial, é incabível a retomada automática das execuções individuais, mesmo após decorrido o prazo de 180 dias previsto no art. 6º, §4º, da Lei n. 11.101/2005. 3. Agravo regimental a que se nega provimento. (RCD no CC n. 131.894/SP, Rel. Ministro Raul Araújo, Segunda Seção, julgado aos 26/02/2014, DJe 31/03/2014, sem destaque no original).

Também nesse caso, por força do disposto no §8º do artigo 6º, podendo, o juízo responsável, determinar a reserva de crédito que estimar devida, nos termos do §8º do mesmo artigo, tanto na recuperação judicial quanto na falência.

Definição dos limites de competência entre o juízo cível comum e o da recuperação judicial, no caso de obrigações extraconcursais com garantias fiduciárias

No art. 6º, §7º-A, o legislador positivou regra com o intuito de resolver questão geradora de grandes conflitos de competência do juízo da recuperação. Embora não haja juízo universal na recuperação judicial, o que se dá apenas na falência, conforme art. 76 (onde a questão será mais abrangentemente abordada), a jurisprudência confirmou, conforme já visto, que o juízo da recuperação judicial é o competente para a decisão sobre a alienação de bens da recuperanda, mesmo aqueles que têm origem em créditos não concursais, como os previstos no art. 49, §§ 3º e 4º desta Lei (créditos fiduciários e contratos de câmbio).

Conforme já visto, durante o *stay period*, há suspensão das execuções individuais das obrigações sujeitas à recuperação judicial, sendo o juízo da recuperação o competente para deliberar sobre questões atinentes a bens do devedor constritos, conforme sedimentada jurisprudência a respeito.

A questão, contudo, mostra-se mais complexa no tocante aos créditos não sujeitos à recuperação judicial, descritos no artigo 49, §§ 3º e 4º da LREF, que serão alvo de comentário específico.

No tocante a essas obrigações, o art. 6º, §7º-A da LREF foi expresso ao afirmar que, com relação a elas, não se aplica a suspensão das execuções e do prazo prescricional, previstos no seu *caput*, incisos I, II e III. Como consequência, a princípio, essas ações e execuções terão regular tramitação perante o juízo cível comum, mesmo após a decisão que deferiu o processamento da recuperação judicial.

Ocorre que, conforme já mencionado, essas ações têm grande potencial de suscitar conflitos de competência entre o juízo cível comum e o juízo especializado da insolvência, tendo em vista que, as obrigações extraconcursais previstas no art. 49, §3º, o devedor em sua grande maioria deu bens em garantia fiduciária e, com a não suspensão das execuções, a tendência é que sejam elas totalmente excutidas, privando o devedor de sua propriedade e posse, e, assim, podendo inviabilizar, na prática, a efetiva recuperação da empresa em crise.

Antes da reforma de 2020, para dirimir o conflito apontado no parágrafo acima, existia, apenas, a regra do artigo 49, §3º, que, em seu final, previa que o credor titular de garantia fiduciária preservava seus direitos de propriedade sobre a coisa dada em garantia, assim como intactas as condições contratuais, mas não permitia durante o *stay period* nem a venda nem a retirada do estabelecimento dos bens de capitais essenciais à sua atividade.

Essa regra, contudo, não aclarava qual era o juízo responsável por concluir se o bem era de capital essencial à atividade do devedor, ou seja, o juízo civil comum ou o da recuperação judicial, exigindo, assim, pronunciamento sobre a questão da jurisprudência.

O §7º-A inserido no artigo 6º aclarou a questão, prevendo ser competência do juízo da recuperação judicial determinar a suspensão dos atos de constrição que recaiam sobre bens de capital essenciais à manutenção da atividade empresarial. Informa, também, que os dois juízos envolvidos, ou seja, o da recuperação e aquele que determinou o ato da constrição, deverão atuar a luz da cooperação internacional.

Logo, durante o *stay period*, os bens de capital essenciais à manutenção da atividade do devedor dados em garantia fiduciária não poderão ser vendidos nem retirados do seu estabelecimento e, ainda, atos de constrição determinados por juízos em ações ou execuções individuais poderão ser suspensos mediante análise e decisão do juízo da recuperação.

Importante mencionar o entendimento do STJ no sentido de que a essencialidade dos bens do devedor somente deverá ser apreciada pelo Juízo da recuperação judicial quando se tratar de bens de capital objeto de garantia fiduciária ou de constrição, ou seja, aqueles bens corpóreos, móveis ou imóveis, utilizados no processo produtivo da empresa em processo de soerguimento, e que se encontrem em sua posse.[120]

---

120 "4.1 Esta Terceira Turma (por ocasião do julgamento do REsp 1.758.746/GO) e, posteriormente, a Segunda Seção do Superior Tribunal de Justiça (REsp 1.629.470/MS), na via recursal propugnada (CC 153.473/PR), adotou o posicionamento de que a avaliação quanto à essencialidade de determinado bem recai unicamente sobre bem de capital, objeto de garantia fiduciária (ou objeto de constrição). Caso não se trate de bem de capital, o bem objeto de constrição ou o bem cedido ou alienado fiduciariamente não fica retido na posse da empresa em recuperação judicial, com esteio na parte final do § 3º do art. 49 da LRF, apresentando-se, para esse efeito, absolutamente descabido qualquer juízo de essencialidade. Em resumo, definiu-se que 'bem de capital' a que a lei se refere é o bem corpóreo (móvel ou imóvel), utilizado no processo produtivo da empresa recuperanda, e que, naturalmente, encontre-se em sua posse. 4.2 A competência do juízo recuperacional para sobrestar o ato constritivo realizado no bojo de execução de crédito extraconcursal restringe-se àquele que recai unicamente sobre bem de capital essencial à manutenção da atividade empresarial – a incidir, para a sua caracterização, todas as considerações acima efetuadas –, a ser exercida apenas durante o período de blindagem (...). 5.1 Deveras, se mesmo com o decurso do *stay period* (e, uma vez concedida a recuperação judicial), a manutenção da atividade empresarial depende da utilização de bem – o qual, em verdade, não é propriamente de sua titularidade – e o correlato credor proprietário, por outro lado, não tem seu débito devidamente equalizado por qualquer outra forma, esta circunstância fática, além de evidenciar um sério indicativo a respeito da própria inviabilidade de soerguimento da empresa, distorce por completo o modo como o processo recuperacional foi projetado, esvaziando o privilégio legal conferido aos credores extraconcursais, em benefício desmedido à recuperanda e aos credores sujeitos à recuperação judicial (...)". (STJ, REsp 1.991.103/MT, Terceira Turma, Ministro Marco Aurélio Bellizze, J. 11/04/2023, DJe 13/04/2023).

Observando-se o conceito adotado pelo STJ sobre bens de capital essencial, constata-se que não se inclui, dentro dele, o dinheiro ou crédito, de modo que este seja o objeto da garantia fiduciária, não poderia o juízo recuperacional, a princípio, intervir na atuação do juízo cível.

O §7º-A do artigo 6º, apesar de ter positivado parte de entendimento jurisprudencial dominante, não o fez em sua integralidade. Embora reconheça a inaplicabilidade das suspensões dos incisos I a III do *caput* do art. 6º àqueles casos do art. 49, §§ 3º e 4º, reafirma a competência do juízo da recuperação tão somente "para determinar a suspensão dos atos de constrição que recaiam sobre bens de capital essenciais à manutenção da atividade empresarial *durante o prazo de suspensão a que se refere o §4º deste artigo*" (grifo nosso).

A reforma de 2020 dispõe, portanto, de duas condições para definir a competência do juízo da recuperação na suspensão de atos de constrição em execuções individuais relacionadas a créditos extraconcursais com garantia fiduciária: uma, que os bens dados em garantia sejam bens de capital essenciais à manutenção da atividade empresarial; e, outra, que a recuperação judicial esteja no período de suspensão do art. 6º, §4º.

Nesse sentido, conforme dispõe o Enunciado III do Grupo de Câmaras Reservadas de Direito Empresarial do Tribunal de Justiça do Estado de São Paulo,

> *Escoado o prazo de suspensão de que trata o § 4º, do art. 6º, da Lei n. 11.101/2005 (stay period), as medidas de expropriação pelo credor titular de propriedade fiduciária de bens móveis ou imóveis, de arrendador mercantil, de proprietário ou promitente vendedor, poderão ser retomadas, ainda que os bens a serem excutidos sejam essenciais à atividade empresarial.*

Pela jurisprudência atual dominante, o juízo da recuperação poderia interferir a qualquer tempo para impedir a alienação de bens de capital essenciais, mesmo após o término do *stay period*. Resta aguardar se o Superior Tribunal de Justiça manterá o entendimento da competência do juízo da recuperação, a partir da vigência da Lei n. 14.112/2020.

Em recente precedente, a Corte Superior, sob a égide da Lei n. 14.112/2020 exarou o entendimento de que não há mais que se falar em juízo universal da recuperação judicial, pois a ele se reserva, apenas, a competência de determinar o sobrestamento de atos constritivos realizados em execuções singulares de créditos extraconcursais, que recaiam sobre bens de capital essenciais à atividade empresarial da empresa em processo de soerguimento, ou ainda, de substituir os atos de constrição que recaíam sobre bens de capital essenciais no caso de execuções fiscais. Nesse sentido:

> Com o advento da Lei n. 14.112/2020, tem-se não mais haver espaço – diante de seus termos resolutivos – para a interpretação que confere ao Juízo da recuperação judicial o status de competente universal para deliberar sobre toda e qualquer constrição judicial efetivada no âmbito das execuções de crédito extraconcursal, a pretexto de sua essencialidade ao desenvolvimento de sua atividade, exercida, inclusive, depois do decurso do *stay period*. A partir da vigência da Lei n. 14.112/2020, com aplicação imediata aos processos em trâmite (afinal se trata de regra processual que cuida de questão afeta à própria competência), o Juízo da recuperação judicial tem a competência específica para determinar o sobrestamento dos atos de constrição exarados no bojo de execução de crédito extraconcursal que recaíam sobre bens de capital essenciais à manutenção da atividade empresarial durante o período de blindagem. Em se tratando de execuções fiscais, a competência do juízo recuperacional restringe-se a substituir os atos de constrição que recaíam

> sobre bens de capital essenciais à manutenção da atividade empresarial até o encerramento da recuperação judicial.[121]

O tema da garantia fiduciária será tratado com maior amplitude nos comentários ao art. 49, §3º, quando serão analisados os créditos extraconcursais decorrentes de garantia fiduciária, mas não custa destacar, desde logo, a existência de acentuada divergência jurisprudencial a respeito da definição não apenas do que é bem de capital essencial à atividade empresarial da recuperanda (sobretudo no caso de recebíveis), mas também da renúncia tácita das garantias fiduciárias no caso de o credor propuser execução comum de título executivo extrajudicial, ou, ainda, da possibilidade de os credores aprovarem em assembleia a liberação daquelas garantias.

Definição dos limites de competência entre o juízo fiscal e o da recuperação judicial

O art. 6º, §7º-B propõe solução para o conflito de competência que existe entre o juízo da recuperação e o da execução fiscal.

As obrigações fiscais possuem uma particularidade. Segundo o artigo 187 do Código Tributário Nacional, a cobrança do crédito tributário não é sujeita a concurso de credores ou habilitação em falência ou recuperação judicial. Trata-se de faculdade do Poder Público habilitar seu crédito na falência ou prosseguir com execução fiscal individual em face do devedor, ressalvando, nesse último caso, que os atos de alienação de bens serão centralizados no juízo falimentar, em razão da força atrativa do juízo falimentar, conforme se verá em comentário ao artigo 76. Na recuperação judicial, por outro lado, a renegociação da dívida pública também não se sujeita ao plano de recuperação, possuindo regras específicas.

---

121 STJ, REsp 1.991.103/MT, Terceira Turma, Ministro Marco Aurélio Bellizze, J. 11/04/2023, DJe 13/04/2023.

O artigo 6º, §7º-B da LREF, aclara que as obrigações fiscais, por não estarem sujeitas ao plano de recuperação, também não estão sujeitas a nenhuma das suspensões constantes dos incisos I, II ou III do *caput* do art. 6º. Reconhece, todavia, que é competência do juízo da recuperação judicial determinar a substituição dos atos de constrição que recaem sobre bens de capital essenciais à manutenção da atividade empresarial.

Assim como no §7º-A, o §7º-B do art. 6º da LREF tem como hipótese atos de constrição determinados por outro juízo que afetem bens de capital essenciais à manutenção da atividade empresarial, prevendo, também, que os dois juízos envolvidos deverão atuar a luz da cooperação jurisdicional prevista no artigo 69 do Código de Processo Civil. Contudo, o §7º-B do art. 6º da LREF destoa da situação do §7º-A pois prevê que, no caso das obrigações fiscais, haverá a substituição do bem objeto da constrição e que essa determinação poderá ocorrer até o encerramento da recuperação judicial, e não apenas enquanto perdurar o *stay period*.

A diferença de tratamento justifica-se, preponderantemente, pelo fato de que o terceiro, titular da garantia fiduciária, possui a propriedade resolúvel do bem, o qual, portanto, não pertence no momento da recuperação judicial ao patrimônio do devedor. Já no caso do titular da obrigação fiscal, constata-se que os bens de capital de titularidade do devedor essenciais à manutenção de sua atividade estarão protegidos de atos de constrição do juízo fiscal, desde que existam outros bens que possam o substituir.

A questão quanto aos limites legais da intervenção do juízo da recuperação judicial, em caso de atos de constrição judicial determinados pelo juízo da execução fiscal, traz alguns desafios, sobretudo em razão do entendimento do STJ sobre o conceito de bens de capital essencial e, também, sobre a exigibilidade da exigência do artigo 57 da LRF como condição para a homologação do plano de recuperação judicial. Em ambos os casos, remetem-se aos comentários efetuados sobre os limites da competência do juízo da recuperação judicial, acima realizados, e da execução fiscal, e, também, sobre o artigo 57.

Conforme já foi objeto de comentário acima, os atos de constrição determinados pelo juízo da execução fiscal incidirão provavelmente – em atenção à ordem prioritária de penhoras – sobre dinheiros/recebíveis de titularidade da própria recuperanda em montante que deverá ser suficiente para o pagamento do valor integral da obrigação executada.

O entendimento jurisprudencial forjado quanto ao conceito de "bens de capital essencial", em discussões que envolviam garantias fiduciárias, deverá levar à conclusão de que a ordem de constrição de dinheiro ou recebíveis por parte do juízo da execução fiscal não poderia ser objeto de intervenção por parte do juízo da recuperação judicial.

Ocorre, todavia, que a possibilidade de realização de atos de constrição que afetem dinheiro/recebíveis em razão não de alguns contratos em que houve constituição de garantia fiduciária, mas, sim, em diversas execuções distribuídas por cada um dos entes fazendários, pode inviabilizar o próprio procedimento de recuperação judicial.

Ademais, permitir a integral satisfação do crédito fazendário, agravando a capacidade operacional da recuperanda de fazer frente às suas obrigações de curto prazo, é solução que está em dissonância com a própria legislação da insolvência, a qual condiciona a homologação do plano de recuperação judicial à obtenção de certidões previstas no artigo 57 da LRF, indicando a necessidade também de negociação do passivo tributário, seja por meio de parcelamento seja por meio de transação fiscal.

No processo n. 1012944-08.2023.8.26.0100, ajuizado perante a 3ª Vara de Falências e Recuperações Judiciais de São Paulo/SP, foi deferido pedido de tutela de urgência antecipada, para o fim de substituir a penhora mensal em valor correspondente a 10%

dos recebíveis dos principais clientes do grupo em recuperação judicial, pela penhora de marca avaliada em valor correspondente ao triplo do passivo fiscal.

O pedido de substituição foi deferido porque se considerou que,[122] ainda que os recebíveis em questão não se enquadrem no conceito de bem de capital, a constrição mostrava-se excessivamente onerosa, pois afetava a capacidade de pagamento no curto prazo das empresas de recuperação judicial. Observou-se que as recuperandas possuíam outro bem idôneo para garantir o juízo da execução fiscal, consistente na marca, a qual poderia ser deferida sem comprometer a capacidade de pagamento da recuperanda, mostrando-se solução que era menos onerosa às executadas.

Posteriormente, no mesmo processo, após reforma da decisão de substituição, ao se apreciar o pedido para redução do percentual da penhora determinada pelo juízo da execução fiscal, observou-se que, a despeito de não existir previsão legal para juízo universal em recuperações judiciais, o juízo recuperacional possui a competência para verificar no caso concreto se o vetor interpretativo que rege as soluções envolvendo a empresa em crise é aquele que é o melhor apurado cotejando os aspectos da tutela do crédito, enquanto sistema, e a preservação da empresa em si, a luz do disposto no artigo 47 da LRF.

A decisão proferida considerou que apesar de o crédito fiscal não estar sujeito ao procedimento de recuperação judicial, as regras legais da insolvência apresentam a solução legislativa que deve ser aplicada a eles, a saber, a negociação nos termos da legislação fiscal, a qual poderá levar ao parcelamento ou transação, conforme se infere do artigo 68 da LRF e dos art. 3º da Lei n. 14.112/20 e artigos 10-A a 10-C da Lei n. 10.522/02, apontando,

---

122 Tribunal de Justiça do Estado de São Paulo. Processo Digital n. 1012944-08.2023.8.26.0100. Juíza de Direito: Dra. Maria Rita Rebello Pinho Dias. Decisão proferida em 08/02/2023.

portanto, que não encontra respaldo a expectativa da Fazenda para integral e imediata satisfação de seu crédito. Em atenção a esses argumentos, e, ainda, apurando o impacto do percentual da constrição determinada sobre o faturamento bruto, o juízo da recuperação determinou sua redução, ajustando-o, por considerar que importava em situação excessivamente onerosa à recuperanda e aos credores sujeitos, comprometendo o atingimento dos objetivos legais de soerguimento da empresa.

Em ambos os casos, a modificação legislativa que criou os parágrafos 7ºA e 7º B, inserindo-os no artigo 6º da LREF, estabelece que a implementação das providências determinadas será feita "mediante cooperação jurisdicional, na forma do art. 69 da Lei n. 13.105, de 16 de março de 2015 (Código de Processo Civil), observado o disposto no art. 805 do referido Código".

O art. 69 do CPC trata da cooperação de juízos distintos para a solução de problemas comuns aos juízes cooperantes. Não há forma predefinida para o pedido de cooperação, mas deverá ser instruído com as informações suficientes para que as providências solicitadas possam ser atendidas pelo seu destinatário. É um instituto novo trazido pelo CPC e se baseia no art. 67 do mesmo Código, que dispõe:

> aos órgãos do Poder Judiciário, estadual ou federal, especializado ou comum, em todas as instâncias e graus de jurisdição, inclusive aos tribunais superiores, incumbe o dever de recíproca cooperação, por meio de seus magistrados e servidores.

Deverá, claro, em todos os seus atos, passar pelo contraditório para garantir o direito de defesa das partes envolvidas.

Impõe-se anotar que o §11 desse art. 6º faz menção a que se aplica a solução prevista no § art. 7ºB do mesmo artigo às hipóteses das execuções fiscais e às execuções de ofício que se enquadrem na situação dos incisos VII e VIII[123] do art. 114 da Constituição Federal, ou seja, para as ações relativas às penalidades administrativas impostas aos empregadores pelos órgãos de fiscalização das relações de trabalho e execução das contribuições sociais, as quais seguirão os trâmites e regras das execuções fiscais, vedada, no caso, a expedição de certidões.[124] A lei veda, nesse caso, a expedição de certidão de crédito e o arquivamento das execuções para efeitos de habilitação na recuperação judicial ou na falência.

Prevenção

O §8° do art. 6° esclarece que a distribuição do pedido de falência ou de recuperação judicial ou a homologação de recuperação extrajudicial previne a jurisdição para qualquer outro pedido de falência, de recuperação judicial ou de homologação de recuperação extrajudicial relativo ao mesmo devedor, isto é, prevenido o juízo pelo primeiro pedido, os que se seguirem contra o mesmo devedor terão a mesma direção.

Muito embora não mencione, parece que, no caso de se apresentar o pedido de mediação ou conciliação antecedente, nos termos do art. 20-B da LREF, resulta na prevenção do juízo para futuros pedidos de recuperação judicial, extrajudicial ou falência.

---

123 Art. 114, incisos VII e VIII da Constituição Federal: "VII – as ações relativas às penalidades administrativas impostas aos empregadores pelos órgãos de fiscalização das relações de trabalho; VIII – a execução, de ofício, das contribuições sociais previstas no artigo 195, I, a, e II, e seus acréscimos legais, decorrentes das sentenças que proferir; (Incisos acrescentados pela Emenda Constitucional n. 45, de 08.12.2004 – DOU 31.12.2004)". (BRASIL. *Constituição da República Federativa do Brasil de 1988*. Disponível em: http://www.planalto.gov.br/ccivil_03/constituicao/constituicao.htm. Acessado em: 03.05.2021).

124 COSTA, Daniel Carnio; MELO, Alexandre Nasser. *Comentários à Lei de Recuperação de Empresas e Falência*: Lei n. 11.101, de 09 de fevereiro de 2005. Curitiba: Juruá, 2021, p. 71.

Destaca-se que a prevenção decorre do simples fato da distribuição, independentemente do deferimento do processamento, recebimento do pedido ou qualquer outra possibilidade.

Uma questão interessante se observa em pedidos envolvendo empresas que compõem grupo econômico. Distribuído pedido em que todas as empresas que integrem os pedidos de recuperação, razoável sustentar que, para futuros pedidos, o juízo estará prevento. Situação curiosa será apurar qual é o juiz prevento se, por algum motivo, pedidos de falência ou recuperação já tiverem sido individualmente para algumas das empresas do grupo e se, posteriormente, pretenderem apresentar pedido contemplando todas as empresas do grupo econômico.

Os casos de consolidação processual e substancial, não constantes da redação original da Lei n. 11.101/2005, serão abordados nos comentários ao art. 69-G e 69-J, acrescidos pela Lei n. 14.112/2020, que trata especificamente dos temas.

Arbitragem

A Lei n. 14.112/2020 houve por bem incluir expressamente, no art. 6º, o §9º, segundo o qual reconhece-se, expressamente, que o processamento da recuperação judicial ou a decretação da falência não autoriza que o administrador judicial recuse a eficácia da convenção de arbitragem, nem que impeça ou suspenda a instauração do procedimento arbitral.

A Lei n. 9.307/96 regula a arbitragem para a solução de quaisquer litígios relativos a direitos patrimoniais disponíveis. É, como sabido, uma forma privada de solução de litígios em que os árbitros são eleitos pelas partes para esse mister. Não há participação estatal, exceto nos casos do art. 32 da Lei n. 9307/96, para a anulação da sentença arbitral.

A intenção do legislador, na linha jurisprudencial existente, foi a de deixar expresso que, do mesmo modo como ocorre com as ações de conhecimento relacionadas a quantias ilíquidas, aquelas que têm origem em convenção de arbitragem devem prosseguir no juízo não estatal. Em ambos os casos para que se encontre eventual dívida líquida da recuperanda ou da falida, a partir do que serão levadas ao juízo da recuperação ou da falência para pagamento juntamente com os demais credores.[125]

E, da mesma forma, as ações que devam ser iniciadas, se houver no contrato convenção de arbitragem, quer se trate de recuperação ou falência, devem ser propostas no juízo arbitral sem que possa o administrador recusar a eficácia da cláusula.

A questão já havia sido objeto de estudos e resultado no Enunciado 75 da II Jornada de Direito Comercial do Conselho da Justiça Federal (CJF), com a seguinte redação:

> havendo convenção de arbitragem, caso uma das partes tenha a falência decretada: (i) eventual procedimento arbitral já em curso não se suspende e novo procedimento arbitral pode ser iniciado, aplicando-se, em ambos os casos, a regra do art. 6º, §1º, da Lei n. 11.101/2005; e (ii) o administrador judicial não pode recusar a eficácia da cláusula compromissória, dada a autonomia desta em relação ao contrato.

Se há convenção de arbitragem é no juízo arbitral que a recuperanda ou falida deve litigar para depois, como devedora ou credora, submeter o crédito ou débito ao juízo estatal em que se processa a recuperação ou a falência. Em outras palavras, o procedimento arbitral não pode ser recusado pelo administrador da recuperanda ou falida, devendo no juízo arbitral se iniciar ou prosseguir quando houver convenção de arbitragem. Esse entendimento foi positivado

---

125 COSTA, Daniel Carnio; MELO, Alexandre Nasser. *Comentários à Lei de Recuperação de Empresas e Falência*: Lei n. 11.101, de 09 de fevereiro de 2005. Curitiba: Juruá, 2021, p. 72.

no ordenamento jurídico brasileiro pela alteração realizada na Lei n. 11.101/2005, pela inclusão do §9º.

Tutela antecipada

Outra inovação trazida pela Lei n. 14.112/2020 foi a inserção do §12 no art. 6º, facultando ao juiz a antecipação, total ou parcial, na forma do art. 300 do Código de Processo Civil, dos efeitos do deferimento do processamento da recuperação judicial.

O art. 300 do Código de Processo Civil diz que "a tutela de urgência será concedida quando houver elementos que evidenciem a probabilidade do direito e o perigo de dano ou o risco ao resultado útil do processo".

Isso significa que, se houver probabilidade do direito à recuperação judicial, bem como risco de dano até o deferimento, ou risco ao resultado útil, pode o juiz conceder tutela que antecipe os efeitos do deferimento da recuperação, inclusive e especialmente no tocante aos efeitos de suspensão das ações e execuções, mesmo antes do efetivo deferimento. É condição, contudo, para a incidência do §12 do art. 6º que já exista ação em que o pedido de concessão da recuperação judicial já tenha sido deferido.

Daniel Carnio Costa e Alexandre Nasser de Melo ensinam que

> esse expediente pode ser utilizado quando da determinação da constatação prévia, para conceder proteção ao devedor enquanto é feita a aferição do cumprimento dos requisitos legais para o deferimento definitivo do processamento ou indeferimento da inicial.[126]

---

126 COSTA, Daniel Carnio; MELO, Alexandre Nasser. *Comentários à Lei de Recuperação de Empresas e Falência*: Lei n. 11.101, de 09 de fevereiro de 2005. Curitiba: Juruá, 2021, p. 72.

Cabe anotar que, embora este seja um bom momento, dado que o pedido de recuperação já foi formalizado, mas ainda não teve seu processamento deferido, não é, necessariamente, o único. Pode abranger período em que o juízo está, por algum motivo, analisando os requisitos iniciais, necessários para recebimento do pedido de recuperação judicial, antecedentes à análise do deferimento do processamento, em si.

Anota-se que, em julgado do Superior Tribunal de Justiça no qual se discutia a competência para concessão de tutela visando antecipar os efeitos do *stay period* para suspender atos expropriatórios de bens da recuperanda, em execução fiscal, até o deferimento do pedido de recuperação, decidiu-se que:

> O Juízo da recuperação é competente para avaliar se estão presentes os requisitos para a concessão de tutela de urgência objetivando antecipar o início do *stay period* ou suspender os atos expropriatórios determinados em outros juízos, antes mesmo de deferido o processamento da recuperação.[127]

Considerou-se, no julgamento do conflito positivo de competência, na ocasião levando em conta apenas a aplicabilidade do Código de Processo Civil aos processos de recuperação judicial, que a esse juízo estava afeta a verificação da necessidade da suspensão da execução fiscal e seus atos expropriatórios. Isso porque, dada à relevância do *stay period*, quando se abrem as negociações com os credores, é de rigor evitar a corrida dos credores ao recebimento dos seus créditos, em especial com a expropriação de bens penhorados e sério prejuízo, pela perda de ativos, à coletividade de credores que se submeterão à recuperação próxima de ser solicitada judicialmente.

---

127 STJ, 2ª Seção, CC 168.000/AL, Rel. Min. Ricardo Villas Bôas Cueva, DJe 16/12/2019.

Em suma, já antes da inclusão da possibilidade explícita de tutela antecipada pelo juízo da recuperação, antecipando o *stay period*, o STJ decidira que era possível a providência, constando do precedente citado que:

> (...) 5. A suspensão das execuções e, por consequência, dos atos expropriatórios, é medida com nítido caráter acautelatório, buscando assegurar a elaboração e aprovação do plano de recuperação judicial pelos credores ou, ainda, a paridade nas hipóteses em que o plano não alcance aprovação e seja decretada a quebra. 6. Apesar de as execuções fiscais não se suspenderem com o processamento da recuperação judicial (art. 6º, §7º, da Lei n. 11.101/2005), a jurisprudência desta Corte se firmou no sentido de que os atos expropriatórios devem ser submetidos ao juízo da recuperação judicial, em homenagem ao princípio da preservação da empresa.

Ainda que outros problemas possam surgir, na prática, a realidade é que, diante da jurisprudência dominante no Superior Tribunal de Justiça, foi salutar a inclusão formal da possibilidade de o juiz da recuperação judicial conceder tutela para antecipar efeitos do deferimento do pedido.

Evidentemente que, à luz das alterações promovidas pela Lei n. 14.112/20, a questão demandará novas reflexões.

É preciso, obviamente, alguns cuidados no deferimento dessa tutela antecipada, delimitando-se bem seus objetivos e limites para que não se ocasione dúvida passível de controvérsia após o deferimento da recuperação ou que, por via anômala, se crie um regime jurídico distinto daquele previsto pelo legislador para a recuperação judicial, gerando insegurança jurídica. A cautela se justifica tanto no rigor na análise dos requisitos legais necessários para a concessão da tutela de urgência, nos termos do artigo 300 do CPC, quanto nos efeitos que se pretende conceder.

A primeira pergunta que se põe é: como aferir a existência de elementos que permitam concluir pela probabilidade de direito? Ademais, é preciso ter muito cuidado, também, ao se analisar os requisitos para deferimento do pedido de urgência.

Para elucidar essa questão, parece razoável utilizar, para auxiliar a interpretação do artigo 6º, §12, o disposto no artigo 20-B, IV, §1º, o qual exige, para concessão da tutela de urgência cautelar, que o requerente preencha os requisitos legais para requerer a recuperação judicial. Afinal, considerando o impacto da medida a ser deferida, que poderá atingir um grande número de credores, parece razoável exigir, como indicativo da probabilidade do direito arguido, que o devedor consiga ao menos demonstrar que atende aos requisitos legais necessários para fundar pedido de recuperação judicial, descritos nos artigos 48 e 51 da LREF.

Outro aspecto que mereceria maior aclaramento, seria a definição da extensão da tutela a ser antecipada.

Note-se que os efeitos da tutela antecipada a ser concedida são amplos, ou seja, permite antecipar os efeitos do deferimento do processamento da recuperação judicial. Conforme já visto, anteriormente, os efeitos do processamento da recuperação judicial afetam tanto credores sujeitos a ela como não sujeitos.

Com relação aos credores sujeitos à recuperação judicial, a antecipação dos efeitos do processamento da recuperação abrangeria, *a priori*, todas as suspensões previstas nos incisos I, II e III do *caput* do art. 6º da LREF, ou seja, tantos direitos de ordem processual quanto material, impactando diretamente em muitos outros processos (execuções) em andamento. Esse aspecto não pode ser desconsiderado, pois o perigo de dano é potencialmente grande e afeta terceiros, caso não haja análise criteriosa dos requisitos legais para concessão da tutela de urgência.

Contudo, o §12 permite a antecipação total ou parcial dos efeitos do deferimento do processamento da recuperação judicial.

Como se compreender a amplitude de uma tutela parcial, no âmbito do microssistema da recuperação judicial? É possível antecipar apenas os efeitos da suspensão da execução, mas não o da prescrição? Ou seja, em outras palavras, antecipar apenas os efeitos do inciso II do artigo 6º, mas não, conjuntamente, do inciso I?

Não parece razoável permitir a seleção de apenas alguns dos efeitos do artigo 6º, mesmo que em sede de antecipação dos efeitos da tutela, uma vez que, conforme visto, o período de suspensão é visto em seu conjunto, a partir do decurso do prazo legal, no caso, a princípio, 180 dias. O vencimento do prazo do *stay period* traz diversas implicações para o processamento da recuperação judicial, gerando faculdades para os credores atingidos, direitos para credores não atingidos e consequências perante o próprio juízo e outros juízos, de modo que a antecipação de apenas de alguns dos efeitos do *stay period* poderia gerar insegurança jurídica pela confusão quanto aos efeitos dos marcos temporais em caso do vencimento do prazo de suspensão estipulado para aquele caso concreto.

Mesmo se se entender que, por antecipação parcial da tutela, deve-se entender não a concessão de imediato de um *stay period* por prazo de 180 dias, mas, ao contrário, por prazo inferior, ainda assim há dificuldades a serem superadas. Ao se antecipar a tutela por período inicial inferior a 180 dias, esse prazo inicial será descontado do período total do *stay period* que porventura vier a ser concedido?

Esse questionamento é importante, uma vez que o legislador não concedeu ao juiz a possibilidade de modificar o prazo do *stay period*. Pela gravidade e pela amplitude de seus efeitos, trata-se de prazo peremptório e que não pode ser alterado pelo magistrado nem pelos credores em assembleia – seja para majorar, seja para minorar. Além disso, as hipóteses de sua prorrogação – por igual período, tendo sido o legislador claro nesse sentido – também estão claramente descritas em lei.

Observa-se, também, que o legislador não trouxe hipótese de suspensão ou interrupção do *stay period*.

Desse modo, considerando a disciplina legal do *stay period*, é preciso interpretar que a decisão que antecipar total ou parcialmente os efeitos do deferimento do processamento deverá observar algumas restrições, sob pena de desvirtuamento do regime jurídico da recuperação judicial.

O risco de desvirtuar o regime jurídico da recuperação judicial, criando regime jurídico atípico e não previsto em lei, não pode ser desconsiderado, sobretudo em atenção ao grave risco de insegurança jurídica a ele associado. É preciso ter-se em mente que a decisão que defere o processamento da recuperação judicial impacta não apenas para os credores por ela afetados, mas, também, outros juízos e até mesmo credores não sujeitos a ela.

Logo, ao se antecipar os efeitos da tutela deve-se ter em mente que a decisão poderá ter como efeito consequência prática não admitida pelo legislador no processo da recuperação judicial. Desse modo, a antecipação poderá importar em majoração do prazo de 180 dias, nem, tampouco, a seleção de efeitos que serão antecipados, sob pena de se gerar, futuramente, dúvidas quanto ao início da fluência do prazo do *stay period*.

Vale lembrar que o art. 20-B da LREF, que trata de tutela cautelar antecedente, admite a possibilidade de antecipação dos efeitos do *stay period* por até 60 dias, para fins de mediação, determina que, depois, deve subtraído do tempo do *stay period*.

Mesmo com relação aos credores não sujeitos à recuperação judicial, o deferimento do processamento da recuperação judicial importa-lhes efeitos jurídicos, conforme se infere do art. 6º, §§ 7º-A e 7º-B, da LREF. Também para eles, o prazo do *stay period* traz efeitos jurídicos relevantes. Aplicar-se-ia, com relação a eles, também as restrições apontadas acima quanto às restrições verificadas no deferimento do pedido de antecipação dos efeitos da recuperação judicial.

Seria possível antecipar parcialmente os efeitos do deferimento do processamento da recuperação judicial para credores não sujeitos à recuperação judicial e não para os credores sujeitos?

Conforme já mencionado, anteriormente, é preciso ter cuidado ao se dispor sobre quais efeitos se pretende antecipar, em sede de tutela de urgência. Isso porque as normas que disciplinam a recuperação judicial foram concebidas para a criação de um microssistema para compatibilizar os interesses de preservação da empresa e do devedor, com os interesses de seus credores de recebimento do crédito. Tais soluções – seja para se submeter à recuperação judicial, seja para não se submeter à recuperação judicial – aplicam-se aos credores a partir do mesmo momento, havendo, portanto, previsibilidade quanto ao seu período e tempo de aplicação, tanto para credores como para o devedor. Antecipar os efeitos do processamento da recuperação judicial somente para alguns credores, sujeitos sou não à recuperação judicial, seria solução atípica considerando a própria natureza coletiva do procedimento e que poderá resultar em desequilíbrio desse microssistema, tornando-o disfuncional e não eficiente.

O caso da recuperação judicial da Americanas S/A

Sobre o tema, amplamente divulgado pela mídia brasileira na data de 11/1/2023 e cujo pedido de recuperação judicial teve por fundamento a alegação de inconsistências em lançamentos contábeis estimados em aproximadamente R$ 20 bilhões de reais, na data-base de 2022, que teriam sido registrados de forma equivocada nos anos anteriores.[128]

---

128 FOLHA DE SÃO PAULO. "Presidente da Americanas deixa empresa após encontrar 'inconsistência' de R$20 bi no balanço". *Folha de S. Paulo*, jan. 2023. Disponível em: https://www1.folha.uol.com.br/mercado/2023/01/

Diante da necessidade de ajustes contábeis para correção de tais inconsistências e do risco iminente de descumprimento de acordos financeiros previstos em contratos celebrados com seus credores, com o consequente vencimento antecipado de suas dívidas, estimadas em R$ 40 bilhões de reais, o Grupo Americanas (formado pelas empresas AMERICANAS S.A., B2W DIGITAL LUX S.À.R.L. e JSM GLOBAL S.À.R.L.), recorreu ao Poder Judiciário por meio de pedido de tutela cautelar em caráter antecedente, buscando a antecipação dos efeitos do processamento de recuperação judicial, com fundamento nos artigos 6º, §12 da Lei n. 11.101/2005, e 300 do Código de Processo Civil.

Foram feitos os seguintes pedidos: sobrestamento dos efeitos de toda e qualquer cláusula que impusesse o vencimento antecipado das dívidas em razão do fato relevante noticiado em 11/1/2023 e seus desdobramentos; determinação da suspensão da exigibilidade de todas as obrigações relativas aos instrumentos financeiros celebrados entre o Grupo Americanas e seus credores, cujos créditos estivessem sujeitos a um eventual processo recuperacional principal; determinação de suspensão dos efeitos do inadimplemento, inclusive, para reconhecimento de mora, bem como de qualquer direito de compensação contratual e de eventual pretensão de liquidação de operação com derivativos. Em relação aos créditos extraconcursais pugnaram pela: determinação de suspensão de qualquer arresto, penhora, sequestro, busca e apreensão e constrição sobre os bens, oriundas de demandas judiciais ou extrajudiciais; preservação de todos os contratos necessários à operação do Grupo Americanas, inclusive linhas de crédito e fornecimento; restituição de todo e qualquer valor eventualmente compensado, retido e/ou apropriado pelos credores, em virtude do fato relevante veiculado ao mercado em 11/1/2023; e, por fim, suspensão de qualquer determinação de registro em cadastros

---

presidente-da-americanas-deixa-empresa-apos-encontrar-inconsistencia-de-r-20-bi-no-balanco.shtml. Acessado em: 24.10.2024.

de inadimplentes referentes a créditos sujeitos ao processo de recuperação principal a ser futuramente apresentado.

O pedido de tutela cautelar foi concedido pela 4ª Vara Empresarial da Comarca da Capital do Rio de Janeiro, sede do estabelecimento principal, que determinou a apresentação do respectivo pedido de recuperação judicial dentro do prazo improrrogável de trinta dias, sob pena de ineficácia das medidas cautelares deferidas. O pedido de recuperação judicial foi, então, proposto no mesmo juízo pelo Grupo Americanas, e o seu processamento foi deferido, confirmando a liminar concedida cautelarmente.[129]

O deferimento do pedido liminar para a restituição de todo e qualquer valor eventualmente compensado, retido e/ou apropriado pelos credores em virtude do fato relevante veiculado ao mercado em 11/1/2023, contudo, gerou insurgência de credores do Grupo Americanas, que, resguardados por instrumentos contratuais com previsão de vencimento antecipado de dívidas não cumpridas, compensaram seus créditos.

Em recurso, por exemplo, processado em regime de plantão judicial para análise de pedido de efeito suspensivo da decisão concessiva da liminar, houve insurgência contra a atribuição de efeitos *ex tunc* da deliberação, já que fora determinada a devolução de valores cujos vencimentos antecipados já houvessem sido declarados e compensados, desconstituindo, portanto, a compensação aperfeiçoada antes de a Companhia ingressar com a ação cautelar. Foi suscitada, ainda, a incompetência do Juízo do Rio de Janeiro para ordenar a devolução da compensação, diante da cláusula compromissória e da eleição do foro de São Paulo, previstos nos instrumentos contratuais celebrados com o Grupo Americanas.

---

129 Disponível em: https://www.conjur.com.br/dl/justica-rio-autoriza-recuperacao.pdf.

Simultaneamente, tramitava na 23ª Vara Cível de São Paulo/SP a ação declaratória movida por outra instituição financeira credora, sendo deferido, naqueles autos e em sede de agravo de instrumento, a antecipação dos efeitos da tutela recursal para o fim de suspender a reversão dos valores bloqueados à ação de recuperação judicial, mantidos os recursos da segunda compensação na conta do credor, mediante apresentação de seguro garantia. A referida instituição financeira, diante do conflito de decisões, suscitou conflito positivo de competência perante o STJ, com o fim de ver reconhecida a competência do Juízo Cível de São Paulo, sobretudo considerando a cláusula de eleição de foro prevista no instrumento contratual celebrado com a recuperanda, requerendo medida liminar para ordenar a manutenção dos valores compensados até julgamento definitivo, designando o Juízo Cível para resolver eventuais medidas urgente, em caráter provisório.

Em decisão monocrática proferida em 08/02/2023, foi deferida a medida liminar, destacando, porém, a vedação a que os valores objeto da compensação realizados fossem levantados até o julgamento definitivo do Conflito de Competência, afirmando que a fiscalização dos atos de alienação de bens dos quais depende o soerguimento empresarial (bens essenciais) insere-se na competência do respectivo o juízo recuperacional, ainda que a satisfação de créditos extraconcursais não seja submetida ao plano de soerguimento.[130]

A 18ª Câmara de Direito Privado do Tribunal de Justiça do Estado do Rio de Janeiro, ao analisar recurso interposto naquele juízo pela instituição financeira, em acórdão proferido em 21/03/2023, e entendendo inexistir amparo legal na legislação recuperacional que admita pedido de tutela cautelar em caráter antecedente, declarou a nulidade da decisão que deferiu a medida liminar no bojo daqueles

---

130 Até a data de atualização desta edição, não houve julgamento do mérito do Conflito de Competência suscitado perante o STJ.

autos, fixando como termo inicial do período de suspensão de todas as ações e execuções contra as requerentes, a data da decisão que deferiu o processamento da recuperação judicial.[131] Como conse-

---

131 No entender da relatora, Desembargadora Leila Santos Lopes, "*Como se vê, as citadas inovações da Lei 14.112/2020 introduziram na legislação recuperacional importantes institutos processuais, e não se pode descurar que a aplicação do Código de Processo Civil, a teor do que dispõe o art. 189 da Lei 11.101/20053 possui caráter subsidiário, apenas, em respeito à especialidade da LRF. Em outras palavras, a lei geral do CPC deve suprir tão somente as omissões da lei especial em comento, sem contrariar seu sistema e princípios. Em resumo, há apenas duas formas legais na LRF de se obter a antecipação dos efeitos da stay period na recuperação judicial: incidentalmente, na forma de seu art. 6º, §12, a viger entre o pedido da RJ e seu deferimento, ou com a propositura de pedido cautelar antecedente, nos moldes do art. 20-B, IV, §§1º e 3º, a pressupor a instauração de procedimento de mediação junto aos credores. Na hipótese, contudo, as agravadas optaram por apresentar um requerimento de tutela de urgência cautelar em caráter antecedente, preparatória de processo recuperacional, que, malgrado a ausência de previsão legal na Lei 11.101/2005, tivera todos os seus pleitos acolhidos na decisão alvejada, sem qualquer ressalva, de modo a ensejar um total desequilíbrio entre o direito de as devedoras obterem a preservação e reestruturação de seu patrimônio, sem lhes imputar quaisquer dos ônus legais justificadores de medida tão drástica de limitação dos direitos dos credores, a exemplo da vedação à distribuição de lucros e dividendos (art. 6º-A, LRF) 4, bem como de alienação ou oneração de ativos não circulantes sem autorização judicial (art. 66, LRF) 5, dentre tantos outros (...). Na realidade, o que se viu, após o decurso de uma semana do pleito de antecipação de tutela, foi apenas a apresentação do pedido de recuperação judicial, sem qualquer tentativa, quer judicial ou extrajudicial, de mediação ou conciliação com qualquer credor (...). Nesse cenário, à mingua de amparo na legislação recuperacional, em especial no §12 do art. 6º da Lei 11.101/2005, a pressupor a distribuição do efetivo pedido de recuperação judicial, com os consectários legais daí advindos, não ocorrido, no caso, é de se reconhecer a nulidade da decisão que deferiu a tutela cautelar antecedente, proferida aos 13/01/2023, atualmente datada de 14/01/2023 (índice 42086539 dos autos PJe), para, fundado nos arts. 6º e 52, III da LRF11, fixar a data da decisão que deferiu o processamento da recuperação judicial, em 19/01/2023 (índice 42645587 dos autos PJe), como termo inicial de suspensão de todas as ações e execuções contra as requerentes, ressalvadas as exceções legais, em especial as previstas nos §§ 1º, 2º, 7º-A e 7º-B do art. 6º e no art. 193-A, todos da Lei 11.101/2005*". (Tribunal de Justiça do Estado do Rio de Janeiro, Agravo de Instrumento n. 0002782-72.2023.8.26.0000, Agravante: Banco Safra;

quência, restou afastada a determinação de restituição de valores compensados pelos credores em período anterior ao termo inicial do *stay period*, então fixado pelo acórdão.[132]

O acórdão, entretanto, teve seus efeitos suspensos em abril de 2023, por força de decisão proferida pelo 3º Vice-Presidente do Tribunal de Justiça do Rio de Janeiro, que deferiu medida liminar para atribuir efeito suspensivo ativo ao recurso especial interposto pelo Grupo Americanas, restabelecendo os efeitos da decisão proferida pelo juiz titular da 4ª Vara Empresarial da Comarca do Rio de Janeiro. No seu entender, há vários precedentes jurisprudenciais, em tribunais distintos, que vêm admitindo sem ressalvas o cabimento de tutela de urgência em caráter antecedente, preparatória de processo de recuperação judicial, divergindo do entendimento emanado da 18ª Câmara de Direito Privado do TJRJ. Restabeleceu-se, assim, a data do deferimento da liminar como início da recuperação judicial do Grupo Americanas, proibindo o levantamento de valores que tenham sido determinados a partir da aludida data.[133]

Segundo divulgado pela mídia, o Grupo Americanas apresentou o plano de recuperação judicial dentro do prazo legal, incluindo como meios de soerguimento o aporte de valor a ser feito pelos acionistas de referência da empresa, a venda de ativos, o leilão reverso e a conversão de dívidas em ações.[134] A proposta,

---

Agravados: Americanas S/A, B2W Digital Lux S A R L e JSM Global S A R L, Relatora: Desembargadora Leila Santos Lopes, J. 21/03/2023).

132 Naquele caso, ficou afastada a ordem judicial de restituição ao Grupo Americanas, do valor de R$ 95 milhões de reais pelo credor agravante, Banco Safra, fruto do exercício de vencimento antecipado em período anterior, das obrigações pactuadas entre as partes.

133 CONJUR. "TJ-RJ restabelece data de 12/1 como início da recuperação judicial das Americanas". *Consultor Jurídico*, abr. 2023. Disponível em: https://www.conjur.com.br/2023-abr-06/tj-rj-restabelece-121-inicio-recuperacao-americanas. Acessado em: 24.10.2024.

134 G1 Notícias. "Americanas apresenta plano de recuperação judicial, com aporte de R$ 10 bilhões de Lemann, Telles e Sicupira". *G1 Notícias*, mar,

no entanto, sofreu objeções de credores, sob fundamento de que o plano não garante a viabilidade das operações da companhia, com questionamento do valor do aporte proposto.[135]

Todas essas questões ainda estão sem decisões judiciais definitivas, havendo notícia de suspensão dos processos individuais dos bancos credores enquanto se tenta uma solução de consenso que passará pela aprovação do plano de recuperação apresentado provisoriamente.

Dever de comunicação das ações

O §6º do art. 6º da LREF traz dever imputável ao devedor de comunicar ao juízo da falência ou da recuperação as ações que venham a ser propostas contra ele. O mesmo dispositivo prevê, ainda, que o juiz competente comunicará a distribuição da ação ao juízo da recuperação ou da falência, assim que houver o recebimento da inicial.

Cooperativas e recuperação judicial

A redação do §13 do art. 6º da LREF, inserido pela Lei n. 14.112/20, é um tanto quanto confusa. Em sua primeira parte, afirma que não se sujeitam aos efeitos da recuperação os contratos e obrigações decorrentes dos atos cooperativos praticados pelas sociedades cooperativas com seus cooperados, na forma do art. 79 da Lei n. 6.864/71. Contudo, na sua segunda parte, afirma "*consequentemente, não se aplicando a vedação contida no inciso II*

2023. Disponível em: https://g1.globo.com/economia/noticia/2023/03/21/americanas-apresenta-plano-de-recuperacao-judicial.ghtml. Acessado em: 24.10.2024.

135 INFOMONEY. "Americanas (AMER3): Bancos e credores estrangeiros fazem objeções ao plano de recuperação judicial da varejista". *Infomoney*, jul. 2023. Disponível em: https://www.infomoney.com.br/mercados/americanas-amer3-bancos-e-credores-estrangeiros-fazem-objecoes-ao-plano-de--recuperacao-judicial-da-varejista/. Acessado em: 24.10.2024.

do art. 2º quando a sociedade operadora de plano de assistência à saúde for cooperativa médica".

Ocorre que as duas partes do parágrafo 13 parecem se referir a coisas distintas. Enquanto na primeira parte afasta do regime da recuperação judicial os créditos e contratos titularizados pelos cooperados em face da cooperativa na forma do artigo 79 da Lei n. 6.864/71 – permitindo interpretar que todos os demais poderiam ser inseridos –, a segunda parte parece excluir da vedação relativa da submissão aos termos da lei exclusivamente as cooperativas médicas, ou seja, como se a cooperativa fosse uma organização que somente não estivesse sujeita à recuperação judicial e falência em razão da vedação do art. 2, II da LREF. Ocorre que o artigo 4º da Lei n. 5.746/71 declara, expressamente, que as sociedades cooperativas não estão sujeitas à falência, ao passo que o art. 982, parágrafo único do Código Civil, que são sociedades simples, não empresárias. Assim, em outras palavras, a cooperativa não se insere no contexto legal dos empresários que são, total ou parcialmente, excluídos do regime jurídico da falência ou da recuperação que normalmente seria vigente para eles, apenas por força da exclusão do artigo 2º da LREF.

Ocorre que, da forma como o texto ficou, o parágrafo 13 do art. 6º inclui no rol de empresas sujeitas à recuperação as cooperativas médicas, o que, em sendo essa interpretação literal mantida, importaria em profunda alteração no tocante às pessoas sujeitas a esses institutos, ampliando-as dos empresários para incluir também cooperativas médicas.[136]

---

136 "Na verdade, a emenda foi acolhida como sendo de redação, mas abre possibilidade de se interpretar como uma profunda alteração na legislação, uma vez que incluía as cooperativas médicas que operam planos de saúde dentro do rol de empesas que poderiam se utilizar da recuperação empresarial, abrindo expressa exceção a vedação existente na Lei n. 11.101/2005, art. 2º. Muito embora já existam diversas decisões judiciais acolhendo pedidos de recuperação judicial de cooperativas médicas que administram planos de saúde, a exemplo dos casos envolvendo as UNIMEDs, esse entendimento

Uma questão interessante que se coloca é que, se se aceita como possível submeter a cooperativa médica à recuperação judicial, somente porque se teria afastado a incidência do art. 2º, II da LREF, desconsiderando-se que há expressa vedação legal pra elas tanto da submissão ao processo de falência como a todo regime empresarial em si, ter-se-ia que aceitar, também, como consequência lógica, que tais sociedades poderiam ter sua falência decretada. Isso porque, o artigo 2º, II da LREF excetua, dentre as sociedades empresárias, aquelas que estarão sujeitas total ou parcialmente ao regime da recuperação judicial e ao da falência, de modo que, uma vez superado esse óbice, não haveria qualquer restrição para a submissão integral ao microssistema da insolvência empresarial em sua integralidade, o qual socorre a empresa em crise por meio da recuperação, mas que conduz à sua liquidação forçada, no caso de insolvência, com o processo de falência.

Poder-se-ia argumentar que o §13 se refere exclusivamente à recuperação, de modo que a referida normatização estaria em consonância com a vedação do art. 4º da Lei n. 5.746/71, a qual se circunscreve exclusivamente à falência, e que a própria Lei n. 5.746/71 dispõe sobre a dissolução de cooperativas em seus artigos 63 a 78, submetendo-se ao regime da insolvência civil.

Contudo, tal entendimento é um tanto forçado. Afinal, como se pode falar em negociação coletiva de credores se estes não têm, como último cenário, em caso de impasse e de impossibilidade de se chegar a condições satisfatórias, a possibilidade de decretação da quebra? Sem a perspectiva da decretação da falência, é de se duvidar

---

nãos e encontrava pacificado pelos Tribunais. Todavia, esse parágrafo de veto presidencial por entender que 'a previsão de recuperação judicial somente para cooperavas médicas, além de ferir o princípio da isonomia em relação aos demais modalidades societárias, afasta os instrumentos regulatórios que oportunizam às operadoras de suas anormalidades econômico-financeiras e as liquidações extrajudiciais'". (COSTA, Daniel Carnio; MELO, Alexandre Nasser. *Comentários à Lei de Recuperação de Empresas e Falência*: Lei n. 11.101, de 09 de fevereiro de 2005. Curitiba: Juruá, 2021, pp. 72/73).

que seja possível a existência de ambiente de negociação coletiva razoável e satisfatório. Vale lembrar que o princípio do soerguimento da empresa, previsto no artigo 47 da LREF, não se refere a todas as empresas, mas somente àquelas que passam por crises passíveis de superação econômico-financeira. Além disso, como negociar um plano, fazendo concessões, se não se sabe a qual regime jurídico de liquidação o seu crédito estará sujeito, no pior cenário da insolvência? É possível afirmar, nesse contexto, que a negociação em si é possível? Estas e outras questões deverão ser respondidas pela jurisprudência.

No mais, remetemos aos comentários efetuados ao artigo 1º desta lei, no tocante às observações efetuadas quanto aos agentes econômicos.

Distribuição de lucros e dividendos

A Lei n. 14.112/20 inseriu o art. 6º-A, o qual vedou ao devedor, até a aprovação do plano de recuperação judicial, distribuir lucros ou dividendos a sócios e acionistas, sujeitando-se o infrator ao disposto no art. 168 desta Lei. O art. 168 trata do crime por fraude contra credores.

O intuito da alteração legal foi, sem dúvida, o de prevenir de forma expressa a fraude por parte da recuperanda no curso do processo de recuperação, particularmente entre o deferimento do pedido e a aprovação do plano de recuperação judicial. Evidente que a disposição visa evitar que, através da distribuição de lucros ou dividendos, a recuperanda prejudique seus credores sujeitos à recuperação com a redução dos recursos que serão usados para cumprimento do plano geral de credores.

Nem seria razoável que, submetendo todos os seus credores às agruras do não recebimento dos créditos originais, bem como a suspensão das ações e execuções, pudesse a recuperanda continuar distribuindo normalmente lucros e dividendos aos seus sócios e acionistas. É como se estes não se submetessem às dificuldades dos demais credores, nem se sujeitassem aos riscos do negócio, como alertam Daniel Carnio Costa e Alexandre Nasser de Melo ao lembrarem que o "enfrentamento da crise inclui a não distribuição de lucros e dividendos".[137]

Por isso que, depois de os credores verificarem a viabilidade econômica do plano, aprovando-o em assembleia, desaparecem a possibilidade de prejuízo e o motivo para que não haja distribuição de lucros e dividendos.

Tributação sobre ganho de capital na negociação de ativos do devedor

A Lei n. 14.112/20 inseriu, também, o artigo 6º-B, que estipula que não se aplica o limite percentual mencionados nos artigos 15 e 16 da Lei n. 9.065/95[138] à apuração do imposto de renda e da contribuição sobre o lucro social (CSLL) sobre a parcela do lucro líquido decorrente de ganho de capital resultante da alienação

---

137 COSTA, Daniel Carnio; MELO, Alexandre Nasser. *Comentários à Lei de Recuperação de Empresas e Falência*: Lei n. 11.101, de 09 de fevereiro de 2005. Curitiba: Juruá, 2021, p. 73.

138 "Art. 15. O prejuízo fiscal apurado a partir do encerramento do ano-calendário de 1995, poderá ser compensado, cumulativamente com os prejuízos fiscais apurados até 31 de dezembro de 1994, com o lucro líquido ajustado pelas adições e exclusões previstas na legislação do imposto de renda, observado o limite máximo, para a compensação, de trinta por cento do referido lucro líquido ajustado.

Parágrafo único. O disposto neste artigo somente se aplica às pessoas jurídicas que mantiverem os livros e documentos, exigidos pela legislação fiscal, comprobatórios do montante do prejuízo fiscal utilizado para a compensação.

Art. 16. A base de cálculo da contribuição social sobre o lucro, quando negativa, apurada a partir do encerramento do ano-calendário de 1995, poderá ser compensada, cumulativamente com a base de cálculo negativa apurada até 31 de dezembro de 1994, com o resultado do período de apuração ajustado pelas adições e exclusões previstas na legislação da referida contribuição social, determinado em anos-calendário subsequentes, observado o limite máximo de redução de trinta por cento, previsto no art. 58 da Lei n. 8.981, de 1995.

judicial de bens ou direitos, de que tratam os artigos 60, 66 e 141 da LREF, pelo devedor. Trata-se, portanto, de dispositivo que se aplica tanto à recuperação judicial quanto à falência.

Os artigos 15 e 16 da Lei n. 9.065/95 dispõem sobre a possibilidade de compensação do prejuízo fiscal com o lucro líquido, prevendo limite máximo para tal compensação de 30% do lucro líquido ajustado.

O parágrafo único do referido dispositivo esclarece, também, que a não limitação para fins de cálculos dos impostos mencionados não se aplica no caso de ganho de capital decorrente de transação efetuada com pessoa jurídica controladora, controlada, coligada ou interligada ou com pessoa física que seja acionista controlador, sócio, titular ou administrador da pessoa jurídica devedora. Essa medida evita permitir que o benefício trazido em lei seja utilizado para beneficiar pessoas relacionadas à devedora.

Responsabilidade de terceiros

A Lei n. 14.112/2020 fez a inserção do art. 6º-C para assentar que é proibida a atribuição de responsabilidade a terceiros em decorrência do mero inadimplemento de obrigação pelo devedor falido ou em recuperação judicial, ressalvando as garantias reais ou fidejussórias e outras reguladas pela lei.

Visou a lei, sem dúvida, proteger terceiros quando a falida ou a recuperanda simplesmente deixar de adimplir alguma obrigação. Embora preservando as garantias reais, fidejussórias ou outras reguladas pela lei, foi clara no sentido de vedar ao juiz a possibilidade de, por mero descumprimento de obrigação, responsabilizar terceiros, sem qualquer outro fundamento. Não é

Parágrafo único. O disposto neste artigo somente se aplica às pessoas jurídicas que mantiverem os livros e documentos, exigidos pela legislação fiscal, comprobatórios da base de cálculo negativa utilizada para a compensação".

difícil concluir que a responsabilidade de terceiro tem por objetivo alcançar seus bens para que auxiliem no pagamento a todos os credores da recuperação ou da falência, o que normalmente se dá pela desconsideração da personalidade jurídica.

Daniel Carnio Costa e Alexandre Nasser de Melo, não por outra razão, comentam o dispositivo inserido na Lei n. 11.101/2005, apontando que o objetivo do legislador foi a de dificultar a desconsideração da personalidade jurídica para atribuição de responsabilidade a terceiro tão somente pelo inadimplemento de obrigação pela falida ou recuperanda.[139]

Fábio Ulhoa Coelho defende que o art. 6º-C afasta de uma vez por todas a chamada "teoria menor da desconsideração da personalidade jurídica", sanando distorção nacional da *disregard doctrine* e afastando a acepção de ineficácia da autonomia patrimonial com base apenas na insuficiência do patrimônio da sociedade empresária.[140]

Sacramone complementa ao versar que a possível responsabilização secundária dos sócios e/ou administradores por dívida contraída e inadimplida pela pessoa jurídica acabaria por contrariar o programa de recuperação e falência instituído pela Lei n. 11.101/05, na medida que beneficiaria alguns credores em detrimento do restante da coletividade, o que desincentivaria a negociação coletiva.[141]

A redação do dispositivo em análise, bastante singela, tem a importante função de chamar a atenção para o complexo sistema

---

139 COSTA, Daniel Carnio; MELO, Alexandre Nasser. *Comentários à Lei de Recuperação de Empresas e Falência*: Lei n. 11.101, de 09 de fevereiro de 2005. Curitiba: Juruá, 2021, p. 74.

140 COELHO, Fábio Ulhoa. *Comentários à Lei de Falências e de Recuperação de empresas*: Lei n. 14.112/20, Nova Lei de Falências. 14ª ed. São Paulo: Revista dos Tribunais, 2021.

141 SACRAMONE, Marcelo Barbosa. *Comentários à Lei de Recuperação de Empresas e Falências*. São Paulo: Saraiva Jur, 2018, p. 159.

de responsabilidades de administradores, controladores e acionistas/sócios existentes no Direito Societário brasileiro, apontando que não pode ser relativizado nem excetuado simplesmente por conta da inadimplência ou insolvência da pessoa jurídica. Reafirma, portanto, que sócios e administradores somente poderão ser responsabilizados no caso de descumprimento dos deveres que lhe foram impostos em lei, ao aclarar que não se insere dentre essas hipóteses a mera dificuldade econômica ou insolvência.

Seção II – Da Verificação e da Habilitação de Créditos

O procedimento de verificação e habilitação de créditos, disposto nos artigos 7º a 20 da LREF, é comum para a recuperação judicial e para a falência, exceto com pequenas particularidades, feitas pelo próprio legislador, que serão a seguir analisadas.

Art. 7º – A verificação dos créditos será realizada pelo administrador judicial, com base nos livros contábeis e documentos comerciais e fiscais do devedor e nos documentos que lhe forem apresentados pelos credores, podendo contar com o auxílio de profissionais ou empresas especializadas.

§ 1º Publicado o edital previsto no artigo 52, § 1º, ou no parágrafo único do artigo 99 desta Lei, os credores terão o prazo de 15 (quinze) dias para apresentar ao administrador judicial suas habilitações ou suas divergências quanto aos créditos relacionados.

§ 2º O administrador judicial, com base nas informações e documentos colhidos na forma do *caput* ***e do § 1º deste artigo, fará publicar edital contendo a relação de credores no prazo de 45 (quarenta e cinco) dias, contado do fim do prazo do § 1º deste artigo, devendo indicar o local, o horário e o prazo comum em que as pessoas indicadas no artigo 8º desta Lei terão acesso aos documentos que fundamentaram a elaboração dessa relação.***

Procedimento de verificação e habilitação de créditos

A Lei n. 11.101/05 modificou consideravelmente o procedimento de verificação de crédito, se comparado com aquele vigente no Decreto-Lei n. 7.661/45. Em seu primeiro momento, ela será administrativa, diretamente realizada perante o administrador judicial, sendo que somente em caso de persistência da divergência ou inconformismo quanto ao que for apontado por ele, a questão será submetida ao juízo.

A verificação dos créditos submetidos à recuperação judicial ou à falência é responsabilidade do administrador judicial, que utilizará, para tanto, os livros contábeis e documentos fiscais e comerciais do devedor e, também, documentos apresentados pelos credores.

Necessário observar que o devedor tem o dever de apresentar relação inicial de seus credores. Assim, o devedor ao requerer a recuperação judicial, deve apresentar, em sua petição inicial, relação nominal completa dos credores, sujeitos ou não à recuperação judicial, discriminando o valor atualizado e a classificação de cada crédito (art. 51, III, LREF), a qual será publicada em edital do art. 52, §º1, II, da LREF.

Na falência, a sentença que decreta a quebra, constará determinação ao falida para que apresente, em no máximo 5 dias, a relação nominal dos credores indicando endereço, importância, natureza e classificação dos respectivos créditos, se esta já não se encontrar nos autos (art. 99, III, LREF).

Posteriormente, com a publicação do edital de convocação de credores na recuperação judicial (art. 52, §1º, II) ou na falência (art. 99, §1º – e não parágrafo único, como permaneceu na redação do artigo 7º, após a reforma de 2020), os credores terão o prazo de 15 dias para apresentar ao administrador judicial suas habilitações ou suas divergências quanto aos créditos que foram relacionados pelo devedor.

Em posse dos documentos juntados com as divergências e habilitações, além dos documentos do próprio devedor, o administrador judicial (AJ) deve promover a conferência da lista dos credores apresentada pelo devedor, de forma a verificar, num primeiro momento, a correção dos créditos relacionados pelo devedor na inicial do pedido de recuperação judicial.

Evidentemente que a providência de verificação se dá logo em seguida à sua nomeação que é feita com o deferimento do pedido, nos termos do art. 51. Não só com base nos livros e documentos ofertados pelo devedor, mas também nos comprovantes trazidos pelos credores, a significar, portanto, que isso se fará após a publicação do edital também referido no art. 52, §1º, no prazo de quinze dias.

Encerrado o prazo de 15 dias para que os credores apresentem suas divergências e habilitações diretamente ao administrador judicial, ele terá o prazo de 45 dias para apresentar de uma segunda lista de credores. Esse prazo inicia-se imediatamente após o término do prazo para que os credores apresentem habilitações ou divergências diretamente ao administrador judicial.

Essa segunda lista de credores é elaborada pelo administrador judicial e deverá refletir o resultado de suas análises, após verificação da documentação dos credores que lhe foram apresentadas e do devedor, condensando suas conclusões quanto a valores e classificação dos créditos.

Assim como a primeira lista, elaborada pelo devedor, a segunda lista, elaborada pelo administrador judicial, será publicada em edital específico, conforme determinado no art, 7º, §2º, o qual deverá mencionar, também, local, horário e o prazo comum a que as pessoas indicadas no artigo 8º da LREF poderão ter acesso aos documentos que fundamentaram a elaboração da relação.

É da publicação do segundo edital, contendo relação de credores elaborada pelo administrador judicial, que se inicia o prazo para apresentação de respectiva impugnação, esta direcionada ao juízo, conforme se verificará do disposto no artigo 8º desta lei.

Nos comentários ao art. 52 serão abordados mais detalhadamente os requisitos e prazos do edital, mas é importante deixar claro que o primeiro edital, quanto aos créditos informados pela recuperanda, servirá para a conferência do administrador judicial e a fixação da lista de credores que constará do segundo edital, com prazo de 45 dias, para os credores, no local que for indicado pelo administrador judicial, verificarem os documentos que permitiram a lista dos credores habilitados.

Nessa fase inicial, cabe ao administrador judicial a verificação dos créditos. Repita-se, não só pela lista inicial e pelo exame dos livros contábeis e documentos fiscais apresentados pelo devedor, mas também baseada nos documentos exibidos pelos credores para inclusão ou modificação do crédito. O administrador, claro, pode, para tanto, solicitar o auxílio de profissionais ou empresas especializadas em perícia e contabilidade. A doutrina chama de fase administrativa essa fase cuja análise dos créditos é feita exclusivamente pelo administrador judicial.

A habilitação ilegal de crédito, vale lembrar, é crime tipificado no artigo 175 desta Lei, e será objeto de comentário específico.

Art. 7º-A – Na falência, após realizadas as intimações e publicado o edital, conforme previsto, respectivamente, no inciso XIII do caput e no § 1º do art. 99 desta Lei, o juiz instaurará, de ofício, para cada Fazenda Pública credora, incidente de classificação de crédito público e determinará a sua intimação eletrônica para que, no prazo de 30 (trinta) dias, apresente diretamente ao administrador judicial ou em juízo, a depender do momento processual, a relação completa de seus créditos inscritos em dívida ativa, acompanhada dos cálculos, da classificação e das informações sobre a situação atual.

§ 1º Para efeito do disposto no caput deste artigo, considera-se Fazenda Pública credora aquela que conste da relação do edital previsto no § 1º do art. 99 desta Lei, ou que, após a intimação prevista no inciso XIII do caput do art. 99 desta Lei, alegue nos autos, no prazo de 15 (quinze) dias, possuir crédito contra o falido.

§ 2º Os créditos não definitivamente constituídos, não inscritos em dívida ativa ou com exigibilidade suspensa poderão ser informados em momento posterior.

§ 3º Encerrado o prazo de que trata o caput deste artigo: I – o falido, os demais credores e o administrador judicial disporão do prazo de 15 (quinze) dias para manifestar objeções, limitadamente, sobre os cálculos e a classificação para os fins desta Lei; II – a Fazenda Pública, ultrapassado o prazo de que trata o inciso I deste parágrafo, será intimada para prestar, no prazo de 10 (dez) dias, eventuais esclarecimentos a respeito das manifestações previstas no referido inciso; III – os créditos serão objeto de reserva integral até o julgamento definitivo quando rejeitados os argumentos apresentados de acordo com o inciso II deste parágrafo; IV – os créditos incontroversos, desde que exigíveis, serão imediatamente incluídos no quadro-geral de credores, observada a sua classificação; V – o juiz, anteriormente à homologação do quadro-geral de credores, concederá prazo comum de 10 (dez) dias para que o administrador judicial e a Fazenda Pública titular de crédito objeto de reserva manifestem-se sobre a situação atual desses créditos e, ao final do referido prazo, decidirá acerca da necessidade de mantê-la.

§ 4º Com relação à aplicação do disposto neste artigo, serão observadas as seguintes disposições: I – a decisão sobre os cálculos e a classificação dos créditos para os fins do disposto nesta Lei, bem como sobre a arrecadação dos bens, a realização do ativo e o pagamento aos credores, competirá ao juízo falimentar; II – a decisão sobre a existência, a exigibilidade e o valor do crédito,

observado o disposto no inciso II do caput do art. 9º desta Lei e as demais regras do processo de falência, bem como sobre o eventual prosseguimento da cobrança contra os corresponsáveis, competirá ao juízo da execução fiscal; III – a ressalva prevista no art. 76 desta Lei, ainda que o crédito reconhecido não esteja em cobrança judicial mediante execução fiscal, aplicar-se-á, no que couber, ao disposto no inciso II deste parágrafo; IV – o administrador judicial e o juízo falimentar deverão respeitar a presunção de certeza e liquidez de que trata o art. 3º da Lei n. 6.830, de 22 de setembro de 1980, sem prejuízo do disposto nos incisos II e III deste parágrafo; V – as execuções fiscais permanecerão suspensas até o encerramento da falência, sem prejuízo da possibilidade de prosseguimento contra os corresponsáveis; VI – a restituição em dinheiro e a compensação serão preservadas, nos termos dos arts. 86 e 122 desta Lei; e VII – o disposto no art. 10 desta Lei será aplicado, no que couber, aos créditos retardatários.

§ 5º Na hipótese de não apresentação da relação referida no caput deste artigo no prazo nele estipulado, o incidente será arquivado e a Fazenda Pública credora poderá requerer o desarquivamento, observado, no que couber, o disposto no art. 10 desta Lei.

§ 6º As disposições deste artigo aplicam-se, no que couber, às execuções fiscais e às execuções de ofício que se enquadrem no disposto nos incisos VII e VIII do caput do art. 114 da Constituição Federal.

§ 7º O disposto neste artigo aplica-se, no que couber, aos créditos do Fundo de Garantia do Tempo de Serviço (FGTS).

§ 8º Não haverá condenação em honorários de sucumbência no incidente de que trata este artigo.

Peculiaridades do crédito titularizado pelas fazendas públicas

O crédito titularizado pelas Fazendas Públicas importa em verdadeiro desafio para o bom andamento do processo falimentar. Isso porque há expressa previsão no artigo 187 do Código Tributário Nacional que não o sujeita nem à recuperação judicial nem à falência.[142]

Vale lembrar que muito embora o Código Tributário Nacional – CTN seja formalmente lei ordinária, Lei n. 5.172/66, é considerado como equiparado a lei complementar, tendo em vista o disposto artigo 146, III da Constituição Federal de 1988, promulgada posteriormente ao primeiro, uma vez que traz normas gerais de Direito Tributário. Consequentemente, ainda que a Lei n. 11.101/05 seja posterior e especial, não derroga o quanto disposto no CTN, visto que este é considerado norma hierarquicamente superior.

A tutela do crédito público, na recuperação judicial, se dá de forma indireta, potencializando risco de sobreposição de competências e atuações entre o juízo da recuperação e o da execução fiscal. O legislador da insolvência traz regras para tentar mitigar esses conflitos, como foi o caso do art. 6º, §7º-B, da LREF, que permite ao juízo da recuperação, durante o *stay period*, a substituição de bens penhorados, ou, ainda, a exigência da apresentação de certidões negativas previamente à homologação do plano de recuperação judicial, nos termos do artigo 57 do mesmo diploma normativo.

Já na falência, a Fazenda Pública poderá optar por habilitar seu crédito na falência ou por prosseguir com execução fiscal, qualquer uma das opções legítimas.

---

142 "Art. 187. A cobrança judicial do crédito tributário não é sujeita a concurso de credores ou habilitação em falência, recuperação judicial, concordata, inventário ou arrolamento".

Relembre-se que, mesmo antes da alteração legislativa de 2020, a jurisprudência do Tribunal de Justiça do Estado de São Paulo já dispunha sobre a possibilidade de a Fazenda Pública habilitar o crédito tributário na falência, desde que comprovada a suspensão da execução fiscal em face da falida (Enunciado XI do Grupo de Câmaras Reservadas de Direito Empresarial do Tribunal de Justiça do Estado de São Paulo).[143]

A despeito do propósito do legislador de centralização dos atos de execução e pagamento para se evitar os malefícios advindos do prosseguimento das execuções individuais e, assim, a "corrida individual de credores", fato é que houve opção legislativa para que fosse facultado às Fazendas optarem por habilitar seu crédito no processo falimentar ou prosseguir com as execuções fiscais individuais.

Como consequência dessa faculdade, potencializa-se o risco de conflitos de competência entre o juízo falimentar e o da execução fiscal. Na prática, essa situação trazia ineficiências ao processo falimentar, na medida em que apesar de a arrecadação dos ativos serem concentradas no respectivo juízo, ainda era possível que, a qualquer momento, penhoras no rosto dos autos provenientes de execuções fiscais fossem anotadas. Havia, portanto, incerteza quanto ao exato montante do passivo titularizado pelas Fazendas Públicas na falência.

A alteração legislativa da Lei n. 14.112/2020 trouxe inovação considerável no tocante à tentativa de tratamento do crédito relacionado às Fazendas Públicas, destinado à verificação e habilitação de créditos na hipótese de instauração do processo falimentar, que parece trazer maior racionalidade e eficiência na apuração do crédito fiscal habilitado pelas Fazendas na falência, centralizando

---

143 Enunciado XI do Grupo de Câmaras Reservadas de Direito Empresarial do Tribunal de Justiça do Estado de São Paulo: A opção da Fazenda Pública pela habilitação do crédito tributário na falência, não exige extinção do processo de execução fiscal, desde que comprovada a suspensão em face da falida.

o incidente e o momento de sua verificação e, também, apresenta divisão de competências entre o juízo falimentar e o fiscal, como tentativa para mitigar os conflitos de competência que podem surgir entre os dois respectivos microssistemas.

O legislador esclarece, no art. 7º-A, §§ 6º e 7º da lRF que as disposições sobre o Incidente de Classificação de Crédito aplicam-se, no que couber, às execuções fiscais e às execuções de ofício que se enquadrem no art. 114, VII e VIII da Constituição Federal e, também, aos créditos do Fundo de Garantia do Tempo de Serviço (FGTS).

Momento da distribuição do incidente de classificação de crédito público

O Incidente de Classificação de Crédito Público será distribuído após determinação de ofício pelo juízo falimentar, após publicação do edital com a íntegra da decisão que decreta a falência e a relação de credores (art. 99, §1º, LREF) e da intimação eletrônica das Fazendas Públicas Federal, de todos os Estados, Distrito Federal e Município em que o devedor tiver estabelecimento.

Distribuído o incidente, o juízo determinará a intimação eletrônica da Fazenda Pública credora para que, em 30 dias, apresente diretamente ao administrador judicial ou ao juízo – a depender do momento processual – a relação completa de seus créditos inscritos em dívida ativa, acompanhado de cálculos, classificação e outras informações que reputar necessárias.

Para distribuição do incidente, o juízo falimentar deverá considerar as Fazendas Públicas credoras indicadas pelo devedor em relação de credores, ou, em até 15 dias após publicação de edital, para aquela que comparecer espontaneamente aos autos para informar ser titular de crédito.

Apresentação da relação de crédito dentro do prazo: objeções e divisão de competência entre juízo falimentar e da execução fiscal

A Fazenda Pública será intimada para, dentro do prazo de 30 dias, apresentar a relação de todos os seus créditos inscritos em certidões de dívidas ativas, e, ao seu término, o falido, os demais credores e o administrador judicial terão prazo comum de 15 dias para apresentar objeções.

Com a apresentação da relação de créditos, pela Fazenda, eles serão objeto de reserva integral até julgamento definitivo da questão.

O artigo 7º-B, §3º limita os assuntos que poderão ser deduzidos em sede de objeções, estando limitados a (i) cálculos e (ii) classificação do crédito.

Constata-se, portanto, que o legislador pretendeu, com essa disposição, evidenciar o limite estrito da cognição do juízo falimentar em questões atinentes ao crédito fiscal. Trata-se claramente, de tentativa de delimitação das fronteiras da atuação entre ambos, para viabilizar coexistência harmônica entre as duas competências especializadas.

Apresentada a objeção, a Fazenda deverá ser intimada para prestar eventuais esclarecimentos adicionais, em 10 dias.

Com base nas questões que tiverem sido apresentadas em objeção, será possível verificar quais são os créditos controvertidos e quais são incontrovertidos. Com relação a estes últimos, se forem exigíveis, serão imediatamente incluídos no Quadro Geral de Credores.

O art. 7º-A, §4º, V, determina, ainda, que antes da homologação do Quadro Geral de Credores, o juiz concederá prazo comum de 10 dias para que o administrador judicial e a Fazenda titular de crédito objeto de reserva se manifestem sobre o andamento do Incidente de Classificação de Crédito em questão, para permitir verificar a conveniência de mantê-la.

Constata-se, assim, que o Incidente de Classificação do Crédito traz maior celeridade para a tramitação do processo falimentar, uma vez que, muito embora respeite a opção da Fazenda Pública por habilitar ou não seu crédito na falência, convoca o ente público a declarar sua opção em momento inicial da falência e que o faça em sua integralidade. Ou seja, a lei determina à Fazenda que apresente a relação com todos os créditos existentes, não permitindo, portanto, a possibilidade de habilitação de apenas parte dos créditos.

Corroborando essa conclusão, o §2º do art. 7º-A estipula, também, que os créditos que não tiverem sido definitivamente constituídos, ainda não inscritos na dívida ativa ou com exigibilidade suspensa, poderão ser informados em momento posterior e, nesse caso, não receberão o tratamento de retardatários, como ocorre para crédito que não foi informado no prazo legal. O art. 7º-A, §4º, VII, esclarece, por fim, que o artigo 10 da LREF será aplicado, no que couber, aos créditos retardatários.

Não haverá condenação em honorários de sucumbência, nos termos do art. 7º-A, §8º, da LREF. Daniel Carnio Costa e Alexandre Nasser de Melo anotam que

> essa disposição existe porque o incidente previsto neste artigo é gerado de ofício pelo magistrado, o que não se aplica a procedimentos e demandas em que o fisco ingresse livremente contra a massa falida, nos quais a fazenda pode vir a ser condenada em honorários sucumbenciais e custas judiciais se for vencida.[144]

144 COSTA, Daniel Carnio; MELO, Alexandre Nasser. *Comentários à Lei de Recuperação de Empresas e Falência*: Lei n. 11.101, de 09 de fevereiro de 2005. Curitiba: Juruá, 2021, p. 74.

Não apresentação da relação de crédito pela Fazenda Pública

Decorrido o prazo de 30 dias sem que a Fazenda Pública apresente relação completa de seu crédito, o §5º do art. 7º-A prevê que haverá o arquivamento do incidente.

Será possível, contudo, que a Fazenda apresente a qualquer momento o seu desarquivamento, sendo que, nesse caso, aplicar-se-á o disposto no art. 10 da LREF, ou seja, o seu crédito será tratado como retardatário.

Nesse ponto, um questionamento pode ser feito. Considerando que o art. 10, §10 da LREF prevê prazo decadencial de 3 anos para a habilitação do crédito, estaria a Fazenda Pública sujeita a esse prazo caso opte por habilitar seu crédito na falência?

Conforme se verá, no artigo 10, §10º da LFR, houve profunda alteração na legislação ao prever prazo decadencial de habilitação, limitando, no tempo, o período dentro do qual os credores poderão pretender participar do processo de falência.

No caso da Fazenda Pública, por força do que dispõe o art. 7º-A, §5º, da LREF, razoável concluir que, muito embora esse prazo não tenha efeitos decadenciais de seu direito, na medida em que ela pode optar por habilitar ou não seu crédito na falência, tem caráter peremptório quanto à submissão ou não ao regime falimentar. Em outras palavras, o prazo do artigo 10, §10 da LREF não pode ter para a Fazenda Pública efeitos decadenciais, na medida em que ela não está sujeita à falência, nos termos do art. 187 do CTN, mas aplica-se a ela como prazo preclusivo para se habilitar na falência.

Suspensão das execuções fiscais: suspensão da prescrição das obrigações fiscais?

O artigo 7º-A, §4º, V, prevê que as execuções fiscais permanecerão suspensas até o encerramento da falência, sem prejuízo do prosseguimento contra corresponsáveis.

Esse dispositivo é interessante, no processo falimentar, uma vez que traz como efeito do Incidente de Classificação de Crédito Público a suspensão das execuções de crédito fiscal durante toda a falência, ou seja, até o seu encerramento por sentença.

Conforme já mencionado, anteriormente nos comentários ao artigo 6º, uma das alterações promovidas pela reforma de 2020 foi a revogação do artigo 157 da LREF, o qual, por sua vez, previa que a suspensão da prescrição das obrigações da falida permaneceria até o encerramento da falência. Logo, como consequência da reforma, muito embora seja efeito da sentença da quebra a suspensão das obrigações sujeitas a falência, não é mais possível afirmar que elas permanecerão suspensas até o seu encerramento por sentença.

A reforma de 2020 não trouxe uma regra geral aplicável a todos os créditos sujeitos à falência que verse sobre a partir de qual data a suspensão da sua prescrição volta a correr.

Para o caso das obrigações titularizadas pelas Fazendas Públicas, o artigo 7º-A, §4º, V, o legislador foi claro:

> *§4º Com relação à aplicação do disposto neste artigo, serão observadas as seguintes disposições (...) V – as execuções fiscais permanecerão suspensas até o encerramento da falência, sem prejuízo da possibilidade de prosseguimento contra os corresponsáveis;* (...).

A suspensão da prescrição dos créditos fiscais decorre logicamente da constatação de que as execuções fiscais ficam suspensas até o encerramento da falência. Afinal, trata-se de hipótese legal de suspensão da execução fiscal e que, portanto, não pode ser imputável a qualquer retardo ou omissão do credor.

De certo modo, muito embora a regra revogação da regra do artigo 157, o legislador parece ter mantido o mesmo critério para as execuções fiscais. Essa regra é compatível com a disciplina atualmente existente para o crédito fiscal, em especial o disposto nos artigos 187 e 191 do Código Tributário Nacional, que não sujeita o crédito à falência e que veda a declaração de extinção das obrigações do falido enquanto não houver apresentação de prova de quitação de todos os tributos.

Antes da reforma de 2020, permitia-se, na jurisprudência, a declaração da extinção das obrigações do falido, exceto com relação às fiscais, se não houvesse a apresentação das respectivas certidões, permitindo, assim, o prosseguimento das execuções individuais em face do falido. Com a redação do artigo 7º-A, §4º, V, LREF em análise, parece que, com relação ao crédito público o mesmo entendimento teria sido mantido. Remete-se, nesse ponto, aos comentários realizados nos artigos 157 e 158 desta lei.

Uma vantagem que se observa na suspensão das execuções fiscais em andamento é maior certeza quanto ao crédito da Fazenda Pública habilitado na falência. Isso porque, antes da reforma, a apuração do montante do valor do crédito de cada Fazenda Pública era feita de forma individualizada – ou havia sua habilitação, ou se considerava pedidos individuais de penhoras no rosto dos autos. Havia, assim, maior risco de não serem todos os créditos considerados.

A concentração em um único incidente das questões relacionadas a cada Fazenda Pública, além da suspensão das execuções fiscais em andamento em face da falida, permite melhor organização do processo falimentar, na medida em que traz maior certeza quanto à habilitação o crédito público no processo falimentar e, também, quanto ao seu montante. Trata-se de regra que proporciona, portanto, maior racionalização e organização ao processo, contribuindo, com o juízo falimentar, para seu melhor gerenciamento e, assim, celeridade do feito.

Uma questão que poderia ser suscitada, diante da redação do artigo 7º-A, §4º, V, da LREF seria se o efeito da suspensão da prescrição dos créditos fiscais, identificados como consequência da determinação da suspensão legal das execuções fiscais, decorreria apenas no caso de habilitação dos créditos pela Fazenda Pública na falência.

Trata-se de questão que evidentemente necessitará ser analisada pela jurisprudência. Contudo, a redação do artigo 7º-A, §4º, V, LREF não parece condicionar os seus efeitos à resposta apresentada pela Fazenda no Incidente de Classificação de Crédito, parte, portanto. Ao contrário, assim como ocorre com a sentença que decreta a quebra, os efeitos mencionados o artigo 7º-A e todos os seus parágrafos decorre da determinação proferida pelo magistrado, de ofício, para distribuição do referido incidente. Trata-se, ao que parece, de interpretação mais consentânea com o ordenamento jurídico brasileiro, na medida em que outorga a ato jurisdicional – e não a manifestação da parte – a aptidão de gerar importantes efeitos jurídicos de ordem material e processual e que repercutirão na esfera jurídica de terceiros, além disso, somente a decisão judicial é dotada da necessária publicidade, indispensável para se dar conhecimento amplo e irrestrito a terceiros, assegurando maior segurança jurídica.[145]

---

145 "*Para a generalidade dos credores, a decretação da falência já determina a suspensão, mas, para o credor tributário, o ato determinante é a instauração do incidente de classificação de crédito público (art. 7º-A, §4º, V). Mesmo que a Fazenda não se manifeste no prazo de 30 dias seguintes à intimação eletrônica, a simples instauração do incidente de classificação de crédito público já tem o efeito de suspender a execução fiscal*". (COELHO, Fábio Ulhoa. *Comentários à Lei de Falências e de Recuperação de empresas*: Lei n. 14.112/20, Nova Lei de Falências. 14ª ed. São Paulo: Revista dos Tribunais, 2021, pp. 80/81).

Por fim, o artigo 7º-A, §4º, V, LREF assegura que, mesmo em face da suspensão das execuções fiscais diante do falido, será possível seu regular prosseguimento perante coobrigados.

Distribuição de competência entre o juízo falimentar e o juízo da execução fiscal

O artigo 7º-A, §4º tentou organizar a divisão das competências entre os juízos falimentar e da execução fiscal na área de interseção de suas áreas de atuação, tendo em vista a faculdade assegurada à Fazenda Pública de optar por habilitar ou não seu crédito na falência.

Esclareceu, portanto, que compete ao juízo falimentar a decisão sobre (i) cálculos e (ii) classificação dos créditos para fins do disposto na lei falimentar, (iii) a arrecadação de bens; (iv) a realização do ativo e (v) pagamento de credores.

Por outro lado, esclareceu que compete ao juízo da execução a decisão sobre (i) existência, (ii) exigibilidade e (iii) o valor do crédito, observados os critérios de habilitação de crédito impostos pelo art. 9º, II da LREF e as demais regras da falência, além (iv) do prosseguimento da cobrança contra os corresponsáveis.

O artigo 7º-A, §4º ainda dispõe que o administrador judicial e o juízo falimentar deverão respeitar a presunção de certeza e liquidez das certidões de dívidas ativas (CDAs), nos termos do art. 3º da Lei n. 6.830/80. Essa previsão é absolutamente desnecessária, pois já existe lei reconhecendo a força da presunção de certeza e liquidez desses títulos.

O legislador deixou claro, contudo, a exemplo do que já se entendia anteriormente, em razão da natureza universal e indivisível o juízo falimentar, que os atos de arrecadação de ativos e de sua alienação seriam concentrados nele, exclusivamente. Também evidenciou que o juízo falimentar não dispõe de competência para questionar a presunção relativa de exigibilidade e existência trazida pelas CDAs.

Em outras palavras, a regra do art. 7º-A, §4º, I a III da LREF é compatível e confirma a regra do juízo universal da falência, mesmo perante o prosseguimento das execuções fiscais individuais.

Um aspecto que é interessante consiste na alegação da prescrição do crédito tributário. Ainda que em uma primeira análise essa questão guarde pertinência com a exigibilidade do crédito, também não se pode ignorar que está relacionada ao pagamento do valor.

Não parece razoável sustentar que a massa falida seja obrigada a pagar obrigação prescrita e que essa questão não possa ser analisada pelo juízo falimentar, sob pena de se prejudicar credores com dívidas exigíveis. É verdade que o artigo 882 do Código Civil, inserido no Capítulo III – Do Pagamento Indevido, esclarece expressamente que não são repetíveis o pagamento de dívidas prescritas ou o cumprimento de obrigações judicialmente inexigíveis. Logo, se pago, não há como se reaver dívida prescrita, pois o direito ao crédito permanece incólume, apesar de não mais existir a pretensão para exigi-lo judicialmente. Sobre o assunto, comenta Sílvio Venosa:

> A dívida prescrita pertence à mesma classe das obrigações naturais. Apenas o Código teve de mencioná-las expressamente, podendo, em certos casos, ser reconhecida de ofício pelo juiz. O pagamento de dívida prescrita é verdadeira renúncia do favor da prescrição. Não há direito de repetição. Ademais quem recebe dívida prescrita não se locupleta indevidamente, pois, conforme a distinção tradicional da doutrina, a prescrição extingue a ação, mas não o direito. Mesmo prescrita, a obrigação existe. Mesmo prescrita a dívida, de qualquer modo, persiste a obrigação moral do devedor.[146]

---

146 VENOSA, Sílvio. *Código Civil Interpretado*. 4ª ed. São Paulo: Atlas, 2019, p. 782.

Se o credor de dívida prescrita não possui ação para cobrá-la em juízo, pois perdeu o direito a ação, muito menos é possível permitir a habilitação do seu crédito junto aos demais credores, para concorrer com ele na distribuição do ativo realizado. Necessário aguardar para verificar a aplicação desse dispositivo pela jurisprudência.

Por fim, interessante observar que o art. 7º-A, §4º, V da LREF determina a suspensão das execuções fiscais.

Suspensa a execução fiscal, como se deverá encaminhar questionamentos que porventura a falida pretenda realizar quanto a (i) existência, (ii) exigibilidade e (iii) o valor do crédito?

Para se compatibilizar a interpretação desses dois incisos do parágrafo 4º do art. 7º-A da LREF, necessário concluir que, a despeito da determinação de suspensão, a falida poderá apresentar os necessários questionamentos sobre questões atinentes à existência, exigibilidade o valor do crédito, endereçando-os ao juízo competente, que, no caso, será o fiscal. Com relação a essas questões, como intrinsecamente necessárias para o adequado encaminhamento da falência, sendo, ademais, imprescindíveis para permitir o pagamento dos créditos habilitados, deve-se admitir o processamento dessas questões perante o juízo fiscal.

Interessante observar que, mesmo remetendo a definição das questões da existência, exigibilidade e, sobretudo, valor do crédito, o legislador apontou ao juízo fiscal os parâmetros que deverá considerar para sua apreciação, ou seja, os critérios de habilitação de crédito impostos pelo art. 9º, II da LREF: "*II – o valor do crédito, atualizado até a data da decretação da falência ou do pedido de recuperação judicial, sua origem (...)*".

Os cálculos aplicados ao crédito a ser habilitado, contudo, foram imputados à competência do juízo falimentar.

O art. 7º-A, §4º, VI da LREF esclarece, também, que a restituição em dinheiro será preservada nos termos dos arts. 86 e 122 da mesma lei.

A inovação trazida pelo legislador, ao tentar definir os limites da atuação dos juízos falimentar e da execução fiscal, parece contribuir para maior racionalização da tramitação do processo concursal, ao concentrar no juízo da universal da falência não só a apuração do ativo – algo que já ocorria antes da reforma de 2020 – e, portanto, do patrimônio que seria utilizado para pagamento do passivo, como também centralizar no mesmo juízo a exata definição do montante dos débitos que será quitado com ele.

Com a suspensão das execuções fiscais, eliminam-se, consequentemente, as incertezas que eram causadas pelas penhoras realizadas no rosto dos autos falimentares, que iam desde a saber exatamente quantos eram os atos constritivos realizados e de quais execuções fiscais partiam, para, também, qual era o valor por que podiam ser aceitas e qual era o momento em que deviam ser consideradas, em face das normas específicas que disciplinam o pagamento do processo concursal.[147]

Definição de Fazenda Pública

O artigo 7ª-A, §1º da LREF esclarece que se considera Fazenda Pública aquelas constantes da relação do edital previsto no

147 "*Houve sempre um aspecto que causava bastante desconforto no processo de falência, que era o fato de não se poder ter segurança sobre qual seria o valor do débito fiscal. Na ausência de determinação específica, a qualquer momento do processo, o fisco informava a existência de seu crédito, ou a alteração de seu valor o que, por óbvio, era causa não só de insegurança como também de tumulto processual. A reforma, visando neutralizar esse problema, trouxe neste artigo o que se poderia chamar de incidente de habilitação de crédito fiscal*". (BEZERRA FILHO, Manoel Justino. *Lei de Recuperação de Empresas e Falências*: Lei n. 11.101/2005 comentada artigo por artigo. 15ª ed., rev., atual. e ampl. São Paulo: Revista dos Tribunais, 2021, p. 118).

§1º do art. 99 da LREF, ou, ainda, aquela que, após a intimação prevista no inciso XIII do *caput* do art. 99 da mesma lei, no prazo de 15 dias, possuir crédito contra o falida.

Art. 8 – No prazo de 10 (dez) dias, contado da publicação da relação referida no artigo 7º, § 2º, desta Lei, o Comitê, qualquer credor, o devedor ou seus sócios ou o Ministério Público podem apresentar ao juiz impugnação contra a relação de credores, apontando a ausência de qualquer crédito ou manifestando-se contra a legitimidade, importância ou classificação de crédito relacionado.

Parágrafo único. Autuada em separado, a impugnação será processada nos termos dos artigos 13 a 15 desta Lei.

Impugnação à relação de credores

Conforme mencionado nos comentários do artigo 7º, há publicação de duas relações de credores. A primeira relação de credores (art. 7º, §1º), com base nas informações trazidas pelo devedor e que, em razão da qual, os credores terão prazo de 15 dias para apresentar manifestação diretamente ao administrador judicial, é denominada "fase administrativa". Ultrapassada a fase administrativa de verificação dos créditos, é publicado um segundo edital com a segunda relação de credores que comporão o quadro geral, elaborada pelo administrador judicial com base nas informações prestadas por credores e devedor, na forma do art. 7º, §2º. Esse edital dá início à fase judicial da verificação de crédito, na qual o juiz sanará as divergências remanescentes quantos os créditos habilitados.

No prazo 10 dias contados da publicação do edital com a segunda relação dos credores, o art. 8º permite a impugnação à relação apresentada, seja quanto legitimidade (ou regularidade), importância ou classificação do crédito em si, ou, ainda, quanto à omissão de determinado crédito. As impugnações serão processadas em separado para apreciação do juiz, na forma dos artigos 13 a 15 da lei.

Interessante observar que são legitimados ativos para apresentar a impugnação além do credor e do devedor, naturalmente interessados, também o Ministério Público, o Comitê de Credores, se existente, e, ainda, os sócios do devedor, por si. A ampla legitimidade para apresentar impugnações judiciais de crédito indica preocupação do legislador com correta apuração e classificação do montante do passivo do devedor, sinalizando que se trata de questão sensível à regularidade do processo falimentar e da recuperação, de modo que justifica a atuação, intervenção e fiscalização de outros legitimados além dos ocupantes de posições jurídicas obrigacionais de devedor e credor e que possuem interesse direto no crédito específico. Indica, portanto, que a verificação do crédito – a apuração de seu montante e a sua classificação – é questão de interesse de toda a massa de credores e indispensável para a falência ou a recuperação atinjam aos objetivos previstos pelo legislador.

Manoel Justino Bezerra Filho[148] ressalva que o credor somente poderá apresentar impugnação se o tiver feito quando da publicação da relação de credores a que se refere o art. 7º, §1º, não possuindo interesse para impugnação ao juiz se não o fez antes para análise do administrador judicial, ou, então, quando a relação de credores for diversa daquela que contou anteriormente. No caso de omissão do seu crédito, sem que a tenha questionado antes, deverá, anota, valer-se de habilitação retardatária.

Ricardo Negrão, de forma diversa, entende que somente se considera retardatária a habilitação que não for feita nos prazos do art. 7º, §§ 1º e 2º, isto é, mesmo não tendo questionado a primeira relação apresentada pelo devedor (§1º), pode fazê-lo ao juiz quando da publicação da relação pelo administrador judicial (§2º).[149]

---

148 BEZERRA FILHO, Manoel Justino. *Lei de Recuperação de Empresas e Falências*: Lei n. 11.101/05 comentada artigo por artigo. 12ª ed. São Paulo: Revista dos Tribunais, 2017, pp. 98/99.

149 NEGRÃO, Ricardo. *Manual de Direito Comercial e de Empresa*. vol. III, 7ª ed. São Paulo: Saraiva, 2012, p. 104.

A divergência doutrinária comentada acima tem por fundamento a redação do art. 10 da LREF, considera retardatária exclusivamente a habilitação que não obedecer ao prazo estipulado no art. 7º, §1º, sem mencionar, todavia, a hipótese do art. 7º, §2º da mesma lei. Enquanto um posicionamento baseia-se em interpretação gramatical do disposto no artigo 10 da LREF, o outro entendimento adota interpretação sistêmica da legislação. No caso, respeitado entendimento diverso, necessário observar que o artigo 8º da LREF permite a distribuição da impugnação de crédito mesmo em caso de omissão da lista do art. 7º, §1º e por ampla gama de legitimados, o que parece justificar a necessidade de interpretação sistêmica das normas que disciplinam a verificação de créditos.

Também cabe a nota de que a impugnação judicial possui natureza de ação incidental, não mera questão incidental, à medida que será discutido o direito material entre as partes em processo distinto, havendo possibilidade de cognição exauriente do direito de crédito postulado (art. 15, inciso IV) e pela exigência de exercício do regular contraditório (art. 11). Assim, a impugnação deve ser feita por petição instruída com os documentos disponíveis a impugnante, devendo ser indicadas as provas que pretende produzir.[150]

O rito a ser seguido está descrito nos artigos 13 a 15 da LREF.

Art. 9º – A habilitação de crédito realizada pelo credor nos termos do artigo 7º, § 1º, desta Lei deverá conter:

I – o nome, o endereço do credor e o endereço em que receberá comunicação de qualquer ato do processo;

---

150 COELHO, Fábio Ulhoa. *Comentários à Lei de Falências e de Recuperação de empresas*: Lei n. 14.112/20, Nova Lei de Falências. 14ª ed. São Paulo: Revista dos Tribunais, 2021.

II – o valor do crédito, atualizado até a data da decretação da falência ou do pedido de recuperação judicial, sua origem e classificação;

III – os documentos comprobatórios do crédito e a indicação das demais provas a serem produzidas;

IV – a indicação da garantia prestada pelo devedor, se houver, e o respectivo instrumento;

V – a especificação do objeto da garantia que estiver na posse do credor.

Parágrafo único. Os títulos e documentos que legitimam os créditos deverão ser exibidos no original ou por cópias autenticadas se estiverem juntados em outro processo.

Habilitação de crédito administrativa

Este artigo regulamenta a habilitação de crédito na fase administrativa, ou seja, a que se refere o art. 7º, §1º, o edital que contém a primeira relação de credores, elaborada, em regra, pelo devedor.

Nessa fase, recorde-se, os credores podem habilitar créditos não declarados pelo devedor ou, ainda, apresentar divergências em relação ao que foi declarado, devendo apresentar essas manifestações diretamente ao administrador judicial, sem necessitar comunicar ao juízo ou informar esse fato no processo de falência ou de recuperação de crédito

Os incisos I a V e o parágrafo único do artigo 9º orientam o credor quanto aos documentos e informações que deverá apresentar ao administrador judicial.

Necessário destacar que exclusivamente o credor é legitimado para efetuar a habilitação ou impugnação de seu crédito na fase administrativa da verificação de crédito.

Nos incisos I a III, estão os requisitos básicos que devem ser informados pelo credor ao administrador judicial, como nome, endereço, inclusive para comunicação, valor do crédito que entende correto e atualizado até a data do pedido de recuperação ou decretação da quebra, origem e classificação, e os documentos comprovatórios da sua condição e indicação de provas.

A regra do art. 9º, II da LREF define que todos os créditos habilitados na recuperação judicial ou na falência devem ser todos apurados considerando o seu valor na data da decretação da falência ou na data do pedido da recuperação judicial – e não da decisão do deferimento do seu processamento, marco temporal este que define o início dos efeitos do *stay period*. A apuração de todos os créditos na mesma data base é indispensável para assegurar que todos os credores da mesma classe possam receber o mesmo tratamento, sobretudo no tocante às condições de pagamento.

Os incisos IV e V se referem à indicação e à prova da garantia que tiverem sido prestadas pelo devedor, bem como a especificação do objeto da garantia que estiver na posse do credor. Tudo, conforme parágrafo primeiro, no original ou em cópias autenticadas se os originais estiverem juntados em outro processo.

Em suma, os credores devem, cumprindo os incisos e parágrafo do art. 9º, quando não tiverem seus créditos constando da relação apresentada pela recuperanda ou falida, ou se dela divergirem, apresentar sua habilitação ou reclamação para análise ao administrador (fase administrativa).

Anote-se que o inciso II só menciona o crédito atualizado, mas nesse contexto se deve entender que engloba também os juros de mora relativos ao débito vencido, que cessam, para todos, a partir da decretação da quebra. Isso significa que, se houver no crédito habilitado juros embutidos até o final do contrato, o excesso, a partir da decretação da quebra, será abatido. Isso porque, na quebra, uma das suas consequências é o vencimento antecipado das dívidas, conforme expressamente previsto no art. 124 da LREF.

Se o crédito estiver ou tomar como parâmetro alguma moeda estrangeira, deverá ser convertido em moeda nacional nas datas de decretação da quebra ou, no caso da recuperação judicial, na véspera da data de realização da Assembleia de Geral de Credores. Isso porque, durante a fase de verificação dos créditos, um dos seus objetivos é o de apreciar o poder de voto do credor na aprovação ou rejeição do plano de recuperação de crédito.

Deve-se destacar a circunstância legal da exigência indistinta da prova da origem do crédito. Se para a execução de título executivo extrajudicial não é necessária a prova da origem, ou do negócio subjacente, o é para a habilitação do crédito. O rigor maior se justifica para evitar fraude ou conduta maliciosa do devedor que poderia, mesmo sem origem, emitir títulos executivos extrajudiciais em benefício de um determinado credor.

É preciso consignar que a juntada dos documentos originais, particularmente dos títulos de crédito, liga-se à possibilidade de circularem indevidamente após o pedido de recuperação ou a decretação da quebra. Quanto a serem os originais, há precedentes no sentido de que podem ser cópias,[151] exigindo-se aqueles só se houver discordância.

Não há necessidade da presença de advogado para a correspondente habilitação ou divergência nesse momento da fase chamada administrativa, em que exclusivamente o administrador judicial analisa a documentação dos créditos.

Art. 10 – Não observado o prazo estipulado no artigo 7º, § 1º, desta Lei, as habilitações de crédito serão recebidas como retardatárias.

---

151 TJSP, 1ª Câmara Reservada de Direito Empresarial, AI n. 2222242-08.2018.8.26.0000, Rel. Cesar Ciampolini, DJe 21/02/2019; TJSP, 1ª Câmara Reservada de Direito Empresarial, AI n. 2149683-92.2014.8.26.0000, Rel. Francisco Loureiro, DJe 05/02/2015.

§ 1º Na recuperação judicial, os titulares de créditos retardatários, excetuados os titulares de créditos derivados da relação de trabalho, não terão direito a voto nas deliberações da assembleia geral de credores.

§ 2º Aplica-se o disposto no § 1º deste artigo ao processo de falência, salvo se, na data da realização da assembleia-geral, já houver sido homologado o quadro-geral de credores contendo o crédito retardatário.

§ 3º Na falência, os créditos retardatários perderão o direito a rateios eventualmente realizados e ficarão sujeitos ao pagamento de custas, não se computando os acessórios compreendidos entre o término do prazo e a data do pedido de habilitação.

§ 4º Na hipótese prevista no § 3º deste artigo, o credor poderá requerer a reserva de valor para satisfação de seu crédito.

§ 5º As habilitações de crédito retardatárias, se apresentadas antes da homologação do quadro-geral de credores, serão recebidas como impugnação e processadas na forma dos artigos 13 a 15 desta Lei.

§ 6º Após a homologação do quadro-geral de credores, aqueles que não habilitaram seu crédito poderão, observado, no que couber, o procedimento ordinário previsto no Código de Processo Civil, requerer ao juízo da falência ou da recuperação judicial a retificação do quadro-geral para inclusão do respectivo crédito.

§ 7º O quadro-geral de credores será formado com o julgamento das impugnações tempestivas e com as habilitações e as impugnações retardatárias decididas até o momento da sua formação.

§ 8º As habilitações e as impugnações retardatárias acarretarão a reserva do valor para a satisfação do crédito discutido.

§ 9º A recuperação judicial poderá ser encerrada ainda que não tenha havido a consolidação definitiva do quadro-geral de

credores, hipótese em que as ações incidentais de habilitação e de impugnação retardatárias serão redistribuídas ao juízo da recuperação judicial como ações autônomas e observarão o rito comum.

§ 10 O credor deverá apresentar pedido de habilitação ou de reserva de crédito em, no máximo, 3 (três) anos, contados da data de publicação da sentença que decretar a falência, sob pena de decadência.

As habilitações retardatárias

Se o credor não observar o prazo de 15 dias do art. 7º, §1º, para apresentar sua habilitação de crédito ou divergência (*caput*), na fase administrativa para a análise do administrador judicial, ainda poderá apresentá-la para apreciação judicial, sendo, contudo, considerada retardatária. A respeito dessas consequências, Manoel Justino Bezerra Filho e Ricardo Negrão têm posições diferentes, tendo este último o entendimento de que para ser considerada retardatária leva-se em conta a relação do art. 7º, §2º, embora, vale lembrar, o art. 10 mencione o art. 7º, §1º, para definir a habilitação como retardatária.

Conforme evidencia o art. 10, §8º, muito embora o *caput* se refira, exclusivamente, a habilitações retardatárias de crédito, deve-se entender que também se admite a possibilidade de impugnações retardatárias. Parece claro que quem pode pedir a habilitação retardatária para inclusão total do crédito não relacionado, pode também pedir a sua alteração ou modificação. Se pode o mais, que é a integral inclusão, pode também o menos, que é a modificação do que havia sido incluído. Esse entendimento é corroborado pela doutrina.[152]

---

152 SACRAMONE, Marcelo Barbosa. *Comentários à Lei de Recuperação de Empresas e Falências*. 3ª ed. São Paulo: Saraiva Jur, 2022, p. 138.

A habilitação retardatária que for distribuída antes da homologação do quadro-geral de credores, será processada como impugnação e na forma dos artigos 13 a 15 (art. 10, §5º).

Após a homologação do quadro-geral de credores, os credores que não tiverem habilitado o seu crédito poderão, no que couber, requerer a sua retificação em ação própria, para inclusão do respectivo crédito, observado o procedimento comum do Código de Processo Civil. O pedido pode ser direcionado tanto ao juízo da recuperação judicial quanto ao da falência, observado, contudo, neste último caso, o prazo decadencial de 3 anos.

Independentemente do momento em que forem apresentadas, as habilitações retardatárias acarretam a formação de reserva do valor do crédito discutido (art. 10, §8º).

Formação do quadro-geral de credores

A Lei n. 14.112/2020 inseriu quatro parágrafos no art. 10º da Lei n. 11.101/2005, dentre eles os parágrafos 7º e 8º, que deixam claro que o quadro-geral de credores será formado com o julgamento das impugnações tempestivas e das retardatárias decididas até o momento da sua formação, reservando-se valor para futuro pagamento das habilitações retardatárias. Essas disposições são confirmadas pelo teor do disposto no artigo 16 da LREF, cuja redação também foi alterada pela reforma de 2020, conforme se verá a seguir.

Habilitações retardatárias na recuperação judicial

Na recuperação judicial, a consequência da habilitação retardatária de crédito será que, com exceção dos créditos trabalhistas, os demais não terão direito a voto na Assembleia-Geral de Credores (art. 10, §1º).

Necessário observar que, nos termos do artigo 39 da LREF, somente poderão participar da Assembleia-Geral de Credores os credores que tiveram seus créditos listados em lista elaborada pelo administrador judicial (art. 7º, §2º), à qual poderá ser acrescida por aqueles credores que tiverem seus créditos admitidos ou alterados por decisão judicial por impugnação tempestiva de crédito. Contudo, os credores que habilitaram seu crédito de forma retardatária perdem seu direito de voto, ainda que já julgada sua habilitação. O legislador pretendeu, com essa previsão, estimular o uso de habilitações e impugnações tempestivas, em detrimento da retardatária.

O credor de crédito ilíquido pode se sujeitar aos efeitos da recuperação judicial antes mesmo de ter seu crédito apurado, mas sua simples inclusão na lista de credores sem garantia de seu direito de voto acarretará em sujeição obrigatórias as condições da novação aprovada, o que pode oloca-lo em posição desfavorável. Nesse sentido, cabe requerimento ao juízo que processa a demanda recuperacional quanto a expedição de ofício de reserva de crédito, com seus respectivos efeitos políticos.[153]

Relembre-se, por oportuno, que o art. 52, §1º, II, determina que o juiz, ao deferir a recuperação, mande expedir edital com a relação nominal dos credores e seus respectivos créditos, esclarecendo o art. 7º, §1º que o prazo é de 15 dias para apresentarem ao administrador judicial as habilitações e as divergências. Em 45 dias, na forma do art. 7º, §2º, o administrador publicará novo edital com a relação dos credores depois de analisadas as habilitações e divergências. A partir daí é que se passa à fase judicial para a verificação das impugnações, que serão processadas em apenso,

153 ARRUDA, Pablo Gonçalves; MARQUES, Leonardo Araújo; SANTOS, Jéssica Verônica Costa. "O quadro-geral de credores atualizado e o direito de voto dos credores retardatários e de créditos ilíquidos". *Migalhas*, 05 nov. 2020. Disponível em: https://www.migalhas.com.br/depeso/335874/o-quadro-geral-de-credores-atualizado-e-o-direito-de-voto-dos-credores-retardatarios-e-de-creditos-iliquidos. Acessado em: 25.05.2021.

na forma do art. 8º, parágrafo único, as quais, se acolhidas pelo juiz, integrarão o quadro-geral de credores.

Destaque-se que, recentemente, o Superior Tribunal de Justiça pacificou a questão do credor que apesar de não indicado na relação do art. 51, III e IX, da LREF, deixa de promover sua habilitação, tendo estabelecido que por tratar-se de direito disponível, não há que se cogitar da obrigatoriedade da habilitação, aplicando-se a ele, no entanto, os efeitos da novação resultantes do deferimento do pedido de recuperação judicial.[154]

---

154 RECURSO ESPECIAL. EMPRESARIAL. RECUPERAÇÃO JUDICIAL. CRÉDITO. PEDIDO. FATO GERADOR ANTERIOR. SUBMISSÃO. EFEITOS. NOVAÇÃO. CUMPRIMENTO DE SENTENÇA. PROSSEGUIMENTO. IMPOSSIBILIDADE. HONORÁRIOS. CAUSALIDADE. 1. Recurso especial interposto contra acórdão publicado na vigência do Código de Processo Civil de 2015 (Enunciados Administrativos n. 2 e n. 3/STJ). 2. Cinge-se a controvérsia a definir se o crédito se submete aos efeitos da recuperação judicial e, nessa hipótese, se o cumprimento de sentença deve ser extinto. 3. Nos termos da iterativa jurisprudência desta Corte, consolidada no julgamento de recurso repetitivo, para o fim de submissão aos efeitos da recuperação judicial, considera-se que a existência do crédito é determinada pela data em que ocorreu o seu fato gerador. 4. Na hipótese, o fato gerador – descumprimento do contrato de prestação de serviços firmado entre as partes – é anterior ao pedido de recuperação judicial, motivo pelo qual deve ser reconhecida a natureza concursal do crédito. 5. O credor não indicado na relação inicial de que trata o art. 51, III e IX, da Lei n. 11.101/2005 não está obrigado a se habilitar, pois o direito de crédito é disponível, mas a ele se aplicam os efeitos da novação resultantes do deferimento do pedido de recuperação judicial. 6. O reconhecimento judicial da concursalidade do crédito, seja antes ou depois do encerramento do procedimento recuperacional, torna obrigatória a sua submissão aos efeitos da recuperação judicial, nos termos do art. 49, *caput*, da Lei n. 11.101/2005. 7. Na hipótese, a recuperação judicial ainda não foi extinta por sentença transitada em julgado, podendo o credor habilitar seu crédito, se for de seu interesse, ou apresentar novo pedido de cumprimento de sentença após o encerramento da recuperação judicial, observadas as diretrizes estabelecidas no plano de recuperação aprovado, diante da novação ope legis (art. 59 da LREF). 8. Nos casos de extinção do processo sem resolução de mérito, a responsabilidade pelo pagamento de honorários e custas deve ser fixada com base no princípio da causalidade, segundo o qual a parte que deu causa à instauração do processo deve suportar as despesas dele decorrentes. 9. Recurso especial conhecido e provido. (STJ, REsp n. 1655705/SP, Rel. Ricardo Villas Bôas Cueva, DJe 25/05/2022).

O §9º, inserido a LREF pela Lei n. 14.112/20, estabelece que a recuperação judicial pode ser encerrada independentemente da consolidação definitiva do quadro-geral de credores, caso em que as ações incidentais de impugnações e habilitações retardatárias serão redistribuídas ao juízo da recuperação como ações autônomas e observarão o rito comum. Nem seria razoável aguardar a solução de pendências nas habilitações, sob pena de prorrogar indevidamente o processo de recuperação e afrontar o princípio da razoável duração do processo. Nessa linha, o Superior Tribunal de Justiça já vinha decidindo que a pendência do julgamento de habilitações não impedia o encerramento da recuperação.[155]

Habilitações retardatárias na falência

Na falência, a habilitação de crédito retardatária resulta em três importantes consequências: (i) a perda do direito de voto, (ii) a perda dos rateios parciais já realizados, (iii) perda dos acessórios entre término do prazo para habilitação do crédito e pedido de habilitação retardatária e (iv) pagamento de custas.

A exemplo do que ocorre na recuperação judicial, na falência os credores retardatários também não terão direito a voto na Assembleia-Geral de Credores, salvo se, na data de sua realização, o crédito retardatário constar do quadro-geral de credores homologado judicialmente (art. 10, §2º).

E, ainda, perderão o direito aos rateios que tiverem sido realizados antes de que seu crédito tenha sido efetivamente habilitado. Evidentemente, que a perda de participar no rateio parcial se refere àquele apenas que tenha sido realizado antes da distribuição do pedido de habilitação, participando dos que vierem a ser feitos durante a sua tramitação.

---

155 STJ, EDcl no REsp n. 1853347/RJ, Rel. Ricardo Villas Bôas Cueva, DJe 19/10/2020.

Para evitar os efeitos da habilitação retardatária aos que possuem créditos ilíquidos ou habilitações pendentes de julgamento, a lei permite que seja feita a reserva mediante pedido ao Juízo competente (art. 6º, §4º). É uma forma de preservar o credor que é retardatário, mas não por desídia e sim porque o seu crédito é ilíquido e depende do julgamento final para permitir a habilitação. Desse modo, uma vez concedida no juízo de conhecimento e comunicada a reserva ao juiz da falência, ou na própria habilitação em si, evitará a sua não participação no rateio.

Ao contrário do que ocorre com a impugnação de crédito, as habilitações retardatárias ficarão sujeitos ao pagamento de custas (art. 10, §3º).

Por fim, as habilitações de crédito retardatárias perdem direito aos acessórios, especialmente os juros, compreendidos entre o término do prazo do art. 7º, §1º e a data do pedido de habilitação (§3º).

Prazo decadencial para habilitação de crédito na falência

O §10º, inserido no artigo 10 pela Lei n. 14.112/20, cria prazo decadencial de três anos para o credor apresentar pedido de habilitação ou reserva de crédito, contados da publicação da sentença que que decretar a falência. Não há previsão no dispositivo legal acrescido à Lei n. 11.101/2005 para as habilitações retardatárias e reservas de crédito no processo de recuperação. E, como não se pode criar prazo decadencial, nem interpretá-lo extensivamente, por se tratar de restrição de direito, não incide o prazo de decadência na recuperação judicial.

A criação de prazo decadencial para apresentação de pedido de habilitação de crédito na falência, ao lado da nova disciplina do *fresh start*, no artigo 158 da LREF, e a revogação do artigo 157 representam grandes inovações trazidas pela Lei n. 14.112/20, as quais contribuem para o aprimoramento da tramitação do processo falimentar. Essas três alterações consistem pilares de um sistema legal de estabilização do passivo na falência, na medida em que permitem a rápida apuração do passivo submetido à falência, trazendo estímulos para que os credores busquem de forma célere a habilitação de seu crédito.

A estipulação de prazo decadencial dentro do qual todos os credores deverão buscar a habilitação de seu crédito, na falência, traz maior estabilidade e segurança jurídica ao processo, permitindo célere identificação do valor total do passivo submetido ao feito falimentar, o qual será definido em 3 anos.

O Decreto-Lei n. 7.661/45 trazia etapas sucessivas e subsequentes do processo falimentar, condicionando o começo de uma ao término da outra, e todas com grande intervenção judicial. Como consequência, somente após a publicação do quadro-geral de credores admitia o início da fase de realização de ativos e pagamento do passivo – artigos 63, XIX, 92 e 114 do referido normativo.

A redação original da Lei n. 11.101/05 não condiciona o início de uma etapa ao término da outra, mas permitia que o falido permanecesse responsável pelas obrigações inclusive depois do encerramento da falência, já que elas permaneciam suspensas durante toda a tramitação do feito, e, ainda, que os credores pudessem habilitar o seu crédito a qualquer momento até o fim do processo, sofrendo, como consequência, apenas o de receberem o tratamento de retardatário.[156] Sobre os artigos 157 e 158, remete-se aos respectivos comentários.

---

156 "Antes da reforma da Lei, não havia previsão acera do prazo para requerer habilitação retardatária, o que levava a presumir-se que o pedido de habilitação retardatária poderia ser apresentado em qualquer momento, desde que antes do encerramento do processo falimentar ou Recuperacional. Com a reforma, porém, foi incluído o §10, do art. 10, que dispõe que o pedido de habilitação retardatária deve ser apresentado no prazo de três anos contados a partir da data da publicação da sentença que decretar a quebra (...)".

A possibilidade de credores retardatários poderem ingressar na falência a qualquer momento também era fator que aumentava a litigiosidade, pois o seu interesse era, em muitas vezes, contraposto aos demais credores. Enquanto os primeiros tinham interesse em retardar a marcha processual até terem seu crédito inserido no quadro-geral de credores, os últimos, e provavelmente mais diligentes, tinham todo interesse de em receber seu crédito o quanto antes. Essa situação, evidentemente, era foco de constante desinteligência entre os próprios credores.

A fixação de prazo decadencial para exercício da faculdade de habilitar ou não o crédito na falência é uma medida que traz uma nova preocupação aos credores, os quais, senão o fizerem, perderão o direito de participar da falência e de rateios que vierem a ser realizados. As implicações da não habilitação do crédito na falência no prazo decadencial estipulado pela LREF ficam ainda mais acentuadas quando se constata que a reforma de 2020 permitiu a declaração da extinção das obrigações do falido após 3 anos da decretação da quebra, e, também, que não há mais suspensão do prazo prescricional durante a tramitação da falência, impedindo, assim, que esse credor possa, ao final da falência, prosseguir com execuções individuais em face do falido.

A decadência macula não a pretensão obrigacional de uma determinada pessoa, mas sim de determinado poder que possui de intervir na esfera jurídica de outrem.[157] Isso significa dizer que o

---

(COSTA, Daniel Carnio; MELO, Alexandre Nasser. *Comentários à Lei de Recuperação de Empresas e Falência*: Lei n. 11.101, de 09 de fevereiro de 2005. Curitiba: Juruá, 2021, p. 83).

157 Sobre o conceito de decadência, é interessante destacar entendimento doutrinário: "**Decadência.** Instituto também voltado à estabilização das relações sociais por força do transcurso do tempo, a decadência caminha ao lado da prescrição desde o direito romano. Distingui-las nunca foi tarefa fácil. (...) Entretanto, o critério mais aceito pela doutrina atual é o que, valendo-se de impactos que já eram suscitados nas construções anteriores, procura extremar a prescrição da decadência com base na natureza das situações jurídicas

prazo decadencial previsto no artigo 10, §10 da LREF importa na perda do direito processual de poder habilitar o crédito na falência e, portanto, de participar do procedimento concursal da falência.

A perda do direito processual de participar do processo falimentar, pela habilitação do crédito, ganha especial destaque sobretudo quando se considera que com o encerramento da falência, ou em 3 anos da quebra, haverá a declaração de extinção das obrigações do falido, com exceção das fiscais, conforme já comentado no artigo 7º-A, supra, as quais ficam suspensas durante o processo de falência.

O art. 10, §10, impôs ao credor, portanto, o ônus de acompanhar o procedimento falimentar para verificar se seu crédito foi corretamente inserido em relação de credores, sob pena de, em não o fazendo, correr o risco de não poder mais participar do procedimento em si, pela ocorrência da decadência.

Outro ganho da estipulação de marco temporal para habilitação do crédito é eliminar conflito entre interesses de credores já habilitados e credores retardatários após 3 anos da decretação da quebra, como acabava sendo permitido pela redação originária da LREF. Agora, superado esse período, em razão da decadência, todos os credores atuarão com o mesmo propósito: o recebimento

---

subjetivas que a originam. Já vimos que a prescrição assenta na pretensão, que nasce da violação do direito subjetivo. Há direitos, contudo, que são desprovidos de pretensão, direitos em que a exigibilidade (facultas exigendi) *não chega a surgir. São os direitos potestativos, que exprimem o poder do seu titular de interferir na esfera jurídica alheia por declaração unilateral de vontade. Os direitos potestativos não podem, por isso mesmo, ser violados, porque não dependem para a realização senão a vontade dos titulares, e, não podendo ser violados, não dão ensejo ao nascimento de pretensão. (...) A decadência pode ser, portanto, definida, como a perda do direito potestativo pelo transcurso do prazo previsto em lei. Não extingue a pretensão, que* aí inexiste, extingue o próprio direito potestativo". (SCHREIBER, Anderson. *Manual de Direito Civil Contemporâneo*. 3ª ed., ver. e ampl. São Paulo: Saraiva Jur, 2020, pp. 307/308).

no menor tempo possível de seu crédito. Certamente essa convergência de propósitos contribuirá para que as medidas tomadas para alienação de ativos sejam tomadas com menor questionamentos.

Importante destacar que o legislador impôs o ônus de habilitação do crédito a qualquer credor, independentemente de sua vulnerabilidade ou categoria de crédito em que está inserido. Trata-se de inovação bastante relevante, visto que, agora, o credor deve atuar de forma ágil, tendo o tempo atuando em desfavor de seu crédito. A sua inércia, passa a sofrer graves repercussões. Parte da doutrina destaca, inclusive, que a redação anterior sacrificava a massa de credores, em detrimento de credores individuais.[158]

A atribuição dessa responsabilidade ao credor, em prol da melhor e mais célere tramitação do processo falimentar, objetiva dar concretude ao objetivo de fomentar o empreendedorismo e o célere retorno do empresário à atividade econômica, tal como preceitua o artigo 75, III, da LREF.

Uma questão que não foi expressamente esclarecida pelo legislador, na reforma, é no tocante às obrigações ainda não constituídas do falido.

É verdade que o artigo 10, §10, da LREF, menciona que o credor deverá solicitar a reserva de seu crédito nesse prazo de 3 anos, o que poderia ser uma solução para acautelar sua pretensão e seu direito de habilitar o crédito.

---

158 "A Reforma de 2020 deveria ter simplesmente suprimido a figura do retardatário. Os credores que não respeitam os prazos para a habilitação de seu crédito ou para a apresentação de divergência tumultuam a falência e a recuperação judicial, quando se apresentam intempestivamente. *É uma despropositada inversão, em que a comunidade de credores é prejudicada pela inércia de um credor isolado. O legislador já deveria ter eliminado o direito a habilitação intempestiva já em 2005 (...)*". (COELHO, Fábio Ulhoa. *Comentários à Lei de Falências e de Recuperação de empresas*: Lei n. 14.112/20, Nova Lei de Falências. 14ª ed. São Paulo: Revista dos Tribunais, 2021, p. 85).

Desse modo, mostra-se razoável sustentar que, mesmo credores de obrigações ilíquidas, terão o exíguo prazo de 3 anos da sentença de quebra para solicitar a reserva de seu crédito e, assim, evitar a decadência de seu direito.

Art. 11 – Os credores cujos créditos forem impugnados serão intimados para contestar a impugnação, no prazo de 5 (cinco) dias, juntando os documentos que tiverem e indicando outras provas que reputem necessárias.

Contestação à impugnação de crédito

Cuida o artigo das impugnações que forem feitas em relação a algum crédito, hipótese em que os credores impugnados terão 05 dias para contestar a impugnação, juntando documentos e indicando as provas que entendam necessárias.

Cada impugnação será autuada em separado, na forma do art. 13, aplicando-se o Código de Processo Civil à míngua de disposição na LFR. Isso significa que, se não estiver representado no processo, deverá ser intimado a constituir advogado para contestar a impugnação do devedor, do terceiro ou do Ministério Público. Se já estiver representado, porém, a intimação será feita por publicação no Diário de Justiça Eletrônico (DJE).

Ao contestar, caberá ao credor juntar documentos necessários para a demonstração do seu crédito ou mesmo indicá-los para uma produção de provas, pericial e testemunhal, se for o caso, sob pena de preclusão. A falta de manifestação do devedor não implica presunção de veracidade do crédito alegado, devendo ele demonstrar seu crédito suficientemente perante juízo.

Art. 12 – Transcorrido o prazo do artigo 11 desta Lei, o devedor e o Comitê, se houver, serão intimados pelo juiz para se manifestar sobre ela no prazo comum de 5 (cinco) dias.

Parágrafo único. Findo o prazo a que se refere o caput deste artigo, o administrador judicial será intimado pelo juiz para emitir parecer no prazo de 5 (cinco) dias, devendo juntar à sua manifestação o laudo elaborado pelo profissional ou empresa especializada, se for o caso, e todas as informações existentes nos livros fiscais e demais documentos do devedor acerca do crédito, constante ou não da relação de credores, objeto da impugnação.

Manifestação sobre a contestação

Na sequência à manifestação do credor sobre a impugnação apresentada, poderão se manifestar o devedor e o Comitê, ambos no prazo comum de 05 dias. Em seguida, o administrador judicial será intimado para, também em 05 dias, ofertar parecer sobre a controvérsia, devendo trazer para a apreciação judicial informações existentes nos livros e documentos fiscais e, também, laudo especializado se for o caso.

O prazo comum para o devedor e para o Comitê poderá ser desmembrado pelo juiz caso se mostre incompatível para que se exerça o verdadeiro contraditório.

Manoel Justino Bezerra Filho[159] anota, a propósito, que:

> O estabelecimento de prazo comum, embora atenda o sempre presente princípio da celeridade processual, pode causar dificuldades instransponíveis, se a matéria envolve aspecto mais complexo e com grande número de documentos. Em tais casos, o magistrado deverá estabelecer prazo sequencial e não comum, valendo-se do poder de direção que mantém no processo.

---

159 BEZERRA FILHO, Manoel Justino. *Lei de Recuperação de Empresas e Falências*: Lei n. 11.101/05 comentada artigo por artigo. 12ª ed. São Paulo: Revista dos Tribunais, 2017, p. 104.

Art. 13 – A impugnação será dirigida ao juiz por meio de petição, instruída com os documentos que tiver o impugnante, o qual indicará as provas consideradas necessárias.

Parágrafo único. Cada impugnação será autuada em separado, com os documentos a ela relativos, mas terão uma só autuação as diversas impugnações versando sobre o mesmo crédito.

Na realidade, a ordem desse artigo acabou ficando invertida porque trata da inicial e foi colocado depois do art. 11, que trata da contestação, pelo credor impugnado, à impugnação de que trata este artigo 13. Ou seja, a regra do art. 11 (contestação à impugnação) só acontecerá se, antes, houver a impugnação inicial com os requisitos determinados nesse art. 13.

Esse artigo estabelece os requisitos para a inicial da impugnação de crédito dirigida ao juiz, que será por meio de petição, com autuação separada, exceto se se referirem ao mesmo crédito, quando terá apenas uma autuação.

Alerta-se, tal qual feito no art. 11, que, inexistindo regra específica, à impugnação se aplica o Código de Processo Civil, valendo, quanto à possibilidade de o impugnante desistir da impugnação, no prazo de manifestação do impugnado, sem necessidade da anuência deste, como dispõe o art. 485, § 4º, do Código.[160]

Saliente-se ser descabida, em sede de impugnação ou habilitação de crédito, na recuperação judicial ou na falência, a discussão a respeito das cláusulas contratuais que ensejaram a constituição do crédito. Nesse sentido o Enunciado XV do Grupo de Câmaras Reservadas de Direito Empresarial do Tribunal de Justiça do Estado de São Paulo: "*É descabida a discussão, em habilitação ou impugnação de crédito em recuperação judicial ou falência, da*

---

160 Art. 485, § 4º, do Código de Processo Civil: "O juiz não resolverá o mérito quando: § 4º Oferecida a contestação, o autor não poderá, sem o consentimento do réu, desistir da ação".

validade de cláusulas do contrato que deu origem ao crédito, que deve ser travada nas vias ordinárias".

Art. 14 – Caso não haja impugnações, o juiz homologará, como quadro-geral de credores, a relação dos credores de que trata o § 2º do art. 7º, ressalvado o disposto no art. 7º-A desta Lei.

Hipótese de ausência de impugnações

Se não houver impugnação à relação publicada em atendimento ao art. 7º, §2º, elaborada pelo administrador judicial depois de ter verificado as habilitações e divergências posteriores à lista de credores fornecida pelo devedor (na forma do art. 7º, §1º), o juiz a homologará como quadro-geral de credores. Ora, a inexistência de impugnação é resultado da ausência de dúvida sobre a relação de credores publicada pelo administrador judicial, o que lhe confere presunção de perfeição, não cabendo apreciação *ex officio* pelo juiz dos créditos listados.

No processo falimentar há, contudo, uma particularidade. O art. 7º-A, §3º, V, impõe ao juiz o dever de, antes de homologar o quadro-geral de credores na falência, conceder prazo comum de 10 dias para que o administrador judicial e a Fazenda Pública porventura titular de crédito objeto de reserva manifestarem-se sobre a sua situação atual. Ao término do prazo concedido para manifestação, ouvidas as partes, o juiz deverá decidir sobre a necessidade de manter a reserva.

A despeito da impossibilidade de o juiz rever a lista de credores apresentada pelo administrador judicial, se não houver impugnação, vale destacar que há uma exceção à essa regra, que se refere quanto existe nulidade de um negócio jurídico que deu razão ao reconhecimento de determinado crédito, na medida em que, nesses casos, deverão os juízes se pronunciar de ofício, nos moldes do art. 168, parágrafo único, do Código Civil.[161]

Art. 15 – Transcorridos os prazos previstos nos artigos 11 e 12 desta Lei, os autos de impugnação serão conclusos ao juiz, que:

I – determinará a inclusão no quadro-geral de credores das habilitações de créditos não impugnadas, no valor constante da relação referida no § 2º do artigo 7º desta Lei;

II – julgará as impugnações que entender suficientemente esclarecidas pelas alegações e provas apresentadas pelas partes, mencionando, de cada crédito, o valor e a classificação;

III – fixará, em cada uma das restantes impugnações, os aspectos controvertidos e decidirá as questões processuais pendentes;

IV – determinará as provas a serem produzidas, designando audiência de instrução e julgamento, se necessário.

Julgamento antecipado e saneamento das impugnações

Superados os prazos concedidos para manifestação do credor, do devedor, do Comitê e do administrador judicial sobre a impugnação apresentada, os autos deverão ser remetidos ao juiz para seu saneamento ou julgamento daquelas que estiverem suficientemente demonstradas, com seus valores e classificação. Nos restantes, deverá o juiz fixar os aspectos controvertidos, decidir as questões processuais pendentes e designar audiência de instrução e julgamento, se necessária.

---

161 Art. 168, parágrafo único, do Código Civil: "Parágrafo único. As nulidades devem ser pronunciadas pelo juiz, quando conhecer do negócio jurídico ou dos seus efeitos e as encontrar provadas, não lhe sendo permitido supri-las, ainda que a requerimento das partes".

Se houver a necessidade de realização de prova pericial, seguirá os procedimentos previstos no Código de Processo Civil.

Com relação aos créditos não impugnados no prazo estipulado, o dispositivo legal indica que eles deverão ser automaticamente incluídos no quadro-geral de credores.

Por fim, observa-se que o procedimento normatizado nos artigos 13 a 15 da LREF não menciona a participação do Ministério Público. Contudo, o artigo 8º da LREF expressamente reconhece legitimidade ao *Parquet* para apresentação de impugnação contra relação de credores apresentada pelo administrador judicial, apontando omissões ou manifestando-se contra a legitimidade, importância ou classificação relacionada.

O artigo 8º, LREF indica a legitimidade do Ministério Público para participar do procedimento de verificação de crédito, orientado, nesse caso, por sua missão constitucional de atuação objetivando a proteção da ordem jurídica e dos interesses sociais e individuais indisponíveis. Especificamente no caso da verificação de crédito, sua atuação deve centrar-se em verificar se houve correto enquadramento dos créditos, observando critérios e parâmetros indisponíveis previsto pelo legislador.

Art. 16. Para fins de rateio na falência, deverá ser formado quadro-geral de credores, composto pelos créditos não impugnados constantes do edital de que trata o § 2º do art. 7º desta Lei, pelo julgamento de todas as impugnações apresentadas no prazo previsto no art. 8º desta Lei e pelo julgamento realizado até então das habilitações de crédito recebidas como retardatárias.

§ 1º As habilitações retardatárias não julgadas acarretarão a reserva do valor controvertido, mas não impedirão o pagamento da parte incontroversa.

§ 2º Ainda que o quadro-geral de credores não esteja formado, o rateio de pagamentos na falência poderá ser realizado

desde que a classe de credores a ser satisfeita já tenha tido todas as impugnações judiciais apresentadas no prazo previsto no art. 8º desta Lei, ressalvada a reserva dos créditos controvertidos em função das habilitações retardatárias de créditos distribuídas até então e ainda não julgadas.

Quadro-geral de credores para fim de rateio

O artigo 16 complementa e concentra disposições esparsas que estavam no artigo 10 e 15 e esclarece que o quadro-geral de credores, para a finalidade do rateio, será formado pelos créditos constantes da relação de credores elaborada pelo administrador judicial que não foram impugnados por todas as impugnações/habilitações apresentadas e julgadas no prazo do artigo 8º, e, também, pelas habilitações/impugnações recebidas como retardatárias e julgadas até sua formação.

A Lei n. 14.112/2020 alterou a redação do art. 16 para esclarecer sobre a composição do quadro-geral de credores, indicando que tomará como base a relação de credores apresentada pelo administrador judicial, e, também, para esclarecer como os créditos objeto de impugnações ou habilitações, tanto as do art. 8º como as do art. 10, deverão ser tratadas. A redação original previa apenas uma reserva correspondente ao valor para a satisfação do crédito impugnado, dispondo, agora, de forma específica, como se formará o quadro-geral de credores e como se dará o rateio no processo de falência. Dispunha que, quando fosse parcial a impugnação, seria paga a parte incontroversa.

Tanto a redação original quanto a nova redação, conferida pela Lei n. 14.112/20, indicam que, com relação às impugnações não julgadas, seria efetuada reserva do valor controvertido sem impedir o pagamento da parte incontroversa (§1º), indicando, portanto, claramente, que os créditos discutidos em tais feitos deveriam compor, também, o quadro-geral de credores no tocante à parte incontrovertida, sendo que o valor controverso deverá constar como reserva e, também, que a quantia incontroversa poderia ser paga, juntamente com as demais, ainda que não julgado o respectivo incidente

Interessante observar que o quadro-geral de credores possui, na falência, importante função de orientar e legitimar a ordem dos pagamentos que serão feitos.

Já na recuperação judicial, é importante mencionar, poderá ser encerrada ainda que não tenha havido a consolidação definitiva do quadro-geral de credores (art. 10, §9º).

Rateio de valores antes da formação do quadro-geral de credores

Trata-se de inovação trazida pela Lei n. 14.112/20. O §2º apresenta a hipótese em que o pagamento do rateio, na falência, pode ser feito mesmo quando o quadro-geral de credores ainda não tenha sido formado, o que se dará quando a classe a ser paga já tenha tido todas as impugnações judiciais do artigo 8º julgadas, resguardada a reserva de valores relativa aos créditos objeto de habilitações de créditos retardatários em que ainda não houver o julgamento definitivo.

O dispositivo legal visa resguardar todos os envolvidos no processo concursal, mas sem que seja necessário aguardar a finalização de todos os processos apartados pendentes de julgamento definitivo.

Muito embora seja inovação trazida pela reforma de 2020, será preciso verificar sua aplicabilidade no concreto. Isso porque continua condicionando, assim como na hipótese do *caput* e do §1º, que haja decurso do prazo para apresentação de impugnações do artigo 8º da LREF. Por outro lado, tampouco a hipótese do *caput* e do §1º exigem julgamento de todos os incidentes para autorizar o início do pagamento, na medida em que permite o pagamento da parte incontroversa dos créditos discutidos em habilitação.

Art. 17 – Da decisão judicial sobre a impugnação caberá agravo.

Parágrafo único. Recebido o agravo, o relator poderá conceder efeito suspensivo à decisão que reconhece o crédito ou determinar a inscrição ou modificação do seu valor ou classificação no quadro-geral de credores, para fins de exercício de direito de voto em assembleia-geral.

Natureza jurídica da decisão sobre impugnação e recurso cabível

Está claro que caberá agravo da decisão que resolve a impugnação ou habilitação de crédito disciplinada pelo rito dos artigos 13 a 15 da LREF.

Ainda que o recurso a ser interposto dependa, pela boa técnica processual, da natureza da decisão judicial proferida, e se poderia atribuir por lei a condição de sentença à decisão que resolve o incidente que transcorre pelo rito ordinário do Código de Processo Civil, agiu bem o legislador ao dar-lhe a natureza de decisão interlocutória e estabelecer que o recurso cabível é o agravo. O melhor é que sempre esteja clara a natureza da decisão judicial e qual será o recurso cabível em caso de inconformismo da parte.

Consigne-se que no caso das habilitações de crédito retardatárias que forem apresentadas após homologação do quadro-geral de credores, haverá necessidade de ajuizamento de ação específica para retificação do quadro, não se observando mais o rito das impugnações incidentais. Nesse caso, a decisão proferida terá natureza de sentença.

Efeitos do recurso interposto contra decisão proferida em impugnação de crédito

No parágrafo único, reconhece-se que o relator poderá conceder efeito suspensivo ao recurso de agravo de instrumento, suspendendo a decisão que reconheceu o crédito ou que determinou a inscrição, a modificação do seu valor ou a reclassificação no quadro-geral de credores, especialmente para efeito de exercício do direito de voto em assembleia geral.

Foi importante a lei realçar que o recurso de agravo possui na legislação da insolvência pode ter efeito suspensivo para efeito de votação, assegurando que, desde que presentes os requisitos legais, o credor possa participar da votação, em especial da do plano de recuperação judicial, evitando danos de difícil reparação se não houver o exercício do voto.

Não são poucos os casos em que a jurisprudência determinou a votação em separado do credor, reservando-se para depois do julgamento do agravo a verificação do resultado efetivo da Assembleia-Geral de Credores.

Cumpre anotar que, com a vigência do Código de Processo Civil, em 2016, e a taxatividade do art. 1.015 quanto às hipóteses de cabimento do agravo de instrumento, até se discutiu se seriam ou não cabíveis na LFR. No entanto, por se tratar de lei especial em que as questões discutidas não ficam para solução em apelação, como ocorre nos demais processos, assentou-se desde o início o cabimento do agravo.

Decidiu o Superior Tribunal de Justiça a respeito que a taxatividade do art. 1015, a qual foi mitigada para ter cabimento também quando houvesse o risco da inutilidade do objeto,[162] em nada atrapalha os agravos previstos na LFR se o próprio artigo estabelece o cabimento de "outros casos expressamente referidos em lei". Cita-se no rodapé precedente esclarecedor a respeito do

---

162 STJ, Corte Especial, REsp n. 1704520/MT (repetitivo), Rel. Min. Nancy Andrighi, DJe 19/12/2018.

tema.[163] Mostra-se, assim, muito relevante a previsão do artigo 17 da LREF, que elimina discussões sobre o cabimento ou não do efeito suspensivo em recursos interpostos contra decisões que apreciaram impugnações de crédito.

Art. 18 – O administrador judicial será responsável pela consolidação do quadro-geral de credores, a ser homologado pelo juiz, com base na relação dos credores a que se refere o artigo 7º, § 2º, desta Lei e nas decisões proferidas nas impugnações oferecidas.

Parágrafo único. O quadro-geral, assinado pelo juiz e pelo administrador judicial, mencionará a importância e a classificação de cada crédito na data do requerimento da recuperação judicial ou da decretação da falência, será juntado aos autos e publicado no órgão oficial, no prazo de 5 (cinco) dias, contado da data da sentença que houver julgado as impugnações.

Quadro-geral de credores

É atribuição do administrador judicial, dentre outras tantas, a consolidação do quadro-geral de credores para a posterior homologação pelo juiz. Levará em conta a relação apresentada em obediência ao art. 7º, §2º, com as habilitações e divergências da fase administrativa resolvidas e mais as soluções judiciais proferidas nas impugnações levadas ao juiz na fase judicial de apreciação dos créditos.

O quadro-geral de credores estabiliza o passivo da recuperanda ou da falida e terá não apenas o valor atualizado de cada crédito, mas também a classificação que orientará, na recuperação, a votação do plano com obediência à lei no que tange às preferências das várias classes de credores previstas no art. 83.

---

163 STJ, 4ª Turma, REsp 1722866/MT, Rel. Min. Luis Felipe Salomão, DJe 19/10/2018.

Em atenção ao princípio do tratamento paritário dos credores, o valor do crédito será apurado, no caso da falência, até a data da decretação da quebra e, no caso da recuperação judicial, a data do requerimento da recuperação. Deverá ser assinado pelo administrador e pelo juiz e publicado no órgão oficial no prazo de cinco dias a contar da sentença que houver julgado as impugnações. Da última, certamente, se forem várias, recordando-se que, apesar de a lei se referir a sentença, mais correto seria simplesmente dizer decisão judicial, uma vez que dela caberá agravo de instrumento, como expressamente determina o *caput* do art. 17.[164]

José da Silva Pacheco afirma, no tocante à consolidação do quadro-geral de credores, que se trata

> de dever dos mais importantes do administrador judicial, de vez que funciona esse quadro como um marco, em relação ao qual várias medidas serão tomadas para o andamento do processo de recuperação geral e falência. Sem esse quadro geral, o processo concursal não segue, permanece entravado, causando prejuízos a credores, à ordem pública, à justiça, ocasionando tumulto e congestionamento nos juízos.[165]

Art. 19 – O administrador judicial, o Comitê, qualquer credor ou o representante do Ministério Público poderá, até o encerramento da recuperação judicial ou da falência, observado, no que couber, o procedimento ordinário previsto no Código de Processo Civil, pedir a exclusão, outra classificação ou a retificação de qualquer crédito, nos casos de descoberta de falsidade, dolo, simulação, fraude, erro essencial ou, ainda, documentos

164 Art. 17 da Lei de Recuperação e Falência: "Da decisão judicial sobre a impugnação caberá agravo".

165 PACHECO, José da Silva. *Processo de Recuperação Judicial, Extrajudicial e Falência.* 2ª ed. Rio de Janeiro: Forense, 2007, p. 64.

ignorados na época do julgamento do crédito ou da inclusão no quadro-geral de credores.

§ 1º A ação prevista neste artigo será proposta exclusivamente perante o juízo da recuperação judicial ou da falência ou, nas hipóteses previstas no artigo 6º, §§ 1º e 2º, desta Lei, perante o juízo que tenha originariamente reconhecido o crédito.

§ 2º Proposta a ação de que trata este artigo, o pagamento ao titular do crédito por ela atingido somente poderá ser realizado mediante a prestação de caução no mesmo valor do crédito questionado.

Possibilidade de retificação do quadro-geral de credores

O artigo prevê a possibilidade de o administrador, o Comitê, o Ministério Público ou qualquer credor modificarem o quadro-geral de credores homologado para excluir, retificar ou reclassificar algum crédito. Exige, contudo, para tanto, que tenha havido a descoberta posterior de falsidade, dolo, simulação, fraude ou erro essencial quando do julgamento do crédito ou de sua inclusão no quadro-geral de credores.

A ação observará o procedimento ordinário previsto no Código de Processo Civil e será proposta no juízo da recuperação ou falência, salvo nas hipóteses do art. 6º, §§ 1º e 2º, quando se dará no juízo que reconheceu o crédito objeto da ação. Em consequência, prevê que, a partir da propositura da ação, somente haverá o pagamento do crédito se houver caução do valor questionado.

A caução, que ficará a critério do juiz que presidir o feito, deverá ser idônea por se tratar de pagamento em dinheiro e de difícil reposição em caso de procedência da ação.

Questão interessante é trazida por Sacramone[166] quanto à legitimidade ativa para as ações que denomina de retificação ou rescisória. Na recuperação, assevera, o devedor é o principal interessado em promover à alteração do crédito que se descobriu defeituoso pelos vícios mencionados, o que lhe permitiria também a possibilidade de ter legitimação para a ação objeto deste artigo.

Daniel Carnio Costa e Alexandre Nasser de Melo, citando Marlon Tomazette, informam que a não inclusão do devedor no polo ativo da ação se dá em virtude de, em regra, os motivos para a ação destinada à modificação do quadro-geral de credores decorrem de conduta do devedor, a excluí-lo, portanto, da legitimação para a sua anulação por vício no consentimento deste artigo.[167]

A ação, porém, só cabe até o encerramento da recuperação ou da falência, como expressamente constante do *caput* deste artigo.

A procedência da ação aqui tratada para suprimir ou modificar o crédito constante do quadro-geral de credores, pelos vícios no consentimento referidos, ficarão sujeitos à pena da devolução em dobro caso tenham sido recebidas pelo credor.[168]

Art. 20 – As habilitações dos credores particulares do sócio ilimitadamente responsável processar-se-ão de acordo com as disposições desta Seção.

166 SACRAMONE, Marcelo Barbosa. *Comentários à Lei de Recuperação de Empresas e Falências*. 3ª ed. São Paulo: Saraiva Jur, 2022, p. 112.

167 COSTA, Daniel Carnio; MELO, Alexandre Nasser. *Comentários à Lei de Recuperação de Empresas e Falência*: Lei n. 11.101, de 09 de fevereiro de 2005. Curitiba: Juruá, 2021, p. 91.

168 Art. 152 da Lei de Recuperação e Falência: "Os credores restituirão em dobro as quantias recebidas, acrescidas dos juros legais, se ficar evidenciado dolo ou má-fé na constituição do crédito ou da garantia".

Habilitações dos credores particulares do sócio ilimitadamente responsável

Finalizando esta Seção que trata da verificação e da habilitação dos créditos, cuida o artigo de estabelecer que igualmente se processarão de acordo com as normas comentadas as habilitações relativas aos credores particulares dos sócios ilimitadamente responsáveis.

Manoel Justino Bezerra Filho alerta para a pouca aplicabilidade deste artigo em virtude de a maioria das empresas estar estruturada sob a forma de sociedade anônima ou por quotas de responsabilidade limitada.[169] A assertiva tem pertinência e são poucos os casos de existência de sócios ilimitadamente responsáveis, como ocorre no caso das sociedades em comum (artigos 986 a 990 do CC), em nome coletivo (artigos 1039 a 1044 do CC), em comandita simples (artigos 1045 a 1051 do CC) e em comandita por ações (artigos 1090 a 1092 do CC).

Nesses casos, havendo a falência de sociedade, serão estendidos seus efeitos aos bens particulares dos sócios, por força expressa de lei, conforme se infere do disposto no art. 81 da LREF, e as habilitações serão feitas em conformidade com as disposições desta Seção. A lei não esclarece, contudo, sobre a forma de pagamento dos credores particulares dos sócios de responsabilidade ilimitada, se ocorrerá conjuntamente com os credores da sociedade ou se em momento distinto.

---

169 BEZERRA FILHO, Manoel Justino. *Lei de Recuperação de Empresas e Falências*: Lei n. 11.101/05 comentada artigo por artigo. 12ª ed. São Paulo: Revista dos Tribunais, 2017, p. 111.

Seção II-A – Das Conciliações e das Mediações Antecedentes ou Incidentais aos Processos de Recuperação Judicial

Art. 20-A – A conciliação e a mediação deverão ser incentivadas em qualquer grau de jurisdição, inclusive no âmbito de recursos em segundo grau de jurisdição e nos Tribunais Superiores, e não implicarão a suspensão dos prazos previstos nesta Lei, salvo se houver consenso entre as partes em sentido contrário ou determinação judicial.

Art. 20-B – Serão admitidas conciliações e mediações antecedentes ou incidentais aos processos de recuperação judicial, notadamente:

I – nas fases pré-processual e processual de disputas entre os sócios e acionistas de sociedade em dificuldade ou em recuperação judicial, bem como nos litígios que envolverem credores não sujeitos à recuperação judicial, nos termos dos §§ 3º e 4º do art. 49 desta Lei, ou credores extraconcursais;

II – em conflitos que envolverem concessionárias ou permissionárias de serviços públicos em recuperação judicial e órgãos reguladores ou entes públicos municipais, distritais, estaduais ou federais;

III – na hipótese de haver créditos extraconcursais contra empresas em recuperação judicial durante período de vigência de estado de calamidade pública, a fim de permitir a continuidade da prestação de serviços essenciais;

IV – na hipótese de negociação de dívidas e respectivas formas de pagamento entre a empresa em dificuldade e seus credores, em caráter antecedente ao ajuizamento de pedido de recuperação judicial.

§ 1º Na hipótese prevista no inciso IV do caput deste artigo, será facultado às empresas em dificuldade que preencham os

requisitos legais para requerer recuperação judicial obter tutela de urgência cautelar, nos termos do art. 305 e seguintes da Lei n. 13.105, de 16 de março de 2015 (Código de Processo Civil), a fim de que sejam suspensas as execuções contra elas propostas pelo prazo de até 60 (sessenta) dias, para tentativa de composição com seus credores, em procedimento de mediação ou conciliação já instaurado perante o Centro Judiciário de Solução de Conflitos e Cidadania (Cejusc) do tribunal competente ou da câmara especializada, observados, no que couber, os arts. 16 e 17 da Lei n. 13.140, de 26 de junho de 2015.

§ 2º São vedadas a conciliação e a mediação sobre a natureza jurídica e a classificação de créditos, bem como sobre critérios de votação em assembleia-geral de credores.

§ 3º Se houver pedido de recuperação judicial ou extrajudicial, observados os critérios desta Lei, o período de suspensão previsto no § 1º deste artigo será deduzido do período de suspensão previsto no art. 6º desta Lei.

Art. 20-C – O acordo obtido por meio de conciliação ou de mediação com fundamento nesta Seção deverá ser homologado pelo juiz competente conforme o disposto no art. 3º desta Lei.

Parágrafo único. Requerida a recuperação judicial ou extrajudicial em até 360 (trezentos e sessenta) dias contados do acordo firmado durante o período da conciliação ou de mediação pré-processual, o credor terá reconstituídos seus direitos e garantias nas condições originalmente contratadas, deduzidos os valores eventualmente pagos e ressalvados os atos validamente praticados no âmbito dos procedimentos previstos nesta Seção.

Art. 20-D – As sessões de conciliação e de mediação de que trata esta Seção poderão ser realizadas por meio virtual, desde que o Cejusc do tribunal competente ou a câmara especializada responsável disponham de meios para a sua realização.

Conciliação e mediação

A conciliação e a mediação, enquanto meios alternativos de solução dos conflitos, constituem tendência moderna e bem-sucedida em todos os ramos do Direito, daí porque têm sido estimuladas no Brasil, sobretudo após edição da Lei n. 13.140/2015 ("Lei da Mediação") e do tratamento específico dado pelo Código de Processo Civil ("Lei 13.105/2015").

Além da previsão em sessão específica quanto à possibilidade de utilização da mediação e da conciliação nos procedimentos relacionados à insolvência, a Lei n. 14.112/20 tornou, também, ser dever do administrador judicial estimular, sempre que possível a conciliação, a mediação e outros métodos alternativos de resolução de conflitos relacionados à recuperação judicial e à falência, respeitados os direitos de terceiros, conforme se infere do art. 22, I, j, da LREF.

Interessante observar que os artigos 20-A a 20-D estão previstos na Seção II-A, que é denominada como "Das Conciliações e das Mediações antecedentes ou incidentais aos processos de Recuperação Judicial", apesar de estar inserida no Capítulo II da lei, o qual dispõe sobre "Das disposições comuns à recuperação judicial e à falência". Além disso, conforme já mencionado, o dever de o administrador judicial estimular sempre que possível métodos alternativos de solução de conflitos estão inseridos no inciso I do artigo 22, que dispõe, expressamente, sobre deveres comuns tanto na recuperação judicial quanto na falência.

Deve-se interpretar, portanto, que as disposições sobre conciliação e mediação previstos na Seção II-A do Capítulo II da LREF aplicam-se também à falência, exceto no que for expresso ao afirmar que se restringe à recuperação judicial, como é o caso da tutela cautelar antecedente estipulada no art. 20-B.

O processo de recuperação ou o de falência traz, contudo, alguns desafios à utilização da mediação ou da conciliação. Isso porque são processos concursais, que envolvem uma globalidade de credores e que são guiados pelo princípio do tratamento paritário dos credores pertencentes a uma mesma classe. Logo, diante de tal perspectiva, questiona-se como seriam as mediações ou conciliações empreendidas e, em especial, se seria possível a negociação de condições individuais e distintas para cada crédito, desconsiderando a classe em que pertençam.

Sobretudo quando se considera o processo de recuperação judicial, observa-se que as condições do plano de recuperação judicial são negociadas, a princípio, em Assembleia-Geral de Credores, com transparência e, em caso de aprovação por quórum legal, com aplicabilidade impositiva geral a todos os demais credores de uma classe específica. Sob essa perspectiva, é questionável se é possível a negociação individual de condições relacionadas à definição do crédito (classe e) ou mesmo para a alienação de certos bens.

Tratando-se o procedimento de recuperação judicial e falência de processo concursal, a mediação a ser realizada deve obedecer aos limites impostos pelo legislador, sob pena de não poder resultar em acordo válido, apto e idôneo a ser homologado judicialmente. Assim, questões que estão expressamente disciplinadas em lei, e com relação às quais não se faculta a deliberação pelos credores, não poderão ser alvo de mediação. O procedimento de verificação de crédito, por exemplo, é matéria imputável por lei à competência do administrador judicial, em um primeiro momento e, em um segundo, ao juízo da recuperação, não podendo, portanto, ser avocado pela Assembleia-Geral de Credores, nem, muito menos, por mediação, individual ou coletiva. Evidentemente que é possível que devedor e o credor transacionem sobre o crédito, por se tratar de direito disponível. Contudo, o valor que será considerado no procedimento e sua classificação não podem ser alvo de acordo, uma vez que isso não está na esfera de liberalidade nem do devedor nem do credor.

Justamente por esse motivo, o art. 20-B, §2° expressamente menciona que a conciliação ou mediação não poderá alterar a natureza jurídica do crédito e a sua classificação, nem o critério de votação na Assembleia-Geral de Credores. A explicação parece simples: evitar que a recuperanda possa, por pressão sobre os credores, ou até em conluiou com um ou outro, alterar a natureza e a classificação em detrimento da igualdade entre os credores, na classificação ou na forma de votação quando da apresentação do plano, desvirtuando a natureza do procedimento de recuperação judicial ou da falência.

Desse modo, muito embora a negociação envolva, a princípio, direitos disponíveis, há certas questões, cuja disciplina pelo legislador evidencia a sua essencialidade para assegurar o adequado funcionamento do processo de recuperação judicial ou de falência, as quais não podem ser alvo de negociação pelos credores e devedor.

As questões apontadas acima se tornam ainda mais sensíveis quando se contata que o procedimento de mediação é regido pelo princípio da confidencialidade, conforme se infere do artigo 30 da Lei de Mediação.[170]

Necessário observar que confidencialidade na negociação realizada durante mediações deve ser assegurada perante terceiros, esclarecendo o art. 30, §1º da Lei de Mediação, ainda, que esse dever aplica-se ao mediador, às partes, advogados, assessores técnicos de

---

170 "Art. 30. Toda e qualquer informação relativa ao procedimento de mediação será confidencial em relação a terceiros, não podendo ser revelada sequer em processo arbitral e judicial salvo se entre as partes expressamente decidirem de forma diversa ou quando sua divulgação for exigida por lei ou necessária para o cumprimento do acordo obtido por mediação. §1º O dever de confidencialidade aplica-se ao mediador, às partes, a seus prepostos, advogados, assessores técnicos e a outras pessoas de sua confiança que tenham, direta ou indiretamente, participado de procedimento e mediação, alcançando: I – declaração, opinião, sugestão, promessa ou proposta formulada por uma parte à outra na busca de entendimento para o conflito. II – reconhecimento de fato por qualquer das partes no curso do procedimento de mediação; III – manifestação de aceitação da proposta de acordo, apresentada pelo mediador; IV – documento preparado unicamente para os fins do procedimento de mediação".

sua confiança circunscrevendo-se a (i) declaração, opinião, sugestão, promessa ou proposta formulada por uma parte à outra, na busca do entendimento para o conflito; (ii) declaração, opinião, sugestão, promessa ou proposta formulada por uma parte à outra na busca de entendimento para conflito, (iii) manifestação de aceitação de proposta de acordo apresentada pelo mediador e (iv) documento preparado unicamente para os fins do procedimento de mediação.

O princípio da confidencialidade da mediação, previsto na legislação que disciplina especificamente esse método alternativo de resolução de conflito, deve ser cotejado com as particularidades observadas nos processos de falência e de recuperação judicial.

Enquanto na recuperação judicial o devedor continua exercendo regularmente os poderes de administração da empresa, no caso da falência, ele perde esse poder. Como consequência, enquanto no primeiro caso o devedor participa de eventual sessão de mediação, vinculando-se a seus termos, somente o administrador judicial poderá participar da segunda.

O administrador judicial atua auxiliando a Justiça, nos termos do art. 148 do CPC, respondendo por ela, devendo ter transparência perante o juízo e demais interessados quanto à sua atuação.

Para auxiliar a ponderação dos princípios da confidencialidade, aplicável à mediação, com o da necessidade de ampla transparência e publicidade de processos de recuperação judicial e falência, para permitir melhor acompanhamento e fiscalização pelo juízo, credores e Ministério Público dos atos que estão sendo conduzidos, o art. 22, II, g, da LREF, esclarece que, na recuperação judicial, é dever do administrador judicial assegurar que as negociações realizadas entre devedor e credores sejam regidas pelos termos convencionados entre os interessados ou, na falta de acordo, pelas regras propostas por ele e homologadas pelo juiz, observado o princípio da boa-fé para solução construtiva de consensos, que acarretem maior efetividade econômico-financeira e proveito social para os agentes econômicos envolvidos (art. 22, II, g, LREF).

Logo, o artigo 22, II, g, LREF parece indicar a ampla participação do administrador judicial nas medições, visto que ou fiscaliza, na negociação, os parâmetros convencionados por interessados, ou, na falta de acordo, segue regras que foram definidas por ele e homologadas pelo juiz.

Não obstante os desafios mencionados acima, o artigo 20-A da LREF expressamente reconhece a possibilidade de ocorrência de conciliação e mediação em processos de falência ou de recuperação judicial em qualquer grau de jurisdição, esclarecendo que a sua ocorrência não suspende prazos, exceto se houver consenso entre as partes ou decisão judicial em sentido contrário. Poderá ser incidente ou antecedente ao processo de recuperação judicial, conforme se evidencia do artigo 20-B da LREF.

Daniel Carnio Costa e Alexandre Nasser de Melo afirmam que:

> Objetiva-se, dessa forma, introduzir a mediação e a conciliação como ferramentas para auxiliar o tratamento de conflitos na recuperação judicial, extrajudicial e na falência do empresário e da sociedade empresária, oferecendo um ambiente seguro e propício para negociação e acordos, além de buscar minimizar os impactos e os efeitos da judicialização em massa das disputas envolvendo contratos empresariais e demandas societárias (CÂMARA DOS DEPUTADOS, 2020).[171]

Há legislação suficiente para que se incentive a prática da conciliação e mediação também nos conflitos empresariais, em que se enquadram os advindos da empresa em crise contidos na Lei n. 11.101/2005. A Resolução 125/10, do Conselho Nacional de Justiça, deu início à criação dos CEJUSCs (Centros Judiciais

---

171 COSTA, Daniel Carnio; MELO, Alexandre Nasser. *Comentários à Lei de Recuperação de Empresas e Falência*: Lei n. 11.101, de 09 de fevereiro de 2005. Curitiba: Juruá, 2021, p. 94.

de Soluções Alternativas de Conflitos), por meio do qual todos os processos deveriam merecer a tentativa de solução de consenso antes e durante o processo judicial. Sobreveio em 2015 a Lei de Mediação (Lei n. 13.140/2015) e, mais recentemente, vieram as Recomendações 58 e 71, do Conselho Nacional de Justiça (CNJ), já com o objetivo específico relacionado ao Direito Empresarial.

A conciliação envolve a tentativa de solução do conflito que não conta com a participação específica e obrigatória de terceiros, ainda que, claro, antes ou no curso da demanda, possam intervir com o intuito de encontrar um meio termo que seja suficiente para satisfazer em parte os futuro litigantes (art. 165, §2º, CPC).[172]

A mediação, diferentemente, exige a participação de terceiro específico com conhecimento técnico suficiente para, de modo imparcial e confidencial, atuar junto aos interessados para propor uma solução alternativa à solução do problema (artigo 165, §§ 2º e 3º, do CPC).[173] O artigo 1º da Lei n. 13.140/2015 deixou expresso que a mediação como "*a atividade técnica exercida por terceiro imparcial sem poder decisório, que, escolhido ou aceito pelas partes, as auxilia e estimula a identificar ou desenvolver soluções consensuais para controvérsias*".

Ainda que caminhe lentamente, mesmo após os vários estímulos legais editados pelo Poder Legislativo e das recomendações

---

172 Art. 165, §2º, do Código de Processo Civil: "O conciliador, que atuará preferencialmente nos casos em que não houver vínculo anterior entre as partes, poderá sugerir soluções para o litígio, sendo vedada a utilização de qualquer tipo de constrangimento ou intimidação para que as partes conciliem". (BRASIL. *Lei n. 13.105*, de 16 de março de 2015. Código de Processo Civil. Disponível em: http://www.planalto.gov.br/ccivil_03/_ato2015-2018/2015/lei/l13105.htm. Acessado em: 03.05.2021).

173 Art. 165, §3º, do Código de Processo Civil: "O mediador, que atuará preferencialmente nos casos em que houver vínculo anterior entre as partes, auxiliará aos interessados a compreender as questões e os interesses em conflito, de modo que eles possam, pelo restabelecimento da comunicação, identificar, por si próprios, soluções consensuais que gerem benefícios mútuos".

expedidas pelo Conselho Nacional de Justiça, o que se espera é a adoção mais ampla e consistente do sistema de conciliação e mediação no âmbito do processo de recuperação judicial. A preservação da empresa, objetivo maior do processo recuperacional, deve ser o norte a orientar devedora e credores no sentido de encontrarem uma forma de solucionar as pendências econômicas resultantes da crise que impediu a normal continuidade dos pagamentos das obrigações antes assumidas.

Enunciados e orientações interpretativas

O Conselho Nacional de Justiça, por meio da Portaria n. 162/18, constitui um Grupo de Trabalho com o objetivo de apoio institucional à gestão e processamento de demandas de recuperação judicial de empresas, em atenção à segurança jurídica, à saúde, e, por meio da Resolução CNJ n. 466/2022, instituiu o Fórum Nacional de Recuperação Empresarial e Falências – FONAREF. No âmbito do referido fórum, foram aprovados 15 enunciados, assim definidos pelo próprio CNJ:

> Os enunciados são fórmulas que sintetizam e apresentam à comunidade jurídica o entendimento de determinada fonte: um tribunal, um fórum de discussão, uma classe de operadores do Direito. No caso do I Congresso FONAREF, os enunciados têm natureza doutrinária – servindo como orientação para a advocacia e magistratura sobre temas controvertidos na seara recuperacional e falimentar – e são fruto dos intensos debates realizados ao longo de meses em reuniões prévias à Plenária que ocasionaram a edição dos 15 Enunciados.

Necessário, assim, contextualizar os enunciados elaborados por diversos órgãos da sociedade civil, no âmbito do sistema normativo brasileiro.

É competência privativa da União legislar sobre Direito Civil e Direito Comercial, conforme previsto no artigo 22, I, da

Constituição Federal. Logo, a edição de normas gerais e abstratas que versem sobre Direito Comercial, e que são vinculantes para a sociedade em geral, é, portanto, prerrogativa privativa do Poder Legislativo por força constitucional, tratando-se de manifestação da separação de poderes, cláusula pétrea nos termos do art. 60, §4º, III, CF.

É por esse motivo que não se pode outorgar a enunciados elaborados por órgãos da sociedade civil efeitos que são privativos de lei. Tampouco se pode outorgar a enunciados efeitos de súmulas vinculantes, posto que estas são decorrentes exclusivamente do exercício do poder jurisdicional, de competência exclusiva de determinados membros do Poder Judiciário.

Integram o sistema brasileiro de precedentes, instituído pelo Código de Processo Civil, em 2015, em especial o art. 927 do CPC,[174] exclusivamente os enunciados de súmulas vinculantes, as decisões do STF em controle concentrado de constitucionalidade,

174 Art. 927. Os juízes e os tribunais observarão: I – as decisões do Supremo Tribunal Federal em controle concentrado de constitucionalidade; II – os enunciados de súmula vinculante; III – os acórdãos em incidente de assunção de competência ou de resolução de demandas repetitivas e em julgamento de recursos extraordinário e especial repetitivos; IV – os enunciados das súmulas do Supremo Tribunal Federal em matéria constitucional e do Superior Tribunal de Justiça em matéria infraconstitucional; V – a orientação do plenário ou do órgão especial aos quais estiverem vinculados. § 1º Os juízes e os tribunais observarão o disposto no art. 10 e no art. 489, § 1º , quando decidirem com fundamento neste artigo. § 2º A alteração de tese jurídica adotada em enunciado de súmula ou em julgamento de casos repetitivos poderá ser precedida de audiências públicas e da participação de pessoas, órgãos ou entidades que possam contribuir para a rediscussão da tese. § 3º Na hipótese de alteração de jurisprudência dominante do Supremo Tribunal Federal e dos tribunais superiores ou daquela oriunda de julgamento de casos repetitivos, pode haver modulação dos efeitos da alteração no interesse social e no da segurança jurídica. § 4º A modificação de enunciado de súmula, de jurisprudência pacificada ou de tese adotada em julgamento de casos repetitivos observará a necessidade de fundamentação adequada e específica, considerando os princípios da segurança jurídica, da proteção da confiança e da isonomia. § 5º Os tribunais darão publicidade a seus

enunciados do STF em matéria constitucional e do STJ em matéria infraconstitucional, acórdãos em IAC ou IRDR e em julgamento de recursos extraordinários ou especiais repetitivos e a orientação do plenário ou órgão especial a que os juízes e tribunais estiverem vinculados.

Resta claro, portanto, que a prerrogativa de elaborar enunciados que sejam vinculantes a juízes e tribunais, no exercício de função constitucional jurisdicional, é exclusiva dos tribunais do E. STJ e do E. STF, do órgão especial/plenário Tribunal, e dos tribunais superiores no caso de IAC e IRDR. Decorrem, portanto, diretamente do exercício da função jurisdicional que, por força constitucional, foi outorgada por nossa Carta Magna exclusivamente aos membros do Poder Judiciário. Trata-se, também, de regra estruturante, posto que é indispensável à separação dos poderes, não comportando interpretação ampliativa, já que se trata de cláusula pétrea.

A elaboração de precedentes vinculantes, portanto, não apenas decorre diretamente do exercício da atuação jurisdicional, em situações minuciosamente normatizadas no Código de Processo Civil, como, também, sequer é prerrogativa atribuída a todos os membros do Poder Judiciário, mas, ao contrário, somente a alguns Tribunais e em situações específicas.

Vale mencionar que muito embora o CNJ seja órgão que pertença à estrutura do Poder Judiciário, por força do disposto no art. 93 da Constituição Federal, não detém função jurisdicional.[175]

---

precedentes, organizando-os por questão jurídica decidida e divulgando-os, preferencialmente, na rede mundial de computadores.

175 RECURSO ADMINISTRATIVO. PEDIDO DE PROVIDÊNCIAS. SERVIDORA DA JUSTIÇA DE MINAS GERAIS. RECONHECIMENTO DO TEMPO DE SERVIÇO PRESTADO A EMPRESAS PÚBLICAS E SOCIEDADES DE ECONOMIA MISTA PARA TODOS OS FINS. QUESTÃO INDIVIDUAL. NECESSÁRIO EXAME DA CONSTITUCIONALIDADE DO DIREITO. INCOMPETÊNCIA DO CNJ.

Feitos estes esclarecimentos e contextualizando a distribuição de funções constitucionais para a criação do Direito, observa-se que a função de editar normas em âmbito geral e abstrato foi atribuída ao Poder Legislativo, por meio da edição de leis, enquanto que a sua aplicação, às particularidades do caso concreto, foi imputada ao Poder Judiciário, no exercício da jurisdição – *jurisditio*, ou o "dizer do direito".

Orlando Gomes, ao discorrer sobre fontes que eram por vezes identificadas como formais do direito – lei, costumes, jurisprudência e doutrina –, não reconhece nessas últimas essa qualidade.[176] Segundo seus ensinamentos, algumas cautelas que devem

---

1. O CNJ não aprecia e decide questões de natureza meramente individual, sem repercussão geral na sociedade ou no âmbito do Poder Judiciário, tampouco é instância recursal administrativa de decisões proferidas pelos Tribunais de Justiça. 2. "O exame do direito dos servidores do Tribunal de Justiça de Minas Gerais e do Tribunal de Justiça Militar daquele Estado à contagem de tempo de serviço prestado a empresas públicas e sociedades de economia mista do Estado, para fins obtenção de adicionais perante os Tribunais Estaduais, implica, necessariamente, no exame da constitucionalidade, ou não, do direito, uma vez que a Constituição do Estado permitia, explicitamente, a contagem desse tempo de serviço para todos os fins, mas, posteriormente, a suprimiu. 2. O CNJ não tem competência para exercer controle de constitucionalidade, especialmente para conceder direito, que, à primeira vista, a Constituição do Estado não assegura. 3. O CNJ não é órgão jurisdicional; tem competência, nos termos do § 4º do Art. 103-B da CF/88, para exercer 'o controle da atuação administrativa e financeira do Poder Judiciário'. 4. A demanda deve ser proposta na esfera judicial". 3. Recurso administrativo a que se nega provimento. Precedente: PCA n. 0006076-84.2011.2.00.0000, rel. Cons. Tourinho Neto, 151ª Sessão Ordinária de 31.07.12). (0003047-89.2012.2.00.0000; PP – Pedido de Providências – Conselheiro; Relator Tourinho Neto, 157ª Sessão Ordinária, julgamento em 23/10/12). (negritei)

176 "Uma vez que o Estado detém o monopólio da força coercitiva, no uso da qual impõe as normas jurídicas que edita, a lei é a principal *forma* de expressão do Direito, valendo até mesmo quando se opõe a *costume* de longa duração". (GOMES, Orlando. *Introdução ao Direito Civil*. 13ª ed. Rio de Janeiro: Forense, 1998. p. 39). "Há uma *hierarquia* entre as fontes formais do Direito, na qual a lei ocupa posição superior. Breve comparação entre o *Direito escrito* e o *Direito Cons*uetudinário, revela, por outro lado,

as vantagens da lei sobre o costuma. A lei é certa, precisa, rígida e pode ser modificada ou suprimida facilmente. Tem, ademais, o cunho da generalidade. O costume é impreciso e inseguro, mas, em compensação, flexível, podendo modificar-se à medida que as necessidades sociais evoluem. Possui, demais disso, base popular *de maior autenticidade por força do modo por que se forma*. Seus inconvenientes são, entretanto, maiores do que as vantagens. No direito moderno, o papel do costume é insignificante, raro sendo oq ue se forma hoje em dia, não só devido à expansão legislativa mas também em consequência das limitações de sua força obrigatória". (GOMES, Orlando. *Introdução ao Direito Civil*. 13ª ed. Rio de Janeiro: Forense, 1998, p. 45). "Forma-se a jurisprudência mediante o labor interpretativo dos tribunais, no exercício de sua função específica. Interpretando e aplicando o Direito Positivo, é irrecusável a importância dos tribunais na formação do Direito, sobretudo porque se lhe reconhece, modernamente, o poder de preencher as lacunas do ordenamento jurídico no julgamento dos casos concretos. Mas, daí a incluir a jurisprudência entre as fontes formais do Direito vai grande distância, porque os julgados dos tribunais não criam regras jurídicas. Duas razões principais confirmam a exclusão: a primeira, a de que o juiz é servo da lei, não passando de aspiração doutrinária, contestável e perigosa a tese de que o juiz deve ter o poder de julgar contra a lei; a segunda, a de que o julgado produz efeito unicamente entre as partes, princípio que se autoproclama com a declaração de 'autoridade relativa da coisa julgada'. Bem certo é que, atualmente, se desenvolve forte tendência para alargar os poderes dos magistrados, admitindo-se até que, na ausência de texto, julgue como se legislador fora. Mas esse *direito judiciário*, muito restrito, aliás, não chega ase ruma fonte formal, porque a regra criada no julgamento não possui os caracteres de generalidade, abstração e permanência, próprios das normas jurídicas. Por outro lado, é incontestável a influência dos *precedentes, que conduzem a uniformidade dos* julgamentos, mas desde que não tem força obrigatória, os juízes não estão adstritos a o segui-los. (...) Uma vez, porém, que as normas legais nunca são completas e exatas, toca ao Judiciário uma importante missão na exegese e atuação do ordenamento jurídico que aspira a ser um regramento universal e sem lacunas. Com efeito, ninguém ignora que o sentido prático e efetivo da lei quase sempre é aquele que a jurisprudência define na solução dos reiterados conflitos sobre certas matérias". (GOMES, Orlando. *Introdução ao Direito Civil*. 13ª ed. Rio de Janeiro: Forense, 1998, pp. 46/47). "23. *A* doutrina. (...) Não pode mais ser considerada fonte formal do Direito. Nas obras que publicam, os escritores manifestam opiniões pessoais, que, por mais abalizadas, carecem de forma vinculante. Formam, porém, o pensamento jurídico, de larga influência na elaboração do Direito. Tem a *doutrina* por consequinte, grande autoridade moral: a sua autoridade provém da força persuasiva dos argumentos expendidos na sustentação das opiniões que emitem. (...) São os doutrinadores que constroem as *noções* ser observadas pelo magistrado: deve ser servo da lei, a qual é de fato fonte formal do Direito, podendo-se valer em sua tarefa de aplicar o Direito ao caso concreto, aos argumentos apresentados pela doutrina para compreensão de conceitos, classificações, dentre outros, os quais, todavia, não são fontes formais do Direito.

Os enunciados elaborados com a participação da sociedade civil, como o caso do FONAREF, poderiam ser alocados próximos à doutrina. Ao contrário desta última, que reflete opinião pessoal do doutrinador, os enunciados refletem a opinião majoritária tomada pela maioria de determinado grupo. Em ambos os casos, contribuem com a reflexão do pensamento jurídico, auxiliando a interpretação do juiz, no caso concreto. São, portanto, ferramentas importantes para auxiliar o magistrado na interpretação e aplicação do Direito.

Sobre a atividade do magistrado, de integração do ordenamento jurídico, os artigos 4º e 5º do Decreto-Lei n. 4.657/42 – Lei de Introdução às Normas do Direito Brasileiro, LINDB, indicam os princípios que deverão ser observados, no caso concreto, para permitir a adequada aplicação do Direito.

Desse modo, os enunciados que não integram o sistema de precedentes, podem contribuir para a aplicação do Direito juntamente com demais outros artigos de doutrina, sendo nesse contexto que se inserem os enunciados do Fonaref, conforme, aliás, expressamente esclarecido pelo CNJ.

Especificamente para orientar a realização das mediações, foi elaborado o Enunciado 11 pelo Fonaref, que aponta que a

---

gerais, os conceitos, as classificações, as teorias, os sistemas, contribuindo, assim, para a criação, reforma e aplicação do Direito". (GOMES, Orlando. *Introdução ao Direito Civil.* 13ª ed. Rio de Janeiro: Forense 1998, p. 48).

> A mediação antecedente e incidental de que trata o art. 20-B da Lei 11.101/2005 deve ser conduzida por profissional capacitado em técnicas de mediação e negociação complexa com múltiplas partes e conhecedor da matéria recuperacional e falimentar, sendo recomendada a co-mediação quando não houver profissional que reúna ambas as expertises.

Já o Enunciado 13 do Fonaref dispõe que:

> A fiscalização pelo Administrador Judicial da regularidade das negociações entre devedor e credores, nos termos do art. 22, II, e e f da Lei 11.101/2005 não implica em sua obrigatória participação em procedimento de mediação incidental, caso este venha a ser instaurado. O Administrador Judicial participará das sessões de mediação caso convidado pelo mediador, respeitando-se o sigilo e a confidencialidade inerentes à mediação.

Por fim, caso o procedimento seja também utilizado na recuperação extrajudicial, destaca-se o Enunciado 12 do Fonaref, que prevê que "A mediação é compatível com a recuperação extrajudicial, sendo recomendada sua utilização".

A despeito das orientações, a sua observância ou não dependerá do entendimento de cada magistrado, no exercício da sua jurisdição, em conformidade com o princípio do livre convencimento motivado (art. 371, CPC).

A conciliação ou mediação antecedentes ou incidentais ao processo de recuperação judicial

O art. 20-B tem redação clara quanto ao cabimento de conciliação e mediação tanto antes quanto durante o curso do processo de recuperação judicial, indicando, de forma enunciativa, não taxativa, as hipóteses em que vislumbra a possibilidade de utilização desses mecanismos alternativos de solução de conflitos.

A primeira hipótese em que o legislador vislumbrou benefício consiste nas fases pré-processual e processual de disputas entre os sócios e acionistas de sociedade em dificuldade ou em recuperação judicial, bem como nos litígios que envolverem credores não sujeitos à recuperação judicial, nos termos dos §§ 3º e 4º do art. 49 desta Lei, ou credores extraconcursais. Ambas as situações envolvem controvérsias que podem impactar na recuperação judicial, mas não se referem a créditos que fazem parte do plano de recuperação judicial.

A segunda hipótese em que o legislador entendeu que o uso de métodos alternativos de solução de conflito se refere a conflitos que envolvem concessionárias ou permissionárias de serviços públicos em recuperação judicial e órgãos reguladores ou entes públicos municipais, distritais, estaduais ou federais. Tais situações envolvem credores cujos créditos titularizados não se referem a créditos concursais, e que, portanto, também não estariam sujeitos à recuperação judicial.

Uma terceira hipótese legal consiste na de que existam créditos extraconcursais contra empresas em recuperação judicial durante período de vigência de estado de calamidade pública, a fim de permitir a continuidade da prestação de serviços essenciais.

Por fim, a última hipótese prevista pelo legislador abrange a pretensão de negociação de dívidas e respectivas formas de pagamento entre a empresa em dificuldade e seus credores em caráter antecedente ao ajuizamento de pedido de recuperação judicial. Trata-se de hipótese mais inovadora, pelos efeitos que foram associados ao referido pedido.

Mediação do art. 20-B, IV da LRF: documentos necessários, efeitos da suspensão das execuções e sua abrangência

O art. 20-B, IV, quando trata da conciliação ou mediação antecedente ao pedido de recuperação, esclareceu, no §1º, que será possível a concessão do efeito de suspensão das execuções contra elas propostas pelo prazo de até 60 (sessenta) dias, desde que as empresas em dificuldade preencham os requisitos legais para requerer recuperação judicial e requeiram a referida tutela de urgência cautelar, nos termos do art. 305 e seguintes do CPC para tentativa de composição com seus credores, em procedimento de mediação ou conciliação já instaurado perante o Centro Judiciário de Solução de Conflitos e Cidadania (CEJUSC) do tribunal competente ou por câmara especializada, observados, no que couber, os arts. 16 e 17 da Lei de Mediação.

Não é totalmente novidade a possibilidade de o juiz conceder, antes ou durante a recuperação judicial, tutela antecipada para a suspensão das execuções ou de atos expropriatórios, como se vê do comentário ao art. 6º, havendo, inclusive, precedente do Superior Tribunal de Justiça no sentido de que é do juízo da recuperação a competência, seja para suspender as execuções, antecipando o *stay period*, seja para sustar atos expropriatórios. Ocorre, no entanto, que esses pedidos eram efetuados no âmbito do procedimento de recuperação judicial já instaurado.

A Lei n. 14.112/20 inovou ao prever a possibilidade de concessão do efeito intrínseco ao *stay period* – suspensão das execuções por até 60 dias – sem o ajuizamento prévio do pedido de recuperação judicial. Pretende, claramente, com essa medida, permitir que a empresa consiga obter solução para sua crise momentânea e se soerga independentemente do ajuizamento do pedido de recuperação judicial.

Como condições para concessão da tutela antecedente, o legislador exigiu que a devedora atendesse integralmente os requisitos necessários para requer a recuperação judicial, ou seja, aqueles dos artigos 48 e 51 da LREF, devendo, portanto, instruir seu pedido com essa documentação e, também, demonstrar a presença das condições impostas para concessão da tutela de urgência requerida pela legislação processual civil.

Há, ainda, uma terceira exigência do legislador, para permitir o processamento do pedido de tutela cautelar antecedente em recuperações judiciais, que é o de que exista mediação ou conciliação "já instaurada" em CEJUSC do tribunal ou da câmara especializada, previamente à distribuição do pedido.

Sobre esse artigo trazido pela reforma de 2020, observa-se o Enunciado 10 do Fonaref:

> Os documentos que demonstram que a empresa em dificuldade preenche os requisitos legais para requerer recuperação judicial, para os fins do art. 20-B, § 1º, da Lei n. 11.101/2005, são aqueles previstos no art. 48 da Lei n. 11.101/2005.

Em que pese o supra referido enunciado, constata-se que o artigo de lei exige para a concessão da tutela cautelar antecedente que as empresas requerentes preencham os requisitos legais para requerer a recuperação judicial, os quais estão previstos nos artigos 48 e 51 da LRF. Muito embora não tenha expressamente afirmado que ambos os artigos devem ser observados, tampouco ressalvou a necessidade de observância a apenas um deles, utilizando a expressão ampla "*requisitos legais para requerer a recuperação judicial*".

A regência supletiva da tutela cautelar antecedente do microssistema da insolvência é feita, por expressa previsão legal, pelo CPC, o qual, em seu artigo 305 do CPC, afirma que tal tutela pretende assegurar o resultado útil do processo, que, no caso, é o mesmo da recuperação judicial, ou seja, a negociação que permita o soerguimento da empresa.

O processo de recuperação judicial objetiva criar ao devedor em crise ambiente estruturado e favorável a sua negociação, mediante a suspensão das execuções e constrições em andamento. Também como medida de estímulo à negociação, o legislador mantém a administração do empresário em crise, sem qualquer substituição, a qual somente é retirada em casos excepcionais, previstos no art. 64 da LRF.

Contudo, a despeito de todas as medidas adotadas pelo legislador para assegurar a continuidade do negócio e a negociação, permitindo ao empresário em crise uma saída efetiva para tal situação, o legislador contrapôs a obrigação de ampla revelação de sua situação financeira aos seus credores. Trata-se de medida indispensável não apenas para efetivamente fomentar a negociação entre as partes, mas, também, assegurar a credibilidade do instituto e do microssistema da insolvência.

Nesse sentido, a doutrina destaca a importância das informações reveladas nessa espécie de processo.[177]

Analisando o microssistema da insolvência/recuperação judicial de forma sistêmica, constata-se o equilíbrio sensível estabelecido pelo legislador entre permitir ao devedor em crise o prosseguimento de suas atividades e de sua administração do negócio com a ampla fiscalização assegurada aos credores proporcionada pelo amplo acesso à informações.

Desse modo, sob a ótica de efetuar interpretação integrativa e sistêmica do artigo 20-B da LRF, não é possível dissociá-lo da lógica apresentada pelo legislador para as recuperações judiciais.

---

177 "*(...) E, sabendo-se que a informação, logo após os ativos, pode ser considerada o bem mais valioso em circunstâncias de crise empresarial enfrentadas, por meio de recuperação judicial, sendo a sua importância revelada, entre outros fatores, pela severa sanção de afastamento ou substituição aplicada ao devedor ou aos seus administradores caso se neguem a prestar informações solicitadas pelo administrador judicial ou por membros do comitê de credores (art. 64, V, da LRF), bem como que a sua obtenção depende, em grande medida, da efetiva fiscalização sobre a condução da sociedade recuperanda, mostra-se imprescindível a observância da disciplina legal estabelecida neste tocante e a sua interpretação de modo a propiciar ampla transparência ao processo*". (FRANCO, Gustavo Lacerda. *A administração da empresa e recuperação judicial*: entre a manutenção e o afastamento do devedor. São Paulo: Almedina/CEC-USP, 2021, p. 175).

Assim, não é possível permitir-lhe suspender constrições e execuções com fundamento no microssistema da insolvência, pautado pelo valor da preservação da empresa, sem contrabalancear esse benefício com o contrapeso identificado pelo legislador para assegurar a coexistência pacífica e saudável entre os interesses, que é o de proporcionar amplo acesso à informação.

Logo, em interpretação integrativa e sistêmica, é forçoso concluir que, ao permitir a concessão de tutela cautelar antecedente, antecipando os efeitos do *stay period* e permitindo que o devedor continuasse administrando seus negócios mesmo sem o ajuizamento da recuperação judicial, a exigência do legislador de atendimento aos requisitos da recuperação judicial têm por objetivo justamente preservar equilíbrio existente no microssistema da insolvência, franqueando ao credor amplo acesso à informação, indispensável para a negociação e para a fiscalização em si, e, consequentemente, para o próprio sucesso da negociação. Por esse motivo, justifica-se a necessidade de se comprovar, também, o requisito do art. 51 da LRF.

O prazo de suspensão das execuções, que pode ser deferido em sede de tutela cautelar antecedente, por até 60 dias, e será posteriormente deduzido do prazo de suspensão do art. 6º, ou seja, dos 180 dia do *stay period*, se houver posterior pedido de recuperação judicial ou extrajudicial.

O artigo 20-B, IV, §1º afirma que ficam suspensas, como consequência do deferimento da tutela antecedente, todas as execuções existentes contra elas. É interessante que, nesse ponto, a redação do dispositivo parece ser mais abrangente do que a própria redação do art. 6º, II da LREF, mas é evidente que, interpretando-se teleologicamente o referido artigo, deve-se compreender que a suspensão somente abrange créditos ou obrigações sujeitos à recuperação judicial. Aplica-se às obrigações fiscais o disposto no art. 6º, por analogia. Afinal, não há sentido em se antecipar uma tutela, ainda que em caráter antecedente, mais ampla do que aquela que se pode conceder.

O Fonaref editou, também, o Enunciado 5 "Cabe ao requerente comunicar aos juízos responsáveis pelas execuções a concessão da medida cautelar de suspensão deferida com base no art. 20-B, § 1º, da Lei n. 11.101/05". O Enunciado n. 2 do Fonaref prevê que

> A concessão da medida cautelar prevista no art. 20-B, §1º, da Lei n. 11.101/2005 pressupõe a demonstração pelo requerente de que o procedimento de mediação ou conciliação foi instaurado no CEJUSC do tribunal competente ou da câmara especializada, com a comprovação do requerimento da expedição de convite para participar do referido procedimento.

O Enunciado n. 1 do Fonaref dispõe

> A definição exata dos credores convidados a participar do procedimento de mediação ou de conciliação instaurado no CEJUSC do tribunal competente ou na câmara privada deve ser exigida como requisito para a concessão da medida cautelar prevista no art. 20-B, § 1º, da Lei n. 11.101/2005

O Enunciado n. 6 do Fonaref prevê:

> A medida cautelar de suspensão prevista no art. 20-B, § 1º, da Lei n. 11.101/2005 vincula os credores convidados a participar do procedimento de mediação ou conciliação instaurado no CEJUSC do tribunal competente ou na câmara privada, ainda que não tenham aceitado o convite, não vinculando os credores que não tenham sido convidados.

A questão relativa a quais são os credores que estão sujeitos ao procedimento da mediação antecedente do art 20-B demandará maior análise por parte da jurisprudência.

Não há, de fato, obrigatoriedade para que todos os credores sejam convidados a participar de mediações antecedentes, até porque, para fins de superação de situação de pré-insolvência, é possível que a negociação com apenas um credor seja suficiente para sanar o problema. Razoável, assim, que o devedor tenha ampla liberdade para formatar o contexto da mediação. Contudo, a questão que desafia a jurisprudência é identificar quais são os limites dos efeitos da tutela de urgência concedida, ou seja, se o efeito de suspensão das execuções estará adstrito aos credores convidados ou, ao contrário, se é mais global, atendendo a todos os credores que potencialmente serão sujeitos à futura recuperação judicial.

Parte da doutrina defende que por se tratar de contexto de pré-insolvência, o qual objetiva evitar procedimento de recuperação judicial, os efeitos de suspensão das execuções por 60 dias estariam adstritos apenas aos credores submetidos ao procedimento, conforme preceitua o §1° do art. 20-B da LRF. Contudo, por outro lado, considerando que como o §3° do mesmo dispositivo estipula que se houver pedido de recuperação judicial ou extrajudicial o mencionado período de suspensão deverá ser deduzido do *stay period*, há quem argumente que é consequência lógica que os efeitos da tutela de urgência sejam igualmente abrangentes. Será preciso, assim, aguardar definição da jurisprudência sobre a questão.

Pedro Rebello Bortolini sustenta que a observância do Enunciado 6[178] poderá acarretar vulneração à *par conditio creditorum* ao prescrever que a suspensão das execuções propostas contra o devedor vinculará apenas os credores convidados a participar do procedimento de mediação e conciliação, prejudicando os próprios objetivos do *stay period*, ao deixar o patrimônio do devedor exposto aos demais credores enquanto conduz a negociação. Defende que a suspensão liminar das execuções em sede de tutela de urgência não alcançar todos os credores, o próprio meio alternativo da conciliação e mediação restará esvaziado, porquanto ainda que seja desnecessário o convite a todos os credores para viabilizar o reequilíbrio

178 BORTOLINI, Pedro Rebello. "A necessária revogação do Enunciado n. 6 do Fórum Nacional de Recuperação Empresarial e Falências – FONAREF". *Jota*, mar. 2023.

econômico-financeiro da empresa, o qual poderá ser atingido apenas com os *players* mais importantes do devedor, este se verá forçado a convidar todos eles, sob pena de produzir uma corrida frenética dos credores em direção ao patrimônio do devedor, que tentarão desesperadamente se antecipar ao concurso, quando tiverem conhecimento de um iminente pedido de recuperação judicial.

Bortolini ainda reforça ser inconcebível que o devedor, ao definir aqueles que serão convidados para a conciliação ou mediação, tenha a prerrogativa de escolher os credores cujas execuções serão suspensas, sobretudo considerando a vedação das condições puramente potestativas, por se sujeitarem ao arbítrio exclusivo de uma das partes (Código Civil, art. 122). A respeito, o autor destaca que o próprio Superior Tribunal de Justiça recentemente decidiu que mesmo os credores que não tiverem os seus créditos habilitados (seja por não terem sido relacionados pelo devedor, seja por não terem promovido a competente habilitação) ainda assim se sujeitam aos efeitos da recuperação judicial.[179]

Dispõe o Enunciado 9 do Fonaref que

> Os acordos obtidos durante o procedimento de mediação ou conciliação vinculam apenas os credores anuentes, não se aplicando nessa fase a regra da maioria ou a extensão aos dissidentes do acordo aceito pela maioria dos credores.

Em contrapartida, o não atendimento das exigências legais que condicionam o processamento do pedido de tutela cautelar antecedente, impõe o indeferimento da inicial, após intimação da parte para sanar o vício, sem sucesso. A exigência da observância dessas condições não pode ser entendida como uma excessiva

---

179 Superior Tribunal de Justiça, EDcl no Resp n. 1.851.692-RS, rel. Min. Luis Felipe Salomão, j. 24/05/2022.

formalidade, sobretudo considerando o efeito obtido com a tutela, que é o de suspender o andamento de todas as execuções do devedor.

O art. 20-B, IV, §1º menciona que a tutela cautelar antecedente pode ser requerida por empresas. Evidentemente que se deve compreender que essa tutela pode ser requerida por qualquer devedor sujeito às regras da recuperação judicial, sejam pessoas físicas ou jurídicas.

Destaque-se, ademais, o entendimento aprovado no Fonaref, no Enunciado 3: "O prazo de 60 dias de suspensão previsto no art. 20-B, § 1º, da Lei n. 11.101/2005 é improrrogável e contado em dias corridos", também quanto ao Enunciado 4: "Não se aplica à medida cautelar ajuizada com base no art. 20-B § 1º, da Lei n. 11.101/2005 o prazo de 30 dias previsto no art. 308 do Código de Processo Civil".

Nessa linha, há precedente jurisprudencial que reforça ser improrrogável o prazo de 60 dias, diante da exegese restrita do texto legal do artigo 20-B, § 1º. A esse respeito, a 2ª Câmara Reservada de Direito Empresarial afastou a prorrogação do aludido prazo, então concedida pelo MM Juiz de Direito da 5ª Vara Cível da Comarca de São José do Rio Preto, destacando que

> *os trâmites para conciliação e mediação devem preceder à propositura da tutela cautelar. De tal sorte, ciente de que a duração da tutela cautelar é de até 60 (sessenta) dias, cabe à interessada operacionalizar a mediação, ou, requerer a recuperação judicial, se o caso.*[180]

Assim, cessada a eficácia concedida na forma de tutela cautelar, o pedido não poderá ser renovado, exceto em relação a eventuais

---

180 Tribunal de Justiça do Estado de São Paulo, 2ª Câmara Reservada de Direito Empresarial, Agravo Interno n. 2129048-12.2022.8.26.0000/50000, Relator Desembargador Ricardo Negrão, Julgado em 04/10/2022.

credores que não participaram do procedimento de mediação ou conciliação antecedente, conforme Enunciado 7 do Foneraf:

> A devedora não poderá renovar o pedido de suspensão previsto no art. 20-B, § 1º, da Lei n. 11.101/05 depois de cessada a sua eficácia, salvo em relação a credores que não participaram do procedimento de mediação ou conciliação antecedente, nos termos do art. 309, parágrafo único, do Código de Processo Civil.

Pode-se afirmar que a possibilidade da tutela antecedente para suspender as ações e execuções, antecipando o *stay period*, a providência acarretará uma judicialização antecipada durante a tentativa de conciliação ou mediação que antecede o pedido de recuperação judicial. Dito de outro modo, a negociação que deveria ser extrajudicial passa a ser judicial, com aumento das ações antes mesmo que se tenha o processo de recuperação.

A ponderação que em contrapartida se faz é a de que, se não se preservar a tranquilidade da devedora no que tange ao prosseguimento de execuções e corrida aos atos constritivos e expropriatórios, não se criará condições favoráveis para que a mediação ou conciliação se faça de modo produtivo. Uma vez que é natural a tentativa de rápido recebimento do crédito, com penhoras e vendas de bens penhorados, a suspensão das execuções parece ser um pressuposto da negociação das partes envolvidas.

Ainda que possa mesmo ocasionar aumento das tutelas antecipadas para a negociação prévia ao pedido de recuperação, não se cuidando de crítica irrazoável, o certo é que não há outro modo de se realizar a conciliação ou negociação sem que sejam suspensas as execuções. E, para que isso ocorra no juízo cível onde tramita a execução individual, somente com uma decisão judicial, cuja competência é a do juízo da recuperação judicial.

Lembrando do princípio da preservação da empresa, e dos benefícios diretos e indiretos que traz para a coletividade, o custo de eventual aumento judicial dos pedidos de tutela antecipada antecedente, é o que se faz necessário para o bom termo da conciliação ou mediação que o legislador erigiu como fundamental para as empresas em crise.

O Enunciado 8 do Fonaref prevê:

> Pode o magistrado revogar a medida cautelar deferida com base no art. 20-B, §1º, da Lei 11.101/2005, diante da demonstração, por qualquer credor, de que a devedora não promove ou procrastina, de qualquer forma, o regular andamento do procedimento de mediação ou conciliação instaurado no CEJUSC do tribunal ou na câmara privada.

A homologação do acordo feito no CEJUSC

Além dos requisitos legais e gerais para a concessão da tutela antecipada de que cogita o art. 300 do Código de Processo Civil, já comentado antes no art. 6º, a Lei n. 14.112/2020 permitiu a sua concessão só quando "já instaurado" o procedimento no CEJUSC ou outro órgão equivalente do tribunal para a conciliação ou mediação (art. 20, §1º).

E, no art. 20-C, *caput*, assentou que, formalizado o acordo da devedora com seus credores, "deverá ser homologado pelo juiz competente conforme o disposto no art. 3º desta lei", assim redigido:

> é competente para homologar o plano de recuperação extrajudicial, deferir a recuperação judicial ou decretar a falência o juízo do local do principal estabelecimento do devedor ou da filial de empresa que tenha sede fora do Brasil.

Essa disposição mostra-se razoável porque, caso haja futura distribuição de pedido de recuperação judicial, o prazo de suspensão concedido em tutela cautelar antecedente será descontado o prazo total de suspensão do art. 6º, da LREF, de 180 dias.

Parece claro que, embora feito no CEJUSC ou outro organismo que para o mesmo fim tenha sido criado pelo respectivo tribunal, a competência para a sua homologação judicial é do juízo por onde se processará a recuperação judicial, e que, na hipótese de tutela antecipada, estará prevento. É o que emana da conjugação do art. 20-C, *caput*, e art. 3º, ambos da Lei n. 11.101/2005, com as alterações dadas pela Lei n. 14.112/2020.

A contrario sensu, por conseguinte, não caberá ao juiz do CEJUSC a homologação do acordo. Até porque isso significaria submeter o juiz da recuperação à aceitação de um acordo sem que a respeito pudesse deliberar acerca de todos os aspectos formais que a lei exige para a sua validade e eficácia. Daniel Carnio Costa e Alexandre Nasser de Melo ensinam que o acordo deve resguardar "os princípios da independência, da imparcialidade, da autonomia da vontade, da confidencialidade, da oralidade, da informalidade e da decisão informada". Ao juízo que homologar o plano estará prevento para o posterior pedido de recuperação.

O art. 20-D da LREF esclarece que as sessões de conciliação e de mediação poderão ser realizadas por meio virtual, desde que o CEJUSC do Tribunal ou a Câmara Especializada responsável disponham de formas adequadas para realização.

Distribuição de pedido de recuperação judicial ou extrajudicial em até 360 dias da data do acordo

O parágrafo único do art. 20-C tem importante disposição acerca do que ocorrerá se depois do acordo homologado, no prazo de 360 dias, a devedora pedir recuperação judicial ou extrajudicial. Nesse caso, os credores voltam seus créditos com os direitos e garantias originalmente contratadas, deduzindo-se eventuais pagamentos feitos por força do acordo.

Sobre o tema, dispõe o Enunciado n. 15 do FONAREF que:

> A novação decorrente do acordo feito entre devedora e credor no procedimento previsto nos artigos 20-B e 20-C da Lei n. 11.101/05 somente se consolida com o decurso do prazo de 360 dias a contar da sua homologação judicial e desde que a devedora não ajuíze pedido de recuperação judicial ou extrajudicial, nos termos do art. 20-C, parágrafo único, da referida norma.

Esse efeito, de reconstituição das obrigações originais do crédito, não afasta o efeito de desconto do prazo de suspensão das execuções concedido em tutela antecedente do prazo do *stay period*, em caso de distribuição de pedido de recuperação judicial ou recuperação extrajudicial.

O art. 20-D autoriza que as sessões de mediação ou conciliação sejam virtuais se tiverem os meios para que sejam realizadas válida e a contento. Em tendo a alteração legislativa ocorrido no final de 2020, ano em que o Brasil e o mundo viveram a inusitada pandemia causada pela Covid-19, levou em conta os difíceis momentos de isolamento social. Nesse período, todos os tribunais se adaptaram rapidamente para permitir a continuidade dos trabalhos de forma remota, mostrando-se forma viável e efetiva de realização de audiências de conciliação ou sessões de mediação. Essa experiência foi incorporada no dia a dia, sendo que muitas partes, inclusive, preferem a realização de atos virtuais, já que menos custosos, de modo que é salutar a previsão legal que autoriza as sessões virtuais de conciliação e mediação no CEJUSC ou Câmara Especializada eventualmente existente, facultando a elas escolherem a forma que entendem mais adequada para reunião.

Seção III – Do Administrador Judicial e do Comitê de Credores

Essa seção se aplica indistintamente às recuperações judiciais e às falências.

Art. 21 – O administrador judicial será profissional idôneo, preferencialmente advogado, economista, administrador de empresas ou contador, ou pessoa jurídica especializada.

Parágrafo único. Se o administrador judicial nomeado for pessoa jurídica, declarar-se-á, no termo de que trata o artigo 33 desta Lei, o nome de profissional responsável pela condução do processo de falência ou de recuperação judicial, que não poderá ser substituído sem autorização do juiz.

O administrador judicial

O administrador judicial é a pessoa, física ou jurídica, que atua como auxiliar da Justiça. Ele é ao mesmo tempo representante da comunhão do interesse dos credores e protetor do interesse público decorrente da regularidade do procedimento falimentar e recuperacional. Nesse sentido, ele deve possuir condições técnicas e experiência para o desempenho das funções a ele atribuídas por lei, assim como atributos de idoneidade financeira e moral. No exercício de sua função, ele responde em nome próprio, e na condição de funcionário público, para fins penais.

Não se ignore, ainda, que o artigo 31 estabelece o poder do juiz de destituir o administrador judicial, de ofício ou a requerimento de qualquer dos credores interessados, caso viole os preceitos e fundamentos do procedimento concursal, atue com negligência no cumprimento de seus deveres ou lesione as atividades do devedor e de terceiros.

A escolha do administrador judicial é feita pelo juiz, quando do deferimento de processamento da recuperação judicial ou da sentença declaratória de falência, não havendo dever de oitiva de credores ou do devedor para a escolha, sendo suficiente que o administrador seja uma pessoa da confiança do magistrado, atendendo aos requisitos do artigo 21. Cabe ressalva que além dos requisitos trazidos pela LREF, os próprios Tribunais de Justiça podem impor requisitos complementares para a atuação de um agente como administrador judicial. Do projeto de lei havia previsão de nomeação do administrador judicial pela Assembleia de Credores, hipótese vetada em nome da imparcialidade do agente.

A figura do administrador tem atuação apenas na recuperação judicial e na falência, inexistindo previsão para o procedimento da recuperação extrajudicial. Não obstante, não há qualquer impedimento de sua nomeação pelo juiz, nesse caso, sobretudo se houver necessidade de auxílio técnico para assegurar um resultado mais satisfatório do processo de soerguimento. É preciso, contudo, ter-se em mente que eventual nomeação de administrador judicial na recuperação judicial não é a regra, já que o legislador claramente não entendeu ser necessário, tratando-se, portanto, de solução excepcional, destinada a hipóteses específicas e devidamente justificadas.

A figura do administrador judicial no Decreto-Lei 7.661/45

Importante mencionar que, em se tratando de auxiliar do juízo, a nomeação e participação ativa do administrador judicial nos procedimentos recuperacionais e falimentares busca tutelar o interesse público relacionado ao acompanhamento e fiscalização dos atos do devedor para o estrito cumprimento das deliberações dos credores e do juízo da recuperação judicial e da falência.

A observação é necessária porque, no revogado Decreto-Lei n. 7.661/45, a escolha do *síndico*, na falência, e do *comissário*, na concordata preventiva, era feita entre os maiores credores do falido,[181] o que dava, portanto, maior afinidade de interesses com as partes interessadas no processo de falência.

Assim, com a entrada em vigor da Lei 11.101/05, buscou-se a nomeação de um terceiro independente e imparcial, com o objetivo de olvidar-se de eventual interesse privado no desempenho das funções pelo profissional nomeado, cujo escopo é auxiliar o juízo no processo de soerguimento de empresas. Nesse sentido, enquanto na falência sua função precípua é a de gestor e liquidante, na recuperação judicial atua como verdadeiro fiscal das atividades executadas pelo devedor, prezando pela eficiência e austeridade do procedimento concursal.

Não por outro motivo, na elaboração da Lei n. 11.101/05, foi vetada a norma que previa a possibilidade de "substituição do administrador judicial e a indicação do substituto", dentre as atribuições conferidas ao Comitê de Credores (art. 35, I, c; art. 35, II, a), para que, dentre outras razões de veto, fosse afastada "a possibilidade de que seja nomeada para o encargo pessoa que não seja da confiança do juízo".[182]

---

181 "Art. 60. O síndico será escolhido entre os maiores credores do falido, residente ou domiciliado no foro da falência, de reconhecida idoneidade moral e financeira.

Art. 161. (...) §1° Estando em termos o pedido, o juiz determinará seja processado, proferindo despacho em que: (...) IV – nomeará comissário, com observância do disposto no art. 60 e seus parágrafos (...)". (BRASIL. *Decreto-Lei n. 7.661*, de 21 de junho de 1945. Lei de Falências. Revogada pela Lei n. 11.101/05. Disponível em: http://www.planalto.gov.br/ccivil_03/decreto-lei/del7661.htm. Acessado em: 05.10.2021).

182 BRASIL. *Mensagem n. 59*, de 09 de janeiro de 2005. Disponível em: https://www.planalto.gov.br/ccivil_03/_Ato2004-2006/2005/Msg/Vep/VEP-0059-05.htm. Acessado em: 07.10.2021.

Possibilidade de nomeação de pessoa jurídica

Mesmo que o artigo trate de administrador judicial no singular, não há vedação explícita à possibilidade de nomeação de mais de um, desde que em situações excepcionais nas quais a atividade desempenhada pelo devedor é extremamente complexa ou que atue em diversas áreas distintas. Necessário consignar, contudo, que a nomeação de mais de um administrador judicial é medida excepcional que destoa a regra geral do legislador, devendo, portanto, ser utilizado em situações com particularidades especificas que justificam a medida.

A multiplicidade de conhecimento que pode ser exigida do administrador também justifica a nomeação de empresas para a função, possibilidade que já existia no Decreto-Lei n. 7.661/45, com previsão semelhante.[183] Nesse caso, a pessoa jurídica deverá gozar da mesma idoneidade e conhecimento técnico exigidos da pessoa física, de modo que parece razoável exigir-se a especialidade de seu objeto social, abrangendo as áreas de conhecimento descritas no *caput*.

Ademais, determina a lei a necessidade de nomeação de uma pessoa física que responda pela pessoa jurídica na condução dos processos falimentares e recuperacionais, cuja identificação deverá constar no termo de compromisso firmado na sede do juízo, no prazo de 48 horas contados de sua intimação pessoal, conforme prevê o artigo 33 da LREF. A pessoa natural nomeada, contudo, não poderá ser substituída sem autorização pela autoridade judiciária.

---

183 Art. 60. (...) §5º Se o síndico nomeado fôr pessoa jurídica, declarar-se-á no têrmo de que trata o art. 62 o nome de seu representante, que não poderá ser substituído sem licença do juiz.

Art. 22 – Ao administrador judicial compete, sob a fiscalização do juiz e do Comitê, além de outros deveres que esta Lei lhe impõe:

I – na recuperação judicial e na falência: a) enviar correspondência aos credores constantes na relação de que trata o inciso III do caput do art. 51, o inciso III do caput do art. 99 ou o inciso II do caput do art. 105 desta Lei, comunicando a data do pedido de recuperação judicial ou da decretação da falência, a natureza, o valor e a classificação dada ao crédito; b) fornecer, com presteza, todas as informações pedidas pelos credores interessados; c) dar extratos dos livros do devedor, que merecerão fé de ofício, a fim de servirem de fundamento nas habilitações e impugnações de créditos; d) exigir dos credores, do devedor ou seus administradores quaisquer informações; e) elaborar a relação de credores de que trata o § 2º do art. 7º desta Lei; f) consolidar o quadro-geral de credores nos termos do art. 18 desta Lei; g) requerer ao juiz convocação da assembleia-geral de credores nos casos previstos nesta Lei ou quando entender necessária sua ouvida para a tomada de decisões; h) contratar, mediante autorização judicial, profissionais ou empresas especializadas para, quando necessário, auxiliá-lo no exercício de suas funções; i) manifestar-se nos casos previstos nesta Lei; j) estimular, sempre que possível, a conciliação, a mediação e outros métodos alternativos de solução de conflitos relacionados à recuperação judicial e à falência, respeitados os direitos de terceiros, na forma do § 3º do art. 3º da Lei n. 13.105, de 16 de março de 2015 (Código de Processo Civil); k) manter endereço eletrônico na internet, com informações atualizadas sobre os processos de falência e de recuperação judicial, com a opção de consulta às peças principais do processo, salvo decisão judicial em sentido contrário; l) manter endereço eletrônico específico para o recebimento de pedidos de habilitação ou a apresentação de divergências, ambos em âmbito administrativo, com modelos que poderão ser utilizados pelos credores, salvo decisão judicial em sentido contrário; m) providenciar, no prazo máximo de 15 (quinze) dias, as respostas aos ofícios e às solicitações enviadas por outros juízos e órgãos públicos, sem necessidade de prévia deliberação do juízo;

II – na recuperação judicial: a) fiscalizar as atividades do devedor e o cumprimento do plano de recuperação judicial; b) requerer a falência no caso de descumprimento de obrigação assumida no plano de recuperação; c) apresentar ao juiz, para juntada aos autos, relatório mensal das atividades do devedor, fiscalizando a veracidade e a conformidade das informações prestadas pelo devedor; d) apresentar o relatório sobre a execução do plano de recuperação, de que trata o inciso III do caput do art. 63 desta Lei; e) fiscalizar o decurso das tratativas e a regularidade das negociações entre devedor e credores; f) assegurar que devedor e credores não adotem expedientes dilatórios, inúteis ou, em geral, prejudiciais ao regular andamento das negociações; g) assegurar que as negociações realizadas entre devedor e credores sejam regidas pelos termos convencionados entre os interessados ou, na falta de acordo, pelas regras propostas pelo administrador judicial e homologadas pelo juiz, observado o princípio da boa-fé para solução construtiva de consensos, que acarretem maior efetividade econômico-financeira e proveito social para os agentes econômicos envolvidos; h) apresentar, para juntada aos autos, e publicar no endereço eletrônico específico relatório mensal das atividades do devedor e relatório sobre o plano de recuperação judicial, no prazo de até 15 (quinze) dias contado da apresentação do plano, fiscalizando a veracidade e a conformidade das informações prestadas pelo devedor, além de informar eventual ocorrência das condutas previstas no art. 64 desta Lei;

III – na falência: a) avisar, pelo órgão oficial, o lugar e hora em que, diariamente, os credores terão à sua disposição os livros e documentos do falido; b) examinar a escrituração do devedor; c) relacionar os processos e assumir a representação judicial e extrajudicial, incluídos os processos arbitrais, da massa falida; d) receber e abrir a correspondência dirigida ao devedor, entregando a ele o que não for assunto de interesse da massa; e) apresentar, no prazo de 40 (quarenta) dias, contado da assinatura do termo de compromisso, prorrogável por igual período, relatório sobre as causas e circunstâncias que conduziram à situação de falência, no qual apontará a responsabilidade civil e penal dos envolvidos, observado o disposto no art. 186 desta Lei; f) arrecadar os bens e documentos do devedor e elaborar o auto de arrecadação, nos termos dos arts. 108 e 110 desta Lei; g) avaliar os bens arrecadados; h) contratar avaliadores, de preferência oficiais, mediante autorização judicial, para a avaliação dos bens caso entenda não ter condições técnicas para a tarefa; i) praticar os atos necessários à realização do ativo e ao pagamento dos credores; j) proceder à venda de todos os bens da massa falida no prazo máximo de 180 (cento e oitenta) dias, contado da data da juntada do auto de arrecadação, sob pena de destituição, salvo por impossibilidade fundamentada, reconhecida por decisão judicial; l) praticar todos os atos conservatórios de direitos e ações, diligenciar a cobrança de dívidas e dar a respectiva quitação; m) remir, em benefício da massa e mediante autorização judicial, bens apenhados, penhorados ou legalmente retidos; n) representar a massa falida em juízo, contratando, se necessário, advogado, cujos honorários serão previamente ajustados e aprovados pelo Comitê de Credores; o) requerer todas as medidas e diligências que forem necessárias para o cumprimento desta Lei, a proteção da massa ou a eficiência da administração; p) apresentar ao juiz para juntada aos autos, até o 10º (décimo) dia do mês seguinte ao vencido, conta demonstrativa da administração, que especifique com clareza a receita e a despesa; q) entregar ao seu substituto todos os bens e documentos da massa em seu poder, sob pena de responsabilidade; r) prestar contas ao final do processo, quando for substituído, destituído ou renunciar ao cargo. s) arrecadar os valores dos depósitos realizados em processos administrativos ou judiciais nos quais o falido figure como parte, oriundos de penhoras, de bloqueios, de apreensões, de leilões, de alienação judicial e de outras hipóteses de constrição judicial, ressalvado o disposto nas Leis n. 9.703, de 17 de novembro de 1998, e 12.099, de 27 de novembro de 2009, e na Lei Complementar n. 151, de 5 de agosto de 2015.

§ 1º As remunerações dos auxiliares do administrador judicial serão fixadas pelo juiz, que considerará a complexidade dos trabalhos a serem executados e os valores praticados no mercado para o desempenho de atividades semelhantes.

§ 2º Na hipótese da alínea d do inciso I do caput deste artigo, se houver recusa, o juiz, a requerimento do administrador judicial, intimará aquelas pessoas para que compareçam à sede do juízo, sob pena de desobediência, oportunidade em que as interrogará na presença do administrador judicial, tomando seus depoimentos por escrito.

§ 3º Na falência, o administrador judicial não poderá, sem autorização judicial, após ouvidos o Comitê e o devedor no prazo comum de 2 (dois) dias, transigir sobre obrigações e direitos da massa falida e conceder abatimento de dívidas, ainda que sejam consideradas de difícil recebimento.

§ 4º Se o relatório de que trata a alínea e do inciso III do caput deste artigo apontar responsabilidade penal de qualquer dos envolvidos, o Ministério Público será intimado para tomar conhecimento de seu teor.

Atribuições do administrador judicial

O administrador judicial atua diretamente e sem necessidade de autorização judicial, exceto em situações que for expressamente exigida. Seus atos, todavia, estão sujeitos à fiscalização pelo juiz e pelo Comitê de Credores. Não obstante o *caput* não mencione expressamente, nada obsta que qualquer credor, o Ministério Público ou qualquer outro interessado também fiscalize a atuação do administrador judicial, apontando eventuais irregularidades ao juízo, com fulcro na maior eficiência do procedimento de recuperação judicial ou de falência, uma vez que se trata de auxiliar do juízo, exercendo função de interesse público.

Ressalte-se que a função do administrador judicial apesar de ter um conjunto de atribuições comuns, possui particularidades distintas nos procedimentos de recuperação judicial e de falência. Essas particularidades decorrem dos objetivos distintos perseguidos por causa um deles, dispostos nos artigos 47 e 75, respectivamente. Como consequência, enquanto, na recuperação judicial, o administrador judicial atua para dar transparência às informações e negócios do devedor, que junto aos seus administradores é mantido na condução da atividade empresarial (art. 64, LREF), fiscalizando a sua atuação durante o procedimento e das próprias negociações em si, na falência, assume função específica de administração efetiva e liquidação do patrimônio do devedor, a partir do momento em que decretada a falência (art. 103, LREF), e de representação da massa falida na defesa de seus interesses.

Atribuições comuns à recuperação judicial e à falência

Conforme já mencionado, existem atribuições comuns imputáveis ao administrador judicial tanto na recuperação judicial quanto na falência. São atribuições que envolvem atos processuais que devem ser praticados pelo administrador judicial e que proporcionam o seu andamento, e, também, que visam dar transparência aos credores sobre questões relacionadas ao devedor e sobre os próprios credores entre si, de forma a assegurar amplo conhecimento sobre a situação econômico-financeira do devedor e certeza quanto aos créditos habilitados. Notório que a ampla transparência quanto aos interesses em jogo é fundamental para o sucesso das negociações coletivas encetadas no processo de recuperação judicial, ou para evitar inobservâncias de princípios com o do tratamento paritário a credores, na falência.

Uma das funções comuns a ambos os procedimentos é a prestação de informações aos credores interessados. Nessa incumbência, inclui-se a necessidade de envio de correspondência aos credores indicados na relação apresentada na petição inicial da recuperação judicial (LREF, art. 51, III) ou da falência requerida pelo próprio devedor (LREF, art. 105, II), ou na relação nominal apresentada pelo falido no prazo de cinco dias, após a sentença que decretar a falência (LREF, art. 99, III).

Na correspondência, que deverá ser enviada com aviso de recebimento para juntada nos autos, o administrador judicial deverá indicar a data em que protocolado o pedido de recuperação judicial ou em que decretada a falência, além das informações a respeito do crédito respectivo: natureza, valor e classificação.

Além disso, o administrador judicial deverá fornecer quaisquer informações solicitadas pelos interessados durante todo o procedimento, inclusive dar extratos de livros do devedor, que possam ser conferidas pelos credores para posterior apresentação de habilitação ou impugnação de crédito.

Para que possa exercer sua função com eficiência, além do dever de prestar informações, poderá o administrador judicial também requerê-las, seja do devedor, seus administradores ou de quaisquer credores, sobretudo considerando que atua como auxiliar do juízo, e desempenha função de interesse público. O dispositivo não exige, nessa atribuição, que o administrador judicial requeira ao juiz da causa que o devedor lhe preste informações, podendo, ele próprio, exigi-las.

Nos termos do §2º, caso não prestadas as informações requeridas, ou prestadas de forma insuficiente, poderá o administrador judicial requerer ao juízo a intimação do interessado faltoso, para que compareça ao juízo e cumpra a providência na presença do administrador judicial, sob pena de desobediência. Sem prejuízo, o artigo 64, V, da LREF, estabelece a possibilidade de destituição dos administradores do devedor, caso se neguem a prestar as informações solicitadas pelo administrador judicial.

O administrador judicial possui, também, importantes incumbências que são indispensáveis para o adequado andamento dos processos de recuperação judicial e na falência, em especial no tocante à fase da verificação de crédito. Atua para assegurar que a relação de credores adotada no processo observe os requisitos impostos pela legislação, evitando abusos e desvios.

Incumbe ao administrador judicial, portanto, elaborar a lista geral de credores que constará no edital previsto no art. 7ª, §2º, após a verificação dos créditos com base nos livros contábeis e documentos fiscais do devedor, nos documentos apresentados pelos credores, incluindo habilitações ou divergências. Deverá, ainda, com base na lista geral e em eventuais decisões proferidas em impugnações de crédito, consolidar o quadro-geral de credores (LREF, art. 18).

Outra atribuição do administrador judicial é providenciar o encaminhamento, no prazo de 15 dias, de respostas a ofícios ou solicitações enviados por juízos diversos ou outros órgãos públicos a respeito de informações sobre a recuperação judicial ou falência, sem necessidade de interferência do juiz da causa, desde que se tratem de meras informações sobre atos do processo que não demandem deliberação judicial (*v.g.* transferência de valores entre juízos ou ordem de levantamento de constrição sobre bens).

O administrador judicial poderá requerer ao juiz da causa a convocação de Assembleia-Geral de Credores, não apenas nos casos previstos na Lei como para a deliberação sobre o plano de recuperação judicial apresentado pelo devedor, mas sempre que entender necessário sua deliberação a respeito de matérias passíveis de atingir interesses da coletividade de credores.

A Lei n. 14.112/2020, à luz do Código de Processo Civil de 2015, trouxe importante inovação aos procedimentos de recuperação judicial e falência: a atribuição do administrador judicial de estimular, sempre que possível e em qualquer fase do procedimento, a autocomposição entre as partes como método alternativo de solução de conflitos, seja entre credores, entre credores e devedor ou entre os sócios da própria devedora, estejam eles sujeitos ou não ao procedimento.

Para o desempenho de suas funções, o legislador autoriza o administrador judicial a efetuar a contratação de auxiliares, mediante prévia autorização judicial, para assessorá-lo no desempenho de suas funções, caso entenda necessário o conhecimento técnico de matérias de que não detém expertise, ou em razão da complexidade dos trabalhos a serem realizados.

A autorização judicial é necessária porque incumbirá ao juiz fixar a remuneração dos auxiliares, a ser paga pelo devedor ou pela massa falida, de sorte que há preocupação com eventuais abusos decorrentes de nomeação de auxiliares de forma infundada, apenas para o fim de majorar os honorários a serem pagos ao administrador judicial, ou reduzir a sua função. Nada impede, nessa óptica, que o juiz estipule o pagamento da remuneração dos auxiliares mediante desconto do montante total arbitrado em favor do administrador judicial.

Segundo estabelece o §1º do artigo em comento, a remuneração dos auxiliares será fixada pelo juiz considerando a complexidade dos trabalhos, e os valores praticados no mercado para o desempenho de atividades semelhantes.

Por fim, o administrador judicial deverá possuir estrutura mínima para executar suas funções, indicadas em lei.

Assim, o administrador judicial deve manter sítio eletrônico (*site*) com todas as informações pertinentes ao processo, como forma de facilitar a consulta pelos interessados. A Lei n. 14.112/2020 trouxe esse dispositivo como forma de reduzir os custos do procedimento falimentar e recuperacional, que antes exigia a publicação das informações do processo não apenas pela imprensa oficial, mas também por meio de jornais e revistas.

Ressalte-se que, embora o artigo em comento exija a manutenção de endereço eletrônico pelo administrador judicial, não se pode olvidar de eventual necessidade de limitar a publicidade das informações principais do processo, com o fim de assegurar a intimidade, interesse público ou social, quando assim exigirem. Nos termos do artigo 189 do Código de Processo Civil,[184] poderá o administrador judicial, autorizado pelo juiz da causa, limitar a publicidade de determinados documentos ou petições em seu sítio eletrônico, para acesso apenas com chaves ou senhas, apenas às partes e seus procuradores.

Além de endereço eletrônico na internet (*site*), deverá o administrador judicial disponibilizar *e-mail* específico para o recebimento de pedidos e manifestações dos credores interessados, tais como habilitações de crédito e apresentação de divergências que não tenham sido direcionadas ao juízo, elaborando modelos que poderão ser utilizados pelos credores. O endereço eletrônico deverá ser fornecido aos credores através do edital publicado nos termos do artigo 52, §1º ou do artigo 99, parágrafo único, para possibilitar o envio de habilitações e divergências administrativas diretamente ao administrador judicial, sem necessidade de seu protocolo em juízo.

---

184 "Art. 189. Os atos processuais são públicos, todavia tramitam em segredo de justiça os processos: I – em que o exija o interesse público ou social; II – que versem sobre casamento, separação de corpos, divórcio, separação, união estável, filiação, alimentos e guarda de crianças e adolescentes; III – em que constem dados protegidos pelo direito constitucional à intimidade; IV – que versem sobre arbitragem, inclusive sobre cumprimento de carta arbitral, desde que a confidencialidade estipulada na arbitragem seja comprovada perante o juízo".

Atribuições exclusivas à recuperação judicial

Dentre as atribuições do administrador judicial reservadas à recuperação judicial estão a fiscalização das atividades do devedor e do cumprimento do plano de recuperação judicial, assim como a fiscalização do decurso das tratativas e a regularidade das negociações entre devedor e os credores. Para o bom desempenho dessas suas funções fiscalizatórias, a lei impõe ao administrador judicial a elaboração de relatório mensal das atividades do devedor, que poderá solicitar informações a qualquer tempo (LREF, art. 22, I, d), ter livre acesso aos documentos mercantis e contábeis, e também, ao estabelecimento do devedor. Todas as informações prestadas pelo devedor deverão ter sua veracidade e conformidade atestadas pelo administrador judicial.

Deve-se ter cautela ao interpretar a parte final do artigo 22, II, c, sob pena de impossibilitar o desenvolvimento da atividade do administrador judicial, que não desempenha a função de auditor do devedor, tampouco se responsabiliza por eventual insucesso da sua atividade. Segundo aponta o autor, a conferência de todas as informações prestadas pelo devedor pressupõe que o administrador judicial acompanhe todo o desenvolvimento da atividade, como forma de atestar sua veracidade. Todavia, não foi isso que pretendeu a LREF, sob pena de instituir ao administrador judicial uma responsabilidade de resultado. A melhor interpretação do dispositivo, portanto, é a de que incumbe ao administrador judicial analisar a informação apresentada pelo devedor, para identificar eventuais inconsistências. Seu dever é constatar eventual culpa ou dolo caso sejam prestadas informações incorretas ou contraditórias, devendo, nesse caso, diligenciar para conferir a atuação do devedor e investigar se os números estariam efetivamente corretos.

Os relatórios deverão ser apresentados nos autos no prazo de 15 dias contados da apresentação das informações pelo devedor, e serão publicados também no endereço eletrônico mantido pelo administrador judicial, para conferência pelos interessados.

O administrador judicial deve, também, fiscalizar a veracidade e a conformidade das informações prestadas pelo devedor, e informar eventual ocorrência das condutas previstas no art. 64 da LREF.

Ademais, o administrador judicial deve assegurar o regular cumprimento do plano de recuperação judicial, após sua aprovação pelos credores e homologação pelo juízo. Encerrada a recuperação judicial no prazo legal e cumpridas as obrigações previstas no plano, deverá o administrador judicial encaminhar relatório circunstanciado sobre a sua execução, nos termos do artigo 63, III, da LREF. De outro turno, na hipótese de descumprimento das obrigações, o fato deverá ser levado à apreciação do juízo pelo administrador judicial, que requererá a convolação da recuperação judicial em falência.

Finalmente, incumbe ao administrador judicial fiscalizar as negociações realizadas entre o devedor e os credores, assegurando que sejam observados os termos convencionados pelas partes e a boa-fé objetiva nas tratativas, e que não sejam adotados expedientes prejudiciais a quaisquer dos negociantes. Não se olvide que as negociações poderão ocorrer tanto em juízo como através dos métodos de autocomposição já aludidos, e o dever de fiscalizar o decurso das tratativas pelo administrador judicial se aplica a ambos.

Fato é que este encargo atribuído ao administrador judicial é complexo, sobretudo imaginando casos de recuperação judicial de empresa de grande porte, com milhares de negócios, controlados por centenas ou milhares de empregados, às vezes efetivados no exterior, todos eles devendo ser fiscalizados pelo administrador judicial.

Atribuições exclusivas à falência

No procedimento falimentar, as atribuições do administrador judicial vão além do caráter meramente fiscalizatório, porque todos os atos necessários à liquidação da sociedade falida são de sua competência. Deverá, inclusive, assumir a representação da massa falida em juízo ou fora dele, arrecadar numerários, avaliar seus bens e proceder à sua venda para posterior pagamento de seus credores, de tudo prestando contas ao juízo da falência.

Assim como no caso da recuperação judicial, também na falência a transferência quanto à documentação arrecadada do falido é importante, para permitir verificar atos ocorridos antes da quebra. No desempenho dessa função, o administrador judicial deverá garantir aos credores acesso aos livros mercantis e documentos do falido, que lhe serão entregues por ocasião da decretação da falência (art. 104, II, LREF). Para este fim, por meio de publicação pelo órgão oficial, designará lugar e hora em que, diariamente, os credores terão à sua disposição os aludidos documentos, evitando assim que o acesso ininterrupto prejudique o bom desempenho de suas funções, que dependerão de exame da escrituração contábil e de consulta às informações contidas nos livros e documentos, sendo estas, também, incumbência do administrador judicial.

Decretada a falência do devedor, este é afastado do controle de suas atividades e de seu patrimônio, assumindo nova categoria jurídica de falido. Por esta razão, o devedor perde a legitimação processual na defesa de seus interesses, razão pela qual é sucedido pela massa falida, representada pelo administrador judicial, sob pena de ilegitimidade *ad causam*.

A representação da massa falida pelo administrador judicial não se restringe à esfera judicial. Ele também assumirá a representação extrajudicial, seja em procedimentos arbitrais, seja em procedimentos administrativos.

O artigo 76, parágrafo único da LREF estabelece a necessidade de intimação do administrador judicial para que assuma a representação da massa falida nas ações patrimoniais que envolvam interesses e negócios do falido e que, portanto, atinjam o interesse da coletividade de credores, sob pena de nulidade.

É incumbência do administrador judicial praticar todos os atos conservatórios de direitos e ações e, também, requerer todas as medidas e diligências necessárias para o cumprimento da lei, a proteção da massa ou a eficiência da administração. Constata-se, assim, que a atuação do administrador judicial é pautada não apenas pela persecução da alienação do ativo e pagamento do passivo, mas, também, a proteção em si do processo jurisdicional, com o objetivo de assegurar maior eficiência.

Poderá o administrador judicial contratar advogado para as causas judiciais em que representa a massa falida, considerando eventual exigência de capacidade postulatória, e de desnecessidade de o administrador judicial ser advogado. Os honorários do profissional contratado, contudo, deverão ser aprovados pelo Comitê de Credores, porque a eles interessa o patrimônio disponível do falido.

Deve-se ter cuidado, contudo, para não confundir o advogado contratado para a defesa dos interesses da massa falida, com o advogado contratado para representação processual do próprio administrador judicial. Nessa óptica, apenas o primeiro terá seus honorários suportados pela massa. Caberá ao administrador judicial, pois, remunerar o advogado que eventualmente vier a contratar para a defesa de seus próprios interesses na falência.

Estabelece a alínea *d* do inciso III a atribuição do administrador judicial de receber e abrir correspondências remetidas ao devedor. O dispositivo, todavia, vem sendo considerado inconstitucional para uma parte da doutrina, em razão da garantia constitucional da inviolabilidade de cartas, comunicações telegráficas, dados e comunicações telefônicas (art. 5º, XII, CF).

Importante destacar que o dispositivo deve ser interpretado conforme a Constituição Federal, no sentido de que ao administrador judicial incumbe a abertura das correspondências referentes ao desempenho da atividade empresarial, na presença do falido ou de seu representante, para compatibilizar a garantia do sigilo de correspondência aos interesses da coletividade de credores, além do interesse público na regularidade do procedimento falimentar.

Outra importante função do administrador judicial é a apresentação de relatório detalhado a respeito das causas e circunstâncias que conduziram o devedor à falência, que deve ser apresentado em 40 dias contados da assinatura do termo de compromisso. Tal relatório deverá, também, apontar eventual responsabilização civil e penal dos envolvidos, através de exposição circunstanciada, instruída com laudo do contador encarregado do exame da escrituração contábil do devedor, considerando as causas da falência, o procedimento do devedor, antes e depois da sentença, e outras informações detalhadas a respeito das condutas do devedor e dos demais responsáveis, que tenha contribuído para a sua bancarrota e que possam constituir crime relacionado com a recuperação judicial ou falência, ou outro delito conexo (art. 186, LREF).

Caso o relatório indique responsabilização penal de qualquer dos envolvidos, deverá ser providenciada a intimação do Ministério Público, para que tome conhecimento e adote as medidas cabíveis (§4º). Nada impede, contudo, nos termos do art. 187 da LREF, que ao tomar conhecimento da sentença que decreta a falência, o Ministério Público imediatamente requisite abertura de inquérito policial ou ofereça denúncia contra eventuais responsáveis, caso constate a ocorrência de qualquer crime previsto na Lei. Sem prejuízo, poderá o órgão ministerial aguardar a juntada do relatório do administrador judicial para oferecer a denúncia, caso se trate de denunciado solto ou afiançado.

Evidentemente, o prazo de 40 (quarenta) dias para apresentação do relatório, contados a partir da assinatura do termo de compromisso e prorrogável por igual período, pode ser insuficiente caso para a apuração de todas as causas e condutas que levaram o devedor à quebra, mormente se tratando de procedimento complexo que demande diligências externas como o envio de ofícios a outros juízos. É possível, pois, que em situações excepcionais o magistrado prorrogue o prazo legal, além da dilação autorizada por lei.

O administrador judicial possui, na falência, deveres específicos no tocante à liquidação dos ativos, competindo-lhe praticar os atos necessários à realização do ativo e ao pagamento dos credores.

Deverá arrecadar e avaliar os bens do falido, com o fim de elaborar auto de arrecadação, nos termos dos artigos 108 a 114, LREF. Poderá, para tanto, contratar avaliadores, preferencialmente oficiais, mediante prévia autorização judicial, caso entenda não ter competência técnica para a tarefa.

Os bens do devedor devem ser vendidos o mais rápido possível, para que a massa possa ser transformada em dinheiro para satisfação dos credores, sem prejuízo da possibilidade da venda em bloco dos bens (art. 108, *caput*, LREF), para tentativa de restabelecimento da atividade produtiva.

A partir da juntada do auto de arrecadação, inicia-se o prazo de 180 (cento e oitenta) dias para que o administrador judicial providencie a venda de todos os bens da massa falida sob pena de destituição, prazo este estabelecido pela Lei n. 14.112/2020, com o fim de agilizar o procedimento e lhe conferir maior eficiência.

O descumprimento do prazo legal de 180 dias, contudo, poderá ser justificado pelo administrador judicial ao juízo, mediante fundamentada e comprovada impossibilidade de alienação ou, alternativamente, caso justifique satisfatoriamente a necessidade de se aguardar para se realizar a venda em outras circunstâncias (como por exemplo, a venda conjunta de ativos).

A instituição de prazo de 180 dias dos bens arrecadados consiste em importante novidade trazida pela reforma de 2020 pois sinaliza que a alienação célere dos bens do devedor é objetivo a ser perseguido no processo de falência, tendo em vista a necessidade de se preservar os benefícios econômicos e sociais decorrentes da atividade empresarial, o que somente é atingido, conforme se evidencia do art. 75, §2º, da LREF, pela liquidação imediata do devedor e rápida realocação útil de ativos na economia.

A alteração legislativa evidência que a liquidação de ativos na falência não se destina, apenas, ao atendimento de interesse patrimonial dos credores de pagamento de seu crédito, mas, também, possui atende a interesse coletivo, consistente na realocação útil desses ativos na economia.

Compete ao administrador judicial avaliar os bens arrecadados, devendo, para tanto, contratar avaliadores, de preferência oficiais, mediante autorização judicial, para a avaliação dos bens caso entenda não ter condições técnicas para a tarefa. Deverá o administrador judicial, ainda, arrecadar eventuais valores depositados em autos judiciais ou administrativos em favor do falido, oriundos de penhoras, bloqueios, apreensões, leilões, alienações judiciais e outras hipóteses de constrição judicial que não acarretam transferência da propriedade e, por isso, não caracterizam pagamento do crédito. Os respectivos credores deverão ser habilitados na falência para o recebimento do que têm direito, à luz do princípio da *par conditio creditorum*, observada a ordem de pagamento estabelecida pela LREF.

A LREF excepciona, contudo, da possibilidade de arrecadação, os depósitos judiciais e extrajudiciais de tributos e contribuições federais (Lei n. 9.703/1998 e Lei n. 12.099/2009) e os depósitos judiciais e administrativos em dinheiro, referentes a processos judiciais e administrativos, tributários ou não, nos quais o Estado, o Distrito Federal ou os Municípios sejam parte (Lei Complementar n. 151, de 5 de agosto de 2015).

Logo após a arrecadação dos bens, o administrador judicial deverá proceder à realização do ativo e pagamento dos credores. Para tanto, lhe incumbe a cobrança judicial e extrajudicial dos créditos devidos à massa falida, sem prejuízo de eventual concessão de abatimento de dívidas ou outra forma de composição envolvendo obrigações e direitos da massa, apenas se autorizado pelo juízo e após ouvidos o Comitê de Credores e o falido no prazo comum de 2 (dois) dias (§3º).

Essa possibilidade de composição é admitida pela lei, mediante o cumprimento dos requisitos nela estabelecidos, como forma de maximizar os ativos da massa falida, sobretudo aqueles de difícil recebimento, sem olvidar da necessidade de proteção do patrimônio da massa e dos interesses da coletividade de credores, podendo o administrador judicial, para cumprimento desses princípios e dos demais que regem o procedimento concursal, requerer todas as medidas e diligências que forem necessárias.

Outrossim, poderá o administrador judicial praticar todos os atos conservatórios de direitos e ações, diligenciar a cobrança de dívidas e dar a respectiva quitação, e remir, em benefício da massa e mediante autorização judicial, bens apenhados, penhorados ou legalmente retidos.

Tais atribuições devem ser realizadas sempre levando em consideração a proteção aos interesses da massa. Assim, a remissão somente será efetivada na hipótese de eventual alienação do bem ser mais prejudicial à massa falida do que o simples abatimento de seu valor da dívida.

Sem prejuízo, incumbe ao administrador judicial prestar contas de sua administração na falência, mensalmente até o 10º dia do mês seguinte ao vencido, com a especificação da receita e da despesa, a fim de possibilitar o controle de sua gestão pelo juiz e por todos os interessados.

Para evitar tumulto processual, a prestação de contas poderá ser feita mediante apresentação de relatórios em autos apartados, com possibilidade de manifestação e impugnação dos credores e do Ministério Público. É conveniente, contudo, que os relatórios sejam juntados nos próprios autos principais do procedimento falimentar, para que possa haver controle periódico. Embora não previsto expressamente, as contas prestadas deverão indicar todos os bens arrecadados e os ainda a arrecadar, os bens avaliados e os ainda por avaliar, os bens liquidados e os ainda a liquidar, além da relação de habilitações de crédito retardatárias e impugnações de crédito julgadas e aquelas ainda pendentes de julgamento.

Compete ao administrador judicial, também, prestar contas sempre que cessar as suas atribuições antes de encerrada a falência (em casos de substituição, destituição ou renúncia). Em caso de substituição, deverá entregar ao seu substituto todos os bens e documentos pertencentes à massa, e que estejam em seu poder, sob pena de responsabilização.

Ao final do procedimento falimentar, nova prestação de contas deverá ser fornecida pelo administrador judicial, após a realização de todo o ativo e o pagamento dos credores.

Art. 23 – O administrador judicial que não apresentar, no prazo estabelecido, suas contas ou qualquer dos relatórios previstos nesta Lei será intimado pessoalmente a fazê-lo no prazo de 5 (cinco) dias, sob pena de desobediência.

Parágrafo único. Decorrido o prazo do caput deste artigo, o juiz destituirá o administrador judicial e nomeará substituto para elaborar relatórios ou organizar as contas, explicitando as responsabilidades de seu antecessor.

Descumprimento do dever de apresentação das contas ou relatórios previstos em lei

Além dos relatórios enumerados no artigo anterior, o administrador judicial tem dever de apresentar, na recuperação judicial, o relatório de atualização após 15 dias do decurso de dois anos da concessão da recuperação judicial, e, na falência, um relatório final do processo, após pagamento dos credores, assim como quaisquer outros relatórios extraordinários que se fizerem necessários ao conhecimento do juiz e demais envolvidos no processo falimentar.

A não prestação de contas ou a não entrega dos relatórios, ou falha nos apresentados, acarretará intimação do administrador para entregá-los ou complementá-los no prazo de 5 dias, sob pena de destituição e crime de desobediência. Isso porque, nos moldes do artigo 31 da LREF, a não apresentação do relatório é descumprimento das obrigações essenciais do administrador, que viola o regular desenvolvimento do procedimento de recuperação. Dada a gravidade da pena, exige-se a possibilidade de contraditório – embora a lei assim não estabeleça –, havendo, na hipótese de justificativa tida como razoável pelo magistrado, a concessão de novo prazo para apresentação, ou em sentido contrário, sua imediata substituição.

Em caso de destituição, será nomeado novo administrador judicial, que deverá assinar o termo de compromisso nos termos do artigo 33 da LREF e apresentar relatório detalhado sobre a situação atual do processo, executando tarefas que eventualmente não tenham sido cumpridas por seu antecessor. Deverá, ainda, apontar eventuais ações ou omissões do administrador judicial destituído que caracterizem conduta irregular ou ilegal, bem como apurar os prejuízos causados, a fim de instruir eventual ação de responsabilidade contra aquele.

Destituição e substituição

Importante mencionar que o artigo comentado cuida de sanção ao administrador judicial que atua com desídia, culpa, dolo ou descumprimento injustificado das obrigações previstas na LREF. Diferentemente da simples substituição, que pode ser feita por renúncia motivada, morte, incapacidade civil etc., a destituição implica consequências mais graves em virtude da reprovabilidade da conduta do administrador judicial.

Nesses termos, o administrador substituído terá direito à remuneração proporcional ao trabalho realizado, enquanto o administrador destituído não terá direito a qualquer numerário, nos termos do §3º do artigo 24.

Art. 24 – O juiz fixará o valor e a forma de pagamento da remuneração do administrador judicial, observados a capacidade de pagamento do devedor, o grau de complexidade do trabalho e os valores praticados no mercado para o desempenho de atividades semelhantes.

§ 1º Em qualquer hipótese, o total pago ao administrador judicial não excederá 5% (cinco por cento) do valor devido aos credores submetidos à recuperação judicial ou do valor de venda dos bens na falência.

§ 2º Será reservado 40% (quarenta por cento) do montante devido ao administrador judicial para pagamento após atendimento do previsto nos arts. 154 e 155 desta Lei.

§ 3º O administrador judicial substituído será remunerado proporcionalmente ao trabalho realizado, salvo se renunciar sem relevante razão ou for destituído de suas funções por desídia, culpa, dolo ou descumprimento das obrigações fixadas nesta Lei, hipóteses em que não terá direito à remuneração.

§ 4º Também não terá direito a remuneração o administrador que tiver suas contas desaprovadas.

§ 5º A remuneração do administrador judicial fica reduzida ao limite de 2% (dois por cento), no caso de microempresas e de empresas de pequeno porte, bem como na hipótese de que trata o art. 70-A desta Lei.

Remuneração do administrador judicial

Visando à garantia de atuação imparcial e diligente do administrador judicial, a lei incumbiu ao magistrado a fixação de seus honorários, impossibilitando composição entre as partes quanto ao valor da remuneração. A proposta de honorários será discutida nos autos do processo falimentar ou de recuperação, e a fixação pelo juiz levará em conta todos os aspectos do trabalho, como a qualidade do trabalho, a diligência e o zelo com o desenvolvimento do processo, o tamanho da empresa ou grupo de empresas, créditos, débitos etc., além dos valores praticados no mercado, sem, obviamente, exceder ao percentual máximo fixado pela lei em 5% do valor devido aos credores submetidos à recuperação judicial ou do valor de venda dos bens na falência.

O percentual máximo de 2% aplicável nos casos de recuperação judicial ou falência de microempresas e empresas de pequeno porte, foi fixado por alteração trazida pela Lei Complementar n. 147/2014. Com a reforma de 2020, a redação do §5º do artigo 24 sofreu nova alteração, além de manter esse percentual máximo diferenciado para microempresas e empresa de pequeno porte, instituiu-o, também, para o empresário rural com passivo até R$ 4.800.000,00.

O percentual menor tem por presunção a menor complexidade pela limitação do faturamento e correspondente menor complexidade. Contudo, os procedimentos podem não apresentar as facilidades presumidas, daí a necessidade de interpretação sistemática de toda a legislação, inclusive o *caput* do artigo comentado, para que a remuneração seja compatível com às funções desempenhadas pelo administrador.

Igual porcentagem passou a ser aplicado, também, ao empresário rural cujo passivo sujeito à recuperação judicial seja de até R$4.800.000,00 (Art. 70-A). Isso por força da Lei Complementar n. 123/2006, que confere ao produtor rural pessoa física e ao agricultor familiar o tratamento de pequenos empresários caso tenham renda bruta anual de R$360.000,00 até R$4.800.000,00. Contudo, os critérios de aferição da complexidade do processo e menor ônus do devedor foram alterados, utilizando-se como referência não o montante de faturamento anual do devedor, mas seu passivo.

Ressalte-se que no julgamento no REsp 1.825.555/MT, anterior à reforma de 2020, a 4ª Turma do Superior Tribunal de

Justiça destacou a necessidade de limitação da remuneração do administrador judicial, nos termos do §5º (2%) ainda quando as microempresas e empresas de pequeno porte em recuperação optem pelo plano especial, nos termos dos artigos 70 a 72 da LREF.[185]

Na ocasião, o Tribunal Superior manteve acórdão do Tribunal de origem, que havia reformado decisão do juízo da recuperação judicial, fixando remuneração superior ao limite legal de 2% por não se tratar de plano especial. Segundo o entendimento do juízo de primeiro grau, somente no procedimento previsto nos artigos 70 a 72 da LREF haveria diminuição dos trabalhos a serem realizados pelo administrador judicial, nem mesmo havendo a designação de assembleia-geral de credores para deliberação sobre o plano. Optando as devedoras pelo plano comum de recuperação judicial não se justificaria o limite legal de 2% previsto no §5º do artigo 24, mas a regra geral prevista no §1º do mesmo dispositivo.

O STJ, contudo, salientou que a regra sobre o percentual de remuneração prevista no §5º

> *teve o escopo de proteger eminentemente a pessoa do devedor que se enquadra nos requisitos legais da empresa de pequeno porte, dando o devido tratamento favorecido, independentemente da sua opção pela adoção do plano especial de recuperação.*

Destacou, ainda, que a lei não restringe a aplicação do limite de 2% apenas quando há opção pelo plano especial, e que as benesses legais direcionadas às empresas de pequeno porte não se restringem à adoção do procedimento do plano especial de recuperação. Outrossim, concluiu que

---

185 STJ, 4ª Turma, Rel. Min. Luis Felipe Salomão, DJe 11/06/2021.

a remuneração do administrador judicial é categoria jurídica específica, dotada de conteúdo normativo próprio e, por conseguinte, a eventual escolha do devedor pelo regime especial não pode ser tida como critério determinante a afastar a limitação de 2% imposta pela lei".

Forma de pagamento da remuneração

A remuneração ao administrador judicial, na falência, é considerada como crédito extraconcursal (art. 84, I), com prioridade no pagamento em relação aos demais credores. A lei autoriza o pagamento em duas parcelas, uma de 40%, após a aprovação das contas apresentadas nos termos dos artigos 154 e 155, e outra correspondente aos 60% remanescentes, cujo momento não foi determinado pela lei. Essa previsão tem por fim garantir que o trabalho do administrador judicial no processo de falência será remunerado, assim como os seus custos, impedindo que a massa falida consuma todos os ativos antes do pagamento do administrador, o que estimula o zelo e diligência no do começo até o final.

Esse parcelamento se refere, a princípio, ao processo falimentar, visto que fixa como marco temporal de uma das parcelas a prestação de contas nos termos dos artigos 154 e 155 da LREF.[186] O

186 "RECURSO ESPECIAL. RECUPERAÇÃO JUDICIAL. HONORÁRIOS DO ADMINISTRADOR JUDICIAL. RESERVA DE 40%. ARTS. 24, §2º, DA LFRE. INAPLICABILIDADE NO ÂMBITO DOS PROCESSOS DE SOERGUIMENTO. 1. Recuperação judicial requerida em 15/12/2015. Recurso especial interposto em 24/03/2017 e concluso ao Gabinete em 11/12/2017. 2. O propósito recursal é definir se a regra do art. 24, §2º, da Lei n. 11.101/05 – que trata da reserva de honorários do administrador judicial – aplica-se também aos processos de recuperação ou apenas às ações de falência. 3. O art. 24, §2º, da LFRE faculta a reserva de 40% dos honorários do administrador judicial para pagamento posterior, providência que se condiciona, segundo a mesma norma, à verificação e à realização de procedimentos relativos estritamente a processos de falência – (i) prestação de contas (após a realização do ativo e a distribuição do produto entre os credores); e (ii) apresentação do relatório final da falência, indicando valores

legislador optou por condicionar o pagamento de parcela substancial dos honorários devidos ao administrador judicial a momento final da falência, após conclusão da arrecadação de ativos e pagamento dos credores e devida prestação de contas, como forma de proteção da massa falida, na medida em que apenas haverá liberação de valores após aprovação destas,

Com relação à parcela dos honorários correspondente a 60% do valor da venda dos bens, na falência, poderá ser pago ao longo do curso do processo falimentar, para auxiliar o administrador judicial a fazer frente aos custos que terá para exercer as suas funções, desde que autorizado pelo juiz, a título de honorários provisórios, após apresentação de pedido justificando a necessidade.

Não há previsão na lei, na recuperação judicial, quanto à forma de remuneração do administrador judicial, sendo fixados, apenas, os parâmetros para a definição de seu montante total. Ainda assim, não é razoável o pagamento integral e à vista da remuneração, até porque o trabalho realizado será aferido pela aprovação do relatório de prestação de contas, quando se pagará o saldo remanescente eventualmente existente. O que se tem, na prática, é uma remuneração mensal provisória, estimada com base na complexidade do trabalho que será desenvolvido, para fazer frente às despesas incorridas pelo administrador judicial para a adequada execução de suas funções no processo, apurando-se, ao final, eventual saldo depois do relatório.

---

patrimoniais e pagamentos feitos, bem como as responsabilidades com que continuará o falido. 4. Diante disso, uma vez que as condições a que se sujeita o pagamento diferido guardam relação com procedimentos específicos de processos falimentares, não se pode considerar tal providência aplicável às ações de recuperação judicial. RECURSO ESPECIAL PROVIDO". (STJ, REsp n. 1700700 SP 2017/0248135-5, Rel. Ministra Nancy Andrighi, Julgamento: 05/02/2019, 3ª Turma, DJe 08/02/2019).

Art. 25 – Caberá ao devedor ou à massa falida arcar com as despesas relativas à remuneração do administrador judicial e das pessoas eventualmente contratadas para auxiliá-lo.

Responsabilidade pelo pagamento dos honorários do administrador judicial

A remuneração do administrador judicial será suportada pelo empresário em recuperação judicial ou pela massa falida. Diante da suspeita de ausência de bens da massa para remuneração do administrador, a jurisprudência tem decidido que os credores requerentes da falência adiantem os recursos para os honorários mínimos do administrador judicial, evitando-se o desestímulo à função que pode comprometer a própria celeridade e eficiência do processo falimentar.

Nesse sentido já decidiu o C. Superior Tribunal de Justiça no REsp 1.594.260/SP, quando reconheceu a possibilidade de atribuir o ônus de adiantamento dos honorários do administrador judicial ao credor da massa falida, em situação excepcional e a título de caução, como mera antecipação de despesa processual a ser arcada pela Massa (art. 19, CPC/73 – correspondência com o art. 82, *caput*, CPC/15),[187] sob pena de extinguir o processo por ausência de pressuposto processual de existência e de validade.[188]

Vale ressaltar que a necessidade de custeio do processo falimentar e, em especial, das despesas com o administrador judicial, foi expressamente reconhecida pelo legislador como despesa essencial, sendo que o seu pagamento é condição necessária e

187 "Art. 82. Salvo as disposições concernentes à gratuidade da justiça, incumbe às partes prover as despesas dos atos que realizarem ou requererem no processo, antecipando-lhes o pagamento, desde o início até a sentença final ou, na execução, até a plena satisfação do direito reconhecido no título".

188 STJ, 3ª Turma, REsp 1.594.260/SP, Rel. Min. Nancy Andrighi, DJe 10/08/2017.

indispensável para permitir adequada tramitação do feito. Nesse sentido, o art. 114-A da LREF prevê que se a falência não possuir ativos arrecadados suficientes para fazer frente do processo, o administrador deve informar a situação ao juiz e, se nenhum credor estiver disposto a pagar por essa quantia, haverá a extinção do processo. Muito embora não exista previsão semelhante para a recuperação judicial, a capacidade de arcar com despesas essenciais para tramitação do processo é indicativa da viabilidade de soerguimento da empresa, visto que a sua ausência somente foi normatizada no processo falimentar. É verdade que eventual crise financeira pode, momentaneamente, comprometer capacidade de pagamento do devedor, sobretudo para suas obrigações de curto prazo, contudo, é preocupante se esse comprometimento persiste ao longo de toda a tramitação do processo.

Art. 26 – O Comitê de Credores será constituído por deliberação de qualquer das classes de credores na assembleia-geral e terá a seguinte composição:

I – 1 (um) representante indicado pela classe de credores trabalhistas, com 2 (dois) suplentes;

II – 1 (um) representante indicado pela classe de credores com direitos reais de garantia ou privilégios especiais, com 2 (dois) suplentes;

III – 1 (um) representante indicado pela classe de credores quirografários e com privilégios gerais, com 2 (dois) suplentes;

IV – 1 (um) representante indicado pela classe de credores representantes de microempresas e empresas de pequeno porte, com 2 (dois) suplentes.

§ 1º A falta de indicação de representante por quaisquer das classes não prejudicará a constituição do Comitê, que poderá funcionar com número inferior ao previsto no caput deste artigo.

§ 2º O juiz determinará, mediante requerimento subscrito por credores que representem a maioria dos créditos de uma classe, independentemente da realização de assembleia: I – a nomeação do representante e dos suplentes da respectiva classe ainda não representada no Comitê; ou II – a substituição do representante ou dos suplentes da respectiva classe.

§ 3º Caberá aos próprios membros do Comitê indicar, entre eles, quem irá presidi-lo.

Comitê de credores

O Comitê de Credores foi introduzido pela Lei n. 11.101/2005 para, em tese, sanar os problemas de eficiência da falência e da concordata, que, em último grau, eram atribuídos à reduzida participação dos credores nos procedimentos. Buscando conferir efetividade à contribuição ativa dos credores, o instituto foi criado para o fim precípuo de fiscalização das atividades do devedor e do administrador judicial, tanto na falência quanto na recuperação judicial, já que previsto no Capítulo II – Das disposições comuns à recuperação judicial e à falência, na Seção III – Do administrador judicial e do Comitê de Credores.

Importa mencionar que, embora o Decreto-Lei n. 7661/45 não previsse a figura específica do Comitê de Credores, procedimento similar, porém com participação mais restrita dos credores, encontrava-se disposto nos seus artigos 122 e 123. Tais dispositivos estabeleciam a possibilidade de associação entre credores, com quóruns mínimos, para deliberar sobre realização e liquidação do ativo na falência, apenas. A prática, contudo, demonstrou a falta de interesse econômico dos credores em utilizar desta prerrogativa, que assim como o Comitê criado pela Lei n. 11.101/05, não constituía órgão obrigatório para o procedimento falimentar.

O Comitê de Credores não esvaziou os poderes da Assembleia-Geral, mas com ela coexiste em independência, não podendo nem ser considerado órgão auxiliar. Ao Comitê são atribuídas funções deliberativas, de impugnação de crédito, contestação de pedidos de restituição, entre outros.

Conforme já anotado, em conformidade com sua finalidade de integração dos credores aos procedimentos da recuperação judicial e falência, o Comitê é facultativo. A sua constituição dependerá da complexidade e do volume da massa falida ou da empresa em crise, justificando-se a existência especialmente nos processos em que a sociedade empresária devedora tem condições de absorver as respectivas despesas.

Instauração do Comitê de Credores

O Comitê se instaura por deliberação de qualquer das classes de credores reunidos em Assembleia, que votarão, cada qual, dentro de sua respetiva classe (art. 44). Dessa forma, sua criação não depende da anuência das demais classes, nem implica que todas necessariamente terão representantes. É possível, pois, que seja integrado apenas por um representante de uma classe específica, que representará toda a coletividade de credores. Lembre-se que o Comitê de Credores também pode ser instituído por determinação judicial na sentença declaratória de quebra (art. 99, XII).

Por deliberação assemblear e para representá-los no Comitê, cada classe poderá eleger um membro titular e dois suplentes, podendo a classe não representada inicialmente eleger posteriormente seus titulares e suplentes. Os suplentes serão hierarquizados para que se saiba de antemão qual deles o integrará na falta do titular. Na ausência, o critério de desempate será o valor do crédito de titularidade dos suplentes. Mas vale anotar que para ser eleito o representante não precisa ser credor da empresa, permitindo a lei que os credores escolham como representante um profissional, pessoa física ou jurídica, que possa bem atender seus interesses no exercício da função.

Observam-se os mesmos impedimentos para o exercício de função de administrador judicial (art. 30) na eleição dos membros do Comitê. Assim, ainda que a escolha caiba exclusivamente aos credores, o juiz pode, por algum impedimento, recusar a nomeação do titular ou dos suplentes de determinada classe. É possível, também, no decorrer do processo, pela própria classe que os elegeu, substituí-los ou retirá-los da função, mediante quórum idêntico ao requerido para sua eleição (art. 44), cabendo a atuação do juiz nas situações de apuração de culpa ou dolo no exercício das funções.

Composição do órgão

O Comitê de Credores será formado por quatro representantes, um de cada classe, quais sejam, a classe de credores trabalhistas, a dos credores com direitos reais de garantia e privilégio especial, a dos credores quirografários e com privilégios gerais e a dos credores microempresários e empresários de pequeno porte.

É interessante observar que muito embora o Comitê de Credores seja estrutura aplicável tanto à falência quanto à recuperação judicial, adotada critério de organização do crédito observado exclusivamente neste último procedimento, desconsiderando as classes de crédito fixadas nos artigos 83 e 84 da LREF.

Além disso, além de utilizar forma distinta de organização do crédito, exclui dessa estrutura o credor fiscal e os titulares de encargos da massa. É verdade que a participação do credor fiscal em assembleia geral na falência, com poderes limitados de transação, é, a princípio, uma questão que não foi enfrentada pelo legislador.

Fábio Ulhoa Coelho aponta divergência na distribuição em classes na Assembleia-Geral de Credores, que agrupa os credores com privilégio especial e os quirografários e subordinados (art. 41), e no Comitê de Credores unem esses aos titulares de garantia real. A imprecisão adveio da Emenda n. 57, que alterou a redação do art. 41, mas não fez igual mudança no art. 26.[189] Para alguns doutrinadores como Bezerra Filho,[190] o Comitê deverá ser formado por representantes das classes conforme a formação da Assembleia-Geral de Credores, visto que tal agrupamento contemplaria a maioria dos credores e aglutinaria na mesma classe interesses semelhantes. Embora pareça razoável essa interpretação, Sacramone[191] entende que a letra da lei é clara e que não haveria por que desviar da previsão contida no art. 26 da Lei.

Necessário mencionar que a Lei n. 14.112/20 revogou o artigo 83, IV e V, que dispunha sobre a classe que crédito que abrangeria credores com privilégio geral e a classe dos credores com privilégio especial, os quais passaram a ser considerados como quirografários, pelo §6º do mesmo dispositivo. Muito embora o art. 83, §6º esteja disposto na parte da lei que dispõe sobre as falências, a sua redação é mais ampla: "*§6º Para os fins do disposto nesta Lei, os créditos que disponham de privilégio especial ou geral em outras normas integrarão a classe dos créditos quirografários*".

A alteração promovida pela Lei n. 14.112/20 no artigo 83 da LREF não foi refletida na redação do art. 26 em análise. Esse fato não provoca grandes alterações no inciso III do artigo 26, na medida em que previa a indicação de membro do Comitê de Credores por credores quirografários e titulares de crédito com privilégio geral. Isso não se pode dizer, contudo, da situação do inciso II, que prevê a indicação de 1 representante por credores com direitos reais de garantia ou com privilégios especiais.

---

189 COELHO, Fábio Ulhoa. *Comentários à Lei de Falências e de Recuperação de empresas*: Lei n. 14.112/20, Nova Lei de Falências. 14ª ed. São Paulo: Revista dos Tribunais, 2021.

190 BEZERRA FILHO, Manoel Justino. *Lei de Recuperação de Empresas e Falências*. 10ª ed. São Paulo: Revista dos Tribunais, 2014, p. 138.

191 SACRAMONE, Marcelo Barbosa. *Comentários à Lei de Recuperação de Empresas e Falências*. São Paulo: Saraiva Jur, [s.d.], edição Kindle.

Como os credores com privilégios especiais passaram a ser classificados como quirografários para fins da legislação, nos termos do art. 83, §6º, LREF, forçoso reconhecer que, após a reforma, passaram a votar a indicação na hipótese do inciso III e não mais na do inciso II.

Na formação do Comitê de Credores, ainda, há de ser escolhido o presidente dentre os membros eleitos, cujas funções serão disciplinadas pela própria coletividade. Nas reuniões do Comitê, as deliberações são tomadas por maioria dos votantes, ou seja, um representante de cada classe de credores, observada a hierarquia *preestabelecida*. As decisões serão lançadas em livros de atas que receberá rubrica judicial. Ele poderá ser consultado pelo administrador judicial, qualquer credor ou devedor.

Art. 27 – O Comitê de Credores terá as seguintes atribuições, além de outras previstas nesta Lei:

I – na recuperação judicial e na falência: a) fiscalizar as atividades e examinar as contas do administrador judicial; b) zelar pelo bom andamento do processo e pelo cumprimento da lei; c) comunicar ao juiz, caso detecte violação dos direitos ou prejuízo aos interesses dos credores; d) apurar e emitir parecer sobre quaisquer reclamações dos interessados; e) requerer ao juiz a convocação da assembleia-geral de credores; f) manifestar-se nas hipóteses previstas nesta Lei;

II – na recuperação judicial: a) fiscalizar a administração das atividades do devedor, apresentando, a cada 30 (trinta) dias, relatório de sua situação; b) fiscalizar a execução do plano de recuperação judicial; c) submeter à autorização do juiz, quando ocorrer o afastamento do devedor nas hipóteses previstas nesta Lei, a alienação de bens do ativo permanente, a constituição de ônus reais e outras garantias, bem como atos de endividamento necessários à continuação da atividade empresarial durante o período que antecede a aprovação do plano de recuperação judicial.

§ 1º As decisões do Comitê, tomadas por maioria, serão consignadas em livro de atas, rubricado pelo juízo, que ficará à disposição do administrador judicial, dos credores e do devedor.

§ 2º Caso não seja possível a obtenção de maioria em deliberação do Comitê, o impasse será resolvido pelo administrador judicial ou, na incompatibilidade deste, pelo juiz.

Atribuições do Comitê de Credores comuns à recuperação judicial e à falência

O Comitê de Credores tem por atribuição principal a salvaguarda dos interesses dos credores. Diferentemente do administrador judicial, o Comitê atua em proveito de uma das partes e pode fiscalizar as atividades tanto do devedor quanto do administrador judicial. Sua competência precípua, portanto, é fiscal, de modo que lhe devem ser disponibilizados todos os documentos contábeis e escriturais pertinentes à empresa em recuperação ou falida.

O rol estabelecido pelo artigo não é exaustivo e o próprio Comitê pode estabelecer incumbências diversas que contribuam para a eficiência do processo concursal, como, por exemplo, a possibilidade de elaborar plano de recuperação alternativo ao apresentado pela recuperanda, submetendo-o à deliberação da Assembleia-Geral de Credores, nos termos do artigo 56, §§ 4º, 5º, 6º e 7º, da LREF.

Tanto na falência quanto na recuperação judicial, o Comitê deverá fiscalizar os trabalhos do administrador judicial, analisando suas contas, manifestações e documentos apresentados nos autos. Pode, inclusive, estar presente em eventuais diligências presenciais realizadas pelo administrador judicial, valendo-se de auxiliares técnicos, se entender necessário para o bom andamento do processo e pelo cumprimento da LREF.

Ao zelar pela regularidade do processo de recuperação judicial e de falência, o Comitê poderá eventualmente exigir a observância dos prazos para manifestação, apontar falta de manifestação do devedor ou do administrador judicial, quando necessária, ou contestar tumulto provocado por abuso de determinado credor etc.

O Comitê deve estar à disposição para receber eventuais reclamações de interessados contra o devedor, propondo o que entender pertinente para o saneamento de vícios que constatar. Deverá, ainda, manifestar-se nos autos para salvaguardar a defesa dos interesses dos credores, e sempre que entender necessária a comunicação ao juízo acerca de eventual irregularidade, violação de direitos ou prejuízo à coletividade de credores.

Tem legitimação, ainda, para solicitar ao juízo a convocação da Assembleia-Geral de Credores, por deliberação de sua maioria.

Atribuições do Comitê de Credores exclusivas à recuperação judicial

Nos processos de recuperação judicial, à fiscalização das atividades do administrador judicial soma-se a atribuição de fiscalização da administração das atividades do devedor. O Comitê deverá apresentar relatório a cada 30 (trinta) dias, a respeito da situação do devedor.

Ademais, incumbe-lhe a fiscalização do cumprimento e execução do plano de recuperação judicial, incluindo o pagamento dos créditos e o cumprimento das medidas de soerguimento nele estabelecidas.

Finalmente, a lei prevê algumas hipóteses em que haverá afastamento do devedor da gestão da empresa recuperanda (LREF, art. 64), quando será substituído conforme os atos constitutivos da empresa em recuperação, ou de acordo com o previsto no plano de recuperação judicial. Suas funções serão desempenhadas pelo administrador judicial, até que o juiz convoque Assembleia-Geral de Credores para nomeação de um gestor judicial que assumirá a administração da empresa.

A norma em comento prevê que incumbirá ao Comitê de Credores, no caso de afastamento do devedor, submeter à apreciação do juiz a alienação de bens do ativo permanente, a constituição de ônus reais e outras garantias, bem como os atos de endividamento necessários à continuação da atividade empresarial durante o período que antecede a aprovação do plano de recuperação judicial.

Marcelo Barbosa Sacramone ressalta que a melhor interpretação do dispositivo não é a literal, mas a que se faz em conjunto com o art. 66, no sentido de que, independentemente de afastamento do devedor, aquele que desenvolve a atividade em substituição, ainda que temporariamente, deverá submeter o pedido de alienação, a constituição de ônus e os atos de endividamento ao juiz. Antes da deliberação judicial, contudo, deverá ser ouvido o Comitê de Credores sobre a utilidade do ato.[192]

Ademais, a alínea c do inciso II tem por cuidado destacar que a aludida função do Comitê de Credores é estabelecida apenas caso não haja ainda plano de recuperação judicial aprovado. Isso porque, nesse caso, subentende-se que a forma de gestão e de oneração do patrimônio da empresa já estará descrita e pormenorizada no plano deliberado e aprovado pelos credores.

Registro das decisões e quórum de deliberação

As decisões do Comitê de Credores são tomadas por maioria de votos (por cabeça e não pelo valor do respectivo crédito) e consignadas em livro de atas, rubricado pelo juiz. Cuida-se de livro mercantil, obrigatório nas recuperações judiciais e falências em que o órgão houver sido instalado, devendo obedecer às formalidades inerentes ao instituto, inclusive no atinente à forma de escrituração e arquivamento na Junta Comercial.

---

192 SACRAMONE, Marcelo Barbosa. *Comentários à Lei de Recuperação de Empresas e Falências*. São Paulo: Saraiva Jur, [s.d.], edição Kindle.

O livro de atas deverá ser disponibilizado ao administrador judicial, aos credores e ao devedor.

Em caso de impossibilidade de obtenção de maioria de votos, como no caso de empate, o impasse deverá ser resolvido primeiramente pelo administrador judicial ou, caso haja incompatibilidade (*v.g.* caso se trate deliberação a respeito das contas prestadas pelo administrador judicial), a decisão caberá ao juiz.

Art. 28 – Não havendo Comitê de Credores, caberá ao administrador judicial ou, na incompatibilidade deste, ao juiz exercer suas atribuições.

Ausência do Comitê de Credores

Tendo em vista que Comitê de Credores é órgão facultativo, caso não seja constituído, por desnecessidade ou inviabilidade de sua constituição, suas atribuições serão exercidas pelo administrador judicial para as matérias em que não haja incompatibilidade com os deveres e função deste – como, por exemplo, a fiscalização do próprio administrador judicial. Nesses casos, as atribuições serão exercidas pelo próprio juiz.

A prática forense demonstra, como já se mencionou, reduzida aplicação do Comitê de Credores, sobretudo diante dos poderes conferidos à Assembleia-Geral e à ampla participação dos credores no conclave, sendo suficiente à tutela dos seus interesses.

Art. 29. Os membros do Comitê não terão sua remuneração custeada pelo devedor ou pela massa falida, mas as despesas realizadas para a realização de ato previsto nesta Lei, se devidamente comprovadas e com a autorização do juiz, serão ressarcidas atendendo às disponibilidades de caixa.

Remuneração dos membros do Comitê de Credores

Os membros do Comitê podem ou não ser remunerados conforme deliberar a Assembleia de Credores. Se esta aprovar a remuneração dos membros, aprovará também o valor da remuneração e quem arcará com o pagamento.

Visto que o órgão facultativo tem a finalidade específica de melhor fiscalizar o desenrolar dos procedimentos e a tutela do interesse dos credores, não pode pedir que a remuneração seja feita pela recuperanda ou pela massa falida. Os próprios credores, pois, deverão se organizar para arrecadar recursos suficientes ao custeio dos honorários de seus membros, ainda que, eventualmente, um ou alguns deles tenham votado pela gratuidade no desempenho da função.

De qualquer forma, ainda que sem remuneração, as despesas realizadas pelo Comitê para a prática de atos determinados em lei, desde que comprovados e autorizados judicialmente, poderão ser ressarcidas pelo devedor.

Art. 30 – Não poderá integrar o Comitê ou exercer as funções de administrador judicial quem, nos últimos 5 (cinco) anos, no exercício do cargo de administrador judicial ou de membro do Comitê em falência ou recuperação judicial anterior, foi destituído, deixou de prestar contas dentro dos prazos legais ou teve a prestação de contas desaprovada.

§ 1º Ficará também impedido de integrar o Comitê ou exercer a função de administrador judicial quem tiver relação de parentesco ou afinidade até o 3º (terceiro) grau com o devedor, seus administradores, controladores ou representantes legais ou deles for amigo, inimigo ou dependente.

§ 2º O devedor, qualquer credor ou o Ministério Público poderá requerer ao juiz a substituição do administrador judicial

ou dos membros do Comitê nomeados em desobediência aos preceitos desta Lei.

§ 3º O juiz decidirá, no prazo de 24 (vinte e quatro) horas, sobre o requerimento do § 2º deste artigo.

Hipóteses de impedimento do administrador judicial e de membro do Comitê de Credores

A lei estabeleceu impedimentos para a nomeação de determinadas pessoas como membros do Comitê de Credores ou como administrador judicial. Essas se apresentam como garantias do regular exercício das funções dessas pessoas, assegurando sua idoneidade, capacidade e independência do fiscalizado.

Os mesmos impedimentos estipulados para o administrador judicial valem também para os membros do Comitê.

De modo geral, os impedimentos obedecem a duas situações. Não pode ser nomeada como administrador judicial ou membro do Comitê de Credores a pessoa que esteja impedida por lei especial, como juiz, promotor de justiça, delegado de polícia, funcionários públicos, entre outros. Igualmente, estão impedidos de nomeação e permanência no cargo o administrador judicial ou membro do Comitê que tenha sido destituído de sua função, não prestou as contas nos prazos devidos[193] ou teve qualquer delas desaprovadas em outra falência ou recuperação nos 5 anos anteriores ao processo em que está sendo nomeado. Esse impedimento decorre da perda da presunção de idoneidade e consequente aptidão para auxiliar o Poder Judiciário.

O prazo de cinco anos foi estabelecido como forma de se evitar o impedimento perpétuo para o exercício do cargo, como ocorria

---

193 Ver comentários ao art. 23.

no antigo Decreto-Lei n. 7.661/45, em que o síndico destituído não poderia voltar a assumir a mesma função, indefinidamente.[194]

Os impedimentos específicos decorrem de aparente dependência entre administrador judicial ou membro do Comitê de Credores com o fiscalizado, buscando inibir qualquer conflito de interesse que possa macular a integridade do procedimento. Estão impedidos de ser nomeados para os cargos as pessoas com relação de parentesco, vínculo sanguíneo ou matrimonial, até terceiro grau, afinidade, inimizade ou rivalidade, com o devedor, seus administradores e controladores. Ademais, mesmo que em tese não haja impedimento em razão da proximidade com qualquer sócio minoritário, caso se demonstre que ele tenha tido atuação relevante na empresa, pode-se estender a hipótese de impedimento também a ele.

Legitimidade para requerer a substituição

A irregularidade da nomeação viola norma cogente, não podendo ser convalidada, o que significa dizer que, independentemente do prazo, o devedor, qualquer credor ou o Ministério Público podem pedir ao juiz a substituição do impedido.

Evidentemente, também há a possibilidade de o próprio administrador judicial ou o membro de Comitê de Credores informar o juízo de eventual impedimento seu, que impeça o exercício idôneo da função, à luz dos princípios norteadores do processo concursal.

Mesmo que não haja previsão legal quanto ao contraditório do impugnado, não se compreende mais que não haja, cumprindo

---

194 "Art. 60. (...) §3º Não pode servir de síndico: (...) III – o que, tenha exercido cargo de síndico em outra falência, ou de comissário em concordata preventiva, foi destituído, ou deixar de prestar contas dentro dos prazos legais, ou havendo-as prestado, as teve julgadas más". (BRASIL. *Decreto-Lei n. 7.661*, de 21 de junho de 1945. Lei de Falências. Revogada pela Lei n. 11.101/05. Disponível em: http://www.planalto.gov.br/ccivil_03/decreto-lei/del7661.htm. Acessado em: 03.05.2021).

que lhe seja dada oportunidade de manifestar-se previamente à decisão. O pedido, aliás, deve ser analisado com cautela pelo juiz, sobretudo diante da possibilidade de conluio entre devedor e credores para, e.g., afastar eventual nomeado indesejado, caso tenha reputação ilibada e conhecida pela rigorosidade na fiscalização do procedimento.

Com relação ao prazo de 24h para deliberação do pedido, a doutrina entende que se trata de prazo impróprio, não obstante a celeridade imanente ao procedimento recuperacional e falimentar.

Isso porque, diante da gravidade da medida, é recomendável a oitiva do administrador judicial ou do membro do Comitê de Credores a quem recai o pedido de substituição, exceto em casos excepcionais em que a comprovação do alegado esteja suficientemente comprovada de forma documental. Nesse sentido, poderá o magistrado determinar outras diligências para a apuração dos fatos, antes de decidir sobre a substituição do nomeado.

Honorários em caso de impedimento

Há grande debate doutrinário quanto ao direito de remuneração em razão do impedimento. Sobre a temática, Marcelo Barbosa Sacramone defende a posição de que, existindo o impedimento antes da nomeação do administrador judicial ou membro do Comitê, há violação aos preceitos legais para sua nomeação, de conhecimento prévio pelo nomeado, não podendo ser beneficiado em detrimento da oneração da massa falida. Já se o impedimento surgir após a nomeação, contudo, caberá remuneração pelos atos praticados até sua substituição, pois o exercício desses atos foi regular.

Art. 31 – O juiz, de ofício ou a requerimento fundamentado de qualquer interessado, poderá determinar a destituição do administrador judicial ou de quaisquer dos membros do Comitê de Credores quando verificar desobediência aos preceitos desta

Lei, descumprimento de deveres, omissão, negligência ou prática de ato lesivo às atividades do devedor ou a terceiros.

§ 1º No ato de destituição, o juiz nomeará novo administrador judicial ou convocará os suplentes para recompor o Comitê.

§ 2º Na falência, o administrador judicial substituído prestará contas no prazo de 10 (dez) dias, nos termos dos §§ 1º a 6º do art. 154 desta Lei.

Destituição do administrador judicial e de membro do Comitê de Credores

A destituição é uma sanção imposta ao administrador judicial pela falha no cumprimento adequado de suas obrigações na falência ou na recuperação judicial. Dar-se-á na hipótese de negligência ou imprudência da administração, na falta de apresentação de contas ou de quaisquer relatórios legais e na desaprovação das contas, circunstâncias que denotam falha na administração.

Pode ser determinada de ofício ou por requerimento de qualquer interessado. Como se trata de uma medida punitiva, a destituição do administrador judicial ocorre em incidente próprio, havendo necessidade de exercício do direito ao contraditório e à ampla defesa.

A destituição acarreta impedimento do exercício das funções de administrador judicial ou de membro do Comitê, por cinco anos. Importante mencionar que, caso se trate de administração judicial desempenhada por pessoa jurídica, nos termos do art. 20, parágrafo único da LREF, esta última sanção atingirá apenas a pessoa física responsável pela condução do processo de recuperação judicial ou de falência, sem reflexo nos demais trabalhos realizados pela pessoa jurídica.

É importante relembrar que a destituição é situação bem distinta da mera substituição, não tendo esta última a natureza de penalidade ao administrador judicial ou membro do Comitê. Ela pode ocorrer nas hipóteses de descoberta de impedimento do administrador ou membro do Comitê,[195] de quebra de confiança no exercício das atribuições de administração em relação ao convencimento do próprio magistrado ou mesmo de renúncia justificada, falecimento ou incapacidade civil do nomeado. Em regra, a substituição permite que o substituído aufira remuneração até o momento que exerceu as atribuições, proporcionalmente.

Art. 32 – O administrador judicial e os membros do Comitê responderão pelos prejuízos causados à massa falida, ao devedor ou aos credores por dolo ou culpa, devendo o dissidente em deliberação do Comitê consignar sua discordância em ata para eximir-se da responsabilidade.

Responsabilização do administrador judicial e de membro do Comitê de Credores

O administrador judicial e os membros do Comitê de Credores responderão civilmente por quaisquer prejuízos causados a credores, ao devedor e à massa falida, por atuação voluntária ou culposa, comissiva ou omissiva. Respondem, na recuperação judicial, por falha ou negligência de fiscalização do devedor durante o procedimento, de forma a ocasionar prejuízo aos credores. Na falência, além da atribuição fiscalizatória, ao administrador judicial compete a arrecadação de todos os bens, a liquidação e o pagamento dos credores, respondendo, por conseguinte, também pela deterioração ou perda de bens, desde que comprovado o dolo ou a culpa.

Em regra, a responsabilidade do administrador judicial e dos membros do Comitê é subjetiva, ou seja, é preciso que o dano tenha causa na conduta dolosa ou culposa do agente (conduta e

195 Ver comentários ao artigo 30.

dano ligados pelo nexo de causalidade). Uma exceção se dá quando o dano foi causado pelo auxiliar por ele contratado, já que passa, em relação à recuperanda e à falida responde objetivamente por tê-lo elegido mal. Se o magistrado tiver escolhido o auxiliar, o administrador e os membros do Comitê são responsáveis apenas pelos danos causados em razão do descumprimento do dever de fiscalização da atuação do auxiliar.

A responsabilização do administrador judicial e dos membros do Comitê de Credores não pressupõe a desaprovação de contas, podendo ser arguida a qualquer momento que se verifique descumprimento aos preceitos legais pelo administrador e consequente dano. A comprovação permite a responsabilização da pessoa física do administrador por extrapolar os poderes que lhe foram atribuídos, inclusive com seus bens se necessário à reparação do prejuízo.

A ação de responsabilidade será promovida pelos credores da recuperação judicial ou pela massa falida, representadas pelo novo administrador judicial, ou por credores que sofreram danos diretos. Nesse último caso, somente após o encerramento dos processos poderão os credores mover a ação porque só então saberão se a atuação do administrador efetivamente ocasionou dano em relação aos créditos que detinham contra a massa falida. Fábio Ulhoa Coelho assenta, a respeito, que o credor não receberia o seu crédito, total ou parcialmente, mesmo que a irregularidade cometida pelo administrador não tivesse ocorrido.[196]

Discordância do dissidente no Comitê de Credores

Os membros do Comitê de Credores respondem pelos prejuízos causados por dolo, negligência ou imprudência do órgão na fiscalização do devedor ou do administrador judicial. A responsabilidade

---

196 COELHO, Fábio Ulhoa. *Comentários à Lei de Falências e de Recuperação de empresas*: Lei n. 14.112/20, Nova Lei de Falências. 14ª ed. São Paulo: Revista dos Tribunais, 2021, p. 129.

solidária entre todos os membros do Comitê será afastada semente no caso de consignação de divergência em ata de deliberação.

Contudo, a divergência deverá ser suficiente a afastar lesão aos interesses do devedor ou de seus credores. Caso o dissidente discorde apenas de ponto acessório e irrelevante da deliberação, sua consignação em ata não será suficiente para eximi-lo de responsabilização civil.

Art. 33 – O administrador judicial e os membros do Comitê de Credores, logo que nomeados, serão intimados pessoalmente para, em 48 (quarenta e oito) horas, assinar, na sede do juízo, o termo de compromisso de bem e fielmente desempenhar o cargo e assumir todas as responsabilidades a ele inerentes.

Termo de compromisso

O termo de compromisso promove a investidura do nomeado ao cargo de administrador judicial ou membro do Comitê de Credores, fazendo recair sobre eles, do momento da assinatura, os deveres e responsabilidades inerentes as funções a serem desempenhadas. Cuida-se de ato formal indispensável à aceitação para investidura no cargo.

Logo após o deferimento do processamento da recuperação judicial ou da decretação da falência, ou após a nomeação em Assembleia-Geral de Credores, o administrador judicial e os membros do Comitê de Credores, respectivamente, devem ser intimados pessoalmente, tendo o prazo de 48 horas da intimação para assinar o termo de compromisso, na sede do juízo.

Art. 34 – Não assinado o termo de compromisso no prazo previsto no art. 33 desta Lei, o juiz nomeará outro administrador judicial.

Falta de assinatura do termo de compromisso

A não assinatura do termo de compromisso pelo nomeado a administrador judicial ou membro do Comitê de Credores somente demonstra o não aceite da nomeação. O próprio não comparecimento dos nomeados para assinar o termo de compromisso revela que não aceitaram o encargo, não havendo necessidade de justificar a recusa.

Evidentemente, caso a ausência de comparecimento seja justificada, poderá o juiz conceder novo prazo para assinatura do termo de compromisso, relevando-se a falta se entender que a assinatura extemporânea for melhor para o bom andamento do processo, do que nova nomeação ou eleição.

Caso não haja assinatura do termo, não há substituição dos agentes, mas mera necessidade de nomeação de outro administrador judicial e do primeiro suplente eleito ao Comitê de Credores. Nenhuma responsabilização decorrerá da ausência de assinatura do termo de compromisso, porque nem mesmo houve investidura no cargo.

A figura do *Watchdog*

Outra figura diversa do administrador judicial e do Comitê de Credores tem ganhado relevância nos procedimentos de recuperação judicial, sobretudo aqueles envolvendo empresas de maior porte, cujo processo de soerguimento se mostra mais complexo, como é o caso da recuperação judicial das Lojas Americanas, da Odebrecht ou ainda, da Viação Itapemirim.

Cuida-se da figura do *Watchdog*, nomeada pelo juiz. Extrai-se de exemplos da jurisprudência que essa figura tem sido nomeada com a atribuição de funções precípuas de incrementar a fiscalização das atividades do devedor, em conjunto com os outros dois órgãos supramencionados, atuando como observador judicial, ou ainda, em outros casos, de exercer o papel de gestor judicial em caso de eventual destituição dos administradores.[197] Os diversos casos práticos indicam a ampla extensão de funções que podem ser outorgadas judicialmente a esse profissional.

Em sua acepção literal, ou livre tradução, o termo *watchdog* remete à ideia de um cão de guarda, o qual, conforme se verifica dos exemplos jurisprudenciais, atuará na recuperação judicial acompanhando os negócios do devedor em recuperação judicial, para proteção dos interesses dos credores no âmbito de determinada recuperação judicial em relação aos trabalhos desempenhados pela empresa em recuperação e, mais especificamente, pelos seus administradores.

Os exemplos extraídos da jurisprudência evidenciam que o *watchdog* tem sido nomeado com a função de fiscalizar ativamente o procedimento, atuando internamente na empresa, mediante acompanhamento da movimentação da empresa diariamente (societárias, contábeis, inventários de bens, novas projeções, movimentações financeiras etc), além de tomadas de decisões, evitando possíveis desvios, fraudes ou até mesmo gastos excessivos, ou, ainda, para atuar acompanhando o período de supervisão da recuperação judicial.

Nesse sentido, e a depender do caso concreto, o Poder Judiciário possui a faculdade de nomear um *watchdog*, também conhecido como observador judicial, como medida mais branda de intervenção na administração da sociedade em recuperação.

No ensejo do caso concreto, como já mencionado, a 1ª Câmara Reservada de Direito Empresarial do Tribunal de Justiça de São Paulo, ao julgar o Agravo de Instrumento n. 2193774-29.2021.8.26.0000,

197 RICCI, Henrique Cavalheiro. "Watchdog é um auxiliar do administrador judicial". *Consultor Jurídico*, set. 2023. Disponível em: https://www.conjur.com.br/2023-set-07/henrique-ricci-watchdog-auxiliar-administrador-judicial. Acessado em: 28.10.2024.

de relatoria do Desembargador Azuma Nishi, manteve a nomeação de *watchdog* outrora deferida em primeiro grau, para o fim de acompanhar "*as atividades da Viação Itapemirim, com o objetivo de proteger os interesses dos credores e o cumprimento efetivo do plano de recuperação judicial*".[198] No caso em tela, havia a suspeita "*de que o então gestor da empresa, Sidnei Paiva, estaria usando recursos em operações diversas daquelas previstas no plano, conforme informações da própria administradora judicial*".

De acordo com o entendimento do Relator Azuma Nishi, a utilização do instituto do *watchdog* evitaria prejuízos aos credores, além de garantiria o correto desenrolar do plano de recuperação originalmente previsto e asseguraria "*a incolumidade do patrimônio social*".

A esse respeito, confira-se uma breve digressão histórica acerca da adoção do instituto do *watchdog*:

> *O primeiro processo de recuperação judicial do Brasil a contar com a figura do watchdog foi o da PDG Realty. Nomeado em dezembro de 2017, o profissional tinha a responsabilidade de monitorar um grupo com mais de 800 empresas (com aproximadamente 500 delas sujeitas a recuperação judicial), aproximadamente 2,4 mil contas correntes e cerca de 30 mil transações por mês. A empresa conseguiu sobreviver a um processo que envolvia um passivo de R$ 5,3 bilhões, com mais de 22 mil credores, e agora busca expandir suas atividades.*
>
> *"Na época, era a maior recuperação judicial do Brasil, e um dos motivos principais para o plano de recuperação ter sido aprovado foi o fato de ter um agente independente para monitorar o caixa da empresa"afirma Camargo.*

---

198 WILHELM & NIELS. "TJ-SP indica observador judicial para acompanhar recuperação da Itapemirim". *Wilhelm & Niels*. Disponível em: https://wnadv.com/tj-sp-indica-observador-judicial-para-acompanhar-recuperacao-da-itapemirim/. Acessado em: 28.10.2024.

> *A recuperação da Novonor — antiga Obebrecht — é outro caso que confirma a tendência de alta na utilização do watchdog. O plano engloba a restruturação de passivos superiores a R$ 60 bilhões.*
>
> *O mesmo ocorre com a recuperação da Atvos (braço sucroalcoleiro do grupo Novonor), aprovada em agosto de 2020, que também conta com o trabalho de um agente de monitoramento financeiro, assim como o processo de RJ do Estaleiro Atlântico Sul. A empresa, com endividamento superior a R$ 2,3 bilhões e um total de 405 credores, teve o seu plano de recuperação homologado em maio de 2021, já prevendo a presença da figura de um watchdog.*[199]

A indicação do *watchdog* pode ocorrer no momento da aprovação do plano de recuperação judicial. No entanto, diante da falta de previsão legal, não há qualquer impeditivo para que possa ser determinada pelo magistrado responsável pelo feito.

Por se tratar de figura não disciplinada em lei, competirá ao magistrado responsável pelo feito, deliminar o escopo de atuação e as responsabilidades desse profissional.

É preciso, todavia, atentar-se para função que não podem ser exercidas pelo *watchdog*, em razão da existência de regimes legais já existentes, com atribuição de funções e responsabilidades específicas, como é o caso das figuras do administrador, do administrador judicial ou gestor judicial. É preciso ter cautela para definir o escopo de atuação do *watchdog*, sob pena de lhe imputar funções que extrapolam o âmbito de sua atuação e, assim, sujeitando-o a regime jurídico de responsabilidades específicos.

---

199 SANTOS, Rafa. "Atuação de watchdogs ganha terreno em processos de recuperação judicial". *Consultor Jurídico*, out. 2022. Disponível em: https://www.conjur.com.br/2022-out-15/atuacao-watchdogs-ganha-terreno-recuperacoes-judiciais. Acessado em: 28.10.2024.

Seção IV – Da Assembleia-Geral de Credores

Os artigos 35 a 46 disciplinam a Assembleia-Geral de Credores, tanto em processos de falência quanto em recuperações judiciais. A Seção IV – Da Assembleia-Geral de Credores está inserida no Capítulo II da LREF, que dispõe sobre Disposições comuns à recuperação judicial e à falência.

Art. 35 – A assembleia-geral de credores terá por atribuições deliberar sobre:

I – na recuperação judicial: a) aprovação, rejeição ou modificação do plano de recuperação judicial apresentado pelo devedor; b) a constituição do Comitê de Credores, a escolha de seus membros e sua substituição; c) (VETADO); d) o pedido de desistência do devedor, nos termos do § 4º do art. 52 desta Lei; e) o nome do gestor judicial, quando do afastamento do devedor; f) qualquer outra matéria que possa afetar os interesses dos credores; g) alienação de bens ou direitos do ativo não circulante do devedor, não prevista no plano de recuperação judicial;

II – na falência: a) (VETADO); b) a constituição do Comitê de Credores, a escolha de seus membros e sua substituição; c) a adoção de outras modalidades de realização do ativo, na forma do art. 145 desta Lei; d) qualquer outra matéria que possa afetar os interesses dos credores.

Assembleia-Geral de Credores

A Lei n. 11.101/05 procurou aumentar a eficiência dos procedimentos de recuperação judicial e falência por meio da maior participação dos agentes que mais sofrem suas consequências: os credores. A ideia foi de reuni-los em um órgão deliberativo, a Assembleia-Geral de Credores (AGC), de modo a permitir a manifestação de cada um, por meio do voto. Assim, não se falaria num interesse comum dos credores, ou mesmo uma obrigação pela preservação da atividade na condução do devedor. Embora agrupados para deliberar sobre as decisões mais importantes do procedimento concursal, cada credor possui o intento específico de satisfazer o próprio crédito, inexistindo, pois, comunhão de interesses. Por meio da AGC, se aferiria o interesse da maioria em benefício indireto a toda a coletividade de credores.

Embora tenha salutar importância nos procedimentos concursais, a Assembleia-Geral de Credores é obrigatória apenas nos procedimentos de recuperação judicial, à exceção daqueles regulados pelo rito especial do art. 70, LREF (destinado às microempresas e empresas de pequeno porte). Sua convocação, portanto, é facultativa no procedimento falimentar.

Embora o mérito da deliberação da AGC não se submeta ao magistrado, cabe-lhe assegurar a regularidade do procedimento de convocação, ao quórum de instalação e à invalidação das deliberações que afrontem a lei ou estejam em abuso de direito.

Cuida-se, pois, de rol exemplificativo das atribuições da Assembleia-Geral, que pode ser convocada a deliberar sobre outros assuntos não previstos no artigo 35, seja no procedimento de recuperação judicial ou de falência.

Atribuições da Assembleia-Geral de Credores: recuperação judicial

As atribuições conferidas pela LREF à Assembleia-Geral de Credores são exclusivas, dada sua importância para a eficiência dos procedimentos de recuperação judicial e de falência. A sua primeira e mais importante atribuição diz respeito à aprovação ou rejeição do plano de recuperação, competindo-lhe verificar a viabilidade econômica do plano e a conveniência da recuperação judicial em vez da decretação da falência.

Apresentado o plano pelo devedor sem qualquer objeção pelos credores, ao juiz incumbirá conceder a recuperação judicial sem a necessidade de convocação da Assembleia. Havendo, contudo, objeção por qualquer credor, deve o juiz convocar a AGC para deliberação (art. 56, LREF). Caso aprovado o plano pela assembleia e preenchidos os requisitos previstos na LREF, será homologado pelo juiz. De outro turno, caso o plano seja rejeitado, o administrador judicial procederá na forma do art. 56, §§ 4º a 7º (apresentação do plano de recuperação judicial alternativa pelos credores). Se não apresentado, ou rejeitado o plano elaborado pelos credores, ou ainda, se ausentes os requisitos necessários para aplicação do instituto do *cram down* (art. 58, LREF), o juiz convolará a recuperação judicial em falência (arts. 56, §8º e 58-A, LREF).

A AGC poderá, ainda, fazer sugestões de modificação ao plano de recuperação judicial ao devedor, sem obrigá-lo, mas é preciso realçar que a apreciação do pedido de aditamento ou de alteração do plano antes aprovado também é de sua atribuição exclusiva.

À Assembleia-Geral de Credores a lei concedeu autonomia no processo de recuperação ou de falência. Em razão disso, com posição hierárquica superior em relação ao Comitê de Credores, pode determinar a sua constituição e nomear e substituir seus membros e suplentes. Igualmente pode nomear e substituir o gestor judicial na hipótese de o administrador ter sido destituído de suas funções.

Contudo, a Assembleia-Geral de Credores não predomina hierarquicamente sobre o administrador judicial. Nesse ponto, apenas como lembrança, foi vetada a alínea "c", do inciso I, do artigo em discussão, que possibilitava à Assembleia nomear e substituir o administrador judicial. Essa previsão geraria grave conflito com a atribuição do juiz no que se refere ao cargo de administrador ser de sua confiança (artigos 52, I e 23, parágrafo único, LREF).

Conforme as razões do veto,

> ao que parece, houve um equívoco do legislador ao mencionar o "administrador judicial", parecendo que pretendeu se referir ao "gestor judicial", uma vez que, ao prever a convocação da assembleia-geral de credores para deliberar sobre nomes, o projeto refere-se a este último, como se atesta da leitura do art. 65, *verbis*: "Art. 65. Quando do afastamento do devedor, nas hipóteses previstas no art. 64 desta Lei, o juiz convocará a assembleia-geral de credores para deliberar sobre o nome do gestor judicial que assumirá a administração das atividades do devedor, aplicando-se-lhe, no que couber, todas as normas sobre deveres, impedimentos e remuneração do administrador judicial". Há, portanto, no texto legal, um equívoco que merece ser sanado, elidindo-se a possibilidade de a lei vir a atribuir competências idênticas à assembleia-geral de credores e ao juiz da recuperação judicial ou da falência, o que ensejaria a inaplicabilidade do dispositivo, com inequívocos prejuízos para a sociedade, que almeja a celeridade do processo, e para o próprio governo federal, que tem adotado ações que possibilitem alcançar esse desiderato. Finalmente, impõe-se registrar que o veto afastará, de plano, a possibilidade de que seja nomeada para o encargo pessoa que não seja da confiança do juízo.[200]

A AGC deverá deliberar sobre a constituição do Comitê de Credores e a indicação de seus membros, ou sua substituição.

Além disso, à AGC compete aprovar ou não o pedido de desistência da recuperação judicial pelo devedor, se realizado após a decisão que deferir o seu processamento, nos termos do artigo 52, §4º da LREF. Incumbe ao órgão, também, aprovar a alienação

---

200 BRASIL. *Lei 11.101*, de 9 de fevereiro de 2005. Mensagem n. 59, de 9 de janeiro de 2005. Disponível em: http://www.planalto.gov.br/ccivil_03/_ato2004-2006/2005/Msg/Vep/VEP-0059-05.htm#art35ic. Acessado em: 25.10.2021.

do ativo não circulante do devedor, não prevista no plano de recuperação judicial, além de qualquer outra matéria que afete os interesses dos credores.

Atribuições da Assembleia-Geral de Credores: falência

Existem duas principais questões que são deliberadas em AGC na falência, ou seja, sobre a constituição do Comitê de Credores e a escolha de seus membros e sua substituição, e, também, sobre a adoção de qualquer outra modalidade de realização do ativo, além daquelas legais previstas no art. 142, na forma do artigo 145 da LR. Por fim, no art. 35, II, d, da LREF permite-se que a AGC delibere sobre qualquer assunto do credor.

São amplos, portanto, os assuntos que podem ser submetidos à análise dos credores na falência, havendo expressa autorização legal para que os credores deliberem sobre qualquer assunto que afete o seu interesse, além da própria alienação de ativos em si. Não há, portanto, incompatibilidade, para que em Assembleia-Geral de Credores da falência se delibere sobre plano para condução do processo falimentar, a exemplo do que ocorre com plano de recuperação judicial.

Contudo, muito embora a competência genérica outorgada pelo legislador às assembleias gerais de credores na falência, há questões, contudo, que não podem ser objeto de deliberação dos credores.

O artigo 20-B, §2º da LREF indica que não é possível a conciliação ou mediação sobre a natureza jurídica e a classificação de créditos, bem como sobre critérios de votação em Assembleia-Geral de Credores. São, portanto, questões que não podem ser alvo de disposição pela vontade das partes, visto que essenciais para a conformação do procedimento falimentar. Logo, pelo mesmo fundamento, também não podem ser alvo de deliberação em Assembleia-Geral de Credores na falência.

Além dessas questões, que são expressamente vedadas à deliberação dos credores no processo falimentar, é preciso verificar que há algum critério para analisar assuntos que não tenham sido alvo de expressa regulação em lei.

O art. 126 da LREF dispõe que "*nas relações patrimoniais não reguladas expressamente nesta Lei, o juiz decidirá o caso atendendo à unidade, à universalidade do concurso e à igualdade de tratamento dos credores, observado o disposto no art. 75 desta Lei*".

Esse dispositivo é importante balizador quanto à legalidade das deliberações que serão tomadas em Assembleia-Geral de Credores, as quais não poderão atentar contra à unidade e à universalidade do concurso, nem contra a igualdade de tratamento dos credores. Essas características – unidade e universalidade do concurso e tratamento dos credores pertencentes à mesma classe de crédito – são indispensáveis para a configuração do regime falimentar e para o seu adequado funcionamento. São, portanto, três vetores que devem orientar a análise da legalidade de deliberação envolvendo questões não expressamente reguladas em lei em Assembleia-Geral de Credores.

Uma particularidade da Assembleia-Geral de Credores realizada em processos falimentares é que, ao contrário do que ocorre na recuperação judicial, participam também os créditos fiscais.

Com relação aos credores fiscais deve-se observar a dificuldade de sua participação em deliberação em atos assembleares, nos quais se espera a ocorrência de negociação e expressão de atos negociais de vontade. Isso porque a transação com relação ao crédito fiscal, mesmo com relação ao seu parcelamento, deve necessariamente obedecer a regras específicas previstas em lei.

Art. 36 – A assembleia-geral de credores será convocada pelo juiz por meio de edital publicado no diário oficial eletrônico e disponibilizado no sítio eletrônico do administrador judicial, com antecedência mínima de 15 (quinze) dias, o qual conterá:

I – local, data e hora da assembleia em 1ª (primeira) e em 2ª (segunda) convocação, não podendo esta ser realizada menos de 5 (cinco) dias depois da 1ª (primeira);

II – a ordem do dia;

III – local onde os credores poderão, se for o caso, obter cópia do plano de recuperação judicial a ser submetido à deliberação da assembleia.

§ 1º Cópia do aviso de convocação da assembleia deverá ser afixada de forma ostensiva na sede e filiais do devedor.

§ 2º Além dos casos expressamente previstos nesta Lei, credores que representem no mínimo 25% (vinte e cinco por cento) do valor total dos créditos de uma determinada classe poderão requerer ao juiz a convocação de assembleia-geral.

§ 3º As despesas com a convocação e a realização da assembleia-geral correm por conta do devedor ou da massa falida, salvo se convocada em virtude de requerimento do Comitê de Credores ou na hipótese do § 2º deste artigo.

Convocação da Assembleia-Geral de Credores

A Assembleia-Geral de Credores será sempre convocada pelo juiz nas hipóteses legais, ou sempre que considerar conveniente, de ofício ou caso haja requerimento pelo Comitê de Credores (LREF, art. 27, I, e) ou pelo administrador judicial (LREF, art. 22, I, g). Os credores também podem convocá-la se a soma de seus créditos representar pelo menos 25% do total do passivo de uma determinada classe.

A convocação deverá ser feita com antecedência mínima de 15 dias, e publicada no diário eletrônico oficial e através do correio eletrônico do administrador judicial. Esta última exigência foi incluída na redação do *caput* do art. 36 pela Lei n. 14.112/2020, ao mesmo tempo em que retirou, da mesma norma, a exigência de publicação em jornais de grande circulação. A nova redação busca dar conformidade aos avanços tecnológicos e à exigência de manutenção de endereço eletrônico imposta ao administrador judicial (LREF, art. 22, I, l), buscando conferir maior celeridade e menor onerosidade ao ato de publicação do edital de convocação.

Nada obsta que a publicação da convocação também seja feita em jornais de grande circulação, a despeito dos maiores custos.

Cópia do aviso de convocação deve ser afixada, ostensivamente, na sede e filiais do devedor.

Não se pode olvidar da importância atribuída pela Lei à publicidade do ato de convocação da Assembleia-Geral de Credores. Para que as deliberações tomadas no conclave possam gozar de idoneidade e transparência, ainda que se considerem as ausências e as discordâncias de cada credor, é imprescindível conferir formalidade legal para a sua convocação, garantindo que a totalidade dos credores, ou a maior quantidade deles, possa ter ciência do ato a ser realizado.

Contudo, cuidando-se de ato formal de natureza material, concernente à esfera patrimonial e negocial do procedimento concursal, é desnecessário constar do edital intimação dos advogados dos credores, como já decidiu o STJ.[201]

A convocação deve indicar a ordem do dia, local, data e hora da assembleia, assim como local onde estarão disponibilizadas as cópias dos documentos relacionados à pauta. A importância de se dar publicidade à ordem do dia, antecipadamente, consiste na possibilidade de os credores analisarem previamente o interesse na participação do conclave, bem como elaborar eventuais questões e oposições a serem pronunciadas no ato.

---

201 STJ, 3ª Turma, REsp n. 1.513.260/SP, Rel. Min. João Otávio de Noronha, DJe 10/05/2016.

Oportuno mencionar que em razão da situação excepcional decorrente da pandemia da Covid-19, que atingiu o Brasil no início do ano de 2020, criou-se a possibilidade de padronização das Assembleias-Gerais de Credores instaladas em ambiente virtual, como ocorreu no estado de São Paulo.[202] De todo modo, é certo que a Lei n. 14.112/2020 expressamente permitiu a votação no conclave assemblear, por meio eletrônico (LREF, art. 39, §4º, II). A dificuldade, porém, situa-se na necessidade de garantir que a plataforma adotada viabilize o conclave e a participação efetiva de todos os credores presentes, e preencha todos os requisitos necessários à validade do ato.

Despesas com a convocação

A Lei impõe ao devedor o ônus de custeio das despesas decorrentes da realização da Assembleia-Geral de Credores, incluindo não apenas aquelas desembolsadas para sua convocação, mas também os custos de sua realização, como eventual locação do imóvel onde deverá se realizar, contratação de funcionários para fiscalização e segurança do local, contratação de empresa responsável pela organização, cadastramento, sistema de votação etc.

Há, contudo, situações excepcionais, também ressalvadas na lei. Caso a assembleia seja convocada a pedido do Comitê de Credores, à coletividade de credores incumbirá o seu custeio, porquanto se trata de órgão representativo de todos eles. Se, de outro turno, for convocada a pedido de credores que representem, no mínimo, 25% do total dos créditos correspondentes a uma determinada classe, nos termos do §2º do artigo em comento, serão esses credores requerentes os responsáveis pelas despesas.

---

202 SÃO PAULO. Corregedoria Geral da Justiça do Tribunal de Justiça de São Paulo. *Comunicado CG n. 809/2020*. Disponível em: https://portal.tjsp.jus.br/Corregedoria/Comunicados/Comunicado?codigoComunicado=19190&pagina=8. Acessado em: 01.11.2021.

Art. 37 – A assembleia será presidida pelo administrador judicial, que designará 1 (um) secretário dentre os credores presentes.

§ 1º Nas deliberações sobre o afastamento do administrador judicial ou em outras em que haja incompatibilidade deste, a assembleia será presidida pelo credor presente que seja titular do maior crédito.

§ 2º A assembleia instalar-se-á, em 1ª (primeira) convocação, com a presença de credores titulares de mais da metade dos créditos de cada classe, computados pelo valor, e, em 2ª (segunda) convocação, com qualquer número.

§ 3º Para participar da assembleia, cada credor deverá assinar a lista de presença, que será encerrada no momento da instalação.

§ 4º O credor poderá ser representado na assembleia-geral por mandatário ou representante legal, desde que entregue ao administrador judicial, até 24 (vinte e quatro) horas antes da data prevista no aviso de convocação, documento hábil que comprove seus poderes ou a indicação das folhas dos autos do processo em que se encontre o documento.

§ 5º Os sindicatos de trabalhadores poderão representar seus associados titulares de créditos derivados da legislação do trabalho ou decorrentes de acidente de trabalho que não comparecerem, pessoalmente ou por procurador, à assembleia.

§ 6º Para exercer a prerrogativa prevista no § 5º deste artigo, o sindicato deverá: I – apresentar ao administrador judicial, até 10 (dez) dias antes da assembleia, a relação dos associados que pretende representar, e o trabalhador que conste da relação de mais de um sindicato deverá esclarecer, até 24 (vinte e quatro) horas antes da assembleia, qual sindicato o representa, sob pena de não ser representado em assembleia por nenhum deles; e II – (VETADO);

§ 7º Do ocorrido na assembleia, lavrar-se-á ata que conterá o nome dos presentes e as assinaturas do presidente, do devedor e de 2 (dois) membros de cada uma das classes votantes, e que será entregue ao juiz, juntamente com a lista de presença, no prazo de 48 (quarenta e oito) horas.

Quórum de instalação

O quórum para instalação da Assembleia-Geral de Credores, na primeira convocação, é de mais da metade do passivo do requerente em cada classe. Já na segunda convocação, que não pode ocorrer antes de transcorridos cinco dias da data da primeira, não possui quórum mínimo, podendo ser instalada independentemente da quantidade de créditos presentes.

Funcionamento da assembleia

O administrador judicial deve ocupar, por determinação da LREF, a função de presidente da Assembleia-Geral de Credores. Caso ele não esteja presente, ou se constar da pauta matéria de deliberação que enseje qualquer conflito de interesse (*v.g.*, sua destituição do cargo ou sua substituição), o credor presente que titular o crédito de maior valor exercerá a presidência da assembleia.

Ao presidente, qualquer que ele seja, cabe primeiramente a verificação da legitimidade dos credores e dos poderes de possíveis representantes para ingresso na Assembleia-Geral. Ele ficará responsável, também, por controlar as assinaturas na lista de presença, a qual se encerrará no momento de instalação da assembleia e abertura dos trabalhos. Não se admite ingresso retardatário de nenhum credor, de modo a assegurar a segurança jurídica dos trabalhos a serem desenvolvidos e a estabilidade do quórum para as deliberações do conclave. Se houver comparecimento de qualquer credor após o encerramento da lista de presença, embora seja admitido assistir ao ato, não poderá, de modo algum, exercer direito à voz e voto.

Nada impede, no entanto, que a assembleia seja realizada em mais de uma sessão, ou que seja suspensa a pedido dos interessados, em caso de convocação para votação do plano de recuperação judicial. Nesse sentido, há entendimento[203] que considera a assembleia una, e eventual instalação em primeira convocação não obsta posterior reconvocação de assembleia em continuação, respeitada a lista de presença elaborada no momento da instalação, e desde que concluído o conclave no prazo de 90 dias (LREF, art. 56, §9°).

Uma vez verificado o quórum para instalação da assembleia, qual seja, mais da metade do valor dos créditos de cada uma das classes com direito a voto, em primeira convocação, e qualquer valor de créditos em segunda, compete ao secretário, escolhido livremente pelo presidente dentre os credores presentes, a leitura da ordem do dia, constante do edital de convocação. O presidente prosseguirá na apreciação dos pontos da pauta na sequência que preferir, desde que não implique prejuízo a nenhum dos credores. A apreciação de cada ponto da pauta compreende duas fases. Na primeira fase, realizar-se-á breve explanação da matéria, esclarecimento de dúvidas e debate pelos credores. Finda a deliberação, inicia-se a fase de votação e nela não se admite nenhuma outra manifestação dos credores além do voto.

Apurados os votos, o secretário proclama o resultado do ponto da pauta em questão. Concluída a ordem do dia, o presidente encerra a assembleia e determina a lavratura da ata pelo secretário. O documento deverá conter todas as matérias deliberadas e o resultado das referidas deliberações. Da ata constará o nome de todos os presentes, porém é necessária assinatura somente pelo presidente,

---

203 CJF, I Jornada de Direito Comercial, Enunciado 53: "A Assembleia-Geral de Credores para deliberar sobre o plano de recuperação judicial é una, podendo ser realizada em uma ou mais sessões, das quais participarão ou serão considerados presentes apenas os credores que firmaram a lista de presença encerrada na sessão em que instalada a assembleia geral".

pelo devedor e por dois membros de cada uma das classes votantes. A ata lavrada e assinada será encaminhada ao magistrado, no prazo de 48 horas contado a partir do encerramento dos trabalhos.

Representação dos credores

Em regra, o credor deve comparecer pessoalmente à Assembleia-Geral de Credores. Contudo, poderá participar por meio de seu representante legal (como nos casos dos pais no exercício do pátrio poder, do curador em face do curatelado, do inventariante em face do espólio), ou ser representado por terceiro outorgado de poderes para agir em seu nome e no seu interesse por meio de uma procuração legal. Sobre o tópico, Marcelo Sacramone salienta que o uso do termo "mandatário" pelo art. 37, §4º, foi realizado em sentido impróprio pela lei falimentar. Isso porque a conferência de poderes ao representante não pode ser realizada por meio de outorga de poderes em termos gerais, sem a especificação dos atos a serem praticados, como é o caso do instrumento regulado pelo art. 661 do Código Civil. Assim, a procuração deve ser outorgada com poderes específicos para votar na Assembleia-Geral de Credores.[204]

Ademais, tal representação poderá ser conferida a qualquer pessoa, inclusive ao patrono do próprio credor. Contudo, a doutrina diverge quanto à possibilidade de outorga de poder de voto ao devedor. Orlando Gomes sustenta haver conflito de interesses entre o representante e o representado que desvirtuaria a representação, não podendo ser permitida. A melhor interpretação é a de que conferido poderes ao devedor, este atuará no interesse do credor ao votar em AGC, o qual poderá ser harmônico ao seu próprio interesse, nada impedindo que, nesse caso, possa o credor atribuir ao devedor este poder específico.

204 SACRAMONE, Marcelo Barbosa. *Comentários à Lei de Recuperação de Empresas e Falências*. São Paulo: Saraiva Jur, [s.d.], edição Kindle.

Para que seja representado o credor por terceiro outorgado ou ainda por seu representante legal, a lei exige que o administrador judicial seja cientificado com antecedência de 24 horas da data prevista no aviso de convocação para a instauração da assembleia. Mesmo que a procuração se encontre nos autos do procedimento falimentar, não se dispensa a comunicação, mas ela pode ser limitada à indicação das folhas do processo em que se encontra o documento de outorga. Se não cumprida a exigência no prazo legal, a presença do procurador será ineficaz para fins de representação, e deverá o credor comparecer pessoalmente ao conclave caso deseje exercer seu direito de voz e voto.

Tal formalidade não se aplica aos diretores e administradores de pessoas jurídicas, que devem somente exibir os documentos que comprovem sua qualidade no momento da assinatura da lista de presença. Nesse sentido, Fábio Ulhoa Coelho ressalta que a exigência legal prevista no §4º se aplica apenas aos representantes legais, em sentido técnico (arts. 115 a 120, Código Civil) e aos procuradores, não incidindo, pois, aos representantes das pessoas jurídicas.[205]

Representação dos créditos trabalhistas

No caso de titular de crédito trabalhista, além da possibilidade de se fazer representar por procurador, ele pode ser representado por sindicato a que se encontra associado. Essa prerrogativa justifica-se pela maior dificuldade desses credores em comparecerem à Assembleia-Geral de Credores. Assim, para que o sindicato possa representar os associados, o titular do crédito não pode estar presente na assembleia. A LREF estabelece o prazo de 10 dias antes da assembleia para que os sindicatos apresentem a relação de

---

205 TJSP, AI 429.666-4/1-00, Câmara Especial de Falências e Recuperações Judiciais, Rel. Des. Pereira Calças, DJe 15/03/2006; COELHO, Fábio Ulhoa. *Comentários à Lei de Falências e de Recuperação de empresas*: Lei n. 14.112/20, Nova Lei de Falências. 14ª ed. São Paulo: Revista dos Tribunais, 2021, p. 107.

representados. Caso um credor se relacione a mais de um sindicato, ele tem o prazo de 24 horas antes da assembleia para esclarecer por qual sindicato será representado. Sua omissão implicará em não representação por qualquer dos sindicatos.

O inciso II do §6º previa, ainda, como requisito para a válida representação dos credores trabalhistas pelos sindicatos, a exigência de que os associados fossem previamente comunicados por carta. O dispositivo, contudo, foi vetado, por configurar excessiva formalidade à regularidade ao ato, criando risco desnecessário de invalidação da Assembleia-Geral por quaisquer credores eventualmente interessados na declaração da ilegitimidade de representação.

Segundo as razões do veto,

> com efeito, a disposição contida no art. 37, §6º, inciso II, que condiciona a representação sindical à prévia comunicação a seus associados, por carta, da intenção de representá-los é burocrática e desnecessária, servindo apenas para restringir ainda mais a atuação sindical, uma vez que o §5º do mesmo artigo determina que o sindicato representará somente os trabalhadores que não comparecerem à assembleia, garantindo, pois, a participação direta daqueles que não desejarem ser representados por sua entidade sindical. Ademais, o dispositivo abre perigosa possibilidade de impugnação da legitimidade da representação dos sindicatos e, por consequência, da própria Assembleia-Geral, pois será difícil ter em mão milhares de comprovantes de recebimento ou de postagem para provar que todos os milhares de trabalhadores foram devidamente comunicados por carta de que o sindicato pretende cumprir seu dever de defender os interesses da categoria.[206]

---

206 BRASIL. *Lei 11.101*, de 9 de fevereiro de 2005. Mensagem n. 59, de 9 de janeiro de 2005. Disponível em: http://www.planalto.gov.br/ccivil_03/_ato2004-2006/2005/Msg/Vep/VEP-0059-05.htm#art35ic. Acessado em: 03.11.2021.

Art. 38 – O voto do credor será proporcional ao valor de seu crédito, ressalvado, nas deliberações sobre o plano de recuperação judicial, o disposto no § 2º do art. 45 desta Lei.

Parágrafo único. Na recuperação judicial, para fins exclusivos de votação em assembleia-geral, o crédito em moeda estrangeira será convertido para moeda nacional pelo câmbio da véspera da data de realização da assembleia.

Contabilização dos votos na Assembleia-Geral

Em regra, o cômputo dos votos nas deliberações da Assembleia-Geral de Credores será feito na proporção do valor dos créditos detidos pelos credores, independentemente da natureza do crédito, da classe pertencente ou do número de credores que os titularizam.

Contudo, para deliberação quanto ao plano de recuperação judicial, aplica-se exceção prevista no art. 45, §2º, segundo o qual se estabelece a contagem dos votos dos titulares de créditos trabalhistas e daqueles enquadrados como microempresa ou empresa de pequeno porte, "por cabeça" (uma pessoa, um voto). Nessa hipótese, pois, deve-se levar em conta a maioria simples dos credores presentes, independentemente do valor do crédito de cada um.

Créditos em moeda estrangeira

Tendo em consideração a prática de contratação em que se adota como indexador moeda estrangeira, o parágrafo único do artigo 38 estabelece a conversão do crédito, para fins de realização de Assembleias-Gerais de Credores em recuperação judicial, pelo câmbio da véspera da data da realização do conclave que julgará o plano apresentado pelo devedor.

Diante do silêncio da lei, há divergência doutrinária a respeito da taxa de câmbio a ser considerada na conversão dos créditos em moeda estrangeira, não se podendo olvidar da importância conferida à fixação do valor do crédito para o momento da colheita dos votos no conclave assemblear. Manoel Justino Bezerra Filho[207] entende mais justo considerar-se o valor médio entre a taxa de compra e a taxa de venda, pois representaria o montante mais razoável, considerando as diferenças entre as cotações. Segundo o próprio autor aponta, porém, há entendimentos em sentido contrário, defendendo que a taxa de câmbio a ser utilizada deverá ser a do valor de venda, correspondente ao valor suficiente para saldar a dívida.

Parecem mais consentâneos com a realidade os entendimentos que apuram o valor do câmbio na véspera da realização da AGC, porque é naquele exato momento que se estabelece o valor do débito que será objeto de deliberação pelos credores, muito próxima, portanto, da conversão que se faria no momento do pagamento.

Fábio Ulhoa Coelho, por sua vez, ressalta que em razão do regime de livre flutuação de câmbio e da dinâmica do mercado que implica variação das taxas a depender de cada banco e operações do mercado de câmbio, deverá o juiz, no momento da convocação, estabelecer de modo preciso o critério a ser adotado pelo administrador judicial às vésperas do conclave, indicando agente financeiro e momento específicos a se considerar.[208]

Na falência, critério diverso é previsto pela lei, de modo que a conversão dos créditos em moeda estrangeira dá-se na data da decisão de quebra (art. 77), uma vez que não há alterações na qualidade e percentual do voto por variação cambial.

---

207 BEZERRA FILHO, Manoel Justino. *Lei de Recuperação de Empresas e Falências*. 10ª ed. São Paulo: Revista dos Tribunais, 2014, p. 190.

208 COELHO, Fábio Ulhoa. *Comentários à Lei de Falências e de Recuperação de empresas*: Lei n. 14.112/20, Nova Lei de Falências. 14ª ed. São Paulo: Revista dos Tribunais, 2021, p. 144.

Art. 39 – Terão direito a voto na assembleia-geral as pessoas arroladas no quadro-geral de credores ou, na sua falta, na relação de credores apresentada pelo administrador judicial na forma do art. 7º, § 2º, desta Lei, ou, ainda, na falta desta, na relação apresentada pelo próprio devedor nos termos dos arts. 51, incisos III e IV do caput, 99, inciso III do caput, ou 105, inciso II do caput, desta Lei, acrescidas, em qualquer caso, das que estejam habilitadas na data da realização da assembleia ou que tenham créditos admitidos ou alterados por decisão judicial, inclusive as que tenham obtido reserva de importâncias, observado o disposto nos §§ 1º e 2º do art. 10 desta Lei.

§ 1º Não terão direito a voto e não serão considerados para fins de verificação do quórum de instalação e de deliberação os titulares de créditos excetuados na forma dos §§ 3º e 4º do art. 49 desta Lei.

§ 2º As deliberações da assembleia-geral não serão invalidadas em razão de posterior decisão judicial acerca da existência, quantificação ou classificação de créditos.

§ 3º No caso de posterior invalidação de deliberação da assembleia, ficam resguardados os direitos de terceiros de boa-fé, respondendo os credores que aprovarem a deliberação pelos prejuízos comprovados causados por dolo ou culpa.

§ 4º Qualquer deliberação prevista nesta Lei a ser realizada por meio de assembleia-geral de credores poderá ser substituída, com idênticos efeitos, por: I - termo de adesão firmado por tantos credores quantos satisfaçam o quórum de aprovação específico, nos termos estabelecidos no art. 45-A desta Lei; II - votação realizada por meio de sistema eletrônico que reproduza as condições de tomada de voto da assembleia-geral de credores; ou III - outro mecanismo reputado suficientemente seguro pelo juiz.

§ 5º As deliberações nos formatos previstos no § 4º deste artigo serão fiscalizadas pelo administrador judicial, que emitirá parecer

sobre sua regularidade, previamente à sua homologação judicial, independentemente da concessão ou não da recuperação judicial.

§ 6º O voto será exercido pelo credor no seu interesse e de acordo com o seu juízo de conveniência e poderá ser declarado nulo por abusividade somente quando manifestamente exercido para obter vantagem ilícita para si ou para outrem.

§ 7º A cessão ou a promessa de cessão do crédito habilitado deverá ser imediatamente comunicada ao juízo da recuperação judicial.

Dos credores com direito de voto

Após discriminar a forma de cômputo dos votos em assembleia, a LREF dispõe quem são as pessoas que têm direito ao voto. Em regra, podem votar todos aqueles que tiverem seus créditos habilitados, ou seja, que constem no quadro-geral de credores, seja em virtude de julgamento das impugnações judiciais (art. 18) ou daqueles indicados na lista apresentada pelo administrador judicial na falta de sua impugnação (art. 14).

Porém, pode ocorrer que se instaure assembleia antes mesmo da formação do quadro-geral de credores. Nesse caso, prevê a LREF que poderão votar em Assembleia-Geral os credores incluídos no edital publicado pelo administrador judicial (art. 7º, § 2º).

A legislação prevê, ainda, que na falta da relação de credores apresentada pelo administrador judicial, seria possível considerar a relação de credores apresentada pelos próprios devedores nos termos dos artigos, 51, III e IV, art, 99, III e art, 105, II da LREF. Sobreleva anotar, contudo, a impossibilidade de instauração de Assembleia-Geral de Credores na recuperação judicial baseada tão somente na lista apresentada pelo próprio devedor no momento do ajuizamento do pedido (art. 51, inciso III), sobretudo porque o prazo para a apresentação de objeções ao plano de recuperação judicial (art. 56) se inicia a partir da elaboração da lista de credores pelo administrador judicial nos termos do art. 7º, §2º. E, conforme já aludido nos comentários ao artigo 35, somente se houver objeções pelos credores é que será convocada a Assembleia-Geral para deliberar a respeito (art. 56, LREF).Além dos créditos constantes na relação de credores apresentada pelo administrador judicial nos termos do art. 7º, §2º da LREF, poderão votar também os credores posteriormente habilitados, ou seja, os que tiveram seus créditos reconhecidos judicialmente após a apresentação da relação de credores pelo administrador judicial, à exceção das habilitações retardatárias, ainda que julgadas anteriormente à instalação da Assembleia-Geral ou que tenham se beneficiado da determinação de reserva de seu crédito pelo juízo competente.

Todavia, a regra geral acerca da impossibilidade de os credores retardatários exercerem o direito de voto em assembleia não se aplica aos titulares de créditos trabalhistas, que poderão votar independentemente da tempestividade de suas habilitações (art. 10, §1º). Na falência, o credor retardatário poderá votar na assembleia se seu crédito tiver constado de quadro-geral de credores homologado pelo juízo (art. 10, §2º). A respeito dos credores que obtiveram reserva de importância pela proposição de ação independente de reconhecimento de crédito (art. 6º, §§ 1º, 2º e 3º, LREF), nesses casos, cabe ao credor informar nos autos do processo de recuperação judicial ou de falência quanto à existência de ação própria em andamento e pedir pelo direito de participação na lista de credores, de forma com que o futuro crédito já conste das relações de créditos apresentadas pelo devedor no plano de recuperação e no edital apresentado pelo administrador judicial, podendo, nesse caso, participar da assembleia. Caso haja indeferimento, deverá valer-se do agravo previsto no art. 17.

Quanto aos titulares dos créditos impugnados, enquanto não for julgada procedente a impugnação, continuam participando com direito a voz e a voto na Assembleia de Credores na proporção constante da relação impugnada.

Por fim, tem-se que por força da Lei n. 11.101/2005, o direito de voto é vinculado diretamente ao titular do crédito respectivo, de modo que em eventual cessão de crédito ou promessa de cessão, haverá a transmissão do direito de voto ao cessionário, desde que não haja impedimentos, mesmo que o devedor não seja notificado nos moldes do art. 290 do Código Civil. Como forma de garantir que o credor votante seja o efetivo titular do crédito, a lei exige que a cessão ou promessa de cessão seja comunicada imediatamente ao juízo da recuperação judicial (art 39, §7º).

Credores não sujeitos à recuperação judicial

Referente aos credores titulares de posição de proprietário fiduciário de bens móveis ou imóveis, de arrendador mercantil, alienante de imóvel, credor por contrato com reserva de domínio e banqueiro credor por adiantamento de contrato de câmbio, por não se sujeitarem aos efeitos da recuperação judicial, não possuem interesse em intervir nas questões referentes ao desenvolvimento do processo de soerguimento. Consequentemente, não possuem direito de voto na Assembleia-Geral de Credores, nem serão considerados para fins de verificação do quórum de instalação e de deliberação, podendo apenas participar do conclave e manifestar-se nos debates (art. 49, §§ 3º e 4º).

Da invalidade das decisões assembleares

Deve-se notar que existe um risco ao se permitir o voto de credores conforme previsto o edital publicado pelo administrador judicial contendo relação de credores por ele elaborada (art. 7º, §2º). Isso porque é possível que sejam acolhidas impugnações apresentadas posteriormente, modificando o valor do crédito habilitado. Contudo, a LREF decidiu por incorporar o risco ao estabelecer que nenhuma deliberação de assembleia geral será invalidada por decisão judicial posterior que venha a desconstituir, reduzir o valor ou reclassificar qualquer dos créditos que serviram de base para o cálculo dos quóruns de instalação ou deliberação da assembleia (art. 39, §2º).

Essa escolha legislativa se justifica na busca pela tutela da segurança jurídica quanto às deliberações assembleares. Se essas decisões tivessem o condão de interferir no resultado de assembleias passadas, o processo de recuperação judicial restaria vulnerável a revisões e entraves, gerando grande insegurança.

Deve-se salientar, porém, que nem mesmo a própria lei positiva tem poderes para convalidar ato nulo, ou, ainda, fraudulento e prejudicial à comunidade de credores.

Necessário observar que, no tocante à Assembleia-Geral de Credores, podem se verificar vícios relativos à sua convocação, vícios relativos às suas deliberações e, ainda, vícios quanto ao voto em si.

No tocante aos vícios relativos à convocação, é preciso observar o quanto previsto nos artigos 35 a 36 da LREF. A inobservância dessas formalidades resultará na nulidade no ato.

No tocante aos vícios da deliberação, é preciso se observar os quóruns de instalação e de aprovação exigidos por lei para cada matéria, e, também, ao quanto exigido no artigo 166 do Código Civil. Tais vícios permitem a invalidação da deliberação, nos termos do §3° do artigo 39, preservando-se os direitos de terceiros de boa fé. A lei prevê a responsabilidade dos credores que aprovarem deliberação pelos prejuízos comprovados causados por dolo ou culpa. Ou seja, além da invalidação em si das deliberações, caso os respectivos vícios de votação tenham sido provocados por dolo ou culpa do credor, este responderá pelos prejuízos causados.

Nesse caso, não necessariamente a assembleia geral será nula, mas, apenas, a deliberação que tiver sido maculada em sua validade.

Além do *cram down* previsto no artigo 58, §§1° e 2° da LRF, outro instituto que possibilita a revisão da rejeição do plano de recuperação judicial pelo juiz, é a hipótese de abusividade no exercício do voto de determinado credor ou credores, nos termos do artigo 39, §6°, inserido pela Lei n. 14.112/2020.

Não havia dispositivo semelhante antes da alteração legislativa em 2020, embora houvesse uma corrente doutrinária que defendia a desconsideração do voto exercido com abuso de direito, à luz das regras gerais sobre o tema, dispostas no Código Civil, em especial o disposto no seu artigo 187.[209] Após 2020, porém, o tema passou a ser previsto de forma expressa na Lei n. 11.101/05.

O art. 39, §6º, da LREF esclarece que o voto deverá ser exercício conforme juízo de conveniência do credor e no seu interesse, podendo, posteriormente, ser declarado nulo por abusividade somente quando manifestamente exercido para obter vantagem ilícita para si ou para outrem.[210]

Observa-se, portanto, que o voto não é abusivo se exercido no interesse do credor, conforme sua conveniência, mas somente se tiver sido exercido para obtenção de vantagem ilícita para si ou terceiro.

No caso de vício do voto, somente ele será anulado e não necessariamente a deliberação apurada será atingida, exceto se o voto anulado for determinante. Nesse sentido, dispõe Enunciado

---

209 Enunciado n. 45, 1ª Jornada de Direito Comercial do Conselho da Justiça Federal (CJF): O magistrado pode desconsiderar o voto de credores ou a manifestação de vontade do devedor, em razão de abuso de direito.

210 "Eventual abusividade de voto manifestado na assembleia só pode ser objeto de análise posterior e oportuna. O abuso só pode ser avaliado individualmente, conforme os parâmetros estabelecidos pelo §6º do artigo 39 da Lei n. 11.101/2005 (acrescentado pela Lei n. 14.112/2020), respeitado o juízo de conveniência do próprio credor e caracterizado o escopo de obtenção de vantagem ilícita, de maneira que um voto só é desconsiderado quando, ao ser excedida a finalidade econômica conferida ao exercício do direito de voto pelo credor, são adotados desígnios anômalos (como a destruição de um concorrente ou a diluição do capital da recuperanda), desejado um benefício confrontante com a legalidade (PAIVA, Luiz Fernando Valente de. "A Nova Disciplina do Voto Abusivo". *In*: SALOMÃO, Luis Felipe *et al.* (Coord.). *Recuperação de Empresas e Falência*: diálogos entre a doutrina e a jurisprudência. São Paulo: Atlas: 2021, pp. 327-332)". TJSP, 1ª Câmara Reservada de Direito Empresarial do Tribunal de Justiça de São Paulo, Agravo de Instrumento 2293247-85.2021.8.26.0000, Rel. Des. Fortes Barbosa, DJe 29/03/2022.

45 da I Jornada de Direito Comercial do Conselho da Justiça Federal dispõe que: "*O magistrado pode desconsiderar o voto de credores ou a manifestação de vontade do devedor em razão de abuso de direito*".

Marcelo Barbosa Sacramone observa que no caso de eventual invalidade de voto proferido em assembleia não há a anulação do conclave, por eventualmente ferir a exigência do quórum mínimo exigido pela lei, se o voto invalidado for determinante para a obtenção da maioria. Ao contrário, segundo o autor, eventual voto invalidado deverá ser equiparado a voto não proferido, de modo que o quórum de aprovação deverá ser considerado apenas entre os votos efetivamente computados, desconsiderando-se o voto invalidado. Nesse sentido, é possível que se o voto desconsiderado puder alterar o resultado tomado em assembleia, assim ocorrerá.

Não olvida a lei, porém, que o direito de voto é exercido pelo credor em seu interesse e de acordo com o seu juízo de conveniência, ou seja, pode o titular do crédito deliberar da forma que melhor lhe convier para a satisfação de seu crédito, sobretudo porque ausente interesse comum da coletividade de credores, a limitar a forma como cada um deles vota no conclave assemblear.

A eventual abusividade do exercício do direito de voto em assembleia geral de credores deve ser compreendida no contexto dos procedimentos existentes na área da insolvência. Ao contrário do que ocorre em sociedades, em que os sócios ou acionistas estão vinculados por prévio contrato social, ao qual deliberada e voluntariamente anuíram, no caso dos credores de devedor em contexto de crise ou falência essa situação não existe. Observa-se que, no concurso de credores, há comunhão de credores, cujos interesses não são necessariamente convergentes.

A doutrina reconhece, nessa situação, uma coligação de interesses, em razão da qual a ação de uma pessoa impõe efeitos jurídicos a outra pessoa mesmo que o agente não pretenda a ocorrência desses efeitos, por expressa opção leal,[211] de modo que surge, para todos, o dever de lealdade recíproco, derivado do dever de boa fé.[212] A definição do conteúdo e a extensão do dever de lealdade do credor integrante de coletividade, inserido em contexto concursal, não é, todavia, dada por lei. Ao contrário, será apurado dentro dos parâmetros definidos em lei em atenção às peculiaridades da estrutura real da coletividade e da possibilidade de influência outorgada aos participantes.[213]

Eventual abuso de voto deverá ser apurado considerando o dever de lealdade atrelado à comunhão de interesses de que participa no sentido de recuperação do seu crédito e minimização dos prejuízos sofridos pelos demais, de forma que o credor não poderá,

---

211 BUSCHINELLI, Gabriel Saad Kik. *Abuso do direito de voto na Assembleia Geral de Credores*. São Paulo: Quartier Latin, 2014, p. 40.

212 "O que é peculiar para a aplicação do dever de lealdade entre credores é o fato de que, nessa coletividade, não há um ato voluntário que designe qual o fim comum que os integrantes se comprometem a perseguir. Apesar da falta de ato voluntário, a finalidade comum correspondente à finalidade a ser perseguida pelos credores, na qualidade de credores, e pode ser definida como o 'interesse que tem cada credor em, ao menos em médio prazo, minimizar seus prejuízos, mediante a ampliação das disponibilidades da massa'. (...) As afirmações precedentes, embora retratem a experiência alemã, são também aplicáveis ao direito brasileiro. Como afirma Marcelo von Adamek, o dever de lealdade encontra fundamento ético-jurídico no princípio da correlação entre poder e responsabilidade e pode ser extraído de normas societárias, mas também diretamente do princípio de boa-fé objetiva, que rege não somente as relações contratuais (CC, art. 422), mas limita o exercício de todas as posições jurídicas (CC, art. 187). O reconhecimento do dever de lealdade entre os credores decorre da consideração de que também nessa coletividade é possível a um indivíduo confluir para a formação de vontade que vinculará a todos. Derivando do dever de boa-fé, o dever de lealdade limita o exercício de posições jurídicas pelos credores, ai incluído o exercício de direito de voto em deliberações no procedimento de recuperação judicial. Impõe, com isso, deveres ativos e passivos em relação à comunhão e aos demais credores". (BUSCHINELLI, Gabriel Saad Kik. *Abuso do direito de voto na Assembleia Geral de Credores*. São Paulo: Quartier Latin, 2014, pp. 50/51).

213 BUSCHINELLI, Gabriel Saad Kik. *Abuso do direito de voto na Assembleia Geral de Credores*. São Paulo: Quartier Latin, 2014, p. 46.

ao votar, perseguir outros interesses que não guardem relação com seu crédito à custa dos demais credores ou a obter vantagem ilícita, indevida ou estranha ao crédito de que é titular.[214]

Situações em que há grande poder de influência de um credor quanto ao resultado da deliberação, seja em razão do montante total de seu crédito, seja pelo fato de ter adquirido créditos por cessão, podem ensejar questionamentos quanto à eventual abusividade do voto por ele exercido, sobretudo se determinante para o conclave ou se houver resistência em aceitar ou efetuar contrapropostas à recuperanda. Nessas situações, será de fundamental importância que o credor consiga esclarecer a racionalidade econômica de seu voto, à luz do interesse de seu crédito, podendo se mostrar útil a sua adequada fundamentação.

No caso da recuperação judicial do Grupo Metodista, proposta na Vara Regional Empresarial de Porto Alegre/RS, um dos credores, uma instituição financeira detentora de 74% dos créditos, rejeitou o plano de recuperação judicial por "*absoluta intransigência, atitude totalmente à margem do espírito de negociação que permeia a Lei 11.101/2005*", como destacou o Magistrado.[215] Consoante se extrai da sentença proferida nos autos daquela recuperação judicial,[216] a instituição financeira, sozinha, foi a responsável pela rejeição do plano, tendo rejeitado a proposta das recuperandas sem apresentar qualquer contraproposta para análise, ou de justificar o

---

214 BUSCHINELLI, Gabriel Saad Kik. *Abuso do direito de voto na Assembleia Geral de Credores*. São Paulo: Quartier Latin, 2014, pp. 77/78.

215 PERALTA, Maria Fernanda Mouchbahani. "O cram down e o abuso do direito de voto em assembleias gerais de credores". *Jota*, mai. 2023. Disponível em: https://www.jota.info/opiniao-e-analise/artigos/o-cram-down-e-o-abuso-do-direito-de-voto-em-assembleias-gerais-de-credores-18052023. Acessado em: 28.10.2024.

216 Tribunal de Justiça do Estado do Rio Grande do Sul, Processo n. 5035686-71.2021.8.21.0001/RS, publicado em 03/12/2022. Disponível em: https://www.conjur.com.br/dl/plano-recuperacao-metodista.pdf.

seu voto. Segundo o Magistrado, que reconheceu a abusividade do voto assim proferido e homologou plano de recuperação judicial,

> *não se pode admitir que um credor, isoladamente, apenas pelo valor do seu crédito, tenha o poder praticamente despótico de rejeitar toda a negociação ocorrida entre as recuperandas e seus diversos credores, e ainda por cima sem qualquer justificativa plausível.*

Da assembleia virtual e das formas alternativas de apuração da vontade dos credores

A Lei n. 14.1120/20 inseriu no artigo 39 da LREF o parágrafo 4º, que autorizou que a deliberação realizada na Assembleia-Geral de Credores presencial possa ser substituída por outras formas alternativas, tendo o legislador indicado duas hipóteses – a votação realizada por meio de sistema eletrônico (art. 39, §4º, II) e termo de adesão (art. 39, §4º, I) –, além de ter admitido possibilidade residual, a qual será submetida a análise do juiz.

A Lei n. 14.112/2020 trouxe como novidade a possibilidade de realização de Assembleia de Credores de forma não presencial, a fim de conferir menor onerosidade e formalidade ao procedimento concursal, ao mesmo tempo em que se garante a participação efetiva de todos os credores interessados, como forma alternativa à assembleia presencial.

A novidade legislativa positivou tendência que já era admitida pela jurisprudência[217] e que entrou em vigor durante a pandemia da Covid-19, a qual exigiu a adaptação das formas tradicionais de reuniões presenciais e aglomerações de pessoas em razão das

---

217 A esse respeito, confira-se precedente da 1ª Câmara Reservada de Direito Empresarial do Tribunal de Justiça de São Paulo, Agravo de Instrumento 2136212-96.2020.8.26.0000, Rel. Des. Fortes Barbosa, DJe 11/08/2020.

medidas sanitárias de urgência adotadas pelo Poder Público para contenção da disseminação do vírus.

O legislador indica que a votação a ser realizada por meio eletrônico deve reproduzir as condições de tomada de voto da Assembleia-Geral de Credores, ou seja, deverá assegurar a participação em tempo real do credor, por si ou por seu procurador, ainda que por meio virtual. É da essência da dinâmica da Assembleia de Credores – independentemente se realizada presencial ou virtualmente – a deliberação sobre questões em tempo real, pelos credores, com apresentação de ponderações e questionamentos a serem equacionados pelo presidente do ato.

Outra forma alternativa de deliberação, indicada pelo legislador, é o da apresentação de termo de adesão, o qual deve ser firmado por tantos credores quantos satisfaçam o quórum específico, observado o quanto exigido no artigo 45-A da LREF, que será alvo de comentários específicos.

Por fim, o legislador previu a possibilidade de uma forma alternativa residual, admitindo qualquer outro mecanismo que for reputado suficientemente seguro pelo juiz.

A lei não definiu o que seria um mecanismo seguro, sendo que conceito deverá ser depurado pela jurisprudência, a partir das experiências do caso concreto. De qualquer modo, é razoável exigir que esse mecanismo proporcione ampla e prévia publicidade quanto às regras que orientam a forma de participação do credor e da manifestação de sua vontade, mostrando-se, também, suficientemente acessível.

Não se pode confundir, contudo, formas alternativas de tomada de deliberação com formas alternativas de exercício de voto em Assembleia-Geral de Credores. As formas de representação dos credores, em assembleia, são aquelas disciplinadas de forma clara e cogente no artigo 37 da LREF, não podendo ser substituídas por qualquer outra forma não prevista em lei.

Desse modo, o fato de o legislador ter admitido como forma alternativa de deliberação a juntada de termos de adesão de credores em número suficiente para obter quórum legal, ou outro mecanismo seguro, não decorre a conclusão de que teria admitido, também, que os votos possam ser exercidos em assembleia dessa forma. Isso porque há incompatibilidade intrínseca existente entre cada um desses mecanismos de tomada de deliberação – Assembleia-Geral e apresentação de termo de adesão.

A manifestação da vontade negocial, do credor em assembleia é feita de forma concomitante, na medida em que é da essência dessa forma de tomada de deliberação a sua dinamicidade e a expressão da vontade negocial no próprio ato da deliberação, permitindo que questionamentos e ponderações sejam feitos no ato. Já no caso da apresentação do termo de adesão, a vontade negocial já foi expressa, não permitindo qualquer alteração, tendo em vista que o credor declarante não necessariamente está presente no ato de apresentação do termo.

O descompasso entre o momento de manifestação de vontade negocial por parte do credor nos termos de adesão e os debates em assembleia envolvendo as condições desses créditos poderia, ainda, gerar grande insegurança jurídica e tumulto processual. Assim, caso se aceitasse como válido o uso de termo de adesão para expressão do voto e, durante a realização da assembleia houvesse a necessidade de manifestação sobre qualquer questão ocorrida em assembleia que não tivesse sido mencionada no termo de adesão, surgiria dúvida quanto à regularidade de qualquer deliberação tomada sem se considerar esses credores.

Responsabilidade do administrador judicial no uso de formas alternativas de deliberações dos credores

Incumbirá ao administrador judicial fiscalizar as formas alternativas de deliberação dos credores, devendo garantir sua efetividade e regularidade por meio de parecer submetido à apreciação do juiz responsável, antes da homologação judicial das deliberações (art. 39, §5º). Independentemente da forma adotada, é fundamental que a todos os credores seja garantido o exercício livre do direito de voz e, se titulares, voto nas deliberações. Assim, se a assembleia for realizada no formato virtual, deve o administrador verificar se a plataforma a ser utilizada e respectivo sistema eletrônico proporcional segurança necessária, alertando ao juízo, em caso negativo.

Art. 40 – ***Não será deferido provimento liminar, de caráter cautelar ou antecipatório dos efeitos da tutela, para a suspensão ou adiamento da assembleia-geral de credores em razão de pendência de discussão acerca da existência, da quantificação ou da classificação de créditos.***

Limitação da concessão de tutela de urgência

Em complemento ao §2º do art. 39, o art. 40 estabelece ser juridicamente impossível o pedido de suspensão ou adiamento de Assembleia de Credores, no procedimento falimentar ou recuperacional, em vista de conflitos de interesses relativos à existência, quantificação ou classificação do crédito. Essa disposição indica que a realização da Assembleia-Geral de Credores é do interesse de todos eles, de modo que não se mostra razoável impedir que ela possa ocorrer, sobretudo em casos necessários, em razão da pendência de impugnações ou habilitações de créditos individuais.

Além disso, tal impedimento visa garantir também a celeridade do procedimento de recuperação de empresa e o cumprimento do prazo máximo para sua realização antes de se findar o *stay period* de 180 dias.

Assim, mesmo que à primeira e mais rápida análise a norma pareça contrariar a disposição constitucional de prestação jurisdicional a todo aquele que tiver direito ameaçado ou violado (art. 5º, XXXV, da CF/88), a limitação das medidas cautelares para essas matérias encontra fundamento no princípio da atividade econômica (art. 170, da CF/88) e, também, no fato de que a realização de Assembleia-Geral de Credores para deliberar questões do interesse da coletividade não pode ser obstada por interesse particular de um único credor.

Entretanto, embora a Assembleia-Geral de Credores não possa ser suspensa ou adiada em razão da verificação de crédito, pode o credor pleitear medida liminar, em própria sede de impugnação judicial, para adquirir direito de voto em Assembleia-Geral de Credores pelo valor e natureza do crédito pretendidos. Pode, também, agravar a decisão de não alteração ou classificação do crédito (art. 17, parágrafo único).

Sobre essa temática, embora Fábio Ulhoa Coelho entenda que, nesse caso, o voto deverá ser computado em separado.[218] Marcelo Barbosa Sacramone destaca que o direito de voto deverá ser contabilizado normalmente, seja porque o cômputo em separado obsta o conhecimento do resultado da deliberação e a sujeita à análise definitiva do magistrado em relação ao aludido crédito, seja porque, de qualquer modo, as deliberações assembleares não serão invalidadas em razão de posterior decisão judicial acerca da existência, quantificação ou classificação de créditos (LREF, art. 39, §2º), ainda que haja reconsideração do direito de voto liminarmente concedido.[219]

Nesse sentido, já decidiu o Tribunal de Justiça de São Paulo, ao dar provimento a Agravo de Instrumento interposto contra decisão que determinou a apuração do voto da credora em apartado. Na ocasião, existia controvérsia em incidente de impugnação a respeito

---

218 COELHO, Fábio Ulhoa. *Comentários à Lei de Falências e de Recuperação de empresas*: Lei n. 14.112/20, Nova Lei de Falências. 14ª ed. São Paulo: Revista dos Tribunais, 2021, p. 144.

219 SACRAMONE, Marcelo Barbosa. *Comentários à Lei de Recuperação de Empresas e Falências*. 3ª ed. São Paulo: Saraiva Jur, 2022, p. 223.

do valor do crédito submetido à recuperação judicial. O acórdão determinou que o direito de voto fosse exercido normalmente em assembleia, pelo valor incluído pelo administrador judicial no quadro-geral de credores, nos termos dos artigos 39 e 40 da LREF.[220]

Art. 41 – A assembleia-geral será composta pelas seguintes classes de credores:

I – titulares de créditos derivados da legislação do trabalho ou decorrentes de acidentes de trabalho;

II – titulares de créditos com garantia real;

---

220 "– DIREITO DE VOTO é um direito fundamental conferido ao credor, pelo qual ele poderá externar sua vontade em relação ao plano de recuperação judicial proposto pelo devedor. Administrador judicial incluiu no quadro-geral de credores o crédito apresentado pela agravante diante da validade dos documentos apresentados pela credora. A agravante integra a relação de credores elaborada pelo administrador judicial, sendo que não houve qualquer impugnação à sua qualidade de credora. Todos os credores admitidos na recuperação judicial têm direito a voz e voto na Assembleia. São credores admitidos e, por conseguinte, em princípio titulares do direito à voz e voto na Assembleia os que se encontram na última lista publicada. – VOTO EM APARTADO. Não é razoável que a agravada fique com o seu direito de votar congelado em separado – até o desfecho da impugnação instaurada pela H-BUSTER, questionando o montante ou se o crédito da agravante será maior que o aceito pelo administrador judicial ou igual a zero, como as devedoras sustentam. Jurídico, portanto, a viabilidade do exercício concreto de votar nas assembleias gerais pelo valor incluído pelo administrador judicial no quadro-geral de credores. Inteligência dos artigos 39 e 40 da Lei n. 11.101/05. – No caso de ser constatado, posteriormente, de ser o crédito superior ao indicado (como defende a agravante) ou nenhum (como aduzem as recuperandas) aplicar-se-á o parágrafo 2º do artigo 39 ('§2º As deliberações da assembleias-geral não serão invalidadas em razão de posterior decisão judicial acerca da existência, quantificação ou classificação de créditos (...)'". TJSP, 1ª Câmara Reservada de Direito Empresarial, AI n. 2110045-81.2016.8.26.0000, Rel. Enio Zuliani, DJe 13/12/2016. Em sentido diverso: TJSP, Agravo de instrumento n. 2166670-04.2017.8.26.0000, Rel. Des. Carlos Dias Motta, 1ª Câmara Reservada de Direito Empresarial, Julgado em 15/01/2018; TJSP, Agravo Interno n. 2126911-38.2014.8.26.0000, Rel. Des. Maia da Cunha, 1ª Câmara Reservada de Direito Empresarial, Julgado em 11/09/2014.

III – titulares de créditos quirografários, com privilégio especial, com privilégio geral ou subordinados.

IV – titulares de créditos enquadrados como microempresa ou empresa de pequeno porte.

§ 1º Os titulares de créditos derivados da legislação do trabalho votam com a classe prevista no inciso I do caput deste artigo com o total de seu crédito, independentemente do valor.

§ 2º Os titulares de créditos com garantia real votam com a classe prevista no inciso II do caput deste artigo até o limite do valor do bem gravado e com a classe prevista no inciso III do caput deste artigo pelo restante do valor de seu crédito.

Composição da Assembleia-Geral de Credores

A divisão dos credores em classes tem por finalidade o agrupamento de interesses homogêneos de forma a facilitar a composição com o devedor, em Assembleia-Geral de Credores. As quatro classes estabelecidas no artigo 41 reúnem-se no plenário da Assembleia-Geral, que deliberará sobre quaisquer matérias mediante o quórum ordinário previsto no artigo 42 da LREF, exceto as que dispuserem sobre o plano de recuperação judicial, que observará o quórum especial do artigo 45, e sobre a constituição do Comitê de Credores, no qual, embora observado o quórum ordinário, apenas os respetivos membros de cada classe poderão votar para escolher o seu representante (LREF, art. 44).

Da redação original do dispositivo pela Lei n. 11.101/2005, o agrupamento para fins de composição de assembleia se dava segundo a natureza dos créditos titularizados, havendo três classes de credores: os titulares de créditos trabalhistas, os titulares de créditos em garantia real e os titulares de créditos quirografários, com privilégio especial, com privilégio geral ou subordinados. Foi através da Lei Complementar n. 147/2014 que se adicionou a quarta classe hoje constante no artigo: a de credores enquadrados como microempresa ou empresa de pequeno porte.

A previsão dessa quarta classe de credores veio a quebrar a tradição da redação antiga do dispositivo, que dividia os credores com base na natureza de seu crédito, passando a identificar uma nova classe, agora baseada na qualidade jurídica de seu titular. No entanto, não se pode olvidar que a modificação, embora positiva para a proteção das microempresas e empresas de pequeno porte, as quais passaram a fazer jus a diversos benefícios concedidos pela LREF (*v.g.* artigo 51, §2º e artigo 68, parágrafo único), trouxe também um contrassenso à sua efetiva aplicação. Isso porque os credores que titularizam créditos enquadrados como microempresa ou empresa de pequeno porte podem, simultaneamente, ser titulares de créditos quirografários ou com garantia real. Poderão, assim, se enquadrar em mais de uma das classes previstas no artigo 41, gerando certa insegurança jurídica quanto à classificação a ser adotada.

No procedimento de recuperação judicial, os credores que titularizam créditos trabalhistas votam em assembleia com o total de seu crédito, independentemente do valor. Todavia, regra diversa não se aplica ao procedimento falimentar, que estabelece o limite de 150 salários-mínimos para o enquadramento dos créditos derivados da legislação do trabalho (LREF, art. 83, I). Se, portanto, o crédito for superior a esse limite, o valor remanescente será classificado como quirografário (LREF, art. 83, VI, c).

Já os credores titulares de crédito com garantia real votam junto à classe II apenas até o limite do bem gravado. Eventual valor remanescente lhes permitirá votar, com o respectivo crédito residual, na classe dos credores quirografários, tanto na recuperação judicial quanto na falência. Interessante observar que, na falência, em razão da liquidação, no caso de crédito com garantia real, o saldo dos créditos não cobertos pelo produto da alienação dos bens vinculados seria considerado quirografários (LREF, art. 83, VI c).

Vale ressaltar, ainda, que houve a revogação da classe dos credores com privilégio geral e especial, os quais passaram a ser considerados quirografários (LREF, art. 83, §6º).

Não há total coincidência entre as classes de credores que compõem a Assembleia-Geral de Credores, indicadas no artigo 41, com as classes de credores da falência, relacionadas as fls. 83 e 84 da LREF. Na falência, os créditos extraconcursais (art. 84) estão submetidos à falência, mas não há previsão de sua participação da Assembleia-Geral de credores. Também a lei é silente quanto ao tratamento do credor fiscal diante de convocação de Assembleia-Geral de Credores, a multas contratuais e a penas pecuniárias.

Com relação aos créditos subquirografários, por serem preferenciais aos créditos subordinados, devem votar conjuntamente com a classe dos créditos quirografários.

Art. 42 – Considerar-se-á aprovada a proposta que obtiver votos favoráveis de credores que representem mais da metade do valor total dos créditos presentes à assembleia-geral, exceto nas deliberações sobre o plano de recuperação judicial nos termos da alínea a do inciso I do caput do art. 35 desta Lei, a composição do Comitê de Credores ou forma alternativa de realização do ativo nos termos do art. 145 desta Lei.

Quórum geral de deliberação na assembleia

O artigo 42 estabelece, como regra geral, que o quórum de aprovação das deliberações tomadas em assembleia, tanto para falências quanto para recuperações judiciais, será de maioria simples, ou seja, pelos votos favoráveis de credores representantes de mais de metade dos créditos presentes. Cada voto, pois, será proporcional ao valor do crédito respectivo, não se computando o voto dos credores ausentes, ainda que sejam titulares de fração substancial do passivo.

Hipóteses de quórum qualificado

Há, no entanto, três matérias excepcionadas pela lei, para as quais são aplicáveis quóruns distintos, sendo elas deliberações: sobre o plano de recuperação judicial (art. 45), quanto à constituição do Comitê de Credores (art. 44) e quanto à forma alternativa de realização do ativo na falência (art. 46).

Nas deliberações sobre o plano de recuperação judicial, o quórum de aprovação está previsto no artigo 45, que distribui a coletividade de credores em dois subgrupos: os titulares de créditos com garantia real e os titulares de créditos quirografários, com privilégio especial, com privilégio legal e subordinados, que votam por maioria simples e proporcionalmente ao valor de seus respectivos créditos; e os titulares de créditos trabalhistas ou enquadrados como microempresa e empresa de pequeno porte, que votam por maioria simples, independentemente do valor de seus créditos.

Nas deliberações para a constituição do Comitê de Credores (LREF, art. 44), votam apenas os credores que pertencerem à própria classe que elegerá o representante, por maioria simples. Nessa hipótese, pois, não se trata propriamente de quórum qualificado de deliberação, mas de limitação do conjunto de credores que poderão computar seus votos, em razão da matéria.

Conforme o artigo 46 da LREF, a aprovação de forma alternativa de realização do ativo na falência depende do voto dos credores que representem dois terços dos créditos presentes à assembleia, independentemente da classe a que pertencem. Marcelo Barbosa Sacramone entende que o dispositivo passou a conflitar com a nova redação do artigo 145 da LREF, dada pela Lei n. 14.112/2020, que estabelece quórum de maioria simples (regra geral prevista no *caput* do art. 42) para a adjudicação de bens alienados na falência, aquisição por meio de constituição de sociedade, de fundo ou outro veículo de investimento, com a participação, se necessária, dos atuais sócios do devedor ou de terceiro, ou mediante conversão de dívida em capital. O aparente conflito de normas ainda padece de solução pela jurisprudência, uma vez que não houve revogação expressa do artigo 46 pela Lei n. 14.112/2020.

Fábio Ulhoa Coelho, por sua vez, distingue as situações abrangidas pelos artigos 46 e 145, da LREF. Segundo o autor, o artigo 46 estabelece forma alternativa de realização do ativo, denominada *venda extraordinária externa* de bens do falido. Nessa hipótese, a alienação se dá sem competição entre potenciais adquirentes (razão pela qual diverge da alienação ordinária), contudo, caracteriza-se pela transferência dos bens do falido para adquirente diverso do conjunto de credores, ou seja, a um terceiro não credor ou a um ou alguns dos credores que não pertencem ao conjunto. Para a aprovação da venda externa, o quórum de aprovação necessário em assembleia seria de dois terços dos créditos presentes.

Segundo o autor, o art. 145 disporia a respeito da *venda extraordinária interna* de bens do falido, hipótese em que a alienação também ocorre sem competição entre potenciais adquirentes, todavia, destina-se à coletividade de credores, como forma de pagamento de seus respectivos créditos. Nessa hipótese, a aprovação seria tomada em assembleia, pela maioria simples (art. 42, LREF).[221]

Art. 43 – Os sócios do devedor, bem como as sociedades coligadas, controladoras, controladas ou as que tenham sócio ou acionista com participação superior a 10% (dez por cento) do capital social do devedor ou em que o devedor ou algum de seus sócios detenham participação superior a 10% (dez por cento) do capital social, poderão participar da assembleia-geral de credores, sem ter direito a voto e não serão considerados para fins de verificação do quórum de instalação e de deliberação.

221 COELHO, Fábio Ulhoa. *Comentários à Lei de Falências e de Recuperação de empresas*: Lei n. 14.112/20, Nova Lei de Falências. 14ª ed. São Paulo: Revista dos Tribunais, 2021, p. 476.

Parágrafo único. O disposto neste artigo também se aplica ao cônjuge ou parente, consanguíneo ou afim, colateral até o 2º (segundo) grau, ascendente ou descendente do devedor, de administrador, do sócio controlador, de membro dos conselhos consultivo, fiscal ou semelhantes da sociedade devedora e à sociedade em que quaisquer dessas pessoas exerçam essas funções.

Vedação ao exercício do direito de voto

O artigo 43 estabelece hipótese de impedimento de que credores específicos exerçam o direito de voto na Assembleia-Geral. São aqueles que detêm participação social na empresa devedora, direta ou indiretamente, ou possuam relação de parentesco com seu sócio, administrador ou membro de conselhos consultivos e fiscais. O escopo da norma é evitar que haja conflito de interesses nas deliberações a serem tomadas pelo conclave, consistente na sobreposição do interesse pessoal e específico do credor impedido ao interesse da coletividade de credores. Traz, portanto, presunção legal quanto à existência de conflito de interesses, seja pela participação social recíproca, seja pela proximidade decorrente de parentesco.

Estão impedidos de votar os sócios do devedor, evidentemente, nesse caso, referindo-se ao devedor pessoa jurídica.

Também estão impedidos de votar as sociedades coligadas ao devedor. O conceito de sociedade coligada encontra-se no art. 1099 do Código Civil, esclarecendo ser aquela sociedade de cujo capital outra sociedade participa com 10% ou mais do capital da outra sem controlá-la. O artigo 243, §1º da Lei n. 6.404/76 (Lei das Sociedades Anônimas) definia, sociedades coligadas, como sendo quando uma participa com 10% ou mais do capital da outra sem controlá-la, sendo que sua redação foi alterada pela Lei n. 11.841/09 para prever que são coligadas as sociedades nas quais a investidora tenha influência significativa.

As sociedades controladas ou controladoras do devedor estão impedidas de votar em assembleia de credores. O conceito de sociedade controlada está previsto no art. 1.098 do Código Civil e no artigo 243, §2º da Lei n. 6.404/76, devendo-se entender como controlada a sociedade na qual a controladora, diretamente ou através de outras controladas, é titular de direito de sócio que lhe assegure preponderância nas deliberações sociais e o poder de eleger a maioria dos administradores.

Não podem votar em assembleia, tampouco, sociedades cujos sócios ou acionistas detenham mais 10% do capital social do devedor e, por fim, sociedades em que o devedor ou algum de seus sócios detenham mais de 10% do capital social.

No tocante ao parentesco, estão impedidos de votar em assembleia o cônjuge ou parente consanguíneo ou afim, colateral até o 2º grau, ascendente ou descendente do devedor, do administrador, do sócio controlador, de membro dos conselhos consultivo, fiscal ou semelhantes da sociedade devedora e à sociedade em que quaisquer uma dessas pessoas exerçam essas funções.

O impedimento do exercício do direito de voto, todavia, não obsta que as pessoas físicas e jurídicas abrangidas pelo *caput* e parágrafo único participem da assembleia, exercendo seu direito de voz. Assim, poderão fazer objeções e manifestar-se no momento dos debates. Contudo, não poderão ter seu voto computado pela mesa, e seu crédito não será considerado para aferição do quórum mínimo de instalação e de deliberação.

Embora o artigo 43 trate de impedimento formal, com hipóteses taxativas previstas na lei, a proibição ao exercício do direito de voto pelo sócio da devedora pressupõe que sua participação social seja relevante a tal ponto que interfira no interesse da coletividade de credores, nas deliberações a serem tomadas pela assembleia. Ou seja, se a participação for mínima, sem qualquer influência sobre os controladores ou administradores da companhia, seu direito de voto não poderia ser tolhido. O mesmo raciocínio se aplica a parentes ou afins de um membro do conselho fiscal ou de um representante do minoritário em um conselho consultivo, sem qualquer poder de interferência na administração da devedora. Isso porque o impedimento do direito de voto deve ser interpretado restritivamente, por comprometer um dos mais importantes direitos do credor, devendo, pois, ser justificado apenas em hipóteses em que o conflito de interesses seja evidente.

Adotando esse entendimento, o Tribunal de Justiça de São Paulo deu provimento a agravo de instrumento interposto contra decisão que vedou o exercício do direito de voto de uma credora, em razão de seus sócios serem descendente e genro do sócio da empresa em recuperação judicial. Na ocasião, a 1ª Câmara Reservada de Direito Empresarial, por unanimidade, interpretou restritivamente a regra prevista no artigo 43 da LREF ao entender que, no caso, em razão de o sócio da recuperanda não ocupar posição de administrador, controlador ou qualquer outra posição de poder, não haveria razão para o impedimento do exercício do direito de voto em assembleia.[222]

Art. 44 – Na escolha dos representantes de cada classe no Comitê de Credores, somente os respectivos membros poderão votar.

Quórum de deliberação especial: constituição do Comitê de Credores

Conforme já destacado nos comentários ao artigo 42, o Comitê de Credores será formado por representantes das classes de credores (LREF, art. 26), sendo que cada uma delas votará separadamente para a eleição de seus respectivos representantes.

O quórum exigido para a eleição dos membros do comitê será o de maioria simples (quórum geral), ou seja, por votos favoráveis

222 TJSP, 1ª Câmara Reservada de Direito Empresarial, AI n. 2027629-17.2020.8.26.0000, Rel. Azuma Nishi, DJe 06/10/2020.

de credores que representem mais da metade do valor total dos créditos presentes da respectiva classe à assembleia.

Art. 45 – Nas deliberações sobre o plano de recuperação judicial, todas as classes de credores referidas no art. 41 desta Lei deverão aprovar a proposta.

§ 1º Em cada uma das classes referidas nos incisos II e III do art. 41 desta Lei, a proposta deverá ser aprovada por credores que representem mais da metade do valor total dos créditos presentes à assembleia e, cumulativamente, pela maioria simples dos credores presentes.

§ 2º Nas classes previstas nos incisos I e IV do art. 41 desta Lei, a proposta deverá ser aprovada pela maioria simples dos credores presentes, independentemente do valor de seu crédito.

§ 3º O credor não terá direito a voto e não será considerado para fins de verificação de quórum de deliberação se o plano de recuperação judicial não alterar o valor ou as condições originais de pagamento de seu crédito.

Quórum de deliberação especial: aprovação nas deliberações sobre o plano de recuperação judicial

Como explicado nos comentários ao artigo 42, a Assembleia-Geral de Credores tem como quórum geral de deliberação a adesão da maioria dos créditos presentes ao conclave assemblear, independentemente das classes dos credores. Contudo, o próprio dispositivo excepciona, dentre outras, a hipótese de aprovação do plano de recuperação judicial. Nesse caso, a lei estabelece dois quóruns distintos: um ordinário, previsto no artigo 45, e outro qualificado, qual seja, o *cram down* previsto no art. 58, §1º.

Pelo quórum ordinário, a aprovação se dará pela maioria de votos dos presentes em cada uma das classes da assembleia, computados segundo seus próprios requisitos. Na classe I, referente aos créditos trabalhistas, e na classe IV, dos credores microempresários ou empresários de pequeno porte, a maioria exigida é de mais da metade dos credores presentes, independentemente do valor de seus créditos. Ou seja, cada voto é computado por cabeça.

Nas classes II e III, dos credores com garantia real e credores quirografários, com privilégio especial, geral e subordinados, a maioria depende de dois fatores cumulativos: votos favoráveis de mais da metade do valor total dos créditos presentes e pela maioria simples dos credores presentes. Ou seja, a maioria computa-se também proporcionalmente ao valor do respectivo crédito.

Credores excluídos do quórum de deliberação

Cabe salientar ainda que não integram o quórum de votação os credores cujo direito não for por ele afetado.[223] Assim, caso sejam

---

223 "Recuperação Judicial. Recurso tirado contra r. decisão que homologou modificativo do plano de recuperação do Grupo Renuka do Brasil ('opção alternativa' de pagamento), permitiu a adoção de termos de adesão e concedeu o prazo de 30 (trinta) dias para que fossem exibidos nos autos. Em que pese o conteúdo da cláusula 9.1.2 do plano em vigor, no sentido de que é 'premissa fundamental a alienação da UPI Revati', acertou o i. magistrado ao considerar que só foram afetados com a exclusão da UPI Revati aqueles credores que optaram por receber na forma da cláusula 4.3.2 ('Opção B'). Os integrantes das Classes I e IV foram pagos até o limite previsto nas cláusulas 4.1.1 e 4.4 e consta, do plano, que o excedente será liquidado conforme a 'Opção A', não vinculada à alienação da UPI Revati. Ademais, não há iliquidez no pagamento previsto para a 'Opção A' – tanto que mantida na homologação do plano original –, tampouco na nova 'opção alternativa'. Sendo, os 'optantes B', os únicos prejudicados com o fato superveniente (frustração da alienação da UPI Revati) que exigiu a modificação do plano, está correta a colheita apenas dos seus votos. Aplicação do art. 45, §3º, da LREF. Se não consta das exceções dispostas nos incisos do art. 5º da Lei n. 14.112/2020, a adoção dos termos de adesão é de aplicação imediata. Embora equivocado homologar o plano antes da exibição dos termos de adesão, a questão restou superada porque todos os credores afetados manifestaram-se – após a r. decisão recorrida –favoravelmente à 'opção alternativa', também ofertada aos demais credores, aderentes da 'Opção A'. Decisão mantida.

discutidos dois planos de recuperação numa mesma assembleia, se o primeiro versar sobre o crédito da pessoa em questão e o segundo não, o credor pode participar da deliberação do primeiro somente. Fábio Ulhoa Coelho critica tal pressuposto, uma vez que, mesmo que o plano não verse diretamente sobre o crédito de determinada pessoa, o plano como um todo terá impacto na recuperação efetiva do devedor, o que indiretamente o afeta.

Nada obsta, certamente, que o credor excluído da votação participe da assembleia e exerça seu direito a voz, manifestando-se a respeito das matérias submetidas ao crivo da assembleia, principalmente porque, ainda que eventuais deliberações não alterem o valor ou as condições originais de pagamento do seu crédito, ele poderá ser diretamente ou indiretamente interessado no resultado da votação.

Art. 45-A – As deliberações da assembleia-geral de credores previstas nesta Lei poderão ser substituídas pela comprovação da adesão de credores que representem mais da metade do valor dos créditos sujeitos à recuperação judicial, observadas as exceções previstas nesta Lei.

§ 1º Nos termos do art. 56-A desta Lei, as deliberações sobre o plano de recuperação judicial poderão ser substituídas por documento que comprove o cumprimento do disposto no art. 45 desta Lei.

§ 2º As deliberações sobre a constituição do Comitê de Credores poderão ser substituídas por documento que comprove a adesão da maioria dos créditos de cada conjunto de credores previsto no art. 26 desta Lei.

§ 3º As deliberações sobre forma alternativa de realização do ativo na falência, nos termos do art. 145 desta Lei, poderão ser

---

Recurso improvido". (TJSP, 2ª Câmara Reservada de Direito Empresarial, AI. 2254096-15.2021.8.26.0000, Rel. Jorge Tosta, DJe 01/07/2022).

substituídas por documento que comprove a adesão de credores que representem 2/3 (dois terços) dos créditos.

§ 4º As deliberações no formato previsto neste artigo serão fiscalizadas pelo administrador judicial, que emitirá parecer sobre sua regularidade, com oitiva do Ministério Público, previamente à sua homologação judicial, independentemente da concessão ou não da recuperação judicial.

Termo de adesão de credores

Pode-se dispensar a realização de Assembleia-Geral de Credores pela redação de um termo de adesão que instrumentalize as decisões dos credores sobre a liquidação da massa falida ou o resultado da deliberação da negociação coletiva acerca do plano de recuperação. Para que o termo tenha esse efeito substitutivo na recuperação judicial, ele deve conter a matéria objeto de aprovação e a concordância dos credores conforme o quórum necessário para cada deliberação. Note-se que, no artigo 42, o quórum legal exigido é o de credores que representem mais da metade do total dos créditos presentes na assembleia, enquanto o artigo 45-A exige a adesão de credores que representem mais da metade dos créditos sujeitos à recuperação, como não poderia deixar de ser, já que se trata de forma alternativa à deliberação em conclave assemblear.

Na falência, porém, tendo em vista que as deliberações a respeito da liquidação do ativo atingem a todos os credores, direta ou indiretamente, devem ser tomadas por todos eles, sejam concursais ou extraconcursais.

Note-se que o próprio *caput* do artigo em comento excepciona do quórum legal de credores que representem mais da metade do valor dos créditos sujeitos à recuperação judicial, outras hipóteses expressamente previstas na lei. São elas: deliberações sobre o plano de recuperação judicial (LREF, art. 45); deliberações sobre a constituição do Comitê de Credores (LREF, art. 26); e deliberações sobre a forma alternativa de realização do ativo, na falência (LREF, art. 145).

O Termo de Adesão deve ser acompanhado dos documentos que comprovem os poderes dos subscritores para novar ou transigir, de modo que o administrador judicial possa comprovar a regularidade do Termo, expedindo parecer a respeito. O representante do Ministério Público também deve ser ouvido antes da homologação do Termo, para auxiliar a decisão judicial.

Segundo estipula o artigo 56-A, o termo de adesão também é admitido nos casos em que a Assembleia-Geral já tenha sido convocada para deliberar sobre o plano de recuperação judicial. Nesse caso, porém, o devedor deverá comprovar a aprovação dos credores por meio do termo de adesão, com antecedência de cinco dias, e requerer sua homologação pelo juiz.

Art. 46 – A aprovação de forma alternativa de realização do ativo na falência, prevista no art. 145 desta Lei, dependerá do voto favorável de credores que representem 2/3 (dois terços) dos créditos presentes à assembleia.

Deliberação sobre forma alternativa de realização do ativo na falência

O quórum qualificado de dois terços dos créditos presentes à assembleia, estabelecido pelo art. 46, dialoga com a parte final do artigo 42, o qual excepciona as matérias que exigem quórum geral de deliberação.

Aplica-se o disposto no artigo 46 nas hipóteses de venda extraordinária de bens, ou seja, qualquer outra forma de realização do ativo na falência que não esteja relacionada entre as modalidades de alienação ordinária prevista no artigo 142. Esta última se dá por meio de processo competitivo e deve, também, ser aprovada em Assembleia de Credores (LREF, art. 142, §3º-B, I).

Conforme discorrido nos comentários ao artigo 42, Fábio Ulhoa Coelho entende que o artigo 46 dispõe especificamente sobre a *venda extraordinária externa* de bens na falência, ou seja, destinada a adquirente diverso da coletividade de credores. Tal modalidade incide, por exemplo, quando um empresário se interessa em adquirir todos os bens do falido por um preço determinado, o que, a princípio, conferiria celeridade e efetividade ao procedimento de realização do ativo, se o preço ofertado for vantajoso aos credores. Para que sua oferta seja validada, deve ter aprovação pela Assembleia de Credores, por maioria qualificada de 2/3 dos créditos presentes à assembleia, ou pelo juiz, à vista do requerimento do administrador judicial, que deve levar em consideração o posicionamento do Comitê de Credores, se existir.

CAPÍTULO III

DA RECUPERAÇÃO JUDICIAL

Seção I – Disposições Gerais

Art. 47 – A recuperação judicial tem por objetivo viabilizar a superação da situação de crise econômico-financeira do devedor, a fim de permitir a manutenção da fonte produtora, do emprego dos trabalhadores e dos interesses dos credores, promovendo, assim, a preservação da empresa, sua função social e o estímulo à atividade econômica.

A recuperação judicial e sua finalidade

O artigo 47 estabelece os objetivos centrais do procedimento de recuperação judicial, orientando a interpretação das normas que o regem e a atuação de todos os agentes envolvidos em prol do soerguimento da empresa. Cuida-se, assim, de norma principiológica, que tem por fim resguardar o valor social da empresa e assegurar um ambiente negocial sadio, como um estímulo positivo à atividade econômica, obstando a falência do empresário que passe por crise econômico-financeira passível de superação.

Como tal, deve ser ponderada pelo juiz na análise do caso concreto, sobretudo considerando que, em algumas hipóteses, a crise econômico-financeira poderá ser insuperável, tornando inatingíveis os objetivos estabelecidos pela lei.

Saliente-se que a norma em comento destaca os objetivos em uma ordem prioritária, sendo oportuno notar que a proteção dos interesses dos credores não constitui a finalidade precípua do procedimento recuperacional, mas sim a manutenção da fonte produtora, a qual possibilita a salvaguarda do emprego dos trabalhadores e a preservação da atividade econômica. Assegurada a manutenção da fonte produtora, pode-se garantir a efetiva tutela dos interesses dos credores, sempre tendo em vista a função social da empresa.

Conforme aponta Fábio Ulhoa Coelho, a recuperação judicial não pode, de modo algum, substituir a iniciativa privada pelo juiz, na busca da superação da crise da empresa. Isso porque a situação crítica da sociedade empresária pode tornar desinteressante, para o mercado, o seu soerguimento, o que pode ser constatado nos casos em que nenhum agente econômico privado se habilita a investir ou empreender naquela empresa. Nessa hipótese, se as perspectivas de rentabilidade forem baixas, se descapitalizada ou com precária organização administrativa, o Estado não pode servir como aparato para garantir sua permanência no mercado, sob pena de se ferir a livre iniciativa. A recuperação das empresas, pois, não pode ser vista como valor jurídico absoluto, mas, ao contrário, deve ser compreendida com base nas evidências do caso concreto e nas informações trazidas aos autos que permitam compreender a extensão da crise econômico-financeira por que passa o devedor. Contudo, há casos em que se apresentam disfunções do sistema econômico que podem ser corrigidos pelo Magistrado, com o objetivo de garantir o regular funcionamento das estruturas do livre mercado. É o caso, por exemplo, do valor idiossincrático da empresa (valor subjetivo e individual, atribuído exclusivamente pelo seu controlador), que pode comprometer a racionalidade das negociações e prejudicar injustamente os empregados, os terceiros, os consumidores etc. Outrossim, o instituto da recuperação judicial é utilizado para corrigir tais disfunções do sistema econômico, e não para sobrepor-se à livre iniciativa.[224]

Nesse sentido, em precedente do E. Superior Tribunal de Justiça, a Terceira Turma manteve deliberação que, em primeiro e segundo graus, indeferiu o pedido de recuperação judicial de uma empresa, por entender ausente demonstração de sua viabilidade econômica, e do cumprimento de sua função social. Segundo constatado por perícia, a empresa requerente não se encontrava em atividade, e conforme informado por seu próprio diretor, inexistiam lojas físicas e funcionários ativos, mas apenas o *e-commerce*, cujo faturamento era irrisório.

Segundo trecho da ementa,

> esta Corte de Justiça entende que a função social da empresa exige sua preservação, mas não a todo custo. A sociedade empresária deve demonstrar ter meios de cumprir eficazmente tal função, gerando empregos, honrando seus compromissos e colaborando com o desenvolvimento da economia, tudo nos termos do art. 47 da Lei n. 11.101/2005.[225]

Art. 48 – Poderá requerer recuperação judicial o devedor que, no momento do pedido, exerça regularmente suas atividades há mais de 2 (dois) anos e que atenda aos seguintes requisitos, cumulativamente:

---

224 COELHO, Fábio Ulhoa. *Comentários à Lei de Falências e de Recuperação de empresas*: Lei n. 14.112/20, Nova Lei de Falências. 14ª ed. São Paulo: Revista dos Tribunais, 2021, p. 163.

225 STJ, 3ª Turma, AgInt no AREsp 1632907/SP, Rel. Min. Marco Aurélio Bellizze, DJe 15/03/2021.

I – não ser falido e, se o foi, estejam declaradas extintas, por sentença transitada em julgado, as responsabilidades daí decorrentes;

II – não ter, há menos de 5 (cinco) anos, obtido concessão de recuperação judicial;

III – não ter, há menos de 5 (cinco) anos, obtido concessão de recuperação judicial com base no plano especial de que trata a Seção V deste Capítulo;

IV – não ter sido condenado ou não ter, como administrador ou sócio controlador, pessoa condenada por qualquer dos crimes previstos nesta Lei.

§ 1º A recuperação judicial também poderá ser requerida pelo cônjuge sobrevivente, herdeiros do devedor, inventariante ou sócio remanescente.

§ 2º No caso de exercício de atividade rural por pessoa jurídica, admite-se a comprovação do prazo estabelecido no caput deste artigo por meio da Escrituração Contábil Fiscal (ECF), ou por meio de obrigação legal de registros contábeis que venha a substituir a ECF, entregue tempestivamente.

§ 3º Para a comprovação do prazo estabelecido no caput deste artigo, o cálculo do período de exercício de atividade rural por pessoa física é feito com base no Livro Caixa Digital do Produtor Rural (LCDPR), ou por meio de obrigação legal de registros contábeis que venha a substituir o LCDPR, e pela Declaração do Imposto sobre a Renda da Pessoa Física (DIRPF) e balanço patrimonial, todos entregues tempestivamente.

§ 4º Para efeito do disposto no § 3º deste artigo, no que diz respeito ao período em que não for exigível a entrega do LCDPR, admitir-se-á a entrega do livro-caixa utilizado para a elaboração da DIRPF.

§ 5º Para os fins de atendimento ao disposto nos §§ 2º e 3º deste artigo, as informações contábeis relativas a receitas, a bens, a despesas, a custos e a dívidas deverão estar organizadas de acordo com a legislação e com o padrão contábil da legislação correlata vigente, bem como guardar obediência ao regime de competência e de elaboração de balanço patrimonial por contador habilitado.

Legitimidade para requerer a recuperação judicial

O artigo 48, *caput* e incisos estabelecem requisitos cumulativos, analisados no momento da distribuição do pedido, que o empresário deverá preencher para postular o deferimento de sua recuperação judicial. O não preenchimento de um ou alguns deles impede a sua concessão.

Outrossim, diferentemente do Decreto-Lei anterior, que não admitia a possibilidade de indeferimento do pedido de concordata caso os documentos exigidos não fossem juntados com a petição inicial – hipótese em que seria decretada a falência –, a Lei 11.101/2005 optou por permitir o indeferimento do pedido de recuperação judicial, em caso de instrução documental insuficiente.

Exige a LREF que o requerente da recuperação judicial se enquadre como empresário ou sociedade empresária. Nos termos do artigo 966, *caput*, do Código Civil, considera-se empresário quem exerce profissionalmente atividade econômica organizada para a produção ou a circulação de bens ou de serviços. Já a sociedade empresária é aquela que desenvolve atividade própria de empresário (art. 982, *caput*, Código Civil). Sobre o conceito de empresário, remetem-se, no mais, aos comentários efetuados no artigo 2º da LREF.

Nessa óptica, estão impedidos de postular a recuperação judicial as sociedades em comum, a cooperativa ou as sociedades simples, além daquelas enumeradas nos incisos I e II do artigo 2º,

LREF. Necessário consignar, contudo, que há decisões judiciais ampliando a possibilidade de concessão de recuperação judicial a outros agentes econômicos que não apenas os empresários, remetendo-se aos comentários efetuados no artigo 1º da LREF.

De acordo com o *caput* do artigo 48 da LREF, o empresário que pleiteia sua recuperação judicial deverá ter exercido regularmente sua atividade empresarial pelo prazo mínimo de 2 (dois) anos, contados da data do pedido. A prova desse requisito se faz com a juntada da ficha cadastral completa do empresário, emitida pela Junta Comercial. Da redação literal do dispositivo, pois, vislumbra-se a impossibilidade de que empresas irregulares (não inscritas no Registro Público de Empresas Mercantis) ou inativas possam pleitear a recuperação judicial.

Ressalte-se que, segundo entendimento do Superior Tribunal de Justiça, a atividade regular, exercida pelo prazo mínimo de dois anos, deve ser da mesma natureza ou correlata. Nesse sentido:

> (...) para fins de identificar "o devedor que, no momento do pedido, exerça regularmente suas atividades", a que alude o *caput* do art. 48 da Lei n. 11.101/2005, basta a comprovação da inscrição no Registro de Empresas, mediante a apresentação de certidão atualizada. 3. Porém, para o processamento da recuperação judicial, a Lei, em seu art. 48, não exige somente a regularidade no exercício da atividade, mas também o exercício por mais de dois anos, devendo-se entender tratar-se da prática, no lapso temporal, da mesma atividade (ou de correlata) que se pretende recuperar.[226]

O prazo mínimo de dois anos de atividade foi estabelecido não apenas para evitar que empresas irregulares obtenham sua inscrição na Junta Comercial apenas para pleitear sua recuperação judicial, mas, principalmente, como forma de assegurar que a empresa em

---

226 STJ, 4ª Turma, REsp 1478001/ES, Rel. Min. Raul Araújo, DJe 19/11/2015.

crise financeira já tenha se consolidado no mercado em que atua e tenha condições reais de soerguimento, presumindo-se que tal prazo seria suficiente para o seu desenvolvimento na economia local, regional ou nacional.

Questionamento relevante pode ser feito com relação ao pedido de recuperação judicial feito por empresas integrantes do mesmo grupo econômico, e se cada uma delas, individualmente, deveria preencher o requisito temporal de dois anos de atividade regular, ou se, integrando o mesmo grupo, poderão aproveitar o tempo de atividade regular exercido pelas outras, quando requererem o benefício através do litisconsórcio ativo.

No julgamento do Recurso Especial n. 1.665.042/RS,[227] a Terceira Turma do STJ, por unanimidade, permitiu à uma sociedade limitada constituída após a cisão de sociedade com mais de 2 (anos) de atividade empresarial regular – integrar a recuperação judicial como litisconsorte ativa, ainda que não cumprido o prazo mínimo legal de atividade regular, individualmente.

Segundo se destacou, como regra geral,

> *as sociedades empresárias integrantes de grupo econômico devem demonstrar individualmente o cumprimento do requisito temporal de 2 (dois) anos de exercício regular de suas atividades para postular a recuperação judicial em litisconsórcio ativo.*

Todavia, o caso sob julgamento admitiu solução diversa em razão das particularidades envolvendo as empresas requerentes, assim entendendo o Superior Tribunal:

---

227 STJ, 3ª Turma, REsp 1665042/RS, Rel. Min. Ricardo Villas Bôas Cueva, DJe 01/07/2019.

> Todavia, no processo de cisão das Lojas Volpato, foram transferidas para a Rede Varejo 23 (vinte e três) filiais do grupo empresarial instaladas no Estado de Santa Catarina, cujas unidades foram, quase todas, constituídas há mais de 2 (dois) anos. Ou seja, a Rede Varejo sucedeu todos os direitos e obrigações de outras sociedades concebidas pelo período superior ao exigido pelo art. 48, caput, da LREF. (...) Com efeito, tanto a sociedade cedente (Lojas Volpato) quanto as lojas que ficaram sob o comando da Rede Varejo cumpriram o biênio legal. É válido ressaltar que a cisão não ocasionou alteração do objeto social, tampouco a interrupção das atividades empresariais tanto da sociedade cedente e quanto da cindida. (...). Assim, conforme o referido ensinamento doutrinário, se a sociedade anterior tinha mais de 2 (anos) de atividade empresarial, a nova – objeto da cisão – não precisa cumprir novamente o biênio.

Retornando ao dispositivo em comento, o inciso I estabelece que o empresário falido não poderá pleitear sua recuperação judicial, exceto se suas obrigações decorrentes do processo falimentar já tiverem sido extintas por sentença transitada em julgado. Isso porque, decretada a sua falência, os seus ativos deverão ser arrecadados e liquidados para a satisfação de seus credores, impossibilitando a manutenção da fonte produtora e o cumprimento da função social da empresa.

Os incisos II e III também obstam ao empresário ou sociedade empresária que tenha obtido a concessão de recuperação judicial, seja a comum ou a especial (LREF, artigos 70 a 72), há menos de cinco anos, de obter nova recuperação judicial. Presume a lei que o empresário que a obteve no quinquênio anterior não possui aptidão suficiente para a superação da crise econômico-financeira e a manutenção da fonte produtora.

Sobre o tema, é oportuno mencionar o caso da recuperação judicial do Grupo Oi, cujo processamento foi recentemente deferido, pela segunda vez, pela 7ª Vara Empresarial da Comarca do Rio de

Janeiro, o que motivou questionamentos sobre a sua legalidade, à luz do que prevê o artigo 48, II da LRF.

O primeiro processo de recuperação judicial do Grupo, que tramitou por seis anos e foi concedido em fevereiro de 2018, teve seu encerramento em dezembro de 2022 pelo mesmo juízo recuperacional, já que é no Estado do Rio de Janeiro que se situa o principal estabelecimento da Companhia (processo n. 0203711-65.2016.8.19.2006). Naquela primeira RJ, originalmente com mais de 55 mil credores habilitados e valor total do passivo de R$ 65 bilhões, a dívida líquida foi reduzida para R$ 18,3 bilhões, o que inclusive permitiu o lançamento da operação de banda larga em fibra ótica pela empresa. A recuperação judicial estava prevista para ser encerrada em outubro de 2021 e o juízo prorrogou por duas vezes o prazo de conclusão.[228]

No início de fevereiro de 2023, antes mesmo do trânsito em julgado daquele primeiro processo recuperacional, o Grupo Oi obteve liminar em tutela cautelar antecedente, que obstou o bloqueio de ativos por parte de seus credores (processo n. 0809863-36.2023.8.19.0001). Posteriormente, dentro do prazo legal, pleiteou sua segunda recuperação judicial, indicando uma dívida de cerca de R$ 43,7 bilhões de reais, e aproximadamente 35 mil credores.[229]

Destaque-se que, no caso, ficou reconhecida a inexistência de impedimento legal para o segundo pedido, eis que transcorridos mais de cinco anos desde a concessão da primeira recuperação judicial, nos termos do artigo 48, II da LRF.

---

228 CONJUR. "Após seis anos, processo de recuperação judicial da Oi chega ao fim". *Conjur*, dez. 2022. Disponível em: https://www.conjur.com.br/2022-dez-16/seis-anos-processo-recuperacao-judicial-oi-chega-fim. Acessado em: 28.10.2024.

229 GONÇALVES DE PAULA, Cristiene Julia; RODAS, Sérgio. "Justiça do Rio de Janeiro autoriza segunda recuperação judicial da Oi". *Consultor Jurídico*, mar. 2023. Disponível em: https://www.conjur.com.br/2023-mar-17/justica-rio-autoriza-segunda-recuperacao-judicial-oi. Acessado em: 28.10.2024.

Não obstante, a distribuição de novo pedido de recuperação judicial apenas três meses do encerramento da primeira, antes mesmo de seu trânsito em julgado, gerou questionamentos sobre a sua legalidade, sobretudo porque, no caso do Grupo Oi, houve aprovação e homologação de modificativo ao plano após a concessão da recuperação judicial, bem como a prorrogação por duas vezes do prazo de supervisão para cumprimento das condições previstas no plano. Na decisão de encerramento do primeiro procedimento, o MM Juiz, amparado em posicionamento do STJ, declarou que mesmo tendo ocorrido nova AGC, com apresentação e aprovação de aditivo e, ainda, decisão homologatória em outubro de 2020, a contagem do biênio deveria ser mantida a partir da decisão concessiva da recuperação judicial.

A tese que sustenta a possibilidade e a ausência de ilegalidade na realização de novo pedido recuperacional, argumenta que o prazo de cinco anos do art. 48 da LRF é contado da decisão concessiva, a qual, no caso, foi proferida em 08/01/18, além do que eventual homologação de aditivo não implica nova concessão de recuperação judicial. E, por fim, a Lei não vincula os efeitos da decisão concessiva ao seu trânsito em julgado.[230]

A competência para o julgamento do feito foi reconhecida pela 7ª Vara Empresarial da Comarca do Rio de Janeiro, em virtude do entendimento proferido pelo Superior Tribunal de Justiça, de que enquanto não transitada em julgado a decisão que encerra a recuperação judicial, subsiste a competência do juízo recuperacional para a administração do patrimônio da recuperanda (REsp 1.879.502/DF, Min. Raul Araújo, 4ª Turma, STJ).

---

230 GONÇALVES DE PAULA, Cristiene Julia; TOLENTINO, Maria Carla Oliveira Rocha. "Controvérsias envolvendo o novo pedido de RJ do Grupo Oi". *Migalhas*, mar. 2023. Disponível em: https://www.migalhas.com.br/depeso/383846/controversias-envolvendo-o-novo-pedido-de-rj-do-grupo-oi. Acessado em: 28.10.2024.

A respeito da viabilidade econômica do Grupo, o Magistrado destacou que as requerentes cumpriram as obrigações vencidas no curso da fiscalização, ao longo da primeira recuperação judicial, sendo pontuado que nas últimas informações financeiras, no Balanço Patrimonial, nas demonstrações de resultado do exercício e no fluxo de caída projetado, somados ao comunicado da Companhia informando a evolução nas negociações com determinados credores envolvendo a reestruturação de certas dívidas, demonstram que há probabilidade de soerguimento da empresa, com a preservação da sua função social.

Em setembro de 2023, a 7ª Vara Empresarial do Tribunal de Justiça do Rio de Janeiro, prorrogou por mais 90 dias, na forma da Lei de Recuperação Judicial, o *stay period* do Grupo Oi, acolhendo manifestação das recuperandas, que justificaram o pedido com base na magnitude e complexidade da sua recuperação judicial.[231]

O grande questionamento que pode surgir, das situações aventadas acima, é sobre ser possível que novo pedido de recuperação judicial seja apresentado antes que haja o cumprimento integral de todas as obrigações pactuadas em plano aprovado em primeiro processo de recuperação judicial. Essa situação apresenta desafios, pois é possível que os credores que tiveram suas obrigações novadas no primeiro plano possam se submeter, ao menos em tese, a uma nova novação em recuperação judicial, ampliando-se, ainda mais, eventuais descontos e postergamento de pagamento inicialmente concedidos. A princípio, por falta de vedação legal, tais créditos estariam sujeitos a um novo pedido de recuperação judicial, pela interpretação estrita do disposto nos artigos 48 e 51 da LRF.

231 TRIBUNAL DE JUSTIÇA DO ESTADO DO RIO DE JANEIRO. "Justiça prorroga por mais 90 dias o período de blindagem do processo de recuperação judicial do Grupo Oi". *Tribunal de Justiça do Estado do Rio de Janeiro*, set. 2023. Disponível em: https://www.tjrj.jus.br/web/guest/noticias/noticia/-/visualizar-conteudo/5111210/284094285. Acessado em: 28.10.2024.

Há quem sustente, contudo, que a manutenção das condições da novação relativa à primeira recuperação judicial tem como pressuposto lógico a viabilidade econômico-financeira avaliada pelos credores quando da aprovação do plano de recuperação judicial mas, também, a intenção concreta e real da possibilidade de cumprimento dessas novas condições pela devedora, de modo que, a apresentação de novo pedido de recuperação judicial, incluindo tais créditos, importaria em rompimento do equilíbrio contratual e da função social do contrato, nos termos do art. 421-A do Código Civil, resolvendo o plano de recuperação judicial anterior em razão de seu inadimplemento.[232]

A questão apontada acima demandará aprofundamento da jurisprudência. Afinal, muito embora a legislação especial da insolvência não vede a apresentação de novo pedido de recuperação judicial, desde que atendidos os pressupostos dos artigos 48 e 51 da LRF, é necessário aventar que, de fato, no tocante aos efeitos obrigacionais do primeiro plano de recuperação judicial, em especial o seu efeito novativo, deve-se recorrer às normas de direito comum para apurar se houve ou não resolução das obrigações pactuadas, sobretudo à luz dos princípios da boa-fé e da função social, apontados nos artigos 113, 187 e 421-A do Código Civil.

As regras de interpretação de relações contratuais, dispostas no artigo 113, do CC, indicam, inclusive, que é preciso se interpretar o contrato no sentido de atribuir o sentido que corresponder ao que seria a negociação das partes sobre a questão discutida, inferida das demais disposições do negócio e da racionalidade econômica das partes no momento da celebração,[233] reforçando a percepção de

---

232 LASPRO, Oreste Nestor de Souza; SILVA, Juliana Shiguenaga. "Renovação do pedido de recuperação judicial: razões e legalidade". *Consultor Jurídico*, dez. 2023. Disponível em: https://www.conjur.com.br/2023-dez-18/729059/. Acessado em: 28.10.2024.

233 Art. 113. Os negócios jurídicos devem ser interpretados conforme a boa-fé e os usos do lugar de sua celebração. § 1º A interpretação do negócio jurídico

que é preciso se recorrer à vontade das partes exaradas no primeiro plano de recuperação judicial, para se aferir se existia legítima expectativa de alteração em curto prazo das condições aventadas sem que isso importe em resolução das obrigações.

Por fim, o inciso IV impede que o empresário individual ou a sociedade empresária que tenha, como administrador ou sócio controlador, pessoa condenada por crime falimentar, pleiteie a recuperação judicial, por considerar como potencial, nesse caso, o emprego indevido do instituto.

Contudo, ressalta-se que a pessoa jurídica não se confunde com seus administradores e controladores, constituindo diverso centro de imputação de direitos e obrigações. Por esta razão, o autor aponta que a restrição imposta à pessoa jurídica, em caso de condenação de seus administradores ou controladores por crime falimentar, não teria amparo constitucional, sobretudo em razão do art. 5º, XLV.[234]

Outros legitimados

A LREF também confere legitimidade a outros agentes para pleitear o pedido de recuperação judicial. São eles o cônjuge

---

deve lhe atribuir o sentido que: I – for confirmado pelo comportamento das partes posterior à celebração do negócio; II – corresponder aos usos, costumes e práticas do mercado relativas ao tipo de negócio; III – corresponder à boa-fé; IV – for mais benéfico à parte que não redigiu o dispositivo, se identificável; e V – corresponder a qual seria a razoável negociação das partes sobre a questão discutida, inferida das demais disposições do negócio e da racionalidade econômica das partes, consideradas as informações disponíveis no momento de sua celebração. § 2º As partes poderão livremente pactuar regras de interpretação, de preenchimento de lacunas e de integração dos negócios jurídicos diversas daquelas previstas em lei.

234 "Art. 5º, XLV. Nenhuma pena passará da pessoa do condenado, podendo a obrigação de reparar o dano e a decretação do perdimento de bens ser, nos termos da lei, estendidas aos sucessores e contra eles executadas, até o limite do valor do patrimônio transferido".

sobrevivente, os herdeiros do devedor, ou o inventariante, em caso de falecimento do empresário individual, ou ainda, o sócio remanescente na sociedade empresária, como legitimado extraordinário.

Para o empresário individual, a responsabilidade é ilimitada, não havendo autonomia de patrimônios, como nas sociedades anônimas e limitadas. Por essa razão, caso venha a falecer e possua dívidas em aberto, o espólio deverá responder por elas.

O produtor rural

Conforme discorrido nos comentários ao artigo 1º da LREF, o registro do empresário rural constitui exceção à regra geral da natureza declaratória do registro para a caracterização da atividade empresarial. Para o produtor rural ou a sociedade que explore atividade rural, o registro é constitutivo, nos termos dos artigos 971 e 984 do Código Civil. Outrossim, somente serão equiparados ao empresário ou à sociedade empresária e, nesta qualidade, poderão pleitear sua recuperação judicial, se requererem sua inscrição perante o Registro Público de Empresas Mercantis de sua sede.

Note-se, porém, que para o empresário rural ou sociedade empresária que explore atividade rural, o prazo de dois anos de exercício da atividade regular, estabelecidos no *caput* do artigo 48, conta-se a partir da comprovação do efetivo início das atividades, e não do registro. Isso porque, sendo facultativo o seu registro, a atividade desempenhada anteriormente ao ato formal não será considerada irregular, de modo que ele poderá preencher os requisitos legais para a distribuição do pedido de recuperação judicial, ainda que tenha obtido o registro em prazo inferior a dois anos.

Nesse sentido, deve-se interpretar o §2º e o §3º do artigo 48, que dispõem sobre as formas de comprovação do início da atividade regular do produtor rural. Para a sociedade empresária que explore atividade rural, a prova se faz por meio da Escrituração Contábil Fiscal (ECF) ou outros registros contábeis que venham a substituí-la, e, para o empresário rural, através do Livro Caixa Digital do Produtor Rural (LCDPR) ou outros registros contábeis que venham a substituí-lo, além da Declaração de Imposto de Renda Pessoa Física (DIRPF) e balanço patrimonial. Cuidando-se de período em que não for exigida a declaração do LCDPR, será admitida a entrega do livro-caixa utilizado para elaboração da DIRPF (§4º).

Os aludidos documentos deverão ser entregues tempestivamente e estar organizados de acordo com a legislação e com o padrão contábil da legislação vigente, bem como guardar obediência ao regime de competência e de elaboração de balanço patrimonial por contador habilitado, como forma de garantir a idoneidade e regularidade do procedimento (§5º).

Associação civil futebolística

Também conforme já mencionado nos comentários ao artigo 1º da LREF, a Lei n. 14.193, de 06/08/2021 – Lei da Sociedade Anônima do Futebol – SAF, alterou o artigo 971 do Código Civil, incluindo em seu parágrafo único que dentro das atividades econômicas equiparadas ao empresário encontram-se, além do produtor agrícola, também as associações futebolísticas. Além disso, no artigo 13 da Lei n. 14.193/21, permitiu-se expressamente ao clube, associação futebolística, requerer recuperação judicial ou extrajudicial.

A Lei n. 14.193/21 inseriu no ordenamento jurídico brasileiro hipótese em que associação civil pode requerer a recuperação judicial e extrajudicial, desde que indique a sua opção por se submeter a tratamento jurídico equiparado ao do empresário. A referida opção é externalizada pela inscrição no Registro Público de Empresas Mercantis, assim como ocorre com o produtor rural.

Parece razoável, portanto, por consequência lógica, exigir para tais associações os mesmos requisitos iniciais impostos ao produtor rural, caso pretendam requerer sua recuperação judicial ou extrajudicial, desde que possíveis, ou, ao menos, assemelhados.

Art. 48-A – Na recuperação judicial de companhia aberta, serão obrigatórios a formação e o funcionamento do conselho fiscal, nos termos da Lei n. 6.404, de 15 de dezembro de 1976, enquanto durar a fase da recuperação judicial, incluído o período de cumprimento das obrigações assumidas pelo plano de recuperação.

O conselho fiscal na recuperação judicial de companhia aberta

A instalação de um Conselho Fiscal destina-se à fiscalização da administração da companhia, tendo em vista os interesses dos acionistas, e o cumprimento dos seus deveres legais e estatutários. Nas companhias abertas, regidas pela Lei n. 6.404/1976, o Conselho Fiscal é de existência obrigatória, porém, de funcionamento facultativo, podendo ou não ser permanente, em virtude dos custos para a sua administração (art. 161). A competência do órgão está prevista no artigo 163 da Lei n. 6.404/1976.

A Lei n. 14/112/2020 incluiu o artigo 48-A, determinando que, para as companhias abertas, serão obrigatórios tanto a constituição quanto o funcionamento do Conselho Fiscal, durante todo o procedimento recuperacional, desde a homologação do plano e deferimento do pedido até o cumprimento de todas as obrigações nele assumidas pela devedora.

Contudo, Fábio Ulhoa Coelho destaca que a obrigatoriedade do Conselho poderá onerar demasiadamente a empresa em processo de soerguimento. Assim, se os acionistas estiverem satisfeitos com a administração da sociedade anônima em recuperação, defende o autor que, se a instalação do Conselho Fiscal for aprovada por acionistas minoritários em quantidade insuficiente para a composição do quórum da Lei n. 6.404/76 para a mesma matéria, a companhia aberta pode solicitar ao juízo recuperacional a dispensa da constituição do órgão, como estabelecido pelo artigo 48-A.[235]

Art. 49 – Estão sujeitos à recuperação judicial todos os créditos existentes na data do pedido, ainda que não vencidos.

§ 1º Os credores do devedor em recuperação judicial conservam seus direitos e privilégios contra os coobrigados, fiadores e obrigados de regresso.

§ 2º As obrigações anteriores à recuperação judicial observarão as condições originalmente contratadas ou definidas em lei, inclusive no que diz respeito aos encargos, salvo se de modo diverso ficar estabelecido no plano de recuperação judicial.

§ 3º Tratando-se de credor titular da posição de proprietário fiduciário de bens móveis ou imóveis, de arrendador mercantil, de proprietário ou promitente vendedor de imóvel cujos respectivos contratos contenham cláusula de irrevogabilidade ou irretratabilidade, inclusive em incorporações imobiliárias, ou de proprietário em contrato de venda com reserva de domínio, seu crédito não se submeterá aos efeitos da recuperação judicial e prevalecerão os direitos de propriedade sobre a coisa e as condições contratuais, observada a legislação respectiva, não se permitindo, contudo, durante o prazo de suspensão a que se refere o § 4º do art. 6º desta Lei, a venda ou a retirada do estabelecimento do devedor dos bens de capital essenciais a sua atividade empresarial.

§ 4º Não se sujeitará aos efeitos da recuperação judicial a importância a que se refere o inciso II do art. 86 desta Lei.

---

235 COELHO, Fábio Ulhoa. *Comentários à Lei de Falências e de Recuperação de empresas*: Lei n. 14.112/20, Nova Lei de Falências. 14ª ed. São Paulo: Revista dos Tribunais, 2021, p. 176.

§ 5º Tratando-se de crédito garantido por penhor sobre títulos de crédito, direitos creditórios, aplicações financeiras ou valores mobiliários, poderão ser substituídas ou renovadas as garantias liquidadas ou vencidas durante a recuperação judicial e, enquanto não renovadas ou substituídas, o valor eventualmente recebido em pagamento das garantias permanecerá em conta vinculada durante o período de suspensão de que trata o § 4º do art. 6º desta Lei.

§ 6º Nas hipóteses de que tratam os §§ 2º e 3º do art. 48 desta Lei, somente estarão sujeitos à recuperação judicial os créditos que decorram exclusivamente da atividade rural e estejam discriminados nos documentos a que se referem os citados parágrafos, ainda que não vencidos.

§ 7º Não se sujeitarão aos efeitos da recuperação judicial os recursos controlados e abrangidos nos termos dos arts. 14 e 21 da Lei n. 4.829, de 5 de novembro de 1965.

§ 8º Estarão sujeitos à recuperação judicial os recursos de que trata o § 7º deste artigo que não tenham sido objeto de renegociação entre o devedor e a instituição financeira antes do pedido de recuperação judicial, na forma de ato do Poder Executivo.

§ 9º Não se enquadrará nos créditos referidos no caput deste artigo aquele relativo à dívida constituída nos 3 (três) últimos anos anteriores ao pedido de recuperação judicial, que tenha sido contraída com a finalidade de aquisição de propriedades rurais, bem como as respectivas garantias.

Créditos sujeitos à recuperação judicial

Dispõe o *caput* do artigo 49 que se sujeitarão à recuperação judicial, como regra geral, os créditos existentes no momento da distribuição do pedido, vencidos ou vincendos. Para tanto, importará a análise da data de constituição dos créditos, e não o seu vencimento ou exigibilidade.

Nessa óptica, eventual pendência de ação que discute a existência ou o valor do crédito na data do pedido (crédito ilíquido), não prejudicam a sua sujeição ao procedimento concursal, pois seu fato gerador é pretérito (*v.g.*, nos casos de crédito trabalhista constituído em período anterior ao pedido, mas reconhecido por reclamação trabalhista ulterior). Sem prejuízo, o juízo onde se processa a ação poderá determinar a reserva de créditos ainda não existentes na data do pedido, mas pendente de decisão judicial (art. 6º, §3º, LREF).

Assim, os créditos constituídos pela empresa em crise econômico-financeira após o pedido são extraconcursais e, portanto, não se submetem aos efeitos da recuperação judicial, de modo que não precisam habilitar seu crédito no referido processo. Como consequência, poderão ser cobrados judicialmente pelos credores, quando inadimplidos, à luz da legislação própria aplicável e de acordo com o valor e prazo de vencimento originariamente contratados perante o devedor, perante o juízo comum competente, que não é o recuperacional.

Ademais, as obrigações anteriores à recuperação judicial conservarão suas condições originariamente contratadas até que haja novação dos créditos através da aprovação e homologação do plano de recuperação judicial (§2º). Sem prejuízo, obviamente, de o plano eventualmente conservar as condições originariamente contratadas dos créditos a ele sujeitos.

Marcelo Barbosa Sacramone[236] ainda destaca a especificidade do negócio jurídico celebrado mediante condição suspensiva, cuja eficácia fica submetida a evento futuro e incerto. Nesses casos, embora já existente o negócio jurídico, o direito de crédito se sujeita à incerteza quanto à ocorrência do evento futuro e incerto, de modo que o direito do credor em face do devedor somente surgirá se e

236 SACRAMONE, Marcelo Barbosa. *Comentários à Lei de Recuperação de Empresas e Falências*. 3ª ed. São Paulo: Saraiva Jur, 2022, p. 252.

quando o evento imprevisto ocorrer. Caso contrário, terá o credor mera expectativa de direito de crédito. Outrossim, caso o evento incerto venha a ocorrer apenas após a distribuição do pedido de recuperação judicial, o crédito dele decorrente não se submeterá a ela, como sustenta o referido autor, porquanto o direito de crédito surgirá apenas depois de implementada a condição suspensiva. Se, ao contrário, o evento ocorrer antes da distribuição do pedido, o crédito será existente e se sujeitará ao procedimento concursal.

Créditos excluídos da recuperação judicial

Além dos créditos constituídos após a data da distribuição do pedido de recuperação judicial, a LREF prevê outras hipóteses de credores que não se submetem aos efeitos do procedimento concursal.

O §3º do art. 49 busca conferir proteção ao direito de propriedade dos credores ali descritos. Assim, não se submeterão à recuperação judicial os titulares da posição de proprietário fiduciário de bens móveis ou imóveis, de arrendador mercantil, de proprietário ou promitente vendedor de imóvel, cujos contratos possuam cláusulas de irrevogabilidade ou irretratabilidade, inclusive em incorporações imobiliárias, e de proprietário em contrato de venda com reserva de domínio. Nesses casos, o crédito não se submete à recuperação judicial e não sofrerá novação e conservará todas as características originariamente contratadas com o devedor. A norma em comento excluiu da recuperação judicial o que se passou a chamar de "trava bancária", ou seja, créditos normalmente constituídos por instituições financeiras, os quais, por meio da atribuição do direito de propriedade sobre determinada coisa em garantia a uma determinada obrigação, diminuem o risco do contrato e asseguram a satisfação de seus créditos.

No caso de garantia fiduciária, excetua-se da regra do §3º eventual saldo do crédito que não seja coberto pelo valor do bem ou da garantia relacionados nos contratos aludidos no dispositivo.

Sendo esta a hipótese, o saldo será considerado crédito quirografário, sujeitando-se aos efeitos da recuperação judicial.[237]

Porém, em se tratando de bem imóvel dado em garantia, o valor do crédito excedente ao valor do imóvel não será submetido à recuperação judicial, porque, nos termos da Lei n. 9.514/1997,[238] se houver a consolidação da propriedade ao credor fiduciário em caso de inadimplemento e for frustrada a tentativa de alienação em segundo leilão, em razão de o maior lance oferecido não for igual ou superior o valor do débito, acrescido de despesas e encargos, a dívida será considerada extinta.

Saliente-se, ademais, que em se tratando de crédito com garantia prestada por terceiro, haverá submissão ao regime recuperacional, não se aplicando o §3º do art. 49, sem prejuízo de que o credor exerça seu direito contra o garante. É o que assenta o Enunciado VI das Câmaras Reservadas de Direito Empresarial do TJSP.[239]

Muito embora tais créditos não se sujeitem à recuperação judicial, nem, muito menos, aos efeitos novacionais do plano de recuperação judicial, podem ser afetados pelo juízo da recuperação judicial, sendo possível, em determinadas hipóteses, que este não permita a execução da garantia outorgada por um período específico.

---

237 Enunciado 51, I Jornada de Direito Comercial: "O saldo do crédito não coberto pelo valor do bem e/ou da garantia dos contratos previstos no §3º do art. 49 da Lei n. 11.101/2005 é crédito quirografário, sujeito à recuperação judicial".

238 Lei n. 9.514/1997. "Art. 27. Uma vez consolidada a propriedade em seu nome, o fiduciário, no prazo de trinta dias, contados da data do registro de que trata o §7º do artigo anterior, promoverá público leilão para a alienação do imóvel. (...).

§5º Se, no segundo leilão, o maior lance oferecido não for igual ou superior ao valor referido no §2º, considerar-se-á extinta a dívida e exonerado o credor da obrigação de que trata o §4º".

239 Enunciado VI, Grupo de Câmaras Reservadas de Direito Empresarial do Tribunal de Justiça do Estado de São Paulo: Inaplicável o disposto no art. 49, § 3º, da Lei n. 11.101/2005, ao crédito com garantia prestada por terceiro, que se submete ao regime recuperacional, sem prejuízo do exercício, pelo credor, de seu direito contra o terceiro garantidor.

Em razão da importância da manutenção da fonte produtora e da preservação da empresa em recuperação, ademais, a LREF restringe a execução da garantia e, consequentemente, o alcance do direito de propriedade dos aludidos credores, estabelecendo que durante o *stay period* (art. 6º, §§ 4º e 7º-A, LREF) não poderão se promover a venda ou a retirada, do estabelecimento do devedor, dos bens de capital essenciais à sua atividade empresarial. Nesse ponto, remete-se aos comentários efetuados ao artigo 6º, §7º-A da LREF, sobretudo no tocante ao conceito de bens de capital essenciais.

Nesse sentido, embora as ações promovidas pelos credores descritos pelo §3º do art. 49 não se submetam ao aludido período de suspensão, os juízes competentes para as ações singulares poderão instar o juízo da recuperação judicial a respeito da essencialidade ou não dos bens da devedora, relacionados aos contratos respectivos, a fim de se permitir sua apreensão para satisfação da dívida, assim como o juízo da recuperação, atendendo ao pedido da recuperanda, poderá determinar a suspensão da execução individual, sob o mesmo fundamento. A decisão, contudo, quanto à suspensão da execução individual em razão da essencialidade do bem de capital, nesse caso, é do juízo da recuperação judicial, por força do quanto previsto no art. 6º, §7º-A da LREF. Os dois juízos envolvidos deverão observar o quanto previsto nos artigos 69 e 805 do CPC, ou seja, as regras que disciplinam a colaboração judicial.

Decorrido o prazo de suspensão de 180 dias (ou sua excepcional prorrogação, nos termos do §4º do art. 6º), poderão os bens de capital da devedora sofrer constrição nas execuções singulares referentes aos créditos extraconcursais, independentemente de serem ou não essenciais à reestruturação da empresa em recuperação judicial.

Nesse sentido, consoante entendimento exarado pelo Superior Tribunal de Justiça:

> 4. Uma vez exaurido o período de blindagem – sobretudo nos casos em que sobrevém sentença de concessão da recuperação

judicial, a ensejar a novação de todas as obrigações sujeitas ao plano de recuperação judicial – é absolutamente necessário que o credor extraconcursal tenha seu crédito devidamente equalizado no âmbito da execução individual, não sendo possível que o Juízo da recuperação continue, após tal interregno, a obstar a satisfação de seu crédito, com suporte no princípio da preservação da empresa, o qual não se tem por absoluto. Naturalmente, remanesce incólume o dever do Juízo em que se processa a execução individual de crédito extraconcursal de bem observar o princípio da menor onerosidade, a fim de que a satisfação do débito exequendo se dê na forma menos gravosa ao devedor, podendo obter, em cooperação do Juízo da recuperação judicial, as informações que reputar relevantes e necessárias.

4.1 Deveras, se mesmo com o decurso do stay period (e, uma vez concedida a recuperação judicial), a manutenção da atividade empresarial depende da utilização de bem – o qual, em verdade, não é propriamente de sua titularidade – e o correlato credor-proprietário, por outro lado, não tem seu débito devidamente equalizado por qualquer outra forma, esta circunstância fática, além de evidenciar um sério indicativo a respeito da própria inviabilidade de soerguimento da empresa, distorce por completo o modo como o processo recuperacional foi projetado, esvaziando o privilégio legal conferido aos credores extraconcursais, em benefício desmedido à recuperanda e aos credores sujeitos à recuperação judicial. O privilégio legal é conferido não apenas aos chamados "credores-proprietários", mas também a todos os credores que, mesmo após o pedido de recuperação judicial, em valoroso voto de confiança à empresa em dificuldade financeira, manteve ou com ela estabeleceu relações jurídicas creditícias indispensáveis à continuidade da atividade empresarial (aqui incluídos os trabalhadores, fornecedores, etc.), sendo, pois, de rigor, sua tempestiva equalização.[240]

---

240 Superior Tribunal de Justiça. REsp 2.057.372-MT, Ministro Marco Aurélio Bellizze, Julgado em 11/04/2023.

Além disso, também não se submetem aos efeitos da recuperação judicial as instituições bancárias titulares de direito decorrente de adiantamento a contrato de câmbio para exportação (§4º, art. 49), como forma de estimular a atividade econômica de fomento à exportação, reduzindo os riscos de tal contrato para as instituições financeiras.

Contrato de adiantamento de câmbio

A respeito do crédito oriundo de contrato de adiantamento de câmbio, previsto no artigo 49, §4º da Lei n. 11.101/2005 como extraconcursal, impõe-se algumas observações.

A orientação do Superior Tribunal de Justiça,[241] é que o crédito lastreado em contrato de adiantamento de câmbio não se submete à recuperação judicial, ainda que se cogite de eventual essencialidade dos valores para a manutenção do funcionamento da devedora. A Corte Superior do STJ já reformou o acórdão do Tribunal de Justiça do Mato Grosso que, alicerçado no artigo 47 da LRF, manteve decisão que impôs a devolução, à recuperanda, de valores retidos pelo credor, oriundos de cessão fiduciária de ACC, determinando a abstenção de novos bloqueios. De acordo com o relator

> o acórdão recorrido decidiu de forma divergente da jurisprudência desta egrégia Corte Superior, que se orienta no sentido de que a garantia de ativos financeiros em contrato de Adiantamento de Contrato de Câmbio (ACC) não está sujeita à recuperação judicial, constituindo crédito extraconcursal.

O artigo 86, II da Lei n. 11.101/2005 dispõe que, no procedimento falimentar, a devolução da importância entregue ao

---

241 Superior Tribunal de Justiça, AgInt nos EDcl no REsp n. 2006579-MT, Ministro Moura Ribeiro, Julgado em 28/02/2023, DJe 01/03/2023.

devedor em moeda corrente nacional, decorrente de adiantamento a contrato de câmbio para exportação, será feita através de *pedido de restituição*, desde que o prazo total da operação, inclusive eventuais prorrogações, não exceda o previsto nas normas específicas da autoridade competente.

Existe questionamento sobre se o artigo 86, II, da Lei n. 11.101/2005 é extensível também ao procedimento de recuperação judicial, ou se, disposto no Capítulo V da Lei n. 11.101/05, aplicar-se-ia apenas à falência. Sobre o tema, há interpretação divergente na jurisprudência do Superior Tribunal de Justiça, no sentido de que caberia ao credor efetuar o pedido de restituição mesmo no caso de recuperação judicial, sendo inadequada a cobrança via execução singular.[242]

No julgamento da Apelação Cível n. 1075577-26.2021.8.26.0100, em 09/08/2023, a 13ª Câmara de Direito Privado do Tribunal de Justiça do Estado de São Paulo enfrentou a questão. Na hipótese, o recurso foi interposto pela empresa em recuperação, contra a sentença que extinguiu Embargos à Execução por ela proposto, cuja pretensão era a extinção da execução ajuizada pela instituição financeira credora, sob o fundamento de que o aludido crédito deveria ser perseguido por meio de pedido de restituição, com procedimento regulado pelos artigos 85 e seguintes da Lei n. 11.101/05, e não através de execução, caracterizando, pois, inadequação da via eleita. Apontando ser incontroverso que o crédito derivado de

---

242 Confira-se, por exemplo, o julgamento proferido no STJ, REsp 1723978/PR, Ministro Paulo de Tarso Sanseverino, J. 22/03/2022, DJe 29/03/2022. No caso, a Corte Superior declarou a inadequação da via eleita, qual seja, a execução direta, para a busca de créditos decorrentes de inadimplemento dos adiantamentos de contrato de câmbio – ACC: "*Acórdão recorrido em dissonância com a jurisprudência desta Corte, segundo a qual o crédito referente ao efetivo adiantamento do contrato de câmbio deve ser objeto de pedido de restituição nos autos da recuperação judicial e os respectivos encargos reclamam habilitação no Quadro Geral de Credores, por estarem sujeitos ao regime especial, mostrando-se inadequada a execução direta*".

contrato de adiantamento de câmbio é extraconcursal, a turma julgadora negou provimento à apelação, sob o fundamento de que o procedimento de restituição seria aplicável apenas à falência, não se sujeitando, pois, ao juízo da recuperação judicial. Por consequência, declarou que o juízo da execução singular era o competente para processar a ação envolvendo o crédito oriundo de adiantamento do contrato de câmbio, ressalvando, contudo, a competência do juízo recuperacional para decidir a respeito de medidas expropriatórias sobre o patrimônio da devedora.[243]

Em se tratando de microssistemas próprios, com regras específicas, a lógica de cada um deles impede a aplicação de normas destinadas a um, ao outro, quando incompatíveis entre si. Deste modo, não se pode aplicar normas da recuperação judicial à falência, quando contrárias à natureza de execução concursal e ao objetivo de liquidação da empresa. Igualmente, não se aplicam as normas da falência à recuperação judicial quando contrárias à natureza de acordo judicial e à finalidade de preservação da empresa, por meio da superação da crise econômico-financeira.

Renúncia do credor à propriedade fiduciária

Nada obsta que o credor fiduciário, à luz das especificidades de seu negócio jurídico, renuncie expressamente à garantia fiduciária e habilite o valor total de seu crédito na recuperação judicial, hipótese em que se classificará como quirografário. Tal alternativa pode ser mais vantajosa ao credor, caso, v. g., o bem gravado se deteriore ou haja algum empecilho para a sua retomada.

Importante questionamento se faz nos casos em que o credor, embora não renuncie expressamente a garantia, requer execução

---

243 Tribunal de Justiça do Estado de São Paulo. Apelação Cível n. 1075577-26.2021.8.26.0100, São Paulo, 13ª Câmara de Direito Privado, Relator Desembargador Nelson Jorge Júnior, Julgado em 09/08/2023.

individual em face de outros bens do devedor, que não a garantia contratual.

Nesses casos, há entendimento jurisprudencial no sentido de que poder-se-ia cogitar de renúncia tácita à propriedade fiduciária, a afastar a extraconcursalidade do crédito com base no §3º do art. 49, e ensejar a habilitação de seu crédito como quirografário na recuperação judicial. A esse respeito, confira-se precedentes da 1ª Câmara Reservada de Direito Empresarial do Tribunal de Justiça de São Paulo: Agravo de Instrumento 2034109-11.2020.8.26.0000, Rel. Des. Fortes Barbosa, DJe 23/07/2020; Agravo de Instrumento 2119262-46.2019.8.26.0000, Rel. Des. Alexandre Lazzarini, DJe 11/10/2019; Agravo de Instrumento 2074700-49.2019.8.26.0000, Rel. Des. Azuma Nishi, DJe 19/07/2019.

Mencione-se, contudo, precedentes em sentido contrário, do mesmo colegiado: Agravo de Instrumento 2218849-07.2020.8.26.0000, Des. Rel. Cesar Ciampolini, DJe 19/04/2021; Agravo de Instrumento 2008079-02.2021.8.26.0000, Rel. Des. J. B. Franco de Godoi, DJe 13/08/2021; Agravo de Instrumento 2097781-61.2018.8.26.0000, Rel. Des. Hamid Bdine, DJe 30/08/2018.

Em 2016, o E. Superior Tribunal de Justiça, no Recurso Especial n. 1338748/SP,[244] consagrou o entendimento de que a renúncia à garantia fiduciária deve ser expressa, e a abdicação de tal direito deve ser admitida somente excepcionalmente, sendo possível, pois, o ajuizamento de execução individual como medida acautelatória, até que a garantia contratual seja efetivada pelo devedor.

---

244 STJ, 4ª Turma, REsp 1338748/SP, Rel. Min. Luis Felipe Salomão, DJe 28/06/2016.

Garantias e a recuperação judicial: responsabilidade dos coobrigados

Segundo o §1º do artigo 49, o deferimento da recuperação judicial do devedor não tem qualquer efeito sobre a responsabilidade dos coobrigados, fiadores e obrigados de regresso perante os credores submetidos a ela, os quais têm preservado seus direitos e privilégios. A esse respeito, prevê a Súmula 581 do STJ que:

> a recuperação judicial do devedor principal não impede o prosseguimento das ações e execuções ajuizadas contra terceiros devedores solidários ou coobrigados em geral, por garantia cambial, real ou fidejussória.

Nesse ínterim, caso os credores executem os coobrigados e satisfaçam suas dívidas por ação própria, será o coobrigado respectivo, pelo direito de regresso, que integrará o quadro-geral de credores e terá seu crédito satisfeito nos termos do plano de recuperação judicial eventualmente aprovado.

Para Manoel Justino Bezerra Filho, porém, nada obsta que o plano de recuperação judicial preveja a liberação dos terceiros coobrigados. Nesse caso, aprovado o plano, ficarão desobrigados do pagamento do crédito, independentemente de os respectivos credores terem comparecido à Assembleia-Geral ou concordado com as cláusulas do plano, porquanto a decisão da AGC obriga todos os credores sujeitos à recuperação judicial, mesmo os discordantes e ausentes.

Todavia, em julgamento realizado em 12/05/2021, a Segunda Seção do e. STJ, por maioria,[245] sublinhou entendimento diverso, ao assentar que

---

245 STJ, 2ª Seção, REsp 1885536/MT, Rel. Min. Ricardo Villas Bôas Cueva, DJe 29/06/2021.

a cláusula que estende a novação aos coobrigados é legítima e oponível apenas aos credores que aprovaram o plano de recuperação sem nenhuma ressalva, não sendo eficaz em relação aos credores ausentes da assembleia geral, aos que se abstiveram de votar ou se posicionaram contra tal disposição.

Com relação à garantia fiduciária, observar comentários efetuados sobre os créditos excluídos da recuperação judicial.

A garantia pignoratícia

Diferentemente dos créditos com garantia fiduciária, em que há transferência da propriedade, ainda que resolúvel, do bem onerado para o credor, os créditos gravados com garantia pignoratícia, hipotecária ou anticrética, nos quais a propriedade do bem gravado permanece sendo de titularidade do devedor, sofrerão os efeitos do procedimento concursal, o que significa dizer que a garantia poderá ser reduzida, substituída ou mesmo suprimida, em virtude da novação dos créditos abrangidos pelo plano de recuperação judicial.

Todavia, em caso de alienação dos bens objeto de garantia real, a supressão ou substituição da garantia somente será admitida caso haja concordância do credor titular, nos termos do artigo 50, §1º, LREF.

Com relação ao penhor, estabelece o §5º do art. 49 que, durante o *stay period* (art. 6º, §4º), eventual valor pago pela empresa devedora aos credores pignoratícios, referente a títulos de crédito, direitos creditórios, aplicações financeiras ou valores mobiliários, ficará em conta vinculada ao juízo da recuperação judicial, que poderá ser aberta pelo próprio credor interessado e por ele mantida, se se tratar de crédito garantido por instituição financeira. Essas garantias poderão ser substituídas ou renovadas as garantias liquidadas ou vencidas durante a recuperação judicial.

Se decorrido o prazo de 180 dias (se não prorrogado), sem a aprovação ou rejeição do plano, ou ainda, se aprovado o plano e as condições de pagamento do crédito respectivo não sofrerem novação, a quantia depositada em conta vinculada poderá ser levantada pelo credor para amortização de seu crédito e excussão da garantia.

Outrossim, apenas a quantia referente ao crédito garantido por penhor deverá aguardar, em conta vinculada, o decurso do prazo de *stay period*, em que ficarão suspensas as execuções contra a recuperanda. O numerário que exceder o crédito com garantia pignoratícia, por sua vez, será liberado integralmente ao devedor em recuperação.

O crédito rural

O crédito rural tem seu regramento previsto nos §§6º a 9º do artigo 49, os quais foram inseridos no referido artigo pela Lei n. 14.112/20.

A atividade rural tradicionalmente não se submetia ao Direito Comercial, na medida em que não era relacionada entre os atos de comércio, mencionados no Código Comercial de 1850.

Não há, na legislação, definição exata de quem seja o produtor rural, o qual é formado pela análise conjunta de diversos normativos que tangenciam a questão. Assim, o Estatuto da Terra, Lei n. 4.504/64, menciona, no art. 4º, VI, que a empresa rural é, em suma, a exploração econômica e racional de imóvel rural, seja para atividade agrícola ou pecuária. Já a Lei n. 8.023/90, em seu art. 2º define quais são atividades rurais, para a finalidade específica dessa lei, que trata da legislação do Imposto de Renda sobre o resultado da atividade rural, incluindo-se a agricultura, a pecuária, a extração e exploração vegetal e animal, a exploração da apicultura, avicultura, cunicultura, suinocultura, sericicultura, piscicultura e outras culturas animais; a transformação de produtos decorrentes da atividade rural, sem que sejam alteradas a composição e as características do produto *in natura*, feita pelo próprio agricultor ou criador, com equipamentos e utensílios usualmente empregados nas atividades rurais, utilizando exclusivamente matéria-prima produzida na área rural explorada, tais como a pasteurização e o acondicionamento do leite, assim como o mel e o suco de laranja, acondicionados em embalagem de apresentação. A Lei n. 9.430/96 inclui também entre as atividades rurais o cultivo de florestas destinadas ao corte para comercialização. Por fim, a Lei n. 8.929/94, em seu art. 1º, §2º, define, para fins daquela lei, quem são os produtores rurais, esclarecendo que são aqueles que desenvolvem atividades agrícola, pecuária, florestal, de extrativismo vegetal e de pesca e aquicultura, seus derivados, subprodutos e resíduos de valor econômico, inclusive quando submetidos a beneficiamento ou a primeira industrialização, além das atividades de industrialização dos respectivos produtos resultantes; também as atividades relacionadas à conservação, à recuperação e ao manejo sustentável de florestas nativas e dos respectivos biomas, à recuperação de áreas degradadas, à prestação de serviços ambientais na propriedade rural ou que vierem a ser definidas pelo Poder Executivo como ambientalmente sustentáveis; de produção ou de comercialização de insumos agrícolas, de máquinas e implementos agrícolas e de equipamentos de armazenagem.

Com a adoção pelo Direito brasileiro do conceito de empresa, positivada no Código Civil de 2002, o parágrafo único do seu artigo 971 permitiu ao produtor rural se submeter ao regime empresarial por equiparação se se inscrever na Junta Comercial.

Antes da reforma à LRF, ocorrida em 2020, a jurisprudência do TJSP entendia que o registro prévio na Junta Comercial do produtor rural destinava-se a atender apenas a requisito formal, sendo que o prazo de 2 anos poderia ser comprovado pelo efetivo exercício da atividade,[246] independentemente do registro pelo

---

246 Tribunal de Justiça de São Paulo, AI n. 2251128-51.2017.8.26.0000, Rel. Des. Fortes Barbosa.

mesmo período.[247] Nesse sentido, o Enunciado 202 aprovado na III Jornada de Direito Civil do CJF:

> O registro do empresário ou sociedade rural na Junta Comercial é facultativo e de natureza constitutiva, sujeitando-o ao regime jurídico empresarial. É inaplicável esse regime ao empresário ou sociedade rural que não exercer tal opção.

Também entendia o Superior Tribunal de Justiça que a natureza jurídica do produtor dependia do registro dos seus atos constitutivos, posto que ele somente será considerado um ente empresarial se estiver registrado na junta comercial. No REsp 1.193.115/MT, o voto divergente vencedor do Ministro Sidnei Beneti, estabeleceu, por maioria de votos, que o produtor rural não registrado na Junta Comercial não pode ter a recuperação judicial deferida, sendo que tal registro possuía natureza jurídica declaratória e não constitutiva. No REsp. 1.800.032/MT, 4ª T. do STJ, reforçou-se o entendimento de que o prazo de regularidade de exercício de atividades de 2 (dois) anos não se relaciona com o prazo de registro, mas sim com o prazo de exercício da atividade.

Como consequência do entendimento jurisprudencial indicado no parágrafo acima, decorria por conclusão lógica que todas as obrigações anteriores ou posteriores à inscrição do empresário rural que vem a pedir recuperação judicial, tornavam-se concursais. Nesse sentido, o REsp. 1.811.953, 3ª T, STJ, ratificou-se o caráter declaratório do registro do produtor rural e referendou o entendimento relacionado aos seus efeitos *ex tunc*, e, também, a concursalidade retroativa dos créditos constituídos antes da inscrição do produtor rural na Junta.

247 Tribunal de Justiça de São Paulo, AI n. 2062908-35.2018.8.26.0000, Rel. Des. Hamid Bdine.

No Recurso Especial Repetitivo (Tema 1145), e a tese formulada pelo STJ foi a de que:

> *Ao produtor rural que exerça sua atividade de forma empresarial há mais de dois anos é facultado requerer a recuperação judicial, desde que esteja inscrito na Junta Comercial no momento em que formalizar o pedido recuperacional, independentemente do tempo de seu registro.*

As alterações implementadas pela reforma de 2020 não confrontam o entendimento relativo à facultatividade do registro, a critério do devedor, e o de que a comprovação de atividade regular há mais de 2 anos não dependentemente do registro.

A reforma de 2020 explicitou, contudo, a forma como se deve comprovar a prática da atividade regular, e, sobretudo, trouxe novo entendimento quanto a quais seriam os créditos sujeitos à recuperação judicial, reduzindo-os consideravelmente. Isso porque, antes da reforma, por falta de previsão legal específica, estavam sujeitos todos os créditos relacionados ao produtor rural. Após a reforma, houve considerável restrição quanto ao conceito dos créditos que estão efetivamente sujeitos, quando o agente econômico for produtor rural.

As alterações trazidas pela reforma preveem que, postulada a recuperação judicial pelo empresário rural, através do Livro Caixa Digital do Produtor Rural (LCDPR) ou semelhante, ou pela sociedade empresária que explore atividade rural, através da Escrituração Contábil Fiscal (ECF) ou semelhante, somente se sujeitarão aos efeitos da recuperação judicial os créditos que decorrerem exclusivamente da atividade rural, ainda que não vencidos, e que estejam discriminados em tais documentos, entregues nos termos dos §§2º e 3º do artigo 48.

Outrossim, ainda que expressamente mencionados nos documentos supracitados, os créditos não relacionados à atividade econômica de produção rural não poderão se sujeitar à recuperação judicial.

Também não se submetem aos efeitos da recuperação judicial do empresário rural o crédito rural institucionalizado (direcionado) e renegociado, nos termos da Lei n. 4.829/65 (§7º e §8º) e o crédito decorrente de financiamento de aquisição de imóvel rural, concedido nos três anos anteriores ao pedido (§9º).

Os créditos rurais direcionados são disciplinados pela Lei n. 4.829/65, que o conceitua como

> *o suprimento de recursos financeiros por entidades públicas e estabelecimentos de crédito particulares a produtores rurais ou a suas cooperativas para aplicação exclusiva em atividades que se enquadrem nos objetivos indicados na legislação em vigor.*[248]

Constituem, pois, política de incentivo à produção rural, através de dotações direcionadas e específicas ao financiamento da atividade econômica rural.

Caso haja renegociação do crédito rural direcionado entre o devedor e a instituição financeira responsável pelo financiamento, não haverá submissão do crédito à recuperação judicial, como forma de reduzir os riscos do contrato de renegociação.

A *contrario sensu*, submeter-se-á à recuperação judicial o crédito rural institucionalizado que não houver sido renegociado antes do pedido de recuperação judicial, e o crédito rural não direcionado, concedido livremente.

Há crítica doutrinária a respeito da não sujeição dos créditos relativos às dívidas contraídas para aquisição do imóvel rural, nos três anos anteriores ao pedido de recuperação judicial. Isso porque se questiona se o dispositivo não resultaria na inviabilidade da

---

248 BRASIL. *Lei n. 4.829*, de 05 de novembro de 1965. Disponível em: http://www.planalto.gov.br/ccivil_03/leis/l4829.htm. Acessado em: 08.12.2021.

recuperação judicial para o produtor rural, já que legislador, ao pretender reduzir os riscos do contrato para aquisição da propriedade rural, acabou por retirar a sujeição da maioria dos créditos vinculados à produção rural e impactar na melhor solução para a superação da crise econômico-financeira, possibilitando a retirada de bens essenciais ao desenvolvimento da empresa rural.[249]

Art. 50 – Constituem meios de recuperação judicial, observada a legislação pertinente a cada caso, dentre outros:

I – concessão de prazos e condições especiais para pagamento das obrigações vencidas ou vincendas;

II – cisão, incorporação, fusão ou transformação de sociedade, constituição de subsidiária integral, ou cessão de cotas ou ações, respeitados os direitos dos sócios, nos termos da legislação vigente;

III – alteração do controle societário;

IV – substituição total ou parcial dos administradores do devedor ou modificação de seus órgãos administrativos;

V – concessão aos credores de direito de eleição em separado de administradores e de poder de veto em relação às matérias que o plano especificar;

VI – aumento de capital social;

VII – trespasse ou arrendamento de estabelecimento, inclusive à sociedade constituída pelos próprios empregados;

VIII – redução salarial, compensação de horários e redução da jornada, mediante acordo ou convenção coletiva;

---

249 SACRAMONE, Marcelo Barbosa. *Comentários à Lei de Recuperação de Empresas e Falências*. 3ª ed. São Paulo: Saraiva Jur, 2022, pp. 273/274.

IX – dação em pagamento ou novação de dívidas do passivo, com ou sem constituição de garantia própria ou de terceiro;

X – constituição de sociedade de credores;

XI – venda parcial dos bens;

XII – equalização de encargos financeiros relativos a débitos de qualquer natureza, tendo como termo inicial a data da distribuição do pedido de recuperação judicial, aplicando-se inclusive aos contratos de crédito rural, sem prejuízo do disposto em legislação específica;

XIII – usufruto da empresa;

XIV – administração compartilhada;

XV – emissão de valores mobiliários;

XVI – constituição de sociedade de propósito específico para adjudicar, em pagamento dos créditos, os ativos do devedor.

XVII – conversão de dívida em capital social;

XVIII – venda integral da devedora, desde que garantidas aos credores não submetidos ou não aderentes condições, no mínimo, equivalentes àquelas que teriam na falência, hipótese em que será, para todos os fins, considerada unidade produtiva isolada.

§ 1º Na alienação de bem objeto de garantia real, a supressão da garantia ou sua substituição somente serão admitidas mediante aprovação expressa do credor titular da respectiva garantia.

§ 2º Nos créditos em moeda estrangeira, a variação cambial será conservada como parâmetro de indexação da correspondente obrigação e só poderá ser afastada se o credor titular do respectivo crédito aprovar expressamente previsão diversa no plano de recuperação judicial.

§ 3º Não haverá sucessão ou responsabilidade por dívidas de qualquer natureza a terceiro credor, investidor ou novo administrador em decorrência, respectivamente, da mera conversão de dívida em capital, de aporte de novos recursos na devedora ou de substituição dos administradores desta.

§ 4º O imposto sobre a renda e a Contribuição Social sobre o Lucro Líquido (CSLL) incidentes sobre o ganho de capital resultante da alienação de bens ou direitos pela pessoa jurídica em recuperação judicial poderão ser parcelados, com atualização monetária das parcelas, observado o seguinte: I – o disposto na Lei n. 10.522, de 19 de julho de 2002; e II – a utilização, como limite, da mediana de alongamento no plano de recuperação judicial em relação aos créditos a ele sujeitos.

§ 5º O limite de alongamento de prazo a que se refere o inciso II do § 4º deste artigo será readequado na hipótese de alteração superveniente do plano de recuperação judicial.

Meios de recuperação judicial

O artigo 50 estabelece rol exemplificativo dos métodos de recuperação judicial que poderão ser utilizados pela empresa em crise econômico-financeira. Nesse sentido, poderá a devedora optar por outros meios não incluídos no dispositivo, ou adotar mais de um método previsto legalmente, desde que não lesionem princípios e regras jurídicas estabelecidos pela LREF, e sejam especificados no plano de recuperação judicial e deliberados pela coletividade de credores.

Poderá a empresa em crise optar pela concessão de prazos e condições especiais de pagamento das obrigações vencidas ou vincendas (inciso I).

Nessa hipótese, haverá alteração das condições originariamente contratadas por meio da novação dos créditos. São possíveis a concessão de prazos maiores para pagamento, atribuição de condições especiais, parcelamento do débito sem inclusão de juros, deságio, remissão parcial do valor principal, dentre outros.

O Decreto-Lei n. 7.661/1945, diferentemente da Lei n. 11.101/2005, limitava o percentual máximo de deságio a ser aplicado pela devedora na concordata preventiva. Seu artigo 156 estabelecia o pagamento mínimo de 50%, se oferecido à vista, 60%, 75%, 90% ou 100%, se a prazo, respectivamente, de 6 (seis), 12 (doze), 18 (dezoito), ou 24 (vinte e quatro) meses.

Todavia, mesmo na vigência da Lei n. 11.101/05, tem se entendido pela impossibilidade de supressão da correção monetária dos créditos, uma vez que se trata de mera reposição do valor da moeda e sua não incidência implicaria enriquecimento sem causa da devedora. Abre-se, porém, a possibilidade de alteração do índice de correção contratado originariamente com o credor, podendo, assim, ser inferior aos índices de inflação.[250]

É importante anotar que, recentemente, o Superior Tribunal de Justiça tem entendido que não pode o Poder Judiciário alterar o índice de correção monetária previsto no plano de recuperação judicial aprovado pelos credores, uma vez que

> *ressai soberana a assembleia geral de credores para deliberar acerca da viabilidade econômica do plano, no que se insere a correção monetária incidente sobre as obrigações constantes do plano, afigurando-se descabido, em tese, a revisão judicial do que foi pactuado.*

Com base nesse entendimento, em precedente publicado em 22/06/2023, a Corte Superior deferiu pedido de tutela provisória para conceder efeito suspensivo a recurso especial, interposto contra acórdão proferido pelo Tribunal de Justiça do Estado de

250 SACRAMONE, Marcelo Barbosa. *Comentários à Lei de Recuperação de Empresas e Falências*. 3ª ed. São Paulo: Saraiva Jur, 2022, p. 278.

São Paulo, que afastou a adoção da Taxa Referencial (TR) como indexador para correção monetária, determinando a adoção da Tabela Prática do aludido Tribunal, como índice substitutivo, e ainda, fixou como termo inicial da atualização monetária a data do pedido de recuperação, e não da homologação do plano pelo Juízo, conforme previsto na avença.[251]

Ademais, a possibilidade de concessão de prazos e condições especiais de pagamento não pode servir como justificativa para que o devedor apresente plano de recuperação judicial abusivo, com deságios de tal monta que equivaleriam à remissão quase integral do crédito. Nesse sentido, pese a proibição de que o juiz competente, ao apreciar a regularidade documental do pedido de recuperação judicial, se imiscua na análise de viabilidade econômica do devedor ou de aspectos econômicos do pedido (art. 51, §5º, LREF), é necessário que se faça um controle de legalidade do plano de recuperação judicial, com o fim de obstar violações à lei ou abuso de direito da devedora.

Pode-se optar, ainda, no contexto do inciso I, pela supressão ou substituição da garantia real, desde que expressamente aprovado pelo credor titular da respectiva garantia, sob pena de aludida cláusula ser ineficaz a ele (§1º).

Nos contratos celebrados em moeda estrangeira, a LREF limita a possibilidade de alteração das condições de pagamento, estabelecendo que a variação cambial seja conservada como parâmetro de indexação da obrigação correspondente, se não houver expressa concordância do credor titular sobre eventual alteração constante no plano de recuperação judicial (§2º). Tais créditos poderão ser convertidos para moeda nacional, tão somente, para fins de cômputo dos votos dos credores na Assembleia-Geral, nos termos do parágrafo único do artigo 38 da LREF.

---

251 Superior Tribunal de Justiça – Tutela Cautelar Antecedente n. 6 – SP, Ministro Marco Aurélio Bellizze, J. 20/06/2023, DJe 22/06/2023.

Outro meio de recuperação judicial é a possibilidade de cisão, incorporação, fusão ou transformação da sociedade devedora, constituição de subsidiária integral, ou cessão de cotas ou ações, devendo-se respeitar as condições reguladas pela legislação específica (inciso II). Tais figuras estão previstas na Lei n. 6.404/1976, para as sociedades anônimas, e no Código Civil, para as sociedades em geral.

Na cisão, a companhia transfere parcelas do seu patrimônio para uma ou mais sociedades, constituídas para esse fim ou já existentes, extinguindo-se a companhia cindida, se vertido todo o seu patrimônio, ou dividindo-se o seu capital com a separação de apenas uma parte dele, se parcial a versão. A cisão é regulada pelo artigo 229 da Lei n. 6.404/1976.

Na incorporação, uma pessoa jurídica (incorporadora) absorve todo o patrimônio de outra (incorporada), sucedendo-lhe em todos os direitos e obrigações. A incorporada, pois, é extinta, e a incorporadora sofrerá aumento de capital a ser subscrito e realizado pela incorporada, mediante versão do seu patrimônio líquido. A incorporação societária é regulada pelo artigo 227 da Lei n. 6.404/1976 e pelos artigos 1.116 a 1.118 do Código Civil.

A fusão, por sua vez, é a operação pela qual se unem duas ou mais sociedades para formar sociedade nova, que lhes sucederá em todos os direitos e obrigações. Normalmente, a fusão ocorre com empresas do mesmo ramo de atividade, ou de ramos parecidos. As sociedades fundidas se extinguem, resultando na criação de uma terceira nova companhia, com personalidade jurídica distinta, através do acúmulo do patrimônio das sociedades extintas. A fusão é regulada pelo artigo 228 da Lei n. 6.404/1976 e pelos artigos 1.119 a 1.121 do Código Civil.

Por meio da transformação, ainda, é possível se alterar o tipo societário do empresário, independentemente de liquidação ou dissolução. Assim, por exemplo, a sociedade limitada em crise econômico-financeira poderá se transformar em uma sociedade anônima, com o fim de emitir valores mobiliários no mercado de capitais (ações, debêntures etc.) e captar recursos para alavancar seu patrimônio, outro meio admitido pela LREF para a recuperação judicial (inciso V). A transformação é prevista pelo artigo 220 da Lei n. 6.404/1976 e pelos artigos 1.113 a 1.115 do Código Civil.

Já a subsidiária integral, prevista nos artigos 251 a 253 da Lei n. 6.404/1976, é a sociedade anônima cuja totalidade das ações pertence a outra sociedade, necessariamente brasileira, a qual constitui a única sócia de forma permanente (sociedade unipessoal). Na recuperação judicial, a empresa em crise poderá constituir subsidiária integral como forma de facilitar a exploração da atividade econômica, gerando recursos para saldar as obrigações assumidas perante os credores.

A empresa em recuperação poderá, ainda, optar pela alteração de sua forma de gestão e modificar sua estratégia empresarial, por meio da transferência do controle societário (inciso III) ou substituição total ou parcial dos seus administradores (inciso IV), admitindo-se, ainda, que os credores possam eleger os administradores da companhia por meio de votação em assembleia, convocada em separado (inciso V), a fim de que a administração da sociedade possa ser compartilhada (inciso XIV) e possa haver acompanhamento direto dos credores sobre o processo de soerguimento da devedora.

Poderá a sociedade em recuperação, ainda, preferir alavancar seus recursos financeiros, seja por meio do aumento do capital social (inciso VI), seja por meio da redução de seu passivo, convertendo suas dívidas em participação societária para os credores delas titulares, se assim concordarem, transformem seus créditos em investimentos na atividade comercial da devedora (inciso XVII) ou emissão de valores mobiliários (inciso XV).

A LREF se atentou à necessidade de limitar a responsabilidade pelo pagamento das dívidas da pessoa jurídica em crise apenas ao seu patrimônio, sob pena de tornar desvantajoso para novos credores investirem na companhia, ou para novos administradores assumirem sua gestão como método de impulsionar o seu soerguimento. Assim, o §3º destacou a impossibilidade de sucessão ou responsabilidade por dívidas de qualquer natureza a terceiro credor, investidor ou novo administrador em decorrência, respectivamente, da mera conversão de dívida em capital, de aporte de novos recursos na devedora ou de substituição dos administradores desta.

Outro meio de recuperação judicial é o trespasse (inciso VII), que consiste na alienação do estabelecimento comercial do devedor, incluindo todo o complexo de bens corpóreos e incorpóreos destinados à atividade empresarial, com o fim de captar recursos financeiros para a devedora.

Há a opção, ainda, pela venda integral da devedora, com a alienação de todos os seus bens (inciso XVIII), o que poderá permitir a preservação de sua atividade empresarial e do valor de seu aviamento, ainda que mediante utilização de bens ou ativos de terceiros, evitando eventual deterioração desses bens.[252] A esse respeito, determinou a lei que a venda do conjunto integral dos bens será considerada como Unidade Produtiva Isolada, de modo que não haverá sucessão ou responsabilidade por dívidas ao arrematante.

De todo modo, a opção pela venda integral da vendedora não poderá elidir os credores não submetidos à recuperação judicial, devendo, pois, ser submetida ao controle judicial para obstar a satisfação de apenas alguns credores, em detrimento de outros. Aos credores não submetidos ao procedimento concursal, deverão ser garantidas condições no mínimo equivalentes àquelas que eles teriam na falência, afastando-se, assim, da situação de esvaziamento patrimonial prevista no art. 73, VI, §1º da LREF. Vale ressaltar que o crédito fiscal não está sujeito à recuperação judicial e que, em caso de falência, ostenta condição privilegiada em relação a outras classes de credores, por exemplo, a de quirografários, de

---

252 SACRAMONE, Marcelo Barbosa. *Comentários à Lei de Recuperação de Empresas e Falências*. 3ª ed. São Paulo: Saraiva Jur, 2022, p. 287.

modo que será preciso demonstrar que a venda integral, como meio de recuperação, não será prejudicada.

Caso não deseje alienar todo seu estabelecimento, desde que expressamente previsto e discriminado no plano de recuperação judicial, a devedora poderá optar pela alienação parcial de seus bens (inciso XI) ou o simples arrendamento de seu estabelecimento (inciso VII), transferindo o uso e gozo dele através de uma contraprestação, ou usufruto da empresa (inciso XIII), podendo concede-lo através de seus rendimentos – *v.g.*, recebimento de dividendos sociais pelos credores –, através da possibilidade de eleição de seus administradores pelos credores, ou através do usufruto do estabelecimento comercial, dentre outros.

Há, ainda, a possibilidade de equalização dos encargos financeiros (inciso XII), através do qual as instituições financeiras que exploram a atividade empresarial da recuperanda padronizam os encargos financeiros de seus créditos, adequando-os ao menor praticado no mercado, a fim de proporcionar a obtenção de recursos pelo devedor, sem comprometer o lucro destes credores.[253]

O plano de recuperação judicial ainda poderá prever, mediante acordo ou convenção coletiva, redução salarial, compensação de horários e redução de jornada (inciso VIII). Tal disposição, todavia, também deverá se submeter à aprovação da Assembleia-Geral, sob pena de ser ineficaz aos trabalhadores.

Outra forma de recuperação judicial é a dação em pagamento ou novação do débito (inciso IX), entregando prestação diversa da que é devida aos credores mediante o seu consentimento, ou alterando a forma e condições de pagamento firmadas originariamente com os titulares dos créditos, respectivamente.

---

253 COELHO, Fábio Ulhoa. *Comentários à Lei de Falências e de Recuperação de empresas*: Lei n. 14.112/20, Nova Lei de Falências. 14ª ed. São Paulo: Revista dos Tribunais, 2021, p. 199.

Finalmente, o plano de recuperação judicial ainda poderá prever a constituição de sociedade de credores (inciso X), transferindo-lhe ativos para que possam desenvolver a atividade empresarial em seu próprio interesse, sem, contudo, preterir credores que não participem desta sociedade ou não estejam submetidos à recuperação judicial. Nessa hipótese, ao invés de aguardarem o pagamento de seus créditos conforme o plano de recuperação judicial, os credores passam a ter expectativa de lucro em caso de êxito da recuperação judicial.[254] Poderá o plano, ademais, prever a constituição de sociedade de propósito específico (inciso XVI), com o fim de alienação dos ativos da devedora.

O §4º do artigo 50 permitiu o parcelamento do imposto sobre a renda e da Contribuição Social Sobre o Lucro Líquido (CSLL) incidentes no ganho de capital decorrente da alienação de bens ou direitos pela devedora. O parcelamento deverá respeitar o disposto na Lei n. 10.522/2002, que dispõe sobre o Cadin (Cadastro Informativo de créditos não quitados do setor público federal), e terá como limite a mediana de alongamento em relação aos créditos submetidos à recuperação judicial, que será readequado em caso de alteração superveniente do plano de recuperação judicial (§5º).

Art. 50-A – Nas hipóteses de renegociação de dívidas de pessoa jurídica no âmbito de processo de recuperação judicial, estejam as dívidas sujeitas ou não a esta, e do reconhecimento de seus efeitos nas demonstrações financeiras das sociedades, deverão ser observadas as seguintes disposições:

I – a receita obtida pelo devedor não será computada na apuração da base de cálculo da Contribuição para o Programa de Integração Social (PIS) e para o Programa de Formação do

254 COELHO, Fábio Ulhoa. *Comentários à Lei de Falências e de Recuperação de empresas*: Lei n. 14.112/20, Nova Lei de Falências. 14ª ed. São Paulo: Revista dos Tribunais, 2021, p. 196.

Patrimônio do Servidor Público (Pasep) e da Contribuição para o Financiamento da Seguridade Social (Cofins);

II – o ganho obtido pelo devedor com a redução da dívida não se sujeitará ao limite percentual de que tratam os arts. 42 e 58 da Lei n. 8.981, de 20 de janeiro de 1995, na apuração do imposto sobre a renda e da CSLL; e

III – as despesas correspondentes às obrigações assumidas no plano de recuperação judicial serão consideradas dedutíveis na determinação do lucro real e da base de cálculo da CSLL, desde que não tenham sido objeto de dedução anterior.

Parágrafo único. O disposto no caput deste artigo não se aplica à hipótese de dívida com:

I – pessoa jurídica que seja controladora, controlada, coligada ou interligada;

II – pessoa física que seja acionista controladora, sócia, titular ou administradora da pessoa jurídica devedora.

Tributação da devedora em recuperação judicial

O art. 50-A estabelece que os impostos e contribuições normalmente incidentes nas receitas e ganhos decorrentes da renegociação das dívidas e consequente desconto obtido no valor dos créditos, deixarão de ser cobradas pelo Fisco, como contribuição ao processo de soerguimento das empresas em crise econômico-financeira.

A Lei n. 14.112, de 24 de dezembro de 2020, inseriu o art. 50-A na Lei n. 11.101/2005, o qual fora vetado pelo Presidente da República sob a justificativa de que os benefícios tributários concedidos feririam o princípio da isonomia tributária, acarretariam renúncia de receita sem o cancelamento equivalente de outra despesa obrigatória, e sem que houvesse estimativa do seu impacto orçamentário e financeiro, o que violaria o art. 113 da ADCT, e o art. 14 da Lei de Responsabilidade Fiscal.[255] O veto, entretanto, foi rejeitado pelo Congresso Nacional.

Conforme estabelece o parágrafo único do dispositivo legal, a condição para a incidência do regime especial de tributação previsto nos incisos I, II e III do *caput* é que a renegociação dos créditos não tenha ocorrido com pessoa diretamente associada à recuperanda, seja a pessoa jurídica controladora, controlada, coligada ou interligada, seja a pessoa física acionista controladora, sócia, titular ou administradora da pessoa jurídica devedora.

De acordo com o artigo 50-A, a receita decorrente do desconto obtido com a renegociação das dívidas não é computada na apuração da base de cálculo da Contribuição para o Programa de Integração Social (PIS), para o Programa de Formação do Patrimônio do Servidor Público (Pasep) e da Contribuição para o Financiamento da Seguridade Social (Cofins).

No que diz respeito ao Imposto de Renda das Pessoas Jurídicas e à Contribuição Social sobre o Lucro Líquido (CSLL), permite-se que o lucro líquido seja ajustado sem que haja a incidência do limite de redução em no máximo 30%, previsto nos artigos 42 e 58 da Lei n. 8.981, de 20 de janeiro de 1995. São também consideradas dedutíveis na determinação do lucro real e da base de cálculo da CSLL as despesas correspondentes às obrigações assumidas no plano de recuperação judicial, desde que não tenham sido objeto de dedução anterior.

---

255 BRASIL. *Lei n. 4.112*, de 24 de dezembro de 2020. Razões de veto. Disponível em: https://www2.camara.leg.br/legin/fed/lei/2020/lei-14112-24-dezembro-2020-790948-veto-162030-pl.html. Acessado em: 13.12.2021.

Seção II – Do Pedido e do Processamento da Recuperação Judicial

Art. 51 – A petição inicial de recuperação judicial será instruída com:

I – a exposição das causas concretas da situação patrimonial do devedor e das razões da crise econômico-financeira;

II – as demonstrações contábeis relativas aos 3 (três) últimos exercícios sociais e as levantadas especialmente para instruir o pedido, confeccionadas com estrita observância da legislação societária aplicável e compostas obrigatoriamente de: a) balanço patrimonial; b) demonstração de resultados acumulados; c) demonstração do resultado desde o último exercício social; d) relatório gerencial de fluxo de caixa e de sua projeção; e) descrição das sociedades de grupo societário, de fato ou de direito;

III – a relação nominal completa dos credores, sujeitos ou não à recuperação judicial, inclusive aqueles por obrigação de fazer ou de dar, com a indicação do endereço físico e eletrônico de cada um, a natureza, conforme estabelecido nos arts. 83 e 84 desta Lei, e o valor atualizado do crédito, com a discriminação de sua origem, e o regime dos vencimentos;

IV – a relação integral dos empregados, em que constem as respectivas funções, salários, indenizações e outras parcelas a que têm direito, com o correspondente mês de competência, e a discriminação dos valores pendentes de pagamento;

V – certidão de regularidade do devedor no Registro Público de Empresas, o ato constitutivo atualizado e as atas de nomeação dos atuais administradores;

VI – a relação dos bens particulares dos sócios controladores e dos administradores do devedor;

VII – os extratos atualizados das contas bancárias do devedor e de suas eventuais aplicações financeiras de qualquer modalidade, inclusive em fundos de investimento ou em bolsas de valores, emitidos pelas respectivas instituições financeiras;

VIII – certidões dos cartórios de protestos situados na comarca do domicílio ou sede do devedor e naquelas onde possui filial;

IX – a relação, subscrita pelo devedor, de todas as ações judiciais e procedimentos arbitrais em que este figure como parte, inclusive as de natureza trabalhista, com a estimativa dos respectivos valores demandados;

X – o relatório detalhado do passivo fiscal; e

XI – a relação de bens e direitos integrantes do ativo não circulante, incluídos aqueles não sujeitos à recuperação judicial, acompanhada dos negócios jurídicos celebrados com os credores de que trata o § 3º do art. 49 desta Lei.

§ 1º Os documentos de escrituração contábil e demais relatórios auxiliares, na forma e no suporte previstos em lei, permanecerão à disposição do juízo, do administrador judicial e, mediante autorização judicial, de qualquer interessado.

§ 2º Com relação à exigência prevista no inciso II do caput deste artigo, as microempresas e empresas de pequeno porte poderão apresentar livros e escrituração contábil simplificados nos termos da legislação específica.

§ 3º O juiz poderá determinar o depósito em cartório dos documentos a que se referem os §§ 1º e 2º deste artigo ou de cópia destes.

§ 4º Na hipótese de o ajuizamento da recuperação judicial ocorrer antes da data final de entrega do balanço correspondente ao exercício anterior, o devedor apresentará balanço prévio e juntará o balanço definitivo no prazo da lei societária aplicável.

§ 5º O valor da causa corresponderá ao montante total dos créditos sujeitos à recuperação judicial.

§ 6º Em relação ao período de que trata o § 3º do art. 48 desta Lei: I – a exposição referida no inciso I do caput deste artigo deverá comprovar a crise de insolvência, caracterizada pela insuficiência de recursos financeiros ou patrimoniais com liquidez suficiente para saldar suas dívidas; II – os requisitos do inciso II do caput deste artigo serão substituídos pelos documentos mencionados no § 3º do art. 48 desta Lei relativos aos últimos 2 (dois) anos.

Requisitos da petição inicial

O artigo 51 prevê os documentos essenciais à propositura do pedido de recuperação judicial, sem prejuízo da necessidade de preenchimento dos demais requisitos previstos no artigo 319 do Código de Processo Civil.

Conforme estabelece o inciso I, a empresa requerente deverá expor as causas concretas de sua situação patrimonial e as razões da crise econômico-financeira. É insuficiente, pois, a apresentação de motivos vagos que não se relacionam diretamente com a empresa devedora, referindo-se genericamente à situação macroeconômica do país, à alta da taxa de juros ou o aumento da inflação, o índice crescente de desemprego, a redução do consumo etc., sem especificar de que formas tais pressupostos provocaram ou acentuaram a situação de crise da devedora. A importância de se descrever pormenorizadamente as razões concretas da situação patrimonial é de se fazer um correto diagnóstico da crise econômico-financeira, porque, a depender das características que a ensejaram, optar-se-á por determinados meios de recuperação judicial que sejam mais eficazes à sua superação.

Além da exposição das causas concretas da crise, a requerente ainda deverá juntar as demonstrações contábeis relativas aos três últimos exercícios sociais, conforme a legislação societária aplicável, segundo o inciso II. Sem embargo, caso a empresa tenha sido constituída há apenas dois anos, poderá juntar as demonstrações a eles relativas, nos termos do artigo 48, *caput*, da LREF.

Obrigatoriamente, deverão integrar as demonstrações contábeis o balanço patrimonial, a demonstração de resultados acumulados e a do resultado desde o último exercício social, o relatório gerencial de fluxo de caixa e de sua projeção, e a descrição das sociedades de grupo societário, seja de fato ou de direito (este último incluído pela Lei n. 14.112/2020). Se, porventura, o balanço correspondente ao último exercício social ainda não tiver sido entregue no momento do ajuizamento do pedido de recuperação judicial, o devedor apresentará balanço prévio, e juntará posteriormente o balanço definitivo, no prazo assinalado pela lei societária aplicável (§4º).

A importância de tais documentos é de que servirão como alicerce para a análise financeira do devedor pelos credores e eventuais técnicos contábeis que assessorarem o juízo, devendo destacar o valor do ativo e do passivo, a relação de bens e direitos que compõe ambos, os lucros e prejuízos acumulados e as expectativas de entrada e saída futuras. Por essa razão, estabelece o §1º que ficarão à disposição do juízo, do administrador judicial e de qualquer interessado, mediante autorização judicial.

Com efeito, ao ajuizar o pedido de recuperação judicial, a empresa devedora abre mão do sigilo de sua escrituração contábil, em prol do dever de transparência perante seus credores, o administrador judicial e o juízo. A verdadeira realidade econômica da devedora deve ser conhecida pelos interessados no seu soerguimento, sob pena de se vulnerar os objetivos e princípios do procedimento concursal.

Em relação à necessidade de descrição das sociedades de grupo societário, tal exigência não implica reconhecimento do litisconsórcio ativo ou de consolidação processual (LREF, art. 69-G). A constituição de grupo societário pode ser efetivada para obter maior eficiência operacional. Pode ser de direito, em que, através de uma unidade de direção, há convenção de grupo e de seus integrantes para combinação de esforços na consecução do objeto social ou de interesses comuns, ou pode ser de fato, constituída sem convenção, através de sociedades com participação recíproca, interligadas por relação de controle ou de coligação. De qualquer modo, o grupo em si não possuirá obrigações sociais ou patrimônio próprio, pois cada sociedade conservará sua própria personalidade jurídica. Nesse sentido, observa-se que a Lei n. 6.404/76 disciplina o grupo societário de direito, nos seus artigos 265 a 277, ao passo que as relações societárias de controle e coligação verificadas em grupos societários de fato, nos artigos 243 a 246 (e, no Código Civil, nos artigos 1.097 a 1.101), o que indica a licitude da organização da atividade empresarial em grupos econômicos.

Se uma das sociedades do grupo ajuizar o pedido de recuperação judicial, deverá indicar, na petição inicial, todas as demais integrantes, a fim de possibilitar o controle pelos credores interessados, o administrador judicial e o juízo sobre eventual litisconsórcio ativo em caso de confusão patrimonial entre elas e a requerente, o que será objeto de comentário específico no artigo 69-G da LREF.

No atinente às microempresas e empresas de pequeno porte, poderão apresentar os documentos de escrituração contábil de forma simplificada, nos termos da legislação específica (§2º), observada a dispensa legal de apresentação de alguns livros obrigatórios às demais sociedades em geral.

Caso não instruídos com a petição inicial, os documentos referentes à escrituração contábil ou as cópias respectivas poderão ser depositados em cartório à determinação do juízo (§3º).

O inciso III estabelece a obrigatoriedade de a petição inicial ser instruída com a relação completa e nominal de credores, separados por categorias a depender da natureza do crédito, sejam ou não sujeitos à recuperação judicial, sobretudo diante da possibilidade dos credores não sujeito a ela poderem apresentar objeções (LREF, art. 55). Deve-se indicar o endereço físico e eletrônico a possibilitar sua intimação a respeito dos atos processuais do procedimento da recuperação judicial, a natureza e o valor atualizado do crédito, com discriminação de sua origem e o regime de vencimentos, para inclusão no edital expedido na forma do artigo 52, §1º, e na lista a ser apresentada pelo administrador judicial conforme o art. 7º, §2º.

Deverá a empresa devedora, ainda, apresentar a relação integral de seus empregados, discriminando suas funções, indenizações ou outras parcelas a que eventualmente têm direito com o respectivo mês de competência, e valores pendentes de pagamento (inciso IV). Tal indicação é de fundamental importância para a análise da situação econômica do devedor e eventual alcance de seu passivo trabalhista.

A petição inicial também será instruída com a certidão de regularidade do devedor no Registro Público de Empresas, além do ato constitutivo atualizado (contrato ou estatuto social) e as atas de nomeação dos atuais administradores (inciso V).

Ademais, é requisito legal a juntada da relação dos bens particulares dos sócios controladores e dos administradores do devedor (inciso VI). Essa exigência deve ser cumprida independentemente de a responsabilidade dos sócios ser limitada, ou de eventual abuso da personalidade jurídica, como forma de se possibilitar a análise sobre a situação patrimonial dos sócios e administradores, seja para eventual aplicação futura do art. 82 da LREF (ação de responsabilidade dos sócios, controladores e administradores de responsabilidade limitada falida), seja para vislumbrar se houve aumento substancial do patrimônio pessoal das aludidas pessoas físicas, em detrimento da queda do faturamento da sociedade, com eventual aplicação do instituto da desconsideração da personalidade jurídica.

Questiona-se a constitucionalidade do dispositivo, porque implica a quebra do sigilo bancário e fiscal (art. 5º, XII, CF), o que, nos casos de sociedades com responsabilidade limitada, constitui medida desnecessária; eis que, ainda que decretada a falência da sociedade, seus efeitos não serão estendidos aos sócios e administradores, exceto em caso de dolo ou culpa, nos termos do art. 82 da LREF. Ademais, pontua o autor que a pessoa jurídica não se confunde com a pessoa física dos sócios e administradores, cujos bens não poderiam ser comprometidos apenas em razão da recuperação judicial da sociedade. Outrossim, a exigência somente se justificaria em caso de responsabilidade ilimitada dos sócios ou caso haja indícios de confusão patrimonial ou abuso de personalidade jurídica, nos termos do artigo 50 do Código Civil.

Por esta razão, Fábio Ulhoa Coelho ressalva que, caso o sócio ou administrador se recuse a apresentar a relação à qual alude o inciso VI do artigo 51, não poderá sofrer nenhuma penalidade ou ser coagido a assim proceder, em razão da garantia constitucional da inviolabilidade da vida privada (art. 5º, X, CF).[256]

O inciso VII estabelece que também deverão ser juntados os extratos atualizados das contas bancárias do devedor e de suas eventuais aplicações financeiras de quaisquer modalidades, para que sejam analisados os saldos positivos ou negativos disponíveis, bem como informado aos credores o valor de ativos financeiros titularizados pela devedora.

O pedido de recuperação judicial deverá ser instruído, conforme estabelecem os incisos VIII e IX, com as certidões dos cartórios de protestos situados na comarca do domicílio ou sede do devedor e naquelas onde possui filial, e com a relação de todas as ações judiciais e procedimentos arbitrais em que figure como parte, discriminando estimativa dos respectivos valores demandados, inclusive as de natureza trabalhista. O protesto é um dos indicativos da situação de crise da devedora, pois aponta a sua

---

256 COELHO, Fábio Ulhoa. *Comentários à Lei de Falências e de Recuperação de empresas*: Lei n. 14.112/20, Nova Lei de Falências. 14ª ed. São Paulo: Revista dos Tribunais, 2021, p. 209.

dificuldade de adimplir suas obrigações financeiras. Já a relação das ações judiciais possibilita a análise tanto de eventuais saldos credores a serem recebidos pela pessoa jurídica em recuperação quanto de saldos devedores a serem por ela adimplidos judicialmente. Nesse ponto, a reforma trazida pela n. Lei 14.112/2020 apenas acrescentou a necessidade de apresentação da relação dos procedimentos arbitrais.

Finalmente, devem ser apresentados, ainda, relatório detalhado do passivo fiscal (inciso X) e a relação de bens e direitos integrantes do ativo não circulante, incluídos os não sujeitos à recuperação judicial, junto aos contratos celebrados com os credores enumerados no §3º do artigo 49 (inciso XI). Mais uma vez, as referidas exigências buscam a conferência da real situação da crise econômico-financeira da devedora. A apresentação dos contratos referentes aos créditos não submetidos à recuperação judicial permite se constatar o montante dos débitos que não será abrangido pelo plano, sujeito, portanto, às condições contratuais originárias e, também, a depender do caso, quais bens pertencentes à devedora encontram-se onerados.

Valor da causa

Na recuperação judicial, o valor da causa deverá compreender o valor total dos créditos sujeitos à recuperação judicial. Conforme a legislação processual aplicável, o valor da causa constitui requisito fundamental para o ajuizamento do pedido (artigos 291 e 292 do CPC).

O §5º do artigo 51 foi incluído pela Lei 14.112/2020. Antes da reforma, não havia dispositivo legal a respeito da matéria, e muito se discutia na doutrina e na jurisprudência a respeito do correto valor a ser atribuído às ações de recuperação judicial.

O artigo 291 do CPC estabelece que toda causa deverá possuir valor certo, ainda que não seja imediatamente aferível o seu conteúdo econômico. Na recuperação judicial, tal valor não era possível de ser auferido pela empresa requerente no momento do ajuizamento do pedido, diante da complexidade das ações e documentos que lhe instruíam. Não era possível se estimar o benefício econômico almejado, porque somente com a aprovação do plano de recuperação judicial e renegociação dos créditos, é que se teria conhecimento do resultado da dedução das dívidas renegociadas sobre o seu valor original.

A alteração legislativa resolveu a controvérsia ao estipular que o valor da causa corresponderá ao montante total dos créditos sujeitos à recuperação judicial.

Contudo, a doutrina critica o dispositivo, uma vez que o valor da causa deve ser compatível com a realidade patrimonial da empresa em crise econômico-financeira e condizente com o proveito econômico almejado. Nesse sentido, há a possibilidade de o plano de recuperação judicial aprovado prever descontos não substanciais nos créditos a ele submetidos, hipótese em que o proveito econômico obtido pela recuperanda em muito se distanciará do valor total de seu passivo.

Documentos contábeis do produtor rural

A Lei 14.112/2020 também inseriu o §6º no artigo 262, estabelecendo regramento especial para o produtor rural, no que diz respeito aos seus documentos contábeis. Não se pode olvidar que, podendo comprovar sua atividade rural nos dois anos anteriores, ainda que menor seja o prazo em que realizado seu registro como empresário, é possível que o produtor rural não detenha os livros contábeis exigidos às empresas.

O inciso I em nada inova com relação ao inciso I do *caput*, ao estabelecer que o produtor rural deverá expor as causas concretas da sua situação patrimonial, através da insuficiência de recursos financeiros ou patrimoniais com liquidez suficiente para saldar suas dívidas.

O inciso II, por sua vez, estabelece que a escrituração contábil do produtor rural poderá ser substituída pelos documentos mencionados no §3º do art. 48, relativos aos últimos dois anos, quais sejam, o Livro Caixa Digital do Produtor Rural (LCDPR) ou por outro documento que venha a substitui-lo, e pela Declaração do Imposto sobra a Renda da Pessoa Física (DIRPF) e balanço patrimonial, entregues tempestivamente e à luz da legislação aplicável a cada qual.

Art. 51-A – Após a distribuição do pedido de recuperação judicial, poderá o juiz, quando reputar necessário, nomear profissional de sua confiança, com capacidade técnica e idoneidade, para promover a constatação exclusivamente das reais condições de funcionamento da requerente e da regularidade e da completude da documentação apresentada com a petição inicial.

§ 1º A remuneração do profissional de que trata o caput deste artigo deverá ser arbitrada posteriormente à apresentação do laudo e deverá considerar a complexidade do trabalho desenvolvido.

§ 2º O juiz deverá conceder o prazo máximo de 5 (cinco) dias para que o profissional nomeado apresente laudo de constatação das reais condições de funcionamento do devedor e da regularidade documental.

§ 3º A constatação prévia será determinada sem que seja ouvida a outra parte e sem apresentação de quesitos por qualquer das partes, com a possibilidade de o juiz determinar a realização da diligência sem a prévia ciência do devedor, quando entender que esta poderá frustrar os seus objetivos.

§ 4º O devedor será intimado do resultado da constatação prévia concomitantemente à sua intimação da decisão que deferir ou indeferir o processamento da recuperação judicial, ou que determinar a emenda da petição inicial, e poderá impugná-la mediante interposição do recurso cabível.

§ 5º A constatação prévia consistirá, objetivamente, na verificação das reais condições de funcionamento da empresa e da regularidade documental, vedado o indeferimento do processamento da recuperação judicial baseado na análise de viabilidade econômica do devedor.

§ 6º Caso a constatação prévia detecte indícios contundentes de utilização fraudulenta da ação de recuperação judicial, o juiz poderá indeferir a petição inicial, sem prejuízo de oficiar ao Ministério Público para tomada das providências criminais eventualmente cabíveis.

§ 7º Caso a constatação prévia demonstre que o principal estabelecimento do devedor não se situa na área de competência do juízo, o juiz deverá determinar a remessa dos autos, com urgência, ao juízo competente.

Constatação prévia

O artigo 51-A representa novidade trazida pela Lei n. 14.112/2020, instituindo a constatação prévia como instrumento legal de auxílio ao magistrado nos procedimentos recuperacionais. Não obstante, tal providência já era anteriormente admitida pela jurisprudência,[257] embora sem respaldo normativo, e se destinava à verificação dos documentos juntados pela empresa em crise com a petição inicial,

257 CNJ, Recomendação n. 57, de 22 de outubro de 2019. "Art. 1º – Recomendar a todos os magistrados responsáveis pelo processamento e julgamento dos processos de recuperação empresarial, em varas especializadas ou não, que determinem a constatação das reais condições de funcionamento da empresa requerente, bem como a verificação da completude e da regularidade da documentação apresentada pela devedora/requerente, previamente ao deferimento do processamento da recuperação empresarial, com observância do procedimento estabelecido nesta Recomendação". (Disponível em: https://atos.cnj.jus.br/atos/detalhar/3069. Acessado em: 10.01.2022). Observação: a Recomendação n. 57, de 22 de outubro de 2019, foi alterada pela Recomendação n. 112, de 20 de outubro de 2021, à luz do art. 51-A incluído pela Lei n. 14.112/2020.

por perito indicado pelo juízo e antes da apreciação do pedido de recuperação judicial, com o fim de barrar os procedimentos requeridos por empresas inativas ou sem condições de soerguimento.

Essa fase preliminar, agora expressamente prevista pela LREF, foi criada com o intuito de se verificar, antes do processamento do pedido, o preenchimento de seus pressupostos mínimos, tais como o efetivo e regular exercício da atividade empresarial pela requerente, e a apresentação de todos os documentos exigidos pela lei.

A medida, contudo, já era criticada pela doutrina antes mesmo da alteração legislativa, porque implicava desnecessário atraso ao procedimento da recuperação judicial, além de gerar incentivo ao perito nomeado pelo juízo a recusar sua nomeação como administrador judicial, caso constatasse, previamente, eventual falta de atividade da empresa ou irregularidade na documentação por ela apresentada.

Além disso, a medida acaba por frustrar os objetivos da própria recuperação judicial, alicerçados na negociação comum entre devedor e credores quanto à viabilidade de soerguimento da empresa em crise. Nesse sentido, a análise a respeito das reais condições de funcionamento da requerente e da regularidade documental pode ser feita pelo administrador judicial e pelos próprios credores no decorrer do procedimento, que poderão optar, caso não vislumbrem a possibilidade de superação da crise econômico-financeira, pela falência da devedora.

Não por acaso, o §5º do artigo em comento estabelece a vedação do indeferimento do processamento da recuperação judicial, baseado meramente na análise da viabilidade econômica do devedor, matéria que deverá ser levada à apreciação dos credores interessados em seu soerguimento.

A bem da verdade, a utilização da constatação prévia acabou por frustrar o seu próprio objetivo precípuo de reduzir a tramitação de processos de recuperação judicial fadados ao insucesso. Ao contrário, a análise da prática jurídica demonstrou que os casos em que se indeferiu a petição inicial eram maiores quando tal instituto foi adotado pelos juízos.

Com o fim de minimizar os efeitos do retardamento do processamento do pedido de recuperação judicial, estabeleceu a lei o prazo máximo de 5 dias para que o perito apresente seu laudo a respeito da constatação prévia (§2º) – sem vedação expressa da possibilidade de prorrogação deste prazo, diante de eventual complexidade do procedimento ou do porte da empresa requerente –, além da desnecessidade de oitiva dos credores para sua realização ou de apresentação de quesitos por quaisquer das partes. Poderá a constatação prévia, ainda, ser realizada sem a anuência da devedora, caso haja suspeita de que ela poderá vir a frustrar o objetivo da perícia técnica (§3º).

Ademais, a devedora será intimada do laudo de constatação prévia juntamente com a intimação da decisão que deferir ou indeferir o pedido de recuperação judicial, ou que eventualmente determinar a emenda da petição inicial (§4º).

Além de implicar dilação indesejada na fase postulatória, a constatação prévia também onera o procedimento da recuperação judicial, uma vez que a remuneração do perito nomeado pelo juízo deverá ser paga pela devedora, após a apresentação do laudo, à luz da complexidade de sua elaboração (§1º).

Por essa razão, a doutrina tem reiterado a excepcionalidade da medida, sobretudo considerando os efeitos negativos que ela pode gerar na tramitação da recuperação judicial. Além de onerar demasiadamente a empresa em crise econômico-financeira e de implicar demora na fase postulatória do procedimento, a constatação prévia causa, sobretudo, um conflito de interesses em relação ao profissional encarregado do múnus. Isso porque tal perito terá, naturalmente, a expectativa de ser nomeado administrador judicial caso deferido o processamento do pedido. Nesta qualidade, nutrirá o interesse de que a requerente preencha os requisitos necessários para a regular tramitação do processo, podendo vir a auxiliá-la na correção de eventual vício, para a correta instrução do pedido.

Sem prejuízo, se o laudo técnico revelar indícios de fraude, o juiz poderá indeferir a petição inicial e oficiar o Ministério Público para adoção de eventuais medidas cabíveis na esfera criminal (§6º), que não poderão ter por fundamento os crimes previstos na LREF, cujo pressuposto objetivo de punibilidade é a sentença que decreta a falência ou concede a recuperação, seja judicial ou extrajudicial.[258] Por essa razão, caso constatada fraude em constatação prévia e indeferido o pedido de recuperação judicial à luz do §6º, a consequência prática e indesejável seria a manutenção, no mercado, do empresário que se provou ser fraudador, o qual permaneceria impune em relação aos crimes falimentares.

Por fim, estabelece o §7º hipótese de modificação de competência. Caso se constate que o estabelecimento principal do devedor se situa em área diversa da competência do juízo em que protocolado o pedido, deverá o magistrado determinar a remessa dos autos ao juízo competente, com urgência.

Um aspecto que gera discussão é entender a amplitude da regra instituída no §6º do artigo 51-A, diante das limitações impostas pelo *caput* e pelo §5º do mesmo dispositivo.

O art. 51-A, §5º da LRF afirma ser vedado ao juiz indeferir o processamento de recuperação judicial com base na alegação a viabilidade econômica do devedor, em sede de constatação prévia (art. 51-A, §5º, LRF).

Como consequência, o laudo a ser elaborado em perícia prévia não pode adentrar essas questões, limitando-se a perquirir, exclusivamente, sobre as condições de funcionamento do devedor

258 LREF, art. 180. "A sentença que decreta a falência, concede a recuperação judicial ou concede a recuperação extrajudicial de que trata o art. 163 desta Lei é condição objetiva de punibilidade das infrações penais descritas nesta Lei".

e da regularidade e completude da documentação apresentada, conforme previsto no *caput*. Analisando a redação do art.51-A, *caput*, da LRF, a *contrario senso*, nenhuma outra alegação, além dessas, poderia ser apresentada para obstacularizar o processamento da recuperação judicial.

A constatação prévia não se destina, portanto, a apurar a real existência da crise econômico-financeira. Nesse sentido, o artigo 51-A, §5º da LRF é expresso ao vedar ao magistrado, se presentes os requisitos legais dos artigos 48 e 51, indeferir o processamento da recuperação judicial com base na viabilidade econômica do devedor.

O Direito brasileiro não traz conceito legal nem do que seria crise econômico-financeira, nem do que seria o estado de insolvência. O acesso aos mecanismos jurídicos de insolvência – recuperação judicial ou falência – é facultado a credores e devedor desde que preenchidos os requisitos legais dos artigos 48 e 51 da LRF, no caso da recuperação judicial, ou dos artigos 73 e 94, do mesmo diploma legal, no caso da falência.

Desse modo, na ausência de requisitos legais que definam "insolvência" ou "crise econômico-financeira", presentes os requisitos legais que autorizam a parte legítima a ter acesso aos procedimentos de insolvência – notadamente recuperação judicial ou falência –, deve o magistrado dar seguimento aos mesmos. Não há qualquer amparo legal nem margem legal de discricionariedade outorgada ao magistrado que lhe permita opor o processamento desses procedimentos sob a pretensão de efetuar verificação sob aspectos econômicos tanto do conceito de insolvência quanto o de crise econômico-financeira.

Ao contrário, no Direito brasileiro, a análise quanto à viabilidade econômica do devedor em crise é matéria que foi imputada ao conhecimento exclusivo da assembleia de credores, soberana sobre a questão. Desse modo, qualquer pronunciamento do juiz sobre essa questão, ainda mais no momento do recebimento da inicial, importaria em avanço injustificado sobre questões que não estão sobre sua competência.

Ademais, também é preciso atentar que a ausência de condições econômico-financeiras para concessão da recuperação judicial não é hipótese para indeferimento da inicial, mas sim, ao contrário, após rejeição do plano apresentado em assembleia geral de credores, convolação do feito em falência. Trata-se, portanto, de situação típica e prevista no processamento da recuperação judicial pelo legislador.

Sob essa perspectiva, é preciso entender o §6º do artigo 51-A da LR, que permite ao juiz indeferir a inicial em caso de indícios contundentes de fraude na ação de recuperação judicial.

O art. 51-A, §6º da LRF certamente não se refere à eventual fraude praticada por administradores e sócios das empresas em recuperação judicial, na condução da empresa, uma vez que tal situação deve ser disciplinada pelo artigo 64 da mesma lei, o qual, em atenção ao princípio da preservação da empresa, permite o afastamento de sua administração e controlador, sem prejudicar, contudo, a empresa em si, que poderá ser administrada por pessoa indicada pelo magistrado ou mesmo, a critério deste, por profissional nomeado por credores, reunidos em Assemblei Geral de Credores.

Desse modo, considerando o disposto nos artigos 51-A, *caput* e §5º e 64 da LRF, deve-se entender que a fraude mencionada no art.51-A, §6º da LRF se refere ao uso fraudulento da ação da recuperação judicial e não à fraude na gestão da empresa, a qual deve ser compreendida a luz dos parâmetros fixados pela teoria do abuso de direito, nos termos do artigo 187 do Código Civil.

O procedimento de recuperação judicial é compatível com a adequada apuração de eventual fraude na gestão da empresa, sobretudo em atenção ao interesse dos credores e da empresa em si, nos termos do art. 47 da LRF. Isso porque, além de não se poder confundir a figura da administração com a empresa que a legislação pretende preservar, os procedimentos de insolvência contam com a participação do Ministério Público, que analisará a conduta dos primeiros a luz dos parâmetros de responsabilidade fixados pela legislação civil, societária e inclusive penal.

Indeferir o processamento da recuperação judicial, em situação de fraude na gestão, além de não proteger a empresa que se pretende preservar, permite que os credores fiquem expostos à atuação de gestores fraudulentos, sem qualquer amparo da atuação do *Parquet*, o que claramente não parece convergir com objetivos pretendidos pelo legislador.

A fraude na utilização da ação de recuperação judicial a que se refere o parágrafo 6º do art. 51-A da LRF deve ser compreendida, portanto, à luz do instituto do abuso do direito, previso no artigo 187 do Código Civil. Eventualmente, comprovado o abuso do direito de distribuir pedido de recuperação judicial, ou seja, por exemplo, por empresa que não se encontra em real crise econômico-financeira, seria possível, por conta do referido instituto, rejeitar a inicial por falta de interesse de agir.

Na falta de previsão legal sobre os conceitos de insolvência ou de crise, a única conclusão que se pode admitir, em conformidade com os parâmetros fixados pelo nosso ordenamento jurídico, é o de que o ônus de comprovar o abuso compete a quem o alega e deve estar claramente demonstrado quando da apresentação do questionamento, não se podendo, na falta de qualquer evidência ou indício robusto, condicionar o deferimento do processamento do pedido de recuperação judicial à realização de diligências pelo juízo recuperacional para investigar e colher evidências quanto a suposto abuso de direito no ajuizamento de ação de recuperação judicial.

Caso a constatação prévia realizada, com seu escopo reduzido previsto no *caput* do artigo 51-A da LRF trouxer indícios que, juntamente com outros trazidos pela parte interessada possam demonstrar a ocorrência de fraude no pedido de recuperação judicial, essa questão poderá ensejar o indeferimento da inicial. Não tem, portanto, o parágrafo 6º do artigo 51-A da LRF o efeito de ampliar o escopo da constatação prévia realizada.

Art. 52 – Estando em termos a documentação exigida no art. 51 desta Lei, o juiz deferirá o processamento da recuperação judicial e, no mesmo ato:

I – nomeará o administrador judicial, observado o disposto no art. 21 desta Lei;

II – determinará a dispensa da apresentação de certidões negativas para que o devedor exerça suas atividades, observado o disposto no § 3º do art. 195 da Constituição Federal e no art. 69 desta Lei;

III – ordenará a suspensão de todas as ações ou execuções contra o devedor, na forma do art. 6º desta Lei, permanecendo os respectivos autos no juízo onde se processam, ressalvadas as ações previstas nos §§ 1º, 2º e 7º do art. 6º desta Lei e as relativas a créditos excetuados na forma dos §§ 3º e 4º do art. 49 desta Lei;

IV – determinará ao devedor a apresentação de contas demonstrativas mensais enquanto perdurar a recuperação judicial, sob pena de destituição de seus administradores;

V – ordenará a intimação eletrônica do Ministério Público e das Fazendas Públicas federal e de todos os Estados, Distrito Federal e Municípios em que o devedor tiver estabelecimento, a fim de que tomem conhecimento da recuperação judicial e informem eventuais créditos perante o devedor, para divulgação aos demais interessados.

§ 1º O juiz ordenará a expedição de edital, para publicação no órgão oficial, que conterá: I – o resumo do pedido do devedor e da decisão que defere o processamento da recuperação judicial; II – a relação nominal de credores, em que se discrimine o valor atualizado e a classificação de cada crédito; III – a advertência

acerca dos prazos para habilitação dos créditos, na forma do art. 7º, § 1º, desta Lei, e para que os credores apresentem objeção ao plano de recuperação judicial apresentado pelo devedor nos termos do art. 55 desta Lei.

§ 2º Deferido o processamento da recuperação judicial, os credores poderão, a qualquer tempo, requerer a convocação de assembleia-geral para a constituição do Comitê de Credores ou substituição de seus membros, observado o disposto no § 2º do art. 36 desta Lei.

§ 3º No caso do inciso III do caput deste artigo, caberá ao devedor comunicar a suspensão aos juízos competentes.

§ 4º O devedor não poderá desistir do pedido de recuperação judicial após o deferimento de seu processamento, salvo se obtiver aprovação da desistência na assembleia-geral de credores.

Processamento da recuperação judicial

Conforme estabelece o *caput* do artigo 52, após a conferência de toda a documentação juntada pela empresa requerente, nos termos do artigo 51, com ou sem a realização da constatação prévia, será deferido o processamento do pedido de recuperação judicial.

Caso contrário, o juiz deverá intimar a autora para emendar a petição inicial, indicando eventuais documentos faltantes ou irregulares. Não sanado o vício no prazo assinalado, ou se ausente alguma condição necessária para a recuperação judicial – *v.g.*, se a empresa requerente tiver obtido recuperação judicial há menos de cinco anos, nos termos do artigo 48, II, LREF –, a petição inicial será indeferida.

Note-se que a decisão de processamento da recuperação judicial apenas defere o pedido de tramitação do procedimento, analisando os requisitos formais concernentes à legitimidade da parte e a instrução da petição inicial, sem adentrar no mérito do pedido ou analisar a viabilidade econômico-financeira da postulação. Não se confunde, pois, com a decisão de concessão da recuperação judicial, proferida após a fase postulatória e apresentação e aprovação do plano de recuperação judicial pelos credores interessados.

A despeito disso, a deliberação que defere o processamento tem natureza de decisão interlocutória e possui conteúdo decisório, porque implica diversos efeitos na esfera jurídica do devedor e também dos credores, ao determinar a suspensão de todas as ações e execuções contra aquele. Pode, nesses termos, ser impugnada através do recurso de agravo de instrumento.[259] Encontra-se superada, pois, a Súmula 264 do STJ que, editada na vigência do Decreto-Lei n. 7.661/45, estabelecia a irrecorribilidade da decisão de processamento do pedido de concordata preventiva.

Conteúdo da decisão interlocutória de processamento

Deferido o processamento da recuperação judicial, a primeira providência a ser tomada pelo juízo é a nomeação do administrador judicial nos termos do artigo 21 da LREF, que o auxiliará nos demais atos seguintes do procedimento (inciso I).

Na mesma decisão, o magistrado deverá determinar a dispensa da apresentação de certidões negativas para que o devedor exerça regularmente sua atividade empresarial (inciso II). A Lei n. 14.112/2020 alterou a redação do inciso II, que ressalvava a necessidade de apresentação das certidões negativas para a contratação com o Poder Público ou recebimento de incentivos fiscais ou creditícios.

259 I Jornada de Direito Comercial. CJF, março de 2013. Enunciado 52. "A decisão que defere o processamento da recuperação judicial desafia agravo de instrumento".

A antiga redação do inciso II tinha por fundamento o interesse público envolvido nos contratos celebrados com a Administração Pública e no risco de que empresas em crise econômico-financeira descumprissem as obrigações assumidas nesses negócios jurídicos. A ressalva era complementada pela exigência de apresentação de certidão negativa de falência ou concordata, então estabelecida na Lei de licitações públicas (art. 31, II, Lei n. 8.666/93).[260]

Todavia, mesmo antes da reforma de 2020, a jurisprudência já consagrava, em alguns casos, a mitigação da ressalva legal envolvendo o Poder Público, entendendo que a exigência de apresentação de certidões negativas poderia obstar o soerguimento das empresas cuja viabilidade econômica fora comprovada nos autos, sobretudo as empresas cuja atividade é dependente de contratações com a Administração Pública.

O Superior Tribunal de Justiça assim pacificou a questão:

> Ao examinar o tema sob outro prisma, a Primeira Turma do STJ, mediante a ponderação equilibrada dos princípios encartados nas Leis n. 8.666/1993 e 11.101/2005, entendeu possível relativizar a exigência de apresentação de certidão negativa de recuperação judicial, a fim de possibilitar à empresa em recuperação judicial participar de certame licitatório, desde que demonstrada, na fase de habilitação, a sua viabilidade econômica (AREsp 309.867/ES, Rel. Ministro Gurgel de Faria, 1ª Turma, julgado em 26/06/2018, DJe 08/08/2018).[261]

De todo modo, a alteração legislativa trazida pela Lei n. 14.112/2020 suprimiu vedação genérica à dispensa da exigência

---

260 Lei n. 8.666/93. "Art. 31. A documentação relativa à qualificação econômico-financeira limitar-se-á a: (...) II – certidão negativa de falência ou concordata expedida pelo distribuidor da sede da pessoa jurídica, ou de execução patrimonial, expedida no domicílio da pessoa física".

261 STJ, AREsp 978453/RJ, 1ª Turma, Ministro Gurgel de Faria, DJe 23/10/2020.

de certidões para contratação com o Poder Público, acrescentando no inciso II apenas a necessidade de observância do artigo 195, §3º da Constituição Federal, o qual obsta à empresa em débito com a seguridade social, de contratar com o Poder Público ou receber benefícios fiscais ou creditícios.[262] Outrossim, a despeito de a sociedade em recuperação judicial estar agora dispensada da apresentação de certidões negativas de débitos para a contratação com a Administração Pública, deverá apresentar, como exceção à regra geral, certidão negativa de débitos perante o sistema de seguridade social, sob pena de, somente nesse caso, ficar impedida de contratar com o Poder Público.

Apesar da alteração do inciso II do artigo 52, todavia, não houve alteração do artigo 57 logo adiante, que exige a apresentação das certidões negativas de débitos tributários, sob pena de não ser concedida a recuperação judicial, como condição prévia para permitir a homologação do plano de recuperação judicial.

A decisão que defere o processamento do pedido de recuperação judicial deverá, também, ordenar a suspensão de todas as ações ou execuções contra a devedora pelo prazo de 180 dias (*stay period*), conforme prevê o art. 6º da LREF (inciso III). Embora suspensas, os autos das ações e execuções permanecerão no juízo onde se processarem, podendo ter prosseguimento após o decurso do prazo e eventual prorrogação, assinalados pela lei.

Não serão suspensas, contudo, as ações que demandarem quantias ilíquidas (art. 6º, §1º), as ações trabalhistas até a fixação do valor devido (art. 6º, §2º) e as execuções fiscais sem opção de parcelamento, nos termos da lei (art. 6º, §7º-B). Tampouco serão suspensas as ações relativas aos créditos não sujeitos à recuperação judicial, previstos nos §§ 3º e 4º do artigo 49. Com relação a

262 CF, art. 195. "(...). §3º A pessoa jurídica em débito com o sistema da seguridade social, como estabelecido em lei, não poderá contratar com o Poder Público nem dele receber benefícios ou incentivos fiscais ou creditícios".

estes últimos, porém, embora suas ações tramitem regularmente, somente após transcorrido o *stay period* é que se poderá proceder à venda ou retirada dos bens de capital essenciais à atividade empresarial do devedor, de seu estabelecimento, observando que compete ao juízo da recuperação a análise da referida questão, conforme comentários ao artigo 6º.

A comunicação da aludida ordem de suspensão aos juízos competentes incumbirá ao devedor, que é o maior interessado na medida (§3º).

Assim, serão suspensas apenas as ações e execuções existentes contra a devedora, mas não eventuais protestos sobre os débitos submetidos à recuperação judicial. Isso porque a publicidade desses débitos busca simplesmente evidenciar a situação de inadimplemento, além de, principalmente, conferir aos coobrigados a possibilidade de recuperar o seu crédito em face da recuperanda, eis que não atingidos pelos efeitos da recuperação judicial (art. 49, §1º). No que diz respeito ao protesto cambial, a medida procura garantir o tomador do direito de exigir o título dos endossantes e respectivos avalistas, de modo que a recuperação judicial não pode garantir direito absoluto ao devedor.

Estabelece o inciso IV do artigo em comento, ainda, que ao deferir o processamento do pedido, o juiz determinará ao devedor a apresentação de contas mensais enquanto perdurar a recuperação judicial, sob pena de destituição de seus administradores, ainda que exista o risco de a recuperação judicial não ser concedida, se, *v.g.*, não aprovado o plano pelos credores.

A exigência imposta à devedora visa permitir a conferência das contas pelo administrador judicial e apresentação, por ele, dos relatórios mensais sobre as atividades do devedor ao juízo (art. 22, II, c, LREF), assegurando, assim, necessária transparência. Por essa razão é que se admite que as contas mensais a serem apresentadas pela recuperanda sejam enviadas diretamente ao administrador judicial, sem necessidade de juntadas nos autos.

Por fim, o despacho de processamento também ordenará a intimação eletrônica do Ministério Público, para que possa participar do procedimento se assim desejar, e das Fazendas Públicas federais, estaduais, distritais e municipais em que o devedor tiver estabelecimento (inciso V). A publicização da decisão visa dar conhecimento da recuperação judicial aos órgãos fiscais, a fim de que informem a existência de eventuais créditos existentes contra o devedor, e, também, à luz das mudanças provocadas pela Lei n. 14.112/20, indiquem a existência de legislação específica referente à possibilidade de transação ou parcelamento do crédito fiscal existente no respectivo ente federativo.

Relembre-se que os créditos fiscais não se submetem à recuperação judicial. Outrossim, a existência de créditos fiscais não sofrerá novação pelo plano apresentado pelo devedor, mas serão divulgados aos demais credores interessados para que possam analisar a viabilidade econômica da empresa em crise econômico-financeira. Ademais, conforme já mencionado, o artigo 57 da LREF exige, como condição para permitir a homologação do plano de recuperação judicial, a apresentação das certidões negativas de débitos. Remete-se, nesse ponto, aos comentários realizados ao referido artigo.

Além disso, o juiz deverá determinar a expedição de ofício à Junta Comercial e à Secretaria da Receita Federal, para que seja feita anotação da expressão "Em Recuperação Judicial" após o nome empresarial da recuperanda nos seus registros, a fim de conferir publicidade à situação da empresa perante terceiros que com ela queiram contratar (LREF, art. 69).

Deferido o processamento do pedido, a qualquer tempo os credores poderão requerer convocação de Assembleia-Geral ou a constituição do Comitê de Credores, se houver credores que representem no mínimo 25% de uma das quatro classes previstas nos incisos do artigo 26 da LREF (§2º).

Expedição de edital

Conforme o §1º do artigo 52, ao deferir o processamento da recuperação judicial, o juiz determinará e expedição de edital para publicação no órgão oficial, o qual conterá: (a) o resumo do pedido do devedor e da decisão de processamento da recuperação judicial; (b) a relação nominal de credores com a discriminação de seus respectivos créditos com valor atualizado e classificação; (c) a advertência em relação aos prazos para habilitação de créditos (LREF, art. 7º, §1º) e para que apresente objeções ao plano de recuperação judicial se apresentado eventualmente pelo devedor (LREF, art. 55).

As custas para expedição do edital deverão ser suportadas pela devedora. Manoel Justino Bezerra Filho defende, inclusive, a possibilidade de o juiz determinar, antes da decisão de processamento, o depósito de valor suficiente para a publicação do edital aludido no §1º do artigo 52, o que obstaria à devedora de furtar-se desta obrigação após o deferimento do processamento e a consequente suspensão das ações e execuções contra ele existentes.[263]

Desistência do pedido pelo devedor

Antes do processamento do pedido de recuperação judicial, o devedor poderá desistir do pedido a qualquer tempo, hipótese em que o feito será extinto sem necessidade de anuência dos credores, uma vez não atingidos, ainda, quaisquer direitos de terceiros.

Contudo, após a decisão de processamento, a desistência somente poderá ocorrer mediante aprovação em Assembleia-Geral de Credores (§4º), pois a partir desse momento, serão atingidas as esferas jurídicas dos interessados, com a suspensão das ações e execuções existentes contra a devedora.

---

263 BEZERRA FILHO, Manoel Justino. *Lei de Recuperação de Empresas e Falências*. 10ª ed. São Paulo: Revista dos Tribunais, 2014, p. 268.

Seção III – Do Plano de Recuperação Judicial

Art. 53 – O plano de recuperação será apresentado pelo devedor em juízo no prazo improrrogável de 60 (sessenta) dias da publicação da decisão que deferir o processamento da recuperação judicial, sob pena de convolação em falência, e deverá conter:

I – discriminação pormenorizada dos meios de recuperação a ser empregados, conforme o art. 50 desta Lei, e seu resumo;

II – demonstração de sua viabilidade econômica; e

III – laudo econômico-financeiro e de avaliação dos bens e ativos do devedor, subscrito por profissional legalmente habilitado ou empresa especializada.

Parágrafo único. O juiz ordenará a publicação de edital contendo aviso aos credores sobre o recebimento do plano de recuperação e fixando o prazo para a manifestação de eventuais objeções, observado o art. 55 desta Lei.

Plano de recuperação judicial: prazo e conteúdo

Após a decisão que deferir o processamento da recuperação judicial, nos termos do artigo 52 da LREF, incumbirá ao devedor a apresentação do plano de recuperação judicial no prazo de 60 dias contados da publicação daquela deliberação no órgão oficial. Tal prazo é improrrogável e peremptório, sobretudo considerando a celeridade buscada pela LREF e a necessidade de salvaguardar o cumprimento dos prazos diligentemente assinalados pela lei para o regular processamento da recuperação judicial, sem onerar demasiadamente os credores e a própria sociedade. Por esta razão, caso descumprido o prazo legal, o juiz convolará a recuperação judicial em falência (LREF, arts. 53, *caput* e 73, II).

A prática jurídica demonstrou que o prazo de 60 dias se mostrou suficiente para o cumprimento da providência pelo devedor, mormente porque, quando ajuizado o pedido de recuperação judicial, é praxe que já se tenha projetado, ainda que parcialmente, o plano de recuperação judicial, sem prejuízo de que ele venha a ser modificado pelo devedor ou de que os credores façam sugestões de alteração, até a sua apresentação definitiva em juízo, nos termos do artigo 53. Sobreleva notar, no entanto, que a apresentação inicial do plano incumbe exclusivamente ao devedor, não lhe podendo serem impostas, até o cumprimento da medida, sugestões dos credores ou planos alternativos.

O plano deverá conter a discriminação pormenorizada dos meios de recuperação judicial a serem empregados pelo devedor e seu resumo, à luz do art. 50 da LREF, que destaca hipóteses não taxativas, as quais poderão ser combinadas entre si da melhor forma que satisfaça o plano de soerguimento da empresa em crise econômico-financeira. Note-se que a lei não admite a descrição genérica dos meios selecionados pelo devedor, devendo constar em resumo esquematizado o modo e o momento em que serão implementados, sob pena de prejudicar a análise e deliberação dos credores a respeito.

Deverá o devedor, ainda, comprovar a sua viabilidade econômica, demonstrando que, ao final do procedimento, desempenhará todas as obrigações assumidas no plano apresentado, permitindo aos credores analisar se os meios de recuperação a serem adotados atenderão ao almejado cumprimento do plano, considerando tanto os créditos submetidos à recuperação judicial, quanto os que a ela não se sujeitam, que também deverão ser discriminados pelo devedor. Cuida-se, portanto, de momento em que o devedor deverá convencer os credores de que a eles será mais benéfico aderir e aprovar o plano de recuperação judicial, do que submeter seus créditos à ordem de pagamento na falência.

Por fim, o plano de recuperação judicial ainda deverá ser acompanhado por dois laudos subscritos por contador habilitado ou empresa especializada: o econômico-financeiro, que indicará o potencial de geração de negócios do devedor, e o de avaliação de seus bens e ativos, abrangendo os bens móveis e imóveis, além de direitos que integram o patrimônio da empresa.

Apresentado o plano de recuperação judicial com os requisitos descritos nos incisos do artigo 53, o juiz ordenará a publicação de edital com o fim de cientificar os credores sobre o recebimento do plano, fixando o prazo de 30 dias para eventuais objeções, contados da publicação da relação de credores de que trata o §2º do art. 7º da LREF, ou da publicação que informa a juntada do plano aos autos, o que ocorrer por último (LREF, art. 55).

Art. 54 – O plano de recuperação judicial não poderá prever prazo superior a 1 (um) ano para pagamento dos créditos derivados da legislação do trabalho ou decorrentes de acidentes de trabalho vencidos até a data do pedido de recuperação judicial.

§ 1º O plano não poderá, ainda, prever prazo superior a 30 (trinta) dias para o pagamento, até o limite de 5 (cinco) salários-mínimos por trabalhador, dos créditos de natureza estritamente salarial vencidos nos 3 (três) meses anteriores ao pedido de recuperação judicial.

§ 2º O prazo estabelecido no caput deste artigo poderá ser estendido em até 2 (dois) anos, se o plano de recuperação judicial atender aos seguintes requisitos, cumulativamente: I – apresentação de garantias julgadas suficientes pelo juiz; II – aprovação pelos credores titulares de créditos derivados da legislação trabalhista ou decorrentes de acidentes de trabalho, na forma do § 2º do art. 45 desta Lei; e III – garantia da integralidade do pagamento dos créditos trabalhistas.

Créditos trabalhistas: forma de pagamento

O artigo 54 estabelece limites à forma de pagamento dos créditos derivados da legislação trabalhista ou decorrentes de acidente de trabalho, vencidos até a data do pedido de recuperação judicial. Isso porque, em virtude da natureza alimentar que os norteia, exigiu-se que o legislador conferisse a eles certa proteção em detrimento dos demais.

Segundo o *caput*, o plano de recuperação judicial não poderá prever prazo superior a um ano para o pagamento desses créditos. No que diz respeito ao termo inicial desse prazo, há controvérsia na doutrina e jurisprudência. De acordo com a jurisprudência do Tribunal de Justiça do Estado de São Paulo,[264] o prazo é contado da homologação do plano de recuperação judicial, ou do término do *stay period*, independentemente de eventual prorrogação, o que ocorrer primeiro. Manoel Justino Bezerra Filho,[265] porém, entende que o prazo de um ano deverá contar-se da data de ajuizamento do pedido de recuperação judicial, conforme a sistemática do Decreto-Lei anterior.[266]

---

264 Tribunal de Justiça do Estado de São Paulo. Grupo de Câmaras Reservadas de Direito Empresarial – Enunciado I: "O prazo de um ano para o pagamento de credores trabalhistas e de acidentes de trabalho, de que trata o artigo 54, *caput* da Lei n. 11.101/05, conta-se da homologação do plano de recuperação judicial ou do término do prazo de suspensão de que trata o artigo 6º, parágrafo 4º, da Lei n. 11.101/05, independentemente de prorrogação, o que ocorrer primeiro". (Enunciado CANCELADO em 09/11/2021, em razão da superveniência da Lei n. 14.112/2020).

265 BEZERRA FILHO, Manoel Justino. *Lei de Recuperação de Empresas e Falências*. 10ª ed. São Paulo: Revista dos Tribunais, 2014, p. 277.

266 "Art. 175. O prazo para o cumprimento da concordata inicia-se na data do ingresso do pedido em juízo". (BRASIL. *Decreto-Lei n. 7.661*, de 21 de junho de 1945. Lei de Falências. Revogada pela Lei n. 11.101/05. Disponível em: http://www.planalto.gov.br/ccivil_03/decreto-lei/del7661.htm. Acessado em: 03.05.2021).

Marcelo Barbosa Sacramone,[267] por sua vez, critica a possibilidade de se considerar o termo inicial do prazo de um ano a partir de momento anterior à concessão da recuperação judicial, porque, nessa circunstância, o devedor ainda estará impossibilitado de satisfazer as obrigações assumidas no plano de recuperação judicial, ainda pendente de homologação. A providência, pois, poderá implicar prejuízo aos próprios credores trabalhistas, os quais poderão se ver forçados a aceitar deságio ainda maior de seus créditos. Defende o autor, portanto, que a contagem deve se iniciar a partir da decisão que concede a recuperação judicial.

Recentemente, o Superior Tribunal de Justiça decidiu que o prazo de um ano para pagamento dos credores trabalhistas tem como termo inicial a data da concessão da recuperação, assentando que o início do cumprimento das obrigações previstas no plano de recuperação, inclusive as trabalhistas, vincula-se à concessão da recuperação segundo o plano apresentado.[268]

Precisamente em razão da necessidade de se conferir proteção aos credores trabalhistas, o dispositivo em comento cuida de regra cogente, impossível de alteração mediante negociação entre credores e devedor. Diante do rigor da norma, eventual aprovação de plano contendo condições de pagamento diversas, será nula de pleno direito.

Não há impedimento legal, contudo, de que o pagamento desta classe de credores seja feito com deságio, se realizado antes do prazo de um ano.

Todavia, conforme estabelece o §1º do artigo 54, o plano de recuperação judicial deverá prever o pagamento, no prazo

---

267 SACRAMONE, Marcelo Barbosa. *Comentários à Lei de Recuperação de Empresas e Falências*. 3ª ed. São Paulo: Saraiva Jur, 2022, pp. 317/318.

268 REsp n. 1.924.164, Rel. Ministra Nancy Andrighi, em 15/06/2021, DJe 17/06/2021.

máximo de trinta dias, dos créditos até cinco salários-mínimos por trabalhador, de natureza exclusivamente salarial (excluídos os decorrentes de acidentes de trabalho, portanto), vencidos nos três meses anteriores ao pedido de recuperação judicial, com o fim de garantir aos credores trabalhistas numerário suficiente para a sua subsistência mínima.

Nessa hipótese, Manoel Justino Bezerra Filho[269] entende que a contagem do prazo de trinta dias se inicia com a juntada do plano de recuperação judicial pelo devedor, nos termos do art. 53, *caput*, da LREF, porque a contagem a partir do ajuizamento do pedido inviabilizaria seu cumprimento. Marcelo Barbosa Sacramone,[270] porém, reforça que o prazo de trinta dias também deve ser contado a partir da concessão da recuperação judicial.

Possibilidade de prorrogação do prazo de pagamento

A Lei n. 14.112/2020 trouxe como novidade a possibilidade de extensão do prazo de um ano previsto no *caput*, para o pagamento dos credores trabalhistas ou decorrentes de acidente de trabalho, vencidos até a data do pedido de recuperação judicial. De acordo com o §2º do artigo 54, cumpridos os requisitos cumulativos previstos em seus incisos, o plano de recuperação judicial poderá prorrogar o prazo do *caput* em até dois anos. Nessa hipótese, porém, além da impossibilidade de haver deságio e o devedor ser obrigado ao pagamento do valor integral dos créditos (inciso III), deverá apresentar garantias suficientes ao juiz (inciso I) e submeter a extensão do prazo à deliberação da assembleia, sendo indispensável a aprovação pela maioria dos credores trabalhistas presentes,

---

269 BEZERRA FILHO, Manoel Justino. *Lei de Recuperação de Empresas e Falências*. 10ª ed. São Paulo: Revista dos Tribunais, 2014, p. 278.

270 SACRAMONE, Marcelo Barbosa. *Comentários à Lei de Recuperação de Empresas e Falências*. 3ª ed. São Paulo: Saraiva Jur, 2022, p. 319.

com a contagem de seus votos por cabeça, independentemente do valor de seus créditos (LREF, art. 45, §2º).

A redação do artigo 54, §2º da LREF é dúbia, pois pode gerar dúvida quanto à extensão do prazo de "em até 2 anos", ou seja, se a extensão do prazo previsto no seu *caput* poderia ser estendido por mais 2 anos, totalizando, assim, 3 anos para pagamento dos credores trabalhistas ou decorrentes de acidente do trabalho que tenham se vencido até a data do pedido de recuperação judicial, ou se o prazo de extensão total permitida será de 2 anos. Considerando o caráter alimentar do crédito trabalhista e o decorrente de acidente de trabalho e, ainda, o caráter protetivo do artigo 54, *caput*, mostra-se mais razoável a última interpretação, que não permite postergação do pagamento do referido crédito por prazo superior total a 2 anos.

Seção IV – Do Procedimento de Recuperação Judicial

Art. 55 – Qualquer credor poderá manifestar ao juiz sua objeção ao plano de recuperação judicial no prazo de 30 (trinta) dias contado da publicação da relação de credores de que trata o § 2º do art. 7º desta Lei.

Parágrafo único. Caso, na data da publicação da relação de que trata o caput deste artigo, não tenha sido publicado o aviso previsto no art. 53, parágrafo único, desta Lei, contar-se-á da publicação deste o prazo para as objeções.

Objeções ao plano de recuperação judicial

Conforme a sistemática do procedimento concursal, se a documentação que instrui a petição inicial do pedido estiver em termos, o juiz deferirá o processamento da recuperação judicial e, no mesmo ato, ordenará a expedição de edital contendo a relação nominal de credores e os prazos para habilitação dos créditos e objeção ao plano de recuperação judicial, somente se houver sido apresentado pelo devedor (LREF, art. 52, §1º, II e III). Essa primeira relação de credores é denominada de "primeira lista".

Publicado esse primeiro edital, inicia-se o prazo de 15 dias para que os credores apresentem suas habilitações de crédito ao administrador judicial. Findo esse prazo, dar-se-á início a novo prazo de 45 dias para que o administrador judicial, analisando os livros contábeis e documentos comerciais e fiscais juntados pelo devedor na petição inicial e os documentos apresentados pelos credores, incluindo as habilitações de créditos ou divergências quanto aos créditos relacionados no primeiro edital, faça publicar o segundo edital. Neste, fará constar a relação de credores que servirá como base para a elaboração do quadro-geral de credores (LREF, art. 7º, §§ 1º e 2º). Essa segunda relação é denominada pela doutrina de "segunda lista".

Da publicação dessa segunda relação de credores é que se contará o prazo de 30 dias para que qualquer credor manifeste sua objeção ao plano de recuperação judicial, que, nesse momento, já poderá ter sido apresentado nos autos pelo devedor. As objeções constituem qualquer forma de impugnação dos credores interessados às cláusulas do plano de recuperação judicial, ou da própria viabilidade econômica da empresa em crise.

Apresentada objeção por qualquer credor, incumbirá ao juiz a convocação da Assembleia-Geral de Credores, para que deliberem sobre o plano (LREF, art. 56). De outro turno, caso nenhum credor manifeste objeção, presumir-se-á que houve concordância com os termos em que apresentado, razão pela qual será concedida a recuperação judicial, homologando-se plano de recuperação judicial apresentado e que não foi alvo de impugnação, se cumpridas as exigências legais (LREF, art. 58, *caput*).

Ocorre, todavia, que como o prazo de 30 dias para as objeções é contado da publicação da "segunda lista", existe a possibilidade de que o plano de recuperação judicial ainda não tenha sido apresentado pelo devedor, mormente considerando que o prazo de 60 dias para sua apresentação conta-se da publicação da decisão que defere o processamento da recuperação judicial (LREF, art. 53, *caput*).

Por esta razão, a leitura conjunta do *caput* e do parágrafo único do artigo 55 esclarece que o prazo de 30 dias para a apresentação das objeções se iniciará a partir da publicação da segunda lista de credores apresentada pelo administrador judicial, desde que o edital de recebimento do plano de recuperação judicial (LREF, art. 53, parágrafo único) já tenha sido publicado. Caso contrário, o prazo de 30 dias iniciar-se-á a partir da publicação deste último.

Art. 56 – Havendo objeção de qualquer credor ao plano de recuperação judicial, o juiz convocará a assembleia-geral de credores para deliberar sobre o plano de recuperação.

§ 1º A data designada para a realização da assembleia-geral não excederá 150 (cento e cinquenta) dias contados do deferimento do processamento da recuperação judicial.

§ 2º A assembleia-geral que aprovar o plano de recuperação judicial poderá indicar os membros do Comitê de Credores, na forma do art. 26 desta Lei, se já não estiver constituído.

§ 3º O plano de recuperação judicial poderá sofrer alterações na assembleia-geral, desde que haja expressa concordância do devedor e em termos que não impliquem diminuição dos direitos exclusivamente dos credores ausentes.

§ 4º Rejeitado o plano de recuperação judicial, o administrador judicial submeterá, no ato, à votação da assembleia-geral de credores a concessão de prazo de 30 (trinta) dias para que seja apresentado plano de recuperação judicial pelos credores.

§ 5º A concessão do prazo a que se refere o § 4º deste artigo deverá ser aprovada por credores que representem mais da metade dos créditos presentes à assembleia-geral de credores.

§ 6º O plano de recuperação judicial proposto pelos credores somente será posto em votação caso satisfeitas, cumulativamente, as seguintes condições: I – não preenchimento dos requisitos previstos no § 1º do art. 58 desta Lei; II – preenchimento dos requisitos previstos nos incisos I, II e III do caput do art. 53 desta Lei; III – apoio por escrito de credores que representem, alternativamente: a) mais de 25% (vinte e cinco por cento) dos créditos totais sujeitos à recuperação judicial; ou b) mais de 35% (trinta e cinco por cento) dos créditos dos credores presentes à assembleia-geral a que se refere o § 4º deste artigo; IV – não imputação de obrigações novas, não previstas em lei ou em contratos anteriormente celebrados, aos sócios do devedor; V – previsão de isenção das garantias pessoais prestadas por pessoas naturais em relação aos créditos a serem novados e que sejam de titularidade dos credores mencionados no inciso III deste parágrafo ou daqueles que votarem favoravelmente ao plano de recuperação judicial apresentado pelos credores, não permitidas ressalvas de voto; e VI – não imposição ao devedor ou aos seus sócios de sacrifício maior do que aquele que decorreria da liquidação na falência.

§ 7º O plano de recuperação judicial apresentado pelos credores poderá prever a capitalização dos créditos, inclusive com a consequente alteração do controle da sociedade devedora, permitido o exercício do direito de retirada pelo sócio do devedor.

§ 8º Não aplicado o disposto nos §§ 4º, 5º e 6º deste artigo, ou rejeitado o plano de recuperação judicial proposto pelos credores, o juiz convolará a recuperação judicial em falência.

§ 9º Na hipótese de suspensão da assembleia-geral de credores convocada para fins de votação do plano de recuperação judicial, a assembleia deverá ser encerrada no prazo de até 90 (noventa) dias, contado da data de sua instalação.

Convocação da Assembleia-Geral de Credores para votação do plano de recuperação judicial

Apresentada objeção ao plano de recuperação judicial por qualquer credor, incumbirá ao juiz a convocação da Assembleia-Geral de Credores para deliberação sobre a aprovação ou rejeição do plano. Isso porque não cabe ao juiz decidir a respeito do mérito das objeções apresentadas, mas submetê-las à apreciação do órgão competente para tanto. Se, de outro turno, não houver nenhuma objeção, presumir-se-á que os credores anuíram com as suas cláusulas, razão pela qual, preenchidos os requisitos legais, o juiz deferirá a recuperação judicial e homologará o plano apresentado pelo devedor, exceto se houver alguma ilegalidade.

Caso aprovado o plano de recuperação judicial pela assembleia, no mesmo ato, os credores poderão constituir o Comitê de Credores e indicar seus membros, na forma do artigo 26 da LREF, se já não houver sido constituído.

Ademais, os credores poderão deliberar sobre a modificação dos termos do plano de recuperação judicial apresentado pelo devedor, desde que haja sua expressa concordância e não haja diminuição, exclusivamente, dos direitos dos credores ausentes na Assembleia. A disposição visa evitar eventual prejuízo aqueles que possam ter anuído aos termos do plano e que, por essa razão, não tenham comparecido ao conclave. Nada impede, nesse sentido, que haja diminuição dos direitos de todos os credores, ou exclusivamente dos credores presentes.

Ressalte-se que as alterações ao plano poderão ser feitas mesmo antes de realizada a Assembleia-Geral de Credores para sua deliberação, sendo razoável, nesse caso, que haja cientificação dos credores a respeito de qualquer modificação, para que possam se preparar antecipadamente e proferir voto qualificado no momento do conclave.

Prazo para encerramento da assembleia

Estabelece o §1º do artigo 56 que a Assembleia-Geral de Credores deverá ser realizada em até 150 (cento e cinquenta) dias contados do deferimento do processamento da recuperação judicial, nos termos no artigo 52 da LREF. Concomitantemente a esse prazo, corre também o de 60 dias para a apresentação do plano de recuperação judicial pelo devedor (LREF, art. 53). Nesse sentido, a eleição do prazo de 150 dias buscou conferir tempo suficiente para que haja negociação entre credores e devedor, podendo aqueles, inclusive, elaborar sugestões de modificação do plano ao devedor, antes de sua apresentação em juízo. Não obstante, a lei não estabelece qualquer sanção caso seja descumprido o aludido prazo.

Vale lembrar, contudo, que a partir da decisão que defere o processamento do pedido, inicia-se também o prazo de 180 dias para a suspensão de todas as ações e execuções contra o devedor (LREF, art. 52, III). Desse modo, se não realizada a Assembleia-Geral de Credores no prazo assinalado pela lei, poderá haver prejuízo à recuperação judicial caso retomadas as ações e execuções contra a recuperanda, sem que tenha havido efetiva aprovação ou rejeição do plano apresentado.

Por fim, destaque-se que, segundo o §9º do artigo em comento, na hipótese de suspensão da Assembleia-Geral de Credores, o conclave deverá ser encerrado no prazo de até 90 dias, contados a partir de sua instalação. Importa destacar que, ainda que suspenso, o conclave assemblear é uno, ou seja, as demais sessões subsequentes integrarão o mesmo ato, cujo encerramento deverá observar o prazo assinalado pela lei.

Plano alternativo de recuperação judicial

Na hipótese de rejeição do plano de recuperação judicial no conclave assemblear, a Lei n. 14.112/2020 trouxe a possibilidade de apresentação de plano alternativo pelos credores, em detrimento da solução anterior, que previa a automática convolação em falência caso não atingido o quórum mínimo legal para a aprovação do plano (LREF, art. 45), e se não preenchidos os requisitos do *cram down* (LREF, art. 58, §1º).

A lei prevê duas possibilidades de apresentação do plano alternativo pelos credores: caso rejeitado, em AGC, o plano apresentado pelo devedor; ou caso transcorrido o *stay period* sem deliberação a respeito do plano de recuperação judicial (LREF, art. 6º, §4º-A).

Assim, rejeitado o plano de recuperação judicial, o administrador judicial submeterá, na Assembleia-Geral, a votação a respeito da concessão do prazo de 30 dias para a apresentação do plano de recuperação judicial pelos credores, deliberação que somente será aprovada caso tenha adesão de mais da metade dos créditos presentes no ato, independentemente das classes (quórum ordinário ou não qualificado), conforme previsto no art. 56, §5º da LREF. Ressalte-se que o que se colocará em votação não é o plano alternativo, mas sim a concessão de prazo para sua apresentação, ou se, ao contrário, os credores optam desde logo pela decretação da falência do devedor. Por essa razão, não se exige o quórum estabelecido pelo artigo 45 da LREF. Note-se que, assim como o prazo de 60 dias para apresentação do plano de recuperação judicial pelo devedor, o prazo de 30 dias para apresentação do plano alternativo pelos credores também é peremptório. Por isso, caso não apresentado no prazo legal, o juiz convolará a recuperação judicial em falência (LREF, art. 56, §8º e art. 73, III).

O legislador não esclarece se deve haver consenso, entre os credores, com relação a um único plano de recuperação alternativo a ser apresentado, ou se é possível que mais de um credor apresente plano alternativo. Na falta de proibição expressa, nada impede que mais de um plano possam ser apresentados por credor ou grupos de credores, sendo que cada um deles, porventura apresentado, deverá ser submetido à aprovação.

Também não esclarece o legislador o rito a ser observado para realização da nova assembleia geral de credores para deliberar sobre o plano de credores apresentado. Na omissão, seria razoável sustentar que se deve aplicar, por analogia, o mesmo procedimento definido em lei para realização da assembleia geral de credores para deliberar o plano apresentado pelo devedor, ou seja, apresentado o plano alternativo, o administrador judicial apresenta respectivo relatório, publica-se respectivo edital, iniciando-se, a partir daí, o prazo para a oposição e, caso esta seja apresentada, convoca-se assembleia para deliberação.

Tampouco a legislação esclarece sobre eventuais conflitos de interesse específicos que poderiam surgir na deliberação do plano alternativo pelos credores, de forma que a questão deverá ser tratada pelas normas que tratam do abuso do direito de voto. Em princípio, por falta de vedação expressa, não se vislumbra conflito de interesse que impeça o credor que apresentou o plano alternativo de participar da assembleia que irá deliberar a sua aprovação.

O §6º do artigo 56 estabelece uma série de requisitos cumulativos que devem ser preenchidos pelo plano alternativo, para que possa ser submetido à votação assemblear.

Primeiramente, o plano somente poderá ser apresentado pelos credores caso não satisfeitas as condições legais para aplicação do instituto do *cram down* (LREF, art. 58, §1º). Ademais, devem ser preenchidos os requisitos dos incisos I, II e III do artigo 53, ou seja, o plano alternativo deverá conter as mesmas características que a lei impõe ao plano de recuperação judicial apresentado pelo devedor (discriminação pormenorizada dos meios de recuperação a serem empregados; demonstração da viabilidade econômica do devedor; laudo econômico-financeiro e de avaliação de bens e ativos do devedor). Poderá, ainda, prever capitalização dos créditos, inclusive com alteração do controle do devedor, permitindo o exercício do direito de retirada pelo seu sócio.

Critica-se, todavia, a obrigatoriedade de apresentação do laudo econômico-financeiro e de avaliação de bens e ativos do devedor, pelos credores. Isso porque, segundo o autor, não só os credores não terão acesso aos bens do devedor, como também os laudos exigidos pela lei já constarão nos autos, em razão da obrigatoriedade de sua apresentação pela empresa em recuperação.

O quórum exigido pela lei para que o plano alternativo seja colocado em votação é de adesão por credores que representem mais de 25% dos créditos totais sujeitos à recuperação judicial ou, alternativamente, de mais de 35% dos créditos presentes no conclave que rejeitou o plano orginalmente apresentado pelo devedor, e aprovou a concessão do prazo de 30 dias para apresentação do plano alternativo.

Além disso, prevê a lei que o plano apresentado pelos credores não poderá imputar obrigações novas aos sócios do devedor, que não estejam previstas em lei ou nos contratos anteriormente celebrados. Tampouco poderá impor ao devedor ou aos seus sócios sacrifício maior do que aquele que decorreria da liquidação na falência.

Finalmente, a apresentação do plano alternativo significará a renúncia, pelos credores que apoiaram ou aprovaram tal plano, das garantias pessoais prestadas por pessoas naturais em relação aos créditos a serem novados. O objetivo desse requisito seria desonerar as pessoas físicas garantidoras, em virtude de eventual deterioração do patrimônio do devedor, decorrente de plano alternativo apresentado pelos credores. O dispositivo, todavia, é criticado pela doutrina.

Segundo Marcelo Barbosa Sacramone,[271] o dispositivo legal contraria a lógica de diversos outros dispositivos da LREF, porque o plano de recuperação judicial não altera os direitos e privilégios

271 SACRAMONE, Marcelo Barbosa. *Comentários à Lei de Recuperação de Empresas e Falências*. 3ª ed. São Paulo: Saraiva Jur, 2022, p. 327.

contra os coobrigados, fiadores e obrigados de regresso, exceto se houver concordância expressa dos credores (LREF, art. 49, §1º). Além disso, o plano de recuperação judicial ainda representa a novação dos créditos a ele submetidos, sem prejuízo das garantias (LREF, art. 59). Não bastasse, a possibilidade de apresentação de plano pelos credores tem o fim precípuo de buscar a melhor solução àquela proposta pelo devedor como alternativa à falência, e não teria o intuito, pois, de apresentar um artifício menos pior do que o decreto falimentar. Por essas razões, defende o autor que a isenção das garantias pessoais não poderá ser considerada obrigatória no plano alternativo, nem implicará a renúncia, a não ser que haja expressa e voluntária aceitação pelos credores votantes.

Manoel Justino Bezerra Filho,[272] aplicando analogicamente o §3º do artigo 56, entende ser possível ao devedor discordar de eventual plano alternativo apresentado pelos credores, ainda que isso lhe custe o decreto de falência.

Além disso, o autor ainda aponta que a prática jurídica demonstrará possível desinteresse dos credores em apresentar tal plano alternativo, sobretudo porque deverão se responsabilizar por seus custos, assumindo sua fiscalização e zelando por seu cumprimento, o que poderia ser demasiadamente oneroso a eles. Não bastasse, as exigências estabelecidas pela lei dificultam a sua apresentação, porque em prazo exíguo, deverão os credores coletar diversas informações detalhadas sobre o devedor, provavelmente sem a sua contribuição direta e transparente.

O legislador não previu a possibilidade de apresentação de oposição, por parte do devedor, com relação ao plano alternativo aprovado. Contudo, parece razoável permitir que o mesmo apresente questionamentos caso o referido plano não tenha atendido às exigências do art. 56, §6º da LREF, em atenção aos princípios

---

272 BEZERRA FILHO, Manoel Justino. *Lei de Recuperação de Empresas e Falências*. 10ª ed. São Paulo: Revista dos Tribunais, 2014, p. 285.

do contraditório e da ampla defesa. Evidentemente que, nesse caso, a consequência em caso de rejeição do plano alternativo aprovado será a convolação da recuperação judicial em falência.

Questão interessante é verificar que alguns meios de recuperação judicial, previstos no art. 50 da LREF, envolvem operações societárias, como cisão, incorporação, fusão ou transformação, alteração do controle societário, substituição de administradores ou órgãos administrativos, aumento de capital, as quais, por sua vez, dependem da manifestação de sócios ou acionistas em respectivas assembleias. Questiona-se se o devedor, nesses casos, poderia se opor ao meio de recuperação judicial proposto, optando pela convocação da recuperação judicial em falência. Vale lembrar, ainda, que qualquer declaração negocial deve ser interpretada nos termos dos arts. 113 e 187 do CC, que apontam ser ato ilícito o exercício de direito que excede os limites impostos por seu fim econômico ou social, e, no caso, o instituto da recuperação judicial justifica pelos benefícios sociais advindos da empresa. Trata-se de questão que precisará ser analisada pela jurisprudência.

Contudo, não se pode desconsiderar que a recuperação judicial possui caráter negocial, em que os credores podem se recusar a aceitar as condições do plano de recuperação judicial, sendo que a sua vontade coletiva é apurada em Assembleia-Geral. No caso do devedor, para apurar sua vontade negocial com relação ao plano alternativo apresentado, não há necessidade de realização de Assembleia-Geral, bastando, apenas, expressá-la. Sob essa perspectiva e considerando que o procedimento de recuperação judicial tem natureza contratual, mostra-se razoável sustentar que o devedor possui a alternativa de recusar o plano alternativo apresentado, preferindo a falência, desde que devidamente justificada sob a luz do seu fim econômico e social. Será preciso, contudo, a maturação das possibilidades evidenciadas por casos concretos e verificar respectivos entendimentos da jurisprudencial sobre a questão.

Não sendo apresentado plano alternativo de credores, ou se este for rejeitado, haverá a convocação da recuperação judicial em falência.

Art. 56-A – Até 5 (cinco) dias antes da data de realização da assembleia-geral de credores convocada para deliberar sobre o plano, o devedor poderá comprovar a aprovação dos credores por meio de termo de adesão, observado o quórum previsto no art. 45 desta Lei, e requerer a sua homologação judicial.

§ 1º No caso previsto no caput deste artigo, a assembleia-geral será imediatamente dispensada, e o juiz intimará os credores para apresentarem eventuais oposições, no prazo de 10 (dez) dias, o qual substituirá o prazo inicialmente estipulado nos termos do caput do art. 55 desta Lei.

§ 2º Oferecida oposição prevista no § 1º deste artigo, terá o devedor o prazo de 10 (dez) dias para manifestar-se a respeito, ouvido a seguir o administrador judicial, no prazo de 5 (cinco) dias.

§ 3º No caso de dispensa da assembleia-geral ou de aprovação do plano de recuperação judicial em assembleia-geral, as oposições apenas poderão versar sobre: I – não preenchimento do quórum legal de aprovação; II – descumprimento do procedimento disciplinado nesta Lei; III – irregularidades do termo de adesão ao plano de recuperação; ou IV – irregularidades e ilegalidades do plano de recuperação.

Termo de adesão

O artigo 56-A dá reforço à norma do artigo 45-A e permite que a deliberação sobre o plano de recuperação judicial seja substituída por termo de adesão, o que poderá simplificar e agilizar o procedimento da recuperação judicial, desonerando o devedor dos custos necessários à organização, execução e fiscalização de um conclave assemblear, ainda que realizado eletronicamente. Esse documento deve ser apresentado pelo menos até cinco dias antes da data em que seria realizada a assembleia para discutir o plano, prazo a ser contado de uma primeira convocação. Apresentado o termo de adesão, caso a AGC tenha sido convocada, ela será dispensada.

O termo de adesão deverá ser assinado pela maioria dos credores de cada uma das classes, conforme o quórum do artigo 45, e ser acompanhado dos documentos comprobatórios dos poderes dos subscritores. Contudo, não cabe o instituto do *cram down* (LREF, art. 58, §1º) caso a adesão seja insuficiente, uma vez que a lei exige a discussão em assembleia sobre os pontos de discordância.

Uma vez apresentado o termo de adesão o juiz intimará os credores, inclusive aqueles que não aderiram ao termo, para eventuais oposições no prazo de 10 dias. As questões passíveis de discussão restringem-se a matérias taxativas de preenchimento do quórum legal de aprovação, descumprimento do procedimento previsto pela lei, irregularidades no termo de adesão ou ilegalidades no plano de recuperação judicial. Os incisos III e IV do §3º do artigo 56-A, porém, estabelecem certa amplitude às matérias a serem tratadas nas oposições, permitindo que eventuais descontentamentos dos credores sejam traduzidos em "irregularidades" ou "ilegalidades" do plano ou do termo de adesão.

Em caso de oposição, o devedor terá 10 dias para se manifestar. Em seguida, o administrador judicial terá 5 dias para manifestar-se sobre a regularidade do termo de adesão. E será ouvido o Ministério Público antes da homologação ou rejeição judicial do termo. Na hipótese de rejeição pela inobservância dos requisitos, será convocada assembleia para discutir e decidir sobre o plano de recuperação judicial proposto.

Art. 57 – Após a juntada aos autos do plano aprovado pela assembleia-geral de credores ou decorrido o prazo previsto no art. 55 desta Lei sem objeção de credores, o devedor apresentará certidões negativas de débitos tributários nos termos

dos arts. 151, 205, 206 da Lei n. 5.172, de 25 de outubro de 1966 – Código Tributário Nacional.

Certidão negativa de débitos tributários

Conforme estabelece o artigo 187 do Código Tributário Nacional, a cobrança judicial do crédito tributário não é sujeita a concurso de credores ou habilitação em falência ou recuperação judicial.

Nesse sentido, o credor titular de crédito tributário não se submete aos efeitos da recuperação judicial. Não obstante, a LREF estabeleceu como condição para o seu regular prosseguimento a apresentação de certidão negativa de débitos tributários, em consonância com o artigo 191-A do CTN.[273]

Destarte, poder-se-ia interpretar que, caso não apresentadas as certidões negativas de débitos tributários pelo devedor, a recuperação judicial deveria ser indeferida pelo juiz, e o despacho anterior que deferiu o seu processamento deixaria então de produzir efeitos.

Contudo, segundo Fábio Ulhoa Coelho,[274] o indeferimento da recuperação judicial em caso de descumprimento da exigência do artigo 57 não seria a melhor solução, porque outro pedido poderia ser ajuizado pelo mesmo devedor. Nesse sentido, entende o autor que, caso não apresentadas as certidões negativas de débito tributário, deverá o juiz suspender o processo até que seja comprovada a regularidade fiscal e ordenar que, durante a suspensão do feito, voltem a correr as ações e execuções contra o devedor, incluindo aquelas que envolvam débitos sujeitos à recuperação judicial.

---

273 CTN. "Art. 191-A. A concessão de recuperação judicial depende de apresentação da prova de quitação de todos os tributos, obersado o disposto nos arts. 151, 205 e 206 desta Lei".

274 COELHO, Fábio Ulhoa. Op. Cit. p. 242.

Na jurisprudência, por muito tempo, a interpretação do artigo 57 era feita conjuntamente com o artigo 68 da LREF, o qual estabelece a possibilidade de parcelamento do crédito fiscal em sede de recuperação judicial, nos termos de legislação específica que, até 2014, ainda não havia sido editada. Tal conjuntura trazia dificuldades no cumprimento da exigência do artigo 57, considerando que grande parte do passivo sujeito à recuperação judicial, normalmente, se tratava de dívida tributária e, sem o parcelamento, dificilmente o devedor conseguiria comprovar sua regularidade fiscal.

Por essa razão, pacificou-se o entendimento de que, enquanto não editada lei específica que disciplinasse o parcelamento dos débitos fiscais do empresário e da sociedade empresária em recuperação, ficaria dispensada a apresentação das certidões negativas de débitos tributários pela empresa em crise econômico-financeira.[275]

Todavia, em 2014 foi publicada a Lei Federal n. 13.043, a qual, em seus artigos 43 e 44, disciplinou o parcelamento do crédito tributário por empresas em recuperação judicial na esfera da União Federal, tornando inócua a justificativa até então utilizada para suspender a aplicação do artigo 57 da LREF.

Não obstante, muito embora a vigência da Lei n. 13.043/2014, a exigibilidade das certidões negativas de débito tributário continuou sendo extremamente questionada pela doutrina e pela jurisprudência, na medida que o sistema tributário é complexo e lento, o que poderia atrasar a aprovação do plano e acelerar o processo de deterioração da empresa.

Em 2020, o Superior Tribunal de Justiça, ao analisar uma recuperação judicial distribuída em 18/12/2015, apreciou a questão ora explicitada sob o prisma do postulado da proporcionalidade,

---

275 STJ, REsp AgInt no REsp 1444675/SP, Rel. Ministro Antonio Carlos Ferreira, 4ª Turma, DJe 23/04/2021.

entendendo que a exigência legal de apresentação das certidões negativas de débitos fiscais era incompatível com a finalidade da recuperação judicial, sobretudo porque a medida não se figura adequada para o fomento do objetivo perseguido pela LREF, tampouco necessária para garantia da efetividade do direito tutelado. Confira-se trechos da ementa:

> (...) 8. Hipótese concreta em que a exigência legal [do artigo 57] não se mostra adequada para o fim por ela objetivado – garantir o adimplemento do crédito tributário –, tampouco se afigura necessária para o alcance dessa finalidade: (i) inadequada porque, ao impedir a concessão da recuperação judicial do devedor em situação fiscal irregular, acaba impondo uma dificuldade ainda maior ao Fisco, à vista da classificação do crédito tributário, na hipótese de falência, em terceiro lugar na ordem de preferências; (ii) desnecessária porque os meios de cobrança das dívidas de natureza fiscal não se suspendem com o deferimento do pedido de soerguimento. Doutrina. 9. Consoante já percebido pela Corte Especial do STJ, a persistir a interpretação literal do art. 57 da LFRE, inviabilizar-se-ia toda e qualquer recuperação judicial (REsp 1.187.404/MT). 10. Assim, de se concluir que os motivos que fundamentam a exigência da comprovação da regularidade fiscal do devedor (assentados no privilégio do crédito tributário), não tem peso suficiente – sobretudo em função da relevância da função social da empresa e do princípio que objetiva sua preservação – para preponderar sobre o direito do devedor de buscar no processo de soerguimento a superação da crise econômico-financeira que o acomete.[276]

O entendimento jurisprudencial anterior, acima exposto, parece estar sendo alterado, em razão das mudanças trazidas pela

276 STJ, REsp 1864625/SP, 3ª Turma, Min. Nancy Andrighi, DJe 26/06/2020.

Reforma de 2020. Tanto no TJSP, quanto no STJ,[277] observam-se precedentes em sentido contrário.[278]

Em 29/09/2022 foram aprovados os Enunciados XIX e XX do Grupo de Câmaras Reservadas de Direito Empresarial do Tribunal de Justiça do Estado de São Paulo, os quais dispõem que após o advento da Lei n. 14.112/2020, a prévia apresentação das certidões negativas de débitos tributários constitui requisito para a homologação do plano de recuperação judicial ou de eventual aditivo, sendo a sua exigência passível de exame de ofício, independentemente de provocação, e facultada a concessão de prazo para cumprimento da providência.[279]

Os julgados mais recentes do TJSP, posteriores à edição dos Enunciados, seguiram a orientação neles esposada, entendendo que a mitigação do artigo 57 não mais poderia subsistir após as modificações introduzidas pela Lei n. 14.112/2020.

Confira-se, da 2ª Câmara Reservada de Direito Empresarial: Agravo de Instrumento n. 2156640-94.2023.8.26.0000, Des. Natan Zelinschi de Arruda, DJe 02/10/2023; Agravo de Instrumento n.

---

277 TJSP, 1ª Câmara Reservada de Direito Empresarial: Agravo de Instrumento n. 2125162-39.2021.8.26.0000, Pariquera-Açu, Rel. J. B. Franco de Godoi, DJe 23/08/2021; Agravo de Instrumento n. 2147549-82.2020.8.26.0000, Franca, Rel. Azuma Nishi, DJe 23/11/2020.

278 TJSP, 2ª Câmara Reservada de Direito Empresarial: Agravo de Instrumento n. 2241113-81.2021.8.26.0000, Araraquara, Rel. Grava Brazil, DJe 27/01/2022; Agravo de Instrumento n. 2221773-54.2021.8.26.0000, São Paulo, Rel. Ricardo Negrão, DJe 25/01/2022; TJSP, 1ª Câmara Reservada de Direito Empresarial: Agravo de Instrumento n. 2215483-23.2021.8.26.0000, São Paulo, Rel. Cesar Ciampolini, DJe 12/01/2022.

279 ENUNCIADO XIX – Após a vigência da Lei n. 14.112/2005, constitui requisito para a homologação do plano de recuperação judicial, ou de eventual aditivo, a prévia apresentação das certidões negativas de débitos tributários, facultada a concessão de prazo para cumprimento da exigência.

ENUNCIADO XX – A exigência de apresentação das certidões negativas de débitos tributários é passível de exame de ofício, independentemente da parte recorrente.

2197159-14.2023.8.26.0000, Des. Maurício Pessoa, DJe 28/09/2023; e Agravo de Instrumento n. 2204019-31.2023.8.26.0000, Des. Ricardo Negrão, DJe 25/09/2023. E, da 1ª Câmara Reservada de Direito Empresarial: Agravo de Instrumento n. 2073276-30.2023.8.26.0000, Des. Azuma Nishi, DJe 16/08/2023; Agravo de Instrumento n. 2106284-95.2023.8.26.0000, Des. Fortes Barbosa, DJe 02/08/2023; e Agravo de Instrumento n. 2034594-06.2023.8.26.0000, Des. Cesar Ciampolini, DJe 13/07/2023.

O entendimento do TJSP decorre da constatação de que não exigir a equalização do passivo fiscal, sobretudo diante de novas condições de parcelamento e transação apresentadas, importaria em concessão de tratamento privilegiado injustificado ao devedor. Nesse sentido,

> *dispensar as certidões coloca a empresa devedora em posição demasiadamente vantajosa, visto que não terá qualquer estímulo para equacionar seu passivo fiscal. Veja-se que com as novas opções de parcelamento, prazos e condições de negociação com o fisco, não há falar de ofensa ao princípio da preservação da empresa, cuja atividade, de outro lado, não pode ser mantida indistintamente, mas apenas em relação às empresas viáveis, sob pena de conferir tratamento privilegiado à empresa em crise, em detrimento daquelas que pagam seus tributos em dia, o que ofenderia os princípios da ordem econômica previstos no art. 170 da Constituição Federal.*[280]

Marcelo Barbosa Sacramone,[281] ensina que a exigência de comprovação da regularidade fiscal conferiria privilégio à União, aos Estados e municípios, pois condicionaria a possibilidade de

---

280 Agravo de Instrumento n. 2073276-30.2023.8.26.0000, Des. Azuma Nishi, DJe 16/08/2023.

281 SACRAMONE, Marcelo Barbosa. *Comentários à Lei de Recuperação de Empresas e Falências*. 3ª ed. São Paulo: Saraiva Jur, 2022, pp. 330/331.

reestruturação de todos os outros créditos à regularidade do crédito tributário. Além disso, o artigo 57 contraria outros dispositivos da LREF, como a dispensa da apresentação de certidões negativas para o devedor exercer suas atividades (artigo 52) e a não submissão do crédito tributário à novação dos créditos concursais.

Manoel Justino Bezerra Filho,[282] no mesmo sentido, defende que o dispositivo continuará sem aplicabilidade na prática, porque a exigência das certidões negativas do artigo 57 é incompatível com o princípio basilar da LREF, estabelecido no artigo 47, gerando um obstáculo que impediria as empresas em crise econômico-financeira de terem seus planos homologados.

Contudo, é forçoso convir que, não se sujeitando o crédito fiscal à recuperação judicial, a dispensa, por parte da jurisprudência, da exigência da apresentação de certidões negativos de débitos tributários, em razão da inexistência de legislação adequada quanto à transação/parcelamento, acabavam por não criar estímulo eficaz para a reorganização, também, do passivo fiscal, por parte do devedor, o qual, por muitas vezes, negligenciava essa questão.

Em razão da incerteza jurisprudencial, a Lei n. 14.112/20 alterou também a redação dos artigos 10-A, 10-B e 10-C da Lei n. 10.522/2002, trazendo previsões específicas para o parcelamento do débito tributário na esfera federal de empresas em recuperação judicial e, ainda, disciplinando a transação em face de débitos inscritos na dívida ativa da União, ao consignar que os Estados, Distrito Federal e os Municípios poderão, por lei de iniciativa própria, autorizar que o disposto nesse artigo seja aplicado a seus créditos.

As novas regras viabilizaram condições mais favoráveis para o devedor em recuperação judicial parcelar ou transacionar o passivo

282 BEZERRA FILHO, Manoel Justino. *Lei de Recuperação de Empresas e Falências*. 10ª ed. São Paulo: Revista dos Tribunais, 2014, p. 300.

fiscal federal, afastando argumentos que eram então submetidos ao Poder Judiciário quanto à inadequação da legislação tributária então existente para acomodar as necessidades de negociação do passivo, para soerguimento da empresa.

Como consequência, em razão das alterações trazidas pela reforma de 2020, que trouxeram efetivamente condições de equalização do passivo fiscal em condições aderentes à realizada das empresas em recuperação judicial, verificou-se, em julgados mais recentes, conforme evidenciado pelos Enunciados XIX e XX do TJSP, o acolhimento da tese quanto à impossibilidade de afastamento da exigência do artigo 57 da LREF como condição para homologação do plano de recuperação judicial, destacando o interesse público existente no pagamento do crédito fiscal.[283]

O Colendo Superior Tribunal de Justiça, recentemente, em julgamento relatado pelo Ministro Marco Aurélio Bellizze, no REsp

---

283 "Recuperação judicial – Homologação de plano aprovado em Assembleia de Credores, com dispensa da prévia apresentação de certidões negativas de débitos fiscais – Pleito recursal fundado no art. 57 da Lei 11.101/2005 e tendente à revogação da dispensa concedida – Necessidade de consideração da disciplina legal do parcelamento especial de dívidas tributárias previsto nos artigos 155-A, §3º do CTN e 68 da Lei n. 11.1012005 – Histórico da legislação e da jurisprudência – Desde que a Lei n. 14.112/2020 entrou em vigor, conjugadas as regras fixadas para a transação tributária na Lei n. 13.998/2020 (regulamentada pela Portaria PGFN 14.402/2020), novas possibilidades de parcelamento de débitos fiscais foram abertas, já não se justificando mais afastar a exigência feita pelo art. 57 da Lei n. 11.101/2005, ao menos sem a demonstração de uma conduta positiva do devedor, que, num prazo razoável, não tenha sua situação tributária equalizada devido à contraposta inação da autoridade fiscal – Caso concreto em que o plano de recuperação consolidado foi submetido à votação em Assembleia-Geral de Credores e aprovado após a alteração legislativa – Decisão revogada, sendo devida a exigência de certidão regularidade da situação fiscal da recorrida, concedido, para tanto, o prazo de noventa dias – Recurso provido (2061937-11.2022.8.26.0000, Classe/Assunto: Agravo de Instrumento/Recuperação judicial e Falência, Relator(a): Fortes Barbosa, Órgão julgador: 1ª Câmara Reservada de Direito Empresarial, Data do julgamento: 09/06/2022, Data de publicação: 09/06/2022).

n. 2053240 – SP, analisando a controvérsia tendo em conta a alteração legislativa de 2020, deixou esclarecido de forma clara que:

> *1. A controvérsia posta no presente recurso especial centra-se em saber se, a partir da vigência da Lei n. 14.112/2020 (a qual estabeleceu medidas facilitadoras destinadas ao equacionamento das dívidas tributárias, conferindo ao Fisco, em contrapartida, maiores prerrogativas no âmbito da recuperação judicial, ainda que seu crédito a ela não se encontre subordinado), o cumprimento da exigência legal estabelecida no art. 57 da Lei n. 11.101/2005 – consistente na apresentação de certidões de regularidade fiscal pela recuperanda – consubstancia ou não condição à concessão da recuperação judicial, nos termos do art. 58 do mesmo diploma legal.*

E, na sequência, após fundamentação ligada à evolução do problema ao longo da vigência da Lei n. 11.101/2005, considerando a entrada em vigor da Lei 14.112/2020, cuja finalidade foi o de aprimorar o processo de insolvência visando a correta consecução da sua finalidade, reconheceu que, no tocante à apresentação negativa de débitos fiscais, a faculdade de parcelamento e transação, com prazo de 10 anos, mostrou-se muito mais benéfica à recuperanda do que à recuperação do crédito fiscal em execução para recebimento de uma só vez, decidiu que:

> *6. Não se afigura mais possível, a pretexto da aplicação dos princípios da função social e da preservação da empresa vinculados no art. 47 da LRF, dispensar a apresentação de certidões negativas de débitos fiscais (ou de certidões positivas, com efeito de negativas), expressamente exigidas pelo art. 57 do mesmo veículo normativo, sobretudo após a implementação, por lei especial, de um programa legal de parcelamento factível, que se mostrou indispensável a sua efetividade e ao atendimento a tais princípios.*
>
> *8. Recurso especial improvido, devendo a parte recorrente comprovar a regularidade fiscal, no prazo estipulado pelo*

> *Juízo a quo, sob pena de suspensão do processo de recuperação judicial, com a imediata retomada do curso das execuções individuais e de eventuais pedidos de falência, enquanto não apresentadas as certidões a que faz referência o art. 57 da LRF.*[284]

Nessa linha de entendimento, o Colendo Superior Tribunal de Justiça sinaliza quanto à imprescindibilidade da equalização do passivo fiscal, como condição para homologação do plano de recuperação judicial, apontando para a impossibilidade de se prescindir da apresentação das certidões negativas de que cuidou o legislador neste art. 57 da Lei de Recuperação de Empresas e Falência.

O STJ ressalva, todavia, que a falta da apresentação da certidão negativa não conduz à decretação da quebra, mas à suspensão do processo de recuperação até a regularização e à continuidade das execuções individuais. Ademais, limita o âmbito de sua decisão à esfera federal. Confira-se:

> *Relevante anotar, ainda, não se afigurar possível ao Juízo da recuperação, diante da não comprovação da regularidade fiscal estabelecer consequências diversas daquela fixada em lei. Conforme assinalado, nos termos dos arts. 57 e 58 da LRF, a não apresentação de certidões negativas (ou positivas, com efeito de negativas), enseja a não concessão da recuperação judicial. Não há se falar, nesse caso, em convolação em falência, que é, como visto, consequência específica do descumprimento do parcelamento e/ou transação, em momento, por evidente, em que a recuperação judicial já havia sido anteriormente concedida.*
>
> *Desse modo, em linha com o insigne empresarialista, em caso de não cumprimento da comprovação da regularidade fiscal, deve-se sobrestar o processo recuperacional*

---

284 Recurso Especial n. 2053240 - SP, Relator Ministro Marco Aurélio Bellizze, em 17.10.2023.

até a efetivação da medida, sem prejuízo da retomada das execuções individuais e de eventuais pedidos de falência.

Apesar de a decisão do E. STJ trazer claro direcionamento para a questão em análise, indicando a necessidade de se aplicar a exigência do artigo 57 da LRF, existem algumas questões que ainda necessitarão de maior aprofundamento da jurisprudência.

A primeira e imediata reflexão, refere-se quanto aos demais entes federativos. Assim, é de se questionar se a exigência do artigo 57 da LRF aplica-se a entes federativos que não possuam legislação tributária específica para o enfrentamento do parcelamento ou da transação do débito fiscal para empresas em recuperação judicial, ou, mesmo que a tenham, não se mostre aderente à realidade das empresas em crise, como ocorria antes das alterações trazidas pela reforma de 2020 aos artigos 10-A, 10-B e 10-C da Lei n. 10.522/2002. Não parece que, nessas situações, o novo entendimento jurisprudencial possa ser aplicável.

A segunda reflexão, e talvez a mais importante, seja a atinente ao prazo de suspensão. Isso porque, sobrestado o andamento da recuperação judicial, e permitindo-se o prosseguimento das execuções individuais, perante juízos cíveis, e o prosseguimento de eventuais pedidos de falência, perante o próprio juízo da recuperação, deixar-se-á a empresa em recuperação judicial exposta a atos de constrição relativos a obrigações que foram alvo de novação, em plano ainda não homologado, o que fará surgir vários questionamentos, seja quanto ao valor pelo qual esses atos deverão ser realizados – se pelo valor total ou o valor novado –, seja no tocante à essencialidade dos bens eventualmente constritos e os limites da competência da atuação do juízo da recuperação, o que poderá trazer incerteza e maior dificuldade e para que a recuperanda consiga atender às exigências do artigo 57 da LRF.

Art. 58 – Cumpridas as exigências desta Lei, o juiz concederá a recuperação judicial do devedor cujo plano não tenha sofrido objeção de credor nos termos do art. 55 desta Lei ou tenha sido aprovado pela assembleia-geral de credores na forma dos arts. 45 ou 56-A desta Lei.

§ 1º O juiz poderá conceder a recuperação judicial com base em plano que não obteve aprovação na forma do art. 45 desta Lei, desde que, na mesma assembleia, tenha obtido, de forma cumulativa: I – o voto favorável de credores que representem mais da metade do valor de todos os créditos presentes à assembleia, independentemente de classes; II – a aprovação de 3 (três) das classes de credores ou, caso haja somente 3 (três) classes com credores votantes, a aprovação de pelo menos 2 (duas) das classes ou, caso haja somente 2 (duas) classes com credores votantes, a aprovação de pelo menos 1 (uma) delas, sempre nos termos do art. 45 desta Lei; III – na classe que o houver rejeitado, o voto favorável de mais de 1/3 (um terço) dos credores, computados na forma dos §§ 1º e 2º do art. 45 desta Lei.

§ 2º A recuperação judicial somente poderá ser concedida com base no § 1º deste artigo se o plano não implicar tratamento diferenciado entre os credores da classe que o houver rejeitado.

§ 3º Da decisão que conceder a recuperação judicial serão intimados eletronicamente o Ministério Público e as Fazendas Públicas federal e de todos os Estados, Distrito Federal e Municípios em que o devedor tiver estabelecimento.

Concessão da recuperação judicial

Caso nenhum credor tenha manifestado objeção ao plano de recuperação judicial apresentado pelo devedor, ou se apresentada objeção, o plano houver sido aprovado, seja na forma do artigo 45 (deliberação em AGC) ou na forma do artigo 56-A (termo de adesão), o juiz concederá a recuperação judicial. O magistrado pode efetuar análise de legalidade, ao decidir sobre a concessão da recuperação judicial.

Dessa decisão serão intimados, eletronicamente, o Ministério Público e as Fazendas Públicas federal, distrital, estaduais e municipais em que o devedor tiver estabelecimento, tudo para conferir ampla publicidade.

A LRF atribui aos credores a deliberação sobre as condições do plano de recuperação judicial, sendo pacífico o entendimento jurisprudencial quanto à soberania da Assembleia Geral de Credores sobre essas questões, competindo-lhe, com exclusividade, a análise da viabilidade econômica da empresa em recuperação judicial, com relação às quais não se admite intervenção judicial. Assim decidiu o STJ no REsp: 1359311 SP 2012.[285] Tal entendimento jurisprudencial decorre da constatação de que o plano de recuperação judicial envolve direitos disponíveis e consiste em negócio jurídico, complexo e bilateral, realizado sob supervisão judicial, firmado pelo devedor, de um lado, e a coletividade de credores, de outro, cuja vontade é formada por ato coletivo apurado em assembleia geral de credores, em deliberações majoritárias, vinculando ausentes e dissidentes.

---

285 "DIREITO EMPRESARIAL. PLANO DE RECUPERAÇÃO JUDICIAL. APROVAÇÃO EM ASSEMBLEIA. CONTROLE DE LEGALIDADE. VIABILIDADE ECONÔMICO-FINANCEIRA. CONTROLE JUDICIAL. IMPOSSIBILIDADE. 1. Cumpridas as exigências legais, o juiz deve conceder a recuperação judicial do devedor cujo plano tenha sido aprovado em assembleia (art. 58, *caput*, da Lei n. 11.101/2005), não lhe sendo dado se imiscuir no aspecto da viabilidade econômica da empresa, uma vez que tal questão é de exclusiva apreciação assemblear. 2. O magistrado deve exercer o controle de legalidade do plano de recuperação – no que se insere o repúdio à fraude e ao abuso de direito –, mas não o controle de sua viabilidade econômica. Nesse sentido, Enunciados n. 44 e 46 da I Jornada de Direito Comercial CJF/STJ. 3. Recurso especial não provido". (STJ – REsp: 1359311 SP 2012/0046844-8, Relator: Ministro LUIS FELIPE SALOMÃO, Data de Julgamento: 09/09/2014, T4 – QUARTA TURMA, Data de Publicação: DJe 30/09/2014 REVPRO, vol. 238, p. 461; RT, vol. 951, p. 445).

A jurisprudência se consolidou no sentido de que apenas se admite a intervenção judicial sobre as condições do plano de recuperação que forem aprovadas em assembleia de credores, em controle de legalidade. Permite-se ao magistrado, portanto, intervir no plano de recuperação judicial apenas para afastar ilegalidades constatadas, verificando se as condições contratuais aprovadas são válidas, legais e não violam normas de ordem pública, conforme se infere do julgado do Agravo de Instrumento n. 0136362-29.2011.8.26.0000 do TJSP.[286]

O controle de legalidade por parte dos magistrados se justifica na medida em que, a despeito de o plano de recuperação judicial envolver direitos disponíveis, a legislação da insolvência estipula a norma que permite a imposição de negócio jurídico a credores ausentes e dissidentes, e, também, se orienta por princípios de ordem pública.

---

286 "Recuperação Judicial. Plano. aprovado pela assembleia geral de credores. Plano que prevê o pagamento do passivo em 18 anos, calculando-se os pagamentos em percentuais (2,3%, 2,5% e 3%) incidentes sobre a receita líquida da empresa, iniciando-se os pagamentos a partir do 3º ano contado da aprovação. Previsão de pagamento por cabeça até o 6º ano, acarretando pagamento antecipado dos menores credores, instituindo conflitos de interesses entre os credores da mesma classe. Pagamentos sem incidência de juros. Previsão de remissão ou anistia dos saldos devedores caso, após os pagamentos do 18º ano, não haja recebimento integral. Proposta que viola os princípios gerais do direito, os princípios constitucionais da isonomia, da legalidade, da propriedade, da proporcionalidade e da razoabilidade, em especial o princípio da '*pars conditio creditorum*' e normas de ordem pública. Previsão que permite a manipulação do resultado das deliberações assembleares. Falta de discriminação dos valores de cada parcela a ser paga que impede a aferição do cumprimento do plano e sua execução específica, haja vista a falta de liquidez e certeza do '*quantum*' a ser pago. Ilegalidade da cláusula que estabelece o pagamento dos credores quirografários e com garantia real após o decurso do prazo bienal da supervisão judicial (art. 61, '*caput*', da Lei n. 11.101/2005). Invalidade (nulidade) da deliberação da assembleia-geral de credores declarada de ofício, com determinação de apresentação de outro plano, no prazo de 30 dias, a ser elaborado em consonância com a Constituição Federal e Lei n. 11.101/2005, a ser submetido à assembleia-geral de credores em 60 dias, sob pena de decreto de falência" (Agravo de Instrumento n. 0136362-29.2011.8.26.0000, Suzano, Rel. Des. Manoel de Queiroz Pereira Calças, em 28 de fevereiro de 2012, Unânime).

Compete aos magistrados, portanto, analisar a regularidade das cláusulas previstas no plano de recuperação judicial quanto à sua validade, verificando se o referido negócio jurídico atende às condições de regularidade fixadas na legislação civil, em especial o disposto nos artigos 104, 166 e 167 do Código Civil, tais como ser lícito, possível e determinável,[287] não ter objetivo de fraudar a lei imperativa ou que a lei o declare nulo ou proibido, nem ser simulado.

Existem algumas normas cogentes, trazidas na legislação específica, que não podem ser alteradas pelas condições previstas no plano de recuperação judicial, por se tratarem de norma de ordem pública. Assim, por exemplo, o prazo previsto no artigo 54 da LRF, para o pagamento dos créditos derivados da legislação do trabalho ou decorrentes de acidente do trabalho vencidos até

287 Recuperação judicial. Plano de recuperação do Grupo Renuka Vale do Ivaí. Iliquidez verificada. Ausência de proposta de pagamento aos credores. Incumbência de apresentar a proposta que acabou dirigida ao futuro adquirente da UPI Usina São Pedro do Ivaí. Plano alicerçado unicamente na alienação da UPI, que não ocorreu dentro do prazo previsto. Superveniente assembleia geral de credores instalada para modificar o plano, mas que, arrastando-se desde abril de 2018, com seguidas suspensões, ainda não cuidou de extirpar a iliquidez, a despeito da frustrada alienação da UPI. Plano que não dispõe sobre o valor exato a ser pago a cada um dos credores, tampouco o vencimento de eventuais parcelas. Necessidade de adequação, com a submissão da questão aos credores, definindo-se valores, vencimentos e carências, a fim de que seja possível, em hipótese de descumprimento, a convolação em falência ou, se ultrapassado o biênio judicial de fiscalização, mostre-se viável a execução do título judicial. Recuperação Judicial. Plano de recuperação. Diante da anulação do plano, recomenda-se a observação, na elaboração do substitutivo, das questões de ordem pública, devendo-se atentar, inclusive, para os Enunciados já editados pelo Grupo de Câmaras Reservadas de Direito Empresarial desta Corte sobre o assunto (I e II). Recurso provido, na parte que é conhecido, para anular o plano de recuperação do Grupo Renuka Vale do Ivaí, concedido prazo para a apresentação do modificativo e sua votação. (Data de publicação: 25/08/2020, TJ-SP – Agravo de Instrumento: AI 22506397720188260000 SP 2250639-77.2018.8.26.0000).

a data do pedido de recuperação judicial, não poderá ser alterado por deliberação das partes.[288]

Também têm natureza cogente as regras dos parágrafos 1º e 2º do artigo 50 da LRF. Nesse sentido, no tocante à alienação de bem objeto de garantia real, a supressão da garantia ou sua substituição somente serão admitidas por aprovação expressa do credor titular da garantia,[289] enquanto que o titular de crédito em

---

288 RECUPERAÇÃO JUDICIAL. Credora trabalhista que requer a anulação do plano de recuperação judicial em razão de violação do art. 54 da Lei n. 11.101/2005. Natureza novativa do plano. Autonomia privada que não supera violação de norma cogente. Aprovação do plano de recuperação judicial pela assembleia de credores que não o torna imune à verificação, pelo Poder Judiciário, sobre aspectos de sua legalidade e de obediência a princípios cogentes do direito contratual. Clara afronta ao art. 54 da Lei n. 11.101/2005, já que o plano ultrapassou em muito o limite de um ano para pagamento dos créditos trabalhistas. Norma cogente. Plano ilíquido que contém condição puramente potestativa, vedada pelo artigo 122 do Código Civil. Pagamentos subordinados a futuro faturamento líquido da recuperanda. Incremento do faturamento que depende de fatores que dizem respeito à própria administração da empresa e sobre os quais os credores não exercem influência alguma. Precedentes deste Tribunal. Anulação do plano. Recurso provido. *0065455-58.2013.8.26.0000; Classe/Assunto: Agravo de Instrumento / Recuperação judicial e Falência; Relator(a): Francisco Loureiro; Comarca: Barueri; Órgão julgador: 1ª Câmara Reservada de Direito Empresarial; Data do julgamento: 06/02/2014).

289 "Recuperação judicial. Agravo de instrumento. Plano de recuperação judicial que contém cláusula que estende os efeitos da novação aos coobrigados, devedores solidários, fiadores e avalistas. Concessão do plano com aplicação do '*cram down*' do art. 58, § 1o e incisos da LRF. A novação prevista como efeito da recuperação judicial não tem a mesma natureza jurídica da novação disciplinada pelo Código Civil. Pretensão de credor de acolhimento de sua objeção colimando a nulidade da cláusula extensiva da novação aos garantidores fidejussórios (fiadores e avalistas). Nulidade não reconhecida. Validade e eficácia da cláusula em face dos credores que expressamente aprovaram o plano, por se tratar de direito disponível, que ao assim votarem, renunciam ao direito de executar fiadores/avalistas durante o prazo bienal da 'supervisão judicial'. Ineficácia da cláusula extensiva da novação aos coobrigados pessoais (fiadores/avalistas) em relação aos credores presentes à Assembleia-Geral que se abstiveram de votar, bem como aos ausentes do conclave assemblear. Evidente ineficácia da cláusula no que se refere aos

moeda estrangeira deverá aprovar expressamente qualquer previsão do plano que altere a regra trazida em lei.

São cogentes, ainda, as normas da LRF que exigem autorização judicial para venda ou oneração de bens (art. 66), ou que reconhecem que é competência do magistrado a convolação da recuperação judicial em falência em caso de descumprimento das condições do plano de recuperação judicial (art. 73), de modo que tais questões não poderão ser alteradas ou afastadas por exercício da autonomia da vontade, em assembleia geral de credores.[290]

---

credores que votaram contra o plano e, '*a fortiori*', aos credores que formularam objeção relacionada com a ilegalidade da cláusula extensiva da novação. Agravo provido, em parte, para reconhecer a ineficácia da novação aos coobrigados por débitos da recuperanda, dos quais a agravante é a credora. Extensão dos efeitos deste julgamento aos credores ausentes, abstinentes e aos que formularam objeção à cláusula hostilizada". (TJ-SP – AG: 5805514000 SP, Relator: Pereira Calças, Data de Julgamento: 19/11/2008, 10ª Câmara de Direito Privado, Data de Publicação: 05/02/2009).

290 "RECUPERAÇÃO JUDICIAL – Homologação do plano – Análise concreta das cláusulas estabelecidas – Obscuridade das formas de pagamento e alegação de iliquidez do plano – Inocorrência – Controle de legalidade corretamente exercido nesses pontos – Alegações genéricas das agravantes, que não conseguiram apontar, com precisão, as ilegalidades das disposições – Recurso nesta parte improvido. RECUPERAÇÃO JUDICIAL – Homologação do plano – Análise concreta das cláusulas estabelecidas – Prazo de cura – Ilegalidade manifesta – Ausência de termo inicial, o que gerará confusão e iniquidades – Imposição pelas recuperandas de condições para a convolação da recuperação judicial em falência mesmo em caso de descumprimento do plano – Impossibilidade – Violação manifesta aos arts. 61, § 1º e 73, IV da Lei 11.101/05 – Precedentes – Cláusula anulada – Recurso nesta parte provido. RECUPERAÇÃO JUDICIAL – Homologação do plano – Análise concreta das cláusulas estabelecidas – Encerramento da recuperação judicial antes dos dois anos que fica condicionada ao cumprimento integral das obrigações, conforme art. 61 da Lei 11.101/05 – Precedentes – Ressalva do Ministério Público adotada – Recurso nesta parte, parcialmente, provido. RECUPERAÇÃO JUDICIAL – Homologação do plano – Análise concreta das cláusulas estabelecidas – Pagamento dos credores trabalhistas – Impossibilidade de carrear a estes agentes as despesas processuais, custas e honorários sucumbenciais das Reclamações Trabalhistas – Pagamentos que devem ser feitos de forma a prestigiar a titularidade do crédito sem descontos indevidos – Reconhecida, entretanto, a legitimidade concorrente

Existem, por fim, problemas que podem resvalar em análises de legalidade. Assim, por exemplo, é preciso que as cláusulas do plano de recuperação judicial não violem a norma de ordem pública prevista na legislação da insolvência, como a norma do tratamento paritário entre os credores.

O Enunciado 57 da I Jornada de Direito Comercial do Conselho da Justiça Federal, prevê que

> O plano de recuperação judicial deve prever tratamento igualitário para os membros da mesma classe de credores que possuam interesses homogêneos, sejam estes delineados em função da natureza do crédito, da importância do crédito ou de outro critério de similitude justificado pelo proponente do plano e homologado pelo magistrado.

Já o Enunciado 81 da II Jornada de Direito Comercial do Conselho da Justiça Federal. Prevê que "Aplica-se à recuperação judicial, no que couber, o princípio da par *condicio creditorum*. Referência legislativa: artigo 126 da Lei n. 11.101, de 9/2/2005".

Assim, a jurisprudência admite a criação de subclasses, desde que o tratamento diferenciado proposto seja estendido a todos os credores em igualdade de aderir e se os benefícios proporcionados

---

entre o trabalhador e o advogado que o patrocinou na Reclamação para fins de recebimento e habilitação do crédito – Ressalva do Ministério Público acolhida. RECUPERAÇÃO JUDICIAL – Homologação do plano – Análise concreta das cláusulas estabelecidas – Alienação de bens – Cláusula que contraria a disposição legal e autoriza, de forma ampla e irrestrita, a venda dos bens – Impossibilidade – Art. 66, *caput*, da Lei 11.101/05 – A alienação de bens deve ser precedida de autorização judicial – Ressalva do Ministério Público acolhida". (Jurisprudência. Data de publicação: 26/05/2022, TJ-SP – Agravo de Instrumento: AI 21853864020218260000 SP 2185386-40.2021.8.26.0000).

aos credores aderentes sejam razoáveis, proporcionais e justificáveis, não violando, nesses casos, o tratamento paritário.[291]

---

291 "RECUPERAÇÃO JUDICIAL – Homologação do plano – Ressalvas feitas pelas MMa. Juíza '*a quo*' no sentido de afastar a novação em relação aos coobrigados e extirpar cláusula que possibilitava o descumprimento do plano sem a convolação em falência – Ausência de interesse recursal nesses capítulos do recurso – Correção já feita em primeiro grau – Recurso nesta parte não conhecido. RECUPERAÇÃO JUDICIAL – Homologação do plano – '*Cram down*' – Aprovação do plano mediante a aplicação relativizada dos requisitos do art. 58, § 2º da Lei 11.101/05 – Dispensa do inciso III no caso concreto – Adequação – Princípio da preservação da empresa – Recuperandas que possuem a condição e a possibilidade de se reerguerem, conforme elementos destacados pela MMa. Juíza '*a quo*' –Recurso improvido. RECUPERAÇÃO JUDICIAL – Homologação do plano – Análise concreta das cláusulas – Condições de pagamento – Deságio de 60% – Fixação dos juros remuneratórios no patamar de 3% a .a. – Pagamento escalonado com percentuais baixos ao longo dos anos – Prazo de carência de 18 (dezoito) meses para início dos pagamentos e de 15 (quinze) anos para o pagamento dos credores – Cláusulas de natureza econômica e que tratam de direitos disponíveis – Soberania da Assembleia – Impossibilidade de ingerência do Poder Judiciário neste aspecto – Abusividade inexistente – Precedentes – Recurso improvido. RECUPERAÇÃO JUDICIAL – Homologação do plano – Obrigação de envio de dados bancários – É interesse do credor o fornecimento pontual de seus dados bancários para que as recuperandas possam proceder aos pagamentos previstos no plano de recuperação judicial – Princípio da cooperação (art. 6º do CPC) – Inexistência de abusividade – Entretanto, deve ficar consignado que a ausência de comunicação dos dados bancários não implicará na exoneração da obrigação por parte das recuperandas, as quais terão o dever de depositar os valores em juízo, sob os quais correrão juros e outros consectários legais – Precedentes – Recurso parcialmente provido com observação. RECUPERAÇÃO JUDICIAL – Homologação do plano – Exame concreto das cláusulas – Alegação de tratamento discriminatório a determinados credores e da impossibilidade de criação de subclasses – Pagamento de forma privilegiada aos credores colaborados – Inocorrência de abusividade – Possibilidade de criação de subclasses – Critérios objetivos estabelecidos no Plano de Recuperação – Alegação genérica e vazia do banco-agravante – Recurso improvido. RECUPERAÇÃO JUDICIAL – Homologação do plano – Análise concreta das cláusulas – Alienação de ativos – Possibilidade – Inteligência dos arts. 66 e 142 da Lei 11.101/05 – Plano que faz remissão às disposições da Lei 11.101/05 em relação a matéria – Ilicitude alegada inexistente – Recurso improvido. RECUPERAÇÃO JUDICIAL – Homologação do plano – Crédito Trabalhista – Parecer ministerial invocado a inobservância do art. 54 da Lei 11.101/05, bem como do Enunciado I das Câmaras Reservadas de Direito

O STJ admitiu que, no âmbito da recuperação judicial, é possível estabelecer patamares máximos para que o crédito trabalhista seja considerado como preferencial em relação aos demais credores, com a diferença sendo relacionada para pagamento nas mesmas condições dos créditos quirografários.[292] Também o Grupo de Câmaras Reservadas de Direito Empresarial do Tribunal de

---

Empresarial – Enunciado cancelado na sessão conjunta do dia 09.11.2 021 – Marco inicial para o pagamento do crédito trabalhista fixado a partir da data da homologação do plano – Disposição contratual que contraria a lógica protetiva do art. 54 , da Lei 11.101/05 e jurisprudência consolidada desta C. Câmara – Termo inicial a partir do encerramento do '*stay period*', com juros e correção – Acolhimento do parecer Ministerial". (Data de publicação: 31/03/2022, TJ-SP – Agravo de Instrumento: AI 22023354220218260000 SP 2202335-42.2021.8.26.0000).

292 *RECURSOS ESPECIAIS. RECUPERAÇÃO JUDICIAL. DISCUSSÃO QUANTO À LEGALIDADE DE CLÁUSULA CONSTANTE DO PLANO DE RECUPERAÇÃO JUDICIAL APROVADO QUE ESTABELECE LIMITE DE VALOR PARA O TRATAMENTO PREFERENCIAL DO CRÉDITO TRABALHISTA, INSERIDO NESTE O RESULTANTE DE HONORÁRIOS ADVOCATÍCIOS, DESDE QUE DE TITULARIDADE DE ADVOGADO PESSOA FÍSICA. 1. CONTROLE JUDICIAL DE LEGALIDADE DO PLANO DE RECUPERAÇÃO JUDICIAL APROVADO PELA ASSEMBLEIA GERAL DE CREDORES. POSSIBILIDADE, EM TESE. 2. CRÉDITO DECORRENTE DE HONORÁRIOS ADVOCATÍCIOS. NATUREZA ALIMENTAR, A ENSEJAR TRATAMENTO PREFERENCIAL EQUIPARADO AO CRÉDITO TRABALHISTA. TESE FIRMADA EM REPETITIVO. COMPREENSÃO QUE NÃO SE ALTERA EM VIRTUDE DE A DISCUSSÃO SE DAR NO BOJO DE RECUPERAÇÃO JUDICIAL; DE O TITULAR SER SOCIEDADE DE ADVOGADOS; OU DE SE TRATAR DE EXPRESSIVO VALOR. 3. ESTABELECIMENTO DE PATAMARES MÁXIMOS PARA QUE OS CRÉDITOS TRABALHISTAS E EQUIPARADOS TENHAM UM TRATAMENTO PREFERENCIAL, CONVERTENDO-SE, O QUE SOBEJAR DESSE LIMITE QUANTITATIVO, EM CRÉDITO QUIROGRAFÁRIO. LICITUDE DO PROCEDER. 4. RECURSOS ESPECIAIS IMPROVIDOS.* (Superior Tribunal de Justiça (3. Turma). Recurso Especial n. 1.649.774 – SP (2017/0015850-3). Recorrentes e Recorridos: Inepar S.A. Indústria e Construções e outros e os mesmos. Relator: Ministro Marco Aurélio Bellizze, 12 de fevereiro de 2019).

Justiça do Estado de São Paulo emitiu enunciado XIII,[293] indicando a possibilidade de aplicação da condição prevista no art. 83, I da lei 11.101/2005, afastando entendimento de que este critério se aplicava exclusivamente aos processos de falência.

Outra questão que desafia a compreensão dos limites de intervenção do magistrado nas obrigações pactuadas no plano de recuperação judicial consiste em deságios e índices de correção monetária. Muito embora sejam deliberações eminentemente contratuais e disponíveis, e que, portanto, envolvem análise de viabilidade econômica[294] e afastam a possibilidade de intervenção judicial, são constantemente levadas ao conhecimento dos tribunais.

---

293 Enunciado XIII: Admite-se, no âmbito da recuperação judicial, a aplicação do limite de 150 salários mínimos, previsto no art. 83, I, da Lei n. 11.101/2005, que restringe o tratamento preferencial dos créditos de natureza trabalhista (ou a estes equiparados), desde que isto conste expressamente do plano de recuperação judicial e haja aprovação da respectiva classe, segundo o quórum estabelecido em lei.

294 Agravo de instrumento – Recuperação judicial – Decisão recorrida que homologou, com ressalvas, o plano de recuperação judicial – Inconformismo do credor – Possibilidade de controle da legalidade das estipulações do plano de recuperação judicial pelo Poder Judiciário – Previsão de pagamento dos créditos derivados da relação de trabalho ou decorrentes de acidente de trabalho com limitação de 150 salários-mínimos – Possibilidade, com exceção daqueles derivados de acidentes de trabalho (Enunciado XIII do Grupo de Câmaras de Direito Empresarial deste E. Tribunal de Justiça; Lei n. 11.101/2005, art. 83, I) – Deságio de 80% sobre o valor remanescente – Ausência de abuso e/ou ilegalidade – Existência de limitação meramente temporal às condições de pagamento dos créditos trabalhistas (Lei n. 11.101/2005, art. 54), que, aliás, foi observada na espécie – Recurso parcialmente provido, com observação (Agravo de Instrumento n. 2204384-22.2022.8.26.0000, Rel. Maurício Pessoa, 2ª Câmara Reservada de Direito Empresarial).

RECURSO ESPECIAL. RECUPERAÇÃO JUDICIAL. ASSEMBLEIA GERAL DE CREDORES. APROVAÇÃO DO PLANO. CUMPRIMENTO DOS REQUISITOS LEGAIS. CONCESSÃO DE PRAZOS E DESCONTOS. POSSIBILIDADE. 1. Recuperação judicial requerida em 4/4/2011. Recurso PODER JUDICIÁRIO TRIBUNAL DE JUSTIÇA DO ESTADO DE SÃO PAULO especial interposto em 31/7/2015. 2. O propósito recursal é verificar se o plano de recuperação judicial apresentado pelas recorrentes – aprovado pela assembleia geral de credores e homologado pelo juízo de primeiro grau

– apresenta ilegalidade passível de ensejar a decretação de sua nulidade e, consequentemente, autorizar a convolação do processo de soerguimento em falência. 3. O plano de recuperação judicial, aprovado em assembleia pela vontade dos credores nos termos exigidos pela legislação de regência, possui índole marcadamente contratual. Como corolário, ao juízo competente não é dado imiscuir-se nas especificidades do conteúdo econômico do acordo estipulado entre devedor e credores. 4. Para a validade das deliberações tomadas em assembleia acerca do plano de soerguimento apresentado, o que se exige é que todas as classes de credores aprovem a proposta enviada, observados os quóruns fixados nos incisos do art. 45 da LFRE. 5. A concessão de prazos e descontos para pagamento dos créditos novados insere-se dentre as tratativas negociais passíveis de deliberação pelo devedor e pelos credores quando da discussão assemblear sobre o plano de recuperação apresentado, respeitado o disposto no art. 54 da LFRE quanto aos créditos trabalhistas. 6. Cuidando-se de hipótese em que houve a aprovação do plano pela assembleia de credores e não tendo sido apontadas, no acórdão recorrido, quaisquer ilegalidades decorrentes da inobservância de disposições específicas da LFRE (sobretudo quanto às regras dos arts. 45 e 54), deve ser acolhida a pretensão recursal das empresas recuperandas. 7. Recurso especial provido" (REsp n. 1.631.762/SP, Rel. Min. Nancy Andrighi, Terceira Turma, j. em 19/6/2018).

AGRAVO DE INSTRUMENTO. RECUPERAÇÃO JUDICIAL. DECISÃO QUE HOMOLOGA O PLANO DE RECUPERAÇÃO APROVADO PELA ASSEMBLEIA-GERAL DE CREDORES. RECURSO DO BANCO CREDOR. ALEGADAS IRREGULARIDADES IMPEDITIVAS DA HOMOLOGAÇÃO. SUSTENTADA POSSIBILIDADE DE CONTROLE JUDICIAL DO PLANO A DESPEITO DA APROVAÇÃO POR ASSEMBLEIA GERAL DE CREDORES. INSURGÊNCIA QUANTO AO EXCESSIVO PRAZO DE PARCELAMENTO, AO ELEVADO PERCENTUAL DE DESÁGIO E À AUSÊNCIA DE PREVISÃO DE CORREÇÃO MONETÁRIA. AFASTAMENTO. MATÉRIAS RELATIVAS À ANÁLISE ECONÔMICO-FINANCEIRA DO PLANO DE RECUPERAÇÃO PARA CUJO ENFRENTAMENTO A ASSEMBLEIA DE CREDORES É SOBERANA. IMPOSSIBILIDADE DE CONTROLE JUDICIAL QUANTO A TAIS ASPECTOS. CORREÇÃO MONETÁRIA QUE, ADEMAIS, APENAS INCIDIRIA ATÉ O PEDIDO DE RECUPERAÇÃO EM OBSERVÂNCIA AO ART. 9, II, DA LEI 11.101 /05. "2. A jurisprudência das duas Turmas de Direito Privado do STJ sedimentou que o juiz está autorizado a realizar o controle de legalidade do plano de recuperação judicial, sem adentrar no aspecto da sua viabilidade econômica, a qual constitui mérito da soberana vontade da assembleia geral de credores. (...) (REsp 1660195/PR, Rel. Ministra Nancy Andrighi, Terceira Turma, j. 4-4-2017). PRETENSÃO DE CONVOLAÇÃO EM FALÊNCIA FUNDADA NA INVIABILIDADE FINANCEIRA. DESCABIMENTO. MATÉRIA QUE, IGUALMENTE, NÃO

Plano Substitutivo

Não há previsão de apresentação de planos substitutivos ou aditamentos quando há impossibilidade de cumprimento de obrigações assumidas no plano de recuperação judicial, se a atividade ainda é viável.

Há casos em que mesmo decorrido o prazo de supervisão, o processo de recuperação judicial continua em andamento, na pendência de outras situações. Nessa hipótese, enquanto não encerrado o processo de recuperação judicial, a jurisprudência admite a submissão da questão à assembleia geral de credores.[295]

ESTÁ ABRANGIDA DENTRE AS PASSÍVEIS DE CONTROLE PELO PODER JUDICIÁRIO. DECISÃO MANTIDA". "Não compete ao juiz deixar de conceder a recuperação judicial ou de homologar a extrajudicial com fundamento na análise econômico-financeira do plano de recuperação aprovado pelos credores". "(Enunciado n. 46 da I Jornada de Direito Comercial do CJF). Julgados desta Corte Superior nesse sentido". (REsp 630932/SP, Min. Paulo de Tarso Sanseverino, Terceira Turma, j. 1/7/2019) RECURSO CONHECIDO E DESPROVIDO. (Data de publicação: 04/06/2020, TJ-SC – Agravo de Instrumento: AI 40003325520208240000 Joinville 4000332-55.2020.8.24.0000).

295 RECURSO ESPECIAL. RECUPERAÇÃO JUDICIAL. MODIFICAÇÃO DO PLANO DE RECUPERAÇÃO APÓS O BIÊNIO DE SUPERVISÃO JUDICIAL. POSSIBILIDADE, DESDE QUE NÃO TENHA OCORRIDO O ENCERRAMENTO DAQUELA. PRINCÍPIO DA PRESERVAÇÃO DA EMPRESA. ALTERAÇÃO SUBMETIDA À ASSEMBLEIA GERAL DE CREDORES. SOBERANIA DO ÓRGÃO. DEVEDOR DISSIDENTE QUE DEVE SE SUBMETER AOS NOVOS DITAMES DO PLANO. PRINCÍPIOS DA RELEVÂNCIA DOS INTERESSES DOS CREDORES E DA PAR CONDITIO CREDITORUM. 1. O legislador brasileiro, ao elaborar o diploma recuperacional, traçou alguns princípios, de caráter axiológico-programático, com o intuito de manter a solidez das diversas normas que compõem a referida legislação. Dentre todos, destacam-se os princípios da relevância dos interesses dos credores; *par conditio creditorum*; e da preservação da empresa, os quais são encontrados no artigo 47 da Lei 11.101 /2005. 2. Essa base principiológica serve de alicerce para a constituição da Assembleia Geral de Credores, a qual possui a atribuição de aprovar ou rejeitar o plano de recuperação judicial, nos moldes apresentados pelo Administrador Judicial da empresa recuperanda. 3. Outrossim, por meio da

O Enunciado 77 da II Jornada de Direito Comercial do Conselho da Justiça Federal estipula que

> As alterações do plano de recuperação judicial devem ser submetidas à assembleia geral de credores, e a aprovação obedecerá ao *quórum* previsto no art. 45 da Lei n. 11.101/05, tendo caráter vinculante a todos os credores submetidos à recuperação judicial, observada a ressalva do art. 50, § 1º, da Lei n. 11.101/05, ainda que propostas as alterações após dois anos da concessão da recuperação judicial e desde que ainda não encerrada por sentença.

O *cram down*

O instituto do *cram down* (na tradução livre, “goela abaixo”) foi importado do Direito norte-americano, com algumas alterações, e buscou conferir alternativa à rejeição do plano de recuperação judicial em Assembleia de Credores, obstando que credores minoritários, embora a maioria dentro de sua respectiva classe, imponham sua vontade à maioria. Outrossim, mesmo com a discordância da AGC, poderá ter havido substancial adesão entre os credores, embora sem alcançar o quórum qualificado de deliberação. Tal

---

“Teoria dos Jogos”, percebe-se uma interação estratégica entre o devedor e os credores, capaz de pressupor um consenso mínimo de ambos a respeito dos termos delineados no plano de recuperação judicial. Essas negociações demonstram o abandono de um olhar individualizado de cada crédito e um apego maior à interação coletiva e organizada. 4. Discute-se, na espécie, sobre a modificação do plano originalmente proposto, após o biênio de supervisão judicial – constante do artigo 61 da Lei de Falencias –, sem que houvesse o encerramento da recuperação judicial da empresa recuperanda. Ainda que transcorrido o prazo de até 2 anos de supervisão judicial, não houve, como ato subsequente, o encerramento da recuperação, e, por isso, os efeitos da recuperação judicial ainda perduram, mantendo assim a vinculação de todos os credores à deliberação da Assembleia. 5. Recurso especial provido. (Jurisprudência Data de publicação: 05/04/2016; STJ – RECURSO ESPECIAL: REsp 1302735 SP 2011/0215811-0).

situação permitirá ao magistrado a aplicação do quórum alternativo estabelecido pelo art. 58, §1º.

Nesse caso, o plano poderá ser aprovado caso preenchidos os requisitos cumulativos previstos nos incisos I a III do §1º e no §2º do artigo 58, quais sejam: (i) o voto favorável de mais da metade dos créditos presentes, independentemente da classe; (ii) a aprovação pela maioria das classes votantes, ou se apenas duas delas votarem, a aprovação por uma delas; (iii) na classe que houver rejeitado o plano, o voto favorável de mais de um terço dos credores, computados na forma do artigo 45; (iv) o plano não poderá implicar tratamento diferenciado entre os credores da classe que o tiver rejeitado. Esse último requisito busca impedir que o devedor promova alteração no plano de recuperação judicial, apenas com o fim de atender ao quórum mínimo necessário para aprovação do plano na classe que o rejeitou.

Importante anotar que a jurisprudência do Superior Tribunal de Justiça entende pela possibilidade de se mitigar os requisitos do art. 58, §1º, da LREF, em circunstâncias que se evidencie o abuso de direito por parte do credor que vota contra a aprovação.[296]

---

296 Nesse sentido: "DIREITO EMPRESARIAL. AGRAVO INTERNO NO AGRAVO EM RECURSO ESPECIAL. RECUPERAÇÃO JUDICIAL. PLANO. APROVAÇÃO JUDICIAL. *CRAM DOWN*. REQUISITOS LEGAIS. EXCEPCIONAL MITIGAÇÃO. POSSIBILIDADE. PRESERVAÇÃO DA EMPRESA. DECISÃO MANTIDA. 1. A jurisprudência do STJ entende pela possibilidade de se mitigar os requisitos do art. 58, §1º, da LRJF, para a aplicação do chamado *cram down* em circunstâncias que podem evidenciar o abuso de direito por parte do credor recalcitrante. 2. 'Assim, visando evitar eventual abuso do direito de voto, justamente no momento de superação de crise, é que deve agir o magistrado com sensibilidade na verificação dos requisitos do *cram down*, preferindo um exame pautado pelo princípio da preservação da empresa, optando, muitas vezes, pela sua flexibilização, especialmente quando somente um credor domina a deliberação de forma absoluta, sobrepondo-se àquilo que parece ser o interesse da comunhão de credores'. (REsp 1337989/SP, Rel. Ministro Luis Felipe Salomão, 4ª Turma, j. em 08/05/2018, DJe 04/06/2018). 3. O exame da alegada violação do texto legal prescindiu do revolvimento de material fático-probatório dos

A contagem de votos para fins de análise do preenchimento dos requisitos ii e iii deverá ser feita à luz do artigo 45. Ou seja, os votos dos credores titulares de créditos trabalhistas e das microempresas e empresas de pequeno porte serão contados por cabeça, enquanto os credores titulares de créditos com garantia real, quirografários ou privilegiados serão contados tanto por cabeça quanto pelo valor de seu crédito.

Fábio Ulhoa Coelho[297] entende que o dispositivo é claro que se trata de um poder do magistrado, tendo ele discricionariedade para recusar a aplicação do instituto do *cram down*, ainda que preenchidos os requisitos legais do §1º do artigo 58. Marcelo Barbosa Sacramone,[298] ao contrário, entende não haver essa liberdade ao juiz. Defende o autor que, embora a lei faça referência a um poder do magistrado, cuida-se de verdadeiro poder-dever.

Art. 58-A – Rejeitado o plano de recuperação proposto pelo devedor ou pelos credores e não preenchidos os requisitos estabelecidos no § 1º do art. 58 desta Lei, o juiz convolará a recuperação judicial em falência.

Parágrafo único. Da sentença prevista no caput deste artigo caberá agravo de instrumento.

---

autos, sobretudo ante o detalhamento, na decisão de primeira instância e no acórdão recorrido, das circunstâncias em que se dá a controvérsia, limitando-se a discussão sobre questões de natureza jurídica. Não incide o óbice da Súmula n. 7/STJ. 4. Agravo interno a que se nega provimento". (STJ, 4ª Turma, AREsp n. 1.551.410/SP, Rel. Min. Marco Buzzi, DJe 24/05/2022).

297 COELHO, Fábio Ulhoa. *Comentários à Lei de Falências e de Recuperação de empresas*: Lei n. 14.112/20, Nova Lei de Falências. 14ª ed. São Paulo: Revista dos Tribunais, 2021, p. 246.

298 SACRAMONE, Marcelo Barbosa. *Comentários à Lei de Recuperação de Empresas e Falências*. 3ª ed. São Paulo: Saraiva Jur, 2022, p. 333.

Rejeição do plano de recuperação judicial

Em caso de rejeição do plano de recuperação judicial, seja aquele proposto pelo devedor, seja aquele proposto pelos credores nos termos do artigo 57, e se, simultaneamente, não forem preenchidos os requisitos necessários ao *cram down*, o juiz convolará a recuperação judicial em falência.

A decisão que assim deliberar constituirá sentença declaratória de falência, e será impugnável por recurso de agravo de instrumento, em consonância ao artigo 100 da LREF. Diante da clareza da lei e da impossibilidade de dúvida, caso interposta apelação, não será conhecido o recurso por erro grosseiro, em razão da impossibilidade da aplicação do princípio da fungibilidade recursal.[299]

Fábio Ulhoa Coelho,[300] por entender facultativa a aplicação do instituto do *cram down*, relembra uma hipótese não contemplada pelo artigo 58-A, que impediria a convolação da recuperação judicial em falência: o cenário em que, preenchidos os requisitos para aplicação do quórum alternativo, o juiz deixa de observá-lo. Nesse caso, não parece correto ao autor a convolação em falência, por ausência de previsão legal. Resta a solução, pois, de mero indeferimento do pedido de recuperação judicial, com a consequente cessação dos efeitos da suspensão das ações e execuções contra o devedor.

Art. 59 – O plano de recuperação judicial implica novação dos créditos anteriores ao pedido, e obriga o devedor e todos os

---

299 Nesse sentido, do Tribunal de Justiça do Estado de São Paulo: Apelação Cível 0017903-18.2012.8.26.0361, 2ª Câmara Reservada de Direito Empresarial, Rel. Maurício Pessoa, Mogi das Cruzes DJe 01/08/2019; Apelação Cível 0005240-52.2004.8.26.0091, 1ª Câmara Reservada de Direito Empresarial, Rel. Francisco Loureiro, Foro Distrital de Brás Cubas, DJe 23/06/2016.

300 COELHO, Fábio Ulhoa. *Comentários à Lei de Falências e de Recuperação de empresas*: Lei n. 14.112/20, Nova Lei de Falências. 14ª ed. São Paulo: Revista dos Tribunais, 2021, p. 246.

credores a ele sujeitos, sem prejuízo das garantias, observado o disposto no § 1º do art. 50 desta Lei.

§ 1º A decisão judicial que conceder a recuperação judicial constituirá título executivo judicial, nos termos do art. 584, inciso III, do caput da Lei n. 5.869, de 11 de janeiro de 1973 – Código de Processo Civil.

§ 2º Contra a decisão que conceder a recuperação judicial caberá agravo, que poderá ser interposto por qualquer credor e pelo Ministério Público.

§ 3º Da decisão que conceder a recuperação judicial serão intimadas eletronicamente as Fazendas Públicas federal e de todos os Estados, Distrito Federal e Municípios em que o devedor tiver estabelecimento.

Efeitos da concessão da recuperação judicial

A homologação do plano e a concessão da recuperação judicial implicam novação de todos os créditos que a ela se sujeitam, de modo que os créditos então existentes antes da distribuição do pedido serão extintos e substituídos pelos novos créditos e respectivas condições de pagamento previstos no plano aprovado pelos credores. Note-se, pois, que inclusive os créditos de credores dissidentes do plano, ou os créditos que ainda não tenham sido habilitados na recuperação judicial, mas que a ela se sujeitam, sofrerão a novação.

Novados os créditos, também permanecerão suspensas as ações e execuções ajuizadas contra o devedor, agora por força da concessão da recuperação judicial e homologação do plano aprovado pelos credores, e não mais em razão da previsão contida no §4º do artigo 6º da LREF.

Destaque-se, contudo, que a novação dos créditos e a substituição das condições de pagamento originais será sempre submetida a uma condição resolutiva, ou seja, manterá sua eficácia apenas se o plano de recuperação judicial for cumprido a contento pelo devedor, no período de dois anos (LREF, art. 61), após o qual o juiz decretará o encerramento da recuperação judicial, por sentença (LREF, art. 63). Na hipótese de haver convolação da recuperação judicial em falência, por descumprimento de qualquer obrigação prevista no plano (LREF, art. 73, IV), os credores terão reconstituídos os direitos e as condições de pagamento originais de seus créditos, e serão habilitados na falência como se não tivessem se submetido a qualquer plano de recuperação judicial, deduzidos, obviamente, eventuais valores já pagos em decorrência deste (LREF, art. 61, §2º).

Ressalte-se que, embora a recuperação judicial seja encerrada após dois anos, o plano poderá prever o pagamento de créditos em prazo superior. Nesse caso, se o juiz declarar encerrado o procedimento após dois anos e, passado esse prazo, houver descumprimento das condições de pagamento pelo devedor, a hipótese não será de convolação da recuperação judicial em falência, porque já encerrada aquela. O credor que não recebeu seu crédito, pois, munido do título executivo judicial, poderá executar a dívida ou, inclusive, mover pedido de falência com fundamento no artigo 62 da LREF.

De toda forma, relembre-se que a concessão da recuperação judicial não atinge os direitos dos credores contra os coobrigados, fiadores e obrigados de regresso (LREF, art. 49, §1º), que podem continuar a ser demandados por aqueles e, caso liquidem o débito, se sub-rogarão nos direitos do credor, então estabelecidos no plano de recuperação judicial homologado. A novação dos créditos submetidos ao plano, portanto, é feita sem prejuízo das garantias, sem olvidar-se que em eventual alienação de bem gravado por garantia real, a supressão do gravame ou sua substituição somente serão admitidas com a aprovação expressa do titular da garantia (LREF, art. 50, §1º).

No tocante aos créditos sujeitos à recuperação judicial, destaca-se o previsto no tema 1051 do E. STJ, segundo o qual "*Para o fim de submissão aos efeitos da recuperação judicial, considera-se que a existência do crédito é determinada pela data em que ocorreu o seu fato gerador"*. Logo, mesmo os créditos ilíquidos, desde que os seus fatos geradores tenham sido anteriores ao pedido de recuperação judicial, estarão sujeitos ao plano, tenham ou não sido habilitados na recuperação judicial, conforme recente e esclarecedora decisão proferida pelo STJ no REsp n. 1.851.692.[301]

---

301 Conforme definido pelo julgado embargado, o titular do crédito não incluído no plano recuperacional possui a prerrogativa de decidir entre habilitá-lo como retardatário, simplesmente não cobrar o crédito ou promover a execução individual (ou o cumprimento de sentença) após o encerramento da recuperação judicial, com a sujeição do seu crédito aos efeitos do plano aprovado e homologado (mediante a novação). 4. No entanto, aquele credor que fizer a opção por não habilitar de forma retardatária o seu crédito para promover posteriormente a sua cobrança também terá um ônus pela sua escolha, pois assumirá as consequências jurídicas (processuais e materiais) dela, entre as quais a de sofrer a incidência dos efeitos da recuperação. 5. A lei de regência incentiva que o credor participe da recuperação *ab initio* para que se busque encontrar uma solução de mercado específica para a superação daquela crise, mantendo-se, ao mesmo tempo, os benefícios econômicos que decorrem daquela atividade. Desse modo, ela desestimula que o credor persiga individualmente o seu crédito, fora do conclave, estabelecendo diversas consequências jurídicas. 6. O tratamento normativo conferido aos retardatários é justamente o de impor a eles consequências menos vantajosas do que aquelas impostas aos credores que habilitaram ou retificaram seus créditos dentro do prazo legal. Tal racionalidade – estimular a participação no conclave e inibir a conduta resistente – também deve incidir sobre o credor, que, não constando do quadro de credores da recuperação, fez a opção por cobrar o seu crédito posteriormente. 7. Assim, o credor que figurar na listagem, com a exatidão do valor do crédito e da classificação a que faz *jus*, estará automaticamente habilitado na recuperação judicial. Caso contrário, terá ele a faculdade de decidir entre: i) habilitar de forma retardatária o seu crédito; ii) não cobrá-lo; e iii) ajuizar a execução individual após o encerramento da recuperação judicial. Em qualquer circunstância, terá o ônus de se sujeitar aos efeitos da recuperação judicial. 8. Na hipótese, caso não tenha havido a habilitação do crédito, poderão os embargados ajuizar futura execução individual, após o encerramento da recuperação judicial (LREF, art. 61), devendo levar em consideração, no entanto, que o seu crédito acabará sofrendo os efeitos do plano de recuperação aprovado, em virtude da novação *ope legis* (art. 59 da LREF). 9. Embargos de declaração acolhidos para os devidos esclarecimentos e para sanar erro material, sem efeitos infringentes (EDcl no

Natureza da decisão que concede a recuperação judicial

A decisão que concede a recuperação judicial tem eficácia de título executivo judicial. A LREF faz referência ao artigo 584, III do Código de Processo Civil, revogado pela Lei n. 13.105 de 2015. Tal disposição legal mencionava as sentenças homologatórias de transação, conciliação ou laudo arbitral.

Pretendeu o legislador, pois, equiparar as decisões judiciais concessivas da recuperação judicial às sentenças homologatórias de acordo ou transação, previstas como título executivo judicial no artigo 515, II, do atual Código de Processo Civil. Todavia, não parece correto sustentar-se que a decisão proferida nos termos do artigo 58 da LREF teria caráter meramente homologatório da vontade das partes, porque tem o condão de vincular as minorias que rejeitaram o plano de recuperação judicial, não podendo, pois, ser desconstituída por ação anulatória.

De todo modo, a decisão que concede a recuperação judicial constitui decisão interlocutória que não põe fim ao processo, sendo impugnável por meio de agravo de instrumento, recurso que poderá ser interposto por qualquer credor ou pelo Ministério Público. O recurso, porém, não poderá discutir o mérito do plano de recuperação judicial, matéria cuja competência incumbe à AGC. O objeto recursal, pois, deverá limitar-se a eventual irregularidade ou ilegalidade do procedimento assemblear ou do plano, ou ainda a vulneração aos princípios e regras estabelecidos pela LREF.

O §3º do artigo 59 reproduz a regra do §3º do artigo 58, estabelecendo que as Fazendas Públicas federal, distrital, estadual e municipal em que o devedor tiver estabelecimento, serão intimadas

---

RECURSO ESPECIAL N. 1.851.692 – RS (2019/0360829-6) RELATOR: MINISTRO LUIS FELIPE SALOMÃO).

eletronicamente da decisão que conceder a recuperação judicial, a fim de conferir ampla publicidade à deliberação.

Art. 60 – Se o plano de recuperação judicial aprovado envolver alienação judicial de filiais ou de unidades produtivas isoladas do devedor, o juiz ordenará a sua realização, observado o disposto no art. 142 desta Lei.

Parágrafo-único. O objeto da alienação estará livre de qualquer ônus e não haverá sucessão do arrematante nas obrigações do devedor de qualquer natureza, incluídas, mas não exclusivamente, as de natureza ambiental, regulatória, administrativa, penal, anticorrupção, tributária e trabalhista, observado o disposto no § 1º do art. 141 desta Lei.

Sucessão do arrematante na alienação judicial de filiais ou unidades produtivas isoladas

Se o plano de recuperação judicial previr, como meio para o soerguimento da empresa devedora, a alienação judicial de filiais ou de unidades produtivas isoladas (UPI) do devedor, a sua realização será ordenada pelo juiz na forma do artigo 142 da LREF, ou seja, por meio de leilão eletrônico, presencial ou híbrido, de processo competitivo organizado por agente especializado, ou de outra modalidade aprovada nos termos da LREF, sempre sob fiscalização judicial.

O parágrafo único do artigo 60 foi inicialmente vetado pelo Presidente da República quando sancionada a Lei n. 14.112/2020, embora a nova redação do dispositivo não trouxesse grandes inovações no conteúdo da antiga norma. O veto, porém, foi derrubado pelo Congresso Nacional.

Segundo a disposição legal, o arrematante não sucederá nas obrigações do devedor, de qualquer natureza. O objetivo da norma é permitir que a aquisição dos bens da empresa em recuperação judicial seja atrativa a terceiros, pois, se houvesse sucessão das dívidas do alienante ao arrematante, poderia haver redução de interessados, e a recuperação provavelmente não seria alcançada. Buscou-se, ademais, a consagração do princípio da preservação da empresa, que poderá ser adquirida e desenvolvida de forma mais satisfatória, sem a manutenção de qualquer vínculo com o alienante.

Embora a inexistência de sucessão do arrematante já houvesse sido prevista na redação originária de Lei n. 11.101/05, o antigo dispositivo causava discussão na doutrina e na jurisprudência porque, a despeito da clareza da lei, havia certa dúvida a respeito de sua abrangência, já que fazia menção específica apenas às obrigações de natureza tributária.[302]

Já em 2009, porém, o Supremo Tribunal Federal havia declarado a constitucionalidade do dispositivo em Ação Direta de Inconstitucionalidade movida pelo Partido Democrático Trabalhista, impugnando a ausência de sucessão dos créditos trabalhistas à luz dos postulados da dignidade da pessoa humana, do trabalho e do pleno emprego (CF, arts. 1º, III e IV, 6º e 170, VIII). Entendeu o Pretório Excelso que a antiga redação do parágrafo único do artigo 60 mostrar-se-ia constitucionalmente hígida porque o legislador ordinário, ao concebê-la,

> optou por dar concreção a determinados valores constitucionais, a saber, a livre iniciativa e a função social da propriedade – de cujas manifestações a empresa é uma das mais conspícuas – em detrimento de outros, com igual

302 Lei n. 11.101/2005. Artigo 60, parágrafo único (Redação Antiga) – "O objeto da alienação estará livre de qualquer ônus e não haverá sucessão do arrematante nas obrigações do devedor, inclusive as de natureza tributária, observado o disposto no §1º do art. 141 desta Lei".

densidade axiológica, eis que reputou mais adequados ao tratamento da matéria.[303]

A Lei n. 14.112/2020 trouxe nova redação ao dispositivo, embora sem inovar substancialmente em seu conteúdo, tornando inócuas as dúvidas até então existentes ao abranger em rol exemplificativo, além das obrigações tributária e trabalhista, também as obrigações de natureza ambiental, regulatória, administrativa, penal e anticorrupção.[304]

Art. 60-A – A unidade produtiva isolada de que trata o art. 60 desta Lei poderá abranger bens, direitos ou ativos de qualquer natureza, tangíveis ou intangíveis, isolados ou em conjunto, incluídas participações dos sócios.

Parágrafo único. O disposto no caput deste artigo não afasta a incidência do inciso VI do caput e do § 2º do art. 73 desta Lei.

A unidade produtiva isolada (UPI)

A Lei n. 11.101/05, anteriormente à reforma de 2020, já previa a possibilidade de alienação da unidade produtiva isolada (UPI) sem, contudo, trazer o conceito jurídico do termo. Não havia, quando de sua promulgação em 2005, qualquer definição de UPI na doutrina e na jurisprudência. No decorrer dos anos, a literatura jurídica caminhou no sentido de definir a UPI como um conjunto de bens que fossem separados pela empresa para alienação, ou

---

303 STF, ADI 3.934-2/DF, Min. Ricardo Lewandowski, Tribunal Pleno, j. 27/05/2009.

304 Lei n. 11.101/2005. Artigo 60, parágrafo único (Redação dada pela Lei n. 14.112/2020) – "O objeto da alienação estará livre de qualquer ônus e não haverá sucessão do arrematante nas obrigações do devedor de qualquer natureza, incluídas, mas não exclusivamente, as de natureza ambiental, regulatória, administrativa, penal, anticorrupção, tributária e trabalhista, observado o disposto no §1º do art. 141 desta Lei".

ainda, como um complexo de bens organizado pelos empresários e utilizado para o desenvolvimento da empresa ou de bem imprescindível para o desenvolvimento da atividade pelo empresário, assemelhando-se, pois, ao conceito de estabelecimento empresarial. Poderiam ser alienados, pois, quaisquer ativos imobilizados do devedor, inclusive os isolados e não operacionais.

A redação do *caput* do artigo 60-A consolidou esta definição, estabelecendo a possibilidade de alienação de bens, direitos ou ativos do devedor de qualquer natureza, produtivos ou não, tangíveis ou intangíveis, isolados ou em conjunto, incluídas as participações dos sócios.

A opção pela venda de unidades produtivas isoladas como meio de recuperação judicial, todavia, não poderá implicar substancial esvaziamento patrimonial da devedora, a ponto de se olvidar da necessidade de reserva de fluxo de caixa suficiente para a manutenção da fonte produtora, prejudicando o efetivo cumprimento das obrigações assumidas perante os credores não submetidos à recuperação judicial. Se caracterizada esta hipótese, o juiz decretará a falência da recuperanda, determinando o bloqueio do produto de eventuais alienações, com a devolução dos valores já distribuídos ao devedor, os quais ficarão à disposição do juízo (LREF, art. 73, VI e §2º).

Não obstante, a ressalva do parágrafo único do artigo 73 não impede que sejam alienados todos os bens da empresa em recuperação judicial, pois isso não implica, necessariamente, fraude ou intuito de não satisfação dos credores não sujeitos à recuperação judicial. O próprio inciso XVIII do artigo 50 admite a venda integral da devedora como meio de recuperação judicial, desde que garantidas aos credores não submetidos a ela condições no mínimo equivalente às que teriam na falência. Pode o devedor, pois, alienar seu único estabelecimento empresarial e, com o produto dessa venda, desenvolver sua atividade em outro local ou mediante a aquisição de outros bens, objetivando a manutenção da fonte produtora para satisfação de suas obrigações perante os credores.

Art. 61 – Proferida a decisão prevista no art. 58 desta Lei, o juiz poderá determinar a manutenção do devedor em recuperação judicial até que sejam cumpridas todas as obrigações previstas no plano que vencerem até, no máximo, 2 (dois) anos depois da concessão da recuperação judicial, independentemente do eventual período de carência.

§ 1º Durante o período estabelecido no caput deste artigo, o descumprimento de qualquer obrigação prevista no plano acarretará a convolação da recuperação em falência, nos termos do art. 73 desta Lei.

§ 2º Decretada a falência, os credores terão reconstituídos seus direitos e garantias nas condições originalmente contratadas, deduzidos os valores eventualmente pagos e ressalvados os atos validamente praticados no âmbito da recuperação judicial.

A fiscalização judicial e sua dispensabilidade

A antiga redação do *caput* do artigo 61 estabelecia que o devedor "permanecerá em recuperação judicial até que se cumpram todas as obrigações previstas no plano que se vencerem até 2 (dois) anos depois da concessão da recuperação judicial". Entendia-se, pois, pela obrigatoriedade da fiscalização judicial durante o prazo de dois anos após a concessão da recuperação judicial, para a verificação, pelo magistrado, do cumprimento das obrigações previstas no plano pela recuperanda. Caso cumpridas as obrigações vencidas antes deste prazo, decretar-se-ia encerrada a recuperação judicial, tornando definitiva a novação dos créditos. Se, ao contrário, houvesse o descumprimento de alguma das obrigações dentro do prazo de fiscalização, seria determinada a convolação em falência, nos termos do artigo 73 da LREF, com o restabelecimento das condições originárias dos créditos então novados.

A Lei n. 14.112/2020 fez pequena, mas relevante alteração no dispositivo, estabelecendo que o juiz "poderá determinar" a manutenção do devedor em recuperação judicial, até que sejam cumpridas as obrigações previstas no plano que se vencerem em até dois anos. A nova redação parece imputar ao juiz a discricionariedade para determinar, ou não, a manutenção do devedor em recuperação judicial, por um período que não possa ser superior a 2 anos depois da concessão da recuperação judicial. Segundo a doutrina, a alteração legislativa acabou com a obrigatoriedade do período de fiscalização judicial, admitindo, nesse ínterim, que o juiz decrete o encerramento da recuperação judicial por sentença, no mesmo ato em que concede a recuperação judicial (deliberação impugnável por recurso de apelação, portanto). Ao conceder a recuperação judicial, portanto, o juiz deverá decidir, no mesmo ato, se a recuperanda ficará sob supervisão judicial, ou não.

De acordo com Manoel Justino Bezerra Filho,[305] o juiz deverá analisar cada caso concreto, sopesando os interesses envolvidos para decidir a melhor forma de proceder, sobretudo considerando que, ao afastar o período de supervisão judicial, impede-se a convolação da recuperação judicial em falência, tornando a alternativa prejudicial aos credores, que não terão restabelecidas as condições originais de seus créditos com base no §2º do artigo 61, em caso de descumprimento do plano pelo devedor.

Marcelo Barbosa Sacramone,[306] por sua vez, entende que o dispositivo legal não pode ser interpretado como se fosse conferido ao magistrado poderes para decidir, conforme seu próprio juízo, sobre a manutenção ou não do devedor em recuperação judicial e a fiscalização do cumprimento das obrigações. Isso porque a fiscalização do plano de recuperação judicial é obrigação do juízo e não pode ser por este disposta conforme seu juízo de conveniência e oportunidade. Ao contrário, a dispensabilidade da supervisão

---

305 BEZERRA FILHO, Manoel Justino. *Lei de Recuperação de Empresas e Falências*. 10ª ed. São Paulo: Revista dos Tribunais, 2014, p. 310.

306 SACRAMONE, Marcelo Barbosa. *Comentários à Lei de Recuperação de Empresas e Falências*. 3ª ed. São Paulo: Saraiva Jur, 2022, p. 349.

judicial deve ser vista como o estabelecimento, às partes interessadas no procedimento, de uma norma dispositiva. Outrossim, incumbirá aos credores e devedor a opção pela manutenção ou não da fiscalização judicial durante o período de dois anos de cumprimento das obrigações do plano, podendo tal negociação ser prevista no próprio plano de recuperação judicial.

Trata-se, portanto, de questão ainda bastante controvertida, sendo oportuno destacar um recente precedente da 1ª Câmara Reservada de Direito Empresarial do Tribunal de Justiça de São Paulo que concluiu que o encerramento do período de supervisão no prazo de 6 meses, tal como previsto no plano, seria prejudicial ao interesse de fiscalização dos credores, devendo ele perdurar pelos 2 anos máximos do art. 61 da LREF.[307]

---

307 "Recuperação judicial. Decisão homologatória de plano recuperacional aprovado em Assembleia-Geral de Credores. Agravo de instrumento de instituição financeira credora (...) Prazo de supervisão. Nova redação do art. 61 da Lei n. 11.101/2005, dada pela Lei n. 14.112/2020, prevendo que 'o juiz poderá determinar a manutenção do devedor em recuperação judicial até que sejam cumpridas todas as obrigações previstas no plano que se vencerem até, no máximo, dois anos depois da concessão da recuperação judicial, independentemente do eventual período de carência'. Questiona-se se a substituição da expressão 'permanecerá em recuperação judicial' por 'o juiz poderá determinar a manutenção do devedor em recuperação judicial' permite a adoção de prazo de supervisão inferior a 2 anos. A razão de existir do prazo de supervisão, herança do antigo regime da concordata, é permitir a fiscalização das atividades da devedora, com punição mais rigorosa decretação de quebra em caso de descumprimento do plano; o prazo, porém, também pode acarretar dificuldades ao soerguimento, já que a devedora terá o ônus de apresentar-se ao mercado como empresa 'em recuperação', bem como diante dos custos de manutenção do processo. Doutrina de EDUARDO SECCHI MUNHOZ. O direito de fiscalização dos credores não se resume a exigir o cumprimento de obrigações com vencimento em até 2 anos. Abrange também a possibilidade de supervisão das atividades das devedoras, com amparo em relatórios periódicos do administrador judicial, atuação do Ministério Público e de eventual Comitê de Credores. Esta conclusão traz ao processo coletivo de insolvência vantagens, dentre elas a de evitarem-se os custos e delongas do ajuizamento de ação autônoma para os mesmos fins. 'Como poder dever, a fiscalização do plano de recuperação judicial é obrigação do Juízo da Recuperação Judicial e não poderá ser por este disposta

Em alteração ainda mais relevante, a Lei n. 14.112/2020 incluiu na redação final do dispositivo o preceito de que o prazo de dois anos será contado independentemente de eventual período de carência previsto no plano.

Antes da reforma, não havia previsão semelhante. Por esta razão, diversos precedentes jurisprudenciais passaram a admitir a contagem inicial do período de fiscalização judicial a partir do término do período de carência,[308] caracterizado este como um lapso temporal em que o devedor permanece desenvolvendo sua atividade empresarial sem o pagamento de quaisquer de seus credores, após a concessão da recuperação judicial. Tal período lhe permite amenizar eventuais riscos de convolação em falência caso descumpridas as obrigações previstas no plano.

A Lei n. 14.112/2020 acabou com essa discussão ao estabelecer de forma expressa a contagem do prazo de dois anos de fiscalização judicial, a partir da concessão da recuperação judicial, independentemente de eventual período de carência. A jurisprudência, pois, teve de se adequar à reforma legislativa, modificando o entendimento até então prevalecente.

---

conforme o seu juízo de conveniência e oportunidade'. (Marcelo Barbosa Sacramone). Precedente desta 1ª Câmara Reservada de Direito Empresarial, AI 2052998-76.2021.8.26.0000, da relatoria do Desembargador Fortes Barbosa. Alegação de falta de liquidez que não procede, na medida em que o valor das parcelas em que dividido o pagamento pode ser aferido por meros cálculos aritméticos. Reforma parcial da decisão recorrida, determinado se observe prazo de supervisão de 2 anos. Agravo de instrumento a que se dá parcial provimento". (TJSP, 1ª Câmara Reservada de Direito Empresarial, AI n. 2005975-03.2022.8.26.0000, Rel. Cesar Ciampolini, DJe 12/05/2022).

308 Tribunal de Justiça do Estado de São Paulo. Grupo de Câmaras Reservadas de Direito Empresarial – Enunciado II (DJe 17/01/2019): *O prazo de 2 (dois) anos de supervisão judicial, previsto no art. 61, caput, da Lei n. 11.101/05, tem início após o transcurso do prazo de carência fixado*. CANCELADO EM SESSÃO REALIZADA EM 27/04/2021. Justificativa: a proposição de aguardar o prazo de carência para o início do período de supervisão judicial não mais faz sentido à vista da nova redação do art. 61, introduzida pela Lei n. 14.112/2020.

De toda forma, no caso de manutenção do período de fiscalização judicial, após transcorridos dois anos da concessão da recuperação judicial, ainda que pendentes os pagamentos de créditos com vencimento futuros, a recuperação judicial será declarada encerrada, desde que cumpridas as obrigações até então vencidas.

Ressalve-se a possibilidade de haver aditamento ao plano de recuperação judicial durante o período de fiscalização judicial ou mesmo após dois anos da concessão da recuperação judicial, desde que não se tenha declarado o seu encerramento, e desde que submetida tal possibilidade à votação em Assembleia de Credores, respeitados os quóruns de deliberação previstos no art. 45 (ou no art. 58, §1º), descontados eventuais créditos já satisfeitos pelo devedor no cômputo dos votos.[309]

A jurisprudência do Superior Tribunal de Justiça entende, porém, que caso aprovada eventual modificação ao plano, não haverá renovação do prazo de dois anos de fiscalização judicial, devendo ser encerrada a recuperação judicial após este período, contado da concessão do pedido.[310]

---

309 STJ, REsp 1.302.735/SP, Min. Luis Felipe Salomão, 4ª Turma, DJe 05/04/2016.

310 AGRAVO INTERNO NO AGRAVO EM RECURSO ESPECIAL. PROCESSUAL CIVIL. RECUPERAÇÃO JUDICIAL. TERMO INICIAL DO PRAZO DE FISCALIZAÇÃO. DATA DA CONCESSÃO DA RECUPERAÇÃO. ADITIVOS AO PLANO. ALTERAÇÃO DO TERMO. DESNECESSIDADE. AGRAVO INTERNO PROVIDO. AGRAVO CONHECIDO. RECURSO ESPECIAL PROVIDO. 1. 'A apresentação de aditivos ao plano de recuperação judicial pressupõe que o plano estava sendo cumprido e, por situações que somente se mostraram depois, teve que ser modificado, o que foi admitido pelos credores. Não há, assim, propriamente uma ruptura da fase de execução, motivo pelo qual inexiste justificativa para a modificação do termo inicial da contagem do prazo bienal para o encerramento da recuperação judicial' (REsp 1.853.347/RJ, Rel. Ministro Ricardo Villas Bôas Cueva, 3ª Turma, j. 05/05/2020, DJe 11/05/2020). 2. O acórdão recorrido, ao alterar a data do termo inicial para o término do prazo de carência, decidiu em dissonância com a

Descumprimento do plano durante o período de fiscalização

Se, mantida a recuperação judicial do devedor até que sejam cumpridas todas as obrigações previstas no plano que se vencerem em até no máximo dois anos após a concessão da recuperação judicial e, nessa hipótese, houver descumprimento de quaisquer de suas cláusulas, o juiz convolará a recuperação judicial em falência, nos termos do artigo 73, IV da LREF.

E, decretada a falência, os credores serão reconstituídos de todos os seus direitos e garantias originais, como se não houvessem se submetido a qualquer plano de recuperação judicial. A novação dos créditos, pois, será desconstituída, sem prejuízo de eventuais deduções de valores pagos durante a recuperação judicial, e ressalvados os atos validamente praticados em seu contexto.

Os atos praticados durante a recuperação judicial, portanto, não serão prejudicados pela restituição dos créditos à sua condição originária, de modo a se preservar a segurança jurídica dos negócios celebrados pelo devedor (*v.g.*, eventual transferência de participação societária a terceiros, ou a conversão de dívida em participação societária)

Art. 62 – Após o período previsto no art. 61 desta Lei, no caso de descumprimento de qualquer obrigação prevista no plano de recuperação judicial, qualquer credor poderá requerer a execução específica ou a falência com base no art. 94 desta Lei.

---

jurisprudência desta Corte de Justiça, devendo ser restabelecida a decisão objeto de agravo de instrumento. 3. Agravo interno provido para reconsiderar a decisão agravada e, em nova análise, conhecer do agravo e dar provimento ao recurso especial". (STJ, AgInt no AREsp 1.663.617.735/SP, Min. Raul Araujo, 4ª Turma, DJe 30/11/2021).

Descumprimento do plano pelo devedor após o período de fiscalização judicial

Encerrado o período de dois anos de fiscalização judicial com o regular cumprimento das obrigações vencidas durante este prazo, não há mais a possibilidade de se convolar a recuperação judicial em falência, pois tornar-se-á definitiva a novação dos créditos. Nesse caso, portanto, não poderão os credores reivindicar a restituição das condições e garantias originárias de seus créditos.

Outrossim, caso descumprida qualquer obrigação prevista no plano após o período de fiscalização judicial, deverão os credores, munidos do título executivo judicial – a decisão concessiva da recuperação judicial, nos termos do art. 59, §1º da LREF –, ajuizar execução específica contra o devedor, podendo inclusive postular a decretação de sua falência, com fundamento no descumprimento de obrigação assumida no plano de recuperação judicial (LREF, artigo 94, III, g).

Distinção entre as situações da devedora e dos coobrigados

No que diz respeito ao período de fiscalização judicial, é necessário fazer distinção entre a situação da recuperanda e dos coobrigados. Em julgamento realizado em 25/04/2023, sob relatoria do Ministro Ricardo Villas Bôas Cueva, a 3ª Turma do Superior Tribunal de Justiça decidiu que, na hipótese de o credor concordar com a supressão de garantia expressamente prevista em cláusula do plano de recuperação judicial, a execução de título extrajudicial ajuizada contra o devedor e os seus coobrigados deverá ser extinta em relação ao primeiro, mas apenas suspensa em relação aos segundos.[311]

---

311 REsp n. 1899107/PR, Terceira Turma, Ministro Ricardo Villas Bôas Cueva, Julgado em 25/04/2023, votação unânime.

Isso porque, a despeito da concordância com a exoneração dos garantes, não se pode olvidar que, em relação a eles, se houver o descumprimento do plano de recuperação judicial durante o período de fiscalização judicial, o credor poderá requerer a convolação da recuperação judicial em falência, hipótese em que os credores terão seus direitos e garantias reconstituídos, nas condições originalmente contratadas (art. 61, §2º, da Lei n. 11.101/05). Nesta hipótese, eventual execução extrajudicial ajuizada contra os codevedores e com o seu andamento suspenso, poderá prosseguir normalmente.

Situação diversa é a do credor, que, após a aprovação do plano de recuperação judicial e a novação dos créditos, não mais poderá perseguir seu direito via execução extrajudicial, uma vez que eventual descumprimento do plano pelo devedor implicará nas seguintes alternativas: (i) convolação da recuperação em falência; (ii) execução específica do plano de recuperação, ou (iii) decretação da quebra à luz do artigo 94 da Lei n. 11.101/05. Outrossim, em relação ao credor, a solução seria mesmo a extinção da execução singular.

Por fim, na hipótese de o descumprimento do plano ocorrer após o prazo de fiscalização judicial, situação regulada pelo artigo 62 em comento, a novação dos créditos tornar-se-á definitiva, incumbindo ao credor postular a execução específica do plano, ou a falência com base no artigo 94, III, "g" da Lei n. 11.101/05. E neste cenário, a princípio, não será mais possível a execução dos coobrigados diante da consolidação da novação, o que reforça a necessidade de suspender a execução singular em relação a eles, até o final do período de fiscalização judicial.

Art. 63 – Cumpridas as obrigações vencidas no prazo previsto no caput do art. 61 desta Lei, o juiz decretará por sentença o encerramento da recuperação judicial e determinará:

I – o pagamento do saldo de honorários ao administrador judicial, somente podendo efetuar a quitação dessas obrigações

mediante prestação de contas, no prazo de 30 (trinta) dias, e aprovação do relatório previsto no inciso III do caput deste artigo;

II – a apuração do saldo das custas judiciais a serem recolhidas;

III – a apresentação de relatório circunstanciado do administrador judicial, no prazo máximo de 15 (quinze) dias, versando sobre a execução do plano de recuperação pelo devedor;

IV – a dissolução do Comitê de Credores e a exoneração do administrador judicial;

V – a comunicação ao Registro Público de Empresas e à Secretaria Especial da Receita Federal do Brasil do Ministério da Economia para as providências cabíveis.

Parágrafo único. O encerramento da recuperação judicial não dependerá da consolidação do quadro-geral de credores.

Sentença de encerramento da recuperação judicial

Em razão da alteração legislativa que tornou dispensável a manutenção do devedor em recuperação judicial durante o período de fiscalização da execução do plano pelo juízo, é possível que no momento da concessão do pedido de recuperação, o juiz desde já dispense a supervisão judicial e decrete, no mesmo ato, o encerramento da recuperação judicial por sentença.

É possível, porém, que o juiz ordene a manutenção da recuperação judicial até que sejam cumpridas todas as obrigações do plano vencidas em até dois anos. Se, nesse caso, houver o regular cumprimento das obrigações, a recuperação judicial será declarada encerrada após o transcurso do prazo de dois anos, ainda que pendentes de cumprimento as obrigações com prazo de vencimento futuro.

Em ambos os casos, a sentença de encerramento do procedimento recuperacional deverá determinar o pagamento das custas remanescentes e do saldo de honorários do administrador judicial, se houver, desde que prestadas as contas no prazo de trinta dias e apresentado o relatório circunstanciado sobre a execução do plano pelo devedor, no prazo de quinze dias.

Eventual não pagamento das custas judiciais remanescentes importará inscrição na dívida ativa, enquanto o não pagamento de eventual saldo de honorários do administrador judicial conferirá a esse profissional o direito de mover execução específica contra o devedor para tal fim ou requerer, nos termos do art. 93 da LREF, a decretação da falência. Em outros termos, não haverá a possibilidade de convolação da recuperação judicial em falência nesses casos, uma vez já decorrido o prazo legal de dois anos da decisão concessiva do pedido de recuperação.

Deverá a sentença de encerramento, ainda, determinar a dissolução do Comitê de Credores, se houver, e a exoneração do administrador judicial, após a aprovação dos relatórios por ele apresentados. Por fim, determinará a comunicação do encerramento do processo à Junta Comercial e à Secretaria da Receita Federal, para que cancelem a anotação da recuperação judicial nos respectivos registros (LREF, art. 69).

Reproduzindo a regra contida no §9º do art. 10 da LREF, estabelece o parágrafo único do artigo 63 que o encerramento da recuperação judicial independe da consolidação do quadro-geral de credores. Nesse caso, eventuais habilitações e impugnações retardatárias deverão ser redistribuídas ao juízo da recuperação judicial como ações autônomas.

Art. 64 – Durante o procedimento de recuperação judicial, o devedor ou seus administradores serão mantidos na condução da atividade empresarial, sob fiscalização do Comitê, se houver, e do administrador judicial, salvo se qualquer deles:

I – houver sido condenado em sentença penal transitada em julgado por crime cometido em recuperação judicial ou falência

anteriores ou por crime contra o patrimônio, a economia popular ou a ordem econômica previstos na legislação vigente;

II – houver indícios veementes de ter cometido crime previsto nesta Lei;

III – houver agido com dolo, simulação ou fraude contra os interesses de seus credores;

IV – houver praticado qualquer das seguintes condutas: a) efetuar gastos pessoais manifestamente excessivos em relação a sua situação patrimonial; b) efetuar despesas injustificáveis por sua natureza ou vulto, em relação ao capital ou gênero do negócio, ao movimento das operações e a outras circunstâncias análogas; c) descapitalizar injustificadamente a empresa ou realizar operações prejudiciais ao seu funcionamento regular; d) simular ou omitir créditos ao apresentar a relação de que trata o inciso III do caput do art. 51 desta Lei, sem relevante razão de direito ou amparo de decisão judicial;

V – negar-se a prestar informações solicitadas pelo administrador judicial ou pelos demais membros do Comitê;

VI – tiver seu afastamento previsto no plano de recuperação judicial.

Parágrafo único. Verificada qualquer das hipóteses do caput deste artigo, o juiz destituirá o administrador, que será substituído na forma prevista nos atos constitutivos do devedor ou do plano de recuperação judicial.

Hipóteses de substituição dos administradores do devedor

Em regra, o devedor e seus administradores permanecem na condução da atividade empresarial durante todo o procedimento recuperacional, nos termos de seus atos constitutivos, sob fiscalização do Comitê de Credores e do administrador judicial.

Note-se que a crise econômico-financeira do devedor não necessariamente é causada por comportamento negligente de seus gestores, podendo estar associada a fatores externos. Não bastasse, poderá ser o devedor e de seus administradores o que melhor domina os fatores de produção, sendo o mais apto à manutenção de sua atividade durante o soerguimento da empresa. Ademais, eventual possibilidade de afastamento do devedor ou de seus administradores na condução de seus negócios poderia desincentivá-los a buscar a recuperação judicial, devido ao risco da perda do controle de seus bens.

O legislador, ao não afastar o administrador da pessoa que postulou o pedido de recuperação judicial, evidencia, claramente, seu entendimento de que não é possível, a princípio, responsabilizá-lo pela crise econômico-financeiro por que passa a respectiva empresa, tratando-se de risco natural de qualquer negócio empresarial. Parte, portanto, do princípio da boa-fé do devedor e de seu comprometimento com a persecução do objetivo legal, que é o de empreendimento de todos os esforços para o atingimento do resultado final esperado, a saber, o soerguimento da empresa.

O procedimento da recuperação judicial, conforme já mencionado, atende sobretudo a interesse coletivo, decorrente dos benefícios sociais advindos do desenvolvimento da empresa, que supera os limites estritos do próprio empresário no seu negócio. Desse modo, o legislador, ao disponibilizar o procedimento da recuperação judicial para empresas em crise, apesar de criar normas e ferramentas que asseguram ao devedor ambiente adequado para a negociação de plano coletivo com seus credores, depende, para o sucesso da aplicação dessa solução legal, que haja, por parte do devedor, boa-fé, transparência na disponibilização das informações necessárias aos credores e, também, comprometimento por parte de seus administradores quanto à persecução dos objetivos legais.

O legislador, contudo, não ignora que a atuação do devedor e de seus administradores possa, durante o processo de recuperação judicial, não se mostrar cooperativa e colaborativa, nem, tampouco, pautada pela transparência e boa-fé esperada, ou, ainda, que aponte para uso disfuncional e fraudulento do instituto, para benefício próprio em detrimento dos interesses de credores e, em última análise, da coletividade no soerguimento da empresa. Nessas situações, a atuação do devedor e de seus administradores poderá comprometer o atingimento dos resultados esperados com a recuperação judicial e declarados no art. 47 da LREF.

Excepcionalmente, portanto, poderão os gestores do devedor ser substituídos, caso verificadas as hipóteses legais e taxativas previstas no artigo 64. Nesses casos, o juiz destituirá o administrador, na forma prevista nos atos constitutivos do devedor ou no plano de recuperação judicial, podendo a medida ser decretada *ex officio* e em qualquer fase do procedimento.

Analisando as hipóteses do artigo 64 da LREF é possível verificar que se dividem em três situações distintas. A primeira, referente à violação dos deveres inerentes ao administrador, a segunda, de presunção de inidoneidade, e, por fim, a terceira, que aponta para o uso da substituição como simples meio de recuperação judicial, sem qualquer carga punitiva ou acautelatória.

Desse modo, é hipótese de afastamento do devedor ou de seus administradores sempre que houverem agido com dolo, simulação ou fraude contra os interesses dos credores. Essa disposição do artigo 64, III traz previsão genérica que indica dever genérico de devedor e administradores de empresas em recuperação judicial de atuarem dentro de seus poderes e competências legais, descritos na legislação societária, observando deveres de diligência e transparência, assim como os deveres específicos trazidos na legislação da insolvência.

O artigo 64, IV da LREF traz situações específicas que indicam a ausência de comprometimento do devedor e de seus administradores com os objetivos da recuperação judicial, ou seja (a) houver efetuado gastos pessoais manifestamente excessivos em relação à sua situação patrimonial; (b) houver efetuado despesas injustificáveis por sua natureza ou vulto, em relação ao capital ou gênero do negócio, ao movimento das operações e a outras circunstâncias análogas; (c) houver descapitalizado injustificadamente a empresa ou realizado operações prejudiciais ao seu funcionamento regular; (d) houver simulado ou omitido créditos ao apresentar a relação de que trata o inciso III do *caput* do art. 51 da LREF, sem relevante razão de direito ou amparo de decisão judicial.

O artigo 64, V da LREF reforça a necessidade de o devedor ou de seus administradores com a transparência das informações prestadas aos credores e ao juízo. Logo, consiste em hipótese de seu afastamento se houverem se negado a prestar informações solicitadas pelo administrador judicial ou pelos demais membros do Comitê.

Além disso, o legislador presume a incompatibilidade da atuação do diretor ou de seu administrador com os objetivos da recuperação judicial, que justifica o seu afastamento, quando houverem sido condenados por sentença penal transitada em julgado ou por crime cometido em recuperação judicial ou falências anteriores, ou por crime contra o patrimônio, a economia popular ou a ordem econômica previstos na legislação vigente. A lei, não exige, contudo, a condenação penal, sendo possível o afastamento sempre que houver indícios veementes de terem cometido crime previsto na lei, como medida acautelatória aos interesses dos credores e da coletividade em geral.

Por fim, o devedor ou seus administradores poderão ser afastados se assim previsto no plano de recuperação judicial. Nesse caso, o afastamento não decorre da violação de deveres do administrador, nem presunção quanto à sua inidoneidade, mas, apenas, consiste em meio regular de recuperação judicial, disponibilizado aos credores, conforme se evidencia do art. 50, IV, da LREF.

Marcelo Barbosa Sacramone,[312] em importante observação, destaca que o termo "devedor" contido no *caput* do artigo 64 deve ser interpretado com ressalvas. Isso porque é necessário diferenciar o empresário individual de responsabilidade ilimitada, dos demais empresários pessoas jurídicas ou sociedades empresárias. Para o autor, o termo "devedor" se referiria apenas ao primeiro, que administra sua própria atividade. Com relação aos demais empresários, a configuração de qualquer hipótese taxativa prevista no artigo 64 implicaria a destituição de todos ou de apenas alguns de seus administradores, a depender da situação apresentada. Isso porque, se caso a irregularidade constatada seja imputável ao acionista controlador da empresa, o afastamento de seus administradores não será suficiente a permitir a regularidade do procedimento recuperacional. Nesse caso, portanto, a solução poderia ser diversa, como a suspensão temporária do direito de voto do acionista controlador.

Art. 65 – Quando do afastamento do devedor, nas hipóteses previstas no art. 64 desta Lei, o juiz convocará a assembleia-geral de credores para deliberar sobre o nome do gestor judicial que assumirá a administração das atividades do devedor, aplicando-se-lhe, no que couber, todas as normas sobre deveres, impedimentos e remuneração do administrador judicial.

§ 1º O administrador judicial exercerá as funções de gestor enquanto a assembleia-geral não deliberar sobre a escolha deste.

§ 2º Na hipótese de o gestor indicado pela assembleia-geral de credores recusar ou estar impedido de aceitar o encargo para gerir os negócios do devedor, o juiz convocará, no prazo de 72 (setenta e duas) horas, contado da recusa ou da declaração do impedimento nos autos, nova assembleia-geral, aplicado o disposto no § 1º deste artigo.

312 SACRAMONE, Marcelo Barbosa. *Comentários à Lei de Recuperação de Empresas e Falências*. 3ª ed. São Paulo: Saraiva Jur, 2022, p. 358.

O gestor judicial

Nesse último caso, determinado o afastamento do devedor ou de seus administradores nas hipóteses taxativas no artigo 64, o juiz deverá convocar a Assembleia-Geral de Credores para que delibere sobre a escolha de um gestor judicial, na forma do artigo 65, o qual assumirá a administração do devedor, conforme artigo 35, I, "e", da LREF. A esse gestor competirá o comando das atividades empresariais, representando a sociedade devedora em negócios celebrados com terceiros e dando cumprimento ao plano de recuperação judicial, e serão a ele aplicados os mesmos deveres, impedimentos e remuneração do administrador judicial. Mencione-se, contudo, que embora nomeado pelos credores, o exercício da função do gestor judicial deve ser feito tanto no interesse destes, quanto da própria sociedade e de seus sócios.

Até que se realize a AGC para a escolha do gestor judicial, o administrador judicial assumirá as funções daquele. Caso o gestor escolhido na assembleia recusar o encargo ou se declarar impedido de aceitá-lo, nova AGC deverá ser convocada no prazo de 72 horas contadas da recusa ou da declaração de impedimento, período no qual o administrador judicial permanecerá exercendo tal função, até que se escolha definitivamente o gestor judicial.

Art. 66 – Após a distribuição do pedido de recuperação judicial, o devedor não poderá alienar ou onerar bens ou direitos de seu ativo não circulante, inclusive para os fins previstos no art. 67 desta Lei, salvo mediante autorização do juiz, depois de ouvido o Comitê de Credores, se houver, com exceção daqueles previamente autorizados no plano de recuperação judicial.

§ 1º Autorizada a alienação de que trata o caput deste artigo pelo juiz, observar-se-á o seguinte: I – nos 5 (cinco) dias subsequentes à data da publicação da decisão, credores que corresponderem a mais de 15% (quinze por cento) do valor total de créditos sujeitos à recuperação judicial, comprovada

a prestação da caução equivalente ao valor total da alienação, poderão manifestar ao administrador judicial, fundamentadamente, o interesse na realização da assembleia-geral de credores para deliberar sobre a realização da venda; II – nas 48 (quarenta e oito) horas posteriores ao final do prazo previsto no inciso I deste parágrafo, o administrador judicial apresentará ao juiz relatório das manifestações recebidas e, somente na hipótese de cumpridos os requisitos estabelecidos, requererá a convocação de assembleia-geral de credores, que será realizada da forma mais célere, eficiente e menos onerosa, preferencialmente por intermédio dos instrumentos referidos no § 4º do art. 39 desta Lei.

§ 2º As despesas com a convocação e a realização da assembleia-geral correrão por conta dos credores referidos no inciso I do § 1º deste artigo, proporcionalmente ao valor total de seus créditos.

§ 3º Desde que a alienação seja realizada com observância do disposto no §1º do art. 141 e no art. 142 desta Lei, o objeto da alienação estará livre de qualquer ônus e não haverá sucessão do adquirente nas obrigações do devedor, incluídas, mas não exclusivamente, as de natureza ambiental, regulatória, administrativa, penal, anticorrupção, tributária e trabalhista.

§ 4º O disposto no caput deste artigo não afasta a incidência do inciso VI do caput e do § 2º do art. 73 desta Lei.

Procedimento para alienação dos bens e direitos do ativo não circulante do devedor

Após a distribuição do pedido de recuperação judicial, a lei impõe ao devedor a proibição de que sejam alienados ou onerados bens ou direitos de seu ativo não circulante, se não previstos no plano de recuperação judicial, exceto se houver autorização judicial após a oitiva do Comitê de Credores, se houver.

Outrossim, os atos de alienação ou oneração de tais bens e direitos somente poderão ocorrer em duas hipóteses: caso tal procedimento esteja expressamente previsto no plano de recuperação judicial, independentemente de qualquer outro pressuposto, ou mediante autorização do juiz, que deverá analisar se o ato é útil ao processo de soerguimento da empresa devedora.

Conforme conceituado pelo artigo 178, §1º, II da Lei n. 6.404/76, o ativo não circulante é o "*composto por ativo realizável a longo prazo, investimentos, imobilizado e intangível*". O artigo 179 da mesma lei classifica o ativo realizável a longo prazo como "*os direitos realizáveis após o término do exercício seguinte, assim como os derivados de vendas, adiantamentos ou empréstimos a sociedades coligadas ou controladas (artigo 243), diretores, acionistas ou participantes no lucro da companhia, que não constituírem negócios usuais na exploração do objeto da companhia*"; os investimentos como "*as participações permanentes em outras sociedades e os direitos de qualquer natureza, não classificáveis no ativo circulante, e que não se destinem à manutenção da atividade da companhia ou da empresa*"; os ativos imobilizados como "*os direitos que tenham por objeto bens corpóreos destinados à manutenção das atividades da companhia ou da empresa ou exercidos com essa finalidade, inclusive os decorrentes de operações que transfiram à companhia os benefícios, riscos e controle desses bens*"; e o intangível como "*os direitos que tenham por objeto bens incorpóreos destinados à manutenção da companhia ou exercidos com essa finalidade, inclusive o fundo de comércio adquirido*" (artigo 179).

Note-se que, diferentemente do patrimônio geral do devedor, o ativo circulante corresponde aos seus bens disponíveis, destinados à comercialização no exercício de sua atividade empresarial. Esses bens prescindem de quaisquer formalidades ou de anuência prévia para sua alienação, sob pena de se obstar o próprio desenvolvimento da atividade que depende dessas transações para subsistir.

Os §§ 1º a 4º do dispositivo em comento foram acrescentados pela Lei n. 14.112/2020. Antes da reforma, o dispositivo limitava-se à redação de seu *caput*, reservando apenas ao magistrado a autorização da alienação ou oneração de bens e direitos do ativo permanente, mediante reconhecida utilidade. Não havia a possibilidade, pois, de interferência dos credores nessa decisão.

Na atual redação do preceito, caso autorizada a alienação dos bens e ativos não circulantes pelo magistrado, serão intimados os credores para que, no prazo de cinco dias contados da publicação da decisão, manifestem diretamente ao administrador judicial eventual interesse na realização de Assembleia-Geral para deliberar a respeito da venda. Nesse caso, porém, a Lei exige dois requisitos: a adesão de credores em quórum de mais de 15% do valor total de créditos sujeitos à recuperação judicial e o oferecimento de caução equivalente ao valor total da alienação (aqui entendido como o valor que a devedora estima receber, caso inexistente negociação pretérita pelo bem, o qual deverá ser apontado no pedido de alienação).[313] A alteração legal, portanto, permitiu aos credores afastar a autorização judicial para a realização da venda, por manifestação dirigida ao administrador judicial.

Transcorrido o prazo de cinco dias acima assinalado, o administrador judicial apresentará, no prazo de 48 horas, um relatório das manifestações recebidas dos credores. Caso preenchido o quórum legal e prestada a caução, requererá ao juiz a convocação da Assembleia-Geral, que deverá se realizar de forma mais célere, eficiente e menos onerosa, preferencialmente por algum dos meios alternativos de deliberação, previstos no §4º do artigo 39 (termo de adesão, votação por meio de sistema eletrônico ou outro meio reputado suficientemente seguro pelo juiz).

313 COELHO, Fábio Ulhoa. *Comentários à Lei de Falências e de Recuperação de empresas*: Lei n. 14.112/20, Nova Lei de Falências. 14ª ed. São Paulo: Revista dos Tribunais, 2021, p. 266.

Não há previsão legal a respeito do quórum de deliberação na assembleia convocada para esse fim. Por esta razão, deve ser aplicado o quórum geral previsto no artigo 42 da LREF, considerando-se aprovada a proposta que obtiver votos favoráveis de credores que representem mais da metade do valor total dos créditos presentes.

As despesas decorrentes do conclave assemblear serão arcadas pelos credores que manifestaram interesse em sua realização, proporcionalmente ao valor total de seus créditos.

Reproduzindo a regra dispensada a qualquer outra alienação feita no âmbito de processos de falência ou de recuperação judicial (*v.g.*, LREF, artigos 60 e 141, II), estabelecem os §§ 3º e 4º do artigo 66 a não sucessão do adquirente nas obrigações do devedor de qualquer natureza, disposição muito importante para evitar que o bem alienado pelo devedor sofra perda de valor, viabilizando sua venda no contexto de adoção de medidas necessárias para o soerguimento da empresa. Destaca-se, por fim, que a alienação dos bens e ativos não circulantes não poderá implicar substancial esvaziamento patrimonial do devedor, em prejuízo aos seus credores não sujeitos ao procedimento recuperacional. Se caracterizada esta hipótese, o juiz decretará a falência da recuperanda, determinando o bloqueio do produto de eventuais alienações, com a devolução dos valores já distribuídos ao devedor, que ficarão à disposição do juízo (LREF, art. 73, VI e §2º).

Art. 66-A – A alienação de bens ou a garantia outorgada pelo devedor a adquirente ou a financiador de boa-fé, desde que realizada mediante autorização judicial expressa ou prevista em plano de recuperação judicial ou extrajudicial aprovado, não poderá ser anulada ou tornada ineficaz após a consumação do negócio jurídico com o recebimento dos recursos correspondentes pelo devedor.

Conservação dos negócios jurídicos celebrados com autorização do juízo ou do plano de recuperação judicial

Sendo imperativo o preceito contido no artigo 66 da LREF, caso o devedor proceda à alienação de seu ativo permanente sem a prévia autorização do plano de recuperação judicial, do juízo ou dos credores, o negócio jurídico será considerado nulo, podendo o magistrado determinar a convolação em falência, caso o plano de recuperação judicial já tenha sido aprovado (LREF, artigo 73, IV), ou a destituição dos administradores do devedor, caso o plano ainda não tenha sido homologado (LREF, art. 64, III).

De outro turno, se houver expressa autorização judicial ou previsão no plano de recuperação judicial, a alienação de bens ou a garantia outorgada pelo devedor a adquirente ou financiador de boa-fé não poderão ser anuladas ou tornadas ineficazes após a consumação do negócio jurídico e o recebimento dos recursos correspondentes pela empresa em recuperação. A previsão legal buscou tutelar o ato jurídico perfeito, a segurança jurídica e o terceiro de boa-fé, que não sofrerá qualquer risco no caso, por exemplo, de a decisão que autorizou o negócio vir a ser desconstituída posteriormente.

Art. 67 – Os créditos decorrentes de obrigações contraídas pelo devedor durante a recuperação judicial, inclusive aqueles relativos a despesas com fornecedores de bens ou serviços e contratos de mútuo, serão considerados extraconcursais, em caso de decretação de falência, respeitada, no que couber, a ordem estabelecida no art. 83 desta Lei.

Parágrafo único. O plano de recuperação judicial poderá prever tratamento diferenciado aos créditos sujeitos à recuperação judicial pertencentes a fornecedores de bens ou serviços que continuarem a provê-los normalmente após o pedido de recuperação

judicial, desde que tais bens ou serviços sejam necessários para a manutenção das atividades e que o tratamento diferenciado seja adequado e razoável no que concerne à relação comercial futura.

Créditos constituídos após o pedido de recuperação judicial

Os créditos constituídos após o pedido de recuperação judicial não se submetem ao procedimento, conforme previsão do artigo 49 da LREF. Nesse sentido, os créditos decorrentes de obrigações assumidas pelo devedor durante a recuperação judicial, inclusive aqueles relativos a despesas com fornecedores de bens ou serviços e contratos de mútuo, poderão ser cobrados pelos respectivos credores independentemente do plano de recuperação judicial.

Prevê a lei que, se decretada a falência do devedor, tais créditos serão classificados como extraconcursais (LREF, art. 84, I-E), de modo que os respectivos credores receberão o produto da liquidação dos bens da massa falida antes mesmo do pagamento de quaisquer dos créditos concursais, inclusive os trabalhistas, com garantia real e tributários.

A previsão legal busca estimular os agentes econômicos a manter negócios com a empresa em recuperação judicial, munidos da garantia de que terão preferência no recebimento de seus créditos em eventual decreto de falência, de modo a impulsionar a atividade empresarial do devedor e reduzir os impactos negativos da publicização de sua situação de crise econômico-financeira no mercado.

Credor colaborativo

Além de a LREF considerar o crédito contraído durante a recuperação judicial como extraconcursal em caso de falência, ainda prevê que o plano de recuperação judicial poderá criar subclasses de credores, conferindo tratamento diferenciado aos créditos contraídos antes do processamento do pedido, mas titularizados por credores parceiros, responsáveis pelo fornecimento, durante a recuperação do devedor, de bens e serviços imprescindíveis à manutenção das suas atividades.

Embora o parágrafo único do artigo 67 tenha sido incluído pela reforma de 2020, a previsão de criação de subclasses no plano de recuperação judicial já era admitida pela doutrina e jurisprudência,[314] calcada na possibilidade de existirem interesses heterogêneos dentro de uma mesma classe de credores. A inclusão desse dispositivo pela Lei n. 14.112/2020, pois, veio a consagrar o entendimento já existente.

Exige a lei, porém, que tal tratamento diferenciado seja adequado e razoável, justificado pela cooperação do credor colaborativo, não se podendo conceder esse privilégio a credores fornecedores de bens não essenciais ao devedor, sob pena de vulneração ao princípio da *par conditio creditorum*.[315] Imprescindível, pois, que haja controle judicial sobre eventual previsão de subclasses no plano de recuperação judicial, para se evitar que tal estratégia seja

---

314 STJ, AgInt no AREsp 1510244/RJ, Min. Raul Araújo, 4ª Turma, DJe 03/02/2020.

315 "Não há que se falar em violação ao princípio da paridade entre credores em virtude da criação de subclasses decredores com a mesma realidade, em semelhantes situações e desde que esse agrupamento permita que cada qual receba tratamento igualitário e proporcional à sua realidade. Além disso, a mera apresentação de diferentes opções de pagamento com livre possibilidade de adesão pelos credores, como é o caso, não viola a *par conditio creditorum* nem se mostra ilegal. O próprio aditivo menciona que a adesão ao rol de credores apoiadores é opcional e disponível a todos os credores. Em acréscimo, frise-se que eventual tratamento diferenciado é aceito desde que o credor que se beneficia com a diferença seja 'parceiro' da recuperação judicial, agente def omento daquela empresa. Nesse sentido, é a recente alteração do parágrafo único do art. 67 da Lei n. 11.105/2005, pela Lei n. 14.112/2020". (TJSP, 2ª Câmara Reservada de Direito Empresarial, AI n. 2168529-16.2021.8.26.0000, Rel. Sérgio Shimura, DJe 21/01/2022).

utilizada pelo devedor para alterar o quórum legal de deliberação sobre o plano.

Marcelo Barbosa Sacramone[316] aponta, ao defender esse controle, a possibilidade de que seja exigido o quórum de deliberação não apenas nas classes de credores, conforme previso pela lei, mas também nas próprias subclasses criadas pelo plano de recuperação judicial, assegurando que os credores não sejam prejudicados por uma maioria constituída apenas pelos credores beneficiados por esse tratamento diferenciado.

Art. 68 – As Fazendas Públicas e o Instituto Nacional do Seguro Social – INSS poderão deferir, nos termos da legislação específica, parcelamento de seus créditos, em sede de recuperação judicial, de acordo com os parâmetros estabelecidos na Lei n. 5.172, de 25 de outubro de 1966 – Código Tributário Nacional.

Parágrafo único. As microempresas e empresas de pequeno porte farão jus a prazos 20% (vinte por cento) superiores àqueles regularmente concedidos às demais empresas.

Parcelamento de créditos fiscais

Conforme comentários ao artigo 57, grande parte do passivo sujeito à recuperação judicial, normalmente, se trata de dívida fiscal. Por essa razão, o artigo 68 estabelece a possibilidade de parcelamento do crédito fiscal na recuperação judicial, nos termos de legislação específica. Assim, o parcelamento do crédito tributário suspenderia a sua exigibilidade, permitindo que a recuperanda apresentasse Certidão Negativa de débitos fiscais, viabilizando sua recuperação judicial.

---

316 SACRAMONE, Marcelo Barbosa. *Comentários à Lei de Recuperação de Empresas e Falências*. 3ª ed. São Paulo: Saraiva Jur, 2022, p. 368.

O dispositivo está em consonância com o §3º do artigo 155-A do CTN, segundo o qual "*lei específica disporá sobre as condições de parcelamento dos créditos tributários do devedor em recuperação judicial*".

Já o §4º do mesmo diploma legal estabeleceu que, até a edição dessa lei específica, seriam aplicadas as leis gerais de parcelamento do ente da Federação ao devedor em recuperação judicial, não podendo, nesse caso, ser o prazo de parcelamento inferior ao concedido pela lei federal específica. Tal legislação foi editada apenas em 2014 (Lei n. 13.043/2014), incluindo o artigo 10-A na Lei n. 10.522/2002, que permitiu o pagamento dos débitos fiscais em até 84 prestações mensais e consecutivas. Antes da Lei n. 13.043, em razão da omissão legislativa, a jurisprudência admitia a concessão da recuperação judicial independentemente da comprovação de regularidade dos débitos fiscais.

Mesmo depois da Lei n. 13.043, porém, a jurisprudência passou a entender pela sua inaplicabilidade para as empresas em recuperação judicial, não apenas em razão do prazo máximo exíguo de 84 meses concedido pela lei, mas também em razão da impossibilidade de deságio e da imposição de renúncia a qualquer discussão judicial ou administrativa sobre o tributo. Outrossim, manteve-se o entendimento de dispensa das certidões negativas de débitos tributários, a despeito da edição de legislação federal específica.[317]

A reforma trazida pela Lei n. 14.112/2020, todavia, alterou o art. 10-A da Lei n. 10.522/2002, permitindo que fosse concedido às empresas em recuperação judicial o parcelamento dos débitos tributários em até 120 prestações mensais e consecutivas. Há quem entenda, pois, que aquele posicionamento jurisprudencial não mais se justifica, devendo-se interpretar o artigo 68 em conjunto com o artigo 57, no sentido de que devem ser exigidas das

317 Ver comentários ao artigo 57.

empresas em recuperação judicial a certidão negativa de débitos tributários ou a concessão do parcelamento junto pelo Fisco, ainda que se adote o melhor parcelamento tributário vigente para o ente da Federação.

De todo modo, a LC 147, de 07/08/2014, buscou conceder maiores benefícios às microempresas e empresas de pequeno porte, incluindo o parágrafo único no artigo 68, que estabelece a concessão de prazos 20% superiores àqueles concedidos às demais empresas, no que se refere ao parcelamento dos créditos fiscais.

Art. 69 – Em todos os atos, contratos e documentos firmados pelo devedor sujeito ao procedimento de recuperação judicial deverá ser acrescida, após o nome empresarial, a expressão "em Recuperação Judicial".

Parágrafo único. O juiz determinará ao Registro Público de Empresas e à Secretaria Especial da Receita Federal do Brasil a anotação da recuperação judicial nos registros correspondentes.

Divulgação da situação de crise a terceiros

Assim como estabelece o parágrafo único do artigo 191 da LREF, a regra do artigo 69 buscou dar conhecimento da situação de crise econômico-financeira do devedor aos terceiros que com ele queiram celebrar negócios jurídicos. A recuperanda, pois, deverá fazer constar em todos os seus atos, contratos e documentos a expressão "em recuperação judicial", após o seu nome empresarial. A não realização da providência poderá implicar a responsabilização direta do administrador que representou a sociedade no ato jurídico correspondente.

Para esse fim, o juiz, ao deferir o processamento da recuperação judicial, deverá oficiar à Junta Comercial e à Secretaria da Receita Federal para atualização de seus respectivos registros públicos, anotando-se a situação jurídica do devedor, seja enquanto se encontre em recuperação judicial, seja após o encerramento do procedimento (LREF, art. 63, V).

Seção IV-A – Do Financiamento do Devedor e do Grupo Devedor durante a Recuperação Judicial

Art. 69-A – Durante a recuperação judicial, nos termos dos arts. 66 e 67 desta Lei, o juiz poderá, depois de ouvido o Comitê de Credores, autorizar a celebração de contratos de financiamento com o devedor, garantidos pela oneração ou pela alienação fiduciária de bens e direitos, seus ou de terceiros, pertencentes ao ativo não circulante, para financiar as suas atividades e as despesas de reestruturação ou de preservação do valor de ativos.

Financiamento do devedor

A Seção IV-A da LREF foi inserida pela reforma de 2020 com o fim precípuo de alavancar a manutenção da fonte produtora e viabilizar ao devedor o pagamento de suas dívidas, por meio da concessão de novos créditos.

Durante a recuperação judicial, após ouvido o Comitê de Credores, o juiz poderá autorizar a celebração de contratos de financiamento com o devedor, garantidos pela oneração ou alienação fiduciária de seus bens e direitos pertencentes ao ativo não circulante, se tais contratos não estiverem previstos no plano de recuperação judicial, nos termos do artigo 66 da LREF. Esse tipo de financiamento, denominado "Financiamento DIP" foi importado do Direito americano, o qual prevê o instituto do *debtor in possession financing.*

Note-se que, caso tais atos jurídicos estejam previstos no plano de recuperação judicial, ou em se tratando do ativo circulante da empresa em recuperação, não haverá qualquer necessidade de prévia autorização judicial ou outra formalidade. Em regra, os administradores da sociedade devedora podem celebrar livremente os contratos para financiamento da atividade empresarial, hipótese que somente será ressalvada se se tratar de bens ou direitos pertencentes ao seu ativo não circulante.[318]

Relembre-se, ademais, que os créditos assumidos pelo devedor durante a recuperação judicial, decorrentes destes contratos de financiamento, serão considerados créditos extraconcursais no caso de decretação de falência (LREF, arts. 67 e 84, I-B).

Art. 69-B – A modificação em grau de recurso da decisão autorizativa da contratação do financiamento não pode alterar sua natureza extraconcursal, nos termos do art. 84 desta Lei, nem as garantias outorgadas pelo devedor em favor do financiador de boa-fé, caso o desembolso dos recursos já tenha sido efetivado.

Conservação do financiamento celebrado com autorização judicial

Reproduzindo a mesma sistemática estabelecida pelo artigo 66-A da LREF, o artigo 69-B destaca que se houver expressa autorização judicial, os contratos de financiamento ou as garantias outorgadas ao financiador de boa-fé não poderão ser anulados ou tornados ineficazes após a consumação do negócio jurídico, caso já tenham sido desembolsados os recursos correspondentes.

O dispositivo busca salvaguardar a segurança jurídica, privilegiando a estabilidade do negócio jurídico celebrado no contexto da LREF. Em outros termos, o artigo 69-B relativiza o princípio do duplo grau de jurisdição, estabelecendo a irrecorribilidade da decisão de primeiro grau quanto aos aspectos da extraconcursalidade do crédito, no caso de falência, e da validade da garantia

318 Ver comentários ao artigo 66.

outorgada pelo devedor em favor do financiador de boa-fé, caso os correspondentes recursos já tenham sido desembolsados.

Art. 69-C – O juiz poderá autorizar a constituição de garantia subordinada sobre um ou mais ativos do devedor em favor do financiador de devedor em recuperação judicial, dispensando a anuência do detentor da garantia original.

§ 1º A garantia subordinada, em qualquer hipótese, ficará limitada ao eventual excesso resultante da alienação do ativo objeto da garantia original.

§ 2º O disposto no caput deste artigo não se aplica a qualquer modalidade de alienação fiduciária ou de cessão fiduciária.

Constituição de garantia subordinada

Caso a empresa em recuperação judicial pretenda alienar ou onerar bem gravado com garantia real, ainda que haja autorização judicial ou dos credores, a substituição ou desconstituição do gravame apenas poderá ocorrer mediante anuência do titular da garantia, conforme o §1º do artigo 50, da LREF.

O artigo 69-C trouxe a possibilidade de o devedor constituir garantia subordinada, em favor de seus financiadores, sobre os seus bens já gravados com garantia real. Esta nova oneração, dependente da primitiva e concedida mediante autorização judicial, prescindirá da anuência do titular da garantia original, uma vez que não haverá contra este qualquer prejuízo, sobretudo porque a garantia subordinada ficará restrita ao excesso resultante da alienação do ativo objeto da garantia original. A incidência do dispositivo se restringe, pois, às situações em que, excutida a garantia original, haja excedente resultante da execução.

Ressalva o §2º, contudo, que a garantia subordinada não poderá ser constituída caso se trate de alienação ou cessão fiduciária porque, nesses casos, a propriedade fiduciária do bem pertence ao credor originário. Tal restrição legal poderá inviabilizar a efetiva constituição da garantia subordinada nos processos de recuperação judicial, mormente porque as únicas garantias normalmente aceitas pelos financiadores da recuperanda são as de natureza fiduciária.[319]

Art. 69-D – Caso a recuperação judicial seja convolada em falência antes da liberação integral dos valores de que trata esta Seção, o contrato de financiamento será considerado automaticamente rescindido.

Parágrafo único. As garantias constituídas e as preferências serão conservadas até o limite dos valores efetivamente entregues ao devedor antes da data da sentença que convolar a recuperação judicial em falência.

Convolação em falência antes da conclusão do financiamento

Em caso de convolação da recuperação judicial em falência, antes que tenham sido liberados integralmente os valores correspondentes ao financiamento do devedor, o contrato será automaticamente resolvido. Se já tiver sido liberados parte dos valores, o financiador ficará dispensado de depositar as parcelas remanescentes do contrato, assegurando-se sua classificação como credor extraconcursal até o limite dos valores já entregues efetivamente ao devedor antes da sentença.

Note-se que o dispositivo em comento parece confrontar com o preceito do artigo 117 da LREF, segundo o qual os contratos bilaterais celebrados pelo devedor não se resolvem pela falência, e poderão ter sua execução mantida pelo administrador judicial,

---

319 BEZERRA FILHO, Manoel Justino. *Lei de Recuperação de Empresas e Falências*. 10ª ed. São Paulo: Revista dos Tribunais, 2014, p. 327.

com autorização do Comitê de Credores, caso não impliquem substantivo aumento do passivo da massa falida, ou se forem necessários à manutenção e preservação dos seus ativos. De acordo com Manoel Justino Bezerra Filho,[320] pois, não haveria resolução automática do contrato de financiamento em caso de convolação em falência, mas prévia análise a respeito da manutenção ou não do negócio jurídico pelo administrador judicial, após ouvido o Comitê de Credores, independentemente da liberação total ou parcial dos valores envolvidos na negociação.

Marcelo Barbosa Sacramone,[321] por sua vez, entende que a hipótese do artigo 69-D constitui exceção legal à regra geral da não resolução dos contratos bilaterais pela decretação da falência. A excepcionalidade se justificaria, segundo o autor, para evitar que o administrador judicial eventualmente exija o cumprimento do contrato após a decretação da falência, sem que a massa falida consiga satisfazê-lo.

Na verdade, a regra do art. 69-D da LREF tem por objetivo tornar mais atraentes investimentos realizados durante a recuperação judicial, assegurando as suas preferências e garantias, mesmo em caso de falência.

Art. 69-E – O financiamento de que trata esta Seção poderá ser realizado por qualquer pessoa, inclusive credores, sujeitos ou não à recuperação judicial, familiares, sócios e integrantes do grupo do devedor.

---

320 BEZERRA FILHO, Manoel Justino. *Lei de Recuperação de Empresas e Falências*. 10ª ed. São Paulo: Revista dos Tribunais, 2014, p. 327.

321 SACRAMONE, Marcelo Barbosa. *Comentários à Lei de Recuperação de Empresas e Falências*. 3ª ed. São Paulo: Saraiva Jur, 2022, p. 376.

Legitimidade para figurar como financiador

Estabelece o artigo 69-E ampla legitimidade para a contratação de financiamento perante a empresa em crise, incluindo os credores sujeitos ou não à recuperação judicial, os familiares, sócios ou integrantes do grupo de devedor.

De todo modo, o aporte de capital pelos sócios ou pessoas ligadas ao devedor deve ser analisado com cautela, para não se admitir eventuais fraudes em prejuízo da massa falida.

Art. 69-F – Qualquer pessoa ou entidade pode garantir o financiamento de que trata esta Seção mediante a oneração ou a alienação fiduciária de bens e direitos, inclusive o próprio devedor e os demais integrantes do seu grupo, estejam ou não em recuperação judicial.

Legitimidade para garantia do financiamento

O artigo 69-F, dando continuidade à questão da legitimidade para contratar, estabelece que qualquer pessoa ou entidade poderá figurar como garantidor do contrato de financiamento, ainda que mediante oneração ou alienação fiduciária de bens e direitos do próprio devedor ou de integrantes do seu grupo, mesmo que não se encontrem em recuperação judicial.

Seção IV-B – Da Consolidação Processual e da Consolidação Substancial

Art. 69-G – Os devedores que atendam aos requisitos previstos nesta Lei e que integrem grupo sob controle societário comum poderão requerer recuperação judicial sob consolidação processual.

§ 1º Cada devedor apresentará individualmente a documentação exigida no art. 51 desta Lei.

§ 2º O juízo do local do principal estabelecimento entre os dos devedores é competente para deferir a recuperação judicial sob consolidação processual, em observância ao disposto no art. 3º desta Lei.

§ 3º Exceto quando disciplinado de forma diversa, as demais disposições desta Lei aplicam-se aos casos de que trata esta Seção.

Consolidação processual

A consolidação processual é uma novidade incluída na Lei n. 11.101/2005 pela reforma de 2020, estabelecendo uma hipótese de litisconsórcio ativo que não era prevista expressamente na legislação de regência.

Antes mesmo da promulgação da Lei n. 14.112/2020, porém, a jurisprudência já admitia o ajuizamento do pedido de recuperação judicial por duas ou mais empresas, sobretudo em razão da aplicação subsidiária do Código de Processo Civil aos procedimentos recuperacional e falimentar, nos termos do artigo 189 da LREF. Segundo o STJ, "*é possível a formação de litisconsórcio ativo na recuperação judicial para abranger as sociedades integrantes do mesmo grupo econômico*".[322]

No entender daquela Corte,

> *A Lei n. 11.101/2005, ao reputar o devedor como sendo o empresário ou a sociedade empresária (expressões usadas no singular pela LREF), deixou de disciplinar a possibilidade de apresentação conjunta do pedido de recuperação judicial*

322 STJ, REsp 1665042/RS, 3ª Turma, Min. Ricardo Villas Bôas Cueva, DJe 01/07/2019.

> *por sociedades empresárias que componham determinado grupo econômico. Portanto, não dispôs acerca da formação do litisconsórcio ativo. Todavia, conforme o art. 189 da LREF, o Código de Processo Civil (CPC) é aplicável subsidiariamente aos processos de recuperação judicial e de falência. Desse modo, as normas da legislação adjetiva brasileira visam suprir, no que for compatível, eventuais lacunas contidas no referido estatuto concursal* (grifos no original).

Outrossim, diante da possibilidade de existir comunhão de interesses entre duas ou mais empresas do mesmo grupo societário, a admissão do pedido de recuperação judicial em conjunto já era consagrada à luz da economia processual e da redução dos custos decorrentes das despesas com o procedimento. A Lei n. 14.112/2020 consagrou esse entendimento, positivando a legitimação ativa de duas ou mais empresas para o mesmo pedido de recuperação judicial, como consolidação processual.

Cuida-se, pois, de litisconsórcio facultativo, em que não há confusão patrimonial entre as empresas requerentes, possuindo cada qual autonomia financeira e atividade empresarial própria. Competem, portanto, aos devedores interessados, apresentar pedido conjunto de processamento de pedido de recuperação judicial, em consolidação processual.

A consolidação processual, porém, não implica necessariamente a apresentação de um único plano de recuperação judicial, de sorte que cada uma das empresas que compõem o grupo societário poderá apresentar um plano específico, sobretudo se os seus ativos e passivos forem dissociados e não houver qualquer dificuldade na identificação de sua titularidade.

O fundamento que autoriza o pedido de recuperação judicial em consolidação processual é que as pessoas requerentes integrem grupo sob controle societário comum. O controle societário é exercido por participação societária.

A legislação brasileira disciplina os grupos societários entre os grupos de direito e os de fato.

Os grupos de direito são disciplinados pelos arts. 265 a 277 da Lei n. 6.404/76 (LSA), referindo-se a sociedades que, muito embora juridicamente independentes, subordinam-se por acordo a uma direção e buscam o mesmo interesse, mediante a aprovação de convenção de grupo. Há manutenção da personalidade jurídica e da estrutura interna de administração de cada uma das sociedades envolvidas, muito embora não exista plena independência dos entes filiados, visto que devem seguir instruções da gerência do grupo.

A convenção dispõe sobre a subordinação de interesses e operações intragrupos, sem observar critérios de comutatividade, reconhecendo a existência de um interesse grupal que poderia ser imposto às sociedades do grupo, sem preocupação de administradores e controladores com relação aos prejuízos causados às filiadas, desde que observados os termos da convenção do grupo (art. 273).

Os grupos societários de fato são disciplinados pelos arts. 243 e seguintes da LSA e 1097 a 1101 do CC, referindo-se a sociedades coligadas, controladoras e controladas, ou seja, participações relevantes de uma sociedade em outra.

> Nos grupos de fato, as personalidades jurídicas de cada um dos integrantes do grupo é preservada e cada qual deve orientar-se pela preservação de sua autonomia e tutela de seu interesse social. Nessa primeira situação, a relação jurídica estabelecida entre a pessoa jurídica integrante do grupo e o credor é estabelecida com base na maximização dos interesses dos próprios agentes da relação jurídica. A autonomia da personalidade perante as sociedades do mesmo grupo garante que o credor possa aferir os riscos da contratação diretamente com base no capital social da contraparte, bem como assegura que eventual situação de crise de outra pessoa jurídica integrante do grupo não contamine as demais, eventualmente em situação financeira sadia. Diante desse

> primeiro caso, as dívidas de todo o grupo ou das demais sociedades que o integram não devem ser consolidadas num quadro geral de credores único, bem como não devem ser submetidas a um único plano de recuperação. A autonomia das personalidades jurídicas implica o tratamento diferenciado do risco contratado por cada um dos credores, os quais não podem ser assim igualados. A aglutinação das referidas personalidades jurídicas distintas num único feito, nessa hipótese, é apenas medida de economia processual. Como consequência, os planos devem ser separados para cada pessoa jurídica, ainda que integrem um único documento, e cada qual deverá ser votado por seus próprios credores.[323]

Possuem tanto quanto os grupos de Direito, direção unitária e alinhamento de interesses para desenvolvimento de operações econômicas conjuntas. A atuação conjunta e unitária decorre do exercício do poder de controle.

Cada uma das empresas em consolidação processual deverá, individualmente, apresentar a documentação necessária para análise do pedido de recuperação judicial, prevista no artigo 51, e demonstrar o preenchimento dos requisitos previstos no art. 48, ambos da LREF.

Conforme já destacado nos comentários ao artigo 48, em regra, as sociedades empresárias integrantes de grupo econômico devem demonstrar individualmente o cumprimento do requisito temporal de 2 (dois) anos de exercício regular de suas atividades para postular a sua recuperação judicial, admitindo-se, em casos excepcionais e observadas as peculiaridades de cada um deles, o aproveitamento do prazo de atividade regular de outra empresa do grupo.[324]

---

323 Tribunal de Justiça do Estado de São Paulo, Processo Digital n. 1012944-08.2023.8.26.0100. Juíza de Direito: Dra. Maria Rita Rebello Pinhos Dias. Decisão proferida em 08/02/2023.

324 Ver comentários ao artigo 48.

Sendo o caso de consolidação processual, o juízo competente para apreciação do pedido de recuperação judicial será aquele do principal estabelecimento comercial do grupo, considerados todos os estabelecimentos de todas as sociedades que compõem o polo ativo da ação (LREF, art. 3º).

A lei menciona que a apresentação do pedido de recuperação judicial, em consolidação processual, será formulada no momento inicial da ação.

Questiona-se quanto à possibilidade de inclusão de novas sociedades, como requerentes de recuperação judicial.

O artigo 329 do CPC, que disciplina os marcos temporais dentro dos quais admite-se a alteração da causa de pedir e do pedido, não é adequado aos processos de recuperação judicial, tendo em vista que não há, propriamente, citação do polo passivo para apresentação de contestação.

A decisão que defere o processamento da recuperação judicial desempenha importante função do referido procedimento, fixando vários marcos temporais que estruturam a sua condução. Assim, por exemplo, a referida decisão determina a suspensão de todas as ações ou execuções do devedor, sendo o marco inicial do *stay period*, e, também, ordenará a expedição de edital contendo a relação nominal de credores, o que dará início à fase da verificação de crédito.

O ingresso de outras sociedades do grupo econômico, postulando a recuperação judicial, após a análise e deferimento do pedido de seu processamento, poderia gerar incertezas quanto ao termo inicial do *stay period* e quanto à sua extensão.

As hipóteses de extensão do prazo de duração do *stay period* estão expressamente previstas em lei, tendo o legislador deixado claro quanto à possibilidade de sua prorrogação por uma única oportunidade. O prazo do *stay period*, fixado pelo legislador, busca criar equilíbrio entre a necessidade de criar ambiente favorável à negociação, de um lado, e, por outro, atender aos interesses dos credores. Desse modo, a sua prorrogação além do prazo previsto em lei poderia resultar em desequilíbrio não desejado, não podendo, portanto, ser aceita. Consequentemente, eventuais pedidos para inclusão de outras sociedades do grupo econômico como requerentes da recuperação judicial, somente podem ser efetuados até a decisão que defere o processamento da recuperação judicial.

Art. 69-H – Na hipótese de a documentação de cada devedor ser considerada adequada, apenas um administrador judicial será nomeado, observado o disposto na Seção III do Capítulo II desta Lei.

Administrador judicial único

Considerando que a consolidação processual busca resguardar, dentre outros aspectos, a economia processual e a redução dos custos comuns necessários ao procedimento da recuperação judicial, prevê a LREF que, caso admitido o litisconsórcio ativo e preenchidos os requisitos por cada uma das empresas legitimadas, será nomeado apenas um administrador judicial para a condução dos trabalhos, o qual deverá ser remunerado de acordo com a extensão e complexidade do trabalho a ser realizado, considerado eventual aproveitamento dos atos concernentes a cada uma das sociedades.

Art. 69-I – A consolidação processual, prevista no art. 69-G desta Lei, acarreta a coordenação de atos processuais, garantida a independência dos devedores, dos seus ativos e dos seus passivos.

§ 1º Os devedores proporão meios de recuperação independentes e específicos para a composição de seus passivos, admitida a sua apresentação em plano único.

§ 2º Os credores de cada devedor deliberarão em assembleias-gerais de credores independentes.

§ 3º Os quóruns de instalação e de deliberação das assembleias-gerais de que trata o § 2º deste artigo serão verificados, exclusivamente, em referência aos credores de cada devedor, e serão elaboradas atas para cada um dos devedores.

§ 4º A consolidação processual não impede que alguns devedores obtenham a concessão da recuperação judicial e outros tenham a falência decretada.

§ 5º Na hipótese prevista no § 4º deste artigo, o processo será desmembrado em tantos processos quantos forem necessários.

Procedimento na consolidação processual sem consolidação substancial

Na consolidação processual, haverá a coordenação dos atos processuais, sem se olvidar da autonomia contábil, financeira e patrimonial entre os devedores. Cada um deles, nesse ínterim, apresentará proposta individual dos meios de recuperação judicial a serem adotados para a composição de seu passivo, ainda que tal providência seja apresentada em peça processual única.

Embora a redação legal preveja a possiblidade de apresentação de "plano único", deve-se entender como tal, que o plano poderá ser apresentado no mesmo documento, porém, devem ser individualizados os planos de cada sociedade devedora, cada um considerando os ativos e passivos desta. Não por outro motivo, o §2º estabelece que os credores de cada sociedade legitimada deliberarão em assembleias independentes.

Note-se, nesse sentido, que na consolidação processual sem consolidação substancial, as assembleias deverão ser realizadas separadamente, assim como a contabilização dos quóruns de instalação e deliberação, cujas atas serão elaboradas e discriminadas, cada qual, para o respectivo devedor. Nada impede que as assembleias sejam todas realizadas no mesmo local, em horários sucessivos, tudo a simplificar o procedimento e torná-lo menos oneroso.

Além disso, considerando que na consolidação processual não há obrigatoriedade da formação do litisconsórcio ativo, é possível que algumas sociedades legitimadas obtenham decisão de concessão e de encerramento da recuperação judicial, enquanto outras tenham sua falência decretada por sentença no decorrer do processo de soerguimento, caso em que os autos deverão ser desmembrados em razão das peculiaridades de cada procedimento.

Ora, se o próprio artigo 69-I estabelece a autonomia de cada devedora e a independência entre cada um dos planos de recuperação judicial, razoável imaginar-se a situação em que uma das empresas cumpra regularmente as obrigações assumidas no plano de recuperação judicial perante seus credores, enquanto outra se mostre inapta ao cumprimento de seus encargos, ou tenha seu plano rejeitado pelos credores, sem apresentação de plano alternativo ou de preenchimento dos requisitos do artigo 58, §1º. A esta última, pois, caberá a aplicação do art. 73 da LREF, não sendo razoável concluir-se que ambas terão o mesmo desfecho simplesmente por figurarem em conjunto no polo ativo.

Art. 69-J – O juiz poderá, de forma excepcional, independentemente da realização de assembleia-geral, autorizar a consolidação substancial de ativos e passivos dos devedores integrantes do mesmo grupo econômico que estejam em recuperação judicial sob consolidação processual, apenas quando constatar a interconexão e a confusão entre ativos ou passivos dos devedores, de modo que não seja possível identificar a sua titularidade sem excessivo dispêndio de tempo ou de recursos, cumulativamente com a ocorrência de, no mínimo, 2 (duas) das seguintes hipóteses:

I – existência de garantias cruzadas;

II – relação de controle ou de dependência;

III – identidade total ou parcial do quadro societário; e

IV – atuação conjunta no mercado entre os postulantes.

Consolidação substancial

A consolidação substancial, diversamente da consolidação processual, caracteriza-se pela confusão patrimonial e de interesses, unidade de gestão e dependência entre as sociedades pertencentes ao grupo societário. A consolidação substancial depende da consolidação processual, mas o contrário não é verdadeiro. É necessário, pois, que as empresas estejam reunidas em litisconsórcio ativo para a aplicação do instituto, porém, somente será reconhecida a consolidação substancial de forma excepcional, caso preenchidos os requisitos legais que devem ser analisados pelo juiz casuisticamente.

Na consolidação substancial, o litisconsórcio ativo é necessário, considerando a ausência de autonomia e de singularidade patrimonial das empresas devedoras. Adota-se, nessa hipótese, um tratamento unificado às pessoas jurídicas integrantes do grupo societário, unificando-se ativos e passivos.

Uma questão que surge é a atinente a poderem as empresas devedoras escolherem quais sociedades do grupo integrarão o polo ativo, ou seja, em outras palavras, se constatada a dependência financeira e a confusão patrimonial e de gestão, todas as empresas do grupo envolvidas deveriam integrar o polo ativo, sob pena de nulidade (CPC, art. 115, I).

Necessário observar, contudo, que não há possibilidade de imposição do plano de recuperação judicial. Somente o credor detém legitimidade ativa para requerer o processamento da recuperação judicial, não podendo ser imposto por magistrado, nem assim requerido pelos demais credores.

Aliás, nesse sentido, o artigo 69-J prevê que o juiz poderá autorizar a consolidação substancial das empresas que já estejam em consolidação processual. O referido dispositivo indica duas condições prévias para analisar o pedido de consolidação substancial: o primeiro, que as empresas pertençam ao mesmo grupo econômico e, o segundo, que essas empresas estejam em recuperação judicial sob consolidação processual.

Desse modo, caso as empresas requerentes do pedido de recuperação judicial solicitarem o processamento em consolidação substancial e não incluírem, no polo ativo, todas as empresas que compõem o grupo de fato, não cabe ao magistrado determinar a inclusão de empresa que não deduziu o pedido. Afinal, o processamento da recuperação judicial em consolidação processual consiste em um litisconsórcio facultativo. Deve o magistrado, nesse caso, limitar-se a indeferir o processamento em consolidação substancial, permitindo o prosseguimento da recuperação judicial com relação às empresas requerentes, em consolidação meramente processual.

A análise quanto à consolidação substancial, portanto, somente poderá ser feita diante daquelas empresas que manifestaram previamente em juízo interesse no processamento de sua recuperação judicial e, ainda, que solicitem que tal processamento ocorra sob o regime de consolidação processual. Consequentemente, a decisão do juiz não poderá afetar terceiras sociedades que não manifestaram desejo de se submeter ao procedimento de recuperação judicial.

É preciso não confundir os institutos da consolidação substancial com o da desconsideração da personalidade jurídica, os quais, apesar de aparentemente se assemelharem, são distintos.

A desconsideração da personalidade jurídica consiste, de forma bastante sintética, em técnica jurídica que objetiva a imputação de responsabilização a sócio ou a administrador que responde com seu patrimônio pessoal, diante do uso disfuncional da personalidade jurídica de uma sociedade da qual faz parte, mediante a desconsideração de sua autonomia patrimonial, nas hipóteses previstas em lei (art. 50, CC por exemplo). Já a consolidação substancial consiste em técnica adotada no âmbito do processo da recuperação judicial, para permitir que várias empresas pertencentes ao mesmo grupo econômico sejam tratadas como se uma única fossem, unificando-se ativos e passivos, em razão da confusão entre ativos e de sua atividade operacional interconectada.

O objetivo da consolidação de ativos e passivos não é a responsabilização de sócios e administradores, mas sim permitir que as empresas envolvidas sejam consideradas como uma única operação econômica, independentemente de sua identidade jurídica autônoma, uma única empresa, objetivando, assim, permitir o seu soerguimento. Procura-se, também, que a recuperação judicial ocorra de forma mais profícua para os interesses dos credores, potencializando a possibilidade de uma solução uniforme para a crise do grupo.

Assemelha-se, portanto, com a doutrina da desconsideração da personalidade jurídica na medida em que parte do reconhecimento judicial da constatação empírica do fenômeno da empresa plurissocietária, de modo que não se pode ignorar o fato de que as estruturas de relacionamento intersocietário são amplamente usadas por companhias para organizar seus negócios, muitas vezes com efetiva inexistência de autonomia. No entanto, há disparidade de efeitos e propósitos. Enquanto na desconsideração da personalidade jurídica ignora-se temporariamente a separação da autonomia patrimonial, com o intuito de responsabilização de uma pessoa por uma obrigação certa e específica da sociedade, no caso da consolidação substancial, unifica-se ativos e passivos com o intuito de assegurar a efetividade da reorganização da atividade empresarial.

Evidentemente que, ao tratar como um só ativos e passivos detidos por pessoas jurídicas dotadas de personalidade jurídica distinta, refere-se à situação que não pode ser a regra, mas sim a exceção, na medida em que fere o postulado da autonomia patrimonial da pessoa jurídica, estabelecido pela legislação civil.

O caráter excepcional da utilização da consolidação substancial justifica-se tendo em vista que diversas regras estruturantes de nosso sistema de direito serão relativizadas. Uma delas, e talvez a mais importante, é a desconsideração da regra de imputação de obrigações específicas a um patrimônio específico representado por um sujeito de direitos.

Os direitos obrigacional e contratual brasileiros estruturam-se a partir da premissa de que o patrimônio da pessoa responde pelas obrigações por ela assumidas. Nesse sentido, dispõe o art. 789 do CPC: "*O devedor responde com todos os seus bens presentes e futuros para o cumprimento de suas obrigações, salvo as restrições estabelecidas em lei*".

Também o próprio conceito de pessoa jurídica se justifica como técnica para obtenção de determinados efeitos jurídicos,[325] dentre os quais, a criação de um patrimônio autônomo, com importantes funções econômicas e sociais, na medida em que segrega

---

325 "*De modo bastante genérico, pode-se afirmar que duas grandes correntes, com diversos desmembramentos, podem ser visualizadas acerca da forma de se explicar a pessoa jurídica. Em uma dessas correntes, a Teoria Organicista ou Teoria da Realidade da Pessoa Jurídica, encabeçada, sobretudo, por Otto von Gierke, a pessoa jurídica é explicada, grosso modo, como um fenômeno associativo fático. Seria, portanto, uma realidade preexistente ao direito, ao qual cabe somente declarar sua existência. Identifica Gierke a importância dos fenômenos associativos dotados de vontade própria. Na outra grande linha doutrinária – a corrente ficcionista –, liderada por Savigny e Kelsen, a pessoa jurídica seria, na verdade, uma criação do direito. Seria assim um instrumento jurídico necessário para a obtenção de determinadas finalidades práticas. A concepção de Kelsen é ainda mais radical e decorre de sua visão normativista do direito. Para ele, pessoa jurídica é um simples ponto de referência de um conjunto normativo. (...) Especialmente, se considerarmos as de análise funcional da personalidade jurídica, assim como o escopo de nossa pesquisa, então nos parece mais útil a concepção segundo a qual a pessoa jurídica é um instrumento jurídico necessário à obtenção de determinados efeitos jurídicos*" (SILVA, Leonardo Toledo. *Abuso da Desconsideração da Personalidade Jurídica*. São Paulo: Saraiva, 2013, pp. 26-28).

o risco e, com isso, fomenta empreendimentos, conforme evidencia art. 49-A do Código Civil.[326]

Logo, diante desses conceitos fundamentais do direito obrigacional e contratual a brasileiro, constata-se que a consolidação substancial importa em considerável ruptura das expectativas dos credores de determinada pessoa jurídica, sobretudo porque, como regra, as obrigações que foram contratadas por ela tiveram como garantia o patrimônio que a ela estava afetado. E é em respeito a tais expectativas que há necessidade de que a aplicação do instituto da consolidação substancial por decisão impositiva do magistrado seja feita com rigor e cautela.

A regra, portanto, quando se tem grupos de empresas que desejam reduzir os custos inerentes ao processo de recuperação judicial, deve ser a tramitação sob consolidação processual, e não em consolidação substancial.

Interessante observar que o artigo 69-J menciona “grupo econômico” e não “grupo sob controle comum”, a exemplo do que ocorre no artigo 69-G. Apesar da aparente disparidade de critérios, considerando que, para o reconhecimento da consolidação substancial é preciso que as empresas atendam, também, aos requisitos necessários para processamento da recuperação judicial em consolidação processual, não há incompatibilidade entre os termos.

Superadas as condições prévias, indispensáveis para que possa analisar o pedido de consolidação substancial, por parte do magistrado, passa-se a analisar as hipóteses que permitem o reconhecimento de sua ocorrência. No *caput* do art. 69-J, menciona-se que a consolidação substancial somente poderá ser reconhecida quando se constatar

---

326 *“Art. 49-A. A pessoa jurídica não se confunde com os seus sócios, associados, instituidores ou administradores. Parágrafo único. A autonomia patrimonial das pessoas jurídicas é um instrumento lícito de alocação e segregação de riscos, estabelecido pela lei com a finalidade de estimular empreendimentos, para a geração de empregos, tributo, renda e inovação em benefício de todos”.*

a interconexão e a confusão entre ativos e passivos, de modo que não seja possível identificar a sua titularidade sem excessivo dispêndio de tempo ou de recursos, cumulativamente com a ocorrência de, no mínimo, 2 (duas) das seguintes hipóteses: I – existência de garantias cruzadas; II – relação de controle ou de dependência; III – identidade total ou parcial do quadro societário e IV – atuação conjunta no mercado entre os postulantes.

As alíneas do *caput* art. 69-J não são muito elucidativas para a compreensão das hipóteses que autorizam o deferimento do processamento da recuperação judicial em consolidação substancial. Isso porque as relações de controle ou de dependência, além de identidade total ou parcial do quadro societário, são situações típicas e esperadas em grupos de empresas. Também se espera de sociedades que integram o mesmo grupo de empresas que haja sinergia em sua atuação, a qual pode ocorrer em mesmo segmento de mercado.

A presença, portanto, de qualquer uma das alíneas do *caput* do art. 69-J não é suficiente para o deferimento do processamento da recuperação judicial em consolidação substancial, por serem características que se encontram em qualquer grupo societário de fato. Para que tal processamento seja possível, será imprescindível verificar se estão presentes no caso concreto as três exigências do *caput*, ou seja, que exista interconexão entre as empresas e também confusão entre ativos e passivos delas e, ainda, que não seja possível identificar nessas duas situações a titularidade da sociedade, com facilidade e sem dispêndio de recursos.

São situações indicativas de interconexão e de confusão: presença de demonstrações financeiras consolidadas para o grupo; afinidade de interesses e ou propriedades entre as sociedades do grupo; grau de dificuldade de segregar ativos e passivos individuais; compartilhamento de despesas em geral, com gestão e contabilidade e outras despesas relacionadas entre as diferentes sociedades do grupo; existência de empréstimo intragrupo e garantias sobre empréstimos; confusão de ativos ou operações de negócios; nomeação de conselheiros comuns ou diretores comuns; local de negócios comuns. Essas situações, contudo, individualmente, não são aptas, *per se*, para indicar a existência de interconexão e de confusão de ativos e passivos.

No tocante à confusão patrimonial, há conceito legal apresentado no artigo 50, §2º do Código Civil,[327] que pode ser utilizada, por analogia, à legislação da insolvência. O referido dispositivo esclarece, de forma não taxativa, que haverá confusão patrimonial entre duas pessoas jurídicas distintas quando houver cumprimento repetitivo pela sociedade de obrigações do sócio ou do administrador ou vice-versa, quando houver a transferência de ativos ou de passivos sem efetivas contraprestações ou outros atos de descumprimento da autonomia patrimonial.

Ao contrário da confusão patrimonial, não há, em legislação esparsa, conceito de interconexão societária que poderia ser utilizado, por analogia, para aclarar interpretação do art. 69-J da LRF. Deve-se entender, portanto, por tal conceito, que a interconexão mencionada em lei se refere às peculiaridades da organização obrigacional e patrimonial do grupo para o desenvolvimento de suas atividades e de seu negócio, de modo que, se não houver o tratamento das empresas que compõem o grupo como se única fosse, não haveria possibilidade de sucesso no soerguimento da empresa.

Somente a análise do caso concreto permitirá verificar se as características concretas possibilitam identificar as hipóteses legais

327 Art. 50. (...) § 2º Entende-se por confusão patrimonial a ausência de separação de fato entre os patrimônios, caracterizada por: I – cumprimento repetitivo pela sociedade de obrigações do sócio ou do administrador ou vice-versa; II – transferência de ativos ou de passivos sem efetivas contraprestações, exceto os de valor proporcionalmente insignificante; e III – outros atos de descumprimento da autonomia patrimonial. § 3º – O disposto no *caput* e nos §§ 1º e 2º deste artigo também se aplica à extensão das obrigações de sócios ou de administradores à pessoa jurídica.

que permitem o reconhecimento da consolidação substancial. O seu reconhecimento pelo juiz, portanto, deve ser feito após minuciosa análise das condições fáticas, devendo-se estabelecer não apenas uma relação de correlação patrimonial, de ativos e passivos, de gestão e de credores entre as pessoas jurídicas, mas também analisar se essa dependência efetivamente afeta os negócios celebrados pelas devedoras, ou seja, se essa confusão patrimonial for de conhecimento dos credores a ponto de se presumir que houve mensuração dos respectivos riscos contratuais com base nesse conhecimento. Ainda que não exigido, mostra-se salutar, evidenciar, também, que o processamento da recuperação judicial em consolidação substancial atenderá aos objetivos do artigo 47 da LREF, ou seja, a unificação de ativos e passivos contribuirá para manter os benefícios econômicos e sociais que decorrem da preservação da atividade empresarial (empregos, riquezas, produtos, serviços, tributos etc.).

Fábio Ulhoa Coelho[328] vai ainda mais além, destacando que a consolidação substancial somente poderá ser reconhecida quando os requisitos previstos nos incisos estiverem simultaneamente acompanhados dos pressupostos para a desconsideração da personalidade jurídica, prevista no artigo 50 do Código Civil, sob pena de se reconhecer a aplicação do instituto sem que haja efetiva confusão patrimonial abusiva ou desvio abusivo de finalidade, em casos em que as garantias cruzadas, os vínculos societários de dependência ou controle, a identidade de sócios ou a atuação conjunta configurarem apenas o regular, racional e lícito aproveitamento de sinergias entre as sociedades integrantes do mesmo grupo.

Art. 69-K – Em decorrência da consolidação substancial, ativos e passivos de devedores serão tratados como se pertencessem a um único devedor.

---

328 COELHO, Fábio Ulhoa. *Comentários à Lei de Falências e de Recuperação de empresas*: Lei n. 14.112/20, Nova Lei de Falências. 14ª ed. São Paulo: Revista dos Tribunais, 2021, p. 282.

§ 1º A consolidação substancial acarretará a extinção imediata de garantias fidejussórias e de créditos detidos por um devedor em face de outro.

§ 2º A consolidação substancial não impactará a garantia real de nenhum credor, exceto mediante aprovação expressa do titular.

Efeitos da consolidação substancial

Reconhecida a consolidação substancial, a consequência jurídica é a unificação dos ativos e passivos de todo o grupo societário, como se pertencessem a um único devedor. Em razão do reconhecimento desta unicidade, eventuais garantias pessoais eventualmente existentes entre as sociedades devedoras serão extintas, porque todas as obrigações constituídas entre umas e outras serão consideradas como se fossem de uma só.

As garantias reais dos credores, no entanto, não serão prejudicadas, exceto se houver expressa anuência do credor titular da respectiva garantia.

Art. 69-L – Admitida a consolidação substancial, os devedores apresentarão plano unitário, que discriminará os meios de recuperação a serem empregados e será submetido a uma assembleia-geral de credores para a qual serão convocados os credores dos devedores.

§ 1º As regras sobre deliberação e homologação previstas nesta Lei serão aplicadas à assembleia-geral de credores a que se refere o caput deste artigo.

§ 2º A rejeição do plano unitário de que trata o caput deste artigo implicará a convolação da recuperação judicial em falência dos devedores sob consolidação substancial.

Procedimento na consolidação processual com consolidação substancial

Na consolidação substancial, diferentemente da consolidação processual, as empresas devedoras deverão apresentar um plano de recuperação judicial unitário, instruindo a petição inicial com os documentos destacados no artigo 50 da LREF, todos considerando as empresas em litisconsórcio ativo como uma só pessoa jurídica.

O plano unitário (diferentemente do "plano único", como explicitado nos comentários ao artigo 69-I, §1º) será submetido a uma Assembleia-Geral de Credores una, para a qual serão convocados todos os credores de todas as devedoras integrantes do grupo societário, sendo que os quóruns de instalação e deliberação serão contabilizados considerando o complexo de credores do grupo.

Caso aprovado o plano unitário em assembleia e preenchidos os requisitos legais estabelecidos na LREF, será concedida a recuperação judicial a todas as sociedades litisconsortes. Rejeitado o plano, se não apresentado plano alternativo pelos credores (LREF, art. 56, §§ 4º a 7º) ou não preenchidos os requisitos para o *cram down* (LREF, art. 58, §1º), o juiz convolará a recuperação judicial em falência para todo o grupo societário, nos termos do artigo 73, III, da LREF.

Seção V – Do Plano de Recuperação Judicial de Microempresas e Empresas de Porte Pequeno

Art. 70. As pessoas de que trata o art. 1º desta Lei e que se incluam nos conceitos de microempresa ou empresa de pequeno porte, nos termos da legislação vigente, sujeitam-se às normas deste Capítulo.

§ 1º As microempresas e as empresas de pequeno porte, conforme definidas em lei, poderão apresentar plano especial de

recuperação judicial, desde que afirmem sua intenção de fazê-lo na petição inicial de que trata o art. 51 desta Lei.

§ 2º Os credores não atingidos pelo plano especial não terão seus créditos habilitados na recuperação judicial.

As microempresas e empresas de pequeno porte

A Constituição Federal consagra, como princípio da ordem econômica, o tratamento favorecido para as empresas de pequeno porte constituídas sob as leis brasileiras e que tenham sua sede e administração no país (art. 170, IX). O preceito constitucional busca reduzir as desigualdades econômicas existentes entre pequenas e grandes empresas, garantindo condições de concorrência e competitividade para as primeiras no mercado nacional.

Com base nessa concepção, também em relação ao procedimento de soerguimento das pequenas empresas em crise econômico-financeira, a legislação buscou conferir tratamento mais simplificado e menos oneroso. Destaque-se, por exemplo, a ausência de Assembleia-Geral de Credores para deliberar sobre a aprovação ou rejeição do plano de recuperação judicial, quando se tratar do procedimento especial previsto na Seção V da LREF (art. 72). Relembre-se, ademais, que, na recuperação judicial especial, o limite legal estabelecido para a remuneração do administrador judicial é menor do que no procedimento comum (LREF, art. 24, §5º).

De acordo com a definição legal dada pela Lei Complementar n. 123/2006, constituem microempresa e empresa de pequeno porte a sociedade empresária, a sociedade simples, a empresa individual de responsabilidade limitada e o empresário, assim definidos pela legislação civil e devidamente registrados no órgão competente, desde que, em relação às microempresas, aufiram, em cada ano-calendário, receita bruta igual ou inferior a R$ 360.000,00 e, em relação às empresas de pequeno porte, aufiram, em cada ano-calendário, receita bruta superior a R$ 360.000,00 e igual ou inferior a R$ 4.800.000,00.

Destaque-se, porém, que apenas as microempresas e empresas de pequeno porte que se caracterizem como empresárias, poderão pleitear sua recuperação judicial (LREF, art. 1º).

Procedimento especial de recuperação judicial

Os artigos 70 a 72 regulam o procedimento de recuperação judicial destinado às microempresas e empresas de pequeno porte. Esse procedimento é denominado recuperação judicial especial, com algumas particularidades e simplificações com relação ao procedimento comum, destinado às demais empresas. Não obstante, as regras do procedimento comum são aplicadas supletivamente ao procedimento especial, no que não lhe forem contrárias.

Poderia ser feito questionamento com relação à obrigatoriedade de aplicação do procedimento especial de recuperação judicial, em se tratando de microempresas ou empresas de pequeno porte, ou se poderiam tais empresas optar pelo procedimento comum destinado às empresas de médio e grande porte.

O §1º do mesmo artigo, no entanto, logo esclarece essa dúvida, ao estabelecer que as microempresas e empresas de pequeno porte "*poderão apresentar plano especial de recuperação judicial, desde que afirmem sua intenção de fazê-lo na petição inicial*". Não bastasse, a redação do artigo 72 permite se chegar à mesma conclusão, ao prever: "*caso o devedor de que trata o art. 70 desta Lei opte pelo pedido de recuperação judicial com base no plano especial disciplinado nesta Seção* (...)", admitindo, pois, a sua não opção pela microempresa ou empresa de pequeno porte.

Embora os artigos 70 a 72 já tenham sido incluídos na Lei n. 11.101/05 quando de sua promulgação, à exceção do artigo 70-A, introduzido pela reforma de 2020, a importância do instituto ganhou força com a publicação da Lei Complementar n. 123, de 14/12/2006, destinada a conferir maior proteção a estas empresas, bem como com a publicação da Lei Complementar n. 147, de

17/08/2014, que aperfeiçoou o procedimento especial de recuperação judicial, buscando aproximá-lo do procedimento comum.

Note-se, a esse respeito, que na redação original do artigo 71 da Lei n. 11.101/05, a recuperação especial abrangia exclusivamente os créditos quirografários,[329] enquanto, na sua atual redação, dada pela Lei Complementar n. 147/2014, passou a abranger todos os créditos existentes na data do pedido, ainda que não vencidos.

Nesse sentido, o §2º do artigo 70 destinava-se a esclarecer a diferença entre o procedimento comum de recuperação judicial, o qual submetia todos os credores existentes até a distribuição do pedido, e o especial, que então se restringia exclusivamente para os créditos quirografários, destacando que os credores não submetidos ao plano especial não teriam seus créditos habilitados na recuperação.

A análise dos requisitos necessários para a configuração do empresário como microempresa ou empresa de pequeno porte deverá ser feita no momento da distribuição do pedido de recuperação judicial, quando também se fará, na petição inicial, a opção pelo procedimento comum ou especial dos artigos 70 a 72 da LREF (§1º). É irrelevante, portanto, a alteração superveniente das características da empresa interessada, que eventualmente tenha auferido receita bruta superior ao patamar legal estabelecido pela Lei n. 123/06, após o ajuizamento do pedido.

Art. 70-A. O produtor rural de que trata o § 3º do art. 48 desta Lei poderá apresentar plano especial de recuperação judicial, nos termos desta Seção, desde que o valor da causa não exceda a R$ 4.800.000,00 (quatro milhões e oitocentos mil reais).

---

329 Lei n. 11.101/2005. "Art. 71. O plano especial de recuperação judicial será apresentado no prazo previsto no art. 53 desta Lei e limitar-se-á às seguintes condições: I. abrangerá exclusivamente os créditos quirografários, excetuados os decorrentes de repasse de recursos oficiais e os previstos nos §§ 3º e 4º do art. 49 desta Lei (Redação Original)".

Recuperação judicial do produtor rural

O procedimento especial de recuperação judicial não teve grandes alterações pela Lei n. 14.112/2020, exceto pela inclusão do artigo 70-A. Admite o dispositivo legal que o produtor rural pessoa física, que peça sua recuperação judicial, possa optar pelo procedimento especial, desde que o valor da causa (correspondente ao valor total dos créditos sujeitos à recuperação judicial, na forma do §5º do artigo 51) não exceda a R$4.800.000,00. Este montante é a receita bruta máxima admitida para que a sociedade empresária, a sociedade simples, a empresa individual de responsabilidade limitada ou o empresário se enquadrem como empresa de pequeno porte, nos termos da definição dada pela Lei Complementar n. 123/2006.

Recorde-se que a recuperação judicial do produtor rural observa certas peculiaridades em relação à recuperação judicial dos demais empresários. Nesse sentido, o requisito do exercício regular de dois anos de atividade, estabelecido no *caput* do artigo 48, conta-se a partir da comprovação do efetivo início das atividades, e não do registro perante o Registro Público de Empresas Mercantis de sua sede. Para o empresário rural, a prova se faz através do Livro Caixa Digital do Produtor Rural (LCDPR), ou outros registros contábeis que venham a substitui-lo, além da Declaração de Imposto de Renda Pessoa Física (DIRPF) e balanço patrimonial. Cuidando-se de período em que não for exigida a declaração do LCDPR, será admitida a entrega do livro-caixa utilizado para elaboração da DIRPF (LREF, art. 48, §3º).[330]

Ademais, não estão sujeitos à recuperação judicial do produtor rural os créditos não relacionados à atividade econômica de produção rural (art. 49, §6º), o crédito rural institucionalizado (direcionado) e renegociado, nos termos da Lei n. 4.829/65 (LREF, art. 49, §7º e §8º) e o crédito decorrente de financiamento de

330 Ver comentários ao artigo 48.

aquisição de imóvel rural, concedido nos três anos anteriores ao pedido (LREF, art. 49, §9°).

Art. 71. O plano especial de recuperação judicial será apresentado no prazo previsto no art. 53 desta Lei e limitar-se á às seguintes condições:

I – abrangerá todos os créditos existentes na data do pedido, ainda que não vencidos, excetuados os decorrentes de repasse de recursos oficiais, os fiscais e os previstos nos §§ 3° e 4° do art. 49;

II – preverá parcelamento em até 36 (trinta e seis) parcelas mensais, iguais e sucessivas, acrescidas de juros equivalentes à taxa Sistema Especial de Liquidação e de Custódia – SELIC, podendo conter ainda a proposta de abatimento do valor das dívidas;

III – preverá o pagamento da 1ª (primeira) parcela no prazo máximo de 180 (cento e oitenta) dias, contado da distribuição do pedido de recuperação judicial;

IV – estabelecerá a necessidade de autorização do juiz, após ouvido o administrador judicial e o Comitê de Credores, para o devedor aumentar despesas ou contratar empregados.

Parágrafo único. O pedido de recuperação judicial com base em plano especial não acarreta a suspensão do curso da prescrição nem das ações e execuções por créditos não abrangidos pelo plano.

Plano especial de recuperação judicial

O artigo 71 prevê os requisitos do plano de recuperação judicial apresentado no contexto do procedimento especial. O prazo para sua apresentação pelo devedor também é de 60 dias improrrogáveis, contados da publicação da decisão que deferir o processamento da recuperação judicial, nos termos do art. 53 da LREF.

Como já destacado, a Lei Complementar n. 147/2014 alterou substancialmente o procedimento especial, que, na redação antiga da Lei n. 11.101/05, abrangia apenas os créditos quirografários. Atualmente, assim como no procedimento comum, no especial, há submissão de todos os créditos existentes na data do pedido, ainda que não vencidos, com exceção daqueles decorrentes de repasses oficiais, os créditos fiscais e os previstos nos §§3º e 4º do artigo 49 da LREF (créditos de titularidade de credor fiduciário, arrendador mercantil, proprietário ou promitente vendedor de imóvel cujos contratos contenham cláusula de irrevogabilidade ou irretratabilidade, proprietário em contrato de venda com reserva de domínio, bem como os créditos relativos a adiantamento de contrato de câmbio).

As obrigações sujeitas ao plano especial deverão ser pagas em até 36 prestações mensais iguais e sucessivas, com a incidência de juros equivalentes à taxa SELIC, sendo que a primeira delas deverá ser paga no prazo máximo de até 180 dias, contados da distribuição do pedido de recuperação judicial. A Lei Complementar n. 147/2014 incluiu no inciso II a possibilidade, antes inexistente de forma expressa, de que o plano especial contenha proposta de abatimento do valor das dívidas, ou seja, previsão de pagamento com deságio, assim como previsto para o procedimento comum de recuperação judicial.

O plano ainda preverá que a microempresa ou empresa de pequeno porte em recuperação somente poderá aumentar despesas e contratar funcionários mediante autorização judicial, após consultado o administrador judicial e o Comitê de Credores, se houver. A interpretação do dispositivo, contudo, deve ser feita considerando as despesas que efetivamente comprometerem a capacidade de cumprimento das obrigações assumidas, sob pena de inviabilizar a condução da atividade empresarial pelo devedor, cujas negociações no mercado implicam, quase sempre, aumento de seu passivo.

Ademais, no procedimento especial, não serão suspensos os prazos prescricionais contra a devedora, tampouco as ações e execuções contra ela ajuizadas, relacionadas aos créditos não submetidos à recuperação judicial. Cuida-se, novamente, de previsão semelhante ao procedimento comum de recuperação judicial (LREF, art. 6º).

Art. 72. Caso o devedor de que trata o art. 70 desta Lei opte pelo pedido de recuperação judicial com base no plano especial disciplinado nesta Seção, não será convocada assembleia-geral de credores para deliberar sobre o plano, e o juiz concederá a recuperação judicial se atendidas as demais exigências desta Lei.

Parágrafo único. O juiz também julgará improcedente o pedido de recuperação judicial e decretará a falência do devedor se houver objeções, nos termos do art. 55, de credores titulares de mais da metade de qualquer uma das classes de créditos previstos no art. 83, computados na forma do art. 45, todos desta Lei.

Dispensa da Assembleia-Geral de Credores para deliberação sobre o plano especial

Diferentemente do procedimento comum, o procedimento especial não admite a convocação de Assembleia-Geral de Credores para deliberação sobre o plano especial de recuperação judicial. A aprovação ou rejeição deste, portanto, incumbirá exclusivamente ao juiz da causa, que poderá ouvir o administrador judicial e o Comitê de Credores antes de decidir.

Nesses termos, no momento do ajuizamento do pedido de recuperação judicial pela microempresa ou empresa de pequeno porte, deve-se desde logo optar pela submissão ao procedimento comum ou especial. Caso apontem a preferência pelo segundo, deverão expor na petição inicial as razões da crise econômico-financeira, apresentando os livros e escrituração contábil simplificados (LREF, art. 51, §2º) relativos aos três últimos exercícios sociais, a relação nominal completa dos credores e todos os demais requisitos previstos no artigo 51 da LREF, o qual se aplica de forma supletiva ao procedimento especial, porque ausente previsão em contrário na Seção V (LREF, art. 70 *caput*).

Preenchidos os requisitos legais, será deferido o processamento do pedido pelo juiz. A devedora, então, apresentará uma proposta para o pagamento de seu passivo submetido à recuperação judicial, com os requisitos do art. 53 da LREF, no prazo improrrogável de 60 dias. Levada a proposta à apreciação do magistrado, ele poderá determinar eventual retificação do pedido, homologar o plano apresentado pela devedora, ou, em última hipótese, indeferir a recuperação judicial e decretar sua falência.

Objeções ao plano especial

Na hipótese de serem apresentadas objeções ao plano por credores que representem mais da metade de qualquer uma das classes, computados de acordo com o mesmo quórum necessário à aprovação ou rejeição do plano de recuperação judicial no procedimento comum (LREF, art. 45), o juiz deverá indeferir a petição inicial e decretar a falência. Se, contudo, as objeções somadas não forem suficientes a configurar o aludido quórum, poderá o magistrado intimar a devedora para se manifestar, admitindo eventual retificação da proposta inicial apresentada e, posteriormente, deverá conceder a recuperação judicial.

Aparentemente, pois, o procedimento especial de recuperação judicial confere maiores poderes ao juiz da causa e menor autonomia aos credores, uma vez que, no procedimento comum, são eles que detêm a autoridade para decidir a respeito do mérito das objeções apresentadas, em conclave assemblear. Por outro lado, tal limitação foi definida pela lei com o fim de desonerar o procedimento da recuperação das microempresas e empresas de pequeno porte, na maioria das vezes dispendioso, simplificando suas etapas.

Embora o parágrafo único faça remissão ao artigo 83, a doutrina entende ter ocorrido equívoco do legislador, que deveria ter indicado o artigo 41, da LREF. Isso porque a classificação do artigo 83 é própria do procedimento falimentar, não se justificando sua aplicação para a recuperação judicial, que possui regra própria de classificação dos créditos.

CAPÍTULO IV

DA CONVOLAÇÃO DA RECUPERAÇÃO JUDICIAL EM FALÊNCIA

Art. 73. O juiz decretará a falência durante o processo de recuperação judicial:

I – por deliberação da assembleia-geral de credores, na forma do art. 42 desta Lei;

II – pela não apresentação, pelo devedor, do plano de recuperação no prazo do art. 53 desta Lei;

III – quando não aplicado o disposto nos §§ 4º, 5º e 6º do art. 56 desta Lei, ou rejeitado o plano de recuperação judicial proposto pelos credores, nos termos do § 7º do art. 56 e do art. 58-A desta Lei;

IV – por descumprimento de qualquer obrigação assumida no plano de recuperação, na forma do § 1º do art. 61 desta Lei.

V – por descumprimento dos parcelamentos referidos no art. 68 desta Lei ou da transação prevista no art. 10-C da Lei n. 10.522, de 19 de julho de 2002; e

VI – quando identificado o esvaziamento patrimonial da devedora que implique liquidação substancial da empresa, em prejuízo de credores não sujeitos à recuperação judicial, inclusive as Fazendas Públicas.

§ 1º O disposto neste artigo não impede a decretação da falência por inadimplemento de obrigação não sujeita à recuperação judicial, nos termos dos incisos I ou II do caput do art. 94 desta Lei, ou por prática de ato previsto no inciso III do caput do art. 94 desta Lei.

§ 2º A hipótese prevista no inciso VI do caput deste artigo não implicará a invalidade ou a ineficácia dos atos, e o juiz determinará o bloqueio do produto de eventuais alienações e a devolução ao devedor dos valores já distribuídos, os quais ficarão à disposição do juízo.

§ 3º Considera-se substancial a liquidação quando não forem reservados bens, direitos ou projeção de fluxo de caixa futuro suficientes à manutenção da atividade econômica para fins de cumprimento de suas obrigações, facultada a realização de perícia específica para essa finalidade.

Convolação da recuperação judicial em falência

O artigo 73 estabelece as seis hipóteses de convolação da recuperação judicial em falência. Cuida-se, pois, de situações em que, após o ajuizamento do pedido de recuperação judicial, sobrevindo alguma das circunstâncias legais, o juiz decreta a falência da devedora, prosseguindo-se de acordo com os artigos 75 e seguintes da LREF, nos mesmos autos.

Segundo o Superior Tribunal de Justiça, o rol do artigo 73 da LREF é taxativo. Com esse entendimento, a Corte deu provimento a um recurso especial destinado a cassar sentença de primeiro grau, mantida pelo Tribunal de Justiça do Paraná, que convolou em falência a recuperação judicial, de ofício, após a anulação da

Assembleia-Geral de Credores que havia deliberado pela aprovação do plano de recuperação judicial, sem proceder à convocação de novo conclave assemblear. Segundo a Quarta Turma, a decisão judicial fora proferida sem o amparo nas hipóteses taxativas insertas nos incisos I a IV do artigo 73 da Lei n. 11.101/2005.[331]

O inciso I prevê que a recuperação judicial poderá ser convolada em falência caso assim delibere a Assembleia-Geral de Credores, observando-se o quórum ordinário previsto no artigo 42 da LREF, ou seja, se a proposta for aprovada por credores que representem mais da metade do valor total dos créditos presentes, independentemente das classes. Destaque-se que a LREF não exige qualquer condição para que tal deliberação seja colocada em votação pelos credores. Não obstante, parece razoável concluir-se que a ponderação sobre a convolação em falência somente ocorrerá se os credores considerarem ser a situação econômico-financeira da devedora tão grave, que inviabilize o seu processo de soerguimento.

Ademais, conforme o inciso II, a falência poderá ser decretada se o plano de recuperação judicial não for apresentado pelo devedor no prazo improrrogável de 60 dias contados da publicação da decisão de deferimento do processamento do pedido, nos termos do artigo 53 da LREF. Cuidando-se de prazo peremptório, diante da celeridade buscada pela LREF e da necessidade de salvaguardar o cumprimento dos prazos diligentemente assinalados pela lei para o regular processamento da recuperação judicial, a convolação em falência, nessa hipótese, dispensa qualquer providência e pode ser decretada de ofício pelo magistrado.

De acordo com o inciso III, a recuperação judicial será convolada em falência quando rejeitado o plano de recuperação judicial proposto pelo devedor ou pelos credores, quando não apresentado plano de recuperação alternativo por estes últimos (LREF, art. 56,

---

331 STJ, REsp 1587559/PR, 4ª Turma, Min. Luis Felipe Salomão, DJe 22/05/2017.

§§ 4º a 6º), ou quando não preenchidos os requisitos legais para a aplicação do *cram down* (LREF, art. 58, §1º). Conforme a estruturação do procedimento de recuperação judicial, após o deferimento do processamento do pedido e apresentação do plano de recuperação judicial pelo devedor, a assembleia deliberará a respeito de sua aprovação ou rejeição. Rejeitado o plano, seja pelo quórum especial (LREF, art. 45), seja pelo quórum alternativo (LREF, art. 58, §1º), poderá a AGC deliberar sobre a concessão de prazo de 30 dias para apresentação de plano alternativo pelos credores. Não apresentado ou rejeitado este plano, o juiz decretará a falência do devedor.

Saliente-se ter incorrido o legislador, no art. 73, III, em erro de remissão, ao apontar o §7º do art. 56 da Lei 11.101/05, que trata da capitalização dos créditos no plano de recuperação judicial apresentado pelos credores. Ao que tudo indica, quis o legislador, na verdade, fazer remissão ao §8º do art. 56, que disciplina a hipótese de convolação em falência, ao prever: "*Não aplicado o disposto nos §§ 4º, 5º e 6º deste artigo, ou rejeitado o plano de recuperação judicial proposto pelos credores, o juiz convolará a recuperação judicial em falência*".

O inciso IV prevê a hipótese de descumprimento de qualquer obrigação do plano de recuperação judicial homologado. Essa situação se restringe aos casos em que, concedida a recuperação judicial e homologado o plano, seja declarada a manutenção do devedor em recuperação judicial, no biênio correspondente à fiscalização judicial (LREF, art. 61, §1º). Em outros termos, se não estabelecido o prazo de dois anos de supervisão judicial, o juiz declarará encerrada a recuperação judicial no mesmo ato em que concedê-la, e a partir de então não haverá mais possibilidade de convolação da recuperação em falência, nos termos do artigo 73, mas apenas de execução singular pelos credores com a juntada do título executivo judicial, ou de pedido autônomo de falência nos termos do artigo 94.

Conforme o inciso V, ainda, haverá convolação em falência no caso de descumprimento dos parcelamentos tributários (LREF, art.

68) ou da transação tributária (Lei n. 10.522/2002, art. 10-C). Essa hipótese, inserida pela Lei n. 14.112/20, é criticada pela doutrina[332] em razão da não sujeição do crédito fiscal à recuperação judicial.

E, de acordo com o derradeiro inciso VI, também inserido pela Lei n. 14.112/20, complementado pelos §§ 2º e 3º, será decretada a falência quando identificado o esvaziamento patrimonial da devedora que implique liquidação substancial da empresa, ou seja, quando vislumbrada a insuficiência de bens, direitos ou projeção de fluxo de caixa futuro necessários à manutenção de suas atividades e cumprimento das obrigações assumidas, em prejuízo dos credores não submetidos à recuperação judicial.

Essa hipótese não impede que a devedora opte pela sua venda integral como meio de impulsionar o seu soerguimento (LREF, art. 50, XVIII), mas exige que, havendo essa opção, sejam garantidos aos credores não submetidos à recuperação judicial condições ao menos equivalentes às que teriam na falência, sob pena de decretação de quebra. De todo modo, se houver liquidação substancial da empresa em prejuízo aos credores não sujeitos à recuperação judicial, ainda que decretada a falência do devedor, os atos de alienação não serão declarados inválidos ou ineficazes, mas os valores recebidos pelos credores como produto destas alienações serão devolvidos ao devedor, e ficarão depositados em conta vinculada ao juízo da recuperação judicial, para que possam ser distribuídos aos devedores conforme a ordem de pagamento na falência (LREF, arts. 83 e 84).

O §1º do artigo em comento estabelece, por fim, que as hipóteses de convolação da recuperação judicial em falência não impedirão que os credores postulem, em pedido autônomo distribuído por prevenção ao juízo da recuperação judicial, a falência da devedora caso haja descumprimento das obrigações assumidas

---

332 BEZERRA FILHO, Manoel Justino. *Lei de Recuperação de Empresas e Falências*. 10ª ed. São Paulo: Revista dos Tribunais, 2014, p. 344.

perante os credores não sujeitos ao plano, tais como aqueles titulares de créditos extraconcursais contraídos durante a recuperação (LREF, art. 94, I e II), ou caso praticado algum ato falimentar previsto no inciso III do artigo 94 da LREF.

Art. 74. Na convolação da recuperação em falência, os atos de administração, endividamento, oneração ou alienação praticados durante a recuperação judicial presumem-se válidos, desde que realizados na forma desta Lei.

Presunção de validade dos atos praticados durante a recuperação judicial

O artigo 74 estabelece a presunção de validade dos atos praticados durante a recuperação judicial, desde que realizados na forma da lei, ainda que haja sua convolação em falência e a consequente resolução da novação dos créditos, reconstituindo os direitos e garantias originalmente contratados pelos credores.

O dispositivo, juntamente com a garantia prevista no artigo 67 da LREF, busca conferir segurança jurídica aos terceiros que celebrem negócios jurídicos com a empresa em crise durante o seu processo de soerguimento, assegurando que não serão prejudicados com eventual decreto de quebra, e que terão seus créditos classificados como extraconcursais, em caso de decretação de falência.

CAPÍTULO V
DA FALÊNCIA

Seção I – Disposições Gerais

Art. 75. A falência, ao promover o afastamento do devedor de suas atividades, visa a:

I – preservar e a otimizar a utilização produtiva dos bens, dos ativos e dos recursos produtivos, inclusive os intangíveis, da empresa;

II – permitir a liquidação célere das empresas inviáveis, com vistas à realocação eficiente de recursos na economia; e

III – fomentar o empreendedorismo, inclusive por meio da viabilização do retorno célere do empreendedor falido à atividade econômica.

§ 1º O processo de falência atenderá aos princípios da celeridade e da economia processual, sem prejuízo do contraditório, da ampla defesa e dos demais princípios previstos na Lei n. 13.105, de 16 de março de 2015 (Código de Processo Civil).

§ 2º A falência é mecanismo de preservação de benefícios econômicos e sociais decorrentes da atividade empresarial, por meio da liquidação imediata do devedor e da rápida realocação útil de ativos na economia.

Objetivos da falência

Enquanto o instituto da recuperação judicial tem a finalidade precípua de manutenção da fonte produtora viável, criando mecanismos para facilitar a superação da situação da crise econômico-financeira do devedor com a preservação da função social da empresa e do estímulo à sua atividade econômica (LREF, art. 47), a falência tradicionalmente tem o objetivo de excluir do mercado as empresas economicamente inviáveis, mediante o afastamento do falido, criando-se assim espaço para que os demais agentes econômicos possam se inserir ou se expandir nesse mesmo mercado, mediante a realocação dos ativos. Essa era a interpretação que decorria expressamente da redação original do artigo 75, *caput*.[333]

O procedimento falimentar, movido pela situação de crise econômico-financeira insolúvel do devedor, destina-se à arrecadação de todos os bens da empresa para a formação da massa falida, ao mesmo tempo que são estruturados todos os débitos do falido para formação do quadro-geral de credores, elaborado mediante classificação dos créditos para serem pagos na ordem legal. Após a apuração, a "massa falida" será oportunamente vendida em leilão eletrônico, presencial ou híbrido, ou em outras modalidades de alienação (LREF, art. 142), e o numerário arrecadado será rateado entre os integrantes do quadro-geral de credores.

---

333 LREF, art. 75 (redação antiga). "A falência, ao promover o afastamento do devedor de suas atividades, visa a preservar e otimizar a utilização produtiva dos bens, ativos e recursos produtivos, inclusive os intangíveis, da empresa. Parágrafo único. O processo de falência atenderá aos princípios da celeridade e da economia processual".

A falência constitui-se, assim, como o processo judicial de execução concursal do patrimônio do devedor empresário, que admite certos privilégios jurídicos como forma de socialização das perdas provocadas pelo risco empresarial, considerando que a sociedade, como um todo, depende do sucesso das empresas atuantes no mercado para atendimento de suas necessidades. Assim, por exemplo, no procedimento de falência, se após a satisfação integral dos credores preferenciais, os recursos restantes forem suficientes para saldar mais de 25% dos créditos quirografários, o que não for pago será extinto, possibilitando o encerramento da falência, conforme art. 158, II da LREF.

Assim, também tendo em vista a preservação da função social da empresa, a LREF aperfeiçoou o instituto da falência para tornar mais eficiente o exercício da atividade empresarial, agora sob o comando de outro empresário arrematante dos bens na liquidação forçada dos ativos após o afastamento do empresário devedor da condução da atividade empresarial. Note-se que, ao utilizar o termo "empresa" no artigo 75, o legislador se referiu ao seu aspecto objetivo, como sinônimo de estabelecimento empresarial, ou conjunto de ativos utilizados pelo empresário para desenvolvimento da atividade econômica.

No regime do antigo Decreto-Lei n. 7.661/45, a liquidação dos bens do devedor somente era admitida após a aprovação do quadro-geral de credores e da prévia investigação de eventual ocorrência de crime falimentar, o que implicava retardamento da liquidação e necessidade de dispêndio de recursos com a guarda e preservação do ativo.

A Lei n. 11.101/05 trouxe mecanismos para evitar-se a deterioração dos bens do falido, transferindo para a delegacia de polícia a apuração dos crimes falimentares e autorizando o início da liquidação mesmo antes de consolidado o quadro-geral de credores. A reforma de 2020, por seu turno, buscou melhorar ainda mais a eficiência do procedimento falimentar, aprimorando os seus objetivos e priorizando o início da liquidação, por meio da aceleração da realização do ativo antes mesmo de se apurar o passivo do devedor (LREF, art. 140, §2º), o que também contribuiu para a celeridade do procedimento.

Nesse sentido, o artigo 75 foi profundamente alterado pela Lei n. 14.112/2020, visto que, sem excluir o quanto já previsto na sua redação originária, os acréscimos trazidos por essa lei evidenciam que o procedimento falimentar é um mecanismo de preservação dos benefícios econômicos e sociais decorrentes da atividade empresarial, o qual, contudo, ao contrário do que ocorre na recuperação judicial, se dará pela liquidação imediata do devedor e pela rápida realocação útil de ativos no mercado

Constata-se, portanto, que o legislador dissociou claramente o desenvolvimento da atividade empresarial pelo devedor – esta, sim, inviável e que deverá ser encerrada – daquela que ainda poderá ser desenvolvida por demais agentes econômicos, mediante a realocação útil dos mesmos ativos pela sua célere liquidação.

A preservação da empresa, em um contexto de insolvência do agente que a desenvolve, se dá, portanto, pela preservação da utilização produtiva dos bens, dos ativos e dos recursos produtivos que compõem essa empresa, o que será obtido pela realocação eficiente desses recursos na economia.

A nova redação do artigo 75 da LREF evidencia, portanto, a importante função social que o processo falimentar desempenha, a qual justifica a sua existência como um procedimento que excepciona o regime jurídico da insolvência civil. Os interesses existentes na preservação da empresa, ainda que pela liquidação célere de ativos, não se restringem nem se equiparam ao interesse privado dos credores em terem seus créditos quitados ou ao do falido, de ver suas obrigações, ao final do processo, declaradas extintas.

A percepção de que o processo falimentar desempenha essa importante função social, diretamente relacionada com a preservação da empresa, deverá orientar a interpretação de todas as etapas do referido procedimento, em especial a alienação dos ativos.

Além disso, o artigo 75 da LREF também aclarou que é objetivo perseguido pela falência o fomento do empreendedorismo, o qual deverá ser atingido pela viabilização o retorno célere do empreendedor falido à economia.

Ao indicar que o célere retorno do falido a empreender é um objetivo pretendido, esperado e permitido com o procedimento falimentar, o artigo 75, III da LREF, com redação trazida pela reforma de 2020, reduz o estigma em torno da pessoa do falido e aponta que, como regra, o insucesso de sua atividade decorre de risco natural da sua atuação empresarial, afastando, assim, a possibilidade de associá-la com práticas fraudulentas, escusa ou ilícita.

Muito embora não se questionasse, em doutrina, que a ocorrência da falência era risco inerente de qualquer atividade empresarial, a reforma de 2020, ao trazer como objetivo a ser atendido com esse procedimento o fomento do empreendedorismo e, ainda, ao evidenciar que isso se dá mediante o célere retorno do empresário à atividade econômica, reforça essa constatação e também traz luz à importância e a indispensabilidade do empresário, mesmo após eventual insucesso, para o desenvolvimento da economia.

O intuito do legislador foi o de potencializar o empreendedorismo e otimizar o procedimento de falência de empresas, fornecendo mecanismos para que o empresário falido volte à atividade econômica após a extinção de suas obrigações e liquidação de seus bens (*fresh start*), ao mesmo tempo que facilita a realocação de recursos improdutivos, subutilizados ou que não estejam gerando os benefícios econômicos e sociais deles esperados para os agentes que se utilizem deles com mais eficiência.

Note-se, por exemplo, a possibilidade de alienação dos bens do devedor através da venda de seus estabelecimentos em bloco (LREF, art. 140, I) ou da venda em bloco dos bens que integram cada um dos estabelecimentos (LREF, art. 140, III), permitindo que o adquirente de tais ativos continue a desenvolver a atividade empresarial de forma mais eficiente e assegurando a sua preservação. A liquidação célere dos ativos inviáveis na falência, pois, assegura maior aproveitamento de tais bens a quem os adquirir, maximizando a utilização produtiva.

Na falência, pois, o intuito não é a recuperação da empresa organizada por um determinado empresário, já sem valor econômico pela inviabilidade da manutenção da fonte produtora, mas sim a preservação da atividade e dos recursos produtivos que será obtida pela célere liquidação do falido. Não raramente, diversas empresas que eram exercidas por empresários que tiveram sua falência decretada foram preservadas, tornando-se produtivas após a admissão de nova administração ou de sua alienação de terceiros.

Caráter principiológico

A nova redação do artigo 75, conforme visto, além de declarar o motivo pelo qual se procede ao afastamento do devedor da administração da empresa, também evidenciou ser a falência um mecanismo de preservação dos benefícios econômicos sociais da empresa e de fomento do empreendedorismo.

Os objetivos evidenciados no artigo 75, após a reforma, são amplos e abrangentes, referindo-se à própria essência do processo falimentar. Consequentemente, são regras dotadas de grande abstração e amplitude, as quais, portanto, possuem forte carga principiológica.

Desse modo, por evidenciarem princípios de direito material que regem e orientam o processo falimentar, não podem incidir, exclusivamente, às falências regidas pelo procedimento previsto na Lei n. 11.101/05.

O artigo 192 da Lei n. 11.101/05, ao vedar a incidência da nova legislação às falências regidas pelo Decreto-Lei n. 7.661/45, certamente se referida à disciplina dos atos processuais relativos ao procedimento falimentar em si, ou seja, as suas etapas, regras para habilitação, prazos para habilitação ou apresentação de divergências, regras para formação de quadro de credores, natureza das decisões judiciais, prazos e tipos de recursos, dentre outros. Contudo, questões relacionadas a aspectos de direito material, envolvendo o Direito Falimentar, por seu caráter amplo e conceitual, não podem ter sua eficácia condicionada à lei de regência do procedimento pelo qual ela tramitará em juízo.

Assim, por exemplo, não é porque o Decreto-Lei n. 7.661/45 não mencionou que a falência é um mecanismo de preservação dos benefícios econômicos e sociais da empresa pela célere liquidação de seus ativos, que essa premissa não poderá ser observada nos procedimentos judiciais regidos por essa legislação.

Interessante notar, corroborando esse entendimento, que ainda que o Decreto-Lei n. 7.661/45 trouxesse hipótese de responsabilização subsidiaria do falido mesmo após o encerramento da falência, a reforma de 2020, coerente em assegurar que a falência seja também um instrumento de fomento do empreendedorismo, permitiu a declaração da extinção das obrigações do falido com o encerramento da falência, mesmo para o caso desses procedimentos. Trata-se de regra que decorre expressamente do art. 5º, §5º. Sobre essa questão, remete-se à leitura dos comentários efetuados aos artigos 156 e seguintes dessa lei.

Ademais, ao evidenciar a importância social da célere alienação de ativos, não apenas para o processo falimentar em si, mas para a economia como um todo, razoável sustentar que a persecução desses objetivos deve ser observada também na venda de ativos das falências regidas pelo Decreto-Lei n. 7.661/45. Isso porque, em última análise, é somente mediante a célere liquidação de ativos que se atingirá os objetivos de preservação da empresa pelo processo falimentar. Sobre esse aspecto, remete-se, também, aos comentários efetuados aos artigos 141 e seguintes desta lei.

Princípios processuais que regem a falência

O parágrafo primeiro do artigo 75 mantém a essência do antigo parágrafo único da redação original desse artigo, informando que o processo falimentar deve atender aos princípios da celeridade e da economia processual, acrescentando os princípios constitucionais do contraditório e da ampla defesa, sem afastar a incidência dos demais princípios de direito que regem o sistema processual civil.

Assim, foi preservada a imprescindibilidade da garantia da celeridade no procedimento falimentar, aliada ao intuito de viabilizar o retorno célere do empreendedor falido à atividade econômica. Isso porque a demora na tramitação do processo de falência pode acarretar não apenas um dispêndio excessivo de recursos às custas da sociedade, como também a deterioração do patrimônio do devedor, com a consequente perda de seu valor econômico.

Sistema de estabilização da falência: reforma de 2020

As alterações trazidas pela reforma de 2020, quando individualmente consideradas, permitem verificar várias inovações interessantes, como são os casos do *fresh start* e do afastamento do conceito de preço vil na alienação judicial de bens. Todas essas inovações serão objeto de comentário específico neste livro.

Contudo, quando consideradas de forma global, apontam para verdadeira alteração da estrutura da conformação dos litígios inerentes ao processo falimentar, que poderá contribuir para a redução da litigiosidade inerente ao processo concursal. A fixação de marcos temporais para a definição do ativo e passivo e previsão de regras de alienação judiciais de bens aderentes à liquidação forçada, além da retirada do falido do processo falimentar, contribuirão para permitir a estruturação do litígio de forma menos conflituosa e, assim, permitir que o referido instituto obtenha a efetividade pretendida pelo legislador.

O processo de falência é um processo que, por sua própria natureza, envolve uma pluralidade de interesses de partes distintas – primariamente credores e devedor e secundariamente a sociedade –, as quais, nem mesmo entre credores, serão necessariamente coincidentes ou convergentes. Existe uma infinidade de questões que surgem nos processos falimentares, as quais, justamente por essa característica, podem ser alvo de questionamentos, denotando a complexidade do procedimento e a sua inerente litigiosidade interna. Dentro desse contexto, a positivação de normas que reduzem essa litigiosidade interna, organizando melhor os interesses existentes, inserindo-os no contexto da insolvência, se mostra medida salutar.

Normas de estabilização do passivo

O Decreto-Lei n. 7.661/45 trazia etapas sucessivas e subsequentes do processo falimentar, condicionando o começo de uma ao término da outra, e todas com grande intervenção judicial. Conforme já mencionado, somente após a publicação do quadro-geral de credores é que se poderia iniciar a fase de realização de ativos e pagamento do passivo, o que trazia prejuízos à massa, já que muitos de seus bens perdiam valor pela impossibilidade de sua alienação, seja pela depreciação, seja pela perda, furto ou ocupação. Essa situação impunha aos credores o aguardo por muitos anos até que seu crédito fosse satisfeito, trazendo inefetividade ao procedimento falimentar.

A Lei n. 11.101/05 não mais condicionou o início de uma etapa ao término da outra, conferindo maior autonomia ao administrador judicial, o que contribuiu para aprimoramento do processo falimentar, tornando-o mais célere e menos engessado.[334]

334 "O Decreto-Lei anterior tratava, em seu Título VI, arts. 80 a 102, da verificação e da classificação dos créditos. A lei atual dividiu essa matéria em duas partes. Nesta Seção II do Capítulo II, nos arts. 7º a 20, trata da verificação e habilitação dos créditos, deixando para a Seção II do Capítulo V (arts. 83 e 84) a classificação dos créditos. Atuou aqui o legislador de forma correta,

Contudo, o falido permanecia responsável pelas obrigações mesmo após o término da falência, com a suspensão da prescrição dessas obrigações durante toda a sua tramitação (artigos 6º e 157 da LREF), além de não existir prazo para realizar a habilitação do crédito, o que poderia ocorrer até o encerramento da falência. A incerteza quanto ao montante do passivo, que podia aumentar a qualquer momento até o encerramento da falência, trazia incerteza quanto ao seu término.

A situação indicada no parágrafo acima gerava, incerteza e desorganização do rito em si, especialmente diante da necessidade de se observar o princípio do tratamento paritário de credores. O tratamento legal conferido ao credor retardatário, com as consequências que lhe foram impostas pelo legislador, não era suficiente para desestimular essas habilitações.

Conforme já mencionado em comentários ao artigo 10, §10 da LREF, a possibilidade de credores retardatários ingressarem na falência a qualquer momento também era fator que aumentava a litigiosidade, pois o seu interesse era, em muitas vezes, contraposto aos demais credores.

A persistência da responsabilidade do falido pelas obrigações, mesmo após o encerramento da falência – momento a partir do qual cessaria a suspensão das obrigações –, também contribuía para a

---

com o chamado espírito de "desjudicialização" de matérias que podem ser solucionadas independentemente de atividade jurisdicional. (...) Dentro de tais parâmetros, aqui agiu corretamente o legislador, pois para a simples formação de um quadro de credores, não há mesmo necessidade da jurisdição. Se o administrador judicial, no exercício de seu trabalho, elabora o quadro geral e estão todos de acordo, tal quadro deve ser apenas apresentado em juízo para os fins de direito, não havendo qualquer necessidade de decisões jurisdicionais, tendo em vista que todas as partes estão de acordo com a classificação feita e com os valores apontados". (BEZERRA FILHO, Manoel Justino. *Lei de Recuperação de Empresas e Falências*: Lei n. 11.101/2005 comentada artigo por artigo. 15ª ed., rev., atual. e ampl. São Paulo: Revista dos Tribunais, 2021, pp. 114/115).

percepção da ineficiência do procedimento enquanto mecanismo para solução de conflitos. Essa situação trazia grande insegurança jurídica ao falido, empreendedor, o qual não tinha qualquer previsibilidade, após a decretação da quebra, de qual seria o prazo de exigibilidade das obrigações por ele assumidas.

As alterações promovidas na LREF pela Lei n. 14.112/20 aprimoraram o procedimento falimentar, trazendo-lhe mais segurança jurídica.

Nesse sentido, o artigo 10, §10 da LREF trouxe prazo decadencial de 3 anos, contados da data da publicação da sentença que decretar a quebra, para que os credores possam habilitar seu crédito no processo falimentar. Sobre esse dispositivo, remete-se aos comentários já efetuados.

Com a fixação de prazo decadencial de 3 anos para habilitação de crédito, ao final desse período será possível ter certeza quanto ao montante do passivo relacionado a uma determinada falência. Além disso, com a célere habilitação de credores e a impossibilidade de ingresso de outros credores após 3 anos, todos eles, após esse período, terão interesse convergente, consistente em atuar para que recebam seu crédito no menor tempo possível de seu crédito. Certamente essa convergência de propósitos contribuirá para que as medidas tomadas para alienação de ativos sejam tomadas com menor questionamentos.

A despeito de os credores titulares de crédito fiscal não estarem sujeitos ao prazo decadencial de 3 anos, a reforma de 2020 também trouxe aprimoramento para enfrentamento dessa questão. Em razão da Lei n. 14.112/20, o crédito público recebeu tratamento próprio, conforme se observa do disposto no art. 7ª-A, da LREF, a cujos comentários remete-se.

A obrigatoriedade da distribuição de ofício deste incidente, terá como importante consequência fomentar a clara manifestação da Fazenda Pública logo no momento inicial, informando se desejará habilitar o seu crédito e participar da falência, ou não. Conforme já mencionado em comentário específico, é interessante observar que o art. 7º-A, §4º, V, da LREF prevê que as execuções fiscais permanecerão suspensas até o encerramento da falência, sem prejuízo de seu prosseguimento contra os corresponsáveis. Com a suspensão das execuções fiscais, eliminam-se, consequentemente, as incertezas causadas pelas penhoras realizadas no rosto dos autos falimentares, que iam desde a saber exatamente quantos eram os atos constritivos realizados e de quais execuções fiscais partiam, para, também, qual era o valor por que podia ser aceito e qual era o momento em que deviam ser considerados, em face das normas específicas que disciplinam o pagamento do processo concursal.

Reforçando a pretensão do legislador de estabilizar a apuração do passivo passados 3 anos da sentença da quebra, constata-se que o artigo 158, V, da LREF prevê que, passado esse mesmo período, ocorre a extinção da obrigação do falido, independentemente do pagamento das obrigações. Ou seja, trata-se de norma que isenta o falido de responsabilidade antes do encerramento da falência, sendo importante inovação trazida pela reforma, denominada pela doutrina como *fresh start*.

No entanto, mais do que permitir o retorno do falido ao exercício da atividade empresarial, o artigo 158, V, da LREF evidencia a pretensão do legislador de indicar como ideal que a falência tenha um curto tempo de duração, isso porque sinaliza que passados 3 anos da decretação da quebra não se espera qualquer responsabilidade do falido, o qual passa a ter o direito de exigir a declaração da extinção de sua responsabilidade e a sua reabilitação, podendo, assim, constituir outro patrimônio o qual não responderá pelas obrigações pregressas.

Evidentemente que não é correto afirmar que a falência deve durar 3 anos, visto que o próprio artigo 158, V da LREF assegura que as obrigações da massa serão pagas com os bens arrecadados, compostos, inclusive, por aqueles que são alvo de ações revocatórias que também possuem prazo decadencial de 3 anos. Contudo, exerce função de sinalizar objetivos a serem perseguidos.

Além disso, as demais hipóteses do artigo 158 da LREF preveem, em síntese, que encerrada a falência – por pagamento, pagamento parcial ou por falta de bens – haverá também a concomitante extinção da obrigação do falido.

Constata-se, assim, que a extinção da obrigação do falido passou a ser concomitante com o encerramento da falência, exceto se ela durar mais do que 3 anos, hipótese em que a antecederá.

Em decorrência das alterações apontadas acima, não mais terá o credor, após o encerramento da falência – exceto o fisco –, o direito de executar individualmente o falido. Se perder o prazo de habilitação, perde, também, direito de reaver seu crédito, visto que, após o decurso de 3 anos, não poderá mais participar da falência e, por outro lado, observará a declaração judicial de extinção das obrigações do falido. Remete-se, nesse ponto, aos comentários aos artigos 157 e 158 da LREF.

Apesar de ter trazido importantes normas de estabilização do procedimento falimentar, constata-se que a reforma de 2020 não resolveu a existência de microssistemas legais independentes, mas conexos, que podem se verificar na disciplina da execução de créditos de empresas em crise, como é o caso do falimentar e do fiscal. Essa situação traz, como já mencionado, ineficiências que prejudicam a tramitação do processo falimentar. Contudo, ainda que não tenha trazido uma solução definitiva para essa sobreposição de microssistemas legais, a reforma de 2020 trouxe inovações importantes, que podem contribuir para melhor funcionamento.

Essas normas, portanto, ao proporcionar maior certeza quanto ao montante total do passivo da falência, contribuem para organizar melhor o feito e para orientar de forma mais adequada as medidas de liquidação de seu ativo.

Normas de estabilização da liquidação do ativo

A fase de liquidação do ativo, no Decreto-Lei n. 7.661/45, não podia ocorrer de forma concomitante com a verificação de crédito, pois o falido podia requerer a sua concordata. Conforme já mencionado, essa situação fazia com que os ativos, em muitos casos, perdessem o seu valor,[335] seja pela depreciação, sobretudo no caso de bens móveis, seja pelo risco de invasão, no caso de bens imóveis, além de onerar em demasia a massa com custos para sua manutenção, depósito e tributos.

Justamente para enfrentar essa situação, o artigo 139 da LREF permitiu o início da fase de liquidação tão logo seja juntado aos autos o auto de arrecadação, desvinculando-a dos procedimentos realizados para se apurar o ativo ou mesmo da arrecadação integral de todo o ativo.[336] A desvinculação, pelo legislador, da alienação

---

335 "No Decreto-Lei revogado, a fase de liquidação era estanque e não podia ocorrer simultaneamente à verificação de crédito e arrecadação de ativos, pois o devedor poderia, até o seu início, pretender a concordata suspensiva (art. 178 do Decreto-Lei n. 7.661/45). Apenas após a publicação do relatório do síndico, o qual descreverá todo o valor do ativo arrecadado e do passivo submetido à execução concursal, a fase de liquidação dos ativos poderá ser iniciada. Essa divisão do procedimento falimentar em fases estanques resultava em regra, na alienação dos bens apenas após longos anos de trâmite processual, não sem grande prejuízo à coletividade de credores em razão de sua deterioração ou de terem se tornado ultrapassados". (SACRAMONE, Marcelo Barbosa. *Comentários à Lei de Recuperação de Empresas e Falências*. 2ª ed. São Paulo: Saraiva Jur, 2021, pp. 567/568).

336 "Com o intuito de maximizar a utilidade produtiva dos bens e de obter uma maior satisfação dos créditos, em benefício da coletividade de credores e do próprio devedor, que receberá o valor remanescente após a satisfação de todos os credores, a liquidação dos ativos do falido deverá ser realiza assim que o auto de arrecadação e avaliação dos bens for juntado ao processo e independentemente de qualquer publicação. Ela independe da formação ou homologação do quadro geral dos credores, assim como independe necessariamente do encerramento da própria arrecadação de todos os ativos do devedor". (SACRAMONE, Marcelo Barbosa. *Comentários à Lei de Recuperação de Empresas e Falências*. 2ª ed. São Paulo: Saraiva Jur, 2021, p. 568).

de bens a fases processuais específicas conferiu maior celeridade ao rito falimentar e potencializou o retorno de recursos à massa.[337]

A reforma da legislação falimentar, em 2020, trouxe dispositivos que podem contribuir ainda mais para aprimoramento da realização do ativo.

A reforçar o período de 3 anos da decretação da quebra, como sinalizador de prazo ideal para que os principais atos do procedimento falimentar ocorressem, constata-se que o legislador fixou prazo de 3 anos da data da decretação da quebra para ajuizamento da ação revocatória, conforme disposto no artigo 132 da LREF.

Além disso, o artigo 158, V da LREF expressamente menciona que responderão pelo passivo apurado no procedimento falimentar todos os bens arrecadados durante o período de 3 anos da decretação da quebra.

Evidentemente que se é preciso ter em mente que a reforma não alterou a redação do artigo 129 da LREF, de modo que não há prazo para ajuizamento de ação de reconhecimento da ineficácia de determinados atos. A reforma tampouco afastou a possibilidade de desconsideração da personalidade jurídica. Ao contrário, previu-a expressamente no artigo 82-A da LREF.

Tais ações/incidentes poderão trazer novos ativos à massa falida, podendo, assim, ampliar o prazo esperado de duração do

---

337 "No sistema da lei anterior, de 1945, só se podia ser dado início à realização do ativo do falido ou sociedade falida após sua completa apuração. Como as providências para tanto normalmente retardam mais do que o desejável, o resultado era a deterioração dos bens arrecadados, com prejuízos imensos para toda a comunidade dos credores. Uma das mais importantes e salutares inovações da reforma da legislação falimentar brasileira está na simultaneidade da apuração e realização do ativo. Quer dizer, tão logo concluída a arrecadação, o administrador judicial dá início à realização do ativo". (COELHO, Fábio Ulhoa. *Comentários à Lei de Falências e de Recuperação de empresas*: Lei n. 14.112/20, Nova Lei de Falências. 14ª ed. São Paulo: Revista dos Tribunais, 2021, p. 455).

feito falimentar, já que o artigo 158, V, da LREF é claro ao assegurar que o ativo arrecadado responde pelo passivo habilitado, ainda que superado o prazo de 3 anos.

De qualquer modo, a reforma de 2020 trouxe duas disposições que poderão contribuir para reduzir a litigiosidade do processo falimentar e, consequentemente, trarão maior estabilidade à apuração do ativo. São elas: a estipulação de prazo ideal para alienação de ativo – 180 dias da lavratura do auto de arrecadação – e a disciplina do preço vil. Essas alterações são benéficas, pois, conforme se verá, reduzem a possibilidade de suscitar diversos questionamentos frequentes em alienações forçadas de bens.

O artigo 22, III, "j", da LREF trouxe a previsão de que o administrador judicial deve providenciar a venda de todos os bens da massa no prazo máximo de 180 dias contados da juntada do auto de arrecadação judicial, sob pena de destituição, salvo por impossibilidade fundamentada, reconhecida por decisão judicial. Além disso, o artigo 99, §3º, da LREF traz para o administrador judicial a obrigação de, no prazo de até 60 dias de sua nomeação, apresentar plano de realização de ativos, observando esse prazo de 180 dias.

O fato de o legislador indicar prazo consideravelmente exíguo para alienação dos ativos, sinaliza o comprometimento do legislador com os objetivos declarados no artigo 75, em especial a preservação e a otimização da utilização produtiva dos bens, dos ativos e dos recursos produtivos, inclusive intangíveis da empresa, permitindo a liquidação célere de empresas inviáveis, com vistas à realocação eficiente de recursos na economia.

A doutrina reconhece a importância dessa alteração como importante ferramenta de eficiência ao procedimento.[338]

---

338 "Em 2020, muda-se a LF com o mesmo objetivo de melhorar a eficiência da falência: desta vez, visa-se também combater as distorções na recuperação judicial, a criação de um ambiente realmente livre para os credores negociarem racionalmente a novação recuperacional. O cerne nessa importante e

As alterações promovidas pela reforma de 2020 evidenciam não apenas a importância da alienação célere de ativos, para maximizar o seu valor à massa, como, também, tornam parte do dever do administrador judicial de atuar para que isso ocorra. Por fim, eliminam qualquer questionamento que se poderia suscitar na venda rápida de bens, desvinculando essa situação de eventual arguição de dilapidação de patrimônio. Ao contrário, o legislador reconhece que, no contexto da falência, a venda célere de bens é a melhor solução para a massa de credores – já que não os onera com custos de manutenção/encargos e tributos – e também para a própria atividade econômica em si, permitindo sua rápida realocação desses recursos na economia.

Nota-se o efeito estabilizador dessa norma, visto que afasta questionamentos que poderiam ser feitos ou, ao menos, dúvidas que poderiam ser suscitadas, por parte do falido ou de terceiros interessados em uma pretensão de aceleração da venda da massa. Mostra-se útil para sinalizar para um tempo médio a ser perseguido e, em especial, que sua implementação está em total constância com os objetivos do legislador.

---

salutar mudança se encontra na ampliação dos objetivos da falência. Além de preservação e otimização dos bens, ativos e recursos produtivos de uma empresa (inc. I), a falência passa a ter por finalidade duas acelerações: a realocação eficiente dos recursos da massa falida (inc. II) e o retorno do empreendedor às atividades econômicas (inc. III). O principal instrumento para a ampliação da eficiência da falência consiste em priorizar o início da liquidação, por meio da aceleração a realização do ativo. Desde 2005, o administrador judicial não precisa aguardar o término da verificação dos créditos para dar início à liquidação. Mas algo na cultura forense acabou minando a eficácia desse esquema. Os administradores judiciais continuam gastando tempo, recursos e energia em definir o quadro-geral de credores, quando nem se sabe ao certo quanto a massa terá de disponibilidades para os pagamentos. (...)". (COELHO, Fábio Ulhoa. *Comentários à Lei de Falências e de Recuperação de empresas*: Lei n. 14.112/20, Nova Lei de Falências. 14ª ed. São Paulo: Revista dos Tribunais, 2021, p. 291).

Por fim, outra importante inovação trazida pela Lei n. 14.112/20 consiste na disciplina da alegação do preço vil e da impugnação à alienação de bens na falência. Sobre esse assunto, remete-se aos comentários ao artigo 140 e seguintes da LREF.

As disposições referidas nos parágrafos acimas afastam a possibilidade de arguições que eram tradicionalmente suscitadas em alienações de bens em falências, sobretudo por parte do falido ou de terceiros interessados.

Com a reforma, deixou de existir, no procedimento falimentar, presunção legal quanto à irregularidade de lances efetuados em leilões judiciais em valores inferiores a um determinado percentual do valor apurado em avaliação. O impugnante terá todo o ônus de demonstrar que o valor apurado em leilão, após lances realizados, é, por algum motivo, insuficiente ou injusto e que resultará em dilapidação dos ativos da massa.

O legislador reconhece o contexto de venda de bens no processo falimentar – ou seja, o seu caráter forçado – e, ainda, a importância de sua celeridade, seja para a massa de credores, na medida em que diminui os seus encargos, seja para a economia em geral, com a realocação dos bens na economia, e justamente por isso compreende que esse contexto influência no valor ao final apurado[339] e que eventual descompasso entre o valor de mercado

339 "Prevalência da celeridade em detrimento da avaliação. Na alienação judicial da falência, a celeridade prevalece sobre a avaliação dos bens. É preferível a célere realização do ativo à tentativa de alcançar, na venda, o valor atribuído aos bens arrecadados, seja pelo administrador judicial no próprio ato de arrecadação, seja qualquer outro calculado por especialista. É que, falindo uma empresa, o que interessa à economia em geral, e aos credores em particular, é a mais rápida realocação dos recursos dela, que ainda se mostrem aptos à geração de valor. Mostrou-se uma verdadeira ilusão, altamente prejudicial aos interesses envolvidos no concurso falimentar, o apego obstinado a qualquer valor atribuído aos bens na avaliação ou avaliações feitas no processo judicial. Assim, a venda deve acontecer no máximo em 180 dias, contados do respectivo auto de arrecadação – a lei diz isso mais de uma vez (arts.

de um bem e aquele obtido não pode ser arguido para obstaculizar o processo de realização do ativo.

Há, portanto, uma mitigação dos argumentos que podem ser utilizados para questionar venda judicial efetuada no âmbito do processo falimentar.[340]

Além disso, o artigo 143, §1º, inserido pela reforma de 2020, esclarece que se a impugnação for baseada no valor da venda do bem, somente poderá ser recebida se acompanhada de oferta firme do impugnante ou de terceiros para a aquisição do bem, respeitado os termos do edital, por valor presente superior ao valor da venda e depósito caucionado equivalente a 10%.

Ou seja, como consequência da reforma, além de ter o ônus de comprovar que o valor é, por algum motivo, irregular e prejudicial à massa, o impugnante deverá, também, trazer proposta firme que reforce a credibilidade de sua contrariedade. Não basta, simplesmente, a alegação genérica de prejuízo. É necessário trazer proposta que o evidencie.

22, III, j, 99, §3º e 142, §2º-A, IV). Devem ser empregados, sem dúvida, os meios e procedimentos que possibilitem a alienação dos bens do falido pelo preço mais alto. Mas sem perder de vista as circunstâncias específicas em que a venda está sendo realizada (vale dizer, 'forçada', no contexto da realização dos ativos de um falido). Realisticamente falando, é difícil que se obtenha, diante de tais circunstâncias, o valor de mercado dos bens objeto da alienação. Por isso, deve-se tentar alcançar o valor de mercado, mas não interessa a ninguém insistir-se na tentativa por muito tempo, em caso de frustação". (COELHO, Fábio Ulhoa. *Comentários à Lei de Falências e de Recuperação de empresas*: Lei n. 14.112/20, Nova Lei de Falências. 14ª ed. São Paulo: Revista dos Tribunais, 2021, p. 46).

340 "As impugnações aos valores de avaliação e da submissão dos bens à venda eram grande ponto de retardamento da liquidação dos ativos no procedimento falimentar. Para se acelerar o procedimento liquidatório como forma de maximizar o valor dos ativos, reduzir as despesas e gerar maior satisfação dos credores, exigiu-se que as impugnações sobre o valor de venda fossem tempestivas, no prazo de 48 horas da assinatura do juiz do auto de arrematação". (SACRAMONE, Marcelo Barbosa. *Comentários à Lei de Recuperação de Empresas e Falências*. 2ª ed. São Paulo: Saraiva Jur, 2021, p. 581).

Constata-se, portanto, que as alterações legislativas trazidas pela reforma de 2020 para a apuração do ativo falimentar contribuem para a criação de um ambiente de menor incertezas, na medida em que permite reduzir a litigiosidade do processo de alienação de bens, trazendo, também, maior estabilidade ao procedimento.

Alteração da estrutura do processo falimentar

Conforme mencionado acima, as alterações trazidas pela reforma de 2020 contribuíram para aprimorar o procedimento falimentar.

Destacou-se a existência de normas que resultaram na estabilização do procedimento de apuração do passivo. As duas alterações mencionadas – prazo decadencial para habilitação de crédito e incidente de classificação de crédito público – contribuem para reduzir a litigiosidade interna do processo falimentar, na medida em que eliminaram focos de divergência entre essa classe de interesse existente na falência. Em outras palavras, ao exigir, em momento inicial, que todos os credores se habilitem no procedimento falimentar, impondo àqueles que não desejarem participar do processo concursal ou a decadência do seu direito de habilitação e a declaração da extinção da responsabilidade pessoal do falido, ou, ainda, determinando a suspensão das execuções fiscais até o encerramento da falência, o legislador consegue, como resultado, que todos os credores que estão participando do processo falimentar tenham o mesmo desejo: a rápida liquidação do ativo para pagamento de seu crédito.

Por outro lado, ao permitir a declaração da extinção da obrigação pessoal do falido, com seu patrimônio pessoal, após 3 anos da quebra ou do encerramento da falência – o que ocorrer primeiro –, além de fomentar o empreendedorismo, o legislador consegue, também, um outro efeito, a saber, reduzir o interesse do falido na tramitação do processo falimentar e, assim, também, por consequência, a sua litigiosidade interna, na medida em que elimina (ou ao menos mitiga) foco de interesse distinto dos credores.

Muitos focos de desentendimentos, no processo falimentar, decorriam da divergência de percepções dos credores e do falido quanto a alienação de bens. Isso porque, enquanto os primeiros desejavam a célere liquidação do ativo, para pagamento de seu crédito, o segundo pretendia obter, na alienação, sempre o maior valor possível, sobretudo considerando que responderia pelas obrigações mesmo após o encerramento da falência. Uma consequência da declaração da extinção das obrigações do falido é, portanto, a redução de seu interesse em questionar a condução dos atos do processo falimentar, os quais passam ser preponderantemente orientados pelos interesses dos credores, desde que preservados os objetivos pretendidos pelo legislador, elencados no artigo 75 da LREF.

Reforçando a redução dos possíveis conflitos que poderiam surgir no processo falimentar, a disciplina da alienação judicial de bens na falência, além da ausência da sucessão de responsabilidades, passou a prever, também, após a reforma de 2020, a impossibilidade de alegação de preço vil e a rigorosa disciplina das condições de admissibilidade da impugnação.

Analisando as alterações promovidas pela reforma de 2020, constata-se que o processo de falência sofreu verdadeiras modificações estruturais no que toca à conformação do processamento do litígio e dos interesses contrapostos, sobretudo se em comparação com o processo de recuperação judicial. Muito embora ambos ainda sejam processos que envolvam uma pluralidade de partes distintas, a litigiosidade interna do processo falimentar foi consideravelmente reduzida com as alterações trazidas pela reforma, ao homogeneizar o interesse dos credores habilitados e ao estimular que a Fazenda Pública participe do procedimento, ao mesmo tempo que reduz consideravelmente o interesse do devedor no processamento do feito. Com essas alterações, o legislador criou condições para que os credores possuam melhores condições de orientar a condução do processo de falência, por meio de Assembleia de Credores, em especial no tocante à liquidação de ativos.

O aprimoramento do processo de falência poderá repercutir no ambiente de negociação das recuperações judiciais, permitindo que melhores condições possam ser negociadas por credores. É preciso aguardar para verificar como a questão será implementada na prática.

Art. 76. O juízo da falência é indivisível e competente para conhecer todas as ações sobre bens, interesses e negócios do falido, ressalvadas as causas trabalhistas, fiscais e aquelas não reguladas nesta Lei em que o falido figurar como autor ou litisconsorte ativo.

Parágrafo único. Todas as ações, inclusive as excetuadas no caput deste artigo, terão prosseguimento com o administrador judicial, que deverá ser intimado para representar a massa falida, sob pena de nulidade do processo.

O juízo universal da falência

O juízo onde se processa a falência é universal e indivísel, sendo o competente para conhecer de todas as ações sobre bens, interesses e negócios do falido, ou seja, de qualquer ação que gere ou possa gerar efeitos sobre o patrimônio do devedor, tendo preferência sobre qualquer outro.

Diz-se, portanto, que o juízo da falência possui *vis attractiva*, ou seja, tem a aptidão de atrair todas as demandas com conteúdo patrimonial de que participe o falido, com o intuito de obstar eventual ajuizamento de ações autônomas em que sejam proferidas decisões que afetem o seu patrimônio, em prejuízo da coletividade de credores. Ainda que haja constrição judicial anterior à decretação da falência no juízo onde tramita a execução individual, a execução não poderá ter seguimento. A regra garante que a classificação e pagamento dos credores observará a ordem de preferência estabelecida pela lei, resguardando-se o princípio da igualdade entre eles (*par conditio creditorum*).

A princípio, pois, qualquer ação e execução contra a massa falida ficará suspensa e todos os credores serão habilitados no procedimento de falência, no qual também serão decididas eventuais questões concernentes àquelas ações e execuções.

Há, contudo, exceções à regra estabelecida pelo *caput*, previstas no mesmo dispositivo. As ações decorrentes de relação de trabalho (LREF, art. 6º, §2º), as execuções fiscais (CTN, art. 187), as ações que demandarem quantia ilíquida (LREF, art. 6º, §1º) e as ações não reguladas pela LREF em que o falido figurar como autor ou litisconsorte seguirão seu curso normal no juízo competente. Ainda assim, mesmo nestas ações não se admitirão atos de constrição judicial sobre o patrimônio do devedor após a decretação da falência, os quais serão considerados inválidos. Além das exceções previstas no próprio artigo 76, são também exceções à universalidade do juízo da falência as ações promovidas pela União, autarquias e empresas públicas federais, ou em que sejam interessadas, cujo objeto não tenha relação com a LREF, caso em que se atrairá a competência da Justiça Federal (CF, art. 109, I), bem como as ações decorrentes de convenção de arbitragem.

Assim, as ações propostas pelo devedor, em que ele figure no polo ativo, tramitarão normalmente nos respectivos juízos competentes, a não ser que tenham seu objeto disciplinado pela LREF. Somente as ações promovidas por terceiros contra o falido é que serão atraídas pelo juízo da falência.

Antes da reforma de 2020, a exceção legal também já era estendida para o procedimento arbitral, em analogia à exceção prevista para as ações que demandassem quantias ilíquidas (LREF, art. 6º, §1º). Nesse sentido, a decretação de falência ou o deferimento da recuperação judicial não impediam a instauração do procedimento arbitral, reservando-se ao administrador judicial a prática dos atos regulares para conservação do patrimônio e dos direitos da massa falida. A Lei n. 14.112/2020 incluiu o §9º ao art. 6º, dispondo expressamente que o processamento da recuperação judicial ou a decretação da falência não autoriza o administrador judicial a recusar a eficácia da convenção de arbitragem, não impedindo ou suspendendo a instauração de procedimento arbitral.

Sobre as ações que demandam quantias ilíquidas, aliás, o Superior Tribunal de Justiça, em julgamento pelo rito dos recursos repetitivos, assentou o entendimento de que mesmo aquelas ajuizadas posteriormente ao decreto de quebra ou ao deferimento da recuperação judicial, deverão prosseguir no juízo individual competente, e somente após a definição do valor do crédito é que seriam habilitados no quadro-geral de credores, para pagamento conforme a ordem de preferência legal.

No que diz respeito às execuções fiscais, prosseguirão no juízo singular competente ainda que ajuizadas após a decretação da falência. Cumpre relembrar que o art. 6º, §7-B, da LREF admite, a despeito da não sujeição do crédito fiscal aos efeitos da recuperação judicial e da falência, a competência do juízo da recuperação judicial para determinar a substituição dos atos de constrição que recaiam sobre bens de capital essenciais à manutenção da atividade empresarial, até o encerramento da recuperação judicial. Nesse sentido, poderá o juiz da execução fiscal ordenar o ato de constrição, mas a análise final do ato ficará a cargo do juízo universal.

Assim,

> apesar de a execução fiscal não se suspender em face do deferimento do pedido de recuperação judicial (art. 6º, §7º, da LF n. 11.101/05, art. 187 do CTN e art. 29 da LF n. 6.830/80), submetem-se ao crivo do juízo universal os atos de alienação voltados contra o patrimônio social das sociedades empresárias em recuperação, em homenagem ao princípio da preservação da empresa (CC 114987/SP,

Rel. Ministro Paulo de Tarso Sanseverino, Segunda Seção, julgado em 14/03/2011, DJe 23/03/2011).[341]

Já no que diz respeito à falência, após a publicação do edital eletrônico com a íntegra da decisão que a decreta (LREF, art. 99, §1º), o juiz instaurará, de ofício e para cada Fazenda Pública credora, incidente de classificação de crédito público e determinará a sua intimação para que apresente a relação completa de seus créditos inscritos em dívida ativa (LREF, art. 7º-A). A execução fiscal ficará suspensa até o encerramento da falência, podendo ter prosseguimento apenas contra os corresponsáveis (LREF, art. 7º-A, §4º, V). A medida busca evitar que o Fisco prossiga com a execução e leve os bens do devedor à hasta pública, prejudicando a ordem legal de pagamento dos credores da massa falida.

Muito embora não exista questionamento quanto à competência do Juízo Universal da Falência para deliberar sobre atos de constrição relativos a bens do devedor, sempre existiu grande divergência quanto aos limites de sua competência no que toca à definição do montante do crédito titularizado pela Fazenda Pública que postulava sua habilitação na falência. A referida divergência decorria do fato de que o crédito da Fazenda Pública não está sujeito à falência, por força do disposto no artigo 187 do Código Tributário Nacional.

A Lei n. 14.112/20 tentou elucidar a questão, inserindo o art. 7º-A, §4º, I e II, da LREF, que esclarecem que são de competência do Juízo Universal da Falência as questões sobre cálculos e classificação dos créditos para fins previstos na lei falimentar, assim como sobre a arrecadação de bens, realização do ativo e pagamento dos credores, ao passo que é de competência do juízo da execução fiscal a definição sobre existência, exigibilidade e valor do crédito,

341 STJ, AgInt no CC 173179/PE, Segunda Seção, Min. Antonio Carlos Ferreira, DJe 21/09/2021.

devendo, neste último caso, observar o quanto disposto no art. 9º, *caput,* II e demais regras da LREF.

A divisão de competências efetuada no art. 7º-A, §4º, I e II, da LREF tenta dirimir conflitos de competência que existiam entre os juízos falimentar e da execução fiscal, evidenciando que não pode o primeiro dispor sobre o valor e existência do crédito fiscal. Aplica-se, portanto, na habilitação do crédito fiscal, a presunção de veracidade das Certidões de Dívida Ativa, as quais comprovam a existência e o valor do débito fiscal, nos termos do artigo 204 do CTN.

Logo, desse modo, ainda que as execuções fiscais sejam suspensas, por força do art. 7º-A, §4º, V, da LREF, razoável sustentar que se o devedor apresentar embargos, é preciso que eles sejam julgados pelo juízo da execução fiscal, tendo assim, apenas nesse aspecto, seguimento, até que haja definição do montante. Os demais atos relacionados à execução devem ficar suspensos.

Um ponto que ainda irá gerar controvérsias reside na definição da competência para analisar alegações sobre prescrição do crédito fiscal. Isso porque, ainda que o legislador tenha outorgado competência ao juízo da execução fiscal para deliberar sobre a existência e exigibilidade do crédito, outorgou ao juízo da falência para dispor sobre pagamentos. A obrigação prescrita é uma obrigação natural, a qual, por não ser exigível, não impõe seu pagamento. Remete-se, nesse ponto, aos comentários efetuados no art. 7º-A, §4º, I e II da LREF. Destaque-se que a universalidade do juízo da falência prevista no artigo 76, a princípio, não é extensível ao juízo da recuperação judicial ou extrajudicial, já que nem todos os credores estão submetidos ao plano de recuperação judicial, tendo preservados os seus direitos originariamente adquiridos em face da recuperanda. Não há, pois, concurso de credores na recuperação, sendo desnecessária a previsão da universalidade do juízo. Tampouco há força atrativa do juízo da recuperação judicial, já que as ações e execuções contra a recuperanda terão seu curso retomado no juízo singular competente, após decorrido o *stay period* (LREF, art. 6º, §4º).

Não obstante, a jurisprudência se pacificou no sentido de que as medidas de constrição que tenham efeitos sobre o patrimônio do devedor em recuperação judicial devem ser submetidas à análise do juízo da recuperação, assegurando maior utilidade e eficiência ao procedimento, e permitindo ao juiz a análise sobre todas as questões pertinentes ao soerguimento econômico-financeiro da empresa em crise.

De todo o modo, o Superior Tribunal de Justiça decidiu competir ao Juízo universal tanto a deliberação sobre atos judiciais que envolvam o patrimônio das empresas em recuperação judicial ou em falência, como também a decisão a respeito da natureza concursal ou extraconcursal dos créditos do devedor, cabendo-lhe, outrossim, decidir, nas recuperações judiciais, acerca da liberação ou não de bens eventualmente penhorados e bloqueados, uma vez que se trata de juízo de valor vinculado à aferição da essencialidade do bem em relação ao regular prosseguimento do processo de recuperação.[342] Sobre o "juízo universal da recuperação judicial", remete-se aos comentários do art. 6º da LREF.

Contudo, essa construção jurisprudencial relativa à recuperação judicial não pode ser utilizada para beneficiar os demais credores ou o devedor de modo ilimitado, já que a própria lei impôs o prosseguimento das ações e execuções envolvendo créditos não submetidos à recuperação judicial, não podendo os seus titulares ficarem impedidos de satisfazer seus créditos nas execuções individuais. Nesse sentido, a análise dos atos de constrição dos bens do devedor deve ser feita com parcimônia, mediante um juízo de menor onerosidade em função do plano de recuperação judicial aprovado. Se, por exemplo, determinados bens essenciais forem prescindíveis à execução do plano, poderão sofrer constrição.

---

342 STJ, AgInt no CC 178571/MG, Segunda Seção, Min. Luis Felipe Salomão, DJe 18/02/2022.

Representação da massa falida

Decretada a falência do devedor, o administrador judicial será incumbido de representar a massa falida em qualquer ação de que ela participe como parte ou litisconsorte, ainda que se trate de ação não regulada pela LREF, processada em juízo distinto do universal, sob pena de nulidade. O devedor será afastado da administração, perdendo capacidade de representação da empresa.

Assim, nas ações envolvendo o devedor, já ajuizadas antes da decretação da falência, terão o polo substituído pela massa falida, representada pelo administrador judicial, para o fim de se preservar o interesse da coletividade de credores.

Isso porque qualquer resultado econômico decorrente dessas ações reverterá em favor da massa falida, na qualidade de credora de bens, valores ou direitos. Os bens eventualmente recebidos serão arrecadados para integrar o patrimônio que será repartido entre os credores.

Art. 77. A decretação da falência determina o vencimento antecipado das dívidas do devedor e dos sócios ilimitada e solidariamente responsáveis, com o abatimento proporcional dos juros, e converte todos os créditos em moeda estrangeira para a moeda do país, pelo câmbio do dia da decisão judicial, para todos os efeitos desta Lei.

Vencimento antecipado das dívidas

A sentença que decreta a falência do devedor tem como uma de suas principais consequências o vencimento antecipado de todas as dívidas existentes contra ele e, nos casos de sociedades constituídas sob responsabilidade ilimitada, contra os sócios ilimitadamente e solidariamente responsáveis. Vencidas antecipadamente, são contabilizados os juros contratuais ou legais somente até a sentença de quebra. Assim, os juros que incidiriam em momento posterior à decretação da falência, não serão incluídos para fins de apuração do passivo do devedor e serão pagos somente depois de satisfeitos todos os créditos extraconcursais e concursais, e apenas se houver numerário disponível em caixa (LREF, art. 83, IX).

A disposição em comento, que já era prevista no antigo Decreto-Lei n. 7.661/45,[343] tem finalidade contábil para o fim de equalização dos créditos, expressando o princípio geral do concurso falimentar de tratamento paritário entre os credores, já que concentra em momento único a estimativa do passivo a ser rateado entre eles. Não implica, contudo, dever de pagamento antecipado das dívidas pelo devedor.

Como bem rememorado pela doutrina,[344] excepcionam-se à regra do vencimento antecipado das dívidas os créditos sujeitos à condição suspensiva. Nestes, os efeitos estão subordinados a evento futuro e incerto, de modo que, enquanto não se verificar a condição, não há direito de crédito, mas mera expectativa, que pode ou não vir a se consumar. Destaque-se que a ressalva a tais créditos era prevista no antigo §2º do artigo 45, do Decreto-Lei n. 7.661-45.[345] Contudo, a LREF não trouxe disposição semelhante.

Oportuno destacar, também, que o vencimento antecipado dos créditos ocorre apenas em face do devedor e apenas para fins de equalização. Dessa forma, a despeito da possibilidade de o credor poder cobrar o crédito dos coobrigados, somente poderá fazê-lo após o vencimento originariamente contratado em face deles.

---

343 Decreto-Lei n. 7.661/45, art. 25. "A falência produz o vencimento antecipado de todas as dívidas do falido e do sócio solidário da sociedade falida, com o abatimento dos juros legais, se outra taxa não tiver sido estipulada".

344 COSTA, Daniel Carnio; MELO, Alexandre Nasser. *Comentários à Lei de Recuperação de Empresas e Falência*: Lei n. 11.101, de 09 de fevereiro de 2005. Curitiba: Juruá, 2021, p. 285.

345 Decreto-Lei n. 7.661/45, art. 25. "(...). §2º Não têm vencimento antecipado as obrigações sujeitas a condição suspensiva, as quais, não obstante, entram na falência, sendo o pagamento diferido até que se verifique a condição".

Ademais, os créditos em moeda estrangeira serão convertidos para a moeda nacional pelo câmbio do dia em que proferida a sentença que decretar a falência, descontando-se também os juros que incidiriam até o vencimento da prestação, como forma de neutralizar os efeitos da variação cambial decorrente do câmbio flutuante que vige no Brasil. Deve o juiz, na sentença, cuidar de fixar a taxa de câmbio para conversão, para o fim de propiciar maior segurança à partes e eliminar qualquer dúvida a respeito.

Destaque-se que a regra da conversão dos créditos em moeda estrangeira, na falência, se distingue da regra incidente na recuperação judicial, na qual a variação cambial eleita pelas partes conserva-se como parâmetro de indexação, se o credor não aprovar previsão diversa no plano de recuperação judicial (LREF, art. 50, §2º), além de ser a conversão realizada tão somente para fins de apuração de voto em assembleia, pelo câmbio da véspera da data de sua realização (LREF, art. 38, parágrafo único).

Art. 78. Os pedidos de falência estão sujeitos a distribuição obrigatória, respeitada a ordem de apresentação.

Parágrafo único. As ações que devam ser propostas no juízo da falência estão sujeitas a distribuição por dependência.

Distribuição obrigatória e ordem de apresentação

Os processos de falência deverão ser obrigatoriamente distribuídos ao juízo competente, na ordem do respectivo protocolo, constituindo regra geral de distribuição no Poder Judiciário (CPC, art. 284), com o fim de se preservar a imparcialidade do magistrado, a igualdade entre as partes e a uniformidade de acervo entre os juízos.

Os pedidos de falência originalmente propostos como tal serão distribuídos livremente entre as varas da comarca, caso existentes. A partir de então, todos os demais pedidos de falência ou recuperação relativos ao mesmo devedor serão distribuídos ao mesmo juízo que recebeu o primeiro pedido, por prevenção (LREF, art. 6º, §8º), e em decorrência do caráter universal e indivisível do juízo falimentar.

De mesmo modo, as ações conexas, como pedidos de restituição, ações revocatórias ou embargos de terceiros, também serão distribuídas ao mesmo juízo primeiramente sorteado, por dependência, embora tenha prosseguimento em autos apartados.

Art. 79. Os processos de falência e os seus incidentes preferem a todos os outros na ordem dos feitos, em qualquer instância.

Preferência dos processos de falência

A distribuição dos pedidos de falência e de seus incidentes preferem sobre os demais, em qualquer instância, já que a celeridade e a efetividade são atributos que permeiam o microssistema falimentar e impõem a liquidação dos ativos e satisfação dos credores no menor tempo possível, sob pena de vulnerar a racionalidade do sistema (LREF, art. 75).

Assim, a celeridade na tramitação da ação falimentar é fundamental tanto para os credores, diante do cenário de incerteza que permeia a satisfação de seus créditos, quanto para o devedor, que somente após a liquidação dos ativos, rateio entre os credores e encerramento da falência, poderá voltar a explorar a atividade empresarial.

De toda forma, o artigo 79 deve ser interpretado conjuntamente com o artigo 189-A, que além de reiterar a prioridade na tramitação dos processos de falência sobre todos os demais, também assim prevê para os processos de recuperação judicial e extrajudicial, ressalvadas as prioridades estabelecidas em leis especiais (*v.g.* art. 71 da Lei n. 10.741/03 – Estatuto do Idoso), e os *habeas corpus*.[346]

Art. 80. Considerar-se-ão habilitados os créditos remanescentes da recuperação judicial, quando definitivamente incluídos no quadro-geral de credores, tendo prosseguimento as habilitações que estejam em curso.

Créditos remanescentes da recuperação judicial

Nas hipóteses em que a falência do devedor for decretada mediante convolação da recuperação judicial em falência (LREF, art. 73), poderão ser aproveitados os atos judiciais destinados à verificação dos créditos.

Assim, o quadro-geral de credores definitivamente consolidado pelo administrador judicial na recuperação judicial, poderá ser considerado para a habilitação na falência, após descontados os valores eventualmente pagos durante a recuperação. Para este fim, incumbirá ao devedor, após a sentença de convolação em falência, apresentar a lista com a relação de credores, natureza, classificação, e os respectivos valores pagos e remanescentes. Tem-se como definitivos os créditos que não foram sujeitos a impugnação, ou que tiveram sua impugnação já decidida, com trânsito em julgado, não sendo exigível que o quadro geral tenha sido homologado judicialmente.

Outrossim, eventuais credores que tenham sido incluídos no quadro geral e não tenham deduzido suas divergências administrativas ou impugnações judiciais durante a recuperação não poderão mais deduzi-las em caso de convolação em falência, ante a impossibilidade de nova reabertura do procedimento de verificação de créditos. Opera-se, portanto, a preclusão do direito de discussão do crédito.

346 Ver comentários ao artigo 189-A.

De outro turno, eventuais habilitações ou impugnações de crédito em curso, que tenham sido ajuizadas antes da convolação da recuperação judicial em falência, terão normal prosseguimento até deliberação definitiva, quando então o crédito poderá ser habilitado no processo falimentar.

Art. 81. A decisão que decreta a falência da sociedade com sócios ilimitadamente responsáveis também acarreta a falência destes, que ficam sujeitos aos mesmos efeitos jurídicos produzidos em relação à sociedade falida e, por isso, deverão ser citados para apresentar contestação, se assim o desejarem.

§ 1º O disposto no caput deste artigo aplica-se ao sócio que tenha se retirado voluntariamente ou que tenha sido excluído da sociedade, há menos de 2 (dois) anos, quanto às dívidas existentes na data do arquivamento da alteração do contrato, no caso de não terem sido solvidas até a data da decretação da falência.

§ 2º As sociedades falidas serão representadas na falência por seus administradores ou liquidantes, os quais terão os mesmos direitos e, sob as mesmas penas, ficarão sujeitos às obrigações que cabem ao falido.

Extensão da falência aos sócios com responsabilidade ilimitada

Previa o artigo 5º do antigo Decreto-Lei n. 7.661/45 que

> os sócios solidária e ilimitadamente responsáveis pelas obrigações sociais não são atingidos pela falência da sociedade, mas ficam sujeitos aos demais efeitos jurídicos que a sentença declaratória produza em relação à sociedade falida. Aos mesmos sócios, na falta de disposição especial desta lei, são extensivos todos os direitos e, sob as mesmas penas, todas as obrigações que cabem ao devedor ou falido.

A disposição causava certa confusão, já que estabelecia não serem os sócios atingidos pela falência, ao mesmo tempo que estendia a eles os efeitos da quebra. A Lei n. 11.101/05 optou por afirmar, de forma expressa, que a falência da sociedade constituída sob responsabilidade ilimitada implica também a falência de seus sócios, estendendo a eles os mesmos efeitos jurídicos produzidos em relação à sociedade.

Assim, deverão os sócios integrar o polo passivo conjuntamente com a sociedade falida, em litisconsórcio necessário, e serão citados para apresentar contestação, sob pena de nulidade dos atos processuais praticados sem a citação válida. Caso o pedido de falência seja ajuizado somente contra a sociedade, sem a inclusão dos sócios ilimitadamente responsáveis, deverá o juiz determinar a correção do polo passivo e, caso não atendida a determinação, deverá a ação ser extinta sem julgamento do mérito.

A regra também é prevista no artigo 190 da LREF, aplicando-se às sociedades que admitem sócios ilimitadamente responsáveis pelas obrigações sociais, quais sejam, as sociedades em comum, em nome coletivo (art. 1.039, CC), na comandita simples em relação ao sócio comanditado (art. 1.045, CC) e na comandita por ações em relação aos sócios diretores (art. 1.091, CC e arts. 281 e 282, Lei n. 6.404/1976). Tais sócios serão considerados falidos e a eles serão impostas todas as obrigações e restrições do devedor, independentemente de prova de fraude ou confusão patrimonial. Contudo, como as sociedades elencadas são raramente utilizadas no Brasil, o dispositivo acaba tendo baixa aplicação na prática jurídica.

Os sócios, nesses casos, respondem de forma solidária e ilimitadamente, independentemente de sua participação, pelas obrigações sociais, conforme se observa dos artigos 1.039 e 1.045 do CC. Ocorre, todavia, que, mesmo para sócios de responsabilidade ilimitada, sua responsabilização pessoal somente pode ocorrer de forma subsidiária, ou seja, após exaurimento do patrimônio social (art. 1.024, CC).[347] Trata-se do benefício da ordem.

O disposto no artigo 81, contudo, é questionado pela doutrina. Isso porque, além de conferir tratamento prejudicial ao sócio que, integrante de sociedade com responsabilidade ilimitada, pode não desenvolver nenhuma atividade em nome próprio, nem ser caracterizado como empresário, ainda estabelece diretriz que destoa da regra do ordenamento jurídico, segundo a qual as pessoas jurídicas detêm autonomia patrimonial, de modo que o seu patrimônio social não se confunde com o patrimônio pessoal de seus sócios.

Por esta razão, há doutrina que sustenta que[348] a melhor interpretação do artigo 81 é a de que a falência da sociedade constituída mediante responsabilidade ilimitada implica a extensão apenas de seus efeitos patrimoniais aos sócios, não importando na decretação de sua falência, assim como estabelecia o antigo Decreto-Lei n. 7.661/45. Nesse sentido, somente na hipótese de insuficiência dos bens da sociedade, haveria responsabilidade subsidiária dos sócios ilimitadamente responsáveis em relação às obrigações sociais, com a arrecadação de seus bens particulares.

O §1º estabelece que a regra do *caput* permanece vigente nos dois primeiros anos após a retirada do sócio da sociedade, voluntariamente ou mediante exclusão, em relação às dívidas existentes na data do arquivamento da alteração societária no contrato social (a partir da publicação da alteração no registro da pessoa jurídica), caso não tenham sido satisfeitas até a decretação da falência do devedor.

---

347 "Art. 1.024. Os bens particulares dos sócios não podem ser executados por dívidas da sociedade, senão depois de executados os bens sociais".

348 SACRAMONE, Marcelo Barbosa. *Comentários à Lei de Recuperação de Empresas e Falências*. 2ª ed. São Paulo: Saraiva Jur, 2021, p. 414.

Esse preceito repete o antigo parágrafo único do art. 5º do Decreto-Lei n. 7.661/45[349] e complementa a regra estabelecida pelo artigo 1.032 do Código Civil, segundo a qual "a retirada, exclusão ou morte do sócio, não o exime, ou a seus herdeiros, da responsabilidade pelas obrigações sociais anteriores, até dois anos após averbada a resolução da sociedade; nem nos dois primeiros casos, pelas posteriores e em igual prazo, enquanto não se requerer a averbação", objetivando, assim, evitar que o sócio se retire da sociedade com a finalidade precípua de se eximir do cumprimento das obrigações sociais.

Destaque-se que a responsabilização do sócio que se retirou da sociedade somente poderá ocorrer, até dois anos após averbada a alteração societária, em relação às obrigações contraídas quando ele ainda ostentava a qualidade de sócio, não podendo responder pelas dívidas contraídas após a sua retirada.[350]

Representação das sociedades falidas

Já o §2º do dispositivo se aplica a quaisquer tipos de sociedade, seja ilimitada, limitada ou anônima, as quais serão representadas por seu administrador ou liquidante. Tais representantes legais ficarão sujeitos aos mesmos direitos e obrigações da sociedade falida. Isso não quer dizer, de modo algum, que os administradores e liquidantes da sociedade deverão responder objetivamente pelo seu passivo, ou adquirir qualquer direito de crédito, mas apenas

---

349 Decreto-Lei n. 7.661/45. "Art. 5º. (...) Parágrafo único. O disposto neste artigo aplica-se ao sócio de responsabilidade solidária que há menos de dois anos se tenha despedido da sociedade, no caso de não terem sido solvidas, até a data da declaração da falência, as obrigações sociais existentes ao tempo da retirada. Não prevalecerá o preceito, se os credores tiverem consentido expressamente na retirada, feito novação, ou continuado a negociar com a sociedade, sob a mesma ou nova firma".

350 STJ, AgInt no AREsp 1403976/SP, 3ª Turma, Min. Marco Aurélio Bellizze, DJe 16/05/2019.

que, caso a LREF estabeleça uma obrigação à sociedade devedora, quem deverá cumpri-la serão os seus representantes legais.

Assim, embora os administradores ou liquidantes do devedor, após o decreto de falência, percam o direito de administrar os bens do falido (LREF, art. 103) e fiquem proibidos de praticar qualquer ato que se refira aos seus interesses, direitos e obrigações, continuam mantendo o dever de representação da sociedade em relação às obrigações estabelecidas pela LREF, como, por exemplo, a obrigação de comparecer a todos os atos da falência (LREF, art. 104, IV), de manifestar-se sempre que assim determinado pelo juiz (LREF, art. 104, X) e de examinar e dar parecer sobre as contas do administrador judicial (LREF, art. 104, XII), dentre outras obrigações legais.

Art. 82. A responsabilidade pessoal dos sócios de responsabilidade limitada, dos controladores e dos administradores da sociedade falida, estabelecida nas respectivas leis, será apurada no próprio juízo da falência, independentemente da realização do ativo e da prova da sua insuficiência para cobrir o passivo, observado o procedimento ordinário previsto no Código de Processo Civil.

§ 1º Prescreverá em 2 (dois) anos, contados do trânsito em julgado da sentença de encerramento da falência, a ação de responsabilização prevista no caput deste artigo.

§ 2º O juiz poderá, de ofício ou mediante requerimento das partes interessadas, ordenar a indisponibilidade de bens particulares dos réus, em quantidade compatível com o dano provocado, até o julgamento da ação de responsabilização.

Responsabilização pessoal dos sócios, acionistas e administradores do devedor falido

Existem diversas teorias que pretendem explicar o instituto da pessoa jurídica: há correntes que afirmam que se trata de fenômeno associativo empírico, outras que sustentam que se trata de uma ficção criada pelo Direito e, ainda, que tal criação se justifica para atender a determinada função.[351] Decorre, contudo, das normas que disciplinam a constituição de pessoas jurídicas a atribuição de personalidade própria, em razão da qual elas se tornam capazes de contrair obrigações em nome próprio, respondendo com o seu patrimônio.

Esclarece o art.49-A do CC/02 que:

> Art. 49-A. A pessoa jurídica não se confunde com os seus sócios, associados, instituidores ou administradores. Parágrafo único. A autonomia patrimonial das pessoas jurídicas é um instrumento lícito de alocação e segregação de riscos, estabelecido pela lei com a finalidade de estimular empreendimentos, para a geração de empregos, tributo, renda e inovação em benefício de todos.

O artigo 49-A do CC/02 parece declarar algo óbvio, ou seja, que a personalidade jurídica da pessoa jurídica não se confunde com a de seus sócios e administradores. Contudo, tem o mérito

---

351 "De modo bastante genérico, pode-se afirmar que duas grandes correntes, com diversos desmembramentos, podem ser visualizadas acerca da forma de se explicar a pessoa jurídica. Em uma dessas correntes, a *Teoria Organicista* ou *Teoria da Realidade da Pessoa Jurídica*, encabeçada, sobretudo, por Otto von Gierke, a pessoa jurídica é explicada, *grosso modo*, como um fenômeno associativo fático. Seria, portanto, uma realidade preexistente ao direito, ao qual cabe somente declarar sua existência. Identifica Gierke a importância dos fenômenos associativos dotados de vontade própria. Na outra grande linha doutrinária – a corrente *ficcionista* –, liderada por Savigny e Kelsen, a pessoa jurídica seria, na verdade, uma criação do direito. Seria assim um instrumento jurídico necessário para a obtenção de determinadas finalidades práticas. A concepção de Kelsen é ainda mais radical e decorre de sua visão normativista do direito. Para ele, pessoa jurídica é um simples ponto de referência de um conjunto normativo. (...) Especialmente, se considerarmos as de análise funcional da personalidade jurídica, assim como o escopo de nossa pesquisa, então nos parece mais útil a concepção segundo a qual *a pessoa jurídica é um instrumento jurídico necessário à obtenção de determinados efeitos jurídicos*". (SILVA, Leonardo Toledo. *Abuso da Desconsideração da Personalidade Jurídica*. São Paulo: Saraiva, 2013, pp. 26-28).

de evidenciar que a autonomia patrimonial a ela assegurada com sua constituição é ferramenta lícita de alocação e segregação de risco, desempenhando, assim, função social relevante.

Como consequência de a pessoa jurídica possuir personalidade jurídica própria e, ainda, por possuir um patrimônio autônomo ao qual são imputadas as suas obrigações, é preciso verificar qual é a extensão da responsabilidade de seus sócios definida pela respectiva legislação societária (Código Civil ou Lei n. 6.404/76 – Lei das Sociedades Anônimas). Os sócios, conforme visto, podem ter responsabilidade limitada ou ilimitada. Por outro lado, também decorre da legislação societária que as pessoas jurídicas se obrigam pelos atos praticados em seu nome por seus administradores, nos limites de seus poderes definidos em seus atos constitutivos, conforme se observa dos artigos 45 e 47 do Código Civil, observando as particularidades do regime jurídico aplicável a cada tipo societário específico.

Os artigos 81 até 82-A da LREF disciplinam a responsabilidade dos sócios e administradores de sociedades em situação de falência.

No tocante aos sócios de responsabilidade ilimitada, o artigo 81 inova o regime jurídico disciplinado aos primeiros na legislação societária, na medida em que não lhes assegura o benefício da ordem, permitindo sua responsabilização concomitante com a da sociedade. Nos comentários realizados ao referido dispositivo, destacou-se a existência de críticas doutrinárias à essa responsabilização excepcional, apontando que, o mais correto, seria primeiro liquidar todo o ativo da sociedade para, somente então, afetar o patrimônio pessoal dos sócios.

Já na hipótese dos sócios de responsabilidade limitada e administradores das sociedades falidas, o artigo 82 da LREF remete às regras ordinárias de responsabilização previstas na legislação societária respectiva. Consequentemente, tem-se, como regra, que a falência não provoca a alteração da responsabilidade dos sócios de responsabilidade limitada e dos administradores.

A redação do artigo 82 da LREF reforça o princípio da autonomia patrimonial, inerente à constituição de pessoas jurídicas, dando integral efeito ao objetivo pretendido pelo legislador de que esta servisse como mecanismo lícito de alocação de riscos, conforme se observa do art. 49-A do CC – sendo a falência apenas a concretização desses riscos.

Desse modo, como consequência direta da atribuição de personalidade própria para a pessoa jurídica decorre o fato de que ela, e não seus sócios ou administradores, responde, a princípio, pelas dívidas e obrigações que tiver contraído em seu nome próprio com o patrimônio que lhe foi atribuído à atividade que desenvolve.[352]

O artigo 82 dispõe, portanto, sobre a responsabilidade dos sócios e administradores da sociedade limitada e dos acionistas controladores e administradores da sociedade anônima, cuidando apenas de tratar dos aspectos processuais e do prazo prescricional, já que a forma de apuração dessa responsabilidade é regida pelas respectivas leis, no caso, o Código Civil e a Lei das Sociedades Anônimas (Lei n. 6.404/76).

A regra do ordenamento jurídico é a de que os sócios de responsabilidade limitada, controladores e administradores não poderão responder pessoalmente pelas obrigações da sociedade

---

352 "Portanto, a norma que determina a limitação da responsabilidade, nas sociedades, nada mais faz do que, atribuindo eficácia ao centro de imputação criado com a personalização, afirmar que determinado centro de imputação responde somente pela atividade ligada ao patrimônio que lhe é imputado; ou seja, conforme sustenta Ascarelli, 'no domínio da lógica jurídica, (...) admitida a personalidade jurídica da sociedade anônima, é natural que os sócios não respondam pelas dívidas da sociedade, isto é, pelas dívidas de um sujeito jurídico diverso, que, por seu turno, responde, e responde ilimitadamente, pelas suas dívidas'". (SILVA, Leonardo Toledo. *Abuso da Desconsideração da Personalidade Jurídica*. São Paulo: Saraiva, 2013, p. 74).

falida, ainda que, na falência, os ativos sejam insuficientes para a satisfação da integralidade dos créditos da sociedade falida. Ao contrário, somente poderão ser responsabilizados pessoalmente em casos específicos e excepcionais previstos na respectiva norma societária, em que tenham violado deveres impostos pela respectiva legislação, e na exata medida do dano provocado decorrente dessa infração – o qual deverá ser comprovado ao longo do processo.

Decorre da relação do sócio com a sociedade a obrigação que assumiu no momento de sua constituição ao adquirir participação social, responsabilizando-se pela versão à pessoa jurídica da totalidade dos ativos prometidos ao patrimônio da sociedade. Em caso de descumprimento, surge para a pessoa jurídica o direito de adotar medidas para sua cobrança ou solicitar sua retirada da sociedade. Assim, por exemplo, o artigo 106 da Lei n. 6.404/76 – LSA, ou o artigo 1.058 do CC/02, que disciplina o dever de realização do capital e suas consequências.

No caso das sociedades de responsabilidade limitada, cada sócio responde apenas pelo valor de suas cotas e, solidariamente com os demais, até o limite da integralização do capital social (art. 1.052, CCB/02), como ocorre nas sociedades limitadas, ou apenas a responsabilidade limitada ao preço de emissão das ações subscritas (art. 1º, Lei n. 6.404/76), como se dá no caso de sociedades anônimas. Integralizado o capital social, no caso das limitadas, ou pago o preço de emissão das ações subscritas, não haveria mais possibilidade de responsabilização dos sócios pelas obrigações sociais.

O sócio responde, também, se atua como controlador ou como administrador, pelas funções por ele desenvolvidas. Cada tipo societário possui regramento jurídico próprio, que traz disposição específica sobre deveres específicos da responsabilidade de seus controladores e administradores. Assim, por exemplo, os artigos 117 e 158 da LSA preveem hipóteses de responsabilização por danos provocados pelo controlador ou pelos administradores, respectivamente, à sociedade. No mesmo sentido, os artigos 1.011 e 1.013 do CC/02.

A legislação falimentar, portanto, no tocante aos sócios de responsabilidade limitada, reforça as regras de limitação de sua responsabilidade pessoal, prevendo que as hipóteses de sua responsabilização perante a falida ou terceiro são aquelas disciplinadas em legislação específica, as quais, por decorrência da quebra, deverão ser deduzidas em ação própria.

Assim, os sócios das sociedades limitadas somente poderão ser responsabilizados pessoalmente quando participarem de deliberação social que infrinja a lei ou o contrato social, caso em que responderão ilimitadamente pela prática de ato ilícito (CC, art. 1.080), e solidariamente com relação à integralização do capital social (CC, art. 1.052). Nessa última hipótese, se o contrato social prever cláusula estabelecendo que o capital social ainda não está totalmente integralizado, a massa falida poderá ajuizar ação de integralização contra qualquer um dos sócios, independentemente de dolo ou culpa.

Com relação aos acionistas controladores da sociedade anônima, respondem eles subjetivamente pelos danos decorrentes de atos praticados com abuso de poder (Lei n. 6.404/76, art. 117), podendo também ser demandados em ação de integralização, assim como os acionistas não controladores, respondendo pelo preço de emissão das ações subscritas ou adquiridas.

Já os administradores da sociedade limitada respondem quando descumprirem o dever de cuidado e diligência no cumprimento de seu múnus (CC, art. 1.011), prejudicando a sociedade. Cuida-se, assim, de obrigação de meio, e não de resultado. Poderão, ainda, responder subjetivamente pelos prejuízos causados quando agirem com culpa ou dolo no cumprimento de suas atribuições, ou quando violarem a lei ou o estatuto, não podendo ser responsabilizados pessoalmente, contudo, pelas obrigações que contraírem em nome da sociedade e em virtude de ato regular de gestão, ainda que resulte em prejuízo a ela (Lei n. 6.404/76, art. 158).

Responderão os administradores, no mais, pelos prejuízos causados em virtude de violação dos deveres de diligência, lealdade e sigilo, ou ao praticarem ato de liberalidade às custas da companhia, utilizarem em proveito próprio os bens da sociedade, receberem de terceiros vantagem pessoal em razão do exercício do cargo, usarem em benefício próprio oportunidade comercial conhecida em razão do cargo ou, de qualquer modo, participarem em operação social em que tiverem interesse conflitante com o da companhia (Lei n. 6.404/76, art. 154 e seguintes).

Enfim, em relação à sociedade, os sócios e administradores somente responderão quando agirem com culpa ou dolo dentro de suas atribuições definidas no contrato ou estatuto social. Perante terceiros, porém, somente poderão ser pessoalmente responsabilizados quando extrapolarem suas funções, ou se tiverem agido contra a lei. Caso contrário, somente a sociedade responderá pelos prejuízos, ressalvado eventual direito de regresso.

A responsabilização dos sócios, administradores e acionistas controladores da sociedade falida poderá ocorrer independentemente da realização do ativo, da venda dos bens arrecadados ou da prova da insuficiência para cobrir o passivo.

A respectiva ação de responsabilidade civil prescreverá em dois anos, contados do trânsito em julgado da sentença que declarar encerrada a falência do devedor, e poderá ser proposta pela massa falida, por meio do administrador judicial, pelo Ministério Público ou por qualquer terceiro interessado ou prejudicado pelo ato danoso. Para as sociedades falidas, pois, não se aplica o prazo prescricional trienal previsto no artigo 287, II, b, 2, da Lei n. 6.404/76.

Indisponibilidade dos bens particulares

Ajuizada a ação de responsabilização, poderá o juiz determinar, cautelarmente, de ofício ou a requerimento de qualquer interessado, a indisponibilidade dos bens particulares dos réus, caso haja fundado receio de dilapidação patrimonial e de frustração da execução de eventual sentença condenatória. Busca a medida, assim, assegurar o resultado útil do processo.

A indisponibilidade será sempre limitada aos bens suficientes para o ressarcimento do dano alegado, e poderá ser mantida até o julgamento final da ação de responsabilização. Deverá ser decretada, apenas, se presentes as provas da verossimilhança das alegações e do *periculum in mora* decorrente do fundado receio de frustração da execução, caso se aguarde o resultado final do processo.

Ressalte-se ser imprescindível o ajuizamento de ação autônoma, no próprio juízo da falência e mediante distribuição por dependência (LREF, art. 78, parágrafo único), para a apuração da responsabilidade dos sócios, acionistas e administradores, não podendo a medida liminar de indisponibilidade ser decretada nos autos principais da falência, sob pena de vulnerar o princípio constitucional do devido processo legal (CF, art. 5º, LIV).

Ressalta-se entendimento de Marcelo Barbosa Sacramone[353] segundo o qual, em se tratando de ação de responsabilização dos administradores pelos prejuízos causados a terceiros em função de atos praticados sem poderes atribuídos pelo contrato ou estatuto social, não se justificará o julgamento da demanda pelo Juízo Universal da falência, porquanto ao agir sem os poderes que lhe foram atribuídos, o administrador não o fez como órgão social, inexistindo, pois, interesse da massa falida em exigir o julgamento pelo juízo indivisível.

Art. 82-A. É vedada a extensão da falência ou de seus efeitos, no todo ou em parte, aos sócios de responsabilidade limitada, aos controladores e aos administradores da sociedade falida, admitida, contudo, a desconsideração da personalidade jurídica.

---

353 SACRAMONE, Marcelo Barbosa. *Comentários à Lei de Recuperação de Empresas e Falências*. 2ª ed. São Paulo: Saraiva Jur, 2021, p. 416.

Parágrafo único. A desconsideração da personalidade jurídica da sociedade falida, para fins de responsabilização de terceiros, grupo, sócio ou administrador por obrigação desta, somente pode ser decretada pelo juízo falimentar com a observância do art. 50 da Lei n. 10.406, de 10 de janeiro de 2002 (Código Civil) e dos arts. 133, 134, 135, 136 e 137 da Lei n. 13.105, de 16 de março de 2015 (Código de Processo Civil), não aplicada a suspensão de que trata o § 3º do art. 134 da Lei n. 13.105, de 16 de março de 2015 (Código de Processo Civil).

Desconsideração da personalidade jurídica

Diferentemente das sociedades constituídas sob a forma de responsabilidade ilimitada, para as quais o artigo 81 prevê a extensão da falência e de todos os seus efeitos aos seus sócios, para os sócios das sociedades com responsabilidade limitada, os controladores e os administradores da sociedade falida, a LREF expressamente veda a extensão da falência ou de seus efeitos no artigo 82-A, incluído pela Lei n. 14.112/2020.

Não obstante a vedação expressa no *caput*, o dispositivo explicita a admissibilidade do instituto da desconsideração da personalidade jurídica na falência, fixando requisitos objetivos para eventual responsabilização de terceiros – sócios ou administradores – pelas obrigações da sociedade, e possibilitando, assim, a arrecadação dos seus bens pessoais para a satisfação dos credores, caso configurado abuso da personalidade jurídica, caracterizado pelo desvio de finalidade ou pela confusão patrimonial, regulados pelo artigo 50 do Código Civil.

Antes do Código de Processo Civil, que disciplinou o incidente da desconsideração da personalidade jurídica, e da reforma da legislação falimentar de 2020, a ausência de dispositivos semelhantes trazia diversos problemas práticos e de interpretação da legislação, provocando soluções jurídicas distintas, muitas das quais reconhecendo a responsabilização pessoal de sócios de responsabilidade limitada ou do reconhecimento de grupo econômico, em alguns casos sem a observância do contraditório, imputando-lhes responsabilidade ilimitada pelas obrigações da sociedade falida. A ausência de definição legal quanto à solução a ser adotada nesses casos, gerava diversas soluções jurisprudenciais distintas, o que gerava insegurança jurídica e, consequentemente, efeitos nocivos não apenas à liquidação, mas à economia como um todo, já que aumentava o risco da atividade empreendedora, tolhendo investimentos na atividade econômica e na geração de empregos e riquezas.

Mesmo após a inclusão do procedimento específico da desconsideração no CPC/15, que disciplinou de forma padronizada as normas aplicáveis ao incidente de desconsideração da personalidade jurídica, persistiam decisões decretando a extensão dos efeitos da falência aos sócios limitadamente responsáveis. Daí a importância da inclusão do artigo 82-A, que passou a orientar, de forma padronizada, os parâmetros que devem ser observados na aplicação do Direito material relacionados à decretação da ineficácia da autonomia patrimonial diante de situação de insolvência.

A doutrina entende, ainda, que a positivação da possibilidade de desconsideração da personalidade jurídica na falência encerrou questionamento anterior que entendia que a legislação falimentar possuía regime próprio de responsabilização dos sócios, contidos nos artigos 81 e 82 da LREF, o qual seria incompatível com o instituto da desconsideração.[354]

O artigo 82-A admite a possibilidade de instauração de incidente de desconsideração da personalidade jurídica, a pedido

---

354 "O instituo da desconsideração não possuía previsão na Lei Falimentar até a alteração legislativa, o que motivava uma parte substancial da doutrina a entender que sua aplicação seria impossível. Para essa corrente, a LREF possui sistemas próprios de responsabilização de seus sócios, como os arts. 81 e 82, cuja disciplina é incompatível com a desconsideração". (SACRAMONE, Marcelo Barbosa. *Comentários à Lei de Recuperação de Empresas e Falências*. 2ª ed. São Paulo: Saraiva Jur, 2021, pp. 418/419).

de qualquer credor lesado, do administrador judicial ou do Ministério Público. O artigo não especifica se o juiz pode ou não agir de ofício, mas o art. 133 do CPC e o art. 50 do CC assentam que o juiz poderá decretar a desconsideração a pedido da parte ou do Ministério Público.

Não se pode confundir, contudo, a ação de responsabilidade dos sócios com o pedido de desconsideração da personalidade jurídica. O fato de existir a previsão da responsabilização do sócio de responsabilidade limitada com fundamento no artigo 82 da LREF pela massa não é incompatível com a possibilidade de que essa postule, também, em face deles, eventual desconsideração da personalidade jurídica com fundamento no artigo 82-A da LREF. Muito embora tais pedidos possam ter consequências assemelhadas – afetação do patrimônio pessoal do sócio –, possuem diferenças de regime jurídico sutis, mas importantes, de modo que se justifica que a massa falida possa optar entre um e outro, desde que presentes os pressupostos legais necessários.

A técnica da desconsideração da personalidade jurídica possui pressupostos distintos da responsabilização civil em si. Enquanto na responsabilização civil é preciso demonstrar a ocorrência do dano, nexo causal, a prática de ato ilícito e o elemento subjetivo do agente (dolo ou culpa), conforme se depreende do artigo 186 e seguintes do CC/02, para a aplicação da técnica de desconsideração da personalidade jurídica exigem-se outros pressupostos, a saber, aqueles previstos, especialmente no artigo 50, também do Código Civil

Para que se possa cogitar a aplicação da desconsideração é preciso que tenha havido a configuração do abuso da personalidade jurídica, a qual é caracterizado ou pelo desvio de finalidade ou pela confusão patrimonial. Comprovada a ocorrência de qualquer uma dessas situações, aplica-se a técnica da desconsideração e, como consequência, observar-se-á a ineficácia episódica da autonomia patrimonial,[355] permitindo que os efeitos de certas e determinadas relações de obrigações possam ser estendidos a bens particulares de administradores ou de sócios pessoas jurídicas[356] beneficiados direta ou indiretamente pelo abuso.

Além disso, conforme esclarece o parágrafo único do art. 82-A da LREF, a desconsideração da personalidade jurídica da sociedade falida pode ser utilizada para fins de responsabilização terceiro, grupo, sócio ou administrador por obrigação daquela.

O artigo 50, §1º do CC trouxe o conceito legal de desvio de finalidade, esclarecendo que se trata da utilização da pessoa jurídica com o propósito de lesar credores e para a prática de atos ilícitos de qualquer natureza. Já o artigo 50, §2º, do CC trouxe o conceito legal de confusão patrimonial, que se observa quando há ausência de separação de fato entre patrimônios, caracterizada por cumprimento repetitivo pela sociedade de obrigações do sócio ou do administrador ou vice-versa, transferência de ativos ou de passivos sem efetivas contraprestações, exceto os de valor proporcionalmente insignificante e outros atos de descumprimento de autonomia patrimonial.

---

355 "A princípio, poderíamos afirmar que a grande maioria das expressões mencionadas como sanção aos pressupostos da desconsideração da personalidade jurídica se refere ao plano da eficácia do negócio jurídico, ou seja, dos efeitos. A grande parte dos autores que fazem menção aos efeitos da desconsideração da personalidade jurídica (e poucos o fazem de forma detalhada), sem grandes ilações, utiliza a expressão 'ineficácia da autonomia patrimonial', ou ainda, 'ineficácia especial da personalidade jurídica'". (SILVA, Leonardo Toledo. *Abuso da Desconsideração da Personalidade Jurídica*. São Paulo: Saraiva, 2013, p. 69).

356 "A desconsideração da personalidade jurídica é instituto concebido na experiência anglo-saxônica como forma de permitir o salto sobre a pessoa jurídica para alcançar diretamente o patrimônio de seus sócios ou administradores. É chamada de *disregard doctrine*, ou ainda de *lifting the corporate veil*, que consiste precisamente nisto: erguer o véu da pessoa jurídica para atingir quem estiver por trás". (SCHREIBER, Anderson. *Manual de Direito Civil Contemporâneo*. 3ª ed., ver. e ampl. São Paulo: Saraiva Jur, 2020, p. 170).

Interessante observar que a descrição das situações do artigo 50 não exige para reconhecimento da possibilidade de desconsideração da personalidade jurídica, ao contrário do que ocorre no artigo 186, ambos do CC/02, a comprovação da negligência ou imprudência ou, ainda, do dano. Necessita-se comprovar a ocorrência de qualquer uma dessas duas situações, além do benefício direto ou indireto pelo abuso.

A desconsideração da personalidade jurídica consiste em técnica que objetiva, mais do que o ressarcimento do dano em si, especialmente imputar responsabilidade por obrigações da sociedade a terceiros – consequência imediata. Ou seja, excepcionalmente, em situações bastante específicas, as obrigações que, por conta da autonomia patrimonial estavam associadas exclusivamente ao patrimônio da sociedade, passam, como consequência da desconsideração, a estarem associadas também ao patrimônio de terceiros, os quais, em última análise, foram efetivamente beneficiados pelos atos praticados, direta ou indiretamente. O cumprimento dessas obrigações e, eventualmente, em caso de inadimplência, o surgimento de eventual dever de ressarcimento são consequências secundárias.

Os pressupostos para desconsideração da personalidade jurídica em face do sócio de responsabilidade limitada são, portanto, distintos dos pressupostos exigidos para sua responsabilização civil.[357] Enquanto no primeiro caso questiona-se sobre a ocorrência

---

357 "O STJ, em voto do ministro Luis Felipe Salomão, já chegou a afirmar que 'não há como confundir a ação de responsabilidade dos sócios e administradores da sociedade falida (art. 6º do Decreto-Lei n. 7.661/45 e art. 82 da Lei n. 11.101/05) com a desconsideração da personalidade jurídica da empresa. Na primeira, não há um sujeito oculto, ao contrário, é plenamente identificável e evidente, e sua ação infringe seus próprios deveres de sócio/administrador, ao passo que na segunda, supera-se a personalidade jurídica sob cujo manto se escondia a pessoa oculta, exatamente para evidenciá-la como verdadeira beneficiária dos atos fraudulentos. Ou seja, a ação de responsabilização societária, em regra, é medida que visa ao ressarcimento da sociedade por atos próprios dos sócios/administradores, ao passo que a desconsideração visa ao ressarcimento de credores por atos da sociedade,

de hipótese de abuso da personalidade jurídica e benefício direto ou indireto do sócio, indaga-se, na segunda, quanto à presença de culpa ou dolo, nexo causal e violação de norma jurídica ou dever. Essa distinção será particularmente importante, na prática, para identificar as provas que precisarão ser feitas e distribuir o ônus probatório entre as partes litigantes.

A desconsideração da personalidade jurídica é, também, instituto bastante distinto do da extensão a falência. Isso porque, muito embora possa, assim como o último, ter repercussão do patrimônio do terceiro, do sócio, os pressupostos para configuração de um e de outro são bastante distintos: enquanto, no primeiro, é a existência de abuso da personalidade jurídica, na segunda, basta ser sócio de responsabilidade ilimitada. Ademais, os efeitos da desconsideração

---

em benefício da pessoa oculta'. Mais recentemente, enfrentando a discussão, afirmou o STJ que 'a ação de responsabilidade emoldurada pelo artigo 82 da Lei n. 11.101/05 destina-se precipuamente à responsabilização pessoal dos sócios, controladores e administradores, independentemente da realização do ativo e de prova de sua insuficiência para cobrir o passivo, pelo pagamento dos créditos constantes no quadro-geral de credores da massa falida, não se prestando à desconstituição da personalidade jurídica da sociedade nem se confundindo com a extensão da falência, notadamente porque a responsabilização pessoal do gestor independe da superação da autonomia patrimonial, derivando da subsistência da prática de ato ilícito ou que infringe o contrato social (CC, art. 1.080)'. Ainda nesse último caso, pontuou-se que 'a ação de responsabilidade não se afigura a via adequada para aplicação da doutrina da desconsideração da personalidade jurídica indireta, porquanto engendrada como instrumento apto a viabilizar a apuração se a conduta dos sócios de responsabilidade limitada, dos administradores e dos controladores contribuiu para o estado falimentar, legitimando sua responsabilização, não encerrando, pois, instrumento adequado para aferição da existência de ingerência comum em relação a dois empreendimentos a caracterizar eventual grupo econômico em razão da identidade de sócios, localização no mesmo endereço comercial e, ainda, confusão patrimonial, porquanto matéria afeta à doutrina da desconsideração indireta da personalidade'". (COSTA, Daniel Carnio; MELO, Alexandre Nasser. *Comentários à Lei de Recuperação de Empresas e Falência*: Lei n. 11.101, de 09 de fevereiro de 2005. Curitiba: Juruá, 2021, p. 215).

circunscrevem-se aos efeitos patrimoniais, não sendo o sócio considerado falido – como ocorre na extensão da falência.

Necessário destacar entendimento doutrinário quanto à impossibilidade de o incidente de desconsideração da personalidade jurídica ser instaurado a pedido da massa falida, já que ela tem a seu favor a ação de responsabilização dos sócios e administradores, por prejuízos diretos a ela causados, conforme o artigo 82. Não haveria necessidade, pois, de se desconsiderar sua personalidade jurídica para atingir os agentes causadores do dano sofrido.[358] O incidente de desconsideração da personalidade jurídica deverá ser distribuído por dependência ao juízo falimentar (LREF, arts. 76 e 78, parágrafo único). O rito processual seguirá o disposto nos artigos 133 a 137 do Código de Processo Civil, vedada, no entanto, a possibilidade de suspensão do processo falimentar (CPC, art. 134, §3º), que poderá prosseguir normalmente com a arrecadação, avaliação e realização de ativos relacionados aos bens da massa falida, sem relação com eventual patrimônio pessoal a ser atingido.

Destaque-se, ademais, que uma vez verificada a ocorrência de fraude e confusão patrimonial entre a falida e outras empresas ou seus sócios, é possível a desconsideração da personalidade jurídica incidentalmente no processo falimentar, independentemente de ação própria (anulatória ou revocatória), inclusive com o objetivo de arrecadar bens dos agentes econômicos envolvidos na fraude.[359]

Segundo Manoel Justino Bezerra Filho,[360] a previsão segundo a qual a desconsideração da personalidade jurídica "somente pode

---

358 SACRAMONE, Marcelo Barbosa. *Comentários à Lei de Recuperação de Empresas e Falências*. 2ª ed. São Paulo: Saraiva Jur, 2021, p. 419.

359 STJ, REsp 1686123/SC, 3ª Turma, Min. Ricardo Villas Bôas Cueva, DJe 31/03/2022.

360 BEZERRA FILHO, Manoel Justino. *Lei de Recuperação de Empresas e Falências*: Lei n. 11.101/2005 comentada artigo por artigo. 15ª ed., rev., atual. e ampl. São Paulo: Revista dos Tribunais, 2021, pp. 361/362.

ser decretada pelo juízo falimentar com a observância do art. 50 do Código Civil" não deve ser interpretada no sentido da vedação a qualquer outro juízo de apreciar o pedido de desconsideração. Ações em curso da Justiça do Trabalho, por exemplo, poderão suscitar o mesmo pedido, sem embargo da aplicação do instituto por aquele juízo especializado. O que o parágrafo único do artigo 82-A estabelece é que, caso a desconsideração seja decretada pelo juízo falimentar, deverá observar rigorosamente o artigo 50 do Código Civil.

Nesse sentido, já entendeu o Superior Tribunal de Justiça quanto à possibilidade de desconsideração, no caso, de empresa em recuperação judicial, que "*a desconsideração da personalidade jurídica de empresa recuperanda por juízo diverso daquele em que se processa a recuperação judicial não caracteriza, por si só, conflito de competência*".[361]

Aliás, o entendimento de que a desconsideração da personalidade jurídica pode ser decretada por juízo diverso daquele onde se processa a recuperação judicial ou a falência é reforçado pelo fato de que, caso reconhecida a fraude ou confusão patrimonial entre seus sócios ou sociedades integrantes do mesmo grupo econômico, a constrição sobre os bens desses agentes econômicos não ferirá a competência do juízo universal, já que, em princípio, salvo decisão em sentido contrário, os bens dos sócios ou de outras sociedades do mesmo grupo econômico da devedora não estão sujeitos à recuperação judicial ou à falência e, nesses casos, o patrimônio da empresa falida ou em recuperação não está sendo alvo de constrição.[362]

Relevante questionamento se faz em relação às dívidas pessoais dos sócios da sociedade falida já que, em caso de desconsideração da personalidade jurídica, seu patrimônio também seria afetado.

---

361 STJ, AgInt no CC 180309/SP, Segunda Seção, Min. Luis Felipe Salomão, DJe 22/10/2021.

362 STJ, AgInt nos EDcl no CC 172193/MT, Segunda Seção, Min. Maria Isabel Gallotti, DJe 14/04/2021.

Para Daniel Carnio Costa e Alexandre Nassar de Melo,[363] nessas hipóteses, deve ser analisada a viabilidade de os credores particulares dos sócios falidos concorrerem, de alguma forma, com os credores da massa falida, sob pena de serem prejudicados pela insolvabilidade de seu devedor.

A lei não traz, contudo, esclarecimentos sobre a questão. Uma solução possível, efetuando uma interpretação sistêmica dos normativos que disciplinam a insolvência, é verificar se o sócio da falida, com a desconsideração da personalidade jurídica, tornou-se, também, insolvente. Em caso positivo, e sendo o sócio uma pessoa não empresária, será preciso instituir o processo para decretação de sua insolvência civil, a pedido de um credor pessoal do sócio que se sentir prejudicado, em que a massa concorrerá com os demais credores, observando ordem de preferência legal. Caso, por outro lado, o sócio da falida seja também um empresário (ou sociedade empresária), o credor pessoal que se sentir prejudicado deve requerer sua falência. Essa solução se mostra adequada pois permite que os credores particulares dos sócios não concorram com os credores da massa falida, na divisão dos ativos originários do patrimônio do falido, já que as dívidas pessoais dos sócios não estão submetidas à falência.

Seção II – Da Classificação dos Créditos

Art. 83. A classificação dos créditos na falência obedece à seguinte ordem:

I – os créditos derivados da legislação trabalhista, limitados a 150 (cento e cinquenta) salários-mínimos por credor, e aqueles decorrentes de acidentes de trabalho;

363 COSTA, Daniel Carnio; MELO, Alexandre Nasser. *Comentários à Lei de Recuperação de Empresas e Falência*: Lei n. 11.101, de 09 de fevereiro de 2005. Curitiba: Juruá, 2021, pp. 291/292.

II – os créditos gravados com direito real de garantia até o limite do valor do bem gravado;

III – os créditos tributários, independentemente da sua natureza e do tempo de constituição, exceto os créditos extraconcursais e as multas tributárias;

IV – (Revogado)

V – (Revogado)

VI – os créditos quirografários, a saber: a) aqueles não previstos nos demais incisos deste artigo; b) os saldos dos créditos não cobertos pelo produto da alienação dos bens vinculados ao seu pagamento; e c) os saldos dos créditos derivados da legislação trabalhista que excederem o limite estabelecido no inciso I do caput deste artigo;

VII – as multas contratuais e as penas pecuniárias por infração das leis penais ou administrativas, incluídas as multas tributárias;

VIII – os créditos subordinados, a saber: a) os previstos em lei ou em contrato; e b) os créditos dos sócios e dos administradores sem vínculo empregatício cuja contratação não tenha observado as condições estritamente comutativas e as práticas de mercado;

IX – os juros vencidos após a decretação da falência, conforme previsto no art. 124 desta Lei.

§ 1º Para os fins do inciso II do caput deste artigo, será considerado como valor do bem objeto de garantia real a importância efetivamente arrecadada com sua venda, ou, no caso de alienação em bloco, o valor de avaliação do bem individualmente considerado.

§ 2º Não são oponíveis à massa os valores decorrentes de direito de sócio ao recebimento de sua parcela do capital social na liquidação da sociedade.

§ 3º As cláusulas penais dos contratos unilaterais não serão atendidas se as obrigações neles estipuladas se vencerem em virtude da falência.

§4º (Revogado)

§ 5º Para os fins do disposto nesta Lei, os créditos cedidos a qualquer título manterão sua natureza e classificação.

§ 6º Para os fins do disposto nesta Lei, os créditos que disponham de privilégio especial ou geral em outras normas integrarão a classe dos créditos quirografários.

Classificação dos créditos na falência

Os créditos concursais são aqueles que se originaram da atividade do devedor antes da decretação da falência ou da convolação da recuperação judicial em falência. Entre cada classe disposta no concurso de credores, o tratamento dispensado deverá ser igualitário, em respeito ao princípio da *par conditio creditorum.*

Por essa razão, caso o ativo do devedor não seja suficiente para satisfazer a integralidade dos créditos em determinada classe, o produto da liquidação dos bens do devedor falido deverá ser rateado intraclasse, respeitando a proporção de cada credor no total dos créditos da classe respectiva. Ademais, as classes posteriores na ordem de pagamento estabelecidas pelo artigo em comento somente receberão seus créditos se a classe imediatamente anterior houver recebido a integralidade do que lhe cabe. Finalmente, os credores concursais previstos no artigo 83 somente começarão a receber os seus créditos depois que todos os credores extraconcursais, estabelecidos no artigo 84, forem pagos. Paga-se, inicialmente, o valor principal, incluindo juros vencidos até a quebra, e, somente se forem pagas todas as classes, inicia-se o pagamento dos juros vencidos após.

Conforme aponta Fábio Ulhoa Coelho,[364] o tratamento paritário entre os credores é o principal objetivo do processo falimentar, o que justifica o estabelecimento de hierarquia em favor dos credores mais necessitados, como os trabalhistas, e também em favor do interesse público, como no caso dos créditos fiscais e com garantia real, estes últimos normalmente titularizados pelos bancos, permitindo o barateamento do crédito bancário e o atendimento do interesse da economia nacional.

Segundo o autor, ademais, não é injusto posicionar a generalidade dos demais empresários ao fim da fila de classificação dos créditos, já que eles normalmente têm condições de se prevenir contra a insolvabilidade do devedor falido, ao embutir taxas de risco nos preços e juros, ou até mesmo por meio da exigência de codevedores.

A reforma de 2020 não alterou profundamente as classes de créditos concursais previstas no artigo 83 da LREF, tendo, contudo, efetuado pequenas modificações, que serão a seguir comentadas. Destaca-se, dentre as reformas promovidas, aquela que alterou normatização anterior quanto às implicações da cessão de crédito habilitado na falência.

Créditos trabalhistas

Os créditos trabalhistas e os decorrentes de acidente de trabalho são a classe mais privilegiada na ordem de classificação na falência. Serão submetidos ao concurso de credores do artigo 83 todos os créditos derivados da legislação do trabalho, constituídos anteriormente à decretação da falência.

Como particularidade, observa-se que, muito embora se enquadrem no conceito de créditos concursais, os créditos

---

364 COELHO, Fábio Ulhoa. *Comentários à Lei de Falências e de Recuperação de empresas*: Lei n. 14.112/20, Nova Lei de Falências. 14ª ed. São Paulo: Revista dos Tribunais, 2021, p. 312.

trabalhistas de natureza estritamente salarial, vencidos nos três meses anteriores à quebra, até o limite de cinco salários-mínimos por empregado (LREF, art. 151), deverão ser pagos antes mesmo dos créditos concursais (LREF, art. 83), e em primeiro lugar na classe dos créditos extraconcursais (LREF, art. 84, I), para o fim de garantir a dignidade e subsistência dos trabalhadores.

Saliente-se, ademais, que se incluem na classe dos credores trabalhistas os créditos existentes na data da decretação falência, ainda que não tenham sido declarados por sentença. Assim, ainda que o crédito seja ilíquido, a sua liquidação não é condição para a sua inclusão, no concurso de credores, em posição privilegiada. Isso porque a sentença posterior que o tornar líquido tem natureza meramente declaratória e não constitutiva, já que o direito de crédito nasce no momento em que o seu titular exerce a atividade laboral para o empregador.

Já o trabalho exercido após a decretação da falência é considerado extraconcursal e seguirá a ordem de pagamento prevista no artigo 84.

O projeto de lei enviado para o Senado pela Câmara dos Deputados, o que resultou na Lei n. 11.101/05, previa que os créditos de natureza salarial seriam integralmente pagos com preferência a qualquer outro, diante de sua natureza alimentar. Entretanto, o Senado afastou essa disposição, estabelecendo o teto legal de 150 salários-mínimos para pagamento dos créditos trabalhistas, transformando os valores excedentes em créditos quirografários, conforme expressa disposição da letra "c" do inciso VI, desse mesmo artigo 83. A limitação buscou impedir que os créditos fossem maquiados de forma fraudulenta para recebimento preferencial, favorecendo pessoas que nunca trabalharam ou que teriam, em realidade, um crédito muito menor.

Ademais, a limitação foi fundamentada no fato de que o tratamento prioritário seria justificado apenas até o montante da imprescindibilidade do crédito trabalhista para a sobrevivência do seu titular. Acima do teto legal de 150 salários-mínimos, considerou o legislador que o valor não teria mais o caráter alimentar, a ponto de justificar o tratamento distinto em relação aos demais credores.

Para Fábio Ulhoa Coelho,[365] a restrição ainda impede que os recursos da massa falida sejam consumidos para pagamento dos altos salários dos administradores da sociedade, em prejuízo do atendimento aos trabalhadores mais necessitados. Aponta o autor, ademais, que o salário-mínimo apurado deverá ser aquele vigente na época do pagamento, para que não se frustre o tratamento privilegiado desses credores, considerando o lapso temporal que poderá decorrer entre a decretação da falência e o efetivo recebimento dos créditos por seus titulares.

Nesse sentido, o limite de 150 salários-mínimos foi considerado constitucional pelo C. Supremo Tribunal Federal, no julgamento da Ação Direta de Inconstitucionalidade n. 3.934-2/DF.[366] Ajuizada pelo Partido Democrático Trabalhista, a ação impugnava o dispositivo em comento, ao fundamento de que violaria a garantia do direito adquirido dos trabalhadores, ao limitar o recebimento preferencial de seus créditos.

Conforme salientado pelo Min. Ricardo Lewandowski,

> não há aqui qualquer perda de direitos por parte dos trabalhadores, porquanto, independentemente da categoria em que tais créditos estejam classificados, eles não deixam de existir nem se tornam inexigíveis. Quer dizer, os créditos trabalhistas não desaparecem pelo simples fato de serem convertidos em quirografários, mas apenas perdem o seu caráter preferencial, não ocorrendo, pois, nesse aspecto, qualquer

365 COELHO, Fábio Ulhoa. *Comentários à Lei de Falências e de Recuperação de empresas*: Lei n. 14.112/20, Nova Lei de Falências. 14ª ed. São Paulo: Revista dos Tribunais, 2021, p. 313.

366 STF, ADI 3.934-2/DF, Min. Ricardo Lewandowski, Tribunal Pleno, j. 27/05/2009.

> afronta ao texto constitucional. Observo, a propósito, que o estabelecimento de um limite quantitativo para a inserção dos créditos trabalhistas na categoria de preferenciais, do ponto de vista histórico, significou um rompimento com a concepção doutrinária que dava suporte ao modelo abrigado no Decreto-Lei n. 7.661/1945, cujo principal enfoque girava em torno da proteção do credor e não da preservação da empresa como fonte geradora de bens econômicos e sociais. É importante destacar, ademais, que a própria legislação internacional de proteção ao trabalhador contempla a possibilidade do estabelecimento de limites legais aos créditos de natureza trabalhista, desde que preservado o mínimo essencial à sobrevivência do empregado. (...) Em outras palavras, ao fixar um limite máximo – bastante razoável, diga-se – para que os créditos trabalhistas tenham um tratamento preferencial, a Lei n. 11.101/2005 busca assegurar que essa proteção alcance o maior número de trabalhadores, ou seja, justamente aqueles que auferem os menores salários.

Relembre-se, ademais, que a limitação de 150 salários-mínimos aplica-se somente para o procedimento falimentar.[367] Na recuperação judicial, diferentemente, não há semelhante restrição, e os credores trabalhistas devem ser pagos integralmente no prazo de um ano (LREF, art. 54). Isso porque, como na recuperação judicial não há concurso de credores e os ativos do devedor não serão rateados entre os credores de cada classe, não se justifica a limitação.

---

367 "AGRAVO DE INSTRUMENTO. RECUPERAÇÃO JUDICIAL. HABILITAÇÃO DE CRÉDITO. Controvérsia acerca da possibilidade de inclusão de verbas relativas ao FGTS como crédito de natureza trabalhista em favor do credor. Verba de titularidade do trabalhador que ostenta natureza trabalhista. Possibilidade de inclusão do crédito no quadro-geral de credores. Pretensão de aplicação da limitação em 150 salários-mínimos dos créditos derivados da relação trabalhista. Impossibilidade. Aplicação somente aos processos de falência. Inteligência do artigo 83, I, da Lei n. 11.101/05. Ausência de justificativa para aplicação nas recuperações judiciais. RECURSO DESPROVIDO". (TJSP, 1ª Câmara Reservada de Direito Empresarial, AI n. 2164112-20.2021.8.26.0000, Rel. Azuma Nishi, DJe 22/10/2021).

Marcelo Barbosa Sacramone ainda destaca que, na falência, o disposto no artigo 41, §1º deve ser interpretado em conjunto com a limitação legal de 150 salários-mínimos para o crédito trabalhista. O dispositivo regula a divisão da classe de credores na assembleia geral, estabelecendo que os credores trabalhistas votam com o total de seu crédito, independentemente do valor. Para o autor, a aplicação do §1º do artigo 41 deve ficar restrita à recuperação judicial. Isso porque, na falência, o credor somente será considerado trabalhista até o valor de 150 salários-mínimos, de sorte que deverá votar na AGC como tal até o limite legal, votando como quirografário pelo valor excedente, o que permitirá que os efeitos da deliberação recaiam sobre si próprio, na medida de seus interesses.[368]

Para Daniel Carnio Costa e Alexandre Nasser de Melo, a classificação como crédito trabalhista prescinde de comprovação de registro em carteira de trabalho, podendo decorrer de vínculos como o de trabalho temporário ou autônomo. Ademais, não se incluiriam apenas os valores de natureza salarial, mas também as verbas alusivas a férias, horas extras, FGTS, multas rescisórias e todos os demais valores devidos ao empregado e decorrentes da relação laboral.[369]

Com relação especificamente ao FGTS, muito de discutiu na doutrina e na jurisprudência a respeito de sua natureza jurídica, se trabalhista ou tributária. É assente que o empregador é obrigado a depositar o Fundo de Garantia por Tempo de Serviço em conta bancária vinculada do trabalhador, sendo este, portanto, o titular do numerário em razão da prestação laboral. O recolhimento do FGTS fica condicionado ao pagamento do salário do empregado e é

---

368 SACRAMONE, Marcelo Barbosa. *Comentários à Lei de Recuperação de Empresas e Falências*. 2ª ed. São Paulo: Saraiva Jur, 2021, p. 428.

369 COSTA, Daniel Carnio; MELO, Alexandre Nasser. *Comentários à Lei de Recuperação de Empresas e Falência*: Lei n. 11.101, de 09 de fevereiro de 2005. Curitiba: Juruá, 2021, p. 295.

destinado à proteção dos trabalhadores. Compete ao Estado, apenas, promover o recolhimento da contribuição do FGTS e fiscalizar o seu cumprimento, de sorte que não possui natureza tributária.

No que diz respeito aos créditos decorrentes de acidentes de trabalho, no entanto, a limitação de 150 salários-mínimos não se mantém, devendo tais valores serem pagos em sua integralidade. Trata-se das indenizações devidas ao empregado a título de responsabilidade civil, em razão dos danos que lhe forem causados em acidente de trabalho, ou que decorram de dolo ou culpa do empregador (CF, art. 7º, XXVIII), ocorridos antes do decreto de quebra. Assim, não são abarcados pelo inciso I os numerários decorrentes de seguro de acidentes do trabalho, verbas correspondentes à indenização previdenciária, de responsabilidade do INSS.

Destaque-se que somente serão classificados como concursais os créditos trabalhistas e decorrentes de acidente de trabalho constituídos antes da decretação da falência, incluindo aqueles decorrentes de reclamações trabalhistas em curso e que ainda não tenham declarado o valor líquido do crédito no momento da quebra. Os créditos trabalhistas e decorrentes de acidente de trabalho constituídos após a falência serão considerados extraconcursais (LREF, art. 84, I-D) e serão pagos antes daqueles previstos no artigo 83, e os créditos trabalhistas de natureza estritamente salarial, vencidos nos três meses anteriores à decretação da falência e até o limite de cinco salários-mínimos por trabalhador (calculados à época do efetivo pagamento), serão pagos tão logo haja disponibilidade em caixa (LREF, art. 151).[370]

Tema relevante a se tratar com relação aos créditos trabalhistas são os créditos decorrentes de honorários advocatícios na falência e a sua classificação do quadro-geral de credores. Considerando que

---

370 COSTA, Daniel Carnio; MELO, Alexandre Nasser. *Comentários à Lei de Recuperação de Empresas e Falência*: Lei n. 11.101, de 09 de fevereiro de 2005. Curitiba: Juruá, 2021, p. 295.

o Estatuto da OAB (Lei n. 8.906/94) estabelece, em seu artigo 24, que os honorários constituem crédito privilegiado na falência,[371] a jurisprudência entendia que os honorários deveriam ser classificados como créditos com privilégio geral, estabelecidos no revogado inciso V do artigo 83 da LREF.

O Superior Tribunal de Justiça, no entanto, pacificou o entendimento, sob o rito dos recursos repetitivos (CPC/73, art. 543-C; CPC/15, art. 1.036) de que os honorários advocatícios são equiparados aos créditos trabalhistas, caso tenham se constituído por serviços prestados antes da falência, devendo ser habilitados na forma do artigo 83, I, observando-se o limite de 150 salários-mínimos. Se, de outro turno, se constituíram por serviços prestados à massa falida, após o decreto de quebra, serão classificados como créditos extraconcursais.[372]

A posição foi posteriormente consagrada pelo Código de Processo Civil de 2015, que, em seu artigo 85, §14, estipula que "*os honorários constituem direito do advogado e têm natureza alimentar, com os mesmos privilégios dos créditos oriundos da legislação do trabalho, sendo vedada a compensação em caso de sucumbência parcial*".

Fábio Ulhoa Coelho[373] ainda relembra outros três créditos que concorrem com os créditos trabalhistas na mesma classificação, além dos honorários advocatícios oriundos da relação jurídico-contratual: os créditos dos honorários advocatícios sucumbenciais, oriundos

---

371 Lei n. 8.906/94. "Art. 24. A decisão judicial que fixar ou arbitrar honorários e o contrato escrito que os estipular são títulos executivos e constituem crédito privilegiado na falência, concordata, concurso de credores, insolvência civil e liquidação extrajudicial".

372 REsp 1.152.218/RS, Corte Especial, Min. Luis Felipe Salomão, DJe 09/10/2014.

373 COELHO, Fábio Ulhoa. *Comentários à Lei de Falências e de Recuperação de empresas*: Lei n. 14.112/20, Nova Lei de Falências. 14ª ed. São Paulo: Revista dos Tribunais, 2021, p. 313.

da relação jurídico-processual (CPC, art. 85, §14), os créditos de FGTS titularizados pela Caixa Econômica Federal (Lei 8.844/94, art. 2º, §3º) e os créditos titularizados por representantes comerciais autônomos, pelas comissões e indenizações devidas pela representada falida (Lei n. 4.886/65, art. 44), sem embargos de críticas no que diz respeito aos últimos, os quais, apesar de explorarem atividade de reduzida expressão econômica, são empresários.

Créditos gravados com direito real de garantia

Em segundo lugar na ordem de classificação dos créditos na falência, estão os créditos gravados com garantia real, limitados ao valor do bem gravado. Trata-se dos credores detentores de créditos garantidos por penhor, anticrese e hipoteca (CC, art. 1.419).

Manoel Justino Bezerra Filho destaca que a posição do credor com garantia real na falência acaba por privilegiar as instituições financeiras detentoras de créditos garantidos por bens de alto valor, já que, para elas, a falência seria mais benéfica do que a recuperação judicial. Isso porque, enquanto, na falência, seus créditos somente seriam preteridos pelos créditos de natureza trabalhista, no caso de execução da garantia, sempre haverá a preferência do credor fiscal. Sobre o tema, destaca o autor que o antigo Decreto-Lei n. 7.661/45 exigia que o pedido de falência feito pelo credor com garantia real somente fosse admitido se houvesse renúncia à garantia.[374] Na vigência da Lei n. 11.101/05, aponta o autor que este poderia ser

374 Decreto-Lei n. 7.661/45. "Art. 9º. A falência pode também ser requerida: (...) III – pelo credor, exibindo título do seu crédito, ainda que não vencido, observadas, conforme o caso, as seguintes condições: (...); b) o credor com garantia real se a renunciar ou, querendo mantê-la, se provar que os bens não chegam para a solução do seu crédito; esta prova será feita por exame pericial, na forma da lei processual, em processo preparatório anterior ao pedido de falência se este se fundar no artigo 1º, ou no prazo do artigo 12 se o pedido tiver por fundamento o art. 2º (...)".

um argumento para inadmitir o requerimento de falência feito pelo credor com garantia real, a menos que dela renuncie.

Os créditos com garantia real serão limitados ao valor do bem gravado, ou seja, ao valor pelo qual o bem foi alienado. O que exceder esse valor será classificado como crédito quirografário, conforme expressa disposição da letra "b" do inciso VI desse mesmo artigo 83.

O §1º do artigo 83 estabelece o critério para apuração do "valor do bem gravado", prevendo que deverá ser considerada a importância efetivamente arrecadada com a venda do bem ou, no caso de alienação em bloco (LREF, art. 140, I e III), o valor de avaliação do bem individualmente considerado. Para esse fim, o administrador judicial deverá, ao arrecadar os bens do devedor, avaliar os bens de forma individualizada, ainda que haja avaliação em bloco (LREF, art. 108, §5º).

E, no caso de alienação em bloco, para que não haja desproporcionalidade em relação ao bem considerado individualmente e para garantir a igualdade de tratamento entre os credores, caso a alienação seja feita com amplo deságio, o deságio aplicado ao conjunto e resultante da alienação em bloco deverá ser aplicado ao valor da avaliação individual do bem dado em garantia, para se apurar o valor do crédito a ser incluído na classe dos credores titulares de crédito com garantia real.

Ressalte-se, ademais, que o produto da liquidação do bem não ficará vinculado à satisfação prioritária do crédito gravado com garantia real. O valor da liquidação será imprescindível, apenas, para a aferição do montante exato do crédito, como integrante da classe dos credores com garantia real. O produto da alienação, no entanto, será utilizado para o pagamento dos credores conforme a ordem legal de pagamento na falência.

Créditos tributários

Conforme a redação do artigo 186 do Código Tributário Nacional, dada pela Lei Complementar n. 118, de 09/02/2005, na falência não se aplica a regra geral de que o crédito tributário prefere a qualquer outro. Decorre do dispositivo em análise que na falência preferem ao crédito tributário não apenas os créditos decorrentes da legislação do trabalho ou de acidente de trabalho, mas também os créditos extraconcursais, as importâncias passíveis de restituição, os créditos com garantia real, no limite do valor do bem gravado.[375]

Anote-se que o inciso III do artigo 83 excepciona expressamente os créditos extraconcursais, como os tributos relativos a fato gerador ocorrido posteriormente à decretação da falência (LREF, art. 84, V), bem como as multas tributárias, que serão pagas somente após os créditos quirografários (LREF, art. 83, VII).

Relembre-se, ademais, que o dispositivo abarca apenas os créditos fiscais de natureza tributária, os quais decorrem de ato administrativo tributário correspondente à inscrição na dívida ativa. Em relação aos créditos fiscais não tributários, o Poder Público pode optar por inscrevê-los ou não na dívida ativa, em ato discricionário. Quando optar por inscrevê-los na dívida ativa, os créditos terão a mesma classificação dos créditos de natureza tributária e deverão ser pagos logo após os créditos com garantia real (Lei n. 6.830/80, art. 4º, §4º). Se, de outro turno, não estiverem inscritos na dívida ativa, sua classificação correta será a dos quirografários.

---

375 CTN. "Art. 186. O crédito tributário prefere a qualquer outro, seja qual for sua natureza ou o tempo de sua constituição, ressalvados os créditos decorrentes da legislação do trabalho ou do acidente de trabalho. Parágrafo único. Na falência: I – o crédito tributário não prefere aos créditos extraconcursais ou às importâncias passíveis de restituição, nos termos da lei falimentar, nem aos créditos com garantia real, no limite do valor do bem gravado; II – a lei poderá estabelecer limites e condições para a preferência dos créditos decorrentes da legislação do trabalho; e III – a multa tributária prefere apenas aos créditos subordinados".

Destaque-se, ademais, que, a despeito de o artigo 187 do CTN estabelecer, em seu parágrafo único, uma ordem de preferência no recebimento dos créditos fiscais ou parafiscais entre União, Estados e municípios,[376] o dispositivo foi declarado como não recepcionado pela Constituição Federal, pelo e. Supremo Tribunal Federal.[377] Segundo a tese firmada,

> (...) 2. A autonomia dos entes federados e a isonomia que deve prevalecer entre eles, respeitadas as competências estabelecidas pela Constituição, é fundamento da Federação. O federalismo de cooperação e de equilíbrio posto na Constituição da República de 1988 não legitima distinções entre os entes federados por norma infraconstitucional. 3. A definição de hierarquia na cobrança judicial dos créditos da dívida pública da União aos Estados e Distrito Federal e esses aos municípios descumpre o princípio federativo e contraria o inc. III do art. 19 da Constituição da República de 1988.

Vale recordar, ainda, que as execuções fiscais em curso no momento do decreto da quebra deverão ser suspensas até o encerramento da falência, sem embargo de seu prosseguimento em face dos codevedores (LREF, art. 7º-A, §4, V).

Incisos revogados: créditos com privilégio especial e geral

Os incisos IV e V e suas alíneas foram revogados pela Lei n. 14.112/2020. O inciso IV tratava dos créditos com privilégio

---

376 CTN. "Art. 187. A cobrança judicial do crédito tributário não é sujeita a concurso de credores ou habilitação em falência, recuperação judicial, concordata, inventário ou arrolamento. Parágrafo único. O concurso de preferência somente se verifica entre pessoas jurídicas de Direito Público, na seguinte ordem: I – União; II – Estados, Distrito Federal e Territórios, conjuntamente e *pro rata*; III – Municípios, conjuntamente e *pro rata*".

377 STF, ADPF 357/DF, Min. Cármen Lúcia, j. 24/06/2021.

especial, a saber: aqueles definidos pelo artigo 964 do Código Civil; os assim definidos em outras leis civis ou comerciais; aqueles a cujos titulares a lei confira o direito de retenção sobre a coisa dada em garantia; e aqueles em favor dos microempreendedores individuais e das microempresas e empresas de pequeno porte de que trata a Lei Complementar n. 123/2006.

Já o inciso V tratava dos créditos com privilégio geral, a saber: aqueles definidos pelo artigo 965 do Código Civil; os créditos pertencentes a fornecedores de bens ou serviços que continuarem a provê-los normalmente após o pedido de recuperação judicial, previstos no revogado parágrafo único do art. 67; e os assim definidos em outras leis civis e comerciais.

Anote-se que a reforma dada pela Lei n. 14.112/2020 reclassificou os créditos entregues ao devedor em recuperação judicial pelo financiador como crédito extraconcursal no caso de convolação em falência (LREF, art. 84, I-B). A nova lei alterou, assim, o parágrafo único do artigo 67 para excluir o privilégio geral então concedido aos fornecedores de bens ou serviços que continuarem a provê-los após a recuperação judicial.

Com a nova sistemática da ordem de classificação dos créditos na falência, os créditos com privilégio especial ou geral passaram a integrar a classe dos créditos quirografários (§6º).

Créditos quirografários

Os créditos quirografários são aqueles sem nenhuma espécie de privilégio ou garantia especial, cuidando-se de classe residual na falência. São, por isso, a mais extensa de todas as classificações, abrangendo a grande maioria dos credores, normalmente.

Prevê o inciso VI que são créditos quirografários: a) aqueles não previstos nos demais incisos do artigo 83; b) os saldos de créditos não cobertos pelo produto da alienação dos bens vinculados ao seu pagamento, em complementação ao inciso II do artigo 83; e c) os saldos dos créditos derivados da legislação trabalhista que excederem o limite de 150 salários-mínimos, estabelecido no inciso I do artigo 83.

Os créditos quirografários, nesse sentido, também podem abarcar os créditos com garantia fidejussória, como o aval e a fiança. São ainda quirografários os créditos públicos não inscritos em dívida ativa e, após a reforma de 2020, incluem-se também os créditos com privilégio especial ou geral, conforme §6º do artigo 83.

Os créditos que não tenham sido integrados em nenhuma outra classe também serão classificados como quirografários, os quais somente serão satisfeitos após todos os créditos extraconcursais, e os créditos concursais precedentes, acrescido no principal o montante de juros incidentes até a quebra, e de correção monetária integral.

Multas contratuais e penas pecuniárias

No sistema falimentar do antigo Decreto-Lei n. 7.661/45, as penas pecuniárias por infração das leis penais e administrativas não poderiam concorrer na falência.[378] A Lei n. 11.101/05 optou por incluir tais sanções pecuniárias na falência, abrangendo também as multas contratuais e as multas tributárias, dispositivo que não sofreu alteração substancial pela Lei n. 14.112/2020.

As multas contratuais e as penas pecuniárias por infração das leis penais ou administrativas, incluídas as multas tributárias, serão pagas pelo administrador judicial após todos os créditos quirografários, se ainda restar dinheiro em caixa. Cuidam-se, pois, de créditos subquirografários.

Observe-se, no que diz respeito às multas contratuais, que o §3º do artigo 83 estipula a inexigibilidade das multas e acréscimos

---

378 Decreto-Lei n. 7.661/45, art. 23. "(...) Parágrafo único. Não podem ser reclamados na falência: (...) III – as penas pecuniárias por infração das leis penais e administrativas".

decorrentes da mora, se a obrigação ainda não tiver se vencido no momento do decreto da quebra do devedor. Nesse caso, a obrigação se vencerá antecipadamente em razão da falência (LREF, art. 77), de sorte que as sanções decorrentes do não pagamento não integrarão o passivo do devedor.

Destaca-se doutrina que anota que as multas previstas no inciso VII do artigo 83 abarcariam apenas as multas moratórias, enquanto as compensatórias teriam natureza jurídica de crédito quirografário, já que corresponderiam aos valores referentes a perdas e danos convencionados pelas partes para o caso de inadimplemento absoluto do contrato.

Créditos subordinados

De acordo com o inciso VII, são créditos subordinados: a) os previstos em lei ou em contrato; e b) os créditos dos sócios e dos administradores sem vínculo empregatício cuja contratação não tenha observado as condições estritamente comutativas e as práticas de mercado.

Os créditos subordinados foram uma novidade trazida pela Lei n. 11.101/2005. São aqueles previstos no art. 58, §4º, da Lei n. 6.404/1976 (debêntures sem garantia, na falência da sociedade anônima emissora) ou em contrato no qual as partes estipulam cláusula de subordinação, além dos valores devidos a sócios e administradores sem vínculo empregatício e cuja contratação não tenha observado as condições estritamente comutativas e as práticas de mercado, tais como *pro labore*, mútuo, ou aportes de caixa, bonificações.

Se, do contrário, o sócio ou administrador tiver vínculo empregatício, seus créditos serão classificados como de natureza trabalhista. De outro turno, se se tratar de crédito de sócios e administradores sem vínculo empregatício e cuja contratação tenha observado as condições estritamente comutativas e as práticas de mercado, serão classificados como quirografários, como qualquer outro crédito sem privilégio detido pelos outros credores.

Sobre o tema, destaque-se que não se incluem como créditos subordinados e nem serão oponíveis à massa falida os valores decorrentes de direito do sócio ao recebimento de sua parcela do capital social na liquidação da sociedade, conforme prevê o §2° do artigo 83. O capital social é garantia inicial dos credores, de sorte que o sócio somente terá direito ao seu recebimento após a quitação integral de todo o passivo social, e somente se houver sobra (LREF, art. 153). Tais valores sequer podem ser habilitados na falência porque não concorrem com os créditos falimentares, já que os sócios, ao empreenderem, assumem o risco próprio da atividade empresarial em relação ao capital investido.[379]

A reforma de 2020 inseriu no dispositivo a ressalva final ("... *cuja contratação não tenha observado as condições estritamente comutativas e as práticas de mercado*"), buscando excluir da classe dos créditos subordinados aqueles aportes de capital realizados pelo sócio com os seus próprios bens particulares, hipótese em que o seu crédito será classificado conforme o contrato de aporte firmado entre ele e a sociedade.

Juros vencidos após a decretação da falência

Os juros vencidos após a decretação da falência, previstos em lei ou em contrato, somente serão pagos pela massa falida se o ativo apurado for suficiente para prévia quitação dos créditos subordinados, na forma do artigo 124 da LREF.

Nesse sentido, os créditos devidos pela massa falida terão o seu principal e os juros apurados até o momento da decretação da

---

379 COSTA, Daniel Carnio; MELO, Alexandre Nasser. *Comentários à Lei de Recuperação de Empresas e Falência*: Lei n. 11.101, de 09 de fevereiro de 2005. Curitiba: Juruá, 2021, pp. 298/299.

quebra, a qual suspende a fluência dos juros legais ou contratuais. Somente se houver saldo, serão calculados os juros incidentes da data da quebra até o efetivo pagamento, retornando ao patrimônio do falido o que lhe sobejar, o que, na prática, dificilmente ocorre, já que a falência atinge empresas que não possuem mais condições de arcar com a totalidade de suas dívidas, encontrando-se em situação de crise econômico-financeira insuperável.

Tal regra traz algumas complicações, já que, como o referido crédito não terá como marco temporal a decretação da falência, como todos os demais créditos, e sua majoração será feita ao longo do tempo, a lista de credores e o quadro geral precisará ser atualizada a todo momento, até o pagamento da aludida classe, o que torna impossível o trabalho de todos. Por isso, o melhor a se fazer é excluir os juros posteriores à decretação da falência do quadro-geral de credores.

Outrossim, para que o administrador judicial proceda ao pagamento dos juros posteriores à falência, é imprescindível que todos os credores tenham recebido o montante principal, acrescido dos juros incidentes até a decretação da quebra, e da correção monetária até o efetivo pagamento. O pagamento dos juros posteriores, então, deverá respeitar a ordem preferencial de pagamento de cada uma das classes de credores.

A regra do artigo 124 é excetuada por seu parágrafo único, o qual estabelece que os juros sobre as debêntures e sobre os créditos com garantia real serão exigíveis da massa mesmo que incidam após a decretação da quebra, limitados, porém, pelo produto dos bens que constituem a garantia.

Se, entretanto, o bem for insuficiente para quitar a dívida e houver saldo do credor titular do direito real para ser incluído na classe dos quirografários, os juros posteriores serão destacados do principal e receberão o mesmo tratamento dispensado aos demais credores, ou seja, somente serão pagos em último lugar na ordem de classificação, e apenas se sobejar saldo em caixa.

Destaque-se que a correção monetária, diferentemente dos juros, sempre incidirá integralmente sobre o principal, já que se cuida de mero ajuste financeiro do real em relação aos índices de inflação, não implicando nenhum acréscimo ao valor da obrigação principal.

Créditos cedidos a terceiros

O §4º do artigo 83 estabelecia que "*os créditos trabalhistas cedidos a terceiros serão considerados quirografários*". A determinação buscava desestimular a aquisição dos créditos trabalhistas por terceiros, já que se acreditava que, com isso, protegia-se credor vulnerável, na medida em que poderia ceder seu crédito a terceiros por valores muito inferiores. Ademais, justificava-se, também, a perda do privilégio sob a alegação de supressão do caráter alimentar do crédito em face do cessionário, que o adquiriria tão somente em razão de seu valor pecuniário, não mais subsistindo a razão da preferência, destinada aos credores trabalhistas para garantir a sua subsistência.

A redação originária da Lei n. 11.101/05, antes da reforma de 2020, excepcionava regime geral previsto na legislação ordinária, segundo a qual a cessão de crédito não altera classificação do crédito, conforme artigos 287 e 349 do Código Civil.

O dispositivo, contudo, foi revogado pela Lei n. 14.112/2020. Pela nova sistemática adotada pelo §5º, os créditos cedidos a qualquer título, inclusive os trabalhistas, manterão sua natureza e classificação. O cessionário do crédito, pois, o titularizará com as mesmas características que possuía antes da cessão, à luz do disposto no artigo 287 do Código Civil.[380]

---

380 Código Civil. "Art. 287. Salvo disposição em contrário, na cessão de um crédito abrangem-se todos os seus acessórios".

A mudança busca prestigiar o mercado secundário de cessão de créditos. Na antiga redação do §4º do artigo 83, o crédito trabalhista tinha pouco valor para esse mercado, porque uma vez cedido, perderia seu privilégio na ordem de pagamento dos credores concursais. Com a nova sistemática, prestigia-se o crédito trabalhista no mercado, abrindo maior possibilidade para que os credores trabalhistas possam buscar o recebimento imediato de seus créditos, por meio da cessão a terceiros.[381]

Art. 84. Serão considerados créditos extraconcursais e serão pagos com precedência sobre os mencionados no art. 83 desta Lei, na ordem a seguir, aqueles relativos:

I – (revogado);

I-A – às quantias referidas nos arts. 150 e 151 desta Lei;

I-B – ao valor efetivamente entregue ao devedor em recuperação judicial pelo financiador, em conformidade com o disposto na Seção IV-A do Capítulo III desta Lei;

I-C – aos créditos em dinheiro objeto de restituição, conforme previsto no art. 86 desta Lei;

I-D – às remunerações devidas ao administrador judicial e aos seus auxiliares, aos reembolsos devidos a membros do Comitê de Credores, e aos créditos derivados da legislação trabalhista ou decorrentes de acidentes de trabalho relativos a serviços prestados após a decretação da falência;

I-E – às obrigações resultantes de atos jurídicos válidos praticados durante a recuperação judicial, nos termos do art. 67 desta Lei, ou após a decretação da falência;

---

381 COSTA, Daniel Carnio; MELO, Alexandre Nasser. *Comentários à Lei de Recuperação de Empresas e Falência*: Lei n. 11.101, de 09 de fevereiro de 2005. Curitiba: Juruá, 2021, p. 299.

II – às quantias fornecidas à massa falida pelos credores;

III – às despesas com arrecadação, administração, realização do ativo, distribuição do seu produto e custas do processo de falência;

IV – às custas judiciais relativas às ações e às execuções em que a massa falida tenha sido vencida;

V – aos tributos relativos a fatos geradores ocorridos após a decretação da falência, respeitada a ordem estabelecida no art. 83 desta Lei.

§ 1º As despesas referidas no inciso I-A do caput deste artigo serão pagas pelo administrador judicial com os recursos disponíveis em caixa.

§ 2º O disposto neste artigo não afasta a hipótese prevista no art. 122 desta Lei.

Créditos extraconcursais

Os créditos extraconcursais são aqueles não sujeitos ao concurso de credores na falência, devendo ser pagos com prioridade, antes de qualquer outro. Da análise dos incisos do artigo 84, conclui-se que são créditos extraconcursais, assim definidos pela lei, aqueles constituídos após o decreto de falência e, portanto, constituídos pela massa falida e não pelo falido, a princípio, em oposição aos créditos concursais, existentes no momento da sentença que a decreta.

Como aponta Fábio Ulhoa Coelho, a denominação de extraconcursais pela lei não é totalmente apropriada, uma vez que, entre os créditos extraconcursais, poderá haver concurso se não houver recursos suficientes para atender às restituições em dinheiro, hipótese em que se deverá proceder à divisão das disponibilidades entre os titulares do direito, proporcionalmente ao crédito de cada um.[382]

Os incisos estabelecem uma ordem de pagamento, que deverá ser respeitada. Como tais créditos, no geral, se originam durante a tramitação do processo de falência, seus credores são considerados detentores de crédito contra a massa falida, e não contra o devedor, como o são no caso dos créditos concursais (LREF, art. 83).

Na hipótese de os ativos serem insuficientes para o pagamento da integralidade dos créditos extraconcursais, deverá ser observada a ordem estabelecida no artigo 84, de modo que a classe posterior somente poderá ser paga após a quitação integral dos créditos da classe imediatamente anterior.

Interessante observar que o art. 114-A da LREF prevê que, na hipótese de não terem sido localizados bens para serem arrecadados, ou se em valor suficiente para arcar com as despesas do processo, será possível a extinção da falência. Nesse caso, contudo, os credores poderão requerer o seu prosseguimento, desde que paguem a quantia necessária às despesas e aos honorários do administrador judicial, as quais são consideradas essenciais, nos termos do art. 84, I-A da LREF.

Muito embora o art. 114-A da LREF preveja o pagamento dos honorários do administrador em momento inicial do processo, sem que os demais créditos tenham sido pagos, essa medida não viola a ordem de pagamento estipulada pelo legislador. Além de se tratar de exceção prevista pelo próprio legislador, este imputa ao credor – e não à massa – a responsabilidade por seu pagamento em momento inicial, além que equiparar esses valores a despesas essenciais, por lei. Trata-se de medida que assegura ao administrador

382 COELHO, Fábio Ulhoa. *Comentários à Lei de Falências e de Recuperação de empresas*: Lei n. 14.112/20, Nova Lei de Falências. 14ª ed. São Paulo: Revista dos Tribunais, 2021, p. 328.

judicial honorários mínimos, sem os quais não conseguirá se desincumbir de suas funções legais previstas na falência.

Créditos dos artigos 150 e 151 da LREF

O artigo 150 da LREF dispõe sobre as despesas cujo pagamento antecipado seja indispensável à administração da falência e ao regular andamento do procedimento falimentar, incluindo aquelas necessárias à continuidade provisória das atividades do devedor (LREF, art. 99, IX). São exemplos as despesas desembolsadas com a guarda e conservação dos bens da massa falida para alienação, com a avaliação dos bens, entre outras.

A preferência de pagamento de tais despesas assegura que o procedimento falimentar se desenvolva com celeridade e eficiência, garantindo a maximização do valor dos ativos para a satisfação de toda a coletividade de credores. Tais despesas serão pagas pelo administrador judicial com os recursos disponíveis em caixa (§1º), contudo, se não houver caixa suficiente e algum valor remanescer, serão classificadas como créditos extraconcursais a serem pagos com precedência a qualquer outro.

O artigo 151, por seu turno, dispõe sobre os créditos trabalhistas de natureza estritamente salarial, vencidos nos três meses anteriores à decretação da falência, até o limite de cinco salários-mínimos por trabalhador. A norma visa tutelar os trabalhadores, conferindo-lhes o direito de imediato recebimento de verbas suficientes para fazer frente a despesas de caráter emergencial, essenciais à sua sobrevivência. Tais créditos também serão pagos com os recursos disponíveis em caixa (§1º), contudo, se não houver caixa suficiente e algum valor remanescer, serão classificados como créditos extraconcursais a serem pagos com precedência a qualquer outro.

Valores entregues pelo credor financiador

A Seção IV-A do Capítulo III dispõe sobre o financiamento do devedor durante a recuperação judicial (artigos 69-A a 69-F).[383] Foi inserida pela reforma de 2020 com o fim precípuo de alavancar a manutenção da fonte produtora e viabilizar ao devedor o pagamento de suas dívidas, por meio da concessão de novos créditos.

Esse tipo de financiamento, denominado "Financiamento DIP" foi importado do direito americano, o qual prevê o instituto do *debtor in possession financing*.

Durante a recuperação judicial, após ouvido o Comitê de Credores, o juiz poderá autorizar a celebração de contratos de financiamento com o devedor, garantidos pela oneração ou alienação fiduciária de seus bens e direitos pertencentes ao ativo não circulante, se tais contratos não estiverem previstos no plano de recuperação judicial, nos termos do artigo 66 da LREF.

Em caso de convolação da recuperação judicial em falência, tais valores serão classificados como extraconcursais e deverão ser pagos em segundo lugar na ordem de preferência estabelecida pelo artigo 84.

A prioridade estabelecida pelo art. 84, contudo, somente se aplica aos valores efetivamente entregues ao devedor pelo financiador. Caso a recuperação judicial seja convolada em falência antes da liberação integral dos valores, o contrato será rescindido e o crédito será correspondente ao montante efetivamente entregue, com incidência dos encargos contratuais até a decretação da falência.

Créditos da restituição em dinheiro

Também serão classificados como crédito extraconcursal os decorrentes do pedido de restituição em dinheiro previstos no artigo

---

383 Ver Comentários à Seção IV-A do Capítulo III.

86 da LREF,[384] e serão pagos em terceiro lugar na ordem de preferência, antes mesmo do administrador judicial e de seus auxiliares.

Diferentemente do artigo 85 da LREF, que prevê as hipóteses em que a restituição será feita ao proprietário por meio da própria coisa em espécie (envolvem, pois, direito de propriedade e não de crédito), o artigo 86 prevê hipóteses em que a restituição será feita em dinheiro, caso em que se classificará como crédito extraconcursal.

Remunerações dos auxiliares do juízo e créditos trabalhistas posteriores à decretação da falência

Antes da reforma de 2020, as remunerações devidas ao administrador judicial e seus auxiliares e os créditos derivados da legislação do trabalho ou decorrentes de acidentes de trabalho relativos a serviços prestados após a decretação da falência eram previstos em primeiro lugar na ordem de pagamento dos créditos extraconcursais.[385]

---

384 Ver comentários ao artigo 86.

385 Lei n. 11.101/05. "Art. 84 (redação antiga). Serão considerados créditos extraconcursais e serão pagos com precedência sobre os mencionados no art. 83 desta Lei, na ordem a seguir, os relativos a:

I – remunerações devidas ao administrador judicial e seus auxiliares, e créditos derivados da legislação do trabalho ou decorrentes de acidentes de trabalho relativos a serviços prestados após a decretação da falência;

II – quantias fornecidas à massa pelos credores;

III – despesas com arrecadação, administração, realização do ativo e distribuição do seu produto, bem como custas do processo de falência;

IV – custas judiciais relativas às ações e execuções em que a massa falida tenha sido vencida;

V – obrigações resultantes de atos jurídicos válidos praticados durante a recuperação judicial, nos termos do art. 67 desta Lei, ou após a decretação da falência, e tributos relativos a fatos geradores ocorridos após a decretação da falência, respeitada a ordem estabelecida no art. 83 desta Lei".

Com a Lei n. 14.112/2020, tais créditos passaram a integrar a quarta posição na ordem de pagamento dos créditos extraconcursais, acrescidos dos reembolsos devidos aos membros do Comitê de Credores.

É nesse momento que o administrador judicial deverá fazer a reserva do saldo de 40% da remuneração a que ele próprio ou seus eventuais auxiliares têm direito, para recebimento após a prestação de contas e apresentação do relatório final da falência (LREF, art. 24, §2º).[386]

No que diz respeito à remuneração devida aos membros do Comitê de Credores, novidade trazida pela reforma de 2020, importa relembrar que tal órgão facultativo tem a finalidade específica de melhor fiscalizar o desenrolar dos procedimentos e a tutela do interesse dos credores. Por essa razão, sua remuneração não poderá ser arcada pela recuperanda ou pela massa falida, devendo os próprios credores se organizar para arrecadar recursos suficientes ao custeio dos honorários de seus membros.[387]

Todavia, caso as despesas sejam desembolsadas para a realização de ato previsto na Lei de Recuperação de Empresas e Falência, se devidamente comprovadas e autorizadas pelo juiz, deverão ser restituídas pela massa falida, mediante pagamento de crédito extraconcursal, na quarta ordem de preferência.

Além da remuneração do administrador judicial, seus auxiliares e dos membros do Comitê de Credores no que diz respeito às despesas com os atos previstos na LREF, o inciso I-D também prevê os créditos derivados da legislação trabalhista ou decorrentes de acidentes de trabalho, relativos a serviços prestados após a

386 COSTA, Daniel Carnio; MELO, Alexandre Nasser. *Comentários à Lei de Recuperação de Empresas e Falência*: Lei n. 11.101, de 09 de fevereiro de 2005. Curitiba: Juruá, 2021, p. 302.

387 Ver comentários ao artigo 29.

decretação da falência, os quais também serão pagos em quarto lugar na ordem de pagamento dos créditos extraconcursais.

Na hipótese de não existirem ativos suficientes para a satisfação integral de todos os créditos dessa classe, o produto da liquidação dos bens da massa falida deverá ser rateado proporcionalmente ao valor do crédito entre todos eles.

Destaque-se que os créditos desta natureza, constituídos antes da decretação da falência, entram no concurso de credores e são pagos em primeiro lugar na ordem de preferência do artigo 83, observado o limite de valor (LREF, art. 83, I). Pretendeu o legislador, assim, incentivar os trabalhadores a continuar prestando serviços para o devedor após a sua quebra, no caso de manutenção provisória de suas atividades (LREF, art. 99, XI), garantindo a eles o pagamento da remuneração correspondente, com preferência em relação aos créditos concursais.

Obrigações resultantes de atos jurídicos válidos praticados durante a recuperação judicial ou após a falência

Em quinto lugar na ordem de pagamento dos créditos extraconcursais, estão as obrigações resultantes de atos jurídicos válidos, praticados durante a recuperação judicial em caso de convolação em falência, inclusive aqueles relativos a despesas com fornecedores de bens ou serviços e contratos de mútuo (LREF, art. 67), ou as obrigações de mesma natureza, praticadas após a decretação da falência.

O disposto no inciso I-E foi mais uma tentativa do legislador de incentivar a manutenção do fornecimento de bens e serviços ao devedor, mesmo após o deferimento de sua recuperação judicial ou o seu decreto de falência, diminuindo o risco decorrente da insolvência do devedor em relação àqueles que continuarem contratando com ele.

O marco temporal para o tratamento deste crédito como extraconcursal será a distribuição do pedido de recuperação judicial, mediante interpretação sistemática do artigo 84 com os artigos 67 e 49 da LREF, considerando que é a partir da distribuição do pedido que a imagem do devedor ficará afetada perante o mercado e se dará publicidade de sua crise econômico-financeira, justificando-se o tratamento privilegiado aos agentes que, com ele, mantiverem suas contratações.

Quantias fornecidas à massa falida

Em sexto lugar, estão as quantias fornecidas pelos credores à massa falida para custear quaisquer procedimentos do processo falimentar, em razão de eventual insuficiência de recursos da massa para subsidiá-los. Tais valores deverão ser reembolsados aos respectivos credores, como créditos extraconcursais.

Despesas do processo de falência

Estão nessa classe os créditos do administrador judicial que, em razão da falta de recursos da massa falida ou da urgência do pagamento de determinadas despesas, arca com tais valores com os seus próprios recursos, após deferimento pelo juiz da falência.

Tais despesas com arrecadação, administração, realização do ativo e distribuição de seu produto, juntamente com as custas do processo de falência, serão recolhidas nesse momento de pagamento dos créditos extraconcursais, em sétimo lugar na ordem estabelecida pelo artigo 84.

Custas judiciais quando sucumbente a massa

Em oitavo lugar, serão pagas as custas judiciais relativas às ações e execuções em que a massa falida tenha sido vencida, seja como autora ou ré, as quais também serão recolhidas neste momento de pagamento dos créditos extraconcursais, excetuadas as hipóteses em que concedido o benefício da justiça gratuita.

Nessas ações, o recolhimento das custas poderá ser diferido pelo juiz até o momento de liquidação dos créditos extraconcursais, sobretudo quando comprovada a ausência de recursos suficientes em caixa da massa falida para a satisfação das custas judiciais.

Tributos constituídos após a quebra

Finalmente, em último lugar serão pagos os tributos relativos a fatos geradores ocorridos após a decretação da falência, optando o legislador por considerar tais créditos os menos prioritários em relação aos demais créditos extraconcursais.

Sobreleva relembrar que os créditos tributários constituídos até a decretação da falência se submetem ao concurso de credores, devendo ser recolhidos após o pagamento dos créditos trabalhistas e decorrentes de acidente de trabalho, observado o limite legal de valor, e dos créditos gravados com garantia real, até o limite do bem gravado (LREF, art. 83, III). Tratando-se de multas tributárias, serão pagos somente após os créditos quirografários (LREF, art. 83, VII).

Portanto, serão classificados como créditos extraconcursais apenas aqueles tributos não submetidos à execução concursal, como as custas judiciais dos processos ajuizados pela massa falida, as quais não serão adiantadas pela devedora no processo respectivo, mas pagas nos termos do inciso V do artigo 84.

Compensação de dívidas (§2º)

O artigo 122 estabelece a compensação entre as dívidas do devedor falido, vencidas até o dia da decretação da falência, com preferência sobre todos os demais credores, o que não é prejudicado pela ordem de pagamento estabelecida pelos artigos 83 e 84.

Decretada a falência do devedor, serão compensadas as dívidas, que poderão já ter se vencido no momento da quebra, ou ter seu vencimento antecipado em razão dela (LREF, art. 77). Somente depois de verificas as compensações, é que se procederá ao pagamento dos créditos extraconcursais e concursais.

Seção III – Do Pedido de Restituição

Art. 85. O proprietário de bem arrecadado no processo de falência ou que se encontre em poder do devedor na data da decretação da falência poderá pedir sua restituição.

Parágrafo único. Também pode ser pedida a restituição de coisa vendida a crédito e entregue ao devedor nos 15 (quinze) dias anteriores ao requerimento de sua falência, se ainda não alienada.

Pedido de restituição

A restituição dos bens aos seus proprietários, na falência, é ato que se complementa pela arrecadação de todos os bens que se encontram em posse da massa falida, inclusive aqueles que não lhe pertencem e de que é possuidora em razão de locação, depósito ou comodato, por exemplo.

Nela se incluem também os bens alienados fiduciariamente ao devedor e que se encontram sob sua posse no momento da decretação da falência; além do dinheiro em seu poder, recebido em nome de outrem ou de que não tenha disponibilidade, por exemplo, a contribuição dos empregados do falido para a seguridade social, descontada de seus salários mas não repassada ao INSS até a decretação da quebra,[388] ou ainda, as parcelas de empréstimos

---

388 STF, Súmula 417: "Pode ser objeto de restituição, na falência, dinheiro em poder do falido, recebido em nome de outrem, ou do qual, por lei ou contrato, não tivesse ele a disponibilidade".

consignados retidos de seus empregados pelo empregador, em período anterior à decretação de sua quebra, sem o devido repasse à instituição consignatária.[389]

Outrossim, nos termos do artigo 108 da LREF, logo após a assinatura do termo de compromisso pelo administrador judicial, na falência, deverá ele proceder à arrecadação de todos os bens do devedor no local onde se encontrem. Serão considerados "bens do devedor" todos aqueles que se localizarem em seu estabelecimento, assim como outros que o administrador judicial venha a localizar, independentemente de sua titularidade.[390]

Definido o ativo do devedor pela arrecadação dos bens, procede-se à restituição dos bens de que não detém a titularidade, aos seus proprietários, uma vez que tais bens não podem ser liquidados para satisfação dos credores da massa falida, já que não integram seu patrimônio.

Tal procedimento é feito por meio do pedido de restituição, no qual o interessado deverá demonstrar que o bem se encontra em posse da massa falida ou foi arrecadado, além de comprovar o seu direito de propriedade.

Para que o pedido de restituição possa ser feito, porém, não é imprescindível que tenha havido sua arrecadação pelo administrador judicial, bastando que se encontre em poder do devedor falido na data da decretação da falência, como expressamente prevê o *caput* do artigo 85. Tal possibilidade foi estabelecida pela Lei n.

---

389 Lei n. 10.820/03, art. 5º. "O empregador será o responsável pelas informações prestadas, pelo desconto dos valores devidos e pelo seu repasse às instituições consignatárias, que deverá ser realizado até o quinto dia útil após a data de pagamento ao mutuário de sua remuneração disponível. (...) §4º No caso de falência do empregador, antes do repasse das importâncias descontadas dos mutuários, fica assegurado à instituição consignatária o direito de pedir, na forma prevista em lei, a restituição das importâncias retidas".

390 COSTA, Daniel Carnio; MELO, Alexandre Nasser. *Comentários à Lei de Recuperação de Empresas e Falência*: Lei n. 11.101, de 09 de fevereiro de 2005. Curitiba: Juruá, 2021, p. 304.

11.101/05 já que, pela redação do Decreto-Lei anterior, somente os bens arrecadados poderiam ser objeto de restituição.[391]

Ajuizado o pedido de restituição ao juízo da falência, compete a ele decidir se a coisa pertence ou não ao patrimônio da massa falida. Não incumbe ao administrador judicial, pois, verificar quais são os bens que integram ou não o patrimônio a ser arrecadado e liquidado, devendo proceder à arrecadação de tudo o que for encontrado no estabelecimento empresarial da sociedade devedora.

Anote-se, aliás, que o pedido de restituição poderá ser ajuizado até mesmo por quem não detém direito de propriedade sobre o bem, mas que, por força de contrato ou autorizado pelo titular do bem, transferiu a sua posse ou detenção ao devedor falido. É o caso, por exemplo, do sublocatário autorizado ou do comodatário, na condição de comodante do imóvel arrecadado na falência.

Ademais, sobreleva ressaltar que o pedido de restituição é restrito à falência, não se aplicando ao procedimento de recuperação judicial. Neste, a pretensão sobre bem de titularidade de credor não sujeito ao plano deverá ser realizada por meio da ação de busca e apreensão ou de reintegração de posse, observado o disposto no art. 49, §3º, no que diz respeito à impossibilidade de venda ou retirada dos bens de capital do estabelecimento do devedor, essenciais à sua atividade empresarial, durante o *stay period*.

Como forma de prestigiar a boa-fé que impera as transações comerciais, o parágrafo único também estabeleceu a exclusão, do patrimônio liquidável do devedor, das mercadorias vendidas a crédito e entregues ao devedor nos quinze dias antecedentes ao pedido de falência, as quais poderão ser restituídas ao vendedor, se ainda não alienadas até o momento da decretação da quebra.

---

391 Decreto-Lei n. 7.661/45. "Art. 76. Pode ser pedida a restituição de coisa arrecadada em poder do falido quando seja devida em virtude de direito real ou de contrato".

Presumiu o legislador, nessa hipótese, que o devedor agiu com má-fé já que, ciente de sua precária condição econômico-financeira, induziu o vendedor a erro, considerando que este não teria efetuado a entrega se soubesse da situação econômica precária da sociedade adquirente à época da transação. Caso já alienada a coisa, não haverá mais direito restituitório e deverá o vendedor habilitar seu crédito na falência, concorrendo com os demais credores, para se preservar o direito do terceiro de boa-fé, que adquire o bem desconhecendo a crise financeira do alienante.

O antigo Decreto-Lei previa disposição semelhante ao parágrafo único do artigo 85[392] e, sob a sua vigência, o Supremo Tribunal Federal editou as Súmulas 193 e 495, deixando claro que o prazo de quinze dias tem início a partir da entrega da coisa, e não da sua remessa ao devedor,[393] e que a restituição será cabível ainda quando consumida ou transformada a coisa, se ainda não alienada pelo devedor.[394]

Art. 86. Proceder-se-á à restituição em dinheiro:

I – se a coisa não mais existir ao tempo do pedido de restituição, hipótese em que o requerente receberá o valor da avaliação do bem, ou, no caso de ter ocorrido sua venda, o respectivo preço, em ambos os casos no valor atualizado;

II – da importância entregue ao devedor, em moeda corrente nacional, decorrente de adiantamento a contrato de câmbio para

---

392 Decreto-Lei n. 7.661/45. "Art. 76 (...) §2º Também pode ser reclamada a restituição das coisas vendidas a crédito e entregues ao falido nos quinze dias anteriores ao requerimento da falência, se ainda não alienados pela massa".

393 STF. Súmula 193: "Para a restituição prevista no art. 76, §2º, da Lei de Falências, conta-se o prazo de quinze dias da entrega da coisa e não da sua remessa".

394 STF. Súmula 495: "A restituição em dinheiro da coisa vendida a crédito, entregue nos quinze dias anteriores ao pedido de falência ou de concordata, cabe, quando, ainda que consumida ou transformada, não faça o devedor prova de haver sido alienada a terceiro".

exportação, na forma do art. 75, §§ 3º e 4º, da Lei n. 4.728, de 14 de julho de 1965, desde que o prazo total da operação, inclusive eventuais prorrogações, não exceda o previsto nas normas específicas da autoridade competente;

III – dos valores entregues ao devedor pelo contratante de boa-fé na hipótese de revogação ou ineficácia do contrato, conforme disposto no art. 136 desta Lei.

IV – às Fazendas Públicas, relativamente a tributos passíveis de retenção na fonte, de descontos de terceiros ou de sub-rogação e a valores recebidos pelos agentes arrecadadores e não recolhidos aos cofres públicos.

Parágrafo único. (Revogado)

Restituição em dinheiro

O artigo 86 complementa o artigo 85 no que diz respeito aos bens e valores passíveis de restituição. Embora também trate de bens que não integram a massa falida e, portanto, não serão utilizados para a satisfação de seus credores e preferirão a todos os demais valores a serem pagos no processo falimentar, o artigo 86 enumera as hipóteses em que a restituição não se dará pela própria coisa em espécie, como nos casos do artigo 85, mas sim em dinheiro, dadas as particularidades dos bens e valores descritos no dispositivo.

Outrossim, com relação ao artigo 86 não há propriamente um direito constitucional de propriedade a ser protegido, mas sim um direito de crédito equiparado ao direito dos proprietários, tutelado pelo artigo 85.

Destaque-se que, a despeito de a Lei n. 14.112/2020 ter revogado o parágrafo único do artigo 86 ("*as restituições de que trata este artigo somente serão efetuadas após o pagamento previsto no art. 151 desta Lei*"), a regra permanece vigente, mas agora acrescida de outras importâncias a serem pagas preferencialmente àquelas previstas no artigo 86, em razão da ordem de classificação estabelecida aos créditos extraconcursais (LREF, art. 84).[395]

Com a reforma de 2020, portanto, a restituição em dinheiro passou a ser classificada como crédito extraconcursal, em quarto lugar na ordem de preferência. Nesta qualidade, somente será paga após as despesas cujo pagamento antecipado seja indispensável à administração da falência (LREF, art. 150); os créditos trabalhistas de natureza estritamente salarial, vencidos nos três meses anteriores à decretação da falência e até o limite de cinco salários-mínimos por trabalhador (LREF, art. 151); e os valores entregues ao devedor em recuperação judicial pelo financiador, caso haja convolação em falência (LREF, arts. 69-A a 69-F).

Nesse sentido, enquanto a restituição da coisa em espécie (LREF, art. 85) será feita precedentemente ao pagamento de qualquer crédito, seja concursal ou extraconcursal, a restituição em dinheiro (LREF, art. 86) deverá seguir a ordem de pagamento estabelecida no artigo 84.

São quatro as hipóteses em que a restituição será feita em dinheiro.

Em primeiro lugar, se a coisa não mais existir ao tempo do pedido de restituição (*v.g.*, por deterioração, perda, furto, ou mesmo por ter sido vendida pelo devedor), o requerente receberá o valor da avaliação do bem caso a coisa tenha se perdido ou deteriorado, ou o respectivo preço pago pelo adquirente, caso tenha ocorrido sua venda pela massa falida. Em ambos os casos o valor será atualizado até a data em que for efetuada a restituição.

---

395 LREF, art. 84. "Serão considerados créditos extraconcursais e serão pagos com precedência sobre os mencionados no art. 83 desta Lei, na ordem a seguir, aqueles relativos: I-A – às quantias referidas nos arts. 150 e 151 desta Lei; I-B – ao valor efetivamente entregue ao devedor em recuperação judicial pelo financiador, em conformidade com o disposto na Seção IV-A do Capítulo III desta Lei; I-C – aos créditos em dinheiro objeto de restituição, conforme previsto no art. 86 desta Lei; (...)".

Em segundo, se o crédito for correspondente a adiantamento de contrato de câmbio para exportação, a restituição da importância será feita em dinheiro desde que o prazo total da operação, inclusive eventuais prorrogações, não exceda o previsto nas normas específicas do Banco Central (Lei n. 4.728/65, art. 75, §3º).

Quando o agente exportador contrata a entrega de bens ou mercadorias a comprador situado no exterior, e este se compromete a pagar-lhe o preço acordado, o pagamento é feito através de moeda de curso internacional, como o dólar ou o euro, em regra. Pela lei brasileira, o exportador é obrigado a vender a moeda estrangeira que recebe em pagamento de sua mercadoria para uma instituição financeira, mediante contrato de câmbio.

Por esta razão, pode ocorrer que o lapso temporal decorrente entre a celebração do contrato de exportação e o efetivo recebimento do pagamento pelo comprador estrangeiro seja muito extenso, a ponto de prejudicar o regular desenvolvimento das atividades do empresário exportador. Assim, ele pode optar por celebrar, com a instituição financeira, uma operação de adiantamento de crédito derivado de contrato de câmbio (ACC), por meio do qual vende ao banco o seu direito de crédito, o qual se consolidará após a efetiva entrega de suas mercadorias ao comprador no exterior, e recebe de forma antecipada o preço das divisas, em moeda nacional e em valor menor do que aquele a ser pago pelo importador estrangeiro.[396]

A regra segundo a qual a instituição financeira poderá receber a importância adiantada, mediante pedido de restituição, na hipótese de falência do agente exportador antes da entrega das mercadorias prometidas à exportação, busca incentivar as exportações ao atenuar os riscos associados à insolvência do devedor, garantindo à instituição financeira a recuperação do dinheiro

396 COSTA, Daniel Carnio; MELO, Alexandre Nasser. *Comentários à Lei de Recuperação de Empresas e Falência*: Lei n. 11.101, de 09 de fevereiro de 2005. Curitiba: Juruá, 2021, p. 306.

emprestado aos exportadores e permitindo, por consequência, a cobrança de juros menores na operação. Outrossim, o pedido de restituição fundado no art. 75, §3º da Lei n. 4.728/65[397] contribui para a facilitação e barateamento do financiamento às exportações, cooperando para a redução da dependência externa e fortalecendo o processo de desenvolvimento nacional.

Para obter a restituição em dinheiro nos termos do inciso II, porém, o interessado deverá comprovar que o adiantamento de contrato de câmbio para exportação observou rigorosamente as normas incidentes na matéria, expedidas pelo Banco Central, sob pena de perder o direito à restituição e concorrer com os demais credores da massa falida na qualidade de quirografário.

Em terceiro lugar, se a importância a ser restituída tiver sido entregue ao devedor pelo contratante de boa-fé, na hipótese de revogação ou ineficácia do contrato (LREF, art. 136), a devolução também será feita em dinheiro. A norma busca tutelar o contratante de boa-fé, cujo contrato tenha sido declarado ineficaz por ter sido praticado com a intenção de prejudicar os credores, ainda que não tenha ele agido com fraude. Nesse caso, se procedente a ação revocatória, poderá o contratante comprovar sua boa-fé (a qual não se presume, nesse caso) e obter a restituição dos bens ou valores entregues ao devedor, em dinheiro.

---

397 Lei n. 4.728/65. "Art. 75. O contrato de câmbio, desde que protestado por oficial competente para o protesto de títulos, constitui instrumento bastante para requerer a ação executiva. §1º Por esta via, o credor haverá a diferença entre a taxa de câmbio do contrato e a da data em que se efetuar o pagamento, conforme cotação fornecida pelo Banco Central, acrescida dos juros de mora. § 2º Pelo mesmo rito, serão processadas as ações para cobrança dos adiantamentos feitos pelas instituições financeiras aos exportadores, por conta do valor do contrato de câmbio, desde que as importâncias correspondentes estejam averbadas no contrato, com anuência do vendedor. §3º No caso de falência ou concordata, o credor poderá pedir a restituição das importâncias adiantadas, a que se refere o parágrafo anterior".

Por fim, em quarto lugar, se o crédito for relativo a tributos passíveis de retenção na fonte, de descontos de terceiro ou de sub-rogação, e a valores recebidos pelos agentes arrecadadores e não recolhidos aos cofres públicos, como a contribuição dos empregados do falido para a seguridade social, descontada de seus salários, mas não repassada ao INSS até a decretação da quebra, a restituição às respectivas Fazendas Públicas será feita em dinheiro. Nesses casos, a importância não integra o patrimônio do devedor falido, de sorte que não poderá ser liquidada para pagamento de seus credores.

O inciso IV do artigo 86 foi inserido pela Lei n. 14.112/2020, contudo, mesmo antes da reforma já se admitia a restituição em dinheiro dos tributos passíveis de retenção na fonte à Fazenda Pública, à luz da Súmula 417 do STF,[398] editada em 1964.

Art. 87. O pedido de restituição deverá ser fundamentado e descreverá a coisa reclamada.

§ 1º O juiz mandará autuar em separado o requerimento com os documentos que o instruírem e determinará a intimação do falido, do Comitê, dos credores e do administrador judicial para que, no prazo sucessivo de 5 (cinco) dias, se manifestem, valendo como contestação a manifestação contrária à restituição.

§ 2º Contestado o pedido e deferidas as provas porventura requeridas, o juiz designará audiência de instrução e julgamento, se necessária.

§ 3º Não havendo provas a realizar, os autos serão conclusos para sentença.

398 STF, Súmula 417: "Pode ser objeto de restituição, na falência, dinheiro em poder do falido, recebido em nome de outrem, ou do qual, por lei ou contrato, não tivesse ele a disponibilidade".

Procedimento do pedido de restituição

Verificadas quaisquer das hipóteses dos artigos 85 e 86, o interessado titular do direito de propriedade ou de crédito deverá propor pedido de restituição. A petição inicial deverá preencher os requisitos do artigo 319 do CPC, sendo dirigida ao juízo da falência, indicando a qualificação do requerente e da massa falida, o fato e os fundamentos jurídicos do pedido, com a descrição detalhada da coisa a ser restituída, além da prova do direito de propriedade sobre a coisa e a indicação de outras provas que pretender produzir, o motivo pelo qual o bem estaria em posse da massa falida, se foi ou não objeto de arrecadação pelo administrador judicial, e a qual das hipóteses dos artigos 85 e 86 se adequa o pedido de restituição.

A petição inicial será autuada em separado e distribuída por dependência ao juízo da falência (LREF, art. 76), com os requerimentos que a instruírem, admitindo-se quaisquer meios de prova, inclusive pericial, se necessário. Protocolado o pedido, fica suspensa a disponibilidade sobre a coisa até o trânsito em julgado da decisão que o julgar (LREF, art. 91), de sorte que não poderá o administrador judicial alienar ou onerar o bem de cuja restituição se pretende.

O juiz, ao receber a petição inicial, determinará a intimação do devedor, do Comitê de Credores – se houver –, dos credores e do administrador judicial para se manifestarem, no prazo sucessivo de cinco dias. A intimação, pois, será única para todos os requeridos, sendo que o prazo de cada um dos grupos acima assinalados – e não de cada interessado individualmente –, se iniciará apenas após decorrido o prazo do anterior, independentemente de nova intimação.

Caso qualquer intimado se insurja contra o pedido de restituição, a manifestação será recebida como contestação, sendo necessária a intimação do autor para réplica. Em razão do interesse público que envolve o processo falimentar e a tutela da coletividade de credores, eventual não apresentação de contestação não importará a imposição dos efeitos da revelia, com a presunção da veracidade dos fatos deduzidos pelo requerente. Os fatos, pois, deverão ser analisados pelo juiz conjuntamente com as provas produzidas, podendo o magistrado determinar outras provas que entender necessárias para o seu esclarecimento.

A previsão a respeito da sucessividade dos prazos de cinco dias entre os requeridos, era justificada em razão de os processos de falência serem normalmente físicos à época da edição da Lei n. 11.101/2005, evitando-se assim tumulto e atraso no exame dos autos e em sua retirada para consulta pelos interessados. A regra, contudo, não mais se justifica com o sistema dos processos virtuais. Em razão disso, diante do princípio da celeridade, poderá o juiz conceder o prazo comum de cinco dias para que as pessoas descritas no §1º se manifestem sobre o pedido de restituição.

Embora não haja obrigatoriedade de intimação do Ministério Público para se manifestar sobre o pedido de restituição, a medida é conveniente ao procedimento, considerando o interesse público envolvido, além da possibilidade de especificação das provas a serem produzidas para esclarecimento das questões. Contudo, a ausência de intimação do órgão não gera qualquer nulidade, diante da ausência de imposição legal.

Após a apresentação de todas as manifestações e contestações, e o deferimento das provas eventualmente requeridas, o juiz designará audiência de instrução e julgamento, se entender necessário ou, caso contrário, não havendo provas a serem produzidas, julgará antecipadamente o mérito, proferindo sentença.

Art. 88. A sentença que reconhecer o direito do requerente determinará a entrega da coisa no prazo de 48 (quarenta e oito) horas.

Parágrafo único. Caso não haja contestação, a massa não será condenada ao pagamento de honorários advocatícios.

Procedência do pedido de restituição

Caso julgado procedente o pedido de restituição, o juiz determinará na sentença a entrega da coisa ao interessado no prazo de 48 horas, contadas a partir do trânsito em julgado. Caso a coisa já não exista mais ao tempo da sentença, proceder-se-á à sua restituição em dinheiro, nos termos do artigo 86.

Dessa sentença caberá apelação sem efeito suspensivo, sem prejuízo da execução provisória da sentença pelo interessado, mediante caução (LREF, art. 90).

Ressalte-se que o dispositivo em comento somente se aplica às hipóteses do artigo 85, em que o devedor procederá à restituição do próprio bem sob sua posse. Caso se trate de alguma das hipóteses do artigo 86, a restituição será feita em dinheiro, assim que houver numerário suficiente em caixa, e somente depois de satisfeitos os créditos previstos nos artigos 150 e 151 da LREF, bem como os créditos titularizados pelo financiador, correspondentes aos valores efetivamente entregues ao devedor em recuperação judicial, se convolada em falência (LREF, art. 84, I-A e I-B).

Caso os recursos em caixa sejam insuficientes para a satisfação de todos os pedidos de restituição, o montante disponível deverá ser rateado proporcionalmente entre todos os requerentes.

A condenação da massa falida ao pagamento de honorários advocatícios somente ocorrerá caso tenha sido apresentada contestação pelo administrador judicial. Caso seja revel ou concorde expressamente com o pedido de restituição, não poderá sofrer os ônus da sucumbência, já que não terá oferecido resistência ao pedido. Tal exceção ao princípio da causalidade é justificada em razão da impossibilidade de entrega voluntária da coisa pelo administrador judicial, a quem compete arrecadar todos os bens em posse da massa falida, ainda que de terceiros (LREF, art. 108). A restituição dos referidos bens somente será feita mediante o correspondente pedido, a ser analisado pelo juízo universal, necessariamente.

Destaque-se, ademais, que se o pedido de restituição for julgado procedente, ainda que a massa falida não tenha oferecido resistência ao pedido, incumbirá a ela o pagamento das custas e despesas processuais, já que o artigo 88, parágrafo único, não excepciona tais verbas de forma expressa, dispondo tão somente a respeito dos honorários de sucumbência. Outrossim, as custas e despesas processuais respectivas serão classificadas como créditos extraconcursais e deverão ser pagas após as despesas com arrecadação, administração, realização do ativo, distribuição de seu produto e custas do processo de falência (LREF, art. 84, IV).

Art. 89. A sentença que negar a restituição, quando for o caso, incluirá o requerente no quadro-geral de credores, na classificação que lhe couber, na forma desta Lei.

Improcedência do pedido de restituição

Caso o pedido de restituição seja julgado improcedente, mas, ao mesmo tempo, for reconhecido direito de crédito do requerente, o juiz determinará sua inclusão no quadro-geral de credores, na classificação que lhe couber, sendo desnecessário que o credor ajuíze pedido autônomo de habilitação, à luz dos princípios da economia processual e da celeridade. Como exemplo, tem-se o caso de o bem já ter sido alienado pelo devedor e entregue a terceiro, ou ter se perdido por culpa do devedor, antes do decreto de falência.

A leitura do dispositivo parece indicar a desnecessidade de requerimento expresso na petição inicial para inclusão do crédito no quadro-geral de credores, como pedido subsidiário, em caso de improcedência do pedido de restituição, impondo ao juiz a providência independentemente de requerimento. Nada obsta, no entanto, que o interessado assim proceda, por cautela.

Destaque-se ser possível a improcedência do pedido sem o reconhecimento do direito de crédito, como nos casos em que reconhecida a inexistência de qualquer crédito em favor do requerente, ou a insuficiência de provas nos autos para o reconhecimento da existência de crédito a habilitar. Nesses casos, não haverá inclusão no quadro-geral de credores, e o requerente deverá arcar integralmente com as custas processuais e despesas de sucumbência.

Art. 90. Da sentença que julgar o pedido de restituição caberá apelação sem efeito suspensivo.

Parágrafo único. O autor do pedido de restituição que pretender receber o bem ou a quantia reclamada antes do trânsito em julgado da sentença prestará caução.

Recurso cabível

O recurso cabível contra a sentença que julgar o pedido de restituição é a apelação sem efeito suspensivo, a ser apresentada no prazo de 15 dias úteis contados da publicação da sentença, por qualquer das partes, mesmo que não se tenha contestado o pedido.

Ainda que a apelação tenha efeito apenas devolutivo, entretanto, a improcedência ou procedência do pedido de restituição não permitirá à massa falida ou ao requerente, respectivamente, a prática de qualquer ato de disposição sobre a coisa, sendo necessário aguardar-se o trânsito em julgado (art. 91).

A interposição do recurso, nesse sentido, não obsta ao requerente a propositura de execução provisória da sentença que julgar procedente o pedido, sendo necessária, contudo, a prestação de caução suficiente neste caso, para que a massa falida seja ressarcida em eventual alteração do resultado do julgamento. Prestada a caução, poderá o requerente ter o bem restituído no prazo de 24 horas (art. 88), mas ficará impedido de dele dispor até o trânsito em julgado do pedido de restituição. Se não prestar caução, deverá aguardar o trânsito em julgado da decisão para receber a coisa.

Art. 91. O pedido de restituição suspende a disponibilidade da coisa até o trânsito em julgado.

Parágrafo único. Quando diversos requerentes houverem de ser satisfeitos em dinheiro e não existir saldo suficiente para o pagamento integral, far-se-á rateio proporcional entre eles.

Suspensão da disponibilidade da coisa litigiosa

Ajuizado o pedido de restituição, será suspensa a disponibilidade do bem até o trânsito em julgado do requerimento. Assim, o administrador judicial deverá sustar eventuais providências que tenha adotado para a alienação da coisa sob litígio. De mesmo modo, ainda que em posse do seu titular em caso de execução provisória da sentença, a coisa não poderá ser alienada ou gravada, enquanto não houver o trânsito em julgado.

Contudo, caso a coisa seja perecível, esteja sob risco de deterioração, ou seja, de difícil depósito, o requerente ou a massa falida poderão pleitear a alienação do bem desde logo, caso em que o produto da venda permanecerá depositado em conta vinculada, para levantamento somente após o trânsito em julgado, pela parte vencedora.[399]

Caso haja diversos pedidos de restituição e todos eles tiverem de ser satisfeitos em dinheiro, deverá o juiz aguardar o julgamento de todos, para proceder à restituição. Caso não haja saldo suficiente em caixa para a satisfação da integralidade dos pedidos, será feito o rateio proporcional dos valores disponíveis entre os respectivos interessados.

Art. 92. O requerente que tiver obtido êxito no seu pedido ressarcirá a massa falida ou a quem tiver suportado as despesas de conservação da coisa reclamada.

---

399 COSTA, Daniel Carnio; MELO, Alexandre Nasser. *Comentários à Lei de Recuperação de Empresas e Falência*: Lei n. 11.101, de 09 de fevereiro de 2005. Curitiba: Juruá, 2021, p. 309.

Ressarcimento das despesas de conservação

Ainda que o requerente tenha seu pedido de restituição acolhido, saindo-se vencedor da demanda, deverá reembolsar a massa falida ou quem tiver suportado as despesas de conservação da coisa reclamada. A restituição da coisa reclamada, pois, poderá ser condicionada ao ressarcimento de tais despesas, sob pena de enriquecimento sem causa do requerente.

Os valores a serem reembolsados serão aqueles destinados à manutenção e conservação do bem. Despesas supérfluas, desnecessárias, inúteis ou sem finalidade não poderão ser impostas ao requerente.

Art. 93. Nos casos em que não couber pedido de restituição, fica resguardado o direito dos credores de propor embargos de terceiros, observada a legislação processual civil.

Embargos de terceiro

O pedido de restituição será a via adequada ao titular do direito de propriedade ou de crédito sobre coisa em posse da massa falida ou arrecadada pelo administrador judicial, após o decreto de falência da sociedade.

Haverá casos, porém, em que não será cabível o pedido de restituição. Nesta hipótese, poderá o interessado se valer dos Embargos de Terceiro, via adequada para quem, não sendo parte no processo, sofrer constrição ou ameaça de constrição sobre bens que possua ou sobre os quais tenha direito incompatível com o ato constritivo (CPC, art. 674).

A Lei n. 11.101/05, portanto, alterou a antiga sistemática do Decreto-Lei n. 7.661/45, para o qual a escolha entre os Embargos de Terceiro e o pedido de restituição ficava a cargo do interessado, que poderia se valer de ambos para defender os seus bens.[400] Atualmente, os Embargos de Terceiro somente serão admitidos caso não seja cabível o pedido de restituição.

Conforme ensina Fábio Ulhoa Coelho,[401] o pedido de restituição deverá ser utilizado caso a constrição judicial correspondente à arrecadação lese o domínio de coisa de terceiro, encontrada na posse do falido. Já os Embargos de Terceiro serão o remédio processual adequado quando a posse é turbada ou usurpada pelo ato de arrecadação.

São partes legítimas para propor os Embargos de Terceiro o próprio proprietário, inclusive o fiduciário, e o possuidor, direto ou indireto. Como exemplo, tem-se o caso do cônjuge do empresário individual falido que na defesa da posse indireta dos bens divisíveis de sua meação, e que se encontrem em posse direta da massa falida ou do administrador judicial, ajuíza Embargos de Terceiro para desfazer ou inibir atos de disponibilidade sobre a coisa reclamada. Ou ainda, o caso de alguém que adquiriu, de boa-fé, um veículo do devedor e que, após a decretação da falência, tem ciência de que foi expedido mandado para arrecadação do mesmo automóvel.

Os Embargos de Terceiro deverão ser autuados em apartado e distribuídos por dependência ao juízo falimentar, a quem compete decidir sobre o pedido (LREF, art. 76). Ademais, sua distribuição não implicará a indisponibilidade automática do bem, como ocorre no pedido de restituição.

Na petição inicial, o embargante fará a prova sumária de sua posse ou de seu domínio e da qualidade de terceiro, apresentando

---

400 Decreto-Lei n. 7.661/45. "Art. 79. Aquele que sofrer turbação ou esbulho na sua posse ou direito, por efeito da arrecadação ou do sequestro, poderá, se não preferir usar do pedido de restituição (art. 76), defender os seus bens por via de embargos de terceiro (...)".

401 COELHO, Fábio Ulhoa. *Comentários à Lei de Falências e de Recuperação de empresas*: Lei n. 14.112/20, Nova Lei de Falências. 14ª ed. São Paulo: Revista dos Tribunais, 2021, pp. 340/341.

eventuais documentos e rol de testemunhas, se for o caso (CPC, art. 677), após o que o juiz intimará a massa falida para apresentar contestação, no prazo de quinze dias (CPC, art. 679). A massa falida sempre integrará o polo passivo, uma vez que a ação terá por objeto coisa que esteja em sua posse, sendo ela, pois, quem deu causa à constrição correspondente ao ato de arrecadação.

Admitir-se-á, ainda, a concessão de medida liminar para manutenção ou reintegração provisória da posse do bem, caso suficientemente provado o direito do embargante na petição inicial, mediante preenchimento dos requisitos do artigo 300 do CPC. Nesse caso, o juiz determinará a suspensão das medidas constritivas sobre o bem, podendo condicionar a ordem de manutenção ou de reintegração provisória de posse à prestação de caução pelo requerente, ressalvada a impossibilidade da parte economicamente hipossuficiente (CPC, art. 678).

Para parte da doutrina,[402] ao contrário do pedido de restituição, caso improcedentes os Embargos de Terceiro, mas com reconhecimento de direito de crédito, deverá o embargante habilitar seu crédito no quadro-geral de credores mediante petição autônoma, porquanto não há previsão legal de inclusão automática de seu crédito. Há, contudo, autores que entendem em sentido diverso, admitindo a inclusão do crédito no quadro-geral de credores ainda que se trate de Embargos de Terceiro, à luz dos princípios da economia processual e da instrumentalidade das formas.

A sentença que julgar os Embargos de Terceiro será impugnável por apelação recebida no duplo efeito, não se admitindo, pois, a execução provisória.

---

402 COSTA, Daniel Carnio; MELO, Alexandre Nasser. *Comentários à Lei de Recuperação de Empresas e Falência*: Lei n. 11.101, de 09 de fevereiro de 2005. Curitiba: Juruá, 2021, p. 310.

Para Daniel Carnio Costa e Alexandre Nassar de Melo, contudo, caso seja prestada caução, o recurso poderá ser recebido apenas no efeito devolutivo, hipótese em que o requerente poderá promover o cumprimento provisório de sentença, para obter a posse do bem antes do trânsito em julgado da decisão. Manoel Justino Bezerra Filho entende que a previsão do artigo 90 da LREF se estende aos Embargos de Terceiro, de modo que a apelação terá efeito apenas devolutivo.

Seção IV – Do Procedimento para a Decretação da Falência

Art. 94. Será decretada a falência do devedor que:

I – sem relevante razão de direito, não paga, no vencimento, obrigação líquida materializada em título ou títulos executivos protestados cuja soma ultrapasse o equivalente a 40 (quarenta) salários-mínimos na data do pedido de falência;

II – executado por qualquer quantia líquida, não paga, não deposita e não nomeia à penhora bens suficientes dentro do prazo legal;

III – pratica qualquer dos seguintes atos, exceto se fizer parte de plano de recuperação judicial:

a) procede à liquidação precipitada de seus ativos ou lança mão de meio ruinoso ou fraudulento para realizar pagamentos;

b) realiza ou, por atos inequívocos, tenta realizar, com o objetivo de retardar pagamentos ou fraudar credores, negócio simulado ou alienação de parte ou da totalidade de seu ativo a terceiro, credor ou não;

c) transfere estabelecimento a terceiro, credor ou não, sem o consentimento de todos os credores e sem ficar com bens suficientes para solver seu passivo;

d) simula a transferência de seu principal estabelecimento com o objetivo de burlar a legislação ou a fiscalização ou para prejudicar credor;

e) dá ou reforça garantia a credor por dívida contraída anteriormente sem ficar com bens livres e desembaraçados suficientes para saldar seu passivo;

f) ausenta-se sem deixar representante habilitado e com recursos suficientes para pagar os credores, abandona estabelecimento ou tenta ocultar-se de seu domicílio, do local de sua sede ou de seu principal estabelecimento;

g) deixa de cumprir, no prazo estabelecido, obrigação assumida no plano de recuperação judicial.

§ 1º Credores podem reunir-se em litisconsórcio a fim de perfazer o limite mínimo para o pedido de falência com base no inciso I do caput deste artigo.

§ 2º Ainda que líquidos, não legitimam o pedido de falência os créditos que nela não se possam reclamar.

§ 3º Na hipótese do inciso I do caput deste artigo, o pedido de falência será instruído com os títulos executivos na forma do parágrafo único do art. 9º desta Lei, acompanhados, em qualquer caso, dos respectivos instrumentos de protesto para fim falimentar nos termos da legislação específica.

§ 4º Na hipótese do inciso II do caput deste artigo, o pedido de falência será instruído com certidão expedida pelo juízo em que se processa a execução.

§ 5º Na hipótese do inciso III do caput deste artigo, o pedido de falência descreverá os fatos que a caracterizam, juntando-se as provas que houver e especificando-se as que serão produzidas.

Hipóteses que autorizam a decretação da falência do devedor

O artigo 94 estipula uma série de hipóteses que autorizam a decretação da falência do devedor, a pedido de qualquer dos legitimados do artigo 97. Todas elas caracterizam a insolvência jurídica da empresa, demonstrada através de situações objetivas impostas pela lei, quais sejam: a impontualidade injustificada (inciso I), a execução frustrada (inciso II) ou a prática de atos de falência (inciso III).

O antigo Decreto-Lei n. 7.661/45 estabelecia apenas duas hipóteses que permitiriam o decreto de falência: o pedido com fundamento em título líquido e certo, e o pedido fundado em atos de falência (artigos 1º e 2º), prevendo procedimentos específicos para cada uma delas. Esse sistema foi alterado pela Lei n. 11.101/05, ao regular três espécies de crédito que admitem o decreto de falência do devedor. A LREF dividiu o antigo artigo 2º do Decreto-Lei em duas subespécies, separando dos "atos de falência" os casos de execução frustrada.

Destaque-se que a simples demonstração da insolvência jurídica do devedor, com a subsunção a uma das hipóteses previstas no artigo 94, autoriza a decretação de sua falência, sendo desnecessária a prova de sua insolvabilidade econômica. Tampouco a demonstração, pelo devedor, de que seu patrimônio é suficiente para a satisfação de seu passivo, tem o potencial de o livrar do pedido de falência fundado na insolvência jurídica.

Como já decidiu o e. Superior Tribunal de Justiça,[403] a insolvabilidade econômica somente é considerada para o processo de

403 STJ, REsp 1433652/RJ, 4ª Turma, Min. Luis Felipe Salomão, DJe 29/10/2014.

insolvência civil, que se apoia na presença de ativo deficitário para fazer frente ao passivo do devedor. O processo falimentar, de outro turno, não se alicerça na insolvabilidade econômica do devedor, mas na insolvência jurídica, caracterizada a partir de situações objetivamente apontadas pelo ordenamento. Na falência, pois, presume-se que o empresário individual ou a sociedade empresária estão em estado pré-falimentar, admitindo-se a decretação da quebra ainda que se demonstre que o seu patrimônio é suficiente à satisfação de todas as suas dívidas.

Note-se que o ordenamento jurídico admite a decretação da falência tanto com base na confissão de insolvência (pedido de autofalência) quando na presunção de insolvência. Ademais, importa destacar que o estado de insolvência jurídica não admite prova em contrário, já que isso implicaria uma extensa produção probatória que vulneraria os princípios da eficiência, celeridade e economia processual. Terá o devedor, pois, outros meios de defesa para afastar o decreto de quebra.[404]

Impontualidade injustificada (inciso I)

Será presumido o estado de insolvência do devedor, podendo ser decretada a sua falência, se sem relevante razão de direito, não pagar, no vencimento, obrigação líquida materializada em título ou títulos executivos judiciais ou extrajudiciais protestados, cuja soma ultrapasse o equivalente a 40 (quarenta) salários-mínimos na data do pedido de falência.

Somente se admite essa hipótese se a impontualidade do pagamento não for justificada por relevante motivo de direito, como nos casos de falsidade ou prescrição do título, ou pagamento da dívida,

404 COSTA, Daniel Carnio; MELO, Alexandre Nasser. *Comentários à Lei de Recuperação de Empresas e Falência*: Lei n. 11.101, de 09 de fevereiro de 2005. Curitiba: Juruá, 2021, p. 312.

ou seja, fatos capazes de extinguir ou suspender a exigibilidade da obrigação, a serem comprovados pelo devedor (LREF, art. 96).

Nesse inciso I, ficam superadas as discussões sobre a obrigatoriedade de protesto do título judicial, que existiam na vigência do Decreto-Lei n. 7.661/45,[405] cujo art. 1º não exigia este requisito. O legislador de 2005 optou por tornar obrigatório o protesto do título, seja judicial ou extrajudicial.

Destaque-se que, para a defesa do devedor, não importam eventuais provas de que se encontra em dificuldade temporária, ou mesmo que o seu patrimônio é suficiente para pagamento do título, porquanto a insolvência será presumida, caso comprovado que o caso se subsome ao inciso I do artigo 94.

Ademais, sobreleva anotar que também as obrigações de dar e de fazer poderão fundamentar o pedido de falência do inciso I, se suficientemente comprovados a liquidez e o descumprimento da obrigação no seu vencimento, que esteja materializada em título executivo judicial ou extrajudicial protestado. A identificação da prestação, nesse caso, com a especificação do objeto ou das prestações positivas ou negativas a serem realizadas, é suficiente para a determinação do conteúdo da obrigação, tornando-a líquida.

Note-se, pois, que além da exigência de vencimento da obrigação que a torne exigível em face do devedor e do protesto do título, o inciso I do artigo 94 ainda impõe a prova de sua liquidez. Considera-se líquida a obrigação certa quanto à sua existência, que deve ser manifesta, clara e evidente, e quanto à sua quantidade, qualidade e objeto.[406]

---

405 Decreto-Lei n. 7.661/45. "Art. 1º. Considera-se falido o comerciante que, sem relevante razão de direito, não paga no vencimento obrigação líquida, constante de título que legitime a ação executiva. (...)".

406 BEZERRA FILHO, Manoel Justino. *Lei de Recuperação de Empresas e Falências*: Lei n. 11.101/2005 comentada artigo por artigo. 15ª ed., rev., atual. e ampl. São Paulo: Revista dos Tribunais, 2021, p. 401.

Desde a vigência do Decreto-Lei n. 7.661/45, já existia a preocupação da utilização do procedimento falimentar, pelo credor, como sucedâneo de ação de cobrança ou execução para o fim de coagir o devedor ao pagamento de suas dívidas. Nesses casos, o pedido de falência não tinha como objetivo a quebra do devedor, mas simplesmente a satisfação do crédito, o que era visto com preocupação pela doutrina e jurisprudência, diante dos graves efeitos decorrentes da decretação da falência, para o empresário.

Por isso é que o inciso I do artigo 94, com redação dada pela Lei n. 11.101/05, estabeleceu valor mínimo de 40 salários-mínimos para que o credor pudesse ajuizar o pedido de falência com base na impontualidade injustificada do devedor. No atual sistema da LREF, portanto, não mais cabe ao juiz analisar a verdadeira intenção do credor ao propor o pedido de falência. Preenchidos todos os requisitos legais, presume-se a insolvência do devedor, independentemente do objetivo do requerente.[407]

O valor a ser considerado deverá corresponder à obrigação principal, sem o acréscimo de juros ou de correção monetária, de modo a evitar que o valor de 40 salários-mínimos seja atingido tão somente pela incidência dos encargos contratuais ou legais. Ademais, o valor do salário-mínimo a servir de parâmetro será aquele vigente na data da propositura do pedido de falência.

E, conforme estabelece o §1º do artigo 94, admite-se que o limite mínimo de 40 salários-mínimos seja atingido por mais de um título executivo, desde que protestado, e por credores diversos, em litisconsórcio ativo.

---

407 Nesse sentido, vislumbre-se a Súmula n. 42 do Tribunal de Justiça do Estado de São Paulo: a possibilidade de execução singular do título executivo não impede a opção do credor pelo pedido de falência.

Manoel Justino Bezerra Filho[408] faz relevante análise a respeito do ônus processual que poderá decorrer de um litisconsórcio ativo entre diferentes credores, já que a defesa do devedor em relação a um ou alguns dos títulos respectivos poderá impedir a decretação da falência e obstar, assim, o conhecimento da petição inicial diante do não preenchimento do limite mínimo de 40 salários-mínimos. Nesse sentido, aponta o autor que o mais provável será a formação de litisconsórcio ativo em casos de sociedades empresárias integrantes do mesmo grupo econômico e que titularizem diferentes créditos do mesmo devedor.

Proposto o pedido de falência com base no inciso I, a petição inicial deverá ser instruída com os títulos executivos exibidos no original ou por cópias autenticadas, se estiverem juntados em outro processo (LREF, art. 9º, parágrafo único), e com os respectivos instrumentos de protesto para fim falimentar (§3º). Tratando-se de autos eletrônicos, os documentos juntados podem ser cópias digitalizadas dos originais, por força do disposto no art. 11, §3º da Lei n. 11.419/06;

Destaque-se, a esse respeito, que para o pedido de falência do devedor não se exige protesto especial (correspondente a exame de sujeição do devedor à falência, feito pelo cartório de protestos), bastando o protesto comum, mas a notificação do protesto exige que seja identificada a pessoa que a recebeu, conforme Súmula 361 do e. STJ.[409] A justificativa para tanto é de que se deve garantir que o devedor terá sido notificado do protesto, em vista das sérias implicações envolvidas no procedimento falimentar.

---

408 BEZERRA FILHO, Manoel Justino. *Lei de Recuperação de Empresas e Falências*: Lei n. 11.101/2005 comentada artigo por artigo. 15ª ed., rev., atual. e ampl. São Paulo: Revista dos Tribunais, 2021, p. 407.

409 STJ, AgInt no AREsp 1744997/SP, 3ª Turma, Min. Ricardo Villas Bôas Cueva, DJe 02/03/2022.

Caso a notificação pessoal do protesto não tenha êxito em obter a identificação de quem se recusou a assinar a carta registrada, impõe-se a realização da intimação do protesto por edital, como requisito necessário para sustentar o pedido de falência, à luz do art. 15 da Lei n. 9.492/97 e dos princípios da preservação e conservação da empresa.

Ademais, aqui se exige o protesto extrajudicial, realizado perante o Oficial de Cartório de Protesto e suficiente a comprovar a impontualidade do pagamento, e não o protesto judicial, utilizado em procedimento cautelar para prevenir responsabilidade. O protesto falimentar, entretanto, não será exigido se já houve protesto cambial do título, realizado nas obrigações materializadas por títulos de crédito. Isso porque o protesto cambial é suficiente para demonstrar que houve apresentação do título ao sacado para o seu aceite, ou ao devedor para pagamento.

Por fim, conforme o §2º do artigo 94, somente se admite o pedido de falência fundado em título líquido que a ela se submeta. Não poderão ensejar o pedido de falência do devedor, pois, o inadimplemento das obrigações fiscais (CTN, art. 187), o descumprimento de obrigações a título gratuito e as despesas que o credor fizer para tomar parte na recuperação judicial ou na falência, salvo as custas judiciais decorrentes de litígio com o devedor (LREF, art. 5º).

Execução frustrada (inciso II)

Também será presumido o estado de insolvência do devedor, podendo ser decretada a sua falência, se executado por qualquer quantia líquida (dotada de executividade, portanto), não pagar, não depositar e não nomear à penhora bens suficientes dentro do prazo legal e após regularmente intimado para tanto, nos termos do artigo 829, §2º do CPC.

Aqui, a hipótese se restringe à execução por quantia certa, não se aplicando aos demais tipos de execução. Também não se exige, na hipótese de inciso II, que o título tenha sido protestado ou que seja atingido o limite mínimo de 40 salários-mínimos, bastando que o devedor integre o polo passivo de execução e que frustre a satisfação do crédito por meio de uma das condutas aludidas.

Proposto o pedido de falência com base no inciso II, a petição inicial deverá ser instruída com a certidão expedida pelo juízo em que processada a execução, mencionando que não houve satisfação do crédito perseguido pelo exequente, nem o depósito de valores, nem a nomeação de bens suficientes à penhora (§4º). Ademais, o processo de execução singular deverá ser suspenso ou extinto, como condição de procedibilidade do requerimento e para se evitar que haja *bis in idem*.[410]

Aqui também se aplica o disposto no §2º do artigo 94. Assim, somente se admitirá o pedido de falência fundado em título líquido que a ela se submeta. Não poderão ensejar o pedido de falência do devedor, pois, com fundamento nesse inciso, o inadimplemento das obrigações fiscais (CTN, art. 187) e o descumprimento de obrigações a título gratuito, além das despesas que o credor fizer para tomar parte na recuperação judicial ou na falência (LREF, art. 5º).[411]

Prática de atos de falência (inciso III)

Presume-se a insolvência do devedor, por derradeiro, a prática de atos falimentares que não estejam previstos no plano de recuperação judicial aprovado pelos credores. As hipóteses do inciso III podem ocorrer ainda que o título não esteja vencido ou

---

410 Nesse sentido, vislumbre-se a Súmula n. 48 do Tribunal de Justiça do Estado de São Paulo: "Para ajuizamento com fundamento no art. 94, II, da Lei n. 11.101/2005, a execução singular anteriormente aforada deverá ser suspensa".

411 COSTA, Daniel Carnio; MELO, Alexandre Nasser. *Comentários à Lei de Recuperação de Empresas e Falência*: Lei n. 11.101, de 09 de fevereiro de 2005. Curitiba: Juruá, 2021, p. 317.

protestado e ainda que o crédito detido pelo requerente do pedido não alcance o patamar de 40 salários-mínimos.

As alíneas do inciso III são previstas de forma taxativa, indicando comportamentos que caracterizam a má-fé do devedor insolvente, que ciente de seu estado de crise econômico-financeira, pratica-os com o intuito de prejudicar seus credores ou de se beneficiar. Dependem, pois, de instrução probatória regular, diferentemente dos casos dos incisos I e II.

Destaque-se, por oportuno, que o TJSP, através do Grupo de Câmaras Empresariais, editou o Enunciado XVIII, pelo qual a eventual tramitação de recuperação judicial não impede o regular andamento do pedido de falência formulado com fundamento no inciso III do artigo 94, já que a novação das obrigações ou ainda, o pagamento dos créditos, não obstam a decretação da falência pela prática de ato falimentar pelo devedor.[412]

Poderá ser decretada a falência se o devedor proceder à liquidação precipitada de seus ativos ou lançar mão de meio ruinoso ou fraudulento para realizar pagamentos (alínea a). Nesse caso, a liquidação dos ativos ocorre de forma desordenada, abrupta e injustificável, ou através de meios excessivamente onerosos, arriscados e ineficientes, para o fim de obter recursos de forma rápida. Ocorre, por exemplo, quando o devedor não possui caixa suficiente para satisfazer suas obrigações e precipitadamente resolve tomar empréstimos a juros abusivos, ou alienar bens essenciais ao exercício da sua atividade.

Ademais, poderá o pedido de falência se fundar na realização ou tentativa de realização, pelo devedor, de negócio simulado ou alienação de parte ou da totalidade de seu ativo a terceiro ou a outro

---

412 Enunciado XVIII do Grupo de Câmaras Reservadas de Direito Empresarial do Tribunal de Justiça do Estado de São Paulo – O pedido de recuperação judicial não suspende nem extingue pedido de falência ajuizado anteriormente, com fundamento no art. 94, III, da Lei n. 11.101/2005.

credor, desde que com o objetivo de retardar pagamentos ou fraudar credores (alínea b). Note-se, que, nesse caso, exige-se a comprovação do dolo específico do devedor de prejudicar seus credores, através de negócio jurídico simulado (Código Civil, art. 167).

Também será presumida a insolvência do devedor quando transferir estabelecimento a terceiro, credor ou não, sem o consentimento de todos os credores, e sem ficar com bens suficientes para solver seu passivo (alínea c). A esse respeito, relembre-se que o Código Civil prevê que a eficácia do contrato de trespasse ficará condicionada ao pagamento de todos os credores, ou do seu consentimento, caso a transferência implique a insolvabilidade econômica do alienante (CC, art. 1.145).[413] Caso contrário, o trespasse será interpretado como dilapidação patrimonial.

O pedido de falência ainda poderá ter como fundamento a simulação, pelo devedor, da transferência de seu principal estabelecimento com o objetivo de burlar a legislação ou a fiscalização ou para prejudicar credor (alínea d). Aqui também se exige elemento subjetivo específico, consistente na intenção de prejudicar os credores, que deve ser provado pelo credor requerente. Note-se que, a despeito da clareza do dispositivo, é razoável se considerar que a simulação da transferência de quaisquer dos estabelecimentos empresariais do devedor, e não apenas do seu principal, com o intuito de burlar legislação ou fiscalização, ou para prejudicar seus credores, poderá caracterizar ato falimentar a ensejar o pedido de falência com base no artigo 94, III, d.

Poderá ser decretada, também, a falência do devedor que dá ou reforça garantia a credor, por dívida contraída anteriormente, sem ficar com bens suficientes, livres e desembaraçados, para saldar

---

413 Código Civil. "Art. 1.145. Se ao alienante não restarem bens suficientes para solver o seu passivo, a eficácia da alienação do estabelecimento depende do pagamento de todos os credores, ou do consentimento destes, de modo expresso ou tácito, em trinta dias a partir de sua notificação".

seu passivo (alínea e). Nessa hipótese, a instituição ou reforço da garantia real deve ser posterior à constituição da obrigação. Se o ato se deu concomitantemente ao negócio, não há a imposição de uma condição mais favorável para o credor.

O juiz poderá receber, ainda, pedido de falência que demonstre ter o devedor se ausentado sem deixar representante habilitado e com recursos suficientes para pagar os credores, abandonado estabelecimento ou tentado ocultar-se de seu domicílio, do local de sua sede ou de seu principal estabelecimento (alínea f). Aqui deve se demonstrar a intenção do devedor em abandonar a atividade empresarial como forma de se furtar de suas obrigações. Não se confunde, pois, com a mera alteração do domicílio comercial do empresário, ainda que sem a prévia ciência de seus credores.

Por derradeiro, presume-se a insolvência do devedor que deixa de cumprir, no prazo estabelecido, obrigação assumida no plano de recuperação judicial (alínea g). O juiz poderá, nesta hipótese, convolar a recuperação judicial em falência caso o procedimento recuperacional ainda esteja em curso, ou se ainda vigente o prazo de fiscalização judicial (LREF, art. 61, §1º). Após o encerramento da recuperação judicial, contudo, caso descumprida qualquer obrigação prevista no plano, qualquer credor poderá intentar pedido de falência com base no art. 94, III, g.

Proposto o pedido de falência com base no inciso II, a petição inicial deverá descrever os fatos que caracterizam uma ou mais das hipóteses previstas nas alíneas, instruindo com as provas disponíveis ou especificando as que pretender produzir (§5º).

Art. 95. Dentro do prazo de contestação, o devedor poderá pleitear sua recuperação judicial.

Pedido de recuperação judicial como defesa

Com exceção do pedido de autofalência, o devedor será citado para apresentar contestação ao pedido de falência, no prazo de dez dias (LREF, art. 98), momento em que poderá pleitear sua recuperação judicial, mediante petição autônoma direcionada ao juízo competente para conhecer o requerimento de falência, e que será autuada em apartado. Nesse caso, apresentada a petição, o trâmite do procedimento falimentar será suspenso.

Se assim o fizer, deverá instruir o pedido com todos os requisitos da petição inicial da recuperação judicial (LREF, art. 51), comprovando o exercício regular de suas atividades há mais de dois anos no momento do pedido, não ser falido e, se o foi, que as responsabilidades daí decorrentes tenham sido declaradas extintas por sentença transitada em julgado, não ter, há menos de cinco anos, obtido concessão de recuperação judicial, especial ou não especial, e não ter sido condenado ou não ter, como administrador ou sócio controlador, pessoa condenada por qualquer dos crimes falimentares (LREF, art. 48).

Não se pode olvidar, contudo, que o prazo de apresentação da contestação é demasiadamente exíguo para que o devedor consiga reunir toda a documentação pertinente ao requerimento de recuperação judicial. Nada obsta, pois, que formule o pedido junto ao juízo da falência e pleiteie a concessão de prazo suplementar para que instrua o requerimento com todos os documentos necessários.

Ressalte-se que o requerimento de recuperação judicial, caso apresentado em defesa, deverá ser autuado em apartado, considerando que, se o pedido de falência for fundamentado na impontualidade injustificada das obrigações do devedor (LREF, art. 94, I), a quebra não poderá ser decretada e o pedido de falência deverá ser suspenso para que o pleito de recuperação possa seguir seu curso regular (LREF, art. 96, VII).

Nada impede, também, que concomitantemente ao pedido de recuperação judicial, o devedor formule contestação nos autos da falência, cuidando, entretanto, para que os seus objetos não sejam conflitantes entre si, sob pena de ser indeferida a petição inicial da recuperação judicial.

Para Manoel Justino Bezerra Filho,[414] a possibilidade de o devedor pleitear sua recuperação judicial em defesa somente é reservada aos casos de pedido de falência fundados nos incisos I e II do artigo 94. Isso porque não se pode admitir tal requerimento caso o devedor esteja praticando atos fraudulentos, lesando seus credores. Note-se, ademais, que a LREF não permite, nos casos do inciso III do artigo 94, o depósito elisivo pelo devedor, reforçando a proibição do pedido de recuperação judicial nesses casos.

Fábio Ulhoa Coelho,[415] por seu turno, entende que o artigo 95 somente se aplica aos casos de impontualidade injustificada, suspendendo-se o pedido de falência no momento em que apresentado o pleito de recuperação judicial no prazo de defesa. Nas hipóteses de execução frustrada ou de prática de atos falimentares, eventual pedido de recuperação judicial somente teria o condão de sustar a tramitação da falência se e quando fosse deferido o seu processamento pelo juiz.

A despeito de o artigo 96 determinar que o pedido de recuperação judicial deverá ser apresentado no prazo da contestação ao requerimento de falência, nada obsta que o devedor postule sua recuperação judicial de forma autônoma, no decorrer do processo de falência, ainda que após o transcurso do prazo de sua defesa,

---

414 BEZERRA FILHO, Manoel Justino. *Lei de Recuperação de Empresas e Falências*: Lei n. 11.101/2005 comentada artigo por artigo. 15ª ed., rev., atual. e ampl. São Paulo: Revista dos Tribunais, 2021, p. 409.

415 COELHO, Fábio Ulhoa. *Comentários à Lei de Falências e de Recuperação de empresas*: Lei n. 14.112/20, Nova Lei de Falências. 14ª ed. São Paulo: Revista dos Tribunais, 2021, p. 353.

exceto se já decretada a quebra. Nesse caso, porém, somente a decisão de deferir o processamento do pedido suspenderá o trâmite do procedimento falimentar.

Art. 96. A falência requerida com base no art. 94, inciso I do caput, desta Lei, não será decretada se o requerido provar:

I – falsidade de título;

II – prescrição;

III – nulidade de obrigação ou de título;

IV – pagamento da dívida;

V – qualquer outro fato que extinga ou suspenda obrigação ou não legitime a cobrança de título;

VI – vício em protesto ou em seu instrumento;

VII – apresentação de pedido de recuperação judicial no prazo da contestação, observados os requisitos do art. 51 desta Lei;

VIII – cessação das atividades empresariais mais de 2 (dois) anos antes do pedido de falência, comprovada por documento hábil do Registro Público de Empresas, o qual não prevalecerá contra prova de exercício posterior ao ato registrado.

§ 1º Não será decretada a falência de sociedade anônima após liquidado e partilhado seu ativo nem do espólio após 1 (um) ano da morte do devedor.

§ 2º As defesas previstas nos incisos I a VI do caput deste artigo não obstam a decretação de falência se, ao final, restarem obrigações não atingidas pelas defesas em montante que supere o limite previsto naquele dispositivo.

Hipóteses que impedem a decretação da falência

Os pedidos de falência do devedor insolvente poderão ser indeferidos, caso a contestação provar uma ou algumas das hipóteses previstas no artigo 96, capazes de extinguir ou suspender a cobrança do título judicial ou extrajudicial.

A despeito de o *caput* prever que os seus incisos somente têm o condão de desconstituir o pedido fundamentado na impontualidade injustificada do devedor, as defesas descritas nos incisos devem ser estendidas a todos os demais fundamentos do pedido de falência. Isso porque, ainda que baseados na execução frustrada ou na prática dos atos de falência, a defesa do devedor poderá apontar irregularidades no título judicial ou extrajudicial, ou vícios do procedimento, além da falta de elementos essenciais para a decretação da falência, como a falta de legitimidade ativa do requerente.

Há, contudo, posição divergente na doutrina, no sentido de que as hipóteses do artigo 96 aplicam-se tão somente ao pedido de falência fundamentado na impontualidade injustificada do devedor insolvente. Nesse caso, quando o fundamento for a execução frustrada ou a prática dos atos de falência, as excludentes do artigo 96 são ineficazes e não tem o condão de sustar a tramitação do pedido ou impedir a quebra do devedor. Outrossim, ainda que falso ou irregular o título, se o devedor frustrou a execução ou praticou qualquer ato falimentar, impõe-se a instauração do concurso de credores.

De todo modo, deve-se pontuar que, no Decreto-Lei n. 7.661/45, as hipóteses de defesa do devedor eram semelhantes àquelas listadas pelo atual artigo 96, contudo, não havia a limitação de sua incidência apenas para os pedidos fundados em impontualidade injustificada,[416] o que somente fez o legislador na Lei n. 11.101/05.

---

416 Decreto-Lei n. 7.661/45. "Art. 4º. falência não será declarada, se a pessoa contra quem for requerida, provar:

Além disso, o *rol* do artigo 96 é meramente exemplificativo, podendo o devedor apresentar todas as defesas que entender cabíveis para impedir, modificar ou extinguir o direito alegado pelo autor. Nesse sentido, o próprio inciso V do dispositivo permite que seja provado "*qualquer outro fato que extinga ou suspenda obrigação ou não legitime a cobrança de título*", o que poderá ser feito por qualquer meio de prova legítimo, ainda que não especificado pelo ordenamento jurídico (CPC, art. 369).

Destaque-se, entretanto, que não serão admitidas as defesas fundamentadas na solvabilidade econômica do devedor, ou na inadequação da via eleita em razão da possibilidade de ajuizamento de execução autônoma.

Poderá o devedor, outrossim, apresentar defesa fundada em matéria processual, como a incompetência absoluta, a nulidade de citação, a falta de legitimidade ativa, a incapacidade de agir, a irregularidade de representação, entre outros, ou em matéria de mérito. Nesse último caso, poderá arguir a falsidade do título, a prescrição,

---

I – falsidade do título da obrigação;

II – prescrição;

III – nulidade da obrigação ou do título respectivo;

IV – pagamento da dívida, embora depois do protesto do título, mas antes da requerida a falência;

V – requerimento de concordata preventiva anterior à citação;

VI – depósito judicial oportunamente feito;

VII – cessação do exercício do comércio há mais de dois anos, por documento hábil do registro de comércio o qual não prevalecerá contra a prova de exercício posterior ao ato registrado;

VIII – qualquer motivo que extinga ou suspenda o cumprimento da obrigação, ou exclua o devedor do processo da falência.

1º Se requerida com fundamento em protesto levado a efeito por terceiro, a falência não será declarada, desde que o devedor prove que podia ser oposta ao requerimento do autor do protesto qualquer das defesas deste artigo.

2º Não será declarada a falência da sociedade anônima depois de liquidado e partilhado o seu ativo, e do espólio depois de um ano da morte do devedor".

a nulidade da obrigação ou do título, o pagamento da dívida (ainda que depois de ajuizado o pedido de falência), o vício em protesto ou em seu instrumento, ou qualquer outro fato que extinga ou suspensa a obrigação, ou não legitime a cobrança de título (incisos I a VI).

Nesses casos, porém, se a defesa somente atingir uma parte da obrigação líquida, e a parte remanescente não atingida pela matéria defensiva for suficiente para demonstrar a insolvência jurídica do empresário ou para atingir o limite de 40 salários-mínimos previstos no artigo 94, I, a falência do devedor poderá ser decretada (art. 96, §1º).

Além disso, o devedor ainda poderá alegar em defesa a apresentação do pedido de recuperação judicial, suspendendo o trâmite do procedimento falimentar, se preenchidos os requisitos do artigo 51 da LREF. Ou ainda, alegar a cessação de suas atividades empresariais a mais de dois anos antes do pedido de falência, mediante comprovação por documento hábil do Registro Público de empresas, que poderá ser afastado caso se comprove exercício empresarial posterior ao registro.

É necessário, pois, que o encerramento das atividades tenha sido regular, mediante liquidação e partilha dos ativos da sociedade e sua dissolução, para se obstar a quebra do devedor (§1º). A interrupção irregular do desenvolvimento da atividade permite a continuidade da existência da sociedade, ainda que sem personalidade jurídica, ou o restabelecimento do empresário individual, exigindo intervenção estatal para se decretar a falência, caso preenchidos os requisitos legais, diante do potencial prejuízo que poderá vir a ser causado aos credores e ao mercado.

Por fim, estabelece o §1º do artigo 96 a possibilidade de que a falência pleiteada em face de espólio do empresário individual de responsabilidade ilimitada, seja obstada pela alegação, em defesa, de que o óbito do devedor ocorreu há mais de um ano. Nesse caso, o credor poderá se habilitar no inventário do *de cujus*, se ainda não realizada a partilha dos bens, mas não poderá ser decretada a falência.

Solução diversa ocorrerá se, após o falecimento do empresário individual de responsabilidade ilimitada, a empresa foi transferida a herdeiro. Nessa hipótese, tendo havido apenas a sucessão subjetiva da titularidade da empresa, e não a sua extinção, a responsabilidade por seu passivo não será afastada, de modo que o credor poderá cobrar os créditos anteriores do sucessor, ou pleitear a sua falência a qualquer tempo.

Art. 97. Podem requerer a falência do devedor:

I – o próprio devedor, na forma do disposto nos arts. 105 a 107 desta Lei;

II – o cônjuge sobrevivente, qualquer herdeiro do devedor ou o inventariante;

III – o cotista ou o acionista do devedor na forma da lei ou do ato constitutivo da sociedade;

IV – qualquer credor.

§ 1º O credor empresário apresentará certidão do Registro Público de Empresas que comprove a regularidade de suas atividades.

§ 2º O credor que não tiver domicílio no Brasil deverá prestar caução relativa às custas e ao pagamento da indenização de que trata o art. 101 desta Lei.

Legitimados à propositura do pedido de falência

Possuem interesse jurídico para pleitear a falência do empresário ou sociedade empresária insolvente tanto o próprio devedor quanto o cônjuge sobrevivente, qualquer herdeiro do devedor ou o inventariante, o cotista ou acionista do devedor na forma da lei ou do ato constitutivo da sociedade, ou qualquer credor interessado.

Na hipótese de pedido de autofalência (inciso I), o devedor em situação de crise econômico-financeira que entender não preencher os requisitos para pleitear sua recuperação judicial poderá requerer sua falência ao juízo, expondo as razões da impossibilidade de prosseguimento da atividade empresarial e instruindo-o com os documentos listados no artigo 105 da LREF.

A autofalência poderá ser pleiteada pelo próprio empresário individual ou, no caso de sociedade empresária, pelo administrador social, mediante autorização da assembleia-geral, se constituída sob forma de sociedade anônima, por voto favorável da maioria absoluta do capital social (Lei n. 6.404/76, arts. 122, IX e 136, X), ou mediante aprovação de votos correspondentes a no mínimo três quartos do capital social, se constituída sob forma de sociedade limitada (Código Civil, arts. 1.076, I e 1.071, VI).[417]

Destaque-se que, nessa hipótese, não se exige que o devedor esteja com a inscrição regular perante o Registro Público de Empresas, tampouco se prevê qualquer sanção caso não seja pleiteada a autofalência, que se trata de uma faculdade e não uma obrigação do devedor insolvente. O interesse do autor, pois, limita-se à tentativa de extinguir suas obrigações para que possa reiniciar sua atividade empresarial.

Em caso de falecimento do empresário individual, poderão pleitear a falência do espólio o cônjuge sobrevivente, qualquer herdeiro do devedor ou o seu inventariante. Tal possibilidade, entretanto, deve observar o prazo decadencial de um ano após o óbito do devedor (LREF, art. 96, §1º). Após esse prazo, não será mais possível a decretação da falência, e os credores deverão habilitar-se no inventário para a satisfação de seus créditos.

---

417 COSTA, Daniel Carnio; MELO, Alexandre Nasser. *Comentários à Lei de Recuperação de Empresas e Falência*: Lei n. 11.101, de 09 de fevereiro de 2005. Curitiba: Juruá, 2021, p. 322.

Ademais, os cotistas ou acionistas do devedor poderão pleitear sua falência na forma da lei ou do ato constitutivo da sociedade. Cuida-se de hipótese rara que somente incide quando uma parcela minoritária do quadro social deseja a falência da sociedade. Caso a maioria dos sócios assim desejasse, poderia deliberar em assembleia pela autofalência (inciso I). Além disso, em que pese o sócio poder se interessar pela instauração do concurso de credores, o fato é que, nessa hipótese, tem-se preferido a dissolução parcial da sociedade, preservando-se, assim, os interesses do minoritário.

Por fim, qualquer credor interessado, seja pessoa física ou jurídica, empresário ou não empresário, é legitimado ativo a pleitear a falência do devedor. Se, porém, o credor interessado for empresário, deverá necessariamente comprovar a regularidade de sua inscrição perante o Registro Público de Empresas como condição essencial ao pedido, sob pena de indeferimento da inicial por ilegitimidade de parte. A *contrario sensu*, os empresários irregulares são impedidos de requerer a falência de outrem, ainda que desenvolvam atividade empresarial, devendo se valer, pois, da execução autônoma para a satisfação de seu crédito.

Há divergência doutrinária e jurisprudencial a respeito da possibilidade de pedido de falência pela Fazenda Pública, em razão de crédito fiscal. Isso porque tal crédito não se submete ao procedimento concursal, nos termos dos artigos 187 do CTN e 6º, §7º-B da LREF, e conforme o disposto no §2º do artigo 94 da LREF, somente legitimam os pedidos de falência os créditos que nela se possam reclamar. Todavia, não se pode olvidar que, em decorrência da reforma de 2020, o descumprimento do parcelamento concedido pela Fazenda Pública pode ensejar a decretação da falência (LREF, art. 73, V).

O e. Superior Tribunal de Justiça afastou a possibilidade de pedido de falência pela Fazenda Pública, sob pena de inviabilizar a superação da situação de crise econômico-financeira do devedor, não permitindo a manutenção da fonte produtora, do emprego dos trabalhadores, tampouco dos interesses dos credores, desestimulando a atividade econômico-capitalista. Isso porque a Fazenda possui meios próprios e eficazes para a satisfação do seu crédito, através da execução fiscal prevista no art. 38 da Lei n. 6.830/80.[418]

A 1ª Câmara Reservada de Direito Empresarial do Tribunal de Justiça de São Paulo, entretanto, exarou entendimento diverso ao admitir o pedido de falência pela União, fundado na execução frustrada pelo devedor (LRf, art. 94, II), sob relatoria do e. Des. Alexandre Lazzarini. Com voto convergente do e. Des. Pereira Calças, e voto divergente do e. Des. Fortes Barbosa, a Câmara deu provimento à apelação da União Federal, para anular a sentença e determinar o regular processamento do pedido de falência, por maioria de votos.[419]

Exige o §2º do artigo 97 que o credor requerente não domiciliado no Brasil, preste caução relativa às custas processuais e à indenização de que trata o artigo 101 da LREF, referente à eventual improcedência do pedido de falência feito por má-fé, e condenação de quem agiu com dolo a ressarcir as perdas e danos sofridas pelo devedor.

A garantia é exigida em razão da maior dificuldade de se perseguir bens e valores pessoais do credor não domiciliado no país. Em razão disso, aplicando-se analogicamente o artigo 83 do Código de Processo Civil, o juiz poderá dispensar a caução caso provado que o requerente possui bens no Brasil, suficientes para arcar com eventual prejuízo causado.

---

418 STJ, REsp 363206/MG, 2ª Turma, Min. Humberto Martins, Dje 21/05/2010. No mesmo sentido: REsp 164389/MG, Segunda Seção, Min. Castro Filho, Relator para acórdão: Min. Sálvio de Figueiredo Teixeira, DJe 16/08/2004.

419 Tribunal de Justiça de São Paulo. Apelação n. 1001975-61.2019.8.26.0491, 1ª Câmara Reservada de Direito Empresarial, Rel. Des. Alexandre Lazzarini, DJe 31/07/2020.

Art. 98. Citado, o devedor poderá apresentar contestação no prazo de 10 (dez) dias.

Parágrafo único. Nos pedidos baseados nos incisos I e II do caput do art. 94 desta Lei, o devedor poderá, no prazo da contestação, depositar o valor correspondente ao total do crédito, acrescido de correção monetária, juros e honorários advocatícios, hipótese em que a falência não será decretada e, caso julgado procedente o pedido de falência, o juiz ordenará o levantamento do valor pelo autor.

Citação do devedor

Apresentado o pedido de falência e recebida a petição inicial, após verificar o preenchimento dos pressupostos legais, o juiz ordenará a citação do devedor para apresentar contestação no prazo de dez dias.

A LREF não disciplinou a citação no procedimento falimentar, de sorte que o ato processual deverá ser regulado, supletivamente, pelo Código de Processo Civil (LREF, art. 189). A esse respeito, importa destacar que a Lei n. 14.195, de 26 de agosto de 2021, alterou o artigo 246 do CPC/2015,[420] instituindo como

---

420 CPC/2015. "Art. 246 (Redação dada pela Lei 14.195/2021). A citação será feita preferencialmente por meio eletrônico, no prazo de até 2 (dois) dias úteis, contado da decisão que a determinar, por meio dos endereços eletrônicos indicados pelo citando no banco de dados do Poder Judiciário, conforme regulamento do Conselho Nacional de Justiça.

§ 1º As empresas públicas e privadas são obrigadas a manter cadastro nos sistemas de processo em autos eletrônicos, para efeito de recebimento de citações e intimações, as quais serão efetuadas preferencialmente por esse meio.

§ 1º-A A ausência de confirmação, em até 3 (três) dias úteis, contados do recebimento da citação eletrônica, implicará a realização da citação:

I – pelo correio;

II – por oficial de justiça;

III – pelo escrivão ou chefe de secretaria, se o citando comparecer em cartório;

forma preferencial de citação aquela feita por meio eletrônico, estabelecendo que as pessoas jurídicas públicas e privadas deverão manter cadastro nos sistemas de processo em autos eletrônicos. Nesse novo procedimento citatório, o recebimento da citação por meio eletrônico é obrigatório, e a ausência de sua confirmação no prazo legal, sem justa causa para assim proceder, configura ato atentatório à dignidade da justiça (CPC, art. 246, §1º-C).

Outrossim, apenas em caso de ausência justificada de confirmação da citação por meio eletrônico, no prazo de três dias úteis contados de seu recebimento, haverá a realização da citação pelo correio, por oficial de justiça, pelo escrivão ou chefe de secretaria, se o citando comparecer em cartório, ou, em último lugar e caso frustradas as tentativas anteriores, por edital. A alteração legislativa ainda é recente, de sorte que deverá a jurisprudência, futuramente, adequar o novo procedimento citatório ao sistema falimentar.

De todo modo, na falência, a citação deverá ser direcionada ao representante legal da sociedade, ou a pessoa por ela autorizada, sob pena de nulidade, por carta ou mandado. O oficial de justiça, pois, está obrigado a cumprir o mandado no estabelecimento empresarial do devedor e, se este não for encontrado, será promovida a citação por edital independentemente de qualquer outra diligência[421] e nomeado curador especial ao devedor, anotando-se

---

IV – por edital.

§ 1º-B Na primeira oportunidade de falar nos autos, o réu citado nas formas previstas nos incisos I, II, III e IV do § 1º-A deste artigo deverá apresentar justa causa para a ausência de confirmação do recebimento da citação enviada eletronicamente.

§ 1º-C Considera-se ato atentatório à dignidade da justiça, passível de multa de até 5% (cinco por cento) do valor da causa, deixar de confirmar no prazo legal, sem justa causa, o recebimento da citação recebida por meio eletrônico".

421 Nesse sentido, a Súmula n. 51 do Tribunal de Justiça de São Paulo: "No pedido de falência, se o devedor não for encontrado em seu estabelecimento será promovida a citação editalícia independentemente de quaisquer outras diligências".

que, nesse caso, a hipótese poderá ser interpretada como ausência e abandono do devedor de seu domicílio, sem deixar representante legal habilitado (LREF, art. 94, III, f).

Sobreleva apontar a admissão, também na falência, da aplicação da teoria da aparência nos casos em que a citação é realizada na pessoa de quem se apresenta como representante legal da pessoa jurídica, sem fazer qualquer ressalva quanto à inexistência de poderes para receber citação. Plenamente válido e regular, nesse caso, o ato de citação, não podendo o devedor pretender imiscuir-se do processo sob a alegação de nulidade do ato processual.[422]

Destaque-se que, já na vigência do antigo Decreto-Lei n. 7.661/45, o entendimento jurisprudencial já afastava a possibilidade de decretação da falência da sociedade em caso de transação entre as partes, já que, aceitas novas condições de pagamento pelo credor requerente, não haveria mais que se falar em insolvência do devedor, ainda que houvesse posterior descumprimento do acordo.[423]

Contestação e depósito elisivo

Regularmente citado, o devedor poderá, então, alegar quaisquer das matérias defensivas previstas no artigo 96 da LREF, além de questões processuais e prejudiciais de mérito.

Caso o pedido seja fundado em impontualidade injustificada ou execução frustrada, poderá o devedor, no prazo da contestação, elidir a falência, depositando o valor correspondente ao total do crédito, acrescido de correção monetária, juros e honorários advocatícios, a fim de sustar o pedido.

---

422 STJ, AgRg no REsp 1294668/SP, 3ª Turma, Min. Paulo de Tarso Sanseverino, DJe 03/10/2013.

423 STJ, REsp 68287/RS, 4ª Turma, Min. Sálvio de Figueiredo Teixeira, Relator para acórdão: Min. Barros Monteiro, DJe 09/12/1996.

Nessa hipótese, o depósito elisivo poderá acompanhar a defesa ou ser feito independentemente da contestação. No primeiro caso, terá objetivo de cautela, precavendo-se o devedor no caso de sua defesa não ser acolhida pelo magistrado e o pedido de falência ser julgado procedente. Já no segundo caso, o depósito equivale ao reconhecimento do pedido pelo devedor.

Outrossim, se apresentada contestação independentemente do depósito elisivo, e não prevalecerem os argumentos defensivos, ou se, na ausência de contestação, os documentos juntados demonstrarem a legitimidade do crédito e o preenchimento dos demais requisitos legais, o pedido de falência deverá ser julgado procedente. Nesse caso, se não realizado o depósito elisivo, será decretada a falência do devedor e instaurado o concurso de credores. De outro turno, caso realizado o depósito, ainda que procedente o pedido, a falência será elidida, com o levantamento da importância depositada pelo autor.

E, na hipótese de serem acolhidos os argumentos defensivos, o pedido de falência será julgado improcedente, caso em que o juiz determinará o levantamento da importância depositada pelo próprio devedor que o tenha realizado.

Saliente-se que, para Fábio Ulhoa Coelho, o depósito elisivo é admitido também para os casos de pedido fundado em ato falimentar, uma vez que afasta a legitimidade ativa do credor requerente.[424] Marcelo Barbosa Sacramone, contudo, entende que o silêncio da lei quanto às hipóteses de ato falimentar é eloquente. O depósito elisivo, assim, somente foi admitido pelo legislador nos casos de impontualidade injustificada e de execução frustrada, considerando que a má-fé do devedor não pode ser premiada mediante a

---

424 COELHO, Fábio Ulhoa. *Comentários à Lei de Falências e de Recuperação de empresas*: Lei n. 14.112/20, Nova Lei de Falências. 14ª ed. São Paulo: Revista dos Tribunais, 2021, p. 361.

admissão do depósito elisivo de quem age fraudulentamente, sem maiores repercussões.[425]

De todo modo, efetuado o depósito elisivo, a decretação da falência ficará sustada e o procedimento converte-se em mera ação de cobrança, para que se verifique quem poderá levantar o valor depositado.[426] Outrossim, o depósito não afasta a obrigatoriedade de exame do pedido de falência pelo magistrado, para definir o responsável pelo seu levantamento.[427]

Art. 99. A sentença que decretar a falência do devedor, dentre outras determinações:

I – conterá a síntese do pedido, a identificação do falido e os nomes dos que forem a esse tempo seus administradores;

II – fixará o termo legal da falência, sem poder retrotraí-lo por mais de 90 (noventa) dias contados do pedido de falência, do pedido de recuperação judicial ou do 1º (primeiro) protesto por falta de pagamento, excluindo-se, para esta finalidade, os protestos que tenham sido cancelados;

III – ordenará ao falido que apresente, no prazo máximo de 5 (cinco) dias, relação nominal dos credores, indicando endereço, importância, natureza e classificação dos respectivos créditos, se esta já não se encontrar nos autos, sob pena de desobediência;

---

425 SACRAMONE, Marcelo Barbosa. *Comentários à Lei de Recuperação de Empresas e Falências*. 2ª ed. São Paulo: Saraiva Jur, 2021, p. 474.

426 COSTA, Daniel Carnio; MELO, Alexandre Nasser. *Comentários à Lei de Recuperação de Empresas e Falência*: Lei n. 11.101, de 09 de fevereiro de 2005. Curitiba: Juruá, 2021, p. 323.

427 Nesse sentido, a Súmula n. 40 do Tribunal de Justiça de São Paulo: "O depósito elisivo não afasta a obrigação do exame do pedido de falência para definir quem o levanta".

IV – explicitará o prazo para as habilitações de crédito, observado o disposto no § 1º do art. 7º desta Lei;

V – ordenará a suspensão de todas as ações ou execuções contra o falido, ressalvadas as hipóteses previstas nos §§ 1º e 2º do art. 6º desta Lei;

VI – proibirá a prática de qualquer ato de disposição ou oneração de bens do falido, submetendo-os preliminarmente à autorização judicial e do Comitê, se houver, ressalvados os bens cuja venda faça parte das atividades normais do devedor se autorizada a continuação provisória nos termos do inciso XI do caput deste artigo;

VII – determinará as diligências necessárias para salvaguardar os interesses das partes envolvidas, podendo ordenar a prisão preventiva do falido ou de seus administradores quando requerida com fundamento em provas da prática de crime definido nesta Lei;

VIII – ordenará ao Registro Público de Empresas e à Secretaria Especial da Receita Federal do Brasil que procedam à anotação da falência no registro do devedor, para que dele constem a expressão "falido", a data da decretação da falência e a inabilitação de que trata o art. 102 desta Lei;

IX – nomeará o administrador judicial, que desempenhará suas funções na forma do inciso III do caput do art. 22 desta Lei sem prejuízo do disposto na alínea a do inciso II do caput do art. 35 desta Lei;

X – determinará a expedição de ofícios aos órgãos e repartições públicas e outras entidades para que informem a existência de bens e direitos do falido;

XI – pronunciar-se-á a respeito da continuação provisória das atividades do falido com o administrador judicial ou da lacração dos estabelecimentos, observado o disposto no art. 109 desta Lei;

XII – determinará, quando entender conveniente, a convocação da assembleia-geral de credores para a constituição de Comitê de Credores, podendo ainda autorizar a manutenção do Comitê eventualmente em funcionamento na recuperação judicial quando da decretação da falência;

XIII – ordenará a intimação eletrônica, nos termos da legislação vigente e respeitadas as prerrogativas funcionais, respectivamente, do Ministério Público e das Fazendas Públicas federal e de todos os Estados, Distrito Federal e Municípios em que o devedor tiver estabelecimento, para que tomem conhecimento da falência.

§ 1º O juiz ordenará a publicação de edital eletrônico com a íntegra da decisão que decreta a falência e a relação de credores apresentada pelo falido.

§ 2º A intimação eletrônica das pessoas jurídicas de direito público integrantes da administração pública indireta dos entes federativos referidos no inciso XIII do caput deste artigo será direcionada:

I – no âmbito federal, à Procuradoria-Geral Federal e à Procuradoria-Geral do Banco Central do Brasil;

II – no âmbito dos Estados e do Distrito Federal, à respectiva Procuradoria-Geral, à qual competirá dar ciência a eventual órgão de representação judicial específico das entidades interessadas; e

III – no âmbito dos Municípios, à respectiva Procuradoria-Geral ou, se inexistir, ao gabinete do Prefeito, à qual competirá dar ciência a eventual órgão de representação judicial específico das entidades interessadas.

§ 3º Após decretada a quebra ou convolada a recuperação judicial em falência, o administrador deverá, no prazo de até 60 (sessenta) dias, contado do termo de nomeação, apresentar, para apreciação do juiz, plano detalhado de realização dos ativos,

inclusive com a estimativa de tempo não superior a 180 (cento e oitenta) dias a partir da juntada de cada auto de arrecadação, na forma do inciso III do caput do art. 22 desta Lei.

Sentença que decreta a falência

A falência do devedor somente se consumará a partir da sentença que a decretar, com todos os seus efeitos.

O ato decisório, é bom que se relembre, deverá conter os elementos essenciais do artigo 489 do Código de Processo Civil, quais sejam, o relatório, a fundamentação e o dispositivo. O artigo 99 da LREF enumera requisitos específicos da sentença que decreta a falência, os quais, embora previstos em rol exemplificativo e sem prejuízo de outros elementos a serem considerados pelo magistrado, são todos indispensáveis em qualquer sentença falimentar.

O entendimento prevalecente na doutrina é de que a sentença que decreta a falência tem caráter predominantemente constitutivo. Isso porque o ato não se limita a declarar um fato ou uma relação preexistente, mas opera a dissolução da sociedade empresária falida, ficando seus bens, atos jurídicos, contratos e credores submetidos a um regime jurídico específico.

Ademais, a lei não prevê a fixação de honorários advocatícios na sentença que decretar a quebra do devedor, pois não são eles devidos. Somente incidirão honorários no caso de depósito elisivo, nos termos do parágrafo único do artigo 98. Note-se que, de todo modo, as despesas de honorários que o credor tiver com seu advogado não podem mesmo ser reclamadas na falência, por força do art. 5º, II da LREF.

Requisitos da sentença

A sentença deverá conter a síntese do pedido de falência, com a exposição das causas da insolvência (presumida ou confessada), a identificação do falido e os nomes dos que forem a esse tempo seus administradores, com o fim de tornar efetivos os impedimentos legais de exercerem a atividade empresarial durante o período de inabilitação, além de facilitar eventuais apurações de responsabilidade pessoal, bem como a arrecadação de bens pessoais dos sócios solidários de responsabilidade ilimitada e dos empresários individuais (inciso I).[428]

Deverá, ainda, fixar o termo legal da falência, sem poder retrotraí-lo por mais de 90 (noventa) dias contados do pedido de falência, do pedido de recuperação judicial ou do primeiro protesto por falta de pagamento, com exceção dos protestos que tenham sido cancelados, o que ocorrer primeiro (inciso II). Assim, se houver protesto anterior ao pedido de recuperação ou de falência, o prazo inicia-se desse ato, pois presume-se que a sociedade empresária já demonstrava estar em situação de crise.

O termo legal da falência é considerado um período suspeito em que o devedor, ciente de sua condição de crise econômico-financeira, estaria mais propenso a praticar atos que privilegiassem a si próprio ou a alguns credores específicos em prejuízo dos demais. Por essa razão, o legislador adotou o parâmetro de 90 dias, dentro dos quais determinados atos praticados pelo devedor serão considerados ineficazes perante a massa falida, que poderá arrecadar os ativos ainda que transferidos a terceiros (LREF, art. 129).

A sentença também ordenará ao falido que apresente, no prazo mínimo de cinco dias, relação nominal de todos os credores, com a indicação do endereço, importância, natureza e classificação dos respectivos créditos, se esta já não se encontrar nos autos, sob pena de lhe ser imputado crime de desobediência – art. 330 do Código Penal (inciso III).

---

428 COSTA, Daniel Carnio; MELO, Alexandre Nasser. *Comentários à Lei de Recuperação de Empresas e Falência*: Lei n. 11.101, de 09 de fevereiro de 2005. Curitiba: Juruá, 2021, p. 326.

Tal obrigação do devedor tem o objetivo de conferir eficiência e agilidade ao procedimento falimentar, possibilitando que o administrador judicial consiga dar maior publicidade à sentença de quebra, comunicando cada um dos credores por carta (LREF, art. 22, I, a) para que estes possam apresentar suas divergências administrativas e habilitações, evitando-se assim que deixem de habilitar seus créditos ou o façam tardiamente. Essa lista será publicada na forma do §1º do artigo 99, através de edital eletrônico ordenado pelo juiz.

Para esse fim, o juiz também deverá explicitar, na sentença, o prazo de 15 dias para a apresentação das habilitações de crédito ou divergências administrativas (LREF, art. 7º, §1º), contados da publicação do edital previsto no §1º do artigo 99 (inciso IV).

Caso não habilitado o crédito nesse prazo, poderão ser apresentadas habilitações retardatárias, na forma do artigo 10 da LREF. Destaque-se que a sentença deverá indicar não apenas o prazo para apresentação das peças, mas também o local onde deverão ser apresentadas (em cartório ou diretamente ao administrador judicial, através de seu endereço eletrônico) e a forma com que serão aceitas, tudo a ser reproduzido no edital a ser publicado com a íntegra da sentença.

Ademais, a sentença ordenará a suspensão de todas as ações e execuções contra o devedor falido, nos termos do art. 6º, com exceção das ações que demandem quantias ilíquidas e das demandas de natureza trabalhista e fiscal (inciso V).

Relembre-se que eventuais ações e execuções em curso contra os coobrigados também seguirão seu trâmite regular, a despeito da sentença de quebra. Durante o período de suspensão, somente serão admitidos atos urgentes, praticados com o fim de se evitar dano irreparável. Além disso, é imprescindível que o falido ou o seu administrador comuniquem a decretação da falência nos autos das ações e execuções pendentes, para que se proceda à regularização de representação processual, com a habilitação do administrador judicial, sob pena de nulidade (LREF, art. 76, parágrafo único).[429]

A sentença que decretar a falência também proibirá a prática de qualquer ato de disposição ou oneração de bens do falido sem a prévia autorização judicial e do Comitê de Credores, se houver, ressalvados os bens cuja venda faça parte das atividades normais do devedor, em caso de continuação provisória da atividade empresarial (inciso VI).

A proibição de disposição dos bens pelo falido é expressa também no artigo 103 da LREF. A redação do inciso VI do artigo 99, contudo, é mais ampla, obrigando que todos os atos de disposição, ainda que realizados pelo administrador judicial, sejam submetidos à análise do juiz e do Comitê, sob pena de nulidade e responsabilização de quem assim não houver procedido.

O juiz ainda determinará, na sentença, as diligências necessárias para salvaguardar os interesses das partes envolvidas, podendo ordenar a prisão preventiva do falido ou de seus administradores quando requerida com fundamento em provas de prática de crime falimentar (inciso VII).

Poderá o magistrado, assim, adotar as medidas necessárias para arrecadação, proteção e guarda dos ativos, tais como o arrombamento de portas, o depósito imediato dos livros e documentos contábeis na sede do juízo, o arresto de bens, a apreensão de documentos, a contratação de segurança para o acompanhamento das diligências, a contratação de investigadores de ativos desviados etc.

Para a decretação da custódia cautelar, no entanto, deve-se seguir rigorosamente os critérios dispostos no Código Penal (art. 312), ou seja, deve-se ter por fundamento a garantia da ordem

---

429 COSTA, Daniel Carnio; MELO, Alexandre Nasser. *Comentários à Lei de Recuperação de Empresas e Falência*: Lei n. 11.101, de 09 de fevereiro de 2005. Curitiba: Juruá, 2021, p. 326.

pública ou da ordem econômica, a conveniência da instrução criminal ou a necessidade de resguardar a aplicação da lei penal. Imprescindível, ainda, a demonstração da materialidade do crime e de indícios suficientes de autoria, além do *periculum libertatis* do agente. A prisão preventiva poderá ser decretada não apenas contra o devedor, como também contra quaisquer das pessoas envolvidas na conduta delituosa, cuidando-se da única hipótese em que um juiz civil pode decretar, na falência, a prisão preventiva.

A sentença que decretar a falência também ordenará ao Registro Público de Empresas (Junta Comercial) e à Secretaria da Receita Federal que procedam à anotação da falência no registro do devedor, para que dele constem a expressão "falido", a data da decretação da falência e a inabilitação para o exercício de qualquer atividade empresarial (inciso VIII).

O inciso VIII teve sua redação alterada pela Lei n. 14.112/2020, apenas para acrescentar a Receita Federal como destinatária da ordem judicial, já que a ausência deste órgão no dispositivo gerava, não raras vezes, a imposição de multa administrativa ao devedor por falta de comunicação de sua situação jurídica. A obrigatoriedade de anotação tem por objetivo dar conhecimento da situação do devedor a terceiros, assegurando a publicidade da sentença e de seus efeitos aos interessados que, de boa-fé, pretendam contratar com a sociedade.

Ao decretar a falência, ademais, o juiz nomeará o administrador judicial, que desempenhará suas funções conforme o disposto no art. 22, III da LREF (inciso IX).

Na falência, especificamente, o administrador judicial assume função de administração efetiva do patrimônio do devedor, a partir do momento em que decretada a quebra (art. 103, LREF), e de representação da massa falida na defesa de seus interesses. Deverá, assim, arrecadar os bens do devedor, avaliá-los mediante contratação de avaliadores oficiais, se necessário, praticar os atos necessários à realização do ativo e pagamento dos credores, proceder à venda dos bens da massa falida no prazo de 180 dias contados da juntada do auto de arrecadação, praticar todos os atos conservatórios à manutenção do patrimônio do falido, dentre outros.

A sentença ainda determinará a expedição de ofícios aos órgãos e repartições públicas e outras entidades para que informem a existência de bens e direitos do falido (inciso X).

O dispositivo busca facilitar a identificação de todos os bens do devedor para a rápida arrecadação pelo administrador judicial, e oficiar os órgãos públicos para que procedam ao bloqueio e indisponibilidade dos bens do falido, conferindo efetividade à proibição prevista no inciso VI do artigo 99.

O juiz também deverá se pronunciar, na sentença de quebra, a respeito da continuação provisória das atividades do falido com o administrador judicial, ou da lacração dos estabelecimentos, se houver risco para a arrecadação ou preservação dos bens da massa falida, ou dos interesses dos credores (inciso XI).

A continuidade provisória das atividades, sob gerência do administrador judicial, poderá se justificar quando o juiz verificar que a providência possibilitará uma otimização dos ativos caso, por exemplo, a empresa possa ser rapidamente alienada a terceiros, haja relevante tradição da marca explorada ou particular relevância social e econômica da sociedade que demonstrem, no caso concreto, que o encerramento das atividades agravará ainda mais o prejuízo dos credores e produzirá efeitos deletérios à economia regional, local ou nacional.

De natureza provisória, a decisão que autorizar a continuação das atividades poderá ser revista a qualquer tempo pelo magistrado, mediante fundamentação idônea que demonstre não mais ser a medida benéfica para o procedimento concursal. Destaque-se que a continuação do negócio já era admitida no antigo Decreto-Lei n. 7.661/45, que disciplinava tal possibilidade em seu artigo 74.

Ademais, a medida não poderá se protelar indefinidamente, mas apenas até que todas as condições para a melhor liquidação dos ativos e satisfação dos credores estejam presentes. Durante a continuidade provisória, o administrador judicial poderá dispor dos bens do falido sem autorização judicial, desde que o ato esteja vinculado às atividades normais da sociedade e os bens sejam integrantes do ativo circulante, naturalmente destinado a tanto.

Como penúltimo requisito da sentença de falência, o artigo 99 faculta ao juiz determinar, quando entender conveniente, a convocação da Assembleia-Geral de Credores para a constituição do Comitê de Credores, podendo ainda autorizar a manutenção do Comitê eventualmente constituído na recuperação judicial, caso haja convolação em falência (inciso XII).

A prática jurídica demonstrou a baixa utilidade deste dispositivo, seja em razão da falta de interesse dos credores em constituir o Comitê, dada a ausência de previsão de remuneração para o desempenho das atribuições do órgão, e a possibilidade de responsabilização do nomeado para a função, seja em razão da ausência, no geral, de convocação da Assembleia-Geral no procedimento falimentar, sobretudo em virtude dos altos custos de sua realização.

Finalmente, como última determinação, a sentença deverá ordenar a intimação eletrônica, nos termos da legislação vigente e respeitadas as prerrogativas funcionais, respectivamente, do Ministério Público e das Fazendas Públicas federal e de todos os Estados, Distrito Federal e Municípios em que o devedor tiver estabelecimento, para que tomem conhecimento da falência (inciso XIII).

O inciso XIII teve sua redação alterada pela Lei n. 14.112/2020 para instituir a intimação eletrônica como forma de comunicação da falência aos órgãos públicos listados, diante do processo de informatização do Poder Judiciário. O conhecimento da quebra pelo Ministério Público e pelas Fazendas Públicas busca conferir publicidade aos interessados, para que possam tomar as medidas que entenderem necessárias.

O Ministério Público poderá tutelar o interesse da coletividade dos credores e o interesse público vinculado à economia nacional, tendo poderes para intervir no procedimento falimentar a fim de promover eventuais ações de responsabilidade, apurar o cometimento de crimes falimentares e recorrer de decisões judiciais, entre outros. As Fazendas Públicas, por seu turno, poderão apurar eventuais débitos fiscais do devedor falido e promover, se o caso, as respectivas execuções fiscais.

O §2º do artigo 99, incluído pela Lei n. 14.112/2020, ainda impõe a intimação eletrônica das pessoas jurídicas de direito público integrantes da administração indireta, no âmbito dos três entes federativos: no âmbito federal, serão intimadas a Procuradoria-Geral Federal e a Procuradoria-Geral do Banco Central do Brasil; no âmbito estadual e do DF, serão intimadas as respectivas Procuradorias-Gerais, às quais competirá dar ciência a eventual órgão de representação judicial específico das entidades interessadas; e no âmbito municipal, será intimada a respectiva Procuradoria-Geral ou, se inexistir, será intimado o Gabinete da Prefeito, ao qual competirá dar ciência a eventual órgão de representação judicial específico das entidades interessadas.

Conforme dispõe o §1º, proferida a sentença com todos os elementos essenciais e específicos do artigo 99, no mesmo ato o juiz ordenará a expedição de edital eletrônico, com a íntegra da decisão e a relação de credores apresentada pelo falido, nos termos do inciso III. Garante-se, assim, a ampla publicidade da sentença de quebra.

A partir da publicação do edital, inicia-se o prazo de 15 dias para a apresentação de habilitações e divergências administrativas em relação aos créditos nele relacionados (LREF, art. 7º, §1º). E, da publicação da sentença, inicia-se o prazo de 15 dias para a interposição de recurso, nos termos do artigo 100 da LREF.

Plano de realização dos ativos

O §3º do artigo 99 foi incluído pela Lei n. 14.112/2020, estabelecendo ao administrador judicial o dever de apresentar plano detalhado de realização dos ativos do devedor, prevendo estimativa de tempo não superior a 180 dias a partir da juntada de cada auto de arrecadação.

Tal plano deverá ser apresentado no prazo de até 60 dias, contados do termo de nomeação do administrador judicial (LREF, art. 33), a ser confeccionado após a decretação da quebra (LREF, art. 99, IX) ou a convolação da recuperação judicial em falência.

A estimativa de tempo contada a partir da juntada de cada auto de arrecadação poderá tumultuar o andamento do feito e colaborar com o atraso na prestação jurisdicional, ao invés de servir de elemento a preservar sua celeridade. A prática jurídica demonstra que o administrador judicial procede à arrecadação de todos os bens em posse do devedor em um só auto, ou ao menos à estimativa de quais bens ainda deverão ser arrecadados. Nesse sentido, para cumprir o que lhe impõe o §3º, mais recomendável que o administrador judicial, caso verifique que vários outros autos de arrecadação estão para ser juntados, requeira ao juiz que se aguarde a juntada de todos, para só então deflagrar o prazo de 180 dias previstos na LREF.

Necessário consignar que, a princípio, o prazo de 180 dias deve ser respeitado pelo administrador judicial, sob pena de destituição, nos termos do art. 22, III, j, da LFR. Ainda é muito recente a alteração legislativa que trouxe a previsão do plano de falência e também o prazo de 180 dias para alienação de bens, de modo que será preciso aguardar posicionamento da jurisprudência, sobre a questão.

Contudo, não parece razoável responsabilizar o administrador judicial por atrasos aos quais não tenha dado causa e que tenham retardado o prazo de alienação para acima do período máximo fixado pelo legislador. Também não parece ser razoável, desde que exista fundamentação razoável, que esse prazo possa ser postergado por um tempo, desde que tal situação se mostre mais benéfica para a massa, devidamente comprovada.

Por fim, mostra-se salutar alteração promovida em 2020, ao determinar ao administrador judicial em momento inicial da falência plano para liquidação dos ativos, de forma célere, visto que provoca a organização do processo de realização de bens em momento inicial do feito, permitindo antecipar os questionamentos a serem apresentados e, assim, reduzindo futuros questionamentos, possibilitando a tramitação menos tumultuada do feito.

Art. 100. Da decisão que decreta a falência cabe agravo, e da sentença que julga a improcedência do pedido cabe apelação.

Recurso cabível contra a sentença

Contra a sentença que decreta a falência do devedor caberá agravo de instrumento, a ser interposto diretamente ao tribunal competente, no prazo de quinze dias contados de sua publicação. Serão legitimados recursais o falido, os credores, o Ministério Público ou terceiros que demonstrem o interesse de agir em virtude dos efeitos da quebra.

O processamento do agravo seguirá as regras previstas no Código de Processo Civil. A petição do recurso deverá, assim, indicar os nomes das partes; a exposição do fato e do direito; as razões do pedido de reforma ou de invalidação da decisão e o próprio pedido; o nome e o endereço completo dos advogados constantes do processo (CPC, art. 1.016).

A petição ainda deverá ser instruída, obrigatoriamente e se os autos forem físicos, com cópias da petição inicial, da contestação, da petição que ensejou a decisão agravada, da própria decisão agravada, da certidão da respectiva intimação ou outro documento oficial que comprove a tempestividade e das procurações outorgadas aos advogados do agravante e do agravado; com declaração de inexistência de qualquer dos documentos referidos no inciso I, feita pelo advogado do agravante, sob pena de sua responsabilidade pessoal; e facultativamente, com outras peças que o agravante reputar úteis (CPC, art. 1.017).

Deverá o agravante, ainda, comprovar o recolhimento das custas judiciais respectivas, e de porte de retorno, se houver, conforme tabela publicada pelos tribunais.

Conforme art. 1.018 do CPC, o agravante poderá requerer a juntada, aos autos do processo, de cópia da petição do agravo de instrumento, do comprovante de sua interposição e da relação dos documentos que instruíram o recurso, para que o juiz exerça o juízo de retratação da sentença, em primeiro grau. Caso a mantenha, o agravo seguirá seu trâmite regular, caso a reforme, o recurso interposto ficará prejudicado.

Distribuído o recurso no Tribunal, poderá o relator conferir efeito suspensivo ao agravo, obstando a produção dos efeitos da sentença que decreta a falência, até o julgamento do recurso pelo órgão colegiado respectivo.

Note-se que a decretação da falência não encerra o processo. Ao contrário, é a partir deste ato que se iniciarão todos os procedimentos da execução concursal, com a arrecadação de bens do devedor, sua avaliação e posterior alienação para rateio dos ativos entre os credores, respeitando a ordem de preferência prevista na LREF. Nesse sentido, a sentença que decreta a falência tem natureza jurídica de decisão interlocutória, atacável, pois, pelo agravo de instrumento.

De outro turno, a sentença que julga improcedente o pedido de falência põe fim ao processo, possuindo natureza terminativa e sendo impugnável, pois, por recurso de apelação, a ser interposto no mesmo juízo que proferiu o ato decisório combatido, no prazo de quinze dias contados de sua publicação.

A apelação conterá os nomes e a qualificação das partes; a exposição do fato e do direito; as razões do pedido de reforma ou de decretação de nulidade; e o pedido de nova decisão. Recebido o recurso, o juízo de primeiro grau ordenará a citação da parte contrária para apresentar contrarrazões, no prazo de 15 dias, e posteriormente remeterá os autos para o tribunal, independentemente de juízo de admissibilidade (CPC, art. 1.010)

A respeito da sucumbência no caso de improcedência do pedido, deve-se distinguir duas situações. Se a improcedência decorreu da elisão da falência pelo depósito de que trata o artigo 98, parágrafo único, a sucumbência será do devedor, diante do princípio da causalidade, segundo o qual aquele que deu causa à propositura da demanda ou à instauração de incidente processual deve responder pelas despesas daí decorrentes.

Se, de outro turno, a improcedência do pedido decorreu do acolhimento de uma das teses defensivas do devedor, a sucumbência será do autor, a quem incumbirá arcar com as custas e despesas processuais, além de honorários advocatícios arbitrados pelo magistrado, nos termos do artigo 85 do Código de Processo Civil.

Ambos os recursos deverão tramitar com prioridade sobre todos os atos judiciais, salvo o *habeas corpus* e as prioridades estabelecidas em leis especiais (LREF, art. 189-A).

Art. 101. Quem por dolo requerer a falência de outrem será condenado, na sentença que julgar improcedente o pedido, a indenizar o devedor, apurando-se as perdas e danos em liquidação de sentença.

§ 1º Havendo mais de 1 (um) autor do pedido de falência, serão solidariamente responsáveis aqueles que se conduziram na forma prevista no caput deste artigo.

§ 2º Por ação própria, o terceiro prejudicado também pode reclamar indenização dos responsáveis.

Responsabilização do requerente de má-fé

Quando for comprovado que o pedido de falência foi feito dolosamente, com a manifesta intenção de prejudicar o empresário ou sociedade empresária, o requerente será condenado, na sentença que julgar improcedente o pedido, a indenizar o devedor mediante apuração das perdas e danos em liquidação de sentença, se não for possível sua comprovação na fase de conhecimento.

A conduta constitui má-fé do interessado, que, por ação voluntária, viola direito e causa danos a outrem, ainda que exclusivamente moral, constituindo ato ilícito a ser indenizado conforme artigo 186 do Código Civil.

A distribuição do pedido de falência, por si só, acarreta diversos danos ao empresário. O estigma de se encontrar em crise econômico-financeira, aliado à inclusão de seu nome em cadastros de proteção ao crédito e à piora de sua imagem frente ao mercado em que atua, prejudicando ou inviabilizando seus negócios, são exemplos das consequências deletérias que podem advir de um simples requerimento de falência. A opção pelo pedido, pois, deve ser feita com responsabilidade pelo interessado, e não pode ser utilizada com abuso de direito.[430]

Caso constatado ter o requerente agido com dolo, deverá o devedor, em contestação, postular a condenação daquele ao ressarcimento dos prejuízos causados, não podendo o juiz atuar de ofício. A conduta meramente culposa não se adequa ao dispositivo em comento, por expressa previsão legal a respeito do elemento subjetivo.

O juízo deve ter, no próprio processo falimentar, elementos suficientes que demonstrem o manifesto dolo do agente, a demonstrar que pretendia exclusivamente prejudicar o empresário, e não obter a

---

430 COSTA, Daniel Carnio; MELO, Alexandre Nasser. *Comentários à Lei de Recuperação de Empresas e Falência*: Lei n. 11.101, de 09 de fevereiro de 2005. Curitiba: Juruá, 2021, p. 329.

satisfação do seu crédito. Enquanto os danos materiais serão apurados em liquidação de sentença, se não comprovados no processo de conhecimento, os danos morais serão arbitrados pelo juiz caso entender configurados, de acordo com a razoabilidade e proporcionalidade, cuidando, ao mesmo tempo, de ressarcir o prejudicado pelos danos causados, e inibir o ofensor da prática de novos atos semelhantes.

Caso o pedido tenha sido feito por mais de um autor, em litisconsórcio ativo, eles responderão solidariamente pelas perdas e danos, se provado que todos agiram com dolo. O juiz deverá apurar, pois, o elemento subjetivo referente a cada um deles (§1º).

Se o pedido de falência for julgado improcedente e não forem os autores condenados ao ressarcimento das perdas e danos causados pela distribuição dolosa do pedido, poderá o devedor intentar ação autônoma para apurar tal responsabilidade e obter a indenização. Nada obsta, ademais, que eventual terceiro prejudicado também mova ação própria para reclamar indenização dos responsáveis (§2º).

Seção V – Da Inabilitação Empresarial, dos Direitos e Deveres do Falido

***Art. 102.** O falido fica inabilitado para exercer qualquer atividade empresarial a partir da decretação da falência e até a sentença que extingue suas obrigações, respeitado o disposto no § 1º do art. 181 desta Lei.*

***Parágrafo único.** Findo o período de inabilitação, o falido poderá requerer ao juiz da falência que proceda à respectiva anotação em seu registro.*

Inabilitação do falido

A sentença que decretar a falência do devedor terá como efeito automático a inabilitação do falido para o exercício de qualquer atividade empresarial (e não apenas daquela que ensejou a quebra), até a sentença que extinguir suas obrigações.

Por essa razão, é de especial importância a comunicação da falência ao Registro Público de Empresas, determinando que se proceda à anotação da expressão "falido" nos atos constitutivos do devedor (LREF, art. 99, VIII), já que todos os atos de administração eventualmente praticados durante o período de inabilitação serão passíveis de nulidade.[431] Tal conduta é, inclusive, considerada crime falimentar (LREF, art. 176).

Cuida-se de efeito pessoal, que restringe o princípio constitucional da livre iniciativa e o pleno exercício do trabalho (CF, art. 5º, XIII), mas proíbe apenas o exercício de atividade econômica organizada para a produção ou circulação de bens e serviços de modo profissional, admitindo, contudo, que o falido integre o quadro social de outras empresas ou seja delas empregado.

O efeito da inabilitação previsto no artigo 102 abrange tanto a sociedade empresária (anônima ou limitada) quanto a pessoa física ou natural do empresário individual (de responsabilidade ilimitada ou constituído sob a forma de EIRELI ou sociedade unipessoal). Abrange também os sócios de responsabilidade ilimitada, conforme expressa previsão do artigo 81, *caput* da LREF. Assim, o inabilitado está impedido, por si ou interposta pessoa, de ser empresário individual ou administrador ou responsável por sociedade empresária, como forma de obstar que contraia novas obrigações e eleve o seu passivo.

Nesse sentido, os administradores da pessoa jurídica falida, seus liquidantes e sócios ou acionistas, desde que não tenham responsabilidade ilimitada pelas obrigações sociais, não sofrerão os efeitos da

---

431 COSTA, Daniel Carnio; MELO, Alexandre Nasser. *Comentários à Lei de Recuperação de Empresas e Falência*: Lei n. 11.101, de 09 de fevereiro de 2005. Curitiba: Juruá, 2021, p. 331.

falência e poderão exercer normalmente sua atividade empresarial, ou participar de outras sociedades. Isso porque tais pessoas naturais não se confundem com a sociedade empresária, possuindo personalidades jurídicas distintas, e não têm os efeitos da falência estendidos a eles. A inabilitação é imposta apenas sobre os próprios empresários (pessoa física empresária ou pessoa jurídica empresária).

Encerrado o período de inabilitação, o falido poderá requerer ao juiz da falência que proceda à respectiva anotação junto ao Registro Público de Empresas, permitindo-lhe que possa voltar a exercer a atividade empresarial.

Destaque-se que o artigo 102 se aplica, em geral, a qualquer devedor que tiver sua falência decretada. O termo final da inabilitação, correspondente à sentença que extingue as obrigações do falido, contudo, não se aplica quando tal impedimento decorre da sentença que o condena à prática de crime falimentar (LREF, art. 181, I e §1º). Nesse caso, a inabilitação não será automática e deverá ser declarada de forma motivada na sentença e perdurará por até cinco anos após a extinção da punibilidade, podendo cessar antes pela reabilitação penal.

Art. 103. Desde a decretação da falência ou do sequestro, o devedor perde o direito de administrar os seus bens ou deles dispor.

Parágrafo único. O falido poderá, contudo, fiscalizar a administração da falência, requerer as providências necessárias para a conservação de seus direitos ou dos bens arrecadados e intervir nos processos em que a massa falida seja parte ou interessada, requerendo o que for de direito e interpondo os recursos cabíveis.

Perda do direito de administrar ou dispor dos bens

Além da inabilitação para exercer qualquer atividade empresarial, a sentença que decretar a falência também retira do empresário individual ou do administrador da sociedade empresária o direito de administrar ou dispor do patrimônio social, afastando-o da gestão da empresa, automaticamente. Cuida-se de efeito patrimonial, e talvez seja um dos efeitos mais deletérios da falência do devedor.

Destaque-se que o falido não perde a propriedade de seus bens, que apenas se transfere com a venda do patrimônio na realização do ativo durante a liquidação. O que ocorre é apenas a arrecadação dos bens, que passam a compor a massa falida, e a correspondente administração pelo juízo falimentar.[432] Satisfeitos todos os credores, concursais e extraconcursais, caso remanesçam bens da massa falida, retornarão para a posse e administração do falido, que poderá deles dispor.

Em que pese o efeito previsto no artigo 103 ser automático, a perda do direito de administração ou disposição dos bens poderá ser imposta antecipadamente, através de medida cautelar assecuratória correspondente ao sequestro do patrimônio do devedor, caso haja fundada suspeita de dilapidação patrimonial ou risco de desvio de ativos em detrimento dos credores.

Ademais, a perda da disposição e administração recairá apenas sobre os bens que poderão ser arrecadados, não incidindo a restrição, pois, aos bens absolutamente impenhoráveis (LREF, art. 108, §4º), que permanecerão sob administração do falido.

O administrador judicial é o responsável pela administração do patrimônio da massa falida após sua arrecadação, mediante fiscalização do juiz, dos credores e do próprio falido, o qual poderá requerer as providências que entender necessárias para a conservação de seus direitos ou dos bens arrecadados e intervir como assistente nos processos em que a massa falida seja parte ou interessada, requerendo o que for de direito e interpondo os

---

432 COSTA, Daniel Carnio; MELO, Alexandre Nasser. *Comentários à Lei de Recuperação de Empresas e Falência*: Lei n. 11.101, de 09 de fevereiro de 2005. Curitiba: Juruá, 2021, p. 332.

recursos cabíveis, sobretudo considerando que conserva a sua titularidade sobre os bens.

O e. Superior Tribunal de Justiça se manifestou no sentido de que a intervenção do falido nos processos em que a massa falida seja parte se dá na forma da assistência litisconsorcial *sui generis*, já que, no caso de conflito com os interesses da massa, não pode ser privado de defender judicialmente seus bens e direitos.[433]

Ademais, aquela Corte também exarou entendimento de que a mera decretação da falência da sociedade não importa a extinção da pessoa jurídica. Isso porque a sociedade falida não se extingue ou perde a capacidade processual, tanto que está autorizada a figurar como assistente nas ações em que a massa seja parte ou interessada, inclusive interpondo recursos e, durante o trâmite do processo de falência, pode até mesmo requerer providências conservatórias dos bens arrecadados.[434] Destaca-se que a falência é hipótese legal de dissolução da sociedade empresária, conforme se observa do art. 1.044 do CC/02 e art. 206, II, c, da Lei n. 6.404/76, que, ao final desse processo, e somente após liquidação de bens, poderá resultar na extinção da pessoa jurídica.

Art. 104. A decretação da falência impõe aos representantes legais do falido os seguintes deveres:

I – assinar nos autos, desde que intimado da decisão, termo de comparecimento, com a indicação do nome, da nacionalidade, do estado civil e do endereço completo do domicílio, e declarar, para constar do referido termo, diretamente ao administrador judicial, em dia, local e hora por ele designados, por prazo não superior a 15 (quinze) dias após a decretação da falência, o seguinte:

---

433 STJ, AgInt no REsp 1915225/SP, 4ª Turma, Min. Antonio Carlos Ferreira, DJe 19/08/2021.

434 STJ, AgRg no REsp 1265548/SC, 4ª Turma, Min. Maria Isabel Gallotti, Rel. para Acórdão: Min. Antonio Carlos Ferreira, DJe 05/08/2019.

a) as causas determinantes da sua falência, quando requerida pelos credores;

b) tratando-se de sociedade, os nomes e endereços de todos os sócios, acionistas controladores, diretores ou administradores, apresentando o contrato ou estatuto social e a prova do respectivo registro, bem como suas alterações;

c) o nome do contador encarregado da escrituração dos livros obrigatórios;

d) os mandatos que porventura tenha outorgado, indicando seu objeto, nome e endereço do mandatário;

e) seus bens imóveis e os móveis que não se encontram no estabelecimento;

f) se faz parte de outras sociedades, exibindo respectivo contrato;

g) suas contas bancárias, aplicações, títulos em cobrança e processos em andamento em que for autor ou réu;

II – entregar ao administrador judicial os seus livros obrigatórios e os demais instrumentos de escrituração pertinentes, que os encerrará por termo;

III – não se ausentar do lugar onde se processa a falência sem motivo justo e comunicação expressa ao juiz, e sem deixar procurador bastante, sob as penas cominadas na lei;

IV – comparecer a todos os atos da falência, podendo ser representado por procurador, quando não for indispensável sua presença;

V – entregar ao administrador judicial, para arrecadação, todos os bens, papéis, documentos e senhas de acesso a sistemas contábeis, financeiros e bancários, bem como indicar aqueles que porventura estejam em poder de terceiros;

VI – prestar as informações reclamadas pelo juiz, administrador judicial, credor ou Ministério Público sobre circunstâncias e fatos que interessem à falência;

VII – auxiliar o administrador judicial com zelo e presteza;

VIII – examinar as habilitações de crédito apresentadas;

IX – assistir ao levantamento, à verificação do balanço e ao exame dos livros;

X – manifestar-se sempre que for determinado pelo juiz;

XI – apresentar ao administrador judicial a relação de seus credores, em arquivo eletrônico, no dia em que prestar as declarações referidas no inciso I do caput deste artigo;

XII – examinar e dar parecer sobre as contas do administrador judicial.

Parágrafo único. Faltando ao cumprimento de quaisquer dos deveres que esta Lei lhe impõe, após intimado pelo juiz a fazê-lo, responderá o falido por crime de desobediência.

Deveres impostos aos representantes legais do falido

Antes da reforma de 2020, o *caput* do artigo 104 não se referia aos representantes legais do falido, mas apenas ao "falido", o que causava certa confusão quanto à responsabilização dos sócios no que se refere às obrigações sociais.

De todo modo, não houve mudança da essência da norma legal. Os deveres impostos nos incisos do dispositivo deverão ser cumpridos pelas pessoas físicas que representam a pessoa jurídica da sociedade empresária (administradores da sociedade limitada e diretores na sociedade anônima ou, ainda, os liquidantes da sociedade empresária – LREF, art. 81, §2º), ou pelo empresário individual de responsabilidade ilimitada, bem como pelos sócios ilimitadamente que exercerem função de sua representação legal. Não são deveres impostos, pois, à pessoa jurídica do devedor. Para esta, os efeitos da falência serão aqueles descritos nos artigos 102 e 103 supra analisados, ou seja, a sua inabilitação e, também, a perda da disposição e da administração dos bens que compõem o seu patrimônio.

Incumbe aos representantes legais do falido, desse modo, a assinatura de termo de comparecimento, desde que intimados da decisão que assim determinar, indicando o respectivo nome, nacionalidade, estado civil e endereço completo do domicílio (inciso I).

A Lei n. 14.112/2020 alterou a redação do inciso I, estabelecendo que o termo de compromisso será declarado diretamente ao administrador judicial, em dia, local e hora por ele designados, no prazo de até 15 dias após a decretação da falência. O atual procedimento, pois, não exige que o representante do falido se dirija até o juízo para proceder à assinatura do termo, podendo fazê-lo diretamente no escritório do administrador judicial.

A alteração legislativa, contudo, é criticada por Manoel Justino Bezerra Filho.[435] Isso porque, no sistema anterior, o termo de declarações era tomado em audiência específica para esse fim e poderia trazer informações importantes para o conhecimento de fatos determinantes da falência.

Na mesma ocasião em que se declarar o termo de compromisso, e a fim de constar no referido termo, o representante legal indicará ao administrador judicial: as causas determinantes da sua falência, quando requerida pelos credores; tratando-se de sociedade, os nomes e endereços de todos os sócios, acionistas controladores, diretores

---

435 BEZERRA FILHO, Manoel Justino. *Lei de Recuperação de Empresas e Falências*: Lei n. 11.101/2005 comentada artigo por artigo. 15ª ed., rev., atual. e ampl. São Paulo: Revista dos Tribunais, 2021, p. 435.

ou administradores, apresentando o contrato ou estatuto social e a prova do respectivo registro, bem como suas alterações; o nome do contador encarregado da escrituração dos livros obrigatórios, já que este responde solidariamente por eventual escrituração fraudulenta; os mandatos que porventura tenha outorgado, indicando seu objeto, nome e endereço do mandatário, já que se tornarão ineficazes após o decreto de falência, exigindo-se a prestação de contas do mandatário (LREF, art. 120); seus bens imóveis e os móveis que não se encontram no estabelecimento, para viabilizar sua arrecadação; se faz parte de outras sociedades, exibindo respectivo contrato, já que as cotas sociais também serão objeto de arrecadação; e, por fim, suas contas bancárias, aplicações, títulos em cobrança e processos em andamento em que for autor ou réu, para possibilitar a regularização da representação pelo administrador judicial (inciso I, alíneas).

Ademais, deverão os representantes legais do falido entregar ao administrador judicial os seus livros obrigatórios e os demais instrumentos de escrituração pertinentes como os livros facultativos, os quais o administrador judicial encerrará por termo (inciso II). Também essa obrigação será feita diretamente ao administrador judicial, e não mais em cartório, como determinava a LREF antes da reforma de 2020. A mudança legislativa buscou conferir maior celeridade e eficiência ao procedimento.

A apresentação dos instrumentos de escrituração contábil permitirá ao administrador judicial a verificação dos débitos do falido, confrontando-os com eventuais habilitações ou divergências administrativas. Destaque-se que a omissão de elaboração, escrituração ou autenticação dos livros obrigatórios configura crime falimentar, sujeito à pena de detenção, de 1 a 2 anos, e multa, se o fato não constituir crime mais grave (LREF, art. 178).

Em caso de pedido de autofalência, tais livros obrigatórios já terão sido juntados à petição inicial (LREF, art. 105, V). Já no caso das microempresas e empresas de pequeno porte, poderão ser apresentados os livros simplificados, nos termos da Lei Complementar n. 123/2006.[436]

Outro dever do representante legal é o de comunicar expressamente ao juiz, com justo motivo, sua eventual ausência da comarca onde se processa a falência, deixando procurador com poderes específicos para representá-lo (inciso III). Isso porque também é obrigação do falido o comparecimento a todos os atos de falência, podendo designar procurador para tanto, apenas se sua presença não for indispensável (inciso IV).

Em razão da necessidade da prática dos atos de falência, a sua presença no local onde se processa o pedido é essencial. O devedor é parte interessada no processo falimentar, detendo, ademais, informações relevantes para o seu bom andamento, de sorte que a sua participação busca conferir celeridade e eficiência ao procedimento.

Destaque-se que a ausência da comarca deve ser apenas comunicada ao juiz, caso o falido comprove justo motivo e nomeie procurador para representá-lo. O Decreto-Lei anterior exigia a expressa autorização do magistrado para que o falido pudesse assim proceder,[437] o que levava, muitas vezes, à retenção do passaporte de seus representantes legais.

Nesse sentido, o e. Superior Tribunal de Justiça sedimentou o entendimento de que,

---

436 COSTA, Daniel Carnio; MELO, Alexandre Nasser. *Comentários à Lei de Recuperação de Empresas e Falência*: Lei n. 11.101, de 09 de fevereiro de 2005. Curitiba: Juruá, 2021, p. 334.

437 Decreto-Lei n. 7.661/45. "Art. 34. A declaração da falência impõe ao falido as seguintes obrigações: (...) não se ausentar do lugar da falência, sem motivo justo e autorização expressa do juiz, e sem deixar procurador bastante, sob as penas cominadas na lei; quando a permissão para ausentar-se for pedida sob alegação de moléstia, o juiz designará o médico para o respectivo exame; (...)".

> com o advento da nova Lei de Falências (Lei n. 11.101/2005), não mais se exige a autorização prévia do juiz da falência para que o diretor da sociedade falida deixe o local da falência, impondo-se a este, somente, proceda à comunicação ao juízo, justificando a sua saída.[438]

Ademais, deverá o representante legal do falido entregar ao administrador judicial, para arrecadação, todos os bens, papéis, documentos e senhas de acesso a sistemas contábeis, financeiros e bancários, bem como indicar aqueles que porventura estejam em poder de terceiros (inciso V). Aqui, novamente, a Lei n. 14.112/20 alterou o dispositivo para que a entrega seja realizada diretamente ao administrador judicial, a fim de agilizar os atos de arrecadação e avaliação, conferindo maior celeridade ao processo.

Para além dos livros obrigatórios, pois, o representante legal do falido deverá fornecer *login*, *tokens*, números de contas com a respectiva senha bancária, *login* e senhas de computadores ou de sistemas utilizados na administração da empresa, chaves e segredos de cofres, relação detalhada sobre o andamento de ações judiciais e administrativas, passivas ou ativas, contatos de advogados, agenda futura de prazos e audiências, tudo a viabilizar a transferência da gestão e da representação ao administrador judicial.[439]

Incumbirá ao representante legal, ademais, a prestação das informações reclamadas pelo juiz, administrador judicial, credor ou Ministério Público sobre circunstâncias e fatos que interessem à falência (inciso VI); o auxílio ao administrador judicial com zelo e presteza (inciso VII); o exame das habilitações de crédito apresentadas, já que tem legitimidade para impugná-las conforme art. 8º da LREF (inciso VIII); a assistência ao levantamento, à

---

438 STJ, HC 279036/SP, 4ª Turma, Min. Raúl Araujo, DJe 18/10/2013.

439 COSTA, Daniel Carnio; MELO, Alexandre Nasser. *Comentários à Lei de Recuperação de Empresas e Falência*: Lei n. 11.101, de 09 de fevereiro de 2005. Curitiba: Juruá, 2021, p. 336.

verificação do balanço e ao exame dos livros (inciso IX); e a sua manifestação, sempre que for determinado pelo juiz (inciso X).

Deverá, também, apresentar ao administrador judicial a relação de seus credores, em arquivo eletrônico, no dia em que prestar as declarações aludidas no inciso I (inciso XI), e examinar e dar parecer sobre as contas do administrador judicial (inciso XII).

Note-se que a lista de credores a ser apresentada em arquivo eletrônico busca tão somente facilitar a conferência de créditos pelo administrador judicial. Não se confunde, pois, com a lista nominal de credores a ser juntada pelo devedor em juízo, no prazo de cinco dias contados da decretação da falência (LREF, art. 99, III), a qual acompanhará o edital publicado com a íntegra da decisão, e permitirá o início da fase de verificação dos créditos.

Conforme dispõe o parágrafo único do artigo 104, o descumprimento dos deveres impostos pela LREF pelos representantes legais do falido importará em crime de desobediência a eles imputado (CP, art. 330).

Saliente-se que o Decreto-Lei n. 7.661/45 impunha a prisão administrativa dos que faltassem ao cumprimento de quaisquer dos deveres legais.[440] Tal norma, contudo, já havia sido revogada tacitamente pelos incisos LXI e LXVII do artigo 5º, da Constituição Federal, conforme entendimento jurisprudencial, consolidado pela Súmula 280 do STJ,[441] publicada em 17/12/2003.

---

440 Decreto-Lei n. 7.661/45. "Art. 35. Faltando ao cumprimento de qualquer dos deveres que a presente lei lhe impõe, poderá o falido ser preso por ordem do juiz, de ofício ou a requerimento do representante do Ministério Público, do síndico ou de qualquer credor.

Parágrafo único. A prisão não pode exceder de sessenta dias, e do despacho que a decretar cabe agravo de instrumento, que não suspende a execução da ordem".

441 STJ, Súmula 280: "O art. 35 do Decreto-Lei n. 7.661, de 1945, que estabelece a prisão administrativa, foi revogado pelos incisos LXI e LXVII do art. 5º da Constituição Federal de 1988".

Atualmente, pois, a sanção imposta aos representantes legais faltosos será a mesma daquela imposta a quem deixa de prestar informações ao administrador judicial na recuperação judicial ou na falência, quando solicitado (LREF, art. 22, I, "d" c.c. §2º), ao administrador judicial que não apresentar suas contas ou quaisquer dos relatórios exigidos pela LREF, quando requisitado (LREF, art. 23), e ao falido que deixar de apresentar relação nominal dos credores, indicando endereço, importância, natureza e classificação dos respectivos créditos, quando intimado a fazê-lo no prazo de cinco dias (LREF, art. 99, III).

Seção VI – Da Falência Requerida pelo Próprio Devedor

Art. 105. O devedor em crise econômico-financeira que julgue não atender aos requisitos para pleitear sua recuperação judicial deverá requerer ao juízo sua falência, expondo as razões da impossibilidade de prosseguimento da atividade empresarial, acompanhadas dos seguintes documentos:

I – demonstrações contábeis referentes aos 3 (três) últimos exercícios sociais e as levantadas especialmente para instruir o pedido, confeccionadas com estrita observância da legislação societária aplicável e compostas obrigatoriamente de:

a) balanço patrimonial;

b) demonstração de resultados acumulados;

c) demonstração do resultado desde o último exercício social;

d) relatório do fluxo de caixa;

II – relação nominal dos credores, indicando endereço, importância, natureza e classificação dos respectivos créditos;

III – relação dos bens e direitos que compõem o ativo, com a respectiva estimativa de valor e documentos comprobatórios de propriedade;

IV – prova da condição de empresário, contrato social ou estatuto em vigor ou, se não houver, a indicação de todos os sócios, seus endereços e a relação de seus bens pessoais;

V – os livros obrigatórios e documentos contábeis que lhe forem exigidos por lei;

VI – relação de seus administradores nos últimos 5 (cinco) anos, com os respectivos endereços, suas funções e participação societária.

Autofalência do devedor

Segundo dispõe o artigo 97, inciso I, o devedor possui legitimidade ativa para requerer sua própria falência. A despeito de os pedidos de autofalência não serem muito recorrentes, caso vislumbre a irreversibilidade de sua situação de crise econômica, não há justificativa para que o devedor de boá-fé insista na continuidade da atividade empresarial, prejudicando credores e o mercado em geral com a manutenção de um negócio inviável.[442]

No que diz respeito às sociedades empresárias constituídas sob a forma de responsabilidade limitada, o Código Civil prevê a necessidade de deliberação dos sócios, mediante quórum correspondente a mais da metade do capital social, para requerer o "pedido de concordata" (arts. 1.071, VIII c.c. 1.076, II). Em caso de urgência, admite-se que os administradores requeiram concordata preventiva, mediante autorização de titulares de mais da

442 COSTA, Daniel Carnio; MELO, Alexandre Nasser. *Comentários à Lei de Recuperação de Empresas e Falência*: Lei n. 11.101, de 09 de fevereiro de 2005. Curitiba: Juruá, 2021, p. 337.

metade do capital social (art. 1.072, §4º). A necessidade de prévia deliberação dos sócios para autorizar o pedido de concordata pode ser estendida, por analogia, ao pedido de autofalência, já que os seus efeitos são mais graves do que a recuperação judicial, pondo fim à empresa devedora.

Para Marcelo Barbosa Sacramone,[443] contudo, para o pedido de autofalência não se aplica o quórum estabelecido para o pedido de concordata (art. 1.076, II), mas sim o quórum de aprovação necessário para a dissolução da sociedade, já que este é um efeito da falência (art. 1.076, I). Entende o autor, pois, que para o pedido de autofalência os sócios devem deliberar para aprovação do pedido, com quórum de aprovação de no mínimo ¾ do capital social.

Já em relação às sociedades anônimas, a Lei n. 6.404/76 dispõe competir à Assembleia-Geral, privativamente, "autorizar os administradores a confessar falência e a pedir recuperação judicial", admitindo que, em caso de urgência, o pedido seja formulado pelos administradores, com a concordância do acionista controlador, se houver, hipótese em que a Assembleia-Geral será convocada imediatamente após, para deliberar sobre a matéria (art. 122, IX e parágrafo único).

Ademais, o Código Civil ainda prevê que, na liquidação das sociedades, a ser realizada após a sua dissolução, o liquidante tem o dever de confessar a falência e pedir concordata (art. 1.103, VII).

Para Manoel Justino Bezerra Filho, é inapropriado dizer que o pedido de autofalência se trata de uma faculdade do empresário devedor, sem a imposição de qualquer sanção caso não seja apresentado o requerimento. Isso porque aquele que, em estado falimentar, deixa de requerer sua falência, correrá sério risco de sofrer os efeitos da desconsideração da personalidade jurídica, caso constatado o

---

443 SACRAMONE, Marcelo Barbosa. *Comentários à Lei de Recuperação de Empresas e Falências*. 2ª ed. São Paulo: Saraiva Jur, 2021, p. 496.

"fechamento de fato" do estabelecimento empresarial, deixando os credores à deriva, o que pode ser interpretado como conduta fraudulenta do devedor. Para o autor, pois, cuida-se de verdadeiro dever legal, reforçado pela expressão "deverá requerer" do *caput*.[444]

Não se pode olvidar que, na vigência do antigo Decreto-Lei n. 7.661/45, impunha-se ao comerciante a obrigação de requerer a declaração de sua falência, no prazo de trinta dias, caso não pagasse no vencimento obrigação líquida sem justificativa válida (art. 8º),[445] sob pena de ficar impedido de pedir concordata (art. 140, II).

No entanto, conforme aponta Marcelo Barbosa Sacramone,[446] a jurisprudência já abrandava aquela regra, em virtude da higidez do mercado e do interesse de preservação da atividade e do desenvolvimento nacional. Nesse sentido, estipulava a Súmula 190 do STF que "*o não pagamento de título vencido há mais de trinta dias, sem protesto, não impede a concordata preventiva*". Para o autor, pois, a LREF consagrou o entendimento jurisprudencial, estabelecendo como faculdade do empresário devedor em crise econômico-financeira e que não tenha possibilidade de pleitear sua recuperação judicial, o requerimento de autofalência.

---

444 BEZERRA FILHO, Manoel Justino. *Lei de Recuperação de Empresas e Falências*: Lei n. 11.101/2005 comentada artigo por artigo. 15ª ed., rev., atual. e ampl. São Paulo: Revista dos Tribunais, 2021, pp. 439/440.

445 Decreto-Lei n. 7.661/45. "Art. 8º O comerciante que, sem relevante razão de direito, não pagar no vencimento obrigação líquida, deve, dentro de trinta dias, requerer ao juiz a declaração da falência, expondo as causas desta e o estado dos seus negócios, e juntando ao requerimento: I – o balanço do ativo e passivo com a indicação e a avaliação aproximada de todos os bens, excluídas as dívidas ativas prescritas; II – a relação nominal dos credores comerciais e civis, com a indicação do domicílio de cada um, importância e natureza dos respectivos créditos; III – o contrato social, ou, não havendo, a indicação de todos os sócios, suas qualidades e domicílios, ou os estatutos em vigor, mesmo impressos, da sociedade anônima".

446 SACRAMONE, Marcelo Barbosa. *Comentários à Lei de Recuperação de Empresas e Falências*. 2ª ed. São Paulo: Saraiva Jur, 2021, p. 495.

Nesse sentido, já entendeu o e. Superior Tribunal de Justiça que "*a autofalência é faculdade estabelecida em lei em favor do comerciante impossibilitado de honrar seus compromissos, não se configurando hipótese de dissolução irregular*".[447]

Fato é que a LREF não impôs qualquer sanção expressa ao devedor que, em crise econômica insolúvel, deixa de apresentar o pedido de autofalência. De todo modo, é bom salientar, muitas vezes a falência mostra-se como um caminho benéfico ao devedor, já que é a alternativa mais rápida para se extinguir a empresa inviável, transferindo ao Estado a liquidação da sociedade.

Requisitos do pedido de autofalência

O pedido, que poderá ser feito pelo empresário individual ou pela sociedade empresária, deverá ser fundamentado, com a exposição das razões da impossibilidade de prosseguimento da atividade empresarial.

Além disso, a petição inicial deverá ser instruída com uma série de documentos essenciais para a análise do pedido, quais sejam: as demonstrações contábeis referentes aos 3 (três) últimos exercícios sociais e as levantadas especialmente para instruir o pedido, confeccionadas com estrita observância da legislação societária aplicável; relação nominal dos credores, indicando endereço, importância, natureza e classificação dos respectivos créditos; relação dos bens e direitos que compõem o ativo, com a respectiva estimativa de valor e documentos comprobatórios de propriedade; prova da condição de empresário mediante registro na Junta Comercial, contrato social ou estatuto em vigor ou, se se tratar de empresário irregular, a indicação de todos os sócios, seus endereços e a relação de seus bens pessoais; os livros obrigatórios e

---

447 STJ, REsp 644093/RS, 2ª Turma, Min. Francisco Peçanha Martins, DJe 24/10/2005.

documentos contábeis que lhe forem exigidos por lei; e a relação de seus administradores nos últimos 5 (cinco) anos, com os respectivos endereços, suas funções e participação societária.

No que concerne às demonstrações contábeis previstas no inciso I, deverão ser acompanhadas do balanço patrimonial, da demonstração de resultados acumulados e a do resultado desde o último exercício social, e do relatório gerencial de fluxo de caixa.

A importância de tais documentos é que servirão como alicerce para a análise financeira do devedor pelos credores, pelo administrador judicial e por eventuais técnicos contábeis que assessorarem o juízo, devendo destacar o valor do ativo e do passivo, relação de bens e direitos que compõe ambos, com a respectiva estimativa de valor e documentos comprobatórios da propriedade (inciso III), dos lucros e prejuízos acumulados, expectativas de entrada e saída futuras. Por esta razão, prevê o inciso V que também deverão instruir a petição inicial os livros obrigatórios e os documentos contábeis que lhe forem exigidos por lei.

Em relação ao inciso IV, destaque-se que a condição de empresário poderá ser provada apenas pela indicação de todos os sócios, seus endereços e a relação de seus bens pessoais, não se exigindo a regularidade da inscrição na Junta Comercial para tanto.

Isso porque poderá o empresário irregular pleitear sua própria falência, sendo a ele vedado, apenas, requerer a falência de outrem (LREF, art. 97, §1º). Tal regra, contudo, não incide para o empresário rural, que somente será equiparado ao empresário se proceder ao seu registro (CC, art. 971).

Art. 106. Não estando o pedido regularmente instruído, o juiz determinará que seja emendado.

Emenda da petição inicial

A petição inicial que não estiver instruída com os documentos indicados no artigo 105 poderá ser indeferida se o autor, intimado a emendá-la, permanecer inerte ou cumprir a providência de forma insatisfatória (LREF, art. 106).

Nesse sentido, não haverá indeferimento imediato do pedido, devendo o magistrado abrir prazo ao requerente para sanar o vício, nos termos do que dispõe o artigo 321 do Código de Processo Civil. Na decisão, o juiz deverá especificar os documentos faltantes e advertir o devedor das consequências do não cumprimento da ordem judicial.

Em que pese a clareza da LREF quanto à imprescindibilidade dos documentos que devem instruir a petição inicial na autofalência, o conhecimento do pedido não pode ser feito com excessivo rigor à formalidade legal, sobretudo considerando os diversos interesses incidentes sobre a atividade empresarial, e sem se olvidar que eventual indeferimento da petição inicial permitiria que o empresário continuasse desenvolvendo a atividade empresarial, com risco de agravar sua situação de crise econômico-financeira e lesionar ainda mais o mercado.

Para Fabio Ulhoa Coelho,[448] ainda que o requerente não emende a petição inicial no prazo assinalado pelo juiz, o requerimento deverá ser julgado procedente com a decretação da falência do devedor. A exceção seria apenas a desistência tempestiva do pedido, apresentada pelo empresário antes da sentença, já que nesse caso se trata de verdadeira retratação.

Art. 107. A sentença que decretar a falência do devedor observará a forma do art. 99 desta Lei.

---

448 COELHO, Fábio Ulhoa. *Comentários à Lei de Falências e de Recuperação de empresas*: Lei n. 14.112/20, Nova Lei de Falências. 14ª ed. São Paulo: Revista dos Tribunais, 2021, p. 381.

***Parágrafo único.** Decretada a falência, aplicam-se integralmente os dispositivos relativos à falência requerida pelas pessoas referidas nos incisos II a IV do caput do art. 97 desta Lei.*

Requisitos da sentença na autofalência

A sentença que decreta a falência pleiteada pelo próprio devedor deve conter todos os elementos essenciais previstos no artigo 489 do Código de Processo Civil, além dos mesmos requisitos específicos do artigo 99 da LREF, observando-se que, no que diz respeito à intimação do falido para apresentar a relação nominal dos credores (art. 99, III), a providência deverá ser preenchida já na petição inicial em caso de autofalência (art. 105, II).

O procedimento a ser seguido na autofalência, pois, é o mesmo daquele previsto para a falência requerida pelos credores ou pelos outros legitimados previstos no artigo 97.

Observe-se, contudo, que caso a falência seja requerida pelo próprio devedor, não há que se falar em citação para apresentação de contestação (LREF, art. 98), e a relação jurídica processual se aperfeiçoa já com o recebimento da petição inicial. Cuida-se, outrossim, de procedimento de jurisdição voluntária nesse caso.

Todavia, em que pese a ausência de citação, nada obsta que os credores, os sócios dissidentes da sociedade devedora ou outros interessados impugnem o pedido de autofalência ou mesmo recorram da sentença que julga o pedido procedente, podendo alegar matérias como a falta de condições objetivas para o requerimento, a ausência de documento indispensável, a não comprovação da qualidade de empresário pelo devedor, a ausência do estado de crise econômico-financeira, dentre outros.

Note-se, contudo, que o juiz não poderá substituir o devedor nesse caso, em seu juízo de conveniência e oportunidade ao requerer a autofalência, imiscuindo-se indevidamente no mérito da crise econômico-financeira e na escolha, pelo empresário, do procedimento falimentar como forma de solucioná-la.

Seção VII – Da Arrecadação e da Custódia dos Bens

Art. 108. Ato contínuo à assinatura do termo de compromisso, o administrador judicial efetuará a arrecadação dos bens e documentos e a avaliação dos bens, separadamente ou em bloco, no local em que se encontrem, requerendo ao juiz, para esses fins, as medidas necessárias.

§ 1º Os bens arrecadados ficarão sob a guarda do administrador judicial ou de pessoa por ele escolhida, sob responsabilidade daquele, podendo o falido ou qualquer de seus representantes ser nomeado depositário dos bens.

§ 2º O falido poderá acompanhar a arrecadação e a avaliação.

§ 3º O produto dos bens penhorados ou por outra forma apreendidos entrará para a massa, cumprindo ao juiz deprecar, a requerimento do administrador judicial, às autoridades competentes, determinando sua entrega.

§ 4º Não serão arrecadados os bens absolutamente impenhoráveis.

§ 5º Ainda que haja avaliação em bloco, o bem objeto de garantia real será também avaliado separadamente, para os fins do § 1º do art. 83 desta Lei.

Arrecadação e avaliação dos bens do devedor

Julgado procedente o pedido de falência, o juiz nomeará, na sentença, o administrador judicial (LREF, art. 99, IX), assinalando o prazo de 48 horas para assinatura, na sede do juízo, do termo de compromisso (LREF, art. 33), sob pena de ser nomeado outro profissional em substituição (LREF, art. 34).

Imediatamente após a assinatura do termo de compromisso, o administrador judicial procederá à arrecadação de todos os bens, livros e documentos que se encontrem no estabelecimento empresarial da massa falida ou em outros locais, incluindo outros bens do devedor de que tiver conhecimento, ainda que penhorados, apreendidos, depositados ou sequestrados, ou mesmo em posse de terceiros, mediante comodato ou locação, por exemplo.

A previsão de imediatidade dos atos de arrecadação e avaliação é justificada pelo intuito de se evitar a deterioração, perda ou desvio dos bens do falido, em respeito à maximização de seus ativos.[449]

A arrecadação dos bens do devedor permite a formação da chamada massa falida objetiva, composta pelo patrimônio do falido que integra o seu ativo e será destinado à liquidação para pagamento dos credores. Difere da massa falida subjetiva, correspondente ao conjunto de credores habilitados na falência.

Havendo bens penhorados ou por outra forma apreendidos, o produto decorrente da constrição integrará a massa falida e não poderá ser liberado na execução individual correspondente. Para esse fim, o juízo universal deverá deprecar às autoridades competentes, a requerimento do administrador judicial, determinando a sua entrega imediata a fim de que seja transferido para conta judicial vinculada à falência.

Saliente-se que serão arrecadados também os bens de titularidade de terceiros que se encontrem em posse do devedor, pois, em que pese estes não integrarem a massa falida nem estarem

---

449 COSTA, Daniel Carnio; MELO, Alexandre Nasser. *Comentários à Lei de Recuperação de Empresas e Falência*: Lei n. 11.101, de 09 de fevereiro de 2005. Curitiba: Juruá, 2021, p. 340.

sujeitos à liquidação para satisfação dos credores, não incumbe ao administrador judicial perquirir, no ato de arrecadação, a respeito da titularidade dos bens e documentos encontrados. Serão estes, portanto, objetos de pedido de restituição ou de embargos de terceiro por seus respectivos proprietários, após o ato de arrecadação (LREF, arts. 85 a 93).

Ademais, ainda serão arrecadados os bens pessoais dos sócios de responsabilidade solidária ou ilimitada, já que poderão estes ser atingidos se os bens sociais forem insuficientes para a satisfação dos credores. Contudo, como sua responsabilidade é apenas subsidiária, seus bens deverão ser destacados dos bens sociais, sendo alcançados apenas na insuficiência destes.

Não serão arrecadados, contudo, os bens absolutamente impenhoráveis (§4º), quais sejam, aqueles previstos no artigo 833 do Código de Processo Civil; os bens gravados com cláusula de inalienabilidade em doações; as disposições testamentárias; o bem de família e outros que a lei ou o contrato assim estabelecerem.

São considerados impenhoráveis, ainda, a meação do cônjuge do sócio ilimitadamente responsável ou empresário individual de responsabilidade ilimitada, a depender do regime de bens do casamento (CC, art. 1.666) e o patrimônio de afetação constituído para cumprimento de destinação específica, de que dispõe o inciso IX do artigo 119 da LREF.

Os bens inventariados no auto de arrecadação de que trata do artigo 110 da LREF para integrar a massa falida objetiva ficarão sob a guarda do administrador judicial ou de pessoa por ele escolhida, sob responsabilidade daquele, podendo o falido ou qualquer de seus representantes legais serem nomeados depositários dos bens (§1º).

Em qualquer caso, porém, o administrador judicial responderá pela conservação dos bens sob sua guarda ou da pessoa que ele indicar, devendo tomar todos os cuidados necessários para que o indicado seja pessoa idônea e de sua confiança. Faculta-se, para tanto, que ele solicite a autorização do juiz para convalidar eventual nomeação de terceiro depositário, ainda que o próprio devedor.[450]

Arrecadados os bens, o administrador judicial procederá à sua avaliação, separadamente ou em bloco, no local em que se encontrem.

A avaliação em bloco consiste na consideração do estabelecimento empresarial como um todo, levando-se em conta não apenas os bens objetivamente considerados, mas também o aviamento da empresa devedora. Havendo avaliação em bloco, os bens objeto de garantia real serão também avaliados individualmente, para que se possa apurar o limite do valor do bem gravado para a classificação dos respectivos créditos no quadro-geral de credores, de que trata o artigo 83, II e §1º.

Para proceder à avaliação dos bens, o administrador judicial se utilizará de pesquisa de mercado, por meio de tabela FIPE, pesquisa de corretores locais, cotação do valor mobiliário no mercado na data da arrecadação, entre outros métodos que entender pertinentes, tendo discricionariedade para selecionar a melhor técnica e proceder à avaliação em bloco ou separadamente, sempre levando em consideração o princípio da maximização dos ativos. Se a avaliação for complexa ou exigir conhecimentos técnicos de que não detém, poderá o administrador judicial requerer a contratação de avaliador técnico para auxiliá-lo na função, sem prejuízo de que os credores ou o falido possam discordar do valor de avaliação, impugnando-o.

Estipula o §2º do dispositivo em comento, ainda, que o falido poderá acompanhar a arrecadação e a avaliação dos bens, nos termos do que prevê o artigo 103, parágrafo único da

---

450 COSTA, Daniel Carnio; MELO, Alexandre Nasser. *Comentários à Lei de Recuperação de Empresas e Falência*: Lei n. 11.101, de 09 de fevereiro de 2005. Curitiba: Juruá, 2021, p. 341.

LREF. Relembre-se que a perda do direito de administração e a disposição dos bens pelo devedor não importam na perda de sua titularidade, a qual se conserva até a efetiva transferência do patrimônio com a alienação.

Para proceder à arrecadação e à avaliação, o administrador judicial poderá requerer ao juiz todas as medidas necessárias para o êxito da medida. Poderá, assim, se valer de auxiliares do juízo, da força policial, e de outras providências que entender cabíveis. A designação de oficiais de justiça para acompanhar as diligências é prática comum nos procedimentos falimentares, os quais inclusive poderão cumprir, no mesmo ato, mandados judiciais de lacração do estabelecimento empresarial.

Art. 109. O estabelecimento será lacrado sempre que houver risco para a execução da etapa de arrecadação ou para a preservação dos bens da massa falida ou dos interesses dos credores.

Lacração do estabelecimento

Ao proferir a sentença de falência, o juiz deverá decidir a respeito da continuação provisória das atividades do falido com o administrador judicial, ou da lacração dos estabelecimentos empresariais (LREF, art. 99, XI).

Poderá se manifestar pela lacração dos estabelecimentos se entender presente qualquer risco para a execução da etapa de arrecadação ou para a preservação dos bens da massa falida ou dos interesses dos credores. Pode o magistrado entender, por exemplo, que há perigo iminente de saque, roubo ou furto dos bens caso não haja a lacração do estabelecimento, o que é bastante comum em casos de falência e afastamento de devedor da administração de seus bens, podendo colocar em risco a guarda destes.

Note-se que, apesar de o Decreto-Lei n. 7.661/45 não prever dispositivo semelhante, a prática já era adotada pelos juízes, diante do risco sempre elevado à conservação dos bens do devedor, após decretada sua falência.

Art. 110. *O auto de arrecadação, composto pelo inventário e pelo respectivo laudo de avaliação dos bens, será assinado pelo administrador judicial, pelo falido ou seus representantes e por outras pessoas que auxiliarem ou presenciarem o ato.*

§ 1º Não sendo possível a avaliação dos bens no ato da arrecadação, o administrador judicial requererá ao juiz a concessão de prazo para apresentação do laudo de avaliação, que não poderá exceder 30 (trinta) dias, contados da apresentação do auto de arrecadação.

§ 2º Serão referidos no inventário:

I – os livros obrigatórios e os auxiliares ou facultativos do devedor, designando-se o estado em que se acham, número e denominação de cada um, páginas escrituradas, data do início da escrituração e do último lançamento, e se os livros obrigatórios estão revestidos das formalidades legais;

II – dinheiro, papéis, títulos de crédito, documentos e outros bens da massa falida;

III – os bens da massa falida em poder de terceiro, a título de guarda, depósito, penhor ou retenção;

IV – os bens indicados como propriedade de terceiros ou reclamados por estes, mencionando-se essa circunstância.

§ 3º Quando possível, os bens referidos no § 2º deste artigo serão individualizados.

§ 4º Em relação aos bens imóveis, o administrador judicial, no prazo de 15 (quinze) dias após a sua arrecadação, exibirá as certidões de registro, extraídas posteriormente à decretação da falência, com todas as indicações que nele constarem.

Auto de arrecadação

Os bens arrecadados pelo administrador judicial serão inventariados em auto de arrecadação, a ser assinado por ele próprio, pelo falido nos casos de empresário individual de responsabilidade ilimitada ou de sócios ilimitadamente responsáveis, ou pelos seus representantes legais, em caso de sociedade empresária. Considerando a importância do ato e a possível existência de bens substanciais com valor elevado, é recomendável que também se colham as assinaturas de outras pessoas que acompanharem ou auxiliarem a diligência.

Esse auto de arrecadação, composto pelo termo de inventário, consistirá na relação dos bens arrecadados, com a menção às suas características, estado de conservação e especificidades.

Nesse sentido, deverá o termo descrever (§2º): os livros obrigatórios e os auxiliares ou facultativos do devedor, designando-se o estado em que se acham, número e denominação de cada um, páginas escrituradas, data do início da escrituração e do último lançamento, e se os livros obrigatórios estão revestidos das formalidades legais; dinheiro, papéis, títulos de crédito, documentos e outros bens da massa falida; os bens da massa falida em poder de terceiro, a título de guarda, depósito, penhor ou retenção; e os bens indicados como propriedade de terceiros ou reclamados por estes, mencionando-se essa circunstância. Se possível, os bens referidos no inventário serão individualizados para melhor controle (§3º).

Note-se que, a respeito dos bens de terceiros, é defeso ao administrador judicial sua entrega diretamente aos seus titulares, ainda que tenham reclamado a propriedade. Incumbirá ao juízo universal analisar os respetivos pedidos de restituição ou embargos de terceiro, para só então proceder à entrega aos respectivos donos. Em razão disso, tais bens também deverão integrar o inventário, mencionando-se a circunstância atinente à sua titularidade.

Em relação aos bens imóveis, o administrador judicial, no prazo de 15 dias após a sua arrecadação, exibirá as certidões de registro, extraídas posteriormente à decretação da falência, com todas as indicações que nelas constarem. Considerando o interesse público envolvido no procedimento falimentar, tais certidões poderão serão requisitadas pelo juiz, mediante ofício expedido ao registro imobiliário da circunscrição do imóvel, a pedido do administrador judicial.

Além dos bens do falido, o administrador judicial também poderá indicar no inventário os bens pessoais dos sócios ilimitadamente responsáveis que foram arrecadados, devendo fazê-los constar em lista separada dos bens da sociedade. É imperioso se distinguir os ativos da sociedade e os dos sócios ilimitadamente responsáveis, já que estes serão liquidados e o respectivo produto deverá ser partilhado entre os credores da sociedade além dos credores particulares do referido sócio. Há doutrina que sustenta que os bens pessoais do sócio de responsabilidade ilimitada devam ser utilizados primeiramente para a satisfação de seus credores particulares e, apenas depois de satisfeitos estes, o excedente será partilhado entre os credores do devedor.

Caso a quantidade de bens seja extensa, e se revele complexa a avaliação daqueles individualmente considerados ou em bloco no mesmo ato da arrecadação, poderá o administrador judicial requerer prazo suplementar ao juiz, para o fim de elaborar o laudo de avaliação. O prazo eventualmente concedido, porém, não poderá exceder 30 dias da apresentação do laudo de arrecadação (§1º).

Pode ocorrer, também, de o leiloeiro ser competente para fazer o trabalho de avaliação. Nesse caso, o administrador judicial poderá indicar nos autos o profissional, para que atue como avaliador e leiloeiro, ficando ele, pois, responsável pela juntada do laudo de avaliação no prazo assinalado pela lei, se nomeado pelo juiz. Nesses casos, o leiloeiro também poderá auxiliar na diligência de arrecadação e, quando for necessário, proceder à remoção dos bens, conforme artigo 112 da LREF.[451]

Destaque-se que o representante legal do falido poderá apresentar, em separado, eventuais discordâncias ou observações em relação ao termo de inventário. Imagine-se, por exemplo, que ao arrecadar determinado maquinário industrial, o administrador judicial deixe de mencionar determinadas qualidades que elevariam o seu valor de mercado. Nesse caso, o representante poderá lançar tal observação em declaração apartada, que será juntada nos autos e examinada pelo magistrado, se houver dúvidas em relação ao valor do bem.

Após a juntada do laudo de avaliação, assim, serão intimados os credores e o falido para apresentarem eventuais impugnações, as quais poderão exigir a realização de perícia técnica para apuração do valor dos bens. Caso não haja impugnações, o laudo será homologado pelo juízo.

Art. 111. O juiz poderá autorizar os credores, de forma individual ou coletiva, em razão dos custos e no interesse da massa falida, a adquirir ou adjudicar, de imediato, os bens arrecadados, pelo valor da avaliação, atendida a regra de classificação e preferência entre eles, ouvido o Comitê.

Aquisição ou adjudicação imediata dos bens pelos credores

O artigo 111 foi uma novidade da Lei n. 11.101/05, ao tentar solucionar o problema da legislação anterior que, ao não prever dispositivo semelhante, impedia formas alternativas de alienação

---

451 COSTA, Daniel Carnio; MELO, Alexandre Nasser. *Comentários à Lei de Recuperação de Empresas e Falência*: Lei n. 11.101, de 09 de fevereiro de 2005. Curitiba: Juruá, 2021, p. 342.

do ativo sem a aprovação da Assembleia-Geral de Credores, o que exigia tempo e impunha custos e despesas por vezes incompatíveis com o baixo valor dos ativos a serem liquidados. Por vezes, assim, era comum o procedimento falimentar se prolongar demasiadamente, até que os ativos fossem deteriorados ou alienados como sucata.

Nesse sentido, a Lei n. 11.101/05 permitiu que, em razão dos custos dispendiosos do procedimento falimentar e sempre levando em consideração o interesse da massa falida, o juiz autorize os credores, de forma individual ou coletiva, a adquirir ou adjudicar, de imediato, os bens arrecadados, pelo valor constante no laudo de avaliação, atendida a regra de classificação dos créditos e as preferências, ouvido o Comitê de credores, se houver.

Nesse sentido, a adjudicação ou alienação será deferida ao credor mais privilegiado e somente se todos os credores da mesma classe assim concordarem, já que não poderão ser preteridos por outro credor com menos privilégio, sob pena de vulneração ao princípio da *par conditio creditorum*. Somente caso não haja interesse daqueles, é que este último poderá vir a adquirir o bem.

Para Manoel Justino Bezerra Filho, contudo, a medida é problemática e altamente improvável de ser concretizada, porque, a menos que haja concordância entre todos os credores, o que não se mostra viável ante o amplo espectro de interesses conflitantes, a adjudicação ou aquisição de um bem beneficiará tão somente aquele que adjudicou ou adquiriu.[452]

De todo modo, a medida somente deverá ser concretizada no interesse da massa falida, tratando-se de hipótese que privilegia a celeridade e eficiência no processo falimentar pela venda antecipada de bens, reduzindo etapas, custos e o lapso temporal que

452 BEZERRA FILHO, Manoel Justino. *Lei de Recuperação de Empresas e Falências*: Lei n. 11.101/2005 comentada artigo por artigo. 15ª ed., rev., atual. e ampl. São Paulo: Revista dos Tribunais, 2021, p. 447.

seria aguardado para que o bem fosse ofertado e, somente então, alienado. Ademais, aqui não se admite negociação, propostas ou contrapropostas em relação ao valor do bem, devendo ser respeitado o valor da respectiva avaliação.[453]

Art. 112. Os bens arrecadados poderão ser removidos, desde que haja necessidade de sua melhor guarda e conservação, hipótese em que permanecerão em depósito sob responsabilidade do administrador judicial, mediante compromisso.

Remoção dos bens arrecadados

Sempre que necessário para melhor guarda e conservação dos bens, o administrador judicial procederá à remoção dos bens do falido independentemente de autorização judicial, hipótese em que permanecerão em depósito, sob sua responsabilidade, mediante compromisso.

Relembre-se que é dever do administrador judicial "*praticar todos os atos conservatórios de direitos e ações*" na falência (LREF, art. 22, III, l), bem como "*requerer todas as medidas e diligências que forem necessárias para o cumprimento desta Lei, a proteção da massa ou a eficiência da administração*" (LREF, art. 22, III, "o"). A ele compete, pois, adotar todas as medidas necessárias para a guarda e conservação dos bens do falido após a arrecadação, continuando por eles responsável, ainda que nomeie terceiro depositário (LREF, art. 108, §1º).

Na prática, contudo, tais bens são normalmente removidos diretamente para o pátio do leiloeiro oficial, responsável pelo seu praceamento, medida que se revela mais eficaz e célere ao procedimento.

---

453 COSTA, Daniel Carnio; MELO, Alexandre Nasser. *Comentários à Lei de Recuperação de Empresas e Falência*: Lei n. 11.101, de 09 de fevereiro de 2005. Curitiba: Juruá, 2021, p. 344.

Da redação do dispositivo, contudo, denota-se que a lei preferiu estabelecer que os bens sejam deixados no lugar onde se encontrarem, sendo removidos apenas excepcionalmente e se houver necessidade.

Art. 113. Os bens perecíveis, deterioráveis, sujeitos à considerável desvalorização ou que sejam de conservação arriscada ou dispendiosa, poderão ser vendidos antecipadamente, após a arrecadação e a avaliação, mediante autorização judicial, ouvidos o Comitê e o falido no prazo de 48 (quarenta e oito) horas.

Venda antecipada de bens

Como regra geral, os bens arrecadados deverão ser depositados em local seguro, para sua guarda e conservação sob responsabilidade do administrador judicial, até o momento de sua venda, conforme o procedimento previsto nos artigos 139 a 148 da LREF.

Contudo, em respeito à maximização dos ativos do devedor e da obrigação do administrador judicial de praticar todos os atos conservatórios dos bens do devedor, poderá requerer ao juízo autorização para proceder à venda antecipada dos bens perecíveis, deterioráveis, sujeitos à considerável desvalorização ou que sejam de conservação arriscada ou dispendiosa, após a arrecadação e a avaliação.

Imagine-se, por exemplo, a arrecadação de gêneros alimentícios, produtos de curta validade ou determinados produtos químicos cuja conservação exija condições especiais de temperatura, umidade e pressão, que tornem demasiadamente onerosa sua guarda. Nesses casos, poderá ser realizada a venda antecipada, por quaisquer das modalidades previstas no artigo 142 da LREF, inclusive por modalidades extraordinárias, como a venda direta (LREF, art. 144).

O requerimento de venda antecipada será autuado em apartado para que não se prejudique o andamento da falência, sem prejuízo de que o juiz determine de forma diversa, e serão ouvidos o Comitê de credores, se houver, e o falido, no prazo de 48 horas. Também não há impedimento legal de que a venda antecipada seja requerida pelo próprio falido, ou por qualquer credor interessado, caso o administrador judicial não se manifeste nesse sentido.

Note-se, contudo, que caso os bens sejam de fácil deterioração, será obrigação do administrador judicial proceder desta forma, conforme art. 22, III, "j" da LREF, até porque, se os bens se perderem por sua inércia, poderá responder pelos danos eventualmente causados (LREF, art. 32).

No caso de venda antecipada, a intimação do Ministério Público é obrigatória, por força do §7° do artigo 142, da LREF, sob pena de nulidade.

Art. 114. O administrador judicial poderá alugar ou celebrar outro contrato referente aos bens da massa falida, com o objetivo de produzir renda para a massa falida, mediante autorização do Comitê.

§ 1º O contrato disposto no caput deste artigo não gera direito de preferência na compra e não pode importar disposição total ou parcial dos bens.

§ 2º O bem objeto da contratação poderá ser alienado a qualquer tempo, independentemente do prazo contratado, rescindindo-se, sem direito a multa, o contrato realizado, salvo se houver anuência do adquirente.

Celebração de negócios jurídicos para geração de renda

O artigo 114 traduz uma oportunidade para que se produza renda destinada à massa falida, a qual integrará os seus ativos para a satisfação dos credores, ou para o custeio das despesas da falência.

Nesse sentido, poderá o administrador judicial celebrar contrato de locação ou outros contratos referentes aos bens da massa falida, tais como arrendamento ou cessão provisória, mediante autorização do Comitê de credores, se houver, e do juiz, na falta daquele órgão.

Destinado à produção de renda, o contrato deverá ser, em regra, oneroso, admitindo-se excepcionalmente a inexistência de contraprestação pecuniária, como nos casos em que a celebração do negócio tenha por objetivo apenas a conservação dos bens pelo contratante, desonerando a massa falida.

Para Manoel Justino Bezerra Filho, a providência corresponde à continuação provisória das atividades do falido de que trata o artigo 99, XI da LREF, embora a lei não faça menção expressa a isso.[454]

Ademais, sobre o dispositivo, Daniel Carnio Costa e Alexandre Nasser de Melo apontam que em razão do contido na reforma da lei de falências, que visa à alienação dos ativos da massa falida no menor tempo possível e dos abusos cometidos com essas contratações em casos falimentares, a celebração de contrato de aluguel envolvendo bens do falido deve ser feita apenas excepcionalmente e em curta duração, respeitando-se a regra de que a destinação final dos ativos na falência deve ser a alienação.[455]

Caso autorizada a celebração de negócios jurídicos pelo administrador judicial, contudo, devem ser observadas duas regras. A primeira, de que o contrato não gerará qualquer direito de preferência na compra pelo contratante e não poderá importar disposição total ou parcial dos bens (§1º). É defeso ao administrador

---

454 BEZERRA FILHO, Manoel Justino. *Lei de Recuperação de Empresas e Falências*: Lei n. 11.101/2005 comentada artigo por artigo. 15ª ed., rev., atual. e ampl. São Paulo: Revista dos Tribunais, 2021, p. 449.

455 COSTA, Daniel Carnio; MELO, Alexandre Nasser. *Comentários à Lei de Recuperação de Empresas e Falência*: Lei n. 11.101, de 09 de fevereiro de 2005. Curitiba: Juruá, 2021, p. 346.

judicial, portanto, se desfazer dos bens do falido, por qualquer modalidade de venda, doação, destruição, abandono, dação em garantia ou pagamento.

A segunda, de que o bem objeto do contrato poderá ser alienado a qualquer tempo e entregue ao alienante independentemente do prazo contratado, o que implicará a rescisão do negócio celebrado sem qualquer direito a multa, salvo se o adquirente anuir com a manutenção da avença e da posse do bem pelo contratante originário (§2º).

Há doutrina que entende que tais regras tornam extremamente oneroso e desvantajoso para qualquer contratante, empresário ou não empresário, contratar nestas condições.

Art. 114-A. Se não forem encontrados bens para serem arrecadados, ou se os arrecadados forem insuficientes para as despesas do processo, o administrador judicial informará imediatamente esse fato ao juiz, que, ouvido o representante do Ministério Público, fixará, por meio de edital, o prazo de 10 (dez) dias para os interessados se manifestarem.

§ 1º Um ou mais credores poderão requerer o prosseguimento da falência, desde que paguem a quantia necessária às despesas e aos honorários do administrador judicial, que serão considerados despesas essenciais nos termos estabelecidos no inciso I-A do caput do art. 84 desta Lei.

§ 2º Decorrido o prazo previsto no caput sem manifestação dos interessados, o administrador judicial promoverá a venda dos bens arrecadados no prazo máximo de 30 (trinta) dias, para bens móveis, e de 60 (sessenta) dias, para bens imóveis, e apresentará o seu relatório, nos termos e para os efeitos dispostos neste artigo.

§ 3º Proferida a decisão, a falência será encerrada pelo juiz nos autos.

Ativos insuficientes para pagamento das despesas da falência

O Decreto-Lei n. 7.661/45 trazia dispositivo semelhante ao artigo 114-A, ao prever o procedimento a ser adotado caso constatada a inexistência de bens da massa falida a serem arrecadados ou, se arrecadados, fossem insuficientes para pagamento das despesas do processo.[456]

A Lei n. 11.101/05 suprimiu tal dispositivo sem estabelecer regra semelhante, criando um impasse sobre como proceder quando não são encontrados bens do falido, ou quando os ativos arrecadados não se prestam nem mesmo a satisfazer as despesas do procedimento, situações que não são incomuns na prática jurídica.[457]

A reforma de 2020, nesses termos, resgatou o procedimento que era então previsto, com o intuito de simplificar os processos falimentares de pouca expressão, em que a arrecadação é irrisória e insuficiente para pagamento das despesas do próprio procedimento. Havendo essa situação, não parece razoável dar-se continuidade à falência, sobretudo considerando sua natureza complexa e dispendiosa.

---

456 Decreto-Lei n. 7.661/45. "Art. 75. Se não forem encontrados bens para serem arrecadados, ou se os arrecadados forem insuficientes para as despesas do processo, o síndico levará, imediatamente, o fato ao conhecimento do juiz, que, ouvido o representante do Ministério Público, marcará por editais o prazo de dez dias para os interessados requererem o que for a bem dos seus direitos.

§ 1º Um ou mais credores podem requerer o prosseguimento da falência, obrigando-se a entrar com a quantia necessária às despesas, a qual será considerada encargo da massa.

§ 2º Se os credores nada requererem, o síndico, dentro do prazo de oito dias, promoverá a venda dos bens porventura arrecadados e apresentará o seu relatório, nos termos e para os efeitos dos parágrafos 3º, 4º e 5º do art. 200.

§ 3º Proferida a decisão (art. 200, § 5º), será a falência encerrada pelo juiz nos respectivos autos".

457 COSTA, Daniel Carnio; MELO, Alexandre Nasser. *Comentários à Lei de Recuperação de Empresas e Falência*: Lei n. 11.101, de 09 de fevereiro de 2005. Curitiba: Juruá, 2021, p. 347.

Estabelece o artigo 114-A, assim, que em caso de ausência de bens para serem arrecadados, ou se os arrecadados forem insuficientes para as despesas do processo, o administrador judicial informará imediatamente o fato ao juiz, que, após ouvir o Ministério Público, fixará o prazo de 10 dias para os interessados se manifestarem, por meio de edital.

Se um ou mais credores manifestarem-se pelo prosseguimento do procedimento falimentar, serão obrigados a depositar a quantia necessária às despesas processuais e honorários do administrador judicial, como forma de caução, que será fixada pelo magistrado com base na conjuntura processual. Tais expensas, inicialmente pagas pelos credores, serão consideradas como despesas essenciais, a serem classificadas como crédito extraconcursal, nos termos do inciso I-A do artigo 84 c.c. artigo 150, da LREF. Serão pagas, pois, com precedência a qualquer crédito concursal, caso sejam arrecadados bens suficientes para tanto.

Se, de outro turno, o prazo de 10 dias decorrer sem manifestação de qualquer interessado, o administrador judicial promoverá a venda dos bens que houverem sido arrecadados (se arrecadados e ainda que irrisórios), no prazo máximo de 30 dias para bens móveis e de 60 dias para bens imóveis.

Em seguida, apresentará o relatório final de que trata o artigo 156 da LREF, após o que será declarado o encerramento da falência pelo juiz.

Saliente-se a impossibilidade de a falta de caução implicar a revogação da falência anteriormente decretada, com a extinção do processo por falta de pressuposto processual. A fim de permitir eventual apuração criminal, a falência precisa ser decretada para que se atinja a condição objetiva de punibilidade (LREF, art. 180). Impõe-se, portanto, a declaração de encerramento da falência, com a submissão do falido aos efeitos da sentença de quebra.

Observa-se que, com a nova redação do artigo 158, V da LREF, ao encerramento da falência, com fundamento no artigo 114-A é, também, hipótese que permite a declaração da extinção das obrigações do falido.

A medida restabelecida pelo art. 114-A se presta a também diminuir o excesso de trabalho jurisdicional, deixando o sistema mais racional e menos sobrecarregado, permitindo que sejam envidados esforços maiores nos demais processos em andamento, além de permitir ao falido que se reinsira no mercado mais rapidamente, contribuindo assim para o desenvolvimento econômico e social do país.[458]

Seção VIII – Dos Efeitos da Decretação da Falência sobre as Obrigações do Devedor

Art. 115. A decretação da falência sujeita todos os credores, que somente poderão exercer os seus direitos sobre os bens do falido e do sócio ilimitadamente responsável na forma que esta Lei prescrever.

Sujeição de todos os credores à falência

Sendo o juízo falimentar universal e indivisível (LREF, art. 76), será ele competente para o conhecimento de todas as ações que envolvam bens e interesses do falido e do sócio de responsabilidade ilimitada, ressalvadas as exceções legais. Todos os credores, pois, ficam sujeitos a ele, devendo exercer os seus direitos em relação aos bens do falido na forma da LREF.

---

458 COSTA, Daniel Carnio; MELO, Alexandre Nasser. *Comentários à Lei de Recuperação de Empresas e Falência*: Lei n. 11.101, de 09 de fevereiro de 2005. Curitiba: Juruá, 2021, p. 348.

Nesse sentido, cuidando-se a falência de um processo de execução coletiva, não pode nenhum credor fazer valer seus direitos em juízo diverso, pois todos os credores serão convocados a postulá-los somente perante o juízo universal, sendo habilitados e satisfeitos conforme a ordem legal de pagamento na falência, incluindo os credores titulares de obrigações não vencidas, os titulares de créditos em moeda estrangeira, os trabalhistas, quirografários, com direito real de garantia, e todos os demais, qualquer que seja a natureza do crédito.

Ao se referir ao "falido", o dispositivo quis abranger tanto as sociedades empresárias, anônimas ou limitadas quanto o empresário individual de responsabilidade ilimitada.

Art. 116. ***A decretação da falência suspende:***

I – o exercício do direito de retenção sobre os bens sujeitos à arrecadação, os quais deverão ser entregues ao administrador judicial;

II – o exercício do direito de retirada ou de recebimento do valor de suas quotas ou ações, por parte dos sócios da sociedade falida.

Suspensão dos direitos de retenção e de retirada

Conforme explanado nos comentários ao artigo 108, todos os bens do devedor deverão ser arrecadados pelo administrador judicial, inclusive aqueles em posse ou de titularidade de terceiros, para integrar a massa falida objetiva.

O direito de retenção, previsto no Código Civil em diversas situações jurídicas, é a faculdade assegurada ao credor de manter em seu poder coisa alheia, de que já detenha legitimamente, até que a obrigação seja satisfeita pelo devedor. O instituto tem por objetivo compelir o dono da coisa a cumprir determinada prestação a que tenha se obrigado, após o seu vencimento.

Como exemplo, tem-se o locatário que realiza benfeitorias necessárias ou úteis em relação ao imóvel, com o consentimento expresso do locador (CC, art. 578), ou o depositário que aguarda o ressarcimento das despesas feitas com a coisa e dos prejuízos que do depósito provierem, pelo depositante (CC, arts. 643 e 644), ou ainda o mandatário que aguarda o reembolso do que despendeu no desempenho do encargo, em relação à coisa de que tenha posse em virtude do mandato (CC, art. 681).

Na falência, quaisquer credores que tenham direito de retenção sobre os bens do devedor, sujeitos à arrecadação, terão o exercício desse direito suspenso após a decretação de quebra. A retenção, pois, não dá ao credor o direito de manter consigo o bem a ser arrecadado, devendo o direito creditório ser perseguido através da habilitação na falência.

A medida busca preservar a lógica do sistema falimentar. Se o direito de retenção existe para compelir o devedor ao cumprimento de uma obrigação e se, com a decretação da falência, o credor não poderá exigi-la em procedimento autônomo, devendo habilitar seu crédito e aguardar o pagamento conforme ordem preestabelecida pela lei, não seria admissível a preservação do direito de retenção de bens, para satisfazer apenas um dos credores do falido.

A decretação da falência também suspende o direito dos sócios de se retirar da sociedade falida, a que alude o artigo 1.029 do Código Civil, e de receber seus respectivos haveres. Conforme estabelece o dispositivo, qualquer sócio pode retirar-se da sociedade; se de prazo indeterminado, mediante notificação aos demais sócios com antecedência mínima de sessenta dias; se de prazo determinado, provando judicialmente justa causa.

Os sócios e acionistas, pois, são obrigados a permanecer na sociedade após a sentença que decreta a quebra, até o encerramento do procedimento falimentar. E, se houverem se retirado antes da sentença, o direito ao recebimento do que lhes é devido do capital social será suspenso. Tal imposição busca tutelar os interesses dos credores, garantindo que todos os ativos da sociedade empresária integrem a massa falida objetiva e sejam utilizados para pagamento dos credores.

Relembre-se, a respeito, que os valores decorrentes do direito do sócio ao recebimento de sua parcela do capital social, na liquidação da sociedade, não serão oponíveis à massa falida (LREF, art. 83, §2º). Tais valores somente poderão ser pagos após a satisfação de todos os credores, concursais ou extraconcursais e apenas se sobrarem ativos da massa para tanto (LREF, art. 153).

Saliente-se, ademais, que na esteira do que dispõe o artigo 182 da LREF, os sócios da sociedade empresária falida poderão ser responsabilizados pessoalmente, nos termos da respectiva legislação societária, caso não tenham integralizado seu capital social até o momento da decretação da falência.

Outrossim, se o contrato social prever cláusula estabelecendo que o capital social ainda não está totalmente integralizado, a massa falida poderá ajuizar ação de integralização contra qualquer um dos sócios, independentemente de dolo ou culpa,[459] observando-se que o recebimento do valor de suas quotas ou ações, após a integralização, seguirá o disposto no artigo 153 da LREF.

Art. 117. Os contratos bilaterais não se resolvem pela falência e podem ser cumpridos pelo administrador judicial se o cumprimento reduzir ou evitar o aumento do passivo da massa falida ou for necessário à manutenção e preservação de seus ativos, mediante autorização do Comitê.

§ 1º O contratante pode interpelar o administrador judicial, no prazo de até 90 (noventa) dias, contado da assinatura do termo de sua nomeação, para que, dentro de 10 (dez) dias, declare se cumpre ou não o contrato.

459 Ver comentários ao artigo 82.

§ 2º A declaração negativa ou o silêncio do administrador judicial confere ao contraente o direito à indenização, cujo valor, apurado em processo ordinário, constituirá crédito quirografário.

Conservação dos contratos bilaterais

O artigo 117 prevê redação semelhante ao revogado artigo 43 do Decreto-Lei n. 7.661/45.[460] Em ambos os dispositivos, a lei conferiu à massa falida, em juízo de conveniência a ser realizado pelo administrador judicial, mediante autorização do Comitê de credores ou do juiz, na falta daquele, a faculdade de conservar os contratos bilaterais celebrados antes da decretação da falência, se o seu cumprimento reduzir ou evitar o aumento do passivo da massa ou for necessário à manutenção e preservação de seus ativos.

Contrato bilateral é aquele em que, no momento de sua formação, ambos os contratantes assumem prestações recíprocas, um em face do outro. Como exemplos, tem-se a compra e venda, locação, permuta, sociedade, etc. Nesses contratos, o administrador judicial deverá analisar suas cláusulas e condições estipuladas, decidindo casuisticamente se irá cumpri-los ou não.

Saliente-se que, embora a análise do administrador judicial seja pautada pela conveniência, deve adotar critérios objetivos, respeitando os princípios da razoabilidade e da necessidade, para se concluir pela melhor alternativa ao interesse dos credores e da massa falida. De rigor, pois, o sopesamento entre os riscos, os

---

460 Decreto-Lei n. 7.661/45. "Art. 43. Os contratos bilaterais não se resolvem pela falência e podem ser executados pelo síndico, se achar de conveniência para a massa.

Parágrafo único. O contraente pode interpelar o síndico, para que, dentro de cinco dias, declare se cumpre ou não o contrato. A declaração negativa ou o silêncio do síndico, findo esse prazo, dá ao contraente o direito à indenização, cujo valor, apurado em processo ordinário, constituirá crédito quirografário".

benefícios e os custos da alternativa escolhida, seja do cumprimento ou do descumprimento do contrato.

Fábio Ulhoa Coelho[461] destaca que o comando normativo do art. 117 somente será aplicável se o negócio jurídico ainda não houver iniciado a fase de execução. Isso porque é condição para a rescisão do contrato, na falência, que nenhuma das partes tenha dado início, ainda, ao cumprimento das obrigações assumidas. Se o vendedor já procedeu à entrega das mercadorias vendidas e não recebeu a prestação que lhe era devida antes da decretação da quebra, o contrato não será suscetível de rescisão, devendo o vendedor, na qualidade de credor, habilitar seu crédito na falência. Se, de outro turno, o falido cumpre integralmente sua obrigação e não recebe o que lhe era devido, deverá o administrador judicial diligenciar para o seu recebimento, e não proceder à rescisão contratual.

Questão controversa é debatida na doutrina, a respeito de contratos bilaterais contendo cláusula expressa de rescisão da avença em caso de falência de um dos contraentes.

Para Manoel Justino Bezerra Filho,[462] tal ajuste não poderá ser considerado, já que a lei confere à massa falida, mediante juízo de conveniência do administrador judicial, o cumprimento ou não da avença, à luz da preservação dos interesses dos credores e da maximização dos ativos, além do interesse público que permeia o procedimento falimentar, o qual prevalece sobre os interesses meramente privados. No mesmo sentido, defende Sacramone[463] que a cláusula de rescisão pela falência deve ser considerada juridicamente

461 COELHO, Fábio Ulhoa. *Comentários à Lei de Falências e de Recuperação de empresas*: Lei n. 14.112/20, Nova Lei de Falências. 14ª ed. São Paulo: Revista dos Tribunais, 2021, p. 398.

462 BEZERRA FILHO, Manoel Justino. *Lei de Recuperação de Empresas e Falências*: Lei n. 11.101/2005 comentada artigo por artigo. 15ª ed., rev., atual. e ampl. São Paulo: Revista dos Tribunais, 2021, p. 454.

463 SACRAMONE, Marcelo Barbosa. *Comentários à Lei de Recuperação de Empresas e Falências*. 2ª ed. São Paulo: Saraiva Jur, 2021, p. 520.

impossível, com a consequente declaração de sua inexistência, já que obstaria a maximização dos ativos a serem liquidados para o pagamento dos credores, e ainda poderia acarretar a majoração do passivo, em prejuízo à coletividade interessada.

Tal entendimento, contudo, não é unânime na doutrina, tampouco está pacificado pela jurisprudência. Há autores que consideram válida a cláusula de rescisão pela falência, entendendo que a autonomia das partes constitui exceção ao artigo 117 da LREF, e que o Direito Falimentar tem normas contratuais de natureza supletiva à vontade dos contratantes, sendo aplicável somente se as partes não convencionarem diferentemente.[464]

Para que o contratante possa considerar efetivamente descumprido o contrato, constituindo em mora a massa falida, poderá interpelar o administrador judicial, em até 90 dias contados da assinatura do termo de sua nomeação, a fim de que este declare se pretende cumprir ou não a avença celebrada. Caso assim proceda, o administrador judicial terá o prazo de 10 dias para responder a requisição (§1º). Outrossim, há doutrina que sustenta que a mora não se presume antes da interpelação no prazo legal, sendo ela indispensável para que o administrador judicial possa, caso entender cabível, purgá-la.[465]

Conforme leciona Manoel Justino Bezerra Filho, citando Gustavo Tepedino,[466] se transcorrido o prazo de 90 dias, não hou-

---

464 COELHO, Fábio Ulhoa. *Comentários à Lei de Falências e de Recuperação de empresas*: Lei n. 14.112/20, Nova Lei de Falências. 14ª ed. São Paulo: Revista dos Tribunais, 2021, p. 399; COSTA, Daniel Carnio; MELO, Alexandre Nasser. *Comentários à Lei de Recuperação de Empresas e Falência*: Lei n. 11.101, de 09 de fevereiro de 2005. Curitiba: Juruá, 2021, p. 350.

465 COSTA, Daniel Carnio; MELO, Alexandre Nasser. *Comentários à Lei de Recuperação de Empresas e Falência*: Lei n. 11.101, de 09 de fevereiro de 2005. Curitiba: Juruá, 2021, p. 350.

466 BEZERRA FILHO, Manoel Justino. *Lei de Recuperação de Empresas e Falências*: Lei n. 11.101/2005 comentada artigo por artigo. 15ª ed., rev., atual. e ampl. São Paulo: Revista dos Tribunais, 2021, p. 453.

ver a aludida interpelação pelo contratante, perderá ele o direito de reclamar eventuais prejuízos causados por tal demora, embora ainda preserve seu direito de interpelar.

Marcelo Barbosa Sacramone,[467] no mesmo sentido, argumenta que a falta de interpelação do administrador judicial implica a perda, pelo contratante, da indenização que poderia ter sido evitada caso soubesse que o contrato não seria cumprido no prazo de interpelação do administrador judicial. Contudo, ressalva o autor que a falta de interpelação não impede que o contraente requeira o prejuízo sofrido com a resolução do contrato, por ação própria. Isso porque a causa do ressarcimento dos danos é o prejuízo causado pelo não cumprimento do contrato pelo falido, e não a falta ou demora de interpelação, que apenas implica a perda, para o contratante, da presunção legal de que o silêncio do administrador judicial corresponde à negativa do cumprimento da avença.

De todo modo, nada obsta que as partes interessadas (credores, sócios do falido ou o próprio devedor) se manifestem nos autos requerendo o cumprimento ou não de determinado contrato bilateral, fundamentando objetivamente o pedido, à luz do melhor interesse para a massa falida, seja objetiva ou subjetiva.

Caso o administrador judicial declare que rescindirá o contrato, ou não responda a interpelação do contratante, terá ele direito à indenização pelo inadimplemento, que se tornará absoluto nesse caso. O valor da indenização será apurado em processo ordinário autônomo e, após definido, será inscrito como crédito quirografário (§2º).

Para Manoel Justino Bezerra Filho,[468] o valor da indenização abrangerá apenas os danos emergentes, ou o que o contraente

---

467 SACRAMONE, Marcelo Barbosa. *Comentários à Lei de Recuperação de Empresas e Falências*. 2ª ed. São Paulo: Saraiva Jur, 2021, p. 519.

468 BEZERRA FILHO, Manoel Justino. *Lei de Recuperação de Empresas e Falências*: Lei n. 11.101/2005 comentada artigo por artigo. 15ª ed., rev., atual. e ampl. São Paulo: Revista dos Tribunais, 2021, p. 453.

efetivamente perdeu com o desfazimento da avença (CC, art. 402, primeira parte). Não abrangeria, pois, os lucros cessantes, ou o que o contraente deixou de lucrar (CC, art. 402, segunda parte), uma vez que a rescisão é faculdade conferida ao administrador judicial e tem expressa previsão legal, não decorrendo de dolo, culpa ou mora.

Marcelo Barbosa Sacramone,[469] em sentido diverso, aponta que os lucros cessantes também devem abrangem a indenização de que trata o §2º do art. 117, sob pena de se punir o contraente de boa-fé pelos investimentos realizados e em virtude dos lucros legitimamente esperados com o contrato.

Art. 118. O administrador judicial, mediante autorização do Comitê, poderá dar cumprimento a contrato unilateral se esse fato reduzir ou evitar o aumento do passivo da massa falida ou for necessário à manutenção e preservação de seus ativos, realizando o pagamento da prestação pela qual está obrigada.

Contratos unilaterais

Diferentemente do artigo 117, a disposição a respeito dos contratos unilaterais não existia no Decreto-Lei n. 7.661/45. Contrato unilateral é aquele em que apenas uma das partes assume obrigação em face da outra, por exemplo, a doação, o mandato, ou o depósito.

O dispositivo é aplicado nas hipóteses em que a massa falida figurar como devedora do contrato unilateral, já que, caso figure como credora da obrigação, esta deverá ser perseguida pelo administrador judicial e integrar os ativos a serem liquidados. Ademais, os negócios jurídicos a que alude o artigo 118 correspondem aos

---

469 SACRAMONE, Marcelo Barbosa. *Comentários à Lei de Recuperação de Empresas e Falências*. 2ª ed. São Paulo: Saraiva Jur, 2021, p. 519.

contratos unilaterais onerosos, já que, conforme dispõe o inciso I do artigo 5º da LREF, não são exigíveis da massa falida as obrigações a título gratuito.

Da mesma forma que nos contratos bilaterais, o administrador judicial poderá dar cumprimento aos contratos unilaterais se esse fato reduzir ou evitar o aumento do passivo da massa falida, ou for necessário à manutenção e preservação de seus ativos, mediante autorização do Comitê de Credores, se houver, ou do juiz. Os requisitos para a escolha da melhor alternativa são os mesmos do artigo antecedente.

Tratando-se de contrato unilateral, contudo, não se aplica a interpelação de que trata o §1º do artigo 117.

A mais correta interpretação dos artigos 117 e 118, pois, é de que compete aos órgãos da falência (administrador judicial, mediante autorização do Comitê de Credores, se houver, ou do juiz) a faculdade de desconstituir a relação jurídica contratual que seja desinteressante para a massa falida.

Art. 119. Nas relações contratuais a seguir mencionadas prevalecerão as seguintes regras:

I – o vendedor não pode obstar a entrega das coisas expedidas ao devedor e ainda em trânsito, se o comprador, antes do requerimento da falência, as tiver revendido, sem fraude, à vista das faturas e conhecimentos de transporte, entregues ou remetidos pelo vendedor;

II – se o devedor vendeu coisas compostas e o administrador judicial resolver não continuar a execução do contrato, poderá o comprador pôr à disposição da massa falida as coisas já recebidas, pedindo perdas e danos;

III – não tendo o devedor entregue coisa móvel ou prestado serviço que vendera ou contratara a prestações, e resolvendo o

administrador judicial não executar o contrato, o crédito relativo ao valor pago será habilitado na classe própria;

IV – o administrador judicial, ouvido o Comitê, restituirá a coisa móvel comprada pelo devedor com reserva de domínio do vendedor se resolver não continuar a execução do contrato, exigindo a devolução, nos termos do contrato, dos valores pagos;

V – tratando-se de coisas vendidas a termo, que tenham cotação em bolsa ou mercado, e não se executando o contrato pela efetiva entrega daquelas e pagamento do preço, prestar-se-á a diferença entre a cotação do dia do contrato e a da época da liquidação em bolsa ou mercado;

VI – na promessa de compra e venda de imóveis, aplicar-se-á a legislação respectiva;

VII – a falência do locador não resolve o contrato de locação e, na falência do locatário, o administrador judicial pode, a qualquer tempo, denunciar o contrato;

VIII – caso haja acordo para compensação e liquidação de obrigações no âmbito do sistema financeiro nacional, nos termos da legislação vigente, a parte não falida poderá considerar o contrato vencido antecipadamente, hipótese em que será liquidado na forma estabelecida em regulamento, admitindo-se a compensação de eventual crédito que venha a ser apurado em favor do falido com créditos detidos pelo contratante;

IX – os patrimônios de afetação, constituídos para cumprimento de destinação específica, obedecerão ao disposto na legislação respectiva, permanecendo seus bens, direitos e obrigações separados dos do falido até o advento do respectivo termo ou até o cumprimento de sua finalidade, ocasião em que o administrador judicial arrecadará o saldo a favor da massa falida ou inscreverá na classe própria o crédito que contra ela remanescer.

Regras específicas a outras relações contratuais

O artigo 119 dispõe sobre as regras atinentes a relações contratuais em espécie, que seguirão sistemática especial e não a regra geral estabelecida pelos artigos 118 e 119 aos contratos bilaterais e unilaterais, respectivamente.

Compra e venda de coisas em trânsito

Relembre-se que, nos contratos bilaterais de compra e venda celebrados pelo devedor falido, se ainda não houve a entrega da coisa pelo vendedor nem o pagamento do respectivo preço, caberá ao administrador judicial avaliar a manutenção ou não da avença, à luz da maximização dos ativos da massa falida (LREF, art. 117).

O inciso I trata da hipótese de compra de mercadoria pelo devedor falido que, no momento do requerimento de falência, ainda está em trânsito para ser entregue ao comprador.

Como regra geral, na hipótese de a mercadoria estar em trânsito e o comprador falido não a houver revendido a terceiro, terá o vendedor o direito de obstar a sua entrega e sustar a compra e venda, nos termos do que dispõe o artigo 495 do Código Civil: "*não obstante o prazo ajustado para o pagamento, se antes da tradição o comprador cair em insolvência, poderá o vendedor sobrestar na entrega da coisa, até que o comprador lhe dê caução de pagar no tempo ajustado*". Trata-se do que a doutrina denomina de *right of stoppage in transitu*, incorporada do Direito inglês.[470]

O dispositivo em comento, porém, excepciona da regra geral a hipótese em que a mercadoria em trânsito já foi revendida pelo comprador falido a terceiro de boa-fé. Nesse caso, o vendedor não

470 BEZERRA FILHO, Manoel Justino. *Lei de Recuperação de Empresas e Falências*: Lei n. 11.101/2005 comentada artigo por artigo. 15ª ed., rev., atual. e ampl. São Paulo: Revista dos Tribunais, 2021, p. 456.

poderá impedir a entrega da coisa já expedida, ainda que não tenha recebido o preço correspondente, se comprovado que o falido já estava em posse da fatura atinente à mercadoria e que tinha conhecimento de transportes. Caso a lei assim não previsse, haveria evidente prejuízo ao terceiro de boa-fé, que poderia reclamar o contrato não cumprido da massa falida.

Se, todavia, demonstrado que a revenda se realizou mediante fraude ou má-fé, seja do vendedor falido ou do terceiro, será nulo o negócio jurídico celebrado.

Fábio Ulhoa Coelho[471] entende inaplicável o instituto do *right of stoppage in transitu* no Direito brasileiro. Para o autor, o artigo 119, I, não pode ser interpretado em dissonância com os demais dispositivos da lei falimentar. Assim, o que a norma em comento estabelece é a possibilidade de o vendedor comunicar à empresa transportadora uma contraordem, para que seja sustada a entrega das mercadorias até que o administrador judicial delibere a respeito do cumprimento ou não do contrato. Se decidir pela execução da compra e venda, a mercadoria deverá ser entregue independentemente de ter sido revendida a terceiro de boa-fé, cabendo ao devedor habilitar-se na falência em relação à contraprestação devida.

Venda de coisas compostas pelo falido

O contrato de compra e venda pode ser celebrado tendo por objeto coisa simples ou unitária, ou ser executado através de prestações periódicas, pela entrega parcial de partes que formam uma coisa composta, como no caso de aquisição de um maquinário, em que as peças respectivas são entregues em lotes de componentes, de forma parcial. A coisa composta, pois, pode ser caracterizada como um bem constituído por vários outros elementos imprescindíveis

471 COELHO, Fábio Ulhoa. *Comentários à Lei de Falências e de Recuperação de empresas*: Lei n. 14.112/20, Nova Lei de Falências. 14ª ed. São Paulo: Revista dos Tribunais, 2021, p. 402.

para que a sua utilidade possa se aperfeiçoar, ao menos na forma em que pretendida pelo comprador.

Nesse caso, poderá sobrevir o decreto de falência do vendedor, antes que a coisa composta seja entregue por ele em sua totalidade. Se assim ocorrer, o administrador poderá optar por continuar ou não a execução do contrato de compra e venda.

Caso decida dar continuidade à avença, a coisa composta será entregue normalmente ao comprador em sua integralidade, conforme as condições de prazo e preço pactuadas no contrato. Se, de outro turno, o administrador judicial optar por não executar o contrato, poderá o comprador devolver as partes já recebidas à massa falida, já que a coisa contratada somente teria utilidade para ele em sua forma completa, não lhe interessando permanecer com frações sem qualquer funcionalidade do bem.

Nessa última hipótese, poderá o comprador habilitar na falência eventual crédito correspondente aos valores que tenha pago e de que pretenda a restituição, sem prejuízo do direito de reclamar eventuais perdas e danos sofridas pela inexecução do negócio, mediante ação autônoma para a apuração do respectivo valor que, somente após liquidado, será habilitado na falência como quirografário.

Venda de coisa móvel ou fornecimento de serviços a prestações

Caso o empresário celebre contrato de entrega de coisa móvel ou de fornecimento de serviços mediante pagamento a prestações e seja decretada a sua falência antes da efetiva entrega da coisa ou da prestação do serviço, o crédito relativo ao ressarcimento do valor pago pelo outro contratante será habilitado na classe própria, caso o administrador judicial decida não executar o contrato.

Nesse caso, a inexecução do negócio independentemente da vontade do comprador em pagar o preço respectivo ou receber a coisa ou serviço devidos, tratando-se de opção do administrador judicial, à luz da maximização dos ativos do falido e da proteção dos interesses dos credores da massa. Sem prejuízo, obviamente, de o contraente prejudicado reivindicar eventuais perdas e danos em ação autônoma.

Se, de outro turno, o administrador judicial resolver executar a avença, a coisa será entregue e o serviço será prestado normalmente, permanecendo válido o negócio jurídico.

Coisa móvel adquirida com reserva de domínio

A venda com reserva de domínio é disciplinada pelos artigos 521 a 528 do Código Civil. Seguindo a regra geral, nos contratos de compra e venda de coisa móvel, o vendedor pode reservar para si a propriedade da coisa, até que seja integralmente pago o preço ajustado, mediante cláusula estipulada por escrito entre os contraentes.

Nessa modalidade contratual, o vendedor somente poderá executar a cláusula de reserva de domínio após constituir o comprador em mora, quando então lhe restarão duas opções: (i) mover contra o devedor a competente ação de cobrança das prestações vencidas e vincendas e o mais que lhe for devido, ou (ii) poderá recuperar a posse da coisa vendida, sendo-lhe facultado, nessa hipótese, reter as prestações pagas até o necessário para cobrir a depreciação da coisa, as despesas feitas e o mais que de direito lhe for devido, sendo eventual excedente devolvido ao comprador.

Na falência do comprador em mora, porém, não se aplica a aludida regra geral. Caso o administrador judicial decida executar o contrato de compra e venda de coisa móvel com cláusula de reserva de domínio, poderá obstar a restituição da coisa ao vendedor, impedindo-o de recuperar a posse da coisa vendida e compelindo-o a habilitar o crédito correspondente ao preço não pago na falência.

Se, ao contrário, o administrador judicial resolver não continuar a execução do contrato, após ouvido o Comitê de Credores, se houver, restituirá a coisa móvel ao vendedor e exigirá a devolução, nos termos do contrato celebrado, dos valores pagos pelo comprador cuja falência fora decretada. Nesse caso, o vendedor não se submeterá à falência, pois a lei determina que lhe será devolvida a coisa independentemente de pedido de restituição ao juízo universal, possibilitando, assim, a exigência de devolução dos valores pagos pelo falido. Somente se o vendedor desejar reclamar eventuais perdas e danos, o valor apurado em ação autônoma seria habilitado no procedimento falimentar.[472]

Venda de coisa a termo com cotação em bolsa ou mercado

No contrato de compra e venda de coisa a termo, a celebração da avença ocorre em momento distinto do efetivo pagamento do preço ou da entrega da coisa vendida. Por esse motivo, a execução do contrato poderá ser influenciada pelas oscilações de preço do mercado. Se, no momento da entrega e do pagamento, o valor da mercadoria for inferior ao do momento em que celebrado o negócio, o comprador terá prejuízo; se o valor for superior, o comprador terá lucro.

Caso a coisa vendida tenha cotação em bolsa ou mercado, e o administrador judicial resolva não executar o contrato pela efetiva entrega e pagamento do preço, prestar-se-á a diferença de valor resultante da oscilação da mercadoria na bolsa. Para tanto, será avaliada a cotação da época da liquidação em bolsa ou mercado, em relação ao valor originalmente fixado no contrato. Se a cotação for favorável à massa falida, o administrador judicial deverá cobrar

472 COSTA, Daniel Carnio; MELO, Alexandre Nasser. *Comentários à Lei de Recuperação de Empresas e Falência*: Lei n. 11.101, de 09 de fevereiro de 2005. Curitiba: Juruá, 2021, p. 354.

a diferença do outro contraente; se, de outro turno, a cotação for desfavorável à massa, o contraente deverá se habilitar na falência para receber a diferença.

Fábio Ulhoa Coelho[473] tece críticas a essa regra, já que implica desequilíbrio entre os contratantes. Para o autor, se as partes pactuam hoje a venda de bens, concordando em fixar preço de acordo com a cotação da data futura de entrega, será este o valor a prevalecer, não se justificando apurar-se indenização pela variação em favor de uma ou outra parte. Nesses contratos, a melhor solução seria a previsão da cláusula da rescisão pela falência, para o resguardo dos interesses dos contratantes.

Promessa de compra e venda de imóveis

A promessa de compra e venda constitui contrato preliminar, instituto regulado pelos artigos 462 a 466 do Código Civil. Se a promessa tiver por objeto bem imóvel, o contrato será regulado pela legislação específica, podendo incidir sobre imóveis financiados, loteados, apartamentos construídos ou em incorporação imobiliária, ou prédios em geral.

Conforme estipulam os artigos 1.417 e 1.418 do Código Civil, na promessa de compra e venda, em geral, o promitente comprador adquire o direito real à aquisição do imóvel, caso não se tenha pactuado cláusula de arrependimento e o contrato houver sido celebrado por instrumento público ou particular, registrado no Cartório de Registro de Imóveis. Nessa qualidade, o promitente comprador poderá exigir do promitente vendedor, ou de terceiros, a quem os direitos deste forem cedidos, a outorga da escritura definitiva de compra e venda, conforme o disposto no instrumento preliminar; e, se houver recusa, requerer ao juiz a adjudicação do imóvel.

---

473 COELHO, Fábio Ulhoa. *Comentários à Lei de Falências e de Recuperação de empresas*: Lei n. 14.112/20, Nova Lei de Falências. 14ª ed. São Paulo: Revista dos Tribunais, 2021, p. 404.

Daniel Carnio Costa e Alexandre Correa de Melo[474] ainda anotam que a solução jurídica, no procedimento falimentar, poderá variar conforme o momento da decretação da falência e o momento do registro da transação imobiliária. Se a alienação for anterior à decretação da quebra, mas o registro for posterior, o ato será considerado ineficaz perante a massa falida, salvo se o adquirente houver solicitado prenotação anterior perante o cartório de registro de imóveis (LREF, art. 129, VII). Nesse caso, poderão ser restituídos eventuais valores pagos pelo promissário comprador de boa-fé (LREF, art. 86, III). Se, porém, tanto a alienação quanto o registro forem posteriores à sentença que decretar a falência, o negócio jurídico será nulo, em razão da proibição de o devedor praticar quaisquer atos de disposição de seus bens e direitos (LREF, art. 99, VI).

Cuidando-se de compromisso de compra e venda de imóveis loteados, o administrador judicial não poderá rescindi-los, conforme estabelece a Lei n. 6.766/79, ao excepcionar a regra geral do artigo 117 da LREF, que garantia ao administrador judicial a faculdade de resolver os contratos bilaterais.

Caso se trate de falência do promissário vendedor, o contrato preliminar será normalmente cumprido e o administrador judicial deverá continuar recebendo os valores devidos pelos promissários compradores dos lotes, conforme o contrato celebrado e, uma vez integralizada a totalidade do preço, deverá outorgar a escritura definitiva de compra e venda. Se, contudo, tratar-se de falência do promissário comprador, os seus direitos de promitente serão arrecadados e liquidados a terceiros (Lei n. 6.766/79, art. 30),[475]

---

474 COSTA, Daniel Carnio; MELO, Alexandre Nasser. *Comentários à Lei de Recuperação de Empresas e Falência*: Lei n. 11.101, de 09 de fevereiro de 2005. Curitiba: Juruá, 2021, p. 356.

475 Lei n. 6.766/79. "Art. 30. A sentença declaratória de falência ou da insolvência de qualquer das partes não rescindirá os contratos de compromisso de compra e venda ou de promessa de cessão que tenham por objeto a área loteada ou lotes da mesma. Se a falência ou insolvência for do proprietário da área loteada ou do titular de direito sobre ela, incumbirá ao síndico ou

os quais se sub-rogarão no contrato, recebendo o imóvel loteado após a satisfação das parcelas vencidas e vincendas. Tal regra também se aplica aos compromissos de compra e venda de imóveis não loteados, disciplinados pelo Decreto-Lei n. 58/1937, que traz dispositivo semelhante.[476]

Já no que diz respeito aos contratos de promessa de compra e venda de unidade imobiliária em empreendimento decorrente de incorporação imobiliária, o negócio será disciplinado pela Lei de Incorporação Imobiliária (Lei n. 4.591/64). Nessa hipótese, havendo falência do incorporador, o artigo 43, III, da Lei n. 4.591/64 permite que os adquirentes das unidades imobiliárias deliberem, em assembleia e por maioria, sobre o prosseguimento da construção do empreendimento para a entrega das unidades autônomas, admitindo a jurisprudência que tal providência se dê pela contratação de nova incorporadora.

Em precedente julgado em 2011, o e. Superior Tribunal de Justiça reconheceu a ilegitimidade passiva da incorporadora contratada pela comissão de adquirentes de um empreendimento, após a falência do incorporador original, em execução movida por adquirente que não quis aderir àquela comissão.

No caso, a comissão de adquirentes obteve alvará judicial, expedido pelo juízo falimentar, conferindo-lhe a propriedade dos imóveis não vendidos pelo falido ("unidades estoque"), bem como dos imóveis pertencentes àqueles que não haviam aderido à comissão, para que esta pudesse vendê-los e, com o produto, dar continuidade às obras. A comissão ainda obteve autorização judicial

---

ao administrador dar cumprimento aos referidos contratos; se do adquirente do lote, seus direitos serão levados à praça".

476 Decreto-Lei n. 58/1937. "Art. 12. (...) §2º O falecimento dos contratantes não resolve o contrato, que se transmitirá aos herdeiros. Também não o resolve a sentença declaratória de falência; na dos proprietários, dar-lhe-ão cumprimento o síndico e o liquidatário; na dos compromissários, será ele arrecadado pelo síndico e vendido, em hasta pública, pelo liquidatário (*in verbis*)".

para contratar nova incorporadora e com ela realizar contrato de permuta, para que ela concluísse o empreendimento imobiliário e recebesse, em contrapartida, as unidades estoque e as unidades dos não aderentes.

A Terceira Turma do STJ, assim, rechaçou a conclusão do Tribunal de Justiça do Rio de Janeiro, que havia reconhecido a sub-rogação dos direitos e obrigações do incorporador falido pela nova incorporadora, ao fundamento de que os não aderentes à comissão de adquirentes mantiveram íntegra a relação jurídica em face do incorporador falido, devendo habilitar na falência eventuais créditos correspondentes à indenização devida pelo descumprimento do contrato.[477]

Note-se, aliás, que como forma de diminuir o risco do empreendimento pela falência do incorporador, desde a vigência da Lei n. 10.931/2004, que inseriu o artigo 31-A na Lei de Incorporações Imobiliárias, o ordenamento jurídico passou a permitir a criação de patrimônio de afetação pelo incorporador, destinado à realização de empreendimento imobiliário específico e que não será atingido caso este venha a falir.[478]

Contratos de locação

Os contratos de locação de imóveis são regidos pela Lei n. 8.245/1991. A locação de bens móveis, por sua vez, é regulada pelas regras gerais do Código Civil, previstas em seus artigos 565 a 578.

Se a falência recair sobre o locador, o contrato não poderá ser resolvido. Nesse caso, o inquilino continuará na posse direta do imóvel e pagando o respectivo aluguel, que será integrado à massa falida para liquidação e pagamento dos credores. Após a

---

477 STJ, REsp 1115605/RJ, 3ª Turma, Min. Nancy Andrighi, DJe 18/04/2011.

478 Sobre o tema, veja-se os comentários ao inciso IX do artigo 119, mais abaixo, sobre o patrimônio de afetação.

alienação do imóvel na falência, deverá ser observada a regra prevista no artigo 8º da Lei n. 8.245/91, ou seja, se a locação for por tempo determinado e o contrato contiver cláusula de vigência em caso de alienação e estiver averbado junto à matrícula do imóvel, o arrematante será obrigado a manter o vínculo locatício, em seus termos originariamente contratados.

Se, de outro turno, a falência recair sobre o locatário, o administrador judicial poderá denunciar o contrato a qualquer tempo, sem a incidência de qualquer penalidade contratual. Se assim o fizer, o locador poderá se habilitar na falência para receber os valores devidos a título de aluguel em atraso até a sentença que a decretar. Se o administrador judicial nada deliberar, poderá ser interpelado pelo locador (LREF, art. 117, §1º), o qual poderá propor ação de despejo contra a massa falida em relação aos aluguéis que forem se vencendo após a decretação da falência.

Ressalve-se, ademais, que a decretação de falência do locatário, sem a denúncia da locação, não altera a responsabilidade dos fiadores junto ao locador.[479] Nesse sentido, eventual execução movida contra o fiador antes do decreto de falência, não será suspenso por ele, na medida em que a verba locatícia devida pelos garantidores é autônoma em relação à eventual cobrança feita via habilitação no processo de falência, de modo que aquela se volta contra devedores diversos e independentes daquele que ocupa o polo passivo da falência.[480]

Negócios de compensação e liquidação celebrados no âmbito do sistema financeiro nacional

O inciso VIII trata dos contratos de compensação e liquidação, celebrados com as Câmaras autorizadas pelo Banco Central,

---

479 STJ, REsp 1634048/MG, 3ª Turma, Min. Nancy Andrighi, DJe 04/04/2017.

480 STJ, REsp 703269/SP, 5ª Turma, Min. Gilson Dipp, DJe 18/12/2006.

no âmbito do sistema financeiro nacional. Cuida-se, assim, de regra específica para as hipóteses em que o credor for instituição financeira.

Nessas hipóteses, a parte não falida poderá considerar o contrato vencido antecipadamente pela decretação da falência da outra parte, promovendo sua liquidação nos termos do regulamento aplicável a aquele negócio. Se assim proceder, poderá compensar eventual crédito que venha a ser apurado em favor do falido com as dívidas que este possua junto às Câmaras de Compensação e Liquidação.

A forma genérica como a matéria foi tratada pelo dispositivo em comento é criticada por Manoel Justino Bezerra Filho. Note-se que a lei não indica qual regulamento seria aplicável na hipótese de liquidação, nem descreve quais negócios celebrados no âmbito do sistema financeiro nacional seriam passíveis de compensação, o que poderá incentivar as instituições financeiras a se colocarem em posição de privilégio em toda e qualquer falência, subvertendo o sistema do artigo 117 da LREF, ao permitir que as instituições financeiras ditem o que for ou não de seu interesse.[481]

Patrimônio de afetação

O patrimônio de afetação foi criado pela Lei n. 10.931 de 2004, a qual inseriu o Capítulo I-A na Lei das Incorporações Imobiliárias (artigos 31-A a 31-F). Conforme estabelece o artigo 31-A, o incorporador tem a faculdade de submeter a incorporação a regime de afetação, pelo qual o terreno e as acessões objeto de incorporação imobiliária, bem como os demais bens e direitos a ela vinculados, manter-se-ão apartados do patrimônio do incorporador e constituirão patrimônio de afetação, destinado à consecução da incorporação correspondente e à entrega das unidades imobiliárias aos respectivos adquirentes.

---

481 BEZERRA FILHO, Manoel Justino. *Lei de Recuperação de Empresas e Falências*: Lei n. 11.101/2005 comentada artigo por artigo. 15ª ed., rev., atual. e ampl. São Paulo: Revista dos Tribunais, 2021, p. 459.

O patrimônio de afetação, constituído a qualquer tempo pelo incorporador por meio de averbação no Registro de Imóveis, não se confunde com os demais bens, direitos e obrigações do patrimônio geral do incorporador ou de outros patrimônios de afetação por ele constituídos. A instituição do regime de afetação reduz os riscos do empreendimento e confere maior segurança jurídica aos adquirentes das unidades autônomas, porque o patrimônio a ele integrado servirá de garantia e só responderá por dívidas e obrigações vinculadas à incorporação respectiva.

Nesse sentido, sobretudo em casos em que vários empreendimentos isolados são explorados simultaneamente pelo mesmo empresário, a inexistência de patrimônio em separado implicava o compartilhamento do risco da atividade empresarial a todos os empregados, investidores e consumidores, indistintamente. A constituição do patrimônio em regime de afetação permite a segregação deste risco, de modo que os empregados, investidores e consumidores assumem o risco apenas daquele empreendimento a que estão vinculados. O insucesso de um empreendimento isolado, pois, não contamina os demais.

Na falência do incorporador, os bens e direitos submetidos ao regime de afetação não poderão ser arrecadados pelo administrador judicial, tampouco eventual passivo a ele vinculado poderá ser habilitado na falência. Segundo dispõe o artigo 31-F da Lei n. 4.561/64, incluído pela Lei n. 10.931/04,

> os efeitos da decretação da falência ou da insolvência civil do incorporador não atingem os patrimônios de afetação constituídos, não integrando a massa concursal o terreno, as acessões e demais bens, direitos creditórios, obrigações e encargos objeto da incorporação.

E, conforme prevê o inciso IX do artigo 119 da LREF, os bens, direitos e obrigações integrantes do patrimônio de afetação permanecerão separados dos do falido até o advento do respectivo termo da falência, ou até o cumprimento de sua finalidade, ocasião em que o administrador judicial arrecadará o saldo a favor da massa falida ou inscreverá na classe própria o crédito que contra ela remanescer.

Assim, se a falência do incorporador for decretada antes do término do empreendimento, poderão os adquirentes dos imóveis reunirem-se em assembleia, no prazo de 60 dias contados da decretação da falência, para deliberar sobre o prosseguimento da construção do imóvel, ou a alienação do patrimônio de afetação (Lei n. 4.591/64, art. 31-F, §1º).

No primeiro caso, os adquirentes ficarão automaticamente sub-rogados nos direitos, nas obrigações e nos encargos relativos à incorporação, inclusive aqueles relativos ao contrato de financiamento da obra, se houver, e as cotas mensais por eles pagas serão destinadas à conclusão do empreendimento, não integrando a massa falida. Assim, se deliberarem pela continuação da obra, os que aderiram à assembleia poderão receber diretamente as prestações devidas pelos adquirentes das unidades, colocar à venda os apartamentos não alienados pela incorporadora, ou contratar nova incorporadora para finalizar o empreendimento, devendo, de qualquer modo, satisfazer as obrigações contraídas pelo incorporador falido para o desenvolvimento do próprio empreendimento.

No segundo caso, alienado o patrimônio de afetação, o seu produto será destinado ao pagamento dos credores do incorporador, vinculados a aquele empreendimento conforme ordem de preferência, dividindo o restante entre os adquirentes, conforme o aporte financeiro realizado por cada um. Se houver quantia remanescente, esta será depositada em favor da massa falida.[482]

---

482 COSTA, Daniel Carnio; MELO, Alexandre Nasser. *Comentários à Lei de Recuperação de Empresas e Falência*: Lei n. 11.101, de 09 de fevereiro de 2005. Curitiba: Juruá, 2021, p. 358.

Fábio Ulhoa Coelho[483] ainda aponta uma segunda modalidade negocial que poderá ser constituída sob a forma do patrimônio separado, submetido ao regime do inciso IX do artigo 119 da LREF: a securitização de recebíveis imobiliários mediante cessão onerosa, em favor de companhia securitizadora, dos créditos titulados pelo incorporador perante os adquirentes das unidades condominiais. Nesse caso, a securitizadora emite títulos de crédito, denominados Certificados de Recebíveis Imobiliários (CRI), lastreados nos créditos que recebeu por cessão.

Caso essa emissão seja feita em regime fiduciário, será constituído patrimônio separado, composto pelos créditos titulados pela securitizadora perante os adquirentes das unidades condominiais (ativo) e pelos débitos perante os investidores adquirentes dos CRIs (passivo).

Tal modalidade é regida pela Lei n. 9.514/64, que dispõe sobre o Sistema de Financiamento Imobiliário e institui a alienação fiduciária de coisa imóvel. A aludida legislação foi recentemente modificada pela Medida Provisória n. 1.103, de 15 de março de 2022, a qual alterou as regras gerais aplicáveis à securitização de direitos creditórios e à emissão de Certificados de Recebíveis. Contudo, não houve alteração substancial a respeito do procedimento a ser adotado no caso de insolvência da companhia securitizadora.

Conforme dispõe o §3º do artigo 30 da MP 1.103/22, "*a insolvência da companhia securitizadora ou de seu grupo econômico não afetará os patrimônios separados que tiver constituído*". Ademais, o *caput* do mesmo dispositivo dispõe que no caso de insolvência, o agente fiduciário assumirá imediatamente a administração do patrimônio separado, em nome e por conta dos titulares dos Certificados de Recebíveis, e convocará assembleia

483 COELHO, Fábio Ulhoa. *Comentários à Lei de Falências e de Recuperação de empresas*: Lei n. 14.112/20, Nova Lei de Falências. 14ª ed. São Paulo: Revista dos Tribunais, 2021, p. 414.

geral para deliberar sobre a forma de administração. Caso não haja tal deliberação ou não seja instalada a assembleia, poderá o agente fiduciário promover o resgate dos Certificados de Recebíveis mediante a dação em pagamento dos bens e direitos integrantes do patrimônio separado aos seus titulares.

Art. 120. O mandato conferido pelo devedor, antes da falência, para a realização de negócios, cessará seus efeitos com a decretação da falência, cabendo ao mandatário prestar contas de sua gestão.

§ 1º O mandato conferido para representação judicial do devedor continua em vigor até que seja expressamente revogado pelo administrador judicial.

§ 2º Para o falido, cessa o mandato ou comissão que houver recebido antes da falência, salvo os que versem sobre matéria estranha à atividade empresarial.

Contrato de mandato anterior à falência

Segundo estabelece o artigo 653 do Código Civil, o contrato de mandato é aquele que se opera quando alguém recebe de outrem poderes para, em seu nome, praticar atos ou administrar interesses. O mandato é exercido pelo instrumento da procuração.

Na falência, caso o mandato tenha sido outorgado exclusivamente para a realização de negócios envolvendo a atividade empresarial, o contrato terá seus efeitos cessados automaticamente com a sentença, e o mandatário será obrigado a prestar contas de sua gestão. Nesse sentido, caso algum ato de gestão tenha sido praticado pelo mandatário após a sentença de falência, será considerado ineficaz.[484]

---

484 COSTA, Daniel Carnio; MELO, Alexandre Nasser. *Comentários à Lei de Recuperação de Empresas e Falência*: Lei n. 11.101, de 09 de fevereiro de 2005. Curitiba: Juruá, 2021, p. 359.

Para este fim, os representantes legais do falido deverão declarar ao administrador judicial, no ato de assinatura do termo de comparecimento, os mandatos que porventura tenham outorgado, indicando seu objeto, nome e endereço do mandatário (LREF, art. 104, I, d).

O dispositivo tem por objetivo apurar se houve algum indício de fraude ou desvio na gestão do mandatário, ou atos de má gestão que tenham contribuído para a insolvência do devedor e que possam gerar a responsabilização do outorgado.

A regra diverge, porém, da que vigia no antigo Decreto-Lei n. 7.661/45, o qual estipulava a manutenção dos contratos de mandato outorgados pelo devedor antes da falência, até sua revogação expressa pelo síndico.[485] Isso porque, decretada a falência, poderiam existir negócios em andamento ou mesmo em fase final, cuja cessação imediata poderia ser prejudicial para a massa. Para Manoel Justino Bezerra Filho,[486] pois, a alteração feita pela Lei n. 11.101/2005 não se justifica.

A regra existente na antiga legislação foi mantida apenas nos casos de mandatos conferidos para a representação judicial do devedor falido (§1º), os quais continuarão em vigor até que sejam expressamente revogados pelo administrador judicial, a quem incumbe a representação judicial da massa falida após a decretação da falência.

---

485 Decreto-Lei n. 7.661/45. "Art. 49. O mandato conferido pelo devedor, antes da falência, acerca dos negócios que interessam à massa falida, continua em vigor até que seja revogado expressamente pelo síndico, a quem o mandatário deve prestar contas.

Parágrafo único. Para o falido cessa o mandato ou comissão que houver recebido antes da falência, salvo os que versem sobre a matéria estranha a comércio".

486 BEZERRA FILHO, Manoel Justino. *Lei de Recuperação de Empresas e Falências*: Lei n. 11.101/2005 comentada artigo por artigo. 15ª ed., rev., atual. e ampl. São Paulo: Revista dos Tribunais, 2021, p. 461.

A justificativa para a manutenção dos efeitos do mandato, nesse caso, é o de que os prazos processuais são peremptórios, e a revogação automática do mandato seria extremamente prejudicial ao representado, caso devesse aguardar a regularização da representação processual. Vislumbre-se, por exemplo, a necessidade de prática de atos urgentes pelos advogados que representam o falido, a fim de tutelar o próprio interesse do mandante.

Também o mandato ou comissão conferidos à massa falida, na qualidade de mandatária ou comissária, serão cessados automaticamente pela sentença de falência, com exceção daqueles outorgados para matérias estranhas à atividade empresarial (§2º). Isso porque, após a decretação da quebra, o falido perde o direito de administrar os seus bens, ou deles dispor (LREF, art. 103), ficando incapacitado, pela mesma razão, de realizar atos de administração ou gestão no interesse de terceiros.

Art. 121. As contas correntes com o devedor consideram-se encerradas no momento de decretação da falência, verificando-se o respectivo saldo.

Encerramento das contas correntes do falido

Com a decretação da falência, são encerradas as contas correntes do devedor falido, com a apuração do respectivo saldo. Caso positivo, integrará os ativos da massa falida para liquidação e pagamento dos credores. Caso negativo, constituirá crédito titularizado pela instituição financeira, a ser habilitado na falência.

Para tanto, os representantes legais do falido deverão declarar ao administrador judicial, no ato de assinatura do termo de comparecimento, suas contas bancárias e aplicações financeiras (LREF, art. 104, I, g), além das senhas de acesso a sistemas financeiros e bancários (LREF, art. 104, V).

Encerradas as contas correntes, é defeso à instituição financeira a cobrança de juros ou débito de outros valores caso ciente da condição de falido do correntista, ainda que devidos em razão de relação contratual, sob pena de vulneração ao princípio da *par conditio creditorum*. Nessa hipótese, pode ser configurado crime falimentar, na medida em que há sonegação de bens que deveriam ser arrecadados. Assim, mesmo o cheque emitido pelo devedor antes da decretação da falência não poderá ser pago, se apresentado depois da sentença.

Eventuais valores debitados da conta corrente do falido e destinados à instituição financeira após a decretação da falência, ainda que o banco depositário desconheça a situação de quebra, deverão ser devolvidos e creditados novamente na conta do devedor, ou depositados em conta judicial vinculada à falência. Hipótese diversa, porém, ocorre quando os valores eventualmente debitados da conta do falido sejam de titularidade de terceiros. Caso a instituição financeira, desconhecendo a decretação da falência do correntista, liquida cheque regularmente emitido e apresentado, não será responsável por repor o valor do pagamento. Somente responderá pelos prejuízos causados para a massa falida se, tendo inequívoco conhecimento da falência, mesmo assim processa cheques e ordens de pagamento.

Anote-se que, com o fim de evitar tais ocorrências, o Poder Judiciário atualmente tem à disposição sistemas eletrônicos e informatizados para a comunicação, da decretação da falência, às instituições financeiras, como é o caso do Sistema de Busca de Ativos do Poder Judiciário – SISBAJUD, desenvolvido para substituir o BacenJud e aprimorar a forma de o Poder Judiciário transmitir suas ordens às instituições financeiras.

Utilizando-se do SISBAJUD, os juízes poderão emitir ordens solicitando das instituições financeiras informações dos devedores tais como: cópia dos contratos de abertura de conta corrente e de conta de investimento, fatura do cartão de crédito, contratos de câmbio, cópias de cheques, além de extratos do PIS e do FGTS. Ademais, poderão ser bloqueados tanto valores em conta corrente, como ativos mobiliários como títulos de renda fixa e ações,[487] o que certamente obstará eventuais alegações de desconhecimento da situação de falência do correntista falido, pelas instituições financeiras.

Art. 122. Compensam-se, com preferência sobre todos os demais credores, as dívidas do devedor vencidas até o dia da decretação da falência, provenha o vencimento da sentença de falência ou não, obedecidos os requisitos da legislação civil.

Parágrafo único. Não se compensam:

I – os créditos transferidos após a decretação da falência, salvo em caso de sucessão por fusão, incorporação, cisão ou morte; ou

II – os créditos, ainda que vencidos anteriormente, transferidos quando já conhecido o estado de crise econômico-financeira do devedor ou cuja transferência se operou com fraude ou dolo.

Compensação de dívidas na falência

O instituto da compensação está previsto nos artigos 368 a 380 do Código Civil. Cuida-se de modo de extinção das obrigações, que ocorre quando duas pessoas forem ao mesmo tempo credor e devedor uma da outra, em relação a dívidas líquidas, vencidas e de coisas fungíveis. Até onde se compensarem, pois, as obrigações serão extintas de pleno direito, independentemente da vontade dos contratantes (CC, arts. 368 e 369).

Na falência, as dívidas do devedor falido, vencidas até a sentença que a decretar, serão compensadas com preferência sobre

---

487 Disponível em: https://www.cnj.jus.br/sistemas/sisbajud//. Acessado em: 27.04.2022.

todos os demais credores. Relembre-se que a sentença da falência acarreta o vencimento antecipado de todas as obrigações do falido (LREF, art. 77), de sorte que as obrigações serão compensadas ainda que somente tiverem se vencido por conta da falência. Caso haja excedente do crédito após a compensação, ele será habilitado na falência se pertencer ao credor, ou exigido pelo administrador judicial se pertencer à massa falida.

Para Marcelo Barbosa Sacramone,[488] os requisitos da reciprocidade, fungibilidade, liquidez e exigibilidade necessários à compensação poderão ser afastados por convenção entre as partes, chamada de compensação voluntária, se realizada antes da decretação da falência, quando o devedor ainda tenha preservada a autonomia e administração de seus ativos e se não vulnerasse princípios de ordem pública. Nesse sentido, caso a compensação voluntária fosse realizada dentro do termo legal da falência (LREF, art. 99, II), poderá ser considerada ineficaz perante a massa falida, se privilegiar alguns credores em detrimento de outros.

A compensação, pois, constitui uma preferência na ordem de pagamento concedida pelo legislador, já que não observará o concurso de credores e a ordem de pagamento dos créditos habilitados na falência. Se um credor quirografário é simultaneamente devedor do falido, as obrigações serão compensadas de pleno direito, independentemente da vontade dos contratantes ou da instauração do concurso de credores.

Por essa razão, já assentou o e. Superior Tribunal de Justiça que o instituto deve ser aplicado com cautela no procedimento falimentar,

> uma vez que significa a quebra da par *conditio creditorum*, que deve sempre reger a satisfação das dívidas contraídas pela falida. Operada a compensação, a massa deixa de

488 SACRAMONE, Marcelo Barbosa. *Comentários à Lei de Recuperação de Empresas e Falências*. 2ª ed. São Paulo: Saraiva Jur, 2021, p. 536.

> receber determinado valor (o que em si já é prejudicial), ao passo que o credor é liberado de observar a respectiva classificação de seu crédito (o que, por derradeiro, atinge também os interesses dos demais credores). Em suma, a compensação de créditos no processo falimentar coloca sob a mesma dogmática jurídica o pagamento de débitos da falida e o recebimento de créditos pela massa falida, situações que ordinariamente obedecem a sistemas bem distintos.[489]

O Decreto-Lei n. 7.661/45 possuía disposição semelhante,[490] tendo a Lei n. 11.101/05 acrescentado no *caput* a necessidade de observância dos requisitos da compensação previstos na legislação civil.

Nesse sentido, também no procedimento falimentar, a compensação observará as seguintes regras: as obrigações fungíveis de mesmo gênero não se compensarão se diferirem na qualidade, quando especificada no contrato (CC, art. 370); o devedor somente pode compensar com o credor o que este lhe dever (CC, art. 371); a diferença de causa nas dívidas não impede a compensação, exceto se provier de esbulho, furto ou roubo; se uma se originar de comodato, depósito ou alimentos; ou se uma for de coisa não suscetível de penhora (CC, art. 373); não haverá compensação quando as partes, por mútuo acordo, a excluírem, ou no caso de renúncia prévia de uma delas (CC, art. 375); quando as duas dívidas não são

---

489 STJ, REsp 1121199/SP, 4ª Turma, Min. Raul Araújo, DJe 28/10/2013.

490 Decreto-Lei n. 7.661/45. "Art. 46. Compensam-se as dívidas do falido vencidas até o dia da declaração da falência, provenha o vencimento da própria sentença declaratória ou da expiração do prazo estipulado.

Parágrafo único. Não se compensam:

I – os créditos constantes de título ao portador;

II – os créditos transferidos depois de decretada a falência, salvo o caso de sucessão por morte;

III – os créditos, ainda que vencidos antes da falência, transferidos ao devedor do falido, em prejuízo da massa, quando já era conhecido o estado de falência, embora não judicialmente declarado".

pagáveis no mesmo lugar, não se podem compensar sem dedução das despesas necessárias à operação (CC, art. 378) e não se admite a compensação em prejuízo de direito de terceiro (CC, art. 380).

Créditos que não se compensam

O parágrafo único do artigo 122 prevê os créditos que não se compensam, em rol exemplificativo que não exclui outras hipóteses previstas no Direito comum. São aqueles transferidos após a decretação da falência, se não decorrerem de sucessão por fusão, incorporação, cisão ou morte; e aqueles que, mesmo vencidos anteriormente à sentença que decretar a falência, foram transferidos quando já conhecido o estado de crise econômico-financeira do devedor, ou cuja transferência se operou com fraude ou dolo.

Pretendeu o legislador obstar qualquer possibilidade de conluio fraudulento entre credores e devedores do falido que, após a decretação da quebra, viessem a celebrar negócios jurídicos com o fim precípuo de compensar os créditos respectivos, vulnerando o princípio da *par conditio creditorum*, e privilegiando um credor em detrimento dos demais.

Ressalte-se ser comum a prática das instituições financeiras de, comunicadas a respeito da falência de seu correntista, pretenderem a compensação entre créditos e débitos. A doutrina majoritária, contudo, afasta tal possibilidade, ao fundamento de que o saldo do depósito bancário não constitui crédito do banco em face do devedor falido, mas numerário pertencente à massa falida.[491]

Art. 123. Se o falido fizer parte de alguma sociedade como sócio comanditário ou cotista, para a massa falida entrarão

---

491 COSTA, Daniel Carnio; MELO, Alexandre Nasser. *Comentários à Lei de Recuperação de Empresas e Falência*: Lei n. 11.101, de 09 de fevereiro de 2005. Curitiba: Juruá, 2021, p. 359.

somente os haveres que na sociedade ele possuir e forem apurados na forma estabelecida no contrato ou estatuto social.

§ 1º Se o contrato ou o estatuto social nada disciplinar a respeito, a apuração far-se-á judicialmente, salvo se, por lei, pelo contrato ou estatuto, a sociedade tiver de liquidar-se, caso em que os haveres do falido, somente após o pagamento de todo o passivo da sociedade, entrarão para a massa falida.

§ 2º Nos casos de condomínio indivisível de que participe o falido, o bem será vendido e deduzir-se-á do valor arrecadado o que for devido aos demais condôminos, facultada a estes a compra da quota-parte do falido nos termos da melhor proposta obtida.

Arrecadação dos haveres que o falido possua em outras sociedades

Após a assinatura do termo de compromisso, o administrador judicial deverá efetuar a arrecadação e avaliação dos bens do falido, para que possam integrar o ativo a ser liquidado para pagamento dos credores. Nesse ato, o administrador judicial deverá também arrecadar as quotas sociais que o falido possua em outras empresas, o que se dará mediante a apuração de seus haveres na respectiva sociedade.

Isso porque a sentença que decreta a falência acarreta a imediata dissociação do sócio falido, conforme estabelece o parágrafo único do artigo 1.030 do Código Civil ("*será de pleno direito excluído da sociedade o sócio declarado falido...*"), independentemente da vontade dos contratantes ou de autorização judicial.

A falência se referirá às obrigações particulares do sócio excluído, de sorte que a sua quebra não implicará a falência da sociedade em que detenha participação social, independentemente de se tratar de sócio solidariamente responsável pelas obrigações sociais ou de sociedade com responsabilidade ilimitada. Declarado falido o sócio, o contrato de sociedade continuará válido e eficaz perante as demais partes contratantes, acarretando apenas a rescisão em face do contratante falido.

Se o falido tiver participação societária em sociedade em comandita simples (CC, arts. 1.045 a 1.051), se obrigará apenas pelo valor de sua quota, assim como também ocorre se for quotista em sociedade simples de responsabilidade limitada (CC, arts. 997 a 1.038), em sociedade limitada (CC, arts. 1.052 a 1.087) e em sociedade em nome coletivo (CC, arts. 1.039 a 1.044).

No que diz respeito aos sócios acionistas que detenham ações em sociedade por ações ou comandita por ações, no entanto, não haverá a resolução de pleno direito do contrato de sociedade e a apuração de haveres em relação a eles, mas sim a arrecadação e liquidação de suas ações pela massa falida, mediante alienação. Para essas sociedades, pois, não se aplica o artigo 123 em comento.

A apuração de haveres consiste em um procedimento contábil cuja forma pode ser prevista no contrato ou estatuto social da empresa. É o meio pelo qual se avalia o patrimônio total de uma sociedade, incluindo o seu ativo e o seu passivo, sendo apurado, ao final, o seu valor real para então se chegar ao valor da participação societária de cada sócio. Na falência, a apuração de haveres será realizada considerando a situação patrimonial da sociedade no momento da decretação da falência do sócio quotista.

Tal procedimento contábil pode ser realizado tanto na hipótese de dissolução parcial, em razão da saída de um ou mais sócios, quanto na de dissolução total, ocasião em que a sociedade é extinta. Nesse último caso, porém, exigir-se-á a liquidação da sociedade, com a apuração dos ativos sociais para satisfação de todas as obrigações sociais, e posterior rateio entre os sócios dos valores remanescentes, proporcionalmente à quantidade de quotas titularizadas.

Se o método de apuração de haveres não estiver previsto no contrato ou estatuto da sociedade, dever-se-á seguir a regra geral disposta no artigo 1.031 do Código Civil, segundo o qual:

> Nos casos em que a sociedade se resolver em relação a um sócio, o valor da sua quota, considerada pelo montante efetivamente realizado, liquidar-se-á, salvo disposição contratual em contrário, com base na situação patrimonial da sociedade, à data da resolução, verificada em balanço especialmente levantado.

De mesmo modo, o Código de Processo Civil de 2015, em seu artigo 606, prevê a forma de cálculo dos haveres do sócio retirante, caso o contrato ou o estatuto social não estabeleçam método específico de apuração. Nesse caso, deverá o juiz fixar a data de dissolução da sociedade, nomear perito contábil para proceder aos cálculos necessários (CPC, art. 604) e definir, como critério, o valor patrimonial apurado em balanço de determinação, tomando-se por referência a data da resolução e avaliando-se bens e direitos do ativo, tangíveis e intangíveis, a preço de saída, além do passivo também a ser apurado de igual forma.

Destaque-se que a apuração dos haveres somente será feita judicialmente se, por lei, pelo contrato ou pelo estatuto social, a sociedade não tiver de ser liquidada. Nesse caso, os haveres do falido somente serão integrados à massa falida após o pagamento de todo o passivo submetido à falência (§1º).

Condomínio indivisível

Além das cotas sociais que detiver o falido em outras empresas, serão também arrecadados pelo administrador judicial os bens em condomínio indivisível de que participe o devedor.

Nesse caso, com a decretação da falência o condomínio indivisível será extinto, e o bem deverá ser vendido, deduzindo-se do valor arrecadado o que for devido aos demais condôminos. Nesse sentido, não haverá habilitação do condomínio na falência, mas a automática extinção da copropriedade em relação ao falido, com a consequente alienação do bem e arrecadação, para integrar a massa falida, da quota-parte que lhe cabe no condomínio.

Apenas se o produto resultante da venda do bem for insuficiente para o pagamento da quota-parte do falido e de eventuais despesas de condomínio, este poderá se habilitar na falência para receber o saldo restante. Poderá o condomínio, de mesmo modo, exercer direito de preferência na aquisição do bem, e adquirir a quota-parte do devedor falido pelo valor da melhor proposta obtida.

Segundo aponta Fábio Ulhoa Coelho,[492] a venda do bem objeto do condomínio indivisível será efetuada, em princípio, na realização do ativo dos bens arrecadados, salvo se o juízo universal determinar sua venda em separado, se disso puder resultar maior proveito para a massa falida.

Em que pese o §2º do artigo 123 limitar sua incidência aos condomínios indivisíveis, aponta Manoel Justino Bezerra Filho a possibilidade de sua extensão aos condomínios divisíveis, como nos casos de prédios com unidades condominiais.[493] Nesse sentido, havendo qualquer prédio em condomínio arrecadado na falência, do produto decorrente de sua alienação será descontado o valor pertencente ao condomínio, que não precisará ser habilitado para receber o respectivo crédito. Esse posicionamento funda-se no entendimento de que o crédito decorrente de despesas condominiais tem natureza *propter rem*. Com a alienação do bem, seriam deduzidos do respectivo produto o valor suficiente para o pagamento do débito condominial, e o saldo restante seria integrado à massa falida.

A jurisprudência do Superior Tribunal de Justiça entende que a taxa de condomínio se enquadra no conceito de despesa necessária

---

492 COELHO, Fábio Ulhoa. *Comentários à Lei de Falências e de Recuperação de empresas*: Lei n. 14.112/20, Nova Lei de Falências. 14ª ed. São Paulo: Revista dos Tribunais, 2021, p. 439.

493 BEZERRA FILHO, Manoel Justino. *Lei de Recuperação de Empresas e Falências*: Lei n. 11.101/2005 comentada artigo por artigo. 15ª ed., rev., atual. e ampl. São Paulo: Revista dos Tribunais, 2021, p. 465.

à administração do ativo, tratando-se, portanto, de crédito extraconcursal que não se sujeita à habilitação de crédito, tampouco à suspensão determinada pelo art. 99, inciso V, da LREF.[494]

Art. 124. Contra a massa falida não são exigíveis juros vencidos após a decretação da falência, previstos em lei ou em contrato, se o ativo apurado não bastar para o pagamento dos credores subordinados.

Parágrafo único. Excetuam-se desta disposição os juros das debêntures e dos créditos com garantia real, mas por eles responde, exclusivamente, o produto dos bens que constituem a garantia.

Juros vencidos após a decretação da falência

Os créditos habilitados na falência serão apurados considerando o principal, atualizado monetariamente, e os juros incidentes até a decretação da quebra.

Relembre-se que, em relação à correção monetária, diferentemente dos juros, sempre haverá sua incidência integralmente sobre o principal até o efetivo pagamento pela massa falida, já que se cuida de mero ajuste financeiro do real em relação aos índices de inflação, não implicando nenhum acréscimo ao valor da obrigação principal.

Os juros vencidos após a decretação da falência, sejam eles legais ou contratuais, não serão exigíveis contra a massa falida se o ativo for insuficiente para o pagamento dos credores subordinados. Somente serão pagos em último lugar na ordem legal estabelecida aos créditos concursais, e apenas se sobejar ativos da massa após o

---

494 STJ, AgInt no REsp 1646272/SP, 3ª Turma, Min. Moura Ribeiro, DJe 30/04/2018. No mesmo sentido: STJ, AgInt no AREsp 1024279/SP, 3ª Turma, Min. Marco Aurélio Bellizze, DJe 27/03/2018; STJ, REsp 794029/DF, 4ª Turma, Min. João Otávio de Noronha, DJe 02/02/2010.

pagamento de todos os demais credores (LREF, art. 83, IX). Nesse caso, serão calculados a partir da sentença que decreta a falência, até o efetivo pagamento pela massa falida, de sorte que esse montante deve ser calculado separadamente dos juros incidentes até a quebra. Evidentemente, tal situação é improvável, considerando que a falência do devedor ocorre, de forma geral, quando os ativos do devedor são insuficientes para saldar o passivo.

O legislador, contudo, optou por excepcionar da regra do *caput* os juros das debêntures e dos créditos com garantia real, os quais conservarão o direito de recebimento dos juros posteriores à decretação da falência, limitados ao valor do bem que constitui a garantia.

Fábio Ulhoa Coelho[495] ressalta que a melhor interpretação do dispositivo é de que a exceção prevista no parágrafo único somente se aplica às debêntures com garantia real. Para o autor, as debêntures flutuantes, quirografárias ou subordinadas não têm direito ao recebimento dos juros posteriores à falência, se submetendo à regra geral prevista no *caput*. Corroborando esse entendimento, o fato de o parágrafo único limitar o valor dos pagamentos de juros ao montante do produto dos bens que constituem garantia. Já Marcelo Barbosa Sacramone[496] entende que a lei não restringiu a exceção legal apenas às debêntures com garantia real, não cabendo ao intérprete fazê-lo, de modo que todas as espécies de debêntures teriam assegurado o direito de recebimento de juros posteriores à falência.

Nos casos de debêntures e de créditos com garantia real, a despeito de os juros posteriores à falência integrarem o principal,

---

495 COELHO, Fábio Ulhoa. *Comentários à Lei de Falências e de Recuperação de empresas*: Lei n. 14.112/20, Nova Lei de Falências. 14ª ed. São Paulo: Revista dos Tribunais, 2021, p. 440.

496 SACRAMONE, Marcelo Barbosa. *Comentários à Lei de Recuperação de Empresas e Falências*. 2ª ed. São Paulo: Saraiva Jur, 2021, p. 539.

o pagamento de tais encargos será limitado ao valor efetivo dos bens que constituem a garantia. Em outros termos, se o produto da alienação do bem gravado não for suficiente para pagamento da integralidade do crédito gravado com garantia real, incluindo os juros, o valor excedente do crédito será classificado como quirografário (LREF, art. 83, VI, b).

Se, ao contrário, o produto dos bens que constituem a garantia for suficiente para saldar o principal e os juros posteriores à falência, e ainda sobejar excedente, o valor remanescente será devolvido à massa falida para integrar os ativos a serem distribuídos entre os credores, conforme a ordem legal.

Art. 125. Na falência do espólio, ficará suspenso o processo de inventário, cabendo ao administrador judicial a realização de atos pendentes em relação aos direitos e obrigações da massa falida.

Falência do espólio

O disposto no artigo 125 se aplica apenas para o empresário individual, pessoa natural. O falecimento do empresário individual não implica, necessariamente, o encerramento da empresa, que pode ter suas atividades mantidas, exercidas pelo espólio. Relembre-se, a esse respeito, que a falência do espólio pode ser decretada em até um ano da morte do devedor, desde que não realizada a partilha (LREF, art. 96, §1º).

Se, antes de transcorrido um ano do falecimento, a partilha for realizada sem que se decrete a falência do espólio, esta não mais poderá ser declarada, já que a partilha encerra o inventário, devendo, então, qualquer ação que envolva direitos do inventariado ser proposta contra os respectivos herdeiros (CC, art. 1.997).

Caso decretada a falência do espólio, o processo de inventário será suspenso, e caberá ao administrador judicial realizar atos pendentes em relação aos direitos e obrigações da massa falida.

Considerando que a herança responde pelas dívidas do falido (CC, art. 1.997), o processo de falência terá prioridade sobre o de inventário. Somente após o pagamento de todos os credores habilitados, havendo saldo residual, este retornará para a ação de inventário para ser partilhado entre os herdeiros. Caso contrário, o inventário será considerado negativo, diante da ausência de bens a serem partilhados.[497]

Manoel Justino Bezerra Filho[498] ressalva que a suspensão do inventário não será aplicada em relação a outros bens constantes do espólio, que não são atingidos pelo decreto de falência, tais como os bens particulares e os impenhoráveis (*v.g.*, bem de família). No concernente a tais bens, aponta o autor, o processo de inventário continuará a correr normalmente, suspendendo-se apenas em relação aos bens que formarão a massa falida, ou seja, aqueles pertencentes ao empresário falido e que também devem responder pelas dívidas da empresa.

Art. 126. Nas relações patrimoniais não reguladas expressamente nesta Lei, o juiz decidirá o caso atendendo à unidade, à universalidade do concurso e à igualdade de tratamento dos credores, observado o disposto no art. 75 desta Lei.

Relações patrimoniais não previstas na LREF

O artigo 126 cuida de norma eminentemente principiológica, estabelecendo cláusula geral para a interpretação e aplicação da LREF, em complemento ao artigo 75, que dispõe sobre os princípios da falência.

---

497 COSTA, Daniel Carnio; MELO, Alexandre Nasser. *Comentários à Lei de Recuperação de Empresas e Falência*: Lei n. 11.101, de 09 de fevereiro de 2005. Curitiba: Juruá, 2021, p. 364.

498 BEZERRA FILHO, Manoel Justino. *Lei de Recuperação de Empresas e Falências*: Lei n. 11.101/2005 comentada artigo por artigo. 15ª ed., rev., atual. e ampl. São Paulo: Revista dos Tribunais, 2021, p. 467.

No concernente às relações patrimoniais não reguladas especificamente pela LREF, o juiz deverá decidir o caso concreto atendendo aos princípios da unidade da massa falida objetiva, da universalidade do concurso falimentar e da igualdade de tratamento dos credores (*par conditio creditorum*), sempre visando a preservar e a otimizar a utilização produtiva dos bens, dos ativos e dos recursos produtivos, inclusive os intangíveis, da empresa; permitir a liquidação célere das empresas inviáveis, com vistas à realocação eficiente de recursos na economia; e fomentar o empreendedorismo, inclusive por meio da viabilização do retorno célere do empreendedor falido à atividade econômica (LREF, art. 75).

Outrossim, os negócios jurídicos envolvendo interesses patrimoniais do devedor falido não seguirão prioritariamente o Código Civil, mas a Lei de Falências e Recuperações Judiciais, posto se tratar de norma especial, aplicando-se aquela lei geral quando esta não lhe for contrária.

Art. 127. ***O credor de coobrigados solidários cujas falências sejam decretadas tem o direito de concorrer, em cada uma delas, pela totalidade do seu crédito, até recebê-lo por inteiro, quando então comunicará ao juízo.***

§ 1º O disposto no caput deste artigo não se aplica ao falido cujas obrigações tenham sido extintas por sentença, na forma do art. 159 desta Lei.

§ 2º Se o credor ficar integralmente pago por uma ou por diversas massas coobrigadas, as que pagaram terão direito regressivo contra as demais, em proporção à parte que pagaram e àquela que cada uma tinha a seu cargo.

§ 3º Se a soma dos valores pagos ao credor em todas as massas coobrigadas exceder o total do crédito, o valor será devolvido às massas na proporção estabelecida no § 2º deste artigo.

§ 4º Se os coobrigados eram garantes uns dos outros, o excesso de que trata o § 3º deste artigo pertencerá, conforme a ordem das obrigações, às massas dos coobrigados que tiverem o direito de ser garantidas.

Falência dos coobrigados solidários

O artigo 127 guarda semelhança com os dispositivos do antigo Decreto-Lei n. 7.661/45,[499] que também regulavam a obrigação solidária na falência.

A solidariedade é caracterizada quando, na mesma obrigação, concorre mais de um credor (solidariedade ativa), ou mais de um devedor (solidariedade passiva), cada um com direito ou obrigado à dívida toda, e com direito de regresso contra os demais, na proporção de cada um (Código Civil, art. 264).

Nos casos de solidariedade passiva, o credor tem direito a exigir e receber de um ou de alguns dos devedores, parcial ou

---

499 Decreto-Lei n. 7.661/45. "Art. 27. O credor de obrigação solidária concorrerá pela totalidade do seu crédito às massas dos respectivos coobrigados falidos, até ser integralmente pago.

§1º Os rateios distribuídos serão anotados no respectivo título pelos síndicos das massas, e o credor comunicará às outras o que de alguma recebeu.

§2º O credor que, indevida e maliciosamente, receber alguma quantia dos coobrigados solventes ou das massas dos coobrigados falidos, fica obrigado a restituir em dobro, além de pagar perdas e danos.

Art. 28. As massas dos coobrigados falidos não têm ação regressiva umas contra as outras. Se, porém, o credor ficar integralmente pago por uma ou por diversas massas coobrigadas, as que houverem pago terão direito regressivo contra as demais, em proporção à parte que pagaram e àquela que cada uma tinha a seu cargo.

Parágrafo único. Se os dividendos que couberem ao credor em todas as massas coobrigadas, excederem da importância total do crédito, o excesso entrará para as massas na proporção acima referida. Se os coobrigados eram garantias uns dos outros, aquele excesso pertencerá, conforme a ordem das obrigações, às massas dos coobrigados que tiverem o direito de ser garantidas".

totalmente, a dívida comum. Se o pagamento tiver sido parcial, todos os demais devedores continuam obrigados solidariamente pelo resto (Código Civil, art. 275).

Assim, é possível que haja um credor que titularize crédito em face de dois ou mais devedores cuja falência foi decretada. Nessa hipótese, ainda que o credor já tenha recebido parte de do que lhe é devido, terá o direito de concorrer em todas as falências dos coobrigados solidários pelo valor total de seu crédito, até recebê-lo por inteiro. Se a integralidade do crédito for satisfeita, em um ou alguns processos falimentares, deverá o credor comunicar o juízo de todos os demais processos de falência em que fora habilitado.

Saliente-se que, caso haja tanto coobrigados falidos quanto coobrigados solventes em relação a uma mesma obrigação, terá o credor o direito de exigir o pagamento da integralidade do crédito apenas dos solventes, se a obrigação já estiver vencida, já que não há o vencimento antecipado das obrigações em relação a eles. Nesse caso, os coobrigados solventes poderão exigir dos outros coobrigados falidos a sua respectiva cota, dividindo-se igualmente por todos a cota dos insolventes, presumindo-se iguais, no débito, as partes de todos os codevedores (Código Civil, art. 283).

Se, de outro turno, o credor habilitar seu crédito na falência dos devedores solidários, satisfeita a integralidade do crédito por uma ou por diversas massas falidas coobrigadas, as que pagaram terão direito de regresso contra as demais, em proporção à parte que efetivamente pagaram e àquela que cada uma tinha a seu cargo. Na hipótese de a soma dos valores pagos ao credor por cada massa falida coobrigada superar o valor total do crédito, o excedente será devolvido às massas na mesma proporção acima aludida.

Caso os coobrigados sejam garantes uns dos outros, eventual excedente do valor pago em relação ao crédito habilitado pertencerá, conforme a ordem das obrigações, às massas falidas dos coobrigados que tiverem o direito de ser garantidas. Nesse caso, pois, a devolução da importância excedente do crédito deverá respeitar o direito dos coobrigados a serem ressarcidos, ou seja, a devolução será feita ao endossatário, avalista ou fiador, e não ao endossante ou devedor principal, ou ao afiançado, em razão do direito de ressarcimento em face do coobrigado.

Se o credor não proceder conforme a lei determina e deixar de comunicar o recebimento integral de seu crédito ao juízo das falências em que se habilitar, poderá ser condenado a restituir em dobro o valor que recebeu, acrescido de juros legais, caso comprovado dolo ou má-fé, conforme estabelece o artigo 152 da LREF.

Destaque-se, ademais, que a possibilidade de habilitação do credor na falência do coobrigado solidário não será admitida se as obrigações deste houverem sido extintas por sentença, na forma do artigo 159 da LREF, uma vez que, nessa hipótese, o falido estará liberado das obrigações relativas à falência e não haverá mais crédito a ser habilitado perante a massa falida.

Art. 128. Os coobrigados solventes e os garantes do devedor ou dos sócios ilimitadamente responsáveis podem habilitar o crédito correspondente às quantias pagas ou devidas, se o credor não se habilitar no prazo legal.

Habilitação dos coobrigados e garantes em relação à importância paga ou devida

Caso haja inércia do credor em se habilitar na falência no prazo legal, para que seja garantido o pagamento do crédito pelo devedor solidário ou pelos sócios ilimitadamente responsáveis, os seus garantes e os coobrigados solventes poderão se habilitar na falência, com crédito correspondente às quantias pagas ou devidas.

Tal faculdade é admitida independentemente de os garantes ou coobrigados já terem solvido a dívida. Na hipótese de não terem satisfeito a obrigação solidária, poderão requerer a reserva do valor a ela correspondente na falência, já que eles têm interesse de que a obrigação seja paga pela massa falida, a fim de que sejam dela desonerados.[500]

De outro turno, se satisfeito o débito pelos coobrigados ou garantes, eles se sub-rogarão no crédito e poderão habilitar-se na falência para terem reembolsados os valores pagos. Contudo, em ambos os casos, caso o credor já tenha habilitado seu crédito na falência, não poderão os coobrigados e garantes também serem incluídos no quadro de credores pelo mesmo crédito, sob pena de haver pagamento em duplicidade pela massa falida.

Seção IX – Da Ineficácia e da Revogação de Atos Praticados antes da Falência

Art. 129. São ineficazes em relação à massa falida, tenha ou não o contratante conhecimento do estado de crise econômico-financeira do devedor, seja ou não intenção deste fraudar credores:

I – o pagamento de dívidas não vencidas realizado pelo devedor dentro do termo legal, por qualquer meio extintivo do direito de crédito, ainda que pelo desconto do próprio título;

II – o pagamento de dívidas vencidas e exigíveis realizado dentro do termo legal, por qualquer forma que não seja a prevista pelo contrato;

III – a constituição de direito real de garantia, inclusive a retenção, dentro do termo legal, tratando-se de dívida contraída anteriormente; se os bens dados em hipoteca forem objeto de outras posteriores, a massa falida receberá a parte que devia caber ao credor da hipoteca revogada;

---

500 COSTA, Daniel Carnio; MELO, Alexandre Nasser. *Comentários à Lei de Recuperação de Empresas e Falência*: Lei n. 11.101, de 09 de fevereiro de 2005. Curitiba: Juruá, 2021, p. 367.

IV – a prática de atos a título gratuito, desde 2 (dois) anos antes da decretação da falência;

V – a renúncia à herança ou a legado, até 2 (dois) anos antes da decretação da falência;

VI – a venda ou transferência de estabelecimento feita sem o consentimento expresso ou o pagamento de todos os credores, a esse tempo existentes, não tendo restado ao devedor bens suficientes para solver o seu passivo, salvo se, no prazo de 30 (trinta) dias, não houver oposição dos credores, após serem devidamente notificados, judicialmente ou pelo oficial do registro de títulos e documentos;

VII – os registros de direitos reais e de transferência de propriedade entre vivos, por título oneroso ou gratuito, ou a averbação relativa a imóveis realizados após a decretação da falência, salvo se tiver havido prenotação anterior.

Parágrafo único. A ineficácia poderá ser declarada de ofício pelo juiz, alegada em defesa ou pleiteada mediante ação própria ou incidentalmente no curso do processo.

Ineficácia objetiva dos atos praticados antes da falência

A LREF cuidou de tratar da ineficácia dos atos jurídicos praticados pelo devedor antes da decretação da falência em duas hipóteses distintas, que se diferenciam quanto aos requisitos necessários para a sua configuração. Enquanto a ineficácia prevista no artigo 129 prescinde da prova do elemento subjetivo dos contraentes, a ineficácia de que trata o artigo 130 exige a comprovação do intuito fraudulento (*consilium fraudis*), e do efetivo prejuízo à coletividade de credores (*eventum damni*), como requisitos da ação revocatória.

Em ambas as hipóteses, porém, a declaração de ineficácia produz efeitos *ex tunc*, retornando as partes para a condição em que se encontravam anteriormente à contratação. Além disso, em ambas a ineficácia limitará seus efeitos apenas à massa falida, sem se estender aos demais contratantes. Assim, eventuais bens transferidos pelo devedor deverão regressar ao patrimônio da massa e serão arrecadados pelo administrador judicial para serem liquidados. No mesmo sentido, eventuais bens dados em garantia pelo devedor durante o período suspeito, em vinculação a contrato realizado anteriormente à decretação da falência, não poderão sofrer qualquer constrição.

O artigo 129 cuida da ineficácia objetiva dos atos jurídicos praticados antes da falência, nos quais há presunção do conhecimento do estado de crise econômico-financeira do devedor e do intuito de fraudar credores, não admitindo prova em contrário porque, em razão de sua natureza, pressupõe-se que são incompatíveis com a conduta esperada de um empresário em estado pré-falimentar, que já venha demonstrando sinais de insolvência frente aos seus credores.

Nesse sentido, o empresário que já se encontre com dificuldade de receber e realizar pagamentos ou contrair crédito bancário pode ser tentado a contornar as consequências de sua bancarrota ou a evitar sua quebra por meios ilícitos, ainda que não fraudulentos, vulnerando as finalidades da execução concursal. Para coibir tal comportamento, a LREF indica determinadas condutas, praticadas pelo empresário ou sociedade empresária, que são ineficazes, independentemente de prova de fraude ou má-fé. Tais atos, no entanto, serão ineficazes apenas em relação à massa falida, conservando seus efeitos em relação aos outros contratantes.

Outrossim, praticada uma das condutas descritas nos incisos do artigo 129, presume-se o prejuízo à coletividade de credores, cuidando-se de presunção absoluta (*iure et de iure*) que não admite prova em contrário, nem cede a eventual demonstração de boa-fé do contraente. Por essa razão, entende a doutrina que o *rol* previsto no artigo 129 é taxativo.[501]

Marcelo Barbosa Sacramone,[502] no entanto, ressalva que a presunção do prejuízo, tratada pelo artigo 129 da LREF, não pode ser considerada absoluta, sob pena de resultar danos ainda maiores aos credores. Isso porque, caso comprovado que o ato jurídico não gerou nenhum prejuízo à coletividade de credores e que a preservação dos efeitos do negócio se mostraria mais benéfica à massa falida do que a declaração de sua ineficácia, nada obstaria a sua manutenção, sob pena de vulnerar o próprio grupo que a lei buscou tutelar.

O dispositivo em comento mantém o conteúdo do artigo 52 do antigo Decreto-Lei n. 7.661/45, com exceção apenas do revogado inciso VI, que tratava da "*restituição antecipada do dote ou a sua entrega antes do prazo estipulado no contrato antenupcial*". Todavia, a Lei n. 11.101/05 acrescentou o parágrafo único, sem correspondência na legislação anterior, o qual acabou por modificar o procedimento para o reconhecimento da ineficácia, admitindo que seja declarada de ofício pelo juiz por simples decisão interlocutória, sem necessidade de ajuizamento de ação revocatória autônoma.

Outrossim, conforme estabelece o parágrafo único, a ineficácia objetiva pode ser declarada de ofício, alegada em defesa ou por provocação de qualquer interessado, incluindo o administrador judicial, qualquer credor ou o Ministério Público, na qualidade de *custus legis*. O pedido declaratório de ineficácia poderá ser feito incidentalmente no processo de falência, ou através de ação autônoma ajuizada para este fim e distribuída por dependência ao

---

501 COSTA, Daniel Carnio; MELO, Alexandre Nasser. *Comentários à Lei de Recuperação de Empresas e Falência*: Lei n. 11.101, de 09 de fevereiro de 2005. Curitiba: Juruá, 2021, p. 368.

502 SACRAMONE, Marcelo Barbosa. *Comentários à Lei de Recuperação de Empresas e Falências*. 2ª ed. São Paulo: Saraiva Jur, 2021, pp. 546/547.

juízo universal, e terá efeitos restritos apenas à massa falida, não se estendendo para terceiros ou garantes que tenham participado do negócio jurídico.

Importa salientar que a ineficácia objetiva não está sujeita a prazo decadencial, como a ação revocatória (LREF, art. 132). Sua declaração, portanto, poderá ser feita até o trânsito em julgado da sentença que extinguir as obrigações do falido, por decisão interlocutória ou sentença em ação autônoma. No primeiro caso, poderá ser impugnada por agravo de instrumento (CPC, art. 1.015), enquanto no segundo, deverá ser atacada por apelação (CPC, art. 1.009).

Transitada em julgado a deliberação judicial, as partes retornarão ao estado anterior ao negócio celebrado (*status quo ante*), facultando-se ao contraente de boa-fé o direito à restituição dos bens ou valores eventualmente entregues ao devedor, sem prejuízo da propositura da ação de ressarcimento por perdas e danos em face do devedor ou seus garantes (LREF, art. 136).

Pagamento de dívidas não vencidas dentro do termo legal (inciso I)

O termo legal da falência, conhecido como período suspeito, será fixado pelo juiz no momento da prolação da sentença que decretar a quebra. Relembre-se que o termo legal não poderá retrotrair por mais de 90 dias, contados do pedido de falência ou de recuperação judicial, ou do primeiro protesto por falta de pagamento, excetuando-se os que tenham sido cancelados, o que ocorrer primeiro (LREF, art. 99, II).

Dentro do termo legal, são ineficazes quaisquer pagamentos de dívidas não vencidas, por qualquer meio extintivo do direito de crédito, como a compensação ou a dação em pagamento, ainda que pelo desconto do próprio título ou ainda que realizado nos exatos termos da avença celebrada. Ora, se o crédito não era dotado de exigibilidade, e ainda assim o devedor pagou, será necessário desconstituir os efeitos do ato, devolvendo-se à massa falida a importância correspondente, para que os recursos possam atender ao objetivo do procedimento falimentar de tratamento paritário entre os credores.

Evidentemente, o propósito da norma foi o de obstar o conluio do devedor com credores específicos, através da antecipação de pagamento de dívidas inexigíveis, frustrando a execução concursal a ser instalada com a falência, em prejuízo da massa falida subjetiva.

Conforme leciona Marcelo Barbosa Sacramone,[503] embora o inciso I mencione apenas as dívidas não vencidas, o dispositivo deve ser interpretado de forma ampla, abrangendo qualquer obrigação inexigível, não apenas pela não ocorrência do termo de vencimento, mas também por outra razão, como a pendência de condição suspensiva.

Pagamento de dívidas vencidas dentro do termo legal, por meio diverso do contratado (inciso II)

Também são ineficazes os pagamentos de dívidas vencidas e exigíveis, dentro do termo legal da falência, se realizados por qualquer forma diversa daquela prevista no contrato (dação em pagamento), sob pena de favorecer um determinado credor em detrimento dos demais. Nesse caso, o ato jurídico terá seus efeitos desconstituídos, ainda que se trate de dívida exigível, devolvendo-se à massa falida a importância correspondente para que se assegure a ordem de pagamento estabelecida pela LREF e a igualdade entre os credores.

Note-se que o pagamento de dívida vencida pelo devedor, nos exatos termos do contrato celebrado, ainda que durante o período

---

503 SACRAMONE, Marcelo Barbosa. *Comentários à Lei de Recuperação de Empresas e Falências*. 2ª ed. São Paulo: Saraiva Jur, 2021, pp. 546/547.

suspeito, não está eivado de qualquer invalidade ou irregularidade. Sendo exigível o crédito, deverá o devedor satisfazê-lo, desde que o faça pela forma prevista no contrato.

Como já decidiu o e. Superior Tribunal de Justiça, a dação em pagamento (pagamento anormal de dívidas vencidas) realizada dentro do período suspeito, fixado no processo falimentar, deve ser tida por objetivamente ineficaz em relação à massa falida, independentemente da demonstração de fraude.[504]

Constituição de direito real de garantia dentro do termo legal (inciso III)

Segundo o inciso III, será ineficaz em relação à massa falida a constituição de direito real de garantia (penhor, hipoteca ou anticrese), inclusive o direito de retenção, dentro do termo legal da falência, referente à dívida constituída anteriormente.

Note-se que, caso a dívida tenha sido constituída dentro do termo legal, não há qualquer óbice à simultânea constituição de direito real de garantia em relação a ela. Tampouco há qualquer impedimento de que dívidas constituídas anteriormente sejam garantidas, em momento distinto, por direito real, desde que tais atos ocorram antes do termo legal da falência. Nessas hipóteses, os atos somente poderão ser desconstituídos em caso de comprovado intuito fraudulento e prejuízo da massa, mediante ação revocatória.

A ineficácia objetiva, pois, atinge apenas as dívidas contraídas antes do termo legal e que tenham sido garantidas durante o período suspeito, já que nesse caso se presume tratamento privilegiado de um credor determinado, em detrimento dos demais, sobretudo porque os créditos gravados com garantia real terão preferência

---

504 STJ, AgRg no AREsp 767973/SP, 3ª Turma, Min. Marco Aurélio Bellizze, DJe 19/05/2020.

sobre os demais créditos concursais, à exceção apenas dos créditos trabalhistas (LREF, art. 83, II).

Outrossim, declarada ineficaz a constituição de garantia real, o bem correspondente não poderá sofrer constrição, e o crédito será classificado conforme suas condições originais.

Na hipótese de se ter constituído hipoteca durante o termo legal da falência, por dívida contraída anteriormente, tal garantia será declarada ineficaz perante a massa falida. No entanto, se outras hipotecas houverem sido constituídas regularmente sobre o mesmo bem, posteriormente àquela declarada ineficaz, somente após o valor relativo a esta retornar à massa, é que o bem poderá responder pelas hipotecas posteriores. Em outros termos, o credor da hipoteca eficaz apenas receberá o que lhe é devido após a massa receber a importância correspondente à garantia declarada ineficaz.

Atos de mera liberalidade (incisos IV e V)

Quaisquer atos praticados a título gratuito, bem como a renúncia à herança ou legado, realizados desde dois anos antes da decretação da falência serão considerados ineficazes em relação à massa falida.

Nessas hipóteses, os bens transferidos gratuitamente retornarão para a massa falida e serão arrecadados pelo administrador judicial, assim como a renúncia à herança ou legado será desconstituída, podendo os bens correspondente também serem arrecadados e liquidados, ainda que já tenha decorrido a partilha entre os demais herdeiros ou legatários. Isso porque o patrimônio do devedor é a garantia geral dos credores habilitados, impedindo a lei que o devedor dele disponha gratuitamente, a não ser que restem bens suficientes à satisfação de seu passivo.

O prazo de dois anos foi fixado pelo legislador por entender exíguo o prazo de até 90 dias estipulado como termo legal da falência, tendo em vista a natureza do ato praticado, cuja realização obsta a satisfação dos demais credores.

Fábio Ulhoa Coelho,[505] no entanto, ressalva as doações de valor ínfimo, como aquelas feitas em benefício de entidades culturais ou assistenciais, ou mesmo para fins de promoção da imagem institucional, além das gratificações pagas aos diretores e empregados, como verbas integrantes da remuneração ou salário.

Em relação à renúncia à herança ou legado (Código Civil, art. 1.806), presume-se que a sua prática teria por objetivo impedir a arrecadação dos bens herdados na falência, reduzindo o patrimônio do devedor. A disposição reserva sua aplicação exclusivamente aos casos de empresário individual falido, e a declaração de ineficácia do ato importará no retorno, para a massa falida objetiva, dos bens transferidos ao beneficiário da renúncia.

Trespasse realizado sem consentimento dos credores (inciso VI)

Aqui, a declaração de ineficácia será feita independentemente da data em que realizado o negócio jurídico. Ainda que antes do termo legal ou da sentença de falência do devedor, a venda ou transferência de seu estabelecimento empresarial será considerada ineficaz em relação à massa falida, se realizada sem o consentimento expresso ou o pagamento de todos os credores do falido, desde que, se em razão do trespasse, não restarem bens suficientes para solver o passivo. Nesse sentido, ainda que transferido a terceiros de boa-fé, o estabelecimento deverá ser arrecadado pelo administrador judicial e liquidado para pagamento dos credores conforme a ordem legal prevista na lei.

---

505 COELHO, Fábio Ulhoa. *Comentários à Lei de Falências e de Recuperação de empresas*: Lei n. 14.112/20, Nova Lei de Falências. 14ª ed. São Paulo: Revista dos Tribunais, 2021, p. 447.

A regra é excepcionada pela parte final do dispositivo, que prevê a plena eficácia da venda do estabelecimento empresarial, se os credores forem notificados a se manifestar sobre o ato no prazo de trinta dias, judicialmente ou pelo oficial do registro de títulos e documentos, e com ele concordarem ou não se opuserem, caso que será considerado como concordância tácita.

O inciso VI do artigo 129, portanto, reproduz a regra do artigo 1.145 do Código Civil, segundo o qual a eficácia da alienação do estabelecimento depende do pagamento de todos os credores, ou do consentimento destes, de modo expresso ou tácito, em trinta dias a partir de sua notificação, se ao alienante não restarem bens suficientes para solver o seu passivo.

Em que pese o dispositivo tratar da transferência do estabelecimento empresarial (trespasse), há jurisprudência admitindo a declaração de ineficácia, ainda que não envolva todo o estabelecimento, como no caso de transferência de bens essenciais ao desenvolvimento da atividade empresarial que revelem o desmantelamento e descaracterização do estabelecimento, obstando ao vendedor que prossiga com a atividade empresarial.

Conforme leciona Fábio Ulhoa Coelho,[506] contudo, a ineficácia objetiva do contrato de trespasse, de que trata o inciso VI do artigo 129, não pode ser confundida com a venda em separado de componentes do estabelecimento empresarial, como o fazem alguns intérpretes do Direito. Para o autor, a alienação de elementos integrantes do estabelecimento empresarial, feita de modo isolado e sem caracterizar o desmantelamento do fundo de empresa, não é alcançada pela ineficácia do Direito Falimentar, sendo providência que o empresário em estado pré-falimentar pode adotar

---

506 COELHO, Fábio Ulhoa. *Comentários à Lei de Falências e de Recuperação de empresas*: Lei n. 14.112/20, Nova Lei de Falências. 14ª ed. São Paulo: Revista dos Tribunais, 2021, p. 448.

como medida legítima, necessária à obtenção de recursos para o pagamento de suas dívidas, com o objetivo de se evitar a quebra.

Registros de negócios após a decretação da falência (inciso VII)

Nessa hipótese, a declaração de ineficácia também será feita independentemente da data em que realizado o negócio jurídico, desde que o ato ocorra após a decretação da falência.

Os registros de direitos reais e de transferência, onerosa ou gratuita, de propriedade *inter vivos* (de bens móveis ou imóveis), bem como a averbação relativa a imóveis, realizados depois da sentença que decretar a falência, serão considerados ineficazes, exceto se houver prenotação anterior à quebra.

Nesse sentido, ainda que já lavrada escritura ou instrumento particular de venda de imóvel ou de bem móvel cuja propriedade deva ser registrada em órgãos estaduais ou entidades por eles fiscalizadas (*v.g.*, veículos automotores terrestres, propriedade industrial navios, aeronaves, programas de computador etc.), sobrevindo a falência sem a efetiva oneração ou transferência do bem com o registro dos instrumentos, o ato registrário posterior será considerado ineficaz perante a massa falida. Outrossim, o credor titular da garantia real deverá habilitar-se como credor quirografário na falência, e caberá ao eventual adquirente o direito ao preço pago ou ao preço da venda judicial do bem, se inferior ao daquele.

Art. 130. São revogáveis os atos praticados com a intenção de prejudicar credores, provando-se o conluio fraudulento entre o devedor e o terceiro que com ele contratar e o efetivo prejuízo sofrido pela massa falida.

Ação revocatória (ineficácia subjetiva)

O artigo 130 trata das hipóteses de ineficácia subjetiva dos negócios jurídicos praticados pelo devedor. Nas hipóteses abrangidas pelo dispositivo, é imprescindível a prova do elemento subjetivo específico, consistente na intenção dolosa de prejudicar os credores da massa falida, sendo suficiente a consciência voluntária de que o ato poderá causar prejuízo por reduzir o patrimônio geral do empresário devedor (dolo indireto). Considera-se inválido o ato, pois, porque praticado com má-fé em relação à massa falida subjetiva.

Diferentemente das hipóteses do artigo antecedente, que trata da ineficácia objetiva do ato jurídico, aqui se deve provar o conluio fraudulento entre o devedor e o terceiro que com ele contratar (*consilium fraudis*), além do efetivo prejuízo sofrido pela massa falida (*eventus damni*), não importando em que momento o ato foi praticado, se durante o termo legal da falência, ou fora dele. Não havendo comprovação do prejuízo, não há que se falar em invalidade do ato, que continuará produzindo seus efeitos jurídicos. Por isso, diz-se que a ação revocatória corresponde à ineficácia subjetiva do ato jurídico.

O meio processual pelo qual se pleiteia a revogação é chamado de ação revocatória. Tal ação tem caráter constitutivo negativo, uma vez que a sua procedência implica o retorno ao *statu quo ante* do ato fraudulento.[507]

Diante da necessidade de dilação probatória para se demonstrar a fraude e o prejuízo causado à massa falida, a revogação deve necessariamente ser declarada em ação autônoma ajuizada perante o juízo universal, diferentemente da ineficácia dos atos previstos no

507 COSTA, Daniel Carnio; MELO, Alexandre Nasser. *Comentários à Lei de Recuperação de Empresas e Falência*: Lei n. 11.101, de 09 de fevereiro de 2005. Curitiba: Juruá, 2021, p. 373.

artigo 129, que poderá ser declarada por decisão interlocutória, de ofício pelo juiz da falência ou mediante provocação do interessado.

O artigo 131 reproduz o que já era disposto no artigo 53 do Decreto-Lei n. 7.661/45.[508] Em que pese a semelhança da ação revocatória com a fraude contra credores, sobretudo a necessidade de comprovação do *consilium fraudis* e do *eventus damni* para se recompor o patrimônio do devedor utilizado como garantia geral dos credores, a procedência da ação revocatória não gera propriamente a revogação do ato jurídico, como na fraude contra credores.

Embora o artigo 131 se utilize da expressão "revogar", no procedimento falimentar a ação revocatória apenas retira os efeitos do negócio praticado pelo devedor, trazendo-os de volta para proteger a coletividade de credores integrantes da massa falida. Somente em relação a ela, pois, é que o ato será afetado, mantendo-se plenamente eficaz perante os outros contratantes.

Manoel Justino Bezerra Filho[509] tece críticas à necessidade de se provar "o efetivo prejuízo sofrido pela massa falida". Isso porque a exigência poderá impedir o êxito da ação revocatória, na medida em que o réu sempre poderá alegar que eventual prejuízo apenas poderá ser constatado por ocasião do encerramento da falência, pois antes dele podem ser localizados bens do falido suficientes a suportar o débito. Além disso, a medida pode constituir prova diabólica, pois o terceiro que contratou com o devedor, mesmo reconhecendo o conluio fraudulento, poderá deduzir a ausência de prova do prejuízo. Para o autor, pois, a melhor interpretação do dispositivo é de que, demonstrada a fraude, incumbirá ao réu

---

508 Decreto-Lei n. 7.661/45. "Art. 53. São também revogáveis, relativamente à massa os atos praticados com a intenção de prejudicar credores, provando-se a fraude do devedor e do terceiro que com ele contrata (*in verbis*)".

509 BEZERRA FILHO, Manoel Justino. *Lei de Recuperação de Empresas e Falências*: Lei n. 11.101/2005 comentada artigo por artigo. 15ª ed., rev., atual. e ampl. São Paulo: Revista dos Tribunais, 2021, p. 479.

comprovar que não houve prejuízo à massa falida caso suscite tal questão em sua defesa, já que o próprio decreto de falência e a ausência de pagamento dos direitos do credor já são severos indicativos de prejuízo à massa.

Art. 131. Nenhum dos atos referidos nos incisos I, II, III e VI do caput do art. 129 desta Lei que tenham sido previstos e realizados na forma definida no plano de recuperação judicial ou extrajudicial será declarado ineficaz ou revogado.

Eficácia objetiva dos atos praticados conforme plano de recuperação judicial ou extrajudicial

O artigo 131, em que pese ter sido incluído após o dispositivo que trata da ação revocatória, deveria vir disposto logo depois do artigo 129, já que não se aplica às hipóteses de revogação dos atos fraudulentos praticados pelo devedor.

Para Fábio Ulhoa Coelho,[510] a menção à expressão "ou revogado" trata-se de descuido do legislador. Isso porque as hipóteses mencionadas tratam de ineficácia objetiva, em que os atos serão considerados ineficazes independentemente de terem sido praticados com fraude. Assim, para o intérprete, a melhor compreensão da norma é a de que, se qualquer ato for praticado com fraude pelo devedor em recuperação judicial ou extrajudicial, sempre caberá a revogação, nos termos do artigo 130 da LREF, ainda que previsto no plano, sob pena de se admitir a absurda situação em que o empresário em recuperação pratica ato fraudulento em prejuízo da coletividade de credores que, somente vindo a ser descoberto após a decretação da falência, venha por ela ser convalidado.

---

510 COELHO, Fábio Ulhoa. *Comentários à Lei de Falências e de Recuperação de empresas*: Lei n. 14.112/20, Nova Lei de Falências. 14ª ed. São Paulo: Revista dos Tribunais, 2021, p. 453.

O dispositivo faz referência aos incisos I, II, III e VI do *caput* do artigo 129, que tratam das hipóteses do pagamento de dívidas não vencidas realizado pelo devedor dentro do termo legal, por qualquer meio (art. 129, I); do pagamento de dívidas vencidas e exigíveis realizado dentro do termo legal, por qualquer forma que não seja a prevista pelo contrato (art. 129, II); da constituição de direito real de garantia dentro do termo legal, tratando-se de dívida contraída anteriormente (art. 129, art. III); e da venda ou transferência de estabelecimento feita sem o consentimento expresso ou o pagamento de todos os credores, salvo se não houver oposição, após devidamente notificados (art. 129, VI).

Caso os aludidos atos jurídicos tenham sido previstos e realizados na forma do plano de recuperação judicial ou extrajudicial, não poderão ser declarados ineficazes (ineficácia objetiva), porque, nesse caso, a sua prática fora autorizada pela maioria qualificada dos credores, mediante plano previamente deliberado e/ou homologado pelo juízo recuperacional.

Assim, a antecipação do pagamento de dívidas, a dação em pagamento, a constituição de direito real de garantia ou a transferência de estabelecimento sem a anuência de todos os credores poderão ser meios previstos no plano para que o devedor consiga reestruturar a atividade empresarial, a fim de permitir a satisfação de seus credores. Por isso, se aprovados pelos credores em assembleia ou homologados pelo juízo no caso de recuperação extrajudicial, não poderão ser declarados ineficazes.

Os incisos IV, V e VII estão excluídos do permissivo legal disposto no artigo 131, porque constituem atos de mera liberalidade do devedor (atos a título gratuito, renúncia à herança ou legado e registro ou averbação de direitos após a decretação da falência). Nesses casos, a prática do ato não confere qualquer benefício à massa falida, de sorte que poderão ser declarados ineficazes pelo juízo universal.

Art. 132. A ação revocatória, de que trata o art. 130 desta Lei, deverá ser proposta pelo administrador judicial, por qualquer credor ou pelo Ministério Público no prazo de 3 (três) anos contado da decretação da falência.

Legitimidade ativa e prazo decadencial da ação revocatória

São legitimados concorrentes a propor a ação revocatória o administrador judicial qualquer credor habilitado ou o Ministério Público, que atua no procedimento falimentar como *custos legis*.

Note-se que o falido não possui legitimidade ativa para a ação, considerando que a pretensão de declaração de ineficácia do próprio ato jurídico que celebrou poderia gerar conflito de interesses. Ademais, relembre-se que a falência lhe retira o direito de administrar ou dispor de seus bens, podendo, contudo, intervir no processo na qualidade de interessado (LREF, art. 103, parágrafo único).

Exceto em relação à legitimidade do administrador judicial, o artigo 132 trata da legitimidade extraordinária, já que ocorre no interesse da massa falida. Consequência disso é que a ação revocatória ajuizada por um dos legitimados impede a propositura da mesma demanda por outro, sob pena de se gerar litispendência. Assim, os demais legitimados poderão ingressar na ação como assistentes litisconsorciais, se assim desejarem.

Na vigência do Decreto-Lei n. 7.661/45, a legitimidade dos credores era apenas subsidiária, em caso de inércia do síndico, e o prazo decadencial da ação revocatória era de apenas um ano, contado a partir da publicação, pelo síndico, do aviso que comunica o início da realização do ativo e pagamento do passivo pela massa falida.[511] Tal prazo se mostrava extremamente exíguo,

---

511 Decreto-Lei n. 7.661/45. "Art. 55. A ação revocatória deve ser proposta pelo síndico, mas se o não for dentro dos trinta dias seguintes à data da

mormente diante da necessidade de se reunir provas suficientes da ocorrência de fraude.

A Lei n. 11.101/05 ampliou o prazo decadencial da ação revocatória para três anos, estabelecendo como termo inicial, contudo, a sentença que decreta a falência. Ainda assim, a doutrina aponta ser insuficiente o prazo assinalado pelo legislador. Como leciona Manoel Justino Bezerra Filho,[512] aquele que frauda o ato normalmente tenta encobrir os indícios de fraude, justamente para dificultar a descoberta do intuito doloso, o que normalmente implica anos de pesquisa para a coleta de elementos que possibilitem sua comprovação, para fins de ajuizamento da ação revocatória. Por isso, aponta o autor que uma das alternativas para sanar esse problema é a contagem do prazo de três anos a partir do conhecimento do ato fraudulento, caso este ocorra após a sentença de falência.

Marcelo Barbosa Sacramone,[513] diversamente, destaca que o termo inicial a partir da publicação da sentença de decretação da falência deve ser respeitado, porque confere segurança jurídica às relações, que não poderão sofrer indefinidamente o risco de serem consideradas ineficazes, ainda que o contratante esteja de má-fé.

---

publicação do aviso a que se refere o art. 114 e seu parágrafo, também poderá ser proposta por qualquer credor.

Art. 56. A ação revocatória correrá perante o juiz da falência e terá curso ordinário. § 1º A ação somente poderá ser proposta até um ano, a contar da data da publicação do aviso a que se refere o art. 114 e seu parágrafo. (...).

Art. 114. Apresentado o relatório do síndico (art. 63, n. XIX), se o falido não pedir concordata, dentro do prazo a que se refere o art. 178, ou se a que tiver pedido lhe fôr negado, o síndico, nas quarenta e oito horas seguintes, comunicará aos interessados, por aviso publicado no órgão oficial, que iniciará a realização do ativo e o pagamento do passivo".

512 BEZERRA FILHO, Manoel Justino. *Lei de Recuperação de Empresas e Falências*: Lei n. 11.101/2005 comentada artigo por artigo. 15ª ed., rev., atual. e ampl. São Paulo: Revista dos Tribunais, 2021, p. 482.

513 SACRAMONE, Marcelo Barbosa. *Comentários à Lei de Recuperação de Empresas e Falências*. 2ª ed. São Paulo: Saraiva Jur, 2021, p. 559.

Destaque-se que o aludido prazo não se aplica para as hipóteses de ineficácia objetiva (LREF, art. 129), a qual poderá ser declarada até o trânsito em julgado da sentença que extingue as obrigações do falido, por decisão interlocutória. Tampouco é passível de suspensão ou interrupção, por ter natureza decadencial (Código Civil, art. 207).

Art. 133. A ação revocatória pode ser promovida:

I – contra todos os que figuraram no ato ou que por efeito dele foram pagos, garantidos ou beneficiados;

II – contra os terceiros adquirentes, se tiveram conhecimento, ao se criar o direito, da intenção do devedor de prejudicar os credores;

III – contra os herdeiros ou legatários das pessoas indicadas nos incisos I e II do caput deste artigo.

Legitimidade passiva na ação revocatória

A ação revocatória poderá ser proposta contra todos os que participaram do ato fraudulento, ou que por efeito dele foram pagos, garantidos ou beneficiados, podendo ser direcionada a seus herdeiros e legatários; e contra os terceiros adquirentes, se tiveram conhecimento da intenção do devedor de prejudicar os credores, também podendo ser direcionada a seus herdeiros ou legatários em caso de falecimento daqueles.

O dispositivo cuida de hipótese de litisconsórcio passivo necessário, devendo todos aqueles que conspiraram com o falido para prejudicar os credores figurarem como réus da ação revocatória.

Em relação ao terceiro adquirente, a LREF protege aquele que agiu de boa-fé, exigindo a comprovação do conhecimento do ato fraudulento, sob pena de improcedência da ação em relação a ele. Nada obsta, porém, que a ação revocatória venha a ser ajuizada também contra o antecessor da cadeia aquisitiva, sendo a ação julgada parcialmente procedente para responsabilizá-lo, caso comprovado ter agido com fraude.

Destaque-se haver discussão doutrinária a respeito da possibilidade de o empresário ou sociedade empresária falidos integrarem o polo passivo da ação revocatória, mormente considerando que após a falência, perdem a legitimação processual para as ações que versem sobre os seus bens e direitos, os quais passam a ser representados pelo administrador judicial, em nome da massa falida (LREF, art. 22, III, n). Para esses autores, pois, o falido somente poderia ingressar como assistente simples no feito.[514]

Marcelo Barbosa Sacramone[515] discorda da conclusão, apontando que, na ação revocatória, o interesse da massa falida é oposto ao do falido, ainda que não tenha sido proposta pelo administrador judicial. Isso porque a causa de pedir da demanda é a ineficácia do negócio fraudulento praticado pelo devedor falido, em prejuízo da massa falida subjetiva. Assim, a sua legitimidade passiva subsumir-se-ia ao inciso I do dispositivo em comento, integrando o polo passivo junto com todos que figuraram no ato fraudulento.

Art. 134. A ação revocatória correrá perante o juízo da falência e obedecerá ao procedimento ordinário previsto na Lei n. 5.869, de 11 de janeiro de 1973 - Código de Processo Civil.

---

514 COSTA, Daniel Carnio; MELO, Alexandre Nasser. *Comentários à Lei de Recuperação de Empresas e Falência*: Lei n. 11.101, de 09 de fevereiro de 2005. Curitiba: Juruá, 2021, p. 372.

515 SACRAMONE, Marcelo Barbosa. *Comentários à Lei de Recuperação de Empresas e Falências*. 2ª ed. São Paulo: Saraiva Jur, 2021, p. 560.

Procedimento da ação revocatória

Em razão da indivisibilidade e universalidade do juízo falimentar (LREF, art. 76), a ação revocatória deverá por ele ser conhecida. Sua distribuição, pois, se dará por dependência ao processo de falência, nos termos do parágrafo único do artigo 78, da LREF.

Ademais, em virtude da provável necessidade de dilação probatória para a demonstração dos requisitos da ação revocatória (*consilium fraudis* e *eventus damni*), que poderá ser ampla e considerará todas as provas em direito admitidas, a ação correrá de acordo com o procedimento comum, de rito ordinário, previsto nos artigos 318 e seguintes do Código de Processo Civil de 2015.

Art. 135. A sentença que julgar procedente a ação revocatória determinará o retorno dos bens à massa falida em espécie, com todos os acessórios, ou o valor de mercado, acrescidos das perdas e danos.

Parágrafo único. Da sentença cabe apelação.

Procedência da ação revocatória

O efeito da sentença que julga procedente a ação revocatória, reconhecendo a ineficácia subjetiva do ato fraudulentamente praticado, é o de retorno dos bens objeto do ato fraudulento à massa falida objetiva, para que possam ser arrecadados pelo administrador judicial e liquidados para pagamento dos credores. Evidencia-se, outrossim, o caráter constitutivo negativo da ação revocatória, uma vez que a sua procedência implica o retorno ao *statu quo ante* do ato fraudulento.

Para este efeito, integrarão o bem todos os acessórios, como os frutos e rendimentos. Em se tratando de possuidor de má-fé, nos termos do artigo 1.216 do Código Civil, responderá por todos os frutos colhidos e percebidos, bem como pelos que, por culpa sua, deixou de perceber, desde o momento em que se constituiu de má-fé, ressalvado seu direito às despesas da produção e custeio.

Considerando que, de todo modo, no procedimento falimentar os bens arrecadados tem como destino a alienação para pagamento dos credores, o artigo 135 confere ao réu a faculdade de retornar o valor de mercado do bem à massa falida objetiva, ao invés de devolvê-lo em espécie.

No entanto, se julgada procedente a ação, o bem houver sido alienado a terceiro de boa-fé, ou houver se perdido, ainda que de forma acidental, deverá o réu sucumbente obrigatoriamente retornar para a massa falida o valor de mercado do bem, respondendo pelas perdas e danos todos os seus bens particulares.

Em que pese a desconstituição do ato jurídico fraudulento perante a massa falida, os seus efeitos regulares serão mantidos em relação a terceiros. Para a massa falida, a procedência da revocatória implica reconhecer que o bem transferido continua a pertencer à sua propriedade exclusiva, devendo ser arrecadado ainda que esteja em posse de terceiro.

Da sentença que julgar a ação revocatória caberá apelação, que será recebida em ambos os efeitos (CPC, art. 1.012).

Art. 136. Reconhecida a ineficácia ou julgada procedente a ação revocatória, as partes retornarão ao estado anterior, e o contratante de boa-fé terá direito à restituição dos bens ou valores entregues ao devedor.

§ 1º Na hipótese de securitização de créditos do devedor, não será declarada a ineficácia ou revogado o ato de cessão em prejuízo dos direitos dos portadores de valores mobiliários emitidos pelo securitizador.

§ 2º É garantido ao terceiro de boa-fé, a qualquer tempo, propor ação por perdas e danos contra o devedor ou seus garantes.

Efeitos da sentença

Como já anotado nos comentários aos artigos anteriores, a sentença que reconhecer a ineficácia objetiva (LREF, art. 129) ou subjetiva (LREF, art. 130) do ato jurídico, implicará no retorno das partes ao estado anterior à contratação (*statu quo ante*). A LREF, pois, confere efeito *ex tunc* à sentença, com a supressão de todos os efeitos jurídicos produzidos desde a celebração do negócio, apenas e tão somente em relação à massa falida.

Em relação ao contraente que celebrou o negócio com o falido, os efeitos da sentença dependem do elemento subjetivo. Caso comprovado que agiu em conluio com o devedor, de forma fraudulenta ou com má-fé, perderá o direito de restituição sobre os bens que eventualmente houver entregado ao falido e responderá por eventuais perdas e danos decorrentes do negócio fraudulento. Destaque-se que, a despeito da perda do direito de restituição dos bens pelo contraente que age de má-fé, ainda assim o efeito *ex tunc* da sentença lhe permitirá habilitar, na falência, o valor dos bens que entregou ao devedor, sendo o seu crédito classificado como quirografário, sem qualquer preferência legal.

Já o contraente de boa-fé conservará o direito de pleitear a restituição dos bens ou valores entregues ao devedor conforme artigo 86, III, da LREF, e poderá, a qualquer tempo, propor ação por perdas e danos contra o devedor ou seus garantes, decorrentes da declaração de ineficácia do ato.

Securitização de créditos

A securitização de créditos é a operação financeira por meio da qual são emitidos valores mobiliários lastreados em créditos, vencidos ou vincendos, com o fim precípuo de obter recursos financeiros imediatos pelo credor, que cede seus direitos à uma empresa securitizadora. Essa empresa emite valores mobiliários a serem ofertados no mercado de capitais em favor de investidores, para satisfazer o valor da cessão e com lastreio nesses mesmos créditos.

Conforme o §1º do artigo 136, a securitização dos créditos impede que seja declarada a ineficácia objetiva ou subjetiva do ato jurídico de cessão dos créditos, ainda que seja comprovado o conluio fraudulento entre a empresa securitizadora e o devedor falido. Isso porque busca-se conservar os direitos dos portadores de valores mobiliários emitidos pela empresa securitizadora, que agem de boa-fé e assumem a função de financiar a atividade empresarial do falido.

Como aponta Manoel Justino Bezerra Filho,[516] no entanto, a previsão legal abre porta para negócios fraudulentos, porquanto bastaria ao devedor conluiar-se com a empresa securitizadora, celebrando com ela uma cessão simulada, transferindo o crédito e nada recebendo por ele, para futuro acerto por fora.

Art. 137. O juiz poderá, a requerimento do autor da ação revocatória, ordenar, como medida preventiva, na forma da lei processual civil, o sequestro dos bens retirados do patrimônio do devedor que estejam em poder de terceiros.

Medida cautelar de sequestro de bens

Para garantir a efetividade de futura execução, o autor da ação revocatória pode postular, na petição inicial, a concessão de tutela de urgência, de natureza cautelar, para o sequestro dos bens retirados do patrimônio do devedor e que estejam em poder de terceiros, mediante a demonstração dos requisitos do *periculum in mora* (risco ao resultado útil do processo), como o perigo de

---

516 BEZERRA FILHO, Manoel Justino. *Lei de Recuperação de Empresas e Falências*: Lei n. 11.101/2005 comentada artigo por artigo. 15ª ed., rev., atual. e ampl. São Paulo: Revista dos Tribunais, 2021, p. 487.

dissipação ou desfazimento do bem entregue, e do *fumus boni iuris* (probabilidade do direito), este último consistente nos indícios de fraude e de prejuízo à massa falida subjetiva.

O pedido deverá ser deduzido conforme o procedimento de tutela provisória de urgência, previsto no Código de Processo Civil (arts. 294 e ss.). Nesse sentido, poderá ser postulado em caráter antecedente, caso em que a petição inicial limitar-se-á a requerer o pedido de tutela, com a necessidade de posterior aditamento para formulação do pedido principal, sob pena de ineficácia da tutela concedida (CPC, art. 309), ou em caráter incidental, hipótese em que será apresentada junto com o pedido de tutela final na petição inicial da ação revocatória, com a exposição da causa de pedir e do pedido, e com a instrução de todos os documentos necessários.

Caso deferida a medida cautelar, o bem será apreendido e ficará sob a guarda de um depositário, a ser nomeado pelo juízo no interesse da massa falida, evitando-se assim o seu perecimento e garantindo o resultado útil do processo.[517]

Art. 138. O ato pode ser declarado ineficaz ou revogado, ainda que praticado com base em decisão judicial, observado o disposto no art. 131 desta Lei.

Parágrafo único. Revogado o ato ou declarada sua ineficácia, ficará rescindida a sentença que o motivou.

517 COSTA, Daniel Carnio; MELO, Alexandre Nasser. *Comentários à Lei de Recuperação de Empresas e Falência*: Lei n. 11.101, de 09 de fevereiro de 2005. Curitiba: Juruá, 2021, p. 373.

Ato jurídico ineficaz praticado com base em decisão judicial

Considerando que o juízo falimentar é o único competente para decidir a respeito dos bens e interesses da massa falida, ainda que o ato jurídico tenha sido praticado com amparo em decisão judicial, o Juízo universal poderá declará-lo ineficaz ou revogá-lo, hipótese em que a sua deliberação prevalecerá sobre aquela, exceto se o ato for realizado conforme previsão do plano de recuperação judicial ou extrajudicial (LREF, art. 131).

Imagine-se, por exemplo, a hipótese em que o falido, acionado juridicamente dentro do termo legal da falência, celebra acordo posteriormente homologado pelo juízo, e entrega máquinas penhoradas para pagamento de dívida contraída em dinheiro (LREF, art, 129, II). Mesmo nesse caso, e ainda que tenha havido trânsito em julgado da sentença homologatória, as máquinas deverão retornar ao patrimônio da massa falida se ulteriormente for reconhecida a ineficácia da medida pelo juiz da falência. O objetivo do legislador foi o de impedir que o Poder Judiciário fosse utilizado pelo devedor com a finalidade de fraudar seus credores ou vulnerar a ordem legal de pagamento dos créditos.

A propósito, relevante relembrar o disposto no artigo 850 do Código Civil, segundo o qual:

> é *nula a transação a respeito do litígio decidido por sentença passada em julgado, se dela não tinha ciência algum dos transatores, ou quando, por título ulteriormente descoberto, se verificar que nenhum deles tinha direito sobre o objeto da transação.*

Caso a sentença que declarar ineficaz o ato transite em julgado, a sentença anterior que o autorizou ficará automaticamente rescindida. Marcelo Barbosa Sacramone,[518] contudo, ressalva não se tratar propriamente de rescisão, considerando que o negócio jurídico objeto da deliberação judicial continuará vigorando e produzindo seus efeitos entre terceiros. A sentença que motivou o ato jurídico declarado ineficaz, portanto, apenas perderá eficácia em relação à massa falida.

Seção X – Da Realização do Ativo

Art. 139. Logo após a arrecadação dos bens, com a juntada do respectivo auto ao processo de falência, será iniciada a realização do ativo.

Liquidação do patrimônio do falido

A sentença que decretar a falência do devedor nomeará o administrador judicial (LREF, art. 99, IX), que será intimado pessoalmente a assinar o termo de compromisso na sede do juízo, em 48 horas (LREF, art. 33). Em ato contínuo à assinatura do termo, o administrador judicial procederá à arrecadação de todos os bens do falido de que tenha conhecimento, independentemente do local em que se encontrem e ainda que em posse de terceiros (LREF, art. 108), providenciando a sua avaliação (art. 22, III, f, g, i, j) e, também, providenciar sua alienação, observando o quanto indicado no plano de falência por ele apresentado no prazo de 60 dias de sua nomeação (art. 99, §3º). Para tanto, elaborará auto de arrecadação, composto pelo inventário e pelo respectivo laudo de avaliação dos bens (LREF, art. 110).

Após a arrecadação dos bens, com a juntada do laudo de avaliação, será iniciada a liquidação do ativo, que consiste em um

518 SACRAMONE, Marcelo Barbosa. *Comentários à Lei de Recuperação de Empresas e Falências*. 2ª ed. São Paulo: Saraiva Jur, 2021, p. 567.

conjunto de providências para a conversão do patrimônio do falido em dinheiro, possibilitando o pagamento de seus credores conforme a ordem legal de preferência. Outrossim, tão logo arrecados os bens, serão vendidos pelo administrador judicial independentemente da consolidação do quadro-geral de credores ou da verificação de todos os créditos (LREF, art. 140, §2º), com o fim de evitar a sua deterioração e reduzir os custos de sua conservação.

Note-se que, na vigência do Decreto-Lei n. 7.661/45, a liquidação dos ativos somente poderia ser realizada após a verificação de todos os créditos do falido e da publicação do quadro-geral de credores, com a apresentação de relatório pelo síndico, indicando o valor do passivo e do ativo do devedor falido.[519] Tal exigência, porém, implicava sérios prejuízos aos credores, já que a liquidação dos ativos acabava por se postergar demasiadamente, desvalorizando os bens e direitos do devedor, vulnerando o princípio da maximização de seus ativos e onerando a massa falida, que deveria arcar com as despesas de conservação e guarda dos bens.

Com o fim de conferir maior celeridade ao procedimento, garantir efetividade à execução concursal e tutelar a coletividade de credores e o próprio devedor, a Lei n. 11.101/05 alterou o procedimento para a realização do ativo, prevendo que a liquidação ocorra imediatamente após a arrecadação dos bens pelo administrador judicial, concretizada pela juntada do auto de arrecadação e avaliação nos autos falimentares, independentemente de qualquer outra exigência.

A reforma de 2020 trouxe alterações profundas ao regime de alienação de bens na falência, conforme já evidenciado nos

---

519 Decreto-Lei n. 7.661/45. "Art. 114. Apresentado o relatório do síndico (art. 63, n. XIX), se o falido não pedir concordata, dentro do prazo a que se refere o art. 178, ou se a que tiver pedido lhe for negado, o síndico, nas quarenta e oito horas seguintes, comunicará aos interessados, por aviso publicado no órgão oficial, que iniciará a realização do ativo e o pagamento do passivo".

comentários aos artigos 77 e 99 e outras que serão, a seguir, esmiuçadas. Mais do que trazer apenas pequenas alterações ao regime em si do procedimento de alienação e bens na falência, a Lei n. 14.112/20 trouxe profundas alterações conceituais, aprimorando-o. Em verdade, a reforma trouxe regras gerais para orientarem o procedimento de venda de bens no processo falimentar, com contornos próprios, destoando, em muitos aspectos, do regime jurídico para alienação judicial de bens disciplinado pelo Código de Processo Civil, o qual se aplica ao primeiro apenas de forma subsidiaria e apenas no que não conflitar (art. 189, LREF).

As diferenças entre o regime jurídico para alienação de bens na falência e àquele aplicado à venda judicial de bens prevista no Código de Processo Civil começam a se delinear a partir dos princípios que lhe regem.

O artigo 75 da LREF, que foi profundamente alterado pela Lei n. 14.112/20, evidencia que a venda de ativos, no processo falimentar, destina-se a atender a objetivo maior, consistente na preservação e otimização de sua utilização produtiva, sejam eles tangíveis ou intangíveis, recolocando-os de forma rápida e eficiente na economia e, assim, liquidando empresas inviáveis. Em outras palavras, a rápida alienação de ativos é engrenagem fundamental para permitir que o processo de falência atinja o objetivo pretendido pelo legislador para fazer com que esta funcione como mecanismo de preservação de benefícios econômicos e sociais decorrentes da atividade empresária.

É sob essa ótica, portanto, que se deve contextualizar as alienações realizadas nas falências, a qual atende, portanto, não apenas a interesses dos credores ou do devedor, mas, sobretudo, a um interesse do legislador brasileiro em fazer com que o processo de falência seja mecanismo efetivo de preservação dos benefícios econômicos e sociais da atividade empresarial. Logo, todos os atos relacionados à alienação, como, por exemplo, a avaliação dos bens ou a impugnação à alienação, devem ser compreendidos sob o mesmo contexto.[520]

Corroborando essa conclusão, o artigo 142, §2º, I, da LREF, que se refere às formas de alienações de bens admitidas no processo falimentar, esclarece que elas serão feitas independentemente da conjuntura do mercado no momento da alienação, se favoráveis ou não, em razão de seu caráter forçado. Ao expressamente autorizar que a alienação de bens possa ser feita em momento desfavorável de mercado, desde que de modo célere, afastando, como consequência, qualquer questionamento nesse sentido, essa previsão reforça princípio evidenciado no art. 75 no sentido de que a célere liquidação de ativos é medida necessária para permitir sua realocação eficiente e útil na economia, e, assim, indiretamente, preservar a empresa e seus benefícios econômicos e sociais.

---

520 Sobre o tema, oportuno citar as considerações do e. Desembargador Alexandre Lazzarini, em recente julgado da 1ª Câmara Reservada de Direito Empresarial do TJSP: "Embora não tenha ocorrido o trânsito em julgado da sentença de quebra, tal fato não traz óbice a imediata realização dos ativos da massa falida. Sequer se vislumbra a possível reversão do decreto falimentar pretendida pelos recorrentes. O art. 75 da Lei n. 11.101/05, que teve sua redação alterada pela Lei n. 14.112/20, traz como um dos consectários da falência a liquidação célere da empresa da empresa inviável (inciso II). E o art. 139 da Lei n. 11.101/05, em consonância com a celeridade que envolve o procedimento falimentar, dispõe: 'logo após a arrecadação dos bens, coma juntada do respectivo auto ao processo de falência, será iniciada a realização do ativo'. Ou seja, a condição outrora existente (antes das modificações introduzidas pela Lei n. 14.112/20), consistente na prévia formação do quadro de credores, para somente então proceder-se à venda dos ativos, não mais subsiste, bastando a arrecadação para a conversão do ativo em dinheiro. (...) Aguardar-se a realização do ativo somente para quando o quadro de credores estiver consolidado, importaria apenas a desvalorização dos bens, já que a experiência demonstra que essa situação ocorre muito tardiamente. Optou, assim, o legislador pela otimização em relação aos ativos do devedor. A eficiência necessária, então, está na venda imediata dos bens, não sendo mais possível esperar a vinda de momento futuro e incerto". (TJSP, 1ª Câmara Reservada de Direito Empresarial, AI n. 2290819-33.2021.8.26.0000, Rel. Alexandre Lazzarini, DJe 27/06/2022).

Constata-se, assim, que as alienações de ativos no processo falimentar, ao contrário do que ocorre nas alienações judiciais de bens no regime comum do Código de Processo Civil, são orientadas pela necessidade de sua célere realização, sob pena de se comprometer, em caso de retardo do processo, a própria efetividade e fundamento de ser do instituto jurídico da falência.

Reforçando essa conclusão, verifica-se a preocupação da reforma de 2020 em indicar prazos exíguos para a alienação de ativos na falência. O artigo 142, §2º, IV da LREF estipula que os ativos devem ser vendidos no prazo máximo de 180 dias da data da lavratura do auto de arrecadação, repetindo previsão constante no art. 22, III, j, e 99, §3º, todas da LREF. No artigo 22, III, j, inclusive, estipula-se que a inobservância desse prazo é hipótese de destituição do administrador judicial. Esses dispositivos evidenciam, assim, preocupação em indicar prazo dentro do qual seria razoável a alienação de bens do falido, tanto no sentido de não onerar a massa, como, sobretudo, de permitir a sua rápida realocação na economia.

Muito embora esses dispositivos mencionem o referido prazo de forma peremptória, necessário observar que o próprio artigo 22, III, j, autoriza sua relativização, desde que o administrador judicial fundamente a impossibilidade de alienação no prazo legal estipulado e que seja acolhido por decisão judicial. Nada impede, portanto, que o administrador judicial aguarde a arrecadação de outros bens do devedor, para que possa aliená-los em conjunto com bens anteriormente avaliados, caso se proceda à alienação dos estabelecimentos ou dos bens do devedor em bloco, à luz da maximização dos ativos na falência. Caso essa espera supere o prazo de 180 dias, será preciso que o administrador judicial fundamente a necessidade de se aguardar a arrecadação de um outro ativo ou a ocorrência de outra circunstância, cotejando o tempo de espera e os respectivos custos incorridos pela massa com os benefícios que pretende auferir para ela e, também, indicando se tal medida não compromete a recolocação dos ativos na economia de forma útil e eficiente.

Além dos princípios próprios, a legislação falimentar também disciplina regras específicas para a alienação de bens na falência, seja no tocante às formas que podem ser utilizadas, seja quanto aos meios de impugnação e aos questionamentos que podem ser feitos.

A alienação dos bens do falido poderá ocorrer de duas modalidades: ordinária, quando seguir as diretrizes previamente estabelecidas pela lei (LREF, art. 140 e 142), ou extraordinária, se ocorrer por outra forma diversa das modalidades de alienação previstas no artigo 142, que pode ser tanto por indicação do administrador judicial como por deliberação dos credores em Assembleia-Geral (LREF, art. 144 e 145).

Além disso, considerando que a falência envolve a liquidação de todos os ativos de uma empresa, a legislação falimentar disciplina, também, a forma como os bens do devedor deve ser alienada, ou seja, se de modo individual ou conjuntamente, como se verá nos comentários ao artigo 140 da LREF.

Art. 140. A alienação dos bens será realizada de uma das seguintes formas, observada a seguinte ordem de preferência:

I – alienação da empresa, com a venda de seus estabelecimentos em bloco;

II – alienação da empresa, com a venda de suas filiais ou unidades produtivas isoladamente;

III – alienação em bloco dos bens que integram cada um dos estabelecimentos do devedor;

IV – alienação dos bens individualmente considerados.

§ 1º Se convier à realização do ativo, ou em razão de oportunidade, podem ser adotadas mais de uma forma de alienação.

§ 2º A realização do ativo terá início independentemente da formação do quadro-geral de credores.

§ 3º A alienação da empresa terá por objeto o conjunto de determinados bens necessários à operação rentável da unidade de produção, que poderá compreender a transferência de contratos específicos.

§ 4º Nas transmissões de bens alienados na forma deste artigo que dependam de registro público, a este servirá como título aquisitivo suficiente o mandado judicial respectivo.

Formas de alienação dos bens

O artigo 140 estabelece uma ordem de preferência em relação às formas de alienação dos bens do falido, devendo o administrador judicial guiar-se pelas diretrizes orientadas na lei, sempre visando a potencialização da preservação da empresa e, também, a maximização do valor dos ativos.

Relembre-se que os objetivos do procedimento falimentar vão muito além da tutela do interesse da coletividade dos credores, abrangendo a preservação e otimização da utilização produtiva dos bens, ativos e recursos produtivos do devedor, inclusive os intangíveis, além da liquidação célere de empresas viáveis, com vistas à realocação eficiente de recursos na economia, e o fomento ao empreendedorismo (LREF, art. 75). Em razão disso, o legislador selecionou como principal forma de realização do ativo do devedor a alienação da empresa como um todo, reservando ao último lugar a venda dos bens individualmente considerados, hipótese em que necessariamente deve-se proceder à fragmentação dos estabelecimentos empresariais

Sob essa perspectiva, a LREF elege como forma preferencial para a realização dos ativos a alienação de toda a empresa, com a venda de seus estabelecimentos empresariais em bloco, quando o falido possuir mais de um. O intuito do legislador foi o de garantir o maior valor de venda em favor da massa falida, já que se preserva o valor agregado dos ativos intangíveis da empresa (*goodwill* ou aviamento), tais como o ponto comercial, a clientela, o nome empresarial, a marca, o fundo de comércio, os recursos humanos etc.[521] Além disso, preserva-se, também, a própria empresa como um todo, permitindo sua exploração por outro empresário.

A maximização do valor dos ativos é obtida pela maior valorização do aviamento empresarial, representado pela diferença entre os bens individualmente considerados e o seu valor como conjunto de ativos organizado pelo empresário para o desenvolvimento de sua atividade econômica. A alienação dos bens em bloco, pois, preserva essa organização, cujo conteúdo econômico lhe agrega valor, preservando a própria empresa e a sua função social.

Caso não seja possível ou conveniente a alienação da empresa com a venda de seus estabelecimentos em bloco, ou caso se demonstre que o valor auferido com a venda do estabelecimento como um todo seria inferior ou mais prejudicial à massa do que a venda em separado, poderá o administrador judicial proceder à alienação de suas filiais ou unidades produtivas, isoladamente. É possível, por exemplo, que não haja qualquer interessado na aquisição da sociedade falida como um todo, porque um dos estabelecimentos empresariais está equipado com maquinários obsoletos e de baixo valor econômico. Contudo, ainda podem existir interessados na aquisição de um estabelecimento específico, mais moderno e inovador, ou de uma unidade produtiva isolada, mostrando-se tal alternativa a mais efetiva para a preservação do valor de mercado da empresa, do que a venda de seus bens individualmente considerados. Mesmo nessa hipótese, pode haver a preservação do aviamento empresarial, com a manutenção da atividade comercial sob o novo comando do terceiro adquirente, ainda que em apenas um dos estabelecimentos empresariais.

---

521 COSTA, Daniel Carnio; MELO, Alexandre Nasser. *Comentários à Lei de Recuperação de Empresas e Falência*: Lei n. 11.101, de 09 de fevereiro de 2005. Curitiba: Juruá, 2021, p. 377.

Relembre-se que eventual adquirente estará livre de qualquer responsabilidade sobre as dívidas do empresário ou sociedade empresária falida, incluindo as de natureza ambiental, regulatória, administrativa, penal, anticorrupção, tributária e trabalhista, por expressa previsão legal que obsta a sucessão do adquirente nas obrigações do devedor (LREF, art.141, II). A regra tem o intuito de estimular a aquisição da empresa por terceiros interessados, facilitando a continuidade do desenvolvimento da atividade empresarial e a manutenção da fonte produtora.

Não por outro motivo, o §3º do artigo 140 dispõe que a alienação da empresa, seja de seus estabelecimentos em bloco ou isoladamente, terá por objeto o conjunto de determinados bens necessários à operação rentável da unidade de produção, que poderá compreender a transferência de contratos específicos, tais como o de locação do imóvel, os trabalhistas, os de fornecimento, entre outros.

Todavia, haverá casos em que o administrador judicial não logrará êxito na alienação da empresa como um todo, seja de seus estabelecimentos empresariais em bloco, ou isoladamente. Nesse caso, deverá proceder à alienação dos bens do devedor, preferindo a venda em bloco dos bens que integram cada um dos estabelecimentos, à venda daqueles individualmente considerados, sendo esta última a forma menos eficiente, considerando os propósitos do legislador, e que, por esse motivo, somente deve ser utilizada quanto as demais não se mostrarem viáveis.

Caso os bens alienados exijam o registro público como requisito de eficácia da transmissão, o respectivo mandado judicial que a autorizar servirá como título aquisitivo suficiente para este fim. A LREF busca, assim, simplificar o procedimento de transferência dos bens e direitos do devedor, dispensando as formalidades que normalmente devem ser observadas para os registros públicos de transmissão de bens em geral.

Nada obsta, contudo, que o administrador judicial adote mais de uma forma de alienação, se lograr êxito em, por exemplo, vender uma das filiais do devedor (inciso II), e, em relação à sua sede, alienar os bens que a integram em bloco (inciso III) para adquirentes distintos, desde que a combinação das categorias previstas no artigo 140 convenha à realização do ativo, ou a oportunidade se mostre vantajosa para a maximização do patrimônio liquidado, sempre justificando nos autos a providência adotada, mediante fiscalização judicial e dos credores.

O §2º do dispositivo em comento esclarece que o administrador judicial procederá à venda dos bens do devedor independentemente da consolidação do quadro-geral de credores ou da verificação de todos os créditos (LREF, art. 140, §2º), com o fim de evitar a sua deterioração e reduzir os custos de guarda e conservação. A norma, no entanto, não significa que o pagamento dos credores ocorrerá imediatamente após a venda dos bens. A importância auferida com a alienação dos ativos será depositada em conta vinculada ao juízo universal, para que após a consolidação do quadro-geral de credores – ou nas situações descritas no artigo 16, §2º da LREF –, o pagamento possa ser realizado de acordo com a ordem de preferência estabelecida pela lei. Assim, eventuais credores ainda não incluídos no quadro geral não serão prejudicados pela alienação dos bens do devedor.

Art. 141. Na alienação conjunta ou separada de ativos, inclusive da empresa ou de suas filiais, promovida sob qualquer das modalidades de que trata o art. 142:

I – todos os credores, observada a ordem de preferência definida no art. 83 desta Lei, sub-rogam-se no produto da realização do ativo;

II – o objeto da alienação estará livre de qualquer ônus e não haverá sucessão do arrematante nas obrigações do devedor, inclusive as de natureza tributária, as derivadas da legislação do trabalho e as decorrentes de acidentes de trabalho.

§ 1º O disposto no inciso II do caput deste artigo não se aplica quando o arrematante for:

I – sócio da sociedade falida, ou sociedade controlada pelo falido;

II – parente, em linha reta ou colateral até o 4º (quarto) grau, consanguíneo ou afim, do falido ou de sócio da sociedade falida; ou

III – identificado como agente do falido com o objetivo de fraudar a sucessão.

§ 2º Empregados do devedor contratados pelo arrematante serão admitidos mediante novos contratos de trabalho e o arrematante não responde por obrigações decorrentes do contrato anterior.

§ 3º A alienação nas modalidades de que trata o art. 142 desta Lei poderá ser realizada com compartilhamento de custos operacionais por 2 (duas) ou mais empresas em situação falimentar.

Incidência do artigo 141

O artigo 141 prevê, em seu *caput*, que suas normas se referem exclusivamente às modalidades de alienação de bens descritas no artigo 142.

A redação originária do artigo 142 da Lei n. 11.101/05 previa modalidades específicas de alienação de venda de bens em juízo, a saber: leilão, propostas fechadas e pregão. Essas eram consideradas pela doutrina como modalidades ordinárias de alienação de bens. Contudo, era possível que outras modalidades de realização de ativos pudessem ser utilizadas desde que por indicação do administrador judicial (artigo 144) ou pela deliberação da Assembleia-Geral de Credores (art. 145), sendo estas consideradas modalidades extraordinárias.

A redação dos artigos 142 e 145 da LREF sofreu considerável alteração, conforme se verá a seguir. A redação do artigo 142 passou a ser bastante genérica, prevendo dentro das modalidades admitidas para alienação de bens em falência qualquer modalidade desde que aprovada nos termos da Lei n. 11.101/05, indicando, assim, que as previsões do artigo 141 da LREF também se aplicam a estas últimas.

Sub-rogação dos credores no produto da venda

O artigo 141 dispõe a respeito dos efeitos jurídicos decorrentes da realização dos ativos na falência, através de alienação conjunta ou separada de bens, para todas as modalidades disciplinadas no artigo 142 da LREF. Segundo o inciso I do *caput*, todos os credores sub-rogam-se no produto da realização do ativo, conforme a ordem de preferência estabelecida pelo artigo 83 da LREF.

A norma visa assegurar que nenhum credor tenha tratamento privilegiado na satisfação de seu crédito, em relação a determinado bem, ainda que sobre ele tenha sido constituída garantia do adimplemento da obrigação. Em outros termos, alienada a coisa, o produto da venda passa a integrar a massa falida para a satisfação de todos os credores, conforme a ordem legal de pagamento, ainda que a referida alienação tenha ocorrido em virtude de execução individual específica de determinado credor.

Sucessão do arrematante nas obrigações do devedor

A regra geral do ordenamento jurídico é a de que o adquirente do estabelecimento empresarial responde pelos débitos anteriores à transferência, como forma de obstar a alienação fraudulenta de empresas com o fim precípuo de prejudicar os credores do alienante.

Conforme o artigo 1.146 do Código Civil,

> o adquirente do estabelecimento responde pelo pagamento dos débitos anteriores à transferência, desde que regularmente contabilizados, continuando o devedor primitivo solidariamente obrigado pelo prazo de um ano, a partir, quanto aos créditos vencidos, da publicação, e, quanto aos outros, da data do vencimento.

No mesmo sentido, o artigo 448-A da Consolidação das Leis do Trabalho prevê:

> caracterizada a sucessão empresarial ou de empregadores prevista nos arts. 10 e 448 desta Consolidação, as obrigações trabalhistas, inclusive as contraídas à época em que os empregados trabalhavam para a empresa sucedida, são de responsabilidade do sucessor.

Ademais, conforme o artigo 133 do Código Tributário Nacional,

> a pessoa natural ou jurídica de direito privado que adquirir de outra, por qualquer título, fundo de comércio ou estabelecimento comercial, industrial ou profissional, e continuar a respectiva exploração, sob a mesma ou outra razão social ou sob firma ou nome individual, responde pelos tributos, relativos ao fundo ou estabelecimento adquirido, devidos até à data do ato.

A Lei de Falências e Recuperações Judiciais, no entanto, adotou solução diversa, excepcionando a regra geral como forma de incentivar a aquisição de empresas em crise econômico-financeira, seja em processo de soerguimento ou em estado falimentar, reduzindo os riscos do negócio para o adquirente e, assim, facilitando a existência de interessados na aquisição dos bens. Tal exceção, inclusive, foi expressamente inserida no Código Tributário Nacional, pela Lei Complementar n. 118/2005.[522]

Nesse sentido, assim como estabeleceu o parágrafo único do artigo 60, reservado às hipóteses de alienação judicial de filiais ou de unidades produtivas isoladas do devedor em recuperação judicial, o inciso II do artigo 141 dispõe que, na falência, o objeto da alienação por qualquer modalidade de alienação prevista no artigo 142 estará livre de qualquer ônus e não haverá sucessão do arrematante nas obrigações do devedor, inclusive as de natureza tributária, as derivadas da legislação do trabalho e as decorrentes de acidentes de trabalho. Ressalte-se que a constitucionalidade da inexistência de sucessão das obrigações ao arrematante já foi reconhecida pelo C. Supremo Tribunal Federal, no julgamento da Ação Direta de Inconstitucionalidade n. 3.934-2/DF, conforme já salientado nos comentários ao artigo 60.[523]

Tal disposição confere maior segurança à transferência dos bens do devedor, tornando-a atrativa a terceiros interessados na aquisição, pois, do contrário, se houvesse sucessão das dívidas do alienante ao arrematante, não haveria qualquer interessado diante do montante do passivo e da insolvência do vendedor, e, desse modo, a alienação de bens não atingiria o seu objetivo de trazer recursos para a massa e de maximização dos ativos. Outrossim, alienados os bens do devedor, as dívidas a eles correspondentes serão habilitadas na falência, para serem satisfeitas conforme a ordem legal de pagamento dos credores, sem qualquer ônus para o adquirente.

Como incentivo para que o arrematante mantenha os postos de trabalho da sociedade falida, o §2º do artigo 141 estabeleceu que os empregados do devedor contratados pelo arrematante serão

---

522 CTN. "Art. 133. (...). O disposto no *caput* deste artigo não se aplica na hipótese de alienação judicial: I – em processo de falência; II – de filial ou unidade produtiva isolada, em processo de recuperação judicial".

523 Ver comentários ao artigo 60.

admitidos mediante novos contratos de trabalho e o arrematante não responderá por obrigações decorrentes do contrato anterior. Reforça o dispositivo, pois, a não sucessão do arrematante nas obrigações de natureza trabalhista do devedor falido.

O §1º do artigo 141, no entanto, prevê três hipóteses em que não se admitirá a exceção prevista no inciso II do *caput*. Nos casos descritos no dispositivo, aplicar-se-á a regra geral, segundo a qual o adquirente do estabelecimento empresarial responde pelos débitos anteriores à transferência.

É certo que a lei não pode ignorar as possibilidades de ocorrência de fraude, que a negativa de sucessão pode gerar. O controlador da sociedade falida pode, por exemplo, adquirir a mesma empresa que anteriormente explorava, por interpostas pessoas, liberando-se da obrigação de satisfazer o seu passivo. Assim, para se evitar situações que poderiam dar ensejo a fraudes, são hipóteses em que haverá a expressa sucessão do arrematante pelas obrigações do falido, caso aquele seja: (i) sócio da sociedade falida, ou sociedade controlada pelo falido; (ii) parente, em linha reta ou colateral até o 4º (quarto) grau, consanguíneo ou afim, do falido ou de sócio da sociedade falida; ou (iii) identificado como agente do falido, com o objetivo de fraudar a sucessão.

Pretendeu o legislador evitar que pessoas diretamente ligadas ao devedor, por laços familiares no caso do empresário individual, ou por vínculo societário no caso de sociedade empresária falida, adquirissem os bens da sociedade com o intuito de fraudar os seus credores. Note-se que apenas na terceira hipótese, o legislador exigiu a prova do *consilium fraudis*, caso o arrematante seja identificado como agente do falido. Nas duas outras hipóteses, há presunção de conflito de interesses na aquisição do patrimônio do falido, de sorte que, em quaisquer desses casos, não incide a isenção dos ônus e obrigações para o arrematante.

Como o §1º do artigo 141 trata de hipóteses excepcionais, deve ser interpretado restritivamente, de sorte que o *rol* indicado é taxativo. Contudo, segundo aponta Marcelo Barbosa Sacramone,[524] o dispositivo não necessariamente limita sua incidência apenas aos sócios influentes ou com ligação direta à administração da empresa falida, podendo abranger quaisquer outros sócios que, nessa qualidade, tenham informação privilegiada sobre determinado ativo, em relação a qualquer adquirente, de sorte que a obrigatoriedade de sucessão procura obstar o aproveitamento oportunista da crise econômico-financeira como oportunidade em detrimento dos demais credores.

Por fim, o §3º do artigo 141, incluído pela Lei n. 14.112/2020, criou a possibilidade de compartilhamento dos custos operacionais decorrentes da alienação dos bens do devedor (conforme as modalidades previstas no artigo 142), por duas ou mais empresas em situação falimentar. Nesse sentido, poderá o leilão eletrônico ou outra modalidade de processo competitivo organizado se realizar para a alienação de ativos de mais de uma sociedade em processo falimentar, como forma de simplificação e eficiência do procedimento de liquidação dos ativos. Manoel Justino Bezerra Filho[525] destaca, no entanto, que em razão da complexidade do procedimento de alienação judicial de bens de uma única sociedade falida, o dispositivo certamente terá pouca aplicabilidade na prática jurídica.

Art. 142. A alienação de bens dar-se-á por uma das seguintes modalidades:

I – leilão eletrônico, presencial ou híbrido;

II – (revogado);

524 SACRAMONE, Marcelo Barbosa. *Comentários à Lei de Recuperação de Empresas e Falências*. 2ª ed. São Paulo: Saraiva Jur, 2021, p. 574.

525 BEZERRA FILHO, Manoel Justino. *Lei de Recuperação de Empresas e Falências*: Lei n. 11.101/2005 comentada artigo por artigo. 15ª ed., rev., atual. e ampl. São Paulo: Revista dos Tribunais, 2021, p. 496.

III – (revogado);

IV – processo competitivo organizado promovido por agente especializado e de reputação ilibada, cujo procedimento deverá ser detalhado em relatório anexo ao plano de realização do ativo ou ao plano de recuperação judicial, conforme o caso;

V – qualquer outra modalidade, desde que aprovada nos termos desta Lei.

§ 1º (Revogado).

§ 2º (Revogado).

§ 2º-A. A alienação de que trata o caput deste artigo:

I – dar-se-á independentemente de a conjuntura do mercado no momento da venda ser favorável ou desfavorável, dado o caráter forçado da venda;

II – independerá da consolidação do quadro-geral de credores;

III – poderá contar com serviços de terceiros como consultores, corretores e leiloeiros;

IV – deverá ocorrer no prazo máximo de 180 (cento e oitenta) dias, contado da data da lavratura do auto de arrecadação, no caso de falência;

V – não estará sujeita à aplicação do conceito de preço vil.

§ 3º Ao leilão eletrônico, presencial ou híbrido aplicam-se, no que couber, as regras da Lei n. 13.105, de 16 de março de 2015 (Código de Processo Civil).

§ 3º-A. A alienação por leilão eletrônico, presencial ou híbrido dar-se-á:

I – em primeira chamada, no mínimo pelo valor de avaliação do bem;

II – em segunda chamada, dentro de 15 (quinze) dias, contados da primeira chamada, por no mínimo 50% (cinquenta por cento) do valor de avaliação; e

III – em terceira chamada, dentro de 15 (quinze) dias, contados da segunda chamada, por qualquer preço.

§ 3º-B. A alienação prevista nos incisos IV e V do caput deste artigo, conforme disposições específicas desta Lei, observará o seguinte:

I – será aprovada pela assembleia-geral de credores;

II – decorrerá de disposição de plano de recuperação judicial aprovado; ou

III – deverá ser aprovada pelo juiz, considerada a manifestação do administrador judicial e do Comitê de Credores, se existente.

§ 4º (Revogado).

§ 5º (Revogado).

§ 6º (Revogado).

§ 7º Em qualquer modalidade de alienação, o Ministério Público e as Fazendas Públicas serão intimados por meio eletrônico, nos termos da legislação vigente e respeitadas as respectivas prerrogativas funcionais, sob pena de nulidade.

§ 8º Todas as formas de alienação de bens realizadas de acordo com esta Lei serão consideradas, para todos os fins e efeitos, alienações judiciais.

Modalidades ordinárias de alienação dos bens

O artigo 140 trata das formas de alienação dos bens, ou seja, *o que* deverá ser submetido à hasta pública pelo administrador judicial. O artigo 142, por sua vez, cuida das modalidades de alienação de bens admitidas no processo falimentar, ou *como* se dará o procedimento de realização dos ativos do devedor.

Na antiga redação do dispositivo, anterior à reforma de 2020, existiam apenas 3 modalidades de alienação que eram expressamente disciplinadas pelo artigo 142, a saber, o leilão, por lances orais; a proposta fechada; e o pregão, que constituía modalidade híbrida composta pelas duas anteriores. Quando era realizada através de propostas fechadas, ao juiz incumbia designar data, hora e local, mediante publicação em edital, para que fossem abertos os envelopes com as propostas, previamente entregues lacradas em cartório e sob recibo, na presença de todos os interessados. As ofertas apresentadas nas propostas, pois, não eram conhecidas pelos outros concorrentes, sagrando-se vencedor aquele que ofertasse a de maior valor.

Na modalidade do pregão, por seu turno, o procedimento inicial era o mesmo das propostas fechadas, contudo, após a abertura dos envelopes, iniciava-se a fase dos leilões orais, em que só participavam aqueles que apresentassem propostas não inferiores a 90% da maior proposta ofertada, o que seria auferido após a abertura de todos os envelopes. O leilão era iniciado pelo valor da proposta recebida do maior ofertante presente, considerando-se esse valor como lance, ao qual ele ficava obrigado. E, caso não comparecesse ao leilão o ofertante da maior proposta e não fosse dado lance igual ou superior ao valor por ele ofertado, ficava obrigado a prestar a diferença verificada, constituindo a respectiva certidão do juízo título executivo para a cobrança dos valores pelo administrador judicial.

A doutrina denominava as modalidades de alienação de bens contidas no artigo 142 como "ordinárias", em contraposição às hipóteses previstas nos artigos 144 e 145, que permitiam que tanto o administrador judicial quanto a Assembleia-Geral de Credores indicassem qualquer outra forma de realização do ativo.

A Lei n. 14.112/2020 alterou as modalidades ordinárias de alienação dos ativos do devedor, que agora poderão ocorrer por três formas: (i) leilão eletrônico, presencial ou híbrido (art. 142, I); (ii) processo competitivo organizado promovido por agente especializado e de reputação ilibada, cujo procedimento deverá ser detalhado em relatório anexo ao plano de realização do ativo ou ao plano de recuperação judicial (note-se que, aqui, os métodos aplicam-se também para a recuperação judicial) (art. 142, IV); ou (iii) de forma residual por qualquer outra modalidade, desde que aprovada nos termos da LREF (art. 142, V).

Note-se, porém, que as modalidades das propostas fechadas e do pregão ainda poderão ocorrer, tendo em vista o caráter residual do artigo 142, V, desde que decorra de uma das situações do artigo 142, §3º-B. Ademais, o artigo 142 não exclui as modalidades extraordinárias de alienação dos ativos do devedor, realizadas sem competição.

Com as alterações promovidas pela Lei n. 14.112/20, a definição de modalidades ordinárias e extraordinárias de realização de ativos na falência fica um pouco fragilizada, na medida em que todas estão disciplinadas no artigo 142, submetendo-se, igualmente e sem qualquer ressalva efetuada pelo legislador, ao regime jurídico por ele disciplinado.

As modalidades de realização de ativos na falência distinguem-se, entre si, entre a maior normatização por parte do legislador quanto aos procedimentos que devem ser observados para sua ocorrência (como sucede, primordialmente, no caso do leilão eletrônico e, também, em menor grau, no processo competitivo organizado) e quanto à necessidade de prévia deliberação da Assembleia-Geral de Credores para sua realização (que inexiste apenas no caso do leilão eletrônico). Esclarece Fábio Ulhoa Coelho[526] que, na falência, existem quatro possibilidades de realização do ativo: (i) a alienação

---

526 COELHO, Fábio Ulhoa. *Comentários à Lei de Falências e de Recuperação de empresas*: Lei n. 14.112/20, Nova Lei de Falências. 14ª ed. São Paulo: Revista dos Tribunais, 2021, p. 466.

ordinária por leilão, que prescinde de deliberação pela AGC (art. 142, I); (ii) a alienação ordinária por processo competitivo organizado, que exige aprovação em AGC por quórum de maioria (art. 142, IV); (iii) a alienação extraordinária interna, sem competição, na qual o conjunto dos credores é adquirente diretamente (adjudicação) ou indiretamente (como sócios da sociedade ou cotistas do fundo de investimento adquirente), que também exige aprovação em AGC por quórum de maioria (arts. 142, V, e 145); e (iv) a alienação extraordinária externa, sem competição, na qual o adquirente não é o conjunto dos credores, mas um ou alguns deles em apartado, ou terceiro não credor (art. 46), exigindo-se o quórum especial de aprovação em AGC de 2/3 dos créditos presentes.[527] Remete-se, com relação às alienações extraordinárias internas e externas, aos comentários efetuados ao artigo 145.

O §2º-A estabeleceu diretrizes a serem seguidas durante o procedimento de alienação dos ativos, qualquer que seja a modalidade adotada.

Assim, a alienação se dará independentemente de a conjuntura do mercado no momento da venda ser favorável ou desfavorável, dado o caráter forçado da venda. O procedimento, pois, não poderá sofrer as vicissitudes decorrentes de eventuais crises econômicas, inflações descontroladas ou variações cambiais muito elevadas, ante a celeridade que deve permear o procedimento falimentar e a compulsoriedade da alienação dos ativos.

Ademais, reproduzindo o que já vinha disposto no §2º do artigo 140, o inciso II do §2º-A prevê que a alienação independerá da consolidação do quadro-geral de credores, com o intuito de acelerar o procedimento de liquidação dos ativos e desonerar a massa falida dos custos de manutenção e guarda dos bens, obstando ainda sua desvalorização pelo tempo.

---

527 Ver comentários ao artigo 42, a respeito da venda extraordinária interna e externa.

O administrador judicial poderá, independentemente da modalidade adotada, contar com serviços de terceiros como consultores, corretores e leiloeiros, se demonstrada a necessidade de auxílio técnico, como forma de potencializar a eficiência e alcançar o maior número de interessados na aquisição dos bens.[528]

O inciso IV do §2º-A ainda estipula o prazo máximo de 180 (cento e oitenta) dias para a realização do ativo do devedor, contado da data da lavratura do auto de arrecadação, no caso de falência, o que mais uma vez reforça a preocupação do legislador em conferir celeridade à liquidação dos ativos. Tal prazo também é reproduzido no §3º do artigo 99.

Manoel Justino Bezerra Filho[529] critica a exiguidade do prazo de 180 dias, que muitas vezes se mostra impraticável em razão da complexidade do procedimento falimentar, além de sua perigosa aplicabilidade, considerando que, caso não haja licitante interessado na aquisição dos bens no prazo legal, prevê o artigo 144-A que estes serão considerados sem valor de mercado e destinados à doação, ou devolvidos ao falido.

Ademais, conforme inciso V do §2º-A, a alienação de bens não estará sujeita à aplicação do conceito de preço vil, definido pelo Código de Processo Civil. Afasta a legislação falimentar, nesse ponto, claramente preceito próprio do regime civil ordinário de alienação de bens em juízo.

O Código de Processo Civil define preço vil como o preço inferior ao mínimo estipulado pelo juiz e constante do edital, e, no caso de não ter sido fixado preço mínimo, considera-se vil o

---

528 COSTA, Daniel Carnio; MELO, Alexandre Nasser. *Comentários à Lei de Recuperação de Empresas e Falência*: Lei n. 11.101, de 09 de fevereiro de 2005. Curitiba: Juruá, 2021, p. 383.

529 BEZERRA FILHO, Manoel Justino. *Lei de Recuperação de Empresas e Falências*: Lei n. 11.101/2005 comentada artigo por artigo. 15ª ed., rev., atual. e ampl. São Paulo: Revista dos Tribunais, 2021, p. 500.

preço inferior a cinquenta por cento do valor da avaliação (art. 891, parágrafo único).

Ao afastar do regime jurídico de realização de ativos na falência o legislador permitiu, claramente, que a alienação desses bens possa se dar por valor inferior ao da avaliação. Essa previsão é totalmente aderente à norma, também, trazida pelo artigo 142, §2º-A, no sentido de que tal alienação independe da conjuntura do mercado, mesmo que desfavorável.

Aqui, pois, fica clara a intenção do legislador em dar preferência à celeridade da alienação judicial na falência, em detrimento do valor apurado na avaliação dos bens do falido. A opção legislativa apresentada na reforma, nesse dispositivo específico, é aderente ao princípio evidenciado no artigo 75 da LREF segundo o qual o objetivo primordial pretendido pelo legislador com a falência é de que esta funcione como mecanismo de preservação dos benefícios econômicos sociais e econômicos da empresa. Isso porque, falindo a empresa, o mais interessante à economia nacional, ao mercado e aos credores é a rápida realocação de seus recursos que ainda se mostrem aptos à geração de valor. Nesses termos, ainda que seja desejável alcançar-se o preço mais alto de avaliação do bem, uma vez adotados os procedimentos para tanto e não alcançado aquele valor desejável, não se postergará o procedimento de alienação, admitindo-se a venda por qualquer preço, sob pena de se prejudicar os credores e o mercado com os efeitos deletérios dessa demora.

Outrossim, seguindo esta mesma lógica, como consequência da previsão em lei de que não será admitida a aplicação do conceito de preço vil, a reforma de 2020 previu que, diferentemente do que ocorre em leilões judiciais disciplinados pelo Código de Processo Civil, no leilão realizado no bojo do processo falimentar, a arrematação poderá ocorrer, na terceira chamada, por qualquer preço (art. 142, §3º-A, III). Essa previsão, aliada à impossibilidade de postergar-se a alienação em razão de conjunturas desfavoráveis do mercado, como acima destacado; além da alienação dos ativos independentemente da consolidação do quadro-geral de credores, também objetivam preservar a celeridade do procedimento.

Conforme dispõe o §7º do artigo 142, qualquer que seja a modalidade de alienação escolhida, ainda que extraordinária, o Ministério Público e as Fazendas Públicas serão intimados da realização de alienação dos ativos, por meio eletrônico, nos termos da legislação vigente e respeitadas as respectivas prerrogativas funcionais, sob pena de nulidade. A norma tutela o evidente interesse público que permeia o procedimento de alienação dos ativos na falência e na recuperação judicial.

Em que pese a necessidade de intimação dos órgãos públicos, todavia, o Superior Tribunal de Justiça já decidiu que

> não enseja declaração de nulidade do ato a ausência de representante do Ministério Público ao leilão judicial, porquanto inexistente prejuízo às partes e ao processo, máxime diante do fato de que, em segunda instância, manifestou-se o *Parquet* pela convalidação da hasta pública,[530]

à luz do princípio da instrumentalidade das formas, segundo o qual se o ato atingiu o objetivo, será válido ainda que realizado diversamente da forma prescrita em lei. Segundo a Corte Superior, pois, não demonstrado o prejuízo decorrente da ausência de participação do órgão ministerial no ato de alienação dos ativos, não será declarada sua nulidade.

A reforma de 2020 também inovou ao inserir no artigo 142 o parágrafo 8º, o qual assegura que qualquer forma de alienação dos ativos do devedor, prevista na LREF de forma geral, será considerada para todos os fins como alienação judicial, o que apenas reforma que as garantias decorrentes das alienações realizadas em hasta pública, bem como o regime jurídico estipulado nos artigos

---

530 STJ, AgRg no AgRg no REsp 1193362/SP, 4ª Turma, DJe 09/06/2015.

141, 142 e 143, aplicam-se a todas as modalidades de realização de ativos, indistintamente.

Como consequência, por considerar sendo alienação judicial qualquer modalidade de alienação de ativos realizada em consonância com a LREF, aplica-se também às recuperações judiciais, por força do previsto no art. 60 e 142.

Por fim, menciona-se a revogação do artigo 142, §1º, que previa que, em qualquer modalidade de alienação de ativos por ele mencionada, exigia-se a publicação com 15 dias de antecedência de anúncio em jornal de ampla circulação, se bens móveis, ou 30 dias, se bens imóveis ou da empresa.

Leilão eletrônico

Os §§3º e 3º-A preveem as regras específicas aplicáveis somente à modalidade de alienação referente ao leilão, seja eletrônico, presencial ou híbrido. Nessa modalidade, não será necessária a aprovação pela Assembleia de Credores, podendo o administrador judicial apresentá-la diretamente ao juízo, no momento da juntada do plano de realização dos ativos (LREF, art. 99, §3º).

O Código de Processo Civil será aplicado supletivamente ao leilão realizado no procedimento falimentar, no que não lhe for contrário, conforme o §3º do artigo 142, embora a previsão legal fosse dispensável, frente o estabelecido no artigo 189 da LREF. A alienação por leilão está prevista, na legislação processual civil, nos artigos 879 a 903. De acordo com o procedimento ali previsto, o leilão presencial somente será realizado se não for possível o leilão por meio eletrônico, adotado, pois, como preferencial pelo legislador.

O leilão judicial por meio eletrônico deverá, ainda, observar as garantias processuais das partes e atender aos requisitos de ampla publicidade, autenticidade e segurança, com observância das regras estabelecidas na legislação sobre certificação digital

(CPC, art. 882). Ademais, incumbirá ao juiz nomear leiloeiro público, o qual poderá ser indicado pelo administrador judicial, e fixar sua remuneração.

Segundo estabelece o §3º-A do artigo 142 da LREF, o leilão eletrônico, presencial ou híbrido ocorrerá, em primeira chamada, no mínimo pelo valor de avaliação do bem; em segunda chamada, dentro de 15 (quinze) dias, contados da primeira chamada, por no mínimo 50% (cinquenta por cento) do valor de avaliação; e em terceira chamada, dentro de 15 (quinze) dias, contados da segunda chamada, por qualquer preço. Nesse ponto, a lei especial, falimentar, afasta a incidência do CPC.

Ao leiloeiro (ou ao administrador judicial, em sua falta) incumbirá publicar o edital, anunciando a alienação e as três chamadas, em aviso único; realizar o leilão onde se encontrem os bens ou no lugar designado pelo juiz; expor aos pretendentes os bens ou as amostras das mercadorias; receber e depositar, dentro de 1 (um) dia, à ordem do juiz, o produto da alienação; e prestar contas nos 2 (dois) dias subsequentes ao depósito (CPC, arts. 883 e 884).

O referido edital deverá conter a descrição do bem arrecadado, com suas características, e, tratando-se de imóvel, sua situação e suas divisas, com remissão à matrícula e aos registros; o valor pelo qual o bem foi avaliado, o preço mínimo pelo qual poderá ser alienado, as condições de pagamento e, se for o caso, a comissão do leiloeiro designado; o lugar onde estiverem os móveis, os veículos e os semoventes; o sítio, na rede mundial de computadores, e o período em que se realizará o leilão, salvo se este se der de modo presencial, hipótese em que serão indicados o local, o dia e a hora de sua realização; a indicação de local, dia e hora de segundo leilão presencial, para a hipótese de não haver interessado no primeiro; menção da existência de ônus, recurso ou processo pendente sobre os bens a serem leiloados (CPC, art. 886).

Ademais, o edital deve ser publicado pelo menos 5 (cinco) dias antes da data marcada para o leilão. Por fim, a arrematação apenas será considerada perfeita, acabada e irretratável quando assinada pelo juiz, pelo arrematante e pelo leiloeiro (CPC, art. 903).

Processo competitivo organizado ou outra modalidade de alienação

O artigo 142, IV, disciplina, especificamente, a modalidade de alienação consistente no processo competitivo organizado, trazendo algumas regras e formalidades que deverão ser realizadas para poder ser realizado. O artigo 142, V, por outro lado, traz previsão genérica, admitindo qualquer outra modalidade de alienação de bens aprovada nos termos da Lei n. 11.101/05.

A opção pela alienação dos ativos ocorra por qualquer outra modalidade que não seja o leilão judicial, exige prévia aprovação em Assembleia-Geral de Credores, a ser convocada para esse fim (art. 142, §3º-B, I), ou, alternativamente, deverá decorrer expressa previsão o plano de recuperação judicial aprovado pelos credores e homologado pelo juízo, se o caso (art. 142, §3º-B, II).

Ademais, a modalidade escolhida deverá ser aprovada pelo juiz, considerada a manifestação do administrador judicial e do Comitê de Credores, se existente, conforme previsto no art. 142, §3º-B, III.

Note-se, assim, que o legislador não estabeleceu modalidades estanques para a realização dos ativos, adotando, ao contrário, redação genérica e que contém hipótese residual, a qual admite qualquer modalidade aprovada nos termos da lei. Consequentemente, nada impede que os credores, reunidos em Assembleia-Geral, possam deliberar a adoção de modalidades de alienação previstas no artigo 145 ou diversas daquelas, caso se estas últimas se mostrem mais efetivas à maximização dos ativos do falido, tais como as propostas fechadas ou o pregão. Remete-se aos comentários do artigo 145.Também é possível que o magistrado acolha a utilização de modalidade alternativa de realização de bem por sugestão justificada pelo administrador judicial, por indicação do administrador judicial, conforme hipótese do artigo 144 da LREF, a cujos comentários remete-se.

Importa mencionar a lição de Manoel Justino Bezerra Filho,[531] no sentido que a conjunção alternativa "ou", presente no inciso II do §3º-B, parece admitir a interpretação de que a aprovação pela Assembleia-Geral de Credores seria desnecessária se e quando houvesse expressa autorização judicial, desde que ouvidos previamente o administrador judicial e o Comitê de Credores, se existentes. Da mesma forma, se aprovada pela Assembleia-Geral de Credores – seja no âmbito da falência ou decorrente de plano de recuperação aprovado –, estaria o juiz vinculado à aprovação – como de fato já está diante dos termos do plano de recuperação –, sendo desnecessária, portanto, a posterior ratificação judicial, cabendo-lhe apenas examinar a legalidade da deliberação do conclave. Reforça o entendimento quanto à melhor interpretação do artigo 142, §3º-B indicada no parágrafo acima o quanto estipulado no artigo 144 da LREF, o qual admite a adoção de modalidade de alienação extraordinária mediante autorização do juiz da falência, havendo motivos justificados e requerimento fundamentado do administrador judicial, sem necessidade de submeter a questão à assembleia de credores.

Uma questão interessante que surge é se os credores, reunidos em assembleia, poderiam deliberar de forma distinta daquela indicada pelo administrador judicial e homologada pelo juízo. Isso porque as hipóteses de impugnação às modalidades de alienação de bens na falência são, a princípio, aqueles estritos disciplinados no artigo 143 da LREF.

O artigo 35, III, d, permite que os credores, em Assembleia-Geral, possam deliberar qualquer matéria de seu interesse.

---

531 BEZERRA FILHO, Manoel Justino. *Lei de Recuperação de Empresas e Falências*: Lei n. 11.101/2005 comentada artigo por artigo. 15ª ed., rev., atual. e ampl. São Paulo: Revista dos Tribunais, 2021, p. 501.

Desse modo, não haveria óbice para que deliberassem sobre formas diversas de alienação de ativos, distintas daquelas indicadas pelo administrador judicial, ainda que homologadas judicialmente, que resultassem em maximização de seus ativos. Precisarão, contudo, atentar para que tal deliberação não resulte em demora injustificado do feito, visto que a célere realocação útil dos ativos na economia é objetivo primordial pretendido pelo legislador, conforme evidenciado pelo artigo 75 da LREF, tratando-se, em última análise, da própria essência do procedimento falimentar. Vale ressaltar, ainda, que, em diversos dispositivos o legislador indicou como ideal o prazo de alienação de ativos em 180 dias de sua arrecadação, de modo que a deliberação em Assembleia-Geral de Credores deverá justificar qualquer excesso, se ocorrido, demonstrando que não resultará em prejuízo ao objetivo do legislador de permitir a rápida e útil realocação do ativo na economia.

Por fim, questiona-se quanto ao quórum a ser observado para aprovação das modalidades de alienação de bens descritas nos artigos 142, IV e V da LREF.

O artigo 42 da LREF prevê que

> Considerar-se-á aprovada a proposta que obtiver votos favoráveis de credores que representem mais da metade do valor total dos créditos presentes à assembleia-geral, exceto nas deliberações sobre plano de recuperação judicial nos termos da alínea a do inciso I do *caput* do art. 35 desta Lei, a composição do Comitê de Credores ou forma alternativa de realização do ativo nos termos do art. 145 desta Lei.

Por outro lado, o artigo 46 da LREF dispõe: "*a aprovação de forma alternativa de realização do ativo na falência, prevista no art. 145 desta Lei dependerá de voto favorável de credores que representem 2/3 (dois terços) dos créditos presentes à assembleia*".

A redação dos artigos 42 e 46 da LREF não foram alterados pela Lei n. 14.112/20. Já a redação do artigo 145 sofreu alterações, passando a remeter ao artigo 42, expressamente.

Antes da reforma de 2020, além das hipóteses ordinárias de alienação de ativos, previstas no artigo 142 (leilão, propostas fechadas e pregão), existia a possibilidade de que o juiz acolhesse outras hipóteses de alienação de bens por requerimento fundamentado do administrador judicial (art. 144) ou por deliberação da Assembleia-Geral de Credores (art. 145). Para este último caso, o quórum legal exigido era aquele previsto no artigo 46, de 2/3, que excepcionava o quórum geral do artigo 42 para deliberações da Assembleia de Credores.

Com a reforma, o quórum para deliberar sobre o processo competitivo organizado, deve ser o quórum geral do artigo 42. Com relação ao quórum para deliberações sobre formas alternativas de realização de ativos em Assembleia-Geral de Credores, remete-se aos comentários ao artigo 145 da LREF.

A figura do "*stalking horse*": nova modalidade de leilão de ativos na recuperação judicial

Atenta à possibilidade de que a alienação de bens do devedor possa ocorrer por "qualquer outra modalidade", nos termos do artigo 142, V da Lei n. 11.101/05, a jurisprudência, sobretudo do Tribunal de Justiça do Estado de São Paulo, vem admitindo um novo modelo de venda nos procedimentos de recuperação judicial, o chamado "*stalking horse*".

Importada do direito norte-americano, a figura do "*stalking horse*" ou, em tradução livre, do "cavalo de perseguição" não está previsto na legislação pátria, contudo, tem sido cada vez mais utilizada pelas empresas em recuperação judicial, sobretudo quando envolvem avaliações muito específicas e onerosas de ativos da devedora.[532]

Aludida modalidade se trata de oferta anterior ao leilão, uma espécie de pré-acordo no qual a empresa que quer alienar o ativo busca um investidor no mercado previamente à realização da praça. Esse investidor faz a avaliação do bem e propõe uma oferta inicial, a qual corresponderá a um preço-base para o certame. Em contrapartida, a vendedora pode oferecer vantagens a esse investidor, como, por exemplo, estabelecer que ele terá preferência caso um terceiro oferte a mesma proposta em leilão ou, em caso de oferta maior, definir que aquele terá o direito de cobrir e concluir a venda. É possível, além disso, fixar o que se chama de "*break-up fee*", na hipótese de o investidor perder a oferta no leilão. Trata-se de um percentual a ser pago pelo vencedor para cobrir os custos que o primeiro proponente teve com a avaliação do ativo.[533]

Mencione-se, por exemplo, o caso da falência das empresas Latina Eletrodomésticos S/A e Latinatec Empreendimentos e Participações Ltda., no qual a 2ª Câmara Reservada de Direito Empresarial[534] negou provimento a agravo de instrumento interposto contra a decisão que deferiu a utilização da modalidade "*stalking horse*" para a alienação de direitos creditórios das massas falidas, oriundos de ações ajuizadas contra a União Federal envolvendo

532 BACELO, Joice. "TJSP valida novo formato para leilão de ativos na recuperação judicial". *Valor Econômico*, ago. 2022. Disponível em: https://valor.globo.com/legislacao/noticia/2022/08/30/tjsp-valida-novo-formato-para-leilao-de-ativos-na-recuperacao-judicial.ghtml. Acessado em: 30.10.2024.

533 BACELO, Joice. "TJSP valida novo formato para leilão de ativos na recuperação judicial". *Valor Econômico*, ago. 2022. Disponível em: https://valor.globo.com/legislacao/noticia/2022/08/30/tjsp-valida-novo-formato-para-leilao-de-ativos-na-recuperacao-judicial.ghtml. Acessado em: 30.10.2024.

534 Tribunal de Justiça do Estado de São Paulo. Agravo de Instrumento n. 2064157-45.2023.8.26.0000, 2ª Câmara Reservada de Direito Empresarial. Relator Desembargador Grava Brasil. Julgado em 15/06/2023. DJe: 15/06/2023.

créditos tributários, e da qual sagraram-se vencedoras. O recurso interposto sustentou a impossibilidade de admissão do "*stalking horse*" antes de promovida a tentativa de alienação por leilão, nos termos do artigo 142, §3º-A, incisos I e II, alegando que a modalidade "*stalking horse*" seria prejudicial aos credores ao permitir a venda de relevante ativo por menos de 30% da avaliação, caracterizando preço vil.

Consoante se extrai do voto do relator, Desembargador Grava Brazil, no caso, ficou consignada, na origem, a dificuldade de avaliação e alienação dos respectivos ativos da massa falida, eis que:

> *(...) a administradora judicial informou, ao i. Juízo da falência, a arrecadação dos direitos creditórios (...). Sustentou que se trata de direito de "difícil alienação" e de complexa apuração, pois, tratando-se de crédito decorrente da exclusão de ICMS da base de cálculo do PIS e da COFINS, "necessário [seria] realizar um árduo trabalho pericial e avaliatório nos documentos fiscais das empresas falidas, cujo período compreende mais [de] 20 anos de escrituração contábil". Esclareceu que buscou, no mercado, possível interessado, não só na avaliação, mas, também, na aquisição de tais direitos, e, encontrando-o, sugeriu ao Juízo o processo competitivo por propostas fechadas, na modalidade Stalking Horse. Destacou que tal proponente teve papel importante, pois arcou com os custos da avaliação dos ativos, razão por que a ele deveria ser garantido o "direito de preferência e reembolso (break-up fees), caso vencido".*

Ponderou-se, naquele caso, os custos e a demora de eventual leilão, além da possibilidade de se tentado o conclave, não fosse alcançada oferta melhor do que a proposta pelo "*stalking horse*". Embora tenha reconhecido que a oferta do proponente não era atraente, a Turma Julgadora assentou que não se aplica o conceito de preço vil em processos de falência (art. 142, V), apontando ainda que caso fosse designado o leilão, a venda poderia ocorrer por qualquer preço, nos termos no artigo 142, §3º-A, III, inclusive abaixo daquele decorrente da proposta inicial. Ressaltou, ainda, que "*na modalidade do Stalking Horse, a proposta vinculante representa, apenas, um valor de partida, podendo ser coberto durante o processo competitivo*", e que, portanto,

> *a dinâmica do procedimento, que já se inicia com a certeza de que o ativo arrecadado será alienado, atende aos princípios da maximização dos ativos na falência isso porque, como dito, a competição será estimulada com a oferta inicial e, também, da célere alienação, que, atualmente, deve ocorrer, no máximo, em 180 (cento e oitenta) dias da arrecadação (arts. 22, III, j, 99, § 3º e 142, § 2º-A, IV, todos da Lei n. 11.101/2005).*

Em outro caso,[535] a 1ª Câmara Reservada de Direito Empresarial, por votação unânime, manteve a decisão que indeferiu a impugnação apresentada pela credora agravante, e homologou o plano de recuperação judicial, o qual continha cláusula de venda de Unidade Produtiva Isolada (UPI), através da utilização de parte do crédito quirografário e por meio da adoção da estratégia do *stalking horse*. Nessa hipótese, ocorreu o que se chama de "stalking horse" completo, prevendo as três vantagens ao investidor: *break-up fee*, preferência em caso de empate de oferta e o direito de cobrir propostas de valor maior. O recurso interposto alegava que as vantagens oferecidas seriam desproporcionais e excessivas, diminuindo as chances de outros concorrentes.[536] Consoante citação

---

535 Tribunal de Justiça do Estado de São Paulo. Agravo de Instrumento n. 2230472-34.2021.8.26.0000, 1ª Câmara Reservada de Direito Empresarial. Relator Desembargador J. B. Franco de Godoi. Julgado em 30/03/2022. DJe: 30/03/2022.

536 BACELO, Joice. "TJSP valida novo formato para leilão de ativos na recuperação judicial". *Valor Econômico*, ago. 2022. Disponível em: https://valor.globo.com/legislacao/noticia/2022/08/30/tjsp-valida-novo-formato-para-leilao-de-ativos-na-recuperacao-judicial.ghtml. Acessado em: 30.10.2024.

extraída do aludido acórdão, esclarecedora a respeito da natureza e conceito da figura do *stalking horse*,

> *A expressão stalking horse tem origem na tática utilizada na caça, por meio da qual o caçador se esconde atrás de um cavalo (ou da imagem de um cavalo) para conseguir se aproximar da presa sem espantá-la. O stalking horse pode ter um papel de grande relevância para o procedimento de alienação de ativos no curso da reestruturação da empresa. Ao perceber a necessidade de se desfazer de um estabelecimento empresarial ou da participação em uma sociedade empresária para obter recursos e garantir a efetiva recuperação da empresa, o devedor pode buscar interessados na aquisição dos ativos, o que pode ocorrer antes mesmo do início do processo de recuperação. Caso alguém se demostre interesse, o vendedor e o potencial comprador podem celebrar o contrato de stalking horse, com o intuito de definir a estrutura do negócio (quais ativos serão objeto da venda), as cláusulas que devem disciplinar a operação (i.e., right to match ou right to top) e a oferta vinculante do stalking horse, que consiste no preço mínimo para a concretização da venda.*[537]

O acórdão supra referido evidenciou que a estratégia de alienação de ativos através da figura do *stalking horse*, além de garantir a venda, ainda permite a fixação de um preço-base em favor do interesse da recuperanda e da coletividade de credores, o que pode não ocorrer em praceamentos tradicionais, atendendo assim ao princípio de soerguimento da empresa, e evitando a realização de leilão com lances muito baixos. Ressaltou-se, ainda, que incumbe à Assembleia-Geral de Credores a fixação do valor

537 GARCIA, Rodrigo Saraiva Porto. "Novas tendências para a venda de ativos na recuperação judicial: avanço ou retrocesso do novo regime de impugnações?" *Revista Semestral de Direito Empresarial*, Rio de Janeiro, vol. 27, nº 2, jul./dez. 2020, p. 130.

da "*break-up fee*" no patamar apropriado, não se podendo reconhecer sua ilegalidade simplesmente por estar um pouco acima dos padrões ordinários:

> *Insta ressaltar que os proponentes escolhidos são os principais credores da agravada, possuindo a maioria dos créditos quirografários concursais e créditos extraconcursais, que envolvem a alienação fiduciária em garantia de bens arrolados na "UPI Aterros", e devem receber compensações por apresentarem oferta firme e, no caso especial, pelo grande capital imobilizado no financiamento da empresa em soerguimento.*
>
> *Nesta mesma senda, a possibilidade de um mais aprofundado "due dilligence" pelo primeiro comprador é uma das vantagens deste procedimento para atrair um maior número de interessados ao certame, que através do preço mínimo estabelecido pelo "stalking horse" podem precificar o risco envolvido na aquisição da unidade produtora isolada, sem dispensar custos operacionais para a realização de uma auditoria de cognição profunda nos dados da empresa.*[538]

Note-se, pois, que a modalidade do "*stalking horse*" vem sendo admitida pelas duas Câmaras especializadas do Tribunal de Justiça de São Paulo.

Como destaca o professor Carlos Alberto Garbi,[539] o devedor usa o *stalking horse* para estimular o processo de licitação e atrair outros interessados na compra, beneficiando a coletividade

---

538 Tribunal de Justiça do Estado de São Paulo. Agravo de Instrumento n. 2230472-34.2021.8.26.0000, 1ª Câmara Reservada de Direito Empresarial. Relator Desembargador J. B. Franco de Godoi. Julgado em 30/03/2022. DJe: 30/03/2022.

539 GARBI, Carlos Alberto. "O Stalking Horse e os meios de recuperação judicial no Brasil". *Migalhas*, abr. 2022. Disponível em: https://www.migalhas.com.br/coluna/novos-horizontes-do-direito-privado/363252/o-stalking-horse-e-os-meios-de-recuperacao-judicial-no-brasil. Acessado em: 30.10.2024.

de credores, na medida em que permite ao devedor testar o mercado antes de um leilão, com a intenção de maximizar o valor de seus ativos. Ainda segundo o autor, não há impedimento legal ao devedor, para este ajuste privado, promovido com ampla liberdade e sem se sujeitar a condições prévias ou se vincular ao interesse de qualquer credor, presumindo-se que o devedor atua, com a liberdade que lhe confere os poderes de administração, guiado pelo interesse na recuperação da empresa, visando o melhor resultado na alienação do ativo. Pondera, também, que a confirmação de que agiu bem em favor dos seus interesses e de seus credores, será dada pela assembleia geral de credores, a qual poderá identificar qualquer favorecimento ao terceiro – *stalking horse* –, por conluio ou fraude, reprimindo-a.

Art. 143. Em qualquer das modalidades de alienação referidas no art. 142 desta Lei, poderão ser apresentadas impugnações por quaisquer credores, pelo devedor ou pelo Ministério Público, no prazo de 48 (quarenta e oito) horas da arrematação, hipótese em que os autos serão conclusos ao juiz, que, no prazo de 5 (cinco) dias, decidirá sobre as impugnações e, julgando-as improcedentes, ordenará a entrega dos bens ao arrematante, respeitadas as condições estabelecidas no edital.

§ 1º Impugnações baseadas no valor de venda do bem somente serão recebidas se acompanhadas de oferta firme do impugnante ou de terceiro para a aquisição do bem, respeitados os termos do edital, por valor presente superior ao valor de venda, e de depósito caucionário equivalente a 10% (dez por cento) do valor oferecido.

§ 2º A oferta de que trata o § 1º deste artigo vincula o impugnante e o terceiro ofertante como se arrematantes fossem.

§ 3º Se houver mais de uma impugnação baseada no valor de venda do bem, somente terá seguimento aquela que tiver o maior valor presente entre elas.

§ 4º A suscitação infundada de vício na alienação pelo impugnante será considerada ato atentatório à dignidade da justiça e sujeitará o suscitante à reparação dos prejuízos causados e às penas previstas na Lei n. 13.105, de 16 de março de 2015 (Código de Processo Civil), para comportamentos análogos.

Impugnação à alienação

O artigo 143 esclarece que a arrematação dos bens do devedor não implica a automática liberação do bem para entrega ao adquirente. Com a arrematação, dá-se início ao prazo de 48 horas para que, simultaneamente, qualquer credor, o devedor ou o Ministério Público apresentem impugnação à alienação, alegando, por exemplo, que algum participante foi preterido, ou que não houve observância das formalidades legais do procedimento competitivo. O dispositivo remete apenas ao artigo 142, sendo assente na doutrina[540] que a impugnação poderá ser apresentada em qualquer modalidade de alienação de bens do devedor, seja ordinária ou extraordinária.

Conforme visto, em comentários ao artigo 142, sua nova redação, dada pela reforma de 2020, tornou sua abrangência muito ampla, incluindo todas as modalidades de alienação de bens na falência, tanto as que eram identificadas ordinárias na doutrina como também as extraordinárias. Desse modo, razoável afirmar que, após a reforma de 2020, todas as modalidades de alienação de bens na falência se submetem ao mesmo regime jurídico, incluindo, portanto, as normas que disciplinam o procedimento e prazos de impugnação previstos no artigo 143.

Juntada a impugnação, os autos serão conclusos para o juiz, para que decida no prazo de cinco dias, sem prejuízo de ouvir o adquirente do bem, o devedor, ou outro interessado, caso entender

540 COELHO, Fábio Ulhoa. *Comentários à Lei de Falências e de Recuperação de empresas*: Lei n. 14.112/20, Nova Lei de Falências. 14ª ed. São Paulo: Revista dos Tribunais, 2021, p. 471.

pertinente. Obviamente, caso sejam necessárias elucidações, juntada de provas ou outras diligências, o prazo de cinco dias será impraticável.

Caso o magistrado rejeite as impugnações eventualmente apresentadas, somente então ordenará a entrega dos bens ao arrematante, com a expedição da carta de arrematação para os bens imóveis, e mandado de entrega dos bens móveis, exceto se o alienante não houver depositado o preço do bem ou da comissão do leiloeiro.

Caso a impugnação tenha por fundamento o valor de venda do bem, prevê o §1º que somente serão recebidas se acompanhadas de oferta firme do impugnante ou de terceiro para a aquisição do bem, respeitados os termos do edital, por valor presente superior ao valor de venda, e de depósito caucionário equivalente a 10% (dez por cento) do valor oferecido.

Note-se, assim, que não terá seguimento a impugnação que se limite a, singelamente, contestar o valor de venda do bem sem apresentar proposta melhor. A oferta firme apresentada vinculará o impugnante e o terceiro ofertante, como se arrematantes fossem (§2º), de sorte que não poderão revogar a proposta sem justo motivo.

A exigência de oferta firme, como condição de recebimento da impugnação, mostra-se compatível com a aceitação, pelo legislador, de que alienação de bens na falência independe das condições de mercado, ainda que desfavoráveis. Diante dessa previsão, não basta, portanto, simplesmente questionar o valor da venda, é preciso demonstrar que existiria pessoas no mercado com efetiva disposição de adquirir o referido bem por valores superiores àquelas obtidas na modalidade adotada no processo de falência.

Como leciona Fábio Ulhoa Coelho,[541] a "oferta firme" de que trata o dispositivo pode ser definida por cinco elementos: (i)

---

541 COELHO, Fábio Ulhoa. *Comentários à Lei de Falências e de Recuperação de empresas*: Lei n. 14.112/20, Nova Lei de Falências. 14ª ed. São Paulo: Revista dos Tribunais, 2021, pp. 471/472.

irrevogabilidade e irrenunciabilidade, que devem constar expressamente na proposta, ou seja, a oferta não poderá ser posteriormente desconstituída por ato unilateral do impugnante; (ii) inexistência de ressalvas, termo de vigência ou de condição, suspensiva ou resolutiva; (iii) garantia de execução, ou seja, o proponente deve provar sua real capacidade de cumprir a oferta, por meio de demonstrações contábeis ou prova da titularidade de patrimônio suficiente para tanto; (iv) liquidez, não atendendo ao requisito legal a proposta mediante pagamento total ou parcial em bens, ou a proposta com preço indeterminado; e (v) demonstração de sua superioridade em relação ao preço da venda impugnada.

Em observância ao princípio da maximização dos ativos, caso haja mais de uma impugnação com fundamento no valor da venda, somente será recebida e terá seguimento aquela que tiver o maior valor presente entre elas, podendo ser aberta oportunidade para que cada oferta seja coberta por outra maior, elevando-se o preço de alienação.[542]

Ressalte-se que as impugnações não poderão servir de sucedâneo para reabertura de procedimento competitivo, já encerrado com a aquisição do bem alienado por uma das modalidades escolhidas na falência. Assim, apresentadas as impugnações, o juiz deverá examinar se a oferta do impugnante é efetivamente superior ao valor obtido na modalidade de alienação anteriormente adotada e, nesses termos, vantajosa aos interesses da massa falida, não bastante a apresentação de oferta com diferença mínima de valor.

Na verdade, será preciso não apenas que o preço de alienação apresentado seja superior ao daquele obtido na modalidade de alienação escolhida na falência, mas, efetivamente, que as condições globais da proposta, incluindo, mas não se limitando,

---

542 COSTA, Daniel Carnio; MELO, Alexandre Nasser. *Comentários à Lei de Recuperação de Empresas e Falência*: Lei n. 11.101, de 09 de fevereiro de 2005. Curitiba: Juruá, 2021, p. 385.

a preço e condições de pagamento, sejam consideradas em sua totalidade e mostrem-se mais favoráveis. Ademais, sendo a modalidade escolhida na falência o leilão, será preciso, também, que o proponente esclareça o motivo pelo qual não participou do certamente, apresentando justificativa plausível para ter estado absente do certame, sob pena de se admitir que, por vias transversas, seja vulnerabilizado esse mecanismo judicial de alienação de bens, trazendo desnecessária segurança jurídica à referida modalidade, o que, certamente, comprometerá a capacidade global dessa modalidade de obter bons preços de alienação.

Sobre o tema, Marcelo Barbosa Sacramone[543] entende que a impugnação que contestar o valor da venda deverá necessariamente apresentar também fundamento de irregularidade no procedimento que tenha comprometido o lance do proponente ou que o tenha impossibilidade de participar do procedimento competitivo, sob pena de sempre ser invalidada a alienação por concorrente posterior que der maior lance. Contudo, a redação do artigo 143 expressamente permite a apresentação de impugnação exclusivamente com base no valor de alienação.

Por fim, dispõe a lei (§4º) que qualquer impugnação infundada, suscitando vício da alienação, será considerada ato atentatório à dignidade da Justiça, sujeitando o suscitante à reparação das perdas e danos causados, sem prejuízo do pagamento de multa de até vinte por cento do valor atualizado do bem, de acordo com a gravidade da conduta, conforme dispõe o artigo 903, §6º do Código de Processo Civil.

Os §§1º a 4º do artigo 143 foram incluídos pela Lei n. 14.112/2020, deixando clara a intenção do legislador de maximizar os ativos da massa falida e de coibir atos de má-fé que acabam por indevidamente protelar e tumultuar o andamento do processo

543 SACRAMONE, Marcelo Barbosa. *Comentários à Lei de Recuperação de Empresas e Falências*. 2ª ed. São Paulo: Saraiva Jur, 2021, p. 581.

de falência, vulnerando a celeridade buscada pela lei e podendo, inclusive, inviabilizar o procedimento de alienação do bem objeto da impugnação infundada.

Art. 144. Havendo motivos justificados, o juiz poderá autorizar, mediante requerimento fundamentado do administrador judicial ou do Comitê, modalidades de alienação judicial diversas das previstas no art. 142 desta Lei.

Modalidades extraordinárias de alienação

A LREF não prevê modalidades estanques de liquidação dos ativos na falência. Ao contrário, deixa aberta a possibilidade de que outros meios de alienação sejam adotados pelo administrador judicial ou aprovados elos credores, sempre preservando a maximização do patrimônio da massa falida, a otimização dos recursos, as particularidades de cada caso, a celeridade e a *par conditio creditorum.*

Levando em consideração tais fatores, o leilão ou as demais modalidades competitivas podem não se mostrar as mais satisfatórias para os interesses da massa falida, já que o caso concreto pode exigir, por exemplo, modalidades mais céleres para evitar-se a deterioração de determinados bens. Com essa preocupação, aliás, a LREF autoriza expressamente a venda antecipada de bens perecíveis, deterioráveis, sujeitos à considerável desvalorização ou de conservação arriscada ou dispendiosa (LREF, art. 113), além da aquisição ou adjudicação imediata dos bens arrecadados pelos credores, de forma individual ou coletiva, atendidas as regras de classificação e preferência dos créditos (LREF, art. 111).

Outrossim, mediante requerimento fundamentado do administrador judicial ou do Comitê de Credores, se houver, e havendo motivos justificados para tanto, conforme os parâmetros acima assinalados, poderá o juiz da falência autorizar modalidades de alienação judicial diversas daquelas ordinárias previstas no artigo 142.

Nesse sentido, conforme decidiu o Superior Tribunal de Justiça em precedente julgado antes da reforma de 2020, as modalidades extraordinárias de alienação poderiam dispensar a formalidade de publicação em jornal de grande circulação, a qual era exigida às modalidades ordinárias pela antiga redação do §1º do artigo 142, conferindo assim maior celeridade ao procedimento.[544]

Na lição de Fábio Ulhoa Coelho,[545] os artigos 144 e 46 tratam de modalidade de venda extraordinária externa de bens, a ser autorizada pelo juiz ou aprovada pelos credores, e caracterizada pela transferência, sem competição, dos bens do falido para adquirente diverso do conjunto de credores, ou seja, a um terceiro não credor ou a um ou alguns dos credores que não pertencem ao conjunto. Sobre a aprovação da modalidade de alienação externa dos bens em Assembleia-Geral de Credores, remete-se aos comentários ao artigo 145.

Para que a alienação extraordinária seja viável e atrativa, é de rigor estender-se a não sucessão das obrigações do falido ao arrematante também para essas modalidades de liquidação dos ativos. Antes da reforma de 2020, admitia-se tal interpretação em função da aplicação analógica do artigo 145 da LREF, que prevê a aplicação irrestrita do artigo 141 nos casos de transferência dos bens do falido à sociedade, fundo ou outro veículo de investimento constituídos pelos credores em Assembleia-Geral.

Necessário observar, conforme já apontado em comentários ao artigo 142, que após a reforma de 2020 o referido dispositivo passou a disciplinar tanto as formas ordinárias de alienação de bens como as formas extraordinárias. Esse é o entendimento que

544 STJ, REsp 1356809/GO, 3ª Turma, Min. Paulo de Tarso Sanseverino, DJe 18/02/2015.

545 COELHO, Fábio Ulhoa. *Comentários à Lei de Falências e de Recuperação de empresas*: Lei n. 14.112/20, Nova Lei de Falências. 14ª ed. São Paulo: Revista dos Tribunais, 2021, p. 474.

decorre da hipótese residual e genérica prevista no artigo 142, V. Já o artigo 141, também com redação dada pela Lei n. 14.112/20, ao dispor sobre a regra de afasta a sucessão do adquirente, é expresso ao afirmar que se aplica a qualquer modalidade do artigo 142.

Com consequência, após a reforma de 2020, não há dúvida quanto ao fato de que qualquer modalidade de alienação de bens na falência, seja ela ordinária ou extraordinária, está sujeita ao mesmo regime jurídico, tanto no tocante aos princípios como no tocante às normas que disciplinam as impugnações, formas de alienação de bens e, também, a ausência de sucessão do adquirente. Variam, apenas, quanto aos procedimentos de alienação a serem adotados em cada uma dessas modalidades e às formalidades definidas em lei e que devem ser seguidas para que sejam consideradas regulares.

Art. 144-A. Frustrada a tentativa de venda dos bens da massa falida e não havendo proposta concreta dos credores para assumi-los, os bens poderão ser considerados sem valor de mercado e destinados à doação.

Parágrafo único. Se não houver interessados na doação referida no caput deste artigo, os bens serão devolvidos ao falido.

Alienação infrutífera

O artigo 144-A foi incluído pela Lei n. 14.112/2020. Segundo a norma, caso o procedimento de alienação se frustre, seja em razão da ausência de lances no leilão ou no processo competitivo organizado, ou da inexistência de adquirentes interessados nas modalidades extraordinárias, será possível que os credores apresentem proposta para assumir os bens do falido. Contudo, caso falte de proposta concreta dos credores para assumir os bens do falido, estes poderão ser considerados sem valor e destinados à doação.

Caso não haja interessados na doação dos bens, serão eles devolvidos ao falido.

Observa-se na doutrina entendimento de que a modalidade de alienação escolhida deve conciliar, ao mesmo tempo, a celeridade do procedimento e a maximização dos ativos do falido, zelando o administrador judicial pela liquidação do patrimônio no prazo de 180 dias fixado pela lei (art. 142, §2º-A, IV), sob pena de reputar-se frustrada a venda dos bens da massa falida, ainda que possuam valor de mercado.

Necessário consignar, contudo, que a hipótese do artigo 144-A disciplina a possibilidade de doação dos bens da massa em situações em que estes não tiverem valor de mercado, o que será presumido nas situações em que não houverem interessados nas modalidades escolhidas nem proposta dos credores para ficarem com os bens. É preciso, portanto, que o bem não tenha valor de mercado, e não, simplesmente, que a modalidade de alienação escolhida tenha se mostrado inadequada

Consequentemente, não basta, simplesmente, o mero decurso do prazo fixado pelo legislador de 180 dias sem que se tenha conseguido alienar o bem da massa falida por uma modalidade de alienação de bens. Isso porque, a alienação do bem em 180 dias foi almejada pelo legislador, nos termos do artigo 75 da LREF, para permitir que a falência efetivamente funcione como mecanismo de preservação dos benefícios econômicos e sociais decorrentes da atividade empresarial, mediante a rápida e útil realocação de ativos na economia. É por esse motivo que o legislador admitiu, inclusive, que as alienações sejam feitas independentemente da conjuntura favorável do mercado no momento da alienação, nos termos do art.142, §2º-A, I e IV da LREF.

Desse modo, para permitir sua aplicação, é preciso ter clareza que de a frustração da tentativa de alienação ocorre mesmo em condições favoráveis de mercado, o que permite, assim, observar a presunção legal relativa de inexistência de valor de mercado do bem. A doação dos bens, de todo modo, poderá se mostrar a melhor alternativa, considerando os altos custos de conservação e guarda, que devem ser despendidos pela massa. Sem prejuízo, obviamente, devem ser coibidas quaisquer condutas fraudulentas no ato de doação, atentando-se para a omissão legislativa a respeito de eventuais impedidos de figurar como donatários.[546]

Art. 145. Por deliberação tomada nos termos do art. 42 desta Lei, os credores poderão adjudicar os bens alienados na falência ou adquiri-los por meio de constituição de sociedade, de fundo ou de outro veículo de investimento, com a participação, se necessária, dos atuais sócios do devedor ou de terceiros, ou mediante conversão de dívida em capital.

§ 1º Aplica-se irrestritamente o disposto no art. 141 desta Lei à transferência dos bens à sociedade, ao fundo ou ao veículo de investimento mencionados no caput deste artigo.

§ 2º (Revogado).

§ 3º (Revogado).

§ 4º Será considerada não escrita qualquer restrição convencional à venda ou à circulação das participações na sociedade, no fundo de investimento ou no veículo de investimento a que se refere o caput deste artigo.

Aquisição e adjudicação dos bens pelos credores

Ainda dentro das modalidades extraordinárias de liquidação dos ativos na falência, a doutrina inclui o artigo 145 que estabelece a possibilidade de adjudicação ou aquisição dos bens diretamente pelos credores, mediante deliberação em Assembleia-Geral, por meio de constituição de sociedade, de fundo ou de outro veículo

546 COSTA, Daniel Carnio; MELO, Alexandre Nasser. *Comentários à Lei de Recuperação de Empresas e Falência*: Lei n. 11.101, de 09 de fevereiro de 2005. Curitiba: Juruá, 2021, p. 387.

de investimento, com a participação, se necessária, dos atuais sócios do devedor ou de terceiros, ou mediante conversão de dívida em capital.

Por esse meio, busca-se preservar as externalidades positivas produzidas pela atividade empresarial, bem como ampliar as possibilidades de alienação em bloco dos estabelecimentos ou bens do falido, a fim de maximizar os seus ativos e otimizar os recursos arrecadados na falência.

A reforma de 2020 alterou a redação do artigo 145, que assim previa:

> O juiz homologará qualquer outra modalidade de realização do ativo, desde que aprovada pela Assembleia-Geral de Credores, inclusive com a constituição de sociedade de credores ou dos empregados do próprio devedor, com a participação, se necessária, dos atuais sócios ou de terceiros.

Desse modo, além das hipóteses expressamente disciplinadas pela antiga redação do artigo 142 (pregão, leilão e propostas fechadas), existiam, também, as hipóteses dos artigos 144 e 145, que permitiam que os administradores e a Assembleia-Geral de Credores indicassem modalidade extraordinária, não prevista em lei, respectivamente.

A reforma de 2020 alterou profundamente a redação do artigo 142, permitindo, como hipótese residual, no seu inciso V, qualquer outra modalidade aprovada em lei.

Importante mencionar, de todo modo, que em acórdão proferido em 2022 pela 4ª Turma do Superior Tribunal de Justiça,[547] aplicou-se o artigo 145, §3º, em sua redação anterior à

---

547 CONJUR. "Juiz da falência pode autorizar modalidade alternativa de venda de ativo". *Conjur*, out. 2022. Disponível em: https://www.conjur.

Lei 14.112/2020, nos casos em que a publicação das decisões nas instâncias de origem ocorreu antes da atualização legislativa. O dispositivo em questão dispunha que:

> Não sendo aprovada pela assembleia-geral a proposta alternativa para a realização do ativo, caberá ao juiz decidir a forma que será adotada, levando em conta a manifestação do administrador judicial e do Comitê.

Outrossim, a Corte Superior entendeu que se a assembleia geral de credores rejeitar a proposta de alienação do ativo, o juiz da falência poderá, após ouvir o administrador judicial e o Comitê, autorizar uma modalidade alternativa para a venda do bem, caso exista, à luz do revogado §3º do artigo 145. No caso, o tribunal de origem havia entendido pela impossibilidade de autorização, pelo juiz, de proposta alternativa para a venda de um lote de ações em um processo falimentar, em razão da rejeição da proposta pela assembleia de credores.

O relator do recurso especial, Ministro Antonio Carlos Ferreira, contudo, assentou que embora as modalidades ordinárias de alienação de bens da massa falida (leilão, lances orais, propostas fechadas e pregão) proporcionasse competitividade de propostas entre os interessados, realizando negócios mais benéficos para a massa falida e reduzindo a possibilidade de fraudes e conluios, em alguns casos, seria necessário flexibilizar o procedimento como forma de possibilitar a alienação do bem.

Invocou, nesses termos, os artigos 144 e 145, com redação antiga à Lei n. 14.112/2020, os quais previam a possibilidade de adoção excepcional de modalidade diversa daquelas estabelecidas no artigo 142, na hipótese de existirem razões justificadas para

---

com.br/2022-out-10/juiz-falencia-autorizar-forma-alternativa-venda-ativo/. Acessado em: 30.10.2024.

afastar a incidência de uma das modalidades ordinárias, competindo ao juiz a convocação da assembleia geral, a quem compete optar por alguma modalidade alternativa de realização do ativo.

Nesse sentido, para o colegiado, não havendo proibição legal no §3º do artigo 145, de que o juiz adote modalidade alternativa que fora excluída pela coletividade de credores, há, na verdade, autorização para que ele assim o faça.

Destaque-se que, obviamente, com a vigência da Lei n. 14.112/2020, a discussão acima ficou superada, uma vez que inserida no artigo 142 o inciso V, a possibilidade de o juiz decidir por qualquer outra modalidade de alienação de bens.

A Lei n. 14.112/20 alterou, também, a redação do artigo 145, tornando-a, de certo modo, mais restrita, visto que a originária se referia a qualquer outra modalidade de realização do ativo, de forma genérica. A nova redação do artigo 145 disciplina hipóteses específicas de realização do ativo, consistentes na adjudicação de bens pelos credores ou sua aquisição pela constituição de sociedade, fundo ou outro veículo.

Interessante verificar que a redação do artigo 35, III, c, não foi alterada pela reforma, prevendo a competência da Assembleia-Geral de Credores para deliberar sobre "*c) a adoção de outras modalidades de realização do ativo, na forma do art. 145 da Lei*".

A autorização judicial para a realização da alienação extraordinária na hipótese do art. 144 da LREF, todavia, não exclui, segundo o Fábio Ulhôa Coelho, nos termos do artigo 46 da LREF, a possibilidade de deliberação, em Assembleia-Geral de Credores, de forma alternativa de realização do ativo do falido, hipótese em que exigirá o quórum qualificado de aprovação, correspondente aos credores que representem 2/3 dos créditos presentes no conclave.

Na lição de Fábio Ulhoa Coelho,[548] o artigo 144 trata de modalidade de venda extraordinária externa de bens, a ser autorizada pelo juiz ou aprovada pelos credores, e caracterizada pela transferência, sem competição, dos bens do falido para adquirente diverso do conjunto de credores, ou seja, a um terceiro não credor ou a um ou alguns dos credores que não pertencem ao conjunto, ao passo que a hipótese do artigo 145 se caracteriza pela venda extraordinária interna dos bens, em que a alienação ocorre sem competição entre potenciais adquirentes, destinando-se à coletividade de credores, como forma de pagamento de seus respectivos créditos, e em que a aprovação seria tomada em assembleia, pela maioria simples (art. 42, LREF).

Ressalta-se, também, entendimento de que a clareza do texto legal permite a intepretação de que o quórum especial previsto no artigo 42 (maioria simples), somente se aplicaria à modalidade extraordinária de alienação especificamente prevista no artigo 145, ou seja, a adjudicação ou aquisição direta de bens pelos credores, enquanto que nas demais modalidades extraordinárias abrangidas pelo artigo 46, o quórum seria o de 2/3 dos créditos presentes.

Necessário observar, contudo, que nada impede que a Assembleia-Geral de Credores delibere sobre outras formas de realização de ativos, já que o artigo 35, III, d, já que este dispositivo reconhece ser sua competência apreciar qualquer outra matéria que afete o interesse dos credores.

Muito embora o artigo 42 da LREF, em sua redação originária, não alterada pela reforma de 2020, afirme que o quórum geral por ela estabelecido, de maioria, não se aplique para a hipótese de realização extraordinária de ativos prevista no artigo 145 da mesma lei, forçoso verificar que a nova redação deste último

548 COELHO, Fábio Ulhoa. *Comentários à Lei de Falências e de Recuperação de empresas*: Lei n. 14.112/20, Nova Lei de Falências. 14ª ed. São Paulo: Revista dos Tribunais, 2021, p. 474.

dispositivo, o artigo 145, passou a remeter ao quórum do artigo 42, e não mais ao do artigo 46 da LREF.

O artigo 46 da LREF, apesar de não ter tido sua redação alterada pela reforma de 2020, refere-se exclusivamente às hipóteses de realização alternativas do ativo previstas no art. 145 da lei, as quais, como visto, tornaram-se restritas e, por sua vez, passaram a remeter ao quórum do artigo 42.

Logo, razoável sustentar que o artigo 46 da LREF, diante de sua restrita e específica hipótese de incidência, foi implicitamente revogado pela reforma de 2020. Como consequência, para modalidades de alienação de ativos deliberadas por assembleias de credores e que não se subsumam nas hipóteses do art. 145 da LREF deve-se aplicar, por falta de previsão específica, o quórum geral do artigo 42 da LREF.

É bom que se ressalte, todavia, que a alienação ou adjudicação direta pelos credores deve observar a ordem de classificação dos créditos na falência, sob pena de se vulnerar a *par conditio creditorum*. Nesse sentido, a forma proposta pelo artigo 145 deve ser submetida ao controle de legalidade do juízo universal. Caso ocorra a adjudicação de bens do falido pelos credores, a distribuição de cada parte do bem, entre eles, deverá respeitar as respectivas classes. Já a transferência de bens à sociedade, ao fundo ou a outro veículo de investimento, por sua vez, com a consequente conversão do crédito em participação societária ou quotas de participação, também deverá ser proporcional ao valor de cada crédito habilitado na falência, conforme a ordem legal de pagamento.

Relembre-se ser imprescindível a manifestação de vontade dos credores para associarem-se entre si em um contrato de sociedade, não sendo admissível, no caso do artigo 145, obrigar uma minoria dissidente entre os credores a se sujeitarem à maioria na constituição da sociedade ou do fundo de investimento, o que somente poderá ocorrer se os interesses forem comuns. Assim, os credores dissidentes deverão receber seus créditos em pecúnia pela massa falida, correspondente à importância que teriam direito em caso de alienação ordinária dos bens.

Outrossim, destaca a doutrina, somente se revela viável a constituição de sociedade se esta abranger toda uma classe preferencial na ordem de pagamento, hipótese em que as classes menos preferenciais somente receberiam caso remanescesse algum valor para a massa falida, após a conversão dos créditos daqueles credores preferenciais em participação societária. Quanto aos demais credores, todavia, a constituição da sociedade entre eles impediria o pagamento dos preferenciais, caso dissidentes. Nesse caso, portanto, conforme doutrina, a constituição da sociedade somente seria admitida se aqueles que se associaram aportassem capital próprio, suficiente para a satisfação dos dissidentes na medida do que receberiam na falência, ou associarem-se com os sócios do falido ou com terceiros, para que assim o façam.

Na modalidade prevista pelo artigo 145, a lei prevê expressamente a aplicação irrestrita do artigo 141 caso se dê a transferência dos bens à sociedade, ao fundo ou a outro veículo de investimento. Nesses termos, não haverá sucessão do adquirente pelas obrigações da sociedade falida, incluindo as de natureza tributária, as derivadas da legislação do trabalho e as decorrentes de acidente de trabalho. Vale ressaltar, também, que o artigo 142, V, da LREF refere-se a qualquer modalidade de alienação de bens admitida na lei, de modo que o artigo 141 passou a abarcar também essa hipótese.

Conforme prevê o §4º, para conferir efetividade à transferência extraordinária prevista no *caput*, será ineficaz qualquer restrição à venda ou circulação das participações na sociedade, no fundo de investimento ou no veículo de investimento, reputando-se não escrita a cláusula que eventualmente venha a assim dispor no contrato social.

Assim, por exemplo, não se aplicará à sociedade limitada eventualmente constituída pelos credores, a regra que confere ao sócio com pelo menos um quarto do capital social, o direito de se opor à venda de participação societária (CC, art. 1.057). Do mesmo modo, na sociedade anônima fechada constituída pelos credores, a cláusula do contrato social que estipule direito de preferência será ineficaz perante os acionistas fundadores que converteram seus créditos habilitados na falência em ações. Por fim, caso constituído um fundo de investimento fechado pelos credores, eventual cláusula que impedir o resgate da quota de participação será ineficaz em relação ao quotista fundador.

Art. 146. Em qualquer modalidade de realização do ativo adotada, fica a massa falida dispensada da apresentação de certidões negativas.

Dispensa da apresentação de certidões negativas

Nos negócios jurídicos, em geral, a apresentação das certidões negativas busca conferir segurança jurídica aos contraentes, garantindo a inexistência de pendências, gravames judiciais, dívidas fiscais e tributárias perante as esferas federal, estadual e municipal que eventualmente recaiam sobre o bem negociado ou sobre o alienante.

Na alienação de bens no bojo do procedimento falimentar, por qualquer modalidade de realização do ativo, é dispensada a apresentação de certidões negativas. Isso porque, cuidando-se a liquidação dos bens o meio pelo qual são arrecadados recursos para a massa falida, a fim de que possam ser pagos os seus créditos, incluindo os fiscais e tributários, a exigência das certidões negativas na falência significaria, na prática, inviabilizar a transferência dos bens do devedor falido.

Por esta razão é que a lei também assegura aos adquirentes a não sucessão das obrigações do devedor, suprimindo qualquer ônus que recaia sobre o bem alienado, sob pena de desestimular e inviabilizar a liquidação dos ativos e o pagamento dos credores.

***Art. 147.** As quantias recebidas a qualquer título serão imediatamente depositadas em conta remunerada de instituição financeira, atendidos os requisitos da lei ou das normas de organização judiciária.*

Depósito das quantias integradas à massa falida

Os valores arrecadados através do processo de liquidação dos ativos, sob qualquer modalidade e a qualquer título, serão depositados em conta remunerada de instituição financeira, vinculada ao juízo falimentar. Para tanto, deverão ser atendidos os requisitos legais, e as normas de organização judiciária, expedidas pela Corregedoria Geral em cada estado da federação. Em regra, o administrador judicial não receberá qualquer valor, devendo o arrematante ou o adquirente dos bens depositar a importância correspondente diretamente na conta indicada, mediante depósito judicial ou meio eletrônico, imediatamente após o lance ou a proposta aceitos (CPC, art. 892).

Outrossim, enquanto não houver rateio dos valores arrecadados entre os credores, ficarão depositados em fundo que garanta a preservação de seu valor em face da inflação, como a poupança. Nada obsta ao administrador judicial que, mediante autorização do juiz, invista os numerários em investimentos de baixo risco, com alta liquidez e que possam ser resgatados a qualquer tempo.[549]

Qualquer movimentação financeira dos recursos em caixa, ainda que para regular pagamento dos credores, deverá ser precedida de autorização judicial mediante expedição de mandado de levantamento de valores, ou outro meio, como a expedição de ofício à instituição financeira, a fim de que proceda à transferência do valor à conta indicada pelo credor respectivo.

---

549 COSTA, Daniel Carnio; MELO, Alexandre Nasser. *Comentários à Lei de Recuperação de Empresas e Falência*: Lei n. 11.101, de 09 de fevereiro de 2005. Curitiba: Juruá, 2021, p. 389.

Art. 148. O administrador judicial fará constar do relatório de que trata a alínea p do inciso III do art. 22 os valores eventualmente recebidos no mês vencido, explicitando a forma de distribuição dos recursos entre os credores, observado o disposto no art. 149 desta Lei.

Distribuição dos recursos entre os credores

Entre os deveres do administrador judicial, na falência, está o de apresentar ao juiz para juntada aos autos, até o décimo dia do mês seguinte ao vencido, conta demonstrativa da administração, que especifique com clareza a receita e a despesa (LREF, art. 22, III, p).

Neste relatório mensal de prestação de contas, deverá também indicar os valores arrecados em favor da massa falida no mês anterior, assinalando o total de recursos em caixa e explicitando o plano de distribuição dos recursos entre os credores, observada a ordem legal de pagamento e a *par conditio creditorum*.

Seção IX – Do Pagamento aos Credores

Art. 149. Realizadas as restituições, pagos os créditos extraconcursais, na forma do art. 84 desta Lei, e consolidado o quadro-geral de credores, as importâncias recebidas com a realização do ativo serão destinadas ao pagamento dos credores, atendendo à classificação prevista no art. 83 desta Lei, respeitados os demais dispositivos desta Lei e as decisões judiciais que determinam reserva de importâncias.

§ 1º Havendo reserva de importâncias, os valores a ela relativos ficarão depositados até o julgamento definitivo do crédito e, no caso de não ser este finalmente reconhecido, no todo ou em parte, os recursos depositados serão objeto de rateio suplementar entre os credores remanescentes.

§ 2º Os credores que não procederem, no prazo fixado pelo juiz, ao levantamento dos valores que lhes couberam em rateio serão intimados a fazê-lo no prazo de 60 (sessenta) dias, após o qual os recursos serão objeto de rateio suplementar entre os credores remanescentes.

Pagamento dos credores

A Seção XI, que trata do pagamento aos credores, não sofreu alterações pela Lei n. 14.112/2020. Todavia, em virtude de mudanças ocorridas em artigos esparsos da LREF, como a reclassificação dos créditos com privilégio geral e especial como créditos quirografários (art. 83, LREF), a interpretação das regras previstas para o rateio entre os credores deve se adaptar àquelas alterações.

Nesse sentido, deve o administrador judicial considerar a seguinte ordem de pagamento na falência, relativa aos créditos que não observam a execução concursal e que devem ser pagos preferencialmente a quaisquer outros, nesta ordem: (1) compensação de dívidas do devedor vencidas até a decretação da falência (art. 122); (2) créditos extraconcursais, a saber: (a) despesas cujo pagamento seja indispensável à administração da falência (art. 150); (b) créditos trabalhistas de natureza estritamente salarial, vencidos nos três meses anteriores à decretação da quebra, até o limite de cinco salários-mínimos por trabalhador (art. 151); (c) valores efetivamente entregues pelo devedor pelo credor financiador (art. 84, I-B); (d) créditos em dinheiro, objeto da restituição de que trata o art. 86 (art. 84, I-C); (e) as remunerações devidas ao administrador judicial e seus auxiliares, os reembolsos devidos aos membros do Comitê de Credores, e os créditos derivados da legislação do trabalho, ou decorrentes de acidente de trabalho, que tenham sido constituídos após a decretação da falência (art. 84, I-D); (f) as obrigações decorrente de atos jurídicos válidos praticados durante a recuperação judicial ou após a decretação da falência (art. 84, I-E); (g) as quantias fornecidas pelos credores à massa falida (art. 84, II); (h) as despesas com arrecadação, administração, realização do ativo, distribuição do seu produto e custas do processo de falência (art. 84, III); (i) as custas judiciais relativas a ações e execuções em que a massa tenha saído vencida (art. 84, IV); e (j) os tributos relativos a fatos geradores posteriores à decretação da falência (art. 84, V).

Somente após a satisfação de todos os créditos acima descritos, pagos com preferência a qualquer outro, e apenas se sobrar recurso em caixa, deverá o administrador judicial dar início ao pagamento dos credores concursais, conforme a ordem estabelecida pelo artigo 83, a saber: (1) créditos derivados da legislação do trabalho, limitados a 150 salários-mínimos, ou decorrentes de acidente de trabalho (art. 83, I); (2) créditos gravados com direito real de garantia, até o limite do valor do bem gravado (art. 83, II); (3) créditos tributários, exceto os créditos extraconcursais e as multas tributárias (art. 83, III); (4) créditos quirografários (art. 83, VI); (5) multas contratuais e penas pecuniárias por infração de leis penais ou administrativas, incluindo as multas tributárias (art. 83, VII); (6) créditos subordinados (art. 83, VIII); e (7) juros vencidos após a decretação da falência (art. 83, IX).

Se, após satisfeitos todos os créditos aludidos, nessa ordem, ainda remanescerem recursos disponíveis em caixa, serão eles devolvidos ao falido (LREF, art. 153).

Outrossim, somente depois de realizadas as restituições em dinheiro, pagos os créditos extraconcursais, e consolidado o quadro-geral de credores, é que o numerário arrecadado com a alienação dos ativos do falido será destinado ao pagamento dos credores concursais, conforme a ordem prevista no artigo 83, respeitando-se eventuais decisões judiciais que tenham determinado a reserva de importâncias. Assim, somente se realiza o pagamento de uma classe, se a classe imediatamente anterior houver sido integralmente satisfeita.

Admite-se a realização de rateios sem a formação do quadro-geral de credores na hipótese do art. 16, §2º, a cujos comentários remete-se.

Nesse sentido, caso haja recursos em caixa, não é necessário aguardar-se a liquidação de todos os ativos do falido para proceder-se ao pagamento integral de determinada classe de credores, se mais preferenciais.

A satisfação dos créditos na falência deverá observar a capacidade de pagamento da massa falida. Caso não haja recursos suficientes em caixa para satisfazer a integralidade dos credores, o administrador judicial elaborará um plano de rateio (LREF, art. 148), sempre resguardando a ordem legal de preferência e a *par conditio creditorum*.

Reserva de numerários

A reserva de valores na falência ocorre por determinação judicial, quando há discussão pendente a respeito da liquidez ou exigibilidade de determinado crédito. Assim, por exemplo, em uma ação autônoma ajuizada perante a Justiça Trabalhista, quando o procedimento falimentar já esteja em curso, pode o autor interessado pleitear a reserva de numerário correspondente ao crédito que entende devido, até a efetiva definição e liquidação da importância na Justiça especializada, para resguardar o recebimento preferencial após a habilitação de seu crédito no concurso falimentar (LREF, art. 6º, §3º). Poderá determinado credor, ainda, ajuizar habilitação de crédito retardatária, pugnando pela reserva de seu crédito até que o juízo universal delibere definitivamente sobre o pedido (LREF, art. 10, §4º).

A reserva de valores, pois, busca garantir que o credor não seja prejudicado por eventual demora na apuração da certeza e liquidez de seu crédito e para que possa participar do rateio sem ser preterido por credores menos privilegiados. Cuida-se de medida acautelatória, que deve ser fundamentada na plausibilidade ou verossimilhança do direito do titular do crédito, com o fim de se preservar a *par conditio creditorum.*[550]

Conforme dispõe o §1º do artigo 149, havendo reserva de importância, os valores a ela relativos ficarão depositados em caixa até o julgamento definitivo do crédito e, no caso de não ser este finalmente reconhecido, no todo ou em parte, os recursos depositados serão objeto de rateio suplementar entre os credores remanescentes.

Prazo para levantamento pelos credores

Definido o plano de rateio pelo administrador judicial e iniciado o pagamento dos créditos conforme a ordem legal de preferência, serão os credores intimados para informar em qual conta pretendem recebê-los, ou para providenciarem o recebimento mediante guia de levantamento.

Se, transcorrido o prazo legal, o respectivo credor não cumprir as providências necessárias ao recebimento da importância que lhe cabe, será intimado para providenciá-lo no prazo de 60 dias. Após esse prazo, os recursos não levantados serão objeto de rateio suplementar entre os credores remanescentes.

Cuida-se, assim, de prazo decadencial, que não extinguirá propriamente o direito de crédito, mas sim o direito do credor de participar daquele determinado rateio, devendo, pois, aguardar os rateios posteriores para receber o que lhe é devido.

Para Marcelo Barbosa Sacramone,[551] o transcurso do prazo de 60 dias não implica perda do direito apenas quanto ao rateio

---

550 COSTA, Daniel Carnio; MELO, Alexandre Nasser. *Comentários à Lei de Recuperação de Empresas e Falência*: Lei n. 11.101, de 09 de fevereiro de 2005. Curitiba: Juruá, 2021, p. 391.

551 SACRAMONE, Marcelo Barbosa. *Comentários à Lei de Recuperação de Empresas e Falências*. 2ª ed. São Paulo: Saraiva Jur, 2021, p. 591.

realizado, mas também quanto ao próprio montante de crédito a que teria direito e que seria satisfeito por meio daquele rateio. Assim, caso a sua classe de credores não tenha sido integralmente satisfeita e ocorram novos rateios, o credor anteriormente inerte poderá deles participar, mas apenas com a diferença do montante, ou seja, com o desconto dos valores referentes ao rateio de cujo direito teria decaído.

Art. 150. As despesas cujo pagamento antecipado seja indispensável à administração da falência, inclusive na hipótese de continuação provisória das atividades previstas no inciso XI do caput do art. 99 desta Lei, serão pagas pelo administrador judicial com os recursos disponíveis em caixa.

Despesas indispensáveis à falência

Os artigos 150 e 151 cuidam das importâncias cuja antecipação é imprescindível no procedimento falimentar, devendo ser pagas pelo administrador judicial preteritamente a qualquer outra na data de seu vencimento. Em que pese serem classificadas pela lei como créditos extraconcursais (LREF, art. 84, I-A), devem ser satisfeitos assim que houver recursos disponíveis em caixa, ou seja, não se sujeitarão ao concurso de credores, nem deverão aguardar o início do pagamento dos demais créditos extraconcursais, sendo pagos independentemente da ordem legal prevista no artigo 84.

As despesas cujo pagamento antecipado é indispensável à administração da falência são aquelas dotadas de essencialidade e urgência, sem as quais o próprio prosseguimento do procedimento falimentar fica prejudicado. São os dispêndios necessários, por exemplo, à preservação do patrimônio do falido (despesas de guarda, conservação e gestão até a alienação) e aqueles destinados à manutenção provisória das atividades do empresário de que trata o artigo 99, XI, da LREF, que poderão abranger o pagamento de salários e de fornecedores, bem como os custos do estabelecimento empresarial (como contas de energia elétrica, de água, alugueis e eventuais tributos incidentes).

Outrossim, a imprescindibilidade do pagamento antecipado de tais despesas faz com que se tornem classe especial dentro dos créditos extraconcursais, não havendo necessidade de rateio dos valores entre todos os credores nessa condição, mas pagamento imediato e prioritário, assim que se tornem exigíveis.

Incumbe ao administrador judicial, no entanto, agir com cautela ao antecipar despesas essenciais na falência e analisar a sua urgência, cuidando para não as confundir com os créditos extraconcursais correspondentes às "despesas com arrecadação, administração, realização do ativo, distribuição do seu produto e custas do processo de falência", previstas no inciso III do artigo 84, da LREF, os quais devem obrigatoriamente seguir a ordem legal de pagamento.

O aparente conflito entre o artigo 150 e o artigo 84, III da LREF deve ser sanado com base na essencialidade e na urgência da despesa realizada a título de administração do processo falimentar, que, se não satisfeita, poderá prejudicar a própria continuidade do procedimento concursal.

Assim, ainda que o artigo 150 não preveja a necessidade de autorização judicial para antecipação do pagamento das despesas essenciais, sem prejuízo da ulterior prestação de contas pelo administrador judicial, nada obsta que o auxiliar do juízo, por cautela, pleiteie prévia autorização do juiz universal para o pagamento.

Art. 151. Os créditos trabalhistas de natureza estritamente salarial vencidos nos 3 (três) meses anteriores à decretação da falência, até o limite de 5 (cinco) salários-mínimos por trabalhador, serão pagos tão logo haja disponibilidade em caixa.

Créditos de natureza estritamente salarial

Também serão pagos antecipadamente, assim que houver recursos em caixa e independentemente de qualquer outro crédito extraconcursal, os créditos trabalhistas de natureza estritamente salarial vencidos nos três meses anteriores à decretação da falência, até o limite de cinco salários-mínimos por trabalhador.

A norma busca tutelar a dignidade do empregado, a quem deve ser garantido o mínimo necessário para sua subsistência, embora os limites de tempo e de valor impostos pelo dispositivo tornem exíguo o valor a ser antecipado, característica criticada pela doutrina.[552]

De todo modo, a LREF ainda restringe a antecipação do pagamento apenas às verbas de natureza estritamente salarial. Outrossim, pagamentos a título de férias, terço constitucional, aviso prévio, multa sobre o FGTS, ou outros adicionais, verbas rescisórias ou indenizatórias que não houverem sido satisfeitos até a decretação da falência não poderão ser antecipados e integrarão o total do crédito titularizado pelo trabalhador, a ser pago em primeiro lugar dentre os créditos concursais, limitados a 150 salários-mínimos (LREF, art. 83, I).

Art. 152. Os credores restituirão em dobro as quantias recebidas, acrescidas dos juros legais, se ficar evidenciado dolo ou má-fé na constituição do crédito ou da garantia.

Restituição em dobro

Se o credor houver agido com dolo ou má-fé ao constituir o crédito ou a garantia, ficará obrigado a restituir em dobro as quantias recebidas, acrescidas dos juros legais desde o pagamento. Tal regra está em consonância com o que dispõe o artigo 940 do Código Civil, segundo o qual

---

552 BEZERRA FILHO, Manoel Justino. *Lei de Recuperação de Empresas e Falências*: Lei n. 11.101/2005 comentada artigo por artigo. 15ª ed., rev., atual. e ampl. São Paulo: Revista dos Tribunais, 2021, p. 513.

> aquele que demandar por dívida já paga, no todo ou em parte, sem ressalvar as quantias recebidas ou pedir mais do que for devido, ficará obrigado a pagar ao devedor, no primeiro caso, o dobro do que houver cobrado e, no segundo, o equivalente do que dele exigir, salvo se houver prescrição.

A norma busca dissuadir condutas maliciosas e fraudulentas, cuja prática prejudique os interesses da massa e vulnere os princípios do procedimento concursal. Justifica-se, pois, pela reparação do dano ou do prejuízo causado à massa falida em razão da participação no rateio em virtude de fraude, sem se olvidar que o valor do crédito habilitado está relacionado ao poder de deliberação e voto em Assembleia-Geral de Credores, repercutindo no desenvolvimento do procedimento concursal e aumentando, assim, a gravidade da conduta fraudulenta.

Assim, se apurado que o pagamento recebido, embora indevido, não decorreu de conduta dolosa ou de má-fé, a restituição será simples. A mera incerteza jurídica em relação à existência do crédito ou da garantia é insuficiente para penalizar o agente com a restituição em dobro, devendo-se comprovar que ele tinha conhecimento da inexistência do crédito ou da garantia, assim contribuindo para irregularmente receber recursos da massa falida.

Art. 153. Pagos todos os credores, o saldo, se houver, será entregue ao falido.

Saldo residual após pagamento dos credores

Se, após as compensações das dívidas do falido vencidas até a decretação da falência (LREF, art. 122), as restituições de bens e direitos aos seus respectivos titulares (LREF, art. 85), a antecipação das despesas essenciais à falência (LREF, arts. 150 e 151), o pagamento dos créditos extraconcursais (LREF, art. 84) e o pagamento dos credores concursais (LREF, art. 83), ainda assim houver saldo remanescente em caixa, a importância será devolvida ao empresário individual falido, ou aos sócios e acionistas da sociedade empresária, para distribuição proporcional à participação de cada um no capital social (LREF, art. 83, §2º), considerando que a falência implica a dissolução total da sociedade (CC, art. 1.044).

Assim como os bens do falido cuja alienação ou doação sejam frustradas nos termos do artigo 144-A, os valores remanescentes em caixa após o pagamento de todos os credores também deverão ser devolvidos ao falido, sobretudo porque o devedor conserva a titularidade sobre os bens, direitos e valores, até sua efetiva transferência a terceiros.

A hipótese prevista no dispositivo é raríssima, considerando a situação de crise econômico-financeira insanável que permeia os procedimentos falimentares. Contudo, pode ser configurada se, por exemplo, a falência não for motivada propriamente pela insolvência real do devedor, mas por impontualidade, execução frustrada ou prática de atos falimentares, ou se a massa falida, por meio da realização de seu ativo, de contratos celebrados ou mantidos pelo administrador judicial, e pela continuidade provisória da atividade empresarial, conseguir recursos mais do que suficientes para a satisfação de todos os credores.[553]

Atente-se que a distribuição de eventual saldo entre os sócios da sociedade falida, conforme a participação de cada um no capital social, não se confunde com o crédito subordinado que eles eventualmente titularizarem, correspondente às importâncias que emprestaram à massa falida. Estes últimos integram o passivo da massa e deverão ser pagos em penúltimo lugar na ordem de preferência dos créditos concursais, após satisfeitos os créditos

553 COSTA, Daniel Carnio; MELO, Alexandre Nasser. *Comentários à Lei de Recuperação de Empresas e Falência*: Lei n. 11.101, de 09 de fevereiro de 2005. Curitiba: Juruá, 2021, p. 394.

quirografários e as multas contratuais e penas pecuniárias por infração das leis penais ou administrativas, incluídas as multas tributárias (LREF, art. 83, VIII, b).

Seção XII – Do Encerramento da Falência e da Extinção das Obrigações do Falido

Art. 154. Concluída a realização de todo o ativo, e distribuído o produto entre os credores, o administrador judicial apresentará suas contas ao juiz no prazo de 30 (trinta) dias.

§ 1º As contas, acompanhadas dos documentos comprobatórios, serão prestadas em autos apartados que, ao final, serão apensados aos autos da falência.

§ 2º O juiz ordenará a publicação de aviso de que as contas foram entregues e se encontram à disposição dos interessados, que poderão impugná-las no prazo de 10 (dez) dias.

§ 3º Decorrido o prazo do aviso e realizadas as diligências necessárias à apuração dos fatos, o juiz intimará o Ministério Público para manifestar-se no prazo de 5 (cinco) dias, findo o qual o administrador judicial será ouvido se houver impugnação ou parecer contrário do Ministério Público.

§ 4º Cumpridas as providências previstas nos §§ 2º e 3º deste artigo, o juiz julgará as contas por sentença.

§ 5º A sentença que rejeitar as contas do administrador judicial fixará suas responsabilidades, poderá determinar a indisponibilidade ou o sequestro de bens e servirá como título executivo para indenização da massa.

§ 6º Da sentença cabe apelação.

Prestação de contas pelo administrador judicial

Após a realização do ativo e o pagamento dos credores, inicia-se a fase de encerramento da falência, composta por quatro etapas principais: a prestação de contas pelo administrador judicial (art. 154), a juntada do relatório final da falência (art. 155), a sentença de encerramento (art. 156) e a declaração de extinção das obrigações do falido (arts. 158/159). A falência será encerrada quando todo o ativo do devedor for liquidado, e o seu produto for utilizado para rateio entre os credores, dentro da capacidade de pagamento da massa falida, ainda que remanesçam créditos não satisfeitos.

Outrossim, concluída a realização do ativo e distribuído o produto entre os credores, incumbirá ao administrador judicial a apresentação de contas ao juízo no prazo de trinta dias contados do último rateio, conforme art. 22, III, "r". Se não prestadas no prazo legal, o administrador judicial será intimado pessoalmente a fazê-lo no prazo de cinco dias, sob pena de desobediência e destituição, com a nomeação de substituto para elaborar relatórios ou organizar as contas, explicitando as responsabilidades de seu antecessor (art. 23). Em que pese a omissão legislativa, as contas devem ser prestadas em forma contábil, especificando receitas e despesas da massa falida, e acompanhadas dos respectivos documentos.

Para não tumultuar o procedimento e considerando a possibilidade de produção probatória na prestação de contas, serão elas apresentadas em autos apartados, apensados à falência somente após o seu julgamento. As contas deverão abranger todo o período em que o administrador judicial desempenhou sua função e, após serem entregues, o juiz fará publicar aviso de que se encontram à disposição dos interessados, que poderão impugná-las no prazo comum de dez dias.

Decorrido esse prazo, o juiz intimará o Ministério Público para que, na qualidade de fiscal do ordenamento jurídico, manifeste-se sobre as contas no prazo de cinco dias. Se apresentada qualquer impugnação pelos interessados, ou parecer contrário do Ministério Público, o juiz intimará novamente o administrador judicial para esclarecer os pontos impugnados, podendo determinar a realização de diligências como a juntada de documentos complementares, ou mesmo de perícia, se necessária para elucidar por completo as questões levantadas pelas partes.

Atente-se que, apesar de o artigo 154 prever a intimação do Ministério Público apenas posteriormente a eventuais diligências necessárias determinadas pelo juiz (§3º), a doutrina recomenda a intimação anterior do órgão para manifestar-se favorável ou contrário à aprovação das contas, já que poderá, nesse parecer, requisitar novas informações ou solicitar outras providências.

Somente após tais diligências, as contas apresentadas serão julgadas por sentença, contra a qual será cabível apelação, a ser recebida no duplo efeito (devolutivo e suspensivo), nos termos do artigo 1.009 do CPC. Se o juiz julgar favoravelmente e homologar as contas do administrador judicial conforme foram prestadas, os autos da prestação de contas serão apensados ao procedimento falimentar, intimando-se o administrador judicial para que apresente o relatório final da falência, no prazo de dez dias (art. 155). Se, no entanto, rejeitar as contas entregues, a sentença o destituirá e nomeará um substituto, além de fixará as responsabilidades do administrador judicial, podendo determinar a indisponibilidade ou o sequestro de bens, servindo a deliberação judicial como título executivo para indenização da massa falida, sem prejuízo de eventual responsabilização penal.

Em que pese o §5º limitar eventual legitimidade para requerer indenização à massa falida, não há prejuízo a que os credores ou o devedor também o façam, caso constatado prejuízo no desempenho das funções pelo administrador judicial, por dolo ou culpa, nos termos do artigo 32 da LREF.

Art. 155. Julgadas as contas do administrador judicial, ele apresentará o relatório final da falência no prazo de 10 (dez) dias, indicando o valor do ativo e o do produto de sua realização, o valor do passivo e o dos pagamentos feitos aos credores, e especificará justificadamente as responsabilidades com que continuará o falido.

Relatório final da falência

Após julgar favoravelmente as contas apresentadas pelo administrador judicial, homologando-as, o juiz deverá intimá-lo para que apresente o relatório final da falência no prazo de dez dias, contados da publicação da sentença referente às contas entregues.

O relatório final consiste na síntese das contas anteriormente apresentadas, devendo indicar o valor do ativo e do produto de sua realização, o valor do passivo e dos pagamentos feitos aos credores e a especificação justificada das responsabilidades com que continuará o falido até a extinção de suas obrigações (se remanescerem créditos a serem satisfeitos) ou, caso contrário, eventual saldo remanescente após o pagamento de todos os credores, a ser restituído ao empresário ou sociedade empresária falidos.

O documento marca o encerramento das funções do administrador judicial no procedimento falimentar, de sorte que após a sua apresentação, poderá o juiz determinar a liberação do montante de 40% de sua remuneração, cuja reserva tenha sido determinada no momento em que iniciados os pagamentos dos créditos extraconcursais correspondentes às remunerações dos auxiliares do juízo (art. 84, I-D), nos termos do artigo 24, §2º da LREF.

A previsão de reserva de 40% tem por fim garantir que o trabalho do administrador judicial no processo de falência será remunerado, impedindo que a massa falida consuma todos os ativos antes do pagamento do administrador, o que estimula o zelo e diligência no começo até o final. De todo modo, o que se tem, na prática, é uma remuneração mensal estimada com base na complexidade do trabalho que será desenvolvido, apurando-se eventual saldo depois do relatório final da falência, previsto no artigo 155.

Art. 156. Apresentado o relatório final, o juiz encerrará a falência por sentença e ordenará a intimação eletrônica às Fazendas Públicas federal e de todos os Estados, Distrito Federal e Municípios em que o devedor tiver estabelecimento e determinará a baixa da falida no Cadastro Nacional da Pessoa Jurídica (CNPJ), expedido pela Secretaria Especial da Receita Federal do Brasil.

Parágrafo único. A sentença de encerramento será publicada por edital e dela caberá apelação.

Sentença de encerramento da falência

Apresentadas as contas e o relatório final pelo administrador judicial, não havendo qualquer crédito a ser satisfeito ou qualquer outra pendência, a falência será encerrada por sentença. Ressalte-se que o encerramento da falência não implicará, necessariamente, a extinção das obrigações do falido, sobretudo no tocante às obrigações fiscais, nem possibilitará, nesses termos, o seu imediato retorno à atividade empresarial. O encerramento da falência e a extinção das obrigações do falido são momentos distintos, que podem, mas não necessariamente, ocorrer no mesmo ato processual. Aliás, com as alterações promovidas no artigo 158 pela reforma de 2020, é possível, inclusive, que a extinção das obrigações do falido ocorra antes do término do processo de falência, se este durar mais do que 3 anos.

De qualquer modo, é possível que mesmo após o encerramento da falência remanesçam obrigações do falido que não tenham sido satisfeitas no bojo do procedimento concursal – em especial os fiscais. Para Manoel Justino Bezerra Filho,[554] como a sentença de encerramento tem natureza meramente processual e homologatória, continuando o falido com responsabilidade perante os débitos em aberto, se forem encontrados novos bens do devedor antes da extinção de suas obrigações, o processo de falência será reaberto para a arrecadação e alienação respectivos, com novo rateio entre os credores ainda não satisfeitos.

O encerramento da falência poderá ocorrer, por exemplo, na ausência de outros ativos do falido a serem liquidados e rateados entre os credores, ainda que remanesçam credores não satisfeitos, ou se não houver credores habilitados, ou, ainda, se não for depositada caução para custear a remuneração mínima do administrador judicial, nas diligências para arrecadação dos ativos da massa falida. Todas essas hipóteses demonstram não haver mais utilidade na continuidade do procedimento concursal.

Na sentença de encerramento, o juiz ordenará a intimação eletrônica das Fazendas Públicas federal e de todos os Estados, Distrito Federal e Municípios em que o devedor tiver estabelecimento, e determinará a baixa da falida no Cadastro Nacional da Pessoa Jurídica (CNPJ), expedido pela Receita Federal. A exigência é uma novidade incluída pela Lei n. 14.112/2020 e visa regularizar as situações cadastrais do empresário falido.

A sentença de encerramento será publicada por edital no órgão da imprensa oficial e será impugnável por apelação, a ser recebida no duplo efeito (CPC, art. 1.009).

---

554 BEZERRA FILHO, Manoel Justino. *Lei de Recuperação de Empresas e Falências*: Lei n. 11.101/2005 comentada artigo por artigo. 15ª ed., rev., atual. e ampl. São Paulo: Revista dos Tribunais, 2021, p. 518.

Conforme aponta Fábio Ulhoa Coelho,[555] apenas o credor habilitado terá legitimidade para recorrer contra a sentença de encerramento da falência, conforme prevê a Súmula 45 do Tribunal de Justiça do Estado de São Paulo[556] (sem prejuízo, obviamente, da legitimidade recursal do devedor, do Ministério Público e do administrador judicial).

Art. 157. (Revogado pela Lei n. 14.112, de 2020)

Prazo prescricional das obrigações do falido

O artigo 157 previa que "o prazo prescricional relativo às obrigações do falido recomeça a correr a partir do dia em que transitar em julgado a sentença do encerramento da falência".

Antes da reforma, o prazo prescricional era suspenso pela decretação da falência do devedor ou da publicação da decisão de processamento da recuperação judicial, nos termos do artigo 6º da LREF. E, como o encerramento do procedimento também não implicava a extinção das obrigações do falido, a LREF previa no artigo 157 que o trânsito em julgado da sentença de encerramento correspondia ao reinício da contagem do prazo prescricional, de sorte que os credores poderiam dar prosseguimento às execuções individuais eventualmente suspensas, se as obrigações do falido não houvessem sido extintas.

A norma se justificava, portanto, porque, antes da reforma de 2020, o encerramento da falência não importava a extinção das obrigações do falido. Ao contrário, o falido devia aguardar, como

---

555 COELHO, Fábio Ulhoa. *Comentários à Lei de Falências e de Recuperação de empresas*: Lei n. 14.112/20, Nova Lei de Falências. 14ª ed. São Paulo: Revista dos Tribunais, 2021, p. 487.

556 TJSP, Súmula 45: "Quem não se habilitou, ainda que seja o requerente da falência, não tem legitimidade para recorrer da sentença de encerramento do processo".

regra, o decurso de um prazo de 5 a 10 anos após a declaração de encerramento da falência para poder postular a extinção de suas obrigações, sendo que, durante esse período de espera, continuava pessoalmente responsável com seu patrimônio próprio pelas obrigações cujo prazo prescricional, suspenso por efeito da decretação da quebra, voltava a correr após a sentença de encerramento da falência.

Contudo, a Lei n. 14.112/20 trouxe profundas alterações à disciplina da extinção das obrigações do falido, permitindo, conforme se verá em comentários ao artigo 158, que seja declarada a sua ocorrência após o decurso de 3 anos da data da decretação da quebra ou no mesmo momento em que ocorrer o encerramento da falência, o que ocorrer primeiro. Trata-se do *fresh start*.

Como consequência das novas normas que disciplinam a extinção das obrigações do falido, permitindo a decretação de sua extinção em exíguo prazo de tempo, se comparada com a redação original do artigo 158, e, sobretudo, mesmo antes do encerramento da falência, perde-se o sentido de se manter suspenso o prazo prescricional das obrigações do falido durante todo o período de tramitação da falência.

Esse efeito – suspensão do curso do prazo prescricional durante a tramitação do processo falimentar – era obtido por força do disposto no artigo 157. Logo, em conformidade com as alterações promovidas pela Lei n. 14.112/20 quanto ao *fresh start*, mostra-se razoável e logicamente aderente a revogação do artigo 157 da LREF. Remete-se, nesse ponto, aos comentários efetuados ao artigo 6º dessa lei.

Necessário observar que a extinção das obrigações do falido, disciplinada pela lei falimentar, não pode produzir efeito em face dos créditos fiscais não quitados durante a falência, por força do disposto nos artigos 186 e 191 do Código Tributário Nacional. Conforme comentado no artigo 6º, esses artigos devem ser interpretados no sentido de que a impossibilidade de declaração da extinção das obrigações do falido em caso da remanescência de créditos fiscais não pagos está adstrita a essas obrigações e não às demais obrigações civis e trabalhistas.

Com relação às obrigações fiscais, é necessário lembrar, o art. 7º-A, §4º, V, da LREF dispõe que as execuções fiscais permanecem suspensas até o encerramento do processo falimentar. Como consequência, muito embora a revogação do artigo 157 da LREF, razoável sustentar que, diante da impossibilidade de declaração de extinção das obrigações do falido no tocante ao passivo fiscal não pago após o encerramento da falência, as respectivas obrigações que tiveram seu prazo de prescrição suspenso por força do disposto no artigo 6º, com a decretação da falência, permanecem nesse estado durante toda a sua tramitação, com base no art. art. 7º-A, §4º, V da LREF, somente voltando a correr após esse marco temporal.

Art. 158. Extingue as obrigações do falido:

I – o pagamento de todos os créditos;

II – o pagamento, após realizado todo o ativo, de mais de 25% (vinte e cinco por cento) dos créditos quirografários, facultado ao falido o depósito da quantia necessária para atingir a referida porcentagem se para isso não tiver sido suficiente a integral liquidação do ativo;

III – (revogado);

IV – (revogado);

V – o decurso do prazo de 3 (três) anos, contado da decretação da falência, ressalvada a utilização dos bens arrecadados anteriormente, que serão destinados à liquidação para a satisfação dos credores habilitados ou com pedido de reserva realizado;

VI – o encerramento da falência nos termos dos arts. 114-A ou 156 desta Lei.

Extinção das obrigações do falido

É a extinção das obrigações do falido (e não o encerramento da falência) que permite ao devedor voltar a exercer atividade empresarial, cessando a sua inabilitação nos termos do artigo 102 da LREF, exceto se houver sido condenado por crime falimentar e a sentença houver declarado fundamentadamente a inabilitação (art. 181, I c.c. §1º, LREF). Findo o período de inabilitação, o falido poderá requerer ao juiz da falência que proceda à respectiva anotação no Registro Público de Empresas Mercantis, cancelando as restrições decorrentes deste efeito automático da decretação da falência.

A reforma de 2020 trouxe profundas alterações na disciplina da extinção das obrigações do falido, ao prever, conforme se observa do disposto no artigo 75, que o procedimento falimentar tem também por objetivo fomentar o empreendedorismo e que isso poderá ser atingido com o retorno célere do empreendedor falido à atividade econômica.

Assegurar o rápido retorno do empreendedor falido às atividades empresariais é medida que beneficia sobretudo o empresário pessoa física,[557] visto que a reabilitação da pessoa jurídica empresária é rara, cuja personalidade somente é extinta após o registro na respectiva Junta Comercial do encerramento da falência.

---

557 "As regras sobre reabilitação do falido também se aplicam, em tese, à hipótese de falência de sociedade empresária. Mas não há nenhum interesse em reabilitar pessoas jurídicas quebradas; em relação ao empresário individual, entretanto, o quadro é diverso: para poder voltar a exercer atividade empresarial como pessoa física, integrar sociedade limitada como sócio ou exercer cargo de administrador de sociedade anônima, ele deve necessariamente requerer a sua reabilitação no juízo falimentar. Por essa razão, só se costuma verificar, na prática, o procedimento de reabilitação quando o falido era empresário individual ou se o representante legal da sociedade empresária falida foi condenado por crime falimentar". (COELHO, Fábio Ulhoa. *Comentários à Lei de Falências e de Recuperação de empresas*: Lei n. 14.112/20, Nova Lei de Falências. 14ª ed. São Paulo: Revista dos Tribunais, 2021, p. 485).

A medida beneficia, também, sócios de responsabilidade ilimitada que, por força do artigo 81, serão considerados também falidos. Contudo, trata-se de situação muito rara. Com relação aos sócios de responsabilidade limitada, hipótese mais comum, necessário observar que não estão sujeitos à extensão dos efeitos da falência de sociedade de que participam, de modo que não podem ser considerados falidos, para fins do disposto no artigo 158 da LREF.

Os sócios de responsabilidade limitada que vierem a ser responsabilizados por obrigações do falido, como consequência de responsabilidade reconhecida em incidente de desconsideração da personalidade jurídica, respondem em nome próprio por tais obrigações, as quais lhe são próprias, e não como falidos. A desconsideração da personalidade jurídica não se confunde com a extensão da falência aos sócios de responsabilidade ilimitada, conforme claramente se observa do art. 82-A, da LREF, inserido pela Lei n. 14.112/20.

A redação original do artigo 158 da LREF esclarecia que eram hipóteses mutuamente excludentes que permitiam fundamentar pedido de extinção das obrigações do falido: (1) o pagamento de todos os créditos, (2) o pagamento, depois de realizado todo o ativo, de mais de 50% dos créditos quirografários, facultando-se ao falido depositar a diferença necessária para superar esse percentual, (3) o decurso do prazo de 5 anos, contados do encerramento da falência, se o falido não tiver sido condenado por prática de crime falimentar e (4) o decurso do prazo de 10 anos, contados do encerramento da falência, se o falido tiver sido condenado por prática de crime falimentar.

A Lei n. 14.112/20 disciplinou quatro hipóteses de extinção estão elencadas nos incisos do artigo 158, atentando-se para a revogação dos incisos III e IV, os quais previam a necessidade de se aguardar o decurso de prazo de 5 a 10 anos da data do encerramento da falência. Essas duas últimas hipóteses, revogadas pela reforma de 2020, eram as mais frequentes, sobretudo considerando que as demais situações eram de ocorrência improvável, o que tornava muito lento o processo de reabilitação do falido. Com as alterações promovidas, houve redução do prazo necessário para a extinção das obrigações do falido a partir da decretação da falência, tornando mais célere o seu retorno ao mercado e à atividade econômica.

A primeira hipótese de extinção da obrigação do falido, não alterada substancialmente pela reforma de 2020, é a do pagamento de todos os créditos da massa falida. Nesse caso, o produto arrecadado com a liquidação do ativo será suficiente para a satisfação de todos os créditos, quais sejam, as compensações das dívidas do falido vencidas até a decretação da falência (LREF, art. 122), as restituições de bens e direitos aos seus respectivos titulares (LREF, art. 85), a antecipação das despesas essenciais à falência (LREF, arts. 150 e 151), os créditos extraconcursais (LREF, art. 84) e os créditos concursais (LREF, art. 83).

Apesar de o inciso I do artigo 158 referir-se apenas ao pagamento, a interpretação deve ser ampla, para abranger qualquer modalidade de extinção das obrigações, tais como a compensação, novação, dação em pagamento, confusão ou remissão de dívida. Trata-se de hipótese de improvável ocorrência, diante da insuficiência dos ativos arrecadados em processos falimentares.

A segunda hipótese de extinção das obrigações do falido é pelo pagamento de mais de 25% dos créditos quirografários, após realizado todo o ativo e respeitada a ordem legal, ou seja, após a satisfação de todos os créditos das classes anteriores, mais prioritárias. Com tal previsão, a LREF permitiu a redução dos riscos da falência para os empresários, conferindo maior facilidade de extinção das obrigações em relação ao inciso anterior, para o fim de que o falido volte a empreender com mais celeridade. Anote-se que o percentual de 25% foi fixado pela Lei n. 14.112/2020, revogando o antigo inciso II, que previa a necessidade de pagamento de mais de 50% dos créditos quirografários.

Ademais, ainda que a integral liquidação do ativo não tenha sido suficiente para atingir a porcentagem de 25% dos créditos quirografários, a LREF faculta ao falido o depósito da quantia necessária para atingir o referido montante, tudo como forma de tutelar os objetivos da falência, tais quais a liquidação célere das empresas inviáveis, com vistas à realocação eficiente de recursos na economia e ao fomento ao empreendedorismo, inclusive por meio da viabilização do retorno célere do empreendedor falido à atividade econômica (LREF, art. 75).

A terceira hipótese de extinção das obrigações do falido é o transcurso do prazo de três anos, contados da decretação da falência. Após esse prazo, porém, é garantida a liquidação dos bens já arrecadados, que serão destinados ao rateio entre os credores habilitados ou com pedido de reserva realizado. Relembre-se, nesse sentido, que as habilitações retardatárias deverão ser apresentadas dentro desse prazo de três anos, contados da data de publicação da sentença que decretar a falência, sob pena de decadência (LREF, art. 10, §10).

Saliente-se que esse prazo foi reduzido pela Lei n. 14.112/2020, que revogou os incisos III e IV do artigo 158, os quais estabeleciam os prazos de cinco anos se o falido não houvesse sido condenado pela prática de crime falimentar, ou de dez anos se o falido houvesse sido condenado por crime falimentar, ambos contados da data da sentença de encerramento da falência. Na prática, porém, esses prazos excessivamente longos prolongavam a inabilitação do empresário, que acabava por se valer de interposta pessoa para exercer atividade econômica, desencorajando pedidos de autofalência e de recuperação judicial.

Assim, a redução do prazo para três anos, que passaram a ser contados da decretação da quebra, buscou priorizar o *fresh start* e o fomento ao empreendedorismo por meio do retorno célere do devedor falido à atividade econômica.[558]

---

558 COSTA, Daniel Carnio; MELO, Alexandre Nasser. *Comentários à Lei de Recuperação de Empresas e Falência*: Lei n. 11.101, de 09 de fevereiro de 2005. Curitiba: Juruá, 2021, p. 400.

A doutrina questiona se esse prazo de três anos corresponderá efetivamente à conclusão do processo de falência, já que não raramente os procedimentos falimentares se prolongam por muito mais tempo, não sendo incomum imaginar-se uma situação em que, transcorridos os três anos da decretação da falência, o feito ainda se encontre em fase de tentativa de arrecadação de bens do devedor não localizados. Nesse caso, mostra-se desarrazoada a interrupção de todas as diligências pelo juiz, certificando a extinção das obrigações nos autos independentemente de prestação de contas pelo administrador judicial.

Necessário, contudo, compreender-se a exata extensão da declaração da extinção das obrigações do falido pretendida pelo legislador, sobretudo diante de ressalva de que o patrimônio arrecadado continua responsável pelas obrigações. Necessário recorrer aos conceitos doutrinários de "massa falida objetiva" e "massa falida subjetiva", sendo que o primeiro se refere ao conjunto de bens que compõem o patrimônio do falido e que serão arrecadados, e o segundo, à comunhão de interesses dos credores, consistente em sujeito de direito despersonalizado, que sucede o falido, como continuação.[559]

A exoneração da responsabilidade do falido não afasta a responsabilidade da massa falida subjetiva por tais obrigações, sobretudo considerando que este sujeito despersonalizado de direitos é sucessor do falido em suas obrigações.

Por outro lado, a vinculação das obrigações contraídas durante o exercício da atividade empresarial ao patrimônio a ela afetado está em consonância com o disposto no art. 49-A, parágrafo único, do CC, o qual reconhece que que a autonomia patrimonial é instrumento lícito para alocar e segregar riscos, de modo que se mostra razoável que esse mesmo patrimônio continue responsável por sua quitação.

---

559 COELHO, Fábio Ulhoa. *Parecer apresentado*: Cervejaria Petrópolis. 2015. Disponível em: https://www.conjur.com.br/dl/parecer-cervejaria-petropolis-bva.pdf. Acessado em: 15.02.2021.

Diante de tais considerações, a razoável sustentar que a extinção das obrigações do falido por declaração judicial não consiste, efetivamente, no término da obrigação em si, mas, de fato, em hipótese de exoneração antecipada da responsabilidade do devedor, nos termos do art. 304 do Código Civil,[560] mantendo-se as obrigações existentes perante sua sucessora, a massa falida subjetiva, afetando o patrimônio do empresário à sua satisfação, ou seja, a massa falida objetiva. Esse patrimônio autônomo, que o legislador permitiu que fosse afetado à atividade empresarial, modificou o centro de imputação das obrigações geradas pelo seu desenvolvimento, estando diretamente relacionadas à sua satisfação.[561]

Necessário observar, ainda, que, ao se referir ao patrimônio arrecadado, deve-se compreender não apenas aquele já arrecadado no prazo de 3 anos contados da data da decretação da quebra, mas,

---

560 "Art. 304. Qualquer interessado na extinção da dívida pode pagá-la, usando, se o credor se opuser, dos meios conducentes à exoneração do devedor. Parágrafo único. Igual direito cabe ao terceiro não interessado, se o fizer em nome e à conta do devedor, salvo oposição deste".

561 "(...) Isso porque, em nossa opinião, os efeitos 'autonomia patrimonial', 'limitação de responsabilidade' e 'centro de imputação', de alguma forma, se relacionam. Assim, na criação de um patrimônio rigidamente autônomo, o direito nada mais faz do que modificar o centro de imputação dos direitos sobre esse patrimônio. Tais direitos, antes imputados ao sócio, agora são atribuídos à pessoa jurídica. Assim, nas hipóteses de responsabilização do sócio, não há como atingir o patrimônio autônomo, já que este é imputado a um novo ente. O mesmo vale para a hipótese inversa. Não é possível que os credores da pessoa jurídica procurem executar bens do sócio, já que o patrimônio do sócio é a ele imputado, e não à sociedade. Portanto, a norma que determina a limitação da responsabilidade, nas sociedades, nada mais faz do que, atribuindo eficácia ao centro de imputação criado com a personalização, afirmar que determinado centro de imputação responde somente pela atividade ligada ao patrimônio que lhe é imputado; ou seja, conforme sustenta Ascarelli, 'no domínio da lógica jurídica, (...) admitida a personalidade jurídica da sociedade anônima, é natural que os sócios não respondam pelas dívidas da sociedade, isto é, pelas dívidas de um sujeito jurídico diverso, que, por seu turno, responde, e responde ilimitadamente, pelas suas dívidas'". (SILVA, Leonardo Toledo. *Abuso da Desconsideração da Personalidade Jurídica*. São Paulo: Saraiva, 2013, pp. 73/74).

também, aquele que vier a ser arrecadado e que estava afetado à atividade empresarial falida. Isso porque não se pode ignorar que os artigos 129 e 130 da LREF preveem hipótese que podem ser observadas pelo administrador judicial para localizar bens que pertençam ao falido que estejam em posse de terceiros, tratando, respectivamente, da ineficácia e revogabilidade de negócios jurídicos, sendo que com relação à primeira não houve fixação de prazo decadencial para seu exercício.

Note-se, ademais, que o artigo 158, V, se refere aos credores habilitados e reservas efetuadas. Conforme já foi alvo de comentário ao artigo 10, §10º, a reforma de 2020 estipulou prazo de decadencial de 3 anos contados da publicação da sentença para que o credor apresente pedido de habilitação ou de reserva de créditos, se ainda não julgadas as habilitações ou diante de crédito ilíquido.

Ressalve-se, por oportuno, que por expressa previsão da Lei n. 14.112/2020, o prazo de três anos estabelecido pelo inciso V do artigo 158 somente será aplicado às falências decretadas, inclusive as decorrentes de convolação, e aos pedidos de recuperação judicial ou extrajudicial ajuizados após o início da vigência daquela lei.[562]

A última hipótese é uma novidade estabelecida pela Lei n. 14.112/2020, garantindo que as obrigações do falido também sejam extintas com a sentença que encerrar o procedimento falimentar – tanto na hipótese do artigo 114-A quanto do artigo 156 da LREF. Vislumbra-se, portanto, que em razão deste novo cenário, não mais se justifica a antiga sistemática da Lei n. 11.101/05, que estabelecia o retorno do curso do prazo prescricional relativo às obrigações do falido, a partir do trânsito em julgado da sentença de encerramento

562 Lei n. 14.112/2020. "Art. 5º. (...). §1º Os dispositivos constantes dos incisos seguintes somente serão aplicáveis às falências decretadas, inclusive as decorrentes de convolação, e aos pedidos de recuperação judicial ou extrajudicial ajuizados após o início da vigência desta Lei: (...). IV – as disposições previstas no inciso V do *caput* do art. 158 da Lei n. 11.101, de 9 de fevereiro de 2005".

da falência (art. 157), já que tal ato processual extingue as obrigações do falido, nos termos do inciso VI do artigo 158.

Observa-se, portanto, que o prazo para que o falido pleiteie a declaração de extinção de suas obrigações não mais depende da prática ou não de crime falimentar, como ocorria na vigência da redação originária da Lei n. 11.101/05.

No entanto, verifica-se que o artigo 181, I e III, da LREF não sofreu alteração pela Lei n. 14.122/20, de forma que persiste previsão de que é efeito da condenação por crime falimentar a inabilitação para o exercício de atividade empresarial e a impossibilidade de gerir empresa por mandato ou gestão de negócios. Decorre do art. 181, §1º que esses efeitos perduram por até 5 anos após a extinção da punibilidade, podendo cessar antes pela reabilitação penal. Desse modo, ainda que já tenha ocorrido a reabilitação civil do falido, não necessariamente haverá sua reabilitação criminal.

Destaca-se, também, que a Fazenda Pública não está sujeita aos efeitos da extinção da obrigação do falido, conforme previsto no artigo 191 do CTN que dispõe: "*Art. 191. A extinção das obrigações do falido requer prova da quitação de todos os tributos*".

Logo, ainda que se declare a extinção das obrigações do falido com relação aos demais credores, o juízo falimentar não o poderá fazer com relação às obrigações fiscais, as quais persistem existentes e exigíveis do falido.

No tocante às obrigações fiscais, será preciso aguardar o encerramento da falência, oportunidade em que as execuções fiscais, que estavam suspensas por força do disposto no art. 7º-A, §4º, V, da LREF, voltarão a correr, assim como as respectivas prescrições.

Incidência ao Decreto-Lei n. 7.661/45

O regime jurídico dos processos de falências da LREF não se aplica às falências regidas pelo Decreto-Lei n. 7.661/45, já que expressamente proibido pelo artigo 192 da LREF. A Lei n. 14.112/20 trouxe, contudo, uma única hipótese em que previu expressamente a incidência de dispositivo da LREF às falências regidas pelo Decreto-Lei n. 7.661/45, revogando parcial e pontualmente o disposto no artigo 192, ao permitir expressamente a incidência da hipótese do art. 158, V, da LREF, às falências regidas pelo decreto.

A aplicação da hipótese do artigo 158, VI, da LREF às falências do Decreto-Lei n. 7.661/45 é, por força de lei, imediata, ou seja, abrangendo as que estiverem em andamento e as já extintas e que ainda não tenham atingido as exigências do artigo 135, III e IV do referido diploma normativo. Como consequência da alteração promovida pela reforma de 2020 no art. 158, VI, da LREF, o encerramento de qualquer falência, mesmo aquelas regidas pelo decretou, passou a ser causa de extinção das obrigações do falido.

Trata-se de alteração que demonstra o comprometimento do legislador de 2020 com os princípios falimentares positivados no artigo 75, III da LREF, o qual evidencia que é objetivo do procedimento falimentar o fomento ao empreendedorismo pelo célere retorno às atividades econômicas. A reabilitação mais célere do falido permitida às falências regidas pelo decreto pela aplicação da hipótese do artigo 158, VI, da LREF, pode ser muito benéfica, tendo em vista entendimento jurisprudencial pregresso que permitia a extensão dos efeitos da falência para a pessoa física de seus sócios e administradores.

Existem, é claro, ressalvas. Conforme já mencionado, o artigo 191 do Código Tributário Nacional prevê que não é possível a declaração da extinção das obrigações do falido enquanto não houver prova da quitação de todos os tributos. Diante dessa previsão, deve-se entender que a declaração de extinção das obrigações na falência não abrange as obrigações fiscais.

Outra ressalva que deve ser feita refere-se à aplicação imediata desse dispositivo. Conforme apontado, houve radical mudança de orientação quanto ao regime jurídico de extinção das obrigações do falido, alterando a perspectiva legítima do credor quanto ao tempo que teria para adotar medidas para recebimento de seu crédito, mesmo após o encerramento da falência.

A aplicação imediata do artigo 158, VI às falências regidas pelo decreto poderia gerar situações injustas, em vista da abrupta mudança legislativa que rompe expectativas legitimamente fundadas sob a égide da lei anterior. Não pareceria razoável, assim, simplesmente se declarar a extinção de valores e se permitir o levantamento de valores depositados pelo falido. Nesse ponto, observa-se que o artigo 23 da Lei de Introdução às Normas Brasileiras prevê que decisão judicial que estabelecer novo condicionamento de direito deve prever regime de transição para que ele seja cumprido de forma proporcional, equânime, eficiente e sem prejuízo aos interesses gerais.

Consequentemente, para se evitar surpresas ou violação de legítimas expectativas criadas, uma solução que se mostra razoável seria a aplicação do disposto no artigo 149 da Lei n. 11.101/05, por analogia, antes de se declararem extintas as obrigações dos falidos em falências regidas pelo Decreto-Lei n. 7.661/45. Essa solução permite equilíbrio entre o direito individual de os credores, apresentando alternativa para conformar sua expectativa existente da legislação anterior, permitindo, por outro lado, atendimento célere às reformas trazidas pela Lei n. 14.112/20.

Art. 159. Configurada qualquer das hipóteses do art. 158 desta Lei, o falido poderá requerer ao juízo da falência que suas obrigações sejam declaradas extintas por sentença.

§ 1º A secretaria do juízo fará publicar imediatamente informação sobre a apresentação do requerimento a que se refere este artigo, e, no prazo comum de 5 (cinco) dias, qualquer credor, o administrador judicial e o Ministério Público poderão manifestar-se exclusivamente para apontar inconsistências formais e objetivas.

§ 2º (Revogado).

§ 3º Findo o prazo, o juiz, em 15 (quinze) dias, proferirá sentença que declare extintas todas as obrigações do falido, inclusive as de natureza trabalhista.

§ 4º A sentença que declarar extintas as obrigações será comunicada a todas as pessoas e entidades informadas da decretação da falência.

§ 5º Da sentença cabe apelação.

§ 6º Após o trânsito em julgado, os autos serão apensados aos da falência.

Sentença de extinção das obrigações do falido

A configuração de uma das hipóteses previstas no artigo 158 permite ao falido requerer ao juízo da falência a declaração de extinção de suas obrigações, por sentença, para o fim de que possa retornar à atividade econômica, fazendo cessar os efeitos de sua inabilitação, nos termos do artigo 102.

Relembre-se que a inabilitação atinge o empresário individual falido, e os sócios de sociedades empresárias constituídas sob a forma de responsabilidade ilimitada.

Segundo aponta Fábio Ulhoa Coelho,[563] a inabilitação atinge apenas os empresários individuais falidos, não sendo racional estender o alcance do termo às sociedades empresárias falidas. Assim, os sócios da sociedade falida não sofrerão qualquer impedimento em relação ao exercício da atividade empresarial, não sendo impossibilitados de titularizarem quotas ou ações de outras

563 COELHO, Fábio Ulhoa. *Comentários à Lei de Falências e de Recuperação de empresas*: Lei n. 14.112/20, Nova Lei de Falências. 14ª ed. São Paulo: Revista dos Tribunais, 2021, p. 490.

sociedades, ou de contratarem uma nova, do tipo limitada ou anônima, a qualquer tempo.

Até porque, é necessário frisar, a pessoa jurídica da sociedade falida e a de seus sócios não se confunde. Somente os sócios de responsabilidade ilimitada, para quem a lei expressamente permitiu a extensão dos efeitos da falência e a quem chamou também de falido, será possível, portanto, aplicar as restrições e inabilitações próprias do falido.

Outrossim, os falidos acima mencionados somente poderão exercer novamente a atividade empresarial, se declaradas extintas suas obrigações, nos termos do artigo 159 e não existir condenação penal que exija reabilitação penal também. A Lei n. 14.112/20 não promoveu alteração no *caput* do artigo 159, da LREF, de modo que o falido poderá requerer ao juízo da falência a declaração de extinção de suas obrigações, por sentença.

Alterou, contudo, redação de seu parágrafo primeiro, de modo que não há mais previsão de autuação em separado, nem, tampouco, de publicação de edital. Menciona, apenas, que haverá a publicação da informação da apresentação do requerimento, concedendo prazo comum de 5 dias.

Muito embora não mencione mais autuação em separado, o art. 159, §6º prevê que após o trânsito em julgado da decisão, haverá apensamento aos autos principais da falência. Desse modo, deverá ser autuado em apartado e prosseguirá independentemente dos autos falimentares, evitando-se tumultuar o processo de falência, se ainda não encerrado.

O ofício judicial fará publicar imediatamente informação sobre a apresentação do requerimento a que se refere este artigo, e, no prazo comum de cinco dias, qualquer credor, o administrador judicial e o Ministério Público poderão manifestar-se exclusivamente para apontar inconsistências formais e objetivas do pedido.

Findo o prazo, o juiz, em quinze dias, proferirá sentença que declare extintas todas as obrigações do falido, inclusive as de natureza trabalhista, devendo o ato ser comunicado a todas as pessoas e entidades informadas da decretação da falência. A alteração do estado jurídico do falido para reabilitado, pois, deverá ser amplamente divulgada para conhecimento geral aos interessados.

Contra a sentença de extinção das obrigações caberá recurso de apelação, que será recebido no duplo efeito. Após o trânsito em julgado, os autos da reabilitação serão apensados ao procedimento falimentar.

A declaração de extinção das obrigações, contudo, não atingirá as obrigações fiscais que não tenham sido pagas. Remete-se, nesse ponto, aos comentários efetuados ao art. 158.

A nova redação do art. 159, §1º, da LREF também limitou as questões que poderiam ser suscitadas pelos legitimados, acima mencionados, ou seja: inconsistências formais e objetivas.

Art. 159-A. A sentença que declarar extintas as obrigações do falido, nos termos do art. 159 desta Lei, somente poderá ser rescindida por ação rescisória, na forma prevista na Lei n. 13.105, de 16 de março de 2015 (Código de Processo Civil), a pedido de qualquer credor, caso se verifique que o falido tenha sonegado bens, direitos ou rendimentos de qualquer espécie anteriores à data do requerimento a que se refere o art. 159 desta Lei.

Parágrafo único. O direito à rescisão de que trata o caput deste artigo extinguir-se-á no prazo de 2 (dois) anos, contado da data do trânsito em julgado da sentença de que trata o art. 159 desta Lei.

Requisitos da ação rescisória

A sentença que extinguir as obrigações do falido somente poderá ser desconstituída por ação rescisória, cujo procedimento seguirá o disposto nos artigos 966 a 975 do Código de Processo Civil. São legitimados para propor a ação quaisquer credores, devendo assim fazê-lo no prazo de dois anos, contados do trânsito em julgado do aludido ato decisório, sob pena de decadência do direito de revogar a extinção das obrigações do falido.

A sentença somente será rescindida, no entanto, caso demonstrado que o falido tenha sonegado bens, direitos ou rendimentos de qualquer espécie anteriores à data do requerimento de declaração da extinção das obrigações, de que trata o artigo 159, prejudicando, com tal conduta, a liquidação de todos os seus bens para pagamento dos credores. Caso não demonstrados tais requisitos, a petição inicial será indeferida

O autor interessado, pois, deve comprovar a existência de má-fé do devedor, que tenha agido com o intuito de vulnerar os princípios da execução concursal, em prejuízo da massa falida objetiva e subjetiva.

Segundo leciona Manoel Justino Bezerra Filho,[564] porém, a hipótese de cabimento da ação rescisória prevista no artigo 159-A da LREF não exclui as hipóteses gerais previstas no artigo 966 do CPC. Assim, perece claro que se a sentença de extinção das obrigações do falido houver sido proferida por força de prevaricação, concussão ou corrupção do juiz, por exemplo, não se poderá negar o direito à sua rescisão. A sonegação de bens pelo falido, portanto, é hipótese que se acrescenta àquelas delineadas pelo artigo 966 do CPC.

564 BEZERRA FILHO, Manoel Justino. *Lei de Recuperação de Empresas e Falências*: Lei n. 11.101/2005 comentada artigo por artigo. 15ª ed., rev., atual. e ampl. São Paulo: Revista dos Tribunais, 2021, p. 524.

Art. 160. Verificada a prescrição ou extintas as obrigações nos termos desta Lei, o sócio de responsabilidade ilimitada também poderá requerer que seja declarada por sentença a extinção de suas obrigações na falência.

Extinção das obrigações do sócio de responsabilidade ilimitada

Verificada uma das hipóteses do artigo 158, também o sócio de responsabilidade ilimitada poderá requerer a declaração de extinção de suas obrigações, por sentença, nos mesmos termos do artigo 159.

Em que pese ser desnecessária a disposição, em razão do que dispõe o artigo 190, a LREF deixou claro que o procedimento de reabilitação e de retorno à atividade empresarial também se aplica ao sócio de responsabilidade ilimitada.

Note-se que a referência à prescrição das obrigações não é mais necessária, tendo em vista que, com a novel legislação, a extinção das obrigações independe de estarem ou não prescritas.

CAPÍTULO VI

DA RECUPERAÇÃO EXTRAJUDICIAL

Art. 161. O devedor que preencher os requisitos do art. 48 desta Lei poderá propor e negociar com credores plano de recuperação extrajudicial.

§ 1º Estão sujeitos à recuperação extrajudicial todos os créditos existentes na data do pedido, exceto os créditos de natureza tributária e aqueles previstos no § 3º do art. 49 e no inciso II do caput do art. 86 desta Lei, e a sujeição dos créditos de natureza trabalhista e por acidentes de trabalho exige negociação coletiva com o sindicato da respectiva categoria profissional. (Redação dada pela Lei n. 14.112, de 2020) (Vigência).

§ 2º O plano não poderá contemplar o pagamento antecipado de dívidas nem tratamento desfavorável aos credores que a ele não estejam sujeitos.

§ 3º O devedor não poderá requerer a homologação de plano extrajudicial, se estiver pendente pedido de recuperação judicial

ou se houver obtido recuperação judicial ou homologação de outro plano de recuperação extrajudicial há menos de 2 (dois) anos.

§ 4º O pedido de homologação do plano de recuperação extrajudicial não acarretará suspensão de direitos, ações ou execuções, nem a impossibilidade do pedido de decretação de falência pelos credores não sujeitos ao plano de recuperação extrajudicial.

§ 5º Após a distribuição do pedido de homologação, os credores não poderão desistir da adesão ao plano, salvo com a anuência expressa dos demais signatários.

§ 6º A sentença de homologação do plano de recuperação extrajudicial constituirá título executivo judicial, nos termos do art. 584, inciso III do caput, da Lei n. 5.869, de 11 de janeiro de 1973 - Código de Processo Civil.

Recuperação extrajudicial

A LREF estabelece a possibilidade de que devedor e credores negociem a novação dos créditos sem a necessidade de intervenção do Poder Judiciário, com fundamento na liberdade negocial e no princípio do *pacta sunt servanda*. Poderá o devedor, assim, oferecer proposta de acordo aos seus credores quanto ao pagamento das parcelas devidas, o qual deverá, posteriormente, ser levado à homologação judicial.

Nesse sentido, em que pese a composição privada ser celebrada independentemente do Poder Judiciário, para a caracterização da recuperação extrajudicial, deverá existir uma fase judicial de homologação da proposta aceita pelos credores, podendo, inclusive, vincular a minoria dissidente, conforme estabelece o artigo 163 – se mais da metade dos credores de cada classe aderirem à proposta, sua eventual homologação judicial obriga todos os credores a ela submetidos, ainda que discordantes.

Existem, portanto, duas espécies de recuperação extrajudicial previstas na lei: uma meramente homologatória, em que todos os credores a ela sujeitos aderem à proposta apresentada pelo devedor e a submetem, facultativamente, à homologação do juízo para que se confira a natureza de título executivo judicial (LREF, art. 162), e outra impositiva, em que a minoria dos credores discordantes do plano a ele se submetem compulsoriamente, nos termos do artigo 163 da LREF. Nesta última hipótese, a homologação judicial é obrigatória para que o plano possa produzir efeitos em face desses credores não aderentes. Já na primeira, a homologação é facultativa porque a adesão de todos os credores à proposta é suficiente para que a novação dos créditos e a renegociação das condições de pagamento produzam efeitos, por força da livre manifestação de vontade dos contratantes.

A recuperação extrajudicial foi admitida pela LREF com o objetivo de reduzir os custos e a complexidade do procedimento de recuperação judicial, incentivando a negociação privada entre credores e devedor sem a necessidade de intervenção do Poder Judiciário. Por essa razão, aliás, é que a LREF dispensou a obrigatoriedade da figura do administrador judicial no procedimento de recuperação extrajudicial, sem prejuízo de o magistrado competente excepcionalmente admitir sua nomeação, se entender pertinente, em razão de eventual complexidade do plano e de eventuais impugnações apresentadas.

Destaque-se que o *caput* do artigo 161 deve ser interpretado no sentido de que os requisitos do artigo 48 deverão estar preenchidos caso o plano extrajudicial seja submetido à apreciação do juízo competente para homologação. Em outros termos, nada impede que o devedor proponha aos seus credores a novação de seus créditos com dispensa de homologação judicial, sem que estejam preenchidos os requisitos do artigo 48 da LREF e desde que não haja impedimento legal, à luz da livre manifestação de vontade e da liberdade negocial. Porém, se as partes interessadas optarem por submeter o acordo à apreciação do juiz, sua homologação estará condicionada ao preenchimento dos requisitos previstos no artigo 48.

De acordo com o §3º do artigo 161, ainda, não poderá ser homologado o plano de recuperação extrajudicial, se estiver pendente pedido de recuperação judicial, ou se o devedor houver obtido recuperação judicial ou homologação de outro plano extrajudicial há menos de dois anos. O prazo legal difere daquele previsto para a recuperação judicial (cinco anos – artigo 48, II e III).

Note-se, por oportuno, que a restrição abrange apenas a hipótese de obtenção de homologação de outro plano extrajudicial no prazo de dois anos. Em outros termos, se o devedor protocolou pedido de homologação de plano extrajudicial e este foi, por qualquer razão, indeferido pelo magistrado competente, nada impede que novo pedido seja feito logo após o indeferimento, corrigindo-se o motivo de que decorreu a rejeição do pleito.

Ademais, poderão os credores não sujeitos à recuperação extrajudicial a ela aderirem, sendo incluídos na proposta. Caso não concordem com a sua submissão, porém, não poderão sofrer os efeitos de eventual incidência do artigo 163 da LREF.

Créditos submetidos à recuperação extrajudicial

Estabelece o §1º que estão sujeitos à recuperação extrajudicial todos os créditos existentes na data do pedido, ainda que não vencidos ou ilíquidos, à exceção dos créditos tributários e aqueles previstos no §3º do artigo 49 e no inciso II do *caput* do artigo 86 (créditos com garantia fiduciária de bens móveis ou imóveis, arrendamento mercantil, compra e venda ou promessa de compra e venda com cláusula de irrevogabilidade ou irretratabilidade, compra e venda com reserva de domínio e adiantamento de contrato de câmbio).

Consigne-se, porém, por se tratar de acordo extrajudicial, os credores acima listados, no exercício da autonomia privada, poderão aderir ao plano de recuperação extrajudicial de forma voluntária. O que a lei proíbe, nesse caso, é a sujeição obrigatória de tais créditos à recuperação extrajudicial.

A reforma trazida pela Lei n. 14.112/2020 previu ainda a possibilidade de sujeição dos créditos de natureza trabalhista e de acidente do trabalho, mas desde que seja feita negociação coletiva com o sindicato da respectiva categoria. Antes de 2020, tais créditos não poderiam ser abrangidos pelo plano extrajudicial. O óbice legal buscava conferir segurança à classe trabalhadora que, com presumida vulnerabilidade frente aos demais credores, dificilmente conseguiria defender seus interesses de forma isolada. A reforma, assim, exigiu a negociação coletiva com representatividade adequada de tais credores.

De todo modo, o §2º estabelece que o plano de recuperação extrajudicial não poderá implicar tratamento desfavorável aos credores que não aderiram, mas foram forçados a se sujeitarem à renegociação dos créditos por força da aplicação do *cram down* do artigo 163. E, claro, não se admite o favorecimento de quaisquer dos credores com o pagamento antecipado de dívidas.

Efeitos da recuperação extrajudicial

Caso os interessados optem pela homologação do plano de recuperação extrajudicial, o pedido não acarretará suspensão de direitos, ações ou execuções, nem a impossibilidade do pedido de decretação de falência, com relação aos credores não sujeitos à proposta. A *contrario sensu*, os credores que se sujeitarem ao plano extrajudicial, seja porque a ele aderiram voluntariamente, seja em razão da aplicação do artigo 163, terão suas ações e execuções suspensas, nos termos do §4º do artigo 6º da LREF, conforme expressamente prevê o §8º do artigo 163.

E, protocolado o pedido de homologação, os credores aderentes à proposta de novação de seus créditos não poderão dela desistir, a não ser que haja concordância de todos os demais signatários (§5º). Antes da distribuição do pedido de homologação, por constituir o acordo uma composição privada entre as partes, a desistência será admitida ou não de acordo com as obrigações assumidas no pacto que se rege integralmente pelo princípio da livre manifestação de vontade. Distribuído o pedido, porém, o credor que aderir à proposta ficará a ela vinculado, até porque a sua desistência poderá interferir no direito dos demais credores.

Homologado o acordo, a sentença constituirá título executivo judicial (§6º). Diferentemente do que ocorre na recuperação judicial, aqui, a novação das obrigações torna-se definitiva com a sentença que homologa o plano extrajudicial. Seu descumprimento, assim, somente poderá implicar a execução do título judicial (cumprimento de sentença), ou o pedido autônomo de falência do devedor, com base no artigo 94, I da LREF.

Art. 162. O devedor poderá requerer a homologação em juízo do plano de recuperação extrajudicial, juntando sua justificativa e o documento que contenha seus termos e condições, com as assinaturas dos credores que a ele aderiram.

Possibilidade de homologação judicial

O artigo 162 cuida da recuperação extrajudicial meramente homologatória, em que a submissão do plano ao crivo do juiz é facultativa. Conforme exposto nos comentários ao artigo 161, se houver a adesão de todos os credores submetidos ao plano de recuperação extrajudicial, sua manifestação de vontade será suficiente para que a novação dos créditos produza efeitos. Por essa razão, a homologação judicial é uma discricionariedade das partes contratantes.

O pedido de homologação judicial busca conferir ao plano a natureza de título executivo judicial, possibilitando a sua execução e o pedido de falência (LREF, art. 94, I) pelo credor, em caso de descumprimento. Visa, assim, proporcionar maior segurança jurídica ao negócio entabulado entre credores e devedor.

Nos termos do artigo 3º da LREF, o pedido deverá ser distribuído no foro do principal estabelecimento do devedor e deverá ser instruído com a justificativa para o pleito e com o documento que represente o plano de recuperação extrajudicial, contendo a assinatura de todos os credores a ele submetidos.

Art. 163. O devedor poderá também requerer a homologação de plano de recuperação extrajudicial que obriga todos os credores por ele abrangidos, desde que assinado por credores que representem mais da metade dos créditos de cada espécie abrangidos pelo plano de recuperação extrajudicial.

§ 1º O plano poderá abranger a totalidade de uma ou mais espécies de créditos previstos no art. 83, incisos II, IV, V, VI e VIII do caput, desta Lei, ou grupo de credores de mesma natureza e sujeito a semelhantes condições de pagamento, e, uma vez homologado, obriga a todos os credores das espécies por ele abrangidas, exclusivamente em relação aos créditos constituídos até a data do pedido de homologação.

§ 2º Não serão considerados para fins de apuração do percentual previsto no caput deste artigo os créditos não incluídos no plano de recuperação extrajudicial, os quais não poderão ter seu valor ou condições originais de pagamento alteradas.

§ 3º Para fins exclusivos de apuração do percentual previsto no caput deste artigo:

I – o crédito em moeda estrangeira será convertido para moeda nacional pelo câmbio da véspera da data de assinatura do plano; e

II – não serão computados os créditos detidos pelas pessoas relacionadas no art. 43 deste artigo.

§ 4º Na alienação de bem objeto de garantia real, a supressão da garantia ou sua substituição somente serão admitidas mediante a aprovação expressa do credor titular da respectiva garantia.

§ 5º Nos créditos em moeda estrangeira, a variação cambial só poderá ser afastada se o credor titular do respectivo crédito aprovar expressamente previsão diversa no plano de recuperação extrajudicial.

§ 6º Para a homologação do plano de que trata este artigo, além dos documentos previstos no caput do art. 162 desta Lei, o devedor deverá juntar:

I – exposição da situação patrimonial do devedor;

II – as demonstrações contábeis relativas ao último exercício social e as levantadas especialmente para instruir o pedido, na forma do inciso II do caput do art. 51 desta Lei; e

III – os documentos que comprovem os poderes dos subscritores para novar ou transigir, relação nominal completa dos credores, com a indicação do endereço de cada um, a natureza, a classificação e o valor atualizado do crédito, discriminando sua origem, o regime dos respectivos vencimentos e a indicação dos registros contábeis de cada transação pendente.

§ 7º O pedido previsto no caput deste artigo poderá ser apresentado com comprovação da anuência de credores que representem pelo menos 1/3 (um terço) de todos os créditos de cada espécie por ele abrangidos e com o compromisso de, no prazo improrrogável de 90 (noventa) dias, contado da data do pedido, atingir o quórum previsto no caput deste artigo, por meio de adesão expressa, facultada a conversão do procedimento em recuperação judicial a pedido do devedor.

§ 8º Aplica-se à recuperação extrajudicial, desde o respectivo pedido, a suspensão de que trata o art. 6º desta Lei, exclusivamente em relação às espécies de crédito por ele abrangidas, e somente deverá ser ratificada pelo juiz se comprovado o quórum inicial exigido pelo § 7º deste artigo.

Quórum alternativo na recuperação extrajudicial

O artigo 163 prevê a hipótese de recuperação extrajudicial impositiva, em que a homologação judicial é obrigatória para que o plano possa produzir efeitos em relação aos credores que a ele não aderiram. Cuida-se do instituto do *cram down*, à semelhança do procedimento previsto no artigo 58 da LREF, contudo, com requisitos distintos para sua aplicação.

Se o plano de recuperação extrajudicial contar com a assinatura de mais da metade dos credores de cada classe por ele abrangida, poderá o devedor requerer a homologação judicial da avença, com o fim de suprir a adesão voluntária dos credores minoritários que recusaram a proposta.

Poderá o plano de recuperação extrajudicial abranger a totalidade de uma ou mais espécies de créditos gravados com garantia real, quirografários e subordinados, ou abranger grupo de credores de mesma natureza e sujeitos a semelhantes condições de pagamento. Caso homologado, o plano obrigará todos os credores das espécies por ele abrangidas, exclusivamente em relação aos créditos constituídos até a data do pedido de homologação, ainda que não vencidos.

Em outros termos, é possível que o devedor pretenda a renegociação das condições originais de pagamento apenas com uma parcela ou grupo de seus credores, considerando a natureza e as características de sua crise econômico-financeira. Outrossim, o grupo de credores que se submeterá ao plano deverá ser definido, de forma objetiva e entre os credores de uma mesma classe ou espécie, por aqueles que possuam semelhantes condições de pagamento e de natureza do crédito. Definido cada grupo, todos os credores a ele pertencentes estarão sujeitos à recuperação extrajudicial, como forma de obstar a escolha, pelo devedor, dos credores que se submeterão ou não à proposta.

O quórum de mais de 50% foi estabelecido pela Lei n. 14.112/2020. A redação anterior do dispositivo exigia o quórum de, pelo menos, 3/5 de todos os créditos de cada espécie abrangida pelo plano de recuperação extrajudicial.

Ressalte-se que os efeitos do plano de recuperação extrajudicial somente poderão ser estendidos aos credores minoritários que, chamados pelo devedor a analisar a proposta, dela discordaram. Não poderão, pois, sofrer a alteração das condições de pagamento de seus créditos aqueles credores que nem mesmo tiveram ciência da existência do plano de recuperação extrajudicial, ou seja, os credores não pertencentes ao grupo submetido à proposta. Ademais, os credores minoritários submetidos compulsoriamente ao plano não poderão sofrer tratamento desfavorável, em relação aos credores que com ele concordaram, nos termos do §2º do artigo 161.

Destaque-se que o quórum mínimo legal é computado considerando cada espécie ou grupo de créditos, e não a sua totalidade.

Para fins de aferição do quórum mínimo exigido pela lei, não deverão ser contabilizados os créditos não sujeitos ao plano de recuperação extrajudicial, já que estes não poderão ter suas condições originais de pagamento alteradas (§2º). Outrossim, nos termos do §1º do artigo 161, serão desconsiderados os créditos tributários e aqueles previstos no §3º do artigo 49, e no inciso II do *caput* do artigo 86 (créditos com garantia fiduciária de bens móveis ou imóveis, arrendamento mercantil, compra e venda ou promessa de compra e venda com cláusula de irrevogabilidade ou irretratabilidade, compra e venda com reserva de domínio e adiantamento de contrato de câmbio). Não serão contabilizados, ademais, os créditos de natureza trabalhista que não tenham sido objeto de negociação coletiva com o sindicato da respectiva categoria profissional.

Além disso, para apuração do quórum, devem ser observadas duas regras (§3º): (i) o crédito em moeda estrangeira será convertido para moeda nacional, de acordo com a taxa de câmbio da véspera da data de assinatura do plano pelos credores, e (ii) não serão computados os créditos de titularidade dos sócios do devedor, das sociedades coligadas, controladoras ou controladas, e das que tenham sócio ou acionista com participação superior a 10% do capital social do devedor, ou em que o devedor ou algum de seus sócios detenham participação superior a 10% do capital social, com o fim de obstar qualquer possibilidade de fraude decorrente de conflito de interesses. Relembre-se que estas pessoas ligadas diretamente ao devedor também estão impedidas de votar a aprovação ou rejeição do plano de recuperação judicial (LREF, art. 43).

Com relação aos créditos em moeda estrangeira, a variação cambial somente poderá ser afastada se o credor titular do respectivo crédito aprovar expressamente previsão diversa no plano de recuperação extrajudicial (§5º).

À semelhança do procedimento da recuperação judicial, para a recuperação extrajudicial também são aplicáveis as regras atinentes à exigência de aprovação expressa do credor titular de garantia real para a supressão ou substituição da respectiva garantia em caso de alienação do bem gravado (§4º), bem como ao *stay period* (LREF, art. 6º, §4º), cujo termo inicial será o respectivo pedido de homologação judicial (e não a decisão que defere o seu processamento), exclusivamente em relação aos créditos abrangidos pelo plano (§8º).

Requisitos da petição inicial

Ao postular a homologação judicial do plano de recuperação extrajudicial pelo quórum alternativo, deverá o devedor preencher os requisitos estabelecidos no *caput* do artigo 162 e no §6º do artigo 163.

Assim, além de juntar a justificativa da proposta de soerguimento e o documento que a represente, assinado por credores que representem mais da metade dos créditos de cada espécie abrangidos pelo plano, o devedor deverá ainda instruir a petição inicial com a exposição de sua situação patrimonial, as demonstrações contábeis relativas ao último exercício social e as levantadas especialmente para instruir o pedido (compostas obrigatoriamente de balanço patrimonial, demonstração dos resultados acumulados e dos resultados desde o último exercício social, relatório gerencial de fluxo de caixa e sua projeção, e descrição das sociedades de grupo societário, de fato ou de direito) e, por fim, com os documentos que comprovem os poderes dos subscritores para novar ou transigir, no caso de representação dos interessados por procurador, além da relação nominal completa dos credores (inclusive aqueles não submetidos ao plano), com a indicação do endereço de cada um, a natureza, a classificação e o valor atualizado do respectivo crédito, discriminando sua origem, o regime dos respectivos vencimentos e a indicação dos registros contábeis de cada transação pendente.

Note-se que, para a hipótese de homologação facultativa (LREF, art. 162), a lei estabeleceu requisitos mais simples da petição inicial, sobretudo porque, nesse caso, o plano já conta com a adesão de todos os credores a ele submetidos, e a homologação judicial não implicará maiores efeitos do que aqueles já produzidos no ato de adesão ao plano. Já na homologação impositiva, os credores não aderentes somente sofrerão os seus efeitos após ser ele submetido ao juízo, de modo que a lei estabelece critérios mais rigorosos para a homologação da proposta.

Preenchimento do quórum mínimo após o pedido

A lei autoriza que a adesão de credores que representem mais da metade dos créditos de cada espécie, abrangidos pelo plano de recuperação extrajudicial, seja comprovada após o protocolo do pedido de homologação judicial.

Para tanto, estabelece o §7º que o devedor poderá ajuizar a petição inicial, comprovando apenas a anuência de credores que representem pelo menos 1/3 de todos os créditos de cada espécie, com o compromisso de, no prazo improrrogável e peremptório de 90 dias, contados da data do pedido, atingir o quórum legal previsto no *caput* do artigo 163, por meio da adesão expressa.

Note-se que, nesse caso, apresentado o pedido com a anuência de pelo menos 1/3 dos credores de cada espécie, a exigibilidade dos créditos afetados pelo plano será suspensa, nos termos do §8º do artigo 163, providência que será ratificada pelo juiz apenas se o devedor comprovar a adesão dos demais credores que integrem o quórum mínimo, no prazo legal. Por essa razão é que o prazo de 90 dias estabelecido pela lei não pode ser prorrogado, e as negociações com os demais credores para o preenchimento do quórum mínimo de mais da metade dos créditos de cada espécie abrangidos pelo plano deverão ser feitas de forma célere e responsável.

Ressalte-se que a possibilidade de comprovação do quórum mínimo após o pedido de homologação judicial é uma novidade trazida pela Lei n. 14.112/2020. Antes da reforma de 2020 não havia dispositivo semelhante, de sorte que o quórum de 3/5 de todos os créditos de cada espécie abrangida pelo plano deveria ser comprovado no momento do pedido de homologação judicial.

Caso o devedor não tenha êxito em obter o quórum legal previsto no *caput* do artigo 163, poderá apenas desistir do pedido de homologação judicial, ou pedir a conversão do procedimento em recuperação judicial, hipótese em que deverá cumprir os requisitos previstos pela lei para o processamento desta, sob pena de indeferimento.

Art. 164. Recebido o pedido de homologação do plano de recuperação extrajudicial previsto nos arts. 162 e 163 desta Lei, o juiz ordenará a publicação de edital eletrônico com vistas a convocar os credores do devedor para apresentação de suas impugnações ao plano de recuperação extrajudicial, observado o disposto no § 3º deste artigo.

§ 1º No prazo do edital, deverá o devedor comprovar o envio de carta a todos os credores sujeitos ao plano, domiciliados

ou sediados no país, informando a distribuição do pedido, as condições do plano e prazo para impugnação.

§ 2º Os credores terão prazo de 30 (trinta) dias, contado da publicação do edital, para impugnarem o plano, juntando a prova de seu crédito.

§ 3º Para opor-se, em sua manifestação, à homologação do plano, os credores somente poderão alegar:

I – não preenchimento do percentual mínimo previsto no caput do art. 163 desta Lei;

II – prática de qualquer dos atos previstos no inciso III do art. 94 ou do art. 130 desta Lei, ou descumprimento de requisito previsto nesta Lei;

III – descumprimento de qualquer outra exigência legal.

§ 4º Sendo apresentada impugnação, será aberto prazo de 5 (cinco) dias para que o devedor sobre ela se manifeste.

§ 5º Decorrido o prazo do § 4º deste artigo, os autos serão conclusos imediatamente ao juiz para apreciação de eventuais impugnações e decidirá, no prazo de 5 (cinco) dias, acerca do plano de recuperação extrajudicial, homologando-o por sentença se entender que não implica prática de atos previstos no art. 130 desta Lei e que não há outras irregularidades que recomendem sua rejeição.

§ 6º Havendo prova de simulação de créditos ou vício de representação dos credores que subscreverem o plano, a sua homologação será indeferida.

§ 7º Da sentença cabe apelação sem efeito suspensivo.

§ 8º Na hipótese de não homologação do plano o devedor poderá, cumpridas as formalidades, apresentar novo pedido de homologação de plano de recuperação extrajudicial.

Processamento do pedido de homologação do plano de recuperação extrajudicial

Preenchidos os requisitos legais para o recebimento do pedido de homologação do plano de recuperação extrajudicial facultativa (art. 162) ou impositiva (art. 163), seja com a comprovação, nesta última, do quórum mínimo legal na petição inicial ou após 90 dias contados da data do pedido (§7º, art. 163), o juiz ordenará a expedição de edital eletrônico, cujas custas deverão ser suportadas pelo devedor, com o fim de dar conhecimento aos credores da apresentação do pedido de homologação, e convocá-los para apresentar eventuais impugnações ao plano.

A Lei n. 14.112/2020 alterou o *caput* do artigo 164, que antes previa a necessidade de expedição de edital no órgão oficial e em jornal de grande circulação nacional ou das localidades da sede e das filiais do devedor, tornando o procedimento oneroso para o devedor.

Ressalte-se que o edital deverá ser expedido ainda que o plano de recuperação extrajudicial tenha sido assinado por todos os credores a ele submetidos, sobretudo porque quaisquer de seus outros credores poderão apresentar impugnação.

Publicado o edital, o devedor deverá providenciar o envio de carta a todos os credores sujeitos ao plano de recuperação extrajudicial, domiciliados ou sediados no país, informando a distribuição do pedido de homologação, as condições do plano e o prazo de 30 dias para impugnação, contados da publicação do edital. Em que pese a LREF determine o envio de carta apenas aos credores domiciliados no país, com o fim de preservar a celeridade do procedimento, considerando o avanço dos meios de comunicação eletrônicos, é razoável exigir-se do devedor também a comunicação de seus demais credores sediados no estrangeiro, ainda que por meio eletrônico.

Impugnação ao pedido de homologação

No procedimento de recuperação extrajudicial, as impugnações ao pedido de homologação a serem apresentadas pelos credores têm o seu objeto limitado pela lei. De acordo com o §3º do artigo 164, os credores somente poderão alegar o não preenchimento do quórum de mais da metade dos créditos de cada espécie abrangidos pelo plano, ou ainda a prática de atos falimentares, atos fraudulentos que impliquem prejuízo aos credores, ou atos atentatórios à lei.

Anote-se que quaisquer dos credores, ainda que não sujeitos ao plano de recuperação extrajudicial, poderão impugná-lo, alegando eventual prejuízo dos créditos não abrangidos, em relação aos credores que aderiram à proposta.

Caso se prove que houve simulação de créditos ou vício de representação dos credores que subscreveram o plano, de forma que comprometa o atingimento do quórum legal, o pedido de homologação será indeferido.

Havendo qualquer impugnação, será o devedor intimado para se manifestar no prazo de cinco dias (§4º). Decorrido este prazo, os autos irão à conclusão do juiz para que decida sobre as impugnações e o pedido, também no prazo de cinco dias (§5º), sendo possível, porém, que o magistrado decida em prazo maior em virtude da complexidade do procedimento.

Entendendo não haver qualquer irregularidade na proposta, ou qualquer ato praticado com o fim de prejudicar credores, e caso rejeitadas as impugnações, o juiz homologará o plano por sentença, contra a qual será cabível apelação, sem efeito suspensivo (§7º).

Se, de outro turno, o magistrado entender não ser caso de homologação do plano e indeferir o pedido, não haverá decretação de falência, e poderá o devedor apresentar novo pedido de homologação de plano extrajudicial, cumpridas as formalidades legais (§8º).

Destaque-se que, no caso de indeferimento do pedido, o devedor ou quaisquer credores poderão interpor apelação no prazo de 15 dias (CPC, art. 1.003, §5º). Caso o devedor não se insurja contra a sentença, mas um ou alguns dos credores sim, nada obstará que novo pedido de recuperação extrajudicial seja apresentado pelo devedor, independentemente do julgamento da apelação, em razão do recurso possuir efeito meramente devolutivo.

De acordo com Marcelo Barbosa Sacramone, na impugnação apresentada no bojo de recuperação extrajudicial, não há condenação do impugnante às verbas de sucumbência, porquanto neste caso há maior aproximação com o procedimento de jurisdição voluntária. Nesse sentido, as impugnações são destinadas apenas a indicar eventual ausência de requisitos imprescindíveis à homologação do pedido, e não propriamente a resistir ao pedido do devedor.[565]

Art. 165. O plano de recuperação extrajudicial produz efeitos após sua homologação judicial.

§ 1º É lícito, contudo, que o plano estabeleça a produção de efeitos anteriores à homologação, desde que exclusivamente em relação à modificação do valor ou da forma de pagamento dos credores signatários.

§ 2º Na hipótese do § 1º deste artigo, caso o plano seja posteriormente rejeitado pelo juiz, devolve-se aos credores signatários o direito de exigir seus créditos nas condições originais, deduzidos os valores efetivamente pagos.

---

565 SACRAMONE, Marcelo Barbosa. *Comentários à Lei de Recuperação de Empresas e Falências*. 2ª ed. São Paulo: Saraiva Jur, 2021, p. 621.

Produção de efeitos do plano extrajudicial

O plano de recuperação extrajudicial somente produz efeitos após a homologação judicial, sobretudo quando se tratar de homologação impositiva, e em relação aos credores que não aderiram voluntariamente à proposta.

No que diz respeito exclusivamente aos credores signatários que concordaram com a proposta antes da homologação, porém, admite a lei que o plano estabeleça produção de efeitos anteriores. Relembre-se que, no caso da homologação facultativa, considerando que todos os créditos sujeitos ao plano de recuperação extrajudicial concordaram voluntariamente com a proposta, a produção de efeitos prescinde da homologação judicial.

Caso indeferido o pedido de homologação, ainda que o plano tenha produzido efeitos desde o ato de adesão dos signatários, serão eles restituídos em seu direito de exigir os créditos nas condições originais, deduzidos eventuais valores já pagos pelo devedor.

Art. 166. Se o plano de recuperação extrajudicial homologado envolver alienação judicial de filiais ou de unidades produtivas isoladas do devedor, o juiz ordenará a sua realização, observado, no que couber, o disposto no art. 142 desta Lei.

Alienação judicial de filiais e unidades produtivas isoladas

Caso o plano de recuperação extrajudicial homologado preveja, como forma de soerguimento do devedor, a alienação judicial de filiais ou de unidades produtivas isoladas, esta ocorrerá nos mesmos moldes da realização dos ativos na falência, ou seja, através de leilão eletrônico presencial ou híbrido, ou de outro processo competitivo organizado (LREF, art. 142).

Note-se, porém, que diferentemente do procedimento previsto para a recuperação judicial (LREF, art. 60, parágrafo único) ou para a falência (LREF, art. 141, §1º), a lei não previu expressamente a impossibilidade de sucessão do adquirente nas obrigações de qualquer natureza, inclusive tributária e trabalhista, do devedor em recuperação extrajudicial.

Para Fábio Ulhoa Coelho,[566] a omissão legislativa não permite, por si só, a interpretação de que se deve dar tratamento diferente à recuperação judicial e à recuperação extrajudicial, no que diz respeito à sucessão das obrigações por terceiro que adquire os bens do devedor. Assim, para o autor, a interpretação do artigo 166 conforme a Constituição Federal e a importância de se tornar atrativa a aquisição dos bens do devedor por terceiros conduzem à conclusão de que, também na recuperação extrajudicial, não haverá a sucessão.

Marcelo Barbosa Sacramone,[567] porém, entende que à míngua de qualquer remissão expressa aos artigos 60 ou 141, aplicam-se à recuperação extrajudicial o disposto no artigo 1.146 do Código Civil, no artigo 133 do CTN e nos artigos 10 e 448 da CLT, que dispõem, respectivamente, sobre a responsabilidade do adquirente pelos débitos contabilizados do alienante, a responsabilidade do adquirente que continuar a exploração do estabelecimento empresarial quanto aos tributos relativos a este, e a responsabilidade do novo empregador em face dos empregados, com relação às obrigações do antigo.

Art. 167. O disposto neste Capítulo não implica impossibilidade de realização de outras modalidades de acordo privado entre o devedor e seus credores.

---

566 COELHO, Fábio Ulhoa. *Comentários à Lei de Falências e de Recuperação de empresas*: Lei n. 14.112/20, Nova Lei de Falências. 14ª ed. São Paulo: Revista dos Tribunais, 2021, p. 501.

567 SACRAMONE, Marcelo Barbosa. *Comentários à Lei de Recuperação de Empresas e Falências*. 2ª ed. São Paulo: Saraiva Jur, 2021, p. 623.

Autonomia privada

A lei reforça a liberdade do devedor para celebrar composição privada com seus credores independentemente do Poder Judiciário, ainda que concomitantemente à tramitação do pedido de homologação do plano de recuperação extrajudicial, e ainda que não preenchidos os requisitos legais para que tal composição possa ser levada à homologação do juízo. O dispositivo, pois, corrobora a importância conferida à autonomia privada no caso da recuperação extrajudicial.

CAPÍTULO VI-A

DA INSOLVÊNCIA TRANSNACIONAL

Caracteriza-se a insolvência transnacional quando a sociedade empresária falida ou em recuperação judicial possui patrimônio, ativos, estabelecimentos, credores ou atividade em mais de um país. Tal circunstância poderá implicar na concorrência de jurisdições, a exigir atuação processual conjunta através de meios de facilitação da cooperação internacional, com o objetivo precípuo de resguardar a segurança jurídica do procedimento de insolvência e o interesse dos credores.

Aqui, o termo *insolvência* é utilizado indistintamente para caracterizar tanto a recuperação judicial quanto a falência, tal como é empregado na conotação internacional. De acordo com a UNCITRAL, a insolvência é o "*estado de um devedor que não pode arcar com o pagamento geral de suas dívidas porque estas venceram, ou estado financeiro de uma empresa cujo passivo excede o valor de seu ativo*".

Somente em 2020, porém, o procedimento de insolvência transnacional foi inserido no ordenamento jurídico brasileiro, através da inclusão, na LREF, do Capítulo VI-A pela Lei n. 14.112, que adotou as disposições da Lei Modelo da *United Nations Commission on International Trade Law* – UNCITRAL, ou Comissão das Nações Unidas para o Direito Mercantil Internacional – CNDUMI, elaboradas em 1997 com o objetivo de orientar a criação de leis internas sobre o tema.

Antes de 2020, a LREF não previa qualquer dispositivo a respeito, à exceção, apenas, do artigo 3º, que dispunha ser "*competente para homologar o plano de recuperação extrajudicial, deferir a recuperação judicial ou decretar a falência o juízo do local do principal estabelecimento do devedor ou da filial de empresa que tenha sede fora do Brasil*".

Tal norma, no entanto, acabava por admitir que a jurisdição nacional fosse aplicada tão somente aos direitos e obrigações assumidos pelo devedor no Brasil, ainda que possuísse sede no exterior ou contraísse no estrangeiro direitos e obrigações. O ordenamento brasileiro, pois, visava a um modelo territorialista, considerando o estabelecimento principal do devedor, situado no Brasil, como autônomo em relação à sua sede.

Nesse sistema territorialista, os efeitos da falência ou recuperação judicial decretados no país ficavam restritos aos seus limites territoriais, tratando cada procedimento iniciado em mais de uma jurisdição de forma individual e restringindo o patrimônio do devedor e o pagamento aos credores ao território nacional. Para os adeptos do territorialismo, as jurisdições estatais deveriam ser independentes, e cada qual seria responsável unicamente pela apreciação dos bens do devedor que no país se encontrassem e pela distribuição dos valores entre os diversos credores habilitados no aludido processo.

Esse sistema, contudo, afrontava a segurança jurídica das relações contraídas pelo devedor, diante da multiplicidade de ordenamentos jurídicos que poderiam incidir sobre um mesmo empresário, com diferentes tratamentos sobre a mesma matéria.

Como refutação do territorialismo, surgiu a corrente do universalismo, a qual pregava que a insolvência transnacional deveria ser analisada por uma Corte única, com jurisdição mundial e sob uma única legislação, qual seja, a do domicílio principal do devedor. Essa corrente, no entanto, também foi criticada, em virtude da dificuldade de definição do principal centro de interesses do devedor, além do risco de submissão do credor local a tratamento diverso quando submetido a processo de insolvência estrangeiro.

A solução, pois, foi adotada pelas disposições da Lei Modelo da UNCITRAL, que se filiou a um modelo pós-universalista[568] ou a um universalismo modificado. A incorporação de tais normas ao ordenamento jurídico brasileiro, assim, buscou unificar o tratamento jurídico conferido aos credores e desenvolver mecanismos de cooperação internacional entre juízes e outras autoridades competentes em relação à insolvência transfronteiriça, com o respeito às características internas de cada país e sem interferência estrangeira no ordenamento jurídico nacional. Com esse novo modelo, confere-se maior segurança jurídica e previsibilidade para que investidores estrangeiros atuem no Brasil e fomentem o mercado de crédito, impulsionando a economia nacional.

Note-se que as disposições da UNCITRAL não buscaram criar uma jurisdição internacional para tratar do tema de insolvência transfronteiriça, solução que era defendida pelos adeptos do universalismo. Ao contrário, as normas da lei modelo buscaram criar meios de facilitação da cooperação judiciária transnacional, sendo que cada juiz mantém a sua jurisdição material e territorialmente circunscrita, colaborando, no exercício dela, para o compartilhamento de informações e a efetividade das decisões proferidas por juízes de outras jurisdições.

568 COSTA, Daniel Carnio; MELO, Alexandre Nasser. *Comentários à Lei de Recuperação de Empresas e Falência*: Lei n. 11.101, de 09 de fevereiro de 2005. Curitiba: Juruá, 2021, p. 415.

Importante mencionar que a lei modelo incorporada pela UNCITRAL não constitui convenção ou tratado internacional, mas sim norma de *soft law* (não cogente), de sorte que os Estados são livres para optarem pela adoção ou não do modelo, bastando, no primeiro caso, que contemplem as diretrizes em seu sistema legal, como fez a Lei n. 14.112/2020 no Brasil.

Destaque-se que a insolvência transnacional possui, dentre outros objetivos descritos no artigo 167-A da LREF, o de (i) facilitar e estimular a cooperação e comunicação direta entre os juízes e representantes estrangeiros, por qualquer meio; (ii) franquear o acesso direto a juiz brasileiro ou estrangeiro aos credores ou a um representante estrangeiro, para requerer o reconhecimento de processo estrangeiro, classificado como principal ou não, a depender da localização do centro de interesses principal (após a definição de qual Estado será o responsável pelo processo estrangeiro principal, e qual ou quais Estados serão responsáveis pelo processo estrangeiro não principal ou secundário); (iii) conceder medidas de assistência provisória, como determinar a suspensão das execuções contra o devedor e, ainda, autorizar que o representante estrangeiro possa administrar e vender bens; (iv) encarregar o representante estrangeiro da distribuição dos bens do devedor desde que os interesses dos credores sejam respeitados de acordo com a legislação pátria.

Para disciplinar a forma de comunicação e cooperação entre os juízos, foi editada a Resolução CNJ n. 394/21, que introduziu o *Judicial Insolvency Network (JIN) Para Comunicação e Cooperação entre Juízos em Processos de Insolvência Transnacionais*, com o intuito de padronizar e orientar os juízes brasileiros sobre a melhor forma de proceder à cooperação pretendida, instituindo regras para a cooperação e de comunicação internacional entre juízos de insolvência.

O Judicial Insolvency Network (JIN) editou um guia de cooperação e comunicação direta entre juízos de insolvência que é adotado pela Corte de Insolvências de Delaware (EUA), do Distrito Sul de Nova York (EUA), do Distrito Sul do Texas (EUA), do Distrito Sul da Flórida (EUA), a Divisão de Chancelaria da Inglaterra e País de Gales, a Corte Federal da Austrália, a Corte de Insolvências de Seoul (Coreia do Sul), a Suprema Corte da Colúmbia Britânica (Canadá), dentre outras.

Seção I – Disposições Gerais

Art. 167-A. Este Capítulo disciplina a insolvência transnacional, com o objetivo de proporcionar mecanismos efetivos para:

I – a cooperação entre juízes e outras autoridades competentes do Brasil e de outros países em casos de insolvência transnacional;

II – o aumento da segurança jurídica para a atividade econômica e para o investimento;

III – a administração justa e eficiente de processos de insolvência transnacional, de modo a proteger os interesses de todos os credores e dos demais interessados, inclusive do devedor;

IV – a proteção e a maximização do valor dos ativos do devedor;

V – a promoção da recuperação de empresas em crise econômico-financeira, com a proteção de investimentos e a preservação de empregos; e

VI – a promoção da liquidação dos ativos da empresa em crise econômico-financeira, com a preservação e a otimização da utilização produtiva dos bens, dos ativos e dos recursos produtivos da empresa, inclusive os intangíveis.

§ 1º Na interpretação das disposições deste Capítulo, deverão ser considerados o seu objetivo de cooperação internacional,

a necessidade de uniformidade de sua aplicação e a observância da boa-fé.

§ 2º As medidas de assistência aos processos estrangeiros mencionadas neste Capítulo formam um rol meramente exemplificativo, de modo que outras medidas, ainda que previstas em leis distintas, solicitadas pelo representante estrangeiro, pela autoridade estrangeira ou pelo juízo brasileiro poderão ser deferidas pelo juiz competente ou promovidas diretamente pelo administrador judicial, com imediata comunicação nos autos.

§ 3º Em caso de conflito, as obrigações assumidas em tratados ou convenções internacionais em vigor no Brasil prevalecerão sobre as disposições deste Capítulo.

§ 4º O juiz somente poderá deixar de aplicar as disposições deste Capítulo se, no caso concreto, a sua aplicação configurar manifesta ofensa à ordem pública.

§ 5º O Ministério Público intervirá nos processos de que trata este Capítulo.

§ 6º Na aplicação das disposições deste Capítulo, será observada a competência do Superior Tribunal de Justiça prevista na alínea "i" do inciso I do caput do art. 105 da Constituição Federal, quando cabível.

Objetivos da insolvência transnacional

O artigo 167-A reproduz os cinco objetivos do sistema de insolvência transnacional, citados no preâmbulo da Lei Modelo da UNCITRAL.[569] A exceção é o inciso VI da norma em comento, que mantém a lógica adotada pelo ordenamento jurídico nacional,

---

569 UNCITRAL. "UNCITRAL Model Law on Cross-Border Insolvency with Guide to Enactment and Interpretation". *UN*, Nova York, 2014, p. 11. Disponível em https://uncitral.un.org/sites/uncitral.un.org/files/

ao resguardar os objetivos do procedimento recuperacional e falimentar buscados pela LREF.[570]

Outrossim, dispõe a LREF que os objetivos da insolvência transnacional são: (i) a cooperação entre juízes e outras autoridades competentes do Brasil e de outros países em casos de insolvência transnacional, respeitando-se a soberania de cada Estado; (ii) o aumento da segurança jurídica para a atividade econômica e para o investimento; (iii) a administração justa e eficiente de processos de insolvência transnacional, de modo a proteger os interesses de todos os credores e dos demais interessados, inclusive do devedor; (iv) a proteção e a maximização do valor dos ativos do devedor; (v) a promoção da recuperação de empresas em crise econômico-financeira, com a proteção de investimentos e a preservação de empregos; e (vi) a promoção da liquidação dos ativos da empresa em crise econômico-financeira, com a preservação e a otimização da utilização produtiva dos bens, dos ativos e dos recursos produtivos da empresa, inclusive os intangíveis.

Assim, a adoção de um modelo internacional a ser seguido para o procedimento de insolvência transfronteiriça buscou unificar o tratamento entre os credores do devedor, sempre considerando, na interpretação de seus dispositivos, o objetivo de cooperação internacional, a necessidade de uniformidade de sua aplicação e a observância da boa-fé (§1º).

A uniformidade de aplicação da lei é de suma importância para evitar o que se denomina de *forum shopping*, fenômeno consistente na conduta do empresário devedor que, alicerçado na concorrência entre uma ou mais jurisdições, busca aquela que lhe seja mais favorável ou conveniente, dadas as circunstâncias e

---

media-documents/uncitral/en/1997-model-law-insol-2013-guide-enactment-e.pdf. Acessado em: 13.06.2022.

570 Ressalte-se, a respeito, que o inciso VI do artigo 167-A reproduz um dos objetivos da falência, tratado pelo artigo 75, inciso I da LREF.

particularidades de sua crise econômico-financeira, mesmo que isso ocorra em prejuízo dos credores.[571]

Ademais, poderá a autoridade judicial competente rejeitar a aplicação das disposições do Capítulo VI-A da LREF, se verificar que, no caso concreto, configuram manifesta ofensa à ordem pública interna, como a vulneração aos direitos fundamentais, à moral, à justiça ou às instituições democráticas (§4º). Destaque-se, a esse respeito, que a Lei Modelo da UNCITRAL objetiva fornecer mecanismos eficazes para lidar com os casos de insolvência transfronteiriça, preservando, contudo, a soberania interna de cada Estado.

Em razão da importância do procedimento de insolvência transnacional e do interesse público de rege a matéria, a atuação do Ministério Público nesses processos é obrigatória e se dará na qualidade de fiscal do ordenamento jurídico (§5º).

Como a lei assegura a cooperação entre autoridades estrangeiras para uniformidade do tratamento conferido à empresa insolvente, é irrazoável imaginar-se que o legislador fosse capaz de prever todas as situações em que necessária a colaboração internacional. Outrossim, o §2º do artigo 167-A esclarece que as medidas de assistência aos processos estrangeiros mencionadas pela LREF formam um *rol* meramente exemplificativo, de modo que outras medidas, ainda que previstas em leis distintas, solicitadas pelo representante estrangeiro, pela autoridade estrangeira ou pelo juízo brasileiro poderão ser deferidas pelo juiz competente ou promovidas diretamente pelo administrador judicial, com imediata comunicação nos autos.

---

571 COSTA, Daniel Carnio; MELO, Alexandre Nasser. *Comentários à Lei de Recuperação de Empresas e Falência*: Lei n. 11.101, de 09 de fevereiro de 2005. Curitiba: Juruá, 2021, pp. 416/417.

Caráter supletivo das normas do Capítulo VI-A

Segundo dispõe o §3º do artigo 167-A, as normas concernentes à insolvência transnacional previstas na LREF têm caráter supletivo e somente serão aplicadas quando não conflitarem com os tratados e convenções internacionais incorporados ao ordenamento jurídico brasileiro, ainda que posteriores à reforma de 2020.

Outrossim, em caso de conflito de normas, prevalecerão as obrigações assumidas em tratados ou convenções internacionais, já que estas possuem caráter constitucional, supralegal ou de lei ordinária, a depender da matéria tratada e da forma com que ingressaram no ordenamento jurídico. Cuida-se, pois, de questão de hierarquia de leis.

Relembre-se que os tratados e convenções internacionais de direitos humanos aprovados na forma do §3º do artigo 5º da Constituição Federal serão equivalentes às emendas constitucionais; os tratados internacionais de direitos humanos, aprovados pelo procedimento ordinário previsto no artigo 47 da Constituição Federal, terão caráter supralegal (abaixo da Constituição e acima da legislação ordinária); e os tratados e convenções internacionais que não versarem sobre direitos humanos ingressarão no ordenamento jurídico brasileiro com força de lei ordinária.

De qualquer modo, os tratados e convenções internacionais de que o Brasil seja signatário terão força de lei no ordenamento jurídico brasileiro, enquanto a Lei Modelo da UNCITRAL, conforme já salientado, constitui norma de *soft law*, sem caráter cogente e sem força de lei, embora tenha assumido peso normativo significativo a partir do momento em que introduzida à LREF pela Lei n. 14.112/2020.

Competência do Superior Tribunal de Justiça

O §6º do artigo 167-A resguarda a competência exclusiva do STJ de processar e julgar a homologação de sentenças estrangeiras e a concessão de *exequatur* às cartas rogatórias, quando cabíveis (CF, art. 105, I, i). Regulada pela Constituição Federal, obviamente, a LREF não poderia contrariar a competência estabelecida à Corte Superior.

A homologação de sentença estrangeira e concessão de *exequatur* às cartas rogatórias, no entanto, assumem caráter excepcional na insolvência transfronteiriça, já que, conforme dispõe o artigo 167-F da LREF, o representante estrangeiro é legitimado a postular diretamente ao juiz brasileiro, tornando mais célere e eficiente a cooperação direta entre as autoridades dos países envolvidos. Por essa razão, considerando o desenvolvimento de mecanismos de comunicação direta entre as autoridades e representantes dos Estados envolvidos na insolvência transfronteiriça, a necessidade de interferência do STJ torna-se secundária, porquanto a autoridade local não fica adstrita ao cumprimento de decisões ou a um juízo de delibação.

Segundo leciona Fábio Ulhoa Coelho,[572] a competência do STJ seria observada somente caso o credor, interessado em habilitar seu crédito em uma falência brasileira, tenha como título de seu direito uma sentença proferida por órgão jurisdicional estrangeiro, ou na hipótese de o juiz estrangeiro, por qualquer razão, houver preferido a carta rogatória à solicitação de cooperação direta.

Art. 167-B. Para os fins deste Capítulo, considera-se:

I – processo estrangeiro: qualquer processo judicial ou administrativo, de cunho coletivo, inclusive de natureza cautelar, aberto em outro país de acordo com disposições relativas à insolvência nele vigentes, em que os bens e as atividades de um

572 COELHO, Fábio Ulhoa. *Comentários à Lei de Falências e de Recuperação de empresas*: Lei n. 14.112/20, Nova Lei de Falências. 14ª ed. São Paulo: Revista dos Tribunais, 2021, pp. 503/504.

devedor estejam sujeitos a uma autoridade estrangeira, para fins de reorganização ou liquidação;

II – processo estrangeiro principal: qualquer processo estrangeiro aberto no país em que o devedor tenha o centro de seus interesses principais;

III – processo estrangeiro não principal: qualquer processo estrangeiro que não seja um processo estrangeiro principal, aberto em um país em que o devedor tenha estabelecimento ou bens;

IV – representante estrangeiro: pessoa ou órgão, inclusive o nomeado em caráter transitório, que esteja autorizado, no processo estrangeiro, a administrar os bens ou as atividades do devedor, ou a atuar como representante do processo estrangeiro;

V – autoridade estrangeira: juiz ou autoridade administrativa que dirija ou supervisione um processo estrangeiro; e

VI – estabelecimento: qualquer local de operações em que o devedor desenvolva uma atividade econômica não transitória com o emprego de recursos humanos e de bens ou serviços.

Conceitos relevantes ao tema

O artigo 167-B reproduz as definições do artigo 2º da Lei Modelo da UNCITRAL.[573] Os conceitos destacados pela LREF, portanto, são internacionalmente conhecidos e buscam afastar qualquer dubiedade ou imprecisão que eventualmente possam surgir na interpretação e aplicação das normas referentes à insolvência transnacional.

---

573 UNCITRAL. "UNCITRAL Model Law on Cross-Border Insolvency with Guide to Enactment and Interpretation". *UN*, Nova York, 2014, p. 12. Disponível em https://uncitral.un.org/sites/uncitral.un.org/files/media-documents/uncitral/en/1997-model-law-insol-2013-guide-enactment-e.pdf. Acessado em: 13.06.2022.

Considerando que o tratamento jurídico conferido às falências e recuperações transfronteiriças é ainda recente no ordenamento jurídico brasileiro, sem estudos mais aprofundados sobre a aplicação das normas que regem o instituto, a definição expressa de conceitos relevantes ao tema mostra-se de suma importância.

Assim, define-se como processo estrangeiro qualquer processo judicial ou administrativo, de cunho coletivo, inclusive de natureza cautelar, aberto em outro país de acordo com disposições relativas à insolvência nele vigentes, em que os bens e as atividades de um devedor estejam sujeitos a uma autoridade estrangeira, para fins de reorganização ou liquidação. Note-se, nesse sentido, que para caracterizar-se como processo estrangeiro, não é necessário que haja decisão expressa decretando a insolvência do devedor ou determinando a suspensão do curso do prazo prescricional ou das medidas de execução individualmente tomadas pelos credores, embora a aludida suspensão seja consequência automática do reconhecimento de processo estrangeiro principal, pela autoridade judicial brasileira (art. 167-M, I e II).

Além disso, o processo estrangeiro também deverá ser coletivo, porquanto a coordenação jurisdicional entre as diversas autoridades estrangeiras somente se justifica como forma de maximização do valor dos ativos do devedor, a fim de satisfazer toda a coletividade de credores, e não para o atendimento de interesses de apenas alguns credores particulares.

O conceito de processo estrangeiro principal corresponde a qualquer processo estrangeiro aberto no país em que o devedor tenha o centro de seus interesses principais. O centro de interesses principais poderá ser definido pelo juiz mediante presunção, em razão da localização do domicílio do devedor, se empresário individual, ou do país da sede estatutária do devedor, se sociedade empresária (art. 167-I, III). A presunção, contudo, admite prova em contrário (*iuris tantum*), podendo ser reconhecido, como centro de interesses principais, local diverso dos acima aludidos.

Define-se, ainda, como processo estrangeiro não principal qualquer processo estrangeiro que não seja um processo estrangeiro principal aberto em um país em que o devedor tenha estabelecimento ou bens, contanto que não seja reconhecido como seu centro de interesses principais.

Conceitua-se o representante estrangeiro como a pessoa ou órgão, inclusive o nomeado em caráter transitório, que esteja autorizado, no processo estrangeiro, a administrar os bens ou as atividades do devedor, ou a atuar como representante do processo estrangeiro.

A autoridade estrangeira define-se pelo juiz ou autoridade administrativa que dirija ou supervisione um processo estrangeiro. Não será, pois, necessariamente um magistrado, podendo corresponder a outro órgão administrativo competente para controlar o processo estrangeiro de insolvência. Como exemplo, pode-se citar o Banco Central do Brasil, órgão competente para decretar a intervenção e liquidação extrajudicial de instituição financeira, e nomear interventor ou liquidante, nos termos da Lei n. 6.024/74.[574]

Por fim, o estabelecimento é conceituado por qualquer local de operações em que o devedor desenvolva uma atividade econômica não transitória com o emprego de recursos humanos e de bens ou serviços. Embora não seja equivalente à definição de estabelecimento dada pelo artigo 1.142 do Código Civil ("todo complexo de bens organizado, para exercício da empresa, por empresário, ou por sociedade empresária"), não se mostra com ela incompatível.

Art. 167-C. As disposições deste Capítulo aplicam-se aos casos em que:

---

574 BEZERRA FILHO, Manoel Justino. *Lei de Recuperação de Empresas e Falências*: Lei n. 11.101/2005 comentada artigo por artigo. 15ª ed., rev., atual. e ampl. São Paulo: Revista dos Tribunais, 2021, p. 560.

I – autoridade estrangeira ou representante estrangeiro solicita assistência no Brasil para um processo estrangeiro;

II – assistência relacionada a um processo disciplinado por esta Lei é pleiteada em um país estrangeiro;

III – processo estrangeiro e processo disciplinado por esta Lei relativos ao mesmo devedor estão em curso simultaneamente; ou

IV – credores ou outras partes interessadas, de outro país, têm interesse em requerer a abertura de um processo disciplinado por esta Lei, ou dele participar.

Incidência das normas de insolvência transnacional

O artigo 167-C define as hipóteses em que serão aplicáveis as normas relativas à insolvência transfronteiriça, como forma de garantir a efetividade da cooperação internacional e da reciprocidade de tratamento entre as diferentes jurisdições.

Assim, a insolvência transfronteiriça incidirá tanto nos casos em que for admitido pedido de assistência em um processo estrangeiro, solicitado por autoridades ou representantes estrangeiros, quanto nos casos em que o pedido de assistência é solicitado ao país estrangeiro, e ainda que não haja processos de insolvência concorrentes. De todo modo, as normas do Capítulo VI-A também se aplicam quando processos de insolvência relativos ao mesmo devedor estejam em curso em países distintos, como forma de coordenação e uniformização dos atos processuais e do tratamento conferido à coletividade de credores.

Por fim, credores ou outros interessados localizados em outro país e que tenham negociado com o devedor no exterior poderão solicitar, mediante a cooperação internacional relativa à insolvência transnacional, a abertura de processo no Brasil de acordo com as regras da LREF, ou a participação em processo já em curso.

Saliente-se que as disposições do Capítulo VI-A não serão aplicadas aos agentes que não se submetem ao regime da LREF nos termos do seu artigo 2º, quais sejam, as empresas públicas e sociedades de economia mista, as instituições financeiras públicas ou privadas, cooperativas de crédito, consórcios, entidades de previdência complementar, sociedades operadoras de plano de assistência à saúde, sociedades seguradoras, sociedades de capitalização e outras entidades legalmente equiparadas às anteriores.[575]

Art. 167-D. O juízo do local do principal estabelecimento do devedor no Brasil é o competente para o reconhecimento de processo estrangeiro e para a cooperação com a autoridade estrangeira nos termos deste Capítulo.

§ 1º A distribuição do pedido de reconhecimento do processo estrangeiro previne a jurisdição para qualquer pedido de recuperação judicial, de recuperação extrajudicial ou de falência relativo ao devedor.

§ 2º A distribuição do pedido de recuperação judicial, de recuperação extrajudicial ou de falência previne a jurisdição para qualquer pedido de reconhecimento de processo estrangeiro relativo ao devedor.

Definição do juízo competente

A regra de competência estabelecida pela LREF é definida em seu artigo 3º, que preconiza ser competente para homologar o plano de recuperação extrajudicial, deferir a recuperação judicial ou decretar a falência o juízo do local do principal estabelecimento do devedor ou da filial de empresa que tenha sede fora do Brasil.

---

575 COSTA, Daniel Carnio; MELO, Alexandre Nasser. *Comentários à Lei de Recuperação de Empresas e Falência*: Lei n. 11.101, de 09 de fevereiro de 2005. Curitiba: Juruá, 2021, p. 419.

O artigo 167-D vai ao encontro da aludida disposição, ao prever que a competência para o reconhecimento de processo estrangeiro e para a cooperação com a autoridade estrangeira no bojo da insolvência transfronteiriça, será do juízo do local do principal estabelecimento no Brasil.

A definição do principal estabelecimento, quando o devedor possuir mais de um, é tema de relevante discussão na doutrina e na jurisprudência,[576] sobrelevando destacar que o critério a ser utilizado deve levar em conta a eficiência do processo de recuperação judicial ou falência, prevalecendo a teoria da maior relevância econômica na atividade do devedor para definir o principal estabelecimento e o juízo para o processamento da ação, porque conjuga a facilitação do acesso aos bens, a participação dos envolvidos, dando guarida ao princípio da função social e onde o efeito social de sua ocorrência seja mais relevante.

Seguindo a regra de prevenção estatuída pelo ordenamento pátrio, o §1º do dispositivo em comento estabelece que a distribuição do pedido de reconhecimento do processo estrangeiro previne a jurisdição para qualquer pedido de recuperação judicial, de recuperação extrajudicial ou de falência relativo ao devedor. O §2º, no mesmo sentido, estabelece que se já existir processo de recuperação judicial, extrajudicial ou de falência em curso, o juízo para o qual foi distribuído o feito ficará prevento para qualquer pedido de reconhecimento de processo estrangeiro relativo ao devedor.

A prevenção assegura que não haja decisões conflitantes a respeito do processo de insolvência local e as medidas de assistência requeridas em virtude de processo de insolvência estrangeiro, garantindo, assim, a coordenação dos atos processuais como forma de se maximizarem os ativos do devedor e a satisfação coletiva dos credores.

---

576 Sobre o tema, ver comentários ao artigo 3º.

Art. 167-E. São autorizados a atuar em outros países, independentemente de decisão judicial, na qualidade de representante do processo brasileiro, desde que essa providência seja permitida pela lei do país em que tramitem os processos estrangeiros:

I – o devedor, na recuperação judicial e na recuperação extrajudicial;

II – o administrador judicial, na falência.

§ 1º Na hipótese de que trata o inciso II do caput deste artigo, poderá o juiz, em caso de omissão do administrador judicial, autorizar terceiro para a atuação prevista no caput deste artigo.

§ 2º A pedido de qualquer dos autorizados, o juízo mandará certificar a condição de representante do processo brasileiro.

Legitimados a atuar como representantes do processo brasileiro

O devedor, na recuperação judicial e extrajudicial, e o administrador judicial, na falência, são os agentes legitimados a atuar como representantes do processo brasileiro em outros países, podendo qualquer deles solicitar ao juiz a expedição de certidão atestando a condição de representante. Embora a aludida representação independa de autorização judicial, exige-se que tal providência seja permitida pela lei do país onde tramitem os processos estrangeiros que demandem a cooperação internacional.

Na recuperação judicial, relembre-se, o devedor permanece na condução da atividade empresarial e na administração de seu patrimônio, sob fiscalização do juízo, do administrador judicial e dos credores através do Comitê, se houver, sendo afastado somente nas situações excepcionais tratadas pelo artigo 64 da LREF, as quais demonstram alguma incompatibilidade com os objetivos tutelados pela Lei.

Em relação à recuperação extrajudicial, por seu turno, nem mesmo existe a figura do administrador judicial, razão pela qual a lei conferiu ao devedor, na recuperação judicial ou extrajudicial, a legitimidade para atuar em outros países, na qualidade de representante do processo brasileiro no bojo da insolvência transnacional.

Já no procedimento falimentar, a função do administrador judicial é mais ampla do que na recuperação judicial, assumindo a responsabilidade de gerir o patrimônio da massa falida, diante do afastamento do devedor da administração de seus bens no momento da quebra (LREF, art. 103).

Assim, dentre as diversas atribuições do administrador judicial na falência, está a de representar a massa falida em juízo (LREF, art. 22, III, n), razão pela qual lhe é conferida legitimidade para representar o processo brasileiro na insolvência transnacional, podendo ser destituído pelo juiz em caso de omissão injustificada, caso em que será nomeado terceiro para atuar em outros países como representante.

Seção II – Do Acesso à Jurisdição Brasileira

Art. 167-F. O representante estrangeiro está legitimado a postular diretamente ao juiz brasileiro, nos termos deste Capítulo.

§ 1º O pedido feito ao juiz brasileiro não sujeita o representante estrangeiro nem o devedor, seus bens e suas atividades à jurisdição brasileira, exceto no que diz respeito aos estritos limites do pedido.

§ 2º Reconhecido o processo estrangeiro, o representante estrangeiro está autorizado a:

I – ajuizar pedido de falência do devedor, desde que presentes os requisitos para isso, de acordo com esta Lei;

II – participar do processo de recuperação judicial, de recuperação extrajudicial ou de falência do mesmo devedor, em curso no Brasil;

III – intervir em qualquer processo em que o devedor seja parte, atendidas as exigências do direito brasileiro.

Atuação do representante estrangeiro

Conforme conceituado no inciso IV do artigo 167-B, o representante estrangeiro é a pessoa ou o órgão autorizado, no processo estrangeiro, a administrar os bens ou as atividades do devedor, ou a atuar como representante do processo estrangeiro, ainda que em caráter transitório. Assim como o devedor ou o administrador judicial possuem legitimidade para atuar como representantes do processo brasileiro, o processo estrangeiro deve designar um legitimado para postular junto à jurisdição brasileira, conforme a lei interna de cada país, sem embargo de que o juiz brasileiro exija comprovação da qualidade de representante, por meio de certidão expedida pela autoridade estrangeira.

Para que o representante estrangeiro possa exercer essa função, prevê o artigo 167-F que ele poderá postular diretamente ao juiz brasileiro, sem que tal pedido o sujeite ou sujeite o devedor, seus bens e suas atividades à jurisdição brasileira, exceto no que diz respeito aos estritos limites do pleito, como forma de preservar a soberania da jurisdição de onde emanou o pedido de cooperação internacional.[577]

Assim, o representante estrangeiro poderá requerer o reconhecimento do processo estrangeiro em que atua, nos termos do artigo 167-H e, caso reconhecida a sua existência pelo juiz

---

577 COSTA, Daniel Carnio; MELO, Alexandre Nasser. *Comentários à Lei de Recuperação de Empresas e Falência*: Lei n. 11.101, de 09 de fevereiro de 2005. Curitiba: Juruá, 2021, p. 421.

brasileiro, estará ele autorizado a ajuizar pedido de falência do devedor, desde que presentes os requisitos exigidos pela LREF para o pedido de falência nacional (impontualidade, execução frustrada ou prática de ato de falência – art. 94); participar do processo de recuperação judicial, extrajudicial ou de falência já instaurados no Brasil; e intervir em qualquer processo em que o devedor seja parte, atendidas as exigências do direito brasileiro.

Note-se, pois, que o procedimento da insolvência transnacional ampliou o *rol* de legitimados para pleitear a falência do devedor, estabelecido no artigo 97 da LREF, garantindo esse direito também ao representante estrangeiro. Ademais, autorizou que o representante estrangeiro atue em qualquer fase do procedimento recuperacional ou concursal do devedor, apenas exigindo que o faça conforme as regras estabelecidas pelo ordenamento pátrio.

Art. 167-G. Os credores estrangeiros têm os mesmos direitos conferidos aos credores nacionais nos processos de recuperação judicial, de recuperação extrajudicial ou de falência.

§ 1º Os credores estrangeiros receberão o mesmo tratamento dos credores nacionais, respeitada a ordem de classificação dos créditos prevista nesta Lei, e não serão discriminados em razão de sua nacionalidade ou da localização de sua sede, estabelecimento, residência ou domicílio, respeitado o seguinte:

I – os créditos estrangeiros de natureza tributária e previdenciária, bem como as penas pecuniárias por infração de leis penais ou administrativas, inclusive as multas tributárias devidas a Estados estrangeiros, não serão considerados nos processos de recuperação judicial e serão classificados como créditos subordinados nos processos de falência, independentemente de sua classificação nos países em que foram constituídos;

II – o crédito do representante estrangeiro será equiparado ao do administrador judicial nos casos em que fizer jus a remuneração, exceto quando for o próprio devedor ou seu representante;

III – os créditos que não tiverem correspondência com a classificação prevista nesta Lei serão classificados como quirografários, independentemente da classificação atribuída pela lei do país em que foram constituídos.

§ 2º O juiz deve determinar as medidas apropriadas, no caso concreto, para que os credores que não tiverem domicílio ou estabelecimento no Brasil tenham acesso às notificações e às informações dos processos de recuperação judicial, de recuperação extrajudicial ou de falência.

§ 3º As notificações e as informações aos credores que não tiverem domicílio ou estabelecimento no Brasil serão realizadas por qualquer meio considerado adequado pelo juiz, dispensada a expedição de carta rogatória para essa finalidade.

§ 4º A comunicação do início de um processo de recuperação judicial ou de falência para credores estrangeiros deverá conter as informações sobre providências necessárias para que o credor possa fazer valer seu direito, inclusive quanto ao prazo para apresentação de habilitação ou de divergência e à necessidade de os credores garantidos habilitarem seus créditos.

§ 5º O juiz brasileiro deverá expedir os ofícios e os mandados necessários ao Banco Central do Brasil para permitir a remessa ao exterior dos valores recebidos por credores domiciliados no estrangeiro.

Isonomia entre credores nacionais e estrangeiros

Guardadas as devidas proporções e assegurada a compatibilidade com o procedimento previsto na LREF, os credores estrangeiros terão o mesmo tratamento reservado aos credores nacionais na recuperação judicial, extrajudicial ou na falência que tramitarem no Brasil. Assim, devem ser garantidos os mesmos direitos, e assegurada a *par conditio creditorum* em qualquer fase do procedimento envolvendo a insolvência transnacional.

Assim como na falência e recuperação nacionais, na insolvência transfronteiriça os credores estrangeiros deverão se submeter à ordem de classificação prevista no artigo 83 da LREF, sem qualquer discriminação. Para tanto, na recuperação judicial serão desconsiderados os créditos de natureza previdenciária ou tributária, bem como as multas pecuniárias por infração às leis penais ou administrativas, inclusive as multas tributárias devidas a Estado estrangeiro, as quais deverão ser cobradas no país de origem. Na falência, de outro turno, serão classificados como créditos subordinados, independentemente da classificação que possuírem no país onde constituídos, considerando que na execução concursal o objetivo não é o soerguimento da atividade empresarial em território nacional, mas sim a realização do ativo para satisfação dos credores, e a retirada da empresa inviável do mercado.[578]

Além disso, caso o representante estrangeiro faça jus à remuneração pelo desempenho de seu múnus, este crédito será equiparado ao do administrador judicial, considerado como extraconcursal e pago após as restituições em dinheiro (LREF, art. 84, I-D), exceto quando o representante estrangeiro for o próprio devedor ou representante por ele nomeado.

Por fim, créditos estrangeiros que não tenham correspondência com qualquer dos créditos relacionados na LREF, serão classificados como quirografários, independentemente da classificação atribuída pela lei do país onde foram constituídos. Como leciona Manoel Justino

578 COSTA, Daniel Carnio; MELO, Alexandre Nasser. *Comentários à Lei de Recuperação de Empresas e Falência*: Lei n. 11.101, de 09 de fevereiro de 2005. Curitiba: Juruá, 2021, p. 423.

Bezerra Filho,[579] essa diretriz consolida a paridade de tratamento entre os credores nacional e estrangeiro, já que não seria admissível a criação de uma nova classe, não prevista no direito pátrio, apenas para atender o interesse particular do credor estrangeiro.

Para conferir efetividade à cooperação internacional e garantir a igualdade de tratamento aos credores estrangeiros, o juiz brasileiro deverá adotar as providências necessárias para que as notificações e informações atinentes aos processos de recuperação judicial, extrajudicial ou de falência cheguem ao conhecimento dos credores sem domicílio ou estabelecimento no Brasil. Para tanto, poderá se utilizar de qualquer meio considerado adequado, dispensada a expedição de carta rogatória para esse fim, diante da burocracia e morosidade inerentes a este artifício, se comparado aos instrumentos de cooperação direta que envolvem a insolvência transnacional.

Quando iniciado um processo de recuperação judicial, extrajudicial ou de falência que envolva créditos estrangeiros, os seus respectivos titulares deverão ser comunicados sobre as providências necessárias para que possam valer seu direito, incluindo o prazo de apresentação de habilitações, divergências ou impugnações, além da necessidade de os credores titulares de garantia real habilitarem seus créditos.

E, reconhecida eventual importância a ser recebida pelo credor estrangeiro, o juiz brasileiro deverá expedir os ofícios e mandados necessários para o Banco Central do Brasil, a fim de permitir a remessa dos valores ao exterior.

Como bem destaca Fábio Ulhoa Coelho,[580] o legislador fez mau uso da expressão "credor estrangeiro", no artigo 167-G da

---

579 BEZERRA FILHO, Manoel Justino. *Lei de Recuperação de Empresas e Falências*: Lei n. 11.101/2005 comentada artigo por artigo. 15ª ed., rev., atual. e ampl. São Paulo: Revista dos Tribunais, 2021, p. 567.

580 COELHO, Fábio Ulhoa. *Comentários à Lei de Falências e de Recuperação de empresas*: Lei n. 14.112/20, Nova Lei de Falências. 14ª ed. São Paulo: Revista dos Tribunais, 2021, p. 512.

LREF. Isso porque o correto seria, a rigor, referir-se ao "crédito estrangeiro", ou seja, aquele contraído no exterior, já que se o crédito tiver de ser executado no Brasil, será considerado crédito brasileiro e não se sujeitará às normas de insolvência transnacional, independentemente da nacionalidade de seu titular.

Seção III – Do Reconhecimento de Processos Estrangeiros

Art. 167-H. O representante estrangeiro pode ajuizar, perante o juiz, pedido de reconhecimento do processo estrangeiro em que atua.

§ 1º O pedido de reconhecimento do processo estrangeiro deve ser acompanhado dos seguintes documentos:

I – cópia apostilada da decisão que determine a abertura do processo estrangeiro e nomeie o representante estrangeiro;

II – certidão apostilada expedida pela autoridade estrangeira que ateste a existência do processo estrangeiro e a nomeação do representante estrangeiro; ou

III – qualquer outro documento emitido por autoridade estrangeira que permita ao juiz atingir plena convicção da existência do processo estrangeiro e da identificação do representante estrangeiro.

§ 2º O pedido de reconhecimento do processo estrangeiro deve ser acompanhado por uma relação de todos os processos estrangeiros relativos ao devedor que sejam de conhecimento do representante estrangeiro.

§ 3º Os documentos redigidos em língua estrangeira devem estar acompanhados de tradução oficial para a língua portuguesa, salvo quando, sem prejuízo aos credores, for expressamente

dispensada pelo juiz e substituída por tradução simples para a língua portuguesa, declarada fiel e autêntica pelo próprio advogado, sob sua responsabilidade pessoal.

Pedido de reconhecimento do processo estrangeiro

O representante estrangeiro possui legitimidade para ajuizar pedido de reconhecimento do processo estrangeiro em que for nomeado, perante o juiz brasileiro. O artigo 167-H elenca um *rol* de documentos que devem instruir o pedido, para que a existência do processo e a qualificação do legitimado possam ser reconhecidos pela autoridade nacional.

Assim, o pedido deverá ser acompanhado por cópia apostilada da decisão que determine a abertura do processo estrangeiro e nomeie o representante estrangeiro; certidão apostilada expedida pela autoridade estrangeira que ateste a existência do processo estrangeiro e a nomeação do representante estrangeiro; ou qualquer outro documento emitido por autoridade estrangeira que permita ao juiz atingir plena convicção da existência do processo estrangeiro e da identificação do representante estrangeiro.

Note-se, nesse sentido, que o legislador utilizou, na redação dos incisos do §1º do artigo 167-H, a conjunção alternativa "ou", o que permite concluir por relativa liberdade do legitimado ao instruir o pedido de reconhecimento do processo estrangeiro. A petição poderá estar acompanhada por qualquer documento que comprove a existência do processo no país de origem e a nomeação do representante estrangeiro, desde que seja apostilado, emitido pela autoridade estrangeira e permita a verificação de sua autenticidade.

A lei exige, ademais, que os documentos estejam acompanhados de tradução oficial para a língua portuguesa, salvo quando, sem prejuízo aos credores, for expressamente dispensada pelo juiz e substituída por tradução simples para a língua portuguesa, declarada fiel e autêntica pelo próprio advogado, sob sua responsabilidade pessoal.

Por fim, o pedido ajuizado pelo legitimado ainda deve ser acompanhado por uma relação de todos os processos estrangeiros relativos ao devedor e que sejam de conhecimento do representante estrangeiro, para que se dê conhecimento ao juízo brasileiro e aos credores nacionais sobre a situação do devedor no país de origem.

Art. 167-I. Independentemente de outras medidas, o juiz poderá reconhecer:

I – a existência do processo estrangeiro e a identificação do representante estrangeiro, a partir da decisão ou da certidão referidas no § 1º do art. 167-H desta Lei que os indicarem como tal;

II – a autenticidade de todos ou de alguns documentos juntados com o pedido de reconhecimento do processo estrangeiro, mesmo que não tenham sido apostilados;

III – o país onde se localiza o domicílio do devedor, no caso dos empresários individuais, ou o país da sede estatutária do devedor, no caso das sociedades, como seu centro de interesses principais, salvo prova em contrário.

Discricionariedade do juiz para conhecer o pedido

A despeito das exigências impostas pelo artigo 167-H em relação à instrução do pedido de reconhecimento de processo estrangeiro, o dispositivo seguinte confere certa discricionariedade ao magistrado, ao analisar a petição.

A existência efetiva do processo estrangeiro e da nomeação do representante estrangeiro poderão ser presumidas pelo juiz brasileiro, independentemente de outras medidas, a partir da decisão que determine a abertura do processo e nomeie o representante no estrangeiro, ou da certidão que ateste a existência do processo e a nomeação do representante, mesmo que não estejam apostiladas pela autoridade estrangeira competente. Poderá o magistrado, ainda, presumir a autenticidade dos documentos juntados no pedido, ainda que não apostilados, sem prejuízo de que determine a emenda da petição inicial ou a complementação dos documentos, se não estiver convicto da existência do processo estrangeiro e da identificação do seu representante.

A LREF estabelece um critério ao juiz brasileiro para que defina o centro de interesses principais do devedor, estabelecendo que poderá, em regra, presumi-lo em virtude do país onde se localiza o domicílio do devedor, no caso dos empresários individuais, ou o país da sede estatutária do devedor, no caso das sociedades. Assim, o juiz definirá se o processo estrangeiro deverá ser reconhecido como principal, ou como secundário ou não principal, se entender que foi ajuizado fora do centro de interesses do devedor (art. 167-J, §1º).

A presunção é relativa (*iuris tantum*), admitindo prova em contrário que demonstre ser diverso o centro de interesses principais. Outrossim, a decisão que o definir poderá ser modificada ou revogada a qualquer tempo, se o centro de interesses tiver sido transferido, ou de outra forma manipulado, com o objetivo de transferir para outro Estado a competência jurisdicional para abertura do processo (art. 167-J, §2º).

Art. 167-J. Ressalvado o disposto no § 4º do art. 167-A desta Lei, o juiz reconhecerá o processo estrangeiro quando:

I – o processo enquadrar-se na definição constante do inciso I do caput do art. 167-B desta Lei;

II – o representante que tiver requerido o reconhecimento do processo enquadrar-se na definição de representante estrangeiro constante do inciso IV do caput do art. 167-B desta Lei;

III – o pedido cumprir os requisitos estabelecidos no art. 167-H desta Lei; e

IV – o pedido tiver sido endereçado ao juiz, conforme o disposto no art. 167-D desta Lei.

§ 1º Satisfeitos os requisitos previstos no caput deste artigo, o processo estrangeiro deve ser reconhecido como:

I – processo estrangeiro principal, caso tenha sido aberto no local em que o devedor tenha o seu centro de interesses principais; ou

II – processo estrangeiro não principal, caso tenha sido aberto em local em que o devedor tenha bens ou estabelecimento, na forma definida no inciso VI do caput do art. 167-B desta Lei.

§ 2º Não obstante o previsto nos incisos I e II do § 1º deste artigo, o processo estrangeiro será reconhecido como processo estrangeiro não principal se o centro de interesses principais do devedor tiver sido transferido ou de outra forma manipulado com o objetivo de transferir para outro Estado a competência jurisdicional para abertura do processo.

§ 3º A decisão de reconhecimento do processo estrangeiro poderá ser modificada ou revogada, a qualquer momento, a pedido de qualquer parte interessada, se houver elementos que comprovem que os requisitos para o reconhecimento foram descumpridos, total ou parcialmente, ou deixaram de existir.

§ 4º Da decisão que acolher o pedido de reconhecimento caberá agravo, e da sentença que o julgar improcedente caberá apelação.

Decisão que reconhece o processo estrangeiro

Caso a petição inicial do pedido de reconhecimento do processo estrangeiro esteja regular conforme o ordenamento processual pátrio e sejam cumpridos os requisitos abaixo elencados, o juiz reconhecerá o processo estrangeiro.

São eles: (1) O processo deve ter natureza judicial ou administrativa, de cunho coletivo, inclusive de natureza cautelar, aberto em outro país de acordo com disposições relativas à insolvência nele vigentes, em que os bens e as atividades de um devedor estejam sujeitos a uma autoridade estrangeira, para fins de reorganização ou liquidação; (2) o autor do pedido deve caracterizar-se como pessoa ou órgão, inclusive o nomeado em caráter transitório, que esteja autorizado, no processo estrangeiro, a administrar os bens ou as atividades do devedor, ou a atuar como representante do processo estrangeiro; (3) o pedido deve ser instruído por: (i) documento emitido por autoridade estrangeira que permita ao juiz atingir plena convicção da existência do processo estrangeiro e da identificação do representante estrangeiro, (ii) relação de todos os processos estrangeiros relativos ao devedor que sejam de conhecimento do representante estrangeiro, (iii) documentos redigidos em língua estrangeira devem estar acompanhados de tradução oficial para a língua portuguesa, salvo quando, sem prejuízo aos credores, for expressamente dispensada pelo juiz e substituída por tradução simples para a língua portuguesa, declarada fiel e autêntica pelo próprio advogado, sob sua responsabilidade pessoal; e (4) o pedido deve ter sido endereçado ao juízo do local do principal estabelecimento do devedor no Brasil.

Ao juiz brasileiro, pois, não é permitido perquirir a respeito do mérito ou dos requisitos do processo estrangeiro, devendo reconhecer sua existência por meio de seu livre convencimento motivado e à luz do ordenamento jurídico brasileiro, desde que não haja manifesta violação à ordem pública e os requisitos tenham sido satisfeitos.

Reconhecido o processo estrangeiro, incumbirá ao magistrado defini-lo como processo principal (se ajuizado no local em que o devedor tenha seu centro de interesses principais, assim definido pelo juiz conforme o artigo 167-I, III), ou como processo não principal ou secundário (se ajuizado em local em que o devedor tenha bens ou estabelecimento, desde que não reconhecido como centro de interesses principais).

De qualquer modo, o processo estrangeiro será reconhecido como não principal se o centro de interesses principais do devedor tiver sido transferido ou de outra forma manipulado com o objetivo de transferir para outro Estado a competência jurisdicional para abertura do processo. A decisão de reconhecimento do processo estrangeiro poderá ser modificada ou revogada, a qualquer momento, a pedido de qualquer parte interessada, se houver elementos que comprovem que os requisitos para o reconhecimento foram descumpridos, total ou parcialmente, ou deixaram de existir, como, por exemplo, se houver extinção do processo estrangeiro ou destituição de seu representante sem comunicação ao juízo nacional.

Outrossim, a mutabilidade da decisão é de suma importância para que se evite comportamentos temerários e fraudulentos do devedor que, valendo-se da insolvência transnacional, manipule o seu centro de interesses principais de forma a designar a jurisdição que melhor lhe convenha (*forum shopping*), em prejuízo de seus credores.

Com o reconhecimento do processo estrangeiro, o representante estrangeiro estará autorizado a ajuizar pedido de falência do devedor, desde que presentes os requisitos para isso, de acordo com a LREF; participar do processo de recuperação judicial, de recuperação extrajudicial ou de falência do mesmo devedor, em curso no Brasil; e intervir em qualquer processo em que o devedor seja parte, atendidas as exigências do Direito brasileiro (art. 167-F).

Da decisão que acolher o pedido de reconhecimento caberá agravo, pois cuidar-se-á de decisão interlocutória. Já da sentença que o julgar improcedente, pondo fim ao processo, caberá apelação.

Art. 167-K. Após o pedido de reconhecimento do processo estrangeiro, o representante estrangeiro deverá imediatamente informar ao juiz:

I – qualquer modificação significativa no estado do processo estrangeiro reconhecido ou no estado de sua nomeação como representante estrangeiro;

II – qualquer outro processo estrangeiro relativo ao mesmo devedor de que venha a ter conhecimento.

Dever de informar fatos supervenientes ao pedido

Considerando o objetivo precípuo da insolvência transnacional, qual seja, o de cooperação internacional por meio da assistência direta entre as diversas jurisdições, para garantir a eficiência e celeridade do procedimento falimentar e recuperacional, além de resguardar o interesse da coletividade de credores, é fundamental a imposição, pela lei, do dever do representante do processo estrangeiro de informar qualquer fato superveniente ao pedido de reconhecimento do processo estrangeiro que possa impactar no seu trâmite.

Assim, eventuais modificações significativas no estado do processo estrangeiro reconhecido ou no estado de sua nomeação como representante estrangeiro, ou eventual conhecimento posterior a respeito de qualquer outro processo estrangeiro relativo ao mesmo devedor, deverão ser imediatamente comunicados ao juiz pelo representante estrangeiro.

Embora a lei não seja clara a respeito da sanção a ser imposta em caso de eventual descumprimento desse dever, o juiz poderá repreender o representante estrangeiro sobre a conduta faltosa e levar ao conhecimento da autoridade estrangeira onde tramite o processo estrangeiro.

Art. 167-L. Após o ajuizamento do pedido de reconhecimento do processo estrangeiro, e antes de sua decisão, o juiz poderá conceder liminarmente as medidas de tutela provisória, fundadas em urgência ou evidência, necessárias para o cumprimento desta Lei, para a proteção da massa falida ou para a eficiência da administração.

§ 1º Salvo no caso do disposto no inciso IV do caput do art. 167-N desta Lei, as medidas de natureza provisória encerram-se com a decisão sobre o pedido de reconhecimento.

§ 2º O juiz poderá recusar-se a conceder as medidas de assistência provisória que possam interferir na administração do processo estrangeiro principal.

Tutela provisória

O artigo 167-L esclarece a possibilidade de concessão de medidas de tutela provisória pelo juiz, fundadas em urgência ou evidência, antes de sua decisão a respeito do mérito do pedido de reconhecimento do processo estrangeiro, com o fim de proteção da massa falida, preservação dos interesses das partes, ou para a eficiência da administração, e desde que tais medidas não interfiram na administração do processo estrangeiro principal.

Para que o pedido de liminar seja admitido, o representante estrangeiro deverá comprovar o preenchimento dos requisitos previstos no Código de Processo Civil, quais sejam, a probabilidade do direito postulado e o perigo de dano ou o risco ao resultado útil do processo (CPC, art. 300), demonstrando risco iminente de prejuízo aos credores e à massa falida caso a medida não seja concedida, e indícios suficientes da existência do direito, aptos a formar a convicção do julgador a respeito da coerência da narrativa dos fatos deduzida pelo autor e do resultado esperado.

A lei não impõe qualquer limitação quanto ao conteúdo do pedido de tutela provisória, de sorte que o caso concreto indicará qual a melhor medida para a preservação dos interesses da massa falida e para a eficiência da administração.[581] Poderão ser

581 COSTA, Daniel Carnio; MELO, Alexandre Nasser. *Comentários à Lei de Recuperação de Empresas e Falência*: Lei n. 11.101, de 09 de fevereiro de 2005. Curitiba: Juruá, 2021, p. 429.

concedidas, assim, medidas de suspensão de ações e execuções em face do devedor, de liquidação antecipada de bens perecíveis ou deterioráveis do devedor, e outras que se fizerem necessárias.

As medidas provisórias eventualmente concedidas pelo magistrado produzirão efeitos até a decisão que acolher o pedido de reconhecimento do processo estrangeiro, ou julgar improcedente o pedido, exceto se, no primeiro caso, o juiz converter a tutela provisória em definitiva (LREF, art. 167-N, IV).

Art. 167-M. Com o reconhecimento de processo estrangeiro principal, decorrem automaticamente:

I – a suspensão do curso de quaisquer processos de execução ou de quaisquer outras medidas individualmente tomadas por credores relativas ao patrimônio do devedor, respeitadas as demais disposições desta Lei;

II – a suspensão do curso da prescrição de quaisquer execuções judiciais contra o devedor, respeitadas as demais disposições desta Lei;

III – a ineficácia de transferência, de oneração ou de qualquer forma de disposição de bens do ativo não circulante do devedor realizadas sem prévia autorização judicial.

§ 1º A extensão, a modificação ou a cessação dos efeitos previstos nos incisos I, II e III do caput deste artigo subordinam-se ao disposto nesta Lei.

§ 2º Os credores conservam o direito de ajuizar quaisquer processos judiciais e arbitrais, e de neles prosseguir, que visem à condenação do devedor ou ao reconhecimento ou à liquidação de seus créditos, e, em qualquer caso, as medidas executórias deverão permanecer suspensas.

§ 3º As medidas previstas neste artigo não afetam os credores que não estejam sujeitos aos processos de recuperação judicial, de recuperação extrajudicial ou de falência, salvo nos limites permitidos por esta Lei.

Efeitos automáticos do reconhecimento de um processo estrangeiro principal

Reconhecida a existência do processo estrangeiro principal pelo juiz brasileiro, ficarão automaticamente suspensos o curso de quaisquer processos de execução ou de quaisquer outras medidas individualmente tomadas por credores relativas ao patrimônio do devedor, bem como o curso da prescrição de quaisquer execuções judiciais contra o devedor, respeitadas as disposições da LREF. Além disso, automaticamente perderão eficácia quaisquer atos de transferência, de oneração ou de qualquer forma de disposição de bens do ativo não circulante do devedor realizadas sem prévia autorização judicial.

Note-se que os aludidos efeitos somente serão aplicados quando se tratar de reconhecimento de processo estrangeiro principal, podendo ser estendidos, modificados ou mesmo cessados a qualquer tempo, conforme as regras estabelecidas pela LREF. Caso se trate de processo não principal ou secundário, não haverá efeitos automáticos, podendo o juiz decretar outras medidas em juízo de conveniência e a seu critério, com fundamento na cooperação internacional. Além disso, em se tratando de efeitos automáticos, é dispensável qualquer pedido na petição inicial para que sejam concedidos em caráter liminar através de tutela provisória.

A despeito da suspensão automática das execuções em face do devedor, os credores conservarão o direito de ajuizar quaisquer processos judiciais e arbitrais, e de neles prosseguir, que visem à condenação do devedor ou ao reconhecimento ou à liquidação de seus créditos, desde que não prossigam com as medidas executórias. A disposição vai ao encontro da previsão do §1º do artigo

6º da LREF, segundo o qual as ações que demandarem quantias ilíquidas terão prosseguimento regular no juízo competente, independentemente da decretação da falência ou do deferimento do processamento da recuperação judicial.

Ademais, o §3º do artigo 167-M deixa clara a não submissão dos credores que não estejam sujeitos aos processos de recuperação judicial, de recuperação extrajudicial ou de falência, aos efeitos automáticos do reconhecimento de processo estrangeiro principal. Não obstante, não se pode olvidar da ressalva do artigo 49, §3º, também aplicável aos casos de insolvência internacional, no sentido de que os bens de capital essenciais do devedor em recuperação judicial não poderão sofrer constrição, ainda que o crédito não esteja submetido ao procedimento de insolvência.

Art. 167-N. Com a decisão de reconhecimento do processo estrangeiro, tanto principal como não principal, o juiz poderá determinar, a pedido do representante estrangeiro e desde que necessárias para a proteção dos bens do devedor e no interesse dos credores, entre outras, as seguintes medidas:

I – a ineficácia de transferência, de oneração ou de qualquer forma de disposição de bens do ativo não circulante do devedor realizadas sem prévia autorização judicial, caso não tenham decorrido automaticamente do reconhecimento previsto no art. 167-M desta Lei;

II – a oitiva de testemunhas, a colheita de provas ou o fornecimento de informações relativas a bens, a direitos, a obrigações, à responsabilidade e à atividade do devedor;

III – a autorização do representante estrangeiro ou de outra pessoa para administrar e/ou realizar o ativo do devedor, no todo ou em parte, localizado no Brasil;

IV – a conversão, em definitiva, de qualquer medida de assistência provisória concedida anteriormente;

V – a concessão de qualquer outra medida que seja necessária.

§ 1º Com o reconhecimento do processo estrangeiro, tanto principal como não principal, o juiz poderá, a requerimento do representante estrangeiro, autorizá-lo, ou outra pessoa nomeada por aquele, a promover a destinação do ativo do devedor, no todo ou em parte, localizado no Brasil, desde que os interesses dos credores domiciliados ou estabelecidos no Brasil estejam adequadamente protegidos.

§ 2º Ao conceder medida de assistência prevista neste artigo requerida pelo representante estrangeiro de um processo estrangeiro não principal, o juiz deverá certificar-se de que as medidas para efetivá-la se referem a bens que, de acordo com o direito brasileiro, devam ser submetidos à disciplina aplicável ao processo estrangeiro não principal, ou certificar-se de que elas digam respeito a informações nele exigidas.

Medidas de assistência aos processos estrangeiros

As medidas elencadas nos incisos I a V do artigo 167-N poderão ser determinadas pelo juiz a pedido do representante estrangeiro, mediante seu critério de conveniência, desde que vislumbre sua necessidade para a proteção e conservação dos bens e ativos do devedor e no interesse dos credores. Conforme disposição expressa do §2º do artigo 167-A e da expressão "entre outras" previstas no *caput* no artigo 167-N, o *rol* de medidas é meramente exemplificativo, podendo outras serem adotadas pelo magistrado, à luz da maximização dos ativos do devedor e do dever de assistência internacional, ainda que previstas em leis distintas. Qualquer determinação admitida pelo Direito brasileiro e que não configure manifesta ofensa à ordem pública nacional poderá ser adotada no âmbito da insolvência transfronteiriça.

Outrossim, poderão ser determinadas na decisão de reconhecimento de processo estrangeiro principal ou não principal, entre outras, a ineficácia de transferência, de oneração ou de qualquer forma de disposição de bens do ativo não circulante do devedor realizadas sem prévia autorização judicial, caso não tenham decorrido automaticamente do reconhecimento de processo estrangeiro principal; a oitiva de testemunhas, a colheita de provas ou o fornecimento de informações relativas a bens, a direitos, a obrigações, à responsabilidade e à atividade do devedor; a autorização do representante estrangeiro ou de outra pessoa para administrar e/ou realizar o ativo do devedor, no todo ou em parte, localizado no Brasil; e a conversão, em definitiva, de qualquer medida de assistência provisória concedida anteriormente.

Além disso, o juiz ainda poderá, a requerimento do representante estrangeiro, autorizá-lo, ou outra pessoa nomeada por aquele, a promover a destinação do ativo do devedor, no todo ou em parte, localizado no Brasil, desde que os interesses dos credores domiciliados ou estabelecidos no Brasil estejam adequadamente protegidos.

Como outras medidas alternativas não expressas na LREF e que poderão ser concedidas pelo magistrado, pode-se citar a possibilidade de decretação da prisão preventiva do falido ou de seus administradores, quando houver indícios da prática de crime falimentar; determinação da prenotação no registro do devedor da falência transnacional perante o Registro Público de Empresas, para que conste a expressão "Falido", a data da decretação da falência transnacional e a inabilitação para exercer atividade empresarial; nomear administrador judicial para que desempenhe sua função na forma da lei e atue como representante estrangeiro do processo brasileiro; determinar a expedição de ofícios aos órgãos e repartições públicas ou outras entidades, para que informem a existência de bens e direitos do devedor etc.[582]

---

582 BEZERRA FILHO, Manoel Justino. *Lei de Recuperação de Empresas e Falências*: Lei n. 11.101/2005 comentada artigo por artigo. 15ª ed., rev., atual. e ampl. São Paulo: Revista dos Tribunais, 2021, p. 576.

As aludidas medidas não decorrem automaticamente do reconhecimento do processo estrangeiro, como no artigo antecedente, incumbindo ao juiz analisar o cabimento, a importância e a conveniência das medidas requeridas pelo representante estrangeiro no caso concreto.

De todo modo, certo é que o magistrado deve atentar-se à diferenciação entre os processos principal e não principal para a concessão da medida de assistência pleiteada. Isso porque no processo estrangeiro principal, a autoridade estrangeira busca controlar todos os ativos do devedor, enquanto, em um processo não principal, a autoridade estrangeira controla apenas parte dos bens.

Assim, se concedida medida de assistência no bojo de reconhecimento de processo estrangeiro não principal, o juiz deverá certificar-se de que as medidas para efetivá-la se referem a bens que devam ser submetidos à disciplina aplicável ao processo não principal, ou certificar-se de que elas digam respeito a informações nele exigidas.

Art. 167-O. Ao conceder ou denegar uma das medidas previstas nos arts. 167-L e 167-N desta Lei, bem como ao modificá-las ou revogá-las nos termos do § 2º deste artigo, o juiz deverá certificar-se de que o interesse dos credores, do devedor e de terceiros interessados será adequadamente protegido.

§ 1º O juiz poderá condicionar a concessão das medidas previstas nos arts. 167-L e 167-N desta Lei ao atendimento de condições que considerar apropriadas.

§ 2º A pedido de qualquer interessado, do representante estrangeiro ou de ofício, o juiz poderá modificar ou revogar, a qualquer momento, medidas concedidas com fundamento nos arts. 167-L e 167-N desta Lei.

§ 3º Com o reconhecimento do processo estrangeiro, tanto principal quanto não principal, o representante estrangeiro poderá

ajuizar medidas com o objetivo de tornar ineficazes quaisquer atos realizados, nos termos dos arts. 129 e 130, observado ainda o disposto no art. 131, todos desta Lei.

§ 4º No caso de processo estrangeiro não principal, a ineficácia referida no § 3º deste artigo dependerá da verificação, pelo juiz, de que, de acordo com a lei brasileira, os bens devam ser submetidos à disciplina aplicável ao processo estrangeiro não principal.

Tutela dos interesses dos credores, do devedor e de terceiros

Seja qual for a medida de assistência adotada pelo juiz, de caráter provisório ou não, no bojo de processo estrangeiro principal ou secundário, à exceção das medidas automáticas previstas no art. 167-M, sempre deverá ser certificado que o interesse dos credores, do devedor e de terceiros interessados estejam adequadamente protegidos, podendo, para atingir esse fim, denegar a medida postulada ou modificar e revogar, a qualquer tempo, medidas já concedidas, de ofício ou mediante provocação de qualquer interessado. Ademais, a lei ainda prevê a possibilidade de o juiz impor condições que considerar apropriadas para a concessão das providências requeridas.

Com o reconhecimento do processo estrangeiro, o representante estrangeiro, além de possuir legitimidade para ajuizar pedido de falência do devedor, participar do processo de recuperação judicial, de recuperação extrajudicial ou de falência do mesmo devedor, em curso no Brasil, e intervir em qualquer processo em que o devedor seja parte, terá também legitimidade para requerer a ineficácia objetiva ou propor ação revocatória, nos termos dos artigos 129 e 130 da LREF. Todavia, se a providência for requerida no bojo de processo estrangeiro não principal, a ineficácia dependerá da verificação, pelo juiz brasileiro, de que os bens devam ser submetidos à disciplina aplicável ao processo estrangeiro não principal.

Seção IV – Da Cooperação com Autoridades e Representantes Estrangeiros

Art. 167-P. O juiz deverá cooperar diretamente ou por meio do administrador judicial, na máxima extensão possível, com a autoridade estrangeira ou com representantes estrangeiros, na persecução dos objetivos estabelecidos no art. 167-A desta Lei.

§ 1º O juiz poderá comunicar-se diretamente com autoridades estrangeiras ou com representantes estrangeiros, ou deles solicitar informação e assistência, sem a necessidade de expedição de cartas rogatórias, de procedimento de auxílio direto ou de outras formalidades semelhantes.

§ 2º O administrador judicial, no exercício de suas funções e sob a supervisão do juiz, deverá cooperar, na máxima extensão possível, com a autoridade estrangeira ou com representantes estrangeiros, na persecução dos objetivos estabelecidos no art. 167-A desta Lei.

§ 3º O administrador judicial, no exercício de suas funções, poderá comunicar-se com as autoridades estrangeiras ou com os representantes estrangeiros.

Formas de cooperação internacional

A seção IV regulamenta de que forma se dará a cooperação internacional no bojo da insolvência transnacional. Segundo o disposto no artigo 167-P, a cooperação será direta pelo juiz, ou através do administrador judicial nomeado para representar o processo brasileiro, perante a autoridade ou o representante estrangeiro.

A cooperação entre os juízos nos casos de insolvência transfronteiriça, como principal estrutura desta disciplina, é necessária para se atingir os objetivos buscados pela lei, quais sejam, a segurança jurídica para a atividade econômica e o investimento, a garantia da administração justa e eficiente de processos de insolvência transnacional, de modo a proteger os interesses de todos os credores e dos demais interessados, a proteção e a maximização do valor dos ativos, a promoção de recuperação de empresas em crise econômico-financeira, com a proteção de investimentos e a preservação de empregos, a liquidação dos ativos da empresa em crise econômico-financeira, com a preservação e a otimização da utilização produtiva dos bens, dos ativos e dos recursos produtivos da empresa, inclusive os intangíveis.

Para atingir este escopo, o juiz poderá se comunicar diretamente com autoridades ou com representantes estrangeiros, ou deles solicitar informação e assistência, prescindindo da expedição de cartas rogatórias, de homologação de sentenças estrangeiras, de procedimento de auxílio direto ou de outras formalidades semelhantes que impliquem maior onerosidade e morosidade para o procedimento de insolvência transnacional. Nenhum intermediário, pois, será necessário para a assistência internacional entre as diferentes jurisdições.

E, para a consecução dos mesmos objetivos descritos no artigo 167-A, o administrador judicial nomeado como representante do processo brasileiro deverá cooperar, na máxima extensão possível e no exercício de suas funções, sob a supervisão do juiz, com a autoridade estrangeira ou com representantes estrangeiros, podendo com eles comunicar-se diretamente.

Predomina, assim, o princípio da liberdade das formas em relação à cooperação na insolvência transnacional. Todo e qualquer instrumento de comunicação direta entre os magistrados ou os representantes será plenamente apto a dar efetividade à cooperação judiciária internacional.[583]

---

583 COELHO, Fábio Ulhoa. *Comentários à Lei de Falências e de Recuperação de empresas*: Lei n. 14.112/20, Nova Lei de Falências. 14ª ed. São Paulo: Revista dos Tribunais, 2021, p. 520.

Na prática, o que ocorre é a elaboração de um protocolo conjunto e unificado entre as diferentes jurisdições, para a regulação da cooperação direta entre os juízos envolvidos na causa, definindo como se dará a comunicação entre eles, assim como expressamente permite o artigo 167-Q, IV. No Brasil, o Conselho Nacional de Justiça aprovou modelo internacional para elaboração de protocolos de insolvência, adotando o *JIN Guidelines* (*Judicial Insolvency Network*), que estabelece um padrão já adotado pelas principais Cortes de Falência pelo mundo.[584]

Art. 167-Q. A cooperação a que se refere o art. 167-P desta Lei poderá ser implementada por quaisquer meios, inclusive pela:

I – nomeação de uma pessoa, natural ou jurídica, para agir sob a supervisão do juiz;

II – comunicação de informações por quaisquer meios considerados apropriados pelo juiz;

III – coordenação da administração e da supervisão dos bens e das atividades do devedor;

IV – aprovação ou implementação, pelo juiz, de acordos ou de protocolos de cooperação para a coordenação dos processos judiciais; e

V – coordenação de processos concorrentes relativos ao mesmo devedor.

---

584 COSTA, Daniel Carnio; MELO, Alexandre Nasser. *Comentários à Lei de Recuperação de Empresas e Falência*: Lei n. 11.101, de 09 de fevereiro de 2005. Curitiba: Juruá, 2021, p. 434.

Meios de cooperação internacional

Todo e qualquer meio de implementação da cooperação internacional será admitido, desde que atenda aos objetivos resguardados pelo artigo 167-A, busque conferir maior efetividade e celeridade à assistência jurisdicional no âmbito da insolvência transnacional e garanta a tutela dos interesses da coletividade dos credores e a maximização dos ativos do devedor.

O melhor meio de cooperação a ser adotado deverá ser analisado pelo juiz no caso concreto, considerando as particularidades dos países envolvidos, as legislações internas, as circunstâncias do caso e dos interesses envolvidos, a tecnologia disponível para a comunicação direta entre os juízes e o compartilhamento de informações etc.

Como exemplos, sem a exclusão de outros meios diversos, o artigo 167-Q alude à possibilidade de nomeação de uma pessoa, natural ou jurídica, para agir sob a supervisão do juiz; comunicação de informações por quaisquer meios considerados apropriados pelo juiz; coordenação da administração e da supervisão dos bens e das atividades do devedor; aprovação ou implementação, pelo juiz, de acordos ou de protocolos de cooperação para a coordenação dos processos judiciais; e coordenação de processos concorrentes relativos ao mesmo devedor.

Seção V – Dos Processos Concorrentes

***Art. 167-R.** Após o reconhecimento de um processo estrangeiro principal, somente se iniciará no Brasil um processo de recuperação judicial, de recuperação extrajudicial ou de falência se o devedor possuir bens ou estabelecimento no país.*

***Parágrafo único.** Os efeitos do processo ajuizado no Brasil devem restringir-se aos bens e ao estabelecimento do devedor*

localizados no Brasil e podem estender-se a outros, desde que esta medida seja necessária para a cooperação e a coordenação com o processo estrangeiro principal.

Processos concorrentes

A Seção V cuida da hipótese de processos concorrentes, ou seja, da coexistência de processos iniciados no Brasil e no estrangeiro, a respeito do mesmo devedor.

Reconhecido um processo estrangeiro principal pelo juiz brasileiro, somente se admitirá a propositura, no território nacional, de um processo de recuperação judicial, de recuperação extrajudicial ou de falência se o devedor possuir bens ou estabelecimento no país, caso em que os seus efeitos restringir-se-ão aos bens e ao estabelecimento do devedor localizados no Brasil e podem estender-se a outros, desde que essa medida seja necessária para a cooperação e a coordenação com o processo estrangeiro principal.

Relembre-se que a jurisdição de cada país deve ser respeitada, não havendo uma Corte única para julgamento dos procedimentos de insolvência transfronteiriça, mas a preservação da soberania interna. Cuida-se, nas palavras de Fábio Ulhoa Coelho,[585] de procedimento de cooperação entre os juízos, e não de subordinação de um juiz a outro.

Art. 167-S. Sempre que um processo estrangeiro e um processo de recuperação judicial, de recuperação extrajudicial ou de falência relativos ao mesmo devedor estiverem em curso simultaneamente, o juiz deverá buscar a cooperação e a coordenação entre eles, respeitadas as seguintes disposições:

---

585 COELHO, Fábio Ulhoa. *Comentários à Lei de Falências e de Recuperação de empresas*: Lei n. 14.112/20, Nova Lei de Falências. 14ª ed. São Paulo: Revista dos Tribunais, 2021, p. 522.

I – se o processo no Brasil já estiver em curso quando o pedido de reconhecimento do processo estrangeiro tiver sido ajuizado, qualquer medida de assistência determinada pelo juiz nos termos dos arts. 167-L ou 167-N desta Lei deve ser compatível com o processo brasileiro, e o previsto no art. 167-M desta Lei não será aplicável se o processo estrangeiro for reconhecido como principal;

II – se o processo no Brasil for ajuizado após o reconhecimento do processo estrangeiro ou após o ajuizamento do pedido de seu reconhecimento, todas as medidas de assistência concedidas nos termos dos arts. 167-L ou 167-N desta Lei deverão ser revistas pelo juiz e modificadas ou revogadas se forem incompatíveis com o processo no Brasil e, quando o processo estrangeiro for reconhecido como principal, os efeitos referidos nos incisos I, II e III do caput do art. 167-M serão modificados ou cessados, nos termos do § 1º do art. 167-M desta Lei, se incompatíveis com os demais dispositivos desta Lei;

III – qualquer medida de assistência a um processo estrangeiro não principal deverá restringir-se a bens e a estabelecimento que, de acordo com o ordenamento jurídico brasileiro, devam ser submetidos à disciplina aplicável ao processo estrangeiro não principal, ou a informações nele exigidas.

Cooperação em processos concorrentes

Quando houver processos concorrentes em curso, relativos ao mesmo devedor, o juiz brasileiro deverá buscar formas de cooperação e coordenação entre eles, com o escopo de evitar-se o proferimento de decisões conflitantes e de vulnerar a segurança jurídica buscada pela disciplina da insolvência transnacional.

Para este fim, devem ser consideradas duas situações distintas: a primeira, se o processo de recuperação judicial, extrajudicial ou de falência já estiver em curso no Brasil quando o pedido de reconhecimento de processo estrangeiro houver sido ajuizado; a segunda, se o processo no Brasil for proposto após o ajuizamento do pedido ou da decisão de reconhecimento do processo estrangeiro.

No primeiro caso, as medidas de assistência adotadas pelo juiz brasileiro, em caráter liminar ou não, deverão ser compatíveis com o ordenamento jurídico brasileiro, não sendo aplicáveis os efeitos automáticos do artigo 167-M se o processo estrangeiro for reconhecido como principal, já que, nesse caso, incumbirá à jurisdição estrangeira a imposição dos efeitos decorrentes da insolvência, à luz da legislação interna do país.

No segundo caso, por seu turno, as medidas de assistência adotadas pelo juiz brasileiro, em caráter liminar ou não, deverão ser revistas pelo juiz brasileiro, sendo modificadas ou revogadas se forem incompatíveis com o processo ajuizado no território nacional. Se o processo estrangeiro for reconhecido como principal, os efeitos automáticos previstos no artigo 167-M serão modificados ou cessados, se incompatíveis com a LREF.

Vislumbra-se, assim, que de qualquer modo o juiz brasileiro deverá atuar de acordo com o ordenamento jurídico nacional. Nos casos de processos concorrentes, há prevalência do processo brasileiro, adequando-se as medidas eventualmente concedidas no bojo do reconhecimento do processo estrangeiro, para compatibilização com a disciplina jurídica nacional.

Ademais, qualquer medida de assistência a um processo estrangeiro não principal deverá restringir-se a bens e a estabelecimento que, de acordo com o ordenamento jurídico brasileiro, devam ser submetidos à disciplina aplicável ao processo estrangeiro não principal, ou a informações nele exigidas, resguardando, assim, a soberania da jurisdição do processo principal.

Art. 167-T. Na hipótese de haver mais de um processo estrangeiro relativo ao mesmo devedor, o juiz deverá buscar a

cooperação e a coordenação de acordo com as disposições dos arts. 167-P e 167-Q desta Lei, bem como observar o seguinte:

I – qualquer medida concedida ao representante de um processo estrangeiro não principal após o reconhecimento de um processo estrangeiro principal deve ser compatível com este último;

II – se um processo estrangeiro principal for reconhecido após o reconhecimento ou o pedido de reconhecimento de um processo estrangeiro não principal, qualquer medida concedida nos termos dos arts. 167-L ou 167-N desta Lei deverá ser revista pelo juiz, que a modificará ou a revogará se for incompatível com o processo estrangeiro principal;

III – se, após o reconhecimento de um processo estrangeiro não principal, outro processo estrangeiro não principal for reconhecido, o juiz poderá, com a finalidade de facilitar a coordenação dos processos, conceder, modificar ou revogar qualquer medida antes concedida.

Multiplicidade de processos concorrentes

Na hipótese de múltiplos processos estrangeiros concorrentes, relativos ao mesmo devedor, também deverá o juiz brasileiro atuar conforme os meios de cooperação e assistência direta para comunicação e compartilhamento de informações, nos termos dos artigos 167-P e 167-Q, independentemente de haver processo de recuperação judicial, extrajudicial ou de falência em curso no território nacional.

Assim, no que diz respeito à concorrência entre processos estrangeiro e brasileiro, deve o juiz se pautar pelo disposto no artigo 167-S. De outro turno, havendo concorrência entre jurisdições estrangeiras, com pedido de reconhecimento de processo estrangeiro no Brasil, deve o juiz orientar-se pela regra do artigo 167-T.

Aqui, também devem se distinguir duas situações, tomando como parâmetro o ajuizamento do processo estrangeiro principal:

a primeira, se o pedido de reconhecimento do processo estrangeiro não principal for proposto após o reconhecimento do processo estrangeiro principal; a segunda, se o processo estrangeiro principal for reconhecido após o pedido ou a decisão de reconhecimento do processo estrangeiro não principal.

No primeiro caso, já em curso o processo estrangeiro principal, qualquer medida concedida ao representante estrangeiro do processo não principal, cujo reconhecimento foi postulado posteriormente, deve ser compatível com aquele primeiro, reconhecido como processo universal, sob pena de se vulnerar a soberania da jurisdição do país onde tramita o processo estrangeiro principal.

Já no segundo caso, reconhecido o processo principal posteriormente ao processo não principal, qualquer medida de assistência concedida pelo juiz brasileiro, em caráter liminar ou não, deverá ser revista pelo juiz, que a modificará ou a revogará se a medida for incompatível com o processo estrangeiro principal.

Note-se que, na hipótese de múltiplos processos estrangeiros concorrentes, sempre prevalecerá o processo principal, tido como universal, devendo as medidas de assistência eventualmente concedidas pelo juiz serem com ele compatíveis. A regra busca compatibilizar os objetivos da insolvência transnacional, conferindo efetividade à cooperação e assistência entre as diferentes jurisdições, para garantir a reestruturação das empresas em crise econômico-financeira e a maximização de seus ativos.

Por fim, no caso de reconhecimento de um processo estrangeiro não principal, posterior ao reconhecimento de outro processo estrangeiro não principal, o juiz poderá, com a finalidade de facilitar a coordenação dos processos, conceder, modificar ou revogar qualquer medida antes concedida.

Art. 167-U. Na ausência de prova em contrário, presume-se a insolvência do devedor cujo processo estrangeiro principal tenha sido reconhecido no Brasil.

Parágrafo único. O representante estrangeiro, o devedor ou os credores podem requerer a falência do devedor cujo processo estrangeiro principal tenha sido reconhecido no Brasil, atendidos os pressupostos previstos nesta Lei.

Presunção de insolvência

O reconhecimento de processo estrangeiro principal, no Brasil, permite a presunção de insolvência do devedor respectivo. Isso porque pressupõe-se que a insolvência tenha sido reconhecida na jurisdição internacional, após regular procedimento probatório e formação da convicção do juiz estrangeiro. A presunção, contudo, é relativa (*iuris tantum*), admitindo prova em contrário por qualquer interessado que demonstre a ausência do preenchimento dos requisitos previstos na LREF para a falência nacional.

Se atendidos os requisitos do ordenamento pátrio (impontualidade injustificada, execução frustrada ou prática de ato falimentar), o representante estrangeiro, o devedor ou os credores podem requerer a falência do devedor cujo processo estrangeiro principal tenha sido reconhecido no Brasil.

Como salienta Fábio Ulhoa Coelho,[586] se os ativos do devedor já se exauriram na jurisdição do processo estrangeiro principal, mas ainda remanesça passivo não solvido naquele país, o juiz brasileiro somente poderá atender a pedido de cooperação correspondente à solicitação de expropriação patrimonial, se ficar provado que os bens remanescentes deste devedor, no território nacional, serão

586 COELHO, Fábio Ulhoa. *Comentários à Lei de Falências e de Recuperação de empresas*: Lei n. 14.112/20, Nova Lei de Falências. 14ª ed. São Paulo: Revista dos Tribunais, 2021, p. 524.

suficientes para o pagamento dos créditos executáveis no país. Isso porque somente se considerará falido, para os fins do Direito brasileiro, o devedor que preencher um dos pressupostos da instauração do processo falimentar nacional, em relação aos créditos executáveis no Brasil.

Art. 167-V. O juízo falimentar responsável por processo estrangeiro não principal deve prestar ao juízo principal as seguintes informações, entre outras:

I – valor dos bens arrecadados e do passivo;

II – valor dos créditos admitidos e sua classificação;

III – classificação, segundo a lei nacional, dos credores não domiciliados ou sediados nos países titulares de créditos sujeitos à lei estrangeira;

IV – relação de ações judiciais em curso de que seja parte o falido, como autor, réu ou interessado;

V – ocorrência do término da liquidação e o saldo, credor ou devedor, bem como eventual ativo remanescente.

Dever de informação imposto ao juízo

O artigo 167-V impõe uma série de deveres de informação ao juízo onde se processa o processo não principal, como forma de garantir a efetividade da disciplina da cooperação transnacional e levar ao conhecimento dos credores estrangeiros e do juízo do processo principal, tido como universal, todos os fatos relevantes para o processamento do feito, transmitindo um panorama geral a respeito da situação patrimonial do devedor no território onde tramita o processo secundário.

Assim, deverão ser destinadas ao juízo do processo estrangeiro principal as informações a respeito do valor dos bens arrecadados e do passivo; do valor dos créditos admitidos e sua classificação; da classificação, segundo a lei nacional, dos credores não domiciliados ou sediados nos países titulares de créditos sujeitos à lei estrangeira; da relação de ações judiciais em curso de que seja parte o falido, como autor, réu ou interessado; e da ocorrência do término da liquidação e o saldo, credor ou devedor, bem como eventual ativo remanescente, além de outras que o juiz brasileiro considere relevantes.

Art. 167-W. No processo falimentar transnacional, principal ou não principal, nenhum ativo, bem ou recurso remanescente da liquidação será entregue ao falido se ainda houver passivo não satisfeito em qualquer outro processo falimentar transnacional.

Devolução de bens ao falido na falência transnacional

O dispositivo não apresenta maiores dificuldades de interpretação, encontrando-se em consonância com os objetivos da insolvência transnacional, ao buscar a efetividade da proteção e da maximização dos ativos do devedor e da proteção dos interesses da coletividade de credores, nacionais ou estrangeiros.

Nesse sentido, cuidando-se de processo falimentar transnacional, seja principal ou secundário, nenhum ativo, bem ou recurso remanescente da liquidação será entregue ao falido se ainda houver passivo não satisfeito em qualquer outro processo falimentar transnacional. O procedimento, portanto, diverge daquele adotado na falência nacional (LREF, art. 153).

Considerando que as normas da lei modelo da UNCITRAL buscaram criar meios de facilitação da cooperação judiciária transnacional, sendo que cada juiz mantém a sua jurisdição material e territorialmente circunscrita, colaborando, no exercício dela, para o compartilhamento de informações e a efetividade das decisões proferidas por juízes de outras jurisdições, o disposto no artigo 167-W nem mesmo seria necessário, porque sua determinação resulta da própria disciplina da insolvência transnacional.

Art. 167-X. O processo de falência transnacional principal somente poderá ser finalizado após o encerramento dos processos não principais ou após a constatação de que, nesses últimos, não haja ativo líquido remanescente.

Encerramento do processo principal

Seguindo o mesmo raciocínio do artigo antecedente, o processo principal não se encerrará após a apresentação de relatório final pelo administrador judicial, como na falência nacional. Somente poderá ser finalizado após o encerramento dos processos não principais, ou após a constatação de que, nestes últimos, não haja ativo líquido remanescente.

Outrossim, caso o processo de falência brasileiro seja o principal, deverá o juiz aguardar a transmissão de informações dos outros juízos estrangeiros, a respeito do encerramento dos processos não principais ou de eventual excedente de ativos do devedor no território estrangeiro, para somente depois decidir a respeito do encerramento da falência nacional. Ressalte-se que a prova da satisfação do passivo em todos os processos concorrentes incumbe ao falido ou aos sócios da sociedade falida.[587]

Novamente, o dispositivo constitui corolário da própria disciplina da insolvência transnacional, de sorte que sua previsão seria desnecessária, sobrelevando frisar, a esse respeito, que os

---

587 COSTA, Daniel Carnio; MELO, Alexandre Nasser. *Comentários à Lei de Recuperação de Empresas e Falência*: Lei n. 11.101, de 09 de fevereiro de 2005. Curitiba: Juruá, 2021, p. 439.

artigos 167-W e 167-X não constam na lei modelo da UNCITRAL, constituindo inovação do legislador brasileiro.

Art. 167-Y. Sem prejuízo dos direitos sobre bens ou decorrentes de garantias reais, o credor que tiver recebido pagamento parcial de seu crédito em processo de insolvência no exterior não poderá ser pago pelo mesmo crédito em processo no Brasil referente ao mesmo devedor enquanto os pagamentos aos credores da mesma classe forem proporcionalmente inferiores ao valor já recebido no exterior.

Crédito parcialmente satisfeito no exterior

O artigo 167-Y, que finaliza o Capítulo atinente à insolvência transnacional, prestigia o princípio da igualdade entre os credores (*par conditio creditorum*) e da paridade de tratamento entre credores nacionais e estrangeiros (LREF, art. 167-G).

Assim, o credor que tenha recebido parcialmente seu crédito na jurisdição estrangeira, não poderá ser prestigiado em comparação ao credor nacional de classe equivalente. Enquanto os credores titulares de crédito brasileiro da mesma classe não forem satisfeitos pelo menos em igual importância recebida pelo credor estrangeiro no exterior, este não poderá participar dos rateios do processo de falência nacional.

Relembre-se que os credores estrangeiros não integrarão o processo de falência brasileiro em classes não reconhecidas pela LREF. Eventuais créditos que não tiverem correspondência com a classificação prevista na lei brasileira serão classificados como quirografários, independentemente da classificação atribuída pela lei do país em que foram constituídos (LREF, art. 167-G, III).

CAPÍTULO VII

DISPOSIÇÕES PENAIS

Dos crimes falimentares ou recuperacionais

O Capítulo VII trata dos crimes tipificados pela LREF, denominados pela doutrina e jurisprudência apenas de "crimes falimentares", mantendo a designação consagrada pelo Decreto-Lei n. 7661/45, que exigia o decreto de falência como condição de procedibilidade da ação penal.

A Lei n. 11.101/2005, embora mantendo a técnica da condição objetiva de punibilidade das infrações penais por ela descritas, ampliou as suas hipóteses, abarcando não apenas a sentença que decreta a falência, como também a que concede a recuperação judicial ou extrajudicial, nos termos do artigo 180. Destarte, ainda que a conduta delituosa seja praticada antes de tais atos decisórios, o exercício regular da ação penal ficará condicionado à sua declaração. O termo "crimes falimentares", outrossim, passou a designar os delitos tipificados pela lei de falência.

O capítulo atinente às disposições penais não sofreu grandes mudanças com a reforma de 2020. A despeito disso, não se pode olvidar das relevantes alterações que a legislação penal sofreu a partir da vigência da Lei n. 13.964/2019, denominada "Pacote Anticrime", com implicações na LREF, a exemplo da possibilidade de propositura do acordo de não persecução penal, nas hipóteses de infração penal cometida sem violência ou grave ameaça, e com pena mínima inferior a 4 (quatro) anos, caso preenchidos os requisitos legais do artigo 28-A do Código de Processo Penal.[588]

Sujeito ativo

Poderão praticar a conduta descrita no tipo penal da lei o devedor ou qualquer dos agentes interessados no processo, anotando-se que os sócios, diretores, gerentes, administradores e conselheiros, além do administrador judicial, são equiparados ao devedor para os efeitos penais, nos termos do artigo 179 da LREF, e poderão sofrer os efeitos da condenação nos termos do artigo 181, mediante decisão fundamentada do juiz.

São admitidos, ainda, o concurso de pessoas, seja na modalidade participação ou na modalidade coautoria, e o concurso material ou formal de crimes, conforme a sistemática do Código Penal, aplicado supletivamente à LREF.

Não se pode olvidar que alguns tipos penais exigem elemento subjetivo específico do sujeito ativo, devendo-se provar o dolo específico do agente quando da prática do delito, o que se verifica, *v.g.*, nos crimes de divulgação de informações falsas, indução a erro e favorecimento de credores, tipificados, respectivamente, nos artigos 170, 171 e 172 da LREF.

Ademais, a análise dos dispositivos concernentes aos crimes em espécie permite concluir que a LREF não admitiu a modalidade culposa nos crimes falimentares, já que nenhum dos tipos

---

588 COSTA, Daniel Carnio; MELO, Alexandre Nasser. *Comentários à Lei de Recuperação de Empresas e Falência*: Lei n. 11.101, de 09 de fevereiro de 2005. Curitiba: Juruá, 2021, p. 168.

incriminadores prevê a culpa como elemento subjetivo do tipo. E, nos termos do artigo 18 do Código Penal, somente será admitido o crime culposo se o tipo penal expressamente o prever.

No que diz respeito às espécies de sanções penais, sobreleva anotar que todos os tipos incriminadores da LREF são punidos com reclusão e, cumulativamente, com a multa como sanção pecuniária, à exceção, apenas, do tipo penal descrito no artigo 178 (omissão dos documentos contábeis obrigatórios) que, apesar de exigir a multa, pune o agente com pena de detenção.

Sujeito passivo

O sujeito passivo mediato ou indireto é sempre o Estado, pois a ele pertence o direito público subjetivo de tutelar a administração da justiça. Já o sujeito passivo imediato ou direto é o titular do bem jurídico especificamente lesado ou ameaçado pela conduta criminosa tipificada na LREF, podendo ser a coletividade de credores ou o próprio devedor.

Juízo de Garantia

Em 24/8/23 foram julgadas quatro ações diretas de inconstitucionalidade (ADIs 6.298, 6.299, 6.300 e 6.305), que tinham por objeto alterações do Código de Processo Penal pela Lei n. 13.964/19, a qual criou o juiz de garantia, separando o juiz responsável pela fase da investigação criminal, cuja competência se encerra com o oferecimento da denúncia, do juiz responsável pela fase da ação penal, responsável pela instrução.

De acordo com Fernando Célio de Brito Nogueira,[589] o E. STF não excepcionou os crimes falimentares da regência do juízo da

---

589 NOGUEIRA, Fernando Célio de Brito. "Juiz das Garantias na Competência Criminal das Varas de Falências e Recuperação". *Consultor Jurídico*, set. 2023. Disponível em: https://www.conjur.com.br/2023-set-25/

garantia e também criou regra de transição, segundo a qual a eficácia da lei não acarretará modificação do juízo competente nas ações penais já instauradas no momento em que houver a implementação do juiz de garantias pelos tribunais, tendo concedido prazo de 12 meses, prorrogável por igual período a partir da publicação da ata de julgamento, para que sejam adotadas as medidas necessárias para a adequação das normas de organização judiciária, implementando e permitindo o adequado funcionamento do juiz de garantias.

No Estado de São Paulo o juízo falimentar tem competência para julgar os crimes falimentares por força da Lei Estadual n. 3.947/83 – Lei de Organização Judiciária.

Necessário aguardar a edição de normativos internos e/ou adequação das normas de organização judiciária no Estado para verificar como ficará a conformação do juiz de garantia em território paulista.

Seção I – Dos Crimes em Espécie Fraude a Credores

Art. 168. Praticar, antes ou depois da sentença que decretar a falência, conceder a recuperação judicial ou homologar a recuperação extrajudicial, ato fraudulento de que resulte ou possa resultar prejuízo aos credores, com o fim de obter ou assegurar vantagem indevida para si ou para outrem.

Pena - reclusão, de 3 (três) a 6 (seis) anos, e multa.

Aumento da pena

§ 1º A pena aumenta-se de 1/6 (um sexto) a 1/3 (um terço), se o agente:

---

direito-insolvencia-juiz-garantias-refletira-competencia-criminal-varas-falencia/. Acessado em: 30.10.2024.

I – elabora escrituração contábil ou balanço com dados inexatos;

II – omite, na escrituração contábil ou no balanço, lançamento que deles deveria constar, ou altera escrituração ou balanço verdadeiros;

III – destrói, apaga ou corrompe dados contábeis ou negociais armazenados em computador ou sistema informatizado;

IV – simula a composição do capital social;

V – destrói, oculta ou inutiliza, total ou parcialmente, os documentos de escrituração contábil obrigatórios.

Contabilidade paralela e distribuição de lucros ou dividendos a sócios e acionistas até a aprovação do plano de recuperação judicial

§ 2º A pena é aumentada de 1/3 (um terço) até metade se o devedor manteve ou movimentou recursos ou valores paralelamente à contabilidade exigida pela legislação, inclusive na hipótese de violação do disposto no art. 6º-A desta Lei.

Concurso de pessoas

§ 3º Nas mesmas penas incidem os contadores, técnicos contábeis, auditores e outros profissionais que, de qualquer modo, concorrerem para as condutas criminosas descritas neste artigo, na medida de sua culpabilidade.

Redução ou substituição da pena

§ 4º Tratando-se de falência de microempresa ou de empresa de pequeno porte, e não se constatando prática habitual de condutas fraudulentas por parte do falido, poderá o juiz reduzir a pena de reclusão de 1/3 (um terço) a 2/3 (dois terços) ou substituí-la pelas penas restritivas de direitos, pelas de perda de bens e valores ou pelas de prestação de serviços à comunidade ou a entidades públicas.

Fraude a credores

O tipo objetivo descrito no artigo 168 corresponde à conduta de praticar qualquer ato fraudulento que resulte ou possa resultar prejuízo aos credores, seja antes ou depois da sentença que decretar a falência, conceder a recuperação judicial ou homologar a recuperação extrajudicial. Note-se que, para a subsunção da conduta ao tipo legal, não é necessário que haja prova do efetivo prejuízo aos credores, bastando que o ato tenha o potencial de causar-lhes dano (crime de perigo).

O artigo 168 ainda exige elemento subjetivo específico (dolo direto), consistente na intenção do agente de obter ou assegurar vantagem indevida para si ou para outrem. Não se admite, pois, a conduta culposa. Outrossim, a mera provocação de prejuízo aos credores, por si só, não é suficiente para a configuração do tipo, sendo necessário que o agente assim tenha agido com o fim específico de obter vantagem ilícita, seja para si próprio ou para terceiro.

Note-se que a eventual obtenção da vantagem consiste em mero exaurimento do delito, que se consuma a partir da prática do ato fraudulento, tratando-se, assim, de crime formal. Nesse sentido, o delito tipificado no artigo 168 não admite tentativa.

Cuida-se de crime próprio, considerando que o sujeito ativo é o devedor ou quem o represente. Admite-se, ademais, o concurso de agentes, também respondendo pelo delito qualquer outra pessoa que concorrer para a sua prática, como expressamente prevê o §3º do dispositivo. Já o sujeito passivo é o próprio Estado, como sujeito imediato, e os credores ou quem o ao fraudulento possa prejudicar, como sujeitos mediatos.

Se o agente ativo for pessoa jurídica, responderão pelo crime todos aqueles que concorreram, dentro da estrutura administrativa, para a realização do ato, tendo consciência ou devendo ter da situação de crise, do potencial prejuízo aos credores e da intenção de obtenção da vantagem indevida.[590]

No que diz respeito a eventual concurso de crimes, sobreleva destacar que para o e. Superior Tribunal de Justiça, aplica-se aos crimes falimentares o princípio da unicidade, de modo que havendo o concurso de uma ou mais condutas voltadas ao cometimento de fraudes aos credores da empresa em processo de falência, considera-se a prática de apenas um único tipo penal, para o qual deve ser aplicada a pena do mais grave deles.[591]

O crime é apenado com reclusão de três a seis anos, além de multa.

Causas de aumento da pena

A pena fixada no *caput* (reclusão, de 3 a 6 anos, e multa) poderá ser aumentada de 1/6 a 1/3, nas hipóteses descritas nos incisos I a V do §1º, que estabelecem condutas específicas, relacionadas à fraude nos documentos contábeis e sociais do devedor, entendidas pelo legislador como atos com maior potencial ofensivo.

Assim, será imputado o aludido aumento da pena ao agente que elaborar escrituração contábil ou balanço com dados inexatos; omitir, na escrituração contábil ou no balanço, lançamento que deles deveria constar, ou alterar escrituração ou balanço verdadeiros; destruir, apagar ou corromper dados contábeis ou negociais armazenados em computador ou sistema informatizado; simular a composição do capital social; e destruir, ocultar ou inutilizar, total ou parcialmente, os documentos de escrituração contábil obrigatórios.

590 COSTA, Daniel Carnio; MELO, Alexandre Nasser. *Comentários à Lei de Recuperação de Empresas e Falência*: Lei n. 11.101, de 09 de fevereiro de 2005. Curitiba: Juruá, 2021, pp. 441/442.

591 STJ, REsp 1617129/RS, Sexta Turma, Min. Sebastião Reis Júnior, DJe 21/11/2017.

Ademais, o §2º do artigo 168 estabelece causa de aumento superior ao disposto no parágrafo antecedente, estabelecendo que a pena será aumentada de 1/3 até metade, caso o devedor mantenha ou movimente recursos ou valores paralelamente à contabilidade exigida pela legislação, inclusive na hipótese de distribuição de lucros e dividendos a sócios e acionistas até a aprovação do plano de recuperação judicial (art. 6º-A, LREF).

Concurso de agentes

O tipo penal descrito no artigo 168 admite o concurso de agentes tanto na modalidade autoria quanto na modalidade participação. Para a incidência do §3º, deve-se provar a convergência de vontades entre os agentes para o fim ilícito comum descrito no *caput* e §§ 1º e 2º.

É imprescindível, para a configuração do concurso de pessoas, que haja pluralidade de condutas, relevância causal entre as ações, liame subjetivo entre os agentes e identidade do fato criminoso. Outrossim, caso os contadores, técnicos contábeis, auditores e outros profissionais concorram para a prática do delito, incidirão nas mesmas penas aplicadas, na medida de sua culpabilidade.

Causa de redução ou substituição da pena

Considerando que as microempresas e empresas de pequeno porte têm o faturamento anual reduzido em relação às demais empresas, o legislador entendeu que a conduta ilícita teria, no caso de tais sociedades e se não constatadas condutas fraudulentas habituais, menor potencial ofensivo. Admite-se nesse caso, pois, a redução da pena de reclusão de 1/3 a 2/3, ou a sua substituição por penas restritivas de direitos, pelas de perda de bens e valores ou pelas de prestação de serviços à comunidade ou a entidades públicas, nos termos do artigo 43 do Código Penal.

Mencione-se que o Decreto-Lei n. 7.661/45 tipificava como crime a "*inexistência dos livros obrigatórios ou sua escrituração atrasada, lacunosa, defeituosa ou confusa*" (art. 186, VI) e a "*falta de apresentação do balanço, dentro de sessenta dias após à data fixada para o seu encerramento, à rubrica do juiz sob cuja jurisdição estiver o seu estabelecimento principal*" (art. 186, VII), que ocorressem na falência. O seu parágrafo único estipulava ainda que o juiz poderia isentar de pena o agente que, a critério do magistrado, tivesse instrução insuficiente e explorasse comércio exíguo.

Embora utilizando outros parâmetros, o porte econômico do empresário e a falta de habitualidade da conduta fraudulenta continuaram a admitir o abrandamento da reprimenda penal pela LREF, considerando que o pequeno empresário poderia ter dificuldades para obter auxílio de profissionais especializados de contabilidade para sua gestão, o que reduziria sua culpabilidade.

Art. 169. Violar, explorar ou divulgar, sem justa causa, sigilo empresarial ou dados confidenciais sobre operações ou serviços, contribuindo para a condução do devedor a estado de inviabilidade econômica ou financeira:

Pena – reclusão, de 2 (dois) a 4 (quatro) anos, e multa.

Violação de sigilo empresarial

A conduta tipificada no artigo 169 é a de violação (transgressão), exploração (aproveitar-se, tirar proveito ou vantagem) ou divulgação (dar conhecimento a terceiros, por qualquer meio), sem justa causa, de sigilo empresarial ou dados confidenciais, que constituem o ativo intangível da empresa, podendo corresponder ao *know-how*, segredos industriais, patentes, estratégia de negócios, contratos, planejamentos, lista de clientes atuais ou potenciais, operações societárias etc. Tais informações estratégicas são valiosas para a empresa, porque lhe conferem competitividade frente ao mercado em que atua.

Aqui também se exige o elemento subjetivo específico (dolo direto), consistente na consciência de que o ato contribuirá ou poderá contribuir para a condução do devedor a estado de insolvência. É possível, porém, que a divulgação dos dados sigilosos ou confidenciais tenha ocorrido por negligência do agente, que pode ter assumido o risco da violação, acarretando a inobservância de um dever de cuidado em relação à guarda ou preservação de tais informações (modalidade culposa).

Trata-se de crime comum, que pode ser cometido por qualquer pessoa que tenha tido acesso às informações sigilosas ou confidenciais. Os sujeitos passivos são a empresa titular dos dados confidenciais ou do sigilo empresarial, submetida à falência ou à recuperação judicial, bem como a coletividade de credores, que será afetada pelo estado de inviabilidade econômico-financeira do devedor, provocado pela conduta descrita no núcleo do tipo.

Para Manoel Justino Bezerra Filho,[592] a conduta se consuma no momento em que violado, explorado ou divulgado o segredo empresarial ou os dados confidenciais, sendo desnecessária a prova de efetiva condução do devedor a estado de inviabilidade econômica ou financeira. Cuida-se, para o autor, de crime formal, sendo inadmissível a tentativa.

Há, contudo, entendimento em sentido diverso,[593] classificando o delito como crime material, o qual exige a efetiva condução do devedor a estado de inviabilidade econômica ou financeira, dando causa a uma ação judicial de insolvência, caso ocorra em fase pré-falimentar ou pré-recuperacional, ou mesmo a efetiva

---

592 BEZERRA FILHO, Manoel Justino. *Lei de Recuperação de Empresas e Falências*: Lei n. 11.101/2005 comentada artigo por artigo. 15ª ed., rev., atual. e ampl. São Paulo: Revista dos Tribunais, 2021, p. 589.

593 COSTA, Daniel Carnio; MELO, Alexandre Nasser. *Comentários à Lei de Recuperação de Empresas e Falência*: Lei n. 11.101, de 09 de fevereiro de 2005. Curitiba: Juruá, 2021, p. 444.

contribuição para um agravamento da crise econômico-financeira do devedor, caso ocorra durante o processo de soerguimento ou falência. Nessa hipótese, admitir-se-ia a tentativa se, iniciados os atos de execução consistentes na violação, exploração ou divulgação dos dados sigilosos ou confidenciais, o resultado naturalístico não vier a ser concretizado por circunstâncias alheias à vontade do agente.

O crime é apenado com reclusão de dois a quatro anos, além de multa.

Art. 170. Divulgar ou propalar, por qualquer meio, informação falsa sobre devedor em recuperação judicial, com o fim de levá-lo à falência ou de obter vantagem:

Pena – reclusão, de 2 (dois) a 4 (quatro) anos, e multa.

Divulgação de informações falsas

O fato típico descrito no artigo 170 consiste na conduta de divulgar (tornar pública) ou propalar (espalhar informação já divulgada), por qualquer meio, informação falsa sobre devedor em recuperação judicial (não incide o tipo penal quando se tratar de procedimento de falência ou recuperação extrajudicial). O bem jurídico tutelado pela norma é o princípio da preservação da empresa, pois busca obstar a piora de sua imagem e credibilidade frente aos seus credores e ao mercado, já fragilizadas pelo cenário de desconfiança que permeia o processo de soerguimento.

Aqui também se exige o elemento subjetivo específico (dolo direto), consistente na consciência não somente a respeito da falsidade da informação, mas também em relação à vontade de levar o devedor em recuperação judicial à falência, ou ainda com a finalidade específica de obter vantagem (econômica ou não, lícita ou ilícita, moral ou material).

Cuida-se de crime comum, que pode ser praticado por qualquer sujeito que divulgue a informação sabidamente falsa sobre o devedor. O sujeito passivo é a empresa em recuperação, e também os credores prejudicados com o agravamento da situação de crise econômico-financeira decorrente da conduta típica.

Trata-se, ainda, de crime formal, que se consuma pela simples conduta de divulgar ou propalar a informação falsa, não admitindo, em princípio, a modalidade tentada.[594] Eventual falência do devedor ou obtenção de vantagem pelo sujeito ativo constituem mero exaurimento do delito. Marcelo Barbosa Sacramone,[595] porém, entende ser possível a tentativa, caso a divulgação ou propagação seja realizada por mais de um ato, sendo este interrompido por circunstâncias alheias à vontade do agente.

O crime é apenado com reclusão de dois a quatro anos, além de multa.

Art. 171. Sonegar ou omitir informações ou prestar informações falsas no processo de falência, de recuperação judicial ou de recuperação extrajudicial, com o fim de induzir a erro o juiz, o Ministério Público, os credores, a assembleia-geral de credores, o Comitê ou o administrador judicial:

Pena – reclusão, de 2 (dois) a 4 (quatro) anos, e multa.

Indução a erro

A conduta típica é a de sonegar (ocultar, esconder) ou omitir informações que devam ser prestadas, ou prestar informações falsas

594 BEZERRA FILHO, Manoel Justino. *Lei de Recuperação de Empresas e Falências*: Lei n. 11.101/2005 comentada artigo por artigo. 15ª ed., rev., atual. e ampl. São Paulo: Revista dos Tribunais, 2021, p. 590.

595 SACRAMONE, Marcelo Barbosa. *Comentários à Lei de Recuperação de Empresas e Falências*. 2ª ed. São Paulo: Saraiva Jur, 2021, p. 661.

no processo de falência e recuperação judicial ou extrajudicial. Aqui também se exige o elemento subjetivo específico do dolo, consistente na consciência de que as informações sonegadas ou omitidas deveriam ser prestadas pelo agente (omissão relevante), ou de que as informações prestadas são falsas, além da vontade consciente de induzir a erro o juiz, o Ministério Público, os credores, a Assembleia-Geral, o Comitê ou o administrador judicial.

O sujeito ativo pode ser qualquer pessoa que possua o dever jurídico de prestar informações no procedimento de falência, recuperação judicial ou extrajudicial, e deliberadamente a sonegue ou omita, ou preste informações sabidamente falsas. O sujeito passivo é o Estado, responsável pela administração da justiça e pela condução dos procedimentos concursais de forma eficiente, e também os credores, que poderão ser prejudicados com a omissão, sonegação ou prestação de informações falsas que lhes impeçam de ter conhecimento da real situação de crise econômico-financeira do devedor.

O crime se consuma com a sonegação, omissão ou prestação de informações falsas, ainda que não sejam suficientes para induzir a erro o juiz, o Ministério Público, os credores, a Assembleia-Geral, o Comitê ou o administrador judicial, mas desde que sejam suficientemente relevantes para poderem induzi-los. Trata-se, pois, de crime formal que, a princípio, não admite tentativa, exceto na forma comissiva (prestar informações falsas), se a conduta puder ser interrompida.

O crime é apenado com reclusão de dois a quatro anos, além de multa.

Art. 172. ***Praticar, antes ou depois da sentença que decretar a falência, conceder a recuperação judicial ou homologar plano de recuperação extrajudicial, ato de disposição ou oneração patrimonial ou gerador de obrigação, destinado a favorecer um ou mais credores em prejuízo dos demais:***

Pena – reclusão, de 2 (dois) a 5 (cinco) anos, e multa.

***Parágrafo único.** Nas mesmas penas incorre o credor que, em conluio, possa beneficiar-se de ato previsto no caput deste artigo.*

Favorecimento de credores

O núcleo do tipo penal consiste na conduta de dispor ou onerar patrimônio, ou gerar obrigações ao devedor, antes ou depois da sentença que decretar a falência, conceder a recuperação judicial ou homologar o plano de recuperação extrajudicial. Em outros termos, comete o delito o agente que transfere parcela do patrimônio do devedor para terceiro (*v.g.* pela alienação), impõe ônus real sobre o ativo, dando-o em garantia para a satisfação do crédito ou limitando parcialmente o direito de propriedade, ou reduz o patrimônio geral por meio da vinculação ao cumprimento de prestação em face de terceiro.[596]

Para a configuração da conduta, o dolo específico é exigido por meio da vontade livre e consciente de favorecer um ou mais credores, prejudicando os demais. A norma, pois, consagra a proteção ao tratamento igualitário entre os credores. Para Manoel Justino Bezerra Filho, admite-se também o dolo eventual, consistente na aceitação da probabilidade ou possibilidade de favorecimento de determinado credor.[597] O sujeito passivo imediato, assim, será a coletividade de credores, prejudicada pela diminuição do patrimônio do devedor destinado a satisfação dos créditos submetidos ao procedimento falimentar ou recuperacional.

---

596 SACRAMONE, Marcelo Barbosa. *Comentários à Lei de Recuperação de Empresas e Falências*. 2ª ed. São Paulo: Saraiva Jur, 2021, p. 663.

597 BEZERRA FILHO, Manoel Justino. *Lei de Recuperação de Empresas e Falências*: Lei n. 11.101/2005 comentada artigo por artigo. 15ª ed., rev., atual. e ampl. São Paulo: Revista dos Tribunais, 2021, p. 590.

O sujeito ativo deverá corresponder à pessoa que tenha competência para dispor do patrimônio do devedor ou para assumir obrigações em seu nome, podendo ser o administrador da pessoa jurídica, ou o próprio devedor (crime próprio). Responde pelo mesmo delito, ainda, qualquer credor que de qualquer forma possa beneficiar-se do ato previsto no núcleo do tipo, em conluio com o devedor ou seu administrador (parágrafo único).

Trata-se de crime formal, que se consuma pela simples prática do ato de dispor, onerar ou contrair obrigação durante o procedimento falimentar ou recuperacional, ainda que não cause efetivo prejuízo a credores que, se ocorrer, constitui mero exaurimento do delito. A modalidade tentada, pois, não é cabível, a princípio.

O crime é apenado com reclusão de dois a cinco anos, além de multa.

Art. 173. Apropriar-se, desviar ou ocultar bens pertencentes ao devedor sob recuperação judicial ou à massa falida, inclusive por meio da aquisição por interposta pessoa:

Pena – reclusão, de 2 (dois) a 4 (quatro) anos, e multa.

Desvio, ocultação ou apropriação de bens

O núcleo do tipo consiste na conduta de apropriar-se (tomar para si, apoderar-se, assenhorear-se da coisa), desviar (desfalcar, extraviar, alterar o destino da coisa) ou ocultar (encobrir ou esconder a coisa, impedindo sua arrecadação ou fiscalização) bens do devedor submetido à recuperação judicial ou à falência. A norma penal busca tutelar a integridade do patrimônio do devedor e da massa falida, resguardando os interesses dos credores quanto à satisfação de seus créditos.[598] Embora aqui não se exija elemento subjetivo específico do crime, a conduta somente será punível a título de dolo.

O sujeito ativo poderá ser qualquer agente que tenha acesso aos bens do devedor em recuperação judicial ou falência, para que deles possa se apropriar, desviar ou ocultar, cuidando-se de crime comum. Incluem-se como agentes possíveis o devedor, seu administrador ou sócio, ou mesmo o administrador judicial, podendo o crime ser cometido também por interposta pessoa, que responderá em coautoria.

O sujeito passivo, por seu turno, será a coletividade de credores, prejudicada com a usurpação do patrimônio submetido ao procedimento concursal, podendo a conduta também prejudicar o próprio devedor.

O delito se consuma com a apropriação, desvio ou ocultação do bem do devedor, tratando-se de crime formal e de mera conduta, que somente admitirá a modalidade tentada caso o agente tenha iniciado a execução do delito, mas tenha sua ação interrompida por circunstâncias alheias à sua vontade.

Note-se que o legislador excluiu do tipo penal a conduta praticada no bojo da recuperação extrajudicial. Nada impede, porém, que constatada a apropriação, desvio ou ocultação de bens do devedor em recuperação extrajudicial, os prejuízos sejam discutidos em eventual ação autônoma de fraude contra credores (ação pauliana).

O crime é apenado com reclusão de dois a quatro anos, além de multa.

---

598 COSTA, Daniel Carnio; MELO, Alexandre Nasser. *Comentários à Lei de Recuperação de Empresas e Falência*: Lei n. 11.101, de 09 de fevereiro de 2005. Curitiba: Juruá, 2021, p. 447.

Art. 174. Adquirir, receber, usar, ilicitamente, bem que sabe pertencer à massa falida ou influir para que terceiro, de boa-fé, o adquira, receba ou use:

Pena – reclusão, de 2 (dois) a 4 (quatro) anos, e multa.

Aquisição, recebimento ou uso ilegal de bens

O dispositivo tipifica a conduta de adquirir, receber ou usar, onerosa ou gratuitamente, mas ilicitamente, os bens da massa falida, ou influir para que terceiro de boa-fé os adquira, receba ou use. Atente-se para a necessidade de comprovação da boa-fé do terceiro, sob pena de responder pelo crime em coautoria.

Para configuração do tipo penal, exige-se o dolo direto do agente, que deve ter conhecimento da titularidade dos bens. O tipo busca tutelar os interesses da coletividade de credores, prejudicada por eventual redução ou utilização ilegal dos bens da massa falida.

Destaque-se que o tipo penal apenas criminaliza a conduta praticada no procedimento da falência, e após a decretação de quebra, quando efetivamente constituída a massa falida. Nos procedimentos de recuperação judicial e extrajudicial é o devedor quem gere o seu patrimônio, permanecendo na posse de seus bens.

Trata-se de crime comum, que pode ser praticado por qualquer pessoa que adquira, receba ou use os bens que sabe pertencer à massa falida. O sujeito passivo é a coletividade de credores submetidos ao procedimento falimentar, e também a administração da Justiça.

O delito se consuma com a mera aquisição, recebimento ou uso ilegal dos bens, cuidando-se de crime de mera conduta que admite tentativa se a sua execução não se consumar por circunstâncias alheias à vontade do agente.

O crime é apenado com reclusão de dois a quatro anos, além de multa.

Art. 175. Apresentar, em falência, recuperação judicial ou recuperação extrajudicial, relação de créditos, habilitação de créditos ou reclamação falsas, ou juntar a elas título falso ou simulado:

Pena – reclusão, de 2 (dois) a 4 (quatro) anos, e multa.

Habilitação ilegal de crédito

A conduta consiste na apresentação de relação de créditos, habilitação de créditos ou reclamação falsas, ou na juntada a elas de título falso ou simulado, seja na falência, na recuperação judicial ou na recuperação extrajudicial. A falsidade do crédito pode recair sobre a sua existência, sua natureza ou mesmo sobre seu valor. A falsidade do título, por seu turno, é em princípio ideológica, mas pode importar na falsificação do documento ou no uso de documento falso.

Para a configuração do tipo penal, exige-se o dolo do agente, que deve ter ciência inequívoca da falsidade ideológica ou material do documento apresentado perante o juízo. O sujeito ativo é o agente que apresenta a relação de créditos, habilitação de créditos ou reclamação sabidamente falsas, podendo corresponder, pois, a qualquer um dos credores interessados ou mesmo ao administrador judicial ou ao próprio devedor.

O sujeito passivo é a administração da Justiça, que será prejudicada pela apresentação de documentos inidôneos no procedimento concursal.

O delito se consuma com a simples juntada do documento falso ou simulado perante o juízo, tratando-se de crime de mera conduta que dispensa comprovação de efetivo prejuízo aos demais credores, já que implica, por si só, o emprego de recurso ardiloso passível de causar desequilíbrio entre os créditos regularmente habilitados na falência ou na recuperação.

O crime é apenado com reclusão de dois a quatro anos, além de multa.

Art. 176. Exercer atividade para a qual foi inabilitado ou incapacitado por decisão judicial, nos termos desta Lei:

Pena – reclusão, de 1 (um) a 4 (quatro) anos, e multa.

Exercício ilegal de atividade

O dispositivo penal tipifica a conduta do agente que, declarado inabilitado ou incapacitado judicialmente para o exercício de determinada atividade, continue a exercê-la. Aqui a LREF remete aos seus próprios dispositivos legais que implicam a inabilitação ou incapacidade de exercício de atividade, *v.g.*, o artigo 102, que impõe a inabilitação do falido para exercer qualquer atividade empresarial, desde a declaração da falência até a sentença que extinguir suas obrigações, ou o artigo 181, inciso I, que determina a inabilitação para o exercício da atividade empresarial ao agente condenado por qualquer dos crimes falimentares.

Cuida-se, pois, de crime próprio, exigindo qualidade especial do sujeito ativo, que será o devedor que teve decretada a falência e a sua inabilitação. Para a configuração do delito exige-se o dolo direto do agente, consistente na vontade consciente de exercer ou continuar exercendo a atividade, mesmo tendo conhecimento da decisão judicial que declarou sua inabilitação para tanto. Exige-se, ademais, que haja habitualidade na conduta, pois somente há crime se há efetivo exercício da atividade empresarial, conceituada como a atividade econômica ou lucrativa realizada com habitualidade, profissionalismo e de forma organizada. Nesses termos, atos isolados do devedor, ainda que em nome próprio, não configurarão o delito, havendo dificuldade de se identificar a conduta típica nos casos em que o sujeito ativo se vale de terceiros, em concurso de agentes, para exercer ou continuar exercendo a atividade.

O sujeito passivo será a coletividade de credores, que poderá ser prejudicada pela continuidade do exercício da atividade empresarial e o consequente aumento do passivo do devedor, bem como a administração da Justiça.

Cuida-se de crime de mera conduta, que se consuma com o simples exercício ou continuidade do exercício da atividade empresarial. Não se admite, assim, a modalidade tentada.

O crime é apenado com reclusão de um a quatro anos, além de multa.

Art. 177. Adquirir o juiz, o representante do Ministério Público, o administrador judicial, o gestor judicial, o perito, o avaliador, o escrivão, o oficial de justiça ou o leiloeiro, por si ou por interposta pessoa, bens de massa falida ou de devedor em recuperação judicial, ou, em relação a estes, entrar em alguma especulação de lucro, quando tenham atuado nos respectivos processos:

Pena – reclusão, de 2 (dois) a 4 (quatro) anos, e multa.

Violação de impedimento

O tipo penal consiste na conduta de determinados agentes, descritos no núcleo e atuantes no procedimento falimentar ou recuperacional, que adquiram bens da massa falida ou da recuperanda, ou ainda, entrem em especulação de lucro em relação a esses bens, quando tenham atuado nos respectivos processos de falência ou recuperação.

Trata-se de violação da hipótese de impedimento a tais agentes de negociarem com as empresas em recuperação ou falência, sob pena de conflito de interesses que contribuam para a ocorrência de fraudes no procedimento concursal. A conduta, assim, somente se configura se comprovado dolo direto consistente na simples aquisição ou especulação de lucro em relação à massa falida ou à recuperanda.

Cuida-se de crime próprio que exige qualidade especial do sujeito ativo, que será o juiz, o representante do Ministério Público, o administrador judicial, o gestor judicial, o perito, o avaliador, o escrivão, o oficial de justiça ou o leiloeiro, por si ou por interposta pessoa que responderá em coautoria.

O sujeito passivo será a administração da Justiça.

Trata-se de crime de mera conduta, que se consuma com a simples aquisição dos bens ou especulação de lucro, sendo desnecessária a prova de fraude no procedimento falimentar ou recuperacional. Não há necessidade, ainda, de haver prova da efetiva transferência patrimonial, bastando a demonstração de negociação dos bens do devedor que permita a obtenção de sua titularidade. Admite-se a tentativa caso haja início dos atos de execução, interrompidos por circunstâncias alheias à vontade do agente.

O crime é apenado com reclusão de dois a quatro anos, além de multa.

Art. 178. Deixar de elaborar, escriturar ou autenticar, antes ou depois da sentença que decretar a falência, conceder a recuperação judicial ou homologar o plano de recuperação extrajudicial, os documentos de escrituração contábil obrigatórios:

Pena – detenção, de 1 (um) a 2 (dois) anos, e multa, se o fato não constitui crime mais grave.

Omissão dos documentos contábeis obrigatórios

A conduta típica consiste em deixar o devedor de elaborar, escriturar ou autenticar os documentos de escrituração contábil obrigatórios, antes ou depois da sentença que decretar a falência, conceder a recuperação judicial ou homologar o plano de recuperação extrajudicial. Cuida-se, pois, de crime omissivo próprio, que se perfaz pela simples abstenção do agente, independentemente de um resultado posterior.

Deve-se ter cautela para não confundir a conduta descrita no artigo 178 (omissão quanto à elaboração, escrituração ou autenticação dos documentos de escrituração contábil obrigatórios) com as causas de aumento previstas para o delito de fraude a credores, tipificado no artigo 168 da LREF (elaboração da escrituração contábil ou balanço com dados inexatos – inciso I do §1º –, omissão quanto a lançamento que deveria constar na escrituração contábil ou no balanço, ou alteração da escrituração ou balanço verdadeiros – inciso II do §1º –, destruição, ocultação ou inutilização total ou parcial dos documentos contábeis obrigatórios – inciso V do §1º).

Exige-se também o dolo direto na conduta de se abster em relação à elaboração, escrituração ou autenticação dos documentos. Admite-se, contudo, o dolo eventual, hipótese em que o agente, embora não queira o resultado omissivo da conduta, assume o risco de produzi-lo.

Trata-se de crime próprio que somente pode ter o devedor como sujeito ativo, pois a ele compete garantir a elaboração e regularidade dos documentos contábeis obrigatórios durante o procedimento recuperacional ou falimentar. O sujeito passivo é a administração da Justiça.

Constituindo crime omissivo próprio, não se admite a tentativa, pois ou ocorre a omissão, e consequentemente a consumação do delito, ou o fato é atípico.

Nesse dispositivo, diferentemente de todos os demais, o crime é apenado com detenção, de um a dois anos, além de multa, se o fato não constituir crime mais grave.

Seção II – Disposições Comuns

Art. 179. Na falência, na recuperação judicial e na recuperação extrajudicial de sociedades, os seus sócios, diretores, gerentes, administradores e conselheiros, de fato ou de direito, bem como o administrador judicial, equiparam-se ao devedor ou falido para todos os efeitos penais decorrentes desta Lei, na medida de sua culpabilidade.

Sujeitos ativos equiparados ao devedor

O dispositivo em comento buscou garantir a responsabilização penal das pessoas naturais que, atuando em nome da pessoa jurídica devedora e com influência suficiente para a tomada de decisões dentro do respectivo órgão societário, pratiquem pessoalmente a conduta descrita no tipo penal, obstando que tais agentes pretendam esquivar-se da punição criminal alegando não figurarem como devedores.

Assim, serão equiparados ao devedor e sofrerão os efeitos da condenação descritos no artigo 181 da LREF os seus sócios, diretores, gerentes, administradores e conselheiros, de fato ou de direito, bem como o próprio administrador judicial, cada qual na medida de sua culpabilidade, seja no procedimento falimentar, seja na recuperação judicial ou extrajudicial.

Sobreleva anotar que a contribuição do agente para a conduta típica deve ser penalmente relevante, ou seja, ele deve possuir poderes específicos de representação, e não meramente simbólicos. Não basta, portanto, que o agente ostente o simples título de sócio, diretor, gerente ou administrador para ser responsabilizado, mas deve efetivamente ter concorrido para a infração penal.

Existe a possibilidade de que tais agentes respondam pelo delito pessoalmente como sujeitos ativos, ou em concurso de agentes, na modalidade de coautoria ou participação, caso induzam, instiguem ou auxiliem outrem a praticar a conduta descrita no tipo penal.

Art. 180. A sentença que decreta a falência, concede a recuperação judicial ou concede a recuperação extrajudicial de que trata o art. 163 desta Lei é condição objetiva de punibilidade das infrações penais descritas nesta Lei.

Condição de punibilidade dos crimes falimentares

Como já destacado nos comentários iniciais do Capítulo VII, o Decreto-Lei n. 7661/45 exigia o decreto de falência como condição de procedibilidade da ação penal, razão pela qual as infrações penais descritas pela lei eram denominadas apenas de "crimes falimentares".

A Lei n. 11.101/2005, embora mantendo a técnica da condição objetiva de punibilidade das infrações penais por ela descritas, ampliou as suas hipóteses, abarcando não apenas a sentença que decreta a falência, como também a que concede a recuperação judicial ou extrajudicial. Assim, embora a doutrina tenha mantido a denominação dos crimes falimentares, a expressão passou a designar todas as infrações penais abrangidas pela LREF, e não apenas aquelas praticadas no âmbito do procedimento falimentar.

Cuida-se a condição objetiva de punibilidade de elemento exterior à conduta delitiva e ao agente, imprescindível para possibilitar a punição estatal. Assim, ainda que a conduta delituosa seja praticada antes da sentença que decreta a falência ou concede a recuperação judicial ou a recuperação extrajudicial, o exercício regular da ação penal ficará condicionado à sua declaração.

Caso não tenha sido proferida a aludida decisão judicial, entendeu o legislador que o sujeito ativo não terá praticado o ato no âmbito de incidência da LREF, de modo que a ela não ficará sujeita, podendo, no entanto, responder a outros delitos comuns, tais como estelionato (CP, art. 171), falsidade ideológica (CP, art. 299) etc.[599]

Nesse sentido, caso a sentença que decrete a quebra ou conceda a recuperação seja anulada ou reformada, o agente não poderá sofrer o *ius puniendi* estatal. Na hipótese de já ter se instaurado inquérito policial, oferecida denúncia ou proferida sentença condenatória contra o sujeito ativo, deverá ser providenciado o trancamento do inquérito, a rejeição da denúncia, ou o acolhimento de eventual recurso ou revisão criminal para extinção da ação penal, respectivamente.

Art. 181. São efeitos da condenação por crime previsto nesta Lei:

I – a inabilitação para o exercício de atividade empresarial;

II – o impedimento para o exercício de cargo ou função em conselho de administração, diretoria ou gerência das sociedades sujeitas a esta Lei;

III – a impossibilidade de gerir empresa por mandato ou por gestão de negócio.

§ 1º Os efeitos de que trata este artigo não são automáticos, devendo ser motivadamente declarados na sentença, e perdurarão até 5 (cinco) anos após a extinção da punibilidade, podendo, contudo, cessar antes pela reabilitação penal.

§ 2º Transitada em julgado a sentença penal condenatória, será notificado o Registro Público de Empresas para que tome as medidas necessárias para impedir novo registro em nome dos inabilitados.

---

599 COSTA, Daniel Carnio; MELO, Alexandre Nasser. *Comentários à Lei de Recuperação de Empresas e Falência*: Lei n. 11.101, de 09 de fevereiro de 2005. Curitiba: Juruá, 2021, p. 452.

Efeitos da sentença condenatória

O artigo 181 prevê os efeitos específicos da condenação por crime falimentar, que poderão ser exigidos cumulativa ou individualmente, sem prejuízo da incidência dos efeitos gerais e automáticos da sentença penal condenatória, estabelecidos pelo art. 91 do Código Penal. Tais efeitos específicos, porém, não incidem automaticamente com a condenação do agente, exigindo decisão fundamentada que se baseie na culpabilidade do réu e nas características da conduta delitiva para a sua imposição. Cuidam-se, ademais, de efeitos de natureza pessoal, que devem recair sobre as pessoas físicas descritas no artigo 179 da LREF.

São efeitos específicos da condenação por crime falimentar a inabilitação para o exercício da atividade empresarial, o impedimento para o exercício de cargo ou função em conselho de administração, diretoria ou gerência, e a impossibilidade de gerir empresa por mandato ou gestão de negócio.

Tais efeitos perdurarão até cinco anos após a extinção da punibilidade, mas poderão cessar antes em decorrência da reabilitação criminal, que poderá ser proposta após dois anos contados da extinção da pena ou do término de sua execução, observados os requisitos legais (Código Penal, art. 94).

Após o trânsito em julgado da sentença penal condenatória por crime falimentar, o juiz deverá expedir ofício ao Registro Público de Empresas Mercantis, para que tome as medidas necessárias a coibir novo registro em nome dos inabilitados. De todo modo, relembre-se que se o condenado exercer ou continuar exercendo a atividade após a declaração de sua inabilitação, incorrerá no tipo penal descrito no artigo 176 da LREF, o qual comina a pena de reclusão de um a quatro anos, além de multa.

Art. 182. A prescrição dos crimes previstos nesta Lei reger-se-á pelas disposições do Decreto-Lei n. 2.848, de 7 de dezembro de

1940 - Código Penal, começando a correr do dia da decretação da falência, da concessão da recuperação judicial ou da homologação do plano de recuperação extrajudicial.

Parágrafo único. A decretação da falência do devedor interrompe a prescrição cuja contagem tenha iniciado com a concessão da recuperação judicial ou com a homologação do plano de recuperação extrajudicial.

Prescrição nos crimes falimentares

Na sistemática do antigo Decreto-Lei n. 7.661/1945 (art. 199), a prescrição extintiva da punibilidade de crime falimentar se operava em dois anos, iniciando-se a contagem do prazo prescricional da data em que transitasse em julgado a sentença que encerrasse a falência, relembrando que os crimes falimentares então previstos somente incidiam na hipótese de falência do devedor. O prazo prescricional de dois anos, no entanto, mostrava-se exíguo em decorrência da extrema complexidade normalmente observada nos procedimentos de falência, o que implicava, muitas vezes, na prescrição dos crimes, induzindo a uma ideia de impunidade.

Com a edição da Lei n. 11.101/2005, o prazo prescricional passou a seguir a regra geral do Código Penal, disposta em seus artigos e 109 e 110, com a ressalva de que, nos crimes previstos na LREF, o termo inicial da prescrição é contado a partir do dia da decretação da falência, da concessão da recuperação judicial ou da homologação do plano de recuperação extrajudicial, não se aplicando, pois, o disposto no artigo 111 do Código Penal.

Outrossim, caso cometido o crime antes da decretação da falência, da concessão da recuperação judicial ou da homologação do plano de recuperação extrajudicial, não correrá a prescrição, que somente se iniciará quando configurada a condição objetiva de punibilidade (art. 180, LREF).

A respeito do tema, o Superior Tribunal de Justiça já decidiu sobre a impossibilidade de combinação de leis penais (Lei n. 11.101/2005 e Decreto-Lei n. 7.661/1945) para fins de início de contagem do prazo inicial da prescrição da pretensão punitiva. Isso porque, enquanto no Decreto-Lei anterior o *dies a quo* era contado a partir do trânsito em julgado da sentença que encerrasse a falência, na Lei n. 11.101/05, o termo inicial é o dia da decretação da falência, da concessão da recuperação judicial ou da homologação do plano de recuperação extrajudicial. Nesses casos, a Corte decidiu que se deve analisar qual das leis é mais vantajosa ao réu, aplicando-se assim a lei mais benéfica em sua integralidade.[600]

Atente-se que o artigo 182 em comento regula a prescrição da pretensão punitiva ou executória do Estado, e não a prescrição das obrigações civis. Não se pode confundir, pois, a prescrição regulada pelo artigo 182 da LREF, que constitui forma de extinção da punibilidade, com a prescrição prevista no artigo 160 da LREF, que possibilita a declaração, por sentença, da extinção das obrigações na falência.[601]

Assim, aplicar-se-á o prazo prescricional de doze anos, se o máximo da pena for superior a quatro anos e não exceder a oito, prazo que somente se aplicará para os tipos penais descritos no artigo 168 (fraude contra credores) e 172 (favorecimento de credores) da LREF. Relembre-se sobre a possibilidade da incidência de causas de aumento no artigo 168, as quais devem ser levadas em consideração para o cálculo da prescrição da pretensão punitiva em abstrato.

Aplicar-se-á, ademais, o prazo prescricional de oito anos, se o máximo da pena for superior a dois anos e não exceder a quatro, regra que se aplica aos delitos tipificados nos artigos 169

---

600 STJ, REsp 1107275/SP, 5ª Turma, Min. Felix Fischer, DJe 04/10/2010.

601 BEZERRA FILHO, Manoel Justino. *Lei de Recuperação de Empresas e Falências*: Lei n. 11.101/2005 comentada artigo por artigo. 15ª ed., rev., atual. e ampl. São Paulo: Revista dos Tribunais, 2021, p. 600.

(violação de sigilo empresarial), 170 (divulgação de informações falsas), 171 (indução a erro), 173 (desvio, ocultação ou apropriação de bens), 174 (aquisição, recebimento ou uso ilegal de bens), 175 (habilitação ilegal de crédito), 176 (exercício ilegal de atividade) e 177 (violação de impedimento), todos da LREF.

Por fim, se aplicará o prazo prescricional de quatro anos ao delito tipificado no artigo 178 da LREF (omissão dos documentos contábeis obrigatórios), já que o máximo da pena *in abstrato* cominada é igual a dois anos.

Dispõe o parágrafo único que a decretação da falência do devedor interrompe a prescrição cuja contagem tenha se iniciado com a concessão da recuperação judicial ou com a homologação do plano de recuperação extrajudicial. Relembre-se, ademais, do verbete da Súmula 592 do C. Supremo Tribunal Federal, segundo o qual "*nos crimes falimentares, aplicam-se as causas interruptivas da prescrição, previstas no Código Penal*", que estão elencadas no artigo 117, CP.

Seção III – Do Procedimento Penal

Art. 183. Compete ao juiz criminal da jurisdição onde tenha sido decretada a falência, concedida a recuperação judicial ou homologado o plano de recuperação extrajudicial, conhecer da ação penal pelos crimes previstos nesta Lei.

Competência criminal

A competência para o julgamento dos crimes previstos da LREF é, a princípio, do juiz criminal com jurisdição no mesmo foro em que se processou o procedimento de falência ou de recuperação, ou seja, da Justiça Comum Estadual.

Fábio Ulhoa Coelho entende ser inconstitucional o artigo 183 da LREF, pois competiria à lei estadual dispor sobre a organização judiciária e definir quais órgãos seriam criados com competência para o conhecimento e julgamento das ações penais por crimes falimentares.[602]

Todavia, desde a sistemática do Decreto-Lei n. 7.661/1945, a competência para o conhecimento da ação penal por crimes falimentares já era atribuída ao juiz criminal, a quem seriam remetidos os autos após o recebimento da queixa-crime pelo juiz da falência (art. 109, §2º). O processamento da fase investigativa no juízo falimentar se justificava em razão da maior facilidade de apuração e reunião dos elementos indiciários pelo órgão de investigação.

O artigo 183 da Lei n. 11.101/05 aparentemente manteve o mesmo procedimento, ao destacar que ao juiz criminal com jurisdição no foro onde processada a recuperação judicial ou falência incumbe o conhecimento das ações por crimes falimentares. De todo modo, o Supremo Tribunal Federal já declarou a constitucionalidade de lei estadual que, dispondo sobre as regras de organização judiciária, estabeleceu a competência do próprio juiz da falência ou da recuperação para o processamento e julgamento das ações penais por crime falimentar, como é o caso da Lei estadual n. 3.947/1983 do estado de São Paulo.[603]

O Superior Tribunal de Justiça adotou o mesmo entendimento do Pretório Excelso, ao reconhecer a competência do juízo cível para o julgamento da ação penal por crime falimentar, pronunciando que

> especificamente no estado de São de Paulo, a Lei Estadual n. 3.947/83, em seu art. 15, determina que as ações por

602 COELHO, Fábio Ulhoa. *Comentários à Lei de Falências e de Recuperação de empresas*: Lei n. 14.112/20, Nova Lei de Falências. 14ª ed. São Paulo: Revista dos Tribunais, 2021, pp. 531/532.

603 STF, RHC 63.787/SP, 1ª Turma, Rel Min. Rafael Mayer, DJe 22/08/1986; STF, RE 108422-7/SP, 2ª Turma, Min. Carlos Madeira, DJe 18/03/1988.

crime falimentar e as que lhe sejam conexas são da competência do respectivo Juízo Universal da Falência, tendo sido tal diploma legislativo declarado constitucional pelo C. Supremo Tribunal Federal, por se tratar de norma típica de organização judiciária, inserida, portanto, no âmbito da competência legislativa privativa dos Estados, a teor do art. 125, §1º, da *Lex Fundamentalis*.[604]

Para Marcelo Barbosa Sacramone, no entanto, a acumulação das funções criminais ao juízo universal da falência poderia comprometer sua imparcialidade, já que envolvido com as questões concernentes à crise econômico-financeira de devedor, com a insatisfação dos créditos e com a regularidade do procedimento falimentar ou recuperacional.[605]

Art. 184. Os crimes previstos nesta Lei são de ação penal pública incondicionada.

Parágrafo único. Decorrido o prazo a que se refere o art. 187, § 1º, sem que o representante do Ministério Público ofereça denúncia, qualquer credor habilitado ou o administrador judicial poderá oferecer ação penal privada subsidiária da pública, observado o prazo decadencial de 6 (seis) meses.

Espécies de ação penal

Os crimes previstos da LREF são de ação penal pública incondicionada, ou seja, o seu exercício independe do preenchimento de qualquer requisito, sendo desnecessária a manifestação do ofendido ou de terceiros para que o Ministério Público ofereça a denúncia contra o agente. A previsão não seria necessária, já que

604 STJ, HC 106406/SP, 5ª Turma, Min. Felix Fischer, DJe 03/08/2009.

605 SACRAMONE, Marcelo Barbosa. *Comentários à Lei de Recuperação de Empresas e Falências*. 2ª ed. São Paulo: Saraiva Jur, 2021, pp. 674/675.

a ação penal pública é a regra no ordenamento jurídico, sendo que as ações penais privadas são previstas de forma expressa pelo legislador penal (CP, art. 100).

O prazo para o oferecimento da denúncia se sujeita ao procedimento comum previsto no Código de Processo Penal, ou seja, estando o réu preso, será de cinco dias contados da data em que o Ministério Público receber os autos do inquérito policial, e de quinze dias, se o réu estiver solto ou afiançado (art. 46, CPP). Poderá o órgão acusador, nesse último caso, aguardar o relatório do administrador judicial ou requerer ao juiz o deferimento de providências para esclarecimento de alguns pontos,[606] hipótese em que o prazo de quinze dias somente se iniciará da data em que o Ministério Público receber os autos.

Se, todavia, o titular da ação penal não oferecer a peça acusatória no prazo assinalado pela lei, por inércia ou desídia, qualquer credor habilitado ou o administrador judicial poderão intentar ação penal privada subsidiária da pública, observado o prazo decadencial de seis meses, contados do último dia do prazo para o órgão ministerial oferecer a denúncia.

Destaque-se que tal possibilidade tem previsão constitucional (CF, art. 5º, LIX), além de também estar prevista no Código Penal e no Código de Processo Penal (CP, art. 100, §3º; CPP, art. 29). Nessa hipótese, ainda que o órgão ministerial tenha sido inerte, poderá retomar a ação como parte principal a qualquer tempo, se o querelante for negligente, já que se cuida originalmente de ação penal pública (CPP, art. 29).

Note-se que a ação penal privada subsidiária da pública apenas será permitida no caso de inércia do Ministério Público. Não

606 COSTA, Daniel Carnio; MELO, Alexandre Nasser. *Comentários à Lei de Recuperação de Empresas e Falência*: Lei n. 11.101, de 09 de fevereiro de 2005. Curitiba: Juruá, 2021, p. 456.

se admitirá sua incidência, portanto, caso o órgão acusador opine pelo arquivamento do inquérito instaurado contra o agente, porque nesse caso não terá agido com desídia, mas, ao contrário, terá se convencido da ausência de indícios mínimos de materialidade e de autoria, de modo a justificar a persecução criminal, possibilidade que lhe é reservada em razão de ser o titular da ação penal.[607]

Art. 185. Recebida a denúncia ou a queixa, observar-se-á o rito previsto nos arts. 531 a 540 do Decreto-Lei n. 3.689, de 3 de outubro de 1941 - Código de Processo Penal.

Procedimento sumário

Com o recebimento da denúncia ou queixa, a LREF prevê que o rito deverá seguir os artigos 531 a 540 do Código de Processo Penal, ou seja, o procedimento sumário, a princípio mais célere que o procedimento ordinário, em razão dos menores prazos assinalados pela lei para a prática dos atos processuais, e da concentração dos atos em audiência de instrução. O procedimento sumário é o comumente aplicado para os delitos cuja sanção máxima cominada seja inferior a 4 (quatro) anos de pena privativa de liberdade (CPP, art. 394, II). A LREF, contudo, não estabeleceu qualquer restrição em relação à quantidade de pena cominada para a aplicação do rito sumário, de sorte que tal procedimento incide a todos os tipos penais, independentemente da sanção imposta.

Há, no entanto, crítica doutrinária em relação a essa opção do legislador, considerando a complexidade do procedimento falimentar e, consequentemente, da apuração de crimes cometidos no bojo dos processos de falência e recuperação.[608]

---

607 STJ, AgRg no RMS 51404/SP, 5ª Turma, Min. Jorge Mussi, DJe 20/05/2019.

608 COSTA, Daniel Carnio; MELO, Alexandre Nasser. *Comentários à Lei de Recuperação de Empresas e Falência*: Lei n. 11.101, de 09 de fevereiro de 2005. Curitiba: Juruá, 2021, p. 456.

Destaque-se que, anteriormente à edição da Lei n. 11.101/2005, o procedimento dos crimes falimentares previstos no Decreto-Lei n. 7.661/1945 era regulado pelo Capítulo I do Título II do Código de Processo Penal ("Do processo e do julgamento dos crimes de falência"), em seus artigos 503 a 512. Todavia, a prática jurídica já demonstrava a adoção, nos processos que apuravam crimes falimentares, do procedimento comum ou ordinário, em razão da maior possibilidade de defesa, pacificando-se na jurisprudência que a dispensa do rito especial regulado pelos artigos 503 a 512 do CPP não era causa de nulidade. Por essa razão, Manoel Justino Bezerra Filho entende que a posição jurisprudencial será mantida, ainda que a Lei n. 11.101/05 tenha optado pelo rito do processo sumário, revogando os artigos 503 e 512 do CPP.[609]

Art. 186. No relatório previsto na alínea e do inciso III do caput do art. 22 desta Lei, o administrador judicial apresentará ao juiz da falência exposição circunstanciada, considerando as causas da falência, o procedimento do devedor, antes e depois da sentença, e outras informações detalhadas a respeito da conduta do devedor e de outros responsáveis, se houver, por atos que possam constituir crime relacionado com a recuperação judicial ou com a falência, ou outro delito conexo a estes.

Parágrafo único. A exposição circunstanciada será instruída com laudo do contador encarregado do exame da escrituração do devedor.

Relatório circunstanciado para fins penais

Um dos deveres do administrador judicial na falência é o de apresentar, 40 dias após a assinatura do termo de compromisso,

---

609 BEZERRA FILHO, Manoel Justino. *Lei de Recuperação de Empresas e Falências*: Lei n. 11.101/2005 comentada artigo por artigo. 15ª ed., rev., atual. e ampl. São Paulo: Revista dos Tribunais, 2021, p. 605.

prorrogável por igual período, relatório sobre as causas e circunstâncias que conduziram à situação de falência, no qual apontará a responsabilidade civil e penal dos envolvidos (LREF, art. 22, III, e).

Através de exposição circunstanciada e detalhada, instruída com laudo do contador encarregado do exame da escrituração contábil do devedor e outros documentos que o administrador judicial entenda pertinente, o relatório deverá considerar as causas da falência, o procedimento do devedor, antes e depois da sentença, e outras informações detalhadas a respeito das condutas do devedor e dos demais responsáveis, que tenham contribuído para a sua bancarrota e que possam constituir crime relacionado com a recuperação judicial ou falência, ou outro delito conexo.

Caso o relatório indique responsabilização penal de qualquer dos envolvidos, deverá ser providenciada a intimação do Ministério Público, para que tome conhecimento e adote as medidas cabíveis (LREF, art. 22, §4º). Nada impede, contudo, nos termos do art. 187 da LREF, que ao tomar conhecimento da sentença que decreta a falência, o Ministério Público imediatamente requisite abertura de inquérito policial ou ofereça denúncia contra eventuais responsáveis, caso constate a ocorrência de qualquer crime estabelecido na lei, independentemente do relatório previsto no dispositivo em comento. Como titular da ação penal, o órgão acusador poderá apurar outras condutas típicas não apontadas pelo administrador judicial, classificar de forma diversa os tipos penais descritos no relatório, ou determinar a apuração de outros fatos não suficientemente esclarecidos, a fim de alicerçar a prova da materialidade e os indícios de autoria aptos a conferir justa causa para a ação penal.

Sem prejuízo, poderá o órgão ministerial aguardar a juntada do relatório do administrador judicial para oferecer a denúncia, caso se trate de denunciado solto ou afiançado (no prazo de quinze dias, conforme art. 46 do CPP e art. 187, §2º, da LREF).

Evidentemente, o prazo de 40 (quarenta) dias para apresentação do relatório, contados a partir da assinatura do termo de compromisso e prorrogável por igual período, pode revelar-se insuficiente caso para a apuração de todas as causas e condutas que levaram o devedor à quebra, mormente se tratando de procedimento complexo que demande diligências externas como o envio de ofícios a outros juízos. É possível, pois, que em situações excepcionais o magistrado prorrogue o prazo legal, além da dilação autorizada por lei.

Art. 187. Intimado da sentença que decreta a falência ou concede a recuperação judicial, o Ministério Público, verificando a ocorrência de qualquer crime previsto nesta Lei, promoverá imediatamente a competente ação penal ou, se entender necessário, requisitará a abertura de inquérito policial.

§ 1º O prazo para oferecimento da denúncia regula-se pelo art. 46 do Decreto-Lei n. 3.689, de 3 de outubro de 1941 - Código de Processo Penal, salvo se o Ministério Público, estando o réu solto ou afiançado, decidir aguardar a apresentação da exposição circunstanciada de que trata o art. 186 desta Lei, devendo, em seguida, oferecer a denúncia em 15 (quinze) dias.

§ 2º Em qualquer fase processual, surgindo indícios da prática dos crimes previstos nesta Lei, o juiz da falência ou da recuperação judicial ou da recuperação extrajudicial cientificará o Ministério Público.

Fase investigatória e oferecimento da denúncia

No sistema do antigo Decreto-Lei n. 7.661/45, as diligências investigativas eram feitas em juízo, por meio do denominado inquérito judicial, regulado pelos artigos 103 a 113. O procedimento de produção probatória era, pois, conduzido pelo juiz a partir da apresentação da exposição circunstanciada pelo síndico, permitindo-se o requerimento de provas pelos credores, pelo Ministério Público ou pelo devedor, que poderia ser deferido ou não pelo magistrado. Cuidava-se de mera peça de informação, não vinculante, a qual era ao final enviada ao Ministério Público, para que adotasse as providências que entendesse pertinentes. Caso fosse oferecida denúncia e recebida pelo juiz, só então os autos eram encaminhados ao juízo criminal para o processamento da ação penal.

A Lei n. 11.101/05 extinguiu o antigo inquérito judicial como forma de salvaguardar o sistema acusatório e as garantias constitucionais da ampla defesa e do contraditório na fase instrutória, já que a participação ativa do juízo universal na apuração dos indícios da prática de crime tinha traços inquisitórios, os quais prejudicavam a imparcialidade do julgador, uma vez que ele próprio dirigiu a produção probatória.

Assim, pela atual sistemática, o Ministério Púbico deverá ser intimado da sentença que decretar a falência ou conceder a recuperação judicial ou extrajudicial, uma vez que o ato decisório constitui condição objetiva de punibilidade. Após ser intimado, caso o órgão verifique a ocorrência de qualquer crime falimentar, promoverá imediatamente a ação penal, caso entenda presentes todos os requisitos essenciais da denúncia, ou requisitará a abertura de inquérito policial, caso vislumbre necessidade da realização de diligências investigativas para a colheita de maiores elementos a respeito da materialidade e da autoria do delito.

Atente-se que o oferecimento da denúncia independe de eventual recebimento do relatório circunstanciado do administrador judicial, nos termos do artigo 186 da LREF. Todavia, na qualidade de titular da ação penal, pode o Ministério Público aguardar a apresentação do laudo circunstanciado para oferecer a peça acusatória, buscando maiores elementos sobre a conduta típica. Se neste caso o réu estiver solto ou afiançado, como já anotado nos comentários do artigo anterior, o MP terá o prazo de quinze dias para oferecer a denúncia, contados do recebimento dos autos após a juntada do relatório pelo administrador judicial.

Se, no entanto, o réu estiver preso cautelarmente, a lei exige prazo menor para a propositura da ação penal, diante da grave e excepcional privação da liberdade do acusado, devendo a peça acusatória, neste caso, ser oferecida em cinco dias contados da data em que o órgão ministerial receber os autos do inquérito policial ou do relatório circunstanciado do administrador judicial.

Em razão da complexidade do procedimento falimentar e recuperacional, bem como da ausência de Delegacias de Polícia especializadas em crimes falimentares, mostra-se prudente o aguardo do envio do relatório circunstanciado pelo Ministério Público, para que possa reunir os elementos necessários de eventual cometimento de crime, para então oferecer a denúncia, requerer outras providências complementares, ou mesmo pedir o arquivamento o inquérito.

Sem prejuízo, em qualquer fase do procedimento falimentar ou recuperacional, o juiz deverá cientificar o Ministério Público caso surja quaisquer indícios da prática de crime falimentar, devendo o órgão acusador, no entanto, observar a condição objetiva de punibilidade dos delitos previstos na LREF (art.180).

Art. 188. Aplicam-se subsidiariamente as disposições do Código de Processo Penal, no que não forem incompatíveis com esta Lei.

Aplicação subsidiária do código de processo penal

No que diz respeito ao processamento e julgamento dos crimes falimentares, a LREF prevê a aplicação subsidiária do Código de Processo Penal, no que não for incompatível com aquela. Embora não exista dispositivo semelhante para o Código Penal, é assente que sua aplicação subsidiária também é admitida, porque se trata da norma geral que regula o direito material, não se olvidando da previsão do seu artigo 12, segundo o qual "*as regras gerais deste Código aplicam-se aos fatos incriminados por lei especial, se esta não dispuser de modo diverso*".

Atente-se, ademais, que em razão das penas cominadas pelo legislador nos crimes falimentares, também é admitida a aplicação supletiva dos institutos despenalizadores previstos na Lei n. 9.099/95. Admite-se, pois, a transação penal, a suspensão condicional da pena, a suspensão condicional do processo, ou o acordo de não-persecução penal (ANPP).[610]

---

610 COSTA, Daniel Carnio; MELO, Alexandre Nasser. *Comentários à Lei de Recuperação de Empresas e Falência*: Lei n. 11.101, de 09 de fevereiro de 2005. Curitiba: Juruá, 2021, p. 458.

CAPÍTULO VIII

DISPOSIÇÕES FINAIS E TRANSITÓRIAS

Art. 189. Aplica-se, no que couber, aos procedimentos previstos nesta Lei, o disposto na Lei n. 13.105, de 16 de março de 2015 (Código de Processo Civil), desde que não seja incompatível com os princípios desta Lei.

§ 1º Para os fins do disposto nesta Lei:

I – todos os prazos nela previstos ou que dela decorram serão contados em dias corridos; e

II – as decisões proferidas nos processos a que se refere esta Lei serão passíveis de agravo de instrumento, exceto nas hipóteses em que esta Lei previr de forma diversa.

§ 2º Para os fins do disposto no art. 190 da Lei n. 13.105, de 16 de março de 2015 (Código de Processo Civil), a manifestação de vontade do devedor será expressa e a dos credores será obtida por maioria, na forma prevista no art. 42 desta Lei.

Aplicação subsidiária do código de processo civil

Em caso de lacuna normativa, a LREF prevê a aplicação supletiva do Código de Processo Civil aos processos falimentares e recuperacionais, no que não lhes for incompatível. Nesse sentido, aplicam-se aos processos de falência e recuperação judicial, por exemplo, as regras dos honorários recursais prevista no artigo 85, §11 do CPC/15, da colaboração jurisdicional nacional, prevista no artigo 69 do CPC/15, e do negócio jurídico processual, regulado pelo artigo 190 do CPC/15.

Neste último caso, o negócio jurídico deverá ser aprovado em assembleia, mediante manifestação expressa do devedor e aprovação dos credores que representem mais de metade do valor total dos créditos presentes, conforme artigo 42 da LREF (§2º).

Contudo, caso a LREF preveja regra específica sobre determinada matéria, aplicar-se-á a norma especial, excluindo-se a geral, como ocorre com a regra de contagem de prazos processuais que, na recuperação judicial e na falência, é feita em dias corridos (§1º, inciso I), e não em dias úteis, como prevê o artigo 219 do CPC/15. Tal dispositivo do CPC/15 inovou o sistema processual civil no que diz respeito à contagem de prazos, que antes era feita em dias corridos e de forma contínua (CPC/73, art. 178).

Assim, no interstício temporal entre a entrada em vigor do CPC/2015 e a Lei n. 14.112/2020, não havia na LREF qualquer dispositivo a respeito da contagem de prazos, mas apenas da regra geral de aplicação supletiva do CPC, "*no que couber*" (redação original do art. 189). A aparente omissão suscitava, na doutrina e na jurisprudência, questionamento relevante a respeito da matéria após a entrada em vigor do Código de Processo Civil de 2015, sobretudo considerando o propósito da LREF, a privação dos credores quanto ao seu direito de crédito e a consequente necessidade de se conferir a maior celeridade possível ao procedimento.

Ademais, é assente que as normas falimentares eram classificadas entre normas materiais e normas processuais, algumas de natureza híbrida, como a que prevê o *stay period* (art. 6º, §4º), o que aumentava a discussão em torno da contagem de prazos, com relevante questionamento sobre se a contagem em dias úteis, estabelecida pelo art. 219 do CPC, se aplicava às normas processuais da LREF ou não.

Contudo, mesmo antes da reforma de 2020 a jurisprudência já considerava a inaplicabilidade do artigo 219 do CPC/15 para os processos de falência e recuperação judicial, exceto em relação aos prazos recursais propriamente regidos pela regra geral do CPC, ao fundamento de que a contagem em dias corridos

> é a que melhor preserva a unidade lógica da recuperação judicial: alcançar, de forma célere, econômica e efetiva, o regime de crise empresarial, seja pelo soerguimento econômico do devedor e alívio dos sacrifícios do credor, na recuperação, seja pela liquidação dos ativos e satisfação dos credores, na falência.[611]

Assim, *v.g.*, o prazo de 180 dias de suspensão das ações executivas e de 60 dias para a apresentação do plano de recuperação judicial eram sempre contados em dias corridos, independentemente da previsão do art. 219 do CPC/15.

No que diz respeito aos prazos recursais, em razão da redação do artigo 189, §1º, I, surgiram três teorias a respeito: a primeira, defende que os prazos recursais devem ser contados em dias úteis, já que os recursos são regidos pelo CPC, de forma geral; a segunda

---

611 STJ, AgInt no REsp 1809394/MG, 4ª Turma, Min. Luis Felipe Salomão, DJe 02/09/2019. Sobre o tema, confira-se, também, do Grupo de Câmaras Reservadas de Direito Empresarial do Tribunal de Justiça do Estado de São Paulo: "*Enunciado XIV: Todos os prazos previstos na Lei n. 11.101/2005 e no plano de recuperação judicial devem ser contados em dias corridos, contando-se em dias úteis apenas os previstos no próprio CPC, caso, em particular, dos recursais*" (Enunciado XIV cancelado em sessão de 27/04/2021, em virtude da superveniência da Lei n 14.112/2020).

entende que os prazos recursais devem ser contados em dias corridos, já que o artigo 189, §1º, I prevê que todos os prazos previstos na LREF serão assim contabilizados; a terceira e última defende que os prazos dos recursos que estiverem expressamente previstos na LREF serão contados em dias corridos, e os prazos dos recursos previstos no CPC e aplicáveis subsidiariamente à LREF deverão ser contados em dias úteis.[612]

A jurisprudência, contudo, parece continuar a perfilhar o mesmo entendimento vigente antes da reforma de 2020, qual seja, o de que os prazos recursais se contam em dias úteis, já que a sistemática recursal é regulada de forma geral pelo CPC/15.[613]

No que diz respeito aos recursos contra as decisões proferidas no bojo dos processos de falência e de recuperação judicial, o inciso II do §1º estabelece como regra geral o cabimento do agravo de instrumento, com exceção das hipóteses em que a própria LREF previr de forma diversa, a exemplo da decisão que julgar pedido de restituição (art. 90), da que julgar improcedente o pedido de falência (art. 100), a declarar encerrada (art. 156, parágrafo único) ou extinguir as obrigações do falido (art. 159, §5º), da que julgar procedente a ação revocatória (art. 135, parágrafo único) ou da que rejeitar as contas do administrador judicial (art. 154, §6º), contra as quais caberá apelação por possuírem natureza de sentença.

Aliás, a respeito do cabimento do agravo de instrumento, o e. STJ já pacificou o entendimento de que à LREF não se aplica a taxatividade do art. 1.015 do CPC/15 diante da provável inutilidade de rediscussão da matéria por ocasião do julgamento de apelação. O Tribunal Superior fixou a seguinte tese: "é *cabível agravo de instrumento contra todas as decisões interlocutórias proferidas*

---

612 COSTA, Daniel Carnio; MELO, Alexandre Nasser. *Comentários à Lei de Recuperação de Empresas e Falência*: Lei n. 11.101, de 09 de fevereiro de 2005. Curitiba: Juruá, 2021, p. 459.

613 STJ, AgInt no REsp 1937868/RJ, 4ª Turma, Min. Marco Buzzi, DJe 01/10/2021.

nos processos de recuperação judicial e nos processos de falência, por força do art. 1.015, parágrafo único, CPC".[614]

Art. 189-A. Os processos disciplinados nesta Lei e os respectivos recursos, bem como os processos, os procedimentos e a execução dos atos e das diligências judiciais em que figure como parte empresário individual ou sociedade empresária em regime de recuperação judicial ou extrajudicial ou de falência terão prioridade sobre todos os atos judiciais, salvo o habeas corpus e as prioridades estabelecidas em leis especiais.

Tramitação prioritária

Embora acrescentado pela Lei 14.112/2020, o artigo 189-A da LREF apenas reforça o disposto no artigo 79, segundo o qual "*os processos de falência e os seus incidentes preferem a todos os outros na ordem dos feitos, em qualquer instância*". Embora tal dispositivo fosse reservado ao capítulo atinente à falência, mesmo antes da reforma de 2020 já se entendia pela extensão da regra aos procedimentos de recuperação judicial e extrajudicial.

O novo artigo 189-A consagra o entendimento até então vigente, ampliando o alcance da norma que disciplinava a tramitação prioritária na falência, para também abranger os procedimentos de recuperação judicial e extrajudicial, observadas as exceções do *habeas corpus* e das prioridades estabelecidas em lei especial, como a que regula as ações envolvendo o Estatuto do Idoso (Lei n. 10.741/03, art. 71).

A norma busca conferir ainda mais celeridade ao procedimento da falência e da recuperação judicial e extrajudicial, como forma de desonerar o mercado e os credores e fomentar a atividade empresarial.

---

614 STJ, Recurso Especial 1717213/MT (Tema 1022), Segunda Sessão, Min. Nancy Andrighi, DJe 10/12/2020.

Art. 190. Todas as vezes que esta Lei se referir a devedor ou falido, compreender-se-á que a disposição também se aplica aos sócios ilimitadamente responsáveis.

Sócios com responsabilidade ilimitada

De acordo com o artigo 190, os sócios que tenham responsabilidade ilimitada sofrerão os mesmos efeitos aplicáveis ao devedor ou ao falido, independentemente de terem ou não agido com dolo ou culpa, ou de qualquer outra condição. A norma se aplica, pois, às sociedades que admitem sócios ilimitadamente responsáveis pelas obrigações sociais, quais sejam, as sociedades em nome coletivo (art. 1.039, CC), comandita simples (art. 1.045, CC) e comandita por ações (art. 1.091, CC e arts. 281 e 282, Lei n. 6.404/1976).[615] Tais sócios serão considerados falidos e a eles serão impostas todas as obrigações e restrições do devedor, assim como também prevê o artigo 81 da LREF.

Atente-se, no que diz respeito à sociedade simples, ainda que seus sócios também tenham responsabilidade ilimitada, a eles não se aplica a Lei n. 11.101/05, conforme disposto em seu artigo 1º.

Assim, considerando que a grande maioria das sociedades existentes no Brasil são de responsabilidade limitada (regidas pelos artigos 1.052 a 1.087 do Código Civil, ou pela Lei das Sociedades Anônimas – Lei n. 6.404/1976), o dispositivo não tem grande utilidade na prática jurídica, mas apenas para pequeno número de empresas.

Art. 191. Ressalvadas as disposições específicas desta Lei, as publicações ordenadas serão feitas em sítio eletrônico próprio,

---

615 COELHO, Fábio Ulhoa. *Comentários à Lei de Falências e de Recuperação de empresas*: Lei n. 14.112/20, Nova Lei de Falências. 14ª ed. São Paulo: Revista dos Tribunais, 2021, p. 537.

na internet, dedicado à recuperação judicial e à falência, e as intimações serão realizadas por notificação direta por meio de dispositivos móveis previamente cadastrados e autorizados pelo interessado.

Parágrafo único. As publicações ordenadas nesta Lei conterão a epígrafe "recuperação judicial de", "recuperação extrajudicial de" ou "falência de".

Publicações e intimações

A antiga redação do dispositivo previa que "ressalvadas as disposições específicas desta Lei, as publicações ordenadas serão feitas preferencialmente na imprensa oficial e, se o devedor ou a massa falida comportar, em jornal ou revista de circulação regional ou nacional, bem como em quaisquer outros periódicos que circulem em todo o país".

À semelhança do que ocorreu com as publicações da convocação da assembleia geral (art. 36), do edital previsto no artigo 164, da realização do ativo na falência (art. 142), e da extinção das obrigações do falido (art. 159, §1º), a Lei n. 14.112/2020 suprimiu a necessidade de publicação dos atos judiciais em jornais ou revistas de grande circulação, buscando reduzir os custos do processo e salvaguardar sua efetividade, acompanhando a evolução dos meios de comunicação e dos recursos tecnológicos disponíveis.

Pela atual sistemática, as publicações deverão ser feitas em sítio eletrônico próprio, na *internet*, dedicado especificamente ao procedimento falimentar ou recuperacional (*v.g.*, no sítio eletrônico mantido pelo administrador judicial, conforme art. 22, I, k), contendo a epígrafe "recuperação judicial de...", "recuperação extrajudicial de..." ou "falência de..." como forma de garantir a fidedignidade das informações acessadas pelos credores interessados ou terceiros, a respeito da situação jurídica da empresa.

Todavia, Marcelo Barbosa Sacramone[616] destaca que, a despeito da redação do dispositivo, a publicação em sítio eletrônico próprio não exclui a imprescindibilidade de publicação também na imprensa oficial, para que os atos processuais produzam efeitos.

As intimações, por sua vez, deverão ser feitas por notificação direta, através de dispositivo móvel previamente cadastrado e autorizado pelo interessado, a fim de conferir idoneidade à comunicação dos atos processuais.

Art. 192. Esta Lei não se aplica aos processos de falência ou de concordata ajuizados anteriormente ao início de sua vigência, que serão concluídos nos termos do Decreto-Lei n. 7.661, de 21 de junho de 1945.

§ 1º Fica vedada a concessão de concordata suspensiva nos processos de falência em curso, podendo ser promovida a alienação dos bens da massa falida assim que concluída sua arrecadação, independentemente da formação do quadro-geral de credores e da conclusão do inquérito judicial.

§ 2º A existência de pedido de concordata anterior à vigência desta Lei não obsta o pedido de recuperação judicial pelo devedor que não houver descumprido obrigação no âmbito da concordata, vedado, contudo, o pedido baseado no plano especial de recuperação judicial para microempresas e empresas de pequeno porte a que se refere a Seção V do Capítulo III desta Lei.

§ 3º No caso do § 2º deste artigo, se deferido o processamento da recuperação judicial, o processo de concordata será extinto e os créditos submetidos à concordata serão inscritos por seu valor original na recuperação judicial, deduzidas as parcelas pagas pelo concordatário.

---

616 SACRAMONE, Marcelo Barbosa. *Comentários à Lei de Recuperação de Empresas e Falências*. 2ª ed. São Paulo: Saraiva Jur, 2021, p. 685.

§ 4º Esta Lei aplica-se às falências decretadas em sua vigência resultantes de convolação de concordatas ou de pedidos de falência anteriores, às quais se aplica, até a decretação, o Decreto-Lei n. 7.661, de 21 de junho de 1945, observado, na decisão que decretar a falência, o disposto no art. 99 desta Lei.

§ 5º O juiz poderá autorizar a locação ou arrendamento de bens imóveis ou móveis a fim de evitar a sua deterioração, cujos resultados reverterão em favor da massa. (incluído pela Lei n. 11.127, de 2005)

Norma aplicável aos processos em curso

Estabeleceu a Lei n. 11.101/05 que aos processos em curso a partir de sua vigência, seria aplicável o antigo Decreto-Lei n. 7.661/45. A regra geral do *caput* do art. 192, contudo, foi ressalvada nas situações descritas em seus parágrafos.

Vislumbra-se, assim, que o *caput* do art. 192 constitui exceção ao princípio do *tempus regit actum*, ou da Teoria dos Atos Processuais Isolados, os quais regem as normas processuais e determinam que cada ato deve ser considerado separadamente dos demais para o fim de determinar por qual lei ele será regido: caso o ato processual seja praticado anteriormente à vigência da nova lei, será aplicada a lei antiga. De outro turno, caso o ato processual seja praticado posteriormente à entrada em vigor da nova lei, será por ela regido.

Conforme estabelece a regra geral da LREF, a lei antiga continuará a ser aplicada aos processos em curso, incluindo as disposições de natureza processual, conferindo ao Decreto-Lei n. 7.661/45, portanto, o atributo da ultratividade, em que pese sua expressa revogação pela nova legislação (LREF, art. 200).

O §1º estabeleceu a vedação da concessão de concordata suspensiva nos processos em curso, admitindo, todavia, a alienação dos bens da massa falida após concluída a arrecadação, independentemente da formação do quadro-geral de credores e da conclusão do inquérito judicial. Tal alienação, assim, poderá ser realizada à luz da Lei n. 11.101/05, desde que se respeite o princípio da maximização dos ativos na falência, buscando-se evitar a depreciação dos bens arrecadados.[617]

O §2º, por sua vez, estabeleceu a possibilidade de postulação da recuperação judicial independentemente da existência de concordata em curso, desde que as obrigações assumidas no âmbito da concordata tenham sido regularmente cumpridas. Nesse caso, o pedido deverá ser feito em autos apartados, com a comprovação de que o requerente preenche os requisitos necessários para tanto. Deferido o processamento da recuperação judicial, o processo de concordata será extinto e os créditos respectivos ficarão sujeitos à recuperação judicial pelo seu valor original, deduzidas eventuais parcelas pagas pelo concordatário (§3º).

Todavia, tal disposição não admite pedidos baseados em plano especial de recuperação judicial para microempresas e empresas de pequeno porte, previsto nos artigos 70 a 72 da LREF. Nesses casos, a concordata deverá seguir seu curso normal, com a aplicação dos dispositivos do Decreto-Lei n. 7.661/45.

Ademais, conforme o §4º, a Lei n. 11.101/05 é aplicável às falências decretadas em sua vigência, ainda que decorrentes de convolação de concordatas ou de pedidos de falência anteriores a ela. Outrossim, nesses casos, até a decretação da falência aplicar-se-á o Decreto-Lei n. 7.661/05, conforme a regra geral prevista no *caput* do artigo 192. A partir da sentença que a decreta, aplicar-se-á a Lei n. 11.101/05, inclusive exigindo-se os requisitos essenciais da sentença falimentar, previstos no artigo 99 da LREF.

617 COSTA, Daniel Carnio; MELO, Alexandre Nasser. *Comentários à Lei de Recuperação de Empresas e Falência*: Lei n. 11.101, de 09 de fevereiro de 2005. Curitiba: Juruá, 2021, p. 462.

De mesmo modo, caso a falência tenha sido decretada antes da vigência da Lei n. 11.101/05, a ação deve prosseguir de acordo com o regime anterior do Decreto-Lei n. 7.661/05, observada, no entanto, a vedação à concordata suspensiva e a possibilidade de alienação dos bens imediatamente após a arrecadação.

Por fim, o §5º admite que o juiz autorize a locação ou arrendamento de bens móveis ou imóveis do devedor, com o fim de evitar sua deterioração, hipótese em que os resultados correspondentes reverterão em favor da massa.

Alterações da reforma de 2020 e hipótese de aplicação da Lei n. 11.101/05 às falências regidas pelo Decreto-Lei n. 7.661/45

A Lei n. 14.112/20 dispôs, em seu artigo 5º, que se aplica de imediato aos processos pendentes, observado o disposto no art. 14 do CPC.

A reforma de 2020 alterou a Lei n. 11.101/05. Desse modo, as alterações trazidas pela reforma aplicam-se, apenas, a princípio, às falências e recuperações judiciais regidas pela Lei n. 11.101/05.

Contudo, a reforma trouxe uma hipótese em que expressamente ressalta o disposto no artigo 192, permitindo a aplicação da alteração trazida à LREF também às falências regidas pelo Decreto-Lei n. 7.661/45. É o caso da alteração efetuada ao artigo 158, VI, traz como hipótese de incidência a extinção das obrigações do falido com o encerramento da falência, a qual aplica-se, conforme se depreende do disposto no art. 5º, §5º, da Lei n. 14.112/20 de imediato às falências regidas pelo Decreto-Lei n. 7.661/45. Remete-se, nesse ponto, aos comentários efetuados a esse dispositivo.

Por fim, conforme já mencionado em comentários ao artigo 75, em atenção ao seu caráter fortemente principiológico, razoável sustentar que seu conteúdo aplica-se, também, às falências regidas pelo Decreto-Lei n. 7.661/45, ainda que isso não seja expressamente mencionado. A redação do artigo 75 não guarda pertinência com o processo em si de falência – hipótese a que se refere o artigo 192 –, mas, ao contrário, remete aos próprios princípios que orientam a compreensão do referido instituto.

A reforma de 2020 e sua incidência às falências e recuperações judiciais em andamento

O artigo 5º da Lei n. 14.112/20 esclarece que a referida legislação aplica-se de imediato. Há, contudo, algumas exceções.

Esclarece, no art. 5º, §1º, da Lei n. 14.112/20 que somente serão aplicáveis às falências decretadas, inclusive as decorrentes de convolação, e aos pedidos de recuperação judicial ou extrajudicial ajuizados após o início de sua vigência, a saber: (a) a proposição do plano de recuperação judicial pelos credores, conforme disposto no art. 56 da LREF; (b) as alterações sobre a sujeição de créditos na recuperação judicial e sobre a ordem de classificação de créditos na falência, previstas, respectivamente, nos arts. 49, 83 e 84 da LREF; (c) as disposições previstas no *caput* do art. 82-A da LREF; (d) as disposições previstas no inciso V do *caput* do art. 158 da LREF.

O art. 5º, §2º, da Lei 14.112/20 dispôs que as recuperações judiciais em curso poderão ser encerradas independentemente de consolidação definitiva do quadro-geral de credores, facultada ao juiz essa possibilidade no período previsto no art. 61 da LREF.

O art. 5º, §3º, da Lei 14.112/20 previu que as disposições de natureza penal somente se aplicam aos crimes praticados após a data de entrada em vigor da referida lei.

Art. 193. O disposto nesta Lei não afeta as obrigações assumidas no âmbito das câmaras ou prestadoras de serviços de compensação e de liquidação financeira, que serão ultimadas e

liquidadas pela câmara ou prestador de serviços, na forma de seus regulamentos.

Câmaras ou prestadoras de serviços de compensação e liquidação

As câmaras de compensação e liquidação financeira são instrumentos integrantes do sistema de pagamentos brasileiros (SPB), constituindo importante mecanismo de redução de riscos para as instituições financeiras e determinados mercados sistematicamente relevantes. Também denominadas de *clearing houses*, a sua implantação no Brasil foi influenciada pelas recomendações do Comitê de Supervisão Bancária da Basileia em 1997, constituído pelos dez países mais desenvolvidos (G-10).[618]

A atuação dessas câmaras é regulada pela Lei n. 10.214/2001, e a sua integração ao SPB depende de autorização concedida às respectivas câmaras ou prestadores de serviços de compensação e de liquidação, pelo Banco Central do Brasil ou pela Comissão de Valores Mobiliários. Tais câmaras atuam, por exemplo, nas operações de compensação e liquidação de ordens eletrônicas de débito e de crédito; de transferência de fundos; de compensação e de liquidação de operações com títulos e valores mobiliários; entre outros, conforme art. 2º, parágrafo único, da aludida norma.

Nesse sentido, em sistemas de pagamento capazes de oferecer risco à solidez e ao normal funcionamento do sistema financeiro, as *clearing houses* assumem a posição de parte contratante, intermediando o negócio e assegurando o adimplemento das obrigações contraídas pelo devedor em face do credor, mediante mecanismos que permitam às câmaras e aos prestadores de serviços de compensação e de liquidação assegurar a certeza da liquidação das operações

618 COELHO, Fábio Ulhoa. *Comentários à Lei de Falências e de Recuperação de empresas*: Lei n. 14.112/20, Nova Lei de Falências. 14ª ed. São Paulo: Revista dos Tribunais, 2021, p. 540.

neles compensadas e liquidadas (art. 4º), e por meio da separação de patrimônio especial, formado por bens e direitos necessários para garantir exclusivamente o cumprimento das obrigações existentes em cada um dos sistemas que estiverem operando (art. 5º).

Assim, a relação jurídica então celebrada entre credor e devedor passa a ser integrada pelas câmaras ou prestadoras de serviços de compensação e de liquidação, que substituem a parte contratante. Tanto o devedor quanto o credor passam a ter como polo oposto a *clearing house*, que adimplirá as obrigações ou a excussão das garantias, caso a obrigação do devedor não tenha sido cumprida perante ela. O risco do inadimplemento, pois, passa a ser assumido pela própria câmara.

O artigo 7º da Lei n. 10.214/2001 já previa que

> os regimes de insolvência civil, concordata, intervenção, falência ou liquidação extrajudicial, a que seja submetido qualquer participante, não afetarão o adimplemento de suas obrigações, assumidas no âmbito das câmaras ou prestadores de serviços de compensação e de liquidação, que serão ultimadas e liquidadas pela câmara ou prestador de serviços, na forma de seus regulamentos.

Outrossim, o artigo 193 da Lei 11.101/05 apenas reitera o que já era previsto na lei regulamentadora da atuação das câmaras de compensação e liquidação financeira. A falência ou recuperação de qualquer dos participantes não afetará, de qualquer forma, a compensação ou liquidação das obrigações a elas submetidas, que serão ultimadas e liquidadas pelo participante, na forma de seu respectivo regulamento. Não haverá, pois, novação das obrigações, vencimento antecipado das dívidas, excussão dos bens ou direitos envolvidos no negócio, ou resolução dos contratos celebrados.

NOTAS

Art. 193-A. O pedido de recuperação judicial, o deferimento de seu processamento ou a homologação do plano de recuperação judicial não afetarão ou suspenderão, nos termos da legislação aplicável, o exercício dos direitos de vencimento antecipado e de compensação no âmbito de operações compromissadas e de derivativos, de modo que essas operações poderão ser vencidas antecipadamente, desde que assim previsto nos contratos celebrados entre as partes ou em regulamento, proibidas, no entanto, medidas que impliquem a redução, sob qualquer forma, das garantias ou de sua condição de excussão, a restrição do exercício de direitos, inclusive de vencimento antecipado por inexecução, e a compensação previstas contratualmente ou em regulamento.

§ 1º Em decorrência do vencimento antecipado das operações compromissadas e de derivativos conforme previsto no caput deste artigo, os créditos e débitos delas decorrentes serão compensados e extinguirão as obrigações até onde se compensarem.

§ 2º Se houver saldo remanescente contra o devedor, será este considerado crédito sujeito à recuperação judicial, ressalvada a existência de garantia de alienação ou de cessão fiduciária.

Operações compromissadas e de derivativos

O artigo 193-A foi inserido pela Lei n. 14.112/2020, reforçando a preocupação do legislador em proteger a segurança das operações financeiras, sobretudo aquelas em que as instituições bancárias figuram como credoras, e estabelecendo forma de tratamento mais detalhada a ser reservada aos negócios firmados em câmaras ou prestadoras de serviços de compensação e liquidação, sempre garantindo que as obrigações não serão afetadas pela falência ou recuperação judicial ou extrajudicial do participante.

As operações compromissadas constituem instrumentos em que uma instituição financeira assume o compromisso de realizar uma operação contrária a que se fez originalmente (*v.g.*, venda de ativos financeiros atrelados a outro instrumento para recompra dos mesmos ativos, por preço e data predeterminados). Já os derivativos são instrumentos cujo objeto é fixado em razão de um ativo subjacente, físico ou financeiro (*v.g.*, contratos celebrados em um respectivo momento, enquanto os direitos e obrigações a eles subjacentes são exigidos e executados em momento posterior).

Quando, nesses instrumentos, forem previstos direitos de vencimento antecipado e de compensação, o seu exercício não será afetado por eventual pedido de recuperação judicial, deferimento de seu processamento ou homologação de plano de recuperação judicial. Nesses casos, as operações compromissadas e de derivativos poderão ser vencidas antecipadamente se assim previsto no contrato firmado, caso em que os créditos e débitos delas decorrentes serão compensados e extinguirão as obrigações até onde se compensarem e, se houver saldo remanescente contra o devedor, poderá este se sujeitar à recuperação judicial, ressalvada a existência de garantia de alienação fiduciária ou cessão fiduciária.

Ficam proibidas, nessas operações, medidas que impliquem redução, sob qualquer forma, das garantias ou de sua condição de excussão, ou a restrição do exercício de direitos, inclusive de vencimento antecipado por inexecução, e a compensação previstas no contrato ou regulamento.

Art. 194. O produto da realização das garantias prestadas pelo participante das câmaras ou prestadores de serviços de compensação e de liquidação financeira submetidos aos regimes de que trata esta Lei, assim como os títulos, valores mobiliários e quaisquer outros de seus ativos objetos de compensação ou liquidação serão destinados à liquidação das obrigações assumidas no âmbito das câmaras ou prestadoras de serviços.

Garantias prestadas no contexto das câmaras ou prestadoras de serviços de compensação e liquidação

O disposto no artigo 194 da LREF reitera o que já era previsto pelo parágrafo único do art. 7º da Lei n. 10.214/2001, segundo o qual

> O produto da realização das garantias prestadas pelo participante submetido aos regimes de que trata o caput, assim como os títulos, valores mobiliários e quaisquer outros seus ativos, objeto de compensação ou liquidação, serão destinados à liquidação das obrigações assumidas no âmbito das câmaras ou prestadores de serviços.

Assim, complementando a regra do artigo 193, segundo a qual a falência de qualquer dos participantes das câmaras ou prestadores de serviços de compensação e liquidação financeira não afetará, de qualquer forma, a compensação ou liquidação das obrigações a elas submetidas, o artigo 164 estipula que essa não afetação também atinge os bens dados em garantia pelos participantes.

Nesse sentido, os bens e direitos integrantes de patrimônios especiais das câmaras ou prestadoras de serviços de compensação e liquidação financeira, inclusive aqueles dados em garantia, não poderão sofrer constrição judicial por penhora, arresto, sequestro ou qualquer outra modalidade de excussão, a não ser para o cumprimento das obrigações assumidas no âmbito da SBP, enquanto parte contratante, com o fim de assegurar a existência de patrimônio suficiente para satisfação das obrigações assumidas perante o credor. Somente se houve saldo residual após efetiva compensação e liquidação, ele será entregue à massa falida ou poderá integrar o plano de recuperação judicial ou extrajudicial.[619] Nesse caso,

619 COELHO, Fábio Ulhoa. *Comentários à Lei de Falências e de Recuperação de empresas*: Lei n. 14.112/20, Nova Lei de Falências. 14ª ed. São Paulo: Revista dos Tribunais, 2021, pp. 540/541.

as *clearing houses* não se habilitarão como credoras titulares de garantia real, mas como credoras quirografárias.

A razão de ser da proteção legal é de que a segurança dessas operações financeiras, com a intervenção das câmaras ou prestadores de serviços de compensação e liquidação, depende do controle das garantias oferecidas pelos participantes, no que diz respeito à sua suficiência e exequibilidade. Em outros termos, o risco da operação seria exponencialmente maior em caso de impossibilidade de utilização das garantias prestadas, ou de constrição judicial dos bens por insolvência do participante.[620]

Art. 195. A decretação da falência das concessionárias de serviços públicos implica extinção da concessão, na forma da lei.

Falência das concessionárias de serviços públicos

A concessão de serviço público é conceituada como a delegação da prestação do serviço pela Administração Pública (União, Estados, municípios ou DF), mediante licitação na modalidade concorrência ou diálogo competitivo, à pessoa jurídica ou consórcio de empresas que demonstre capacidade para seu desempenho, por sua conta e risco e por prazo determinado, mediante tarifa paga pelo usuário, em regime de monopólio ou não (art. 2º, Lei n. 8.987/95). A concessão de serviço público é formalizada por contrato e está sujeita à fiscalização pelo poder concedente responsável pela delegação.

O inciso VI do artigo 35, da Lei n. 8.987/95 estabelece como hipótese de extinção do contrato de concessão a falência da empresa

---

620 COSTA, Daniel Carnio; MELO, Alexandre Nasser. *Comentários à Lei de Recuperação de Empresas e Falência*: Lei n. 11.101, de 09 de fevereiro de 2005. Curitiba: Juruá, 2021, p. 462.

concessionária.[621] Conforme os §§ 1º a 3º do mesmo dispositivo, a extinção da concessão implica o retorno ao poder concedente de todos os bens reversíveis, direitos e privilégios transferidos ao concessionário conforme previsto no edital e estabelecido no contrato; a imediata assunção do serviço pelo poder concedente, procedendo-se aos levantamentos, avaliações e liquidações necessários e a ocupação das instalações e a utilização, pelo poder concedente, de todos os bens reversíveis.

Diante da redação do artigo 35 da Lei n. 8.987/95, é possível estender a hipótese de extinção da concessão pela falência do concessionário, também para os contratos de concessão de execução de obra pública, em uma interpretação extensiva do dispositivo, assim como também para as permissões de prestação de serviço público (art. 40, parágrafo único, Lei n. 8.987/95).

Outrossim, decretada a falência da empresa concessionária, o contrato bilateral regido pela Lei n. 8.987/95 será extinto, diante da incapacidade do devedor de continuar desempenhando as obrigações contratuais a contento, havendo prejuízo à prestação de serviço adequado ao pleno atendimento dos usuários, que não pode ser interrompido ou extinto, diante do princípio da continuidade dos serviços públicos (art. 6º, Lei n. 8.987/95).

Embora o artigo 195 tenha se referido apenas à falência da empresa concessionária, Daniel Carnio Costa e Alexandre Correa Nasser de Melo entendem que, no caso de recuperação judicial, poderá o poder concedente extinguir a concessão, desde que atendidos os padrões delineados por lei.[622]

---

621 Lei n. 8.987/95. "Art. 35. Extingue-se a concessão por: (...) VI – falência ou extinção da empresa concessionária e falecimento ou incapacidade do titular, no caso de empresa individual".

622 COSTA, Daniel Carnio; MELO, Alexandre Nasser. *Comentários à Lei de Recuperação de Empresas e Falência*: Lei n. 11.101, de 09 de fevereiro de 2005. Curitiba: Juruá, 2021, p. 465.

Sem prejuízo, não se pode olvidar que a Lei n. 8.987/95 admite a decretação, pelo poder concedente, da caducidade da concessão nas hipóteses em que demonstrada inexecução total ou parcial do contrato, o que poderá ocorrer, entre outros casos, quando a concessionária descumprir cláusulas contratuais ou disposições legais ou regulamentares concernentes à concessão (art. 38, §1º, II), ou perder as condições econômicas para manter a adequada prestação do serviço concedido (art. 38, §1º, IV), hipóteses que poderão ser vislumbradas caso pleiteada sua recuperação judicial. Nesses casos, contudo, exige-se prévio procedimento administrativo após comunicada a concessionária a respeito dos descumprimentos contratuais e concedido prazo para a regularização.

Art. 196. Os Registros Públicos de Empresas, em cooperação com os Tribunais de Justiça, manterão banco de dados público e gratuito, disponível na internet, com a relação de todos os devedores falidos ou em recuperação judicial.

Parágrafo único. Os Registros Públicos de Empresas, em cooperação com o Conselho Nacional de Justiça, deverão promover a integração de seus bancos de dados em âmbito nacional.

Banco de dados mantido pelas juntas comerciais

O artigo 196 reforça a preocupação do legislador de garantir a transparência e publicidade das informações acessadas por terceiros atuantes no mercado, a respeito da situação jurídica da empresa em recuperação judicial ou falência.

A esse respeito, vislumbra-se que a LREF estabeleceu a necessidade de acréscimo, em todos os atos, contratos e documentos firmados pelo devedor sujeito ao procedimento de recuperação judicial, após o nome empresarial, da expressão “em Recuperação Judicial”, além da necessidade de anotação da recuperação judicial (LREF, art. 69) e da falência (LREF, art. 99, VIII) nos registros correspondentes do Registro Público de Empresas e da Receita Federal, determinando, ainda, a obrigação de que todas as publicações ordenadas pelo juiz contivessem a epígrafe "recuperação judicial de", "recuperação extrajudicial de" ou "falência de" (LREF, art. 191, parágrafo único). Suplementando tais regras, a LREF ainda estabeleceu a obrigatoriedade de que a informação seja registrada em banco de dados público e gratuito, de livre acesso a terceiros.

Nesse sentido, os Registros Públicos de Empresas, cujos órgãos executivos são as Juntas Comerciais, deverão manter branco de dados público e gratuito, disponível na *internet*, com a relação de todos os devedores falidos ou em recuperação judicial, em cooperação com os Tribunais de Justiça em âmbito estadual, e deverão promover a integração de seus bancos de dados em âmbito nacional, em cooperação com o Conselho Nacional de Justiça.

A Lei n. 14.112/2020 alterou a redação do artigo 196, apenas para prever a integração com os Tribunais de Justiça em âmbito estadual, e com o Conselho Nacional de Justiça em âmbito nacional, sem modificar a essência da norma com relação à manutenção de banco de dados público.

Note-se que o artigo 196 é omisso em relação à recuperação extrajudicial. Para Marcelo Barbosa Sacramone,[623] a omissão é proposital, já que a homologação de plano de recuperação extrajudicial é considerada como composição entre o devedor e alguns de seus credores, de sorte que a informação não será incluída no banco de dados mantido pelas Juntas Comerciais.

Art. 197. Enquanto não forem aprovadas as respectivas leis específicas, esta Lei aplica-se subsidiariamente, no que couber, aos regimes previstos no Decreto-Lei n. 73, de 21 de novembro

---

623 SACRAMONE, Marcelo Barbosa. *Comentários à Lei de Recuperação de Empresas e Falências*. 2ª ed. São Paulo: Saraiva Jur, 2021, p. 691.

de 1966, na Lei n. 6.024, de 13 de março de 1974, no Decreto-Lei n. 2.321, de 25 de fevereiro de 1987, e na Lei n. 9.514, de 20 de novembro de 1997.

Aplicação subsidiária da Lei n. 11.101/05

Estabelece o artigo 197 a aplicação subsidiária da LREF ao Decreto-Lei n. 73/1996, à Lei n. 6.024/1974, ao Decreto-Lei n. 2.321/1987 e à Lei n. 9.514/1997.

O Decreto-Lei n. 73/1996 dispõe sobre o Sistema Nacional de Seguros Privados e regula as operações de seguros de coisas, pessoas, bens, responsabilidades, obrigações, direitos e garantias, excluídos os seguros do âmbito da Previdência Social, regidos pela legislação especial pertinente.

Ressalte-se, a esse respeito, que as sociedades seguradoras foram expressamente excluídas da incidência da Lei n. 11.101/05 (art. 2º, II), de modo que não poderão pedir recuperação judicial nem ter sua falência decretada, salvo, neste último caso, se decretada a liquidação extrajudicial, o ativo não for suficiente para o pagamento de pelo menos a metade dos credores quirografários, ou quando houver fundados indícios da ocorrência de crime falimentar (Decreto-Lei n. 73/1996, art. 26). A liquidação voluntária ou compulsória das Sociedades Seguradoras será processada pela Superintendência dos Seguros Privados – SUSEP (Decreto-Lei n. 73/1996, art. 97), e somente será aplicável a Lei 11.101/05 no que não lhe for incompatível.

Sobre o tema, já previa o Decreto-Lei n. 73/1996 que, nos casos omissos, aplicam-se as disposições da legislação de falências, desde que não contrariem as suas próprias (art. 107).

A Lei n. 6.024/1974 dispõe sobre a intervenção e a liquidação extrajudicial de instituições financeiras privadas e as públicas não federais, assim como as cooperativas de crédito, efetuadas e decretadas pelo Banco Central do Brasil.

Já o Decreto-Lei n. 2.321/1987 dispõe sobre a instituição, em defesa das finanças públicas, de regime de administração especial temporária (RAET), nas instituições financeiras privadas e públicas não federais, mediante decretação pelo Banco Central do Brasil.

As instituições financeiras privadas e públicas não federais também estão expressamente excluídas da incidência da Lei n. 11.101/05 (art. 2º, II). A decretação de sua falência segue regime próprio regulado pelas legislações acima destacadas. Outrossim, o Banco Central do Brasil poderá autorizar o interventor a requerer a falência da entidade, quando o seu ativo não for suficiente para cobrir sequer metade do valor dos créditos quirografários, ou quando julgada inconveniente a liquidação extrajudicial, ou quando a complexidade dos negócios da instituição ou, a gravidade dos fatos apurados aconselharem a medida (Lei n. 6.024/1974, art. 12, d). E, caracterizados quaisquer dos motivos que autorizem a decretação de falência, poderá ser decretada, de ofício, a liquidação extrajudicial da instituição financeira (Lei n. 6.024/1974, art. 15, I, a), que será encerrada com a declaração de falência (Lei n. 6.024/1974, art. 19, II). A Lei n. 6.024/1974 já previa a aplicação subsidiária dos dispositivos da Lei de Falências, no que couberem e não colidirem com os seus preceitos (art. 34).

A Lei n. 9.514/1997, por fim, dispõe sobre o Sistema de Financiamento Imobiliário (SFI), instituindo a alienação fiduciária de coisa imóvel e estabelecendo o sistema de securitização com lastro nos créditos recebidos dos adquirentes de imóvel, a qual deverá ser efetuada por sociedade com propósito específico, criada para esse fim e com a constituição de patrimônio separado.

O artigo 31 da Lei n. 14.430, de 03 de agosto de 2022 – revogando o art. 15 da Lei n. 9.514/1997 – prevê que no caso de insolvência da companhia securitizadora, o agente fiduciário assumirá imediatamente a administração do patrimônio separado e convocará a Assembleia-Geral dos beneficiários para deliberar sobre a forma de administração, destacando que a insolvência da companhia securitizadora não afetará os patrimônios separados que tenha constituído. Somente de forma supletiva e no que não for contrário às suas disposições, aplicar-se-á a Lei n. 11.101/05.

Art. 198. Os devedores proibidos de requerer concordata nos termos da legislação específica em vigor na data da publicação desta Lei ficam proibidos de requerer recuperação judicial ou extrajudicial nos termos desta Lei.

Devedores proibidos de requerer concordata

A Lei n. 11.101/05 extinguiu o instituto da concordata, substituindo-o pela recuperação judicial e extrajudicial. Por analogia, estabeleceu que os devedores proibidos de requerer concordata (conforme legislação específica) também fossem impedidos de requerer a recuperação judicial ou extrajudicial, estendendo as restrições do antigo instituto para o novo.

O disposto no artigo 198, entretanto, não se aplica às sociedades que tenham por objeto a exploração de serviços aéreos de qualquer natureza ou de infraestrutura aeronáutica (Lei 7.565/1986, art. 187), conforme comentários do artigo seguinte.

Art. 199. Não se aplica o disposto no art. 198 desta Lei às sociedades a que se refere o art. 187 da Lei n. 7.565, de 19 de dezembro de 1986.

§ 1º Na recuperação judicial e na falência das sociedades de que trata o caput deste artigo, em nenhuma hipótese ficará suspenso o exercício de direitos derivados de contratos de locação, arrendamento mercantil ou de qualquer outra modalidade de arrendamento de aeronaves ou de suas partes.

§ 2º Os créditos decorrentes dos contratos mencionados no § 1º deste artigo não se submeterão aos efeitos da recuperação

judicial ou extrajudicial, prevalecendo os direitos de propriedade sobre a coisa e as condições contratuais, não se lhes aplicando a ressalva contida na parte final do § 3º do art. 49 desta Lei.

§ 3º Na hipótese de falência das sociedades de que trata o caput deste artigo, prevalecerão os direitos de propriedade sobre a coisa relativos a contratos de locação, de arrendamento mercantil ou de qualquer outra modalidade de arrendamento de aeronaves ou de suas partes.

Sociedades exploradoras de serviços aéreos

A Lei n. 7.565, de 19 de dezembro de 1986, instituiu o Código Brasileiro de Aeronáutica, prevendo, em seu artigo 187, que "não podem impetrar concordata as empresas que, por seus atos constitutivos, tenham por objeto a exploração de serviços aéreos de qualquer natureza ou de infraestrutura aeronáutica".

O aludido dispositivo foi revogado pela Medida Provisória n. 1.089, de 29 de dezembro de 2021, que alterou as regras do setor aéreo, reduzindo a burocracia para aumentar a eficiência na prestação de serviços.[624]

Note-se que, de todo modo, o artigo 187 da Lei n. 7.565/1986 já não tinha sua aplicação admitida pela Lei n. 11.101/05, conforme o *caput* do artigo 199 em comento, cuja redação foi alterada pela Lei n. 11.196 em 2005.

Portanto, independentemente da revogação do artigo 187 da Lei n. 7.565/1986, desde 2005, a LREF admite a possibilidade de as sociedades exploradoras de serviços aéreos ou de infraestrutura aeronáutica pleitearem a recuperação judicial ou extrajudicial, como exceção legal à regra estabelecida pelo artigo anterior, que vedava

---

624 Disponível em: https://www.in.gov.br/en/web/dou/-/medida-provisoria-n-1.089-de-29-de-dezembro-de-2021-370944751. Acessado em: 31.04.2022.

a possibilidade de sociedades impedidas de requerer concordata, de pleitearem a recuperação judicial ou extrajudicial.

Outrossim, embora admitida a falência e recuperação das sociedades exploradoras de serviços aéreos ou de infraestrutura aeronáutica, o procedimento seguirá as regras específicas do artigo 199.

Em nenhuma hipótese de falência ou recuperação de tais sociedades, ficará suspenso o exercício de direitos derivados de contratos de locação, arrendamento mercantil, ou de qualquer outra modalidade de arrendamento de aeronaves ou de suas partes (§1º), prevalecendo o direito de propriedade sobre a coisa em caso de falência (§3º). Ademais, os créditos decorrentes desses contratos não se submeterão aos efeitos da recuperação judicial ou extrajudicial, prevalecendo os direitos de propriedade sobre a coisa e as condições contratuais originalmente celebradas (§2º).

Nesse sentido, em virtude da impossibilidade de novação dos créditos decorrentes de contratos de locação, arrendamento mercantil, ou de qualquer outra modalidade de arrendamento de aeronaves ou de suas partes, a decisão de processamento da recuperação judicial não suspenderá o exercício dos direitos deles derivados. As ações e execuções correspondentes prosseguirão normalmente, permitindo inclusive a retirada das aeronaves pelos respectivos credores, ainda que se constituam bens de capital essenciais para o desemprenho da atividade empresarial e ainda que durante o *stay period*, sendo inaplicável, pois, a ressalva do §3º do art. 49 da LREF.

Assim, se, por exemplo, o contrato de arrendamento de aeronaves permitir ao arrendador rescindir o arrendamento e exigir a devolução da aeronave, o exercício desse direito não será prejudicado pela decretação da falência ou deferimento da recuperação judicial da sociedade arrendatária.[625]

---

625 COELHO, Fábio Ulhoa. *Comentários à Lei de Falências e de Recuperação de empresas*: Lei n. 14.112/20, Nova Lei de Falências. 14ª ed. São Paulo: Revista dos Tribunais, 2021, p. 544.

Art. 200. Ressalvado o disposto no art. 192 desta Lei, ficam revogados o Decreto-Lei n. 7.661, de 21 de junho de 1945, e os arts. 503 a 512 do Decreto-Lei n. 3.689, de 3 de outubro de 1941 - Código de Processo Penal.

Revogação do Decreto-Lei n. 7.661/45 e dos arts. 503 a 512 do Código de Processo Penal

A LREF revogou expressamente o Decreto-Lei n. 7.661/45, ressalvando a aplicação da antiga norma nos casos de pedido de falência distribuídos anteriormente à vigência da LREF, e desde que não tenham a falência decretada a partir desta (LREF, art. 192), casos em que o Decreto-Lei n. 7.661/45 é dotado de ultratividade.

Os artigos 503 a 512 do Código de Processo Penal regulavam o procedimento para processo e julgamento dos crimes de falência. Os dispositivos, contudo, foram revogados, tendo em vista que a LREF passou a prever que aos crimes falimentares aplicar-se-ia o procedimento sumário, regulado pelos artigos 531 a 540 do CPP,[626] além de ter inserido dispositivos específicos de Direito Processual, aplicáveis ao processo e julgamento dos crimes falimentares.

Art. 201. Esta Lei entra em vigor 120 (cento e vinte) dias após sua publicação.

Vigência da Lei n. 11.101/2005

O artigo 201 da LREF estabeleceu como *vacatio legis* o prazo de 120 dias após a sua publicação, que ocorreu em 9 de fevereiro de 2005.

Assim, somente entrou em vigor em 9 de junho de 2005, produzindo todos os seus efeitos a partir de então. Antes da

626 Ver comentários ao artigo 185.

aludida data, os processos de soerguimento das empresas em crise econômico-financeira e de falência continuariam a ser regidos pelo Decreto-Lei n. 7.661/45.

A Lei n. 14.112/2020, por sua vez, entrou em vigor em 23/01/2021 (30 dias após sua publicação oficial, ocorrida em 24/12/2020). Note-se, todavia, que alguns dispositivos da reforma de 2020 são aplicáveis apenas para as falências decretadas ou decorrentes de convolação, ou aos pedidos de recuperação judicial ou extrajudicial que tenham sido ajuizados posteriormente à sua vigência: a proposição do plano de recuperação judicial pelos credores (art. 56); as alterações na ordem de classificação dos créditos (art. 49, 83 e 84); a vedação da extensão da falência ou de seus efeitos aos sócios de responsabilidade limitada (art. 82-A); a extinção das obrigações do falido com o decurso do prazo de três anos, contados da decretação da falência (art. 158, V).[627]

Ademais, as disposições penais somente se aplicam aos crimes praticados na vigência da reforma de 2020, tendo aplicação imediata as regras de encerramento da falência em casos em que não encontrados bens a serem arrecadados, ou se os arrecadados forem insuficientes (art. 114-A) e dos procedimentos a serem adotados após a sentença que decreta o encerramento da falência (art. 156).

627 COSTA, Daniel Carnio; MELO, Alexandre Nasser. *Comentários à Lei de Recuperação de Empresas e Falência*: Lei n. 11.101, de 09 de fevereiro de 2005. Curitiba: Juruá, 2021, pp. 468/469.

REFERÊNCIAS BIBLIOGRÁFICAS

AQUINO, Leonardo Gomes de. "A estrutura, a organização e a composição do Sistema Nacional de Registro de Empresas Mercantis". *Revista de Direito Bancário e do Mercado de Capitais*, ano 11, nº 42, out./dez. 2008.

ARAUJO, Nadja Aparecida Silva. "Recuperação judicial x execução fiscal: os juízos da Súmula STJ 480 e do tema 987 dos recursos repetitivo". *Jus*, 24 dez. 2019. Disponível em: https://jus.com.br/artigos/77715/recuperacao-judicial-x-execucao-fiscal. Acessado em: 20.10.2022.

ARRUDA, Pablo Gonçalves; MARQUES, Leonardo Araújo; SANTOS, Jéssica Verônica Costa. "O quadro geral de credores atualizado e o direito de voto dos credores retardatários e de créditos ilíquidos". *Migalhas*, 05 nov. 2020. Disponível em: https://www.migalhas.com.br/depeso/335874/o-quadro-geral-de-credores-atualizado-e-o-direito-de-voto-dos-credores-retardatarios-e-de-creditos-iliquidos. Acessado em: 25.05.2021.

ASQUINI, Alberto. "Perfis da Empresa". Trad. Fábio Konder Comparato. *Revista de Direito Mercantil Industrial, Econômico e Financeiro*, São Paulo, ano XXXV, nº 104, out./dez. 1996.

BATISTA, Francisco de Paula. *Compêndio de Hermenêutica Jurídica*. São Paulo: Saraiva, 1984.

BEZERRA FILHO, Manoel Justino. *Lei de Recuperação de Empresas e Falências Comentada*. São Paulo: Revista dos Tribunais, 2007.

______. *Lei de Recuperação de Empresas e Falências*: Lei n. 11.101/05 comentada artigo por artigo. 12ª ed. São Paulo: Revista dos Tribunais, 2017.

______. *Lei de Recuperação de Empresas e Falências*: Lei n. 11.101/2005 comentada artigo por artigo. 15ª ed., rev., atual. e ampl. São Paulo: Revista dos Tribunais, 2021.

______. *Lei de Recuperação de Empresas e Falências*. 10ª ed. São Paulo: Revista dos Tribunais, 2014.

______. *Lei de Recuperação e de Empresas e Falência*. 11ª ed. São Paulo: Revista dos Tribunais, 2016.

BORTOLINI, Pedro Rebello. "A necessária revogação do Enunciado n. 6 do Fórum Nacional de Recuperação Empresarial e Falências – FONAREF". *Jota*, mar. 2023.

BRASIL. *Constituição da República Federativa do Brasil de 1988*. Disponível em: http://www.planalto.gov.br/ccivil_03/constituicao/constituicao.htm. Acessado em: 03.05.2021.

______. *Decreto-Lei n. 261*, de 28 de fevereiro de 1967. Dispões sobre as sociedades de capitalização e dá outras providências. Disponível em: http://www.planalto.gov.br/ccivil_03/decreto-lei/1965-1988/Del0261.htm. Acessado em: 03.05.2021.

______. *Decreto-Lei n. 7.661*, de 21 de junho de 1945. Lei de Falências. Revogada pela Lei n. 11.101/05. Disponível em: http://www.planalto.gov.br/ccivil_03/decreto-lei/del7661.htm. Acessado em: 03.05.2021.

______. *Lei n. 10.406*, de 10 de janeiro de 2002. Institui o Código Civil. Disponível em: http://www.planalto.gov.br/ccivil_03/leis/2002/l10406compilada.htm. Acessado em: 03.05.2021.

______. *Lei n. 11.101*, de 9 de fevereiro de 2005. Regula a recuperação judicial, a extrajudicial e a falência do empresário e da sociedade empresária. Disponível em: http://www.planalto.gov.br/ccivil_03/_ato2004-2006/2005/lei/l11101.htm. Acessado em: 03.05.2021.

______. *Lei n. 13.105*, de 16 de março de 2015. Código de Processo Civil. Disponível em: http://www.planalto.gov.br/ccivil_03/_ato2015-2018/2015/lei/l13105.htm. Acessado em: 03.05.2021.

______. *Lei n. 14.112*, de 24 de dezembro de 2020. Disponível em: http://www.planalto.gov.br/ccivil_03/_Ato2019-2022/2020/Lei/L14112.htm#art2. Acessado em: 03.05.2021.

______. *Lei n. 4.112*, de 24 de dezembro de 2020. Razões de veto. Disponível em: https://www2.camara.leg.br/legin/fed/lei/2020/lei-14112-24-dezembro-2020-790948-veto-162030-pl.html. Acessado em: 13.12.2021.

______. *Lei n. 4.829*, de 05 de novembro de 1965. Disponível em: http://www.planalto.gov.br/ccivil_03/leis/l4829.htm. Acessado em: 08.12.2021.

______. *Mensagem n. 59*, de 09 de janeiro de 2005. Disponível em: https://www.planalto.gov.br/ccivil_03/_Ato2004-2006/2005/Msg/Vep/VEP-0059-05.htm. Acessado em: 07.10.2021.

CAMPINHO, Sérgio. *Falência e Recuperação da Empresa*. Rio de Janeiro: Renovar, 2006.

______. *O Direito de Empresa à luz do Código Civil*. 12ª ed. Rio de Janeiro: Renovar, 2011.

COELHO, Fábio Ulhoa. *Comentários à Lei de Falências e de Recuperação de empresas*: Lei n. 14.112/20, Nova Lei de Falências. 14ª ed. São Paulo: Revista dos Tribunais, 2021.

______. *Comentários à Nova Lei de Falências e de Recuperação de Empresas*. 5ª ed. São Paulo: Saraiva, 2008.

______. *Comentários à Nova Lei de Falências e Recuperação de Empresas*. 6ª ed. São Paulo: Saraiva, 2009.

______. *Curso de Direito Comercial*: Direito de Empresa. vol. 2, 21ª ed. São Paulo: Revista dos Tribunais, 2018.

______. *Curso de Direito Comercial*: Direito de Empresa. vol. 1, 16ª ed. São Paulo: Saraiva, 2012.

______. *Curso de Direito Comercial*: Direito de Empresa. vol. 2, 17ª ed. São Paulo: Revista dos Tribunais, 2013.

______. *Manual de Direito Comercial*: Direito de Empresa. 28ª ed. São Paulo: Revista dos Tribunais, 2016.

COSTA, Daniel Carnio; MELO, Alexandre Nasser. *Comentários à Lei de Recuperação de Empresas e Falência*: Lei n. 11.101, de 09 de fevereiro de 2005. Curitiba: Juruá, 2021.

COSTA, Mariana; SPERCEL, Thiago; VERÇOSA, Haroldo Malheiros Duclerc. "Associações sem fins lucrativos podem falir e pedir recuperação judicial? O recente caso da Universidade Cândido Mendes".

Migalhas, 28 maio 2020. Disponível em: https://migalhas.uol.com.br/depeso/327828/associacoes-sem-fins-lucrativos-podem-falir-e-pedir-recuperacao-judicial-o-recente-caso-da-universidade-candido-mendes. Acessado em: 03.05.2021.

DIAS, Maria Rita Rebello Pinho. "Direito da Insolvência. A nova disciplina do *stay period* e as alterações em razão do plano alternativo". *Consultor Jurídico*, jun. 2023. Disponível em: https://www.conjur.com.br/2023-jun-19/direito-insolvencia-disciplina-stay-period-alteracoes-razao-plano-alternativo. Acessado em: 24.10.2024.

_____. "Direito da Insolvência. Juízo da recuperação: particularidades das hipóteses do artigo 6º, §§ 7º-A e 7º-B". *Consultor Jurídico*, abr. 2023. Disponível em: https://www.conjur.com.br/2023-abr-25/direito-insolvencia-juizo-recuperacao-hipoteses-artigo. Acessado em: 24.10.2024.

FORGIONI, Paula. *A Evolução do Direito Comercial brasileiro*: da mercancia ao mercado. São Paulo: Revista dos Tribunais, 2009.

FRANÇA, Erasmo Valladão Azevedo e Novaes. *A sociedade comum*. São Paulo: Malheiros, 2013.

GARCIA, Rodrigo Saraiva Porto. "Novas tendências para a venda de ativos na recuperação judicial: avanço ou retrocesso do novo regime de impugnações?" *Revista Semestral de Direito Empresarial*, Rio de Janeiro, vol. 27, nº 2, jul./dez. 2020.

GOMES, Orlando. *Introdução ao Direito Civil*. 13ª ed. Atual. Humberto Theodoro Junior. Rio de Janeiro: Forense, 1985.

GUIMARÃES, Márcio Souza. "A ultrapassada Teoria da Empresa e o Direito das empresas em dificuldade". *In*: RIBEIRO, José Horácio Halfeld Rezende; WAISBERG, Ivo (Coord.). *Temas de Direito da Insolvência*: estudos em homenagem ao Professor Manoel Justino Bezerra Filho. São Paulo: Editora IASP, 2017.

MACIEL, Renata Mota. *A Universalidade do Juízo da Recuperação Judicial*. São Paulo: Quartier Latin, 2017.

MAMEDE, Gladston. *Empresa e atuação empresarial*. 12ª ed. São Paulo: Atlas, 2020.

MARCONDES, Sylvio. *Problemas de Direito Mercantil*. São Paulo: Max Limonad, 1970.

NEGRÃO, Ricardo. *Curso de Direito Comercial e de Empresa*: Teoria Geral da Empresa e Direito Societário. 16ª ed. São Paulo: Saraiva Educação, 2020.

______. *Manual de Direito Comercial e de Empresa*. vol. III, 7ª ed. São Paulo: Saraiva, 2012.

NISHI, Eduardo Azuma. "Créditos não sujeitos à recuperação e a roteção dos ativos da recuperanda durante o *stay period*". *Revista do IDRE*.

PACHECO, José da Silva. *Processo de Recuperação Judicial, Extrajudicial e Falência*. 2ª ed. Rio de Janeiro: Forense, 2007.

PERALTA, Maria Fernanda Mouchbahani. "O cram down e o abuso do direito de voto em assembleias gerais de credores". *Jota*, mai. 2023. Disponível em: https://www.jota.info/opiniao-e-analise/artigos/o-cram-down-e-o-abuso-do-direito-de-voto-em-assembleias-gerais-de-credores-18052023. Acessado em: 28.10.2024.

PEREIRA CALÇAS, Manoel de Queiroz. "A Nova Lei de Recuperação de Empresas e Falências: Repercussão no Direito do Trabalho (Lei n. 11.101, de 9 de fevereiro de 2005)". *Rev. TST*, Brasília, vol. 73, nº 4, out./dez. 2007. Disponível em: https://www.dpd.ufv.br/wp-content/uploads/Bibliografia-complementar-DIE-323-3.pdf. Acessado em: 19.10.2022.

REQUIÃO, Rubens Edmundo. *Curso de Direito Comercial*. vol. 1, 31ª ed. São Paulo: Saraiva, 2012.

______. *Curso de Direito Comercial*: falência. vol. 1, 17ª ed. São Paulo: Saraiva, 1998.

SACRAMONE, Marcelo Barbosa. *Comentários à Lei de Recuperação de Empresas e Falências*. 2ª ed. São Paulo: Saraiva Jur, 2021.

______. *Comentários à Lei de Recuperação de Empresas e Falências*. 3ª ed. São Paulo: Saraiva Jur, 2022.

______. *Comentários à Lei de Recuperação de Empresas e Falências*. São Paulo: Saraiva Jur, 2018.

______. *Manual de Direito Empresarial*. São Paulo: Saraiva Educação, 2002.

SALAMA, Bruno Meyerhof; CROCCO, Fábio Weinberg. "A Racionalidade Econômica do Direito Falimentar: reflexões sobre o caso brasileiro". *In*: ABRÃO, Carlos Henrique; ANDRIGHI, Fátima Nancy; BENETI,

Sidnei (Coord.). *10 anos de vigência da Lei de Recuperação e Falência (Lei 11.101/2005)*. São Paulo: Saraiva, 2015.

SÃO PAULO. Corregedoria Geral da Justiça do Tribunal de Justiça de São Paulo. *Comunicado CG n. 809/2020*. Disponível em: https://portal.tjsp.jus.br/Corregedoria/Comunicados/Comunicado?codigoComunicado=19190&pagina=8. Acessado em: 01.11.2021.

SCHREIBER, Anderson. *Manual de Direito Civil Contemporâneo*. 3ª ed., ver. e ampl. São Paulo: Saraiva Jur, 2020.

SEABRA, Catia. "Após perder metade dos alunos, universidade do RJ entra em recuperação judicial". *Folha de São Paulo*, 20 maio 2020. Disponível em: https://www1.folha.uol.com.br/cotidiano/2020/05/apos-perder-metade-dos-alunos-candido-mendes-entra-em-recuperacao-judicial.shtml. Acessado em: 03.05.2021.

SILVA, Leonardo Toledo. *Abuso da Desconsideração da Personalidade Jurídica*. São Paulo: Saraiva, 2013.

TOMAZETTE, Marlon. *Curso de Direito Empresarial*. vol. 1, 4ª ed. São Paulo: Atlas, 2012.

______. *Curso de Direito Empresarial*: Teoria Geral e Direito Societário. vol. 1, 9ª ed. São Paulo: Saraiva Jur, 2022.

UNCITRAL. "UNCITRAL Model Law on Cross-Border Insolvency with Guide to Enactment and Interpretation". *UN*, Nova York, 2014, p. 11. Disponível em https://uncitral.un.org/sites/uncitral.un.org/files/media-documents/uncitral/en/1997-model-law-insol-2013-guide-enactment-e.pdf. Acessado em: 13.06.2022.

VENOSA, Sílvio. *Código Civil Interpretado*. 4ª ed. São Paulo: Atlas, 2019.

WAISBERG, Ivo. "A viabilidade da recuperação judicial do produtor rural". *Revista do Advogado*, São Paulo, AASP, ano 36, nº 131, out. 2016.

______. "Breves comentários sobre a fixação da competência na recuperação judicial e na falência". *In*: ALMEIDA, Marcus Elidius Michelli de. *Direito Processual Empresarial*: estudos em homenagem ao Professor Manoel de Queiroz Pereira Calças. Rio Janeiro: Elsivier, 2012.

ZAMPONI, Adriana Conrado. "2ª Turma do STJ julga conflito de competência em execução fiscal de empresa". *Conjur*, 16 jan. 2020. Disponível em: https://jus.com.br/artigos/77715/recuperacao-judicial-x-execucao-fiscal. Acessado em: 20.10.2022.

NOTAS

NOTAS

A Editora Contracorrente se preocupa com todos os detalhes de suas obras! Aos curiosos, informamos que este livro foi impresso no mês de março de 2025, em papel Pólen Natural 70 g/m².